KB145012

Windows Internals *Vol. 1*

Windows Internals *Vol. 1*

마이크로소프트 윈도우 커널 공식 가이드

파벨 요시포비치 · 알렉스 이오네스쿠 · 마크 러시노비치 · 데이비드 솔로몬 지음

김점갑 옮김

i!i
에이콘

이 힘든 작업 동안에 인내해주고 용기를 준 가족(아내 이디트와 아이들 다니엘, 아밋, 요아프)에게 감사의 말을 전한다.

파벨 요시포비치[Pavel Yosifovich]

꿈을 따르게 인도하고 영감을 준 나의 부모님, 그리고 무수한 밤을 곁에서 지켜 줬던 가족에게...

알렉스 이오네스쿠[Alex Ionescu]

우리의 꿈을 따르게 인도하고 영감을 준 부모님께...

마크 러시노비치[Mark E. Russinovich]와 데이비드 솔로몬[David A. Solomon]

파벨 요시포비치^{Pavel Yosifovich}

마이크로소프트 기술과 툴에 전통한 개발자이자 교육자, 저자이며, 마이크로소프트 MVP이고, Pluralsight 저자로서 소프트웨어에 대한 무한한 사랑이 있다. 8비트 머신 시절부터 이 분야에 계속 종사하고 있으며, 코모도64^{Commodore64}에서 프로그래밍하던 시절을 애정 어린 시선으로 회상하곤 한다.

알렉스 이오네스쿠^{Alex Inoescu}

크라우드스트라이크^{CrowdStrike}에서 EDR Strategy의 부회장을 역임하고 있으며, 로우레벨 시스템 소프트웨어와 운영체제 연구, 커널 개발, 보안 교육, 리버스 엔지니어링 분야에서 국제적으로 인정받는 전문가다. 전 세계적으로 윈도우 내부 구조 강연을 하기도 하며, 콘퍼런스 연사나 버그 현상금 프로그램을 통해 보안 연구 커뮤니티에서도 활동 중이다.

마크 러시노비치^{Mark Russinovich}

마이크로소프트의 글로벌 엔터프라이즈급의 클라우드 플랫폼인 마이크로소프트 애저^{Azure}의 CTO다. 분산 시스템과 운영체제 분야에서 잘 알려진 전문가다. Winternals Software를 공동 창업했으며, 이 회사를 그만두고 2006년 마이크로소프트에 합류했다. 인기가 있는 다수의 윈도우 관리 및 진단 유틸리티를 보유한 Sysinternals 툴과 웹사이트의 주 저자이기도 하다.

데이비드 솔로몬^{David Solomon}

지난 20년간 전 세계에 걸쳐 수많은 개발자와 IT 전문가, 마이크로소프트 직원에게 윈도우 커널 인터널에 대한 강의를 진행했으며, 현재 은퇴했다. 첫 번째 책은 『Windows NT for OpenVMS Professionals』이다. 그리고 『Inside Windows NT 2nd Edition』(Microsoft Press, 1997)을 저술했으며, 그 후에 마크 러시노비치와 함께 『Windows Internals』 시리즈의 4, 5, 6판을 공동으로 집필했다. 수많은 마이크로소프트 강연을 했으며, 1993년과 2005년 두 번에 걸쳐 마이크로소프트 지원 MVP 상을 받았다.

감사의 글

먼저 이 프로젝트에 참여해준 파벨 요시포비치에게 감사하다. 그의 참여는 이 책의 출판에 있어 결정적 요인이 됐으며, 윈도우 세부 사항에 대한 연구와 변경된 6번의 출판에 대한 집필로 지새운 수많은 나날이 있어 이 책이 존재한다.

마이크로소프트 윈도우 개발 팀의 핵심 멤버와 전문가들의 리뷰와 조언, 지원이 없었더라면 이 책에서 이런 수준의 정확성과 기술적 세밀함은 없었을 것이다. 따라서 이 책에 기술적 검토와 조언을 아끼지 않은 분들과 더불어 저자들에게 지원과 도움을 준 분들께 감사의 말을 전한다. Akila Srinivasan, Alessandro Pilotti, Andrea Allievi, Andy Luhrs, Arun Kishan, Ben Hillis, Bill Messmer, Chris Kleynhans, Deepu Thomas, Eugene Bak, Jason Shirk, Jeremiah Cox, Joe Bialek, John Lambert, John Lento, Jon Berry, Kai Hsu, Ken Johnson, Landy Wang, Logan Gabriel, Luke Kim, Matt Miller, Matthew Woolman, Mehmet Iyigun, Michelle Bergeron, Minsang Kim, Mohamed Mansour, Nate Warfield, Neeraj Singh, Nick Judge, Pavel Lebedynskiy, Rich Turner, Saruhan Karademir, Simon Pope, Stephen Finnigan, Stephen Hufnagel께 감사드린다.

헥스레이$^{Hex-Rays}$ 사(www.hex-rays.com)의 Ilfak Guilfanov에게도 IDA Pro Advanced와 헥스레이$^{Hex-Rays}$의 라이선스를 10년 넘게 알렉스 이오네스쿠에게 제공해 윈도우 커널의 리버스 엔지니어링 작업을 신속하게 하게 해준 데 대해 감사의 말을 전한다. 또한 계속된 지원과 더불어 소스코드에 접근하지 않고서도 이런 책을 집필하는 것이 가능하게 역컴파일러 기능을 개발해 준 데 대해서도 감사의 말을 전한다.

마지막으로 이 책이 실제로 출판될 수 있게 뒤에서 작업을 진행해 주신 마이크로소프트 출판부의 훌륭한 스탭들께도 감사의 말을 전한다. Devon Musgrave는 인수 편집자로서 그의 마지막 업무 역할을 해주셨고, Kate Shoup는 프로젝트 편집자로서 제목을 감수해줬다. Shawn Morningstar와 Kelly Talbot, Corina Lebegioara 역시 이 책의 품질에 기여했다.

김점갑(khealin@naver.com)

삼성전자에서 GNU 컴파일러를 기반으로 ARM CORE 컴파일러 포팅/개발 프로젝트를 수행했다. 이후 보안 분야와 디바이스 드라이버에 관심을 두고 데브그루를 공동으로 창업해 다양한 장치/보안 드라이버를 개발했고, 다수의 드라이버 강의나 세미나, 교육을 진행했다. (주)안랩의 기반 기술 팀에서 보안 관련 시스템 프로그램 개발 업무를 수행했다. 현재는 여행 사진에 관심이 많다.

옮긴이의 말

모바일 디바이스로의 급속한 컴퓨팅 산업의 재편과 더불어 5G를 기반으로 한 빅데이터 시대가 도래하고, 우리 실생활과 더욱 밀접해진 AI 분야의 무궁무진한 응용과 발전 가능성을 보게 될 때면 앞으로의 펼쳐질 4차 산업 혁명의 시대가 과연 어떤 모습으로 다가올지 무척이나 기대된다. 그런 측면에서 이번 7판을 번역하면서 윈도우 운영체제도 이런 시대 상황을 반영해 통합과 효율성, 그리고 보안에 가장 많은 중점을 두고 개발이 진행됐음을 짐작할 수 있었다.

이 책은 1992년, 헬렌 큐스터가 최초 집필한 『Inside Windows NT』의 7판에 해당한다. 역자의 책장 한 구석에 몇 페이지 되지 않는 1판이 아직도 먼지와 함께 고이 자리하고 있다. 윈도우 운영체제의 역사에서 한 획을 그은 거장들인 데이비드 솔로몬, 마크 러시노비치, 알렉스 이오네스쿠, 파벨 요시포비치 등의 손을 거쳐 현재의 7판에 이르렀다.

윈도우 비스타와 윈도우 7, 윈도우 서버 2008 R2 운영체제의 핵심 내용을 다뤘던 5판이나 6판에 비해 7판은 모바일 플랫폼을 포괄하는 마이크로소프트 윈도우 10과 윈도우 서버 2016 운영체제의 핵심 구성 요소인 프로세스와 스레드, 메모리 관리, 그리고 더욱 관심이 높아지는 보안 분야를 다루는 시스템 아키텍처의 내부 동작 방법을 이해하고자 하는 고급 컴퓨터 개발자와 보안 연구가, 시스템 관리자를 위한 윈도우 운영체제의 설계 철학을 담았다.

척박한 소프트웨어 개발 현장에서 지금 이 순간에도 수고하는 열정으로 가득한 동료, 선배, 그리고 후배들께 감사한 마음 가득하며, 이 책의 출판이 있기까지 수고해주신 에이콘의 권성준 사장님과 출판사 관계자분들, 편집에 수고해주신 박창기 이사님께 감사드린다.

차례

들어가며

이 책은 마이크로소프트 윈도우 10과 윈도우 서버 2016 운영체제의 핵심 구성 요소가 내부적으로 동작하는 방법을 이해하고자 하는 고급 컴퓨터 전문가(개발자와 보안 연구가, 시스템 관리자)를 염두에 두고 썼다. 개발자는 윈도우 플랫폼에 맞는 애플리케이션을 작성할 때 여기서 제시하는 지식으로 설계 이면에 감춰진 철학을 좀 더 잘 이해할 수 있을 것이며, 난해한 문제를 디버깅하는 데 도움이 될 것이다. 운영체제가 이면에서 동작하는 방식을 이해하면, 문제가 발생할 때 시스템의 성능 행위를 쉽게 이해할 수 있다. 시스템 문제를 좀 더 쉽게 해결할 수 있어 시스템 관리자도 여기서 안내하는 정보로 도움을 받을 수 있으며, 최신 윈도우가 제공하는 보안 기능과 완화책을 이해할 수 있다. 그리고 보안 연구가는 소프트웨어 애플리케이션과 운영체제가 어떻게 오작동하고 오용돼 바람직하지 않은 행위를 유발하는지를 이해할 수 있다. 이 책을 숙지한다면 윈도우의 동작 방식과 그렇게 동작하는 이유를 좀 더 잘 이해하게 될 것이다.

책의 역사

이 책은 최초 Helen Custer이 집필한(마이크로소프트 윈도우 NT 3.1 출시 이전에) 『Inside Windows NT』(Microsoft Press, 1992)의 7판에 해당한다. 『Inside Windows NT』는 윈도우 NT에 관해 첫 번째 출판된 책으로, 시스템 설계와 아키텍처에 관한 핵심적인 내부 사항을 제공했다. 『Inside Windows NT 2nd Edition』(Microsoft Press, 1997)은 데이비드 솔로몬이 집필했다. 2판에서는 윈도우 NT 4.0을 추가적으로 다뤘으며, 기술적

심도가 매우 향상됐다.

『Inside Windows 2000, Third Edition』(Microsoft Press, 2000)은 데이비드 솔로몬과 마크 러시노비치가 공동 집필했다. 3판에서는 시작과 종료, 서비스 내부, 레지스트리 내부, 파일 시스템 드라이버, 네트워킹과 같은 새로운 주제를 추가했다. 또한 윈도우 드라이버 모델Windows Driver Model과 플러그앤플레이, 전원 관리, 윈도우 관리 툴, 암호화, 잡 객체, 터미널 서비스 등에서의 커널 변경 사항을 다뤘다. 윈도우 XP와 윈도우 서버 2003 업데이트를 다룬 『Windows Internals, Fourth Edition』(Microsoft Press, 2004)은 Windows Sysinternals에서 구할 수 있는 주요 툴을 사용하고 크래시 덤프를 분석하는 것과 같이 윈도우 내부 지식을 이용하는 IT 전문가에게 도움이 되는 것에 초점을 맞춰 내용을 추가했다.

『Windows Internals 제5판』(에이콘, 2010)은 윈도우 비스타와 윈도우 서버 2008에서 변경된 사항을 다뤘다. 이 시점에 라크 러시노비치(현재는 Azure CTO다)는 마이크로소프트로 이직을 했고 알렉스 이오네스쿠가 공동 저자로 참여했다. 이미지 로더와 유저 모드 디버깅 기능, 고급 로컬 프로시저 호출ALPC, Hyper-V에 관한 내용이 새롭게 추가됐다. 『Windows Internals 제6판 Vol. 1』(에이콘, 2012)과 『Windows Internals 제6판 Vol. 2』(에이콘, 2014)에서는 전체적으로 업데이트가 돼 윈도우 7과 윈도우 서버 2008 R2에서의 커널 변경 사항을 다뤘다. 변경된 툴을 반영하기 위해 실습 부분도 갱신했다.

7판에서 변경된 내용

이 책의 마지막 업데이트 이후에도 윈도우는 여러 번의 릴리스를 거쳐 윈도우 10과 윈도우 서버 2016에 이르렀다. 현재 윈도우 이름인 윈도우 10은 제조 초기 출시(RTM) 이후로 몇 번의 릴리스를 거쳤다. 각 릴리스 버전은 윈도우 10, 버전 1703(2017년 3월 개발 완료)과 같이 출시 년도와 달을 나타내는 네 자리 버전 번호를 가진다. 이것은 윈도우가 윈도우 7 이래로 최소 6 버전을 거쳤다는 것을 암시한다(이 책의 집필 당시에).

윈도우 8부터 시작해 마이크로소프트는 윈도우 엔지니어링 팀뿐만 아니라 개발자 관점에서도 이로운 OS 통합 절차를 시작했다. 윈도우 8과 윈도우폰 8은 통합된 커널을 갖고 최신 앱 통합이 윈도우 8.1과 윈도우폰 8.1에 도입됐다. 통합은 데스크톱/노트북과 서버, Xbox, 폰(윈도우 모바일 10), 홀로렌즈, 다양한 사물 인터넷^{IoT} 장치에서 실행하는 윈도우 10에서 완성됐다.

이런 대단원의 통합은 좀 더 안전한 커널 아키텍처로 나아갈 수 있는 거의 지난 반세기만의 변화를 마침내 따라 잡을 수 있게 새로운 에디션 시리즈에 맞춰 그 시기가 너무나 적절했다. 따라서 이번 최신판에서는 윈도우 8에서 윈도우 10 버전 1703에 이르는 윈도우의 여러 측면을 다룬다. 이번 판에서는 새로운 공동 저자인 파벨 요시포비치를 환영하는 바다.

실습

윈도우 소스코드에 접근하지 않고서도 Sysinternals의 툴과 이 책의 용도로 특별히 개발된 툴과 커널 디버거를 이용해 윈도우 내부 구조를 상당 부분 파악할 수 있다. 툴을 사용해 윈도우 내부 행위의 일부분을 드러내 보이거나 시연할 때 툴 사용 단계는 '실습' 절에 목록화돼 있다. '실습' 절은 책 전반에 걸쳐 있다. 이 책을 숙독하면서 실습을 해보기를 권한다. 윈도우가 내부적으로 동작하는 방식을 실제 눈으로 본다면 읽어보기만 하는 것보다 훨씬 큰 느낌으로 다가올 것이다.

다루지 않는 주제

윈도우는 크고도 복잡한 운영체제다. 이 책은 윈도우 내부에 관련된 모든 내용을 다루지 않지만, 기본 시스템 구성 요소에 집중한다. 예를 들어 COM+이나 윈도우 분산 객체지향 프로그램 인프라, 마이크로소프트 .NET 프레임워크, 매니지드 코드 애플리케이션의 기본 사항 등은 다루지 않는다. 이 책은 사용자나 프로그래밍, 시스템 관리자 용도의 것이 아니라 내부를 다루므로, 윈도우를 사용하고 프로그램하며 구성하는 방법을 설명하지는 않는다.

주의와 경고

이 책에서는 문서화되지 않는 내부 아키텍처의 행위와 윈도우 운영체제의 동작(내부 커널 구조체와 함수 같은)을 설명하기 때문에 이들 내용은 윈도우 배포판에 따라 변경될 수 있다.

"변경될 수 있다"라는 것이 이 책에서 설명하는 세부 사항이 배포판마다 반드시 변경된다는 의미는 아니다. 그렇지만 변경되지 않을 것이라고 기대해서는 안 된다. 이들 문서화되지 않은 인터페이스를 사용하는 모든 소프트웨어(또는 운영체제에 관한 내부자 지식)가 윈도우의 향후 버전에서는 동작하지 않을지도 모른다. 더 나쁜 것은 커널 모드(디바이스 드라이버처럼)에서 동작하고 이들 문서화되지 않은 인터페이스를 사용하는 소프트웨어는 새로운 버전의 윈도우에서 동작할 때 시스템 크래시를 일으킬 수도 있으며, 이로 인해 해당 소프트웨어 사용자 데이터의 잠재적 손실로 이어질 수 있다는 점이다.

요약하면 내부 윈도우 함수와 레지스트리 키, 행동, API, 이 책에서 언급한 그 밖의 문서화되지 않은 세부 사항을 최종 사용자 시스템용으로 설계된 모든 종류의 소프트웨어 개발 때 사용해서도 안 되며, 연구나 문서 이외의 목적으로 사용해서도 안 된다.

이 책의 대상 독자

이 책은 독자가 파워유저 수준의 윈도우 작업에 익숙하며, CPU 레지스터와 메모리, 프로세스, 스레드 같은 운영체제 및 하드웨어 개념을 기본적으로 이해하고 있다고 가정한다. 함수와 포인터, C 프로그래밍 언어 구문에 대한 이해는 일부 절에서 유용하다.

이 책의 구성

6판과 동일하게 2권으로 나뉘어 있으며, 이 책이 첫 번째 권이다.

1장, 개념과 툴에서는 윈도우 내부 개념에 대한 일반적인 소개를 하고, 책 전반에 걸쳐 사용되는 주요 툴을 소개한다. 2장부터 7장을 이해하는 데 필요한 배경 지식을 제공하기 때문에 1장을 먼저 읽는 것이 중요하다.

2장, 시스템 아키텍처에서는 윈도우를 구성하는 아키텍처와 주요 구성 요소를 보여주고, 이들을 심도 있게 알아본다. 이들 개념 중 일부는 후속 장에서 좀 더 세부적으로 다룬다.

3장, 프로세스와 잡에서는 윈도우에서 프로세스가 구현되는 방법과 이를 처리하는 다양한 방법을 자세히 설명한다. 또한 잡은 프로세스 집합을 제어하고 윈도우 컨테이너 지원을 활성화하는 수단임을 설명한다.

4장, 스레드에서는 윈도우에서 스레드를 관리하고 스케줄하며 조작하는 방법을 세부적으로 설명한다.

5장, 메모리 관리에서는 메모리 관리자가 물리적 메모리와 가상 메모리를 사용하는 방법과 프로세스와 드라이버가 비슷하게 메모리를 조작하고 사용할 수 있는 다양한 방법을 보여준다.

6장, I/O 시스템에서는 윈도우의 I/O 시스템이 어떻게 작동하고 I/O 주변 장치와 작업하기 위한 메커니즘을 제공하는 디바이스 드라이버와 어떻게 통합되는지 살펴본다.

7장, 보안에서는 익스플로잇에 대처하기 위해 시스템의 일부가 된 완화책을 비롯해 윈도우에 내장된 다양한 보안 메커니즘을 상세히 설명한다.

편집 규약

이 책에서는 다음과 같은 편집 규약을 사용한다.

- 고딕체는 클릭하도록 지시받은 인터페이스 항목이나 누르게 지시된 버튼을 나타내는 데 사용되고, 새로운 용어를 나타내는 데도 사용된다.
- 코드 항목은 고정폭 글꼴로 표시한다.
- 대화상자와 대화상자 항목의 이름에서 첫 문자는 Save As dialog box와 같이 대문자를 사용한다.
- 단축키는 키 이름을 구분하는 더하기 기호(+)로 표시된다. 예를 들어 Ctrl + Alt + Delete는 Ctrl, Alt 및 Delete 키를 동시에 누르는 것을 의미한다.

부록에 관해

독자의 학습 경험을 풍부하게 하기 위해 부록을 제공한다. 이 책의 부록은 다음 페이지에서 다운로드할 수 있다.

https://aka.ms/winint7ed/downloads

또한 이 책의 용도로 특별히 작성된 툴의 소스코드를 https://github.com/zodiacon/windowsinternals에서 제공한다.

오류와 책에 대한 지원

이 책과 그 부속 내용을 정확히 하려고 각고의 노력을 기울였다. 출판 이후에 보고되는 오류는 마이크로소프트 출판 사이트를 참고하기 바란다.

https://aka.ms/winint7ed/errata

아직까지 등록되지 않은 오류를 찾으면 위에 언급한 URL 주소에 등록하면 된다.

추가적인 지원이 필요하다면 마이크로소프트 출판 지원(mspinput@microsoft.com)으로 메일을 보내면 된다.

마이크로소프트 소프트웨어에 대한 제품 지원은 이들 주소를 통해서는 제공되지 않음에 유의하자.

한국어판은 에이콘출판사 도서정보 페이지 http://www.acornpub.co.kr/book/windows-internals7-vol1을 참조하고 문의나 추가 지원이 필요하다면 에이콘출판사 편집 팀 (editor@acornpub.co.kr)으로 메일을 보내주기 바란다.

독자의 소리

마이크로소프트 출판사는 독자의 만족을 최고로 우선시하며, 독자가 주는 피드백을 최고의 자산으로 여긴다. 이 책에 관한 의견은 다음 주소에 남겨주면 된다.

https://aka.ms/tellpress

설문 조사는 분량이 작다. 우리는 독자의 논평이나 견해를 빠짐없이 살펴본다. 독자의 의견에 미리 감사의 말을 전한다.

지속적인 연락

트위터 주소 Twitter: @MicrosoftPress를 통해 언제든지 대화가 가능하다.

01 개념과 툴

1장에서는 마이크로소프트의 윈도우 운영체제에 대한 개념과 이 책에서 사용할 윈도우 API와 프로세스, 스레드, 가상 메모리, 커널 모드와 유저 모드, 객체, 핸들, 보안, 레지스트리 같은 용어를 소개한다. 또한 윈도우 내부를 살펴보기 위한 커널 디버거와 성능 모니터, 윈도우 Sysinternals(www.microsoft.com/technet/sysinternals)의 핵심 툴들을 소개한다. 덧붙여 윈도우 내부에 대한 추가 정보를 찾기 위해 윈도우 드라이버 킷^{Windows Driver Kit}과 윈도우 소프트웨어 개발 킷^{Windows Software Development Kit}을 어떻게 사용할 수 있는지 설명한다.

반드시 1장을 모두 이해해야 한다. 이 책의 나머지 부분은 1장을 이해했다고 가정했다.

윈도우 운영체제 버전

이 책은 최신 버전의 마이크로소프트 윈도우 클라이언트와 서버 운영체제를 다룬다. 윈도우 10(x86과 ARM에서의 32비트 버전 그리고 x64에서의 64비트 버전)과 윈도우 서버 2012 R2(64비트 버전)이 그것이다. 특별히 언급하지 않는다면 본문의 내용은 모든 버전에 해당된다. 참고로 표 1-1에서 윈도우 제품 이름과 내부 버전 번호, 배포 날짜를 보여준다.

잘 정의된 버전 번호는 윈도우 7부터 일관성이 결여됐다. 윈도우 7의 버전 번호는 7이 아니라 6.1이다. 윈도우 XP의 인기로 인해 윈도우 비스타의 버전 번호가 6.0이 됐고, 개발자들은 5 이상의 메이저 번호와 1 이상의 마이너 번호(이들 값은 윈도우 비스타의 버전 번호가 아니다)를 검사했기 때문에 일부 애플리케이션은 정확한 OS를 탐지하지 못했다. 이런 경험으로 마이크로소프트는 호환성 결여를 최소화하게 메이저 번호를 6, 마이너 버전 번호를 2(1보다 크게)로 남겨두기로 했다. 하지만 윈도우 10의 경우 버전 번호는 10.0으로 결정됐다.

표 1-1 윈도우 운영체제 출시

제품명	내부 버전 번호	배포 날짜
윈도우 NT 3.1	3.1	1993년 7월
윈도우 NT 3.5	3.5	1994년 9월
윈도우 NT 3.51	3.51	1995년 5월
윈도우 NT 4.0	4.0	1996년 7월
윈도우 2000	5.0	1999년 12월
윈도우 XP	5.1	2001년 8월
윈도우 서버 2003	5.2	2003년 3월
윈도우 서버 2003 R2	5.2	2005년 12월
윈도우 비스타	6.0	2007년 1월
윈도우 서버 2008	6.0(서비스팩 1)	2008년 3월
윈도우 7	6.1	2009년 10월
윈도우 서버 2008 R2	6.1	2009년 10월
윈도우 8	6.2	2012년 10월
윈도우 서버 2012	6.2	2012년 10월
윈도우 8.1	6.3	2013년 10월
윈도우 서버 2012 R2	6.3	2013년 10월
윈도우 10	10.0(빌드 10240)	2015년 7월
윈도우 10 버전 1511	10.0(빌드 10586)	2015년 11월
윈도우 10 버전 1607(애니버서리 업데이트)	10.0(빌드 14393)	2016년 7월
윈도우 서버 2016	10.0(빌드 14393)	2016년 10월

> 윈도우 8부터 GetVersionEx 윈도우 API 함수는 실제 OS와 관계없이 OS 버전 번호 6.2(윈도우 8)를 기본으로 반환한다(이 함수는 미사용 함수로 명시돼 있다). 이렇게 한 이유는 호환성 문제를 최소화하면서 대부분의 경우에 OS 버전 검사가 최선의 접근법이 아님을 나타내고자 한 것이다. 이는 일부 컴포넌트가 공식 윈도우 배포와 일치하지 않고 범주를 벗어나 설치될 수 있기 때문이다. 하지만 실제 OS 버전이 필요하다면 VerifyVersionInfo 함수나 IsWindows8OrGreater, IsWindows8Point1OrGreater, IsWindows10OrGreater, IsWindowsServer와 유사한 함수를 사용해 간접적으로 구할 수 있다. OS 호환성은 실행 가능한 매니페스트에 표시될 수도 있는데, 이는 이들 함수의 결과를 바꿀 수도 있다(좀 더 자세한 사항은 『윈도우 인터널즈 2권』의 8장 '시스템 메커니즘'을 참고하라).

ver 커맨드라인 툴을 사용하거나 winver를 실행해 윈도우 버전 정보를 볼 수 있다. 다음은 윈도우 10 엔터프라이즈 버전 1511에서 실행한 winver의 스크린샷이다.

이 스크린샷은 윈도우 내부 관계자들(윈도우 시사회에 등록한 사람들)에게 유용할 수 있는 윈도우 빌드 번호(이 경우 10586.218)도 보여준다. 빌드 번호는 어떤 패치 수준이 설치됐는지를 보여주므로 보안 업데이트를 관리하는 데에도 도움이 될 수 있다.

윈도우 10과 향후 윈도우 버전

마이크로소프트는 윈도우 10의 경우 예전보다 빠른 주기로 갱신을 할 것이라고 예고했다. 공식적인 윈도우 11은 출시되지 않을 것이므로 윈도우 업데이트(또는 다른 엔터프라이즈 서비스 모델)는 기존 윈도우 10을 새로운 버전에 맞게끔 업데이트할 것이다. 이 책을 집필할 당시에 2015년 11월(서비스 년도와 월을 참고해 버전 1511로 알려져 있다)과 2016년 7월(버전 1607로서 시장에서는 애니버서리 업데이트^Anniversary Update^로 알려져 있다)에 걸쳐 이런 두 종류의 업데이트가 있었다.

> 내부적으로 마이크로소프트는 연이어 윈도우 버전을 빌드한다. 예를 들어 최초의 윈도우 10 배포는 코드 이름이 스레스홀드(Threshold) 1이었고, 2015년 11월의 업데이트는 스레스홀드 2였다. 연이은 다음 세 번의 업데이트는 레드스톤(Redstone) 1(버전 1607)과 레드스톤 2, 레드스톤 3이었다.

윈도우 10과 원코어

수년에 걸쳐 여러 종류의 윈도우가 발전해왔다. PC에서 실행하는 주류의 윈도우는 별도로 하더라도 윈도우 2000에서 갈라져 나온 윈도우를 실행하는 엑스박스^Xbox^ 360 게임 콘솔이 있다. 윈도우폰 7은 윈도우 CE(마이크로소프트 사의 실시간 OS)를 기반으로 하는 다양한 윈도우를 실행한다. 이들 모든 코드 기반을 유지하고 확장하는 것은 확실히 어려운 일이다. 따라서 마이크로소프트는 커널과 바이너리 지원 기본 플랫폼을 하나로 통합하기로 결정했다. 이 작업은 윈도우 8과 윈도우폰 8이 공유 커널을 갖게 하는 것부터 시작됐다(윈도우 8.1과 윈도우폰 8.1이 통합된 윈도우 런타임 API를 갖게). 윈도우 10의 경우 이런 통합은 완벽하다. 이런 공유 플랫폼은 원코어^OneCore^로 알려져 있으며, 이는 PC와 폰, 엑스박스 원 게임 콘솔, 홀로렌즈^HoloLens^, 라즈베리^Rasverry^ 파이 2와 같은 사물 인터넷^IoT^에서 실행된다.

분명 이런 모든 장치의 폼 팩터^form factor^는 서로 매우 상이하다. 일부 장치에는 존재하지 않는 특성도 있다. 예를 들어 홀로렌즈 장치에 마우스나 물리적 키보드를 지원하는 것은 이치에 맞지 않으므로 이런 장치에 사용되는 윈도우 10의 경우 마우스나 키보드 지원 요소가 당연히 없다. 하지만 커널과 드라이버, 기본 플랫폼 바이너리는 근본적으로 동일하다(성능이나 여타 이유로 레지스트리 기반과 정책 기반 설정을 가진다). 3장의 'API

세트' 절에서 이런 정책의 예를 볼 수 있다.

어떤 장치가 수행되든 간에 이 책은 코어 커널의 내부에 집중한다. 하지만 이 책의 실습은 편의성을 위해 마우스와 키보드가 딸린 데스크톱 머신을 대상으로 한다. 폰이나 엑스박스 원과 같은 장치에서 이런 실습을 하기란 쉽지 않다(일부 경우에는 불가능하다).

기본 개념과 용어

이 책의 나머지 논의된 주제를 이해하는 데 필수적인 윈도우의 가장 기본이 되는 개념을 다음 몇 절에 걸쳐 소개한다. 프로세서와 스레드, 가상 메모리 같은 여러 개념은 이후의 장들에서 알아본다.

윈도우 API

윈도우 애플리케이션 프로그래밍 인터페이스^{API, Application Programming Interface}는 윈도우 운영체제 군에 대한 유저 모드 시스템 프로그래밍 인터페이스다. 윈도우 64비트 버전이 발표되기 전에 윈도우 오리지널 16비트 버전에 대한 프로그래밍 인터페이스인 오리지널 16비트 윈도우 API와 구별하기 위해 윈도우 운영체제의 32비트 버전에 대한 프로그래밍 인터페이스를 Win32 API라고 했다. 이 책에서 윈도우 API란 용어는 윈도우의 32비트와 64비트 프로그래밍 인터페이스 양쪽 모두를 가리킨다.

> 종종 윈도우 API를 대신해 Win32 API 용어를 사용할 수도 있다. 어떤 용어를 사용하든지 32비트와 64비트 둘 다를 언급하는 것이다.

윈도우 API

윈도우 API는 최초 C 유형의 함수만으로 이뤄졌다. 현재에도 개발자들이 사용하는 수천 개의 이런 함수가 존재한다. C 언어는 윈도우 잉태시기에 최소 공통분모(즉, C 언어는 여타 언어에서도 접근 가능했다)이었고, OS 서비스를 노출하기에 충분히 저수준의 언어였으므로 가장 자연스런 선택이었다. 함수명의 일관성 결여 및 논리적 그룹화(예를 들어 C++ 네임스페이스)의 부족성과 연관된 함수의 수적인 측면이 단점이다. 이러한 어려움의 한 가지 산물로서 C 유형과는 상이한 API 메커니즘을 사용하는 좀 더 최신 API인 COM^Component Object Model이 만들어졌다.

COM은 최초 마이크로소프트 오피스 애플리케이션에서 문서 간의 데이터 통신과 교환 (엑셀 차트를 워드 문서 또는 파워포인트 프레젠테이션에 삽입하는 것과 같이)을 위해 고안됐다. 이런 기능은 객체 연결과 삽입^OLE, Object Linking and Embedding으로 불렸다. OLE는 동적 데이터 교환^DDE, Dynamic Data Exchange으로 불리는 예전의 윈도우 메시지 교환 메커니즘을 사용해 최초 구현됐다. DDE는 본질적으로 제약이 있었으므로 새로운 방식의 통신인 COM이 개발됐다. COM은 최초에 OLE 2로 불렸으며, 1993년경에 일반인에게 배포됐다.

COM은 두 가지 기본적인 원리에 기반을 둔다. 첫째, 클라이언트는 인터페이스(가상 테이블 디스패치 메커니즘하에 그룹화된 논리적 연관 메소드의 집합을 가진 잘 정의된 규약)를 통해 객체(종종 COM 서버 객체로 불린다)와 통신한다. 이는 C++ 컴파일러가 가상 함수 디스패치를 구현하는 일반적인 방법이기도 하다. 이 방식은 바이너리 호환성 문제와 컴파일러 이름 변경^mangling 문제를 해결해준다. 결과적으로 C와 C++, 비주얼 베이직,

.NET 언어, 델파이 같은 여러 언어에서 이들 메소드를 호출할 수 있다. 두 번째 원리는 컴포넌트 구현 부분이 클라이언트에 정적으로 링크되는 것이 아니라 동적으로 로드된다는 점이다.

COM 클래스가 구현되는 곳에서 COM 서버라는 용어는 동적 링크 라이브러리DLL, Dynamic Link Library나 실행 파일(EXE)을 가리킨다. COM은 보안과 크로스프로세스 마샬링cross-process marshalling, 스레드 모델 등과 연관된 중요한 특성을 가진다. COM에 관한 광범위한 논의는 이 책의 범주를 벗어난다. COM을 잘 소개한 책은 Don Box가 집필한 『Essential COM』(Addison-Wesley, 1998)을 참고하라.

> COM을 통해 접근되는 API의 예로는 다이렉트쇼와 윈도우 미디어 파운데이션, 다이렉트X, 다이렉트 컴포지션, 윈도우 이미지 컴포넌트(WIC, Windows Imaging Component), 백그라운드 지능형 전송 서비스(BITS, Background Intelligent Transfer Service)가 있다.

윈도우 런타임

윈도우 8은 새로운 API와 윈도우 런타임으로 불리는 지원 런타임을 도입했다(종종 약어로 WinRT라고 표기한다. 단종된 ARM 기반의 윈도우 OS 버전인 윈도우 RT와 혼동하지 말자). 윈도우 런타임은 윈도우 앱(이전에는 메트로Metro 앱과 모던Modern 앱, 이머시브Immersive 앱, 윈도우 스토우 앱으로 알려졌다) 용도의 앱 개발자를 특별히 대상으로 하는 플랫폼 서비스로 이뤄져 있다. 윈도우 앱은 소규모의 IoT 장치에서 폰과 태플릿, 노트북, 데스크톱, 심지어 엑스박스 원과 마이크로소프트 홀로렌즈에 이르기까지의 여러 장치의 폼 팩터를 대상으로 할 수도 있다.

API 관점에서 WinRT는 기본 COM 인프라에 다양한 확장을 추가해 COM 상단에 구축돼 있다. 예를 들어 유형 라이브러리로 알려진 COM 내의 유사한 개념을 확장한 완벽한 유형 메타데이터가 WinRT에서는 이용 가능하다(WINMD 파일에 저장돼 있으며, .NET 메타데이터 포맷을 기반으로 한다). API 설계 관점에서 WinRT는 전통적인 윈도우 API 함수에 비해 네임스페이스 계층과 일관적인 명명성naming, 체계적인 패턴을 가지며, 훨씬 더 응집성이 강하다.

윈도우 앱은 일반적인 윈도우 애플리케이션(이제는 윈도우 데스크톱 애플리케이션 또는 전통적인 윈도우 애플리케이션으로 불린다)과 달리 새로운 규칙을 따른다. 이들 규칙은 이 책 2권의 9장에서 설명한다.

다양한 API와 애플리케이션 간의 관계는 직관적이지 않다. 데스크톱 앱은 WinRT API의 일부를 사용할 수 있다. 반대로 윈도우 앱은 Win32와 COM API를 사용할 수도 있다. 각 애플리케이션 플랫폼에서 사용 가능한 API의 세부적 사항은 MSDN 문서를 참고하라. 특정 API의 이용 가능성이 문서화되지 않거나 특정 API가 지원되지 않더라도 기본적인 바이너리 수준에서 WinRT API는 기존 윈도우 바이너리와 API 상단에 자리 잡고 있음에 유의하자. WinRT API는 시스템 측면에서 새로운 네이티브 API가 아니며 거의 .NET과 같이 여전히 전통적인 윈도우 API를 이용한다.

C++와 C#(또는 여타 .NET 언어)으로 작성된 애플리케이션과 자바스크립트는 이들 플랫폼을 위해 개발된 언어 예측성 덕택에 WinRT API를 쉽게 사용할 수 있다. 마이크로소프트는 WinRT 유형을 좀 더 쉽게 이용할 수 있는 C++/CX로 알려진 비표준적 확장을 고안했다. .NET(일부 런타임 확장을 지원하는)의 일반적인 COM 연동 계층은 어떠한 .NET 언어이든 WinRT API가 고유한 API인 것처럼 자연스럽게 이용하게 허용한다. 자바스크립트 개발자는 앱 사용자 인터페이스를 구축하는 데 HTML을 여전히 사용해야 하지만, 자바스크립트 개발자를 위해 WinRT 접근 용도의 WinJS라는 확장이 개발됐다.

 HTML이 윈도우 앱에서 사용될 수 있다고 하더라도 HTML은 여전히 로컬 클라이언트 앱이며, 웹 서버로부터 검색되는 웹 애플리케이션은 아니다.

.NET 프레임워크

.NET 프레임워크는 윈도우의 일부분이다. 표 1-2는 해당 윈도우 버전에 일부로서 설치된 .NET 프레임워크 버전을 보여준다. 하지만 좀 더 이전의 OS 버전에도 이후 버전의

.NET 프레임워크가 설치될 수 있다.

표 1-2 윈도우의 기본 .NET 프레임워크 설치본

윈도우 버전	.NET 프레임워크 버전
윈도우 8	4.5
윈도우 8.1	4.5.1
윈도우 10	4.6
윈도우 10 버전 1511	4.6.1
윈도우 10 버전 1607	4.6.2

.NET 프레임워크는 다음과 같은 두 개의 주요 컴포넌트로 이뤄져 있다.

- **공통 언어 런타임(Common Language Runtime)** 이것은 .NET을 위한 런타임 엔진이며, 공통 중간 언어^{Common Intermediate Language} 명령을 하부의 하드웨어 CPU 머신 언어와 가비지 컬렉터, 유형 검사, 코드 접근 보안 등의 명령으로 변환하는 JIT ^{just-in-time} 컴파일러를 포함한다. CLR은 COM 인프로세스 서버(DLL)로 구현 돼 있으며, 윈도우 API가 제공하는 다양한 기능을 사용한다.

- **.NET 프레임워크 클래스 라이브러리(Framework Class Library)** 사용자 인터 페이스 서비스와 네트워킹, 데이터베이스 접근 등과 같은 클라이언트와 서버 애플리케이션이 전형적으로 필요로 하는 기능을 구현하는 대규모 라이브러 리다.

새로운 고급 프로그래밍 언어(C#, 비주얼베이직, F#)와 지원 툴을 포함해 이들 기능을 제공함으로써 .NET 프레임워크는 개발자 생산성을 개선하고, 대상으로 하는 애플리케 이션의 안전성과 신뢰성을 향상시킨다. 그림 1-1은 .NET 프레임워크와 OS 간의 관계 를 보여준다.

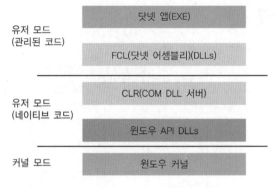

그림 1-1 .NET과 윈도우 OS 간의 관계

서비스와 함수, 루틴

윈도우 사용자와 프로그래밍 문서의 일부 용어는 문맥에 따라 다른 의미를 갖는다. 예를 들면 서비스는 운영체제나 디바이스 드라이버, 서버 프로세스의 호출 가능한 루틴을 가리킨다. 다음은 각 용어가 의미하는 바를 설명한 목록이다.

- **윈도우 API 함수** 윈도우 API에 문서화돼 있고 호출 가능한 서브루틴으로, 예를 들면 CreateProcess와 CreateFile, GetMessage가 있다.
- **네이티브 시스템 서비스(또는 시스템 호출)** 운영체제 하부에 있는 문서화되지 않은 서비스로, 유저 모드에서 호출 가능하다. 예를 들어 NtCreate-UserProcess는 윈도우 CreateProcess 함수가 새로운 프로세스를 생성하기 위해 호출하는 내부 시스템 서비스다.
- **커널 지원 함수(또는 루틴)** 커널 모드에서만 호출 가능한 윈도우 운영체제 내부의 서브루틴(1장의 후반부에서 정의됨)으로, 예를 들면 ExAllocatePool-WithTag는 디바이스 드라이버가 윈도우 시스템 힙(풀pool이라고 부른다)으로부터 메모리를 할당하기 위해 호출하는 루틴이다.
- **윈도우 서비스** 윈도우 서비스 컨트롤 관리자에 의해 시작된 프로세스다. 예를 들면 schtasks 명령(유닉스의 at이나 cron 명령과 유사하다)을 지원하는 작업 스케줄러 서비스는 유저 모드 프로세스에서 동작한다(참고: 레지스트리가 윈도우

디바이스 드라이버를 '서비스'로 정의하지만, 이 책에서는 이렇게 부르지 않는다).

- **DLL(동적 연결 라이브러리)** 호출 가능한 서브루틴들이 모여 있는 바이너리 파일로, 이 서브루틴을 사용하는 애플리케이션에 의해 동적으로 로드될 수 있다. 예를 들면 Msvcrt.dll(C 런타임 라이브러리)과 Kernel32.dll(윈도우 API 서브시스템 라이브러리 중 하나)가 있다. 윈도우 유저 모드 컴포넌트와 애플리케이션은 광범위하게 DLL을 사용한다. 정적 라이브러리 대비 DLL의 장점은 애플리케이션 간에 DLL을 공유할 수 있다는 것과, 윈도우는 애플리케이션이 참조하고 있는 DLL의 코드가 메모리상에 하나의 복사본만 존재하게 한다는 것이다. 참고로 라이브러리 .NET 어셈블리는 DLL로 컴파일되지만, 어떠한 익스포트된 서브루틴도 갖지 않는다. 대신 CLR은 해당 유형 및 멤버에 액세스하려면 컴파일된 메타데이터를 구문 분석한다.

프로세스

프로그램과 프로세스는 표면상으로 유사하지만 본질적으로 서로 다른 것이다. 프로그램은 명령의 정적 연속체인 반면, 프로세스는 프로그램의 인스턴스가 실행될 때 사용되는 리소스의 집합을 위한 컨테이너다. 추상적이고 고차원적 관점에서 볼 때 윈도우 프로세스는 다음과 같이 구성돼 있다.

- **전용 가상 주소 공간** 이는 프로세스가 사용할 수 있는 가상 메모리 주소의 집합이다.
- **실행 가능한 프로그램** 이는 초기 코드와 데이터를 정의한다. 그리고 프로세스의 가상 주소 공간에 매핑된다.
- **오픈 핸들 목록** 이들 핸들은 프로세스 내의 모든 스레드에서 접근 가능한 세마포어와 동기화 객체, 파일 같은 다양한 시스템 리소스에 대응된다.
- **보안 컨텍스트** 이는 해당 앱컨테이너^{AppContainer} 식별자와 이에 관련된 샌드박스^{sandboxing} 정보와 더불어 프로세스와 연관된 사용자와 보안 그룹, 특권, 속성, 클

레임^{claims}, 기능^{capabilities}, 사용자 계정 컨트롤^{UAC} 가상화 상태, 세션, 제한된 사용자 계정 상태를 식별한다.

- **프로세스 ID** 이는 고유한 식별자로서 내부적으로는 클라이언트 ID라고 하는 식별자의 일부다.
- **최소 하나의 실행 스레드** 빈^{empty} 프로세스도 가능하지만, 이는 거의 쓸모가 없다.

프로세스와 프로세스 정보를 살펴보고 수정할 수 있는 다양한 툴이 있다. 다음 실습은 이런 툴을 사용해 얻을 수 있는 프로세스 정보에 대한 다양한 모습을 보여준다. 이런 툴 중 많은 것이 윈도우 자체와 윈도우 SDK의 디버깅 툴에 포함돼 있으며, 일부는 Sysinternals에서 구할 수 있는 별도의 툴로 존재한다. 이런 툴 중 다수는 프로세스와 스레드 정보의 핵심 부분을 다른 이름으로 식별하지만 같은 정보를 보여준다.

프로세스 행위를 관찰하는 데 가장 광범위하게 사용되는 툴은 작업 관리자일 것이다(윈도우 커널에는 태스크^{task}라는 것이 존재하지 않으므로 이 툴의 이름인 작업 관리자는 다소 이상하다). 다음 실습은 작업 관리자의 기본적 기능을 일부 보여준다.

실습: 작업 관리자로 프로세스 정보 보기

내장된 윈도우 작업 관리자는 시스템 내의 프로세스 목록을 제공한다. 작업 관리자는 다음의 4가지 방법 중 하나를 사용해 구동할 수 있다.

- Ctrl+Shift+Esc 키를 누른다.
- 작업바에서 작업 관리자 시작을 클릭한다.
- Ctrl+Alt+Delete를 누르고 작업 관리자 시작 버튼을 클릭한다.
- Taskmgr.exe를 시작한다.

작업 관리자는 처음 시작될 때 세부적 정보를 갖지 않는다. 다음의 스크린샷처럼 최상위에 보이는 윈도우를 갖는 프로세스만을 보여준다.

이 윈도우로부터 할 수 있는 작업은 거의 없다. 자세히 확장 버튼을 클릭하면 작업 관리자의 전체 정보를 볼 수 있다. 프로세스 탭이 기본으로 선택된다.

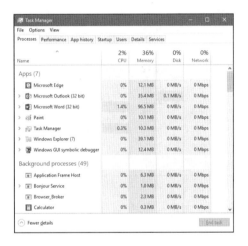

프로세스 탭은 CPU와 메모리, 디스크, 네트워크의 4 가지 열을 가진 프로세스 목록을 보여준다. 상단의 헤더를 마우스 오른쪽 클릭해 더 많은 열을 볼 수 있다. 이용 가능한 열로는 프로세스(이미지) 이름과 프로세스 ID, 형식, 상태, 게시자, 커맨드라인이 있다. 일부 프로세스는 좀 더 세부적 정보를 볼 수 있는데, 해당 프로세스에 의해 생성된 최상위에 보이는 윈도우를 보여준다.

프로세스의 세부적 정보를 보기 위해 세부 탭을 클릭하자. 또는 한 프로세스에 대해 마우스 오른쪽 클릭한 다음에 세부 정보로 이동을 선택하면 된다.

윈도우 7의 작업 관리자 프로세스 탭은 윈도우 8+ 작업 관리자의 자세히 탭과 거의 유사하다. 윈도우 7의 작업 관리자 애플리케이션 탭은 프로세스 자체가 아닌 최상위에 보이는 윈도우를 보여준다. 이 정보는 이제 윈도우 8+ 작업 관리자의 프로세스 탭에 포함 돼 있다.

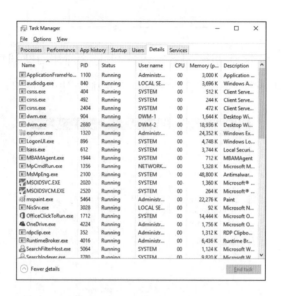

자세히 탭은 프로세스를 보여주지만 좀 더 간결한 방식으로 보여준다. 프로세스에 의해 생성된 윈도우는 보여주지 않고 좀 더 다양한 정보 열을 제공한다.

프로세스는 자신들의 인스턴스 이미지 이름에 의해 식별된다는 점에 주목하자. 윈도우의 일부 객체와는 달리 프로세스는 전역 이름을 가질 수 없다. 추가적인 세부 정보를 표시하기 위해서는 상단을 마우스 오른쪽 클릭해 열 선택을 클릭하면 이때 표시되는 열은 다음과 같다.

일부 핵심 열은 다음과 같다.

- **스레드** 이 열은 각 프로세스 내의 스레드 수를 보여준다. 스레드의 존재 없이(이런 프로세스가 있다고 하더라도 거의 쓸모가 없다) 프로세스를 생성할 수 있는 직접적인 방법은 없기 때문에 스레드의 수는 일반적으로 최소 1은 돼야 한다. 스레드의 수가 0인 프로세스라면 어떤 이유(버그가 있는 드라이버 코드에 의해)로 인해 삭제될 수 없는 프로세스임을 의미한다.

- **핸들** 핸들 열은 해당 프로세스 내에서 실행하는 스레드에 의해 오픈된 커널 객체에 대한 핸들의 수를 보여준다(이 항목은 1장의 후반부에서 다시 언급하고 좀 더 자세한 내용은 2권의 8장에서 다룬다).

- **상태** 상태 열은 다소 난해하다. 사용자 인터페이스를 전혀 갖지 않는 프로세스의 경우라면 모든 스레드들이 뭔가(시그널이 되고 있는 커널 객체나 완료가 이뤄지는 I/O 동작 같은)를 대기 중인 상태일지라도 실행 중 Running 상태가 정상적인 경우다. 이런 프로세스의 경우 가질 수 있는 다른 상태는 일시 중단됨Suspended 상태다. 이 경우는 프로세스 내의 모든 스레드가 일시 중단 상태인 경우에 발생한다. 이런 경우는 프로세스 자체에 의해서는 거의 발생하지 않고, 해당 프로세스에 대해 툴을 이용한 문서화되지 않은 NtSuspendProcess 네이티브 API를 호출함으로써 프로그램적으로 발생할 수 있다(예를 들어 추후에 설명하는 Process Explorer는

이런 옵션을 가진다). 사용자 인터페이스를 생성하는 프로세스의 경우 실행 중 상태 값은 UI가 응답 중임을 의미한다. 즉, 윈도우(들)를 생성한 스레드가 UI 입력(기술적으로 해당 스레드와 관련된 메시지 큐)을 대기 중임을 나타낸다. 일시 중단됨 상태는 넌UI 경우에서도 유사하지만 윈도우 앱(윈도우 런타임을 호스팅하는 앱들)의 경우 일시 중단됨 상태는 일반적으로 앱이 사용자에 의해 최소화됨으로써 자신의 포어그라운드 상태를 잃는 경우에 발생한다. 이런 프로세스는 CPU나 네트워킹 자원을 소비하지 않게 5초 후에 일시 중단되며, 이렇게 해서 새로운 포어그라운드 앱이 모든 머신 자원을 가질 수 있게 해준다. 이런 동작은 특히 태블릿이나 폰과 같은 배터리 전원 장치인 경우에 중요하다. 2권의 9장에서 이와 관련된 메커니즘을 좀 더 세부적으로 다룬다. 상태의 세 번째 가능한 값은 응답 없음이다. 이 상태는 사용자 인터페이스를 생성한 프로세스 내의 한 스레드가 적어도 5초 동안에 UI 관련 동작에 관해 자신의 메시지 큐를 검사하지 않은 경우에 발생한다. 이런 프로세스(실제로 해당 윈도우를 소유한 스레드)는 CPU 집중적인 작업을 바쁘게 하고 있거나 또는 뭔가(I/O 동작이 완료되는 것과 같이)를 전적으로 대기하고 있을 수도 있다. 어느 쪽이든 간에 UI는 멈추고 윈도우 OS는 문제의 윈도우를 희미하게 처리하고 윈도우 타이틀 위치에 '(응답 없음)'으로 표시한다.

각 프로세스는 자신의 부모 프로세스나 생성 프로세스(자신의 생성 프로세스일 수 있지만 항상 그런 것은 아니다)를 가리킨다. 부모가 더 이상 존재하지 않는다면 해당 정보가 갱신되진 않는다. 그러므로 프로세스는 존재하지 않는 부모를 참조할 수 있다. 이것은 별 문제가 되지 않는다. 현재 이렇게 유지된 정보에 아무도 의존하지 않기 때문이다. Process Explorer의 경우 부모 프로세스의 시작 시간은 재사용되는 프로세스 ID를 기반으로 하는 자식 프로세스를 연결^{attaching}시키지 않게 고려한다. 다음 실습은 이러한 행위를 예시한다.

> 부모 프로세스가 생성 프로세스와 다른 이유는 무엇일까? 특정 경우에 특정 사용자 애플리케
> 이션에 의해 생성된 것처럼 보이는 일부 프로세스는 프로세스 생성 API를 호출하는 브로커나 헬퍼
> 프로세스의 도움을 받을 수 있다. 이런 경우 생성자로 브로커 프로세스를 표시하는 데 혼동이 있을
> 수 있으며(핸들이나 주소 공간 상속이 필요한 경우 때때로 부정확할 수도 있다), 다시 부모 관계가
> 이뤄졌다고 표시하는 데 어려움이 있다. 7장에서 이런 예를 볼 수 있다.

실습: 프로세스 트리 보기

대부분의 툴이 나타내지 않는 프로세스에 대한 고유한 한 속성은 부모나 생성자의 프로세스 ID다. 성능 모니터(또는 프로그램적으로)에 생성 프로세스 ID를 질의함으로써 이 값을 추출할 수 있다. Tlist.exe 툴(Debugging Tools for Windows에 포함)는 /t 스위치로 프로세스 트리를 나타낼 수 있다. 다음은 tlist /t의 출력 결과물이다.

```
System Process (0)
System (4)
  smss.exe (360)
csrss.exe (460)
wininit.exe (524)
  services.exe (648)
    svchost.exe (736)
        unsecapp.exe (2516)
        WmiPrvSE.exe (2860)
        WmiPrvSE.exe (2512)
        RuntimeBroker.exe (3104)
        SkypeHost.exe (2776)
        ShellExperienceHost.exe (3760) Windows Shell Experience Host
        ApplicationFrameHost.exe (2848) OleMainThreadWndName
        SearchUI.exe (3504) Cortana
        WmiPrvSE.exe (1576)
        TiWorker.exe (6032)
        wuapihost.exe (5088)
```

```
        svchost.exe (788)
        svchost.exe (932)
        svchost.exe (960)
        svchost.exe (380)
        VSSVC.exe (1124)
        svchost.exe (1176)
          sihost.exe (3664)
          taskhostw.exe (3032) Task Host Window
        svchost.exe (1212)
        svchost.exe (1636)
        spoolsv.exe (1644)
        svchost.exe (1936)
        OfficeClickToRun.exe (1324)
        MSOIDSVC.EXE (1256)
          MSOIDSVCM.EXE (2264)
        MBAMAgent.exe (2072)
        MsMpEng.exe (2116)
        SearchIndexer.exe (1000)
          SearchProtocolHost.exe (824)
        svchost.exe (3328)
        svchost.exe (3428)
        svchost.exe (4400)
        svchost.exe (4360)
        svchost.exe (3720)
        TrustedInstaller.exe (6052)
      lsass.exe (664)
  csrss.exe (536)
  winlogon.exe (600)
    dwm.exe (1100) DWM Notification Window
  explorer.exe (3148) Program Manager
    OneDrive.exe (4448)
    cmd.exe (5992) C:\windows\system32\cmd.exe - tlist /t
      conhost.exe (3120) CicMarshalWnd
      tlist.exe (5888)
  SystemSettingsAdminFlows.exe (4608)
```

출력에서 각 프로세스의 부모/자식 관계를 나타내기 위해 들여썼다. 부모가 살아 있지 않은 프로세스는 왼쪽 끝에 정렬돼 있다(앞의 샘플에서 Explorer.exe와 같이). 조부모 프로세스가 존재하더라도 그 관계를 찾을 방법이 없기 때문이다. 윈도우는 생성자의 프로세스 ID만을 유지한다. 윈도우는 생성자 프로세스 ID만을 유지할 뿐 생성자의 생성자에 대한 후위 링크는 유지하지 않는다. 괄호 내의 숫자는 프로세스 ID며, 일부 프로세스 뒤에 있는 텍스트는 해당 프로세스에 의해 생성된 윈도우의 타이틀이다.

윈도우가 부모 프로세스 ID 이상은 추적하지 않는다는 사실을 실제로 확인 해보기 위해 다음 과정을 따라 해보자.

1. WinKey + R 키를 누르고 cmd를 입력한다. 그리고 명령 프롬프트 윈도우를 열기위해 Enter를 누른다.
2. 부모 윈도우 타이틀을 변경하기 위해 title Parent를 입력한다.
3. 두 번째 명령 프롬프트를 시작하기 위해 start cmd를 입력한다.
4. 두 번째 명령 프롬프트에 title Child를 입력한다.
5. 두 번째 명령 프롬프트에서 마이크로소프트 그림판을 실행하기 위해 mspaint를 입력한다.
6. 두 번째 명령 프롬프트로 돌아가서 exit를 입력한다. 그림판은 여전히 남아 있는 것이 보인다.
7. Ctrl + Shift + Esc 키를 눌러 작업 관리자를 연다.
8. 작업 관리자가 '간단히' 모드이면 자세히를 클릭한다.
9. 프로세스 탭을 클릭한다.
10. 윈도우 명령 처리기 앱을 찾아 그 노드를 펼친다. 다음 스크린샷과 같이 Parent 타이틀을 볼 수 있다.

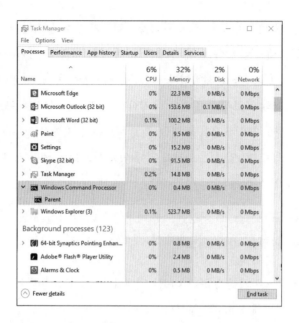

11. 윈도우 명령 처리기 항목을 마우스 오른쪽 클릭해 세부 정보로 이동을 선택한다.

12. 이 cmd.exe 프로세스를 마우스 오른쪽 클릭하고 프로세스 트리 끝내기를 선택한다.

13. 작업 관리자 확인 대화상자에서 프로세스 트리 끝내기를 클릭한다.

첫 번째 명령 프롬프트 윈도우는 사라질 것이다. 그러나 그림판 윈도우는 여전히 보인다. 그림판이 종료한 명령 프롬프트 프로세스의 손자이기 때문이다. 그리고 중간 프로세스(그림판의 부모)가 종료돼 부모와 손자 사이의 링크가 없기 때문이다.

Sysinternals의 Process Explorer는 이 책의 여러 실습에서 사용되는 다른 어떤 툴보다 프로세스와 스레드에 대해 좀 더 상세한 정보를 나타낸다. 다음은 Process Explorer가 나타내거나 할 수 있는 몇 가지 특징적인 것들이다.

- 그룹 목록과 특권, 가상화 상태 같은 프로세스 보안 토큰

- 프로세스와 스레드, DLL, 핸들 목록의 변경을 색으로 강조하는 기능
- 서비스 호스팅 프로세스 내의 서비스 목록, 디스플레이 이름과 설명을 포함
- 미티게이션^{mitigation} 정책과 프로세스 보호 수준 같은 추가적인 프로세스 속성 목록
- 잡^{job}의 일부로서 프로세스와 잡의 상세 정보
- .NET 애플리케이션을 호스팅하는 프로세스 정보, 그리고 AppDomains과 로드된 어셈블리, CLR 성능 카운터 목록 같은 .NET 한정적 상세 정보
- 프로세스와 스레드 시작 시각
- 메모리 맵 파일^{memory-mapped file}의 완전한 목록(단순 DLL들이 아님)
- 프로세스나 스레드를 일시 중지시킬 수 있는 기능
- 개별 스레드를 종료시킬 수 있는 기능
- 일정 기간 사이에 어떤 프로세스가 CPU 시간을 가장 많이 소비하는지를 쉽게 식별하는 기능

> 성능 모니터는 특정 프로세스 집합에 대한 프로세스의 CPU 사용량을 표시할 수 있지만, 성능 모니터 세션이 시작된 이후에 생성된 프로세스는 자동으로 보여주지 않는다. 바이너리 출력 포맷에서 수동적 추적으로만 이것이 가능하다.

또한 Process Explorer로 다음과 같은 정보를 한곳에서 쉽게 볼 수 있다.

- 트리의 일부분을 접을 수 있는 프로세스 트리
- 이름이 없는 핸들을 포함해 프로세스 내의 오픈 핸들
- 프로세스의 DLL 목록(그리고 메모리 맵 파일)
- 프로세스 내의 스레드 활동
- 디버깅 툴의 Dbghelp.dll을 사용해 주소에 대한 이름을 매핑한 정보를 포함해서 유저 모드와 커널 모드 스레드 스택
  - 스레드 주기^{cycle} 계수를 이용해 좀 더 정확한 CPU 비율, 4장에서 설명하는 것처럼 정밀한 CPU 활동에 대한 더 나은 표시

- 무결성 수준
- 최대 할당량^{peak commit charge}이나 커널 메모리 페이지드와 넌페이지드 풀 제한과 같은 메모리 관리자의 세부적 내용(다른 툴은 현재 크기만 나타냄)

다음은 Process Explorer의 사용법을 소개하는 실습이다.

실습: Process Explorer로 프로세스 상세 정보 보기

Sysinternals에서 최신 버전의 Process Explorer를 다운로드하고 실행한다. 표준 사용자 권한으로 실행하면 된다. 실행 파일에서 마우스 오른쪽 클릭해 관리자 권한으로 실행해 관리자 특권으로 실행할 수도 있다. 관리자 권한으로 실행하면 Process Explorer는 추가적 기능을 제공하는 드라이버를 설치한다. 다음의 설명 은 Process Explorer를 어떤 권한에서 실행한지에 관계없이 공통된 사항이다.

Process Explorer를 처음 시작하면 심볼을 구성해야 한다. 심볼을 구성하지 않으 면 프로세스를 더블 클릭하고 스레드 탭을 클릭할 때 심볼이 구성돼 있지 않다는 메시지가 나타난다. 심볼을 적절히 구성했다면 Process Explorer는 스레드 시작 함수와 스레드의 콜 스택상의 함수에 대한 심볼 이름을 표시하기 위해 심볼 정보 를 접근할 수 있다. 이는 프로세스 내에서 스레드가 어떤 동작을 하고 있는지를 식별할 때 유용하다. 심볼에 접근하기 위해 윈도우 디버깅 툴(Debugging Tools for Windows)을 설치해야 한다(1장의 후반부에서 설명한다). 그리고 나서 Option 을 클릭하고 Configure Symbols를 선택하고 Debugging Tools 폴더에 Dbghelp.dll 파일이 있는 경로와 심볼 경로를 입력한다. 64비트 시스템에서 윈 도우 디버깅 툴이 WDK의 일부로서 기본 위치에 설치된 경우라면 설정은 다음과 같다.

앞 예제에서는 심볼에 접근하기 위해 온디맨드on-demand 심볼 서버를 사용하고 있으며, 하나의 복사본 심볼 파일이 로컬 머신의 c:\symbols 폴더에 저장된다(디스크 공간상의 문제가 있다면 다른 드라이브로 이 폴더를 변경할 수도 있다). 심볼 서버의 설정에 대한 더 자세한 정보는 https://msdn.microsoft.com/en-us/library/windows/desktop/ee416588.aspx를 참고하라.

> 환경 변수 _NT_SYMBOL_PATH를 앞의 그림에서 보이는 값으로 설정해 마이크로소프트 심볼 서버를 구성할 수 있다. Process Explorer와 윈도우 디버깅 툴에 존재하는 디버거와 비주얼 스튜디오 등의 다양한 툴이 이 변수를 자동으로 찾는다. 이렇게 하면 각각의 툴에 대해 개별적으로 구성하지 않아도 된다.

Process Explorer가 실행되면 기본적으로 트리 뷰로 보인다. 하단 부분을 확장해 오픈 핸들이나 매핑된 DLL, 메모리 맵 파일을 볼 수 있다(이것은 5장 이나 2권의 8장에서 다룬다). 또한 프로세스 이름 위에 마우스를 올리면 프로세스 커맨드라인과 경로에 대한 사용 팁을 보여준다. 일부 유형의 프로세스 경우 툴 팁은 다음과 같은 추가적 정보를 보여준다.

- 서비스 호스팅 프로세스(예를 들면 svchost.exe) 내의 서비스
- 태스크 호스팅 프로세스(예를 들면 TaskHostw.exe) 내의 태스크
- 제어판 항목이나 기타 기능에서 사용되는 Rundll32.exe 프로세스의 대상

- Dllhost.exe 프로세스(기본 COM+ 대리자로도 알려진) 내에 호스트될 때의 COM 클래스 정보

- WMIPrvSE.exe와 같은 윈도우 관리 도구^{Windows Management Instrumentation} 호스트 프로세스에 관한 제공자 정보(WMI에 관한 추가적인 사항은 2권의 8장을 참고하라)

- 윈도우 앱 프로세스에 관한 패키지 정보(윈도우 런타임을 호스팅하는 프로세스, 앞에서 윈도우 런타임은 간단히 다뤘다)

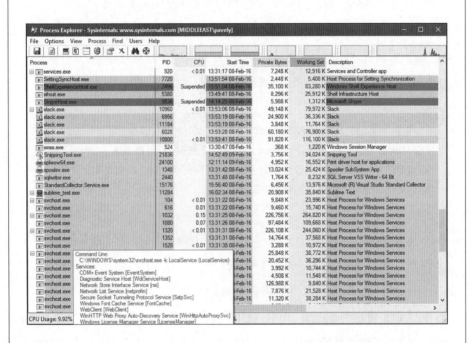

Process Explorer의 기본 기능은 다음과 같은 과정으로 살펴볼 수 있다.

1. 서비스를 호스팅하는 프로세스는 기본적으로 분홍색으로 강조된 것에 주목하자. 독자의 프로세스는 푸른색으로 강조돼 있다. 드롭다운 메뉴에서 Options를 선택하고 Configure Colors를 실행해 색상을 변경할 수 있다.

2. 프로세스 이미지 이름 위에 마우스를 올린다. 툴 팁으로 전체 경로가

표시되는 것을 확인한다. 앞에서도 언급했듯이 특정 유형의 프로세스는 툴 팁에서 추가적인 세부 사항이 표시된다.

3. Process Image에서 View를 클릭하고 Select Column을 선택해 이미지 경로를 추가한다.

4. Process 열을 클릭해 정렬하고 트리 뷰가 사라지는 것을 확인한다(다시 트리 뷰를 표시하거나 다른 열로 정렬할 수도 있다). Z에서 A로 정렬되게 다시 Process 열을 클릭한다. 그리고 나서 세 번째 클릭을 하면 트리 뷰가 다시 나타난다.

5. 독자의 프로세스만 보기 위해 View를 오픈하고 Show Processes From All User 메뉴를 선택 해제한다.

6. Options 메뉴를 클릭해 Difference Highlight Duration를 선택한 후 값을 3초로 변경한다. 그리고 나서 새로운 프로세스(어떤 것이라도)를 실행한다. 이렇게 하면 새 프로세스가 3초간 녹색으로 강조된다. 새로운 프로세스를 종료시키면 디스플레이에서 사라지기 전 3초 동안 적색으로 강조되는 것을 확인한다. 이것은 시스템에서 프로세스가 생성되고 사라지는 것을 알아보는 데 유용하다.

7. 프로세스를 더블 클릭하고 프로세스 속성 화면에 있는 다양한 탭을 살펴본다(탭에 있는 앞으로 설명될 정보는 이 책의 전반에 걸쳐 언급할 것이다).

스레드

스레드^{thread}는 실행을 위해 윈도우가 스케줄링하는 프로세스 내의 개체^{entity}다. 스레드 없이는 프로세스의 프로그램이 실행될 수 없다. 스레드는 다음과 같은 필수적인 구성요소를 포함한다.

- 프로세서의 상태를 표현하는 CPU 레지스터 집합의 내용

- 두 개의 스택으로, 하나는 스레드가 커널 모드에서 실행될 때 사용하기 위한 것이고 다른 하나는 유저 모드에서 실행될 때 사용하기 위한 것
- 서브시스템과 런타임 라이브러리, DLL이 사용하기 위한 스레드 로컬 스토리지 TLS, Thread-Local Storage라고 하는 전용 저장 영역
- 스레드 ID라는 고유한 식별자(내부적으로는 클라이언트 ID라고 부름. 프로세스 ID 와 스레드 ID는 같은 네임스페이스에서 생성되기 때문에 결코 겹치지 않는다)

추가적으로 스레드는 때로는 고유한 보안 컨텍스트(즉, 토큰)를 가진다. 이는 종종 멀티스레드 서버 애플리케이션에서 사용되는데, 서버 프로그램이 서비스하는 클라이언트의 보안 컨텍스트를 자격 변경impersonate하기 위해 사용된다.

휘발성 레지스터와 스택, 전용 저장 영역을 스레드 컨텍스트라고 한다. 이 정보는 윈도우가 실행되는 각 머신의 아키텍처에 따라 다르기 때문에 이 구조체는 필연적으로 아키텍처 한정적이다. 윈도우의 GetThreadContext 함수를 사용하면 이런 아키텍처 한정적 정보(CONTEXT 블록이라고 부르는)에 접근할 수 있다.

한 스레드에서 다른 스레드로의 실행 전환은 커널 스케줄러의 관여가 이뤄지므로 값비싼 동작이다. 특히 두 스레드가 서로 자주 전환된다면 더욱 그렇다. 윈도우는 이 비용을 절감하기 위해 파이버fiber와 유저 모드 스케줄링UMS, User-Mode Scheduling이라는 두 가지 메커니즘을 구현한다.

> 윈도우 64비트 버전에서 실행되는 32비트 애플리케이션 스레드는 32비트와 64비트 컨텍스트 둘 다 포함한다. WOW64(Windows on Windows)는 필요로 할 때 32비트에서 실행하는 애플리케이션을 64비트 모드로 전환하기 위해 이들 두 컨텍스트를 사용한다. 이들 스레드는 두 개의 사용자 스택과 두 개의 컨텍스트 블록을 가지며, 일반적인 윈도우 API 함수는 대신 64비트 컨텍스트를 반환한다. 하지만 Wow64GetThreadContext 함수는 32비트 컨텍스트를 반환한다. Wow64에 대한 자세한 내용은 2권의 8장을 참고한다.

파이버

파이버^{fiber}는 애플리케이션이 윈도우에 내장된 우선순위 기반 스케줄링 메커니즘에 의존하는 대신에 자신의 실행 '스레드'를 스케줄링하는 것을 허용한다. 파이버는 종종 '경량^{lightweight}' 스레드로 불린다. 파이버는 유저 모드인 Kernel32.dll에 구현돼 있기 때문에 스케줄링의 관점에서 파이버는 커널에서 보이지 않는다. 파이버를 사용하기 위해선 윈도우의 **ConvertThreadToFiber** 함수를 호출해야 한다. 이 함수는 스레드를 실행 중인 파이버로 변환한다. 이후로 새롭게 변환된 파이버는 **CreateFiber** 함수로 추가적인 파이버를 생성할 수 있다(각 파이버는 고유의 파이버 집합을 가질 수 있다). 스레드와 달리 파이버는 **SwitchToFiber** 함수를 호출해 수동으로 선택되기 전에는 실행되지 않는다. 새로운 파이버는 종료되거나 다시 다른 파이버가 실행되게 선택하기 위해 **SwitchToFiber**를 호출할 때까지 실행된다. 추가적인 정보는 윈도우 SDK 문서의 파이버 함수를 살펴보자.

> 파이버는 커널에 보이지 않기 때문에 파이버를 사용하는 것은 그리 좋은 생각은 아니다. 다수의 파이버가 한 스레드에서 실행할 수 있기 때문에 스레드 로컬 저장소(TLS) 공유와 같은 문제점도 가진다. 파이버 로컬 저장소(fiber local storage)도 존재하지만, 이것으로 모든 공유 문제가 해결되지는 않는다. I/O 바운드 파이버는 파이버 로컬 저장소와는 별개로 성능 저하를 초래하기 때문이다. 게다가, 파이버는 하나 이상의 프로세서에서 동시에 실행될 수 없으며, 협력적 멀티태스킹에만 한정적이다. 대부분의 경우에 윈도우 커널로 하여금 임박한 작업에 적절한 스레드를 사용하게 하는 스케줄링이 최선이다.

유저 모드 스케줄링 스레드

윈도우 64비트 버전에서 사용할 수 있는 유저 모드 스케줄링^{UMS} 스레드는 단지 약간의 단점을 지니지만, 파이버가 가진 기본적인 장점들을 제공한다. UMS 스레드는 자신의 커널 스레드 상태를 갖고 있어서 커널에 보인다. 이것은 여러 UMS 스레드로 하여금 시스템 호출 차단이 발생하게끔 하고, 자원을 공유 및 경쟁하게 해준다. 하지만 두 개 이상의 UMS 스레드가 유저 모드에서 작업을 수행할 필요가 있는 경우라면 이들은 스케줄러의 개입 없이 주기적으로 실행 컨텍스트를 유저 모드에서 전환(서로 간의 양보를 통해서)할 수 있다. 커널 관점에서 동일한 커널 스레드가 여전히 실행되고 아무것도 변하지 않는다. UMS 스레드가 커널 모드로의 진입을 요하는 작업(시스템 콜과 같은)을 수행할 때 스레드는 전용 커널 모드 스레드로 전환한다(제한된 컨텍스트 전환^{directed context switch}으로 불린다). 병행적 UMS 스레드는 여전히 여러 개의 프로세서에서 실행할 수 없으며, 협력적이 아닌 선점형 모델을 따른다.

스레드가 고유한 실행 컨텍스트를 가질지라도 프로세스 내의 모든 스레드는 프로세스의 가상 주소 공간을 공유한다(또한 프로세스에 속한 그 밖의 여러 자원도 공유한다). 이것이 의미하는 것은 프로세스 내의 모든 스레드는 프로세스 가상 메모리를 모두 쓰고 읽을 수 있다는 점이다. 다른 프로세스가 전용 주소 공간 일부를 공유 메모리 섹션(윈도우 API 에선 파일 매핑 객체라고 불린다)으로 공유 가능하게 만들지 않는 한, 또는 한 프로세스가 다른 프로세스를 열고 ReadProcessMemory와 WriteProcessMemory 같은 크로스프로세스 메모리 함수를 사용할 권한을 갖지 않는 한 스레드는 다른 프로세스의 주소 공간을 참조할 수는 없다(앱컨테이너나 그 밖의 샌드박스 유형의 내부에 있지 않은 동일한 사용자 계정으로 실행하는 프로세스는 기본적으로 대상 프로세스가 특정 보호 권한을 갖지 않는다면 접근이 가능하다).

전용 주소 공간과 하나 이상의 스레드 외에도 각 프로세스는 그림 1-2에서 보여주는 것과 같이 하나의 보안 컨텍스트를 가지며, 또한 커널 객체(파일과 공유 메모리 섹션 같은)나 동기화 객체(뮤텍스나 이벤트, 세마포어와 같은)에 대한 오픈 핸들 목록을 가진다.

각 프로세스는 접근 토큰^{access token}이라고 하는 객체에 저장되는 보안 컨텍스트를 가진다. 프로세스 접근 토큰은 보안 식별자와 프로세스를 위한 자격증명^{credential}을 담고 있다. 기본적으로 스레드는 독자적인 접근 토큰을 갖지 않는다. 그러나 스레드는 한 접근 토큰을 얻을 수 있고, 따라서 개별 스레드는 프로세스 내의 다른 스레드에 영향을 주지 않고 다른 프로세스(원격 윈도우 시스템의 프로세스를 포함해)의 보안 컨텍스트를 자격 변경하는 것이 허용된다(프로세스와 스레드의 보안에 대한 더 자세한 내용은 7장을 참고 하라).

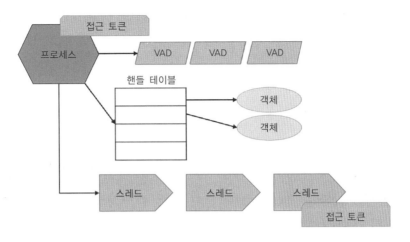

그림 1-2 프로세스와 그 자원

가상 주소 디스크립터^{VAD, virtual address descriptors}는 프로세스가 사용하고 있는 가상 주소에 대한 추적을 유지하기 위해 메모리 관리자가 사용하는 데이터 구조체다. 이 데이터 구조체는 5장에서 좀 더 자세히 다룬다.

잡

윈도우는 잡^{job}이라고 하는 프로세스 모델에 대한 확장을 제공한다. 잡 객체의 주기능은 프로세스 그룹을 하나의 단위로 관리하고 조작하게 하는 것이다. 잡 객체를 통해 특정 속성을 제어하고 잡과 연관된 특정 프로세스(또는 프로세스들)에 제약을 가할 수 있다. 잡 객체는 또한 잡에 연관된 모든 프로세스와 잡에 연관돼 있었지만, 이미 종료된 모든 프로세스에 대한 기본 계정 정보를 기록한다. 몇 가지 방법으로 잡 객체는 윈도우에 프로세스 트리 구조가 없는 것에 대해 보완재 역할을 한다. 게다가 여러 측면에서 유닉스 스타일의 프로세스 트리보다 강력하다.

> Process Explorer는 기본 갈색을 사용해 잡이 관리하는 프로세스를 보여주지만 자동으로 활성화되지는 않는다(활성화를 하려면 Options 메뉴에서 Configure Colors를 선택하자). 또한 이런 프로세스의 속성 페이지에는 잡 객체 자체에 대한 정보를 제공하는 추가적인 잡 탭도 있다.

프로세스와 잡의 내부 구조는 3장에서 좀 더 자세히 다루고, 스레드와 스레드 스케줄링 알고리즘에 대한 좀 더 자세한 내용은 4장에서 다룬다.

가상 메모리

윈도우는 각 프로세스가 자신만의 고유한 큰 주소 공간을 가진다는 환상을 갖게 선형 주소 공간에 기반을 둔 가상 메모리 시스템을 구현했다. 가상 메모리는 물리적인 배치에 대해 고려하지 않아도 되는 메모리의 논리적인 뷰를 제공한다. 하드웨어의 지원을 받는 메모리 관리자는 실행 시에 가상 주소를 데이터가 실제로 저장될 물리 주소로 변환하거나 매핑한다. 보호와 매핑을 제어함으로써 OS는 개별 프로세스가 다른 프로세스나 OS 데이터를 덮어쓰지 않는다는 것을 보장할 수 있다.

대부분의 시스템이 프로세스 실행에 사용하는 가상 메모리의 총합보다 작은 물리 메모리를 갖고 있기 때문에 메모리 관리자는 메모리 내용의 일부(즉, 페이지)를 디스크로 전송한다. 데이터를 디스크에 페이징^{paging}하면 물리 메모리를 해제하게 되고, 따라서 다른 프로세스나 OS에서 사용할 수 있게 된다. 스레드가 디스크에 페이징된 가상 주소에 접근할 때 가상 메모리 관리자는 디스크로부터 메모리로 정보를 다시 되가져온다.

애플리케이션은 페이징의 장점을 취하기 위해 어떤 변경도 할 필요가 없다. 하드웨어 지원 덕분에 페이징에 대한 지식이나 프로세스 또는 스레드의 지원 없이 메모리 관리자만으로 페이징하는 것이 가능하기 때문이다. 그림 1-3은 가상 메모리의 일부는 물리 메모리(RAM)에 매핑돼 있고, 나머지 부분은 디스크에 페이징돼 있는 가상 메모리를 이용하는 두 프로세스를 보여준다. 연속적인 가상 메모리 영역이 불연속적인 물리 메모리에 매핑될 수 있음에 주목하자. 이들 영역의 단위를 페이지^{page}라고 부르며, 기본 크기는 4KB다.

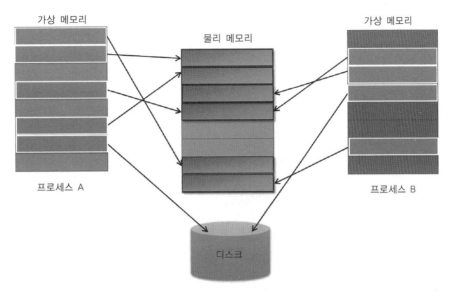

그림 1-3 페이징을 이용한 가상 메모리에서 물리 메모리로의 매핑

가상 주소 공간의 크기는 각 하드웨어 플랫폼에 따라 다르다. 32비트 x86 시스템의 경우 총 가상 주소 공간은 이론적으로 최대 4GB다. 기본 값으로 윈도우는 이 주소 공간의 하위 절반(주소 0x00000000부터 0x7FFFFFFF까지)을 프로세스에 고유한 개별 스토리지로 할당한다. 그리고 나머지 상위 절반(주소 0x80000000부터 0xFFFFFFFF까지)을 자신의 보호된 OS 메모리로 사용한다. 하위 절반의 매핑은 현재 실행 중인 프로세스의 가상 주소 공간을 반영하게 변경된다. 그러나 상위 절반의 매핑 대부분은 항상 OS의 가상 메모리로 구성돼 있다. 윈도우는 부트 설정 데이터베이스의 increaseuserva 한정자(5장에서 기술한다)와 같은 부트 타임 옵션을 지원한다. 이것은 특별히 표시된 프로그램을 실행하는 프로세스에게 개별 주소 공간을 3GB(1GB는 운영체제 몫이다)까지 사용할 수 있는 능력을 부여한다(여기서 특별히 표시됐다는 의미는 라지large 주소 공간 인식 플래그가 실행 이미지 헤더에 설정돼 있어야 한다는 것이다). 이 옵션은 데이터베이스 서버와 같은 애플리케이션이 데이터베이스의 많은 부분을 프로세스 주소 공간에 유지하는 것을 허용해 디스크에 있는 데이터베이스의 부분집합에 대한 뷰를 매핑할 필요가 줄어들게 된다. 따라서 전체의 성능을 향상시킨다(특정 경우에 시스템 용도의 1GB 손실이 더 심각한 시스템 전체적인 성능 저하를 초래할 수도 있지만). 그림 1-4는 32비트 윈도우에 의해 지원되

는 두 개의 전형적인 가상 주소 공간 배치를 보여준다(increaseuserva 옵션을 통해 라지 주소 공간 인식 플래그가 표시된 실행 이미지는 2G에서 3G까지 어디든지 사용이 가능하다).

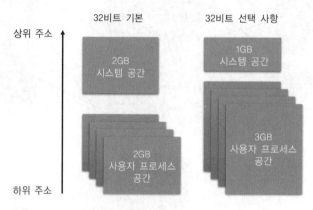

그림 1-4 32비트 윈도우의 전형적인 주소 공간 배치

3GB가 2GB보다 낫긴 하지만 매우 큰(수 기가바이트) 데이터베이스를 매핑하기 위해선 가상 주소 공간이 여전히 부족하다. 32비트 시스템에서 이 문제를 처리하기 위해 윈도우는 **주소 윈도잉 확장**AWE, Address Windowing Extension 메커니즘을 제공한다. 이는 32비트 애플리케이션이 물리 메모리를 64GB까지 할당하고 2GB 단위로 가상 주소 공간에 뷰나 윈도우로 매핑하게 한다. AWE를 사용하는 것이 가상 메모리를 물리 메모리로 매핑하는 것의 관리 부담을 개발자에게 전가시키지만, 32비트 프로세스 주소 공간에 매핑할 수 있는 것보다 많은 물리 메모리에 직접 접근할 수 있어야 한다는 요구를 만족시킨다.

64비트 윈도우는 프로세스에 훨씬 넓은 주소 공간을 제공한다. 윈도우 8.1과 서버 2012 R2와 후속 시스템에서 128TB다. 그림 1-5는 64비트 시스템 주소 공간의 배치를 간략히 나타낸다(자세한 설명을 5장을 보라). 이 크기는 이들 플랫폼의 아키텍처 한계를 표현하는 것이 아님에 유의하자. 64비트의 주소 공간은 2의 64승으로서 16EB(1EB는 1024PB 또는 1048576TB)다. 그러나 현재의 64비트 하드웨어는 이 한계를 훨씬 작은 값으로 제한하고 있다. 그림 1-5에서 언매핑된 영역이 매핑 영역보다 훨씬 크다(윈도우 8에서 백만 배 정도다). 이는 이미지가 이 정도로 크지 않다는 것을 의미한다.

그림 1-5 64 비트 윈도우의 주소 공간 배치

어떻게 주소를 변환하는지, 윈도우가 어떻게 물리 메모리를 관리하는지 등에 대한 메모리 관리자의 자세한 구현은 5장에서 설명한다.

커널 모드와 유저 모드

유저 애플리케이션이 운영체제의 치명적인 데이터에 접근하거나 수정하는 것을 막기 위해 윈도우는 두 가지 프로세서 접근 모드(윈도우가 실행되는 시스템이 두 가지 이상의 모드를 지원한다고 해도)를 사용한다(유저 모드와 커널 모드). 유저 애플리케이션 코드는 유저 모드에서 실행된다. 반면에 운영체제 코드는 (시스템 서비스와 디바이스 드라이버 같은) 커널 모드에서 실행된다. 커널 모드는 모든 시스템 메모리와 모든 CPU 명령어에 접근이 허가된 프로세서 실행 모드를 말한다. 일부 프로세서는 **코드 특권 레벨**code privilege 이나 **링 레벨**ring level 같은 용어를 사용해 이런 모드를 구분하며, 일부 프로세서는 슈퍼바이저 모드와 애플리케이션 모드 같은 용어로서 이를 구분한다. 어떤 용어로 불리든 간에 프로세서는 운영체제 시스템 커널에 사용자 애플리케이션이 가진 것보다 높은 특권 레벨을 제공함으로써 오동작을 유발하는 애플리케이션이 시스템 전체의 안정성을 해치지 않게 보장할 수 있는 필수 기반을 운영체제 설계자에게 제공한다.

x86과 x64 프로세서 아키텍처는 좀 더 낮은 특권의 코드에 의해 우연히 또는 악의적으로 덮어 씌워지는 것으로부터 시스템 코드와 데이터를 보호하기 위해 네 가지 특권 레벨(또는 링 레벨)을 정의하고 있다. 윈도우는 커널 모드 용도로 특권 레벨 0(또는 링 레벨 0)을 사용하고 유저 모드 용도로 특권 레벨 3(또는 링 레벨 3)를 사용한다. 윈도우가 단지 두 개의 레벨만을 사용하는 이유는 일부 하드웨어 구조에서(현재는 ARM 그리고 과거에는 MIPS/Alpha 같은) 단지 두 개의 특권 레벨만을 구현했기 때문이다. 좀 더 효율적이고 이식성 있는 아키텍처에서는 최저한도 레벨을 정할 수 있지만, 특히 x86/x64의 경우 링 0/3 이외의 다른 링 레벨은 링을 0/3으로 구분할 때와 같은 동일한 보장을 제공하지 못한다.

각 윈도우 프로세스가 고유한 개별 메모리 공간을 갖지만 커널 모드 운영체제와 디바이스 드라이버 코드는 단일 가상 주소 공간을 공유한다. 가상 메모리 내의 각 페이지에는 페이지를 읽고 쓰기 위해서 프로세서가 가져야 하는 접근 모드가 무엇인지 표시돼 있다. 시스템 공간의 페이지는 커널 모드에서만 접근할 수 있다. 반면에 유저 주소 공간의 모든 페이지는 유저 모드와 커널 모드 모두에서 접근할 수 있다. 읽기 전용 페이지(정적 데이터를 담고 있는 것과 같은)는 어떤 모드에서든 쓰기를 할 수 없다. 추가로 실행 금지 메모리 보호no-execute memory protection를 제공하는 프로세서에서는 윈도우가 데이터를 담고 있는 페이지를 실행 금지로 표시한다. 따라서 데이터 영역이 우연히 또는 악의적으로 실행되는 것을 방지한다(이 기능의 경우 데이터 실행 방지가 활성화돼 있다).

윈도우는 커널 모드에서 실행되는 컴포넌트에 의해 사용되는 시스템 메모리에 대한 개별적인 읽기/쓰기 행위를 방지하기 위한 기능이 없다. 부연하면 일단 커널 모드에 진입하면 운영체제와 디바이스 드라이버 코드는 시스템 공간 메모리에 대해서 완벽한 접근을 갖게 되며, 따라서 객체 접근에 대한 윈도우 보안을 우회할 수도 있다. 윈도우 운영체제의 대부분이 커널 모드에서 동작하므로 커널 모드에서 동작하는 컴포넌트가 시스템 보안을 위반하지 않거나 시스템 불안정성의 원인이 되지 않는다는 확신을 가질 수 있도록 주의 깊게 설계하고 테스트해야 한다.

또한 이런 보호 기능이 없는 서드파티 디바이스 드라이버(특히 서명이 되지 않았다면)를 로딩할 때 더욱 주의할 필요가 있다. 디바이스 드라이버가 일단 커널 모드에 진입하면 모든 운영체제 데이터에 완벽히 접근할 수 있기 때문이다. 이 취약점은 윈도우 2000에 드라이버-서명 메커니즘이 도입되게 된 이유이기도 하다. 이 메커니즘은 서명되지 않은 플러그앤플레이 드라이버를 추가하고자 할 때 사용자에게 경고를 해주지만(구성에 따라 차단도 가능), 그 외의 드라이버 유형에는 이런 동작이 적용되지 않는다(드라이버 서명에 대한 추가 관련 정보는 6장을 참고하라). 또한 드라이버 베리파이어^{Driver Verifier}로 불리는 메커니즘을 이용해 장치 드라이버 개발자는 보안과 신뢰성 문제를 일으킬 수 있는 버그를 찾는 데 도움을 받는다(버퍼 오버플로우나 메모리 누수 등을 찾을 수 있다). 드라이버 베리파이어는 6장에서 다룬다.

윈도우 8.1의 64비트 버전과 ARM 버전에서는 커널 모드 코드 서명^{KMCS, Kernel-Mode Code-Signing} 정책에 의해 모든 디바이스 드라이버(단지 플러그앤플레이만 해당하는 것이 아니다)를 반드시 주요 코드 증명 기관에 의해 발급된 암호화 키로 서명하게 강제한다. 사용자가 관리자라고 해도 서명되지 않은 드라이버의 설치를 강제할 수 없다. 하지만 일시적 예외 조항으로 이 제약을 수동으로 비활성화할 수 있다. 이 기능을 통해 자가 서명^{self-signed}된 드라이버의 테스트가 가능하며, '테스트 모드'로 표시된 바탕 화면 배경에 워터마크를 표시하고 특정 디지털 저작권 관리^{DRM, Digital Rights Management} 기능을 비활성화시킬 수 있다.

윈도우 10에서 마이크로소프트는 훨씬 더 중요한 변경을 가했는데, 이는 7월 애니버서리 업데이트(버전 1607)의 일부로서 출시 후 1년 만에 시작된 것이다. 그 당시에 모든 새로운 윈도우 10 드라이버는 일반 파일 기반의 SHA-1 인증서와 20개의 인증기관 대신에 SHA-2 확장 검증^{EV, Extended Validation} 하드웨어 인증서로 공인된 두 인증기관에서 서명을 받아야 했다. EV-서명이 된 하드웨어 드라이버는 인증 시험을 위해 시스템 디바이스(SysDev) 포털을 통해 마이크로소프트로 제출돼야 했다(마이크로소프트 서명을 위해 드라이버를 검사한다). 앞서 언급한 테스트 모드 예외를 제외하면 이와 같이 커널은 예외 없이 마이크로소프트 서명이 이뤄진 윈도우 10 드라이버만을 인정한다. 윈도우 10 출시일(2015년 7월) 이전에 서명된 드라이버는 당분간 그들의 통상적인 서명으로 로드 가능하다.

윈도우 서버 2016에서 운영체제는 가장 강력한 입장을 고수한다. 앞서 언급한 EV 조항에 추가된 단순한 인증 시험만으로는 부족했다. 서버 시스템에 로드할 윈도우 10 드라이버의 경우 하드웨어 호환성 킷^{Hardware Compatibility Kit}의 일부로서 윈도우 하드웨어 품질 연구소^{WHQL, Windows Hardware Quality Labs}의 엄격한 인증을 통과해야 하며, 공식적 검증을 위해 제출이 이뤄져야 한다. 특정 호환성과 보안성, 성능, 안전성 보장을 시스템 관리자에게 제공하는 WHQL 서명이 이뤄진 드라이버만이 이런 시스템에 로드가 허락된다. 대개 커널 모드 메모리에 로드가 허용되는 서드파티 드라이버의 감소로 인해 상당한 안전성과 보안성 개선이 이뤄지고 있다.

일부 벤더와 플랫폼, 심지어 윈도우 엔터프라이즈 구성조차도 조금 후에 설명할 '하이퍼바이저' 절과 7장에서 언급할 장치 안내 기술을 통한 맞춤화된 여러 이들 서명 정책을 가진다. 어떤 기업은 윈도우 10 클라이언트 시스템에서조차 WHQL 서명을 요구할 수 있고, 또 어떤 업체는 윈도우 서버 2016 시스템에서 이 요구 사항을 제외해달라고 요청할 수도 있다.

2장에서 살펴보겠지만, 유저 애플리케이션은 시스템 서비스를 호출할 때 유저 모드에서 커널 모드로 전환된다. 예를 들면 윈도우 ReadFile 함수는 파일로부터 데이터를 실제로 읽는 작업을 처리할 내부 윈도우 루틴의 호출이 필요하다. 이 루틴은 내부 시스템 데이터 구조체에 접근하기 때문에 커널 모드에서 실행돼야 한다. 특별한 프로세서 명령어를 사용하면 유저 모드에서 커널 모드로의 전환이 촉발되며, 프로세서는 커널 내의 시스템 서비스 디스패칭 코드로 진입하게 되고 Ntoskrnl.exe나 Win32k.sys의 적절한 내부 함수를 호출한다. 제어를 다시 유저 스레드로 되돌리기 전에 프로세서는 다시 유저 모드로 전환된다. 이 방법으로 운영체제는 자신과 그 데이터를 사용자 프로세스가 들여다보거나 변경하지 못하게 보호한다.

> 유저 모드에서 커널 모드로의 전환과 되돌림은 스레드 스케줄링에 영향을 미치지 않는다. 모드 전환은 컨텍스트 전환(context switch)이 아니다. 시스템 서비스 디스패칭에 대한 좀 더 자세한 사항은 2장에서 다룬다.

따라서 일반적인 경우 유저 스레드는 실행 시간 중 일부는 유저 모드에서 소비하고 일부는 커널 모드에서 소비한다. 사실 대부분의 그래픽과 윈도잉 시스템 또한 커널 모드에서 동작하기 때문에 그래픽 집중적인 애플리케이션도 대부분의 시간을 유저 모드보다 커널 모드에서 소비한다. 이에 대한 간단한 테스트는 마이크로소프트 그림판 같은 그래픽 집중적 애플리케이션을 실행하고 표 1-3에 나열된 성능 카운터를 사용해 유저 모드와 커널 모드의 시간의 분배를 지켜보면 된다. 좀 더 고급 애플리케이션은 Direct2D와 DirectComposition과 같은 좀 더 최신 기술을 사용할 수 있다. 이 기술은 유저 모드에서 대량의 계산을 수행해 로-서피스$^{raw-surface}$ 데이터만을 커널로 전달함으로써 유저 모드와 커널 모드 간의 전환에 사용되는 시간을 줄여준다.

표 1-3 모드와 관련된 성능 카운터

객체: 카운터	함수
Processor: % Privileged Time	개별 CPU(또는 모든 CPU)가 지정된 기간 동안 커널 모드에서 실행된 시간의 %
Processor: % User Time	개별 CPU(또는 모든 CPU)가 지정된 기간 동안 유저 모드에서 실행된 시간의 %
Process: % Privileged Time	프로세스의 스레드가 지정된 기간 동안 커널 모드에서 실행된 시간의 %
Process: % User Time	프로세스의 스레드가 지정된 기간 동안 유저 모드에서 실행된 시간의 %
Thread: % Privileged Time	스레드가 지정된 기간 동안 커널 모드에서 실행된 시간의 %
Thread: % User Time	스레드가 지정된 기간 동안 유저 모드에서 실행된 시간의 %

실습: 커널 모드와 유저 모드

시스템이 얼마나 많은 시간을 커널 모드와 유저 모드에서 실행하는 데 소비하는지를 알아보기 위해 성능 모니터를 사용할 수 있다. 다음 과정을 따라 해보자.

1. 시작 메뉴를 열고 성능 모니터를 입력해(이때 성능 모니터가 표시된다) 성능 모니터를 실행한다.

2. 성능/모니터 툴 좌측 트리에서 성능 모니터 노드를 선택한다.

3. 전체 CPU 시간을 보여주는 기본 카운터를 없애기 위해 툴바에서 삭제 버튼을 클릭하거나 키보드에서 Suppr 키를 누른다.

4. 툴바에서 **추가**를 클릭한다.

5. 프로세서 카운터를 선택해 펼치고, % Privileged Time 카운터를 클릭한다. Ctrl 키를 누른 채로 % User Time 카운터를 클릭한다.

6. 추가를 클릭하고, OK를 클릭한다.

7. 명령 프롬프트를 열고, dir \\%computername%\c$ /s를 입력해 독자의 C 드라이브를 스캔해본다.

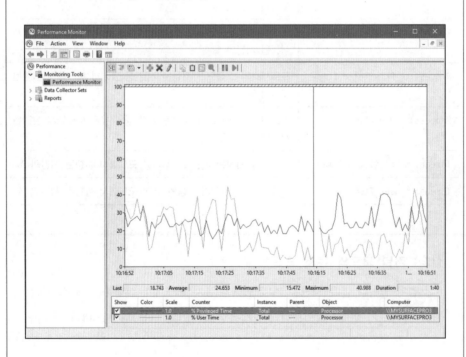

8. 작업을 마쳤다면 툴을 닫는다.

또한 단순히 작업 관리자를 통해 이 움직임을 볼 수도 있다. 성능 탭을 클릭하고 CPU 그래프를 마우스 오른쪽 클릭한 후 커널 시간 보기를 선택한다. CPU 사용량 막대에서 커널 모드 CPU 시간이 연한 파란색의 짙은 색조로 나타난다.

성능 모니터가 스스로 커널 시간과 유저 시간을 어떻게 사용하는지 보려면 다시 성능 모니터를 실행한다. 그리고 개별 프로세스 카운터 % User Time과 % Privileged Time을 시스템의 각 프로세스에 추가한다.

1. 이미 실행되고 있지 않다면 성능 모니터를 다시 실행한다(이미 실행 중이라면 그래프 영역에서 마우스 오른쪽 클릭을 하고서 모든 카운터 삭제를 선택해 비어있는 화면을 띄운다).
2. 툴바의 추가 버튼을 클릭한다.
3. 카운터 영역에 있는 프로세스 영역을 확장한다.
4. % Privileged Time과 % User Time 카운터를 선택한다.
5. 인스턴스 박스에서 몇 개의 프로세스를 선택한다(mmc와 csrss, Idle 같은 것).
6. 추가를 클릭하고 OK를 클릭한다.
7. 마우스를 앞뒤로 빠르게 움직인다.
8. Ctrl + H 키를 눌러 강조 모드로 전환한다. 이는 현재 선택된 카운터를 검은색으로 표시한다.
9. 마우스를 움직였을 때 실행되고 있던 프로세스를 식별하고 실행 중인 모드가 유저 모드인지 커널 모드인지를 알기 위해 디스플레이의 맨 밑에 있는 카운터까지 스크롤한다.

마우스를 움직일 때 프로세스 모니터 내에서 mmc 프로세스 인스턴스 열을 살펴보면 커널 모드와 유저 모드 시간이 증가됨을 볼 수 있다. 이는 해당 프로세스가 유저 모드에서 애플리케이션 코드를 실행하고 있고 커널 모드에서 실행되는 윈도우 함수를 호출하기 때문이다. 또 마우스를 움직일 때 csrss라는 프로세스의 커널 모드 스레드 움직임을 볼 수 있을 것이다. 이 움직임은 키보드와 마우스 입력을 처리하는 윈도우 서브시스템의 커널 모드 로-입력$^{raw\ input}$ 스레드가 이 프로세스에 연결돼 있기 때문이다(시스템 스레드와 서브시스템은 2장에서 좀 더 자세히 다룬다). 끝으로 거의 100%의 시간을 커널 모드에서 소비하는 Idle 프로세스를 볼 수 있는데, 이 프로세스는 실제 프로세스가 아니다. 이것은 유휴 CPU 사이클을 카운트하기 위한 가짜 프로세스다. 유휴 프로세스의 스레드가 실행되고 있는 모드로부터 알 수 있는 것처럼 윈도우가 아무 일도 하고 있지 않을 때는 커널 모드에서 보낸다.

하이퍼바이저

클라우드 기반의 서비스와 유행하는 IoT 장치 같이 애플리케이션과 소프트웨어 모델의 최근 경향은 운영체제와 하드웨어 벤더가 머신의 호스트 하드웨어에서 여러 OS 게스트를 가상화하기 위한 좀 더 효율적인 방법을 고안하기에 이르렀다. 이는 전용 하드웨어 구입이 없이도 서버 팜^{farm}에 여러 게스트를 호스팅하고, 또한 개발자가 수십 종의 다른 OS를 테스트하며 단일 서버에 대해 100개의 독립된 웹사이트를 실행하는 것이 가능하게 하는 여러 이유로 인한 것이다. 빠르고 효율적이며 안전한 가상화의 필요성이 소프트웨어에 관한 계산과 추론 능력의 새로운 모델에 대한 동력이 됐다. 오늘날 사실 특정 소프트웨어(윈도우 10과 서버 2016에서 지원되는 도커^{Docker}처럼)는 컨테이너 내에서 실행한다. 이들 컨테이너는 단일 애플리케이션 스택이나 프레임워크를 실행하고 게스트/호스트의 경계를 더욱 확장하게 전적으로 설계된 완전히 독립된 가상머신을 제공한다.

이런 가상화 서비스를 제공하기 위해 거의 모든 최근 해결책은 하이퍼바이저^{hypervisor} 사용을 채택한다. 하이퍼바이저는 가상 메모리에서 물리 메모리로의 장치 인터럽트, 그리고 심지어 PCI와 USB 장치에 이르기까지 머신의 모든 자원을 가상화하고 격리시켜주는 특화되고 매우 특권이 높은 구성 요소다. 윈도우 8.1과 그 후속 버전에 노출된 하이퍼-V 클라이언트 기능을 구동하는 하이퍼-V는 이런 하이퍼바이저의 한 예다. Xen과 KVM, VMware, VirtualBox 같은 경쟁력 있는 이런 제품 모두는 각각 장단점이 있지만, 자신만의 고유한 하이퍼바이저를 구현한다.

하이퍼바이저는 매우 높은 특권 특성과 커널보다 심지어 더 많은 접근을 가지므로 다른 운영체제의 여러 게스트 인스턴스를 실행하는 것을 넘어서는 명확한 장점을 가진다. 하이퍼바이저는 커널이 제공하는 것 이상을 보장하기 위해 단일 호스트 인스턴스를 보호하고 감시할 수 있다. 윈도우 10에서 마이크로소프트는 이제 하이퍼-V를 이용해 **가상화 기반의 보안**^{VBS, Virtualization-Based Security}으로 알려진 다음과 같은 새로운 서비스를 제공한다.

- **장치 가드** 이는 하이퍼바이저 코드 무결성^{Hypervisor Code Integrity}을 제공한다. 이를 통해 유저 모드와 커널 모드 코드 둘 다에 대해 KMCS 단독일 때보다 더 강력한 코드 서명 보장을 하며, 윈도우 OS의 서명 정책을 맞춤화할 수 있다.
- **하이퍼 가드** 이는 핵심적인 커널 관련 구조체와 하이퍼바이저 관련 구조체, 코드를 보호한다.
- **자격증명 가드** 이는 보안 생체 인식 기술로서 도메인 계정 자격증명에 대한 비인가된 접근으로부터 보호를 한다.
- **애플리케이션 가드** 이는 마이크로소프트 에지 브라우저에 좀 더 강력한 샌드박스를 제공한다.
- **호스트 가디언과 차단막(Shielded Fabric)** 이는 가상 TPM^{v-TPM}을 이용해 자신이 실행하는 인프라로부터 가상머신을 보호한다.

게다가 하이퍼-V 하이퍼바이저는 악의적 이용과 그 밖의 보안 공격에 대해 일부 핵심적인 커널 부분을 보완해준다. 이런 모든 기술에 대한 최대의 장점은 이전의 커널 기반 보안 개선책들과는 달리 서명을 받았는지에 대해 관계없이 악의적이거나 잘못 작성된 드라이버로부터 취약하지 않다는 점이다. 이런 기능은 오늘날 진화하고 있는 악의적 사용자에 대해 하이퍼바이저의 내구성을 갖추게 해준다. 가상화 신뢰 수준^{Virtual Trust}

^{Levels}에 대한 하이퍼바이저의 구현 덕택에 이것이 가능하다. 일반적인 운영체제와 그 구성 요소는 좀 더 낮은 특권 모드(VTL 0)에 위치하지만 이들 VBS 기술은 VTL 1(VTL 0보다 더 높다)에서 실행하며, 심지어 커널 모드 코드(VTL 0 특권 영역 내에 존재하는 코드)로부터도 영향을 받지 않을 수 있다. 이와 같은 맥락에서 VTL을 프로세서의 특권 수준에 대한 기준으로 간주할 수 있다. 즉, 커널 모드와 유저 모드는 자신만의 각 VTL 내에 존재하고, 하이퍼바이저는 VTL 간의 특권을 관리한다. 2장에서 하이퍼바이저 지원 아키텍처에 관해 좀 더 자세히 다루고, 7장에서 이들 VBS 보안 메커니즘을 세부적으로 다룬다.

펌웨어

윈도우의 구성 요소는 운영체제와 커널의 보안성에 날로 의존하고 있으며, 커널은 하이퍼바이저의 보호에 의존한다. 과연 누가 이들 구성 요소를 안전하게 로드하고 그 내용을 인증하는지에 대한 의문이 남는다. 이것은 전형적으로 부트 로더의 작업이지만, 부트 로더에 대해서도 동일한 수준의 인증 검사가 요구된다는 점에서 복잡한 신뢰성 계층 문제가 발생한다.

과연 누가 문제가 없는 부트 과정을 보장할 수 있는 신뢰성 연결 고리의 기본을 제공할까? 최신 윈도우 8과 그 후속 시스템에서 이 문제는 시스템 펌웨어^{firmware}의 범주에 속한다. 윈도우가 명시한(UEFI 2.3.1b; 추가적인 정보는 http://www.uefi.org를 참고하라) UEFI 표준의 일부에 따르면 부트 관련 소프트웨어의 서명 요건에 대한 강력한 보장과 요구 사항을 가진 안전한 부트 구현이 반드시 존재해야 한다. 윈도우 구성 요소는 이런 검증 과정을 통해 부트 과정의 첫 시작부터 안전하게 로드된다는 것을 보장받는다. 게다가 신뢰 플랫폼 모듈^{Trusted Platform Module}과 같은 기술은 신뢰성(로컬과 원격 둘 다)을 제공하기 위한 과정을 측정할 수 있다. 마이크로소프트는 업계와의 동반 관계를 통해 부트 소프트웨어 오류나 손상에 대비한 UEFI 신뢰 부트 구성 요소에 대한 화이트리스트와 블랙리스트를 관리한다. 현재 윈도우는 펌웨어 업데이트도 수행한다. 2권의 11장에서 펌웨어를 다시 다루겠지만, 최신 윈도우 아키텍처에서 펌웨어가 제공하고자 하는 것에 대해 보장함으로써 펌웨어의 중요성은 지금 언급하고자 한다.

터미널 서비스와 다중 세션

터미널 서비스는 단일 시스템에서 다중 대화식 유저 세션을 위한 윈도우의 지원을 지칭한다. 윈도우 터미널 서비스를 통해 원격 사용자는 다른 머신에 세션을 열고 로그인해 서버에 애플리케이션을 실행할 수 있다. 서버는 그래픽 유저 인터페이스를 클라이언트로 전달한다(게다가 다른 변경 가능한 오디오 리소스나 클립보드도 전달한다). 그리고 클라이언트는 사용자의 입력을 서버로 다시 보낸다(X 윈도우 시스템과 유사하게 윈도우는 전체 데스크톱을 원격 조정하는 대신 서버 시스템에 원격으로 디스플레이되는 개별 애플리케이션을 실행하는 것을 허용한다).

첫 번째로 고려할 세션은 서비스 호스팅 프로세스를 담고 있는 서비스 세션(즉, 세션 0)이다(자세한 내용은 2권의 9장에서 설명한다). 물리적 콘솔에서의 첫 번째 로그인 세션은 세션 1이다. 그리고 추가적인 세션은 원격 데스크톱 연결 프로그램(Mstsc.exe)이나 사용자 전환을 통해 생성될 수 있다.

윈도우 클라이언트 버전에는 단일 원격 유저만 머신에 접속할 수 있게 허용한다. 그러나 누군가 콘솔에 로그인돼 있다면 워크스테이션이 잠긴다. 즉, 이것은 로컬이나 원격으로 시스템을 사용할 수 있긴 하지만, 동시에는 안 된다는 것을 의미한다. 윈도우 미디어 센터를 포함하는 윈도우 버전은 하나의 대화식 세션과 네 개의 윈도우 미디어 센터 확장 세션까지를 허용한다.

윈도우 서버 시스템은 동시에 두 개의 원격 접속을 지원한다. 이 기능은 원격 관리를 쉽게 한다. 예를 들면 관리 머신으로 로그인을 필요로 하는 관리 툴을 사용할 때다. 또한 터미널 서버로 적절하게 라이선스를 갖추고 구성된다면 두 개 이상의 원격 세션을 지원한다.

모든 윈도우 클라이언트 버전은 한 번에 하나씩 사용 가능한 빠른 사용자 전환^{fast user switching}이라는 기능을 통해 로컬에서 생성된 다중 세션을 지원한다. 사용자가 로그오프하는 대신 접속된 세션을 끊는 것을 선택하면(예를 들면 시작을 클릭하고서 현재 사용자를 클릭해 보이는 하위 메뉴에서 사용자 전환을 선택하거나 윈도우 키를 누른 채로 L을 누르고서 스크린의 좌측 최하단에서 다른 사용자를 클릭한다) 현재 세션(즉, 세션 내에서 실행 중인 프로세스와 세션을 기술하는 모든 세션 전역적 데이터 구조체)은 시스템에 활성화된 채로 남게 된다. 그리고 시스템은 메인 로그온 화면으로 되돌아간다(이미 그곳에 존재하지 않았다면). 이때 새로운 사용자가 로그인하면 새로운 세션이 생성된다.

터미널 서버 세션에서 실행 중인 것을 인식하길 원하는 애플리케이션을 위해 프로그램적으로 터미널 서비스의 다양한 면을 조정하는 것뿐만 아니라 터미널 서비스 세션인 것을 탐지할 수 있는 윈도우 API가 있다(자세한 내용은 윈도우 SDK와 원격 데스크톱 서비스 API를 보라).

2장에서는 어떻게 세션이 생성되는지를 간략히 설명하고 커널 디버거를 포함한 다양한 툴을 이용해 세션 정보를 보는 방법을 몇 가지 실습으로 살펴본다. 2권 8장의 '객체 관리자' 절에서는 어떻게 객체를 위한 시스템 네임스페이스가 세션별로 인스턴스화 되는지 설명한다. 그리고 같은 시스템에서 자신들의 다른 인스턴스가 존재하는지를 인식할 필요가 있는 애플리케이션이 어떻게 이를 해결하는지에 대해 설명한다. 끝으로 5장은 어떻게 메모리 관리자가 세션 전역적 데이터를 설정하고 관리하는지에 대해 다룬다.

객체와 핸들

윈도우 운영체제에서 커널 객체는 객체 유형에 의해 정적으로 정의된 단일, 런타임 인스턴스다. 객체 유형$^{object\ type}$은 시스템이 정의한 데이터 유형과 그 인스턴스에 작용하는 함수들, 객체 속성 집합으로 구성된다. 윈도우 애플리케이션을 작성하고 있다면 프로세스와 스레드, 파일, 이벤트 객체 등을 접하게 될 것이다. 이들 객체는 윈도우가 생성하고 관리하는 저수준 객체에 기반을 둔다. 윈도우에서 **프로세스**는 프로세스 객체 유형의 인스턴스며, 파일은 파일 객체 유형의 인스턴스다.

객체 속성은 객체의 상태를 부분적으로 정의하는 객체 내의 데이터 필드다. 예를 들어 프로세스 유형의 객체는 속성으로 프로세스 ID와 기본 스케줄링 순위, 접근 토큰 객체에 대한 포인터를 가진다. 객체를 조작하는 것을 의미하는 객체 메소드Obejct methods는 보통 객체 속성을 읽거나 변경한다. 예를 들면 프로세스에 대한 **open** 메소드는 입력으로 프로세스 식별자를 받고 객체에 대한 포인터를 반환한다.

> 커널 객체 관리 API를 사용해 객체를 생성할 때 호출자가 제공하는 `ObjectAttributes`라는 인자가 존재한다. 하지만 이 인자는 이 책에서 사용하는 좀 더 일반적인 의미를 뜻하는 용어와 혼동해서는 안 된다.

객체와 평범한 데이터 구조체 사이의 가장 기초적인 차이는 객체의 경우 내부의 구조체가 불투명하다는 것이다. 객체로부터 데이터를 얻거나 넣으려면 객체 서비스를 호출해야만 한다. 객체 내의 데이터를 직접 읽거나 변경할 수 없다. 이 차이에 의해 객체를 사용하는 코드로부터 객체의 하부 구현을 분리한다. 이 기법 덕분에 나중에라도 객체의 구현을 쉽게 변경할 수 있다.

객체 관리자라는 커널 컴포넌트의 도움으로 객체는 다음과 같은 네 가지의 중요한 시스템 작업을 수행하는 데 편리한 방법을 제공한다.

- 시스템 리소스에 대해 사람이 읽을 수 있는 이름을 제공
- 프로세스 간 리소스와 데이터 공유
- 비인가된 접근으로부터 리소스 보호
- 언제 객체가 더 이상 사용되지 않는지를 시스템이 알 수 있게 해서 객체가 자동으로 할당 해제될 수 있게 하는 추적 참조

윈도우 운영체제의 모든 데이터 구조체가 객체는 아니다. 공유되고 보호되고 이름 붙여지고, 또는 유저 모드 프로그램들에게 노출(시스템 서비스를 통해)돼야 할 필요가 있는 데이터만 객체가 된다. 내부 함수를 구현하기 위해 운영체제의 단지 한 컴포넌트에 의해서만 사용되는 구조체는 객체가 아니다. 객체와 핸들(객체 인스턴스에 대한 참조 역할을 한다)은 2권의 8장에서 좀 더 자세히 다룬다.

보안

윈도우는 안전하게 지켜지는 것과 정보 기술 보안 평가를 위한 공통 평가 기준^{CCITSE,} Common Criteria for Information Technology Security Evaluation 스펙과 같은 다양한 정부와 업계 보안 등급의 요구 사항을 맞추기 위한 것에서부터 설계됐다. 정부 승인 보안 등급을 달성함으로써 운영체제는 시장에서 경쟁할 수 있다. 물론 이들 요구된 특성 대다수는 다중 사용자 시스템에서도 강점이 된다.

윈도우의 핵심 보안 특성은 다음의 사항을 포함한다.

- 파일과 디렉터리, 프로세스, 스레드 등과 같은 모든 공유 가능한 시스템 객체에 대한 임의적^{discretionary, 알아야 하는 것}이고도 필수적인 무결성 보호
- 어떤 실체나 유저, 그리고 이들이 일으킨 행위에 대한 보안 감사
- 로그온 시 사용자 인증
- 다른 사용자가 해제한 자원을 초기화(해제된 메모리나 디스크 공간)하지 않고 접근하는 것에 대한 보호

윈도우의 객체에 대한 접근 제어는 세 가지 형태가 있다.

- **임의 접근 제어** 이는 대다수의 사람들이 운영체제 보안에 대해 생각할 때 생각하는 보호 메커니즘이다. 객체(파일이나 프린터 같은)의 소유자가 다른 이들에게 접근을 허가하거나 거부하는 방법이다. 유저가 로그인할 때 보안 증명이나 보안 컨텍스트의 집합을 얻는다. 객체에 접근을 시도할 때 요청된 동작을 수행할 수 있는 권한이 있는지 없는지를 결정하기 위해 유저가 갖고 있는 보안 컨텍스트에 접근하려고 하는 객체의 접근 제어 목록과 비교한다. 윈도우 서버 2012와 윈도우 8의 경우 속성 기반의 접근 제어(동적 접근 제어로 불린다)를 구현함으로써 이런 형태의 임의적 제어는 더욱 개선됐다. 하지만 자원의 접근 제어 목록은 개별 사용자와 그룹을 반드시 식별할 필요는 없지만, 대신에 필요한 속성을 식별하고 '승인 수준: 일급 비밀' 또는 '상급자: 10년'과 같이 자원에 대한 접근을 승인하는 요건을 요구한다. SQL 데이터베이스와 스키마를 액티브 디렉터리를

통한 구문 분석을 함으로써 필요한 속성을 자동으로 채워주는 기능을 가진 좀 더 세련되고 유연한 이런 보안 모델 덕택에 조직 관리를 할 때 일일이 수동으로 이뤄지는 그룹 및 그룹 계층 관리를 하지 않아도 된다.

- **특권 접근 제어** 이는 임의 접근 제어가 충분하지 않는 경우에 필요하다. 이 제어는 소유자가 존재하지 않으면 누군가가 보호된 객체를 얻을 수 있다는 것을 확실하게 보장하는 한 방법이다. 예를 들면 직원이 회사를 떠나면 관리자는 그 직원만 접근 가능했었을지도 모르는 파일에 대한 접근을 획득할 필요가 있다. 이 경우 필요에 따라 파일의 권한을 관리할 수 있게 윈도우에선 관리자가 파일의 소유권을 획득할 수 있다.

- **강제 무결성 제어(mandatory integrity control)** 동일한 유저 계정 안에서 접근되는 객체를 보호하기 위해 보안 제어의 추가적 레벨이 요구될 때 필요한 제어다. 사용자의 설정으로부터 보호 모드 인터넷 익스플로러(또한 여타 브라우저)를 격리시키고, 또한 권한 상승이 되지 않은 관리자 계정에 의한 접근으로부터 권한 상승된 관리자 계정에 의해 생성된 객체를 보호하기 위해서라면 윈도우 앱에 샌드박스 기술의 일부를 제공하는 누구라도 사용할 수 있다(사용자 계정 제어에 대한 좀 더 자세한 내용은 7장에서 다룬다).

윈도우 8부터 앱컨테이너^AppContainer로 불리는 샌드박스가 윈도우 앱을 호스팅하는 데 사용됐다. 이 샌드박스는 앱컨테이너와 윈도우 앱이 아닌 프로세스 간의 격리를 제공한다. 앱컨테이너 내부의 코드는 윈도우 런타임이 제공하는 잘 정의된 규약에 따라 브로커(해당 사용자의 자격증명을 가진 격리되지 않은 프로세스)와 때론 다른 앱컨테이너 또는 프로세스와 통신한다. 전형적인 예로는 앱컨테이너 내에서 실행해 그 경계 내에서 실행하는 악의적인 코드에 대해 좀 더 뛰어난 보호를 제공하는 마이크로소프트 에지 브라우저가 있다. 더욱이 서드파티 개발자는 앱컨테이너를 이용해 윈도우 앱이 아닌 자신들의 애플리케이션을 유사한 방식으로 격리할 수 있다. 앱컨테이너 모델은 전통적인 멀티스레드 방식의 단일 프로세스 애플리케이션 구현을 멀티프로세스 구현으로 이동시키는 전통적인 프로그래밍 패러다임에 있어 중대한 변화를 가져왔다.

보안은 윈도우 API의 인터페이스에도 녹아 들어있다. 윈도우 서브시스템은 운영체제와 동일한 방법으로 객체 기반 보안을 구현한다. 윈도우 서브시스템은 윈도우 보안 디스크립터를 둠으로써 허가되지 않은 접근으로부터 공유된 윈도우 객체를 보호한다. 애플리케이션이 처음 공유된 객체에 접근하려고 시도하면 윈도우 서브시스템은 애플리케이션의 권한을 검증한다. 보안 검증이 성공하면 윈도우 서브시스템은 애플리케이션이 계속 진행하는 것을 허용한다.

윈도우 보안에 대한 포괄적인 설명은 7장에서 다룬다.

레지스트리

윈도우 운영체제에서 작업을 해봤다면 레지스트리에 대해 들어봤거나 살펴봤을 것이다. 레지스트리를 언급하지 않고서는 윈도우 내부에 대해 많은 것을 이야기할 수 없다. 레지스트리는 부트와 시스템 설정, 윈도우의 동작을 제어하는 시스템 전역적인 소프트웨어 설정, 보안 데이터베이스, 스크린 세이버 사용같은 사용자별 설정을 담고 있는 시스템 데이터베이스이기 때문이다. 또한 레지스트리는 윈도우 성능 카운터와 마찬가지로 시스템의 현재 하드웨어 상태(어떤 디바이스 드라이버가 로드돼 있는지와 이들이 어떤 리소스를 사용하고 있는지 등)와 같은 메모리에 있는 휘발성 데이터를 들여다 볼 수 있는 창구다. 실제로 레지스트리 안에는 없지만 성능 카운터는 레지스트리 함수를 통해 접근된다(성능 카운터에 접근하는 새롭고도 더 나은 API가 존재한다). 어떻게 성능 카운터 정보가 레지스트리로부터 접근되는지에 대한 추가 내용은 2권의 9장을 참고하라.

많은 윈도우 사용자와 관리자가 레지스트리를 직접 들여다 볼 필요는 거의 없을 것이지만(대부분의 설정을 표준 관리자 유틸리티로 조회하거나 변경할 수 있기 때문에), 시스템 성능과 행위에 영향을 주는 많은 설정이 담겨있기 때문에 레지스트리는 여전히 윈도우 내부 정보의 중요한 원천이다. 이 책의 전반적인 부분에서 컴포넌트를 설명할 때 이에 속하는 개별적인 레지스트리 키에 대한 내용을 보게 될 것이다. 이 책에서 언급하는 대부분의 레지스트리 키는 시스템 전역적 구성 하이브인 HKEY_LOCAL_MACHINE 하위에 존재하며, 앞으로 약어 HKLM으로 쓸 것이다.

 직접 레지스트리 설정을 변경하기로 했다면 극도로 주의를 기울여야 한다. 어떤 변경은 시스템에 부정적인 영향을 줄 수도 있거나 더 나쁘게는 부팅에 실패하게 만들 수도 있기 때문이다.

레지스트리와 내부 구조에 대한 자세한 내용은 2권의 9장에서 다룬다.

유니코드

윈도우는 대부분의 내부 문자열을 16비트 와이드 유니코드 문자로 저장하고 처리한다는 점에서 대다수의 운영체제와 다르다(기술적으로 UTF-16LE. 이 책에서 유니코드를 다룰 때 특별한 언급이 없다면 UTF-16LE를 가리킨다). 유니코드는 세계에 알려진 문자 집합의 대부분을 고유한 값으로 정의한 국제적인 문자 집합 표준으로서 각 문자에 대해 8과 16, 심지어 32비트 인코딩을 제공한다.

많은 애플리케이션이 8비트(한 바이트) ANSI 문자열을 다루기 때문에 문자열 인자를 받아들이는 많은 윈도우 함수는 두 개의 진입점을 가진다. 유니코드(와이드, 16비트) 버전, ANSI(좁은 8비트) 버전. 윈도우 함수의 좁은^{narrow} 함수 버전을 호출하면 시스템에 의해 처리되기 전에 입력 문자열 인자가 유니코드로 변경되는 약간의 성능 차이가 있다. 그리고 애플리케이션으로 되돌려지기 전에 유니코드에서 ANSI로 변환된다. 따라서 ANSI 문자열을 사용하게 작성된 오래된 서비스나 코드 부분을 갖고 있다면 윈도우가 ANSI 문자열을 유니코드로 변환할 것이다. 그렇지만 윈도우는 파일 내부의 데이터를 절대로 변환하지 않는다. 데이터를 유니코드로 저장할 것인지 ANSI로 저장할 것인지는 애플리케이션의 결정에 달려있다.

언어에 상관없이 윈도우의 모든 버전은 같은 함수를 갖고 있다. 언어 버전별로 나누는 대신 윈도우는 단일 설치가 다국어를 지원(다양한 언어 팩을 추가함으로써)할 수 있게 단일 월드와이드 바이너리를 가진다. 애플리케이션은 또한 다국어를 지원할 수 있는 단일 월드와이드 애플리케이션 바이너리를 허용하는 윈도우 함수의 장점을 취할 수 있다.

예전의 윈도우 9x 운영체제는 유니코드를 원래 지원하지 않았다. 이것이 ANSI와 유니코드 용도의 두 가지 함수를 만들어야 하는 또 하나의 이유다. 예를 들어 윈도우 API 함수 CreateFile은 함수가 아니며, 두 함수(CreateFileA(ANSI) 또는 CreateFileW(유니코드, 여기서 W는 와이드를 나타낸다)) 중의 하나로 확장하는 매크로다. 이 확장은 컴파일 상수 이름인 **UNICODE**에 기반을 둔다. 유니코드 함수와 작업하는 것이 좀 더 효율적이므로 이 이름은 비주얼 스튜디오 C++ 프로젝트에 기본으로 정의돼 있다. 하지만 적절한 매크로 대신 명시적 함수명을 사용할 수도 있다. 다음의 실습은 이들 함수의 짝을 보여준다.

실습: 익스포트 함수 살펴보기

이 실습에서는 윈도우 서브시스템 DLL에서 익스포트된 함수를 살펴보기 위해 Dependency Walker 툴을 사용한다.

1. http://www.dependencywalker.com에서 Dependency Walker를 다운로드한다. 사용 중인 시스템이 32비트 시스템이면 32비트 버전을 다운로드하고, 64비트 시스템이면 64비트 버전을 다운로드해야 한다. 다운로드 받은 ZIP 파일을 원하는 폴더에 압축 해제한다.

2. depends.exe를 실행한다. File 메뉴를 열고 Open을 선택한다. kernel32.dll을 찾기 위해 C:\Windows\System32 폴더(윈도우가 C 드라이버에 설치돼 있다고 가정한다)로 이동해 Open을 클릭한다.

3. Dependency Walker는 경고 메시지 박스를 보여줄 수도 있다. 이를 무시하고 메시지 박스를 해제한다.

4. 다수의 수직과 수평 분할 바가 보일 것이다. 트리 뷰의 최상단 좌측에 선택된 항목이 kernel32.dll인지 확인한다.

5. 우측 상단에서 두 번째 뷰를 살펴보자. 이 뷰는 kernel32.dll에서 이용 가능한 익스포트 함수를 나열한다. 이름순대로 정렬하기 위해 Function 리스트 헤더를 클릭하자. 이제 **CreateFileA** 함수를 찾아보자. 여기서 보는 것처럼 그렇게 멀지 않은 아래쪽에 **CreateFileW** 함수가 존재하는

것을 볼 수 있다.

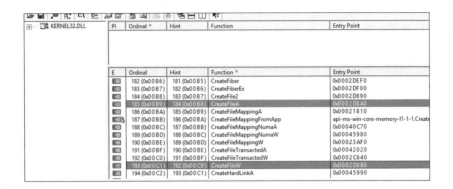

6. 보다시피 적어도 한 개의 문자열 유형 인자를 갖는 대부분의 함수는 실제로 함수의 쌍들로 존재한다. 앞 그림에서는 **CreateFileMappingA/W**와 **CreateFileTransactedA/W**, **CreateFileMappingNumaA/W**가 보인다.

7. 리스트를 스크롤해서 다른 함수를 볼 수도 있다. 또한 user32.dll과 advapi32.dll 같은 시스템 파일을 열어볼 수도 있다.

> 윈도우에서 COM 기반의 API는 일반적으로 유니코드 문자열(종종 BSTR 유형을 가진다)을 사용한다. 이는 메모리에서 문자 배열이 시작되는 바로 앞에 바이트 단위의 문자열 길이를 가진 널로 끝나는 유니코드 문자 배열이라야 한다. 윈도우 런타임 API는 그 유형이 HSTRING인 유니코드 문자열만을 사용하는데, 이는 유니코드 문자로는 변경 불가능한 배열이다.

유니코드에 대한 추가 정보는 MSDN 라이브러리의 프로그래밍 문서와 함께 www.unicode.org를 참고하라.

윈도우 내부 들여다보기

이 책의 많은 정보가 윈도우 소스코드를 살펴보고 개발자와 논의한 것에 기초하고 있긴 하지만, 모두가 그런 것은 아니다. 윈도우의 내부에 대한 많은 상세한 내용을 윈도우와 윈도우 디버깅 툴에 들어있는 이용 가능한 다양한 툴을 사용함으로써 보고 시연해 볼 수 있다. 이 절의 후반부에서 이들 툴 패키지를 간략히 소개한다.

윈도우 내부를 탐험하는 것을 장려하기 위해 책 전반에 걸쳐 '실습' 항목을 두고 있다. 이들 실습은 윈도우 내부 동작의 특별한 측면을 조사할 수 있게 그 절차를 설명한다(1장의 전반부의 일부 절에서 이미 봤다). 이 책에서 설명하고 있는 많은 내부 주제에 해당하는 동작을 살펴볼 수 있게 실습을 해볼 것을 권장한다.

표 1-4는 이 책에서 사용되는 중요 툴의 목록과 그 출처를 보여준다.

표 1-4 윈도우 내부를 살펴보기 위한 툴

툴	이미지 이름	출처
시작 프로그램 뷰어	AUTORUNS	Sysinternals
Access Check	ACCESSCHK	Sysinternals
Dependency Walker	DEPENDS	www.dependencywalker.com
Global Flags	GFLAGS	Debugging tools
핸들 뷰어	HANDLE	Sysinternals
커널 디버거	WINDBG, KD	WDK, Windows SDK
객체 뷰어	WINOBJ	Sysinternals
성능 모니터	PERFMON.MSC	윈도우 내장 툴
Pool Monitor	POOLMON	WDK
Process Explorer	PROCEXP	Sysinternals
프로세스 모니터	PROCMON	Sysinternals
Task (Process) List	TLIST	Debugging tools
작업 관리자	TASKMGR	윈도우 내장 툴

성능 모니터와 자원 모니터

실행 대화상자에서 perfmon을 입력하거나 또는 제어판의 관리자 툴 폴더를 통해서 찾을 수 있는 성능 모니터를 이 책 전반에 걸쳐 언급한다. 특히 성능 모니터와 자원 모니터에 초점을 맞출 것이다.

성능 모니터는 세 가지 기능이 있다. 시스템 감시와 성능 카운터 로그 조회, 알림 설정(성능 카운터 로그와 트레이스, 설정 데이터를 담고 있는 데이터 수집기 집합을 사용해)이다. 편의상 성능 모니터라고 하면 툴 내부에 있는 시스템 모니터 기능을 언급하는 것이다.

성능 모니터는 다른 단일 유틸리티에 비해 어떻게 시스템이 동작했는지에 대해 더 많은 정보를 제공할 수 있다. 이는 다양한 객체에 대해 수백 개의 확장 가능한 카운터를 포함한다. 이 책에서 소개하는 중요한 주제에는 관련된 윈도우 성능 카운터 표를 포함한다. 성능 모니터는 각 카운터에 대한 간략한 설명을 담고 있다. 이 설명을 보려면 카운터 추가 윈도우에서 카운터를 선택하고 **설명 표시** 체크박스를 선택하면 된다.

이 책에서 다룰 예정인 모든 저수준 시스템 감시가 성능 모니터로도 가능하지만, 윈도우는 네 가지 주요한 시스템 자원(CPU와 디스크, 네트워크, 메모리)을 나타내는 자원 모니터(시작 메뉴나 작업 관리자 성능 탭으로 이용할 수 있다)도 포함하고 있다. 기본 상태에서는 이들 리소스가 작업 관리자에서와 같은 수준으로 표시된다. 그렇지만 더 많은 정보를 위해 확장될 수 있는 열을 제공한다. 다음은 자원 모니터의 일반적인 실행 모습이다.

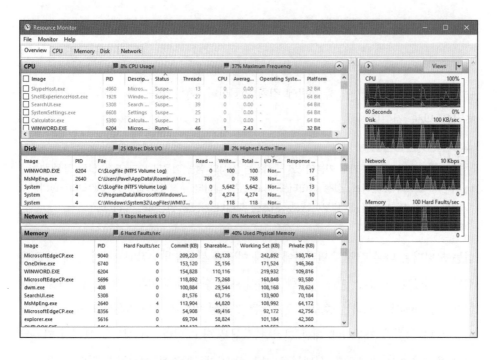

확장되면 CPU 탭은 단지 작업 관리자처럼 프로세스별 CPU 사용량에 대한 정보를 나타 내기도 하지만, 어떤 프로세스가 가장 많이 사용되는가에 대해 좀 더 나은 아이디어를 줄 수 있는 평균 CPU 사용량에 대한 열도 갖고 있다. CPU 탭은 또한 서비스를 별도로 표시하고 서비스와 연관된 CPU 사용량과 그 평균치를 보여준다. 각 서비스 호스팅 프로세스는 호스팅하는 서비스 그룹에 의해 식별된다. Process Explorer와 마찬가지로 프로세스를 선택하면(관련 체크박스를 클릭해) 프로세스에서 오픈한 핸들이라는 이름의 목록뿐 아니라 프로세스 주소 공간에 로드된 모듈의 목록(DLL과 같이)도 표시된다. 핸들 검색 상자는 리소스의 이름이 주어진 경우 프로세스가 오픈한 핸들을 찾는 데 사용된다.

메모리 탭은 작업 관리자로 얻을 수 있는 것과 동일한 정보를 표시하지만, 이것은 전체 시스템에 대한 체계화된 정보다. 물리 메모리 막대그래프는 물리 메모리의 현재 상태(하드웨어 예약, 사용, 변경, 스탠바이, 프리 메모리)를 보여준다. 이러한 용어의 정확한 의미는 5장에서 다룬다.

한편 디스크 탭은 시스템에서 가장 빈번히 접근됐거나 써졌거나 읽혀진 파일을 쉽게 식별할 수 있는 방식을 통해 I/O에 대해 파일별로 정보를 나타낸다. 이 결과는 프로세스별로 필터링할 수도 있다.

네트워크 탭은 활성화된 네트워크 연결과 어느 프로세스가 소유했는지 얼마나 많은 데이터가 전송됐는지를 나타낸다. 이 정보는 다른 방법으로는 탐지하기 어려울 수 있는 백그라운드 네트워크 활동을 볼 수 있게 해준다. 추가로 시스템에 활성화돼 있는 TCP 연결을 볼 수 있는데, 원격 및 로컬 포트, 주소, 패킷 지연 시간과 같은 데이터가 프로세스별로 정리돼 있다. 마지막으로 리스닝^{listening} 포트가 프로세스별로 표시되는데, 이는 관리자로 하여금 어떤 서비스나 애플리케이션이 현재 해당 포트에 대한 연결을 대기하고 있는지를 볼 수 있게 해준다. 각 포트와 프로세스에 대한 프로토콜과 방화벽 정책도 표시된다.

> 모든 윈도우 성능 카운터에 프로그램적으로 접근 가능하다. 추가적인 정보는 MSDM 문서에서 '성능 카운터'를 찾아보자.

커널 디버깅

커널 디버깅은 커널에서 내부 커널 데이터 구조체를 살펴보고 함수를 단계별로 실행하는 것을 의미한다. 이는 윈도우 내부를 연구하기에 있어 좋은 방법이다. 다른 툴을 통해서는 불가능한 내부 시스템 정보를 나타낼 수 있고, 커널 내의 코드 흐름에 대한 명확한 흐름을 얻을 수 있기 때문이다. 커널 디버깅을 하는 다양한 방법을 소개하기 전에 모든 유형의 커널 디버깅을 수행하는 데 필요한 파일을 알아보자.

커널 디버깅 심볼

심볼 파일은 함수와 변수의 이름, 데이터 구조의 형식과 배치를 담고 있다. 심볼 파일은 링커에 의해 생성되며, 이들 이름을 참조하고 디버그 세션 동안 그 이름을 나타내기 위해서 디버거에 의해 사용된다. 이 정보는 보통 바이너리 이미지에 저장되지 않는다.

코드를 실행하는 데는 필요치 않기 때문이다. 이것은 바이너리가 작으면 작을수록 빠르다는 것을 의미하기도 하고, 또한 디버깅 세션 동안 참조하려면 반드시 디버거가 이미지와 연관된 심볼 파일에 접근할 수 있게 해둬야 함을 의미하기도 한다.

프로세스 리스트와 스레드 블록, 로드된 드라이버 리스트, 메모리 사용량 정보 등과 같은 내부 윈도우 커널 데이터 구조체를 조사하기 위해 어떤 커널 디버깅 툴이라도 사용하려면 최소한 커널 이미지, Ntoskrnl.exe에 대한 정확한 심볼을 갖고 있어야 한다(2장의 '아키텍처 개요' 절에서 이 파일에 대해 추가로 설명한다). 심볼 테이블 파일은 심볼을 얻어낸 이미지의 버전과 반드시 일치해야 한다. 예를 들어 커널을 변경하는 윈도우 서비스팩이나 핫픽스를 설치하면 변경된 커널에 대해 일치하는 심볼 파일을 얻어야 한다.

윈도우의 다양한 버전에 대한 심볼을 다운로드하고 설치하는 것이 가능한 반면, 핫픽스에 대한 갱신된 심볼은 그렇지 못하다. 디버깅을 위해 정확한 버전의 심볼을 얻는 가장 쉬운 해법은 디버거에 심볼 경로를 위한 특별한 구문을 사용해 마이크로소프트 온디맨드on-demand 심볼 서버를 이용하는 것이다. 예를 들면 다음의 심볼 경로는 요청된 심볼을 인터넷 심볼 서버로부터 로드하고 c:\symbols 폴더에 로컬 사본을 유지한다.

```
srv*c:\symbols*http://msdl.microsoft.com/download/symbols
```

윈도우 디버깅 툴

윈도우 디버깅 툴Debugging Tools for Windows 패키지는 이 책에서 윈도우 내부를 살펴보는데 사용된 고급 디버깅 툴을 담고 있다. 최신 버전은 윈도우 소프트웨어 개발 킷SDK, Software Development Kit에 포함돼 있다(다른 설치 유형에 관한 추가적인 사항은 https://msdn.microsoft.com/en-us/library/windows/hardware/ff551063.aspx를 참고하라). 이들 툴은 커널과 유저 모드 프로세스를 디버깅하는 데 사용할 수 있나.

이들 툴에는 4개의 디버거(cdb, ntsd, kd, WinDbg)가 포함돼 있다. 이들 모두는 DbgEng.dll에 구현된 단 하나의 디버깅 엔진에 기반을 둔다. 이에 관해서는 툴의 도움말에 매우 잘 문서화돼 있다. 이들 디버거의 개략적인 내용을 살펴보면 다음과 같다.

- cdb와 ntsd는 유저 모드 디버거로서 콘솔 사용자 인터페이스에 기반을 둔다. 이들 간의 유일한 차이점은 기존 콘솔 윈도우로부터 구동되는 경우에 ntsd는 새로운 콘솔 윈도우를 연다는 점이다. 하지만 cdb는 그렇지 않다.
- kd는 커널 모드 디버거로서 콘솔 사용자 인터페이스에 기반을 둔다.
- WinDbg는 유저 모드나 커널 모드 디버거로 사용될 수 있다. 하지만 동시에 두 가지 모드로 사용은 불가능하다. 사용자에게 GUI 환경을 제공한다.
- 유저 모드 디버거들(cdb, ntsd, WinDbg, 유저 모드 디버거로 사용되는 경우)은 본질적으로 동일하다. 어떤 디버거를 사용하는가는 취향 문제다.
- 커널 모드 디버거들(kd, WinDbg, 커널 모드 디버거로 사용되는 경우)은 동일한 것이다.

유저 모드 디버깅 디버깅 툴은 유저 모드 프로세스에 연결^{attach}해 프로세스 메모리를 조사하거나 변경하는 데 사용할 수 있다. 프로세스에 연결하기 위한 다음과 같은 두 가지 옵션이 있다.

- **침습적(Invasive)** 실행 중인 프로세스에 연결할 때 특별히 다른 것을 지정하지 않으면 디버거와 디버기를 연결하는 데 `DebugActiveProcess` 윈도우 함수가 사용된다. 이렇게 연결이 되면 프로세스 메모리를 변경한 후 브레이크포인트를 설정하고 다른 디버깅 함수를 수행할 수 있다. 윈도우는 디버거가 연결 해제되고^{detached} 또한 죽지 않은 동안에는 타겟 프로세스를 죽이지 않고 디버깅을 멈추는 것을 허용한다.
- **비침습적(Noninvasive)** 이 옵션을 주면 디버거는 간단하게 `OpenProcess` 함수로 프로세스를 오픈한다. 프로세스에 디버거로 연결되지 않는다. 이 옵션으로는 타겟 프로세스의 메모리를 조사하거나 변경할 수는 있지만, 브레이크포인트는 설정할 수 없다. 이는 다른 디버거가 침습적으로 연결돼 있을지라도 비침습적으로 연결이 가능함을 의미한다.

또한 디버깅 툴로 유저 모드 프로세스 덤프 파일을 오픈할 수 있다. 유저 모드 덤프 파일은 2권 8장의 '예외 디스패칭' 절에서 설명한다.

커널 모드 디버깅 앞서 언급했듯이, 커널 디버깅에 사용할 수 있는 두 가지 디버거인 커맨드라인(Kd.exe)과 GUI 버전(Windbg.exe)이 있다. 이들 툴로 다음과 같은 세 가지 형태의 커널 디버깅을 수행할 수 있다.

- 윈도우 시스템 크래시의 결과로 생성된 크래시 덤프 파일을 연다(커널 크래시 덤프에 대한 자세한 정보는 2권의 15장을 참고하라).
- 라이브로 실행 중인 시스템에 접속하고 시스템 상태를 조사(또는 디바이스 드라이버 코드를 디버깅하고 있다면 브레이크포인트를 설정)한다. 이 방법은 타겟과 호스트, 두 대의 컴퓨터가 필요하다. 타겟은 디버그되는 시스템이고 호스트는 디버거가 실행 중인 시스템이다. 타겟 시스템은 호스트에 널 모뎀 케이블이나 IEEE 1394 케이블, USB 2.0/3.0 디버깅 케이블 또는 로컬 네트워크로 연결될 수 있다. 타겟 시스템은 디버깅 모드로 부팅해야 한다. BCDEdit나 Msconfig.exe을 사용해 디버그 모드 시스템 부팅 옵션을 설정한다(UEFI BIOS 설정에서 안전한 부트를 비활성화해야 할 수도 있음에 유의하자). 네임드 파이프를 통해 연결하는 것도 가능하다. 이것은 게스트 운영체제의 시리얼 포트를 네임드 파이프 장치로 노출해 윈도우 7이나 그 이전 버전을 하이퍼-V나 버추얼 PC, VMWare 같은 가상머신 제품으로 디버깅할 때는 유용하다. 윈도우 8과 그 후속 게스트의 경우 게스트 운영체제 내의 가상 NIC를 사용하는 호스트만의 네트워크를 노출함으로써 가능한 로컬 네트워크 디버깅을 사용해야 한다. 이는 1000 배 정도의 성능적 이득을 얻는다.
- 윈도우 시스템은 로컬 시스템에 접속해 시스템 상태를 조사하는 것도 허용한다. 이는 로컬 커널 디버깅이라고 한다. WinDbg로 로컬 커널 디버깅을 시작하려면 시스템이 디버그 모드로 설정돼 있어야 한다(예를 들어 msconfig.exe를 실행해 부팅 탭을 클릭하고 고급 옵션에서 디버그를 선택한 이후에 윈도우를 다시 시작한다). 관리자 권한으로 WinDbg를 실행하고 File 메뉴를 연 후 Kernel Debug를

선택하고 Local 탭을 클릭한 다음에 OK를 클릭한다(또는 bcdedit.exe를 사용한다). 그림 1-6은 64비트 윈도우 10 머신에서의 샘플 출력 화면이다. 브레이크포인트 설정이나 메모리 덤프를 생성하는 .dump와 같은 몇 가지 커널 디버거 명령은 로컬 커널 디버깅 모드에서는 동작하지 않는다. 하지만 메모리 덤프 생성 기능은 이 절의 뒤에 설명된 LiveKd로는 가능하다.

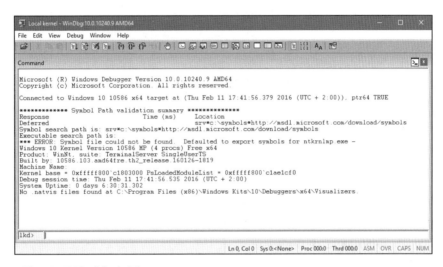

그림 1-6 로컬 커널 디버깅

커널 디버깅 모드로 연결되면 스레드와 프로세스, I/O 요청 패킷, 메모리 관리 정보와 같은 내부 데이터 구조체를 나타내기 위해 많은 디버거 확장 명령(!으로 시작하는 '뱅' 명령) 중 하나를 사용할 수 있다. 이 책의 곳곳에는 논의된 각 주제에 적용되는 연관된 커널 디버거 명령과 출력이 포함돼 있다. 아주 훌륭한 참고 지침서는 WinDbg 설치 폴더에 들어 있는 Debugger.chm 도움말 파일이다. 이 파일에는 모든 커널 디버거 기능과 확장에 대한 내용이 문서화돼 있다. 게다가 디버거가 구조체를 구성하는 데 사용하기 위한 유형 정보를 윈도우 커널 심볼 파일이 담고 있기 때문에 dt$^{display\ type}$ 명령으로 1,000개가 넘는 커널 구조체의 포맷을 확인할 수도 있다.

실습: 커널 구조체의 유형 정보 보기

커널 심볼에 들어있는 커널 구조체 유형 정보를 나타내려면 dt nt!_*를 커널 디버거에 입력하면 된다. 다음은 출력 결과 중 일부다(ntkrnlmp는 64비트 커널의 내부 파일명이다. 좀 더 자세한 사항은 2장을 참고하라).

```
lkd> dt nt!_*
        ntkrnlmp!_KSYSTEM_TIME
        ntkrnlmp!_NT_PRODUCT_TYPE
        ntkrnlmp!_ALTERNATIVE_ARCHITECTURE_TYPE
        ntkrnlmp!_KUSER_SHARED_DATA
        ntkrnlmp!_ULARGE_INTEGER
        ntkrnlmp!_TP_POOL
        ntkrnlmp!_TP_CLEANUP_GROUP
        ntkrnlmp!_ACTIVATION_CONTEXT
        ntkrnlmp!_TP_CALLBACK_INSTANCE
        ntkrnlmp!_TP_CALLBACK_PRIORITY
        ntkrnlmp!_TP_CALLBACK_ENVIRON_V3
        ntkrnlmp!_TEB
```

또한 특정 구조체를 찾기 위해 dt 명령에 와일드카드를 사용할 수 있다. 예를 들어 인터럽트 객체에 대한 구조체 이름을 찾으려고 한다면 dt nt!_*interrupt* 를 입력하면 된다.

```
lkd> dt nt!_*interrupt*
    ntkrnlmp!_KINTERRUPT_MODE
    ntkrnlmp!_KINTERRUPT_POLARITY
    ntkrnlmp!_PEP_ACPI_INTERRUPT_RESOURCE
    ntkrnlmp!_KINTERRUPT
    ntkrnlmp!_UNEXPECTED_INTERRUPT
    ntkrnlmp!_INTERRUPT_CONNECTION_DATA
    ntkrnlmp!_INTERRUPT_VECTOR_DATA
```

```
ntkrnlmp!_INTERRUPT_HT_INTR_INFO
ntkrnlmp!_INTERRUPT_REMAPPING_INFO
```

그러고 나서 다음에서 보이는 것처럼 지정된 구조체의 포맷을 확인하기 위해 dt 명령을 사용할 수 있다(디버거는 구조체를 다룰 때 대소문자를 구분한다).

```
lkd> dt nt!_KINTERRUPT
                +0x000 Type : Int2B
                +0x002 Size : Int2B
      +0x008 InterruptListEntry : _LIST_ENTRY
          +0x018 ServiceRoutine : Ptr64 unsigned char
   +0x020 MessageServiceRoutine : Ptr64 unsigned char
            +0x028 MessageIndex : Uint4B
           +0x030 ServiceContext : Ptr64 Void
                +0x038 SpinLock : Uint8B
               +0x040 TickCount : Uint4B
              +0x048 ActualLock : Ptr64 Uint8B
          +0x050 DispatchAddress : Ptr64 void
                 +0x058 Vector : Uint4B
                  +0x05c Irql : UChar
        +0x05d SynchronizeIrql : UChar
           +0x05e FloatingSave : UChar
              +0x05f Connected : UChar
                +0x060 Number : Uint4B
            +0x064 ShareVector : UChar
      +0x065 EmulateActiveBoth : UChar
            +0x066 ActiveCount : Uint2B
          +0x068 InternalState : Int4B
                  +0x06c Mode : _KINTERRUPT_MODE
              +0x070 Polarity : _KINTERRUPT_POLARITY
           +0x074 ServiceCount : Uint4B
          +0x078 DispatchCount : Uint4B
           +0x080 PassiveEvent : Ptr64 _KEVENT
              +0x088 TrapFrame : Ptr64 _KTRAP_FRAME
```

```
            +0x090 DisconnectData : Ptr64 Void
            +0x098 ServiceThread : Ptr64 _KTHREAD
           +0x0a0 ConnectionData : Ptr64 _INTERRUPT_CONNECTION_DATA
             +0x0a8 IntTrackEntry : Ptr64 Void
               +0x0b0 IsrDpcStats : _ISRDPCSTATS
            +0x0f0 RedirectObject : Ptr64 Void
                   +0x0f8 Padding : [8] UChar
```

참고로 dt는 기본적으로 하위 구조체(구조체 내의 구조체)는 보여주지 않는다. 하위 구조체를 보려면 -r이나 -b 스위치를 사용한다. 예를 들어 커널 인터럽트 객체를 보는 데 이들 스위치 중 하나를 사용하면 InterruptListEntry 필드 하위에 있는 _LIST_ENTRY 구조체가 드러난다(-r과 -b 스위치 간의 정확한 차이점은 문서를 참고하라).

```
lkd> dt nt!_KINTERRUPT -r
                +0x000 Type : Int2B
                +0x002 Size : Int2B
        +0x008 InterruptListEntry : _LIST_ENTRY
                +0x000 Flink : Ptr64 _LIST_ENTRY
                +0x000 Flink : Ptr64 _LIST_ENTRY
                +0x008 Blink : Ptr64 _LIST_ENTRY
                +0x008 Blink : Ptr64 _LIST_ENTRY
                +0x000 Flink : Ptr64 _LIST_ENTRY
                +0x008 Blink : Ptr64 _LIST_ENTRY
        +0x018 ServiceRoutine : Ptr64 unsigned char
```

dt 명령은 -r 스위치에 값을 추가해 구조체의 재귀적 수준을 명시하게도 해준다. 다음 예는 재귀적 수준이 1임을 의미한다.

```
lkd> dt nt!_KINTERRUPT -r1
```

또한 윈도우 디버깅 툴의 도움말 파일은 커널 디버거를 어떻게 설정하고 사용하는지 설명한다. 디바이스 드라이버 개발자를 주요 대상으로 커널 디버거를 사용하는 방법에 대한 추가적인 상세 자료는 WDK 문서를 참고하라.

LiveKd 툴

LiveKd는 Sysinternal에서 얻을 수 있는 무료 툴이다. 동작 중인 시스템을 조사하기 위해 디버깅 모드로 부팅하지 않고도 표준 마이크로소프트 커널 디버거를 사용할 수 있다. 이 접근법은 디버깅 모드로 부팅되지 않은 머신에서 커널 레벨의 문제 해결을 수행해야 할 때 유용하다. 어떤 문제는 재현이 잘되지 않아서 디버그 옵션을 켜고 재부팅하면 오류가 나타나지 않을 수도 있기 때문이다.

WinDbg나 kd처럼 LiveKd도 그냥 실행하면 된다. LiveKd는 어떤 커맨드라인 옵션이든 지정한 디버거에 전달한다. 기본적으로 LiveKd는 커맨드라인 커널 디버거(kd)를 실행한다. WinDbg를 실행하려면 -w 스위치를 지정한다. LiveKd 스위치에 대한 도움말을 보려면 -? 스위치를 사용한다.

LiveKd는 모의 크래시^{simulated crash} 덤프 파일을 디버거에 제공한다. 따라서 크래시 덤프에서 할 수 있는 것이라면 어떤 것이든 LiveKd에서 수행할 수 있다. LiveKd가 물리 메모리를 모의 덤프 파일에 백업하는 방식으로 동작하기 때문에 데이터 구조체가 시스템에 의해 변경되는 중간이나 불일치한 상태에서 커널 디버거가 실행될 수도 있다. 디버거가 실행될 때마다 시스템 상태에 대한 새로운 뷰가 시작된다. 스냅샷을 갱신하려면 디버거를 종료시키는 q 명령을 사용한다. 그러면 LiveKd는 디버거를 다시 시작할 것인지를 묻는다. 디버거가 출력을 계속해서 프린팅하는 루프에 접어들었다면 출력을 인터럽트하기 위해 Ctrl + C 키를 누르면 출력이 종료된다. 행^{hang}이 발생했다면 디버거 프로세스를 종료하는 Ctrl + Break 키를 누른다. 그러면 디버거를 다시 실행할 것인지 아닌지를 묻는다.

윈도우 소프트웨어 개발 킷

윈도우 소프트웨어 개발 킷^{SDK, Software Development Kit}은 MSDN 구독 프로그램의 일부분으로 구할 수 있다. 또는 https://developer.microsoft.com/en-US/windows/downloads/windows-10-sdk에서 무료로 다운로드할 수 있다. 비주얼 스튜디오 또한 VS 설치본의 일부로서 SDK 설치 옵션을 제공한다. 윈도우 SDK는 항상 윈도우 운영체제의 최신 버전과 일치하는 버전을 담고 있다. 반면 비주얼 스튜디오에 들어있는 버전은 배포 시점에는 최신 버전이었겠지만 이제는 구식 버전일 수 있다. 윈도우 디버깅 툴 외에도 SDK는 윈도우 애플리케이션을 컴파일하고 링크하는 데 필요한 C 헤더 파일과 라이브러리를 가진다. 윈도우 내부적인 관점에서 윈도우 SDK의 흥미로운 점은 윈도우 API 헤더 파일(예를 들어 C:\Program Files (x86)\Windows Kits\10\Include)과 SDK 툴(Bin 폴더를 찾아보자)를 포함한다는 점이다. SDK 문서 또한 흥미롭다. 이 문서는 온라인에서 이용 가능하고, 또한 오프라인 접근을 위해 다운로드할 수도 있다. 이들 툴 중 일부는 윈도우 SDK와 MSDN 라이브러리 양쪽 모두에 샘플 소스코드와 함께 들어있다.

윈도우 드라이버 킷

윈도우 드라이버 킷^{WDK, Windows Driver Kit} 또한 MSDN 구독 프로그램으로 구할 수 있다. 윈도우 SDK와 마찬가지로 무료로 다운로드할 수 있다. WDK 문서는 MSDN 라이브러리에 포함돼 있다.

WDK가 디바이스 드라이버 개발자를 위한 것이긴 하지만, 윈도우 내부 정보에 대한 많은 소스를 담고 있다. 예를 들면 6장에서 I/O 시스템 아키텍처와 드라이버 모델, 기본 디바이스 드라이버 데이터 구조체를 설명하지만, 개별적인 커널 지원 함수에 대해서는 상세하게 다루지 않는다. WDK 문서는 설명서와 참조 형식으로 디바이스 드라이버에 의해 사용되는 모든 윈도우 커널 지원 함수와 메커니즘을 포괄적으로 담고 있다.

문서 외에도 WDK는 많은 내부 시스템 루틴의 인터페이스뿐만 아니라 핵심 내부 데이터 구조체와 상수를 정의하고 있는 헤더 파일(특별히 ntddk.h와 ntifs.h, wdm.h)을 담고 있다. 이 책에서 이들 구조체의 일반적인 배치와 그 내용을 소개하고 있긴 하지만, 상세한 필드 수준의 설명(크기와 데이터 유형과 같은)은 없기 때문에 이 파일들은 커널 디버거로 윈도우 내부 데이터 구조체를 탐구할 때 유용하다. WDK는 다수의 이들 데이터 구조체(객체 디스패처 헤더와 대기 블록, 이벤트, 뮤턴트, 세마포어 등)를 자세히 설명하고 있다.

이 책에 소개된 내용을 넘어서 I/O 시스템과 드라이버 모델에 대해 자세히 보고자 한다면 WDK 문서를 읽으면 된다(특히 커널 모드 드라이버 아키텍처 설계 가이드와 커널 모드 드라이버 참조 매뉴얼). 다른 유용한 것을 찾는다면 Walter Oney의 『Programming the Microsoft Windows Driver Model, Second Edition』(마이크로소프트 출판, 2002)과 Penny Orwick와 Guy Smith의 『Developing Drivers with the Windows Driver Foundation』(마이크로소프트 출판, 2007)이 있다.

Sysinternals 툴

이 책에 있는 많은 실습은 Sysinternals에서 다운로드할 수 있는 무료 툴을 사용하고 있다. 이 책의 공동 저자인 마크 러시노비치[Mark Russinovich]는 이들 툴의 대부분을 작성했다. 가장 인기 있는 툴은 Process Explorer와 프로세스 모니터다. 이들 유틸리티는 표준(비상승된) 사용자 계정에서 제한된 기능과 출력만을 제공하면서 실행될 수 있지만, 대다수는 커널 모드 디바이스 드라이버의 설치와 실행이 필요하다. 따라서 (상승된) 관리자 권한이 필요한 점을 염두에 둬야 한다.

Systeminternals 툴은 수시로 업데이트되므로, 최신 버전이 있는지 확인하는 것이 좋다. 툴 업데이트를 통보 받기 위해 Systeminternals 사이트 블로그(RSS 피드백 기능을 갖추고 있다)를 주시하면 된다. 모든 툴의 설명과 사용법, 문제 해결의 케이스 스터디에 관한 정보는 마크 러시노비치와 애런 마고시스[Aaron Margosis]의 『Windows Sysinternals Administrator's Reference(장애 분석과 문제 해결을 위한 윈도우 시스인터널 관리자 가이드)』(에이콘, 20131)를 참고하라. 툴에 대한 질문이나 토론은 Sysinternals 포럼을 사용하자.

결론

1장에서는 윈도우의 핵심 기술 개념과 이 책에서 사용할 용어를 소개했다. 또한 윈도우 내부를 살펴보기 위해 입수할 수 있는 많은 툴에 대해서 간략히 살펴봤다. 자, 이제 시스템 아키텍처의 전체 구조와 핵심 컴포넌트를 시작으로 시스템의 내부 설계를 탐구할 준비가 됐다.

02 시스템 아키텍처

1장에서는 숙지해야 되는 용어와 개념, 툴에 대해 다뤘다. 이제 마이크로소프트 윈도우 운영체제의 내부 설계 목표와 구조에 대해 자세히 알아볼 차례다. 2장에서는 핵심 시스템 컴포넌트와 이들이 어떻게 상호 연동하는지, 그리고 컴포넌트가 실행되는 컨텍스트의 전체 아키텍처를 설명한다. 윈도우 내부를 이해하는 데 필요한 프레임워크를 제시하기 전에 먼저 최초 설계와 시스템 사양의 틀을 잡는 데 적용된 요구 사항과 목표를 살펴본다.

요구 사항과 설계 목표

1989년 윈도우 NT의 사양은 다음 요구 사항에 따라 결정했다.

- 실질적인 32비트, 선점형, 재진입, 가상 메모리 OS를 제공해야 한다.
- 다양한 하드웨어 아키텍처와 플랫폼에서 동작해야 한다.
- 대칭형 멀티프로세싱 시스템에서 동작하고 확장돼야 한다.
- 네트워크 클라이언트와 서버 양쪽 모두에서 뛰어난 분산 컴퓨팅 플랫폼이 돼야 한다.
- 대부분의 기존 16비트 MS-DOS와 마이크로소프트 윈도우 3.1 애플리케이션이 동작해야 한다.
- POSIX 1003.1 규약에 대한 정부 요구 사항을 만족시켜야 한다.
- OS 보안에 대한 정부와 산업계의 요구 사항을 만족시켜야 한다.

- 유니코드 지원을 통해 글로벌 시장에 쉽게 적용 가능해야 한다.

이런 요구 사항을 만족하는 운영체제를 만들기 위해 결정해야 하는 수천 가지 사항에 대한 결정의 방향을 잡기 위해 윈도우 NT 설계 팀은 프로젝트를 시작할 때 다음과 같은 디자인 목표를 설정했다.

- **확장성** 코드는 시장 요구 사항의 변화에 따라 증가하고 변경하기 편하게 작성 돼야만 한다.
- **이식성** 시스템은 다양한 하드웨어 아키텍처에서 동작 가능해야 하고, 시장이 요구하는 새로운 하드웨어로 상대적으로 쉽게 이동 가능해야 한다.
- **안정성과 견고성** 시스템은 내부의 오동작과 외부의 악의적 행위로부터 스스로 를 보호해야 한다. 애플리케이션은 OS와 다른 애플리케이션에 해를 끼칠 수 없어야 한다.
- **호환성** 윈도우 NT가 기존 기술의 확장이긴 하지만 유저 인터페이스와 API는 이전 버전의 윈도우 및 MS-DOS와 호환돼야 한다. 또한 유닉스와 OS/2, NetWare 같은 다른 시스템과 함께 상호 간에 잘 동작해야 한다.
- **성능** 다른 설계 목표를 벗어나지 않는 한도 내에서 시스템은 각 하드웨어 플랫 폼에서 가능한 한 빠르게 즉각 응답해야 한다.

윈도우의 내부 구조와 동작에 대한 세부 사항을 살펴보면서 이들 초기 설계 목표와 시장 요구 사항이 시스템을 구축함에 있어서 어떻게 성공적으로 짜 맞춰 들어갔는지를 이해 할 수 있을 것이다. 시작하기 전에 윈도우의 전체 설계 모델을 살펴보고, 여타 최신 운영체제와 비교해보자.

운영체제 모델

대부분의 멀티유저 운영체제에서 애플리케이션은 OS 자체로부터 분리돼 있다. OS 커 널 코드는 특권이 있는 프로세서 모드(이 책에서는 커널 모드로 언급)에서 시스템 데이터와 하드웨어에 접근하며 실행된다. 애플리케이션 코드는 특권이 없는 프로세서 모드(유저 모드라 함)에서 실행되며, 제한된 인터페이스와 시스템 데이터에 대한 제한된 접근만이 가능하고 하드웨어에 직접 접근은 불가능하다. 유저 모드 프로그램이 시스템 서비스를 호출할 때 프로세서는 호출 스레드를 커널 모드로 전환시키는 특수한 명령어를 실행한다. 시스템 서비스가 완료되면 운영체제는 스레드 컨텍스트를 다시 유저 모드로 변경하고 호출자가 계속 실행되게 한다.

윈도우는 OS의 대부분과 디바이스 드라이버 코드가 동일한 커널 모드 보호 메모리 공간을 공유하는 관점에서 단일체^{monolithic} OS로 볼 수 있으며, 이런 점에서 대부분의 유닉스 시스템과 유사하다. 이는 어떤 OS 컴포넌트나 디바이스 드라이버가 잠재적으로 OS의 다른 컴포넌트에 의해 사용되는 데이터를 손상시킬 수 있다는 것을 의미한다. 1장에서 살펴봤다시피 윈도우는 WHQL과 KMCS 강화를 통해 서드파티 드라이버의 출현을 억제하고 드라이버의 품질을 강화하는 방법으로 이런 문제를 해결한다. 또한 가상화 기반의 보안과 장치 가드^{Device Guard} 및 하이퍼 가드^{Hyper Guard} 기능과 같은 추가적인 커널 보호 기술도 병행한다. 이번 절에서 이런 기술들이 함께 녹아 들어가는 모습을 보겠지만, 좀 더 자세한 사항들은 7장과 2권의 8장에서 다룬다.

물론 이런 모든 OS 컴포넌트는 잘못된 애플리케이션으로부터 완벽히 보호된다. 애플리케이션은 OS의 특권 부분 코드와 데이터에는 직접 접근할 수 없기 때문이다(다른 커널 서비스를 빠르게 호출할 수 있긴 하지만). 이 보호는 윈도우가 애플리케이션 서버로서, 그리고 워크스테이션 플랫폼으로서 견고성과 안정성 양쪽 모두에 명성이 있는 이유 중 하나다. 게다가 가상 메모리 관리와 파일 I/O, 네트워킹, 파일과 프린트 공유 같은 핵심 OS 서비스 관점에서 볼 때 빠르고 민첩하다.

또한 윈도우의 커널 모드 컴포넌트는 기본 객체지향 설계 원칙을 구현한다. 예를 들면 이들 컴포넌트는 일반적으로 개별 컴포넌트에 의해 유지되는 정보에 접근하기 위해 다른 컴포넌트의 데이터 구조체에 접근하지 않는다. 대신 공식 인터페이스를 사용해 인자를 전달하고 데이터 구조체를 접근하거나 수정한다.

공유된 시스템 리소스를 표현하기 위해 객체를 광범위하게 사용함에도 불구하고 엄격한 의미에서 윈도우는 객체지향 시스템은 아니다. 이식성을 위해 대부분의 커널 모드 OS 코드는 C로 작성된다. C는 다형성 함수, 클래스 상속 같은 객체지향 구성물을 직접 지원 하지 않는다. 그러므로 C 기반으로 구현된 윈도우의 객체는 객체지향 언어 고유의 특징 을 차용했지만 의존하고 있진 않다.

아키텍처 개요

간략히 살펴본 윈도우의 설계 목표와 패키징에 추가해 아키텍처를 이루고 있는 핵심 시스템 컴포넌트를 살펴보자. 그림 2-1은 아키텍처의 단순화된 버전이다. 이 다이어그 램은 기본적이라는 것을 염두에 두자. 모든 것이 나타나 있지 않다. 예를 들면 네트워킹 컴포넌트와 다양한 디바이스 드라이버 계층에 대해서는 나타나 있진 않다.

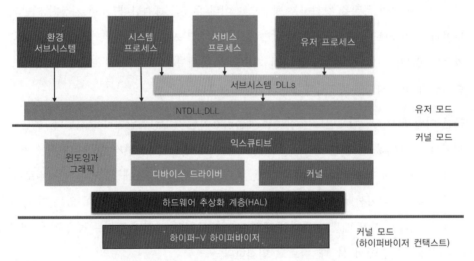

그림 2-1 단순화된 윈도우 아키텍처

그림 2-1에서 윈도우 OS의 유저 모드와 커널 모드를 선으로 구분하고 있다는 점에 유의하자. 구분선 위의 상자는 유저 모드 프로세스를 표현한다. 그리고 선 아래의 컴포 넌트는 커널 모드 OS 서비스다. 1장에서 언급한 것처럼 유저 모드 스레드는 개별 프로 세스 주소 공간에서 실행된다(커널 모드에서 실행되고 있는 동안에는 시스템 공간에 접근

할 수 있다). 따라서 시스템 프로세스와 서비스 프로세스, 유저 애플리케이션, 환경 서브 시스템은 각기 고유한 개별 프로세스 주소 공간을 가진다. 커널 모드에서 윈도우와 하이퍼바이저 간의 두 번째 분할선을 볼 수 있다. 엄밀히 말하면 하이퍼바이저는 커널과 동일한 CPU 특권 수준(0)에서 실행한다. 하지만 하이퍼바이저는 특수한 CPU 명령어(인텔에서 VT-x, AMD에서 SVM)를 사용하므로 커널(그리고 애플리케이션)을 감시하면서 커널로부터 자신을 격리할 수 있다. 이런 이유로 링 1^{ring 1}에 관한 이런 저런 잘못된 풍문을 접할 수도 있다.

다음은 유저 모드 프로세스의 4가지 기본 유형에 대한 설명이다.

- **유저 프로세스** 윈도우 32비트나 윈도우 64비트(윈도우 8과 그 후속 버전의 윈도우 런타임 상단에서 실행하는 윈도우 앱은 이 범주에 속한다), 윈도우 3.1 16비트, MS-DOS 16비트, POSIX 32비트, POSIX 64비트 유형 중 하나가 될 수 있다. 16비트 애플리케이션은 32비트 윈도우에서만 수행되고, POSIX 애플리케이션은 윈도우 8에서는 더 이상 지원되지 않는다는 점에 유의하자.

- **서비스 프로세스** 작업 스케줄러와 프린트 스풀러 서비스 같은 윈도우 서비스를 호스팅하는 프로세스다. 서비스는 일반적으로 유저 로그온과는 별개로 실행돼야 한다는 요구 사항을 가진다. 마이크로소프트 SQL 서버와 마이크로소프트 익스체인지 서버 같은 많은 윈도우 서버 애플리케이션 또한 서비스로 실행되는 컴포넌트를 갖고 있다. 2권의 9장에서 서비스를 세부적으로 다룬다.

- **시스템 프로세스** 로그온 프로세스와 세션 관리자 같이 고정된(또는 내장된) 프로세스며, 이들은 윈도우 서비스가 아니다. 즉, 이들은 서비스 컨트롤 관리자에 의해 시작되지 않는다.

- **환경 서브시스템 서버 프로세스** OS 환경 지원의 일부분이나 사용자와 프로그래머에게 제공되는 개인 환경을 구현한다. 윈도우 NT는 최초 세 가지 환경 서브시스템인 윈도우와 POSIX, OS/2과 함께 배포됐다. 그렇지만 OS/2 서브시스템은 윈도우 2000에 함께 배포됐고, POSIX는 윈도우 XP까지 배포됐다. 윈도우 7 클라이언트의 얼티밋 및 엔터프라이즈 버전과 더불어 윈도우 2008 R2의 모든

서버 버전은 유닉스 기반 애플리케이션^{SUA, Subsystem for UNIX-based Applications}을 위한 서브시스템으로 불리는 향상된 POSIX 서브시스템에 대한 지원을 포함한다. SUA는 이제 단종 됐으며, 윈도우 옵션으로 제공되지 않는다(클라이언트와 서버 둘 다에).

> 윈도우 10 버전 1607은 개발자만을 위한 베타 상태인 리눅스용의 윈도우 서브시스템(WSL, Windows Subsystem for Linux)을 포함한다. 하지만 이는 이번 절에서 설명한 것과 같은 진정한 서브시스템이 아니다. 2장에서는 WSL과 그에 관련된 피코 공급자를 좀 더 자세히 알아본다. 피코 프로세스에 관한 좀 더 많은 정보는 3장을 참고하라.

그림 2-1에서 '서브시스템 DLLs' 박스가 '서비스 프로세스'와 '유저 프로세스' 아래에 있는 것에 유의하자. 윈도우에서 유저 애플리케이션은 네이티브 윈도우 OS 서비스를 직접 호출하지 않고 하나 이상의 서브시스템 동적 링크 라이브러리^{DLLs}를 통해 호출한다. 서브시스템 DLL의 역할은 문서화된 함수를 적절한 내부(일반적으로 문서화되지 않은) 네이티브 시스템 서비스(대부분 Ntdll.dll에 구현된) 호출로 변환한다. 이 변환은 유저 프로세스를 위해 동작하는 환경 서브시스템 프로세스에 메시지를 전달하거나 하지 않을 수 있다.

윈도우의 커널 모드 컴포넌트에는 다음과 같은 사항이 들어있다.

- **익스큐티브** 윈도우 익스큐티브^{Executive}는 메모리 관리와 프로세스와 스레드 관리, 보안, I/O, 네트워킹, 프로세스 간 통신 같은 기본 OS 서비스를 가진다.
- **윈도우 커널** 윈도우 커널은 스레드 스케줄링과 인터럽트 및 예외 디스패칭, 멀티프로세서 동기화 같은 저수준 OS 함수로 구성된다. 또한 익스큐티브의 나머지 부분이 상위 구성체를 구현하기 위해 사용하는 일련의 루틴과 기본 객체를 제공한다.
- **디바이스 드라이버** 디바이스 드라이버는 유저 I/O 함수 호출을 특정 하드웨어 디바이스 I/O 요청으로 변환하는 하드웨어 디바이스 드라이버와 파일 시스템 및 네트워크 드라이버 같은 비하드웨어 디바이스 드라이버 양쪽 모두를 포함한다.

- **하드웨어 추상화 계층(HAL)** 하드웨어 추상화 계층은 커널과 디바이스 드라이버, 기타 윈도우 익스큐티브의 나머지 부분을 플랫폼마다 다른 하드웨어의 차이점(마더보드 간의 상이점)으로부터 분리시켜주는 계층의 코드다.

- **윈도잉(windowing)과 그래픽 시스템** 윈도우와 유저 인터페이스 컨트롤, 드로잉 같은 것을 다루는 그래픽 유저 인터페이스[GUI] 함수(윈도우 USER와 GDI 함수로 더 잘 알려진)를 구현한다.

- **하이퍼바이저 계층** 이는 하이퍼바이저 자신만의 단일 컴포넌트로 구성된다. 이 환경에는 드라이버와 여타 모듈이 존재하지 않는다. 하지만 하이퍼바이저 자신은 자체적인 메모리 관리자와 가상 프로세서 스케줄러, 인터럽트와 타이머 관리, 동기화 루틴, 파티션(가상머신 인스턴스) 관리, 파티션 간의 통신[IPC, Inter-Partition Communication] 등과 같은 다수의 내부 계층과 서비스로 이뤄진다.

표 2-1은 핵심 윈도우 OS 컴포넌트 목록이다(일부 시스템 파일을 이름으로 언급할 것이기 때문이 이들 파일명을 숙지할 필요가 있다). 2장의 후반부와 다음 장들에서 이들 컴포넌트에 대해 좀 더 자세히 다룬다.

표 2-1 핵심 윈도우 시스템 파일

파일명	컴포넌트
Ntoskrnl.exe	익스큐티브와 커널
Hal.dll	HAL
Win32k.sys	윈도우 서브시스템의 커널 모드 부분(GUI)
Hvix64.exe(Intel), Hvax64.exe(AMD)	하이퍼바이저
\SystemRoot\System32\Drivers 내의 .sys 파일	다이렉트 X와 볼륨 관리자, TCP/IP, TPM, ACPI 지원 같은 핵심 드라이버 파일
Ntdll.dll	내부 지원 함수와 익스큐티브 함수에 대한 시스템 서비스 디스패치 스텁
Kernel32.dll, Advapi32.dll, User32.dll, Gdi32.dll	핵심 윈도우 서브시스템 DLLs

이들 시스템 컴포넌트에 대해 상세히 알아보기 전에 윈도우가 여러 하드웨어 아키텍처에서 어떤 방식으로 이식성을 달성했는지 알아보자.

이식성

윈도우는 다양한 하드웨어 아키텍처에서 동작하게 설계됐다. 윈도우 NT의 초기 배포판은 x86과 MIPS 아키텍처를 지원했다. 그로부터 얼마 지나지 않아 DEC^{Digital Equipment} ^{Corporation}(나중에 휴렛 패커드에 합병된 컴팩에 의해 인수) 알파 AXP에 대한 지원이 추가됐다(알파 AXP가 64비트 프로세서이긴 했지만, 윈도우 NT는 32비트 모드에서 동작했다. 윈도우 2000 개발이 진행되는 동안 알파 AXP에서 네이티브 64비트로 동작하긴 했지만 출시되진 않았다). 지원하는 4번째 프로세서 아키텍처는 모토롤라 파워PC로 윈도우 NT 3.51에서 추가됐다. 시장 요구가 변화함에 따라 MIPS와 파워PC 아키텍처에 대한 지원은 윈도우 2000 개발이 시작되기 전에 철회됐다. 나중에 컴팩이 알파 AXP 아키텍처 지원에서 철수함에 따라 결과적으로 윈도우 2000은 x86 아키텍처만을 지원하게 됐다. 윈도우 XP와 윈도우 서버 2003은 인텔 아이테니엄 IA-64 계열과 인텔 64비트 확장 기술(EM64T)을 가진 AMD64 계열의 두 가지 64비트 프로세서 군에 대한 지원을 추가했다. 이들 두 프로세서 계열은 64비트 확장 시스템으로 불리며, 이 책에서는 x64라고 언급한다(윈도우가 어떻게 32비트 애플리케이션을 64비트 윈도우에서 동작하게 하는지에 대해서는 2권의 8장에서 설명한다). 현재 서버 2008 R2에서 윈도우는 더 이상 IA-64 시스템을 지원하지 않는다.

최신 윈도우 버전은 ARM 프로세서 아키텍처를 지원한다. 예를 들어 윈도우 RT는 ARM 아키텍처에서 실행하는 윈도우 8의 한 버전이다. 하지만 이 버전은 단종 됐다. 윈도우 10 모바일(윈도우폰 8.x 운영체제의 후속 버전)은 퀄컴 스냅드래곤 모델 같은 ARM 기반의 프로세서에서 실행한다. 윈도우 10 IoT는 라즈베리 파이 2(ARM Cortex-A7 프로세서를 사용한다)와 라즈베리 파이 3(ARM Cortex-A53을 사용한다) 같은 ARM 장치와 x86 둘 다에서 실행한다. ARM 하드웨어가 64비트에서 발전을 이루고 있고, 이 프로세서에서 실행하는 장치의 수가 증가함에 따라 AArch64나 ARM 64로 불리는 새로운 프로세서 계열에 대한 지원이 조만간 있을 수 있다.

윈도우는 다음과 같은 두 가지 중요한 방법으로 하드웨어 아키텍처와 플랫폼 간의 이식성을 달성한다.

- **계층적 설계의 사용** 윈도우는 프로세서 아키텍처 한정적이거나 플랫폼 한정적인 시스템 저수준 부분을 분리된 모듈로 나눈 계층적 설계를 가진다. 따라서 시스템의 상위 계층은 아키텍처와 하드웨어 플랫폼 간의 차이로부터 감춰질 수 있다. OS 이식성을 제공하는 두 개의 핵심 컴포넌트는 커널(Ntoskrnl.exe에 포함돼 있다)과 하드웨어 추상화 계층(Hal.dll에 포함돼 있다)이다. 이들 두 컴포넌트는 2장의 후반부에 자세히 설명한다. 스레드 컨텍스트 전환과 트랩 디스패칭 같은 아키텍처 한정적인 기능들은 커널에 구현됐다. 같은 아키텍처 내에서 시스템 간에 다를 수 있는 기능들(예를 들면 각 마더보드별로)은 HAL에 구현됐다. 하드웨어 한정적 코드가 꽤 많은 유일한 나머지 한 컴포넌트는 메모리 관리자다. 그러나 그렇더라도 전체 시스템과 비교해보면 작은 양이다. 하이퍼바이저는 AMD(SVM)와 인텔(VT-x) 구현 간의 공유 부분들과 각 프로세서만의 특별한 부분에 있어서 이와 유사한 설계를 따른다. 따라서 표 2-1에서 디스크상의 두 개의 파일명이 존재한다.
- **C의 사용** 윈도우의 대부분이 C로 작성됐고 일부분만 C++로 작성됐다. 어셈블리 언어는 단지 운영체제의 일부분인 시스템 하드웨어(인터럽트 트랩 핸들러 같은 것)와 직접 통신해야 하거나 극도로 성능에 민감한 부분(컨텍스트 전환 같은 것)에만 사용됐다. 어셈블리 언어 코드는 커널과 HAL뿐만 아니라 핵심 OS(로컬 프로시저 호출 기능 내의 모듈과 인터락드[interlocked] 명령어를 구현한 루틴처럼)와 윈도우 서브시스템의 커널 부분, 심지어 Ntdll.dll(2장의 후반부에 설명한 시스템 라이브러리) 내의 프로세스 시작 코드 같은 유저 모드 라이브러리에도 존재한다.

대칭형 멀티프로세싱

멀티태스킹^{Multitasking}은 다중 실행 스레드가 단일 프로세서를 공유하기 위한 운영체제의 기법이다. 그렇지만 컴퓨터가 하나 이상의 프로세서를 갖고 있는 경우 동시에 다중 스레드를 실행할 수 있다. 따라서 멀티태스킹 OS는 단지 같은 시간에 여러 스레드가 실행되는 것처럼 보이는 반면에 멀티프로세싱 OS는 실제로 그렇게 한다. 각 프로세서별로 하나의 스레드를 실행한다.

2장의 앞부분에서 언급한 바와 같이 윈도우의 핵심 설계 목표는 멀티프로세서 컴퓨터 시스템상에서 잘 동작해야 하는 것이다. 윈도우는 대칭형 멀티프로세싱^{SMP, symmetric multiprocessing}이다. 마스터 프로세서 없이 OS는 유저 스레드와 마찬가지로 어떤 프로세서에서나 실행되게 스케줄될 수 있다. 또한 모든 프로세서는 단일 메모리 공간을 공유한다. 이 모델은 한 프로세서가 OS 커널 코드를 실행하게 선택되고 그 외의 나머지 프로세서는 유저 코드만을 실행하는 비대칭형 멀티프로세싱^{ASMP, asymmetric multiprocessing}과 대조를 이룬다. 그림 2-2는 이들 두 멀티프로세싱 모델의 차이점을 보여준다.

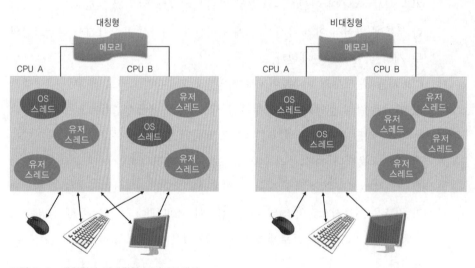

그림 2-2 대칭형과 비대칭형 멀티프로세싱

윈도우는 멀티코어와 병렬 멀티스레드^{SMT, Simultaneous Multi-Threaded}, 이기종^{heterogeneous}, NUMA^{Non-Uniform Memory Access}의 네 가지 최신 유형의 멀티프로세서 시스템을 지원한다. 이들에 대한 간단한 설명은 다음과 같다. 이들 시스템에서 이뤄지는 스케줄링 지원에 대한 세부적 설명은 4장의 '스레드 스케줄링' 절을 참고하라.

SMT는 두 개의 논리 프로세서에 각각의 물리 코어를 제공하는 인텔의 하이퍼스레딩 기술 지원을 추가함으로써 윈도우 시스템에 처음 도입됐다. 젠 마이크로아키텍처 범주의 최신 AMD 프로세서는 유사한 SMT 기술을 구현해 논리 프로세서 수를 2배로 늘린다.

각각의 논리 프로세서는 자신만의 CPU 상태를 갖지만 실행 엔진과 온보드 캐시는 공유한다. 이는 나머지 논리 CPU가 캐시 실패나 분기 예측 이후에 멈춰있는 동안에도 나머지 한 논리 CPU가 진행을 하게 한다. 혼란스럽게도, 두 회사는 마케팅 과정에서 이들 추가적인 코어를 스레드로 지칭하므로 '4개의 코어와 8개의 스레드' 같은 문구를 흔히 접할 수도 있다. 이 문구는 8개까지의 스레드가 스케줄될 수 있음을 의미하므로, 따라서 8개의 논리 프로세서가 존재한다는 것을 나타낸다. 유휴 물리 프로세서에 스레드를 스케줄링한다든지 또는 해당 물리 프로세서에서 바쁜 모든 논리 프로세서를 제외한 유휴 논리 프로세서를 선택하는 것과 같이 SMT가 활성화된 머신을 최적으로 사용할 수 있을 만큼 스케줄링 알고리즘은 향상됐다. 스레드 스케줄링에 대한 세부적인 사항은 4장을 참고하라.

NUMA 시스템에서 프로세서는 노드^{node}로 불리는 작은 단위로 그룹 지어진다. 각 노드는 고유한 프로세서와 메모리를 가지며, 캐시 일관성 내부 연결 버스를 통해 좀 더 큰 시스템으로 연결된다. NUMA 시스템에서 윈도우는 여전히 SMP 시스템으로 동작한다. 모든 프로세서는 모든 메모리에 접근할 수 있다. 단지 노드-로컬 메모리는 다른 노드에 연결돼 있는 메모리보다 빠르게 참조된다. 시스템은 사용 중인 메모리와 동일한 노드에 속한 프로세서에 스레드를 스케줄링해 성능 향상을 시도한다. 시스템은 메모리 할당 요청이 노드 내에서 이뤄지게 시도하지만, 필요한 경우 다른 노드의 메모리를 할당한다.

물론 윈도우는 기본적으로 멀티코어 시스템을 지원한다. 이들 시스템은 진짜 물리적인 코어(단순하게 같은 패키지상에)를 갖고 있기 때문에 윈도우의 원래 SMP 코드는 같은 프로세서상에 코어와 다른 소켓상의 코어를 구분하는 특정 통계나 식별 작업(바로 뒤에 논의할 라이선싱 같은 것)을 제외하고 이들 코어를 개별 프로세서로 다룬다. 데이터 공유를 최적화하기 위한 캐시 토폴로지^{topologies}를 처리할 때 이런 사실은 특히 중요하다.

마지막으로 윈도우의 ARM 버전 또한 이기종 간 멀티프로세싱^{heterogeneous multi-processing}으로 알려진 기술을 지원한다. 이런 프로세서에서의 HMP 구현은 big.LITTLE로 불린다. SMP 기반의 이런 유형의 설계는 모든 프로세서 코어가 성능에 있어서 동일하지 않다는 점에서 전통적인 방식과는 다르다. 하지만 순수 이기종 간 멀티프로세싱과 달리 이들은 동일한 명령어를 여전히 실행할 수 있다. 그렇다면 차이점은 클록 속도와 최대 전력 소비 및 유휴 전력 소비에서 발생하며, 이런 특성을 이용해 좀 더 속도가 느려진 코어를 빠른 코어와 쌍을 이루게 할 수 있다.

최신 인터넷 망에 연결된 구형의 듀얼 코어 1GHz 시스템에서 이메일을 보낸다고 가정하자. 이 경우에 8 코어 3.6GHz 머신에서 이메일을 보내는 경우보다 느리지 않을 수 있다. 병목현상은 사람의 타이핑 속도와 네트워크 대역폭에서 주로 발생하고 순수 처리에서 발생하는 것이 아니기 때문이다. 최신 시스템은 최대 절전 모드를 갖추고 있더라도 예전 시스템보다 훨씬 많은 전력을 소비한다. 예를 들어 최신 시스템이 1GHz로 동작하게끔 자신의 속도를 낮출 수 있겠지만, 예전 시스템은 200MHz로 자신의 속도를 낮출 수 있을 것이다.

이런 예전 모바일 프로세서를 최신 모바일 프로세서와 짝을 이루게 함으로써 호환성 OS 커널 스케줄러 기능이 지원되는 ARM 기반의 플랫폼은 필요할 때(모든 코어의 전원을 켜고) 처리 능력을 최대화할 수 있고 균형을 유지하며(능력이 우수한 일부 코어는 온라인 상태로 두고 작업 능력이 떨어지는 코어로는 다른 작업을 하게함으로써), 또는 초저전력 모드(전력 소비가 작은 단 하나의 코어만을 온라인 상태로 둠으로써 SMS와 이메일 푸시 기능만을 할 정도로)로 실행할 수 있다. 윈도우 10은 이기종 간의 스케줄링 정책을 지원함으로써 스레드로 하여금 자신들의 요구 조건을 만족시키는 정책을 취사선택하게끔 하고, 이 정책을 최적으로 지원하기 위해 스케줄러 및 전원 관리자와 연동한다.

다양한 윈도우 에디션을 구분하는 라이선스 정책을 제외하면 윈도우는 특정 프로세서 개수를 염두에 두고 설계하지 않았다. 하지만 편의성과 효율성을 위해 윈도우는 머신의 고유 데이터 유형(32비트나 64비트)과 동일한 수의 비트로 이뤄진 비트마스크(친화성 마스크로도 불린다)를 통해 프로세서를 추적한다. 이 방식으로 프로세서는 레지스터 내의 비트를 직접 조작할 수 있다. 이 사실에 기인해 윈도우 시스템은 원래 네이티브 워드 만큼으로 CPU 수가 제한됐는데, 이것은 친화성 마스크를 임의적으로 늘일 수 없기 때문 이었다. 윈도우는 좀 더 많은 수의 프로세서를 지원하고 호환성을 유지하기 위해 프로 세서 그룹으로 불리는 고차 구조 방식을 구현한다. 프로세서 그룹은 하나의 친화성 비 트마스크로 정의될 수 있는 모든 프로세서의 집합이다. 애플리케이션과 더불어 커널도 친화성 갱신 동안에 자신들이 참조하는 그룹을 선택할 수 있다. 호환 가능한 애플리케 이션은 지원 그룹의 개수(현재는 20으로 제한돼 있다, 논리 프로세서의 최대 수는 현재 640으로 제한돼 있다)를 질의해 각 그룹의 비트마스크를 열거할 수 있다. 반면에 이전 애플리케이션은 자신들의 현재 그룹만을 참조해 동작한다. 윈도우가 그룹에 프로세서 를 할당하는 정확한 방식(NUMA와 또한 연관돼 있다)에 대한 좀 더 많은 정보는 4장에서 다룬다.

지원되는 실제 프로세서의 수는 사용하는 윈도우 에디션에 따라 다르다(2장의 표 2-2을 보라). 이 수는 시스템 라이선스 정책 파일(필수적으로 이름/값의 쌍이다) %SystemRoot%\ ServiceProfiles\LocalService\AppData\Local\Microsoft\WSLicense\tokens.dat에 `Kernel-RegisteredProcessors` 값으로 저장된다.

확장성

멀티프로세서 시스템과 관련된 핵심 사항 중 하나는 **확장성**^{scalability}이다. SMP 시스템에 서 올바르게 동작하기 위해 OS 코드는 반드시 지침과 규칙을 엄격히 지켜야 한다. 리소 스 경쟁과 성능 이슈는 단일 프로세서 시스템보다 멀티프로세싱 시스템에서 좀 더 복잡 하다. 그리고 시스템 설계에 반드시 반영돼야 한다. 윈도우는 멀티프로세서 OS로 성공 하는 데 결정적인 몇 가지 특징을 구체화했다.

- OS 코드를 임의의 가능한 프로세서에서 실행할 수 있는 능력, 그리고 동시에 다중 프로세서에서 OS 코드를 실행할 수 있는 능력이다.

- 단일 프로세서 내에서 다중 스레드를 실행한다. 이들 각 스레드는 서로 다른 프로세서에서 동시에 실행될 수 있다.

- 디바이스 드라이버 및 서버 프로세스와 더불어 커널 내의 정교한 동기화(스핀락과 큐드queued 스핀락, 푸시락pushlock 같은 것, 2권의 8장에서 설명)는 멀티프로세서에서 동시에 좀 더 많은 컴포넌트가 실행되게 해준다.

- I/O 완료 포트(6장에서 설명)와 같은 프로그래밍 메커니즘이다. 이는 멀티프로세서 시스템에서 확장이 가능한 멀티스레드 서버 프로세스의 효율적인 구현을 용이하게 한다.

윈도우 커널의 확장성은 지속적으로 발전해 왔다. 예를 들면 윈도우 서버 2003은 멀티프로세서상에서 병렬로 스레드 스케줄링을 결정하는 CPU별 스케줄링 큐(정교한 락이 존재)를 갖고 있다. 윈도우 7과 윈도우 서버 2008 R2는 대기 디스패칭waiting-dispatching 동작 동안에 전역 스케줄러 락의 필요성을 없앴다. 락에 대한 이러한 세밀한 기능의 단계적 향상은 메모리 관리자와 캐시 관리자, 객체 관리자 같은 영역에서도 이뤄졌다.

클라이언트와 서버 버전의 차이

윈도우는 리테일 패키지로 클라이언트와 서버 양쪽 모두 출시됐다. 윈도우 10은 여섯 가지의 데스크톱 클라이언트 버전이 있다. 윈도우 10 홈과 윈도우 10 프로, 윈도우 10 학생용, 윈도우 10 프로 학생용, 윈도우 10 엔터프라이즈, 윈도우 10 엔터프라이즈 롱텀 서비스 브랜치LTSB가 그것이다. 기타 넌데스크톱 에디션으로 윈도우 10 모바일과 윈도우 10 모바일 엔터프라이즈, 윈도우 10 IoT 코어 엔터프라이즈, IoT 모바일 엔터프라이즈가 있다. N 시리즈 같은 특별한 요구가 있는 분야를 대상으로 추가적인 다양한 에디션도 있다.

윈도우 서버 2016은 여섯 가지의 다른 버전이 있다. 윈도우 서버 2016 데이터센터와 윈도우 서버 2016 스탠더드, 윈도우 서버 2016 에센셜, 윈도우 서버 2016 멀티포인트 프리미엄 서버, 윈도우 스토리지 서버 2016, 마이크로소프트 하이퍼-V 서버 2016이 그것이다.

이들 버전은 다음 요소에 의해 구분된다.

- 서버 2016 데이터센터와 스탠더드 에디션의 코어 기반(소켓 기반이 아닌) 가격 정책
- 지원되는 전체 논리 프로세서의 수
- 서버 시스템의 경우 실행이 허용되는 하이퍼-V 컨테이너의 수(클라이언트 시스템은 네임스페이스 기반의 윈도우 컨테이너만을 지원한다)
- 지원되는 물리 메모리의 양(실제로 RAM상에서 사용 가능한 최상위 물리 주소. 물리 메모리 제약에 대한 추가적인 정보는 5장을 참고하라)
- 지원되는 동시 네트워크 연결 수(예를 들면 클라이언트 버전에서는 파일과 프린팅 서비스에 최대 10개의 동시 접속이 허용된다)
- 멀티터치와 데스크톱 컴포지션에 대한 지원
- 비트락커와 VHD 부팅, 앱락커^{AppLocker}, 하이퍼-V, 그리고 100개가 넘는 구성 가능한 라이선스 정책 값에 대한 지원
- 클라이언트 에디션에는 포함되지 않고 윈도우 서버 에디션에는 포함되는 계층적 서비스(예를 들면 디렉터리 서비스와 호스트 가디언, 스토리지 공간 디렉트, 보호 가상머신, 클러스터링)

표 2-2는 윈도우 10과 윈도우 서버 2012 R2, 윈도우 서버 2016 에디션에 대한 메모리와 프로세서 지원의 차이를 나열한다. 윈도우 서버 2012 R2의 개별 에디션의 상세한 비교 차트는 https://www.microsoft.com/en-us/download/details.aspx?id=41703에 있다. 윈도우 10과 서버 2016 에디션, 그리고 이전 OS 메모리 제약은 https://msdn.microsoft.com/en-us/library/windows/desktop/aa366778.aspx를 참고하라.

윈도우 OS의 클라이언트와 서버 패키지가 여러 종류이긴 하지만, 커널 이미지 Ntoskrnl.

exe(PAE 버전인 Ntkrnlpa.exe)와 HAL 라이브러리, 디바이스 드라이버, 기본 시스템 유틸리티와 DLL을 비롯한 핵심 시스템 파일의 공통 부분은 함께 공유한다.

표 2-2 윈도우 에디션 간의 프로세서와 메모리 제약

	지원되는 소켓 수(32비트 에디션)	지원되는 물리 메모리(32비트 에디션)	지원되는 논리 프로세서와 소켓 수(64비트 에디션)	지원되는 물리 메모리(64비트 에디션)
윈도우10 홈	1	4GB	1 소켓	128GB
윈도우10 프로	2	4GB	2 소켓	2TB
윈도우10 엔터프라이즈	2	4GB	2 소켓	2TB
윈도우 서버 2012 R2 에센셜	이용 불가능	이용 불가능	2 소켓	64GB
윈도우 서버 2016 스탠더드	이용 불가능	이용 불가능	512 논리 프로세서	24TB
윈도우 서버 2016 데이터센터	이용 불가능	이용 불가능	512 논리 프로세서	24TB

수많은 다양한 윈도우 에디션과 각 에디션이 동일한 커널 이미지를 가진다면 시스템은 어느 에디션이 부팅되는지 어떻게 알 수 있을까? 레지스트리 HKLM\SYSTEM\Current ControlSet\Control\ProductOptions 키의 ProductType과 ProductSuite 값을 질의해 ProductType의 값을 이용해 시스템이 클라이언트 시스템인지 서버 시스템인지 구분한다. 이들 값은 앞서 기술한 라이선스 정책 파일에 기반을 두고 레지스트리에 기록된다. 유효한 값이 표 2-3에 나열돼 있다. 이들 값은 유저 모드 VerifyVersionInfo 함수나 커널 모드 지원 함수인 RtlGetVersion과 RtlVerifyVersionInfo를 사용해 디바이스 드라이버에서 질의할 수 있다. 이들 두 함수는 윈도우 드라이버 킷[WDK]에 문서화돼 있다.

표 2-3 ProductType 레지스트리 값

윈도우 에디션	ProductType 값
윈도우 클라이언트	WinNT
윈도우 서버(도메인 컨트롤러)	LanmanNT
윈도우 서버(서버에만 해당)	ServerNT

또 다른 레지스트리 값 **ProductPolicy**는 tokens.dat 파일 내부 데이터의 캐시 사본을 갖고 있다. 이것은 윈도우 에디션과 활성 가능한 기능을 구분해준다.

이와 같이 핵심 파일이 클라이언트와 서버 버전에서 본질적으로 동일하다면 시스템은 동작에 있어서 어떻게 다른가? 한마디로 말하면 서버 시스템은 기본적으로 고성능 애플리케이션 서버로서 시스템 작업 처리량에 최적화돼 있다. 반면에 클라이언트 버전은 서버의 능력을 갖고 있더라도 대화식 데스크톱 사용에 대한 반응 시간에 최적화돼 있다. 예를 들면 제품 유형에 기초해 시스템 부트 타임에 OS 힙(또는 풀)의 크기와 수, 내부 시스템 작업 스레드의 수, 시스템 데이터 캐시의 크기와 같은 여러 자원 할당에 대한 결정이 달리 이뤄진다. 또한 메모리 관리자가 시스템과 프로세스 메모리 요구에 대한 상충 관계를 해소하는 방법 등에 있어서 런타임 정책 결정이 서버와 클라이언트 에디션에 따라 다르다. 심지어 어떤 스레드 스케줄링 세부 항목은 두 집단에 있어 기본 동작이 다르다(타임 슬라이스의 기본 길이나 스레드 퀀텀, 자세한 내용은 4장을 보라). 두 제품 간에 중요한 동작 차이가 나는 점은 이 책의 나머지 부분의 관련된 장에서 설명한다. 특별히 언급하지 않으면 이 책의 모든 것은 클라이언트와 서버 버전 양쪽에 모두 해당된다.

실습: 라이선스 정책에 의해 활성화된 기능 결정하기

앞에서 언급한 것처럼 윈도우는 소프트웨어 라이선스 메커니즘을 통해 활성화될 수 있는 100개가 넘는 기능을 지원한다. 이 정책 설정은 클라이언트 윈도우 설치와 서버 설치 간의 차이뿐만 아니라 비트라커[BitLocker] 지원(윈도우 서버와 윈도우 클라이언트의 프로 및 엔터프라이즈 에디션에서 이용 가능하다)이 활성화되는 것과 같이 OS의 각 에디션(또는 SKU)의 다양한 차이를 결정한다. 이들 정책 값을 보기 위해 이 책의 다운로드 정보를 이용해 얻을 수 있는 SlPolicy 툴을 사용할 수 있다.

정책 설정은 정책이 적용되는 소유자 모듈을 나타내는 기능별로 구성된다. SlPolicy.exe에 -f 스위치를 줘서 실행함으로써 툴에서 볼 수 있는 모든 기능 목록을 나타낼 수 있다.

```
C:\>SlPolicy.exe -f
Software License Policy Viewer Version 1.0 (C)2016 by Pavel Yosifovich
Desktop Windows Manager
Explorer
Fax
Kernel
IIS
...
```

그런 다음 스위치 뒤에 어떤 기능의 이름을 추가해 해당 기능의 정책 값을 표시할 수 있다. 예를 들면 CPU의 제약과 가용한 메모리를 살펴보기 위해선 커널 기능을 사용한다. 다음은 윈도우 10 프로가 동작 중인 머신에서 예상되는 출력이다.

```
C:\>SlPolicy.exe -f Kernel
Software License Policy Viewer Version 1.0 (C)2016 by Pavel Yosifovich
Kernel
------
Maximum allowed processor sockets: 2
Maximum memory allowed in MB (x86): 4096
Maximum memory allowed in MB (x64): 2097152
Maximum memory allowed in MB (ARM64): 2097152
```

```
Maximum physical page in bytes: 4096
Device Family ID: 3
Native VHD boot: Yes
Dynamic Partitioning supported: No
Virtual Dynamic Partitioning supported: No
Memory Mirroring supported: No
Persist defective memory list: No
```

또 다른 예로서 윈도우 서버 2012 R2 데이터센터 에디션에 대한 커널 기능 출력
은 다음과 같다.

```
Kernel
------
Maximum allowed processor sockets: 64
Maximum memory allowed in MB (x86): 4096
Maximum memory allowed in MB (x64): 4194304
Add physical memory allowed: Yes
Add VM physical memory allowed: Yes
Maximum physical page in bytes: 0
Native VHD boot: Yes
Dynamic Partitioning supported: Yes
Virtual Dynamic Partitioning supported: Yes
Memory Mirroring supported: Yes
Persist defective memory list: Yes
```

체크드 빌드

체크드 빌드$^{checked\ build}$라고 하는 특별한 디버그 버전의 윈도우가 있다(외부적으로 윈도우
8.1과 그 이전 버전, 그리고 MSDN 운영체제 구독에서만 입수 가능하다). 'DBG'로 정의된
컴파일 타임 플래그로 윈도우 소스코드를 다시 컴파일해 컴파일 타임 조건부 디버깅과
트레이싱 코드가 추가된다. 또한 머신 코드가 이해하기 쉽도록 윈도우 바이너리에 대해

빠른 실행에 필요한 코드 배치를 최적화하기 위한 포스트 프로세싱이 수행되지 않는다 (윈도우 디버깅 툴 도움말 파일에 있는 '성능-최적화 코드' 절을 보라).

체크드 빌드는 디바이스 드라이버나 다른 시스템 코드에 의해 호출되는 커널 모드 함수에 대해 좀 더 엄격한 오류 검증을 수행하기 때문에 주로 디바이스 드라이버 개발자를 돕기 위해 제공된다. 예를 들면 드라이버(또는 커널 모드 코드의 다른 부분)가 인자를 검증하는 시스템 함수(잘못된 인터럽트 레벨에서 스핀락을 얻는 것과 같은)에 대해 유효하지 않은 호출을 하면 시스템은 문제가 탐지될 때 일부 데이터 구조체가 손상되게 내버려 둬서 결국에는 시스템이 크래시될 가능성을 만드는 대신 실행을 즉시 중지해 버린다.

완전한 체크드 빌드는 종종 안정성이 떨어져서 대부분의 환경에서 실행 불가능하므로, 마이크로소프트는 윈도우 10과 그 후속 버전에 대해서만 체크드 커널과 HAL을 제공한다. 이렇게 해서 개발자는 전체 체크드 빌드가 초래할 수 있는 문제를 회피하면서 자신들이 다루는 커널과 HAL 코드에 대한 일정 수준의 유용성을 가질 수 있다. 이와 같은 체크드 커널과 HAL의 조합은 WDK를 통해 자유로이 이용 가능하다(기본 설치 경로의 \Debug 디렉터리에 존재). 사용법에 대한 자세한 안내 사항은 WDK 문서의 'Installing Just the Checked Operating System and HAL'을 참고하라.

실습: 체크드 빌드에서 동작 중인지 확인하기

커널의 경우에 체크드 빌드에서 동작 중인지 리테일 빌드(프리 빌드라고 함)에서 동작 중인지를 나타내는 내장된 툴은 없다. 그렇지만 윈도우 관리 도구[WMI] Win32_OperationSystem 클래스의 'Debug' 속성을 통해 알 수 있다. 다음의 PowerShell 스크립트는 이 속성을 보여준다(PowerShell 스크립트 호스트를 오픈해 이를 시도해 볼 수 있다).

```
PS C:\Users\pavely> Get-WmiObject win32_operatingsystem | select debug
debug
```

```
-----
False
```

이 시스템은 Debug 프로퍼티가 **False**로 나타난 것에서 알 수 있는 것처럼 체크
드 빌드에서 동작하고 있지 않다.

체크드 빌드 바이너리 내에 추가된 많은 코드는 WDK 헤더 파일 Wdm.h에 정의돼 있고
WDK에 문서화된 **ASSERT**, 그리고/또는 **NT_ASSERT** 매크로에 의한 것이다. 이들 매크로
는 데이터 구조체나 인자의 유효성과 같은 조건을 테스트한다. 표현식이 **FALSE**로 평가
되면 이들 매크로는 디버그 메시지의 텍스트를 디버그 메시지 버퍼로 보내기 위해
DbgPrintEx를 호출하는 커널 모드 함수 **RtlAssert**를 호출하거나 x64와 x86 시스템에
서 0x2B 인터럽트를 유발하는 어설션assertion 인터럽트를 발생시킨다. 커널 디버거가
연결돼 있고 적절한 심볼이 로드돼 있다면 이 메시지는 자동으로 나타난다. 뒤따라 어
설션 실패에 대해 무엇을 할 것인지(브레이크포인트 또는 무시, 프로세스 종료, 스레드
종료)를 사용자에게 묻는 프롬프트가 나타난다. 시스템이 커널 디버거와 함께 부팅(부트
구성 데이터베이스에서 debug 옵션을 사용)되지 않았고, 현재 커널 디버거가 연결돼 있지
않다면 어설션 테스트의 실패는 시스템을 버그 체크(크래시) 할 것이다. 일부 커널 지원
루틴에서 사용된 어설션 검사 목록은 WDK 문서의 'Checked Build ASSERTs' 절에서
찾을 수 있다(이 목록이 관리가 되지 않고 오래된 것이라고 할지라도).

체크드 빌드는 특정 컴포넌트에 대해 활성화할 수 있는 추가적인 상세 추적 정보를 제공
하기 때문에 시스템 관리자에게도 유용하다(명령에 대한 자세한 자료는 마이크로소프트
지식 기반(KB) 문서 번호 314743, 제목 HOWTO: Enable Verbose Debug Tracing in
Various Drivers and Subsystems에 있다). 이 정보의 출력 결과는 앞에서 언급한
DbgPrintEx 함수를 사용해 내부 디버그 메시지 버퍼로 전송된다. 디버그 메시지를 보
기 위해선 타겟 시스템(디버깅 모드로 부팅돼야 한다)에 커널 디버거를 연결하거나 로컬
커널 디버깅에서 **!dbgprint** 명령을 사용하거나 Sysinternals의 Dbgview.exe 툴을 사용

할 수 있다. 하지만 대부분의 윈도우 최신 버전은 이런 유형의 디버그 출력 방식에서 벗어나 윈도우 프리프로세서Windows preprocessor 트레이싱이나 트레이스로깅TraceLogging 기술의 조합을 사용한다. 이들은 윈도우 이벤트 트레이싱ETW, Event Tracing for Windows 위에 구축돼 있다. 이런 새로운 로깅 메커니즘의 이점은 이들이 체크드 버전의 컴포넌트(완전한 체크드 빌드가 더 이상 이용 불가능하다는 점에서 특히 유용하다)에만 한정된 것이 아니며, 이들 로그는 이전에 XPerf로 알려진 윈도우 성능 분석기Windows Performance Analyzer나 윈도우 성능 툴킷, TraceView(WDK로부터) 또는 커널 디버거의 !wmiprint 확장 명령으로도 볼 수 있다는 것이다.

시스템의 타이밍이 달라짐으로 인해 체크드 빌드는 유저 모드 코드를 테스트할 때도 유용한 경우가 있다(이것은 커널 내에 부가적인 검증 코드가 들어있고 컴포넌트가 최적화없이 컴파일돼 있기 때문이다). 멀티스레드 동기화 버그가 종종 특정 타이밍 조건과 연관돼 있곤 한다. 전체 시스템의 타이밍이 다르기 때문에 체크드 빌드(최소한 커널과 HAL은 체크드 버전)로 동작 중인 시스템에서 테스트를 수행하는 것으로 보통 리테일 시스템에서는 발생하지 않을 잠재적인 타이밍 버그가 수면으로 드러날 수도 있다.

가상화 기반의 보안 아키텍처 개요

1장과 2장에 걸쳐 살펴봤다시피 유저 모드와 커널 모드 간의 구분은 악의적이든 그렇지 않든 간에 유저 모드로부터 OS에 대한 보호를 제공한다. 하지만 모든 커널 모드 코드는 전체 시스템에 완전히 접근할 수 있으므로 바람직하지 않은 커널 모드 코드가 시스템에 침투한다면(아직 패치가 이뤄지지 않은 커널이나 드라이버 취약성으로 인해 또는 사용자가 속아서 악의적이거나 취약성이 있는 드라이버를 설치함으로써) 시스템은 기본적으로 위태롭게 된다. 1장에서 간략히 소개한 기술(공격에 대한 추가적인 보장을 제공하기 위해 하이퍼바이저를 이용하는 것)은 가상화 신뢰 수준Virtual Trust Levels의 도입을 통한 프로세서의 고유 특권을 기반으로 하는 분리를 확장시켜주는 가상화 기반의 보안VBS, Virtualization-Based Security 능력으로 구성된다. VTL은 메모리와 하드웨어, 프로세서 자원에 대한 접근을 분리하는 새로운 방법을 단순히 소개하는 것을 넘어서 좀 더 높은 신뢰 수준을 관리하기 위한 새로운 코드와 컴포넌트도 필요로 한다. VTL 0에서 실행하는 일반적인 커널과 드라이버는 VTL 1 자원을 제어하고 규정할 수 없다. 이렇게 하는 것은 목적에 위배된다.

그림 2-3은 VBS가 구동 중일 때의 윈도우 10 엔터프라이즈와 서버 2016의 아키텍처를 보여준다(가상화 안전 모드^{VSM, Virtual Secure Mode}란 용어를 종종 볼 수 있을 것이다). VBS는 하드웨어가 지원을 한다면 윈도우 10 버전 1607과 서버 2016 출시와 함께 기본적으로 항상 동작한다. 이전 윈도우 10 버전의 경우 정책을 사용하거나 Add Windows Features 대화상자(Isolated User Mode 옵션을 선택한다)를 통해 VBS 기능을 활성화할 수 있다.

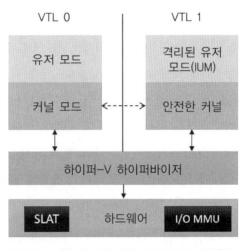

그림 2-3 윈도우 10과 서버 2016 VBS 아키텍처

그림 2-3에서 보다시피 앞서 설명한 유저/커널 코드는 그림 2-1에서처럼 하이퍼-V의 상단에서 실행한다. VBS가 활성화됐고 특권 프로세서 모드(즉, x86/x64에서 링 0)에서 실행 중인 자신만의 안전한 커널을 가진 VTL 1이 존재한다는 점이 다를 뿐이다. 비특권 모드(즉, 링 3)에서 실행하는 격리된 유저 모드^{IUM, Isolated User Mode}로 불리는 런타임 유저 환경 모드가 존재한다.

이 아키텍처에서 보이는 안전한 커널은 디스크에 securekernel.exe라는 이름으로 존재하는 바이너리다. IUM은 일반 유저 모드 DLL이 호출할 수 있는 허용된 시스템 호출을 제한하는 환경(따라서 어떤 DLLs이 로드될 수 있는지를 제한한다)이기도 하고, VTL 1에서만 실행하는 특수한 보안 시스템 호출을 추가하는 프레임워크이기도 하다. 이들 추가적인 시스템 호출은 일반적인 시스템 호출과 유사한 방식으로 공개돼 있다(Iumbase.dll (Ntdll.dll의 VTL1 버전)로 명명된 내부 시스템 라이브러리와 Iumbase.dll(Kernelbase.dll의 VTL1 버전)로 명명된 윈도우 서브시스템과 맞닿은 라이브러리를 통해). 동일한 표준 Win32 API 라이브러리를 대부분 공유하는 IUM의 이런 구현 덕분에 VTL 1 유저 모드 애플리케이션의 메모리 오버헤드를 줄일 수 있다. 동일한 유저 모드 코드가 상응하는 VTL 0에도 존재하기 때문이다. 중요한 사항으로 5장에서 자세히 다루는 쓰기 시 복사 copy-on-write 메커니즘은 VTL 0 애플리케이션으로 하여금 VTL 1에 의해 사용되는 바이너리를 변경하지 못하게 차단한다.

VBS에서도 일반적인 유저와 커널 규칙이 적용되지만 VTL 조항에 의해 더욱 강화됐다. 즉, VTL 0에서 실행 중인 커널 모드 코드는 VTL 1에서 실행하는 유저 모드를 접근할 수 없다. 이는 VTL 1이 좀 더 특권이 높기 때문이다. VTL 1에서 실행 중인 유저 모드는 VTL 0에서 실행하는 커널 모드를 역시 접근할 수 없는데, 이는 유저(링 3)는 커널(링 0)에 접근할 수 없기 때문이다. 유사하게 VTL 1 유저 모드 애플리케이션은 일반적인 윈도우 시스템 호출을 통과해야 하며, 접근하고자 하는 자원이 있다면 각각은 접근 검사를 거쳐야 한다.

이에 대한 사고를 단순히 하는 방법은 다음과 같다. 즉, 특권 수준(유저와 커널)이 능력을 강제하고, 반면에 VTL는 격리를 강제한다. VTL 1 유저 모드 애플리케이션이 VTL 0 애플리케이션이나 드라이버보다 덜 강력하지만, 격리돼 있다. VTL 1 애플리케이션은 그렇게 강력하지 않고, 많은 경우에 이들은 훨씬 덜 강력한 상태로 실행한다. 안전한 커널은 시스템 기능에 대한 전체 부분을 구현하지 않으므로 VTL 0 커널로 전달할 시스템 호출을 직접 선택한다(안전한 커널의 또 다른 이름은 프락시 커널이다). 파일과 네트워크 레지스트리 기반의 어떤 I/O 종류도 완벽하게 금지된다. 다른 예로서 그래픽은 말할 것도 없다. 어떤 드라이버와도 통신은 허용되지 않는다.

VTL 1에서 실행하고, 또한 커널 모드에 존재하는 안전한 커널은 VTL 0 메모리와 자원에 대한 완전한 접근이 가능하다. 이런 안전한 커널은 하이퍼바이저를 이용해 VTL 0 OS가 특정 메모리 위치에 접근하는 것을 제한할 수 있다. 이때 2단계 주소 변환^{Second Level} ^{Address Translation}으로 알려진 CPU 하드웨어 지원을 이용한다. SLAT는 비밀 내용을 비밀 위치에 저장할 수 있는 자격증명 보호 기술의 기반이 된다. 안전한 커널은 실행이 이뤄지는 메모리의 위치를 차단하고 제어하기(장치 보호의 핵심 조건이다) 위해 SLAT 기술을 사용한다.

일반 디바이스 드라이버가 직접 메모리에 접근하기 위해 하드웨어 장치를 이용하는 것을 차단하기 위해 시스템은 장치에 대한 메모리 접근을 효과적으로 가상화해주는 I/O 메모리 관리 유닛^{I/O memory management unit}으로 알려진 하드웨어를 사용한다. 디바이스 드라이버가 하이퍼바이저나 안전한 커널의 물리 메모리 영역에 직접 접근하기 위해 직접 메모리 접근^{direct memory access}의 사용을 방지하는 데 MMU를 사용할 수 있다. MMU는 가상화 메모리와 연관되지 않기 때문에 SLAT를 우회한다.

하이퍼바이저는 부트 로더에 의해 시작되는 첫 번째 시스템 컴포넌트이므로, SLAT와 I/O MMU를 원하는 대로 프로그램하고 VTL 0와 VTL 1의 실행 환경을 정의할 수 있다. 이제 VTL 1 상태인 동안 부트 로더는 다시 실행돼 필요에 따라 시스템을 구성할 수 있는 안전한 커널을 로드한다. 이때에만 VTL이 낮춰지고 탈출이 불가능한 VTL 0 감옥에서 살게 될 일반적인 커널의 실행을 보게 될 것이다.

VTL 1에서 실행하는 유저 모드 프로세스는 격리돼 있으므로, 잠재적으로 악의적인 코드가 몰래 실행돼(시스템에 커다란 영향을 발휘하지는 않더라도) 안전한 시스템 호출을 시도하고(악의적 코드 자신만의 비밀 사항을 감추고 표시해 두기 위해) 잠재적으로 여타 VTL 1 프로세스나 스마트 커널과의 나쁜 상호작용을 초래할 수 있다. 엄밀히 말해서 트러스트릿^{Trustlets}으로 불리는 특별하게 서명된 바이너리의 특수 클래스만이 VTL 1에서 실행이 허용된다. 각 트러스트릿은 고유한 식별자와 서명을 가지며, 안전한 커널은 어떤 트러스트릿이 지금까지 생성됐는지에 대한 하드코딩된 정보를 가진다. 안전한 커널(마이크로소프트만이 접근할 수 있다)에 대한 접근 없이는 새로운 트러스트릿을 생성할 수 없으며, 기존 트러스트릿은 어떠한 방식으로도 패치(특수한 마이크로소프트 서명을 무력화시킬 수 있는)되지 않는다. 트러스트릿에 대한 추가적인 내용은 3장에서 다룬다.

안전한 커널과 VBS 기능의 추가는 현대 OS 아키텍처의 획기적인 진일보다. PCI와 USB 같은 다양한 버스에 대한 추가적인 하드웨어 변경이 이뤄지고 있으므로 이들 OS는 안전한 HAL과 안전한 플러그앤플레이 관리자, 안전한 유저 모드 디바이스 프레임워크(특정 VTL 1 애플리케이션이 생체 정보나 스마트카드 입력 같은 특수하게 지정된 장치에 대해 직접적이고도 구분된 접근을 할 수 있게 해준다)와 결합될 때 안전한 장치 전체 범주를 지원할 수 있을 것이다. 윈도우 10의 새로운 버전은 이런 향상된 기능을 이용할 가능성이 높다.

핵심 시스템 컴포넌트

지금까지 윈도우의 하이레벨 아키텍처를 살펴봤다. 내부 구조와 각 핵심 OS 컴포넌트의 역할에 대해 좀 더 자세히 살펴보자. 그림 2-4는 앞에서 살펴본 그림 2-1보다 핵심 윈도우 시스템 아키텍처와 컴포넌트에 대한 좀 더 상세하고 완전한 다이어그램이다. 이 다이어그램 또한 모든 컴포넌트를 보여주진 않는다는 점을 염두에 두자(특히 2권의 10장에 설명돼 있는 '네트워킹'이 그렇다).

다음 절에서 이 다이어그램의 각 주요 요소들에 대해 상세히 설명한다. 2권의 8장은 주요 시스템이 사용하는 제어 메커니즘(객체 관리자와 인터럽트 등)을 설명한다. 2권의 11장에서는 윈도우의 시작과 종료 절차를 설명하고, 2권의 9장은 레지스트리와 서비스 프로세스, WMI와 같은 관리 메커니즘에 대해 상세히 설명한다. 그리고 나머지 장에서는 내부 구조와 프로세스, 스레드, 메모리 관리, 보안, I/O 관리자, 스토리지 관리, 캐시 관리자, 윈도우 파일 시스템^{NTFS}, 네트워킹 같은 핵심 영역의 동작에 대해 좀 더 자세히 알아본다.

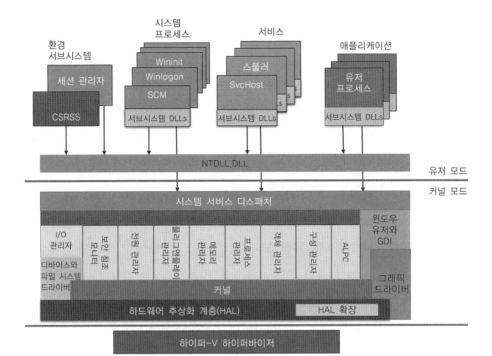

그림 2-4 윈도우 아키텍처

환경 서브시스템과 서브시스템 DLL

환경 서브시스템의 역할은 기본 윈도우 익스큐티브 시스템 서비스의 일부분을 애플리케이션에 공개하는 것이다. 각 서브시스템은 윈도우의 네이티브 서비스에 대한 다른 부분 집합을 제공할 수 있다. 이는 어떤 일에 대해 해당 서브시스템상에서 구축된 애플리케이션은 수행할 수 있고, 다른 서브시스템상에서 구축된 애플리케이션에 의해선 처리될 수 없다는 것을 의미한다. 예를 들면 윈도우 애플리케이션은 SUA fork 함수를 사용할 수 없다.

각 실행 이미지(.exe)는 하나의 서브시스템별로 하나씩 대응한다. 이미지가 실행될 때 프로세스 생성 코드는 이미지 헤더에서 서브시스템 유형 코드를 조사한다. 따라서 새로운 프로세스에 적절한 서브시스템을 통지할 수 있다. 이 유형 코드는 마이크로소프트 비주얼 스튜디오 링커의 /SUBSYSTEM 링커 옵션에 의해 지정된다(또는 프로젝트 속성의

Linker/System 속성 페이지 내의 SubSystem 항목을 통해).

언급한 바와 같이 유저 애플리케이션은 윈도우 시스템 서비스를 직접 호출하지 않는다. 대신 하나 이상의 서브시스템 DLL을 통해 호출한다. 이들 라이브러리는 서브시스템에 연결될 프로그램이 호출할 수 있는 문서화된 인터페이스를 노출한다. 예를 들면 윈도우 서브시스템 DLL(Kernel32.dll과 Advapi32.dll, User32.dll, Gdi32.dll 같은 것)은 윈도우 API 함수를 구현한다. POSIX를 지원하는 윈도우 버전에서는 SUA 서브시스템 DLL (Psxdll.dll)을 사용해 SUA API 함수를 구현한다.

실습: 이미지 서브시스템 유형 보기

Dependency Walker 툴(Depends.exe)을 사용하면 이미지의 서브시스템 유형을 볼 수 있다. 예를 들어 Notepad.exe(단순 텍스트 편집기)와 Cmd.exe(윈도우 명령 프롬프트)의 서로 다른 윈도우 이미지의 타입에 주목해보자:

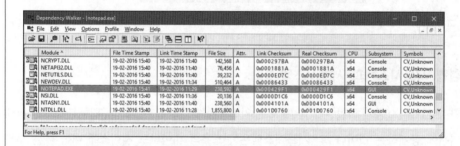

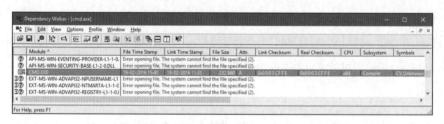

앞의 그림은 Notepad가 GUI 프로그램인 반면, Cmd는 콘솔 프로그램(즉, 문자 기반 프로그램)이란 것을 나타낸다. 이것은 GUI와 문자 기반 프로그램에 대해

124

각기 서로 다른 두 개의 서브시스템이 존재함을 암시하지만, 사실은 단지 하나의 윈도우 서브시스템만 있다. 그리고 GUI 프로그램은 콘솔을 가질 수 있고 (AllocConsole을 호출함으로써) 마찬가지로 콘솔 프로그램은 GUI를 나타낼 수 있다.

애플리케이션이 서브시스템 DLL 함수를 호출할 때 다음 세 가지 중 하나가 발생한다.

- 함수가 전체적으로 서브시스템 DLL 내의 유저 모드에서 구현됐다. 다시 말하면 환경 서브시스템 프로세스로 아무 메시지도 전달되지 않는다. 그리고 윈도우 익스큐티브 시스템 서비스도 호출되지 않는다. 함수는 유저 모드에서 수행되고 결과는 호출자에게 반환된다. 이런 함수의 예로 GetCurrentProcess(항상 –1을 리턴한다. 이 값은 프로세스 관련 함수에서 현재 프로세스를 의미하게 정의돼 있다) 와 GetCurrentProcessId가 있다(프로세스 ID는 프로세스가 동작 중인 동안 변경 되지 않으므로 이 ID는 캐시 저장소에서 구해지며, 따라서 커널 호출이 필요 없다).
- 함수가 하나 이상의 윈도우 익스큐티브 호출을 요구한다. 예를 들면 윈도우 ReadFile과 WriteFile 함수는 각각 하부에 존재하는 내부(그리고 유저 모드 사용 용도로는 문서화되지 않은) 윈도우 I/O 시스템 서비스인 NtReadFile과 NtWriteFile을 호출하는 것과 연관돼 있다.
- 함수가 환경 서브시스템 프로세스에서 수행돼야 하는 어떤 일을 요구한다(유저 모드에서 동작하는 환경 서브시스템 프로세스는 서브시스템의 통제하에 동작 중인 클라이언트 애플리케이션의 상태를 유지할 책임이 있다). 이 경우 클라이언트/서 버 요청은 어떤 동작을 수행하기 위해 서브시스템으로 보내지는 ALPC(2권의 8장에서 설명한다) 메시지를 통해 이뤄진다. 그리고 나서 서브시스템 DLL은 호 출자로 복귀하기 전에 응답을 기다린다.

윈도우 CreateProcess와 ExitWindowsEx 같은 함수는 위에 나열된 두 번째와 세 번째 항목의 조합으로 이뤄져 있다.

서브시스템 시작

서브시스템은 세션 관리자(Smss.exe) 프로세스에 의해 시작된다. 서브시스템 시작 정보
는 HKLM\SYSTEM\CurrentControlSet\Control\Session Manager\SubSystems 레지스
트리 키 하위에 저장된다. 그림 2-5는 이 키의 하위 값을 나타낸다(윈도우 10 프로의
스냅샷).

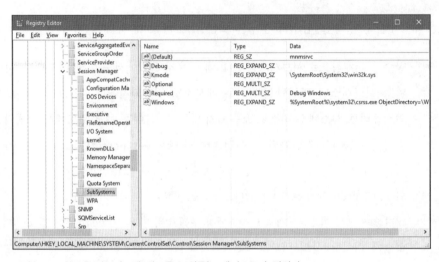

그림 2-5 윈도우 서브시스템 정보를 보여주는 레지스트리 편집기

Required 값은 시스템이 부트될 때 로드되는 서브시스템을 나열한다. 이 값은 Windows와
Debug다. Windows 값은 윈도우 서브시스템인 Csrss.exe(Client/Server Runtime Subsystem
의 약어) 파일에 대한 명세를 갖고 있다. Debug는 비어있다(이 값은 윈도우 XP 이후로는
필요성이 없어졌다. 하지만 레지스트리 값은 호환성을 위해 계속 유지된다). 그러므로 아무
것도 하지 않는다. Optional 값은 옵션 서브시스템을 나타낸다. 하지만 SUA는 윈도우
10에서는 더 이상 이용 불가능하므로 여기서는 비어있다. 윈도우 XP였다면 Posix 항목
의 값은 Psxss.exe(POSIX 서브시스템 프로세스)를 가리키는 값을 갖고 있을 것이다. 값
이 Optional이란 것은 "요구가 있을 때 로드된다"는 것을 의미한다. 즉, POSIX 이미지
를 최초 만나는 시점에 로드된다는 것을 의미한다. 레지스트리 값 Kmode는 윈도우 서브
시스템의 커널 모드 파일명 Win32k.sys(2장의 후반부에서 설명)를 가진다.

126

각 환경 서브시스템을 좀 더 자세히 살펴보자.

윈도우 서브시스템

윈도우가 다중적이고, 독립적인 환경 서브시스템을 지원하게 설계됐지만, 실용적 측면에서 각 서브시스템이 윈도잉과 디스플레이 I/O를 다루기 위한 모든 코드를 구현하는 것은 결과적으로 시스템 함수의 많은 부분이 중복되는 결과를 가져왔을 것이다. 그리고 이것은 궁극적으로 시스템 크기와 성능 양쪽 모두에 부정적인 영향을 끼쳤을 것이다. 윈도우가 주 서브시스템이었기 때문에 윈도우 설계자는 이들 기본 함수를 윈도우에 두고 디스플레이 I/O를 수행하기 위해 다른 서브시스템이 윈도우 서브시스템을 호출하게 결정했다. 따라서 SUA 서브시스템은 디스플레이 I/O를 수행하기 위해 윈도우 서브시스템의 서비스를 호출한다.

이런 설계 결정의 결과로서 윈도우 서브시스템은 대화식 사용자가 로그인돼 있지 않은 서버 시스템에서조차도 윈도우 시스템의 필수적인 구성 요소다. 이런 이유로 윈도우 서브시스템 프로세스는 임계 프로세스critical process(어떤 이유로든지 실행이 종료되기만 해도 시스템이 크래시된다는 것을 의미한다)로 구분된다.

윈도우 서브시스템은 다음과 같은 주요 컴포넌트로 구성된다.

- 각 세션에 대해 환경 서브시스템 프로세스(Csrss.exe) 인스턴스는 다음과 같은 기능을 지원하기 위해 네 개의 DLL(Basesrv.dll, Winsrv.dll, Sxssrv.dll, Csrsrv.dll)을 로드한다.
  - 프로세스와 스레드의 생성 및 삭제와 관련된 다양한 관리 작업
  - 윈도우 애플리케이션 종료시키기(ExitWindowsEx API를 통해)
  - 하위 호환성 매핑을 위해 레지스트리 위치에 .ini 파일 포함하기
  - 특정 커널 통지 메시지(플러그앤플레이 관리자와 같은 것으로부터)를 윈도우 애플리케이션에 윈도우 메시지 형태(WM_DEVICECHANGE)로 보내기
  - 16비트 가상 DOS 머신VDM 프로세스를 위한 지원의 일부(32비트 윈도우만 해당)

- 사이드-바이-사이드^{SxS}/퓨전^{Fusion}과 매니페스트 캐시 지원

- 여러 자연 언어 지원 함수

> 로(raw) 입력 스레드와 데스크톱 스레드(마우스 커서와 키보드 입력, 데스크톱 윈도우의 처리를 책임지는)를 다루는 커널 모드 코드는 Winsrv.dll 내에서 실행하는 스레드에 호스팅된다. 추가적으로 대화식 사용자 세션과 연관된 Csrss.exe 인스턴스는 정규 디스플레이 드라이버(Cdd.dll)로 불리는 다섯 번째 DLL을 포함한다. CDD는 매번 수직 리프레시(VSync) 때마다 전통적인 하드웨어 가속 GDI 지원이 없이도 가시 데스크톱 상태를 그리기 위한 커널 내의 DirectX와 연동하는 책임을 진다.

- 다음과 같은 요소를 갖는 커널 모드 디바이스 드라이버(Win32k.sys)

  - 윈도우 관리자는 윈도우 디스플레이를 제어하고, 화면 출력을 관리하고, 키보드와 마우스 및 다른 장치로부터의 입력을 수집하고, 애플리케이션으로 유저 메시지를 전달한다.

  - 그래픽 디바이스 인터페이스^{GDI}는 그래픽 출력 장치를 위한 함수 라이브러리다. 선과 텍스트, 그림 그리기와 그래픽 조작을 위한 함수를 포함한다.

  - 다른 커널 드라이버(Dxgkrnl.sys)에 구현돼 있는 **DirectX** 지원을 위한 래퍼^{wrapper}

- 콘솔 호스트 프로세스(Conhost.exe)는 콘솔(문자 셀) 애플리케이션 지원을 제공한다.

- 데스크톱 윈도우 관리자(Dwm.exe)는 CDD와 DirectX를 통해 가시 윈도우 렌더링을 단일 서피스로 구성하게 해준다.

- 서브시스템 DLL(Kernel32.dll, Advapi32.dll, User32.dll, Gdi32.dll)은 문서화된 윈도우 API 함수를 적절하게 Ntoskrnl.exe와 Win32k.sys 내의 (유저 모드의 경우) 거의 문서화되지 않은 커널 모드 시스템 서비스 호출로 변환한다.

- 하드웨어 의존적인 그래픽 디스플레이 드라이버와 프린터 드라이버, 비디오 미니포트 드라이버인 그래픽 디바이스 드라이버다.

윈도우 아키텍처를 MinWin으로 재구조화하려는 노력의 일환으로 서브시스템 DLL은 API 집합을 구현하는 특정 라이브러리로 구성돼 있다. 이들 라이브러리는 서브시스템 DLL에 링크되고 특수한 리디렉션 기법으로 호출된다. 이런 재구조화에 대한 추가적인 정보는 3장의 '이미지 로더' 절을 참고하라.

윈도우 10과 Win32k.sys

윈도우 10 기반의 장치에 대한 기본적인 윈도우 관리 요건은 장치에 따라 매우 다양하다. 예를 들어 윈도우에서 실행하는 전체 화면의 데스크톱은 윈도우 크기 변경과 소유자 윈도우, 자식 윈도우 등과 같은 윈도우 관리자의 모든 기능을 필요로 한다. 폰이나 작은 태블릿에서 실행하는 윈도우 모바일 10은 이런 많은 기능을 필요로 하지 않는다. 포어그라운드에 단 하나의 윈도우만 존재하며, 이 윈도우는 최소화되지도 않고 크기 변경도 불가능하기 때문이다. 심지어 디스플레이를 전혀 갖지 않을 수 있는 IoT 장치도 비슷한 경우다.

이런 이유로 Win32K.sys의 기능은 특정 시스템에 모든 모듈이 필요하지 않도록 여러 커널 모듈로 분리돼 왔다. 이런 모듈 분리는 코드의 복잡성을 줄이고 이전부터 존재하던 코드의 많은 부분을 제거함으로써 윈도우 관리자에 대한 공격 측면을 상당히 감소시켜준다. 다음은 일부 사례다.

- 폰(윈도우 모바일 10)의 Win32k.sys는 Win32kMin.sys와 Win32kBase.sys를 로드한다.
- 전체 화면 데스크톱 시스템의 Win32k.sys는 Win32kBase.sys와 Win32kFull.sys를 로드한다.
- 일부 IoT 시스템의 Win32k.sys는 Win32Base.sys만을 필요로 할 수도 있다.

애플리케이션은 윈도우와 버튼 같은 유저 인터페이스 컨트롤을 화면에 생성하기 위해 표준 USER 함수를 호출한다. 윈도우 관리자는 이들 요청을 GDI에 전달한다. GDI는 요청을 그래픽 디바이스 드라이버로 넘기고, 드라이버에서 디스플레이 디바이스에 맞게 구성된다. 디바이스 드라이버는 비디오 디스플레이 지원을 완성하기 위해 비디오 미니 포트 드라이버와 짝을 이룬다.

GDI는 애플리케이션이 디바이스에 대해서 아무것도 몰라도 그래픽 디바이스와 통신할 수 있는 표준 2차원 함수들을 제공한다. GDI 함수는 애플리케이션과 디스플레이 드라이버와 프린터 드라이버 같은 그래픽 디바이스 사이에서 정보를 전달한다. GDI는 그래픽 출력을 위한 애플리케이션 요청을 해석하고 그래픽 디스플레이 드라이버로 요청을 전송한다. 또한 다양한 그래픽 출력 디바이스를 사용하기 위한 표준 인터페이스를 애플리케이션에 제공한다. 이 인터페이스는 애플리케이션의 코드가 하드웨어 디바이스와 그 드라이버로부터 독립적이 되게 한다. GDI는 해당 메시지를 디바이스의 성능에 맞게 재단한다. 종종 요청을 다루기 쉬운 부분으로 나눈다. 예를 들면 어떤 디바이스는 타원을 그리라는 지시를 이해할 수 있고, 다른 디바이스들은 GDI가 명령을 어떤 좌표계에 픽셀로 나타내게 요구한다. 그래픽과 비디오 드라이버 아키텍처에 대한 더 자세한 정보는 윈도우 드라이버 킷Windows Driver Kit의 'Display(Adapters and Monitors)' 장의 'Design Guide' 절에 있다.

서브시스템의 많은 부분(특히 디스플레이 I/O 기능)은 커널 모드에서 실행하기 때문에 소수의 윈도우 함수만이 윈도우 서브시스템 프로세스로 메시지를 보낸다. 즉, 프로세스와 스레드의 생성과 종료, DOS 장치 드라이브 문자 매핑(subst.ext를 통해서) 관련 함수가 이에 해당한다. 일반적으로 필요에 따라 새로운 마우스 커서 위치를 그리거나 키보드 입력을 처리하고 CDD를 통해 스크린을 렌더링하는 것을 제외하면 실행 중인 애플리케이션은 윈도우 서브시스템 프로세스로의 컨텍스트 전환이 있더라도 많이 수반되지는 않는다.

콘솔 윈도우 호스트

원래의 윈도우 서브시스템 설계에서 서브시스템 프로세스(Csrss.exe)는 콘솔 윈도우를 관리하고, 각 콘솔 애플리케이션(명령 프롬프트인 Cmd.exe와 같은)이 Csrss와 통신하는 것을 책임졌다. 윈도우 7부터 각 시스템의 콘솔 윈도우 용도로 별개의 프로세스인 콘솔 윈도우 프로세스(Conhost.exe)가 사용됐다(명령 프롬프트를 통해 명령 프롬프트를 시작하는 경우처럼 하나의 콘솔 윈도우는 다수의 콘솔 애플리케이션에 의해 공유될 수 있다. 기본적으로 두 번째 명령 프롬프트는 첫 번째 콘솔 윈도우를 공유한다). 윈도우 7 콘솔 호스트에 관한 세부 사항은 이 책의 6판, 2장에서 설명했다.

윈도우 8과 그 후속 버전에서 콘솔 아키텍처는 다시 변경됐다. Conhost.exe 프로세스는 남았지만 이 프로세스는 콘솔 드라이버(\Windows\System32\Drivers\ConDrv.sys)에 의한 콘솔 기반 프로세스로부터 생성된다(윈도우 7 경우처럼 Csrss.exe가 아니다). 프로세스는 읽기와 쓰기, I/O 제어 및 기타 I/O 요청 유형을 보냄으로써 콘솔 드라이버(ConDrv.sys)를 사용하는 Conhost.exe와 통신을 한다. Conhost.exe는 서버로 지정되고, 콘솔을 사용하는 프로세스는 클라이언트가 된다. 이런 변경 덕택에 Csrss.exe가 키보드 입력을 받아(Raw 입력 스레드의 일부로서) Win32k.sys를 통해 Conhost.exe로 보낸 다음에 다시 ALPC를 이용해 Cmd.exe로 보내야 할 필요성이 없어졌다. 대신 커맨드라인 애플리케이션은 읽기/쓰기 I/O를 통해 콘솔 드라이버로부터 입력을 직접 받을 수 있게 됐다. 이는 불필요한 컨텍스트 전환을 막아준다.

다음의 Process Explorer 화면은 \Device\ConDrv로 명명된 ConDrv.sys에 의해 공개된 디바이스 객체에 대해 Conhost.exe가 오픈한 핸들들을 보여준다.

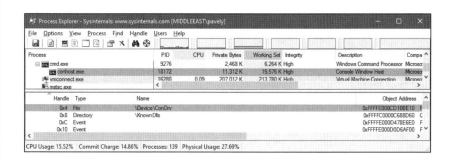

Conhost.exe는 콘솔 프로세스(이 경우에 Cmd.exe)의 자식 프로세스임에 주목하자. Conhost 생성은 콘솔 서브시스템 이미지를 로더하는 이미지 로더에 의해 시작되거나 GUI 서브시스템 이미지가 **AllocConsole** 윈도우 API를 호출한다면 요청에 의해 시작된다(물론 GUI와 콘솔 둘 모두는 윈도우 서브시스템의 변형된 한 유형이라는 점에서 본질적으로 동일하다). Conhost.exe의 실제 일꾼은 콘솔 드라이버와 통신하는 다수의 코드를 포함하고 있는 DLL (\Windows\System32\ ConhostV2.dll)이다.

기타 서브시스템

앞서 언급했지만 윈도우는 원래 POSIX와 OS/2 서브시스템을 지원했다. 윈도우에서 이들 서브시스템을 더 이상 지원하지 않으므로 이 책에서 다루지는 않는다. 하지만 향후에 새로운 서브시스템에 대한 시스템 확장이 필요한 경우 이를 가능하게 해줄 서브시스템의 일반적인 개념은 남아 있다.

피코 공급자와 리눅스 용도의 윈도우 서브시스템

지난 10여 년간 POSIX와 OS/2를 지원하기에 충분히 강력하고 확장성도 있었지만, 전통적인 서브시스템 모델은 일부 특별한 사용 경우를 제외한다면 넌윈도우 바이너리의 광범위한 사용을 어렵게 하는 다음과 같은 중요한 두 가지 기술적 단점이 있다.

- 언급했다시피 서브시스템 정보는 PE[Portable Executable] 포맷 헤더로부터 추출되므로, 넌윈도우 바이너리는 윈도우 PE 실행 파일(.exe)로 재구축하기 위해 원래 바이너리에 대한 소스코드를 필요로 한다. 이 과정 또한 POSIX 유형의 의존성에 변경을 초래할 수 있고, Psxdll.dll 라이브러리에 대한 윈도우 유형의 임포트 함수로의 시스템 호출에 대해서도 변경을 초래할 수 있다.

- Win32 서브시스템(종종 기능을 피기백하기도 한다)이나 NT 커널에 의해 제공되

는 기능에 의해 제약이 될 수 있다. 따라서 서브시스템은 POSIX 애플리케이션이 필요로 하는 동작을 에뮬레이션하는 대신에 감싼다. 이는 종종 미묘한 호환성 결함을 보이기도 한다.

마지막으로 최근에는 리눅스 애플리케이션이 일반적이지만 서버 시장을 지난 수십 년간 지배해온 POSIX 서브시스템/SUA는 POSIX/유닉스 애플리케이션을 염두에 두고 설계됐다는 점에 주목하자.

이런 문제를 해결하려면 다른 환경 시스템 호출과 전통적인 PE 이미지의 실행에 대한 전통적인 유저 모드 래핑wrapping이 필요 없는 서브시스템을 구축하기 위한 다른 접근법이 필요하다. 운 좋게도 마이크로소프트 리서치의 Drawbridge 프로젝트는 새로운 서브시스템 채용을 위한 완벽한 수단을 제공했다. 이 결과로 피코Pico 모델의 구현이 이뤄졌다.

이 모델에서는 PsRegisterPicoProvider API를 통해 특수화된 커널 인터페이스에 대한 접근을 받는 커스텀 커널 모드 드라이버인 피코 공급자Pico provider라는 개념을 도입했다. 이들 특수한 인터페이스의 장점으로 다음과 같은 두 가지가 있다.

- 이들 인터페이스는 공급자로 하여금 자신들의 실행 컨텍스트와 세그먼트를 원하는 대로 변경하면서 피코 프로세스와 스레드를 생성할 수 있게 해주고, 이들 프로세스와 스레드의 EPROCESS와 ETHREADS 구조체(3장과 4장에서 좀 더 자세한 정보가 있다) 내에 데이터를 저장할 수 있게 해준다.
- 이들 인터페이스는 공급자로 하여금 프로세스나 스레드가 시스템 호출과 예외, APC, 페이지 폴트, 종료, 컨텍스트 변경, 일시 중지/재개 등과 같은 특정 시스템 동작에 관여될 때마다 다수의 통지를 받을 수 있게 해준다.

윈도우 10 버전 1607에서 이런 피코 공급자가 하나 존재한다. Lxss.sys와 그 파트너인 Lxcore.sys가 그것이다. 이름에서 암시하듯이 이는 리눅스 용도의 윈도우 서브시스템WSL 컴포넌트를 가리키며, 이들 드라이버는 리눅스에 대한 인터페이스를 담당하는 피코 공급자를 구성한다.

피코 공급자는 유저와 커널 모드 간의 모든 가능한 전환(예를 들어 시스템 호출이나 예외)을 통지 받으므로 피코 공급자 아래서 실행하는 피코 프로세스(또는 프로세스들)는 자신들이 인지할 수 있는 주소 공간을 갖고 피코 공급자 내에서 원래부터 실행할 수 있는 코드를 갖는 한 이들 전환이 완전히 투명한 방식으로 처리된다면 실제 커널 하부는 문제될 것이 없다. 이런 연유로 WSL 피코 공급자(3장에서 다룬다) 아래서 실행하는 피코 프로세스는 일반 윈도우 프로세스와는 매우 다르다. 예를 들어 일반 프로세스에 항상 로드되는 Ntdll.dll이 없다는 점이다. 대신에 피코 프로세스 메모리는 리눅스/BSD 시스템에서만 볼 수 있는 특수한 이미지인 vDSO와 같은 구조체를 포함한다.

더욱이 리눅스 프로세스가 투명하게 실행해야 한다면 PE 윈도우 실행 파일로 다시 컴파일하지 않고도 실행할 수 있어야 한다. 윈도우 커널은 다른 유형의 이미지로 매핑하는 방법을 모르기 때문에 이런 이미지는 윈도우 프로세스에 의해 **CreateProcess** API를 사용해 시작될 수 없으며, 이들은 이런 API를 심지어 호출하지도 않는다(이들은 윈도우에서 자신들이 실행되는 줄도 모르기 때문에). 이런 상호 실행에 대한 지원은 피코 공급자와 유저 모드 서비스인 LXSS 관리자에 의해 이뤄진다. 피코 공급자는 LXSS 관리자와의 통신에 사용되는 전용 인터페이스를 구현한다. LXSS 관리자는 현재 Bash.exe로 알려진 특수한 시작 프로세스와 Lxrun.exe로 불리는 관리 프로세스와의 통신에 사용되는 COM 기반의 인터페이스를 구현한다. 다음 그림은 WSL를 구성하는 컴포넌트의 개략적인 모습을 보여준다.

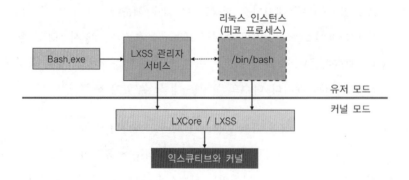

광범위한 리눅스 애플리케이션에 대한 지원을 한다는 것은 엄청난 작업이다. 리눅스는 윈도우 커널 자체만큼이나 많은 수백 개의 시스템 호출을 가진다. 피코 공급자가 윈도우의 기존 기능(이들 중의 많은 기능은 fork( ) 지원과 같이 POSIX 서브시스템을 지원하기 위해 구축됐다)들을 이용할 수 있더라도 일부 경우에 자신만의 기능으로 다시 구현해야 한다. 예를 들어 NTFS가 실제 파일 시스템(EXTFS가 아닌)을 저장하기 위해 사용되더라도 피코 공급자는 inodes와 inotify( ), /sys, /dev, 상응하는 행위를 가진 기타 리눅스 유형의 파일 시스템 기반 네임스페이스와 같은 리눅스 가상 파일 시스템^{Virtual File System} 전체를 구현한다. 유사하게 피코 공급자는 네트워크 용도의 커널 윈도우 소켓^{WSK}을 이용한다. 이때 실제 소켓 행위를 감싸는 복잡한 래퍼를 가지며, 이들 래퍼는 유닉스 도메인 소켓과 리눅스 NetLink 소켓, 표준 인터넷 소켓을 지원한다.

일부 경우에 기존 윈도우 기능은 단순하게 적절히 호환되지 않으며, 때때로 미묘한 방식으로 호환된다. 윈도우는 전통적인 파이프 IPC 메커니즘을 지원하는 네임드 파이프 드라이버(Npfs.sys)를 가진다. 하지만 이는 애플리케이션이 해제하는 리눅스 파이프와는 미묘하면서도 완전히 다르다. 이런 연유로 리눅스 애플리케이션 용도의 파이프는 커널 Npfs.sys 드라이버를 사용하지 않고서 완전히 새롭게 구현해야 한다.

이 책을 집필할 당시에 이런 기능은 여전히 공식적으로 베타 수준이었으며, 상당한 변경이 있을 수도 있으므로 여기서 서브시스템의 실제 내부는 다루지 않는다. 하지만 3장에서 피코 프로세스를 다시 살펴본다. 서브시스템이 베타 버전 수준을 넘어설 정도로 무르익으면 윈도우에서 리눅스 프로세서와 연동하는 안전한 API와 MSDN의 공식적인 문서를 볼 수 있을 것이다.

Ntdll.dll

Ntdll.dll은 주로 서브시스템 DLL과 네이티브 애플리케이션을 위한 특별한 시스템 지원 라이브러리다(여기서 네이티브는 특정 서브시스템에 종속되지 않는 이미지를 가리킨다). 이는 두 종류의 함수를 갖고 있다.

- 윈도우 익스큐티브 시스템 서비스에 대한 시스템 서비스 디스패치 스텁Stubs
- 서브시스템과 서브시스템 DLL, 여타 네이티브 이미지에 의해 사용되는 내부 지원 함수

첫 번째 그룹의 함수는 유저 모드에서 호출할 수 있는 윈도우 익스큐티브 시스템 서비스 인터페이스다. NtCreateFile과 NtSetEvent 같은 이 부류의 함수는 450여 개가 넘는다. 언급한 것처럼 이들 함수의 기능은 윈도우 API를 통해 접근할 수 있다(일부 그렇지 않은 것들은 OS 내의 특정 컴포넌트에서 사용하기 위한 것이다).

이들 각 함수에 대해 Ntdll.dll은 같은 이름의 엔트리 포인트를 가진다. 함수 코드는 시스템 서비스 디스패처(2권의 8장에서 자세히 설명한다)를 호출하기 위해 커널 모드로의 진입을 일으키는 아키텍처 종속적인 명령어를 갖고 있다. 시스템 서비스 디스패처는 일부 인자를 검증한 다음에 Ntoskrnl.exe 내부의 실제 코드를 가진 실제 커널 모드 시스템 서비스를 호출한다. 다음 실습은 이들 함수의 모습을 보여준다.

실습: 시스템 서비스 디스패처 코드 살펴보기

독자의 시스템 아키텍처에 맞는 WinDbg 버전을 오픈한다(예를 들어 64비트 윈도우에서 x64 버전). File 메뉴를 열고 Open Executable을 선택한다. %SystemRoot%\System32를 찾아 Notepad.exe를 선택한다.

Notepad가 실행됐고 디버거는 최초 브레이크포인트 지점에 멈춘다. 이 작업은 프로세스 시작의 매우 이른 시점에 이뤄진다(호출 스택 명령인 k를 실행해 볼 수 있다). 이미지 로더를 나타내는 Ldr로 시작하는 일부 함수가 보일 것이다. Notepad의 메인 함수는 아직 실행되지 않았다. 따라서 Notepad의 윈도우도 보이지 않는다.

다음과 같이 Ntdll.dll 내의 NtCreateFile에 브레이크포인트를 설정한다(디버거는 대소문자를 구분하지 않는다).

```
bp ntdll!ntcreatefile
```

g(go) 명령을 입력하거나 F5를 눌러 Notepad를 계속 실행하게 한다. 디버거는
즉시 멈추며 다음과 같은 출력을 보인다(x64).

```
Breakpoint 0 hit
ntdll!NtCreateFile:
00007ffa'9f4e5b10 4c8bd1       mov    r10,rcx
```

ZwCreateFile이란 이름의 함수가 보인다. ZwCreateFile과 NtCreateFile은 유
저 모드에서 동일한 심볼을 가리킨다. 이제 u(unassembled) 명령을 입력하면 다
음과 같은 명령어를 볼 수 있다.

```
00007ffa'9f4e5b10  4c8bd1             mov    r10,rcx
00007ffa'9f4e5b13  b855000000         mov    eax,55h
00007ffa'9f4e5b18  f604250803fe7f01   test   byte ptr [SharedUserData+0x308
(00000000'7ffe0308)],1
00007ffa'9f4e5b20  7503               jne    ntdll!NtCreateFile+0x15
(00007ffa'9f4e5b25)
00007ffa'9f4e5b22  0f05               syscall
00007ffa'9f4e5b24  c3                 ret
00007ffa'9f4e5b25  cd2e               int    2Eh
00007ffa'9f4e5b27  c3                 ret
```

EAX 레지스터는 시스템 서비스 번호(이 경우 16진수 55)로 설정돼 있다. 이 값은
해당 OS(윈도우 10 프로 x64)에서의 시스템 서비스 번호다. syscall 명령어에
주목하자. 이는 프로세서를 커널 모드로 전환하게끔 하는 명령어로서(시스템 서
비스 디스패처로 점프하게 한다) 여기서 EAX는 NtCreateFile 익스큐티브 서비스
를 선택하는 데 사용된다. 또한 SharedUserData 내의 오프셋 0x308에서 플래그

(1)를 검사한다는 점도 주목하자(이 구조체에 관한 추가적인 정보는 4장을 보라). 이 플래그가 설정돼 있다면 int 2Eh 명령어를 사용해 실행은 다른 경로로 이뤄진다. 7장에서 설명하는 특정 자격증명 가드^{Credential Guard} VBS 기능을 활성화한다면 이 플래그는 독자의 머신에서 설정된다. 하이퍼바이저는 syscall 명령어보다 효율적인 방식으로 int 명령어에 반응하고, 이런 동작이 자격증명 가드에 이롭기 때문이다.

앞에서 언급했듯이 2권의 8장에서 좀 더 세부적인 이 메커니즘(과 syscall 및 int 동작)을 다룬다. 현재는 NtReadFile과 NtWriteFile, NtClose 같은 네이티브 서비스의 위치를 파악해본다.

IUM 애플리케이션이 IumDll.dll로 불리는 Ntdll.dll과 유사한 다른 바이너리를 이용할 수 있음을 '가상화 기반의 보안 아키텍처 개요' 절에서 살펴봤다. 이 라이브러리는 시스템 호출을 포함하지만 이들의 인덱스는 다르다. 자격증명 가드가 활성화된 시스템이라면 WinDbg의 File 메뉴를 열고 Open Crash Dump를 선택하고 IumDll.dll 파일을 선택해 이전 실습을 계속 이어갈 수 있다. 다음에 보이는 출력에서 시스템 호출 인덱스의 상위 비트가 설정돼 있고 SharedUserData 검사가 이뤄지지 않음에 주목하자. 안전한 시스템 호출로 불리는 syscall은 이런 유형의 시스템 호출에서 사용되는 명령어다.

```
0:000> u iumdll!IumCrypto
iumdll!IumCrypto:
00000001'80001130 4c8bd1          mov     r10,rcx
00000001'80001133 b802000008      mov     eax,8000002h
00000001'80001138 0f05            syscall
00000001'8000113a c3              ret
```

또 Ntdll은 이미지 로더(Ldr로 시작하는 함수들)와 힙 관리자, 윈도우 서브시스템 프로세스 통신 함수(Csr로 시작하는 함수들)와 같은 많은 지원 함수를 갖고 있다. 또한 Ntdll은 일반적인 런타임 라이브러리 루틴(Rtl로 시작하는 함수들)과 유저 모드 디버깅을 위한 지원(DbgUi로 시작하는 함수들), 윈도우 이벤트 트레이싱(Etw로 시작하는 함수들), 유저 모드 비동기 프로시저 호출^{APC} 디스패처, 예외 디스패처를 갖고 있다(APC는 6장에서 간략히 소개하고, 예외는 2권의 8장에서 좀 더 자세히 설명한다).

끝으로 문자열과 표준 라이브러리(memcpy, strcpy, sprintf 등과 같은)의 일부로 한정되는 C 런타임 루틴의 일부가 있다. 이들은 다음에 소개하는 네이티브 애플리케이션에 매우 유용하다.

네이티브 이미지

일부 이미지(실행 파일)는 어떠한 서브시스템에도 속하지 않는다. 즉, 이들은 윈도우 서브시스템의 Kernel32.dll과 같은 서브시스템 DLL과 링크되지 않는다. 대신에 이들은 서브시스템을 확장하는 최소의 공통 부분인 Ntdll.dll과 링크만 될 뿐이다. Ntdll.dll에 의해 노출된 네이티브 API는 거의 문서화가 돼 있지 않기 때문에 이런 종류의 이미지는 일반적으로 마이크로소프트에 의해서만 만들어진다. 세션 관리자 프로세스(Smss.exe, 2장의 후반부에서 설명한다)가 그 한 예다. Smss.exe는 커널에 의해 직접 생성되는 최초의 유저 모드 프로세스다. Csrss.exe(윈도우 서브시스템 프로세스)가 아직 시작되지 않았으므로 윈도우 서브시스템에 종속적일 수 없다. 실제로 Smss.exe는 Csrss.exe의 시작을 책임진다. 디스크 검사를 위해 종종 시스템 시작 시점에 실행하는 Autochk 유틸리티도 다른 한 예다. 이 유틸리티(Smss.exe에 의해 시작된다)는 부트 과정에서 상대적으로 이른 시점에 실행하므로 어떠한 서브시스템에도 의존적일 수가 없다.

Dependency Walker에서의 Smss.exe에 대한 스크린샷은 다음과 같다. 이는 Ntdll.dll에서만의 의존성을 보여준다. Native로 표시된 서브시스템의 유형에 주목하자.

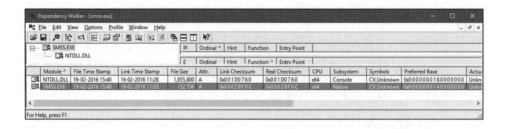

익스큐티브

윈도우 익스큐티브는 Ntoskrnl.exe의 상위 계층이다(커널은 하위 계층이다). 익스큐티브
는 다음과 같은 유형의 함수를 내장하고 있다.

- **익스포트돼 있고 유저 모드로부터 호출 가능한 함수** 이들 함수는 시스템 서비스
  로 불리며, Ntdll.dll을 통해 익스포트된다(바로 앞의 실습에서 NtCreateFile과
  같이). 대부분의 서비스는 윈도우 API나 여타 환경 서브시스템 API를 통해 접근
  가능하다. 그렇지만 일부 서비스는 문서화된 서브시스템 함수를 통해서는 이용
  할 수 없다(예를 들어 ALPC와 NtQueryInformationProcess 같은 다양한 쿼리 함수
  와 NtCreatePagingFile 등의 특수한 함수가 있다).
- **DeviceIoControl 함수를 통해 호출되는 디바이스 드라이버 함수** 이 함수는 읽기나
  쓰기와 관계없는 디바이스 드라이버 내의 함수를 호출하기 위한 유저 모드에서 커널
  모드로의 일반화된 인터페이스를 제공한다. 앞서 언급한 콘솔 드라이버(ConDrv.sys)
  와 같이 Sysinternals의 Process Explorer과 프로세스 모니터도 좋은 예다.
- **WDK에 문서화돼 있고 커널 모드에서만 호출할 수 있는 익스포트된 함수** I/O
  관리자(Io로 시작하는)와 일반 익스큐티브 함수(Ex) 등과 같은 다양한 지원 루틴
  을 포함한다. 이는 디바이스 드라이버 개발자에게 필요하다.
- **WDK에 문서화되지 않았고 커널 모드에서만 호출할 수 있는 익스포트된 함수**
  Inbv로 시작하는 비디오 드라이버에 의해 호출되는 함수가 여기에 해당한다.
- **전역 심볼에는 정의돼 있지만 익스포트되지 않은 함수** 이들 함수는 Iop(내부
  I/O 관리자 지원 함수)로 시작하거나 Mi(내부 메모리 관리 지원 함수)로 시작하는

것과 같은 Ntoskrnl.dll 내부에서 호출되는 내부 지원 함수를 포함한다.

- **모듈 내부에 있지만 전역 심볼에 정의돼 있지 않은 함수** 이들 함수는 익스큐티브와 커널에 의해서만 사용된다.

익스큐티브는 다음과 같은 주요 컴포넌트를 담고 있다. 이들 각각은 나중에 해당 장에서 자세히 다룬다.

- **구성 관리자(configuration manager)** 이는 시스템 레지스트리의 구현과 관리를 책임진다. 2권의 9장에서 설명한다.
- **프로세스 관리자** 이는 프로세스와 스레드를 생성하고 종료한다(3장과 4장에서 설명한다). 프로세스와 스레드를 위한 기본 지원은 윈도우 커널에 구현돼 있다. 익스큐티브는 추가적인 의미와 함수를 이들 저수준 객체에 추가한다.
- **보안 참조 모니터(Security Reference Monitor)** 이는 로컬 컴퓨터에 보안 정책을 집행한다. OS 자원을 보호하고 런타임 객체 보호와 감사를 수행한다. 7장에서 설명한다.
- **I/O 관리자** 이는 디바이스 독립적인 I/O를 구현하고 이후의 처리를 적절한 디바이스 드라이버에 보내는 디스패칭에 대한 책임을 가진다. 6장에서 다룬다.
- **플러그앤플레이 관리자** 이는 특정 디바이스에 대해 어느 드라이버가 필요한지 결정하고 해당 드라이버를 로드한다. 열거하는 동안 각 디바이스에 대한 하드웨어 리소스 요구 사항을 검색한다. 각 디바이스의 리소스 요구 사항에 기초해 PnP 관리자는 I/O 포트, IRQ, DMA 채널, 메모리 위치 같은 적절한 하드웨어 리소스를 할당한다. 또한 시스템상의 디바이스가 변경되는 것(디바이스의 추가나 제거)에 대한 이벤트 통지를 보내는 데 대해 책임을 진다. 6장에서 다룬다.
- **전원 관리자(Power manager)** 전원 관리자(6장에서 설명한다)와 프로세서 전원 관리^{PPM}, 전원 관리 프레임워크(PoFx)는 전원 이벤트를 조율하며, 전원 관리 I/O 통지를 디바이스 드라이버에 발생시킨다. 시스템이 유휴 상태면 PPM은 CPU를 잠재워 전력 소비량을 줄이게 구성할 수 있다. 각 디바이스에 의한 전력 소비량 변경은 디바이스 드라이버에 의해 처리되지만, 조율은 전원 관리자와

PoFx가 한다. 특정 장치 계열은 터미널 타임아웃 관리자가 장치의 사용량과 예측치에 기반을 두고 물리적 디스플레이 타임아웃을 관리한다.

- **윈도우 드라이버 모델 윈도우 관리 도구(Windows Driver Model Windows Management Instrumentation) 루틴** 이는 디바이스 드라이버가 성능과 구성 정보를 노출하고 유저 모드 WMI 서비스로부터 명령을 받을 수 있게끔 해준다. WMI 정보의 소비자는 로컬 머신이나 네트워크를 통한 원격 머신상에 있을 수 있다. 2권의 9장에서 다룬다.

- **메모리 관리자** 이는 이용 가능한 물리 메모리를 초과할 수 있는 개별 프로세스를 위한 큰 개별 주소 공간을 제공하는 메모리 관리 스키마인 가상 메모리를 구현한다. 또한 메모리 관리자는 캐시 관리자를 위한 기본적인 지원을 제공한다. 5장에서 설명하는 프리패처^{prefetcher}와 저장소 관리자$^{Store\ Manager}$의 도움을 받는다. 5장에서 다룬다.

- **캐시 관리자(Cache Manager)** 이는 빠른 접근을 위해 최근 참조된 디스크 데이터를 메인 메모리상에 남겨둠으로써, 그리고 디스크로 메모리의 내용을 보내기 전에 잠시 메모리의 갱신 내용을 보관해둠으로써 디스크에 써지는 것을 지연시킴으로써 파일 기반 I/O의 성능을 향상시킨다. 앞으로 보게 되겠지만 이것은 매핑된 파일에 대한 메모리 관리자의 지원을 사용함으로써 이뤄진다. 2권의 14장에서 다룬다.

게다가 익스큐티브는 바로 앞에 나열한 익스큐티브 컴포넌트에 의해 사용되는 네 개의 주요 그룹으로 분류되는 지원 함수를 포함한다. 이들 지원 함수의 약 1/3 정도는 디바이스 드라이버가 사용하기 때문에 WDK에 문서화돼 있다. 다음은 이들 지원 함수의 네 가지 부류다.

- **객체 관리자(Object manager)** 이는 윈도우 익스큐티브 객체와 프로세스, 스레드, 다양한 동기화 객체 같이 OS 자원을 표현하는 추상 데이터 유형을 생성하고 관리하고 삭제한다. 객체 관리자는 2권의 8장에서 다룬다.

- **비동기 LPC(Asynchronous LPC) 기능** 이는 같은 컴퓨터상의 클라이언트 프

로세스와 서버 프로세스 사이에 메시지를 전달한다. 그중에서도 특히 ALPC는 네트워크를 가로지르는 클라이언트와 서버 프로세스를 위한 산업 표준 통신 기능의 윈도우 구현 방식인 원격 프로시저 호출remote procedure call을 위한 로컬 전달 수단으로 사용된다. 2권의 8장에서 다룬다.

- **런타임 라이브러리 함수** 이는 문자열 처리와 산술 연산, 데이터 유형 변환, 보안 구조체 처리를 포함한다.
- **익스큐티브 지원 루틴** 이는 시스템 메모리 할당(페이지드와 넌페이지드 풀)과 인터락드interlocked 메모리 액세스, 익스큐티브 자원과 패스트 뮤텍스, 푸시락 같은 특별한 유형의 동기화 메커니즘을 포함한다.

또한 익스큐티브는 다양한 인프라 루틴을 포함한다. 이 책에서는 다음과 같은 일부만 간략히 언급한다.

- **커널 디버거 라이브러리** 이는 USB와 이더넷, IEEE 1394 같은 다양한 전송 수단을 통해 지원되는 이식 가능한 프로토콜을 지원하고, KD를 지원하는 디버거가 커널을 디버깅하는 것을 허용하게 한다. WinDbg와 Kd.exe 디버거에 의해 구현된다.
- **유저 모드 디버깅 프레임워크** 이는 유저 모드 디버깅 API에 이벤트를 전달하고 브레이크포인트를 설정할 수 있고, 동작 중인 스레드의 컨텍스트를 바꾸는 것은 물론 동작을 보기 위해 코드를 단계적으로 실행하는 것을 지원한다.
- **하이퍼바이저 라이브러리와 VBS 라이브러리** 이는 안전한 가상머신 환경에 대한 커널 지원을 제공하고, 시스템이 클라이언트 파티션(가상 환경)에서 동작 중인 것을 알았을 때 해당 코드의 특정 부분을 최적화한다.
- **정오 관리자(Errata manager)** 이는 비표준 또는 비규약 하드웨어 디바이스에 대한 회피 방법을 제공한다.
- **드라이버 베리파이어(driver verifier)** 이는 커널 모드 드라이버와 코드에 대한 선택적인 무결성 검사를 구현한다. 6장에서 다룬다.
- **윈도우 이벤트 트레이싱(Event Tracing for Windows)** 이는 커널 모드와 유저

모드 컴포넌트에 대한 시스템 전역적인 이벤트 트레이싱을 위한 보조 루틴을 제공한다.

- **윈도우 진단 인프라(Windows Diagnostic Infrastructure)** 이는 진단 시나리오에 기반을 두고 시스템 활동의 지능적인 추적을 가능하게 한다.

- **윈도우 하드웨어 오류 아키텍처(Windows Hardware Error Architecture) 지원 루틴** 이는 하드웨어 오류를 보고하기 위한 공통 프레임워크를 제공한다.

- **파일 시스템 런타임 라이브러리(FSRTL)** 이는 파일 시스템 드라이버를 위한 공통 지원 루틴을 제공한다.

- **커널 심 엔진(Kernel Shim Engine)** 이는 드라이버 호환성 심^{shim}과 추가적인 장치 오류 지원을 제공한다. 2권의 8장에서 다루는 심 인프라와 데이터베이스를 이용한다.

커널

커널은 기본 메커니즘을 제공하는 Ntoskrnl.exe 내의 함수 집합으로 구성된다. 이들 함수에는 익스큐티브 컴포넌트에 의해 사용되는 스레드 스케줄링과 동기화 서비스 및 각 프로세서 아키텍처별로 다른 인터럽트와 예외 디스패칭 같은 저수준 하드웨어 아키텍처 종속적인 지원이 해당된다. 커널 코드는 주로 C로 작성됐다. 어셈블리 코드는 C에서는 쉽게 접근할 수 없는 특화된 프로세서 명령어와 레지스터에 대한 액세스가 요구되는 작업에 사용됐다.

앞 절에서 언급한 다양한 익스큐티브 지원 함수처럼 커널 내의 많은 함수는 WDK(Ke로 시작하는 함수를 검색하면 찾을 수 있다)에 문서화돼 있다. 디바이스 드라이버를 구현할 때 필요하기 때문이다.

커널 객체

커널은 익스큐티브의 상위 레벨 컴포넌트가 필요로 하는 것을 수행할 수 있게 잘 정의된 예측 가능한 OS 기반 요소primitives와 메커니즘의 기반을 제공한다. 커널은 OS 메커니즘을 구현하고, 또한 정책을 만드는 것을 배제함으로써 익스큐티브의 나머지 부분으로부터 커널 자체를 분리한다. 커널이 구현한 스레드 스케줄링과 디스패칭을 제외한 거의 모든 정책 결정을 익스큐티브에 뒀다.

커널 외부의 익스큐티브는 스레드와 여타 공유 가능한 리소스를 객체로 표현한다. 이들 객체는 자신들의 조작에 필요한 객체 핸들과 자신들을 보호하기 위한 보안 점검, 그리고 생성될 때 공제하기 위한 리소스 쿼터 같은 정책 오버헤드가 요구된다. 커널 내에서는 커널 통제 중앙 처리를 돕고 익스큐티브 객체 생성을 지원하기 위한 커널 객체kernel objects라고 하는 단순 객체 집합을 구현해 이 오버헤드를 제거했다. 대부분의 익스큐티브 레벨의 객체는 커널에서 정의한 속성과 결합시킨 하나 이상의 커널 객체로 캡슐화돼 있다.

컨트롤 객체control objects로 불리는 커널 객체의 한 집합은 다양한 OS 함수 제어에 대한 의미론semantics을 확립한다. 이 집합은 APC 객체와 지연된 프로시저 호출DPC, Deferred Procedure Call 객체, I/O 관리자에서 사용하는 인터럽트 객체 같은 여러 객체를 포함한다.

디스패처 객체로 알려진 또 다른 커널 객체 집합은 스레드 스케줄링을 변경하거나 스레드 스케줄링에 영향을 주는 동기화 기능을 통합한다. 디스패처 객체는 커널 스레드와 뮤텍스(커널 용어로는 뮤턴트라고 함), 이벤트, 커널 이벤트 페어pair, 세마포어, 타이머, 대기 가능 타이머waitable timer를 포함한다. 익스큐티브는 커널 객체의 인스턴스를 생성하고 조작하고 유저 모드에 제공하기 위해 좀 더 복잡한 객체를 구축하기 위해 커널 함수를 사용한다. 객체는 2권의 8장에서 좀 더 자세히 설명한다. 그리고 프로세스와 스레드는 각각 3장과 4장에서 설명한다.

커널 프로세서 컨트롤 영역과 컨트롤 블록

커널은 프로세서 컨트롤 영역KPCR, Kernel Processor Control Region이라고 하는 데이터 구조체를 사용하고 프로세서 한정적 데이터를 저장한다. KPCR은 프로세서의 인터럽트 테이블IDT과 태스크 상태 세그먼트TSS, 글로벌 디스크립터 테이블GDT 같은 기본 정보를 담고 있다. 또한 ACPI 드라이버와 HAL 같은 모듈과 공유하는 인터럽트 컨트롤러 상태를 담고 있다. KPCR에 쉽게 접근할 수 있도록 커널은 이를 가리키는 포인터를 32비트 윈도우에선 fs 레지스터에 저장하고, 64비트 윈도우 시스템에선 gs 레지스터에 저장한다.

KPCR은 또한 커널 프로세서 컨트롤 블록KPRCB, Kernel Processor Control Block라고 하는 내장된 데이터 구조체를 담고 있다. 서드파티 드라이버와 다른 내부 윈도우 커널 컴포넌트를 위해 문서화돼 있는 KPCR과는 다르게 KPRCB는 Ntoskrnl.exe의 커널 코드에 의해서만 사용되는 비공개 구조체로서 다음과 같은 정보를 가진다.

- 프로세서에서의 실행을 위해 스케줄된 현재와 다음 스레드, 유휴 스레드 같은 스케줄링 정보
- 프로세서를 위한 디스패처 데이터베이스(각 우선 수준별 레디 큐를 포함)
- DPC 큐
- CPU 벤더와 식별자 정보(모델, 스테핑, 스피드, 특성 비트)
- CPU와 NUMA 토폴로지(노드 정보와 패키지당 코어 수, 코어당 논리 프로세서 수 등)
- 캐시 크기
- 시간 계정 정보(DPC와 인터럽트 타임 같은 것)

또한 KPRCB는 다음과 같은 프로세서에 대한 모든 통계 정보를 담고 있다.

- I/O 통계
- 캐시 관리자 통계(이에 대한 설명은 2권의 14장을 참고하라)
- DPC 통계
- 메모리 관리자 통계(자세한 내용은 5장을 참고하라)

끝으로 KPRCB는 종종 메모리 접근을 최적화하기 위해 캐시 정렬된 프로세서별 구조체를 저장하기 위해 사용된다. 특히 NUMA 시스템에서 그렇다. 예를 들어 넌페이지와 페이지드 풀 시스템 룩 어사이드 리스트system lookaside list는 KPRCB에 저장된다.

실습: KPCR과 KPRCB 살펴보기

!pcr과 !prcb 커널 디버거 명령을 사용해 KPCR과 KPRCB의 내용을 볼 수 있다. !prcb의 경우 플래그를 사용하지 않으면 디버거는 기본적으로 CPU 0의 정보를 보여준다. 명령 뒤에 숫자를 추가해 CPU를 지정할 수도 있다(예를 들면 !pcr 2). !pcr 명령은 원격 디버깅 세션에서 변경할 수 있는 현재 프로세서의 정보를 항상 보여준다. 로컬 디버깅을 하고 있다면 CPU 번호를 지정한 !pcr 익스텐션을 사용해 KPCR의 주소를 구할 수 있으며, 이 주소로 @$pcr을 대체한다. !pcr 명령에서 보여주는 여타 값들은 사용하지 말자. 이 익스텐션은 더 이상 사용되지 않으며, 부정확한 데이터를 보여준다. 다음 예제는 dt nt!_KPCR @$pcr과 !prcb 명령의 출력이 어떻게 나오는지를 보여준다(윈도우10 x64).

```
lkd> dt  nt!_KPCR @$pcr
   +0x000 NtTib                             : _NT_TIB
   +0x000 GdtBase                           : 0xfffff802'a5f4bfb0 _KGDTENTRY64
   +0x008 TssBase                           : 0xfffff802'a5f4a000 _KTSS64
   +0x010 UserRsp                           : 0x0000009b'1a47b2b8
   +0x018 Self                              : 0xfffff802'a280a000 _KPCR
   +0x020 CurrentPrcb                       : 0xfffff802'a280a180 _KPRCB
   +0x028 LockArray                         : 0xfffff802'a280a7f0 _KSPIN_LOCK_QUEUE
   +0x030 Used_Self                         : 0x0000009b'1a200000 Void
   +0x038 IdtBase                           : 0xfffff802'a5f49000 _KIDTENTRY64
   +0x040 Unused                            : [2] 0
   +0x050 Irql                              : 0 ''
   +0x051 SecondLevelCacheAssociativity     : 0x10 ''
   +0x052 ObsoleteNumber                    : 0 ''
   +0x053 Fill0                             : 0 ''
   +0x054 Unused0                           : [3] 0
   +0x060 MajorVersion                      : 1
   +0x062 MinorVersion                      : 1
   +0x064 StallScaleFactor                  : 0x8a0
   +0x068 Unused1                           : [3] (null)
```

```
    +0x080  KernelReserved        : [15] 0
    +0x0bc  SecondLevelCacheSize  : 0x400000
    +0x0c0  HalReserved           : [16] 0x839b6800
    +0x100  Unused2               : 0
    +0x108  KdVersionBlock        : (null)
    +0x110  Unused3               : (null)
    +0x118  PcrAlign1             : [24] 0
    +0x180  Prcb                  : _KPRCB
lkd> !prcb
PRCB for Processor 0 at fffff803c3b23180:
Current IRQL -- 0
Threads-- Current ffffe0020535a800 Next 0000000000000000 Idle
fffff803c3b99740
Processor Index 0 Number (0, 0) GroupSetMember 1
Interrupt Count -- 0010d637
Times -- Dpc     000000f4  Interrupt   00000119
         Kernel  0000d952  User        0000425d
```

dt 명령을 사용해 _KPRCB 데이터 구조체를 직접 덤프할 수도 있다. 두 개의 디버거 명령이 모두 구조체의 주소(잘 보이게 앞의 출력 결과에서 굵게 표시해 뒀다)를 나타내기 때문이다. 예를 들면 부트 시점에 탐지되는 프로세서의 속도를 알고 싶다면 다음 명령으로 MHz 필드를 살펴보면 된다.

```
lkd> dt nt!_KPRCB fffff803c3b23180 MHz
   +0x5f4 MHz : 0x893
lkd> ? 0x893
Evaluate expression: 2195 = 00000000'00000893
```

이 머신의 경우 부트 시점에 프로세서는 약 2.2Ghz로 동작 중이다.

하드웨어 지원

커널의 다른 주요 임무는 윈도우에 의해 지원되는 하드웨어 아키텍처 간의 차이점으로 부터 익스큐티브와 디바이스 드라이버를 추상화하거나 격리시키는 것이다. 이 임무는 인터럽트 핸들링과 예외 디스패칭, 멀티프로세서 동기화 같은 함수에서의 차이점을 처리하는 것을 다룬다.

이들 하드웨어 연관 함수에도 공통 코드의 양을 최대화하기 위한 커널 설계가 시도됐다. 커널은 이식 가능하고 모든 아키텍처에서 의미상 동일한 인터페이스 집합을 제공한다. 이들 이식 가능한 인터페이스를 구현한 대부분의 코드는 모든 아키텍처에서 동일하다.

이들 인터페이스 중 일부는 아키텍처별로 다르게 구현돼 있다. 더욱이 일부 인터페이스는 부분적으로 아키텍처 한정적인 코드가 구현돼 있다. 아키텍처 독립적인 인터페이스는 모든 머신에서 호출 가능하다. 그리고 인터페이스가 가진 의미는 아키텍처에 의한 코드 변화에 관계없이 동일할 것이다. 2권의 8장에서 설명하는 스핀락 루틴 같은 일부 커널 인터페이스는 사실 HAL(다음 절에서 설명)에 구현돼 있다. 그 구현이 같은 아키텍처 계열이라고 해도 시스템마다 다를 수 있기 때문이다.

커널은 또한 오래된 16비트 MS-DOS 프로그램(32비트 시스템에서)을 지원할 필요로 인해 x86 한정적인 인터페이스 코드를 일부 가진다. 이들 x86 인터페이스는 의미 그대로 이식 가능하지 않다. 이들은 다른 아키텍처에 기반을 둔 머신에서는 호출될 수 없으며, 존재하지도 않는다. x86 한정적인 코드는 예를 들면 구형의 비디오 카드에서 특정 리얼 모드 코드를 에뮬레이션하는 데 필요했던 가상 8086 모드를 사용하기 위한 호출을 지원한다.

커널의 아키텍처 한정적인 코드의 또 다른 예는 변환 버퍼와 CPU 캐시 지원을 제공하기 위한 인터페이스다. 이는 캐시가 구현된 방법 때문에 아키텍처별로 다른 코드를 필요로 한다.

다른 예는 컨텍스트 전환이다. 고수준에서는 스레드 선택과 컨텍스트 전환(이전 스레드의 컨텍스트를 저장하고 새로운 스레드의 컨텍스트를 로드해 새로운 스레드를 실행한다)을 위해 같은 알고리즘이 사용됐지만, 프로세서별 구현엔 아키텍처적인 차이가 있다. 컨텍스트가 프로세서 상태(레지스터 등)에 의해 기술되기 때문에 아키텍처별로 무엇이 저장되고 로드될지 달라진다.

하드웨어 추상화 계층

2장의 앞부분에서 언급한 것처럼 윈도우 설계의 중요한 요소 중 하나는 다양한 하드웨어 플랫폼 간의 이식성이다. 원코어^{OneCore}와 수많은 장치의 폼 팩터가 이용 가능하므로 이것이 그 어느 때보다 더 중요하다. 하드웨어 추상화 계층^{HAL}은 이식성을 가능하게 하는 핵심 부분이다. HAL은 윈도우가 실행 중인 하드웨어 플랫폼에 대한 저수준 인터페이스를 제공하는 로드 가능한 커널 모드 모듈(Hal.dll)이다. I/O 인터페이스와 인터럽트 컨트롤러, 멀티프로세서 통신 메커니즘 같은 하드웨어 의존적인 세부 사항을 감춘다. 모든 함수는 아키텍처에 한정적이고 머신에 의존적이다.

따라서 윈도우 내부 컴포넌트는 플랫폼 의존적인 정보가 필요할 때 하드웨어를 직접 액세스하는 것보다 사용자가 작성한 드라이버와 마찬가지로 HAL 루틴을 호출함으로써 이식성을 유지한다. 이런 이유로 HAL 루틴은 WDK에 문서화돼 있다. HAL과 디바이스 드라이버에 의한 사용에 대한 좀 더 자세한 내용은 WDK를 참조하면 된다.

여러 가지의 x86 HAL이 표준 데스크톱 윈도우 설치본(표 2-4에 보이는 것처럼)에 포함돼 있긴 하지만, 윈도우는 부트업 타임에 어떤 HAL을 사용해야만 하는지를 탐지할 수 있는 능력이 있다. 이 기능 덕택에 이전 버전의 윈도우에서 존재했던 설치된 윈도우가 다른 종류의 시스템에서 부팅을 시도할 때에 발생했던 문제가 제거됐다.

표 2-4 x86 HAL 목록

HAL 파일명	지원되는 시스템
Halacpi.dll	고급 구성 및 전원 인터페이스(ACPI, Advanced Configuration and Power Interface) PC. APIC 지원이 없는 단일 프로세서 머신을 뜻한다(어느 하나라도 있으면 시스템은 아래 HAL을 사용한다).
Halmacpi.dll	ACPI가 있는 고급 프로그램 가능 인터럽트 컨트롤러(Advanced Programmable Interrupt Controller). APIC의 존재는 SMP 지원을 뜻한다.

x64와 ARM 머신에서는 Hal.dll이라는 하나의 HAL 이미지만 존재한다. 이것은 x64 머신의 프로세서가 ACPI와 APIC 지원을 필요로 했기 때문에 모든 x64 머신이 같은 마더보드 구성을 갖게 된 결과다. 따라서 ACPI가 없는 머신이나 표준 PIC가 있는 머신을 지원할 필요가 없다. 유사하게 모든 ARM 시스템은 ACPI를 가지며, 표준 APIC와 유사한 인터럽트 컨트롤러를 사용한다. 이 경우에도 단 하나의 HAL이 이를 지원할 수 있다.

반면에 이런 인터럽트 컨트롤러가 유사하더라도 동일하지는 않다. 더욱이 일부 ARM 시스템의 실제 타이머와 메모리/DMA 컨트롤러는 서로 다르다.

끝으로 IoT 세계에서 인텔 DMA 컨트롤러와 같은 일부 표준 PC 하드웨어는 아예 존재하지 않을 수도 있고, 심지어 PC 기반의 시스템에서도 다른 컨트롤러의 지원을 필요로 할 수도 있다. 이전 버전의 윈도우는 각 벤더로 하여금 조합 가능한 각 플랫폼마다 맞춤형 HAL을 탑재하게 강제해 이런 문제를 처리했다. 하지만 이 방식은 더 이상 현실적이지 않으며, 엄청난 양의 중복된 코드를 양산한다. 대신 윈도우는 이제 특정 하드웨어가 이들을 필요로 할 때(일반적으로 ACPI와 레지스트리 기반의 구성을 통해서)에 부트 로더가 로드할 수 있는 디스크상의 추가적인 DLL인 HAL 확장^{extensions}으로 불리는 모듈을 지원한다. 독자의 윈도우 10 데스크톱 시스템에는 HalExtPL080.dll과 HalExtIntcLpioDMA.dll이 존재할 가능성이 높다. 예를 들어 후자는 특정 저전력 인텔 플랫폼에 사용된다.

HAL 확장을 만드는 것은 마이크로소프트와의 협업을 필요로 한다. 이들 확장 파일은 하드웨어 벤더만이 이용 가능한 특수한 HAL 확장 인증으로 커스텀 서명이 돼야 한다. 추가적으로 이들은 전통적인 PE 이미지 메커니즘을 사용하지 않는 제한적인 임포트/익스포트^{import/export} 테이블 메커니즘을 통해 사용하고 연동할 수 있는 API에 있어서 매우 제한적이다. 예를 들어 다음 실습은 HAL 확장에서 사용하려는 어떠한 함수도 보여주지 않는다.

실습: NTOSKRNL과 HAL 이미지 연관 관계 보기

이미지의 익스포트와 임포트 테이블을 조사하기 위해 Dependency Walker (Depends.exe)를 사용해 커널과 HAL 이미지 둘 사이의 연관 관계를 볼 수 있다.

Dependency Walker에서 이미지를 조사해보려면 File 메뉴를 열고서 Open을 선택한 후 보고자 하는 이미지 파일을 지정하면 된다.

다음은 이 툴을 사용해 Ntoskrnl.exe의 연관 관계를 나타내고 있는 샘플 출력 결과다(당분간 API 세트에 대해 구문 분석을 하지 못하는 Dependency Walker에 의해 표시되는 오류는 무시하자).

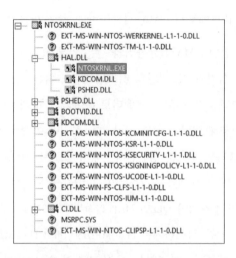

Ntoskrnl.exe이 HAL에 연결돼 있는 것에 주목하자. HAL은 Ntoskrnl.exe로 역으로 연결돼 있다(서로 상대방의 함수를 사용한다). Ntoskrnl.exe는 다음 바이너리에도 링크돼 있다.

- **Pshed.dll** 플랫폼 한정적인 하드웨어 오류 드라이버PSHED, Platform-Specific Hardware Error Driver다. 이 드라이버는 하위 플랫폼의 하드웨어 오류 보고 기능에 대한 추상적 개념을 제공한다. 이는 오류 핸들링 메커니즘의 세부 내용을 OS로부터 숨기고, 윈도우 OS에 일관성 있는 인터페이스를 익스포트 함으로써 가능하다.
- **Bootvid.dll** x86 시스템의 부트 비디오 드라이버(Bootvid)는 기동하는

중에 부트 텍스트와 부트 로고를 나타내기 위해 필요로 하는 VGA 명령에 대한 지원을 제공한다.

- **Kdcom.dll** 커널 디버거[KD] 프로토콜 통신 라이브러리
- **Ci.dll** 코드 무결성 라이브러리(코드 무결성에 대한 추가적인 정보는 2권의 8장을 참고하라)
- **Msrpc.sys** 커널 모드를 위한 마이크로소프트 원격 프로시저 호출[RPC, Remote Procedure Call] 클라이언트 드라이버는 커널(과 그 밖의 드라이버)로 하여금 RPC를 통해 유저 모드 서비스와의 통신을 허용하며, 또한 MES-인코딩 부분을 마샬링하는 것을 허용한다. 예를 들어 커널은 유저 모드 플러그앤플레이 서비스와의 마샬링에 이 드라이버를 사용한다.

이 툴이 나타내는 정보에 대한 상세 설명은 Dependency Walker 도움말 파일(Depends.hlp)에 있다.

API 세트에 대해 구문 분석을 하지 못하는 Dependency Walker의 오류는 무시하자. 이 툴의 작성자가 이런 메커니즘을 올바르게 처리하게 수정하지 않았기 때문이다. API 세트의 구현은 3장의 '이미지 로더' 절에서 설명할 예정인데, 커널이 잠재적으로 갖고 있을 수도 있는 의존성을 살펴보기 위해서는 그때까지 계속해서 Dependency Walker의 출력을 사용해야 한다. SKU에 따라 이들 API 세트는 실제 모듈을 가리키고 있을 수도 있기 때문이다. API 세트를 취급할 때에는 DLL이나 라이브러리가 아닌 규약 관점에서 설명한다. 독자의 머신에는 이런 규약이 일부 존재할 수도 있고, 또는 전혀 없을 수도 있음에 유의하자. 이들 규약의 존재는 SKU와 플랫폼, 벤더의 조합에 따라 좌우된다.

- **Werkernel 규약** 커널 내에서 라이브 커널 덤프 생성과 같은 윈도우 오류 보고를 제공한다.

- **Tm 규약** 커널 트랜잭션 관리자^{kernel transaction manager}다. 2권의 8장에서 다룬다.

- **Kcminitcfg 규약** 특정 플랫폼에서 필요할 수도 있는 커스텀 레지스트리 초기 구성을 책임진다.

- **Ksr 규약** 특히 일부 모바일과 IoT 플랫폼에 있어서 커널 소프트 리부팅 ^{Kernel Soft Reboot}과 이를 지원하기 위해 특정 메모리 범위에 값이 계속 유지되게 하는 기능을 다룬다.

- **Ksecurtiy 규약** 특정 장지와 SKU에서 실행하는 앱컨테이너 프로세스 (즉, 윈도우 앱)에 대한 추가적인 정책을 포함한다.

- **Ksigningpolicy 규약** 특정 SKU에서 앱컨테이너 프로세스가 아닌 프로세스를 지원하거나 특정 플랫폼/SKU에서 디바이스 가드와/또는 앱 락커 ^{App Locker} 보안 기능에 대한 추가적인 구성을 위한 유저 모드 코드 무결성에 대한 정책을 가진다.

- **Ucode 규약** 인텔과 AMD 같은 프로세서 마이크로코드 업데이트를 지원할 수 있는 플랫폼 용도의 마이크로코드 업데이트 라이브러리다.

- **Clfs 규약** 공통 로깅 파일 시스템 드라이버로, 트랜잭션 레지스트리^{TxR} 에 의해 사용된다. TxR에 대한 자세한 정보는 2권의 8장을 참고하라.

- **Ium 규약** 시스템에서 실행하는 IUM 트러스트릿에 대한 추가적인 정책이다. 이런 IUM은 데이터센터에 보호 VM을 제공하는 것과 같이 특정 SKU에서 필요로 할 수도 있다. 트러스트릿은 3장에서 추가적으로 설명한다.

디바이스 드라이버

디바이스 드라이버는 6장에서 자세히 다루기는 하지만, 이 절에서 간략히 드라이버의 유형에 대한 개요와 시스템에 설치돼 로드된 드라이버를 나열할 수 있는 방법을 설명한다.

윈도우는 커널 모드와 유저 모드 드라이버를 지원한다. 하지만 이번 절에서는 커널 드라이버만을 알아본다. 디바이스 드라이버란 용어는 하드웨어 장치를 암시하지만 하드웨어와 직접적으로 연관되지 않은 디바이스 드라이버 유형도 있다(잠시 후에 나열한다). 이번 절에서는 하드웨어 장치 제어와 연관된 디바이스 드라이버에 중점을 둔다.

디바이스 드라이버는 로드 가능한 커널 모드 모듈(보통 .sys 확장자로 끝난다)로 I/O 관리자와 관련 하드웨어 사이를 인터페이스로 연결한다. 다음과 같은 세 가지 컨텍스트 중 하나로 커널 모드에서 동작한다.

- I/O 함수(읽기 동작과 같은)를 호출한 유저 스레드 컨텍스트
- 커널 모드 시스템 스레드 컨텍스트(플러그앤플레이 관리자로부터의 요청과 같은)
- 인터럽트의 결과로서 어떤 특정한 스레드의 컨텍스트가 아닌 인터럽트가 발생할 때 그 시점의 스레드 컨텍스트

앞 절에서 언급한 것처럼 윈도우의 디바이스 드라이버는 하드웨어를 직접 조작하지 않는다. 그 대신 하드웨어와 통신하기 위해 HAL 내의 함수를 호출한다. 드라이버는 보통 C(때로 C++)로 작성돼 있다. 그러므로 HAL 루틴을 적절히 사용해 윈도우가 지원하는 CPU 아키텍처 사이에서 소스코드 이식성을 가질 수 있고, 아키텍처 계열에서 바이너리 이식성을 가질 수 있다.

디바이스 드라이버에는 다음과 같은 여러 유형이 있다.

- **하드웨어 디바이스 드라이버** 이는 물리적 디바이스나 네트워크로부터 입력을 읽어 들이거나 출력을 쓰기 위해 하드웨어를 조작하는 데 HAL을 사용한다. 버스 드라이버와 휴먼 인터페이스 드라이버, 대용량 스토리지 드라이버 등과 같이 많은 유형의 하드웨어 디바이스 드라이버가 있다.
- **파일 시스템 드라이버** 이는 파일 지향적인 I/O 요청을 받아들이고 특정 장치로 I/O 요청을 보내는 윈도우 드라이버다.
- **파일 시스템 필터 드라이버** 디스크 미러링과 암호화, 바이러스 검색, I/O 요청 가로채기, I/O를 다음 계층으로 전달하기 전에 어떤 가치를 더하는 작업을 수행

하는 일 등을 하는 드라이버가 여기에 해당된다.

- **네트워크 리디렉터와 서버** 파일 시스템 I/O 요청을 네트워크상의 머신으로 전송하거나 그런 요청을 수신하는 파일 시스템 드라이버다.

- **프로토콜 드라이버** TCP/IP와 NetBEUI, IPX/SPX 같은 네트워크 프로토콜을 구현한다.

- **커널 스트리밍 필터 드라이버** 이들은 오디오와 비디오 레코딩이나 디스플레이 같은 데이터 스트림상에서의 시그널 처리를 수행하기 위해 함께 연결돼 있다.

- **소프트웨어 드라이버** 일부 유저 모드 프로세스를 대신해 커널 모드에서만 이뤄질 수 있는 동작을 수행하는 커널 모듈다. Process Explorer와 프로세스 모니터 같은 Sysinternals의 많은 유틸리티가 정보를 수집하거나 유저 모드 API로부터는 수행이 불가능한 작업을 하기 위해 드라이버를 사용한다.

윈도우 드라이버 모델

최초의 드라이버 모델은 NT의 첫 버전인 3.1에서 만들어졌으며, 이 당시에는 플러그앤플레이가 이용 불가능한 상태였으므로 이 개념을 지원하지 않았다. 윈도우 2000(그리고 소비자 윈도우 측면에서 윈도우 95/98)이 출현할 때까지 이 상황은 지속됐다.

윈도우 2000은 플러그앤플레이와 전원 옵션, 윈도우 드라이버 모델Window Driver Model로 불리는 윈도우 NT 드라이버 모델에 대한 확장을 위한 지원을 추가했다. 윈도우 2000과 후속 버전은 레거시 윈도우 NT 4 드라이버를 실행할 수 있다. 그러나 이들은 플러그앤플레이와 전원 옵션에 대한 지원을 하지 않기 때문에 이들 드라이버를 실행하는 시스템은 이 두 영역에 대한 능력이 감소된다.

최초의 WDM은 윈도우 2000/XP와 윈도우 98/ME 간에 소스 호환성이 (거의) 가능한 공통 드라이비 모델을 제공했다. 이는 단 하나의 기본 코드만 있으면 되므로 하드웨어 장치 드라이버 작성을 좀 더 손쉽게 하기 위한 것이었다. WDM은 윈도우 98/ME에서 시뮬레이션이 이뤄졌다. 이들 운영체제가 더 이상 사용되지 않게 되자 WDM은 윈도우 2000과 그 후속 버전에서 하드웨어 장치 용도의 드라이버 작성을 위한 기본 모델로 남게 됐다.

WDM의 관점에서 볼 때 세 종류의 드라이버가 있다.

- **버스 드라이버** 버스 컨트롤러나 어댑터, 브리지, 자식 디바이스를 가진 디바이스에 서비스를 제공한다. 버스 드라이버는 필수 드라이버로 보통 마이크로소프트가 제공한다. 시스템에 있는 각 유형의 버스(PCI와 PCMCIA, USB 등)는 하나의 버스 드라이버를 가진다. 서드파티는 VMEbus와 Multibus, 미래의 버스 등을 위한 지원을 제공하기 위해 버스 드라이버를 작성할 수 있다.

- **펑션 드라이버** 메인 디바이스 드라이버로서 디바이스에 대한 동작 인터페이스를 제공한다. 디바이스가 로^{raw}로 사용(SCSI PassThru와 같이 버스 드라이버와 버스 필터 드라이버에 의해 I/O를 처리하는 구현)되지 않는 한 필수 드라이버다. 펑션 드라이버는 정의에 의해 특정 디바이스에 대한 것을 대부분 알고 있다. 그리고 일반적으로 디바이스 레지스터에 접근하는 유일한 드라이버다.

- **필터 드라이버** 디바이스나 기존 드라이버에 기능을 추가하거나 다른 드라이버로부터의 I/O 요청이나 응답을 수정하기 위해 사용한다. 하드웨어 리소스 요구 사항에 대해 잘못된 정보를 제공하는 하드웨어를 수정하기 위해 종종 사용된다. 필터 드라이버는 선택적인 것으로 개수에 관계없이 존재할 수 있고, 펑션 드라이버의 위나 아래, 그리고 버스 드라이버의 위에 놓일 수 있다. 보통 시스템 오리지널 장비 제조사[OEM]나 독립 하드웨어 벤더[IHV]가 필터 드라이버를 제공한다.

WDM 드라이버 환경에서는 단일 드라이버가 디바이스의 모든 면을 제어하지 않는다. 펑션 드라이버가 디바이스를 조작하는 반면에 버스 드라이버는 버스상의 디바이스를 PnP 관리자에 보고하는 작업에 관여한다.

대부분의 경우에 있어서 저수준 필터 드라이버는 디바이스 하드웨어의 행위를 수정한다. 예를 들면 실제로 16개의 I/O 포트를 필요로 하는 디바이스가 버스 드라이버에게 4개의 I/O 포트가 필요하다고 보고하면 하위 레벨의 디바이스 펑션 필터 드라이버는 버스 드라이버로부터 PnP 관리자에게 보고되는 하드웨어 리소스 목록을 가로채 I/O 포트의 개수를 갱신할 수 있다.

상위 레벨 필터 드라이버는 보통 디바이스에 가치를 더하는 기능을 제공한다. 예를 들면 어떤 디스크를 위한 상위 레벨 디바이스 필터 드라이버는 부가적인 보안 점검을 강제할 수 있다.

인터럽트 처리는 2권의 8장에서 설명한다. 6장에서는 좁은 의미의 디바이스 드라이버를 다룬다. I/O 관리자와 WDM, 플러그앤플레이, 전원 관리에 대한 더 자세한 내용은 6장을 참조하라.

윈도우 드라이버 파운데이션

윈도우 드라이버 파운데이션WDF, Windows Driver Foundation은 커널 모드 드라이버 프레임워크KMDF와 유저 모드 드라이버 프레임워크UMDF라는 두 가지 프레임워크를 제공해 윈도우 드라이버 개발을 단순하게 한다. 개발자는 윈도우 2000 SP4 이후부터 드라이버를 작성하기 위해 KMDF를 사용할 수 있다. 반면에 UMDF는 XP와 그 후속 버전에서 지원된다.

KMDF는 WDM에 대한 단순한 인터페이스를 제공한다. 그리고 하위 버스/펑션/필터 모델을 수정하지 않고서도 드라이버 작성자로부터 KMDF 자신의 복잡성을 감췄다. KMDF 드라이버는 자신들이 등록할 수 있는 이벤트에 응답하고 자신들이 관리하는 하드웨어 한정적이지 않은 작업(일반적인 전원 관리나 동기화와 같이)을 수행하기 위해 KMDF 라이브러리를 호출할 수 있다(이전에는 각 드라이버가 자신이 직접 구현해야 했다). 어떤 경우에는 200줄이 넘는 WDM 코드가 단 하나의 KMDF 함수 호출로 대체될 수도 있다.

UMDF는 비디오카메라와 MP3 플레이어, 핸드폰, 프린터 같은 어떤 클래스의 드라이버(대부분 USB 기반이거나 다른 높은–지연 시간의 프로토콜 버스high-latency protocol bus)가 유저 모드 드라이버로 구현되는 것을 가능하게 한다. UMDF는 본질적으로 유저 모드 서비스에서 각 유저 모드 드라이버를 실행한다. 그리고 하드웨어에 대한 실제 접근을 제공하는 커널 모드 래퍼 드라이버와 통신하기 위해 ALPC를 사용한다. UMDF 드라이버가 크래시되면 프로세스는 종료되고 보통 다시 시작된다. 따라서 시스템이 불안정해지지 않는다. 드라이버를 호스팅하는 서비스가 재시작하는 동안 디바이스를 사용할 수 없을 뿐이다.

UMDF에는 두 가지 주요 버전이 있다. UMDF를 지원하는 모든 OS 버전에서 이용 가능한 버전 1.x과 윈도우 10에서 이용 가능한 가장 최신의 마지막 버전인 버전 1.11이 그것이다. 이 버전은 드라이버 작성에 C++와 COM을 사용한다. 이는 유저 모드 프로그래머에게는 다소 용이하지만 UMDF 모델과 KMDF 모델 간의 상이점을 초래한다. 윈도우 8.1에서 소개된 UMDF 버전 2.0은 KMDF와 거의 동일한 객체 모델에 기반을 둔다. 따라서 이들의 프로그래밍 모델에 있어서 두 프레임워크 간에 매우 유사하다. 끝으로 WDF는 마이크로소프트에 의해 오픈소스로 유지되며, 이 책을 집필할 당시에 https://github.com/Microsoft/Windows-Driver-Frameworks로부터 깃허브GitHub가 이용 가능했다.

범용 윈도우 드라이버

윈도우 10의 시작과 함께 범용 윈도우 드라이버Universal Windows drivers란 용어는 윈도우 10 공통 코어에 의해 제공되는 API와 디바이스 드라이버 인터페이스DDIs를 공유하는 디바이스 드라이버를 작성하기 위한 능력을 가리킨다. 이들 드라이버는 특정 CPU 아키텍처(x86과 x64, ARM)에 대해 바이너리 호환 가능하며, IoT 장치에서부터 폰과 홀로렌즈, Xbox 원, 노트북 및 데스크톱에 이르기까지 다양한 폼 팩터로 사용될 수 있다. 범용 드라이버는 자신의 드라이버 모델로 KMDF와 UMDF 2.x 또는 WDM을 사용할 수 있다.

실습: 설치된 디바이스 드라이버 살펴보기

시스템 정보 툴인 Msinfo32를 실행해 설치된 드라이버를 나열할 수 있다. 이 툴을 실행하려면 시작을 클릭하고 Msinfo32를 입력한다. 시스템 요약 하위에서 소프트웨어 환경을 펼친다. 그리고 시스템 드라이버를 연다. 다음은 설치된 드라이버 리스트의 출력 결과 예제다.

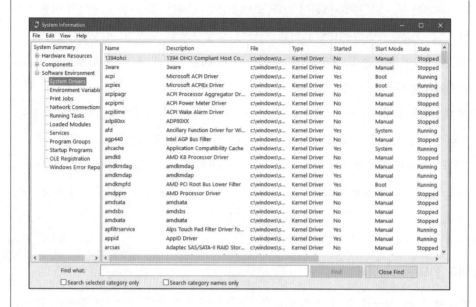

이 윈도우는 레지스트리에 정의돼 있는 디바이스 드라이버 목록과 유형, 상태(실행 중 또는 종료됨)를 나타낸다. 디바이스 드라이버와 윈도우 서비스 프로세스는 같은 위치(HKLM\SYSTEM\CurrentControlSet\Services)에 정의돼 있다. 그렇지만 타입 코드로 구별할 수 있다. 예를 들면 타입 1은 커널 모드 디바이스 드라이버다. 레지스트리에 저장돼 있는 디바이스 드라이버 정보의 완전한 목록은 2권의 9장을 참고하라.

대안으로는 Process Explorer에서 System 프로세스를 선택하고 DLL 뷰를 열어 현재 로드돼 있는 디바이스 드라이버를 나열하는 방법이 있다. 다음에 샘플 출력이 있다(칼럼 헤더에 마우스 오른쪽 클릭을 하고 Select Columns를 클릭하면 DLL 탭 내의 모듈에 관해 이용 가능한 모든 칼럼을 볼 수 있다).

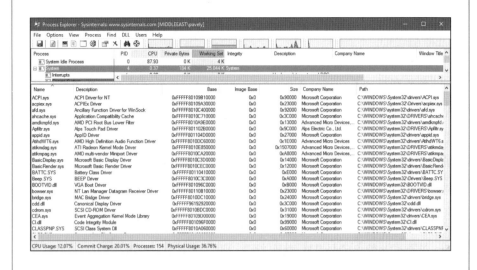

문서화되지 않은 인터페이스 자세히 보기

핵심 시스템 이미지(Ntoskrnl.exe나 Hal.dll, Ntdll.dll 등)에서 익스포트됐거나 글로벌 심볼에 있는 이름을 살펴보면 현재 문서화됐고 지원되고 있는 것보다 윈도우가 할 수 있는 일이 뭔가 더 있을 거라는 생각이 든다. 물론 이들 함수의 이름을 안다고 해서 이들 문서화돼 있지 않고 바뀔 가능성이 있는 인터페이스들로 뭔가를 할 수 있거나 호출해야만 하는 것은 아니다. 지원되는 인터페이스를 우회하기 위한 것이 아니라 윈도우가 수행하는 윈도우 내부 함수의 종류에 대해 좀 더 깊은 통찰력을 얻기 위해 순수하게 이들 함수들을 살펴볼 것을 권한다.

예를 들면 Ntdll.dll의 함수 목록을 살펴보면 각 서브시스템이 노출하는 부분집합에 대비해 윈도우가 유저 모드 서브시스템 DLL에 제공하는 전체 시스템 서비스 목록을 알 수 있다. 이들 함수 중 상당수가 명확하게 문서화돼 있고 윈도우 함수로 제공되고 있지만, 일부는 윈도우 API를 통해서 공개돼 있지 않다.

반대로 윈도우 서브시스템 DLL(Kernel32.dll이나 Advapi32.dll 같은 것)의 임포트 루틴을 살펴보고 이들이 Ntdll.dll 내의 어떤 함수를 호출하는지를 조사해보는 것 또한 흥미롭다.

덤프해볼 만한 다른 흥미로운 이미지는 Ntoskrnl.exe다. 커널 모드 디바이스 루틴이 사용하는 익스포트된 루틴의 상당수가 WDK에 문서화돼 있긴 하지만, 일부는 그렇지 않다. 또한 Ntoskrnl.exe와 HAL의 임포트 테이블을 살펴보면 흥미로운 것을 찾을 수 있을지도 모른다. 이 테이블은 Ntoskrnl.exe가 사용하는 HAL의 함수나 그 반대 경우의 함수 목록을 나타낸다.

표 2-5는 익스큐티브 컴포넌트에서 공통적으로 사용되는 함수명 접두어 리스트다. 이들 주요한 익스큐티브 컴포넌트는 내부 함수를 나타내기 위해 접두어의 첫 번째 글자 뒤에 i(internal을 의미)가 따라 온다거나 전체 접두어 뒤에 p(private을 의미)가 따라오는 것과 같이 변화를 가미한 접두어도 사용한다. 예를 들면 Ki는 내부 커널 함수를 의미하고, Psp는 내부 프로세스 지원 함수를 의미한다.

표 2-5 공통적으로 사용된 접두어

접두어	컴포넌트
Alpc	고급 로컬 프로시저 호출
Cc	공통 캐시(Common Cache)
Cm	구성 관리자
Dbg	커널 디버그 지원
Dbgk	유저 모드 디버깅 프레임워크
Em	정오 관리자
Etw	윈도우 이벤트 트레이싱
Ex	익스큐티브 지원 루틴
FsRtl	파일 시스템 드라이버 런타임 라이브러리

(이어짐)

접두어	컴포넌트
Hv	하이브 라이브러리
Hvl	하이퍼바이저 라이브러리
Io	I/O 관리자
Kd	커널 디버거
Ke	커널
Lsa	로컬 보안 권한(Local Security Authority)
Mm	메모리 관리자
Nt	NT 시스템 서비스(시스템 호출을 통한 유저 모드로부터 접근 가능)
Ob	객체 관리자
Pf	프리패처(Prefetcher)
Po	전원 관리자
PoFx	전원 프레임워크
Pp	플래그앤플레이 관리자
Ps	프로세스 지원
Rtl	런타임 라이브러리
Se	보안 참조 모니터(Security Reference Monitor)
Sm	저장소 관리자
Tm	트랜잭션 관리자
Ttm	터미널 타임아웃 관리자
Vf	드라이버 베리파이어(Verifier)
Vsl	가상 보안 모델 라이브러리
Wdi	윈도우 진단 인프라(Windows Diagnostic Infrastructure)

(이어짐)

접두어	컴포넌트
Wfp	윈도우 핑거프린트
Whea	윈도우 하드웨어 오류 아키텍처
Wmi	윈도우 관리 도구(Windows Management Instrumentation)
Zw	시스템 서비스(Nt로 시작)를 위한 미러(mirror) 엔트리 포인트로서 Nt 시스템 서비스가 이전 접근 모드가 유저인 경우에만 인자를 검증하기 때문에 이전 접근 모드를 커널로 설정해 인자 검증을 없앤다.

윈도우 시스템 루틴의 명명 규칙을 이해한다면 이들 익스포트된 함수의 이름을 좀 더 쉽게 해독할 수 있다. 일반적인 형식은 다음과 같다.

<접두어><오퍼레이션><객체>

이 포맷에서 접두어는 루틴을 익스포트하는 내부 컴포넌트고, 오퍼레이션은 객체나 리소스에 행해지는 것을 나타낸다. 그리고 객체 식별자는 동작 대상이다.

예를 들어 `ExAllocatePoolWithTag`는 페이지드 풀이나 넌페이지드 풀에 할당하는 익스큐티브 지원 루틴이다. `KeInitializeThread`는 커널 스레드 객체를 할당하고 설정하는 루틴이다.

시스템 프로세스

다음의 시스템 프로세스는 모든 윈도우 10 시스템에 존재한다. 그중 하나(유휴)는 프로세스가 아니다. 그중에 세 프로세스(시스템과 안전한 시스템, 메모리 압축)는 유지 모드 실행 파일을 실행하지 않는다는 점에서 완전한 프로세스가 아니다. 이런 유형의 프로세스는 최소 프로세스^{minimal processes}로 불린다. 이는 3장에서 설명한다.

164

- **유휴 프로세스** 유휴 CPU 시간을 계산하기 위해 CPU당 하나의 스레드를 가진다.

- **시스템 프로세스** 대부분의 커널 모드 시스템 스레드를 포함한다.

- **안전한 시스템 프로세스** 실행하고 있다면 VTL 1 내의 안전한 커널 주소 공간을 포함한다.

- **메모리 압축 프로세스** 유저 모드 프로세스에 대한 압축된 워킹셋(5장에서 기술한다)을 포함한다.

- **세션 관리자** Smss.exe

- **윈도우 서브시스템** Csrss.exe

- **세션 0 초기화** Wininit.exe

- **로그온 프로세스** Winlogon.exe

- **서비스 컨트롤 관리자** Services.exe와 생성한 자식 서비스 프로세스(시스템이 제공하는 일반 서비스 호스트 프로세스(Svchost.exe)처럼)

- **로컬 보안 인증 서비스** Lsass.exe와 자격증명 가드가 활성 중이라면 격리된 로컬 보안 인증 서버(Lsaiso.exe)

이들 프로세스의 연관 관계를 이해하기 위해 프로세스 간의 부모/자식 관계를 나타내는 프로세스 트리를 보는 것이 도움이 된다. 어떤 프로세스가 어느 프로세스를 생성했는지를 보는 것은 각각의 프로세스가 어디로부터 왔는지를 이해하는 데 도움이 된다. 그림 2-6는 프로세스 모니터의 부팅 트레이스 시의 프로세스 트리 모습을 보여준다.

부팅 트레이스를 수행하기 위해 프로세스 모니터의 Options 메뉴를 열고서 Enable Boot Logging을 선택한다. 이제 시스템을 다시 시작하고 프로세스 모니터를 실행해 Tools 메뉴를 연다. Process Tree를 선택하거나 단축키 Ctrl + T를 누른다. 프로세스 모니터를 사용하면 종료된 프로세스(희미한 아이콘으로 표시)도 볼 수 있다.

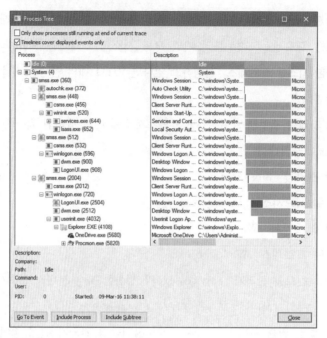

그림 2-6 초기 시스템 프로세스 트리

바로 다음 절에서는 그림 2-6에 있는 핵심 시스템 프로세스를 설명한다. 이들 절에서 프로세스 시작 순서에 대해 간략히 다루고, 2권의 11장에서 윈도우의 부팅과 시작에 연관된 상세한 절차를 다룬다.

시스템 유휴 프로세스

그림 2-6의 첫 번째 프로세스는 유휴 프로세스다. 3장에서 설명하겠지만 프로세스는 자신들의 이미지 이름으로 식별한다. 그렇지만 유휴 프로세스(시스템 프로세스와 안전한 프로세스, 메모리 압축 프로세스도 마찬가지다)는 실제 유저 모드 이미지를 실행하지 않는다. 즉, \Windows 디렉터리에 'System Idle Process.exe'라는 건 없다. 게다가 세부 구현상의 이유로 이 프로세스의 이름은 유틸리티마다 다르게 보인다. 유휴 프로세스는 유휴 시간을 처리한다. 이것이 이 프로세스 내의 스레드 수가 시스템의 논리 프로세서 수와 동일한 이유다. 표 2-6은 유휴 프로세스에 주어진 여러 가지 이름들이다(프로세스 ID 0). 유휴 프로세스는 3장에서 자세히 설명한다.

166

표 2-6 다양한 유틸리티에서의 프로세스 ID 0의 이름

유틸리티	프로세스 ID 0의 이름
작업 관리자	System Idle Process
Process Status(Pstat.exe)	Idle Process
Process Explorer(Procexp.exe)	System Idle Process
Task List(Tasklist.exe)	System Idle Process
Tlist(Tlist.exe)	System Process

자, 이제 시스템 스레드와 실제 이미지를 실행하는 각 시스템 프로세스의 목적을 살펴보자.

시스템 프로세스와 시스템 스레드

시스템 프로세스(프로세스 ID 4)는 커널 모드에서만 동작하는 특별한 스레드(커널 모드 시스템 스레드)의 집과 같은 곳이다. 시스템 스레드는 일반 유저 모드 스레드의 모든 속성과 컨텍스트(하드웨어 컨텍스트와 우선순위와 같은 것)를 가진다. 그러나 Ntoskrnl. exe나 다른 어떤 로드된 디바이스 드라이버이든 시스템 공간에 로드된 커널 모드 실행 코드만을 동작시킨다는 것이 차이다. 게다가 시스템 스레드는 유저 프로세스 주소 공간을 갖지 않는다. 그러므로 페이지드 풀이나 넌페이지드 풀과 같은 OS 메모리 힙으로부터 동적 스토리지를 할당해야만 한다.

> 윈도우 10 버전 1511에서 작업 관리자는 시스템 프로세스를 시스템과 압축 메모리(System and Compressed Memory)로 부른다. 이는 더 많은 프로세스 정보를 저장하기 위해 디스크로 메모리를 페이지 아웃시키지 않고 메모리를 압축하는 윈도우 10의 새로운 기능에 기인한다. 5장에서 이 메커니즘을 추가적으로 설명한다. 이런 저런 툴에 의해 표시되는 정확한 이름이 무엇이든 간에 시스템 프로세스는 이 프로세스를 가리킨다는 사실만 염두에 두자. 윈도우 10 버전 1607과 서버 2016은 시스템 프로세스의 이름을 다시 시스템으로 되돌렸다. 이는 메모리 압축으로 불리는 새로운 프로세스가 메모리 압축에 사용되기 때문이다. 5장에서 이 프로세스를 좀 더 세부적으로 설명한다.

시스템 스레드는 `PsCreateSystemThread`와 `IoCreateSystemThread` 함수(두 함수 모두 WDK에 문서화돼 있다)에 의해 생성된다. 이들 함수는 커널 모드에서만 호출할 수 있다. 윈도우는 다양한 디바이스 드라이버와 마찬가지로 시스템을 초기화하는 동안 I/O를 수행하거나, 객체를 대기하거나, 디바이스 폴링 같은 스레드 컨텍스트가 요구되는 동작을 수행하기 위해 시스템 스레드를 생성한다. 예를 들면 메모리 관리자는 더티 페이지^{dirty page}를 페이지 파일이나 맵된 파일에 쓰거나 메모리로 프로세스를 스와핑하는 등의 기능을 구현하기 위해 시스템 스레드를 사용한다. 커널은 균형 세트 관리자^{balance set manager}로 불리는 시스템 스레드를 생성한다. 이 스레드는 매 초마다 깨어나서 스케줄링과 메모리 관리와 관련된 이벤트를 가능한 구동시킨다. 또한 캐시 관리자는 선행 읽기^{read-ahead}나 후위 쓰기^{write-behind} I/O를 구현하기 위해 시스템 스레드를 사용한다. 파일 서버 디바이스 드라이버(Srv2.sys)는 네트워크로 공유된 디스크 파티션상의 파일 데이터에 대한 네트워크 I/O 요청에 응답하기 위해 시스템 스레드를 사용한다. 심지어 플로피 드라이버도 플로피 디바이스를 폴링하기 위해 시스템 스레드를 사용한다(이 경우 인터럽트 구동 방식의 플로피 드라이버가 많은 양의 시스템 리소스를 소비하기 때문에 폴링이 좀 더 효율적이다). 특정 시스템 스레드에 대한 더 자세한 내용은 해당 스레드와 연관된 각 컴포넌트를 설명한 장에 포함돼 있다.

기본적으로 시스템 스레드는 시스템 프로세스에 의해 소유된다. 그러나 디바이스 드라이버는 어떤 프로세스에든 시스템 스레드를 생성할 수 있다. 예를 들면 윈도우 서브시스템 디바이스 드라이버(Win32k.sys)는 시스템 스레드를 윈도우 서브시스템 프로세스(Csrss.exe)의 일부인 정규 디스플레이 드라이버^{Canonical Display Driver}(Cdd.dll) 내부에 생성한다. 따라서 그 프로세스의 유저 모드 주소 공간의 데이터에 쉽게 접근할 수 있다.

개별 시스템 스레드의 실행을 드라이버나 심지어 해당 코드를 포함하는 서브루틴으로 한정할 수 있다는 것은 문제 해결이나 시스템 분석에 유용하다. 예를 들면 부하가 심한 파일 서버에서는 시스템 프로세스가 적지 않은 CPU 시간을 소비할 가능성이 있다. 그러나 시스템 프로세스가 실행 중일 때 '얼마간의 시스템 스레드'가 실행 중이라는 정보만으로는 어떤 디바이스 드라이버나 시스템 컴포넌트가 실행 중이라는 것을 알아내기엔 충분하지 않다.

따라서 시스템 프로세스에서 스레드가 실행 중이라면 먼저 어떤 것이 실행 중인지를 알아내야 한다(예를 들면 성능 모니터와 Process Explorer 툴을 사용해). 실행 중인 스레드 (또는 스레드들)를 찾아내자. 적어도 스레드를 생성했을 것 같은 드라이버를 알려준다. 예를 들어 Process Explorer에서 System 프로세스를 마우스 오른쪽 클릭을 하고서 Properties를 선택한다. 이제 Threads 탭에서 CPU 칼럼 헤더를 클릭해 상단에 위치한 가장 활동적인 스레드를 살펴본다. 이 스레드를 선택하고서 Module 버튼을 클릭해 실행 중인 스택의 최상단 코드가 어느 파일에 속하는지 살펴보자. 시스템 프로세스는 최근의 윈도우 버전에서는 보호가 이뤄지므로 Process Explorer는 호출 스택을 보여줄 수 없다.

안전한 시스템 프로세스

안전한 시스템 프로세스(다양한 프로세스 ID)는 기술적으로 VTL 1 수준의 안전한 커널 주소 공간과 핸들, 시스템 스레드의 집에 해당한다. 이렇게 말하는 것은 VTL 0 커널이 스케줄링과 객체 관리, 메모리 관리를 소유하기 때문이고, 실제로 이들은 안전한 시스템 프로세스와는 관계되지 않는다. 이 프로세스의 유일한 실질적 사용처는 사용자(예를 들어 작업 관리자와 Process Explorer 등의 툴)에게 VBS가 현재 동작 중이라는 사실에 대한 시각적 표시를 제공하기 위한 것이다(활용하는 기능들 중에 적어도 하나를 제공한다).

메모리 압축 프로세스

메모리 압축 프로세스는 특정 프로세스의 워킹셋(5장에서 설명한다)으로부터 축출된 스탠바이^{standby} 메모리에 해당하는 압축된 페이지를 저장하기 위해 자신의 유저 모드 주소 공간을 사용한다. 안전한 시스템 프로세스와 달리 메모리 압축 프로세스는 일반적으로 흔히 볼 수 있는 SmKmStoreHelperWorker와 SmStReadThread 같은 다수의 시스템 스레드를 호스팅한다. 이들 두 스레드는 메모리 압축을 관리하는 저장소 관리자에 속한다.

추가적으로 이 목록에 있는 여타 시스템 프로세스와 달리 이 프로세스는 실제로 자신의 메모리를 유저 모드 주소 공간에 저장한다. 이는 워킹셋 트리밍을 당하기 쉽고 잠재적으로 시스템 모니터링 툴에서 메모리 사용량이 크다고 보일 수 있음을 의미한다. 실제로 작업 관리자의 성능 탭을 보면(사용 중인 메모리와 압축 메모리를 둘 다를 보여준다) 메모리 압축 프로세스의 워킹셋 크기가 압축된 메모리의 양과 같음을 확인할 수 있다.

세션 관리자

세션 관리자(%SystemRoot%\System32\Smss.exe)는 시스템에서 생성되는 첫 번째 유저 모드 프로세스다. 익스큐티브와 커널 초기화의 마지막 시기를 수행하는 커널 모드 시스템 스레드는 이 프로세스를 생성한다. 이 프로세스는 3장에서 설명하는 보호 프로세스 라이트Protected Process Light로 생성된다.

Smss.exe는 시작 시에 자신이 첫 번째 인스턴스(마스터 Smss.exe)나 마스터 Smss.exe가 세션을 생성하기 위해 시작시킨 인스턴스인지를 검사한다. 커맨드라인 인자가 존재하면 후자의 경우에 해당한다. Smss.exe는 부팅 동안과 터미널 서비스 세션 생성 중에 여러 인스턴스를 생성함으로써 동시에 다수의 세션을 생성할 수 있다(최대로 동시에 4개의 세션, 한 개의 CPU 이상인 경우 CPU 하나가 추가될 때마다 하나의 세션이 추가된다). 이러한 기능은 다수의 사용자가 동시에 접속하는 터미널 서버 시스템에서 로그온 성능을 향상시킨다. 하나의 세션이 초기화를 마치면 Smss.exe의 복사본이 종료된다. 결과적으로 최초의 Smss.exe 프로세스만이 활성 상태로 남아있게 된다(터미널 서비스에 관한 설명은 1장의 '터미널 서비스와 다중 세션' 절을 참고하라).

마스터 Smss.exe는 다음과 같은 1회성 초기화 단계를 수행한다.

1. 프로세스와 최초 스레드를 임계 상태로 표시한다. 임계 상태로 표시된 프로세스나 스레드가 어떤 이유로든지 종료되면 윈도우는 크래시된다. 추가적인 정보는 3장을 참고하라.

2. 프로세스로 하여금 유효하지 않은 핸들 사용과 힙 손상 같은 특정 오류를 임계

상황으로 처리하게 하고 동적 코드 실행 비활성화^{Disable Dynamic Code Execution} 프로세스 미티게이션^{mitigation}을 활성화한다.

3. 프로세스의 기본 우선순위를 11로 상승시킨다.

4. 시스템이 핫^{hot} 프로세서 추가를 지원한다면 자동 프로세서 친화성 갱신을 활성화한다. 이런 방식으로 새로운 프로세서가 추가되는 경우 새로운 세션은 추가된 프로세서를 사용할 수 있다. 동적 프로세서 추가에 대한 추가적인 정보는 4장을 참고하라.

5. ALPC 명령과 기타 워크 아이템^{work items}을 처리할 스레드 풀을 초기화한다.

6. 명령을 받을 \SmApiPort로 명명된 ALPC 포트를 생성한다.

7. 시스템의 NUMA 토폴로지에 대한 로컬 복사본을 초기화한다.

8. 파일 재명명 동작을 동기화하기 위한 PendingRenameMutex로 명명된 뮤텍스를 생성한다.

9. 초기 프로세스 환경 블록을 생성하고 필요하다면 Safe Mode 변수를 갱신한다.

10. HKLM\SYSTEM\CurrentControlSet\Control\Session Manager 키의 ProtectionMode 값에 기반을 두고 다양한 시스템 자원에 대해 사용될 보안 디스크립터를 생성한다.

11. HKLM\SYSTEM\CurrentControlSet\Control\Session Manager 키의 ObjectDirectories 값에 기반을 두고 \RPC Control과 \Windows라는 객체 관리자 디렉터리를 생성한다. BootExecute와 BootExecuteNoPnpSync, SetupExecute 아래에 나열된 프로그램을 저장한다.

12. HKLM\SYSTEM\CurrentControlSet\Control\Session Manager 키의 S0InitialCommand 값에 나열된 프로그램 경로를 저장한다.

13. HKLM\SYSTEM\CurrentControlSet\Control\Session Manager 키에서 NumberOf InitialSessions 값을 읽는다. 하지만 시스템이 공장 초기화 모드면 이를 무시한다.

14. HKLM\SYSTEM\CurrentControlSet\Control\Session Manager 키의 PendingFile RenameOperations와 PendingFileRenameOperations2 아래에 나열된 파일 재

명명 동작을 읽는다.

15. HKLM\SYSTEM\CurrentControlSet\Control\Session Manager 키의 Allow ProtectedRenames와 ClearTempFiles, TempFileDirectory,DisableWpbt Execution 값을 읽는다.

16. HKLM\SYSTEM\CurrentControlSet\Control\Session Manager 키의 ExcludeFrom KnownDllList 값에서 DLLs 목록을 읽는다.

17. HKLM\SYSTEM\CurrentControlSet\Control\Session Manager\Memory Management 키에서 PagingFiles와 ExistingPageFiles 목록 값, 그리고 PagefileOnOs Volume과 WaitForPagingFiles 구성 값 같은 페이징 파일 정보를 읽는다.

18. HKLM\SYSTEM\CurrentControlSet\Control\Session Manager\DOS Devices 키에 저장된 값을 읽고 저장한다.

19. HKLM\SYSTEM\CurrentControlSet\Control\Session Manager 키에 저장된 KnownDlls 값 목록을 읽고 저장한다.

20. HKLM\SYSTEM\CurrentControlSet\Control\Session Manager\Environment 에 정의된 시스템 전역 환경 변수를 생성한다.

21. \KnownDlls 디렉터리를 생성하며, WoW64를 가진 64비트 시스템에서는 \KnownDlls32 디렉터리를 생성한다.

22. 객체 관리자 네임스페이스 내의 \Global?? 아래 HKLM\SYSTEM\CurrentControlSet\ Control\Session Manager\DOS Devices 내에 정의된 장치에 대한 심볼릭 링크를 생성한다.

23. 객체 관리자 네임스페이스 내에 루트\Sessions 디렉터리를 생성한다.

24. 악의적 유저 모드 애플리케이션이 서비스의 시작 전에 실행될 경우에 발생할 수도 있는 스푸핑 공격으로부터 서비스 애플리케이션을 보호하기 위한 보호 메일슬롯과 네임드 파이프 프리픽스를 생성한다.

25. 이전에 파싱된 BootExecute와 BootExecuteNoPnpSync 목록의 프로그램 부분을 실행시킨다(기본 프로그램은 디스크 검사를 수행하는 Autochk.exe다).

26. 레지스트리의 나머지 부분을 초기화한다(HKLM 소프트웨어와 SAM, 보안 하이브).

27. 레지스트리에 의해 비활성화가 되지 않는다면 해당 ACPI 테이블에 등록된 윈도우 플랫폼 바이너리 테이블$^{Windows\ Platform\ Binary\ Table}$ 바이너리를 실행한다. 매우 이른 시점의 네이티브 윈도우 바이너리(홈으로 불린다)의 실행을 강제하거나 새롭게 설치된 시스템에서조차 실행을 위한 다른 서비스의 설정을 강제하기 위해 도난 방지 벤더들이 이 테이블을 사용한다. 이들 프로세스는 Ntdll.dll(즉, 네이티브 서브시스템에 속하는 것)하고만 링크가 돼야 한다.

28. 윈도우 복구 환경의 부트가 아니라면 앞서 살펴본 레지스트리 키에 명시된 펜딩 파일 재명명 작업을 처리한다.

29. HKLM\System\CurrentControlSet\Control\Session Manager\Memory Management 와 HKLM\System\CurrentControlSet\Control\CrashControl 키에 기반을 두고 페이징 파일과 전용 덤프 파일 정보를 초기화한다.

30. NUMA 시스템에서 사용되는 메모리 냉각 기술에 대한 시스템 호환성을 검사한다.

31. 오래된 페이징 파일을 저장하고 크래시 전용 덤프 파일을 생성하며, 이전의 크래시 정보에 기반을 두고 필요한 새로운 페이징 파일을 생성한다.

32. PROCESSOR_ARCHITECTURE와 PROCESSOR_LEVEL, PROCESSOR_IDENTIFIER, PROCESSOR_REVISION 같은 추가적인 동적 환경 변수를 생성한다. 이들은 레지스트리 설정과 커널로부터 질의된 시스템 정보에 기반을 둔다.

33. HKLM\SYSTEM\CurrentControlSet\Control\Session Manager\SetupExecute 에 있는 프로그램을 실행시킨다. 이들 실행 파일에 대한 규칙은 11단계의 BootExecute와 동일하다.

34. Smss.exe와 교환되는 정보를 위해 자식 프로세스(예를 들면 Csrss.exe)와 공유하는 언네임드 섹션 객체를 생성한다. 이 섹션에 대한 핸들은 핸들 상속을 통해 자식 프로세스로 전달된다. 핸들 상속에 대한 추가적인 사항은 2권의 8장을 참고하라.

35. 이전의 레지스트리 검사에서 예외로 등록된 것(기본으로는 아무것도 없다)들은 제외하고서 알려진 DLL을 열고 이들을 영구 섹션(맵 파일)으로 매핑한다.

36. 세션 생성 요청에 대응하기 위한 스레드를 생성한다.

37. 세션 0(비대화식 세션)를 초기화하기 위한 Smss.exe 인스턴스를 생성한다.

38. 세션 1(대화식 세션)을 초기화하기 위한 Smss.exe 인스턴스를 생성한다. 레지스트리에 구성이 돼 있다면 잠재적인 미래의 사용자 로그온에 미리 대비하기 위해 추가적인 대화식 세션 용도의 Smss.exe 인스턴스를 생성한다. Smss.exe가 이들 인스턴스를 생성할 때 `NtCreateUserProcess`에서 매번 `PROCESS_CREATE_NEW_SESSION` 플래그를 사용해 새로운 세션 ID의 명시적 생성을 요청한다. 이는 내부 메모리 관리자 함수 `MiSessionCreate`를 호출하는 효과를 가진다. 이함수는 필요한 커널 모드 세션 데이터 구조체(`SessionObject` 같은)를 생성하고 윈도우 서브시스템(Win32k.sys)의 커널 모드 부분이 사용하는 세션 공간 가상 주소와 기타 세션 공간 디바이스 드라이버를 설정한다. 좀 더 자세한 사항은 5장을 참고하라.

이런 단계가 완료되면 Smss.exe는 Csrss.exe의 세션 0 인스턴스에 대한 핸들을 무기한 대기한다. Csrss.exe는 임계 프로세스(5장 참고)로 표시돼 있으므로(또한 보호 프로세스다. 3장 참고), Csrss.exe가 종료하면 시스템이 크래시되므로 이 대기는 결코 완료되지 않는다.

Smss.exe의 세션 시작 인스턴스는 다음과 같은 작업을 수행한다.

- 세션을 위한 서브시스템 프로세스(들)를 생성한다(기본적으로 윈도우 서브시스템 Csrss.exe).
- Winlogon(대화식 세션)이나 세션 0 이니셜 커맨드(이전 단계에서 살펴본 레지스트리 값에 의해 변경되지 않았다면 기본적으로 Wininit(세션 0 용도))를 생성한다. 이들 두 프로세스에 대한 추가적인 내용은 다음 절에서 알아본다.

마지막으로 임시적인 Smss.exe 프로세스는 종료한다. 서브시스템 프로세스와 Winlogon, Wininit은 부모가 없는 프로세스인 채로 그냥 둔다.

윈도우 초기화 프로세스

Wininit.exe 프로세스는 다음과 같은 시스템 초기화 기능을 수행한다.

1. 자신과 메인 스레드를 임계 상태로 표시해 자신이 시점에 맞지 않게 일찍 종료하거나 시스템이 디버깅 모드로 부팅한다면 디버거로 진입하게 한다(진입하지 못하다면 시스템은 크래시된다).

2. 프로세스로 하여금 유효하지 않은 핸들 사용과 힙 손상 같은 특정 오류를 임계 상태로 취급하게 한다.

3. SKU가 상태 분리를 지원한다면 이에 대한 지원을 초기화한다.

4. 어떤 Winlogon이 먼저 시작해야 하는지를 탐지하기 위해 Winlogon 프로세스가 사용할 Global\FirstLogonCheck(Process Explorer나 \BaseNamedObjects 디렉터리 아래의 WinObj에서 볼 수 있다)라는 이벤트를 생성한다.

5. Winlogon 인스턴스가 사용할 BasedNamedObjects 객체 관리자 디렉터리 내에 WinlogonLogoff 이벤트를 생성한다. 이 이벤트는 로그오프 동작이 시작될 때에 시그널된다.

6. 자신의 프로세스 기본 우선순위를 높음(13)으로 상승시키고 자신의 메인 스레드 우선순위는 15로 상승시킨다.

7. HKLM\Software\Microsoft\Windows NT\CurrentVersion\Winlogon 키에 NoDebugThread 레지스트리 값으로 달리 구성되지 않았다면 정기적 타이머 큐를 생성한다. 이 타이머는 커널 디버거에 의해 명시된 유저 모드 프로세스로 디버깅이 이뤄지게 한다. 이런 동작에 의해 원격 커널 디버거는 Winlogon이 다른 유저 모드 애플리케이션으로 연결^{attach}해 진입할 수 있게 해준다.

8. 환경 변수 COMPUTERNAME에 머신 이름을 설정하고 도메인 이름과 호스트 이름 같은 TCP/IP 관련 정보를 갱신하고 구성한다.

9. 기본 프로파일 환경 변수인 USERPROFILE과 ALLUSERSPROFILE, PUBLIC, ProgramData를 설정한다.

10. %SystemRoot%\Temp(예를 들어 C:\Windows\Temp)를 확장해 임시 디렉터리를 생성한다.

11. 세션 0이 대화식 세션이라면(이는 SKU에 좌우된다) 폰트 로딩과 DWM을 설정한다.

12. 세션 0에서 실행하는 프로세스를 위한 윈도우 스테이션(Winsta0로 항상 명명된다)과 두 개의 데스크톱(Winlogon과 Default)으로 구성된 최초의 터미널을 생성한다.

13. 로컬에 저장됐는지 또는 대화식으로 입력을 받아야 하는지에 따라 LSA 머신 암호화 키를 초기화한다. 로컬 인증 키가 저장되는 좀 더 상세한 정보는 7장을 참고하라.

14. 서비스 컨트롤 관리자(SCM 또는 Service.exe)를 생성한다. 간략한 기술은 바로 다음 문단을 참고하고 좀 더 상세한 설명은 2권의 9장을 참고하라.

15. 로컬 보안 인증 서브시스템 서비스(Lsass.exe)를 시작한다. 자격증명 가드가 활성화돼 있다면 격리된 LSA 트러스트릿(Lsaiso.exe)을 시작한다. 이 또한 UEFI로부터 VBS 권한 설정 키를 질의해야 한다. Lsass.exe와 Lsaiso.exe에 관한 추가적인 정보는 7장을 참고하라.

16. 셋업Setup이 현재 펜딩 상태라면(즉, 최초 설치되는 동안에 처음 시작되는 부트이거나 새로운 주요 OS 빌드 및 인사이더 프리뷰에 대한 업데이트라면) 셋업 프로그램을 시작한다.

17. 시스템 종료 요청이나 앞서 언급한 시스템 프로세스 중 하나가 종료하기를 무기한 대기한다(7단계에서 언급한 Winlogon 키 내에 DontWatchSysProcs 레지스트리 값이 설정돼 있지 않다면). 어느 경우이든 간에 시스템을 종료한다.

서비스 컨트롤 관리자

윈도우에서 '서비스'는 서버 프로세스나 디바이스 드라이버를 가리킬 수 있다는 점을 상기해보자. 이 절은 유저 모드 프로세스인 서비스를 다룬다. 서비스는 대화식 로그온 없이 시스템 부트 타임에 자동으로 실행되도록 구성 가능하다는 점에서 리눅스의 '데몬 프로세스' 같은 것이다. 또한 서비스는 수동으로 시작시킬 수도 있다(서비스 관리 툴을 실행하거나 sc.exe 툴을 사용하거나, 윈도우 StartService 함수를 호출하는 것과 같은 것으로). 일반적으로 서비스는 특수한 조건하에서 로그인된 사용자와 상호작용을 할 수는 있지만, 이들과 상호작용을 하지 않는다. 더욱이 대부분의 서비스는 특수한 서비스 계정(SYSTEM이나 LOCAL_SERVICE 같은)에서 실행하더라도 여타 서비스는 사용자 계정으로 로그인한 것과 동일한 보안 컨텍스트로 실행할 수 있다(좀 더 자세한 것은 2권의 9장을 참고하라).

서비스 컨트롤 관리자^{SCM}는 서비스 프로세스에 대한 시작과 중지, 상호작용에 대한 책임이 있는 %SystemRoot%\System32\Services.exe 이미지를 실행하는 특별한 시스템 프로세스다. SCM은 또한 보호 프로세스다. 따라서 조작이 용이하지 않다. 서비스 프로그램은 실제로 서비스의 성공적인 시작이나 상태 요청에 대한 응답, 일시 중지, 서비스 종료 같은 동작을 수행하기 위해 SCM과 상호작용하는 특별한 윈도우 함수를 호출하는 윈도우 이미지일 뿐이다. 서비스는 HKLM\SYSTEM\CurrentControlSet\Services 레지스트리 아래에 정의돼 있다.

서비스는 시스템상에서 실행되는 것을 볼 수 있는 프로세스 이름과 레지스트리에 있는 내부 이름, 서비스 관리 툴에 나타나는 디스플레이 이름의 세 가지 이름을 가진다는 사실을 염두에 두자(모든 서비스가 디스플레이 이름을 갖는 건 아니다. 서비스가 디스플레이 이름을 갖지 않으면 내부 이름이 나타난다). 서비스는 또한 서비스가 하는 일에 대한 상세 내용을 남기는 설명 항목을 갖고 있다.

서비스 프로세스를 그 프로세스가 담고 있는 서비스와 대응시키려면 tlist /s(윈도우 디버깅 툴) 또는 tasklist /svc(윈도우 내장 툴) 명령을 사용한다. 일부 서비스는 다른 서비스와 프로세스를 공유하기 때문에 서비스 프로세스와 실행되고 있는 서비스가 항상 1대1 대응이 되는 것은 아니라는 것을 염두에 두자. 레지스트리의 타입^{Type} 코드는 서비스가 고유한 프로세스에서 실행될 것인지, 또는 이미지 안의 다른 서비스와 프로세스를 공유할 것인지를 표시한다.

다수의 윈도우 컴포넌트는 프린트 스풀러와 이벤트 로그, 작업 스케줄러, 다양한 네트워크 컴포넌트 같은 서비스로 구현돼 있다. 서비스에 대한 좀 더 상세한 내용은 2권의 9장을 참고하라.

실습: 설치된 서비스 나열하기

설치된 서비스를 나열하려면 제어판을 열고 관리 툴을 선택한 다음 서비스를 선택한다. 또 다른 방법으로 시작에서 services.msc를 실행한다. 다음과 같은 출력 결과를 볼 수 있다.

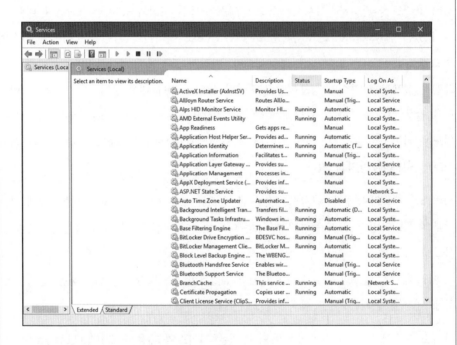

서비스에 대한 상세 속성을 보려면 해당 서비스 위에서 마우스 오른쪽 버튼을 클릭하고 속성을 선택한다. 다음은 윈도우 업데이트 서비스의 속성을 나타낸 예다.

Path To Executable 란에 이 서비스와 그 커맨드라인을 포함하는 프로그램이 들어 있다. 어떤 서비스는 다른 서비스와 프로세스를 공유한다는 것을 기억하자. 항상 1대1로 대응되지는 않는다.

실습: 서비스 프로세스 내의 서비스 상세 조회하기

Process Explorer는 하나 이상의 서비스를 호스팅하는 프로세스를 강조해 표시한다(이들 프로세스는 분홍색으로 칠해져 있지만 옵션 메뉴에서 Configure Colors를 선택해 이를 변경할 수 있다). 서비스를 호스팅하고 있는 프로세스를 더블 클릭하면 프로세스 내의 서비스와 서비스를 정의하는 레지스트리 키 이름, 관리자에의해 보여주는 디스플레이 이름, 서비스에 대한 설명 텍스트(있다면), Svchost 서비스를 위한 서비스를 구현한 DLL의 경로를 나열하는 Services 탭을 보게 될 것이다. 예를 들면 시스템 계정으로 실행 중인 Svchost.exe 프로세스 중의 한 프로세스 내에 서비스를 나열하면 다음과 같이 보인다.

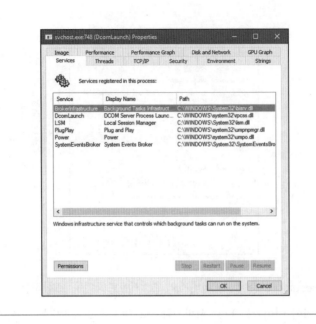

Winlogon과 LogonUI, Userinit

윈도우 로그온 프로세스(%SystemRoot%\System32\Winlogon.exe)는 대화식 유저 로그온과 로그오프를 처리한다. Winlogon.exe은 사용자가 보안 주의 시퀀스[SAS, Secure Attention Sequence] 키 입력 조합을 입력할 때 유저 로그온 요청을 통지 받는다. 윈도우의 기본 SAS는 Ctrl + Alt + Delete다. SAS가 존재하는 이유는 이 키 입력이 유저 모드 프로그램에 의해 가로채질 수 없기 때문에 로그온 프로세스를 흉내 내는 패스워드 가로채기 프로그램으로부터 사용자를 보호하기 위함이다.

로그온 프로세스의 식별과 인증 부분은 자격증명 제공자[credential providers]로 불리는 DLL을 통해 구현된다. 표준 윈도우 자격증명 제공자는 기본 윈도우 인증 인터페이스인 패스워드와 스마트카드를 구현한다. 윈도우 10은 생체 인식 자격증명 제공자(Windows Hello로 알려진 얼굴 인식)를 제공한다. 그렇지만 개발자는 표준 윈도우 사용자 이름/비밀번호 방법을 대체하는 다른 식별이나 인증 메커니즘(이런 것 중 하나는 음성 지문이나 지문 인식기 같은 생체 장비에 기반을 둔 것이다)을 구현하기 위해 고유한 자격증명 제공자를 제공할 수 있다. Winlogon.exe가 시스템이 의존하고 있는 민감한 시스템 프로세스이기 때문에 자격증명 제공자와 로그온 대화상자를 나타내기 위한 UI는 LogonUI.exe라고 하는 Winlogon.exe의 자식 프로세스 내부에서 실행된다. 사용자가 자신들의 자격증명(제공자에 의한 필요에 따라)을 입력하거나 로그온 인터페이스를 해제할 때 LogonUI.exe 프로세스는 종료한다. Winlogon.exe은 또한 2차적인 인증을 수행하기 위해 필요한 부가적인 네트워크 공급자 DLL을 로드할 수 있다. 이 기능을 통해 다중 네트워크 공급자는 로그온 동안 한 번에 모든 식별과 인증 정보를 모을 수 있다.

사용자 이름과 비밀번호(또는 자격증명 제공자가 필요로 하는 다른 정보)가 캡처되고 나면 인증 받기 위해 로컬 보안 인증 서비스 프로세스(Lsass.exe, 7장에서 설명)로 보내진다. Lsass.exe는 액티브 디렉터리나 SAM(사용자와 그룹에 대한 정의를 담고 있는 레지스트리의 일부분)에 저장돼 있는 것과 비밀번호가 일치하는지와 같은 실제 검증을 수행하기 위해 DLL로 구현돼 있는 적절한 인증 패키지를 호출한다.

인증이 성공하면 Lsass.exe는 사용자의 보안 프로파일을 담고 있는 접근 토큰 객체를 생성하기 위해 보안 참조 모니터^{SRM}의 함수(예를 들면 NtCreateToken)를 호출한다. 유저 액세스 컨트롤^{UAC}가 사용되고 있고 로그온한 사용자가 관리자 그룹이거나 관리자 특권을 갖고 있다면 Lsass.exe는 두 번째 토큰의 제한된 버전을 생성할 것이다. 그리고 나서 이 접근 토큰은 사용자의 세션에 초기 프로세스를 생성하기 위해 Winlogon에 의해 사용된다. 초기 프로세스는 HKLM\SOFTWARE\Microsoft\Windows NT\CurrentVersion\Winlogon 레지스트리 키 아래에 있는 값 Userinit에 저장돼 있다. 기본 값은 Userinit.exe다. 그러나 하나 이상의 이미지가 리스트에 있을 수 있다.

Userinit.exe은 몇 가지 사용자 환경 초기화(로그인 스크립트를 실행하고 네트워크 연결을 재설정하는 것과 같은 것)를 수행한다. 그리고 나서 레지스트리의 Shell 값(앞에서 언급한 같은 Winlogon 키 하위에 있다)을 살펴보고 시스템에 정의된 셸을 실행하기 위한 프로세스(기본 값은 Explorer.exe)를 생성한다. 그리고 나서 Userinit은 종료된다. 이것이 바로 탐색기의 부모가 나타나지 않는 이유다. 즉, 부모 프로세스가 종료됐다. 1장에서 설명한 것처럼 부모 프로세스가 실행 중이 아닌 프로세스는 tlist.exe와 Process Explorer에서 왼쪽으로 정렬된다. 또 다른 관점에서 탐색기는 Winlogon.exe의 손자로 볼 수도 있다.

Winlogon.exe은 사용자 로그온과 로그오프 과정뿐만 아니라 키보드로부터 SAS를 가로챌 때마다 활성화된다. 예를 들면 로그온돼 있을 때 Ctrl + Alt + Delete 키를 누르면 옵션으로 로그오프와 작업 관리자 실행, 워크스테이션 잠금, 시스템 종료 등을 제공하는 윈도우 보안 대화상자가 나타난다. Winlogon.exe와 LogonUI.exe은 이런 상호작용을 다루는 프로세스다.

로그온 프로세스가 개입돼 있는 절차에 대한 완벽한 설명은 2권의 11장을 참고하라. 보안 인증에 대한 자세한 내용은 7장에서 다룬다. Lsass.exe와 인터페이스하는 호출 가능한 함수(Lsa로 시작하는 함수들)에 대해서는 윈도우 SDK 문서를 참고한다.

결론

2장에서는 윈도우의 전체 시스템 아키텍처를 광범위하게 살펴봤다. 윈도우의 핵심 컴포넌트를 조사해보고 이들이 어떻게 상호관계를 갖고 있는지 살펴봤다. 3장에서는 윈도우에서 가장 기본적 개체entities 중 하나인 프로세스에 관해 좀 더 자세히 살펴본다.

03 프로세스와 잡

3장에서는 윈도우에서 프로세스^{Process} 및 잡^{Jobs}과 관련된 데이터 구조와 알고리즘에 대해 알아본다. 먼저 프로세스 생성에 대한 개괄적인 면을 살펴본다. 그리고 프로세스를 구성하는 내부 구조체를 조사한다. 다음으로 보호 프로세스를 살펴보고 비보호 프로세스와의 차이점을 알아본다. 그리고 프로세스 생성(프로세스의 초기 스레드)에 관여된 단계를 개괄적으로 살펴본다. 잡 설명을 마지막으로 3장을 마친다.

프로세스는 윈도우에서 매우 많은 컴포넌트와 접촉한다. 3장에서는 다수의 용어와 데이터 구조체(워킹셋^{Working Set}, 스레드, 객체, 핸들, 시스템 메모리 힙 등과 같은)를 언급하는데, 자세한 내용은 이 책의 다른 장에서 소개한다. 3장의 내용을 잘 이해하려면 1장, 2장에서 설명한 프로세스와 스레드의 차이점이라든지 윈도우의 가상 주소 공간 배치^{virtual address space layout}, 유저 모드와 커널 모드의 차이점 등의 용어와 개념을 먼저 이해해야 한다.

프로세스 생성

윈도우 API는 프로세스 생성을 위한 여러 함수를 제공한다. 가장 간단한 함수로 CreateProcess가 있는데, 이 함수는 프로세스를 생성하는 프로세스와 동일한 접근 토큰으로 프로세스의 생성을 시도한다. 다른 토큰이 필요하다면 추가적인 인자(예를 들면 LogonUser 함수 호출을 통해 이미 구해진 토큰 객체에 대한 핸들을 갖는 첫 번째 인자)를 갖는 CreateProcessAsUser를 사용할 수 있다.

다른 프로세스 생성 함수로는 CreateProcessWithTokenW와 CreateProcessWithLogonW (둘 다 advapi32.Dll의 일부다)가 있다. CreateProcessWithTokenW는 CreateProcessAs-User와 유사하지만 호출자가 필요로 하는 특권에서 차이점이 있다(세부적 사항은 윈도우 SDK 문서를 참고하라). CreateProcessWithLogonW는 주어진 사용자의 자격증명을 갖고 로그온하기 위한 손쉬운 방법이며, 한 번에 구해진 토큰으로 프로세스를 생성한다. 이들 두 함수는 실제 프로세스 생성을 수행하기 위해 원격 프로시저 호출[RPC]을 함으로써 2차 로그온 서비스(SvcHost.Exe에 호스트돼 있는 seclogon.dll)를 호출한다. SecLogon은 자신의 내부 SlrCreateProcessWithLogon 함수에서 이 호출을 수행하며, 모든 것이 잘 진행되면 최종적으로 CreateProcessAsUser를 호출한다. SecLogon 서비스는 기본적으로 수동으로 시작하게 구성돼 있다. 따라서 CreateProcessWithTokenW 또는 CreateProcessWithLogonW가 최초로 호출될 때 이 서비스가 시작한다. 이 서비스의 시작이 실패하면(예를 들어 관리자가 이 서비스를 비활성화로 구성할 수 있다) 이들 함수도 실패한다. 독자에게 익숙한 runsas 커맨드라인 유틸리티는 이들 함수를 사용한다.

그림 3-1은 앞서 설명한 호출 그래프를 보여준다.

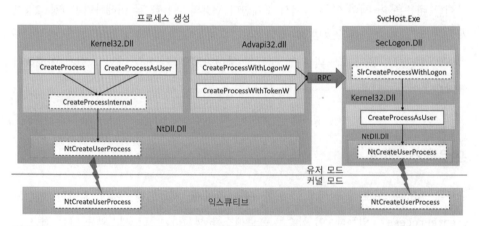

그림 3-1 프로세스 생성 함수. 점선 박스로 표시된 힘수는 내부 함수다.

문서화된 위의 모든 함수는 적절한 이식 가능한 실행 파일(EXE 확장자가 엄격히 요구되지 않더라도)이나 배치 파일, 16비트 COM 애플리케이션이어야 한다. 이 범위를 넘어서면 이들은 특정 확장자(예를 들어 .txt)를 가진 파일을 실행 파일(예를 들어 Notepad)로 연결하는 방법을 알지 못한다. 이것은 ShellExecute와 ShellExecuteEx 같은 함수에서 윈도우 셸이 제공하는 방식이다. 이들 함수는 어떠한 파일(실행 파일이 아니라도)도 받아들일 수 있으며, 파일 확장자와 레지스트리 HKEY_CLASSES_ROOT 설정에 기반을 두고 실행을 위한 실행 파일을 탐색한다(이에 대한 추가적 내용은 2권의 9장을 참고하라). 최종적으로 ShellExecute(Ex)는 적절한 실행 파일과 사용자의 의도를 행하기 위한 적절한 커맨드라인 인자(Notepad.exe에 편집할 TXT 파일명을 추가하는 것과 같이)를 추가해 CreateProcess를 호출한다.

궁극적으로 이들 모든 실행 경로는 공통 내부 함수인 CreateProcessInternal로 이르게 된다. 이 함수는 유저 모드 윈도우 프로세스를 생성하는 실질적 작업을 시작한다. 최종적으로(모든 사항이 순조롭다면) CreateProcessInternal은 커널 모드로 전환해 익스큐티브의 해당 함수(함수명은 NtCreateUserProcess와 동일하다)에서 프로세스 생성의 커널 모드 부분을 계속 이어가기 위해 Ntdll.dll 내의 NtCreateUserProcess를 호출한다.

CreateProcess* 함수 인자

CreateProcess* 계열의 함수 인자를 살펴볼 가치가 있다. 이들 함수 중 일부는 CreateProcess의 흐름 부분에서 언급한다. 유저 모드에서 생성된 프로세스는 하나의 스레드를 가진다. 결국 이 스레드가 바로 실행 파일의 메인 함수를 실행한다. CreateProcess* 함수의 중요한 인자는 다음과 같다.

- CreateProcessAsUser와 CreateProcessWithTokenW의 경우 토큰 핸들이 필요하다. 새로운 프로세스는 이 토큰 핸들에서 실행한다. 비슷하게 Create-ProcessWithLogonW는 유저 이름과 도메인, 암호를 필요로 한다.
- 실행 파일의 경로와 커맨드라인 인자
- 생성될 새로운 프로세스와 스레드 객체에 적용할 선택적 보안 속성
- 상속 불가능으로 표시된 현재(생성을 하는) 프로세스 내의 모든 핸들이 새로운

프로세스로 상속(복사)돼야 하는지를 나타내는 불리언 플래그(핸들과 핸들 상속에 관한 추가적인 내용은 8장을 참고하라)

- 프로세스 생성에 영향을 주는 여러 플래그로, 다음에 일부 예가 있다(완전한 리스트는 윈도우 SDK 문서를 살펴보자).

  - CREATE_SUSPENDED 새로운 프로세스의 초기 스레드를 일시 중지된 suspended 상태로 생성한다. 나중에 ResumeThread를 호출하면 이 스레드는 실행을 재개한다.

  - EBUG_PROCESS 생성 프로세스는 자신이 디버거임을 선언하고 자신의 통제하에 새로운 프로세스를 생성한다.

  - EXTENDED_STARTUPINFO_PRESENT STARTUPINFO 구조체 대신에 확장 STARTUPINFOEX 구조체가 제공된다(이들 구조체는 바로 다음에 소개된다).

- 새로운 프로세스에 대한 선택적 환경 블록(환경 변수를 지정하는)으로, 지정돼 있지 않다면 생성 프로세스로부터 상속받는다.

- 새로운 프로세스에 대한 선택적 현재 디렉터리(지정돼 있지 않다면 생성 프로세스로부터 하나를 사용한다)로, 생성되는 프로세스는 나중에 SetCurrentDirectory를 호출해 다른 것으로 설정할 수 있다. 프로세스의 현재 디렉터리는 완전한 경로를 갖추지 않은 여러 탐색에서 사용된다(파일명만으로 DLL을 로드하는 것처럼).

- 프로세스 생성에 대한 추가적인 구성을 제공하는 STARTUPINFO 구조체 또는 STARTUPINFOEX 구조체로, STARTUPINFOEX는 기본적으로 키/값의 쌍으로 이뤄진 배열로서 프로세스와 스레드의 속성 집합을 나타내는 추가적인 불명확한 필드를 가진다. 이들 속성은 필요한 각 속성마다 UpdateProcThreadAttributes 호출로 채워진다. 이들 속성의 일부는 문서화가 돼 있지 않으며, 다음 절에서 설명하는 스토어 앱을 생성할 때처럼 내부적으로 사용된다.

- ROCESS_INFORMATION 구조체는 프로세스 생성의 성공적인 결과물이다. 이 구조체는 새로운 고유 프로세스 ID와 새로운 고유 스레드 ID, 새로운 프로세스에 대한 핸들, 새로운 스레드에 대한 핸들을 가진다. 생성 프로세스가 생성 이후에

어떤 방식으로든 새로운 프로세스와 스레드를 조작하려고 한다면 이들 핸들은 매우 유용하다.

윈도우 최신 프로세스 생성

1장에서 윈도우 8과 윈도우 서버 2012에서부터 이용 가능한 새로운 유형의 애플리케이션을 설명했다. 이들 앱의 이름은 시간이 지남에 따라 변경됐지만 이들을 최신 앱^{modern} ^{apps} 또는 UWP 앱으로 언급할 것이며, 또한 데스크톱으로 알려진 전통적인 애플리케이션과 구분하기 위해 이머시브^{immersive} 프로세스로도 언급한다.

최신 애플리케이션 프로세스를 생성하는 것은 올바른 실행 파일 경로로 단순히 `CreateProcess`를 호출하는 그 이상을 필요로 한다. 일부 필요한 커맨드라인 인자가 있다. 또 다른 요건 사항은 완전한 스토어 앱 패키지 이름으로 설정된 값을 갖는 `PROC_THREAD_ATTRIBUTE_PACKAGE_FULL_NAME`으로 명명된 키로서 문서화되지 않은 프로세스 속성(`UpdateProcThreadAttribute`를 사용해)을 추가하는 것이다. 이 속성은 문서화는 되지 않았지만, 스토어 앱을 실행하기 위한 다른 방식(API 관점에서)도 있다. 예를 들어 윈도우 API는 CLSID_ApplicationActivationManager라는 CLSID로 시작하는 COM 클래스에 구현된 `IApplicationActivationManager`라는 COM 인터페이스를 가진다. 인터페이스 내의 한 메소드로 `ActivateApplication`이 있다. 이 메소드는 `GetPackage-ApplicationIds`를 호출해 스토어 앱 전체 패키지 이름으로부터 `AppUserModelId`로 알려진 무엇인가를 구한 이후에 스토어 앱을 시작하는 데 사용된다(이들 API에 관한 추가적인 정보는 윈도우 SDK를 참고하라).

패키지 이름과 사용자가 최신 앱의 타일을 태핑^{tapping}하면서 시작되는 스토어 앱이 일반적으로 생성되는 방식은 최종적으로 2권의 9장에서 다루는 `CreateProcess`로 귀결된다.

다른 종류의 프로세스 생성

윈도우 애플리케이션은 전통적이거나 최신 애플리케이션을 시작하지만, 익스큐티브는 네이티브 프로세스와 최소^{minimal} 프로세스, 피코 프로세스 같이 윈도우 API를 우회해 시작돼야 하는 추가적인 종류의 프로세스를 지원한다. 예를 들어 2장에서 네이티브 이미지의 예인 Smss와 세션 관리자를 다뤘다. 이들은 커널에 의해 직접 생성되므로 CreateProcess API는 사용하지 않고 대신 NtCreateUserProcess를 호출한다. 유사하게 Smss가 Autochk(디스크 검사 유틸리티)나 Csrss(윈도우 서브시스템 프로세스)를 생성할 때 윈도우 API 이용이 불가능하므로 NtCreateUserProcess를 사용해야 한다. 또한 네이티브 프로세스는 윈도우 애플리케이션에서 생성될 수 없다. CreateProcessInternal 함수는 네이티브 서브시스템 이미지 유형을 가진 이미지를 거부하기 때문이다. 이런 복잡함을 완화하기 위해서는 네이티브 라이브러리와 Ntdll.dll은 RtlCreateUserProcess라는 명명된 익스포트 보조 함수를 가진다. 이 함수는 NtCreateUserProcess에 대한 좀 더 간단한 래퍼를 제공한다.

NtCreateUserProcess란 이름이 암시하듯이 이 함수는 유저 모드 프로세스 생성에 사용된다. 하지만 2장에서 살펴봤듯이 윈도우는 리눅스 용도의 윈도우 서브시스템과 같은 공급자에 의해 관리되는 피코 프로세스와 더불어 시스템 프로세스와 메모리 압축 프로세스(최소 프로세스다) 같은 다수의 커널 모드 프로세스도 가진다. 이런 프로세스의 생성은 커널 모드 호출자 용도(최소 프로세스 생성과 같은)만으로 예약된 특정 기능을 가진 NtCreateProcessEx 시스템 호출에 의해 제공된다.

마지막으로 피코 공급자는 최소 프로세스의 생성과 피코 공급자 컨텍스트를 초기화하는 것을 책임지는 보조 함수 PspCreatePicoProcess를 호출한다. 이 함수는 익스포트돼 있지 않으며, 피코 공급자의 특수한 인터페이스를 통해 피코 공급자만 이용 가능하다.

3장의 '흐름' 절에서 살펴보겠지만, NtCreateProcessEx와 NtCreateUserProcess는 상이한 시스템 호출일지라도 작업 수행에는 동일한 내부 루틴 PspAllocateProcess와 PspInsertProcess가 사용된다. 현재까지 나열한 프로세스를 생성하는 모든 가능한 방식과 독자 여러분이 상상할 수 있는 그 외의 방법(WMI 파워셸 cmdlet에서 커널 드라이버에 이르기까지)은 이들 함수에서 끝이 난다.

프로세스 내부 구조

이번 절에서는 시스템의 다양한 부분에서 관리되는 윈도우 프로세스의 핵심적인 데이터 구조체를 설명하고, 이 데이터를 검사할 수 있는 다양한 방법과 툴들을 살펴본다.

모든 윈도우 프로세스는 익스큐티브 프로세스(EPROCESS) 구조체로 표현된다. EPROCESS 구조체에는 프로세스의 여러 가지 속성뿐만 아니라 연관된 여러 가지 다른 구조체를 가리키는 포인터를 갖고 있다. 예를 들면 각 프로세스는 익스큐티브 스레드executive thread (ETHREAD) 구조체로 표현되는 하나 또는 그 이상의 스레드를 갖고 있다(스레드 데이터 구조체는 4장에서 설명한다).

EPROCESS와 이와 관련된 거의 모든 데이터 구조체는 시스템 주소 공간에 위치한다. 하나의 예외는 프로세스 환경 블록PEB으로 이것은 프로세스(유저) 주소 공간에 위치한다(유저 모드 코드상에서 접근할 필요성이 있는 정보들이기 때문이다). 추가적으로 메모리 관리를 위해 사용되는(워킹셋 리스트 같은) 프로세스 데이터 구조체 중 일부는 현재 프로세스 컨텍스트에서만 유효한데, 이는 프로세스별process-specific 시스템 공간에 저장되기 때문이다(프로세스 주소 공간에 대한 자세한 정보는 5장을 참고하라).

윈도우 프로그램을 실행하는 프로세스를 위해 윈도우 서브시스템 프로세스(Csrss)는 각 프로세스에 대응되는 CSR_PROCESS라는 구조체를 관리한다. 추가적으로 커널 모드 쪽의 윈도우 서브시스템(Win32k.sys) 또한 W32PROCESS라는 프로세스별 데이터 구조체를 관리한다. 이 구조체는 스레드가 커널에 구현된 윈도우 USER나 GDI 함수를 최초로 호출하는 순간 생성된다. 이는 User32.dll 라이브러리가 로드되자마자 이뤄진다. 이 라이브러리의 로드를 유발하는 전형적인 함수는 CreateWindow(Ex)와 GetMessage다.

커널 모드 윈도우 서브시스템은 DirectX 기반의 하드웨어 가속 그래픽을 과중하게 사용하므로, 그래픽 디바이스 인터페이스^{Graphics Device Interface} 컴포넌트 인프라는 DirectX 그 래픽 커널(Dxgkrnl.sys)로 하여금 자신의 **DXGPROCESS** 구조체를 초기화하게 한다. 이 구조체는 DirectX 객체(서피스^{surface}와 셰이더^{shaders} 등)와 GPGPU 관련 카운터, 컴퓨터 와 메모리 관리 관련 스케줄링에 대한 정책 설정에 대한 정보를 가진다.

유휴 프로세스를 제외하고 모든 **EPROCESS** 구조체는 익스큐티브 객체 관리자(2권의 8장 에서 기술한다)에 의해 프로세스 객체로 캡슐화돼 있다. 프로세스는 네임드 객체가 아니 므로 WinObj 툴(Sysinternals로부터)에서는 보이지 않는다. 하지만 \ObjectTypes 디렉 터리의 'Process'라는 타입 객체로 볼 수 있다(WinObj에서). 프로세스 관련 API를 사용 하면 프로세스 핸들을 통해 **EPROCESS** 구조체 내의 일부 데이터 및 그와 연관된 일부 데이터에 접근할 수 있다.

프로세스 생성 통지를 등록함으로써 많은 드라이버와 시스템 컴포넌트는 각 프로세스별 추적 정보를 저장하는 프로세스별 데이터 구조체를 생성할 수 있다(익스큐티브 함수 `PsSetCreateProcessNotifyRoutine(Ex, Ex2)`는 이를 허용하며 WDK에 문서화돼 있다). 프 로세스의 오버헤드를 다룰 때 정확한 크기를 구하는 것은 불가능하겠지만, 이런 데이터 구조체의 크기를 반드시 고려해야만 한다. 게다가 이들 함수의 일부는 이런 컴포넌트로 하여금 프로세스의 생성을 허용하지 않거나 차단하는 것을 허용한다. 이는 안티멀웨어 ^{anti-malware} 벤더에 운영체제의 보안 기능을 향상시키는 체계적 방법(해시 기반의 블랙리 스트나 그 밖의 기법을 통해)을 제공한다.

먼저 프로세스 객체를 살펴보자. 그림 3-2는 **EPROCESS** 구조체의 필드를 보여준다.

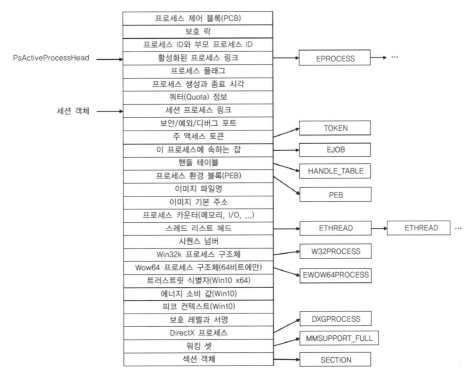

그림 3-2 익스큐티브 프로세스 구조체의 주요 필드

커널 API와 컴포넌트가 자신만의 명명 규칙을 갖고 독립적이면서 계층화된 모듈로 나눠지는 것과 유사하게 프로세스의 데이터 구조체도 동일한 설계 방식을 따른다. 그림 3-2에서 보듯이 익스큐티브 프로세스 구조체의 첫 번째 필드는 **프로세스 제어 블록**[PCB, Process Control Block]으로 불린다. 이것은 커널 프로세스를 위한 **KPROCESS** 타입의 구조체다. 익스큐티브 루틴은 **EPROCESS**에 정보를 저장하지만 운영체제 커널의 일부인 디스패처나 스케줄러, 인터럽트, 시간 관리 코드는 **KPROCESS**를 사용한다. 이렇게 함으로써 익스큐티브의 상위 레벨 기능과 해당 기능을 위한 하위 레벨 함수의 구현 간에 추상화 계층을 제공해 계층 간 원치 않는 종속성이 생기지 않게 도와준다. 그림 3-3은 **KPROCESS** 구조체의 핵심 필드를 보여준다.

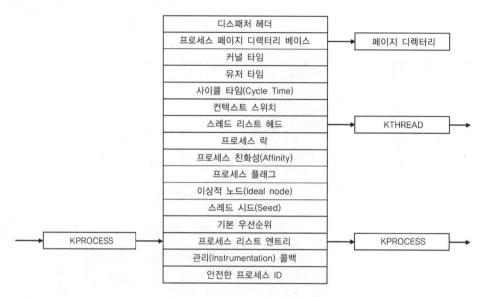

디스패처 헤더
프로세스 페이지 디렉터리 베이스 → 페이지 디렉터리
커널 타임
유저 타임
사이클 타임(Cycle Time)
컨텍스트 스위치
스레드 리스트 헤드 → KTHREAD →
프로세스 락
프로세스 친화성(Affinity)
프로세스 플래그
이상적 노드(Ideal node)
스레드 시드(Seed)
기본 우선순위
KPROCESS → 프로세스 리스트 엔트리 → KPROCESS →
관리(Instrumentation) 콜백
안전한 프로세스 ID

그림 3-3   커널 프로세스 구조체의 주요 필드

실습: EPROCESS 구조체의 형식 살펴보기

EPROCESS 구조체를 구성하는 필드의 리스트와 그 오프셋을 16진수로 표시하려면 커널 디버거에 dt nt!_eprocess 명령을 입력하면 된다(커널 디버거에 대한 자세한 설명과 로컬 시스템에서 커널 디버깅을 수행하는 방법은 1장을 참조하라). 64비트 윈도우 10 시스템의 수행 결과는 다음과 같다(공간을 절약하기 위해 뒷부분은 생략했다).

```
lkd> dt   nt!_eprocess
   +0x000 Pcb                : _KPROCESS
   +0x2d8 ProcessLock        : _EX_PUSH_LOCK
   +0x2e0 RundownProtect     : _EX_RUNDOWN_REF
   +0x2e8 UniqueProcessId    : Ptr64 Void
   +0x2f0 ActiveProcessLinks : _LIST_ENTRY
...
   +0x3a8 Win32Process       : Ptr64 Void
```

```
  +0x3b0 Job                   : Ptr64 _EJOB
...
  +0x418 ObjectTable           : Ptr64 _HANDLE_TABLE
  +0x420 DebugPort             : Ptr64 Void
  +0x428 WoW64Process          : Ptr64 _EWOW64PROCESS
...
  +0x758 SharedCommitCharge    : Uint8B
  +0x760 SharedCommitLock      : _EX_PUSH_LOCK
  +0x768 SharedCommitLinks     : _LIST_ENTRY
  +0x778 AllowedCpuSets        : Uint8B
  +0x780 DefaultCpuSets        : Uint8B
  +0x778 AllowedCpuSetsIndirect   : Ptr64 Uint8B
  +0x780 DefaultCpuSetsIndirect   : Ptr64 Uint8B
```

이 구조체의 첫 번째 멤버(Pcb)로 **KPROCESS** 타입의 구조체가 임베드돼 있다. 이 곳에는 스케줄링과 시간 계산 데이터가 저장된다. **EPROCESS**와 동일한 방법으로 커널 프로세스 구조체의 포맷을 표시할 수 있다.

```
lkd> dt  nt!_kprocess
  +0x000 Header                : _DISPATCHER_HEADER
  +0x018 ProfileListHead       : _LIST_ENTRY
  +0x028 DirectoryTableBase    : Uint8B
  +0x030 ThreadListHead        : _LIST_ENTRY
  +0x040 ProcessLock           : Uint4B
  ...
  +0x26c KernelTime            : Uint4B
  +0x270 UserTime              : Uint4B
  +0x274 LdtFreeSelectorHint   : Uint2B
  +0x276 LdtTableLength        : Uint2B
  +0x278 LdtSystemDescriptor   : _KGDTENTRY64
  +0x288 LdtBaseAddress        : Ptr64 Void
  +0x290 LdtProcessLock        : _FAST_MUTEX
  +0x2c8 InstrumentationCallback : Ptr64 Void
```

```
+0x2d0 SecurePid          : Uint8B
```

dt 명령에서 구조체 이름 뒤에 하나 또는 다수의 필드 이름을 입력해 특정 필드의 내용을 살펴볼 수 있다. 예를 들어 dt nt!_eprocess UniqueProcessId를 입력하면 프로세스 ID 필드를 보여준다. 또한 구조체를 나타내는 필드일 경우 (KPROCESS를 하위 구조체로 갖고 있는 EPROCESS의 Pcb 필드처럼) 필드 이름 다음에 마침표(.)를 넣으면 디버거는 하위 구조체를 보여준다. 예를 들어 KPROCESS를 보는 대안으로 dt nt!_eprocess Pcb를 입력할 수도 있다. 또한 여기에 필드 이름을 붙여 재귀적으로 계속해서 하위 구조체의 필드도 볼 수 있다. 마지막으로 dt 명령의 -r 스위치를 이용하면 모든 하위 구조체를 재귀적으로 볼 수 있다. 이때 스위치 다음에 숫자를 추가로 입력하면 재귀 호출의 깊이를 지정할 수 있다.

앞서 살펴본 dt 명령은 해당 구조체 타입의 특정 인스턴스의 내용이 아닌 선택된 구조체의 포맷을 보여준다. dt 명령의 인자로 EPROCESS 구조체의 주소를 지정하면 실제 프로세스의 인스턴스를 볼 수 있다. !process 0 0 명령으로 시스템의 모든 프로세스(시스템 유휴 프로세스를 제외하고)에서 EPROCESS 구조체 주소를 얻을 수 있다. 또한 KPROCESS가 EPROCESS의 첫 번째 필드이므로 EPROCESS 주소를 KPROCESS 주소로 사용해 dt _kprocess 명령에 이용할 수 있다.

실습: 커널 디버거 !process 명령 사용하기

커널 디버거 !process 명령으로 프로세스 객체 내의 정보 및 그와 연관된 구조체를 볼 수 있다. 이때 출력 값은 각 프로세스에 대해 두 부분으로 나뉜다. 첫 부분은 여기서 보다시피 프로세스 자체 정보다. 프로세스의 주소나 ID를 따로 명시하지 않으면 CPU 0에서 현재 실행 중인 스레드를 소유한 프로세스 정보를 보여준다. 단일 프로세서 시스템에서는 WinDbg 프로세스 자체가 된다(또는 WinDbg 대신 livekd가 사용된다면 livekd가 될 것이다).

```
lkd> !process
PROCESS ffffe0011c3243c0
  SessionId: 2  Cid: 0e38  Peb: 5f2f1de000  ParentCid: 0f08
  DirBase: 38b3e000  ObjectTable: ffffc000a2b22200  HandleCount: <Data Not
Accessible>
  Image: windbg.exe
  VadRoot ffffe0011badae60 Vads 117 Clone 0 Private 3563. Modified 228.
Locked 1.
  DeviceMap ffffc000984e4330
  Token                            ffffc000a13f39a0
  ElapsedTime                      00:00:20.772
  UserTime                         00:00:00.000
  KernelTime                       00:00:00.015
  QuotaPoolUsage[PagedPool]        299512
  QuotaPoolUsage[NonPagedPool]     16240
  Working Set Sizes (now,min,max)  (9719, 50, 345) (38876KB, 200KB, 1380KB)
  PeakWorkingSetSize               9947
  VirtualSize                      2097319 Mb
  PeakVirtualSize                  2097321 Mb
  PageFaultCount                   13603
  MemoryPriority                   FOREGROUND
  BasePriority                     8
  CommitCharge                     3994
  Job                              ffffe0011b853690
```

기본적인 프로세스의 정보 다음에는 프로세스 내의 스레드 목록이 표시된다. 스레드 관련 출력 값의 설명은 3장의 후반부 '실습: 커널 디버거 !thread 명령 사용하기'에서 자세히 설명한다.

프로세스 정보를 표시하는 다른 명령으로 프로세스의 핸들 테이블을 표시하는

!handle도 있다. 이 명령은 2권 8장의 '객체 핸들과 프로세스 핸들 테이블' 절에서 자세히 설명한다. 프로세스와 스레드 보안 구조체는 7장에서 소개한다.

출력 값에 PEB 주소가 있음에 주목하자. 다음 실습처럼 !peb 명령에 이 주소를 이용해 임의의 프로세스 PEB를 알기 쉽게 볼 수 있다. _PEB 구조체를 사용한 dt 명령을 사용할 수도 있다. 그러나 PEB는 유저 모드 주소 공간에 존재하므로 자신의 프로세스 컨텍스트에서만 유효하다. 따라서 다른 프로세스의 PEB를 보기 위해서는 WinDbg를 해당 프로세스로 먼저 전환시켜야 한다. 이는 .process /P 명령 다음에 EPROCESS 포인터를 입력하면 된다.

최신 윈도우10 SDK를 사용한다면 업데이트된 WinDbg 버전은 PEB 주소 아래에 직관적인 하이퍼링크를 가진다. 이를 클릭해 자동으로 .process 명령과 !peb 명령을 실행할 수 있다.

PEB는 해당 프로세스의 유저 모드 주소에 존재한다. PEB는 유저 모드에서 접근할 필요가 있는 이미지 로더와 힙 관리자, 기타 윈도우 컴포넌트가 필요로 하는 정보를 포함하고 있다. 시스템 호출을 통해 이 정보를 노출하는 것은 너무나 값비싼 동작이다. EPROCESS와 KPROCESS는 커널 모드에서만 접근 가능하다. PEB의 중요한 필드는 그림 3-4에서 보여주며, 자세한 내용은 3장의 후반부에서 다룬다.

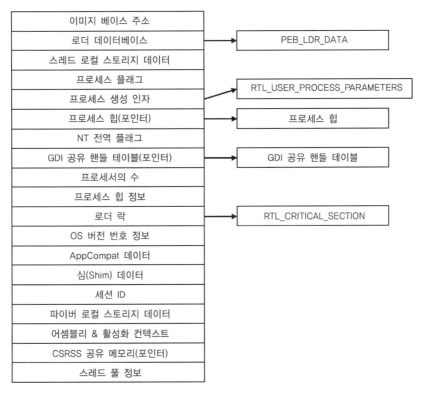

이미지 베이스 주소	
로더 데이터베이스	→ PEB_LDR_DATA
스레드 로컬 스토리지 데이터	
프로세스 플래그	
프로세스 생성 인자	→ RTL_USER_PROCESS_PARAMETERS
프로세스 힙(포인터)	→ 프로세스 힙
NT 전역 플래그	
GDI 공유 핸들 테이블(포인터)	→ GDI 공유 핸들 테이블
프로세서의 수	
프로세스 힙 정보	
로더 락	→ RTL_CRITICAL_SECTION
OS 버전 번호 정보	
AppCompat 데이터	
심(Shim) 데이터	
세션 ID	
파이버 로컬 스토리지 데이터	
어셈블리 & 활성화 컨텍스트	
CSRSS 공유 메모리(포인터)	
스레드 풀 정보	

그림 3-4 프로세스 환경 블록의 주요 필드

실습: PEB 살펴보기

커널 디버거 !peb 명령으로 CPU 0에서 실행 중인 스레드를 소유하는 프로세스
의 PEB 구조체를 볼 수 있다. 이전 실습 정보를 이용해 이 명령의 인자로 PEB
포인터를 사용할 수도 있다.

```
lkd> .process /P ffffe0011c3243c0 ; !peb 5f2f1de000
PEB at 0000003561545000
    InheritedAddressSpace:     No
    ReadImageFileExecOptions:  No
    BeingDebugged:             No
```

```
ImageBaseAddress:              00007ff64fa70000
Ldr                            00007ffdf52f5200
Ldr.Initialized:         Yes
Ldr.InInitializationOrderModuleList: 000001d3d22b3630 . 000001d3d6cddb60
Ldr.InLoadOrderModuleList:           000001d3d22b3790 . 000001d3d6cddb40
Ldr.InMemoryOrderModuleList:         000001d3d22b37a0 . 000001d3d6cddb50
        Base TimeStamp                    Module
  7ff64fa70000 56ccafdd Feb 23 21:15:41 2016 C:\dbg\x64\windbg.exe
  7ffdf51b0000 56cbf9dd Feb 23 08:19:09 2016 C:\WINDOWS\SYSTEM32\ntdll.dll
  7ffdf2c10000 5632d5aa Oct 30 04:27:54 2015 C:\WINDOWS\system32\KERNEL32.DLL
...
```

CSR_PROCESS 구조체는 윈도우 서브시스템(Csrss)에 대한 특정적인 프로세스 정보를 관리한다. 그로 인해 윈도우 애플리케이션만이 자신과 연관된 CSR_PROCESS 구조체를 가진다(예를 들어 Smss를 갖고 있지 않다). 각 세션은 자신만의 윈도우 서브시스템 인스턴스도 갖고 있으므로, CSR_PROCESS 구조체는 각 세션 내의 Csrss 프로세스에 의해 관리된다. 그림 3-5는 CSR_PROCESS의 기본 구조체를 보여준다. 자세한 내용은 3장의 후반부에서 설명한다.

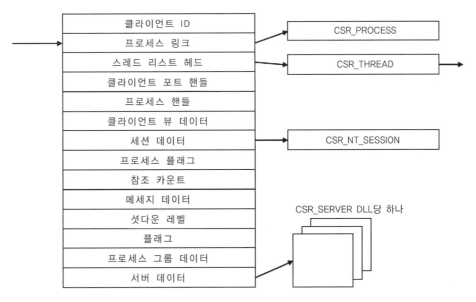

그림 3-5 CSR 프로세스 구조체의 필드

실습: CSR_PROCESS 살펴보기

Csrss 프로세스는 보호되고 있다(3장의 후반부에서 보호 프로세스에 대해 자세히 다룬다). 따라서 유저 모드 디버거를 Csrss 프로세스에 연결할 수 없다(상승된 권한이나 비침습적으로도 안된다). 대신 여기서는 커널 디버거를 사용한다.

먼저 존재하는 Csrss 프로세스를 나열한다.

```
lkd> !process 0 0 csrss.exe
PROCESS ffffe00077ddf080
   SessionId: 0 Cid: 02c0 Peb: c4e3fc0000 ParentCid: 026c
   DirBase: ObjectTable: ffffc0004d15d040 HandleCount: 543.
   Image: csrss.exe

PROCESS ffffe00078796080
   SessionId: 1 Cid: 0338 Peb: d4b4db4000 ParentCid: 0330
   DirBase: ObjectTable: ffffc0004ddff040 HandleCount: 514.
```

```
Image: csrss.exe
```

그중 하나를 선택하고서 해당 프로세스를 디버거 컨텍스트를 가리키게 변경함으로써 그 프로세스의 유저 모드 모듈이 보이게 한다.

```
lkd> .process /r /P ffffe00078796080
Implicit process is now ffffe000'78796080
Loading User Symbols
.............
```

/p 스위치는 디버거의 프로세스 컨텍스트를 제공한 프로세스 객체(EPROCESS, 라이브 디버깅에서 주로 필요로 한다)로 변경하며, /r 스위치는 유저 모드 심볼 로드를 요청한다. 이제 lm 명령을 사용해 모듈과 CSR_PROCESS 구조체를 살펴볼 수 있다.

```
lkd> dt csrss!_csr_process
   +0x000 ClientId              : _CLIENT_ID
   +0x010 ListLink              : _LIST_ENTRY
   +0x020 ThreadList            : _LIST_ENTRY
   +0x030 NtSession             : Ptr64 _CSR_NT_SESSION
   +0x038 ClientPort            : Ptr64 Void
   +0x040 ClientViewBase        : Ptr64 Char
   +0x048 ClientViewBounds      : Ptr64 Char
   +0x050 ProcessHandle         : Ptr64 Void
   +0x058 SequenceNumber        : Uint4B
   +0x05c Flags                 : Uint4B
   +0x060 DebugFlags            : Uint4B
   +0x064 ReferenceCount        : Int4B
   +0x068 ProcessGroupId        : Uint4B
   +0x06c ProcessGroupSequence  : Uint4B
   +0x070 LastMessageSequence   : Uint4B
   +0x074 NumOutstandingMessages : Uint4B
```

```
+0x078 ShutdownLevel       : Uint4B
+0x07c ShutdownFlags       : Uint4B
+0x080 Luid                : _LUID
+0x088 ServerDllPerProcessData : [1] Ptr64 Void
```

프로세스와 연관된 시스템 데이터 구조체 중 마지막으로 살펴볼 것은 W32PROCESS 구조체다. 이 구조체는 커널 내에서 윈도우 그래픽이나 윈도우 관리 코드가 GUI 프로세스(적어도 하나 이상의 USER나 GDI 시스템 호출을 사용한 프로세스라고 앞에서 정의했다)의 상태 정보를 관리하기 위해 필요한 모든 정보를 포함하고 있다. 그림 3-6은 W32PROCESS의 기본 구조체를 보여준다. 불행히도 Win32k 구초제의 타입 정보는 공개 심볼로는 이용할 수 없으므로 이 정보를 보여주는 실습을 독자에게 쉽게 보여줄 수 없다. 그래픽 관련 데이터 구조체와 개념에 대한 논의는 이 책의 범주를 벗어난다.

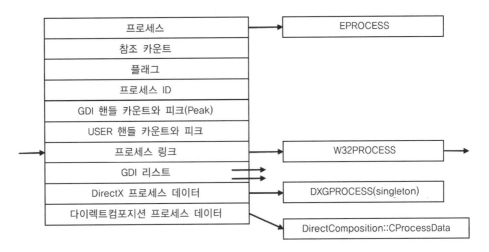

그림 3-6 Win32k 프로세스 구조체의 필드

보호 프로세스

윈도우 보안 모델에서 디버그 특권(관리자 계정 같은)을 가진 토큰으로 실행하는 프로세스는 해당 머신에서 실행 중인 다른 프로세스에게 자신이 원하는 어떤 접근 권한이든 요청할 수 있다. 예를 들면 다른 프로세스의 메모리에 접근해 읽거나 쓸 수 있으며, 코드를 인젝션하거나 해당 프로세스의 스레드를 일시 중지 또는 재실행할 수 있고, 해당 프로세스의 정보를 얻는 것도 가능하다. Process Explorer나 작업 관리자 같은 툴은 사용자에게 자신들의 기능을 제공하기 위해 이러한 권한을 필요로 하고, 또한 요청한다.

이런 논리적인 동작(관리자가 항상 시스템의 실행코드에 대한 모든 제어권을 가진다는 것을 보장하게 돕는)은 블루레이^{BluRay} 미디어 등과 같이 향상되고 고품질의 디지털 콘텐츠의 재생을 지원해야 하는 운영체제에 대해 미디어 업계가 규정한 디지털 권한 관리 요구사항에 대한 시스템 동작과 상충한다. 이러한 콘텐츠에 대해 신뢰할 수 있고 보호되는 재생을 지원하기 위해 윈도우 비스타와 윈도우 서버 2008은 보호 프로세스^{Protected Process}를 도입했다. 이들 보호 프로세스는 윈도우의 정상적인 프로세스와 함께 존재하지만, 여타 프로세스(관리자 권한을 갖고 실행된 경우라도)가 요청할 수 있는 접근 권한에 상당한 제약을 둘 수 있다.

보호 프로세스는 어떤 애플리케이션에 의해서든 생성될 수 있다. 하지만 운영체제는 이미지 파일이 특수한 윈도우 미디어 인증서로 디지털 서명이 이뤄진 경우에만 프로세스가 보호되게 한다. 윈도우의 보호 미디어 경로^{Protected Media Path}는 고품질의 미디어를 보호하기 위해 보호 프로세스를 사용한다. 또한 DVD 플레이어 등을 개발하는 개발자도 미디어 파운데이션 API를 이용해 보호 프로세스를 사용할 수 있다.

오디오 디바이스 그래프 프로세스(Audiodg.exe)는 보호된 음악 콘텐츠를 복호화하기 때문에 보호 프로세스로 실행된다. 이와 연관된 것으로 미디어 파운데이션 보호 파이프라인(Mfpmp.exe)이 있으며, 이 또한 비슷한 이유로 보호 프로세스다(기본 설정으로 실행되지 않는다면). 마찬가지로 윈도우 오류 보고(2권의 8장에서 WER를 설명한다) 클라이언트 프로세스(Werfaultsecure.exe)는 보호 프로세스 중 하나가 크래시될 때 해당 프로세스에 접근해야 할 필요가 있으므로 보호 프로세스로 실행될 수 있다. 마지막으로 시스템 프로세스 자체도 보호 프로세스로 실행되는데, Ksecdd.sys 드라이버에 의해 생성되는 복호화 관련 정보가 유저 모드 메모리상에 저장되기 때문이기도 하고 시스템 프로세스가 갖는 핸들 테이블은 시스템의 모든 커널 핸들을 갖고 있기 때문에 무결성을 보장하기 위해서이기도 하다. 여타 드라이버 또한 시스템 프로세스의 유저 모드 주소 공간 내로 메모리를 매핑할 수도 있으므로(코드 무결성 인증서와 카탈로그 데이터 같은), 이 또한 해당 시스템 프로세스의 보호가 유지돼야 하는 이유이기도 하다.

커널 레벨에서 보호 프로세스를 지원하기 위해 두 가지 일이 행해지는데, 첫째는 인젝션 공격을 피하기 위해 대부분의 프로세스 생성이 커널 모드 내에서 일어난다(보호 프로세스와 일반 프로세스 모두의 생성 과정은 다음 절에서 자세히 설명한다). 둘째는 보호 프로세스(와 이들의 확장판으로 다음 절에서 설명하는 보호 프로세스 라이트[Protected Processes Light])의 EPROCESS 구조체에 특수 비트가 설정되는데, 이로 인해 프로세스 관리자가 보안 관련 루틴을 수행할 때 일반적인 상황에서는 관리자 권한에 대해 허용되는 접근 권한이라도 거부하게 동작을 변경한다. 사실 보호 프로세스에 대해 허용되는 접근 권한은 PROCESS_QUERY/SET_LIMITED_INFORMATION과 PROCESS_TERMINATE, PROCESS_SUSPEND_RESUME뿐이다. 또한 특정 접근 권한은 보호 프로세스 내의 스레드에게도 비활성화되는데, 4장의 '스레드 내부 구조' 절에서 이들 접근 권한에 대해 살펴본다.

Process Explorer는 표준 유저 모드 윈도우 API를 사용해 프로세스 내부의 정보를 질의하므로 보호 프로세스에 대해서는 특정 동작을 수행할 수 없다. 하지만 커널 디버깅 모드로 동작하는 WinDbg 같은 경우에는 커널 내부의 구조를 이용해서 이 정보를 얻기 때문에 완벽한 정보를 표시할 수 있다. 4장의 '스레드 내부 구조' 절의 실습에서 Process Explorer가 Audiodg.exe 같은 보호 프로세스에 대해 어떻게 동작하는지 살펴본다.

> 1장에서 언급한 바와 같이 로컬 커널 디버깅을 수행하려면 디버깅 모드로 부팅해야 한다 (bcdedit /debug on 명령이나 Msconfig 고급 부팅 옵션 등을 사용해 활성화시킬 수 있다). 이것은 보호 미디어 경로(Protected Media Path)와 보호 프로세스에 대한 디버거 기반의 공격을 완화시켜준다. 디버깅 모드로 부팅하게 되면 고품질의 콘텐츠는 동작하지 않게 된다.

이런 접근 권한에 신뢰성 있는 제약을 둠으로써 커널은 유저 모드의 접근으로부터 보호 프로세스를 안전하게 보호(Sandbox)할 수 있게 된다. 반면에 보호 프로세스는 **EPROCESS** 구조체 내에 플래그를 통해 구별되므로 관리자 계정에서 커널 모드 드라이버를 로드해 해당 플래그를 무력화시킬 수 있다. 하지만 이런 행위는 PMP 모델을 어기는 것이어서 악성 행위로 간주되고, 코드 서명 정책에서는 악성 행위를 하는 코드에 대한 디지털 서명을 금지하므로 결국 64비트 시스템에서는 차단될 것이다. 패치가드^{PatchGuard} (7장에서 다룬다)로 알려진 커널 모드 패치 보호 및 보호 환경과 인증 드라이버^{Protected Environment and Authentication Driver}(Peauth.sys) 또한 이런 악성 행위를 인지한다. 32비트 시스템에서도 드라이버는 PMP 정책으로 승인돼야 하고, 그렇지 않으면 미디어 재생이 중단된다. 이러한 정책은 커널에서의 탐지를 통한 것이 아니라 마이크로소프트에 의해 구현된다. 이렇게 차단되면 마이크로소프트는 수동으로 악성 시그니처를 식별하고 커널을 업데이트하는 조치를 할 필요가 생긴다.

보호 프로세스 라이트(PPL)

방금 살펴본 것처럼 보호 프로세스의 최초 모델은 DRM 기반의 콘텐츠에 집중했다. 윈도우 8.1과 윈도우 서버 2012 R2부터 보호 프로세스 라이트^{PPL, Protected Process Light}라는 보호 프로세스 모델의 확장이 도입됐다.

PPL은 전통적인 보호 프로세스와 의미적으로 동일하게 보호된다. 즉, 유저 모드 코드(심지어 상승된 권한으로 실행하는)는 스레드를 인젝션하거나 로드된 DLL에 관한 상세한 정보를 구함으로써 보호 프로세스를 뚫을 수 없다. 하지만 PPL 모드는 추가적인 보호의 단계를 가진다(속성 값). 서명자 간의 신뢰 수준이 달라 특정 PPL은 다른 PPL보다 더 많거나 더 작은 보호가 이뤄지게 한다.

DRM은 단순한 멀티미디어 DRM에서 윈도우 라이선스 DRM과 윈도우 스토어 DRM으로 발전해 왔으므로 표준 보호 프로세스는 현재 서명자 값에 기반을 두고 구분된다. 끝으로 여러 알려진 서명자는 어떤 접근 권한이 좀 더 낮은 보호 프로세스에 거부되는지를 정의한다. 예를 들어 일반적으로 허용된 유일한 접근 마스크는 PROESS_QUERY/SET_ IMITED_NFORMATION과 PROCESS_SUSPEND_RESUME이다. PROCESS_TERMINATE는 특정 PPL 서명자에게는 허용되지 않는다.

표 3-1은 EPROCESS 구조체 내의 유효한 보호 플래그 값을 보여준다.

표 3-1 프로세스에 대한 유효한 보호 값

내부 보호 프로세스 레벨 심볼	보호 타입	서명자
PS_PROTECTED_SYSTEM (0x72)	Protected	WinSystem
PS_PROTECTED_WINTCB (0x62)	Protected	WinTcb
PS_PROTECTED_WINTCB_LIGHT (0x61)	Protected Light	WinTcb
PS_PROTECTED_WINDOWS (0x52)	Protected	Windows
PS_PROTECTED_WINDOWS_LIGHT (0x51)	Protected Light	Windows
PS_PROTECTED_LSA_LIGHT (0x41)	Protected Light	Lsa
PS_PROTECTED_ANTIMALWARE_LIGHT (0x31)	Protected Light	Anti-malware
PS_PROTECTED_AUTHENTICODE (0x21)	Protected	Authenticode
PS_PROTECTED_AUTHENTICODE_LIGHT (0x11)	Protected Light	Authenticode
PS_PROTECTED_NONE (0x00)	없음	없음

표 3-1에서 보듯이 능력 정도에 따라 여러 서명자가 존재한다. WinSystem은 가장 높은 우선순위의 서명자로서 메모리 압축 프로세스와 같은 시스템 프로세스와 최소 프로세스에 사용된다. 유저 모드 프로세스의 경우 WinTCB^{Windows Trusted Computer Base}가 가장 높은 우선순위를 가진 서명자며, 임계 프로세스 보호(커널에 자신의 세밀한 정보까지 알려져 있어 커널은 이 프로세스의 보안 경계 정도를 축소시킬 수도 있다)에 이용된다.

프로세스 능력을 파악할 때 보호 프로세스가 항상 최우선 PPL이며, 그다음으로 높은 값의 서명자 프로세스가 좀 더 낮은 값의 서명자 프로세스에 대한 접근을 하지만 그 반대는 성립되지 않는다는 점을 먼저 염두에 두자. 표 3-2는 서명자 레벨(값이 클수록 좀 더 많은 능력을 가진 서명자를 의미한다)과 이들 사용의 일부 예다. 디버거에서

_PS_PROTECTED_SIGNER 타입으로 이들을 덤프해볼 수 있다.

표 3-2 서명자와 레벨

서명자 이름(PS_PROTECTED_SIGNER)	레벨	사용처
PsProtectedSignerWinSystem	7	시스템과 최소 프로세스(피코 프로세스를 포함해)
PsProtectedSignerWinTcb	6	임계(Critical) 윈도우 컴포넌트로, PROCESS_TERMINATE는 거부된다.
PsProtectedSignerWindows	5	민감한 데이터를 다루는 중요한 윈도우 컴포넌트
PsProtectedSignerLsa	4	Lsass.exe(보호가 되도록 구성돼 있다면)
PsProtectedSignerAntimalware	3	안티멀웨어 서비스와 프로세스(서드파티도 포함)로, PROCESS_TERMINATE는 거부된다.
PsProtectedSignerCodeGen	2	NGEN(.NET 네이티브 코드 생성기)
PsProtectedSignerAuthenticode	1	DRM 콘텐츠 호스팅 또는 유저 모드 폰트 로딩
PsProtectedSignerNone	0	유효하지 않음(보호가 안 됨)

이 시점에서 악의적인 코드가 자신을 보호 프로세스로 주장하며 안티멀웨어[AM] 애플리케이션으로부터 보호하는 것을 도대체 누가 방지하는지 의구심이 들 것이다. 윈도우 미디어 DRM 인증은 더 이상 보호 프로세스로 실행하지 않아도 된다. 마이크로소프트는 자신들의 코드 무결성 모듈을 확장해 디지털 코드 서명 인증서로 인코딩될 수 있는 두 개의 특수한 고급 키 사용법[EKU]인 OID를 이용한다(1.3.6.1.4.1.311.10.3.22와 1.3.6.4.1.311.10.3.20). 이들 EKU 중 하나가 존재한다면 인증서에 하드코딩된 서명자와 발급자 문자열(추가적으로 가능한 EKU와 함께)은 다양한 보호 서명자 값과 연관된다. 예를 들어 마이크로소프트 윈도우 발급자는 PsProtectedSignerWindows 보호 서명자 값을 승인할 수 있지만, 이는 윈도우 시스템 컴포넌트 검증(1.3.6.1.4.1.311.10.3.6)에 내한 EKU가 존재하는 경우에만 가능하다. 예를 들어 그림 3-7은 WinTcb-Light로 실행하게 허용된 Smss.exe의 인증서를 보여준다.

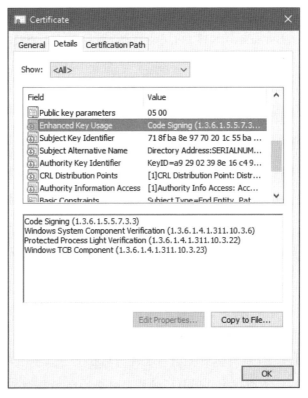

그림 3-7 Smss 인증서

마지막으로 프로세스의 보호 수준 역시 로드가 허용되는 DLL에 영향을 준다. 이런 동작이 없으면 논리적 버그나 단순한 파일 교체 및 변조를 통해 적법한 보호 프로세스가 서드파티나 악의적 라이브러리를 로딩하는 것에 함께 강제적으로 딸려갈 수 있다. 이렇게 되면 이들은 보호 프로세스와 동일한 보호 수준으로 실행한다. 이 검사는 EPROCESS의 SignatureLevel 필드에 저장된 '서명 레벨'로 각 프로세스를 승인한 다음에 EPROCESS의 SectionSignatureLevel 필드에 저장된 해당 'DLL 서명 레벨'을 내부 룩업 테이블을 이용해 찾아봄으로써 구현한다. 프로세스에서 어떤 DLL 로딩이든 코드 무결성 컴포넌트에 의해 주요 실행 파일을 검증하는 것과 동일한 방식으로 이뤄진다. 예를 들어 실행 파일 서명자가 'WinTcb'인 프로세스는 'Windows'나 그 이상으로 서명된 DLL 만을 로드한다.

윈도우 10과 윈도우 서버 2016에서 smss.exe와 csrss.exe, services.exe, wininit.exe 프로세스는 WinTcb-Lite로 서명된 PPL이다. Lsass.exe는 ARM 기반의 윈도우(윈도우 모바일10과 같은)에서 PPL로 실행하며, 레지스트리 설정이나 정책에 의해 PPL로 구성된다면 x86/x64에서 PPL로 실행할 수 있다(추가적인 정보는 7장을 참고하라). 게다가 윈도우 PPL이나 보호 프로세스로 실행하게 구성된 sppsvc.exe(소프트웨어 보호 플랫폼) 같은 일부 서비스도 있다. AppX 사용 서비스와 리눅스 용도의 윈도우 서브시스템 같은 다수의 서비스 또한 보호 모드로 실행하므로 이런 보호 레벨을 갖고 실행하는 특정 서비스 호스팅 프로세스(Svchost.exe)도 목격할 수도 있다. 이런 보호 서비스에 관한 추가적인 정보는 2권 9장에서 다룬다.

이런 핵심 시스템 바이너리가 TCB로서 실행한다는 사실은 시스템 보안에 치명적이다. 예를 들어 Csrss.exe는 윈도우 관리자(Win32k.sys)에 의해 구현된 특정 비공개 API에 접근할 수 있다. 이는 공격자들이 관리자 권한으로 커널의 민감한 부분에 접근할 수도 있게 한다. 비슷하게 Smss.exe와 Wininit.exe는 시스템 시작 부분과 관리자의 개입이 없이 수행하기에는 너무나 중요한 관리 부분을 구현한다. 윈도우는 이들 바이너리는 항상 WinTcb-Lite로 실행하게 보장한다. 예를 들어 **CreateProcess**를 호출할 때 프로세스 속성에 정확한 프로세스 보호 레벨을 지정하지 않고는 이들 프로세스를 시작할 수 없다. 이런 보장 방식은 최소 TCB 목록[minimum TCB list]이라 하며, 표 3-3 내에서 이름이 있는 프로세스(System 경로에 존재하는)에 대해 호출자의 입력 값에 관계없이 최소 보호 레벨과(또는) 서명 레벨을 갖게 강제한다.

표 3-3 최소 TCB

프로세스 이름	최소 서명 레벨	최소 보호 레벨
Smss.exe	보호 레벨로부터 유추	WinTcb-Lite
Csrss.exe	보호 레벨로부터 유추	WinTcb-Lite
Wininit.exe	보호 레벨로부터 유추	WinTcb-Lite
Services.exe	보호 레벨로부터 유추	WinTcb-Lite

(이어짐)

프로세스 이름	최소 서명 레벨	최소 보호 레벨
Werfaultsecure.exe	보호 레벨로부터 유추	WinTcb-Full
Sppsvc.exe	보호 레벨로부터 유추	Windows-Full
Genvalobj.exe	보호 레벨로부터 유추	Windows-Full
Lsass.exe	SE_SIGNING_LEVEL_WINDOWS	0
Userinit.exe	SE_SIGNING_LEVEL_WINDOWS	0
Winlogon.exe	SE_SIGNING_LEVEL_WINDOWS	0
Autochk.exe	SE_SIGNING_LEVEL_WINDOWS*	0

*UEFI 펌웨어 시스템에만 해당

실습: Process Explorer에서 보호 프로세스 살펴보기

이 실습을 통해 Process Explore에서 보호 프로세스(두 유형 중에서 하나)를 보는 방법을 살펴본다. Process Explore를 실행하고 Process Image 탭에서 Protection 체크박스를 선택하면 다음과 같은 Protection 칼럼을 볼 수 있다.

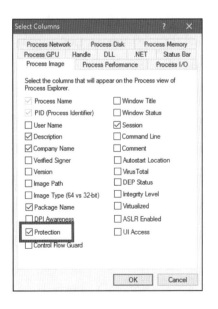

Protection 칼럼을 오름차순으로 정렬하고 위쪽으로 스크롤하자. 보호 타입을 가진 모든 보호 프로세스를 볼 수 있다. 다음에 보이는 스크린샷은 x64 머신의 윈도우 10에서 발췌한 것이다.

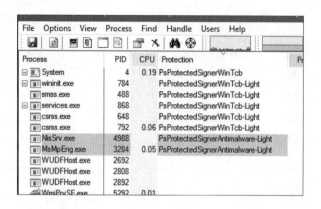

DLL를 보도록 구성한 상태에서 보호 프로세스를 선택하고 하단을 살펴봐도 아무 것도 보이지 않는다. Process Explore는 로드된 모듈을 질의할 때 유저 모드 API를 사용하고 보호 프로세스를 접근하는 데 승인이 되지 않는 접근을 필요로 하기 때문이다. 주목할 만한 예외는 시스템 프로세스(보호가 이뤄진다)지만 시스템 프로세스에는 DLL이 존재하지 않아서 Process Explore는 대신 로드된 커널 모듈의 목록(거의 드라이버)을 보여준다. 이는 프로세스 핸들을 필요로 하지 않는 시스템 API인 EnumDeviceDrivers를 이용해 이뤄진다.

Handle 뷰를 보면 완전한 핸들 정보를 볼 수 있다. Process Explore는 시스템의 모든 핸들을 반환하는 문서화되지 않는 API를 사용한다. 이 API는 특정 프로세스 핸들을 요구하지 않는다. 이들 API는 각 핸들과 관련된 PID를 반환하기 때문에 Process Explore는 해당 프로세스를 식별할 수 있다.

서드파티 PPL 지원

PPL은 마이크로소프트가 만든 실행 파일의 범주를 벗어난 프로세스에 대해서도 보호하도록 그 가능성을 확장할 수 있다. 일반적인 예로는 안티멀웨어^{AM} 소프트웨어가 있다. 통상적인 AM 제품은 다음과 같은 주요 세 가지 컴포넌트로 구성된다.

- 파일 시스템과(/또는) 네트워크에 대한 I/O 요청을 가로채서 객체와 프로세스, 스레드 콜백 사용 기능의 차단을 구현하는 커널 드라이버
- 드라이버의 정책을 구성하는 유저 모드 서비스(일반적으로 특권 계정에서 실행한다)로, 이런 서비스는 '관심' 이벤트(예를 들면 감염된 파일)에 대해 드라이버로부터 통지를 받고 로컬 서버나 인터넷과 통신을 할 수도 있다.
- 사용자와 정보를 주고받으며 사용자로 하여금 해당하는 경우에 대해 선택적으로 결정을 하게 허용하는 유저 모드 GUI 프로세스

멀웨어가 시스템을 공격할 수 있는 한 가지 방법은 상승된 권한으로 실행하는 프로세스에 코드를 인젝션하거나 더 뛰어난 기법으로 안티멀웨어 서비스에 특수하게 코드를 인젝션해 안티멀웨어를 조작하거나 동작을 무력화시키는 것이다. 하지만 AM 서비스가 PPL로 동작한다고 할지라도 코드 인젝션은 불가능하고 프로세스 종료도 허용되지 않을 것이다. 이는 AM 소프트웨어가 커널 수준의 취약점 공격을 이용하지 않는 멀웨어로부터 좀 더 안전하게 보호된다는 것을 의미한다.

이렇게 사용하려면 앞서 기술한 AM 커널 드라이버는 초기에 시작하는 안티멀웨어^{ELAM,} _{Early-Launch Anti Malware} 드라이버를 가져야 한다. ELAM은 7장에서 자세히 설명하겠지만, 핵심은 이런 드라이버는 마이크로소프트가 제공하는(소프트웨어 발급자에 대한 적절한 검증 이후에) 특수한 안티멀웨어 인증서를 가져야 한다는 점이다. 이런 드라이버는 일단 설치가 되면 자신의 주요 실행 파일^{PE} 내에 **ELAMCERTIFICATEINFO**로 불리는 맞춤형 자원 섹션을 포함할 수 있다. 이 섹션은 세 가지 추가적인 서명자(공개 키에 의해 식별된다)를 기술할 수 있다. 이들은 각각 세 개까지의 추가적인 EKU(OID로 식별가능하다)를 가질 수 있다. 코드 무결성 시스템이 이들 세 서명자 중 하나에 의해 서명된 파일(세 개의

EKU 중의 하나를 포함하고 있는)을 식별하면 프로세스가 **PS_PROTECTED_ANTIMALWARE_LIGHT(0x31)** PPL 요청을 하도록 허용한다. 이에 대한 모범적인 예로는 윈도우 디펜더로 불리는 마이크로소프트 자체 AM이 있다. 윈도우 10에서 윈도우 디펜더의 서비스(MsMpEng.exe)는 AM 자체를 공격하는 멀웨어로부터 좀 더 나은 보호를 위해 안티멀웨어 인증서로 서명된다. 마이크로소프트의 네트워크 검사 서버(NisSvc.exe)도 이와 동일하다.

최소 프로세스와 피코 프로세스

지금까지 살펴본 프로세스 유형과 데이터 구조체는 이에 대한 사용이 유저 모드 코드에서 실행되고, 이들은 메모리에 다수의 관련 데이터를 포함한다는 것을 암시하는 것처럼 보인다. 하지만 모든 프로세스가 이런 용도로 사용되는 것은 아니다. 예를 들어 살펴봤듯이 시스템 프로세스는 대부분의 시스템 스레드(이들의 실행 시간은 임의의 유저 모드 프로세스에 포함되지 않는다)의 컨테이너로 또는 드라이버 핸들(커널 핸들로 불린다)의 컨테이너(임의의 애플리케이션은 이들 핸들을 소유한 채로 종료되지 않는다)로만 사용될 뿐이다.

최소 프로세스

NtCreateProcessEx 함수에 특별한 플래그가 지정돼 있고 호출자가 커널 모드에 있으면 이 함수는 조금 다르게 동작해 PsCreateMinimalProcess API의 실행을 유발한다. PsCreateMinimalProcess는 앞서 살펴본 구조체에서 다음과 같은 부분 없이 프로세스를 생성한다.

- 유저 모드 주소 공간이 설정되지 않는다. 따라서 PEB와 관련 구조체도 존재하지 않는다.
- NTDLL이 프로세스에 매핑되지 않는다. 또한 로더/API 세트 정보도 매핑되지 않는다.

212

- 섹션 객체가 프로세스에 연관되지 않는다. 이는 실행 가능 이미지 파일이 프로세스 실행이나 이름(비어 있거나 임의의 문자열일 수도 있다)에 연관되지 않음을 의미한다.
- Minimal 플래그는 EPROCESS 플래그에 설정될 수 있다. 이는 모든 스레드가 최소 스레드가 되게 하며, 자신에 대한 TEB나 유저 모드 스택 같은 유저 모드 할당을 방지한다(TEB는 4장에서 좀 더 자세히 다룬다).

2장에서 살펴봤듯이 윈도우 10은 적어도 두 개의 최소 프로세스^{minimal process}(시스템 프로세스와 메모리 압축 프로세스)를 가지며, 가상화 기반의 보안(2권의 7장에서 추가적으로 설명한다)이 활성화돼 있다면 세 번째 최소 프로세스인 안전한 시스템 프로세스^{Secure System process}도 가진다.

마지막으로 윈도우 10 시스템에서 실행하는 최소 프로세스를 가질 수 있는 다른 방법으로는 2장에서 기술한 리눅스 용도의 윈도우 서브시스템^{WSL} 옵션 기능을 활성화하는 것이다. 이렇게 하면 Lxss.sys와 LxCore.sys 드라이버로 이뤄진 인박스 피코 공급자를 설치한다.

피코 프로세스

최소 프로세스는 커널 컴포넌트로부터 유저 모드 가상 주소 공간에 대한 접근 허용과 보호에 있어서 제한적인 반면에 피코 프로세스^{Pico process}는 피코 공급자^{Pico Provider}로 불리는 특수한 컴포넌트로 하여금 운영체제 관점에서 자신들의 실행에 관한 대부분을 제어하게 한다는 점에서 중요한 역할을 한다. 이런 수준의 제어는 윈도우 기반의 운영체제에서 실행했던 유저 모드 바이너리를 알 필요도 없이 이들 공급자로 하여금 완전히 다른 운영체제 커널의 동작을 에뮬레이트하게 해준다. 이는 마이크로소프트 리서치의 Drawbridge 프로젝트 구현에 필수적이었으며, 또한 리눅스 용도의 SQL 서버 지원에도 사용된다(리눅스 커널 상단에 윈도우 기반의 라이브러리 OS를 가질지라도).

시스템에 피코 프로세스를 가지려면 공급자가 먼저 존재해야 한다. 이런 공급자는

PsRegisterPicoProvider API로 등록할 수 있지만, 다음의 매우 특수한 규칙을 준수해야 한다. 피코 공급자는 서드파티 드라이버(부트 드라이버를 포함해)가 로드되기 전에 로드돼야 한다. 실제로 수십 개의 핵심 드라이버 중 단 하나만이 기능이 비활성화되기 전에 이 API를 호출하게 허용된다. 이들 핵심 드라이버는 마이크로소프트 서명자 인증서와 윈도우 컴포넌트 EKU로써 서명돼야 한다. 옵션인 WSL 컴포넌트가 활성화된 윈도우 시스템에서 이 핵심 드라이버는 Lxss.sys로 불리며, 다른 드라이버(LxCore.sys)가 곧이어 로드돼 피코 공급자의 역할을 떠맡기(다양한 디스패치 테이블을 전달함으로써) 이전까지 스텁stub 역할을 한다. 이 책의 집필 당시에는 이런 핵심 드라이버 중 단 하나만이 자신을 피코 공급자로 등록할 수 있었다.

피코 공급자가 등록 API를 호출할 때 이 API는 피코 프로세스를 생성하고 허용하는 다음과 같은 함수 포인터 집합을 받는다.

- 피코 프로세스와 피코 스레드를 생성하기 위한 각각의 한 함수
- 피코 프로세스의 컨텍스트(공급자가 특정 데이터를 저장하는 데 사용할 수 있는 임의의 포인터)를 구하고 이를 설정하기 위한 한 각각의 함수, 그리고 피코 스레드에 대해 이와 동일한 작업을 하기 위한 각각의 한 함수. 이것은 ETHREAD 그리고/또는 EPROCESS의 PicoContext 필드에 존재한다.
- 피코 스레드의 CPU 컨텍스트 구조체(CONTEXT)를 구하고 이를 설정하기 위한 각각의 한 함수
- 피코 스레드의 FS와/또는 GS 세그먼트를 변경하기 위한 함수. 이들은 유저 모드 코드가 일부 스레드 로컬 구조체(윈도우에서 TEB와 같은)를 가리키는 데 일반적으로 사용된다.
- 피코 스레드를 종료하기 위한 함수 하나와 피코 프로세스에 대해 동일한 작업을 하기 위한 함수 하나
- 피코 스레드를 일시 중지시키고 재개하기 위한 각각의 함수

보다시피 피코 공급자는 이런 함수를 통해 이제 자신이 초기 시작 상태와 세그먼트 레지스터, 관련 데이터를 제어하면서 커스텀 프로세스와 스레드를 완전하게 생성할 수 있다.

하지만 이것만으로는 다른 운영체제를 에뮬레이트할 수 있는 능력을 갖출 수 없다. 두 번째 함수 포인터 세트가 공급자로부터 커널로 전달된다. 이들 포인터는 관심을 둔 특정 행위가 피코 스레드나 프로세스에 의해 수행될 때마다 콜백 역할을 한다.

- 피코 스레드가 SYSCALL 명령어를 사용해 시스템 호출을 할 때마다의 콜백
- 피코 스레드로부터 예외가 발생할 때마다의 콜백
- 메모리 디스크립터 리스트에 대한 검사와 락 동작 중 장애fault가 발생할 때마다의 콜백
- 호출자가 피코 프로세스의 이름을 요청할 때마다의 콜백
- 윈도우 이벤트 트레이싱이 피코 프로세서의 유저 모드 스택 추적을 요청할 때마다의 콜백
- 애플리케이션이 피코 프로세스와 피코 스레드에 대한 핸들을 열고자할 때마다의 콜백
- 누군가 피코 프로세스의 종료를 요청할 때마다의 콜백
- 피코 스레드나 피코 프로세스가 예상치 않게 종료할 때마다의 콜백

추가적으로 피코 공급자는 7장에서 설명하는 커널 패치 보호Kernel Patch Protection를 이용해 자신의 콜백과 시스템 호출을 보호하고, 기만적이거나 악의적인 피코 공급자가 합법적인 피코 공급자의 상단에 등록되는 것을 방지한다.

피코 프로세스/스레드와 바깥세상 간의 유저-커널로의 전환이나 커널-유저로의 상호작용에 대한 이런 독보적인 접근 덕분에 피코 공급자(그리고 관련 유저 모드 라이브러리)는 윈도우 커널과는 완전히 상이한 커널 구현(스레드 스케줄링 규칙과 커밋과 같은 메모리 관리 규칙은 여전히 적용되는 것처럼 물론 몇몇 예외가 존재한다)을 감싸기 위해 커널을 완전히 캡슐화할 수 있다는 것은 이제 명확하다. 올바르게 작성된 애플리케이션은 자신들이 일반적으로 실행하는 운영체제 내에서조차도 변경될 가능성이 크므로 이런 내부 알고리즘에 민감하지 않아야 한다.

따라서 피코 공급자는 본질적으로 피코 프로세스가 유발할 수 있는 가능한 이벤트 목록

(앞서 보여준)에 응답하는 데 필요할 콜백을 구현하는 커스텀 작성 커널 모듈이다. 시스템 호출 에뮬레이션과 관련 기능의 완벽함에 있어서 제약이 따르지만 이것이 바로 WSL이 변경 안 된 리눅스 ELF 바이너리를 유저 모드에서 실행할 수 있는 방법이다.

통상적인 NT 프로세스와 최소 프로세스, 피코 프로세스에 관한 그림을 완성하기 위해 각각에 대해 서로 다른 구조를 보여주는 그림 3-8을 제공한다.

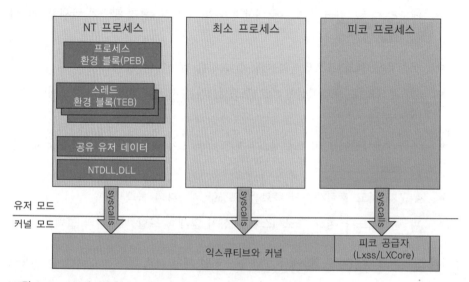

그림 3-8 프로세스 유형

트러스트릿(안전한 프로세스)

2장에서 다뤘듯이 윈도우는 디바이스 가드와 자격증명 가드 같은 새로운 가상화 기반의 보안[VBS] 기능을 가진다. 이들은 하이퍼바이저를 이용해 운영체제와 유저 데이터의 안전성을 향상시킨다. 이런 기능 중 하나인 자격증명 가드(7장에서 자세히 다룬다)가 격리된 새로운 유저 모드 환경에서 어떻게 실행하는지를 이미 살펴봤다. 이 환경은 여전히 비특권 상태(링 3)이지만 가상 신뢰 레벨 1[VTL 1]을 가지며, NT 커널(링 0)과 애플리케이션(링 3) 둘 다가 살아가는 일반적인 VTL 0으로부터 자격증명 가드를 보호한다. 커널이 실행을 위해 이런 프로세스를 설정하고 이런 프로세스가 사용하는 다양한 데이터 구조체를 설정하는 방법을 알아보자.

트러스트릿 구조체

먼저 트러스트릿^{Trustlets}은 일반적인 윈도우 이식 가능 실행 파일일지라도 이들은 다음과
같은 일부 IUM 특정적인 속성을 가진다.

- 트러스트릿은 자신이 이용할 수 있는 시스템 호출의 한정된 번호로 인해 윈도우
시스템 DLL(C/C++ 런타임과 KernelBase, Advapi, RPC 런타임, CNG Base Crypto,
NTDLL)의 제한적인 것으로부터만 임포트할 수 있다. NTLM와 ASN.1 같은 데이
터 구조체에만 동작하는 산술적 DLL 또한 사용 가능하다는 점에 주목하자. 이
들은 시스템 호출을 전혀 하지 않기 때문이다.

- 트러스트릿이 이용할 수 있는 IUM 한정적인 시스템 DLL로부터 임포트할 수
있다. 이 시스템 DLL은 Iumbase(기본 IUM 시스템 API를 제공하는)로 불리며,
메일슬롯과 스토리지 박스, 암호 등에 대한 지원을 포함한다. 이 라이브러리는
Iumdll.dll(Ntdll.dll의 VTL 1 버전)로 호출하며, 또한 안전한 시스템 호출(안전한
커널에 의해 구현되지만 일반적인 VTL 0 커널로는 전달되지 않는 시스템 호출)을
포함한다.

- 트러스트릿은 **s_IumPolicyMetadata**라는 익스포트돼 있는 전역 변수를 가진
.tPolicy로 불리는 PE 섹션을 포함한다. 이것은 안전한 커널이 트러스트릿에
대한 VTL 0 접근을 허용하는 정책 설정을 구현하기 위한 메타데이터 역할을
한다(디버깅과 크래시 덤프 지원 등을 허용하는 것과 같은).

- 트러스트릿은 격리된 유저 모드 EKU(1.3.6.1.4.311.10.3.37)를 포함하는 인증
서로 서명된다. 그림 3-9는 LsaIso.exe의 인증서 데이터(자신의 IUM EKU를 나
타내는)를 보여준다.

추가적으로 트러스트릿은 IUM 내에서 자신들의 실행을 요청하고, 또한 시작 속성을
지정하기 위해 **CreateProcess**를 사용할 때 특수한 프로세스 속성을 사용해 시작돼야

한다. 정책 메타데이터와 프로세스 속성을 다음 절에서 다룬다.

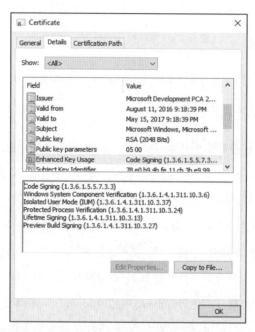

그림 3-9 인증서에서의 트러스트릿 EKU

트러스트릿 정책 메타데이터

트러스트릿이 VTL 0으로부터 어떻게 접근 가능할까를 구성하는 다양한 옵션이 정책 메타데이터에 존재한다. 이는 앞서 언급한 s_IumPolicyMetadata 익스포트에 존재하는 구조체에 의해 기술되며, 버전 번호(현재는 1로 설정)와 존재하는 트러스트릿 중에서 특정 트러스트릿을 식별하는 고유 번호인 트러스트릿 ID(예를 들어 BioIso.exe는 트러스트릿 ID가 4이다)를 포함한다. 끝으로 메타데이터는 정책 옵션에 대한 배열을 가진다. 현재 표 3-4에 나열된 옵션들이 지원된다. 이들 정책은 서명된 실행 파일 데이터의 일부분이므로 이를 변경하려는 시도는 IUM 서명을 무효화시키고 실행을 하지 못하게 하는 것이다.

표 3-4 트러스트릿 정책 옵션

정책	의미	추가적 정보
ETW	ETW를 활성화하거나 비활성화한다.	
Debug	디버깅을 구성한다.	SecureBoot가 비활성화됐을 때에만, 또는 온디맨드 시도/응답 메커니즘을 사용해 디버그는 항상 활성화될 수 있다.
크래시 덤프	크래시 덤프를 활성화하거나 비활성화한다.	
크래시 덤프 키	크래시 덤프 암호화에 대한 공개 키를 명시한다.	덤프는 복호화에 필요한 비공개 키를 가진 마이크로소프트 제품 팀으로 전달될 수 있다.
크래시 덤프 GUID	크래시 덤프 키에 대한 식별자를 명시한다.	제품 팀이 다수의 키를 사용하고/식별할 수 있게 해준다.
부모 보안 디스크립터	SDDL 포맷	예상되는 소유자/부모 프로세스의 유효성 검사에 사용된다.
부모 보안 디스크립터 리비전	SDDL 포맷 리비전 ID	예상되는 소유자/부모 프로세스의 유효성 검사에 사용된다.
SVN	보안 버전	AES256/GCM 메시지를 암호화할 때에 트러스트릿이 사용할 수 있는 고유한 번호(자신의 신분과 함께)
디바이스 ID	안전한 디바이스 PCI 식별자	트리스트릿은 이 PCI ID와 일치하는 안전한 디바이스와 통신을 할 수 있다.
기능	강력한 VTL1 기능을 활성화한다.	안전한 섹션 생성 API와 안전한 장치에 대한 DMA 및 유저 모드 MMIO, 안전한 스토리지 API에 대한 접근을 가능하게 한다.
시나리오 ID	이 바이너리에 대해 시나리오 ID를 명시한다.	GUID로 인코딩돼 있다. 트리스트릿이 안전한 이미지 섹션을 생성할 때에 알려진 시나리오임을 보장하기 위해 이 ID가 지정돼야 한다.

트러스트릿 속성

트리스트릿을 시작하기 위해 **PS_CP_SECURE_PROCESS** 속성의 올바른 사용이 요구된다. 이 속성은 호출자가 실제로 트러스트릿의 생성을 원함을 인증하고, 또한 호출자가 실행한다고 생각하는 트러스트릿이 실제로 실행되는 그 트러스트릿인지를 검증하는 데 사용된다. 이는 정책 메타데이터에 포함된 트러스트릿 ID와 일치하는 트리스트릿 식별자를 속성에 삽입함으로써 이뤄진다. 이제 표 3-5에서 보여주는 하나 이상의 속성을 지정할 수 있다.

표 3-5 트러스트릿 속성

속성	의미	추가적인 정보
메일박스 키	메일박스 데이터를 회수하기 위해 사용된다.	메일박스는 트러스트릿 키가 알려져 있다면 트러스트릿으로 하여금 VTL 0 세상과 데이터를 공유하게 허용한다.
협업(Collaboration) ID	안전한 스토리지 IUM API를 사용할 때 사용하는 협업 ID를 설정한다.	안전한 스토리지는 동일한 협업 ID를 가진다면 트러스트릿으로 하여금 서로 간에 데이터를 공유하게 허용한다. 협업 ID가 존재하지 않는다면 트러스트릿 인스턴스 ID가 대신 사용된다.
TK 세션 ID	암호화 동안에 사용되는 세션 ID를 식별한다.	

시스템 내장 트러스트릿

이 책의 집필 당시에 윈도우 10은 자신들의 식별 번호에 의해 식별되는 다섯 개의 상이한 트러스트릿을 포함했다. 표 3-6은 이들을 보여준다. 트러스트릿 ID 0는 안전한 커널 자신을 나타냄에 주목하자.

표 3-6 내장 트러스트릿

바이너리 이름(트러스트릿 ID)	설명	정책 옵션
Lsalso.exe(1)	자격증명과 키 가드 트러스트릿	ETW 허용, 디버깅 비활성화, 암호화된 크래시 덤프 허용
Vmsp.exe (2)	안전한 가상머신 작업자(vTPM 트러스트릿)	ETW 허용, 디버깅 비활성화, 암호화된 크래시 덤프 비활성화, 안전한 스토리지 기능 활성화, 부모 보안 디스트립터가 S-1-5-83-0(NT VIRTUAL MACHINE\Virtual Machines)인지를 검증한다.
Unknown (3)	vTPM 키 설치 트러스트릿	알려지지 않음
Biolso.exe (4)	안전한 생체 인식 트러스트릿	ETW 허용, 디버깅 비활성화, 암호화된 크래시 덤프 허용
Fslso.exe (5)	안전한 프레임 서버 트러스트릿	ETW 비활성화, 디버깅 허용, 안전한 섹션 생성 기능 활성화, 시나리오 ID {AE53FC6E-8D89-4488-9D2E-4D0 08731C5FD} 사용

트러스트릿 신분

트러스트릿은 시스템에서 사용할 수 있는 다음과 같은 여러 형태의 신분[identity]을 가진다.

- **트러스트릿 식별자나 트러스트릿 ID** 트러스트릿 정책 메타데이터에 하드코딩 된 정수다. 이 값은 트러스트릿 프로세스 생성 속성에도 사용돼야 한다. 이는 소수의 트러스트릿이 존재하며, 예상하는 트러스트릿을 호출자가 시작하고 있음을 시스템이 인지한다는 것을 보장한다.

- **트러스트릿 인스턴스** 안전한 커널에 의해 생성되는 암호로 안전한 16바이트 난수다. 협업 ID의 사용이 없다면 트러스트릿 인스턴스는 안전한 스토리지 API 가 자신의 스토리지 블랍[blob]에 트러스트릿의 이 인스턴스 하나만이 데이터를 가져오고/넣는 것을 허용함을 보장하는 데 사용된다.

- **협업 ID** 트러스트릿은 동일하며 안전한 스토리지 블랍에 대한 접근을 공유하기 위해 동일한 ID를 가진 다른 트러스트릿이나 같은 트러스트릿의 다른 인스턴스를 허용할 수도 있다. 이 ID가 존재하면 Get 또는 Put API를 호출할 때에 트러스트릿의 인스턴스 ID는 무시된다.
- **보안 버전(SVN)** 서명된 암호화 데이터의 출처에 대해 강도 높은 암호적 입증을 요하는 트러스트릿에 사용된다. 이는 자격증명과 키 가드에 의한 AES256/GCM 데이터를 암호화할 때 사용되고, 또한 암호 보고 서비스에 의해서도 사용된다.
- **시나리오 ID** 안전한 섹션처럼 이름이 있는(신분 기반) 안전한 커널 객체를 생성하는 트러스트릿에 사용된다. 이 GUID는 네임스페이스 내의 이들 객체에 해당 GUID를 태깅함으로써 트러스트릿이 예견된 시나리오의 일부로서 이런 객체를 생성하고 있음을 검증한다. 따라서 동일한 이름의 객체를 오픈하고자 하는 다른 트러스트릿은 동일한 시나리오 ID를 가져야만 한다. 하나 이상의 시나리오 ID가 실제로 존재할 수 있지만, 현재는 어떤 트러스트릿도 하나 이상의 ID를 사용하지 않는다.

격리된 유저 모드 서비스

트러스트릿으로 실행하는 이점은 일반적인(VTL 0) 세상으로부터의 공격을 보호하고 안전한 커널에 의해 트러스트릿에 제공되는 특권화되고 보호된 안전한 시스템 호출에 접근할 수 있다는 점이다. 다음과 같은 서비스가 이에 해당한다.

- **안전한 장치(**IumCreateSecureDevice, IumDmaMapMemory, IumGetDmaEnabler, IumMapSecureIo, IumProtectSecureIo, IumQuerySecureDeviceInformation, IopUnmapSecureIo, IumUpdateSecureDeviceState**)** 이들은 VTL 0에서 접근될 수 없으며, 안전한 커널(그리고 이의 부속된 안전한 HAL과 안전한 장치)에 의해 독점적으로 소유된 안전한 ACPI와/또는 PCI 장치에 대한 접근을 제공한다. 관련 기능(3장의 앞부분인 '트러스트릿 정책 메타데이터' 절을 참고하라)을 가진 트러스트릿은 VTL 1 IUM 내의 이런 장치의 레지스터를 매핑할 수 있으며, 또한

다이렉트 메모리 접근^{DMA} 전송을 잠재적으로 수행할 수도 있다. 부가적으로 트러스트릿은 SDFHost.dll에 위치한 안전한 장치 프레임워크^{Secure Device Framework}를 사용해 이런 하드웨어 용도의 유저 모드 디바이스 드라이버 역할을 할 수 있다. 이런 기능은 안전한 USB 스마트카드(PCI에서)나 웹캠/지문 인식 센서(ACPI에서) 같은 윈도우의 안전한 생체 인식 시스템인 HELLO에서 이용된다.

- **안전한 섹션**(IumCreateSecureSection, IumFlushSecureSectionBuffers, IumGetExposedSecureSection, IumOpenSecureSection) 노출된 안전한 섹션을 통해 물리 페이지를 VTL 0 드라이버(VslCreateSecureSection를 사용한다)와 공유하고, 또한 안전한 섹션으로 명명된 VTL 1 내에서만 데이터를 다른 트러스트릿이나 동일한 트러스트릿의 다른 인스턴스와 공유하는(앞서 '트러스트릿 신분' 절에서 설명한 신분 기반 메커니즘을 이용해) 능력을 제공한다. 트리스트릿은 이런 기능을 사용하기 위해 '트리스트릿 정책 메타데이터' 절에서 기술한 안전한 섹션 기능을 필요로 한다.

- **메일박스**(IumPostMailbox) 이는 트러스트릿으로 하여금 4KB까지의 데이터에 대해 8개까지의 슬롯을 일반(VTL 0) 커널 내의 컴포넌트와 공유하게 한다. 슬롯 식별자와 비밀 메일박스 키를 전달하면서 VslRetrieveMailbox를 호출할 수 있다. 예를 들어 VTL 0의 Vid.sys는 이를 사용해 Vmsp.exe 트러스트릿으로부터 vTPM 기능에 의해 사용되는 다양한 비밀 정보를 가져온다.

- **신분 키**(IumGetIdk) 이는 트러스트릿으로 하여금 고유한 복호화 키와 서명 키를 식별하게끔 한다. 이 키는 머신에서 고유한 것으로 트러스트릿으로부터만 구해질 수 있다. 이는 자격증명이 IUM으로부터 온 것과 머신을 고유하게 인증하기 위한 자격증명 가드 기능의 필수적인 부분이다.

- **암호 서비스**(IumCrypto) 이는 TPM 바인딩 핸들과 안전한 커널의 FIPS 모드를 구하고, IUM에 대한 안전한 커널에 의해 생성되는 랜덤 번호 생성^{RNG} 시드^{seed}를 구하기 위해 트러스트릿으로 하여금 IUM에 의해서만 사용 가능한 안전한 커널이 생성한 로컬과/또는 부트별 세션 키를 가진 데이터를 암호화하고 복호화하게끔 한다. 암호 서비스를 통해 트러스트릿은 또한 IDK-서명과 SHA-2

해시, 신분을 가진 타임스탬프 보고서, 트러스트릿의 SVN, 디버거에 연결됐는지에 관계없이 자신의 정책 메타데이터의 덤프, 요청된 여타 트러스트릿 제어 데이터를 생성할 수 있다. 이것은 트러스트릿이 조작되지 않았음을 입증하기 위해 트러스트릿에 대한 일종의 TPM 같은 판단 기준으로 사용될 수 있다.

- **안전한 스토리지(IumSecureStorageGet, IumSecureStoragePut)** 이는 안전한 스토리지 기능(앞서 '트러스트릿 정책 메타데이터' 절에서 설명한)을 가진 트러스트릿으로 하여금 자신들의 고유한 트러스트릿 인스턴스에 기반을 두거나 다른 트러스트릿과 동일한 협업 ID를 공유함으로써 임의의 크기 스토리지 블랍을 저장하고 추후에 이들을 회수하게끔 한다.

트러스트릿 접근 가능 시스템 호출

안전한 커널은 자신이 공격받을 수 있는 부분과 노출을 최소화하려고 하므로 일반(VTL 0) 애플리케이션이 사용할 수 있는 수백 개의 시스템 호출 중의 일부만(50개 미만)을 제공한다. 이들 시스템 호출은 트러스트릿이 사용할 수 있는 시스템 DLL(이에 대해서는 '트리서트릿 구조체' 절을 참고하라)과 RPC 런타임(Rpcrt4.dll) 및 ETW 트레이싱 지원에 필요한 특정 서비스와의 호환성을 위해 엄격하게 최소한으로 필수적인 것들이다.

- **작업자 팩토리(Worker Factory)와 스레드 API** 이들은 스레드 풀 API(RPC에 의해 사용)와 로더가 사용하는 TLS 슬롯을 지원한다.
- **프로세스 정보 API** 이는 TLS 슬롯과 스레드 스택 할당을 지원한다.
- **이벤트와 세마포어, 대기, 완료 API** 이들은 스레드 풀과 동기화를 지원한다.
- **고급 로컬 프로시저 호출(ALPC, Advanced Local Procedure Call) API** 이들은 ncalrpc 전송을 통한 로컬 RPC를 지원한다.
- **시스템 정보 API** 이는 안전한 부트 정보와 Kernel32.dll의 기본 정보와 NUMA 시스템 정보, 스레드 풀 확장, 성능, 타임 정보의 일부를 읽게 지원한다.
- **토큰 API** 이는 RPC 자격 변경^{impersonation}에 대한 최소한의 지원을 제공한다.
- **가상 메모리 할당 API** 이들은 유저 모드 힙 관리자에 의한 할당을 지원한다.

- **섹션 API** 이들은 로더(DLL 이미지를 위한)와 안전한 섹션 기능(앞서 살펴본 안전한 시스템 호출을 통해 생성/노출된다면)을 지원한다.
- **트레이스 제어 API** 이는 ETW를 지원한다.
- **예외와 재개 API** 이는 구조적 예외 처리$^{Structured\ Exception\ Handling}$를 지원한다.

이 목록으로 파일이나 실제 물리 장치이든 간에 디바이스 I/O와 같은 동작(레지스트리 I/O도 마찬가지로)은 불가능하다는 점이 명확해졌다(우선 CreateFile API가 존재하지 않는다). 프로세스의 생성이나 이런 저런 종류의 그래픽 API 사용(VTL 1 내의 Win32k.sys 드라이버가 존재하지 않는다)도 불가능하다. 이런 연유로 트러스트릿은 ALPC 통신 메커니즘이나 노출된 안전한 섹션(이들은 ALPC를 통해 트러스트릿과의 통신이 이뤄진 상태이어야 한다)만을 갖는 자신의 복잡한 전면에서 격리된 배후의 작업자 역할을 한다. 7장에서 특정 트러스트릿(자격증명과 키 가드를 제공하는 LsaIso.exe)의 구현을 좀 더 세밀히 살펴본다.

실습: 안전한 프로세스 식별하기

이름에 의해 알려진 것과는 별도로 안전한 프로세스는 커널 디버거를 통해 두 가지 방식으로 식별할 수 있다. 먼저 안전한 프로세스는 안전한 PID(안전한 커널의 핸들 테이블에 자신의 핸들을 나타낸다)를 가진다. 이 PID는 프로세스에 스레드를 생성하거나 자신의 종료를 요청할 때 일반(VTL 0) 커널에 의해 사용된다. 다음으로 스레드 자신은 자신들과 연관된 스레드 쿠키^{cookie}를 가진다. 이는 안전한 커널 스레드 테이블에서 자신들의 인덱스를 나타낸다.

커널 디버거에서 다음과 같이 시도해보자.

```
lkd> !for_each_process .if
@@(((nt!_EPROCESS*)${@#Process})->Pcb.SecurePid) {
.printf "Trustlet: %ma (%p)\n", @@(((nt!_EPROCESS*)${@#Process})->ImageFileName),
@#Process }
```

```
Trustlet: Secure System (ffff9b09d8c79080)
Trustlet: LsaIso.exe (ffff9b09e2ba9640)
Trustlet: BioIso.exe (ffff9b09e61c4640)
lkd> dt nt!_EPROCESS ffff9b09d8c79080 Pcb.SecurePid
   +0x000 Pcb      :
     +0x2d0 SecurePid   : 0x00000001'40000004
lkd> dt nt!_EPROCESS ffff9b09e2ba9640 Pcb.SecurePid
   +0x000 Pcb      :
     +0x2d0 SecurePid   : 0x00000001'40000030
lkd> dt nt!_EPROCESS ffff9b09e61c4640 Pcb.SecurePid
   +0x000 Pcb      :
     +0x2d0 SecurePid   : 0x00000001'40000080
lkd> !process ffff9b09e2ba9640 4
PROCESS ffff9b09e2ba9640
   SessionId: 0 Cid: 0388    Peb: 6cdc62b000 ParentCid: 0328
   DirBase: 2f254000 ObjectTable: ffffc607b59b1040 HandleCount: 44.
   Image: LsaIso.exe
     THREAD ffff9b09e2ba2080 Cid 0388.038c Teb: 0000006cdc62c000
Win32Thread: 0000000000000000 WAIT
lkd> dt nt!_ETHREAD ffff9b09e2ba2080 Tcb.SecureThreadCookie
   +0x000 Tcb      :
     +0x31c SecureThreadCookie   : 9
```

CreateProcess 흐름

지금까지 프로세스 상태를 조작하고 관리하는 데 연관된 다양한 데이터 구조들과 이 정보를 살펴볼 수 있는 다양한 툴 및 디버거 명령들을 살펴봤다. 이 절에서는 언제, 어떻게 이 데이터 구조체들이 생성되고 채워지는지, 그리고 프로세스 내부의 생성과 종료에 대해 전반적으로 살펴본다. 앞에서 살펴봤듯이 모든 문서화된 프로세스 생성 함수는 최종적으로 CreateProcessInternalW를 호출한다. 따라서 이 지점부터 시작한다.

윈도우 프로세스의 생성은 운영체제의 세 부분에서 수행되는 여러 단계로 구성된다. 즉, 윈도우 클라이언트 라이브러리인 Kernel32.dll(실제 작업은 CreateProcessInternalW 로 시작한다)와 윈도우 익스큐티브, 윈도우 서브시스템 프로세스(Csrss)가 그들이다. 윈 도우 시스템의 다중 환경$^{multiple-environment}$ 서브시스템 구조로 인해 익스큐티브 프로세스 객체(다른 서브시스템이 사용할 수 있는)를 만드는 작업은 윈도우 서브시스템 프로세스를 만드는 작업과 분리돼 있다. 따라서 다음에 설명하는 윈도우 CreateProcess 함수의 흐름이 복잡하더라도 해당 작업의 일부분은 익스큐티브 프로세스 객체를 생성하는 데 필요한 핵심 작업과는 대조적으로 윈도우 서브시스템에 의해 추가된 의미^{Semantic}에 국한 된 것이라는 것을 염두에 두자.

다음은 윈도우의 CreateProcess* 함수에서 프로세스를 생성하는 주요 단계를 요약한 리스트이고, 각 단계에서 이뤄지는 작업들에 대해서는 다음 절에서 자세히 설명한다.

> CreateProcess의 많은 작업은 프로세스의 가상 메모리 공간을 초기화하는 과정이 포함되므로 5장에서 정의된 메모리 관리 용어들과 구조체들이 많이 언급될 것이다.

1. **매개변수 유효성 검사** 윈도우 서브시스템 플래그와 옵션을 대응되는 네이티브 의 것으로 변환한다. 구문 분석과 검증을 하고 속성 목록을 대응되는 네이티브 의 것으로 변환한다.
2. 프로세스 내부에서 실행될 이미지 파일(.exe)를 연다.
3. 윈도우 익스큐티브 프로세스 객체를 생성한다.
4. 초기 스레드를 생성한다(스택과 컨텍스트, 윈도우 익스큐티브 스레드 객체).
5. 윈도우 서브시스템의 고유한 프로세스 초기화 작업인 후속 작업$^{post-creation}$을 한다.
6. CREATE_SUSPENDED 플래그가 설정돼 있지 않다면 초기 스레드를 동작시킨다.
7. 새로 생성된 프로세스와 스레드의 컨텍스트에서 필요한 DLL을 로드하는 등의 주소 공간에 대한 초기화 작업을 마무리하고 프로그램의 진입점 수행을 시작 한다.

그림 3-10은 윈도우가 프로세스를 생성하기 위해 따르는 단계를 도식화한 것이다.

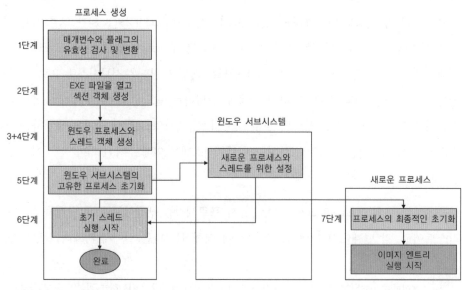

그림 3-10 프로세스 생성의 주요 단계

1단계: 매개변수와 플래그의 유효성 검사 및 변환

실행될 프로그램의 실행 파일을 열기 전에 CreateProcessInternalW는 다음과 같은
과정을 거친다.

1. CreateProcess*에서 새로운 프로세스의 우선순위 클래스는 CreationFlags
   인자 내에 독립적인 비트로 명시된다. 따라서 한 번의 CreateProcess* 함수
   호출에 여러 개의 우선순위 클래스를 지정할 수 있는데, 윈도우는 가장 낮은
   우선순위 클래스를 선택해 해당 프로세스에게 할당하게 된다.

   각 값은 숫자로 매칭되는 여섯 개의 프로세스 우선순위가 정의돼 있다.

   ◦ Idle 또는 Low. 작업 관리자에서 (4)로 보인다.

   ◦ Below Normal(6)

   ◦ Normal(8)

228

- Above Normal(10)
- High(13)
- Real-time(24)

우선순위 클래스는 해당 프로세스에서 생성되는 스레드의 기본 우선순위로 사용된다. 이 값은 프로세스 자체에는 직접 영향을 주지 않고 프로세스 내의 스레드에만 영향을 준다. 프로세스 우선순위와 스레드 스케줄링에 대한 이의 효과는 4장을 참고하라.

2. 새로운 프로세스에 우선순위 클래스가 지정돼 있지 않은 경우에는 기본 값인 Normal로 실행된다. 스케줄링 우선순위 증가Increase Scheduling Priority(SE_INC_BASE_PRIORITY_NAME) 특권이 없는 프로세스가 새로운 프로세스를 Real-time 우선순위 클래스로 실행하려 하면 High 우선순위 클래스가 대신 사용된다. 즉, 프로세스 생성은 Real- time 우선순위 클래스로 동작하는 프로세스를 생성하기에 권한이 부족하다고 실패하는 일은 없지만, 새 프로세스는 Real-time 만큼 높은 우선순위를 갖지 못한다.

3. 생성 플래그에 프로세스가 디버깅될 것이라고 명시돼 있으면 Kernel32는 DbgUiConnectToDbg 함수를 호출해 Ntdll.dll 내의 네이티브 디버깅 코드와의 연결을 초기화하고 현재 스레드의 환경 블록TEB에 있는 디버그 객체 핸들을 얻는다.

4. 생성 플래그에 하드 에러 모드hard error mode가 설정돼 있다면 Kernel32.dll은 기본 하드 에러 모드 값을 설정한다.

5. 사용자 지정 속성 목록은 윈도우 서브시스템 형식에서 네이티브 형식으로 변환되고 내부 속성이 추가된다. 속성 목록에 추가될 수 있는 가능한 속성은 자신들과 연관된 문서화된 윈도우 API와 함께 표 3-7에 나와 있다.

CreateProcess* 호출 시 전달된 속성 리스트는 간단한 상태 코드의 범주를 넘어 초기 스레드의 TEB 주소나 이미지 섹션 정보 같은 더 많은 정보를 호출자에게 돌려줄 수 있게 허가한다. 이는 자식 프로세스가 생성된 후 부모 프로세스가 이런 정보를 질의할 수 없는 보호 프로세스에게는 꼭 필요한 기능이다. 예를 들면 이런 방법으로 이들 애플리케이션이 bootsect.dat에 기록할 수 있다.

표 3-7 프로세스 속성

네이티브 속성	동일한 윈도우 속성	타입	설명
PS_CP_PARENT_PROCESS	PROC_THREAD_ATTRIBUTE_PARENT _PROCESS. 권한 상승(elevating) 시에도 사용된다.	입력	부모 프로세스에 대한 핸들
PS_CP_DEBUG_OBJECT	N/A — DEBUG_PROCESS 플래그를 사용할 때 사용된다.	입력	프로세스가 디버그 모드로 실행된다면 디버그 객체
PS_CP_PRIMARY_TOKEN	N/A — CreateProcessAsUser/ WithTokenW 함수를 사용할 때 사용된다.	입력	CreateProcessAsUser가 사용 된다면 프로세스 토큰
PS_CP_CLIENT_ID	N/A — Win32 API의 인자로 반환된다(PROCESS_INFORMATION).	출력	프로세스와 초기 스레드에 대한 TID와 PID 리턴
PS_CP_TEB_ADDRESS	N/A — 내부적으로 사용되며 노출되지 않는다.	출력	초기 스레드의 TEB 주소에 대한 리턴
PS_CP_FILENAME	N/A — CreateProcess API의 인자로 사용된다.	입력	생성돼야 하는 프로세스 이름
PS_CP_IMAGE_INFO	N/A — 내부적으로 사용되며 노출되지 않는다.	출력	스택 크기, 엔트리 포인트뿐만 아니라 버전, 플래그, 실행 파일의 서브시스템 정보를 포함하는 SECTION_IMAGE_ INFORMATION을 반환한다.
PS_CP_MEM_RESERVE	N/A — CSRSS와 SMSS에 의해 내부적으로 사용된다.	입력	초기 프로세스의 메모리 주소 공간 생성 시 만들어져야 하는 가상 메모리 예약 공간에 대한 배열로 다른 애플리케이션이 아직 실행되지 않았기 때문에 가용성을 보장
PS_CP_PRIORITY_CLASS	N/A — CreateProcess API의 인자로 전달된다.	입력	프로세스에게 주어줘야 하는 우선순위 클래스
PS_CP_ERROR_MODE	N/A — CREATE_DEFAULT_ERROR_ MODE 플래그를 통해 전달된다.	입력	프로세스를 위한 하드 에러 처리(Hard error- processing) 모드

(이어짐)

네이티브 속성	동일한 윈도우 속성	타입	설명
PS_CP_STD_HANDLE_INFO	없음 - 내부적으로 사용된다.	입력	표준 핸들이 복제되거나 새로운 핸들이 만들어져야 할 경우를 명시
PS_CP_HANDLE_LIST	PROC_THREAD_ATTRIBUTE_ HANDLE_LIST	입력	새로운 프로세스에게 상속돼야 하는 부모 프로세스에 속한 핸들 리스트
PS_CP_GROUP_AFFINITY	PROC_THREAD_ATTRIBUTE_GROUP_ AFFINITY	입력	스레드가 실행하게 허가돼야 하는 프로세서 그룹
PS_CP_PREFERRED_NODE	PROC_THREAD_ATTRIBUTES_ PRFERRED_NODE	입력	프로세스와 연관돼야 하는 선호(이상적) NUMA 노드. 이것은 초기 프로세스 힙과 스레드 스택이 생성될 노드에 영향을 준다(5장을 참고하라).
PS_CP_IDEAL_PROCESSOR	PROC_THREAD_ATTTRIBUTE_IDEAL_ PROCESSOR	입력	스레드가 스케줄돼야 하는 선호(이상적) 프로세서
PS_CP_UMS_THREAD	PROC_THREAD_ATTRIBUTE_UMS_ THREAD	입력	UMS 속성, 완료 리스트와 컨텍스트를 포함
PS_CP_MITIGATION_ OPTIONS	PROC_THREAD_MITIGATION_POLICY	입력	프로세스에 대해 미티게이션(SEHOP, ATL, 에뮬레이션, NX)이 활성화/비활성화돼야 하는 정보를 포함
PS_CP_PROTECTION_ LEVEL	PROC_THREAD_ATTRIBUTE_ PROTECTION_LEVEL	입력	표 3-1에서 살펴본 프로세스 보호 값 중에서 허용된 하나를 가리켜야 한다. 또는 부모와 동일한 보호 수준을 나타내는 PROTECT_LEVEL_SAME
PS_CP_SECURE_PROCESS	없음 - 내부적으로 사용된다.	입력	프로세스는 격리된 유저 모드(IUM) 트러스트릿으로 실행해야 함을 표시한다. 2권의 8장에서 자세히 다룬다.
PS_CP_JOB_LIST	없음 - 내부적으로 사용된다.	입력	잡 리스트에 프로세스를 배정한다.

(이어짐)

네이티브 속성	동일한 윈도우 속성	타입	설명
PS_CP_CHILD_PROCESS_POLICY	PROC_THREAD_ATTRIBUTE_CHILD_PROCESS_POLICY	입력	새로운 프로세스가 직/간접적으로(WMI 사용으로 인한 것과 같이) 자식 프로세스를 생성할 수 있는지를 지정한다.
PS_CP_ALL_APPLICATION_PACKAGES_POLICY	PROC_THREAD_ATTRIBUTE_ALL_APPLICATION_PACKAGES_POLICY	입력	앱컨테이너 토큰이 ALL APPLICATION PACKAGES 그룹을 포함하는 ACL 검사에서 배제돼야 하는지를 명시한다. ALL RESTRICTED APPLICATION PACKAGES가 대신 사용된다.
PS_CP_WIN32K_FILTER	PROC_THREAD_ATTRIBUTE_WIN32K_FILTER	입력	프로세스가 자신이 수행하는 Win32k.sys로의 GDI/USER 시스템 호출 중의 다수를 필터링(차단)할 것인지를 표시한다. 허용이 된다면 감사가 이뤄진다. 공격 측면을 감소시키기 위해 마이크로소프트 에지 브라우저에 의해 사용된다.
PS_CP_SAFE_OPEN_PROMPT_ORIGIN_CLAIM	없음 – 내부적으로 사용된다.	입력	신뢰할 수 없는 곳에서 온 파일을 표시하기 위해 웹 기능 중 마크(Mark)에 의해 사용된다.
PS_CP_BNO_ISOLATION	PROC_THREAD_ATTRIBUTE_BNO_ISOLATION	입력	프로세스의 주 토큰이 격리된 BaseNamedObjects 디렉터리와 연관되게 한다(2권의 8장에서 네임드 객체에 대한 좀 더 자세한 정보를 다룬다).
PS_CP_DESKTOP_APP_POLICY	PROC_THREAD_ATTRIBUTE_DESKTOP_APP_POLICY	입력	최신 애플리케이션이 레거시 데스크톱 애플리케이션을 시작시킬 수 있는지, 그렇다면 어떤 방식으로 할 것인지를 나타낸다.

(이어짐)

네이티브 속성	동일한 윈도우 속성	타입	설명
없음 – 내부적으로 사용된다.	PROC_THREAD_ATTRIBUTE_ SECURITY_CAPABILITIES	입력	SECURITY_CAPABILITIES 구조체에 대한 포인터를 지정한다. 이는 NtCreateUserProcess 호출 전에 해당 프로세스에 대한 앱컨테이너 토큰을 생성하는 데 사용된다.

6. 프로세스가 잡 객체의 일부이고 생성 플래그가 별도의 가상 DOS 머신[VDM]을 요청한다면 이 플래그는 무시된다.

7. CreateProcess 함수에 전달된 프로세스 보안 속성과 초기 스레드의 보안 속성이 자신들의 내부 표현(OBJECT_ATTRIBUTES 구조체, WDK에 문서화돼 있다)으로 변환된다.

8. CreateProcessInternalW는 프로세스가 최신의 것으로 생성돼야 하는지를 검사한다. 생성자 자신이 최신의 것(그리고 부모 프로세스는 PROC_THREAD_ATTRIBUTE_ PARENT_PROCESS 속성으로 명시적으로 지정되지 않았고)이거나 전체 패키지 이름을 가진 속성(PROC_THREAD_ATTRIBUTE_PACKAGE_FULL_NAME)에 의해 최신의 것으로 생성되게 명시돼 있다면 프로세스는 최신의 것으로 생성돼야 한다. 그렇다면 APPX_PROCESS_CONTEXT로 불리는 구조체로 기술되는 최신 앱 인자에 대한 추가적인 정보를 수집하기 위해 BasepAppXExtension의 호출이 이뤄진다. 이 구조체는 패키지 이름(내부적으로는 패키지 모니커[moniker]로 불린다), 앱과 연관된 기능, 프로세스의 현재 디렉터리, 앱이 완전한 트러스트[trust]를 가져야 하는지 등과 같은 정보를 가진다. 완전한 트러스트를 갖는 최신 앱을 생성하는 것에 대한 옵션은 공개적으로 노출돼 있지 않으며 모던룩 느낌을 주지만, 시스템 수준의 동작을 수행하는 앱을 위해 예약돼 있다. 전형적인 예로는 윈도우 10의 설정 앱(SystemSettings.exe)이 있다.

9. 프로세스가 최신의 것으로 생성돼야 한다면 초기 토큰 생성을 위해 BasepCreateLowBox 함수를 호출해 보안 기능(PROC_THREAD_ATTRIBUTE_SECURITY_

CAPABILITIES에 의해 제공된다면)을 기록해야 한다. LowBox라는 용어는 프로세스가 실행돼야 할 샌드박스(앱컨테이너)를 지칭한다. CreateProcess를 직접 호출해 최신 프로세스를 생성하는 것은 지원이 되지 않더라도(대신 COM 인터페이스를 사용해야 한다) 윈도우 SDK와 MSDN은 이 속성을 전달함으로써 앱컨테이너 레거시 데스크톱 애플리케이션을 생성할 수 있는 기능을 문서화하고 있다는 점에 주목하자.

10. 최신 프로세스가 생성된다면 커널이 임베디드 매니페스트 탐지를 생략하게 알리는 플래그 설정이 필요하다. 최신 프로세스는 임베디드 매니페스트를 필요로하지 않으므로 플래그를 갖지 않는다(최신 앱은 여기서 언급하는 임베디드 매니페스트와는 관련이 없는 자체 매니페스트를 가진다).

11. 디버그 플래그(DEBUG_PROCESS)가 명시돼 있다면 해당 실행 파일에 대한 이미지 파일 실행 옵션 레지스트리 키(다음 절에서 다룬다)에서 Debugger 값은 건너뛰게 표시된다. 그렇지 않다면 디버거는 자신의 디버기^{debuggee} 프로세스를 절대로 생성하지 못한다. 이 생성 동작은 (계속해서 디버거 프로세스의 생성을 시도하면서) 무한 루프로 진입할 것이기 때문이다.

12. 모든 윈도우는 데스크톱(작업 공간의 그래픽 표현)과 연관돼 있다. STARTUPINFO 구조체에 데스크톱이 명시돼 있지 않다면 프로세스는 호출자의 현재 데스크톱과 연관된다.

> 윈도우 10 가상 데스크톱 기능은 다중 데스크톱 객체(커널 객체 의미에서)를 사용하지 않는다. 여전히 하나의 데스크톱이 존재하지만 윈도우는 필요에 따라 보였다가 숨겨진다. 이는 네 개까지의 데스크톱 객체를 실제로 생성하는 Sysinternals의 desktops.exe 툴과는 상반된다. 한 데스크톱에서 다른 데스크톱으로 윈도우를 이동하고자 할 때에 그 차이점을 느낄 수 있다. desktops.exe 경우에 이런 동작은 윈도우에서 지원되지 않으므로 이동이 불가능하다. 반면에 윈도우 10의 가상 데스크톱은 실제로 이뤄지는 '이동'이 없으므로 이를 허용한다.

13. CreateProcessInternalW로 전달된 애플리케이션과 커맨드라인 인자가 분석된다. 실행 파일 경로 이름은 내부 NT 이름(c:\temp\a.exe는 \device\harddiskvolume1\

temp\a.exe와 같이)으로 변환된다(일부 함수는 이런 형태의 이름을 필요로 하므로).

14. 취합된 대부분의 정보는 단 하나의 커다란 RTL_USER_PROCESS_PARAMETERS 구조체로 변환된다.

이 과정이 완료되면 CreateProcessInternalW는 프로세스 생성을 시도하는 NtCreate-UserProcess에 대한 최초 호출을 수행한다. Kernel32.dll은 이 시점에서 애플리케이션 이미지 이름이 실제 윈도우 애플리케이션인지 또는 배치 파일(.bat나 .cmd), DOS 애플리케이션인지를 알 수가 없기 때문에 이 호출은 실패할 수도 있다. 이 시점에서 CreateProcessInternalW는 오류의 원인을 찾아 상황을 올바르게 하고자 시도한다.

2단계: 실행할 이미지 열기

이 시점에서 생성 스레드는 커널 모드로 전환해 NtCreateUserProcess 시스템 호출 구현 내에서 작업을 계속 진행한다.

1. NtCreateUserProcess는 먼저 인자 유효성을 검사하고 모든 생성 정보를 보관할 내부 구조체를 만든다. 인자 검사를 반복하는 이유는 익스큐티브에 대한 호출이 변조나 악의적인 인자를 갖고 Ntdll.dll이 수행하는 커널로의 전환을 흉내 내려고 하는 해킹으로부터 온 것이 아니라는 것을 확인하기 위함이다.

2. 그림 3-11에서 보는 바와 같이 NtCreateUserProcess의 다음 단계는 호출자가 지정한 실행 파일을 실행할 적절한 윈도우 이미지를 찾아 나중에 새 프로세스의 주소 공간으로 매핑할 섹션 객체를 생성하는 것이다. 어떤 이유에서든 호출이 실패하면 CreateProcessInternalW를 다시 실행하게 유도할 수 있는 실패 상태(표 3-8 참조)와 함께 CreateProcessInternalW로 리턴된다.

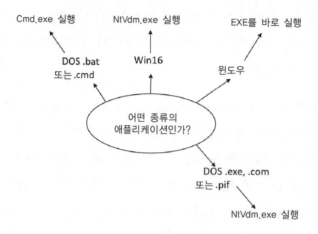

Cmd.exe 실행   NtVdm.exe 실행   EXE를 바로 실행

DOS .bat   Win16   윈도우
또는 .cmd

어떤 종류의
애플리케이션인가?

DOS .exe, .com
또는 .pif

NtVdm.exe 실행

그림 3-11 활성화할 윈도우 이미지 선택하기

3. 보호 프로세스가 생성된다면 서명 정책을 또한 검사한다.

4. 최신 프로세스가 생성된다면 라이선스를 취득했는지, 그리고 실행이 허용되는지를 확인하기 위해 라이선스 검사가 수행된다. 앱이 인박스라면(윈도우와 함께 미리 설치됐다면) 라이선스와 관계없이 실행은 허용된다. 사이드로딩^{sideloading} 앱이 허용된다면 스토어에서뿐만 아니라 서명된 어떤 앱이든 실행될 수 있다.

5. 프로세스가 트러스트릿이라면 안전한 커널이 사용할 수 있게 특수한 플래그로 섹션 객체를 생성해야 한다.

6. 실행 파일이 윈도우 EXE라면 `NTCreateUserProcess`는 파일을 열고 파일을 위한 객체를 만드는 것을 시도한다. 해당 객체는 아직 메모리에 매핑되지는 않았지만 열려있는 상태다. 섹션 객체가 성공적으로 만들어졌다고 해서 항상 파일이 유효한 윈도우 실행 이미지라는 의미는 아니다. 파일은 DLL이나 POSIX 실행 파일일 수도 있다. 파일이 POSIX 실행 파일이라면 이 호출은 실패한다. POSIX는 더 이상 지원되지 않기 때문이다. 파일이 DLL 파일이라도 `Create-ProcessInternalW`는 실패한다.

7. `NtCreateUserProcess`가 유효한 윈도우 실행 이미지를 찾았으므로, 다음 절에서 기술하는 프로세스 생성의 일부로서 이제 레지스트리 키 `HKLM\SOFTWARE\Microsoft\Windows NT\CurrentVersion\Image File Execution Options`를

열어 서브키 중에 파일명(Notepad.exe처럼 디렉터리와 경로 이름 없이)과 확장자가 같은 키 값이 있는지 찾게 된다. 있다면 PspAllocateProcess는 그 키 아래 Debugger 항목의 값을 확인한다. 이 값이 있으면 이 값을 이미지 이름으로 바꿔서 CreateProcessInternalW를 1단계부터 다시 진행한다.

> 이러한 프로세스 생성 특성을 이용해 윈도우 서비스 프로세스가 시작되기 전에 시작 코드(Startup Code)를 디버깅할 수 있다. 보통의 경우 서비스가 시작된 다음에 디버거를 연결해서는 서비스의 시작 코드를 디버깅할 수 없다.

8. 이미지가 윈도우 EXE가 아니라면(예를 들어 MS-DOS 또는 Win16 애플리케이션) CreateProcessInternalW는 이를 실행할 수 있는 윈도우 지원 이미지를 찾기 위해 여러 단계의 과정을 거치게 된다. 비윈도우 애플리케이션을 직접 실행할 수는 없기 때문에 이 과정은 필수적이다. 대신 윈도우는 실제로 비윈도우 프로그램을 실행할 책임이 있는 몇 가지 특수한 지원 이미지 중 하나를 사용한다. 예를 들어 MS-DOS나 Win16 실행 파일(32비트 윈도우에만 해당)을 실행시키려 한다면 이미지 파일명이 윈도우 실행 파일인 Ntvdm.exe로 바뀐다. 결론적으로 윈도우 프로세스가 아닌 프로세스를 직접 생성할 수는 없다. 표 3-8에서 보여주는 것처럼 실행 파일을 윈도우 프로세스로 활성화시킬 방법을 찾지 못한다면 CreateProcessInternalW는 실패하게 된다.

표 3-8 CreateProcess의 단계1을 위한 의사 결정 트리

프로그램 이미지가 …이면	생성 상태 코드	실행될 이미지는…	다음 과정은…
.exe이나 .com, .pif 확장자를 가진 MS-DOS 프로그램	PsCreateFailOn SectionCreate	Ntvdm.exe	CreateProcessInternalW 는 1단계를 재시작
Win16 애플리케이션	PsCreateFailOn SectionCreate	Ntvdm.exe	CreateProcessInternalW 는 1단계를 재시작

(이어짐)

프로그램 이미지가 …이면	생성 상태 코드	실행될 이미지는…	다음 과정은…
32비트 시스템에서 Win64 애플리케이션(또는 PPC나 MIPS, Alpha 바이너리)	PsCreateFail MachineMismatch	N/A	CreateProcessInternalW 는 실패
디버거 키 값이 다른 이미지 이름을 가질 때	PsCreateFailExe Name	디버거 키 값에 지정된 이름	CreateProcessInternalW 는 1단계를 재시작
유효하지 않거나 손상된 윈도우 EXE	PsCreateFailExe Format	N/A	CreateProcessInternalW 는 실패
파일 열기 실패	PsCreateFailOn FileOpen	N/A	CreateProcessInternalW 는 실패
명령 프로시저(확장자가 .bat 또는 .cmd인 애플리케이션)	PsCreateFailOn SectionCreate	cmd.exe	CreateProcessInternalW 는 1단계를 재시작

구체적으로 이미지를 실행시키기 위한 CreateProcessInternalW의 의사 결정 트리는 다음과 같다.

- x86 32비트 윈도우이고 확장자가 .exe나 .com, .pif인 MS-DOS 애플리케이션 이미지라면 윈도우 서브시스템에 메시지를 보내 이 세션에 대한 MS-DOS 지원 프로세스(레지스트리 값 HKLM\SYSTEM\CurrentControlSet\Control\WOW\cmdline 에 설정된 Ntvdm.exe)가 이미 생성됐는지 확인한다. 이미 생성됐다면 이를 이용 해서 MS-DOS 애플리케이션을 실행한다. 윈도우 서브시스템은 VDM$^{가상 DOS 머신}$ 프로세스에 메시지를 보내 새로운 이미지를 실행하라고 알려준다. 그리고 CreateProcessInternalW는 리턴된다. 지원 프로세스가 생성돼 있지 않으면 실행시킬 이미지 파일명을 Ntvdm.exe로 바꾸고 CreateProcessInternalW는 1단계부터 다시 시작한다.

- 실행할 파일의 확장자가 .bat 또는 .cmd라면 실행시킬 이미지 파일명을 윈도우 명령 프롬프트인 Cmd.exe로 바꾸고 CreateProcessInternalW는 1단계부터 다시 시작한다(배치 파일의 이름은 /c 스위치 다음의 두 번째 인자로 Cmd.exe에 전달된다).

- x86 윈도우 시스템에서 이미지가 Win16(윈도우 3.1) 프로그램이면 Create-ProcessInternalW는 새로운 VDM 프로세스를 만들 것인지 세션 전역적으로 공유하는 디폴트 VDM 프로세스(아직 만들어지지 않았을 수 있는)를 사용할지 결정해야 한다. CreateProcess 함수의 플래그인 CREATE_SEPARATE_WOW_VDM 또는 CREATE_SHARED_WOW_VDM가 이 결정을 좌우한다. 이런 플래그가 지정돼 있지 않으면 레지스트리 값 HKLM\SYSTEM\CurrentControlSet\Control\WOW\DefaultSeparateVDM에 설정된 기본 값대로 동작하게 된다. 애플리케이션이 별도의 VDM에서 실행돼야 한다면 이미지 이름을 일부 설정 인자와 16비트 프로세스 이름을 가진 Ntvdm.exe로 변경하고 CreateProcessInternalW의 1단계부터 다시 시작한다. 반대의 경우라면 윈도우 서브시스템에 메시지를 보내 공유 VDM이 있는지, 그리고 사용할 수는 있는지 확인하게 된다(VDM 프로세스가 다른 데스크톱에서 실행 중이거나, 호출자와는 다른 보안 설정으로 실행되는 경우에는 사용하지 못하므로 새로운 VDM을 생성해야 한다). 공유 VDM을 사용할 수 있다면 윈도우 서브시스템은 이 VDM에 메시지를 보내 새로운 프로그램을 실행하게 하고 CreateProcessInternalW는 리턴된다. VDM 프로세스가 아직 생성되지 않았다면(또는 존재하지만 사용할 수 없다면) 실행할 이미지 이름을 VDM 지원 이미지 이름으로 변경하고 CreateProcessInternalW의 1단계부터 다시 시작한다.

3단계: 윈도우 익스큐티브 프로세스 객체 생성

지금까지 NtCreateUserProcess는 유효한 윈도우 실행 파일을 오픈한 상태고, 새로운 프로세스 주소 공간에 매핑할 섹션 객체도 생성한 상황이다. 이제 시스템 내부 함수인 PspAllocateProcess를 호출해 이미지를 실행시킬 윈도우 익스큐티브 프로세스 객체를 만들 차례다. 익스큐티브 프로세스 객체를 만드는 것(생성 스레드에 의해 이뤄진다)은 다음과 같은 순서로 진행한다.

3A. EPROCESS 객체 설정

3B. 초기 프로세스 주소 공간을 생성

3C. 커널 프로세스 구조체(KPROCESS) 초기화

3D. 프로세스 주소 공간 초기화 마무리

3E. PEB 설정

3F. 익스큐티브 프로세스 객체의 설정 마무리

> 부모 프로세스 없이 새로운 프로세스가 생성되는 것은 오직 시스템이 초기화될 때뿐이다(시스템 프로세스가 생성될 때). 이후로 생성되는 모든 새로운 프로세스에 대한 보안 컨텍스트를 제공하려면 언제나 부모 프로세스가 필요하다.

3A단계: EPROCESS 객체 설정

이 하위 단계는 다음과 같은 순서로 진행된다.

1. 프로세스 생성 시 속성 리스트를 통해 명시적으로 설정되지 않았다면 부모 프로세스로부터 친화성^{Affinity}을 상속한다.

2. 속성 리스트에 명시돼 있다면 이상적 NUMA 노드를 선택한다.

3. 부모 프로세스로부터 페이지와 I/O 우선순위를 상속받는다. 부모 프로세스가 존재하지 않는다면 기본 페이지 우선순위(5)와 I/O 우선순위(Normal)가 사용된다.

4. 새로운 프로세스의 종료^{exit} 상태를 STATUS_PENDING으로 설정한다.

5. 속성 리스트에 의해 명시된 하드 에러 처리 모드를 선택한다. 명시되지 않았을 경우에는 부모 프로세스의 처리 모드를 상속하고, 부모 프로세스도 존재하지 않는다면 모든 에러를 표시하는 기본 처리 모드를 사용한다.

6. 새로운 프로세스 객체 내의 InheritedFromUniqueProcessId 항목에 부모 프로세스의 프로세스 ID를 설정한다.

7. 프로세스가 큰 페이지가 사용되지 않는 Wow64에서 실행하지 않는다면 프로세스가 큰 페이지(IFEO 키에 UseLargePages)로 매핑돼야 하는지 알아보기 위해 레

지스트리 키인 IFEO^{Image File Execution Options}를 검사한다. 또한 NTDLL이 프로세스의 큰 페이지 내로 매핑돼야 하는지 확인하기 위해 레지스트리 키를 검사한다.

8. IFEO 내의 성능 옵션 키(존재한다면 PerfOptions)를 검사한다. 이 키는 IoPriority와 PagePriority, CpuPriorityClass, WorkingSetLimitInKB의 값으로 구성돼 있을 수 있다.

9. 프로세스가 Wow64에서 실행한다면 Wow64의 부가적인 구조체(EWOW64PROCESS)를 할당해 EPROCESS 구조체의 WoW64Process 멤버에 이를 설정한다.

10. 프로세스가 앱컨테이너 내에 생성돼야 한다면(대부분의 경우 최신 앱) LowBox로 생성된 토큰의 유효성을 검사한다(앱컨테이너에 대한 좀 더 자세한 사항은 7장을 참고한다).

11. 이 프로세스를 생성하는 데 필요한 모든 권한을 획득한다. Real-time 프로세스 우선순위 클래스를 선택하거나 새로운 프로세스에 토큰을 할당하는 것, 프로세스를 큰 페이지에 매핑하거나 새로운 세션에 프로세스를 생성하는 등의 모든 행위는 적절한 권한을 필요로 한다.

12. 프로세스의 주 접근 토큰^{primary access token}을 만든다(부모 프로세스의 주 접근 토큰의 복사본). 새로운 프로세스는 보안 프로필을 부모 프로세스에서 받아온다. CreateProcessAsUser 함수를 통해 새로운 프로세스에 다른 접근 토큰을 설정했다면 그 토큰은 적절하게 변경된다. 이 변경은 부모 프로세스 토큰의 무결성 레벨이 해당 접근 토큰의 무결성 레벨보다 높고 해당 접근 토큰이 부모 토큰의 자식이거나 형제^{Sibling}일 경우에만 가능하다. 부모 프로세스가 SeAssign-PrimaryToken 권한을 가질 경우에는 이 검사를 하지 않는다.

13. 새로운 프로세스 토큰의 세션 ID를 검사해 이것이 세션 간^{cross-session}의 생성인지 검사한다. 그럴 경우 부모 프로세스는 주소 공간 생성과 쿼터에 대한 적절한 처리를 위해 임시적으로 대상 세션에 연결^{Attach}한다.

14. 새로운 프로세스의 쿼터 블록^{quota block}을 부모 프로세스의 쿼터 블록 주소로 설정하고 부모 쿼터 블록의 참조 카운트를 증가시킨다. 프로세스가 Create-ProcessAsUser로 생성된다면 이 과정은 생략된다. 대신 기본 쿼터가 생성되거

나 사용자 프로필과 일치하는 쿼터가 선택된다.

15. 프로세스의 최대/최소 워킹셋^{working set}의 크기는 PspMinimumWorkingSet와 PspMaximumWorkingSet의 값으로 각각 설정된다. 이 값은 Image File Execution Options의 PerfOptions 키 내에 성능 옵션이 지정돼 있다면 덮어 써질 수 있다. 이 경우 최대 워킹셋은 이곳으로부터 구해진다. 기본 워킹셋 제한은 소프트 제한으로 기본적으로 힌트 값이다. 반면 PerfOptions 워킹셋의 최댓값은 하드 제한으로 워킹셋이 이 값을 넘게 커지는 것은 허용되지 않는다.

16. 프로세스 주소 공간을 초기화(3B단계에서 설명한다)한 후 세션이 다를 경우 해당 세션에서 연결을 해제^{Detach}한다.

17. 그룹 친화성 상속이 사용되지 않을 경우 프로세스에 대한 그룹 친화성이 선택된다. 기본 그룹 친화성은 이전에 NUMA 노드 전파가 설정돼 있을 경우(NUMA 노드를 소유한 그룹이 사용된다) 부모로부터 상속되거나 라운드로빈^{round-robin} 방식으로 할당된다. 시스템이 그룹 인식 모드^{group-awareness mode}로 설정돼 있고 선택 알고리즘에 의해 그룹 0으로 선택됐을 경우 그룹 1이 존재한다면 이것이 대신 선택된다.

18. 프로세스 객체의 일부분인 KPROCESS를 초기화한다(3C단계에서 설명한다).

19. 프로세스에 대한 토큰이 설정된다.

20. 부모 프로세스의 우선순위 클래스가 Idle이나 Below Normal일 경우 부모 프로세스의 우선순위가 상속되고, 그렇지 않을 경우 프로세스 우선순위 클래스를 Normal로 설정한다.

21. 프로세스 핸들 테이블이 초기화된다. 부모 프로세스에 상속 핸들 플래그^{inherit handles flag}가 설정돼 있으면 상속 가능한 모든 핸들은 부모 프로세스의 객체 핸들 테이블에서 새 프로세스의 핸들 테이블로 복사된다(객체 핸들 테이블에 대한 자세한 내용은 2권의 8장을 참조한다). 프로세스 속성 또한 특정 핸들만 상속될 수 있게 지정할 수 있는데, CreateProcessAsUser 함수를 통해 프로세스 생성 시 특정 객체만 자식 프로세스에게 상속되도록 제한할 때 유용하다.

22. PerfOptions 키에 성능 옵션이 설정돼 있다면 이 시점에 적용된다. Perf-

Options 키에는 워킹셋 크기 제한 값을 덮어 쓰는 것과 I/O 우선순위, 페이지 우선순위, 프로세스의 CPU 우선순위 클래스 등이 존재한다.

23. 최종 프로세스 우선순위 클래스와 각 스레드에 대한 기본 퀀텀^{quantum}이 계산되고 설정된다.

24. IFEO 키(Mitigation으로 명명된 64비트 값) 내에 제공된 다양한 미티게이션_{mitigation} 옵션이 읽혀지고 설정된다. 프로세스가 앱컨테이너에 존재한다면 `TreatAsAppContainer` 미티게이션 플래그를 추가한다.

25. 기타 모든 미티게이션 플래그가 적용된다.

3B단계: 초기 프로세스 주소 공간 생성

초기 프로세스 주소 공간은 다음과 같은 페이지로 구성돼 있다.

- 페이지 디렉터리(PAE 모드로 동작하는 x86 시스템이나 64비트 시스템처럼 두 단계 이상의 페이지 테이블을 가진 시스템에서는 하나 이상 존재할 수 있다)
- 하이퍼스페이스 페이지^{Hyperspace page}
- VAD 비트맵 페이지
- 워킹셋 리스트

이러한 페이지를 생성하는 작업은 다음 순서대로 이뤄진다.

1. 초기 페이지를 매핑하기 위해서 적절한 페이지 테이블에 페이지 테이블 항목을 만든다.
2. 페이지 개수를 커널 변수 `MmTotalCommittedPages`에서 감소시키고 `MmProcessCommit`에는 더한다.
3. 시스템 전역적인 기본 프로세스 최소 워킹셋 크기(`PsMinimumWorkingSet`)를 `MmResidentAvailablePages`에서 뺀다.
4. 전역 시스템 공간에 대한 페이지 테이블 페이지가 생성된다(이것은 방금 설명한 프로세스별 페이지들과 세션별 메모리를 제외한다).

3C단계: 커널 프로세스 구조체 생성

PspAllocateProcess의 다음 단계는 KPROCESS 구조체(EPROCESS의 pcb 멤버)를 초기화하는 것이다. 이것은 KeInitializeProcess에 의해 진행되며, 다음과 같은 초기화 작업을 수행한다.

1. 프로세스에 속한 모든 스레드를 연결하는 이중 연결 리스트(초기에는 비어있음)가 초기화된다.

2. 프로세스 기본 퀀텀의 초깃값(또는 리셋 값, 4장의 '스레드 스케줄링' 절에서 자세히 다룬다)은 PspComputeQuantumAndPriority 함수에 의해 초기화되기 전까지는 6으로 하드코딩돼 있다.

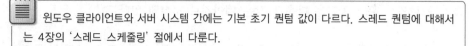

> 윈도우 클라이언트와 서버 시스템 간에는 기본 초기 퀀텀 값이 다르다. 스레드 퀀텀에 대해서는 4장의 '스레드 스케줄링' 절에서 다룬다.

3. 3A단계에서 계산된 값을 기준으로 프로세스의 베이스 우선순위가 설정된다.

4. 프로세스 내부의 스레드들에 대한 기본 프로세서 친화성processor affinity이 설정된다. 그룹 친화성은 3A단계에서 이미 계산됐거나 부모로부터 상속됐다.

5. 프로세스 스와핑 상태를 상주resident로 설정한다.

6. 스레드 시드seed는 커널이 이 프로세스에 대해 선택한 이상적인 프로세서에 기반을 둔다(이전에 생성된 프로세스의 이상적 프로세서를 기반으로 하며 라운드로빈 방식으로 이 값을 효과적으로 랜덤화한다). 새로운 프로세스를 생성하면 KeNodeBlock(초기 NUMA 노드 블록) 내의 이 시드를 변경해 다음번 새로운 프로세스가 다른 이상적 프로세서 시드를 가질 수 있게 한다.

7. 프로세스가 안전한 프로세스라면(윈도우 10과 서버 2016) HvlCreateSecure-Process를 호출해 안선한 ID를 생성한다.

3D단계: 프로세스 주소 공간 초기화 종결

새로운 프로세스 주소 공간을 설정하는 것은 조금 복잡하므로 한 번에 한 단계씩 차근차근 살펴보자. 이번 절에서 나오는 내용을 잘 이해하려면 5장에 나오는 윈도우 메모리 관리자의 내부 동작에 대해 잘 알고 있어야 한다.

주소 공간 설정 작업을 주로 하는 루틴은 `MmInitializeProcessAddressSpace`다. 이 루틴은 또한 다른 프로세스의 주소 공간을 복제하는 기능도 지원한다. 이 기능은 POSIX fork 시스템 호출을 구현할 때에 유용하다. 향후에 유닉스 유형의 fork를 지원할 때 사용될 수도 있다(이것이 레드스톤 1에서 리눅스용 윈도우 서브시스템의 fork가 구현된 방법이다). 다음 단계에서는 주소 공간 복제 기능은 다루지 않고 일반 프로세스 주소 공간 초기화에 중점을 둔다.

1. 가상 메모리 관리자가 프로세스의 마지막 트림 시간trim time을 현재 시각으로 설정한다. 워킹셋 관리자(밸런스 세트 관리자 시스템 스레드의 컨텍스트에서 수행되는)가 워킹셋 트리밍trimming을 언제 개시할 것인지를 결정하는 데 이 값을 이용한다.

2. 메모리 관리자가 프로세스의 워킹셋 리스트를 초기화한다. 이제 페이지 폴트가 일어날 수 있다.

3. 이미지 파일이 오픈될 때 생성된 섹션이 새로운 프로세스의 주소 공간으로 매핑된다. 프로세스 섹션의 베이스 주소는 이미지의 베이스 주소 값으로 설정된다.

4. 프로세스 환경 블록PEB이 생성되고 초기화된다('3E단계' 절을 참고한다).

5. Ntdll.dll을 프로세스에 매핑한다. Wow64 프로세스라면 32비트용 Ntdll.dll도 매핑된다.

6. 필요하다면 프로세스를 위한 새로운 세션이 생성된다. 이 특별한 단계는 새로운 세션을 초기화할 때 세션 관리자(Smss)에 도움이 되게 대부분 구현돼 있다.

7. 표준 핸들들이 복사되고 새로운 값은 프로세스 인자 구조체에 써진다.

8. 속성 리스트에 나열된 메모리 예약이 진행된다. 추가적으로 두 개의 플래그를 이용해 주소 공간의 시작 부분 1MB 또는 16MB 내에 대량의 예약을 할 수 있다.

예를 들어 이들 플래그는 리얼 모드real-mode 벡터의 매핑과 롬ROM 코드를 위해 내부적으로 사용된다(이들 코드는 일반적으로 힙이나 프로세스 구조체가 위치할 수 있는 가상 주소 공간의 낮은 영역에 위치해야 한다).

9. 사용자 프로세스 인자가 프로세스에 써지고 복사되고 수정된다(즉, 이들은 단일 메모리 블록이 필요하게 절대적인 형태에서 상대적인 형태로 의미가 변경된다).

10. 친화성 정보가 PEB에 적힌다.

11. MinWin API 리디렉션 집합이 프로세스로 매핑되고, 그 포인터는 PEB에 저장된다.

12. 프로세스 고유 ID가 결정되고 저장된다. 커널은 고유한 프로세스와 스레드 ID, 핸들을 구분하지 않는다. 프로세스와 스레드 ID(핸들)는 어떤 프로세스와도 연관이 없는 전역 핸들 테이블(PspCidTable)에 저장된다.

13. 안전한 프로세스라면(즉, IUM에서 실행한다면) 초기화가 이뤄지고 커널 프로세스 객체와 연관 지어진다.

3E단계: PEB 설정

NtCreateUserProcess는 MmCreatePeb를 호출한다. 이 함수는 먼저 시스템 전역인 다국어 지원NLS, National Language Support 테이블을 프로세스 주소 공간에 매핑한다. 그 후 MiCreatePebOrTeb를 호출해 PEB를 위한 페이지를 할당하고 여러 필드를 초기화한다. 예를 들어 MmHeap* 값과 MmCriticalSectionTimeout, MmMinimumStackCommitInBytes 등의 값은 레지스트리를 통해 설정된 내부 변수에 기초한다. 이들 필드 중 일부는 링크된 실행 이미지의 설정 값에 의해 덮어써질 수 있다. 이런 필드로는 PE 헤더의 윈도우 버전이나 PE 헤더의 로드 설정 디렉터리 내의 친화성 마스크 등이 있다.

이미지 헤더 특성의 IMAGE_FILE_UP_SYSTEM_ONLY 플래그가 설정돼 있으면(이미지가 단일 프로세서 시스템에서만 실행한다는 의미) 새 프로세스의 모든 스레드는 단일 CPU (MmRotatingUniprocessorNumber)에만 배당된다. 이런 선택 과정은 사용 가능한 프로세서를 단순히 돌면서 이뤄진다. 즉, 이런 유형의 이미지가 실행될 때마다 바로 다음 프로세서가 사용된다. 이런 방식으로 해당 유형의 이미지들이 각 프로세서에 걸쳐 골고루 퍼지게 된다.

3F단계: 익스큐티브 프로세스 객체의 설정 완료

새로운 프로세스에 대한 핸들을 반환하기 전에 PspInsertProcess와 보조 함수들에 의해 일부 마무리 설정 단계가 완료돼야 한다.

1. 시스템 전역적으로 프로세스 감사[auditing]를 하게 설정돼 있다면 (로컬 정책 설정이나 도메인 컨트롤러의 그룹 정책 설정으로 인한) 프로세스가 생성됐음을 보안 이벤트 로그에 기록한다.

2. 부모 프로세스가 잡[Job]에 포함돼 있다면 해당 부모의 잡 레벨 세트로부터 잡이 복구되고 새롭게 생성된 프로세스에 대한 세션으로 묶인다. 마지막으로 새로운 프로세스는 해당 잡에 추가된다.

3. 윈도우가 갖고 있는 활성 프로세스 리스트(PsActiveProcessHead)의 맨 끝에 새로운 프로세스 객체를 삽입한다. 이제 프로세스는 EnumProcesses와 OpenProcess 같은 함수로 접근이 가능하다.

4. NoDebugInherit 플래그가 설정돼 있지 않는 한 부모 프로세스의 디버그 포트가 새로운 자식 프로세스로 복사된다(NoDebugInherit은 프로세스가 생성될 때 설정할 수 있다). 디버그 포트가 설정돼 있다면 새로운 프로세스에 연결된다.

5. 잡 객체는 잡에 포함된 프로세스 내에서 동작하는 스레드 그룹에 제약을 지정할 수 있기 때문에 PspInsertProcess는 프로세스와 연관된 그룹 친화성이 잡과 연관된 그룹 친화성을 위반하지 않게 확실히 해야 한다. 권한이 적은 잡 객체가 더 많은 권한을 가진 프로세스의 친화성 요구 사항을 방해할 수 있기 때문에 잡이 프로세스의 친화성을 수정할 수 있는 권한을 획득할 수 있는지 여부를 고려하는 것도 흥미로운 이슈다.

6. 마지막으로 PspInsertProcess는 ObOpenObjectByPointer 함수를 호출해 새로운 프로세스에 대한 핸들을 생성하고 이를 호출자에게 넘겨준다. 프로세스의

첫 번째 스레드가 생성되기 전까지는 프로세스 생성 콜백이 호출되지 않으며, 객체 관리 기반의 콜백이 호출되기 전에 항상 프로세스 콜백이 먼저 호출되는 것에 주의하자.

4단계: 초기 스레드와 그 스택 및 컨텍스트 생성

윈도우 익스큐티브 프로세스 객체는 설정이 끝났다. 하지만 아직 스레드가 없으므로 아무것도 할 수 없는 상태다. 이제 동작을 시작할 수 있는 상태로 만들어야 한다. 새로운 스레드가 생성될 때 NtCreateThread에 의해 호출되는 PspCreateThread 루틴이 스레드 생성의 전반적인 작업을 담당한다. 하지만 초기 스레드initial thread는 유저 모드 입력 없이 커널에 의해 내부적으로 생성되므로 PspCreateThread가 의존하는 두 보조 루틴인 PspAllocateThread와 PspInsertThread가 사용된다. PspAllocateThread는 익스큐티브 스레드 객체를 실제 생성하고 초기화한다. 반면에 PspInsertThread는 스레드 핸들의 생성과 보안 속성의 생성을 처리하며, 시스템에서 익스큐티브 스레드 객체를 스케줄 가능한 스레드로 변환하기 위해 KeStartThread를 호출한다. 하지만 아직 스레드는 아무것도 할 수 없다. 스레드는 서스펜드suspend 상태로 만들어지고 프로세스가 완전하게 초기화되기 전에는 재실행resume되지 못한다(5단계에서 설명한다).

> 📝 스레드 인자(CreateProcess에서는 지정할 수 없으나 CreateThread에서는 가능하다)는 PEB의 주소다. 해당 인자는 새로운 스레드 컨텍스트에서 실행할 초기화 코드에서 사용된다(6단계에서 설명한다).

PspAllocateThread는 다음 과정을 수행한다.

1. 이 함수는 유저 모드 스케줄링UMS 스레드가 Wow64 프로세스 내에서 생성되는 것과 유저 모드 호출자가 시스템 프로세스 내에 스레드를 생성하는 것을 막는다.
2. 익스큐티브 스레드 객체를 생성하고 초기화한다.
3. 시스템에 에너지 추정 기능이 활성화돼 있다면(XBOX는 항상 비활성화돼 있다)

ETHREAD 객체가 가리키는 THREAD_ENERGY_VALUES 구조체를 할당하고 초기화한다.

4. LPC와 I/O 관리, 익스큐티브에 의해 사용되는 다양한 리스트를 초기화한다.

5. 스레드 생성 시각을 설정하고 스레드 ID^{TID}를 생성한다.

6. 스레드가 실행되기 위해 필요한 스택과 컨텍스트를 스레드 수행 전에 만든다. 초기 스레드의 스택 크기는 이미지로부터 구해지며, 다른 크기를 지정할 방법은 없다. Wow64 프로세스라면 Wow64 스레드 컨텍스트도 초기화한다.

7. 새로운 스레드의 스레드 환경 블록^{TEB}을 할당한다.

8. ETHREAD(StartAddress 필드)에 유저 모드 스레드 시작 주소가 저장돼 있다. 이것은 시스템에서 제공하는 스레드 시작 함수로 Ntdll.dll(RtlUserThreadStart) 안에 있다. 유저가 지정한 윈도우 시작 주소는 ETHREAD의 다른 위치(Win32Start-Address 필드)에 저장되므로 Process Explorer 등의 디버깅 툴에서 이 정보를 질의할 수 있다.

9. KTHREAD 구조체를 설정하기 위해 KeInitThread를 호출한다. 스레드의 초기 기본 우선순위와 현재 기본 우선순위는 프로세스의 기본 우선순위로 설정되며, 친화성과 퀀텀도 프로세스를 따른다. 다음으로 KeInitThread는 스레드 커널 스택을 할당하고 머신 종속적인 하드웨어 컨텍스트(즉, 컨텍스트와 트랩, 예외 프레임 등을 포함한다)를 초기화한다. 스레드의 컨텍스트는 스레드가 커널 모드의 KiThreadStartup에서 시작되게 설정된다. 끝으로 KeInitThread는 스레드의 상태를 Initialized로 설정하고 PspAllocateThread로 복귀한다.

10. 이 스레드가 UMS 스레드라면 UMS 상태를 초기화하기 위해 PspUmsInitThread가 호출된다.

이 작업이 끝나면 NtCreateUserProcess는 PspInsertThread를 호출해 다음 과정을 수행한다.

1. 속성을 사용해 스레드 이상적 프로세서가 명시됐다면 이를 초기화한다.

2. 속성을 사용해 스레드 그룹 친화성이 명시됐다면 이를 초기화한다.

3. 프로세스가 잡의 일부분이라면 스레드 그룹 친화성(바로 앞에서 언급한)이 잡 제약을 위반하지 않는지에 대한 검사가 이뤄진다.

4. 프로세스가 아직 종료되지 않았는지 또는 스레드가 아직 종료되지 않았는지, 스레드 실행을 시작할 수 없는지 검사한다. 이 경우 중 하나라도 사실이면 스레드 생성은 실패한다.

5. 스레드가 안전한 프로세스(IUM)의 일부분이라면 안전한 스레드 객체를 생성하고 초기화한다.

6. KeStartThread를 호출해 스레드 객체의 일부인 KTHREAD를 초기화한다. 이 작업에는 소유자 프로세스로부터 스케줄러 설정을 상속하고, 이상적 노드나 프로세서를 설정, 그룹 친화성의 갱신, 기본 및 동적 우선순위 설정(프로세스로부터 복사함으로써), 스레드 퀀텀 설정, KPROCESS에 의해 관리되는 프로세스 리스트 (EPROCESS 내의 것과는 분리된 리스트)에 해당 스레드를 삽입하는 일이 이뤄진다.

7. 프로세스가 딥 프리즈^{deep freeze}(새로운 스레드를 포함해 어떤 스레드라도 실행이 허용되지 않음을 의미한다) 상태라면 이 스레드 역시 프리즈 상태가 된다.

8. x86 시스템이 아닌 경우 프로세스 내의 첫 스레드라면(그리고 프로세스는 유휴 프로세스가 아니라면) 이 프로세스는 전역 변수 KiProcessListHead가 관리하는 시스템 전역 리스트에 추가된다.

9. 프로세스 객체의 스레드 카운트가 증가하고 소유 프로세스의 I/O 우선순위와 페이지 우선순위가 상속된다. 이 스레드가 해당 프로세스가 가진 가장 많은 개수의 스레드라면 스레드 카운트 상위 워터마크^{high watermark} 또한 갱신된다. 프로세스의 두 번째 스레드라면 주 토큰^{primary token}이 고정된다(즉, 프로세스는 더 이상 변경될 수 없다).

10. 스레드를 프로세스 스레드 리스트에 삽입하고 생성 프로세스가 요청한 경우 스레드는 서스펜드된다.

11. 스레드 객체는 프로세스 핸들 테이블에 삽입된다.

12. 이 스레드가 프로세스의 첫 번째 스레드라면(즉, 이 작업이 CreateProcess* 호출에 의해 발생했다면) 프로세스 생성에 대해 등록된 콜백이 호출된다. 그리고 나

250

서 등록된 스레드 콜백이 호출된다. 한 콜백이라도 생성을 반대한다면 함수는 실패하고 적절한 상태를 호출자로 반환한다.

13. 잡 리스트가 제공되고 (속성을 사용해) 프로세스 내의 첫 번째 스레드라면 프로세스는 잡 리스트 내의 모든 잡에 할당된다.

14. KeReadyThread를 호출해 스레드가 실행 준비가 된다. 스레드는 지연된 준비 상태^{deferred ready state}로 진입한다(스레드 상태에 대해서는 4장을 참고한다).

5단계: 윈도우 서브시스템 특정적인 초기화 수행

NtCreateUserProcess가 성공 코드를 반환했다면 필요한 익스큐티브 프로세스와 스레드 객체가 만들어진 것이다. CreateProcessInternalW는 이제 프로세스 초기화를 마무리 짓기 위한 윈도우 서브시스템 특유의 동작과 관련된 여러 작업을 수행한다.

1. 윈도우가 해당 실행 파일이 실행되게 할 것인지에 대한 여러 가지 검사가 이뤄진다. 이 검사 과정에는 헤더의 이미지 버전을 확인하고 해당 프로세스가 윈도우 애플리케이션 자격증명으로 차단됐는지(그룹 정책에 의해)를 확인하게 된다. 윈도우 스토리지 서버 2012 R2와 같은 윈도우 서버 2012 R2의 특별판인 경우에는 애플리케이션이 허락되지 않은 API를 사용하는지 여부를 추가적으로 판단하게 된다.

2. 소프트웨어 제한 정책이 명시돼 있다면 새로운 프로세스에 대해 제한된 토큰^{restricted token}이 생성된다. 이후로 해당 프로세스에 대한 엔트리가 레지스트리 또는 시스템 애플리케이션 데이터베이스에 존재하는지 보기 위해 애플리케이션 호환성 데이터베이스를 조회한다. 이 단계에서는 호환성 심^{shims}이 적용되지 않는다. 이 정보는 초기 스레드가 시작된 후에 PEB에 저장된다(6단계 참고).

3. CreateProcessInternalW는 일부 내부 함수를 호출해(비보호 프로세스인 경우) SxS 정보(3장 후반부인 'DLL 이름 해석과 리디렉션' 절에서 side-by-side 어셈블리에 대한 좀 더 상세한 내용이 나온다)를 구한다. 여기에는 매니페스트 파일과 DLL 리디렉션 경로, EXE가 존재하는 장치가 제거 가능한지와 같은 그 밖의 정보

등이 포함된다. 이머시브^{immersive} 프로세스의 경우에 패키지 매니페스트로부터 버전 정보와 대상 플랫폼을 반환한다.

4. Csrss에 보내기 위해 수집된 정보에 기반을 두고 윈도우 서브시스템에 대한 메시지가 만들어진다. 이들 메시지는 다음과 같은 내용을 포함한다.

   ○ 경로 이름과 SxS 경로 이름

   ○ 프로세스와 스레드의 핸들

   ○ 섹션 핸들

   ○ 접근 토큰 핸들

   ○ 장치 정보

   ○ AppCompat와 심^{shim} 데이터

   ○ 이머시브 프로세스 정보

   ○ PEB 주소

   ○ 보호 프로세스인지 또는 상승된 권한으로 실행될 필요가 있는지와 같은 다양한 플래그

   ○ 프로세스가 윈도우 애플리케이션에 속하는 것인지를 표시하는 플래그(이 정보에 따라 Csrss는 시작 커서를 표시할지 말지를 결정할 수 있다)

   ○ UI 언어 정보

   ○ DLL 리디렉션과 .local 플래그(3장의 후반부 '이미지 로더' 절에서 다룬다)

   ○ 매니페스트 파일 정보

윈도우 서브시스템이 이 메시지를 받으면 다음과 같은 단계를 수행한다.

1. CsrCreateProcess는 프로세스와 스레드의 핸들을 복제한다. 이 단계에서 프로세스와 스레드의 사용 카운터를 1(생성 시점에 설정된 값)에서 2로 증가시킨다.

2. Csrss 프로세스 구조체(CSR_PROCESS)가 할당된다.

3. 새로운 프로세스의 예외 포트를 윈도우 서브시스템의 범용 기능 포트로 설정해 프로세스에 두 번째 기회의 예외$^{second-chance\ exception}$가 발생하면 윈도우 서브시스템이 메시지를 받을 수 있게 해놓는다(예외 처리에 대한 내용은 2권의 8장을 참고한다).

4. 새로운 프로세스 그룹이 루트 역할을 하는 새로운 프로세스로 만들어진다면 (CreateProcess 내에 CREATE_NEW_PROCESS_GROUP 플래그), CSR_PROCESS에 설정된다. 콘솔을 공유하는 프로세스 집합에 제어 이벤트를 보낼 때 프로세스 그룹은 유용하다. CreateProcess와 GenerateConsoleCtrlEvent에 관한 추가적인 정보는 윈도우 SDK 문서를 살펴보자.

5. Csrss 스레드 구조체(CSR_THREAD)가 할당되고 초기화된다.

6. CsrCreateThread가 프로세스의 스레드 리스트에 해당 스레드를 추가한다.

7. 현재 세션의 프로세스 카운트를 하나 증가시킨다.

8. 프로세스의 종료 레벨을 기본 프로세스 종료 레벨 값인 0x280으로 설정한다(자세한 내용은 윈도우 SDK 문서에서 SetProcessShutdownParameter를 참고한다).

9. 새로운 Csrss 프로세스 구조체를 윈도우 서브시스템의 전역적 프로세스 리스트에 추가한다.

Csrss이 이 모든 과정을 수행한 후 CreateProcessInternalW는 프로세스가 상승된 권한으로 수행됐는지를 검사한다(즉, 프로세스는 ShellExecute를 통해 실행됐고 AppInfo 서비스가 사용자에게 권한 상승 동의 대화상자를 보여준 후에 상승됐다는 것을 의미한다). 이 과정은 프로세스가 설치 프로그램인지를 검사하는 것을 포함한다. 설치 프로그램이라면 프로세스의 토큰이 오픈되고 가상화 플래그가 켜지게 돼 애플리케이션은 가상화가된다(UAC와 가상화에 대한 자세한 내용은 7장을 참고). 애플리케이션이 권한 상승 심을 갖고 있거나 자신의 매니페스 내에 요청된 권한 상승 레벨을 가졌었다면 프로세스는 종료되고 권한 상승 요청이 AppInfo 서비스로 전달된다.

참고로 보호 프로세스에게는 대부분의 이런 검사가 이뤄지지 않는다. 보호 프로세스는 윈도우 비스타나 그 이상 버전의 윈도우에서 동작하게 설계돼 있으므로 권한 상승이나 가상화, 애플리케이션 호환성 검사와 처리 등이 필요하지 않다. 또한 심 엔진 같은 방식이 기존의 후킹이나 메모리 패칭patching 같은 기술을 보호 프로세스에서 수행하게 허용한다면 누군가가 수상한 심을 심어 보호 프로세스의 동작을 수정할 수 있을 수 있으므로 오히려 보안 취약점을 만들게 될 것이다. 추가적으로 심 엔진은 부모 프로세스에 의해 설치되기 때문에 자식 보호 프로세스에 대해 접근하지 못할 수도 있고, 심지어 합법적인 심이 작동하지 않을 수도 있다.

6단계: 초기 스레드의 실행 시작

이제 프로세스 환경이 결정됐고 프로세스의 스레드가 사용할 자원이 할당됐으며, 프로세스가 스레드를 갖고 있고, 윈도우 서브시스템도 새로운 프로세스에 대해 알고 있다. 호출자가 CREATE_SUSPENDED 플래그를 지정하지 않았다면 초기 스레드는 이제 재개resume돼 실행을 시작할 수 있으며, 새 프로세스의 컨텍스트에서 나머지 프로세스 초기화 작업을 수행한다(7단계 참고).

7단계: 새 프로세스의 컨텍스트에서 프로세스 초기화 수행

새로운 스레드는 커널 모드 스레드 시작 루틴인 KiStartUserThread를 실행하면서 삶이 시작된다. KiStartUserThread는 스레드의 IRQL 레벨을 DPC/디스패치 레벨에서 APC 레벨로 내리고 시스템 초기 스레드 루틴인 PspUserThreadStartup을 호출한다. 사용자 지정의 스레드 시작 주소가 이 루틴의 인자로 전달된다. PspUserThreadStartup은 다음의 작업을 수행한다.

1. x86 아키텍처에 대한 예외 체인을 설치한다(이와 관련된 내용은 아키텍처마다 달리 동작한다. 2권의 8장을 보라).
2. IRQL을 PASSIVE_LEVEL(0, 유저 코드가 실행할 수 있는 유일한 IRQL)로 내린다.
3. 프로세스 주 토큰을 실행 시에 교환할 수 있는 기능을 비활성화한다.
4. 시작 시에 스레드가 죽었다면(이유에 상관없이) 종료가 되고 추가적인 동작은 일어나지 않는다.
5. 커널 모드 데이터 구조체에 존재하는 정보에 기반을 두고 로케일Locale ID와 이상적 프로세서를 TEB에 설정하고 스레드 생성이 실제로 실패했는지 검사한다.
6. 새로운 프로세스에 대한 이미지 통지가 보내졌는지 검사하는 DbgkCreateThread

를 함수를 호출한다. 통지가 전달되지 않았다면 통지가 활성화되고, 먼저 새로운 프로세스에 대한 이미지 통지가 전달되고 다음에 Ntdll.dll 이미지 로드에 대한 통지가 보내진다.

 이미지가 처음 매핑되는 단계에서는 프로세스 ID(커널 콜아웃(callout)을 위해 필요)가 할당돼 있지 않기 때문에 이런 과정이 이 단계에서 진행됨에 유의하자.

7. 이러한 검사가 완료되면 프로세스가 디버기^{debuggee}인지를 살펴보는 검사가 수행된다. 디버기이고 디버거 통지가 아직 전달되지 않았다면 디버거 객체(존재한다면)를 통해 프로세스 생성 메시지가 전달돼 프로세스 시작 디버그 이벤트(CREATE_PROCESS_DEBUG_INFO)가 적절한 디버거 프로세스에 전달되게 한다. 이후 유사한 스레드 시작 이벤트와 Ntdll.dll 이미지에 대한 추가적인 디버그 이벤트가 뒤를 잇는다. 이제 DgkCreateThread는 디버거로부터 응답을 받을 때까지 대기한다(ContinueDebugEvent 함수를 통해).

8. 애플리케이션 프리패칭^{prefetching}이 활성화돼 있는지를 검사하고, 활성화돼 있다면 프리패처와 슈퍼패치^{Superfetch}를 호출해 프리패치 명령 파일(존재한다면)을 처리하고 프로세스가 마지막으로 실행됐을 때의 최초 10초 동안에 참조됐던 페이지를 프리패치한다(프리패처와 슈퍼패치에 대한 자세한 정보는 5장에서 설명한다).

9. 전역 쿠키^{cookie}가 SharedUserData 구조체에 설정돼 있는지 점검하고, 설정돼 있지 않으면 처리된 인터럽트의 수와 DPC 전달, 페이지 폴트, 인터럽트 시간, 난수와 같은 시스템 정보에 대한 해시 값에 근거해 이 쿠키를 생성한다. 이 전역 쿠키는 특정 유형의 취약점 공격을 방어하기 위해 내부적으로 포인터(예를 들어 힙 매니저 내의 포인터)를 디코딩^{decoding}하고 인코딩^{encoding}하는 데 사용된다(힙 관리자 보안에 대한 자세한 내용은 5장에서 설명한다).

10. 안전한 프로세스(IUM 프로세스)라면 제어를 안전한 커널로 이동시키는 Hvl-StartSecureThread를 호출해 스레드 실행을 시작한다. 이 함수는 스레드가 종료할 때에만 리턴된다.

11. 이미지 로더 초기화 루틴(Ntdll.dll의 LdrInitializeThunk)과 시스템 전역적 스레드 시작 스텁(RtlUserThreadStart의 Ntdll.dll)을 실행하기 위한 초기 썽크[initial thunk] 컨텍스트를 설정한다. 이 단계는 스레드가 위치하는 컨텍스트를 수정해 시스템 서비스 동작으로부터 종료를 발생함으로써(이 결과로 특별히 만들어진 유저 컨텍스트가 로드된다) 이뤄진다. LdrInitializeThunk는 로더와 힙 매니저, NLS 테이블, 스레드 로컬 스토리지[TLS, thread-local storage], 파이버 로컬 스토리지[FLS, fiber-local storage] 배열, 크리티컬 섹션 구조체를 초기화한다. 그리고 필요한 DLL를 로드하고 DLL 진입점을 DLL_PROCESS_ATTACH 코드로 호출한다.

PspUserThreadStartu 함수가 복귀하면 NtContinue가 새로운 사용자 컨텍스트를 복구하고 유저 모드로 복귀한다. 비로소 스레드 실행이 시작된다.

RtlUserThreadStart는 실제 이미지 진입점 주소와 시작 인자를 이용해 애플리케이션의 진입점을 호출한다. 이들 두 인자는 커널에서 이미 스택에 넣어진 상태다. 이 복잡한 일련의 이벤트는 다음과 같은 두 가지 목적이 있다.

- Ntdll.dll의 이미지 로더가 내부적으로 프로세스를 설정하기 위함이며, 이면에서는 다른 유저 모드 코드가 정상적으로 실행되게 함이다(그렇지 않다면 프로세스는 힙이나 스레드 로컬 스토리지 등을 가질 수 없다).

- 모든 스레드가 공통 루틴에서 시작되게 함으로써 예외 처리를 묶어서 실행할 수 있다. 따라서 스레드가 크래시를 일으킨다면 Ntdll.dll은 이 사실을 알고서 Kernel32.dll 내의 처리되지 않은 예외 필터[unhandled exception filter]를 호출할 수 있다. 스레드의 시작 루틴에서 리턴될 때의 스레드 종료 값을 조정할 수 있으며, 또한 다양한 정리 작업을 수행할 수 있다. 애플리케이션 개발자는 SetUnhandled-ExceptionFilter 함수를 호출해 자신만의 처리되지 않은 예외 처리 코드를 추가할 수도 있나.

실습: 프로세스 시작 추적하기

지금까지 어떻게 프로세스가 시작되는지에 대한 자세한 정보와 애플리케이션을 실행하기 위해 요구되는 다양한 작업에 대해 알아봤다. 이제 프로세스 모니터^{Process Monitor}를 통해 이 과정에서 접근되는 파일 I/O와 레지스트리 키 등을 확인해보자.

이 실습이 앞에서 설명됐던 내부 단계를 전부 보여주지는 못하지만, 일부 시스템 동작과 특히 프리패치와 슈퍼패치, 이미지 파일 실행 옵션과 호환성 검사, 이미지 로더의 DLL 매핑 과정을 볼 수 있다.

여기서는 아주 간단한 실행 파일을 살펴보자. 명령 프롬프트 창(Cmd.exe)을 통해 Notepad.exe를 실행한다. Cmd.exe와 Notepad.exe의 내부 작업 내용을 확인하는 것이 중요하다. 커널이 새로운 프로세스 객체를 만들기 전에 부모 프로세스로부터 호출되는 `CreateProcessInternalW`는 많은 유저 모드 작업을 수행함을 상기하자.

올바르게 설정하기 위해 다음과 같은 단계를 따른다.

1. 프로세스 모니터에 두 개의 필터를 넣는다. 하나는 Cmd.exe용이고, 다른 하나는 Notepad.exe용이다. 이들 두 프로세스만을 추가한다. 이때 제대로 된 이벤트를 보기 위해 이 두 프로세스의 다른 인스턴스가 현재 실행 중이 아닌지 확인해야 한다. 필터 윈도우는 다음 그림과 같다.

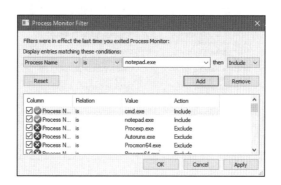

2. 이벤트 로깅^{logging}은 현재 중지된 상태(File 메뉴의 Capture Event를 끈다)에서 명령 프롬프트를 시작시킨다.

3. 이벤트 로깅을 시작(File 메뉴를 열고 Event Logging을 선택하거나 CTRL+E 단축키를 사용하거나 툴바의 돋보기 아이콘을 클릭한다)하고 명령 프롬프트에서 Notepad.exe를 입력한 후 엔터키를 누른다. 보통의 윈도우 시스템이라면 500에서 3500개 정도의 이벤트가 나타날 것이다.

4. 캡처를 중지하고 Sequence와 Time of Day 열을 숨겨서 흥미로운 부분만 집중해서 볼 수 있게 설정한다. 이제 로깅 윈도우는 다음과 같은 스크린샷처럼 보일 것이다.

CreateProcess의 1단계에서 설명했듯이 주목해야 할 첫 사항은 프로세스가 시작되기 바로 직전 첫 스레드가 생성됐을 때 Cmd.exe는 HKLM\SOFTWARE\Microsoft\Windows NT\CurrentVersion\Image File Execution Options\Notepad.exe 레지스트리 키를 읽는 것이다. Notepad.exe와 연관된 이미지 실행 옵션이 없으므로 프로세스는 그냥 생성된다.

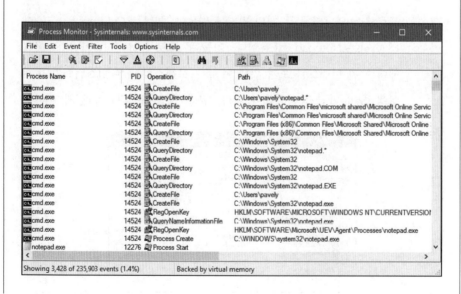

258

위 로그와 함께 프로세스 모니터의 모든 로그에서 프로세스 생성 흐름의 각 부분이 유저 모드에서 수행됐는지, 커널 모드에서 수행됐는지 또는 어떤 루틴을 수행했는 지를 이벤트의 스택을 확인함으로써 알 수 있다. 이렇게 하기 위해 RegOpenKey 이벤트를 더블 클릭하고 Stack 탭으로 바꿔보자. 다음 화면은 64비트 윈도우 10 머신에서 보이는 표준 스택 모습이다.

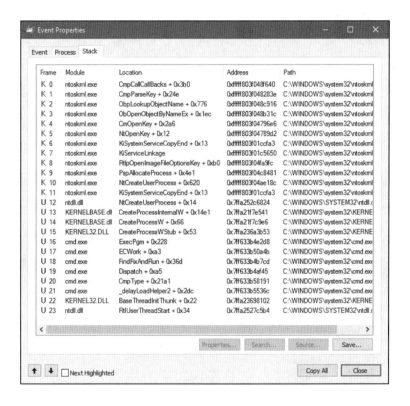

이 스택에서 보듯이 커널 모드에서 수행되는 프로세스 생성 과정에 이미 도달했고 (NtCreateUserProcess를 통해) 보조 함수인 PspAllocateProcess가 이 검사를 책임지고 있는 것을 확인할 수 있다.

스레드와 프로세스가 생성된 이후의 이벤트 리스트를 따라 내려가다 보면 3 그룹의 이벤트가 눈에 띌 것이다.

- 간단한 애플리케이션 호환성 플래그 검사로, 이 검사는 애플리케이션 호환성 데이터베이스가 필요한지 여부를 심 엔진을 통해 유저 모드 프로세스 생성 코드가 알 수 있게 한다.
- SxS^{Side-by-Side 검색}와 매니페스트^{Manifest}로서 MUI/언어 키를 여러 번 읽는 과정을 수반하는데, 이것은 이전에 설명한 어셈블리 프레임워크의 일부분이다.
- 하나 이상의 .sdb 파일에 접근하는 파일 I/O를 볼 수 있는데, 이 파일은 시스템에 존재하는 애플리케이션 호환성 데이터베이스다. 이 파일 I/O는 해당 애플리케이션이 심 엔진에 접근할 필요가 있는지에 대한 추가적인 검증을 위해 필요한 것이다. Notepad는 올바르게 동작하는 마이크로소프트 프로그램으로 심이 필요치 않다.

다음에 나오는 화면은 Notepad 프로세스에서 발생하는 이벤트다. 이 행위는 커널 모드 내의 유저 모드 스레드 시작 래퍼^{wrapper}에 의한 것으로, 이전에 설명됐던 동작이다. 처음 두 개는 Notepad.exe와 Ntdll.dll 이미지 로드 디버그 통지 메시지로 명령 프롬프트 컨텍스트가 아니라 Notepad 프로세스 컨텍스트에서 실행하는 코드에서 의해서만 생성될 수 있는 것이다.

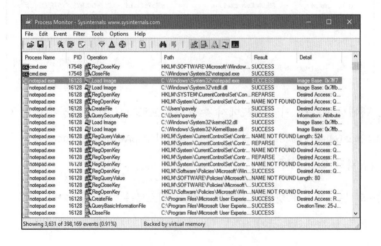

다음은 프리패처^{prefetcher}에 대한 내용으로 Notepad를 위해 이미 만들어진 프리패치 데이터베이스 파일을 찾는 것이다(프리패처에 대한 자세한 설명은 5장을 참고한다). Notepad가 시스템에서 한 번이라도 실행된 적이 있다면 데이터베이스가 존재하고, 프리패처는 데이터베이스 내에 명시된 명령을 실행하게 된다. 이 경우라면 여러 DLL을 질의하고 읽어 들이는 것을 볼 수 있을 것이다. 보통의 DLL 로딩(임포트 테이블을 탐색하거나 애플리케이션이 수동으로 DLL을 로드할 때 유저 모드 이미지 로더에 의해 수행된다)과 달리 이들 이벤트는 Notepad가 필요로 하는 라이브러리에 대해 이미 알고 있는 프리패처에 의해 발생한다. 보통의 DLL 이미지 로딩은 다음에 나오게 되며 다음 화면과 같을 것이다.

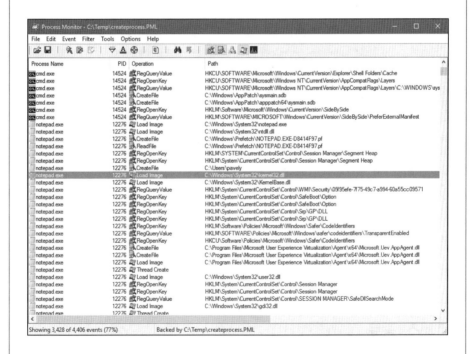

이들 이벤트는 유저 모드 내에서 실행하는 코드(커널 모드 래퍼 함수가 모든 작업을 끝낸 후에 호출된)에서 발생하는 것이다. 따라서 이들 이벤트는 LdrpInitialize-Process(프로세스의 첫 번째 스레드에 대해 LdrInitializeThunk에 의해 호출된다)

로부터 발생하는 첫 번째 이벤트다. 이벤트 스택을 살펴보면 이 사실을 확인할 수 있다. 예를 들어 다음 화면은 kernel32.dll의 이미지 로드 이벤트다.

개발자의 실제 코드가 실행되는 단계인 Notepad의 `WinMain` 함수에서 발생하는 이벤트가 나타날 때까지 나타나는 추가적인 이벤트는 이 루틴과 보조 함수에 의해 발생하는 것이다. 프로세스 실행 동안 발생하는 모든 이벤트와 유저 모드 컴포넌트에 대한 자세한 내용은 5장을 가득 채울 만큼 방대하다. 따라서 이후의 이벤트는 독자의 연습으로 남겨둔다.

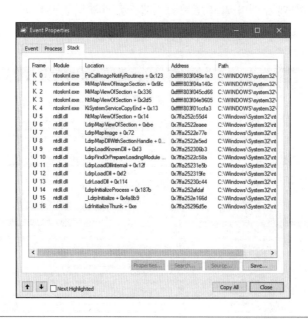

프로세스 종료

프로세스는 일종의 컨테이너이기도 하고 울타리이기도 하다. 이는 한 프로세스가 사용하는 자원은 다른 프로세스에게는 자동으로 보이지 않음을 의미한다. 따라서 프로세스 사이의 정보 교환에 사용되는 프로세스 간의 통신 메커니즘이 필요하다. 따라서 프로세스는 다른 프로세스 메모리에 임의로 쓸 수 없다. 다른 프로세스의 메모리에 접근하기 위해서는 WriteProcessMemory와 같은 함수의 명시적 호출이 필요하다. 하지만 이 작업을 시작하려면 적절한 접근 마스크(PROCESS_VM_WRITE, 이 권한이 있을 수도 또는 없을 수도 있다)를 가진 핸들을 명시적으로 오픈해야 한다. 프로세스 간의 이런 자연스런 격리는 한 프로세스에서 예외가 발생하는 경우 나머지 프로세스에 영향을 주지 않는다는 점을 의미한다. 최악의 상황이라고 해봐야 해당 프로세스만 크래시될 뿐이고, 시스템의 나머지 프로세스는 아무런 영향이 없다는 것이다.

프로세스는 ExitProcess 함수를 호출해 우아하게 종료할 수 있다. 대부분의 프로세스(링커 설정에 따라)에서 프로세스의 첫 번째 스레드를 위한 프로세스 시작 코드는 스레드가 자신의 메인 함수에서 리턴될 때에 프로세스를 대신해 ExitProcess를 호출한다. '우아하게'라는 용어는 프로세스에 로드된 DLL이 DLL_PROCESS_DETACH로 자신들의 DllMain 함수에 대한 호출을 사용해 프로세스 종료에 대해 통지를 받음으로써 무엇인가를 할 기회를 갖는다는 의미다.

ExitProcess는 종료를 요청하는 프로세스 자신만이 호출할 수 있다. 프로세스 외부에서 호출할 수 있는 TerminateProcess 함수를 사용해 우아하지 않게 프로세스를 강제 종료시킬 수도 있다(예를 들어 Process Explorer와 작업 관리자는 이런 요청을 받으면 이함수를 사용한다). TerminateProcess는 PROCESS_TERMINATE 접근 마스크(이 권한이 있을 수도 또는 없을 수도 있다)로 오픈된 프로세스의 핸들을 필요로 한다. 이것이 바로 일부 프로세스(예를 들어 Csrss)를 강제 종료시키는 것이 쉽지 않은(혹은 불가능한) 이유다. 필요한 접근 마스크를 가진 핸들을 요청하는 사용자가 구할 수 없기 때문이다.

여기서 "우아하지 않다"는 의미는 DLL이 코드를 실행할 기회를 얻지 못하고(DLL_PROCESS_DETACH가 보내지지 않음) 모든 스레드가 갑자기 종료된다는 의미다. 이런 상황은 일부 경우에 데이터 손실로 이어질 수 있다(예를 들어 파일 캐시가 자신의 데이터를 대상 파일로 플러시시킬 기회를 얻지 못한다면).

프로세스가 어떻게 종료하든 간에 누수는 없어야 한다. 즉, 프로세스 소유의 모든 메모리는 커널에 의해 자동으로 해제되며, 해당 주소 공간도 해제되고 커널 객체에 대한 모든 핸들도 닫히게 된다. 프로세스에 대한 오픈 핸들이 여전히 존재한다면(EPROCESS 구조체는 여전히 존재한다) 다른 프로세스는 프로세스 종료 코드(GetExitCodeProcess)와 같은 일부 프로세스 관리 정보를 구할 수 있다. 이들 핸들이 닫혀버리면 EPROCESS는 적절하게 해제되고 프로세스에 대해 더 이상 남은 것이 없게 된다.

하지만 서드파티 드라이버가 프로세스를 대신해 커널 메모리에서 할당을 한다면(IOCTL 이나 단순하게 프로세스 통지를 이용해) 이런 풀 메모리는 자신 스스로 해제해야 할 책임이 있다. 윈도우는 프로세스 소유의 커널 메모리를 추적도 하지 않고 정리도 하지 않는 다(프로세스가 생성한 핸들로 인해 객체가 차지하는 메모리는 예외다). 이런 추적이나 정리 작업은 디바이스 객체에 대한 핸들이 닫혔다는 것을 드라이버에게 알려주는 IRP_MJ_ CLOSE나 IRP_MJ_CLEANUP 통지 또는 프로세스 종료 통지를 통해 이뤄진다.

이미지 로더

앞서 살펴봤듯이 시스템에서 프로세스가 시작될 때 커널은 프로세스를 나타내는 프로세스 객체를 생성하고 커널과 관련된 다양한 초기화 작업을 수행한다. 하지만 이들 작업은 애플리케이션의 실행으로는 이어지지 않고 애플리케이션의 컨텍스트와 환경을 준비한다. 사실 커널 모드 코드인 드라이버와는 달리 애플리케이션은 유저 모드에서 실행한다. 따라서 실제 초기화 작업의 대부분은 커널 외부에서 이뤄진다. 이 작업은 이미지 로더image loader(내부적으로는 Ldr로 불린다)에 의해 수행된다.

이미지 로더는 유저 모드 시스템 DLL인 Ntdll.dll 내에 존재하며, 커널 라이브러리는 아니다. 따라서 이미지 로더는 DLL의 일부분인 표준 코드처럼 동작하며, 메모리 접근과 보안 권한 측면에서 동일한 제약을 받는다. 이 코드가 특별한 점은 실행 프로세스 내에 항상 존재한다는 보장성(Ntdll.dll은 항상 로드돼 있다)과 새로운 애플리케이션의 일부로서 유저 모드에서 실행하는 최초의 코드라는 점이다.

로더는 실제 애플리케이션 코드보다 먼저 실행하기 때문에 사용자와 개발자에게는 일반적으로 보이지 않는다. 추가적으로 로더의 초기화 작업이 보이지 않더라도 프로그램은 실행 동안에 일반적으로 로더의 인터페이스와 연동한다. 예를 들어 DLL을 로딩하고 언로딩하거나 DLL의 기본 주소를 질의할 때마다 연동 작업이 일어난다. 로드가 책임지는 주요 작업은 다음과 같다.

- 최초 힙 생성, 스레드 로컬 스토리지^{TLS}와 파이버 로컬 스토리지^{fiber local storage} 슬롯 설정과 같은 애플리케이션을 위한 유저 모드 상태를 초기화한다.
- 애플리케이션이 필요로 하는 모든 DLL을 찾기 위해 애플리케이션의 임포트 테이블^{IAT, import table}을 파싱한 다음에 각 DLL의 IAT를 재귀적으로 파싱한다. 그리고 함수가 실제로 존재함을 확인하기 위해 DLL의 익스포트 테이블 파싱이 연이어 이뤄진다(특수한 포워더 엔트리^{forwarder entries}를 통해 특정 익스포트를 다른 DLL로 리디렉션할 수 있다).
- 요구가 있을 때뿐만 아니라 실행 시에도 DLL을 로딩/언로딩하고 로드된 모든 모듈(모듈 데이터베이스)을 관리한다.
- 윈도우 SxS 지원에 필요한 매니페스트 파일과 다중 언어 유저 인터페이스^{MUI} 파일, 자원을 관리한다.
- 심^{shim}에 대한 애플리케이션 호환성 데이터베이스를 읽고서 필요하다면 심 엔진 DLL을 로드한다.
- 범용 윈도우 플랫폼^{UWP} 애플리케이션 작성을 허용하는 원코어^{One Core} 기능의 핵심 부분인 API 세트와 API를 위한 리디렉션 지원을 활성화한다.
- 심 엔진 및 애플리케이션 검증 메커니즘과 인터페이스할 뿐만 아니라 Switch-Branch 메커니즘을 통한 동적 런타임 호환성 미티게이션을 활성화한다.

보다시피 이들 작업의 대부분은 애플리케이션이 자신의 코드를 실제로 실행하는 데 있어서 중요한 것들이다. 이런 작업이 정상적으로 이뤄지지 않는다면 힙 사용을 위한 외부 함수를 호출하더라도 즉시 실패할 것이다. 예외 처리기와 유사한 방식으로 프로세스가 생성된 이후에 로더는 스택에 위치한 예외 프레임을 기반으로 한 실행을 계속하기 위해 특별한 네이티브 API인 NtContinue를 호출한다. 앞 절에서 살펴본 커널에 의해 구축된 이 예외 프레임은 애플리케이션의 실제 진입점을 포함한다. 따라서 로더는 표준적인 호출도 하지 않고 실행 애플리케이션으로 점프도 하지 않으므로 스레드 스택 추적으로는 호출 트리에서 로더의 초기화 함수를 볼 수 없다.

실습: 이미지 로더 감시하기

이번 실습에서는 로더 스냅loader snaps으로 불리는 디버깅 기능을 활성화하기 위해 전역 플래그를 사용한다. 이를 이용하면 애플리케이션 시작 과정을 디버깅할 때 이미지 로더에서 발생하는 디버그 출력을 볼 수 있다.

1. WinDbg를 설치한 디렉터리에서 Gflags.exe 애플리케이션을 시작한 다음 Image File 탭을 클릭한다.

2. 이미지 필드에 Notepad.exe을 입력하고 Tab 키를 누른다. 다양한 옵션이 보일 것이다. Show Loader Snaps 옵션을 선택하고 OK 또는 적용을 클릭한다.

3. 이제 WinDbg를 시작해 File 메뉴에서 Open Executable을 선택한다. c:\windows\system32\notepad.exe를 찾아 실행한다. 다음과 같은 디버그 정보를 가진 화면을 보게 될 것이다.

```
0f64:2090 @ 02405218 - LdrpInitializeProcess - INFO: Beginning
execution of notepad.exe (C:\WINDOWS\notepad.exe)
  Current directory: C:\Program Files (x86)\Windows Kits\10\Debuggers\
  Package directories: (null)
0f64:2090 @ 02405218 - LdrLoadDll - ENTER: DLL name: KERNEL32.DLL
0f64:2090 @ 02405218 - LdrpLoadDllInternal - ENTER: DLL name:
KERNEL32.DLL
0f64:2090 @ 02405218 - LdrpFindKnownDll - ENTER: DLL name: KERNEL32.DLL
0f64:2090 @ 02405218 - LdrpFindKnownDll - RETURN: Status: 0x00000000
0f64:2090 @ 02405218 - LdrpMinimalMapModule - ENTER: DLL name:
C:\WINDOWS\System32\KERNEL32.DLL
ModLoad: 00007fff'5b4b0000 00007fff'5b55d000
C:\WINDOWS\System32\KERNEL32.DLL
```

```
0f64:2090 @ 02405218 - LdrpMinimalMapModule - RETURN: Status:
0x00000000
0f64:2090 @ 02405218 - LdrpPreprocessDllName - INFO: DLL
api-ms-win-core-rtlsupport-l1-2-0.dll was redirected to
C:\WINDOWS\SYSTEM32\ntdll.dll by API set
0f64:2090 @ 02405218 - LdrpFindKnownDll - ENTER: DLL name:
KERNELBASE.dll
0f64:2090 @ 02405218 - LdrpFindKnownDll - RETURN: Status: 0x00000000
0f64:2090 @ 02405218 - LdrpMinimalMapModule - ENTER: DLL name:
C:\WINDOWS\System32\KERNELBASE.dll
ModLoad: 00007fff'58b90000 00007fff'58dc6000
C:\WINDOWS\System32\KERNELBASE.dll
0f64:2090 @ 02405218 - LdrpMinimalMapModule - RETURN: Status:
0x00000000
0f64:2090 @ 02405218 - LdrpPreprocessDllName - INFO: DLL api-ms-win-
eventing-provider-l1-1-0.dll was redirected to C:\WINDOWS\SYSTEM32\
kernelbase.dll by API set
0f64:2090 @ 02405218 - LdrpPreprocessDllName - INFO: DLL
api-ms-win-core-apiquery-l1-1-0.dll was redirected to
C:\WINDOWS\SYSTEM32\ntdll.dll by API set
```

4. 디버거는 로더 코드의 어딘가(이미지 로더가 디버거가 연결됐는지를 검사하고 브레이크포인트를 동작시키는 특별한 위치)에서 멈출 것이다. g 키를 눌러 실행을 계속하면 로더로부터 추가적인 메시지를 보게 될 것이고 Notepad가 나타날 것이다.

5. Notepad와의 연동을 시도해보고 특정한 동작이 어떻게 로더를 호출하는지 살펴보자. Save/Open 대화상자를 열어보는 것이 좋은 예다. 이것은 로더가 시작 시에 실행할 뿐만 아니라 다른 모듈의 지연된 로드[delayed loads]를 유발할 수 있는 스레드 요청에 계속 응답하는 것을 보여준다. 이들 모듈은 사용 이후에는 언로드된다.

이른 시점의 프로세스 초기화

로더는 어떤 서브시스템에도 연관되지 않은 네이티브 DLL인 Ntdll.dll에 존재하기 때문에 윈도우 머신의 모든 프로세스는 약간의 차이가 있겠지만 동일한 로더 행위를 갖게된다. 앞서 윈도우 함수 CreateProcess에 의해 수행되는 일부 작업들뿐만 아니라 프로세스 생성이 커널 모드로 이어지는 단계를 세부적으로 살펴봤다. 하지만 여기서는 최초의 유저 모드 명령이 실행을 시작하자마자 유저 모드에서 일어나는 서브시스템 독립적인 작업을 다룬다.

프로세스가 시작할 때 로더는 다음과 같은 작업을 한다.

1. LdrpProcessInitialized가 이미 1로 설정됐는지 또는 TEB 내의 SkipLoader-Init 플래그가 설정됐는지 검사한다. 이 경우에 모든 초기화를 생략하고 누군가가 LdrpProcessInitializationComplete을 호출하기를 3초 동안 대기한다. 이것은 윈도우 오류 보고에서 프로세스 리플렉션reflection을 사용하는 경우 또는 로더 초기화가 필요하지 않은 다른 프로세스 포크fork 시도에 사용된다.

2. 로더가 초기화되지 않았음을 나타내는 LdrInitState를 0으로 설정한다. 또한 PEB의 ProcessInitializing 플래그를 1로 설정하고, TEB의 RanProcessInit를 1로 설정한다.

3. PEB 내의 로더 락을 초기화한다.

4. JIT 코드에서 언와이드unwind/예외 지원에 사용되는 동적 함수 테이블을 초기화한다.

5. 취약점 공격으로 변경되면 안 되는 보안 관련 전역 변수 저장에 사용되는 변경 가능 읽기 전용 힙 섹션MRDATA, Mutable Read Only Heap Section을 초기화한다.

6. PEB 내의 로더 데이터베이스를 초기화한다.

7. 프로세스의 다국어 지원(국제화를 위한) 테이블을 초기화한다.

8. 애플리케이션에 대한 이미지 경로 이름을 만든다.

9. .pdata 섹션으로부터 SEH 예외 처리기를 캡처해 내부 예외 테이블을 구축한다.

10. 다섯 가지의 중요 로더 함수(NtCreateSection과 NtOpenFile, NtQueryAttributes-File, NtOpenSection, NtMapViewOfSection)에 대한 시스템 호출 성크^{thunks}를 캡처한다.

11. 애플리케이션의 미티게이션 옵션(LdrSystemDllInitBlock 익스포트 변수를 통해 커널에 의해 전달된다)을 읽는다. 이는 7장에서 좀 더 자세히 설명한다.

12. 애플리케이션의 이미지 파일 실행 옵션^{IFEO} 레지스트리 키를 질의한다. 여기에는 전역 변수(GlobalFlags에 저장된)와 힙 디버깅 옵션(DisableHeapLookaside와 ShutdownFlags, FrontEndHeapDebugOptions), 로더 설정(UnloadEventTraceDepth, MaxLoaderThreads, UseImpersonatedDeviceMap), ETW 설정(TracingFlags)이 포함된다. 기타 옵션으로는 MinimumStackCommitInBytes와 MaxDeadActivation-Contexts가 있다. 이 작업의 일부로 애플리케이션 검증 패키지와 관련 검증 DLL이 초기화되고 제어 경로 가드^{Control Flow Guard} 옵션이 CFGOptions로부터 읽혀진다.

13. 실행 파일의 헤더를 검사해 .NET 애플리케이션인지(.NET 특정적인 이미지 디렉터리의 존재에 의해 명시된다), 32비트 이미지인지를 살펴본다. 실행 파일이 Wow64 프로세스인지 검증하기 위해 커널에 질의한다. 필요하다면 Wow64가 필요 없는 32비트 IL 전용 이미지를 처리한다.

14. 실행 파일 이미지 로드 구성 디렉터리에 명시된 구성 옵션을 로드한다. 이들 옵션은 애플리케이션을 컴파일할 때 개발자가 정의할 수 있으며, 컴파일러와 링커 또한 특정 보안과 CFG와 같은 미티게이션 기능을 구현하고 실행 파일의 행위를 제어하기 위해 이들을 사용한다.

15. FLS와 TLS를 최소한으로 초기화한다.

16. 임계 영역에 대한 디버깅 옵션을 설정하며 적절한 전역 플래그가 활성화돼 있다면 유저 모드 스택 추적 데이터베이스를 생성하고 이미지 파일 실행 옵션에서 StrackTraceDatabaseSizeInMb를 질의한다.

17. 프로세스의 힙 관리자를 초기화하고 제일 첫 번째 프로세스의 힙을 생성한다. 이는 필요한 인자를 설정하기 위해 다양한 로드 구성과 이미지 파일 실행, 전역

변수, 실행 파일 헤더 옵션을 사용한다.

18. 힙 손상 미티케이션 프로세스 종료 옵션이 켜지지 않았다면 이를 활성화한다.

19. 적절한 전역 변수가 예외 디스패치 로그를 활성화했다면 이를 초기화한다.

20. 스레드 풀 API를 지원하는 스레드 풀 패키지를 초기화한다. 이는 NUMA 정보를 질의해 이 정보를 고려한다.

21. WoW64 프로세스 지원에 특히 필요하다면 환경 블록과 인자 블록을 초기화하고 변환한다.

22. \KnownDlls 객체 디렉터리를 열고 알려진 DLL의 경로를 구축한다. Wow64 프로세스에서는 \KnownDlls32가 대신 사용된다.

23. 스토어 애플리케이션인 경우 애플리케이션 모델 정책 옵션을 읽는다. 이 옵션은 해당 토큰의 WIN://PKG와 WP://SKUID에 인코딩돼 있다(추가적인 정보는 7장의 '앱컨테이너' 절을 참고한다).

24. 프로세스의 현재 디렉터리와 시스템 경로, 기본 로드 경로(이미지 로드와 파일 오픈 시에 사용되는)는 기존 DLL 탐색 순서 규칙을 결정한다. 이것은 범용(UWP) 대 데스크톱 브리지(Centennial) 대 실버라이트(윈도우폰 8) 패키징 애플리케이션(또는 서비스)에 관한 현재 정책 설정을 읽는 것도 포함한다.

25. Ntdll.dll의 최초 로더 데이터 테이블 항목을 구축하고 이를 모듈 데이터베이스에 삽입한다.

26. 언와인드^{unwind} 이력 테이블을 구축한다.

27. 스레드 풀과 병행성^{concurrent} 스레드를 사용하는 모든 종속체(상호 의존성을 갖지 않는)를 로드하는 데 사용되는 병렬^{parallel} 로더를 초기화한다.

28. 메인 실행 파일에 대한 로더 데이터 테이블의 다음 항목을 구축하고 이를 모듈 데이터베이스에 삽입한다.

29. 필요하다면 메인 실행 파일 이미지를 재배치한다.

30. 애플리케이션 검증이 활성화돼 있다면 이를 초기화한다.

31. Wow64 프로세스라면 Wow64 엔진을 초기화한다. 이 경우 64비트 로더가 자신의 초기화 작업을 끝내고 32비트 로더가 제어를 받아서 이 지점까지 설명한

동작들을 다시 시작한다.

32. .NET 이미지라면 이의 검증을 하고 Mscoree.dll(.NET 런타임 심)을 로드하며, 메인 실행 파일 진입점(_CorExeMain)을 가져온다. 그리고 일반적인 메인 함수 대신 이 진입점으로 예외 기록을 설정하기 위해 이를 덮어쓴다.

33. 프로세스의 TLS 슬롯을 초기화한다.

34. 윈도우 서브시스템 애플리케이션의 경우 프로세스의 실제 임포트와 관계없이 수동으로 Kernel32.dll과 Kernelbase.dll을 로드한다. 필요하다면 SRP/Safer(소프트웨어 제한 정책) 메커니즘을 초기화하기 위해 이들 라이브러리를 사용하며, 또한 윈도우 서브시스템 스레드 초기화 성크 함수도 캡처한다. 끝으로 이들 두 라이브러리 사이에 특별히 존재하는 API 세트 의존성을 결정한다.

35. 심 엔진을 초기화하고 심 데이터베이스를 파싱한다.

36. 이전에 스캔된 핵심 로더 함수에 연결된 시스템 호출 훅[hooks]이나 '우회[detour]'가 없다면 병렬 이미지 로더를 활성화한다. 이때 이 작업은 정책과 이미지 파일 실행 옵션을 통해 구성된 로더 스레드의 개수에 기반을 두고 이뤄진다.

37. '임포트 로딩이 진행중'임을 의미하는 LdrInitState 변수를 1로 설정한다.

이 시점에서 이미지 로더는 애플리케이션에 속하는 실행 파일의 임포트 테이블을 파싱할 준비와 애플리케이션 컴파일 중에 동적으로 링크됐던 DLL의 로드를 시작할 준비가된 것이다. 이는 .NET 이미지(.NET 런타임으로의 호출에 의해 처리되는 임포트를 가진다)와 일반 이미지 둘 다에 해당한다. 임포트된 각 DLL은 자신만의 임포트 테이블을 역시가질 수 있으므로, 이전에는 모든 DLL이 충족되고 임포트돼야 하는 모든 함수가 발견될 때까지 이 동작이 재귀적으로 계속 진행됐다. 각 DLL이 로드됨에 따라 로더는 이들 DLL의 상태 정보를 유지하고 모듈 데이터베이스를 구축했었다.

좀 더 최신 윈도우에서 로더는 단일 DLL과 그 의존성 그래프를 기술하는 특수한 노드 (병렬로 로드될 수 있는 별도의 노드를 만들어)를 가진 의존성 맵을 미리 구축한다. 직렬화가 필요한 여러 지점에서 동기화 역할을 하는 스레드 풀 작업자 큐가 비워진다. 로더의마지막 단계 중 하나인 모든 정적 임포트의 모든 DLL 초기화 루틴을 호출하기 바로 전이 이러한 지점에 해당한다. 이 작업이 이뤄지고 나면 모든 정적 TLS 초기화 루틴이 호출된다. 끝으로 윈도우 애플리케이션의 경우 이들 두 단계 사이에서 Kernel32 스레드 초기화 성크 함수(BaseThreadInitThunk)가 첫 부분에서 호출되고, Kernel32 포스트 프로세스 초기화가 마지막 부분에서 호출된다.

DLL 이름 해석과 리디렉션

이름 해석resolution은 호출자가 파일명을 명시하지 않거나 명시하지 못하는 상황에서 시스템이 PE 형식의 바이너리 이름을 물리 파일로 변환하는 절차다. 디렉터리(애플리케이션 디렉터리나 시스템 디렉터리 등)의 위치가 링크 시점에는 하드코딩이 될 수 없으므로 이름 해석에는 호출자가 전체 경로를 명시하지 않은 LoadLibrary 동작뿐만 아니라 모든 바이너리 종속성을 결정하는 작업도 해당된다.

바이너리 종속성을 해결할 때 여러 시스템 컴포넌트가 기본 애플리케이션 모델을 확장하기 위해 탐색 경로 메커니즘을 재지정하더라도 윈도우의 기본 애플리케이션 모델은 탐색 경로(일치하는 베이스 네임을 가진 파일을 순차적으로 탐색하는 위치 목록)에서 파일을 찾는다. 탐색 경로의 개념은 애플리케이션의 현재 디렉터리가 의미 있었던 커맨드라인 시절부터 존재한 것으로, 현재의 GUI 애플리케이션 시대에서 보면 다소 시대착오적이다.

하지만 이런 순서로 현재 디렉터리를 배치하게 되면 시스템 바이너리에서 로드가 일어날 때 애플리케이션의 현재 디렉터리에 동일한 베이스 네임을 가진 악성 바이너리를 배치시킬 수 있다(바이너리 이식으로 불리는 기법). 이런 동작으로 발생하는 보안상의 위험을 방지하기 위해 안전한 DLL 탐색 모드safe DLL search mode로 불리는 기능이 경로 탐색 계산에 추가돼 기본적으로 모든 프로세스에서 활성화된다. 안전한 탐색 모드에서 현재 디렉터리는 세 가지 시스템 디렉터리 밑으로 옮겨지며, 따라서 다음의 경로 순서로 탐색이 이뤄진다.

1. 애플리케이션이 시작했던 디렉터리

2. 네이티브 윈도우 시스템 디렉터리(예를 들어 C:\Windows\System32)

3. 16비트 윈도우 시스템 디렉터리(예를 들어 C:\Windows\System)

4. 윈도우 디렉터리(예를 들어 C:\Windows)

5. 애플리케이션 구동 시점의 현재 디렉터리

6. %PATH% 환경 변수에 명시된 디렉터리

DLL 탐색 경로는 각각의 dll 로드 동작에 후속해 다시 계산된다. 탐색 경로 계산에 사용되는 알고리즘은 기본 탐색 경로를 계산하는 알고리즘과 동일하다. 애플리케이션은 SetEnvironmentVariable API를 사용해 %PATH% 변수를 편집하거나, SetCurrent-Directory API를 이용해 현재 디렉터리를 바꾸거나, 프로세스의 DLL 디렉터리를 명시하기 위해 SetDllDirectory API를 사용함으로써 특정 경로 요소를 변경할 수 있다. DLL 디렉터리가 명시되면 이 디렉터리가 탐색 경로에서 현재 디렉터리를 대신하고, 로더는 프로세스의 안전한 DLL 탐색 모드 설정을 무시한다.

호출자는 LOAD_WITH_ALTERED_SEARCH_PATH 플래그를 LoadLibraryEx API에 제공해 특정한 로드 동작에 대한 DLL 탐색 경로를 변경할 수 있다. 이 플래그가 제공되고 API에 추가된 DLL 이름이 전체 경로 문자열을 명시하면 동작의 탐색 경로를 계산할 때 DLL 파일을 포함하는 경로가 애플리케이션 디렉터리를 대신해서 사용된다. 경로가 상대 경로면 이 동작은 정의돼 있지 않고 잠재적으로 위험하다. 데스크톱 브리지(센테니얼 Centennial) 애플리케이션이 로드될 때 이 플래그는 무시된다.

애플리케이션이 LoadLibraryEx에 지정할 수 있는 기타 플래그로는 LOAD_LIBRARY_SEARCH_DLL_LOAD_DIR과 LOAD_LIBRARY_SEARCH_APPLICATION_DIR, LOAD_LIBRARY_SEARCH_SYSTEM32, 그리고 LOAD_WITH_ALTERED_SEARCH_PATH를 대신하는 LOAD_LIBRARY_SEARCH_USER_DIRS가 있다. 이들 각각은 자신들이 참조하는 특정 디렉터리(또는 디렉터리들)를 탐색하는 경우에만 탐색 순서를 변경한다. 이들 플래그는 여러 위치를 탐색하기 위해 조합될 수도 있다. 예를 들어 애플리케이션과 system32, 유저 디렉터리를 결합하면 LOAD_LIBRARY_SEARCH_DEFAULT_DIRS가 된다. 이들 플래그는 설정 시점부터 모든 라이브러리 로드에 영향을 주는 SetDefaultDllDirectories API를 사용해 전역적으로 설정될 수 있다.

애플리케이션이 패키징 애플리케이션이거나, 패키징 서비스나 레거시 실버라이트 8.0 윈도우폰 애플리케이션이 아니라면 경로 탐색 순서에 영향을 줄 수 있는 다른 방식도 존재한다. 이런 조건에서 DLL 탐색 순서는 전통적인 메커니즘과 API를 사용하지 않으며, 패키지 기반의 그래프 탐색으로 제한된다. 통상적인 **LoadLibraryEx** 함수 대신에 **LoadPackagedLibrary** API를 사용하는 경우 또한 이에 해당한다. 패키지 기반의 그래프는 UWP 애플리케이션 매니페스트 파일의 **<Dependencies>** 섹션에 위치한 항목인 **<PackageDependency>**에 기반으로 계산되며, 임의의 DLL이 패키지 내에 잘못 로드되지 않게 보장한다.

또한 패키징 애플리케이션이 로드될 때 데스크톱 브리지 애플리케이션이 아니라면 모든 애플리케이션 구성 가능 DLL 탐색 경로 순서 API(앞서 살펴봤다)는 비활성화되고 기본 시스템 동작만이 사용된다(앞에서와 같이 대부분의 UWP 애플리케이션에 대한 패키지 의존성을 살펴보는 것만을 조합해).

불행히도 레거시 애플리케이션에 대해 안전한 탐색 모드와 기본 경로 탐색 알고리즘(항상 애플리케이션 디렉터리를 먼저 포함한다)에도 불구하고 바이너리는 자신의 통상적인 위치에서 유저 접근 가능 위치로 복사될 수도 있다(예를 들어 c:\windows\system32\notepad.exe에서 c:\temp\notepad.exe로, 관리자 권한이 필요 없는 동작). 이 경우 공격자는 애플리케이션과 동일한 디렉터리에 특수하게 조작된 DLL을 위치시킬 수 있으며, 앞서 살펴본 순서로 인해 시스템 DLL보다 앞선 순위에 위치한다. 이렇게 해서 지속적으로 사용될 수도 있고, 그렇지 않다면 상승된 권한을 가질 수도 있는(특히 사용자가 이런 변경을 인식하지 못하고 UAC를 통해 권한을 상승시킨다면) 애플리케이션에 영향을 줄 수도 있다. 이런 공격을 차단하기 위해 프로세스와/또는 관리자는 선호 시스템32 이미지 Prefer System32 Images로 불리는 프로세스 미티게이션 정책(이에 대한 추가적 정부는 7장을 참고한다)을 사용할 수 있다. 이 정책은 이름이 암시하듯이 앞서 소개한 순서에서 지점 1과 2를 서로 바꾼다.

DLL 이름 리디렉션

DLL 이름 문자열을 파일로 결정하기 전에 로더는 DLL 이름 리디렉션 규칙을 적용한다. 리디렉션 규칙은 윈도우 애플리케이션 모델을 확장하기 위해 DLL의 네임스페이스(보통 Win32의 파일 시스템의 네임스페이스와 일치한다)의 부분을 늘리거나 재지정하는 데 사용된다. 애플리케이션의 순서에서 이 규칙은 다음과 같다.

- **MinWin API 세트 리디렉션** 이 API 세트 메커니즘의 목적은 규약 개념을 도입해 상이한 버전의 윈도우 에디션이 주어진 시스템 API를 익스포트^{export}하는 바이너리를 애플리케이션에 투명한 방식으로 변경할 수 있게 하기 위한 것이다. 2장에서 이 메커니즘을 간략히 소개했고, 이후의 절에서 좀 더 자세히 설명한다.

- **.LOCAL 리디렉션** 이 메커니즘은 전체 경로가 명시됐는지 상관없이 DLL을 복사해서 .local이 붙는 동일한 베이스 네임을 가진 DLL로 만들거나(예를 들어 MyLibrary.dll.local), 애플리케이션 디렉터리 밑에 .local이라는 이름의 파일 폴더를 만들고 이 폴더 안에 로컬 DLL의 복사본을 두는 방식으로 (C:\\MyApp\.LOCAL\MyLibrary.dll 이런 식으로) 애플리케이션이 특정 DLL 베이스 네임의 로드를 애플리케이션 디렉터리에 있는 로컬 복사된 DLL로 리다이렉트하게 해준다. .LOCAL 메커니즘으로 리다이렉트된 DLL은 SxS로 리다이렉트된 DLL과 동일하게 다뤄진다(다음 항목을 참고하라). 로더는 실행 파일이 임베디드 됐든 외부 파일이든 매니페스트와 관련이 없을 때에만 DLL의 .LOCAL 리디렉션을 인정한다. 이는 기본으로 활성화되지 않는다. 전역적으로 활성화하기 위해 IFEO 키(HKLM\Software\Microsoft\WindowsNT\CurrentVersion\Image File Execution Options)에 DWORD 값인 DevOverrideEnable을 추가하고 1로 설정한다.

- **퓨전(SxS) 리디렉션** 퓨전(side-by-side 또는 SxS로 알려져 있는)은 컴포넌트가 매니페스트로 불리는 바이너리 리소스를 포함함으로써 바이너리 종속성 정보(보통은 버전 정보)를 더 상세히 표현하게 하는 윈도우 애플리케이션 모델의 확장이다. 퓨전 메커니즘은 바이너리가 나란히 설치될 수 있는 다른 버전으로 분리된 이후에 애플리케이션이 윈도우 공통 제어 패키지(comctl32.dll)의 정확한

버전을 로드할 수 있게 처음에 사용됐다. 다른 바이너리도 이후로 동일한 방식으로 버전이 만들어졌다. 비주얼 스튜디오 2005까지는 마이크로소프트 링커로 만들어진 애플리케이션은 C 런타임 라이브러리의 적합한 버전을 찾기 위해 퓨전을 사용했다. 비주얼 스튜디오 2015와 그 후속 버전은 범용 CRT 개념을 구현하기 위해 API 리디렉션을 사용한다.

퓨전 런타임 툴은 윈도우의 리소스 로더를 이용해 바이너리의 리소스 섹션에서 임베디드된 종속 정보를 읽으며, 종속 정보를 활성 컨텍스트^{activation contexts}라는 룩업 구조로 패키지화한다. 시스템은 디폴트 활성 컨텍스트를 부트 시점에, 그리고 프로세스가 시작하는 시간에 각각 시스템과 프로세스 수준에서 만든다. 그리고 각 스레드는 관련된 활성 컨텍스트 스택을 가지며, 활성 상태로 여겨지는 스택의 상단에 활성 컨텍스트 구조체를 가진다. 스레드당 활성 컨텍스트 스택은 특정 지점(예를 들어 임베디드된 종속 정보를 가진 바이너리의 DLL 메인 루틴이 호출될 때)에서 ActivateActCtx와 DeactivateActCtx API를 통해 명시적으로, 그리고 시스템에 의해 암묵적으로 관리된다. 퓨전 DLL의 이름 리디렉션 룩업이 발생할 때 시스템은 스레드의 활성 컨텍스트 스택의 헤드에서 활성 컨텍스트의 리디렉션 정보를 탐색하고, 프로세스와 시스템의 활성 컨텍스트를 탐색한다. 리디렉션 정보가 있다면 활성 컨텍스트에 의해 명시된 파일 신분은 로드 동작에 사용된다.

- **알려진 DLL 리디렉션** 알려진 DLL은 특정 DLL 베이스 네임과 시스템 디렉터리의 파일을 매핑시키는 메커니즘으로, DLL이 다른 장소에서 대체 버전으로 바뀌는 것을 방지한다.

DLL 경로 탐색 알고리즘에서 위험한 경우는 64비트 애플리케이션과 WOW64 애플리케이션에서 수행되는 DLL 버전 체크다. 일치하는 베이스 네임을 가진 DLL을 찾았지만 그 이후에 잘못된 머신 구조에 맞게 컴파일하기로 결정된다면 (예를 들어 32비트 애플리케이션의 64비트 이미지처럼) 로더는 에러를 무시하고 정확하지 않은 파일을 찾는 데 쓰인 경로의 다음 요소부터 경로 탐색 동작을 재개한다. 이 동작은 애플리케이션이 64비트와 32비트 항목 둘 다를 전역

%PATH% 환경 변수에 명시하게 하기 위해 설계됐다.

실습: DLL 로드 탐색 순서 관찰

Sysinternals의 프로세스 모니터를 이용해서 로더가 DLL을 어떻게 탐색하는지 확인할 수 있다. 로더가 DLL 종속성을 분석하려 할 때 로더가 특정 dll을 찾거나 로드가 실패할 때까지 로더는 탐색 순서의 각 위치를 찾기 위해 CreateFile 호출을 수행하는 것을 볼 수 있다.

여기에서는 OneDrive.exe라는 실행 파일에 대한 로더의 탐색을 보여준다. 다음과 같이 실습을 진행해보자.

1. OneDrive가 실행 중이라면 트레이 아이콘에서 이를 닫자. OneDrive 내용을 보고 있던 모든 익스플로러 창을 닫았는지 확인한다.

2. 프로세스 모니터를 열고서 방금 전의 OneDrive.exe 프로세스를 보여주기 위한 필터를 추가한다. 옵션으로 CreateFile에 대한 동작만을 보이게 한다.

3. %LocalAppData%\Microsoft\OneDrive로 이동하고 OneDrive.exe 또는 OneDrivePersonal.cmd를 시작시킨다(OneDrive.exe를 'business'가 아닌 'personal'로 시작시킨다). 다음과 같은 그림을 보게 될 것이다(OneDrive는 32비트 프로세스인데, 여기서는 64비트 시스템에서 실행 중이라는 점에 유의하자).

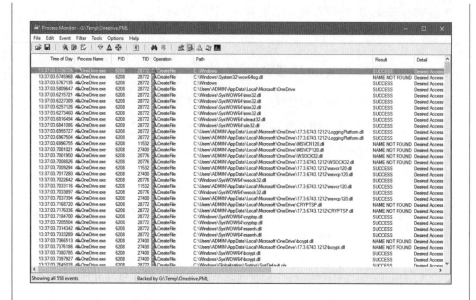

앞서 설명한 탐색 순서와 연관된 일부 호출은 다음과 같다.

- KnownDll의 DLL은 시스템 위치(스크린샷에서 ole32.dll)에서 로드한다.

- LoggingPlatform.Dll은 버전 서브디렉터리에서 로드된다. 이는 OneDrive
  가 SetDllDirectory를 호출해 최신 버전(스크린샷에서 17.3.6743.1212)
  에 대한 탐색을 리디렉션시키기 때문일 것이다.

- MSVCR120.dll(MSVC 런타임 버전 12)은 실행 파일 디렉터리 내에서 탐색
  된다. 그리고 발견이 되지 않는다면 자신이 위치한 버전 서브디렉터리에
  서 탐색된다.

- Wsock32.Dll(WinSock)은 실행 파일의 경로에서 탐색된다. 그 다음은 버
  전 서브디렉터리에서 마지막으로 시스템 디렉터리(SysWow64)가 탐색된
  다. 이 DLL은 KnownDll이 아니라는 점에 주목하자.

로드된 모듈의 데이터베이스

로더는 프로세스에 의해 로드된 모든 모듈(DLL과 더불어 주 실행 파일)의 목록을 관리한다. 이 정보는 PEB에 저장된다. 즉, Ldr로 식별되는 **PEB_LDR_DATA**로 불리는 하위 구조체에 저장된다. 로더는 이 구조체에 3개의 이중 링크드 리스트를 갖는데, 이들 리스트는 모두 동일한 정보를 포함하지만, 순서(로드 순서, 메모리 위치, 초기화 순서)가 다르다. 이들 리스트는 각 모듈의 정보를 저장하는 로더 데이터 테이블 엔트리 (LDR_DATA_TABLE_ENTRY)로 불리는 구조체를 포함한다.

게다가 링크드 리스트의 탐색은 알고리즘적으로 값비싼 동작이므로(선형적으로 시간이 증가한다) 로더는 효율적인 바이너리 탐색 트리인 두 개의 레드블랙^{red-black} 트리를 가진다. 첫 번째 트리는 베이스 주소에 의해 정렬되고, 두 번째 트리는 모듈 이름 기반의 해시에 의해 정렬된다. 이들 트리 덕분에 탐색 알고리즘은 대수 시간 내에 실행할 수 있다. 이로써 윈도우 8과 그 후속 버전에서 프로세스 생성 성능에서 매우 효율적이며 속도 개선이 이뤄졌다. 또한 보안 예방책으로 이들 두 트리의 루트는 링크드 리스트와 달리 PEB에서 접근 불가능하다. 이는 주소 공간 배치 랜덤화^{ASLR}가 활성화된 환경에서 동작하는 셸 코드에 의한 위치 탐색을 어렵게 만든다(ASLR에 대한 추가적 사항은 5장을 참고한다).

표 3-9는 로더가 엔트리에 유지하는 다양한 정보를 보여준다.

표 3-9 로더 데이터 테이블 엔트리 필드

필드	의미
BaseAddressIndexNode	베이스 주소로 정렬된 레드블랙 트리 내의 노드로 이 엔트리를 링크한다.
BaseDllName/ BaseNameHashValue	전체 경로가 없는 모듈의 이름으로, BaseNameHashValue는 RtlHashUnicodeString을 이용해 자신의 해시를 저장한다.

(이어짐)

필드	의미
DdagNode/NodeModuleLink	작업자 스레드 풀을 통한 의존성 로딩을 병렬화하는 분산 의존성 그래프(DDAG)를 추적하는 데이터 구조체에 대한 포인터로, NodeModuleLink는 자신과 연관된 LDR_DATA_TABLE_ ENTRY를 가진 구조체를 그래프의 일부로 링크한다.
DllBase	모듈이 로드된 기본 주소를 가진다.
EntryPoint	모듈의 최초 루틴(DllMain 같은)을 포함한다.
EntryPointActivationConte xt	초기화 부분을 호출할 때 SxS/퓨전 활성화 컨텍스트를 포함한다.
Flags	이 모듈의 로더 상태 플래그(플래그 설명은 표 3-10을 참고한다)
ForwarderLinks	이 모듈로부터 익스포트 테이블 포워더(forwarder)의 결과로서 로드된 모듈의 링크드 리스트
FullDllName	모듈의 완전한 경로 이름
HashLinks	좀 더 빠른 탐색을 위한 프로세스 시작과 종료 동안에 사용되는 링크드 리스트
ImplicitPathOptions	LdrSetImplicitPathOptions API에 의해 설정되거나 DLL 경로에 기반을 두고 상속되는 경로 탐색 플래그 저장에 사용된다.
List Entry Links	이 엔트리를 통해 로더 데이터베이스의 세 가지 순서 리스트에 연결된다.
LoadContext	DLL의 현재 로드 정보에 대한 포인터로, 활발하게 로딩 중이 아니면 일반적으로 NULL이다.
ObsoleteLoadCount	모듈의 참조 카운트(즉, 로드된 횟수)로, 이 정보는 더 이상 정확하지 않으며 DDAT 노드 구조체로 옮겨졌다.
LoadReason	DLL이 로드된 이유(동적, 정적, 포워더로서 지연 로드 의존성 등)를 설명하는 열거 값을 가진다.
LoadTime	이 모듈이 로드될 때 저장된 시스템 시간 값
MappingInfoIndexNode	엔트리를 이름의 해시에 의해 징렬된 레드블랙 트리에 노드로 링크한다.

(이어짐)

필드	의미
OriginalBase	ASLR 또는 재배치 전에 임포트 엔트리가 재배치의 빠른 처리를 할 수 있게 링커에 의해 설정돼 저장된 모듈의 오리지널 베이스 주소
ParentDllBase	정적(또는 포워더, 지연 로드) 의존성인 경우 이 엔트리에 의존성을 가진 DLL 주소를 저장한다.
SigningLevel	이 이미지의 서명 레벨을 저장한다(2권의 8장에 코드 무결성 인프라에 관한 추가적인 정보가 있다).
SizeOfImage	메모리에서의 모듈의 크기
SwitchBackContext	이 모듈과 연관된 현재 윈도우 컨텍스트 GUID와 그 밖의 데이터를 저장하기 위해 스위치백(추후에 설명한다)에 의해 사용된다.
TimeDateStamp	모듈이 링크될 때 링커에 의해 기록된 타임 스탬프로, 로더는 모듈의 이미지 PE 헤더로부터 이 정보를 얻는다.
TlsIndex	이 모듈과 연관된 스레드 로컬 저장소 슬롯

프로세스 로더 데이터베이스를 살펴보는 한 가지 방법은 WinDbg를 사용해 PEB에 관한 양식화된 출력을 보는 것이다. 다음 실습은 이 작업을 수행하는 방법과 직접 LDR_DATA_TABLE_ENTRY 구조체를 보는 방법을 보여준다.

실습: 로드된 모듈 데이터베이스 덤프하기

실습을 시작하기 전에 WinDbg 디버거를 사용해 Notepad.exe를 시작한 이전의 두 실습과 동일한 단계를 먼저 수행한다. 최초의 브레이크포인트에 이르면(여기서 g 명령을 입력했었다) 다음 명령을 따른다.

1. !peb 명령으로 현재 프로세스의 PEB를 볼 수 있다. 현재는 표시될 Ldr 데이터에 관심을 갖자.

```
0:000> !peb
PEB at 000000dd4c901000
    InheritedAddressSpace:      No
    ReadImageFileExecOptions:   No
    BeingDebugged:              Yes
    ImageBaseAddress:           00007ff720b60000
    Ldr                         00007ffe855d23a0
    Ldr.Initialized:            Yes
    Ldr.InInitializationOrderModuleList: 0000022815d23d30 .
0000022815d24430
    Ldr.InLoadOrderModuleList:        0000022815d23ee0 .
0000022815d31240
    Ldr.InMemoryOrderModuleList:  0000022815d23ef0 . 0000022815d31250
          Base TimeStamp                 Module
      7ff720b60000 5789986a Jul 16  05:14:02  2016
C:\Windows\System32\notepad.exe
      7ffe85480000 5825887f Nov 11 10:59:43  2016 C:\WINDOWS\SYSTEM32\
ntdll.dll
      7ffe84bd0000 57899a29 Jul 16  05:21:29  2016
C:\WINDOWS\System32\KERNEL32.DLL
      7ffe823c0000 582588e6 Nov 11 11:01:26  2016 C:\WINDOWS\System32\
KERNELBASE.dll
...
```

2. Ldr 줄에 보이는 주소는 앞서 언급한 **PEB_LDR_DATA** 구조체에 대한 포인터
   다. WinDbg는 3개의 리스트 주소를 보여주며, 초기화 순서 리스트를 덤프
   한다. 또한 각 모듈의 전체 경로와 타임스탬프, 기본 주소를 표시한다.

3. 모듈 리스트로 가서 각 주소에서 **LDR_DATA_TABLE_ENTRY** 구조체 형식으
   로 데이터를 덤프함으로써 직접 각 모듈 엔트리를 분석할 수 있다. 하지
   만 각 엔트리에 대해 이 작업을 하는 대신 WinDbg는 다음 구문에서 보
   듯이 !list 익스텐션을 사용해 이 작업을 할 수 있다.

```
!list -x "dt ntdll!_LDR_DATA_TABLE_ENTRY" @@C++(&@$peb->Ldr-
>InLoadOrderModuleList)
```

4. 이제 각 모듈의 실제 엔트리를 볼 수 있다.

```
+0x000 InLoadOrderLinks : _LIST_ENTRY [ 0x00000228'15d23d10 -
0x00007ffe'855d23b0 ]
   +0x010 InMemoryOrderLinks : _LIST_ENTRY [ 0x00000228'15d23d20 -
0x00007ffe'855d23c0 ]
   +0x020 InInitializationOrderLinks : _LIST_ENTRY [
0x00000000'00000000 -
0x00000000'00000000 ]
   +0x030 DllBase        : 0x00007ff7'20b60000 Void
   +0x038 EntryPoint     : 0x00007ff7'20b787d0 Void
   +0x040 SizeOfImage    : 0x41000
   +0x048 FullDllName    : _UNICODE_STRING
"C:\Windows\System32\notepad.exe"
   +0x058 BaseDllName    : _UNICODE_STRING "notepad.exe"
   +0x068 FlagGroup      : [4] "???"
   +0x068 Flags          : 0xa2cc
```

이번 절이 Ntdll.dll의 유저 모드 로더를 담당하지만, 커널도 드라이버와 의존적 DLL을
위해 KLDR_DATA_TABLE_ENTRY로 불리는 유사한 로더 엔트리 구조체를 가진 로더를 사
용한다는 점에 주목하자. 마찬가지로 커널 모드 로더는 전역 데이터 변수인 PsActive-
ModuleList를 통해 직접 접근 가능한 엔트리의 데이터베이스를 갖는다. 로드된 커널
모듈의 데이터베이스의 덤프를 얻기 위해 앞 실습에서 보여준 !list 같은 명령어를
사용할 수 있다. 이 명령어 마지막 부분의 포인터를 nt!PsActiveModuleList로 대체하
고 새로운 구조체/모듈 이름인 !list nt!_KLDR_DATA_TABLE_ENTRY nt!PsActive-
ModuleList를 사용하면 된다.

가공되지 않는 형태의 이 리스트를 살펴보면 !peb 명령으로 볼 수 없었던 상태 정보를

포함하는 Flags 필드와 같은 로더의 내부를 좀 더 들여다 볼 수 있다. 표 3-10에서 이들의 의미를 보여준다. 이 구조는 커널과 유저 모드 로더 모두에서 사용되기 때문에 플래그의 의미는 항상 같지는 않다. 이 표에서 유저 모드 플래그(그중 일부는 커널 구조체에도 존재할 수 있다)만을 명시적으로 다룬다.

표 3-10 로더 데이터 테이블 엔트리 플래그

플래그	의미
Packaged Binary (0x1)	이 모듈은 패키지 애플리케이션의 일부다(AppX 패키지의 주 모듈에만 설정될 수 있다).
Marked for Removal (0x2)	이 모듈은 모든 참조가 해제될 때(예를 들어 실행 작업자 스레드로부터) 언로드된다.
Image DLL (0x4)	이 모듈은 이미지 DLL(데이터 DLL이나 실행 파일이 아니다)이다.
Load Notifi cations Sent (0x8)	등록된 DLL 통지 콜아웃이 이 이미지를 이미 통지받았다.
Telemetry Entry Processed (0x10)	이 이미지에 대한 원격 데이터가 이미 처리됐다.
Process Static Import (0x20)	이 모듈은 주 애플리케이션 바이너리의 정적 임포트다.
In Legacy Lists (0x40)	이 이미지는 엔트리는 로더의 이중 링크드 리스트에 있다.
In Indexes (0x80)	이 이미지 엔트리는 로더의 레드블랙 트리에 있다.
Shim DLL (0x100)	이 이미지 엔트리는 심 엔진/애플리케이션 호환성 데이터베이스에 관한 DLL 부분이다.
In Exception Table (0x200	이 모듈의 .pdata 예외 처리기는 로더의 역(inverted) 함수 테이블에서 캡처됐다.
Load In Progress (0x800)	이 모듈은 현재 로드 중이다.
Load Config Processed (0x1000)	이 모듈의 이미지 로드 구성 디렉터리가 발견돼 처리됐다.

(이어짐)

플래그	의미
Entry Processed (0x2000)	로더는 이 모듈의 처리를 완전히 마쳤다.
Protect Delay Load (0x4000)	이 바이너리의 제어 흐름 가드 기능에서 지연 로드 IAT의 보호를 요청했다. 추가적인 정보는 7장을 참고한다.
Process Attach Called (0x20000)	DLL_PROCESS_ATTACH 통지가 DLL로 이미 보내졌다.
Process Attach Failed (0x40000)	해당 DLL의 DllMain 루틴이 DLL_PROCESS_ATTACH 통지를 실패시켰다.
Don't Call for Threads (0x80000)	이 DLL에 DLL_THREAD_ATTACH/DETACH 통지를 보내지 말라. DisableThreadLibraryCalls로 설정할 수 있다.
COR Deferred Validate (0x100000)	공용 객체 런타임(COR)은 이 .NET 이미지에 대해 추후 유효성 검사를 한다.
COR Image (0x200000)	이 모듈은 .NET 애플리케이션이다.
Don't Relocate (0x400000)	이 이미지는 재배치나 랜덤화가 될 수 없다.
COR IL Only (0x800000)	.NET 네이티브 어셈블리 코드를 포함하지 않는 IL(intermediate-language) 전용 라이브러리다.
Compat Database Processed (0x40000000)	심 엔진(shim engine)이 이 DLL을 처리했다.

임포트 파싱

로더가 프로세스에 로드된 모든 모듈을 추적하는 방법을 설명했으므로 로더에 의해 수행되는 시작 시의 초기화 작업을 계속 분석할 수 있다. 이 단계에서 로더는 다음 작업을 수행한다.

1. 프로세스 실행 파일 이미지의 임포트 테이블에서 참조되는 각 DLL을 로드한다.
2. 모듈 데이터베이스를 검사해 DLL이 이미 로드됐는지 검사한다. 로더는 리스트에서 DLL을 찾을 수 없다면 해당 DLL을 오픈해 메모리에 매핑시킨다.

3. 매핑 동작 동안에 로더는 먼저 DLL을 찾을 위치인 다양한 경로와 DLL이 알려진 DLL(시스템이 시작 시에 이미 DLL을 로드해 접근에 필요한 전역 메모리 맵 파일을 제공했음을 의미함)인지 조사한다. .local 파일의 사용(로더로 하여금 로컬 경로에 있는 DLL 사용을 강제한다)이나 매니페스트 파일(리디렉션 DLL이 특정 버전을 사용하게 지정할 수 있다)을 통해 표준 검색 알고리즘의 변형을 만들 수 있다.

4. DLL이 디스크에서 발견돼 매핑된 이후에 로더는 커널이 이 DLL을 다른 어딘가에 로드했었는지(이것을 재배치라고 한다)를 검사한다. 로더가 재배치를 탐지한다면 DLL 내의 재배치 정보를 파싱해 필요한 동작을 수행할 것이다. 재배치 정보가 존재하지 않는다면 DLL 로딩은 실패할 것이다.

5. 이제 로더는 이 DLL에 대한 로더 데이터 테이블 엔트리를 생성하고 이 엔트리를 데이터베이스에 삽입한다.

6. DLL이 매핑된 이후에 DLL의 임포트 테이블과 모든 의존성을 파싱하기 위해 이 DLL에 대해 절차가 반복된다.

7. 각 DLL이 로드된 이후에 로더는 임포트되는 함수를 찾기 위해 IAT를 파싱한다. 일반적으로 이것은 이름에 의해 이뤄지지만 오디널^{ordinal}(인덱스 번호)로도 가능하다. 각 이름에 대해 로더는 임포트되는 DLL의 익스포트 테이블을 파싱하고 일치하는 것을 찾는다. 일치하는 것이 없다면 동작은 중단된다.

8. 이미지의 임포트 테이블 또한 결정될 수 있다. 이것은 링크 시점에 개발자가 외부 DLL에서 임포트된 함수를 가리키는 정적 주소를 이미 할당했음을 의미한다. 이것은 각 이름을 검색해야 할 필요성을 없애주지만 애플리케이션이 사용할 DLL은 항상 동일한 주소에 위치할 것이라고 가정한다. 윈도우는 주소 공간 랜덤화$^{address\ space\ randomization}$(좀 더 자세한 정보는 5장을 참고한다)를 사용하기 때문에 이것은 시스템 애플리케이션과 라이브러리에는 일반적으로 해당하지 않는다.

9. 임포트되는 DLL의 익스포트 테이블은 포워더 엔트리$^{forwarder\ entry}$를 사용할 수 있다. 이것은 실제 함수가 다른 DLL에 구현돼 있음을 의미한다. 기본적으로 이것은 임포트나 의존성처럼 다뤄져야 한다. 따라서 익스포트 테이블을 파싱한 이후에 포워더에 의해 참조되는 각 DLL이 로드되며 로더는 1단계로 되돌아간다.

임포트되는 모든 DLL(그리고 이들이 의존하는 또 다른 임포트들)이 로드된 이후에 필요한 모든 임포트 함수가 조사돼 찾아지고, 모든 포워더 또한 로드돼 처리되면 이 단계는 완료된다. 즉, 애플리케이션과 그의 다양한 DLL에 의해 컴파일 시점에 정의됐던 모든 의존성이 충족된 것이다. 실행 동안에 지연된 의존성(지연 로드라 한다)과 더불어 실행 시의 동작(LoadLibrary를 호출하는 것 같은)으로 인해 로더가 호출될 수 있고, 본질적으로 앞서 설명한 것과 같은 동일한 작업을 반복할 수 있다. 하지만 프로세스 시작 중에 이들 단계에서의 실패가 일어난다면 애플리케이션 시작의 오류로 이어질 수 있음에 유의하자. 예를 들어 현재 버전의 운영체제에 존재하지 않는 함수를 필요로 하는 애플리케이션을 실행하고자 하면 그림 3-12와 유사한 메시지를 보게 될 것이다.

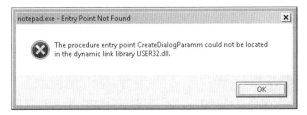

그림 3-12 DLL 내에 필요한(임포트되는) 함수가 존재하지 않을 때 나타나는 대화상자

포스트 임포트 프로세스 초기화

필요한 의존 모듈들이 로드된 이후에 애플리케이션 시작을 완전히 마무리 짓기 위해 수행해야 할 여러 초기화 작업이 있다. 이 단계에서 로더는 다음 작업을 수행한다.

1. 이들 단계는 **LdrInitState** 변수를 2로 설정하는 것에서 시작한다. 이는 임포트가 로드됐음을 의미한다.
2. WinDbg와 같은 디버거를 사용한다면 최초의 디버거 브레이크포인트가 잡힌다. 이 위치는 이전 실습에서 실행 재개를 위해 g 명령어를 입력한 곳이다.
3. 애플리케이션이 윈도우 서브시스템용인지 검사한다. 그렇다면 **BaseThread-Init Thunk** 함수는 이른 시점의 프로세스 초기화 단계에 캡처됐을 것이고, 이 시점에서 이 함수가 호출돼 성공 여부가 검사된다. 비슷하게 앞서 캡처됐을(터

미널 서비스를 지원하는 시스템이라면) `TermsrvGetWindowsDirectoryW` 함수가 이제 호출돼 시스템과 윈도우 디렉터리 경로를 리셋한다.

4. 분산 그래프를 사용해 모든 종속성을 다시 검사하고 이미지의 모든 정적 임포트에 대한 초기화 루틴을 실행한다. 이는 각 DLL에 대해 `DllMain` 루틴(각 DLL로 하여금 자신의 초기화 작업을 수행하게 한다. 이 작업에는 실행 시에 새로운 DLL를 로드하는 것도 포함될 수 있다)을 호출하고 TLS 초기화 루틴을 처리하는 단계다. 이는 애플리케이션 로드 실패가 발생할 수 있는 마지막 단계다. 로드된 모든 DLL이 자신들의 `DllMain` 루틴을 마친 후에 성공적인 반환 코드를 반환하지 않는다면 로더는 애플리케이션의 시작을 중지시킨다.

5. 이미지가 TLS 슬롯을 사용한다면 해당 TLS 초기화 루틴을 호출한다.

6. 모듈이 애플리케이션 호환성 심 작업이 진행 중이라면 포스트 초기화 심 엔진 콜백을 실행한다.

7. PEB에 등록된 관련 서브시스템 DLL 포스트 처리 초기화 루틴을 실행한다. 예를 들어 윈도우 애플리케이션의 경우라면 터미널 서비스 한정적인 검사를 한다.

8. 이 시점에서 프로세스가 성공적으로 로드됐음을 나타내는 ETW 이벤트를 기록한다.

9. 최소한의 스택 커밋이 존재한다면 커밋된 페이지에 대한 인페이지를 강제하기 위해 스레드 스택을 조작한다.

10. `LdrInitState`를 3으로 설정한다. 이는 초기화가 이뤄졌음을 의미한다. PEB의 `ProcessInitializing` 필드를 0으로 되돌린다. 그리고 `LdrpProcessInitialized` 변수를 갱신한다.

스위치백

경쟁 조건[race conditions]과 기존 API 함수에서 잘못된 매개변수 유효성 검사와 같은 버그가 윈도우의 새로운 버전에서 수정됨에 따라 애플리케이션 호환성 위험은 아무리 사소하다 할지라도 이런 변경에 의해 생기게 된다. 윈도우는 로더에 구현된 스위치백[SwitchBack]이라 불리는 기술을 이용해 소프트웨어 개발자가 대상 윈도우 버전에 대한 GUID를 실행 파일 관련 매니페스트에 포함시킬 수 있게 한다.

예를 들어 개발자가 주어진 API로 윈도우 10에서 개선된 이점을 활용하고자 한다면 자신의 매니페스트에 윈도우 10 GUID를 포함하고, 반면에 개발자가 윈도우 7 한정적인 동작에 의존하는 레거시 애플리케이션을 다룬다면 매니페스트에 윈도우 7 GUID를 대신 넣으면 된다.

스위치백이 이 정보를 구문 분석해 영향 받는 API의 어떤 버전이 모듈에 의해 호출돼야 하는지 결정하기 위해 스위치백 호환 DLL(.sb_data 이미지 섹션에서)에 삽입된 정보와 연결한다. 스위치백이 로드된 모듈 수준에서 작동하기 때문에 프로세스는 레거시 DLL 과 현재 DLL을 모두를 가질 수 있게 된다(결과는 다를 수 있지만 동일한 API를 호출하는).

스위치백 GUID

윈도우는 윈도우 비스타부터 모든 버전에 대해 호환성 설정을 나타내는 GUID를 정의한다.

- **윈도우 비스타** {e2011457-1546-43c5-a5fe-008deee3d3f0}
- **윈도우 7** {35138b9a-5d96-4fbd-8e2d-a2440225f93a}
- **윈도우 8** {4a2f28e3-53b9-4441-ba9c-d69d4a4a6e38}
- **윈도우 8.1** {1f676c76-80e1-4239-95bb-83d0f6d0da78}
- **윈도우 10** {8e0f7a12-bfb3-4fe8-b9a5-48fd50a15a9a}

이러한 GUID는 호환성 속성 항목의 ID 속성 내에 <SupportedOS> 항목으로 매니페스트 파일에 존재해야 한다(애플리케이션 매니페스트가 GUID를 포함하지 않는 경우 윈도우 비스타가 기본 호환성 모드로 선택된다). 작업 관리자를 사용해 세부 정보 탭의 운영체제 컨텍스트 칼럼을 활성화하면 특정 OS 컨텍스트로 실행 중인 애플리케이션이 있다면 이를 보여준다(빈값은 운영체제가 윈도우 10 모드임을 일반적으로 의미한다). 그림 3-13은 윈도우 비스타와 윈도우 7(심지어 윈도우 10 시스템) 모드에서 동작하는 이런 애플리케이션의 일부 예를 보여준다.

다음은 윈도우 10에 대한 호환성을 설정하는 매니페스트 항목의 예다.

```
<compatibility xmlns="urn:schemas-microsoft-com:compatibility.v1">
  <application>
    <!-- Windows 10 -->
    <supportedOS Id="{8e0f7a12-bfb3-4fe8-b9a5-48fd50a15a9a}" />
  </application>
</compatibility>
```

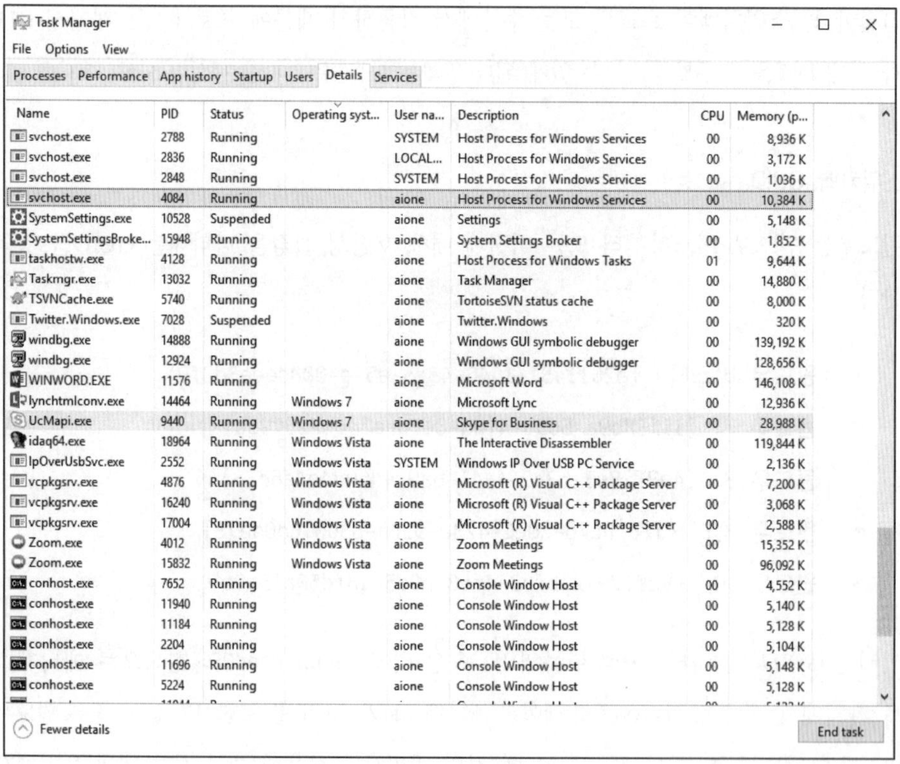

그림 3-13 호환성 모드로 동작하는 일부 프로세스

스위치백 호환성 모드

스위치백이 할 수 있는 일부 예로, 윈도우 7 컨텍스트하에서 실행하면 다음과 같은 구성 요소에 영향을 준다.

- RPC 구성 요소는 내부 구현 대신 윈도우 스레드 풀을 사용한다.
- DirectDraw 락은 주^{primary} 버퍼에서 취득할 수 없다.
- 바탕 화면의 블리팅^{Blitting}은 클리핑 윈도우 없이 허용되지 않는다.
- GetOverlappedResult의 경쟁 조건이 고쳐졌다.
- 호출자가 쓰기 권한이 없을 때(NtCreateFile이 FILE_DISALLOW_EXCLUSIVE 플래그를 받아들이지 않게 한다)에도 파일을 독점적으로 오픈하기 위해 '다운그레이드' 플래그를 전달하는 것이 CreateFile 호출 시에 허용된다.

반면에 윈도우 10 모드에서 실행하면 저단편화 힙^{Low Fragmentation Heap} 서브세그먼트가 모두 커밋되게 강제하고, 윈도우 10 GUID가 존재하지 않는다면 헤더 블록으로 모든 할당에 패딩을 두게 돼 LFH가 동작하는 방식에 미묘하게 영향을 준다. 추가적으로 윈도우 10에서 유효하지 않은 핸들에 예외 발생(추가적인 정보는 7장을 참고)을 사용하면 동작에 따라 CloseHandle이나 RegCloseKey의 호출로 이어진다. 반면에 이전의 운영체제에서 디버거가 연결돼 있지 않다면 이 동작은 NtClose를 호출하기 전에 비활성화되고 호출 이후에 다시 활성화된다.

다른 예로서 철자 검사 기능^{Spell Checking Facility}은 참고로 윈도우 8.1에서 'empty' 철자 검사기를 반환하지만 철자 검사기를 갖지 않은 언어에 대해 NULL을 반환한다. 유사하게 IShellLink::Resolve 함수 구현은 윈도우 8 호환성 모드에서 실행할 때 상대 경로가 주어지면 E_INVALIDARG를 반환한다. 하지만 윈도우 7 모드에는 이 검사가 존재하지 않는다.

더욱이 RtlVerifyVersionInfo와 같은 기능의 NtDll 함수나 GetVersionEx를 호출하면 명시된 스위치백 컨텍스트 GUID에 대응하는 최대 버전 번호를 반환한다.

> 이들 API는 더 이상 사용되지 않는다. GetVersionEx를 호출하면 윈도우 8과 그 후속하는 모든 버전에서 더 높은 스위치백 GUID가 제공되지 않는다면 6.2를 반환한다.

스위치백 동작

윈도우 API가 호환성을 깰 수도 있는 변경 사항의 영향을 받을 때마다 함수의 엔트리 코드는 스위치백 로직을 호출하기 위해 SbSwitchProcedure를 호출하면서 스위치백 모듈 테이블에 대한 포인터를 전달한다. 모듈 테이블에는 모듈에서 사용된 스위치백 메커니즘에 대한 정보가 포함돼 있다. 이 테이블은 또한 각 스위치백 지점에 대한 항목의 배열 포인터를 포함한다. 이 테이블은 관련된 미티게이션 태그와 함께 심볼 이름과 포괄적인 설명으로 자신을 식별하는 각 분기점[branch-points]에 대한 설명을 포함한다. 일반적으로 모듈에는 여러 분기점이 존재하는데, 윈도우 비스타 용도로 하나, 윈도우 7 용도의 분기점이 하나와 같은 방식으로 존재한다.

각 분기점 경우 필요한 스위치백 컨텍스트가 주어진다. 즉, 바로 이것이 두 개(또는 그 이상)의 지점 중 어떤 것을 런타임 시 가져올지 결정하는 컨텍스트다. 마침내 이들 디스크립터는 각 분기점에서 실행해야 하는 실제 코드에 함수 포인터를 갖게 됐다. 윈도우 10 GUID로 실행하는 애플리케이션이라면 이것이 자신의 스위치백 컨텍스트의 일부가 될 것이며, SbSelectProcedure API는 모듈 테이블 파싱 시에 일치하는지에 대한 작업을 수행할 것이다. 이 함수는 컨텍스트에 대한 모듈 항목 디스크립터를 찾아서 디스크립터에 포함된 함수 포인터를 호출한다.

스위치백은 주어진 스위치백 컨텍스트 및 분기점의 선택을 추적하기 위해 ETW를 사용하고, 윈도우 AIT[Application Impact Telemetry] 로거에 데이터를 제공한다. 이 데이터는 마이크로소프트가 각 호환성 항목이 사용되고 있는 범위를 결정하고 그것을 사용하는 애플리케이션을 식별하고(전체 스택 추적이 로그에서 제공된다) 타사 공급 업체에 통보하기 위해 주기적으로 수집될 수 있다.

언급했듯이 애플리케이션의 호환성 수준은 자신의 매니페스트 파일에 저장된다. 로딩시 로더는 매니페스트 파일을 구문 분석하고, 컨텍스트 데이터 구조를 생성하고, 그리고 프로세스 환경 블록의 pShimData 멤버에 그것을 캐시한다. 이 컨텍스트 데이터는 해당 호환성 GUID에서 실행하는 관련 호환성 GUID를 포함하며, 스위치백을 사용하는 API 에서 분기점에 대해 어떤 버전이 실행될지를 결정한다.

API 세트

스위치백이 특정 애플리케이션 호환성 시나리오에 대한 API 리디렉션을 사용하지만, API 세트^{API Sets}로 불리는 모든 애플리케이션에 대해 윈도우에서 사용되는 훨씬 더 광범위한 리디렉션 메커니즘이 있다. 이의 목적은 모든 유형의 윈도우 시스템에서 현재 그리고 향후에 필요하지 않을 수도 있는 수천 개의 API에 걸친 대규모 다목적 DLL을 갖는 대신 윈도우 API를 서브DLL로 세밀한 분류를 하게 하는 것이다. 윈도우 구조의 상위 계층으로부터 하위 계층을 분리하게 가장 하단 계층의 리팩토링을 지원하기 위해 주로 개발된 이 기술은 다른 무엇보다 kernal32.dll과 Advapi32.dll을 여러 가상 DLL 파일로 분리한다.

예를 들어 그림 3-14는 DependencyWalker의 스크린 샷으로 윈도우 핵심 라이브러리인 Kernel32.dll이 API-MS-WIN로 시작하는 dll들을 임포트한다는 것을 보여준다. 이들 DLL 각각은 Kernel32가 제공하는 API의 작은 부분만을 포함하지만 Kernel32.dll에 의해 노출된 전체 API군을 함께 구성한다. 예를 들어 CORE-STRING 라이브러리는 윈도우 기반의 문자열 함수만을 제공한다.

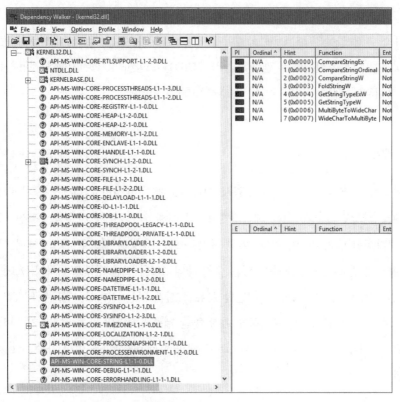

그림 3-14 Kernel32.dll의 API 세트

개별 파일로 함수를 분리하면서 두 개의 목적이 달성된다. 첫째, 이렇게 함으로써 향후의 애플리케이션은 자신이 필요로 하는 기능을 제공하는 API 라이브러리와만 연결하게한다. 둘째, 마이크로소프트가 현지화를 지원하지 않는 버전을 만들려 한다면(예를 들어사용자 접촉이 필요 없는 영어로만 된 임베디드 시스템) 서브DLL을 제거하고 API 세트를수정하기만 하면 된다. 이로써 더 작은 Kernel32 바이너리가 되고, 현지화가 필요 없이구동하는 애플리케이션은 아무 문제없이 동작할 것이다.

이런 기술 덕분에 커널과 핵심 드라이버(파일 시스템과 CSRSS 및 서비스 제어 관리자같은 기본 시스템 프로세스, 다수의 윈도우 서비스도 포함된다)를 포함하는 최소한의 서비스 집합을 지닌 'MINWin'으로 불리는 '기반' 윈도우 시스템(소스 레벨에서 구축되는)을정의한다. 자신의 플랫폼 빌더를 가진 윈도우 임베디드는 유사하게 보이는 기술을 제공한다. 시스템 빌더는 셸이나 네트워크 스택 같은 '윈도우 컴포넌트'를 선택적으로 제거할 수 있기 때문이다. 하지만 윈도우에서 컴포넌트를 제거하면 댕글링 의존성^{dangling dependencies}이 발생한다. 즉, 제거된 컴포넌트 참조로 인해 실행 시 작동하지 않을 수 있는 코드 경로가 발생한다. 반면 MinWin 종속체는 의존하는 것은 스스로 다 포함하고 있다.

프로세스 관리자는 초기화 작업 시에 %SystemRoot%\System32\ApiSetSchema.dll에 저장돼 있는 API 세트 리디렉션 테이블의 섹션 객체를 만드는 `PspInitializeApiSetMap` 함수를 호출한다. 이 DLL은 실행 코드는 없지만 가상 API 세트 DLL을 해당 API를 구현하는 논리 DLL로 매핑시키는 API 세트 매핑 데이터를 포함하는 한 섹션(.apiset로 불린다)을 가진다. 새로운 프로세스가 시작할 때마다 프로세스 관리자는 섹션 객체를 프로세스의 주소 공간으로 매핑시키고 섹션 객체가 매핑된 기본 주소를 가리키기 위해 PEB에 `ApiSetMap` 필드를 설정한다.

다음으로 `.local`과 앞서 언급한 SxS/퓨전 매니페스트 리디렉션을 담당하는 `Ldrp-ApplyFileNameRedirection` 함수는 'API'로 시작하는 이름을 가진 새로운 임포트 라이브러리가 로드될 때마다(동적으로든 정적으로든) API 세트 리디렉션 데이터를 검사한다. API 세트 테이블은 해당 함수가 존재하는 논리 DLL(이 DLL이 로드된다)을 기술하는 각 엔트리를 가진 라이브러리로 이뤄져 있다. 스키마 데이터가 이진 형식이긴 하지만 현재 어떤 DLL이 정의돼 있는지를 알기 위해 Sysinternals String 툴로 문자열을 덤프하면 다음과 같다.

```
C:\Windows\System32>strings apisetschema.dll
...
api-ms-onecoreuap-print-render-l1-1-0
printrenderapihost.dllapi-ms-onecoreuap-settingsync-status-l1-1-0
settingsynccore.dll
api-ms-win-appmodel-identity-l1-2-0
kernel.appcore.dllapi-ms-win-appmodel-runtime-internal-l1-1-3
api-ms-win-appmodel-runtime-l1-1-2
api-ms-win-appmodel-state-l1-2
```

```
api-ms-win-appmodel-state-l1-2-0
api-ms-win-appmodel-unlock-l1-1-0
api-ms-win-base-bootconfig-l1-1-0
advapi32.dllapi-ms-win-base-util-l1-1-0
api-ms-win-composition-redirection-l1-1-0
...
api-ms-win-core-com-midlproxystub-l1-1-0
api-ms-win-core-com-private-l1-1-1
api-ms-win-core-comm-l1-1-0
api-ms-win-core-console-ansi-l2-1-0
api-ms-win-core-console-l1-1-0
api-ms-win-core-console-l2-1-0
api-ms-win-core-crt-l1-1-0
api-ms-win-core-crt-l2-1-0
api-ms-win-core-datetime-l1-1-2
api-ms-win-core-debug-l1-1-2
api-ms-win-core-debug-minidump-l1-1-0
...
api-ms-win-core-firmware-l1-1-0
api-ms-win-core-guard-l1-1-0
api-ms-win-core-handle-l1-1-0
api-ms-win-core-heap-l1-1-0
api-ms-win-core-heap-l1-2-0
api-ms-win-core-heap-l2-1-0
api-ms-win-core-heap-obsolete-l1-1-0
api-ms-win-core-interlocked-l1-1-1
api-ms-win-core-interlocked-l1-2-0
api-ms-win-core-io-l1-1-1
api-ms-win-core-job-l1-1-0
...
```

잡

잡[Job]은 명명할 수 있고 보안성이 있으며 공유할 수 있는 커널 객체로서 하나 이상의 프로세스를 그룹으로 묶어 관리할 수 있다. 잡 객체의 기본 기능은 프로세스 그룹을 하나의 단위로 관리하고 조작할 수 있게 하는 것이다. 하나의 프로세스는 다수의 잡에 포함될 수 있지만, 일반적인 경우는 하나의 잡에 속한다. 잡과 프로세스의 관계는 끊어질 수 없으며, 잡과 관계가 맺어진 프로세스에 의해 생성된 모든 프로세스와 그 자손들은 동일한 잡 객체와 연관된다(자식 프로세스가 CREATE_BREAKAWAY_FROM_JOB 플래그로 생성되지 않고, 또한 잡 자체가 이를 제약하지 않는다면). 잡 객체는 또한 자신과 연관된 모든 프로세스와 자신들과 연관을 맺은 이후에 종료된 프로세스들에 대한 기본적인 통계 정보를 기록한다.

잡은 또한 GetQueuedCompletionStatus 함수나 스레드 풀 API(네이티브 함수 TpAlloc-JobNotification)를 사용해 스레드가 대기하는 I/O 완료 포트 객체와 연관될 수 있다. 이것은 관심 있는 당사자(일반적으로 잡 생성자)로 하여금 잡의 보안에 영향을 줄 수 있는 제약 위반이나 이벤트(새로운 프로세스의 생성이나 프로세스의 비정상 종료와 같은)를 감시하게 한다.

잡은 다음과 같이 시스템 메커니즘에 중요한 여러 가지 역할을 한다.

- 최신 앱(UWP 프로세스)을 관리한다. 2권의 9장에서 좀 더 자세히 다룬다. 실제로 모든 최신 앱은 잡 아래에서 실행한다. 3장 후반부의 '잡 객체 살펴보기' 실습에서 볼 수 있듯이 Process Explorer를 통해 이를 확인할 수 있다.
- 이번 절에서 다루는 서버 실로server silo라는 메커니즘을 통해 윈도우 컨테이너 지원을 구현하는 데 사용된다.
- 데스크톱 행위 조정자DAM, Desktop Activity Moderator는 주로 잡을 이용해 스로틀링throttling과 타이머 가상화, 타이머 프리징freezing, Win32 애플리케이션과 서비스에 관한 여타 유휴 유발 행위를 관리한다. DAM은 2권의 8장에서 설명한다.
- 4장에서 설명하는 동적 공정 분배fair-share 스케줄링DFSS에서 그룹 스케줄링을 정의하고 관리하게 해준다.
- 커스텀 메모리 분할의 세부적 사항을 가능하게 해준다. 이는 5장에서 설명하는 메모리 분할 API의 사용을 가능하게 한다.
- Run as(보조 Logon)와 애플리케이션 박싱Boxing, 프로그램 호환성 관리자 같은

기능에 대한 핵심 활성자 역할을 한다.

- 이들은 윈도우 관리 도구 요청을 통한 서비스 거부^{denial-of-service} 공격으로부터의 미티게이션뿐만 아니라 구글 크롬과 마이크로소프트 오피스 문서 컨버터 같은 애플리케이션에 대해 부분적인 보안 샌드박스를 제공한다.

잡 제약

다음은 잡에 가할 수 있는 CPU 관련 및 메모리, I/O 관련 제약들이다.

- **활성 프로세스의 최대 개수** 잡 내에 동시에 존재할 수 있는 프로세스의 개수를 제한한다. 이 제한에 도달하면 해당 잡에 할당되는 새로운 프로세스의 생성이 차단된다.

- **잡 전역적인 유저 모드 CPU 시간제한** 잡에 속한 프로세스가 사용할 수 있는 유저 모드 CPU 시간의 총합을 제한한다(이미 실행이 돼 종료한 프로세스도 포함). 일단 이 한계에 도달하면 기본적으로 잡에 속한 모든 프로세스가 에러 코드와 함께 종료되며 새로운 프로세스가 해당 잡에 생성될 수 없다(시간제한이 리셋되지 않는 한). 잡 객체는 시그널돼 해당 잡 객체를 대기하고 있던 모든 스레드가 해제된다. `SetInformationJobObject` 함수를 호출해 `JobObjectEndOf-JobTimeInformation` 정보 클래스로 전달된 `JOBOBJECT_END_OF_JOB_TIME_INFORMATION` 구조체의 `EndOfJobTimeAction` 멤버를 설정해 이런 기본 동작을 변경할 수 있으며, 잡의 완료 포트 대신 알림이 전달되게 요청할 수 있다

- **프로세스별 유저 모드 CPU 시간제한** 잡에 속하는 각 프로세스의 유저 모드 CPU 시간의 누계가 일정한 시간이 되게 한다. 최대치에 도달하면 해당 프로세스는 정리 작업^{cleanup}을 할 기회도 없이 종료된다.

- **잡 프로세서 친화성** 잡에 속한 각 프로세스에 대한 프로세서 친화성 마스크를 설정한다(각 스레드는 잡 친화성의 범위 내에서 자신의 친화성을 변경할 수 있지만, 프로세스는 자신들의 친화성 설정을 바꿀 수 없다).

- **잡 그룹 친화성** 잡에 속하는 프로세스가 할당될 수 있는 그룹 리스트를 설정한

다. 모든 친화성 변경은 이 제약에 의해 부여되는 그룹 선정에 적용된다. 이것은 잡 프로세서 친화성 제한의 그룹 인식group-aware 버전(레거시)으로 취급되며, 그 제한 이상으로 사용되지 않게 방지한다.

- **잡 프로세스 우선순위 클래스** 잡에 속한 각 프로세스의 우선순위 클래스를 설정한다. 스레드는 이 클래스에 대한 상대적 우선순위를 증가시킬 수 없다(일반적으로 가능한). 우선순위를 올리려는 스레드의 시도는 무시된다(SetThreadPriority 함수를 호출해도 에러는 발생하지 않지만 우선순위가 올라가지는 않는다).

- **기본 워킹셋 최댓값과 최솟값** 잡에 속하는 각 프로세스 워킹셋의 최대 최소 크기를 지정한다(이 설정은 잡 전역적이 아니다. 각 프로세스는 동일한 최소 및 최댓값으로써 자신만의 워킹셋을 가진다).

- **프로세스와 잡에 의해 할당된 가상 메모리 제한** 단일 프로세스나 잡 전체에 의해 커밋committed될 수 있는 가상 주소 공간의 최대 크기를 정의한다.

- **CPU 사용률 제어** 잡이 강제 스로틀링throttling을 당하기 전에 사용하게 허용된 CPU 시간의 최대량을 정의한다. 이는 4장에서 기술하는 스케줄링 그룹 지원의 일부로서 사용된다.

- **네트워크 대역폭 제어** 스로틀링이 발생하기 전에 잡 전체에 대한 최대 송신 outgoing 대역폭을 정의한다. 잡이 보내는 각 네트워크 패킷에 대한 차별화된 서비스 코드 포인트DSCP 태그의 설정도 가능하게 한다. 이는 계층 내의 한 잡에만 설정될 수 있으며, 해당 잡과 그 자손 잡에게 영향을 준다.

- **디스크 I/O 대역폭 제어** 이는 네트워크 대역폭 제어와 유사하지만 대신 디스크 I/O에 적용되며 대역폭 자체나 초당 I/O 동작 횟수IOPS를 제어할 수 있다. 특정 볼륨이나 시스템 내의 모든 볼륨에 대해 설정될 수 있다.

이런 많은 제약에 대해 잡 소유자는 특정 한계치thresholds를 지정할 있으며, 이 한계치에 도달하면 통지가 보내진다(또는 통지가 등록되지 않았다면 잡은 단순히 죽게 된다). 부가적으로 전송률 제어를 통해 임계 범위와 간격을 조정할 수 있다. 예를 들어 네트워크 프로세스로 하여금 매 5분마다 대역폭의 20%를 초과해도 10초까지 사용 가능하게 제약한다. 이런 통지는 적절한 메시지를 해당 잡에 대한 I/O 완료 포트에 넣음으로써 이뤄진다(세부 사항은 윈도우 SDK 문서를 보라).

끝으로 잡에 속한 프로세스의 사용자 인터페이스에 제한을 가할 수도 있다. 이런 제한은 잡 외부의 스레드가 소유한 윈도우에 대한 핸들을 열거나 클립보드에 읽고 쓰기를 한다거나, 윈도우의 SystemParametersInfo 함수를 이용해 사용자 인터페이스 시스템 설정을 변화시키는 등의 작업을 못하게 차단한다. 이러한 사용자 인터페이스 제한은 윈도우 서브시스템인 GDI/USER 드라이버(Win32k.sys)에 의해 관리되며, 잡 콜아웃 callout이라는 프로세스 관리자에 등록된 특별한 콜아웃 중 하나를 통해 시행된다. UserHandleGrantAccess를 호출해 잡 내의 모든 프로세스가 특정 유저 핸들(예를 들어 윈도우 핸들)에 접근하는 것을 승인할 수 있다. 이 함수는 해당 잡에 속하지 않는 프로세스에 의해 호출될 수 있다(당연하지만).

잡과 작업

CreateJobObject API를 사용해 잡 객체를 생성한다. 잡은 최초에 생성될 때 프로세스를 전혀 갖지 않는다. 잡에 프로세스를 추가하려면 AssignProcessToJobObject를 호출한다. 이 함수는 잡에 프로세스를 추가하기 위해 여러 번 호출될 수 있으며, 여러 잡에 동일한 프로세스를 추가하기 위해서도 호출될 수도 있다. 이 옵션은 다음 절에서 기술하는 중첩 잡nested job을 만든다. 잡에 프로세스를 추가하는 다른 방법은 3장의 초반부에 설명한 PS_CP_JOB_LIST 프로세스 생성 속성을 사용해 잡 객체에 대한 핸들을 수동으로 지정하는 것이다. 잡 객체에 대한 하나 이상의 핸들이 지정될 수 있으며, 이들 모두는 잡에 합류된다.

잡에 대한 가장 흥미로운 API는 SetInformationJobObject다. 이 함수는 앞 절에서 언급한 여러 제약의 설정을 가능하게 하며 컨테이너(실로Silo)나 DAM, 윈도우 UWP 애플리케이션과 같은 메커니즘이 사용하는 내부 정보 클래스도 포함한다. Query-InformationJobObject로 이들 값을 읽을 수 있다. 이 함수는 흥미로운 당사자에게 잡에 설정된 제약 값들을 제공한다. 제약 통지가 설정된 경우(이전 절에서 언급했다) 이 함수를 호출해 호출자는 어떤 제약이 위반됐는지 알 수 있다. 종종 유용한 또 다른 함수로는 `TerminateJobObject`가 있다. 이 함수는 잡 내의 모든 프로세스를 종료시킨다(마치 모든 프로세스에 `TerminateProcess`가 호출된 것과 같다).

중첩 잡

일부 경우에 애플리케이션은 자신이 관리할 필요가 있는 프로세스가 잡에 속하는지 아닌지를 미리 알 수가 없었기 때문에 윈도우 7과 윈도우 서버 2008 R2까지 프로세스는 단일 잡하고만 연관될 수 있었다. 이는 잡의 유용성을 떨어뜨렸다. 윈도우 8과 윈도우 서버 2012부터 프로세스는 다수의 잡과 연관될 수 있었으며, 이는 잡 계층을 효과적으로 만든다.

자식 잡은 자신의 부모 잡의 프로세스에 대한 부분집합을 가진다. 프로세스가 하나 이상의 잡에 추가되면 가능하다면 시스템은 계층을 형성하려고 한다. 어떤 한 잡이 UI 제약을 설정한다면(`JobObjectBasicUIRestrictions` 인자를 가진 `SetInformationJobObject`) 잡은 계층을 형성할 수 없다는 것이 현재까지의 제약이다.

자식 잡에 대한 잡 제약은 그 부모의 것보다 완화될 수는 없고 제약이 더 가중될 수는 있다. 예를 들어 부모 잡이 해당 잡에 대해 메모리 제약을 100MB로 설정했다면 자식 잡은 좀 더 큰 이 메모리 제약(이런 요청은 실패한다)을 설정할 수 없다. 하지만 자식 잡은 자신에 속한 프로세스에 대한 제약을 80MB와 같이 더 엄격하게 설정할 수는 있다. 잡의 I/O 완료 포트를 대상으로 하는 통지는 잡과 모든 조상에게도 보내진다(잡 자체는 조상 잡에 보내질 통지에 대해 I/O 완료 포트를 가질 필요는 없다).

부모 잡에 대한 자원 통계에는 직접적으로 관리되는 프로세스와 자식 잡에 속한 모든 프로세스에 의해 사용되는 모든 자원이 포함된다. 잡이 종료될 때(`TerminateJobObject`) 해당 잡과 계층의 맨 하위에 위치한 자식 잡부터 시작해 자식 잡 내의 모든 프로세스도 종료된다. 그림 3-15는 잡 계층에 의해 관리되는 4개의 프로세스를 보여준다.

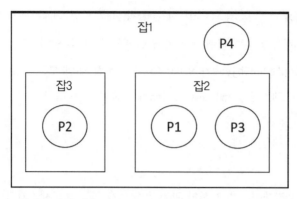

그림 3-15 잡 계층

이 잡 계층을 생성하기 위해 프로세스는 루트 잡에서부터 잡에 추가돼야 한다. 이 계층을 생성하기 위한 단계는 다음과 같다.

1. 잡1에 프로세스 P1을 추가한다.
2. 잡2에 프로세스 P1을 추가한다. 이는 첫 번째 중첩을 만든다.
3. 잡1에 프로세스 P2를 추가한다.
4. 잡3에 프로세스 P2를 추가한다. 이는 두 번째 중첩을 만든다.
5. 잡2에 프로세스 P3을 추가한다.
6. 잡1에 프로세스 P4를 추가한다.

실습: 잡 객체 살펴보기

성능 툴을 사용해 네임드 잡 객체를 볼 수 있다('Job Object and Job Object Details' 항목을 보라). 이름이 없는 잡 객체는 커널 디버거 !job 또는 dt nt!_ejob 명령을 이용해 확인할 수 있다.

프로세스가 어떤 잡 객체와 연관돼 있는지를 보려면 커널 디버거 명령 !process를 이용하거나 Process Explorer를 이용한다. 다음과 같이 이름이 없는 잡 객체를 만들고 살펴보자.

---

1. 명령 프롬프트에서 runas 명령을 통해 명령 프롬프트를 실행하는 프로세스 (Cmd.exe)를 생성한다. 예를 들면 runas /user:<domain>\<username> cmd를 입력한다.

2. 암호 입력을 요청받는다. 독자의 암호를 입력하면 명령 프롬프트 창이 나타난다. runas 명령을 실행하는 윈도우 서비스가 모든 프로세스를 포함하기 위한 이름 없는 잡 객체를 생성하는데, 이것은 나중에 로그오프할 때 이들 프로세스 모두를 종료할 수 있게 해준다.

3. 이제 Process Explorer를 실행해 Option 메뉴에서 Configure Colors를 선택하고 Jobs 항목을 체크한다. Cmd.exe 프로세스와 그 자식인 ConHost. exe 프로세스는 다음에 보이는 것처럼 잡의 일부로서 강조돼 있음에 주목하자.

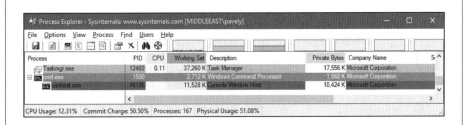

4. Cmd.exe 또는 ConHost.exe 프로세스를 더블 클릭해 속성 대화상자를 띄운다. 그러면 Job 탭을 클릭해 해당 잡에 관한 정보를 볼 수 있다. 이 프로세스의 경우 다음과 같다.

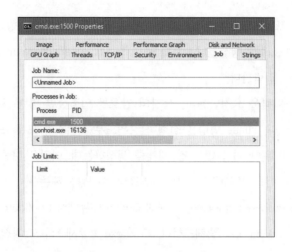

5. 명령 프롬프트에서 Notepad.exe를 실행한다.

6. Notepad 프로세스를 열고 Job 탭을 살펴본다. Notepad는 동일한 잡에서 실행한다. 이는 cmd.exe가 CREATE_BREAKAWAY_FROM_JOB 생성 플래그를 사용하지 않기 때문이다. 중첩 잡의 경우에 Job 탭은 이 프로세스가 속한 직접 연관된 잡 내의 프로세스와 자식 잡 내의 모든 프로세스를 보여준다.

7. 이제 동작 중인 시스템에서 커널 디버거를 실행시키고 !process 명령을 입력해 notepad.exe를 찾아 기본 정보를 살펴본다.

```
lkd> !process 0 1 notepad.exe
PROCESS ffffe001eacf2080
  SessionId: 1 Cid: 3078 Peb: 7f4113b000 ParentCid: 05dc
  DirBase: 4878b3000 ObjectTable: ffffc0015b89fd80 HandleCount: 1 88.
  Image: notepad.exe
  ...
  BasePriority            8
  CommitCharge            671
  Job                     ffffe00189aec460
```

8. Job 포인터가 0이 아님에 주목하자. 잡에 대한 요약 정보를 보려면 !job 디버거 명령을 입력한다.

```
lkd> !job ffffe00189aec460
Job at ffffe00189aec460
  Basic Accounting Information
    TotalUserTime:                0x0
    TotalKernelTime:              0x0
    TotalCycleTime:               0x0
    ThisPeriodTotalUserTime:      0x0
    ThisPeriodTotalKernelTime:    0x0
    TotalPageFaultCount:          0x0
    TotalProcesses:               0x3
    ActiveProcesses:              0x3
    FreezeCount:                  0
    BackgroundCount:              0
    TotalTerminatedProcesses:     0x0
    PeakJobMemoryUsed:            0x10db
    PeakProcessMemoryUsed:        0xa56
  Job Flags
  Limit Information (LimitFlags: 0x0)
  Limit Information (EffectiveLimitFlags: 0x0)
```

9. ActiveProcesses 멤버가 3으로 설정돼 있음에 주목하자(cmd.exe와 conhost.exe, notepad.exe). !job 명령에 플래그 2를 사용해 해당 잡의 일부분인 프로세스 목록을 볼 수 있다.

```
lkd> !job ffffe00189aec460 2
...
Processes assigned to this job:
  PROCESS ffff8188d84dd780
    SessionId: 1  Cid: 5720   Peb: 43bedb6000 ParentCid: 13cc
    DirBase: 707466000 ObjectTable: ffffbe0dc4e3a040 HandleCount:
```

```
<Data Not Accessible>
    Image: cmd.exe

  PROCESS ffff8188ea077540
    SessionId: 1 Cid: 30ec Peb: dd7f17c000 ParentCid: 5720
    DirBase: 75a183000 ObjectTable: ffffbe0dafb79040 HandleCount:
<Data Not Accessible>
    Image: conhost.exe

  PROCESS ffffe001eacf2080
    SessionId: 1 Cid: 3078 Peb: 7f4113b000 ParentCid: 05dc
  DirBase: 4878b3000 ObjectTable: ffffc0015b89fd80 HandleCount: 188.
  Image: notepad.exe
```

10. dt 명령을 사용해 잡 객체를 표시할 수 있고, 멤버 레벨과 중첩된 경우라
    면 그 밖의 관련된 다른 잡(부모 잡, 형제, 루트 잡) 같은 잡에 관한 추가적
    인 필드도 볼 수 있다.

```
lkd> dt nt!_ejob ffffe00189aec460
   +0x000 Event           : _KEVENT
   +0x018 JobLinks        : _LIST_ENTRY [ 0xffffe001'8d93e548 -
0xffffe001'df30f8d8 ]
   +0x028 ProcessListHead : _LIST_ENTRY [ 0xffffe001'8c4924f0 -
0xffffe001'eacf24f0 ]
   +0x038 JobLock         : _ERESOURCE
   +0x0a0 TotalUserTime   : _LARGE_INTEGER 0x0
   +0x0a8 TotalKernelTime : _LARGE_INTEGER 0x2625a
   +0x0b0 TotalCycleTime  : _LARGE_INTEGER 0xc9e03d
   ...
   +0x0d4 TotalProcesses  : 4
   +0x0d8 ActiveProcesses : 3
   +0x0dc TotalTerminatedProcesses : 0
   ...
   +0x428 ParentJob       : (null)
```

```
+0x430 RootJob          : 0xffffe001'89aec460 _EJOB
...
+0x518 EnergyValues     : 0xffffe001'89aec988 _PROCESS_ENERGY_VALUES
+0x520 SharedCommitCharge : 0x5e8
```

윈도우 컨테이너(서버 실로)

값싼 유비쿼터스 클라우드 컴퓨팅의 도래는 또 다른 중요한 인터넷 혁신으로 이어졌다. 모바일 애플리케이션을 위한 온라인 서비스와/또는 백엔드 서버 구축은 여러 클라우드 공급자 중 하나에 버튼을 클릭하기만 하면 쉽게 이뤄진다. 하지만 클라우드 공급자 간의 경쟁이 증가됐고, 한 클라우드 공급자에서 다른 공급자로 또는 심지어 클라우드 공급자에서 데이터센터로, 데이터센터에서 하이엔드 개인 서버로의 이동 필요성이 증대됨에 따라 이동 가능한 백엔드의 중요성이 증대하고 있다. 백엔드는 가상머신에서 실행함에 따라 연관된 비용이 없이 필요에 따라 여기 저기 배치와 이동이 가능하다.

도커^{Docker}와 같이 이런 필요성을 만족시키는 기술이 개발됐다. 이들 기술은 기본적으로 로컬 설치의 복잡한 배포나 가상머신의 자원 소비를 걱정하지 않고서 한 리눅스 배포에서 다른 배포에 이르기까지 '박스 형태의 애플리케이션^{application in a box}'의 채택을 허용한다. 최초에는 리눅스 전용 기술이었지만 마이크로소프트는 애니버셔리 업데이트 판의 일부로서 윈도우 10에 도커를 도입했다. 도커는 두 가지 모드에서 동작할 수 있다.

- 무겁지만 완전히 격리된 하이퍼-V 컨테이너 내에 애플리케이션을 배치하고, 클라이언트와 서버 시나리오 둘 다에서 지원된다.
- 가볍고 OS가 격리된 서버 실로^{server silo} 컨테이너에 애플리케이션을 배치하고, 라이선스 이유로 현재는 서버 시나리오에서만 지원된다.

이번 절에서 살펴볼 후자의 기술은 이런 기능을 제공하게 운영체제에서 심도 있는 변경이 이뤄졌다. 언급한 바와 같이 클라이언트 시스템에도 서버 실로 컨테이너를 생성하는 기능이 있지만, 현재는 비활성화돼 있음에 주목하자. 진정한 가상화 환경을 이용하는 하이퍼-V 컨테이너와 달리 서버 실로 컨테이너는 동일한 커널과 드라이버의 상단에서 실행하면서 모든 유저 모드 컴포넌트에 대해 두 번째 '인스턴스'를 제공한다. 이는 일부 보안적 비용이 발생하지만 훨씬 가벼운 컨테이너 환경을 제공한다.

잡 객체와 실로

실로 생성의 관건은 SetJobObjectInformation API 함수의 문서화되지 않은 여러 서브 클래스와 연관이 있다. 즉, 실로는 현재까지 살펴본 것 이상의 추가적인 규칙과 능력을 지닌 본질적으로 슈퍼잡super-job이라고 할 수 있다. 실제로 잡 객체는 실로 생성에도 사용될 뿐만 아니라 앞에서 살펴본 격리와 자원 관리 기능에 사용할 수도 있다. 시스템은 이런 잡을 하이브리드 잡hybrid jobs이라고 한다.

잡 객체는 실제로 두 가지 유형의 실로를 호스트한다. 애플리케이션 실로(데스크톱 브리지 구현에 현재 사용된다. 이번 절에서는 다루지 않고 2권의 9장 몫으로 남겨둔다)와 서버 실로(도커 컨테이너 지원에 사용된다)가 그것이다.

실로 격리

서버 실로를 정의하는 첫 요소는 커스텀 객체 관리자 루트 디렉터리 객체(\)의 존재다 (객체 관리자는 2권의 8장에서 다룬다). 이 메커니즘을 아직 배우지 않았지만 모든 애플리케이션에 보이는 네임드 객체(파일과 레지스트리 키, 이벤트, 뮤텍스, RPC 포트 등)는 루트 네임스페이스에 호스트된다는 점은 충분히 언급할 수 있다. 이 네임스페이스는 애플리케이션으로 하여금 자신들 간에 이들 객체를 생성, 탐색, 공유하게 허용한다.

자신만의 루트를 갖는 서버 실로의 능력은 네임드 객체에 대한 모든 접근을 제어할 수 있음을 의미한다. 이는 다음의 세 가지 방법 중 하나로 이뤄진다.

- 실로 내에서부터 객체에 대한 대체 접근을 제공하기 위해 기존 객체의 새 복사본을 만드는 방법

- 객체에 대한 직접적 접근을 제공하기 위해 기존 객체에 심볼릭 링크를 생성하는 방법
- 컨테이너화된 애플리케이션이 사용하는 것과 같이 실로 내에만 존재하는 완전히 새로운 객체를 생성하는 방법

이런 초기 능력은 이제 가상머신 컴퓨터^{Vmcompute} 서비스(도커에 의해 사용된다)와 결합된다. 이 서비스는 완전한 격리 계층을 제공하기 위해 다음과 같은 추가적인 컴포넌트와 연동한다.

- **기본 OS로 불리는 기본 윈도우 이미지(WIM) 파일** 별도의 운영체제 복사본을 제공한다. 현재까지 마이크로소프트는 서버 코어$^{Server\ Core}$ 이미지와 나노 서버 $^{Nano\ Server}$ 이미지를 제공한다.
- **호스트 OS의 Ntdll.dll 라이브러리** 이는 기본 OS 이미지 내의 Ntdll.dll을 오버라이드^{override}한다. 이는 언급한 바와 같이 서버 실로는 동일한 커널과 드라이버를 이용한다는 사실에서 기인한다. Ntdll.dll은 시스템 호출을 다루기 때문에 호스트 OS로부터 재사용돼야 하는 단 하나의 유저 모드 컴포넌트다.
- **Wcifs.sys 필터 드라이버가 제공하는 샌드박스 가상 파일 시스템** 하부의 NTFS 드라이브에 영향을 주지 않고서 컨테이너에 의한 일시적인 파일 시스템 변경이 이뤄지게 한다. 이 변경은 컨테이너가 종료되면 사라질 수 있다.
- **Vreg 커널 컴포넌트가 제공하는 샌드박스 가상 레지스트리** 레지스트리 하이브의 임시 세트뿐만 아니라 네임스페이스 격리에 대한 또 다른 계층의 제공도 허용한다. 객체 관리자 루트 네임스페이스는 레지스트리의 루트만을 격리하고 레지스트리 하이브 자체는 격리하지 않기 때문에 이것이 가능하다.
- **세션 관리자(Smss.exe)** 이는 이제 추가적인 서비스 세션이나 콘솔 세션 생성에 사용되는데, 이것은 컨테이너 지원에 필요한 새로운 기능이다. 이는 Smss를 확장해 추가적인 사용자 세션뿐만 아니라 시작된 각 컨테이너에 필요한 세션도 다루게 한다.

앞서 언급한 컴포넌트를 지닌 컨테이너의 아키텍처는 그림 3-16과 같다.

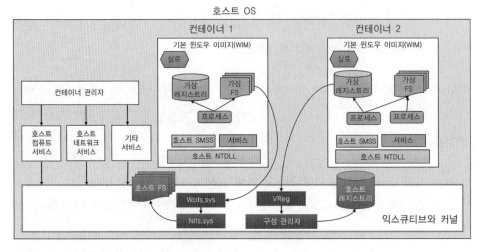

그림 3-16 컨테이너 아키텍처

실로 격리 경계선

앞서 언급한 컴포넌트는 유저 모드 격리 환경을 제공한다. 하지만 호스트 Ntdll.dll 컴포
넌트가 사용됨에 따라(이 컴포넌트는 호스트 커널 및 드라이버와 연동한다) 추가적인 격리
경계선(커널은 실로 간의 구분을 만든다)을 만들어야 한다. 따라서 각 서버 실로는 자신만
의 격리된 다음과 같은 항목을 가진다.

- **마이크로 공유 유저 데이터(심볼 내에 SILO_USER_SHARED_DATA)** 이 데이터
  에는 커스텀 시스템 경로와 세션 ID, 포어그라운드 PID, 제품 유형/스위트^{suite}가
  포함된다. 이들은 호스트로부터 올 수 없는 원래 KUSER_SHARED_DATA의 항목이
  다. 이들은 사용돼야 하는 기본 OS 이미지 대신에 호스트 OS 이미지와 관련된
  정보를 참조하기 때문이다. 여러 컴포넌트와 API는 이런 데이터를 탐색할 때
  유저 공유 데이터 대신에 실로 공유 데이터를 읽게끔 수정됐다. 원래의 KUSER_
  SHARED_DATA는 세부적인 호스트의 원래 뷰를 지니고서 자신의 통상적인 주소
  에 남겨져 있다는 점에 유의하자. 따라서 이는 컨테이너 상태 내에서 호스트

상태가 유출될 수 있는 한 수단이 된다.

- **객체 디렉터리 루트 네임스페이스** 이는 자체적인 \SystemRoot symlink와 \Device 디렉터리(모든 유저 모드 컴포넌트가 디바이스 드라이버를 간접적으로 접근하는 방법이다), 디바이스 맵, DOS 디바이스 매핑(예를 들어 유저 모드 애플리케이션이 네트워크 맵 드라이버에 접근하는 방법이다), \Sessions 디렉터리 등을 가진다.

- **API 세트 매핑** 이는 호스트 OS 파일 시스템에 저장된 것이 아닌 기본 OS WIM 의 API 세트 스키마에 기반을 둔다. 살펴본 바와 같이 로더는 API 세트 매핑을 사용해 어떤 DLL(존재한다면)이 특정 함수를 구현하는지를 결정한다. 이는 SKU 마다 상이할 수 있다. 애플리케이션은 호스트의 SKU가 아닌 기본 OS SKU를 살펴봐야 한다.

- **로그온 세션** 이는 실로 내의 사용자를 기술하는 가상 서비스 계정의 LUID와 더불어 SYSTEM 및 Anonymous 로컬 고유 ID[LUID]와 연관돼 있다. 이는 기본적으로 Smss에 의해 생성된 컨테이너 서비스 세션 내에서 실행하는 서비스와 애플리케이션에 대한 토큰을 나타낸다. LUID와 로그온 세션에 관한 자세한 사항은 7장을 참고하라.

- **ETW 추적과 로거 컨텍스트** 이들은 실로에 대한 ETW 동작을 격리하고 컨테이너와/또는 호스트 OS 간의 상태를 노출하거나 상태 누수가 발생하지 않게 하는 용도로 사용된다(ETW에 관한 추가적인 사항은 2권의 9장을 참고하라).

실로 컨텍스트

이들은 핵심 호스트 OS 커널에 의해 제공되는 격리 경계선 역할을 하지만, 드라이버(서드파티도 포함해)뿐만 아니라 커널의 다른 구성 요소도 실로에 컨텍스트 데이터를 추가할 수 있다. 이런 추가 작업은 실로와 연관된 커스텀 데이터를 설정하기 위해 **PsCreateSiloContext** API를 사용하거나 기존 객체와 실로를 연관시킴으로써 가능하다. 이런 각각의 실로 컨텍스트는 현재 실행 중인 서버 실로와 향후에 실행될 모든 서버 실로에 삽입되는 실로 슬롯 인덱스를 사용해 컨텍스트에 대한 포인터를 저장한다. 시스템은 32개의 내장된 시스템 전역적인 스토리지 슬롯 인덱스를 제공한다. 이에 더해 256개의 확장 슬롯과 여러 확장성 옵션을 제공한다.

각 서버 실로가 생성될 때 스레드가 스레드-로컬 스토리지를 갖는 것과 흡사하게 자체적인 실로-로컬 스토리지^{silo-local storage} 배열을 받는다. 이 배열 내에서 서로 다른 각 항목은 실로 컨텍스트 저장 용도로 할당된 슬롯 인덱스에 대응된다. 각 실로는 동일한 슬롯 인덱스에 상이한 포인터를 갖지만, 그 인덱스에 동일한 컨텍스트를 항상 저장한다 (예를 들어 드라이버 'Foo'는 모든 실로 내에 인덱스 5를 소유한다면 각 실로 내에 상이한 포인터/컨텍스트를 저장하기 위해 이를 사용할 수 있다). 일부 경우에 객체 관리자와 보안 참조 모니터^{SRM}, 구성 관리자 같은 내장된 커널 컴포넌트는 이들 슬롯 중의 일부를 사용하는 반면에 여타 슬롯은 인박스 드라이버(원속 용도의 보조 기능 드라이버인 Afd.sys와 같은)에 의해 사용된다.

서버 실로 공유 유저 데이터를 다룰 때와 같이 다양한 컴포넌트와 API는 전역 커널 변수에 존재하는 데이터 대신에 관련 실로 컨텍스트로부터 데이터를 가져오는 방식으로 데이터에 접근하게 업데이트됐다. 예를 들어 각 컨테이너는 이제 자체적인 Lsass.exe 프로세스를 호스트하고, 또한 커널의 SRM은 Lsass.exe 프로세스에 대한 핸들을 소유해야 하므로(Lsass와 SRM에 관한 추가적인 정보는 7장을 보라) 핸들은 더 이상 전역 변수에 저장된 유일한 것이 아니다. SRM은 이제 동작 중인 서버 실로의 실로 컨텍스트에 질의를 해서 반환되는 데이터 구조체로부터 변수 값을 구함으로써 핸들을 접근한다.

이는 흥미로운 문제를 유발한다. 호스트 OS에서 실행하는 Lsass.exe에는 무슨 일이 발생할까? 이런 프로세스의 집합과 세션(즉, 세션 0)에 대한 서버 실로가 존재하지 않으면 SRM은 핸들을 어떻게 접근할까? 이런 문제를 해결하기 위해 커널은 이제 루트 호스트 실로를 구현한다. 부연하면 호스트 자체는 물론 실로의 일부분으로 간주된다! 진정한 의미에서 이는 실로가 아니며, 현재 실로 작업(현재 실로가 존재하지 않을 때에라도)에 대한 실로 컨텍스트를 질의하기 위한 나름의 수단일 뿐이다. 이는 자체의 슬롯 로컬 스토리지 배열을 갖는 PspHostSiloGlobals로 불리는 전역 커널 변수와 내장된 커널 컴포넌트에 의해 사용되는 여타 실로 컨텍스트를 저장함으로써 구현된다. 다양한 실로

API가 NULL 포인터로써 호출될 때 이 'NULL'은 '실로가 없음, 호스트 실로를 사용할 것'으로 취급된다.

실습: 호스트 실로에 대한 SRM 실로 컨텍스트 덤프

살펴본 것처럼 특히 클라이언트 시스템이라면 커널에 의해 사용되는 실로-인식 silo-aware 격리 컨텍스트를 포함하는 호스트 실로가 여전히 존재할지라도 독자의 윈도우 10 시스템조차도 서버 실로를 전혀 호스트하지 않을 수 있다. 윈도우 디버거는 확장 명령인 !silo를 가진다. 이 명령에 -g Host 인자를 !silo -g Host 처럼 사용할 수 있다. 그러면 다음과 같은 유사한 출력을 보게 될 것이다.

```
lkd> !silo -g Host
Server silo globals fffff801b73bc580:
          Default Error Port : ffffb30f25b48080
          ServiceSessionId   : 0
          Root Directory     : 00007fff00000000 ''
          State              : Running
```

독자의 출력 결과에서 'silo globals'에 대한 포인터는 하이퍼링크화돼 있어야 하며, 이를 클릭하면 다음의 명령 실행과 출력으로 이어진다.

```
lkd> dx -r1 (*((nt!_ESERVERSILO_GLOBALS *)0xfffff801b73bc580))
(*((nt!_ESERVERSILO_GLOBALS *)0xfffff801b73bc580))               [Type: _
ESERVERSILO_GLOBALS]
  [+0x000] ObSiloState    [Type: _OBP_SILODRIVERSTATE]
  [+0x2e0] SeSiloState    [Type: _SEP_SILOSTATE]
  [+0x310] SeRmSiloState  [Type: _SEP_RM_LSA_CONNECTION_STATE]
  [+0x360] CmSiloState    : 0xffffc308870931b0 [Type: _CMP_SILO_CONTEXT *]
  [+0x368] EtwSiloState   : 0xffffb30f236c4000 [Type: _ETW_SILODRIVERSTATE *]
...
```

이제 SeRmSiloState 필드를 클릭하면 Lsass.exe 프로세스에 대한 포인터를 확장해 보여준다.

```
lkd> dx -r1 ((ntkrnlmp!_SEP_RM_LSA_CONNECTION_STATE *)0xfffff801b73bc890)
((ntkrnlmp!_SEP_RM_LSA_CONNECTION_STATE *)0xfffff801b73bc890) :
0xfffff801b73bc890 [Type: _SEP_RM_LSA_CONNECTION_STATE *]
    [+0x000] LsaProcessHandle      : 0xffffffff80000870 [Type: void *]
    [+0x008] LsaCommandPortHandle  : 0xffffffff8000087c [Type: void *]
    [+0x010] SepRmThreadHandle     : 0x0 [Type: void *]
    [+0x018] RmCommandPortHandle   : 0xffffffff80000874 [Type: void *]
```

실로 모니터

커널 드라이버가 자체적인 실로 컨텍스트를 추가할 기능을 가진다면 이들 커널은 현재 어떤 실로가 실행 중이며 또한 컨테이너로 생성되는 새로운 실로 중에서 어떤 것이 시작되는지를 어떻게 알 수 있을까? 해답은 기존 실로에 대한 통지뿐만 아니라 서버 실로가 생성되고 (또는) 종료될 때마다 통지를 받을 수 있는 여러 API(PsRegisterSiloMonitor, PsStartSiloMonitor, PsUnregisterSiloMonitor)를 제공하는 실로 모니터 기능에 있다. 각 실로 모니터는 PsGetSiloMonitorContextSlot을 호출해 자신의 슬롯 인덱스를 구할 수 있으며, 필요에 따라 PsInsertSiloContext와 PsReplaceSiloContext, PsRemove-SiloContext 함수를 함께 사용할 수 있다. PsAllocSiloContextSlot로 추가적인 슬롯을 할당할 수 있지만, 이는 컴포넌트가 특별한 이유로 두 개의 컨텍스트를 저장하고자 할 때에만 필요하다. 추가적으로 드라이버는 PsInsertPermanentSiloContext와 PsMakeSiloContextPermanent API를 사용해 '영구적' 실로 컨텍스트를 사용할 수 있다. 이 컨텍스트는 참조 카운트 계산이 이뤄지지 않고, 서버 실로와 라이프사이클을 같이 하지 않으며, 실로 컨텍스트를 구하는 주체의 수와도 무관하다. 일단 넣어진 실로 컨텍스트는 PsGetSiloContext와/또는 PsGetPermanentSiloContext 함수를 이용해 구해질 수 있다.

실습: 실로 모니터와 컨텍스트

실로 모니터의 사용법과 실로 컨텍스트를 저장하는 방법을 이해하기 위해 원속의 보조 함수 드라이버(Afd.sys)와 그 모니터를 살펴보자. 먼저 모니터를 나타내는 데이터 구조체를 덤프한다. 불행히도 심볼 파일 내에 존재하지 않아서 이 작업을 로^{raw} 데이터로 해야 한다.

```
lkd> dps poi(afd!AfdPodMonitor)
ffffe387'a79fc120  ffffe387'a7d760c0
ffffe387'a79fc128  ffffe387'a7b54b60
ffffe387'a79fc130  00000009'00000101
ffffe387'a79fc138  fffff807'be4b5b10  afd!AfdPodSiloCreateCallback
ffffe387'a79fc140  fffff807'be4bee40  afd!AfdPodSiloTerminateCallback
```

이제 호스트 실로로부터 슬롯(여기서는 9)을 구한다. 실로는 Storage라는 필드에 자신들의 SLS를 저장한다. 이는 데이터 구조체(슬롯 엔트리)의 배열을 가지며, 각각은 포인터와 일부 플래그를 저장한다. 인덱스에 2를 곱해 정확한 슬롯 엔트리의 오프셋을 구하고 두 번째 필드(+1)에 접근해 컨텍스트 포인터에 대한 포인터를 구한다.

```
lkd> r? @$t0 = (nt!_ESERVERSILO_GLOBALS*)@@masm(nt!PspHostSiloGlobals)
lkd> ?? ((void***)@$t0->Storage)[9 * 2 + 1]
void ** 0xffff988f'ab815941
```

영구적 플래그(0x2)를 포인터와 OR 연산을 한 다음에 마스킹이 되고, !object 확장 명령을 사용해 이것이 실제 실로 컨텍스트임을 확인하고 있음에 주목하자.

```
lkd> !object (0xffff988f'ab815941 & -2)
Object: ffff988fab815940  Type: (ffff988faaac9f20) PsSiloContextNonPaged
```

서버 실로의 생성

서버 실로가 생성될 때 앞서 언급했듯이 실로는 잡 객체의 기능 중 하나이기 때문에 잡 객체가 먼저 사용된다. 이는 표준 CreateJobObject API를 통해 이뤄진다. 이 함수는 애니버셔리 업데이트판의 일부로, 관련 잡 ID(즉, JID)를 갖게 변경됐다. JID는 클라이언트 ID^{CID} 테이블인 프로세스와 스레드 ID(PID와 TID) 번호 풀로부터 나온다. JID는 다른 잡뿐만 아니라 다른 프로세스 및 스레드에서도 고유한 값이다. 추가적으로 컨테이너 GUID도 자동으로 생성된다.

이제 생성 실로 정보 클래스와 함께 SetInformationJobObject API가 사용된다. 이 함수의 결과로 잡을 나타내는 EJOB 익스큐티브 객체 내부에 Silo 플래그가 설정되고 또한 EJOB의 Storage 멤버에 SLS 슬롯 배열(앞서 살펴봤다)의 할당이 이뤄진다. 이 시점에서 드디어 애플리케이션 실로를 갖게 된다.

이 후에 다른 정보 클래스로 SetInformationJobObject를 호출해 루트 객체 디렉터리 네임스페이스를 생성한다. 새로운 이 클래스는 신뢰 컴퓨팅 기반^{TCB, trusted computing base} 특권을 필요로 한다. 실로는 일반적으로 Vmcompute 서비스에 의해서만 생성된다. 이 것은 가상 객체 네임스페이스가 악의적으로 사용돼 애플리케이션을 혼란에 빠뜨리고 잠재적으로 손상시키지 않게 하기 위함이다. 이 네임스페이스가 생성될 때 객체 관리자는 실제 호스트 루트(\) 아래에 새로운 Silos 디렉터리를 생성하거나 오픈하고서 새로운 가상 루트(즉, \Silos\148\)를 생성하기 위해 JID를 덧붙인다. 그다음에 KernelObjects와 ObjectTypes, GLOBALROOT, DosDevices 객체를 생성한다. 부트 시점에 객체 관리자에 의해 할당된 어떤 슬롯 인덱스를 PsObjectDirectorySiloContextSlot에 사용하든지 관계없이 루트는 이제 실로 컨텍스트로서 저장된다.

다음 단계는 이 실로를 서버 실로로 변환하는 것이다. 이 작업은 알맞은 정보 클래스로 SctInformationJobObjecl를 호출해 진행된나. 커널 내에서 PspConvertSiloTo-ServerSilo 함수를 실행한다. 이 함수는 !silo 명령으로 PspHostSiloGlobals를 덤프하는 실습에서 살펴본 ESERVERSILO_GLOBALS 구조체를 초기화한다. 이 함수는 실로 공유 유저 데이터와 API 세트 매핑, SystemRoot, Lsass.exe 프로세스를 식별하기 위해

SRM이 사용하는 것과 같은 다양한 실로 컨텍스트를 초기화한다. 변환이 진행되는 동안에 실로 모니터가 등록한 콜백은 통지를 받기 시작하며, 이때 자신만의 실로 컨텍스트 데이터를 추가할 수 있다

마지막 단계는 서버 실로에 대한 새로운 서비스 세션을 초기화함으로써 서버 실로를 '부트 업'시키는 것이다. 이 세션을 서버 실로에 대한 세션 0으로 생각하면 된다. 이는 Vmcompute가 생성한 잡 객체(이제는 서버 실로 잡 객체가 된)에 대한 핸들을 포함하고 있는 Smss **SmApiport**로 보내지는 ALPC 메시지를 통해 이뤄진다. 실제 사용자 세션을 생성할 때와 동일하게 Smss는 자신의 복제본을 만들고, 이 복제본은 생성 시에 잡 객체와 연관된다(이번만은 예외). 이는 새로운 Smss 복사본을 서버 실로의 컨테이너화된 모든 항목에 연결한다. Smss는 이것이 세션 0라고 믿고서 Csrss.exe와 Wininit.exe, Lsass.exe 등을 시작시키는 것과 같은 자신의 통상적인 임무를 계속 수행한다. '부트 업' 과정은 정상적으로 계속 진행돼 Wininit.exe가 서비스 컨트롤 관리자(Services.exe)를 시작시키고, 이는 다시 자동 시작 서비스를 시작시키는 등의 일련의 작업이 진행된다. 새로운 애플리케이션은 이제 앞서 기술한 가상 서비스 계정 LUID와 연관된 로그온 세션과 함께 실행하는 서버 실로 내에서 실행할 수 있다.

부수적 기능

지금까지 살펴본 간단한 설명의 이런 '부트' 과정이 실제로 확실하게 성공적인 결과에 이르지 못할 수도 있음을 인지했을 것이다. 예를 들어 부트 과정의 초기화의 일부로서 ntsvcs로 불리는 네임드 파이프를 생성하고자 한다면 이는 \Device\NamedPipe와 통신을 필요로 하는 작업이다. Services.exe가 \Silos\JID\Device\NamedPipe를 살펴보지만 그런 디바이스 객체는 존재하지 않는다!

이런 연유로 디바이스 드라이버 접근이 작동하기 위해서는 드라이버가 이 접근을 인지해야 하며, 자체적인 실로 모니터를 등록해야 한다. 이들 모니터들은 자신만의 실로별 디바이스 객체를 생성하기 위해 통지를 사용한다. 커널은 `PsAttachSiloToCurrentThread`(그리고 대응하는 `PsDetachSiloFromCurrentThread`) API를 제공한다. 이들 함수는 전달

된 잡 객체에 대한 ETHREAD 객체의 Silo 필드를 일시적으로 설정한다. 이는 객체 관리자의 접근과 같은 모든 접근이 마치 실로로부터 온 접근인 것처럼 처리되게 한다. 예를 들어 이제 네임드 파이프 드라이버는 \Device 네임스페이스(이제는 \Silos\JID\의 일부분이 됐다) 아래에 NamedPipe 객체를 생성하기 위해 이 기능을 사용할 수 있다.

또 다른 의문점은 다음과 같다. 애플리케이션이 기본적으로 어떤 '서비스' 세션에서 시작한다면 어떤 방식으로 상호작용하며, 입출력은 어떻게 처리할 수 있을까? 윈도우 컨테이너하에서 시작할 때 가능하거나 허용되는 GUI가 존재하지 않으며 컨테이너를 접근하기 위해 원격 데스크톱[RDP]을 사용하려는 시도도 불가능하다는 점을 먼저 주목해야 한다. 따라서 커맨드라인 애플리케이션만이 실행할 수 있다. 이런 애플리케이션조차도 일반적으로 '대화식' 세션을 필요로 한다. 그렇다면 이들은 어떻게 동작할까? 비밀은 컨테이너 실행 서비스를 구현하는 특수한 호스트 프로세스인 CExecSvc.exe 내에 존재한다. 이 서비스는 호스트의 도커 및 Vmcompute와 통신하기 위해 네임드 파이프를 사용하며, 세션 내에 컨테이너화된 실제 애플리케이션을 시작하는 데 사용된다. Conhost.exe에 의해 일반적으로 제공되는 콘솔 기능을 에뮬레이션할 때에도 사용된다. 이는 호스트에서 docker 명령을 실행하기 위해 우선적으로 사용됐던 실제 명령 프롬프트(또는 파워셸) 윈도우에 대한 네임드 파이프를 통해 입출력을 파이프화한다. 이 서비스는 파일을 컨테이너와 주고받기 위해 docker cp와 같은 명령을 사용할 때도 이용된다.

컨테이너 템플릿

실로가 생성될 때 드라이버에 의해 생성될 수 있는 모든 디바이스 객체를 고려하더라도 여전히 커널과 여타 컴포넌트에 의해 생성되는 다른 객체(세션 0에서 실행하는 서비스와 서로 간의 통신이 예측되는)가 수없이 많다. 유저 모드에는 컴포넌트로 하여금 이런 요구사항을 지원하게끔 하는 실로 모니터 시스템이 존재하지 않으며, 각 실로를 나타내기 위해 모든 드라이버로 하여금 특수화된 디바이스 객체를 항상 생성하게 강제하는 것 또한 합당하지 않다.

실로가 사운드 카드로 노래를 연주하고 싶다면 호스트뿐만 아니라 다른 모든 실로가 접근하는 것과 동일한 바로 그 사운드 카드를 나타내기 위한 별도의 디바이스 객체를 사용할 필요가 없다. 실로별 객체 사운드 격리가 필요한 경우에만 이것이 필요하다. 다른 예로는 AFD가 있다. AFD는 실로 모니터를 사용하지만, 이는 어떤 유저 모드 서비스가 커널 모드 DNS 요청에 필요한 DNS 클라이언트를 호스트하는지를 식별하기 위함이다. 이들 유저 모드 서비스는 실로별로 존재하며, 별도의 \Silos\JID\Device\Afd 객체를 생성하지 않는다. 시스템에는 단 하나의 네트워크/원속 스택이 있기 때문이다.

드라이버 및 객체와 더불어 레지스트리 또한 모든 실로 간에 서로 보여야 하고 존재해야 하는 다양한 전역 정보를 가진다. VReg 컴포넌트는 이들 정보에 대한 샌드박싱sandboxing 을 제공한다.

이런 모든 요구를 지원하기 위해 실로 네임스페이스와 레지스트리, 파일 시스템은 특수한 컨테이너 템플릿container template 파일에 의해 정의돼 있다. 윈도우 기능 추가/제거 대화상자에서 윈도우 컨테이너 기능이 활성화돼 있다면 기본적으로 이 파일은 %SystemRoot%\System32\Containers\wsc.def에 위치한다. 이 파일은 객체 관리자와 레지스트리 네임스페이스, 이와 관련된 규칙에 의해 기술되며, 필요에 따라 호스트의 실제 객체에 대한 심볼릭 링크 정의도 가능케 한다. 이는 사용해야 할 잡 객체와 볼륨 마운트 포인트, 네트워크 격리 정책을 또한 기술한다. 이론적으로 윈도우 운영체제에서 실로 객체에 대한 미래 사용을 예측해보면 또 다른 종류의 컨테이너화된 환경을 제공하기 위해 상이한 템플릿 파일이 사용될 수도 있을 것이다. 다음은 컨테이너가 활성화된 시스템의 wsc.def로부터 발췌한 일부다.

```
<!-- This is a silo definition file for cmdserver.exe -->
<container>
  <namespace>
    <ob shadow="false">
      <symlink name="FileSystem" path="\FileSystem" scope="Global" />
      <symlink name="PdcPort" path="\PdcPort" scope="Global" />
      <symlink name="SeRmCommandPort" path="\SeRmCommandPort" scope="Global" />
      <symlink name="Registry" path="\Registry" scope="Global" />
      <symlink name="Driver" path="\Driver" scope="Global" />
```

```xml
<objdir name="BaseNamedObjects" clonesd="\BaseNamedObjects"
    shadow="false"/>
<objdir name="GLOBAL??" clonesd="\GLOBAL??" shadow="false">
  <!-- Needed to map directories from the host -->
  <symlink name="ContainerMappedDirectories" path="\
      ContainerMappedDirectories" scope="Local" />

  <!-- Valid links to \Device -->
  <symlink name="WMIDataDevice" path="\Device\WMIDataDevice"
      scope="Local"/>
  <symlink name="UNC" path="\Device\Mup" scope="Local" />
...

</objdir>
<objdir name="Device" clonesd="\Device" shadow="false">
  <symlink name="Afd" path="\Device\Afd" scope="Global" />
  <symlink name="ahcache" path="\Device\ahcache" scope="Global" />
  <symlink name="CNG" path="\Device\CNG" scope="Global" />
  <symlink name="ConDrv" path="\Device\ConDrv" scope="Global" />
...

<registry>
<load
    key="$SiloHivesRoot$\Silo$TopLayerName$Software_Base"
    path="$TopLayerPath$\Hives\Software_Base"
    ReadOnly="true"
    />
...

    <mkkey
      name="ControlSet001"
      clonesd="\REGISTRY\Machine\SYSTEM\ControlSet001"
      />
    <mkkey
      name="ControlSet001\Control"
      clonesd="\REGISTRY\Machine\SYSTEM\ControlSet001\Control"
      />
```

결론

3장에서는 프로세스가 생성되고 종료되는 방법을 비롯해 프로세스의 구조를 살펴봤다. 잡이 프로세스 그룹을 단일 단위로 관리하기 위해 사용되는 방법과 서버 실로가 윈도우 서버 버전에 컨테이너 지원이라는 새로운 지평을 열기 위해 어떻게 사용되지를 살펴봤다. 4장에서는 스레드를 심도 있게 살펴본다. 즉, 스레드의 구조와 동작, 그리고 실행을 위해 스케줄되는 방법, 조작되고 사용되는 다양한 방법을 알아본다.

04 스레드

4장에서는 윈도우에서 스레드와 스레드 스케줄링을 다루는 데이터 구조체와 알고리즘을 설명한다. 첫 번째 절에서는 스레드를 생성하는 방법을 알아본다. 그런 다음 스레드와 스레드 스케줄링의 내부 사항을 기술한다. 4장은 스레드 풀에 대해 알아보고 끝을 맺는다.

스레드 생성

스레드 관리에 사용되는 내부 구조체를 알아보기 전에 API 관점에서 관련된 단계와 인자 위주로 스레드를 생성하는 것을 살펴보자.

유저 모드에서 가장 단순한 생성 함수는 CreateThread다. 이 함수는 현재 프로세스 내에 스레드를 생성하며, 다음과 같은 인자를 갖는다.

- **선택적 보안 속성 구조체** 새롭게 생성되는 스레드에 연결할 보안 디스크립터를 명시한다. 이는 또한 생성될 스레드 핸들이 상속이 가능한지를 지정한다(핸들 상속은 윈도우 인터널 2권의 8장에서 다룬다).
- **선택적 스택 크기** 0이 지정되면 실행 파일의 헤더로부터 기본 값을 정한다. 이는 유저 모드 프로세스 내의 첫 번째 스레드에 항상 적용된다(스레드 스택은 5장에서 추가적으로 다룬다).
- **함수 포인터** 이는 새로운 스레드의 실행을 위한 진입점 역할을 한다.
- **선택적 인자** 이는 스레드 함수에 전달된다.

- **선택적 플래그** 스레드를 일시 중지 상태(CREATE_SUSPENDED)로 시작할 것인지를 제어한다. 여타 값은 스택 크기 인자의 해석을 제어한다(초기 커밋 크기 또는 최대 예약 크기).

이 함수는 성공적으로 완료되면 새로운 스레드에 대한 0이 아닌 핸들을 반환하며, 호출자가 요청하면 고유한 스레드 ID도 반환한다.

스레드 생성 확장 함수로는 CreateRemoteThread가 있다. 이 함수는 추가적인 인자(첫 번째)를 받아들인다. 스레드가 생성돼야 할 대상 프로세스에 대한 핸들이 그것이다. 스레드를 다른 프로세스에 인젝션시키기 위해 이 함수를 사용할 수 있다. 이 기법의 일반적인 사용은 디버거가 디버깅되는 프로세스로 진입할 때다. 디버거가 스레드를 인젝션시킬 때 디버거는 즉시 DebugBreak 함수를 호출해 브레이크포인트를 유발한다. 이 기법의 흔한 또 다른 사용처는 한 프로세스가 다른 프로세스에 관한 내부 정보를 구할 때다. 이는 대상 프로세스 컨텍스트에서 실행할 때(예를 들어 전체 주소 공간을 볼 수 있는 경우)에는 좀 더 손쉽게 이뤄진다. 이것은 합법적 또는 악의적 용도로 사용될 수 있다.

CreateRemoteThread가 동작하려면 이런 동작이 가능할 정도의 충분한 권한을 지닌 프로세스 핸들을 먼저 구해야 한다. 극단적 예로 보호 프로세스는 이런 방식으로 인젝션될 수 없다. 보호 프로세스에 대한 핸들은 매우 제한적인 권한만으로 구해질 수 있기 때문이다.

여기서 언급할 가치가 있는 마지막 함수는 CreateRemoteThreadEx다. 이 함수는 CreateThread와 CreateRemoteThread의 상위 집합이다. 실제로 CreateThread와 CreateRemoteThread의 구현은 적절한 기본 인자로 단순히 CreateRemoteThreadEx를 호출할 뿐이다. CreateRemoteThreadEx에는 속성 리스트(프로세스를 생성할 때에 STARTUPINFO에 비해 추가적인 멤버를 지닌 STARTUPINFOEX 구조체의 역할과 유사하다)를 추가할 수 있다. 속성의 예로는 이상적 프로세서와 그룹 친화성[affinity] 설정하기가 있다 (4장의 후반부에서 다룬다).

모든 상황이 순조롭다면 CreateRemoteThreadEx는 최종적으로 Ntdll.dll 안에 있는 NtCreateThreadEx를 호출한다. 이는 커널 모드로의 전환을 일으키고 익스큐티브 함수 NtCreateThreadEx에서 실행이 계속된다. 스레드 생성의 커널 모드 작업이 이곳에서 일어난다(4장의 후반부 '스레드의 탄생' 절에서 다룬다).

커널 모드에서 스레드를 생성하는 것은 PsCreateSystemThread(WDK에 문서화돼 있다) 함수로 이뤄진다. 이 함수는 시스템 프로세스 내에서 프로세스 독립적인 작업 수행을 필요로 하는 드라이버에 매우 유용하다. 기술적으로 이 함수는 아무런 프로세스 내에 스레드를 생성할 수 있지만, 이는 드라이버에 있어서 유용성은 떨어진다.

커널 스레드 함수를 종료해도 자동으로 스레드 객체를 소멸시키지는 않는다. 스레드를 적절하게 종료시키려면 드라이버는 해당 스레드 함수 내에서 PsTerminateSystemThread 를 호출해야 한다. 결과적으로 이 함수는 결코 리턴하지 않는다.

스레드 내부 구조

이번 절에서는 스레드를 관리하기 위한 커널 내에서(그리고 유저 모드 내의 일부에서) 사용되는 스레드의 내부 구조에 대해 알아본다. 별도로 언급하지 않는다면 이 절에서 나오는 내용은 유저 모드 스레드와 커널 모드 시스템 스레드 모두에게 적용된다.

데이터 구조체

운영체제 레벨에서 윈도우 스레드는 익스큐티브 스레드 객체로 나타난다. 익스큐티브 스레드 객체는 KTHREAD 구조체를 첫 번째 멤버로 갖는 ETHREAD 구조체를 캡슐화한다. 이들 구조체는 그림 4-1(ETHREAD)과 그림 4-2(KTHREAD)에서 보여준다. ETHREAD 구조체 와 여기서 가리키는 다른 구조체는 시스템 주소 공간에 위치한다. 예외로 스레드 환경 블록^{TEB, thread environment block}만은 프로세스 주소 공간에 위치한다(PEB와 유사하게, 유저 모드 컴포넌트에서 접근할 필요가 있기 때문이다).

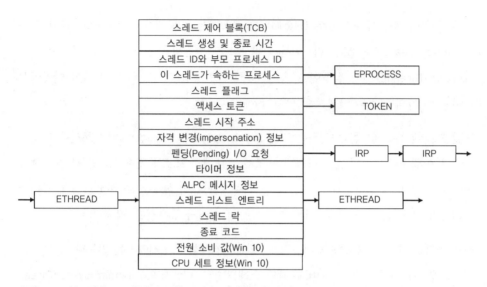

그림 4-1 익스큐티브 스레드 구조체(ETHREAD)의 중요 필드

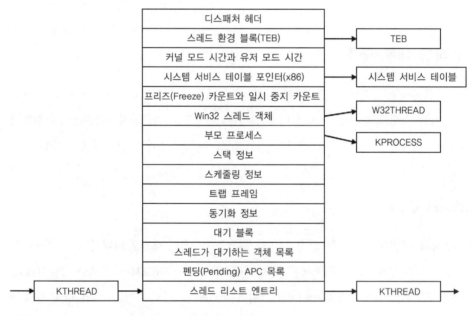

그림 4-2 커널 스레드 구조체(KTHREAD)의 중요 필드

윈도우 서브시스템 프로세스(Csrss)는 윈도우 서브시스템 애플리케이션 내에 생성된 각 스레드에 대해 **CSR_THREAD**라 불리는 병렬 구조체를 유지한다. 또한 윈도우 서브시스템

의 USER 또는 GDI 함수를 호출한 스레드에 대해 윈도우 서브시스템의 커널 모드 부분 (Win32k.sys)은 ETHREAD가 가리키는 스레드별 데이터 구조체(W32THREAD라 불리는)를 유지한다.

> 상위 레벨의 그래픽 관련 익스큐티브 Win32k 스레드 구조체가 ETHREAD가 아닌 KTHREAD에 의해 가리켜지고 있다는 것은 계층 간 침범하거나 표준 커널 추상화 아키텍처를 간과한 것처럼 보인다. 스케줄러나 여타 하위 레벨 컴포넌트는 이 필드를 사용하지 않는다.

그림 4-1에 나와 있는 필드 대부분은 이름만으로도 의미하는 바를 알 수 있다. ETHREAD의 첫 번째 필드는 Tcb라 불리는 스레드 제어 블록으로 KTHREAD 유형의 구조체다. 다음은 스레드 식별 정보와 프로세스 식별 정보(환경 정보에 접근하기 위해 소유 프로세스로의 포인터를 갖고 있다), 접근 토큰에 대한 포인터 형태의 보안 정보, 자격 변경impersonation 정보, 비동기 로컬 프로시저 호출ALPC 메시지, 펜딩 I/O 요청, 전원 관리(6장에서 다룬다) 및 CPU 세트(4장의 후반부에서 다룬다)와 관련된 윈도우 10 특정적인 필드 순으로 저장돼 있다. 이들 주요 필드 중 일부는 이 책의 다른 부분에서 상세하게 다룰 것이다. ETHREAD 내부 구조체에 대한 자세한 정보를 보려면 커널 디버거 명령 dt를 사용해 구조체의 형식을 표시해보면 된다.

앞서 살펴본 필드 중 두 개의 핵심 데이터 구조체인 KTHREAD와 ETHREAD에 대해 살펴보자. ETHREAD의 Tcb 멤버인 KTHREAD 구조체에는 윈도우 커널이 스레드의 스케줄링과 동기화, 그리고 시간을 관리하는 함수를 수행하기 위해 필요한 정보가 있다

실습: ETHREAD와 KTHREAD 구조체 표시하기

커널 디버거에서 dt 명령을 입력하면 ETHREAD와 KTHREAD 구조체를 볼 수 있다. 다음 출력은 64비트 윈도우 10 시스템에서의 ETHREAD 형식이다.

```
lkd> dt nt!_ethread
```

```
+0x000 Tcb                    : _KTHREAD
+0x5d8 CreateTime             : _LARGE_INTEGER
+0x5e0 ExitTime               : _LARGE_INTEGER
...
+0x7a0 EnergyValues           : Ptr64 _THREAD_ENERGY_VALUES
+0x7a8 CmCellReferences       : Uint4B
+0x7b0 SelectedCpuSets        : Uint8B
+0x7b0 SelectedCpuSetsIndirect : Ptr64 Uint8B
+0x7b8 Silo                   : Ptr64 _EJOB
```

KTHREAD 또한 비슷한 방법으로 보거나 3장의 'EPROCESS 구조체 형식 살펴보기'
실습에서 봤듯이 dt nt!_ETHREAD Tcb를 입력해 볼 수 있다.

```
lkd> dt nt!_kthread
   +0x000 Header               : _DISPATCHER_HEADER
   +0x018 SListFaultAddress    : Ptr64 Void
   +0x020 QuantumTarget        : Uint8B
   +0x028 InitialStack         : Ptr64 Void
   +0x030 StackLimit           : Ptr64 Void
   +0x038 StackBase            : Ptr64 Void
   +0x040 ThreadLock           : Uint8B
   +0x048 CycleTime            : Uint8B
   +0x050 CurrentRunTime       : Uint4B
...
   +0x5a0 ReadOperationCount   : Int8B
   +0x5a8 WriteOperationCount  : Int8B
   +0x5b0 OtherOperationCount  : Int8B
   +0x5b8 ReadTransferCount    : Int8B
   +0x5c0 WriteTransferCount   : Int8B
   +0x5c8 OtherTransferCount   : Int8B
   +0x5d0 QueuedScb            : Ptr64 _KSCB
```

실습: 커널 디버거의 !thread 명령 사용하기

커널 디버거의 !thread 명령은 스레드 데이터 구조체의 정보를 보여준다. 이 커널 디버거가 보여주는 정보 중 다음과 같은 일부 주요 요소는 다른 유틸리티로는 볼 수 없다.

- 내부 구조체 주소
- 우선순위에 대한 세부 항목
- 스택 정보
- 펜딩 I/O 요청 목록
- 대기 상태인 스레드의 경우 스레드가 기다리고 있는 객체 목록

!process 명령(프로세스 정보를 표시한 다음에 해당 프로세스 내의 모든 스레드를 표시한다)이나 !thread 명령에 표시하려는 특정 스레드의 주소를 같이 입력하면 해당 스레드의 정보를 볼 수 있다.

explorer.exe의 모든 인스턴스를 찾아보자.

```
lkd> !process 0 0 explorer.exe
PROCESS ffffe00017f3e7c0
    SessionId: 1 Cid: 0b7c    Peb: 00291000 ParentCid: 0c34
    DirBase: 19b264000 ObjectTable: ffffc00007268cc0 HandleCount: 2248.
    Image: explorer.exe

PROCESS ffffe00018c817c0
    SessionId: 1 Cid: 23b0    Peb: 00256000 ParentCid: 03f0
    DirBase: 2d4010000 ObjectTable: ffffc0001aef0480 HandleCount: 2208.
    Image: explorer.exe
```

한 인스턴스를 선택하고 그 스레드를 표시한다.

```
lkd> !process ffffe00018c817c0 2
PROCESS ffffe00018c817c0
    SessionId: 1 Cid: 23b0    Peb: 00256000 ParentCid: 03f0
    DirBase: 2d4010000 ObjectTable: ffffc0001aef0480 HandleCount: 2232.
    Image: explorer.exe

        THREAD ffffe0001ac3c080 Cid 23b0.2b88 Teb: 0000000000257000 Win32Thread:
    ffffe0001570ca20 WAIT: (UserRequest) UserMode Non-Alertable
            ffffe0001b6eb470 SynchronizationEvent

        THREAD ffffe0001af10800 Cid 23b0.2f40 Teb: 0000000000265000 Win32Thread:
    ffffe000156688a0 WAIT: (UserRequest) UserMode Non-Alertable
            ffffe000172ad4f0 SynchronizationEvent
            ffffe0001ac26420 SynchronizationEvent

        THREAD ffffe0001b69a080 Cid 23b0.2f4c Teb: 0000000000267000 Win32Thread:
    ffffe000192c5350 WAIT: (UserRequest) UserMode Non-Alertable
            ffffe00018d83c00 SynchronizationEvent
            ffffe0001552ff40 SynchronizationEvent

    ...

        THREAD ffffe00023422080 Cid 23b0.3d8c Teb: 00000000003cf000 Win32Thread:
    ffffe0001eccd790 WAIT: (WrQueue) UserMode Alertable
            ffffe0001aec9080 QueueObject

        THREAD ffffe00023f23080 Cid 23b0.3af8 Teb: 00000000003d1000 Win32Thread:
    0000000000000000 WAIT: (WrQueue) UserMode Alertable
            ffffe0001aec9080 QueueObject

        THREAD ffffe000230bf800 Cid 23b0.2d6c Teb: 00000000003d3000 Win32Thread:
    0000000000000000 WAIT: (WrQueue) UserMode Alertable
            ffffe0001aec9080 QueueObject

        THREAD ffffe0001f0b5800 Cid 23b0.3398 Teb: 00000000003e3000 Win32Thread:
    0000000000000000 WAIT: (UserRequest) UserMode Alertable
            ffffe0001d19d790 SynchronizationEvent
            ffffe00022b42660 SynchronizationTimer
```

지면상 이유로 스레드 목록을 잘랐다. 각 스레드는 !thread 명령에 전달될 수 있는 자신의 주소(ETHREAD)와 프로세스 ID(여기서 모든 스레드는 동일한 explorer.exe에 속하므로 이 값이 모두 같다)와 스레드 ID로 구성된 클라이언트 ID^{Cid}, 스레드 환경 블록^{TEB}(잠시 후에 다룬다), 스레드 상태(대부분은 대기 상태일 것이다. 괄호 내의 값은 대기 상태의 이유를 표시한다)를 보여준다. 그다음 줄에는 스레드가 대기하고 있는 동기화 객체의 목록이 보일 수 있다.

특정 스레드에 대해 더 상세한 정보를 보려면 해당 주소를 !thread 명령에 전달한다.

```
lkd> !thread ffffe0001d45d800
THREAD ffffe0001d45d800 Cid 23b0.452c Teb: 000000000026d000 Win32Thread:
ffffe0001aace630 WAIT: (UserRequest) UserMode Non-Alertable
  ffffe00023678350 NotificationEvent
  ffffe00022aeb370 Semaphore Limit 0xffff
  ffffe000225645b0 SynchronizationEvent
Not impersonating
DeviceMap              ffffc00004f7ddb0
Owning Process         ffffe00018c817c0    Image: explorer.exe
Attached Process       N/A                 Image: N/A
Wait Start TickCount   7233205             Ticks: 270 (0:00:00:04.218)
Context Switch Count   6570                IdealProcessor: 7
UserTime               00:00:00.078
KernelTime             00:00:00.046
Win32 Start Address 0c
Stack Init ffffd000271d4c90 Current ffffd000271d3f80
Base ffffd000271d5000 Limit ffffd000271cf000 Call 0000000000000000
Priority 9 BasePriority 8 PriorityDecrement 0 IoPriority 2 PagePriority 5
GetContextState failed, 0x80004001
Unable to get current machine context, HRESULT 0x80004001
Child-SP          RetAddr           : Args to Child            : Call Site
ffffd000'271d3fc0 fffff803'bef086ca : 00000000'00000000 00000000'00000001
00000000'00000000 00000000'00000000 : nt!KiSwapContext+0x76
```

```
ffffd000'271d4100 fffff803'bef08159 : ffffe000'1d45d800 fffff803'00000000
ffffe000'1aec9080 00000000'0000000f : nt!KiSwapThread+0x15a
ffffd000'271d41b0 fffff803'bef09cfe : 00000000'00000000 00000000'00000000
fffe000'0000000f 00000000'00000003 : nt!KiCommitThreadWait+0x149
ffffd000'271d4240 fffff803'bf2a445d : ffffd000'00000003 ffffd000'271d43c0
00000000'00000000 fffff960'00000006 : nt!KeWaitForMultipleObjects+0x24e
ffffd000'271d4300 fffff803'bf2fa246 : fffff803'bf1a6b40 ffffd000'271d4810
ffffd000'271d4858 ffffe000'20aeca60 : nt!ObWaitForMultipleObjects+0x2bd
ffffd000'271d4810 fffff803'befdefa3 : 00000000'00000fa0 fffff803'bef02aad
ffffe000'1d45d800 00000000'1e22f198 : nt!NtWaitForMultipleObjects+0xf6
ffffd000'271d4a90 00007ffe'f42b5c24 : 00000000'00000000 00000000'00000000
00000000'00000000 00000000'00000000 : nt!KiSystemServiceCopyEnd+0x13
(TrapFrame @ ffffd000'271d4b00)
00000000'1e22f178 00000000'00000000 : 00000000'00000000 00000000'00000000
00000000'00000000 00000000'00000000 : 0x00007ffe'f42b5c24
```

스레드 우선순위와 스택 세부 사항, 유저와 커널 시간 등의 많은 정보가 있다.
4장과 5장, 6장에서 이들 중의 많은 부분을 상세히 살펴본다.

실습: tlist로 스레드 정보 보기

다음은 윈도우 디버깅 툴에 포함된 tlist를 사용해 프로세스에 대한 상세 정보
를 출력한 것이다(대상 프로세스가 32비트이면 32비트의 tlist를, 대상 프로세스가
64비트이면 64비트의 tlist를 실행해야 한다). 스레드 목록은 Win32StartAddr을
보여주는데, 이것은 애플리케이션이 CreateThread 함수에 넘겨준 주소다. 스레
드 시작 주소를 보여주는 여타 모든 유틸리티(Process Explorer는 제외)는 애플리
케이션이 지정한 시작 주소 대신 실제 시작 주소(Ntdll.dll 내의 함수)를 출력한다.

다음 출력은 워드 2016에 대해 tlist를 실행한 결과의 일부다.

```
C:\Dbg\x86>tlist winword
  120 WINWORD.EXE        Chapter04.docm - Word
    CWD:     C:\Users\pavely\Documents\
  CmdLine: "C:\Program Files (x86)\Microsoft Office\Root\Office16\WINWORD.EXE" /n
"D:\OneDrive\WindowsInternalsBook\7thEdition\Chapter04\Chapter04.docm
  VirtualSize:     778012 KB     PeakVirtualSize: 832680 KB
  WorkingSetSize: 185336 KB     PeakWorkingSetSize:227144 KB
  NumberOfThreads: 45
  12132 Win32StartAddr:0x00921000 LastErr:0x00000000 State:Waiting
  15540 Win32StartAddr:0x6cc2fdd8 LastErr:0x00000000 State:Waiting
  7096 Win32StartAddr:0x6cc3c6b2 LastErr:0x00000006 State:Waiting
  17696 Win32StartAddr:0x77c1c6d0 LastErr:0x00000000 State:Waiting
  17492 Win32StartAddr:0x77c1c6d0 LastErr:0x00000000 State:Waiting
  4052 Win32StartAddr:0x70aa5cf7 LastErr:0x00000000 State:Waiting
  14096 Win32StartAddr:0x70aa41d4 LastErr:0x00000000 State:Waiting
  6220 Win32StartAddr:0x70aa41d4 LastErr:0x00000000 State:Waiting
  7204 Win32StartAddr:0x77c1c6d0 LastErr:0x00000000 State:Waiting
  1196 Win32StartAddr:0x6ea016c0 LastErr:0x00000057 State:Waiting
  8848 Win32StartAddr:0x70aa41d4 LastErr:0x00000000 State:Waiting
  3352 Win32StartAddr:0x77c1c6d0 LastErr:0x00000000 State:Waiting
  11612 Win32StartAddr:0x77c1c6d0 LastErr:0x00000000 State:Waiting
  17420 Win32StartAddr:0x77c1c6d0 LastErr:0x00000000 State:Waiting
  13612 Win32StartAddr:0x77c1c6d0 LastErr:0x00000000 State:Waiting
  15052 Win32StartAddr:0x77c1c6d0 LastErr:0x00000000 State:Waiting
...
  12080 Win32StartAddr:0x77c1c6d0 LastErr:0x00000000 State:Waiting
  9456 Win32StartAddr:0x77c1c6d0 LastErr:0x00002f94 State:Waiting
  9808 Win32StartAddr:0x77c1c6d0 LastErr:0x00000000 State:Waiting
  16208 Win32StartAddr:0x77c1c6d0 LastErr:0x00000000 State:Waiting
  9396 Win32StartAddr:0x77c1c6d0 LastErr:0x00000000 State:Waiting
  2688 Win32StartAddr:0x70aa41d4 LastErr:0x00000000 State:Waiting
  9100 Win32StartAddr:0x70aa41d4 LastErr:0x00000000 State:Waiting
  18364 Win32StartAddr:0x70aa41d4 LastErr:0x00000000 State:Waiting
  11180 Win32StartAddr:0x70aa41d4 LastErr:0x00000000 State:Waiting
 16.0.6741.2037 shp 0x00920000   C:\Program Files (x86)\Microsoft
```

```
Office\Root\Office16\WINWORD.EXE
  10.0.10586.122 shp 0x77BF0000   C:\windows\SYSTEM32\ntdll.dll
   10.0.10586.0 shp 0x75540000    C:\windows\SYSTEM32\KERNEL32.DLL
  10.0.10586.162 shp 0x77850000   C:\windows\SYSTEM32\KERNELBASE.dll
   10.0.10586.63 shp 0x75AF0000   C:\windows\SYSTEM32\ADVAPI32.dll
...
   10.0.10586.0 shp 0x68540000    C:\Windows\SYSTEM32\VssTrace.DLL
   10.0.10586.0 shp 0x5C390000    C:\Windows\SYSTEM32\adsldpc.dll
  10.0.10586.122 shp 0x5DE60000   C:\Windows\SYSTEM32\taskschd.dll
   10.0.10586.0 shp 0x5E3F0000    C:\Windows\SYSTEM32\srmstormod.dll
   10.0.10586.0 shp 0x5DCA0000    C:\Windows\SYSTEM32\srmscan.dll
   10.0.10586.0 shp 0x5D2E0000    C:\Windows\SYSTEM32\msdrm.dll
   10.0.10586.0 shp 0x711E0000    C:\Windows\SYSTEM32\srm_ps.dll
   10.0.10586.0 shp 0x56680000    C:\windows\System32\OpcServices.dll
              0x5D240000 C:\Program Files (x86)\Common Files\Microsoft
Shared\Office16\WXPNSE.DLL
   16.0.6701.1023 shp 0x77E80000 C:\Program Files (x86)\Microsoft
Office\Root\Office16\GROOVEEX.DLL
   10.0.10586.0 shp 0x693F0000    C:\windows\system32\dataexchange.dll
```

그림 4-3에서 보여주듯이 TEB는 이번 절에서 설명한 데이터 구조체 중 하나다. TEB는
프로세스 주소 공간(시스템 주소 공간의 반대)에 위치한다. 내부적으로 스레드 정보 블록
Thread Information Block 으로 불리는 헤더로 구성돼 있는데, 이것은 주로 OS/2와 Win9x 애플
리케이션과의 호환성을 위해 존재한다. 또한 초기 TIB를 사용해 새로운 스레드를 생성
할 때 예외와 스택 정보가 더 작은 구조체로 유지되게 해준다.

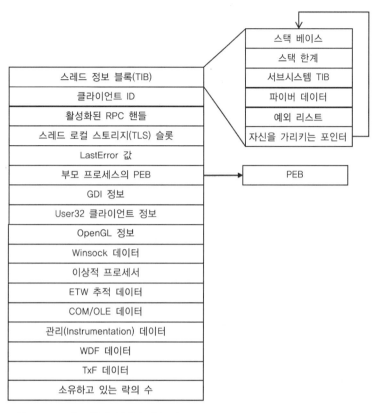

그림 4-3 스레드 환경 블록의 주요 필드

TEB는 이미지 로더와 다양한 윈도우 DLL에 대한 컨텍스트 정보를 담고 있다. 이들 요소는 유저 모드에서 구동되기 때문에 유저 모드에서 쓰기가 가능한 구조체가 필요하다. 따라서 이 구조체는 커널 모드에서만 쓰기가 가능한 시스템 주소 공간이 아닌 프로세스 주소 공간에 위치하는 것이다. 커널 디버거 명령 !thread를 이용해 TEB 주소를 찾을 수 있다.

실습: TEB 살펴보기

커널 또는 유저 모드 디버거에서 !teb 명령을 통해 TEB 구조체를 볼 수 있다. 이 명령만을 단독으로 사용해 디버거의 현재 스레드에 대한 TEB를 덤프하거나 임의의 스레드에 대한 TEB 주소와 함께 사용할 수 있다. 커널 디버거인 경우 올바른 프로세스 컨텍스트가 사용될 수 있게 TEB 주소에 대해 이 명령을 사용하기 전에 현재 프로세스를 설정해야 한다.

유저 모드 디버거로 TEB를 살펴보려면 다음의 과정을 따라 한다(다음 실습에서 커널 디버거를 이용해 TEB를 살펴보는 방법을 알아본다).

1. WinDbg를 연다.
2. File 메뉴를 열고 Run Executable을 선택한다.
3. c:\windows\system32\Notepad.exe를 찾는다. 디버거는 최초 브레이크포인트 지점에서 멈춘다.
4. !teb 명령을 실행해 현재 순간에 존재하는 스레드만의 TEB를 살펴본다 (다음 예는 64비트 윈도우에서 발췌한 것이다).

```
0:000> !teb
TEB at 000000ef125c1000
    ExceptionList:          0000000000000000
    StackBase:              000000ef12290000
    StackLimit:             000000ef1227f000
    SubSystemTib:           0000000000000000
    FiberData:              0000000000001e00
    ArbitraryUserPointer:   0000000000000000
    Self:                   000000ef125c1000
    EnvironmentPointer:     0000000000000000
    ClientId:               00000000000021bc . 0000000000001b74
    RpcHandle:              0000000000000000
    Tls Storage:            00000266e572b600
    PEB Address:            000000ef125c0000
    LastErrorValue:         0
    LastStatusValue:        0
    Count Owned Locks:      0
    HardErrorMode:          0
```

5. g 명령을 입력하거나 F5를 눌러 진행하면 Notepad가 실행된다.

6. Notepad에서 File 메뉴를 열고 Open을 선택한다. Open 파일 대화상자를 닫기 위해 Cancel을 클릭한다.

7. Ctrl + Break를 누르거나 Debug 메뉴를 열고 Break를 선택해 프로세스에 강제로 진입한다.

8. ~(틸드) 명령을 입력해 프로세스 내의 모든 스레드를 표시한다. 다음과 유사한 출력을 볼 수 있다.

```
0:005> ~
   0  Id: 21bc.1b74 Suspend:  1 Teb: 000000ef'125c1000 Unfrozen
   1  Id: 21bc.640 Suspend:   1 Teb: 000000ef'125e3000 Unfrozen
   2  Id: 21bc.1a98 Suspend:  1 Teb: 000000ef'125e5000 Unfrozen
   3  Id: 21bc.860 Suspend:   1 Teb: 000000ef'125e7000 Unfrozen
   4  Id: 21bc.28e0 Suspend:  1 Teb: 000000ef'125c9000 Unfrozen
.  5  Id: 21bc.23e0 Suspend:  1 Teb: 000000ef'12400000 Unfrozen
   6  Id: 21bc.244c Suspend:  1 Teb: 000000ef'125eb000 Unfrozen
   7  Id: 21bc.168c Suspend:  1 Teb: 000000ef'125ed000 Unfrozen
   8  Id: 21bc.1c90 Suspend:  1 Teb: 000000ef'125ef000 Unfrozen
   9  Id: 21bc.1558 Suspend:  1 Teb: 000000ef'125f1000 Unfrozen
  10  Id: 21bc.a64 Suspend:   1 Teb: 000000ef'125f3000 Unfrozen
  11  Id: 21bc.20c4 Suspend:  1 Teb: 000000ef'125f5000 Unfrozen
  12  Id: 21bc.1524 Suspend:  1 Teb: 000000ef'125f7000 Unfrozen
  13  Id: 21bc.1738 Suspend:  1 Teb: 000000ef'125f9000 Unfrozen
  14  Id: 21bc.f48 Suspend:   1 Teb: 000000ef'125fb000 Unfrozen
  15  Id: 21bc.17bc Suspend:  1 Teb: 000000ef'125fd000 Unfrozen
```

9. 각 스레드는 자신의 TEB 주소를 보여준다. 해당 스레드의 TEB 주소를 !teb 명령에 지정해 특정 스레드를 살펴볼 수 있다. 앞의 출력에서 스레드 9에 대한 예는 다음과 같다.

```
0:005> !teb 000000ef'125f1000
  TEB at 000000ef125f1000
  ExceptionList:           0000000000000000
  StackBase:               000000ef13400000
  StackLimit:              000000ef133ef000
  SubSystemTib:            0000000000000000
  FiberData:               0000000000001e00
  ArbitraryUserPointer:    0000000000000000
  Self:                    000000ef125f1000
  EnvironmentPointer:      0000000000000000
  ClientId:                00000000000021bc . 0000000000001558
  RpcHandle:               0000000000000000
  Tls Storage:             00000266ea1af280
  PEB Address:             000000ef125c0000
  LastErrorValue:          0
  LastStatusValue:         c0000034
  Count Owned Locks:       0
  HardErrorMode:           0
```

10. 물론 TEB 주소로 실제 구조체를 볼 수도 있다(지면 관계로 일부분만 발췌
    했다).

```
0:005> dt ntdll!_teb 000000ef'125f1000
  +0x000 NtTib            : _NT_TIB
  +0x038 EnvironmentPointer : (null)
  +0x040 ClientId         : _CLIENT_ID
  +0x050 ActiveRpcHandle  : (null)
  +0x058 ThreadLocalStoragePointer : 0x00000266'ea1af280 Void
  +0x060 ProcessEnvironmentBlock : 0x000000ef'125c0000 _PEB
  +0x068 LastErrorValue   : 0
  +0x06c CountOfOwnedCriticalSections : 0
  ...
  +0x1808 LockCount       : 0
  +0x180c WowTebOffset    : 0n0
```

```
    +0x1810 ResourceRetValue : 0x00000266'ea2a5e50 Void
    +0x1818 ReservedForWdf    : (null)
    +0x1820 ReservedForCrt    : 0
    +0x1828 EffectiveContainerId : _GUID
{00000000-0000-0000-0000-000000000000}
```

실습: 커널 디버거로 TEB 살펴보기

커널 디버거로 TEB를 살펴보려면 다음의 과정을 따라 한다.

1. 보고자 하는 스레드의 TEB가 속한 프로세스를 찾는다. 예를 들어 다음
   은 explorer.exe 프로세스를 찾아 기본 정보와 함께 그 스레드를 나열한
   다(지면상 일부 생략).

```
lkd> !process 0 2 explorer.exe
PROCESS ffffe0012bea7840
    SessionId: 2 Cid: 10d8    Peb: 00251000 ParentCid: 10bc
    DirBase: 76e12000 ObjectTable: ffffc000e1ca0c80 HandleCount: <Data
Not Accessible>
    Image: explorer.exe

        THREAD ffffe0012bf53080  Cid 10d8.10dc  Teb: 0000000000252000
Win32Thread: ffffe0012c1532f0    WAIT: (WrUserRequest) UserMode
Non-Alertable
        ffffe0012c257fe0  SynchronizationEvent

        THREAD ffffe0012a30f080  Cid 10d8.114c  Teb: 0000000000266000
Win32Thread: ffffe0012c2e9a20    WAIT: (UserRequest) UserMode
Alertable
        ffffe0012bab85d0  SynchronizationEvent

        THREAD ffffe0012c8bd080  Cid 10d8.1178  Teb: 000000000026c000
```

```
Win32Thread: ffffe0012a801310    WAIT: (UserRequest) UserMode
Alertable
        ffffe0012bfd9250   NotificationEvent
        ffffe0012c9512f0   NotificationEvent
        ffffe0012c876b80   NotificationEvent
        ffffe0012c010fe0   NotificationEvent
        ffffe0012d0ba7e0   NotificationEvent
        ffffe0012cf9d1e0   NotificationEvent
...

    THREAD ffffe0012c8be080   Cid 10d8.1180   Teb: 0000000000270000
Win32Thread: 0000000000000000    WAIT: (UserRequest) UserMode
Alertable
        fffff80156946440   NotificationEvent

    THREAD ffffe0012afd4040   Cid 10d8.1184   Teb: 0000000000272000
Win32Thread: ffffe0012c7c53a0    WAIT: (UserRequest) UserMode
Non-Alertable
        ffffe0012a3dafe0   NotificationEvent
        ffffe0012c21ee70   Semaphore Limit 0xffff
        ffffe0012c8db6f0   SynchronizationEvent

    THREAD ffffe0012c88a080   Cid 10d8.1188   Teb: 0000000000274000
Win32Thread: 0000000000000000    WAIT: (UserRequest) UserMode
Alertable
        ffffe0012afd4920   NotificationEvent
        ffffe0012c87b480   SynchronizationEvent
        ffffe0012c87b400   SynchronizationEvent
...
```

2. 하나 이상의 explorer.exe 프로세스가 존재한다면 다음 단계를 위해 임의의 하나를 선택한다.

3. 각 스레드는 자신의 TEB 주소를 보여준다. TEB는 유저 공간에 있으므로이 주소는 관련된 프로세스의 컨텍스트에서만 의미를 가진다. 디버거에

서 보이는 프로세스/스레드로 전환해야 한다. 익스플로러의 첫 번째 스레드를 선택한다. 이의 커널 스택은 아마도 물리 메모리에 상주할 수도 있기 때문이다. 그렇지 않다면 오류가 발생한다.

```
lkd> .thread /p ffffe0012bf53080
Implicit thread is now ffffe001'2bf53080
Implicit process is now  ffffe001'2bea7840
```

4. 이는 지정된 스레드(확장하면 프로세스)로 컨텍스트를 변경한다. 해당 스레드에 대해 나열된 TEB 주소와 함께 !teb 명령을 다음과 같이 사용할 수 있다.

```
lkd> !teb 0000000000252000
TEB at 0000000000252000
    ExceptionList:          0000000000000000
    StackBase:              00000000000d0000
    StackLimit:             00000000000c2000
    SubSystemTib:           0000000000000000
    FiberData:              0000000000001e00
    ArbitraryUserPointer:   0000000000000000
    Self:                   0000000000252000
    EnvironmentPointer:     0000000000000000
    ClientId:               00000000000010d8 . 00000000000010dc
    RpcHandle:              0000000000000000
    Tls Storage:            0000000009f73f30
    PEB Address:            0000000000251000
    LastErrorValue:         0
    LastStatusValue:        c0150008
    Count Owned Locks:      0
    HardErrorMode:          0
```

그림 4-4에서 보여주듯 CSR_THREAD는 스레드에 적용된다는 것을 제외하고는 CSR_PROCESS 데이터 구조체와 유사하다. 기억하듯이 이것은 세션 내의 각 Csrss 프로세스에 의해 유지되며, 그 안에서 동작하는 윈도우 서브시스템 스레드를 식별한다. CSR_THREAD는 Csrss가 스레드를 위해 유지하는 핸들과 다양한 플래그, 클라이언트 ID(스레드 ID와 프로세스 ID), 스레드 생성 시간에 대한 복사본을 저장한다. 일반적으로 일부 동작이나 상황을 Csrss에 통지해야 할 필요가 있는 일부 API로 인해 스레드는 자신의 첫 번째 메시지를 Csrss에 보낼 때 Csrss에 등록된다는 점에 주목하자.

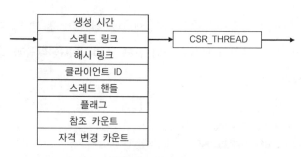

그림 4-4 CSR 스레드의 필드

실습: CSR_THREAD 살펴보기

디버거 컨텍스트가 Csrss 프로세스로 설정돼 있는 동안에 커널 모드 디버거에서 dt 명령을 이용해 CSR_THREAD 구조체를 덤프할 수 있다. 이 작업을 수행하기 위해서는 3장의 'CSR_PROCESS 살펴보기' 실습의 지침을 따르면 된다. 윈도우 10, x64 시스템에서의 출력 예는 다음과 같다.

```
lkd> dt csrss!_csr_thread
   +0x000 CreateTime      : _LARGE_INTEGER
   +0x008 Link            : _LIST_ENTRY
   +0x018 HashLinks       : _LIST_ENTRY
   +0x028 ClientId        : _CLIENT_ID
   +0x038 Process         : Ptr64 _CSR_PROCESS
```

```
+0x040 ThreadHandle     : Ptr64 Void
+0x048 Flags            : Uint4B
+0x04c ReferenceCount   : Int4B
+0x050 ImpersonateCount : Uint4B
```

마지막으로 W32THREAD 구조체는 그림 4-5에서 보여주는데, 스레드에 적용된다는 것을 제외하고는 WIN32PROCESS 데이터 구조체와 유사하다. 이 구조체는 주로 GDI 서브시스템(브러시와 DC 속성들), DirectX, 유저 모드 프린터 드라이버를 작성하기 위해 벤더가 사용하는 유저 모드 프린트 드라이버[UMPD] 프레임워크에 대한 정보를 포함한다. 또한 데스크톱 컴포지트[compositing]와 안티에일리어싱[anti-aliasing]에 유용한 렌더링[rendering] 상태를 포함한다.

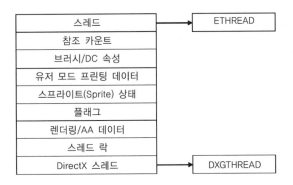

그림 4-5 Win32k 스레드의 필드

스레드의 탄생

스레드의 라이프사이클은 프로세스가 새로운 스레드를 생성할 때(메인 함수에서 실행하는 스레드와 같이 일부 스레드의 컨텍스트에서) 시작된다. 이 요청은 윈도우 익스큐티브로 전달되고, 여기서 프로세스 관리자가 스레드 객체를 위한 공간을 할당하고 커널을 호출해 스레드 제어 블록(KTHREAD)을 초기화하게 한다. 앞서 언급했듯이 다양한 스레드 생성 함수는 최종적으로 CreateRemoteThreadEx에서 끝을 맺는다. Kernel32.dll의 이 함수 내부에서는 윈도우 스레드를 생성하기 위해 다음과 같은 절차가 수행된다.

1. 윈도우 API 인자를 네이티브 플래그로 변환하고 객체 인자를 기술하는 네이티브 구조체(OBJECT_ATTRIBUTES, 2권의 8장에서 설명한다)를 구축한다.

2. 두 개의 엔트리, 클라이언트 ID와 TEB 주소로 속성 리스트를 만든다(속성 리스트에 대한 더 자세한 정보는 3장의 'CreateProcess 흐름' 절을 참고하라).

3. 스레드가 호출 프로세스 또는 전달된 핸들이 가리키는 다른 프로세스에서 생성되는지를 판단한다. 핸들이 GetCurrentProcess로부터 반환된 의사 핸들(-1의 값)과 동일하다면 동일한 프로세스다. 프로세스 핸들이 다르더라도 여전히 동일한 프로세스에 대한 유효한 핸들일 수 있다. 따라서 실제로 유효한 핸들인지를 파악하기 위해 NtQueryInformationProcess(Ntdll에 존재)를 호출한다.

4. NtCreateThreadEx(Ntdll 내의)를 호출해 커널 모드 내의 익스큐티브로 전환하고 동일한 이름과 인자를 갖는 함수 내에서 계속 진행한다.

5. NtCreateThreadEx(익스큐티브 내부의)는 유저 모드 스레드 컨텍스트(구조체는 아키텍처 의존적이다)를 생성하고 초기화한 이후에 PspCreateThread를 호출해 일시 중지된 익스큐티브 스레드 객체를 생성한다(이 함수에 의해 수행되는 단계에 대한 기술은 3장의 'CreateProcess의 흐름' 절에서 3단계와 5단계의 설명을 보라). 그리고 나서 이 함수는 리턴하며, 최종적으로 CreateRemoteThreadEx의 유저 모드에서 끝이 난다.

6. CreateRemoteThreadEx는 사이드-바이-사이드side-by-side 어셈블리를 지원하기 위해 사용되는 스레드를 위한 활성 컨텍스트를 할당한다. 그 후 활성 스택의 활성화가 필요한지를 파악하기 위해 활성 스택을 질의하고서 필요하다면 활성 스택을 활성화한다. 활성 스택 포인터는 새 스레드의 TEB에 저장된다.

7. 호출자가 스레드를 CREATE_SUSPENDED 플래그 설정을 통해 생성하지 않았다면 스레드는 이제 재개resume돼 실행을 위해 스케줄링될 수 있게 된다. 스레드가 실행을 시작하면 사용자가 지정한 스레드의 시작 주소를 호출하기 전에 앞서

살펴본 3장의 '7단계: 새로운 프로세스 컨텍스트 내부에서의 프로세스 초기화'
절에서 언급한 단계를 실행한다.

8. 스레드 핸들과 스레드 ID가 호출자로 반환된다.

스레드 활동성 검사

다수의 서비스를 호스팅하고 있는 서비스(Svchost.exe이나 Dllhost.exe, Lsass.exe 같은)
프로세스가 왜 실행되는지 또는 왜 응답이 없는지 판단하려고 할 때 스레드 활동성[activity]
검사는 아주 중요하다.

윈도우 스레드의 여러 항목에 대한 상태를 보여주는 다양한 툴이 있다. WinDbg(유저
프로세스 어태치와 커널 디버깅 모드), 성능 모니터와 Process Explorer 등이 있다(스레드
스케줄링 정보를 보여주는 툴은 '스레드 스케줄링' 절에서 소개한다).

Process Explorer로 프로세스에 속한 스레드를 보려면 프로세스를 선택하고 이를 더블
클릭해 프로세스 속성 창을 연다. 또는 프로세스를 마우스 오른쪽 클릭하고 Properties
메뉴를 선택하면 된다. 그다음 Threads 탭을 클릭하면 프로세스 내의 스레드 목록과
스레드에 대한 네 가지 정보를 보여주는 열이 나타난다. 각각의 스레드에 대해 Thread
ID, CPU 사용량의 백분율(설정된 갱신 시간 간격에 따라), 해당 스레드에 부가된 수행
사이클 횟수, 스레드의 시작 주소 등이 표시되는데, 각 항목별로 정렬할 수도 있다.

새로 생성되는 스레드는 녹색으로 강조 표시되고 종료되는 스레드는 적색으로 강조 표
시된다(강조 표시되는 시간의 구성은 Option 메뉴를 열고서 Difference Highlight Duration
메뉴를 선택한다). 이 기능은 프로세스 내부에서 불필요한 스레드가 생성되는지 확인할
때 유용할 수 있다(일반적으로 스레드는 프로세스가 시작되는 시점에 생성돼야 하고, 중간
에 요청이 있을 때마다 생성되지는 않는다).

리스트에 있는 스레드를 선택할 때마다 Process Explorer는 스레드 ID와 시작 시간,
상태, CPU 시간 카운터, 부가된 수행 사이클 수, 컨텍스트 전환 횟수, 이상적 프로세서

와 그룹, I/O 우선순위, 메모리 우선순위, 기본 우선순위, 현재(동적) 우선순위 등을 표시한다. Kill 버튼을 누르면 각각의 스레드를 강제로 중단시킬 수 있지만 아주 조심해서 사용해야 한다. 다른 옵션으로는 Suspend 버튼을 눌러 스레드가 더 이상 수행되는 것을 중지시킴으로써 스레드가 CPU 시간을 소진하는 것을 막을 수 있다. 그러나 데드락^{deadlock} 상황을 만들 수 있으므로 Kill 버튼처럼 아주 주의해서 사용해야 한다. 마지막으로 Permissions 버튼은 스레드의 보안 디스크립터^{Security descriptor}를 볼 수 있게 해준다 (보안 디스크립터에 대한 더 자세한 정보는 7장을 참고하라).

작업 관리자나 다른 프로세스/프로세서 모니터링 툴과는 달리 Process Explorer는 스레드 수행 시간을 계산하기 위해 시간 간격 타이머^{clock interval timer} 대신에 시간 사이클 카운터^{clock cycle counter}를 사용한다(4장 후반부에서 설명한다). 이로 인해 Process Explorer를 이용하면 완전히 다른 CPU 사용 관련 뷰를 볼 수 있다. 대부분의 스레드들은 아주 짧은 시간 동안 잠시 동작해서 시간 간격 타이머 인터럽트가 발생할 때에는 '현재 실행 중인 스레드가 아니기 때문이다. 따라서 CPU를 사용하지 않는 것으로 확인되기 때문에 시간을 기반으로 하는 툴은 CPU 사용률을 0%로 인식한다. 반대로 클록 사이클의 총수는 프로세스 내의 각 스레드가 실제로 차지한 프로세서 사이클 수를 나타낸다. 이 값은 시간 간격 타이머의 해상도^{resolution}와는 독립적이다. 이 카운터는 프로세서 내부에서 매 사이클마다 관리되고 매 인터럽트 진입 시에 윈도우에 의해 갱신되기 때문이다(최종 저장은 컨텍스트 전환 전에 일어난다).

스레드의 시작 주소는 'module!function'의 형태로 표시되고, 여기서 module은 .EXE나 .DLL의 이름이다. 함수명은 해당 모듈에 대한 심볼 파일의 접근 여부에 따라 달라진다 (1장의 '실습: Process Explorer를 사용한 프로세스 세부 정보 살펴보기'를 참고하라). 어떤 모듈인지가 확실하지 않을 경우 Module 버튼을 누르면 스레드의 시작 주소를 포함하는 해당 모듈(.EXE나 .DLL)에 대한 탐색기 파일 속성 창이 나타난다.

윈도우의 CreateThread 함수로 생성된 스레드의 경우 Process Explorer는 실제 시작 주소가 아닌 CreateThread에 넘겨진 함수를 표시한다. 이것은 모든 윈도우 스레드는 공통된 스레드 시작 래퍼 함수(Ntdll.dll 내의 RtlUserThreadStart)로부터 시작되기 때문이다. Process Explorer가 스레드의 실제 시작 주소를 표시한다면 프로세스의 대부분의 스레드는 같은 시작 주소를 가질 것이고, 이는 스레드가 어떤 코드를 실행하고 있는지를 이해하는 데 도움이 되지 않을 것이다. 하지만 유저가 정의한 시작 주소를 Process Explorer가 알아올 수 없다면(보호 프로세스의 경우 같은) 래퍼 함수를 보여주게 돼 모든 스레드의 시작 주소가 RtlUserThreadStart로 보인다.

스레드의 시작 주소를 표시하는 것만으로는 이 스레드가 무엇을 하고 있고 프로세스 내의 어떤 요소가 스레드에 의한 CPU 소비에 책임이 있는지를 알아내는 데 충분한 정보가 되지 못한다. 스레드의 시작 주소가 일반적인 시작 함수(즉, 스레드가 실제로 무슨 일을 하는지를 함수명으로 알 수 없는 상황일 때)라면 더더욱 그렇다. 이럴 때는 스레드 스택을 검사하는 것이 답이 될 수도 있을 것이다. 스레드가 사용하는 스택을 보려면 원하는 스레드를 더블 클릭하거나 스레드를 클릭한 다음 Stack 버튼을 누른다. Process Explorer는 스레드의 스택을 표시한다(스레드가 커널 모드에서 동작했다면 유저 스택과 커널 스택 둘 다 표시한다).

유저 모드 디버거(WinDbg와 Ntsd, Cdb)가 프로세스에 연결해 스레드의 유저 모드 스택을 표시하는 반면 Process Explorer는 간편한 클릭만으로 유저와 커널 스택 모두를 표시해준다. 또한 WinDbg의 로컬 커널 디버깅 모드로도 유저와 커널 스레드 스택을 확인할 수 있다.

Wow64 프로세스(좀 더 상세한 내용은 2권의 8장에서 다룬다)로 64비트 시스템에서 실행하는 32비트 프로세스를 살펴볼 때 Process Explorer는 스레드의 32비트와 64비트 스택 둘 다 보여준다. 실제 (64비트) 시스템 호출 시에 스레드는 64비트 스택과 컨텍스트로 전환이 이뤄진 상태이므로 스레드의 64비트 스택을 살펴보는 것은 절반의 내용(스레드의 64비트 부분과 Wow64 성킹thunking 코드)만을 파악할 수 있는 것이다. 따라서 Wow64 프로세스를 조사할 때 32비트와 64비트 스택 둘 다를 반드시 고려해야 한다.

실습: 유저 모드 디버거로 스레드 스택 살펴보기

프로세스에 WinDbg를 연결하고 스레드 정보와 스택을 살펴보기 위해 다음과 같은 과정을 따라 한다.

1. notepad.exe와 WinDbg.exe를 실행한다.
2. WinDbg에서 File 메뉴를 열고 Attach to Process를 선택한다.
3. notepad.exe 인스턴스를 찾아 OK를 클릭해 연결한다. 디버거는 Notepad 에서 브레이크포인트가 잡힌다.
4. ~ 명령으로 프로세스 내에 존재하는 스레드를 나열한다. 각 스레드는 디버거 ID와 클라이언트 ID(프로세스 ID.스레드 ID), 서스펜드 카운트(대 부분의 경우 1, 브레이크포인트로 인해 일시 중지됐으므로), TEB 주소, 디버 거 명령의 사용으로 스레드가 멈춘 것인지를 보여준다.

```
0:005> ~
   0  Id: 612c.5f68 Suspend: 1 Teb: 00000022'41da2000 Unfrozen
   1  Id: 612c.5564 Suspend: 1 Teb: 00000022'41da4000 Unfrozen
   2  Id: 612c.4f88 Suspend: 1 Teb: 00000022'41da6000 Unfrozen
   3  Id: 612c.5608 Suspend: 1 Teb: 00000022'41da8000 Unfrozen
   4  Id: 612c.cf4 Suspend: 1 Teb: 00000022'41daa000 Unfrozen
.  5  Id: 612c.9f8 Suspend: 1 Teb: 00000022'41db0000 Unfrozen
```

5. 출력에서 스레드 5 앞에 .이 존재함에 주목하자. 이는 현재 디버거 스레 드임을 나타낸다. k 명령을 실행해 호출 스택을 살펴보자.

```
0:005> k
 # Child-SP          RetAddr           Call Site
00 00000022'421ff7e8 00007ff8'504d9031 ntdll!DbgBreakPoint
01 00000022'421ff7f0 00007ff8'501b8102 ntdll!DbgUiRemoteBreakin+0x51
02 00000022'421ff820 00007ff8'5046c5b4 KERNEL32!BaseThreadInitThunk+0x22
```

```
03  00000022'421ff850  00000000'00000000  ntdll!RtlUserThreadStart+0x34
```

6. 디버거는 Notepad의 프로세스로 브레이크포인트 명령을 발생시키는 스레드(DbgBreakPoint)를 인젝션시켰다. 다른 스레드의 호출 스택을 살펴보기 위해 ~nk 명령을 사용한다. 여기서 n은 WinDbg에 의해 보여주는 스레드의 번호다(이는 현재 디버거 스레드를 변경시키지 않는다). 스레드 2에 대한 예는 다음과 같다.

```
0:005> ~2k
 #  Child-SP          RetAddr           Call Site
00  00000022'41f7f9e8  00007ff8'5043b5e8
ntdll!ZwWaitForWorkViaWorkerFactory+0x14
01  00000022'41f7f9f0  00007ff8'501b8102  ntdll!TppWorkerThread+0x298
02  00000022'41f7fe00  00007ff8'5046c5b4  KERNEL32!BaseThreadInitThunk+0x22
03  00000022'41f7fe30  00000000'00000000  ntdll!RtlUserThreadStart+0x34
```

7. ~ns 명령(여기서도 n은 스레드 번호를 나타낸다)을 사용해 다른 스레드로 디버거를 전환시킨다. 스레드 0으로 전환하고 그 스택을 살펴본다.

```
0:005> ~0s
USER32!ZwUserGetMessage+0x14:
00007ff8'502e21d4 c3 ret
0:000> k
 #  Child-SP          RetAddr           Call Site
00  00000022'41e7f048  00007ff8'502d3075  USER32!ZwUserGetMessage+0x14
01  00000022'41e7f050  00007ff6'88273bb3  USER32!GetMessageW+0x25
02  00000022'41e7f080  00007ff6'882890b5  notepad!WinMain+0x27b
03  00000022'41e7f180  00007ff8'341229b8  notepad!__mainCRTStartup+0x1ad
04  00000022'41e7f9f0  00007ff8'5046c5b4  KERNEL32!BaseThreadInitThunk+0x22
05  00000022'41e7fa20  00000000'00000000  ntdll!RtlUserThreadStart+0x34
```

8. 이 시점에 스레드가 커널 모드에 있을 수도 있지만 유저 모드 디버거는 유저 모드에 존재했던 스레드의 마지막 함수(여기서는 ZwUserGetMessage)를 보여준다.

실습: 로컬 커널 모드 디버거로 스레드 스택 살펴보기

이번 실습에서는 로컬 커널 디버거를 사용해 스레드 스택(유저 모드와 커널 모드 둘 다)을 살펴본다. 여기서는 탐색기의 한 스레드를 사용하지만 독자는 다른 프로세스나 스레드에 대해서도 이 실습을 할 수 있다.

1. 이미지 explorer.exe를 실행하는 모든 프로세스를 살펴보자(탐색기 옵션의 새 창에서 폴더 열기가 선택돼 있다면 하나 이상의 탐색기 인스턴스가 보일 수도 있다. 한 프로세스는 데스크톱과 작업 표시줄을 관리하고 다른 프로세스는 탐색기 윈도우를 관리한다).

```
lkd> !process 0 0 explorer.exe
PROCESS ffffe00197398080
    SessionId: 1  Cid: 18a0    Peb: 00320000 ParentCid: 1840
    DirBase: 17c028000 ObjectTable: ffffc000bd4aa880 HandleCount: <Data
Not Accessible>
    Image: explorer.exe

PROCESS ffffe00196039080
    SessionId: 1  Cid: 1f30    Peb: 00290000 ParentCid: 0238
    DirBase: 24cc7b000 ObjectTable: ffffc000bbbef740 HandleCount: <Data
Not Accessible>
    Image: explorer.exe
```

2. 한 인스턴스를 선택하고 그 인스턴스의 스레드 요약 정보를 살펴본다.

```
lkd> !process ffffe00196039080 2
PROCESS ffffe00196039080
   SessionId: 1  Cid: 1f30      Peb: 00290000 ParentCid: 0238
   DirBase: 24cc7b000 ObjectTable: ffffc000bbbef740 HandleCount: <Data
Not Accessible>
   Image: explorer.exe

      THREAD ffffe0019758f080   Cid 1f30.0718 Teb: 0000000000291000
Win32Thread: ffffe001972e3220    WAIT: (UserRequest) UserMode
Non-Alertable
         ffffe00192c08150  SynchronizationEvent

      THREAD ffffe00198911080    Cid 1f30.1aac Teb: 00000000002a1000
Win32Thread: ffffe001926147e0    WAIT: (UserRequest) UserMode
Non-Alertable
         ffffe00197d6e150  SynchronizationEvent
         ffffe001987bf9e0  SynchronizationEvent

      THREAD ffffe00199553080   Cid 1f30.1ad4 Teb: 00000000002b1000
Win32Thread: ffffe0019263c740    WAIT: (UserRequest) UserMode
Non-Alertable
         ffffe0019ac6b150  NotificationEvent
         ffffe0019a7da5e0  SynchronizationEvent

      THREAD ffffe0019b6b2800   Cid 1f30.1758 Teb: 00000000002bd000
Win32Thread: 0000000000000000    WAIT: (Suspended) KernelMode
Non-Alertable
SuspendCount 1
         ffffe0019b6b2ae0  NotificationEvent
...
```

3. 프로세스의 첫 번째 스레드의 컨텍스트로 전환한다(다른 스레드를 선택해
   도 된다).

```
lkd> .thread /p /r ffffe0019758f080
```

```
Implicit thread is now ffffe001'9758f080
Implicit process is now ffffe001'96039080
Loading User Symbols
...........................................
```

4. 스레드의 세부 정보와 호출 스택을 살펴보기 위해 스레드를 조사한다(보이는 출력에서 주소는 일부 잘렸다).

```
lkd> !thread ffffe0019758f080
THREAD ffffe0019758f080  Cid 1f30.0718  Teb: 0000000000291000
Win32Thread :
ffffe001972e3220  WAIT : (UserRequest)UserMode Non - Alertable
ffffe00192c08150  SynchronizationEvent
Not impersonating
DeviceMap               ffffc000b77f1f30
Owning Process          ffffe00196039080  Image : explorer.exe
Attached Process        N / A  Image : N / A
Wait Start TickCount    17415276 Ticks : 146 (0:00 : 00 : 02.281)
Context Switch Count    2788      IdealProcessor : 4
UserTime                00 : 00 : 00.031
KernelTime              00 : 00 : 00.000
*** WARNING : Unable to verify checksum for C : \windows\explorer.exe
Win32 Start Address explorer!wWinMainCRTStartup(0x00007ff7b80de4a0)
Stack Init ffffd0002727cc90 Current ffffd0002727bf80
Base ffffd0002727d000 Limit ffffd00027277000 Call 0000000000000000
Priority 8 BasePriority 8 PriorityDecrement 0 IoPriority 2 PagePriority
5

... Call Site
... nt!KiSwapContext + 0x76
... nt!KiSwapThread + 0x15a
... nt!KiCommitThreadWait + 0x149
... nt!KeWaitForSingleObject + 0x375
... nt!ObWaitForMultipleObjects + 0x2bd
```

```
... nt!NtWaitForMultipleObjects + 0xf6
... nt!KiSystemServiceCopyEnd + 0x13 (TrapFrame @ ffffd000'2727cb00)
... ntdll!ZwWaitForMultipleObjects + 0x14
... KERNELBASE!WaitForMultipleObjectsEx + 0xef
... USER32!RealMsgWaitForMultipleObjectsEx + 0xdb
... USER32!MsgWaitForMultipleObjectsEx + 0x152
... explorerframe!SHProcessMessagesUntilEventsEx + 0x8a
... explorerframe!SHProcessMessagesUntilEventEx + 0x22
... explorerframe!CExplorerHostCreator::RunHost + 0x6d
... explorer!wWinMain + 0xa04fd
... explorer!__wmainCRTStartup + 0x1d6
```

보호 프로세스 스레드의 제약

3장에서 다뤘듯이 보호 프로세스(PPL)의 경우 시스템에서 가장 높은 특권을 가진 사용자일지라도 어떤 접근 권한이 허락 되는지에 관해서는 몇 가지 제약이 따른다. 이러한 제약은 그 프로세스 내부의 스레드에도 해당된다. 이러한 제약으로 인해 보호 프로세스 내에서 실행되는 코드가 하이재킹[hijacked]되는 것을 막아주고 보호 프로세스 스레드에 대해서는 허용되지 않는 접근 권한이 필요한 표준 윈도우 함수에 의해 영향을 받는 것도 막아준다. 사실 허용되는 유일한 권한은 THREAD_SUSPEND_RESUME과 THREAD_SET/QUERY_LIMITED_INFORMATION뿐이다.

실습: Process Explorer로 보호 프로세스 스레드 정보 보기

이번 실습에서는 다음의 과정을 통해 보호 프로세스 스레드의 정보를 살펴본다.

1. 프로세스 목록에서 Audiodg.exe 또는 Csrss.exe 프로세스와 같은 보호 프로세스나 PPL 프로세스를 찾는다.

2. 해당 프로세스의 속성 창을 열고 Threads 탭을 클릭한다.

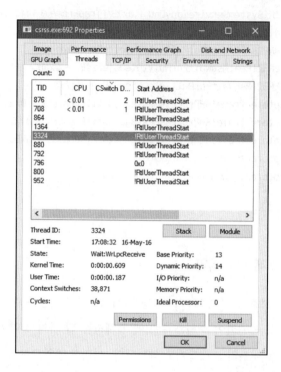

3. Process Explorer는 Win32 스레드의 시작 주소를 보여주지 못하고 Ntdll.dll 내의 스레드 표준 시작 래퍼를 나타낸다. Stack 버튼을 누르면 에러가 발생하는데, Process Explorer가 보호 프로세스 내의 가상 메모리를 읽어야 함에도 그렇게 하지 못하기 때문이다.

4. Base와 Dynamic 우선순위는 보이지만 I/O와 메모리 우선순위는 나타나지 않는 것을 볼 수 있다(사이클 역시 보이지 않는다). 이것은 제한된 접근 권한(THREAD_QUERY_LIMITED_INFORMATION)과 완전한 질의 정보 접근 권한(THREAD_QUERY_INFORMATION) 간의 차이에 대한 또 다른 예다.

5. 보호 프로세스 내의 한 스레드를 강제 종료시켜보자. 이때 또 다른 접근 거부 오류가 발생한다. THREAD_TERMINATE 접근 권한이 없음을 상기하자.

스레드 스케줄링

이번 절에서는 윈도우의 스레드 스케줄링^{Thread Scheduling} 정책과 알고리즘에 대해 살펴본다. 첫 번째 절에서는 스케줄링이 어떤 식으로 동작하는지 간단히 살펴보고 몇 가지 용어를 정의한다. 다음에는 윈도우의 우선순위 단계를 윈도우 API의 관점과 커널의 관점에서 다룬다. 그 후에는 스케줄링과 관련된 윈도우 유틸리티 및 툴을 살펴보고, 윈도우의 스케줄링 시스템을 구성하는 자료 구조체와 일반적인 스케줄링 시나리오와 스레드 선택 방법 및 프로세서 선택 방법에 대한 설명을 포함하는 자세한 알고리즘을 살펴본다.

윈도우 스케줄링의 개요

윈도우는 우선순위 기반의 선점형^{preemptive} 스케줄링 시스템을 구현한다. 가장 높은 우선순위를 가진 실행 가능^{ready} 스레드가 최소한 하나는 항상 실행되는데, 실행을 위해 선택된 스레드는 자신의 실행이 허용된 프로세서나 선호된 프로세서에 의해 제한될 수도 있다. 이를 프로세서 친화성^{processor affinity}이라고 한다. 프로세서 친화성은 최대 64개의 주어진 프로세서 그룹을 기반으로 정의된다. 기본적으로 스레드는 프로세스와 연관된 프로세서 그룹 내(하위 버전 윈도우와의 호환성을 위해 오직 64개의 프로세서만 지원한다)의 가용한 어떤 프로세서에서든 실행될 수 있다. 개발자는 적절한 API를 사용하거나 이미지 헤더 내에 친화성 마스크를 설정함으로써 프로세서 친화성을 변경할 수 있다. 사용자는 툴을 이용해 프로세스 실행 시점이나 동적으로 친화성을 변경할 수 있다. 하지만 한 프로세스 내의 여러 스레드가 서로 다른 그룹과 연관될 수 있을지라도 하나의 스레드는 할당된 그룹 내의 가용 프로세서 내에서만 실행될 수 있다. 게다가 개발자는 다른 그룹 내의 논리적인 프로세서와 스레드의 친화성을 연결시키는 확장된 스케줄링 API를 사용해 그룹 인식^{group-aware} 애플리케이션을 생성하게 선택할 수 있다. 그렇게 함으로써 해당 프로세스를 이론적으로 시스템 내의 가용한 어떠한 프로세서 내에서든 스레드를 실행시킬 수 있는 다중 그룹 프로세스로 변환할 수 있다.

하나의 스레드가 실행되게 선택됐다면 이 스레드는 **퀀텀**^{quantum}이라는 시간 동안 실행된다. 퀀텀은 같은 우선순위를 가진 다른 스레드가 돌아가며 실행되기 전까지 이 스레드가 실행되게 허용된 시간 간격이다. 퀀텀의 길이는 시스템별로, 그리고 프로세스별로 다음의 세 가지 이유에 의해 달라질 수 있다.

- 시스템 구성 설정(퀀텀의 길이를 길게 또는 짧게, 가변적이거나 고정된 길이, 그리고 우선순위 분리)
- 포어그라운드^{foreground}나 백그라운드^{background}인 프로세스 상태
- 퀀텀을 변경하기 위한 잡 객체의 사용 여부

4장의 후반부에 나오는 '퀀텀' 절에서 이들 사항에 대해 자세히 다룬다.

하지만 윈도우의 선점형 스케줄러 구현 방식 때문에 스레드는 퀀텀 시간을 다 소진하지 못할 수도 있다. 더 높은 우선순위의 다른 스레드가 실행할 준비가 돼 있으면 현재 실행되는 스레드는 주어진 시간을 마치기 전에 선점 당할 수 있다. 실제로 어떤 스레드는 다음에 실행되게 선택됐지만, 심지어 퀀텀이 시작되기도 전에 선점될 수 있다.

윈도우의 스케줄링 코드는 커널에 구현돼 있지만, 별도의 스케줄러 모듈이나 루틴이 존재하지는 않는다. 스케줄링 코드는 스케줄링 관련 이벤트가 발생하는 커널 전체에 퍼져 있다. 이런 작업을 수행하는 루틴들을 합쳐 커널 디스패처^{dispatcher}라 부른다. 다음의 이벤트는 스레드 디스패칭을 필요로 할 수 있다.

- 스레드가 실행될 준비가 됐음. 예를 들어 스레드가 새로 생성되거나 또는 대기 상태에서 막 해제됐을 때
- 스레드의 퀀텀이 종료되거나, 스레드 자체가 종료되거나, 다른 스레드에 수행을 양보하거나, 대기 상태로 진입해서 스레드가 실행 상태를 벗어났음
- 시스템 서비스 호출 또는 윈도우가 직접 스레드의 우선순위 값을 변경해 스레드의 우선순위가 변경될 때
- 스레드의 프로세서 친화성이 변경돼 자신이 실행되던 프로세서에서는 더 이상 실행되지 않게 될 때

이러한 분기점에서 윈도우는 스레드가 수행되던 논리 프로세서에 어떤 스레드를 다음에 실행해야 하는지, 또는 지금 실행해야 하는 스레드를 어떤 논리 프로세서에 할당해야 하는지를 결정해야 한다. 논리 프로세서가 실행할 새로운 스레드를 선택한 후에 이 스레드로 **컨텍스트 전환**context switch을 한다. 컨텍스트 전환은 현재 실행 중인 스레드와 관련된 휘발성volatile 프로세서 상태를 저장한 후 새로운 스레드의 휘발성 상태 값을 가져와 새로운 스레드의 실행을 시작하는 과정을 말한다.

이미 살펴봤듯이 윈도우는 스레드 단위로 스케줄링을 한다. 프로세스는 자기 자신이 수행되는 것이 아니라 스레드가 실행되는 자원과 컨텍스트만 제공하는 것이므로, 스케줄링의 단위가 스레드인 것은 이치에 맞다. 스케줄링의 결정은 철저히 스레드 기반으로 이뤄지기 때문에 스레드가 어떤 프로세스에 속해 있는가는 전혀 고려의 대상이 아니다. 예를 들어 프로세스 A는 실행 가능한 열 개의 스레드가 존재하고 프로세스 B는 실행 가능한 두 개의 스레드가 존재할 때 전체 열두 개의 스레드가 같은 우선순위를 가진다고 가정하면 이론적으로 각 스레드는 12분의 1씩 CPU 시간을 받는다. 즉, 윈도우는 프로세스 A에 50%, B에 50%의 CPU를 주는 것이 아니다.

우선순위 수준

스레드 스케줄링 알고리즘을 이해하기 위해서는 먼저 윈도우가 사용하는 우선순위 수준Priority level에 대한 이해가 있어야 한다. 그림 4-6에서 보듯이 윈도우는 0부터 31(가장 높은 우선순위)까지 모두 32개의 우선순위 수준을 갖는다. 각각의 값은 다음과 같이 분류된다.

- 16개의 실시간 수준(16부터 31까지)
- 16개의 가변 수준(0부터 15까지), 수준 0은 제로 페이지zero page 스레드(5장에서 설명한다)를 위해 예약됨

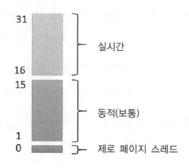

그림 4-6 스레드 우선순위 수준

스레드 우선순위 수준은 윈도우 API와 윈도우 커널의 두 가지 다른 관점에서 부여된다. 윈도우 API는 먼저 프로세스가 생성될 때 지정된 우선순위 클래스에 따라 프로세스를 분류한다(괄호 내의 숫자는 커널에 의해 인식되는 내부 PROCESS_PRIORITY_CLASS 인덱스를 나타낸다).

- 실시간(Real-time, 4)
- 높음(High, 3)
- 보통 초과(Above normal, 6)
- 보통(Normal, 2)
- 보통 미만(Below normal, 5)
- 유휴(Idle, 1)

SetPriorityClasss 윈도우 API를 이용해 이들 수준 중의 하나로 프로세스 우선순위 클래스를 변경할 수 있다.

그런 다음 프로세스 내의 각 스레드는 상대적인 우선순위가 할당된다. 다음 숫자는 프로세스의 기본 우선순위에 적용되는 우선순위 델타delta 값을 나타낸다.

- 타임-크리티컬(Time-critical, 15)
- 가장 높음(Highest, 2)
- 보통 초과(Above-normal, 1)

- 보통(Normal, 0)

- 보통 미만(Below-normal, -1)

- 가장 낮음(Lowest, -2)

- 유휴(Idle, -15)

타임-크리티컬과 유휴 수준(+15와 -15)은 **포화 값**^{saturation values}으로 불리며, 실제 오프셋이라기보다는 적용되는 특정 수준을 나타낸다. 이들 값을 SetThreadPriority 윈도우 API로 전달해 스레드의 상대적 우선순위를 변경할 수 있다.

따라서 윈도우 API에서 각 스레드는 프로세스 우선순위 클래스와 상대적인 스레드 우선순위에 따라 결정된 기본 우선순위를 가진다. 커널에서 프로세스 우선순위 클래스는 PspPriorityTable 전역 배열과 앞에서 나온 PROCESS_PRIORITY_CLASS 인덱스를 사용해 기본 우선순위로 변환되는데, 이 값은 우선순위 4, 8, 13, 14, 6, 10이다(이 값은 고정된 매핑으로 변경될 수 없다). 그런 후 상대적인 스레드 우선순위가 이 기본 우선순위에 차별점으로 적용된다. 예를 들어 가장 높음 스레드는 자신의 프로세스가 갖는 기본 우선순위보다 두 수준 더 높은 기본 우선순위를 부여받게 된다.

윈도우 우선순위로부터 내부적인 윈도우 우선순위 수치 우선순위 값으로의 매핑이 그림 4-7에는 그래픽으로, 표 4-1에는 텍스트로 각각 표시돼 있다.

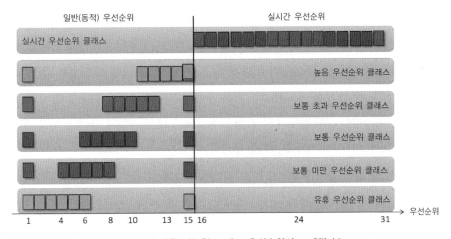

그림 4-7 윈도우 API 관점에서 이용 가능한 스레드 우선순위의 그래픽 뷰

표 4-1 윈도우 커널 우선순위와 윈도우 API의 매핑

우선순위 클래스 상대적 우선순위	실시간	높음	보통 초과	보통	보통 미만	유휴
타임 크리티컬(+포화)	31	15	15	15	15	15
가장 높음(+2)	26	15	12	10	8	6
보통 초과(+1)	25	14	11	9	7	5
보통(0)	24	13	10	8	6	4
보통 미만(-1)	23	12	9	7	5	3
가장 낮음(-2)	22	11	8	6	4	2
유휴(-포화)	16	1	1	1	1	1

타임 크리티컬과 유휴 스레드 우선순위는 프로세스 우선순위 클래스와 상관없이 자신들 고유의 값(실시간이 아니라면)을 갖고 있음에 주목하자. 이것은 윈도우 API가 요청된 상대적 우선순위로 16과 -16을 넘김으로써 우선순위의 포화saturation를 커널에게 요청하기 때문이다. 이들 값을 구하는 공식은 다음과 같다(HIGH_PRIORITY는 31이다).

If Time-Critical: ((HIGH_PRIORITY+1) / 2

If Idle: -((HIGH_PRIORITY+1) / 2

이들 값은 커널에 의해 포화 값에 대한 요청으로 인식되고 **KTHREAD**의 Saturation 필드에 설정된다. 양수 포화 값의 경우에 이 요청으로 스레드는 우선순위 클래스(동적 또는 실시간) 내에서 가장 높은 우선순위를 받게 되고, 음수 포화 값에 대해서는 가장 낮은 우선순위를 받게 된다. 또한 프로세스의 기본 우선순위를 변경하기 위한 요청이 오더라도 이 요청을 처리하는 코드에서 포화 값을 가진 스레드는 건너뛰기 때문에 이 스레드의 기본 우선순위에 더 이상 영향을 주지 못한다.

표 4-1에서 보듯이 스레드는 윈도우 API 관점에서 설정할 수 있는 7개(높음 우선순위 클래스는 6개의 수준)의 가능한 우선순위 수준을 가진다. 실시간 클래스는 16과 31 사이의 모든 우선순위 수준의 설정을 허용한다(그림 4-7에서 보듯이). 표에서 보이는 표준

상수에 의해 다뤄지지 않는 값은 SetThreadPriority의 인자에 값(-7와 -6, -5, -4, -3, 3, 4, 5, 6)으로 지정할 수 있다(좀 더 상세한 정보는 이후의 '실시간 우선순위' 절을 참고하라).

윈도우 API를 이용해 스레드 우선순위가 어떻게 결정되는가에 관계없이(프로세스 우선순위 클래스와 상대적 스레드 우선순위의 조합) 스케줄러의 관점에서는 최종적 결과만 중요할 뿐이다. 예를 들어 우선순위 수준 10은 다음과 같이 두 가지 방식으로 가능하다. 즉, 스레드 상대 우선순위 가장 높음(+2)을 가진 보통 우선순위 클래스 프로세스(8)와 보통 스레드 상대 우선순위(0)을 지닌 보통 초과 우선순위 클래스 프로세스(10)다. 스케줄러의 관점에서 이들 설정은 동일한 값(10)으로 결정돼 이들 스레드는 자신들의 우선순위 관점에서 동일한 것이다.

프로세스가 하나의 기본 우선순위 값만을 갖는데 비해, 각각의 스레드는 기본 우선순위와 현재 우선순위(동적)의 두 가지 값을 가진다. 스케줄링 결정은 현재 우선순위 값에 따라 이뤄진다. 우선순위 상승^{boosting}에 대해 다음 절에서 설명하는 바와 같이 특정 조건에서 시스템은 스레드의 우선순위 값을 동적 범위(1~15) 내에서 짧은 기간 동안 올려준다. 윈도우는 실시간 범위(16~31)의 우선순위 값을 갖는 스레드에 대해서는 절대로 우선순위 조정을 하지 않아서 이들은 언제나 동일한 기본 우선순위와 현재 우선순위를 가진다.

스레드의 초기 기본 우선순위는 프로세스의 기본 우선순위로부터 상속된다. 기본적으로 프로세스의 기본 우선순위는 자신을 생성한 부모 프로세스로부터 상속된다. 이런 동작은 CreateProcess 함수나 커맨드라인의 start 명령으로 바꿔줄 수 있다. 프로세스가 생성된 뒤에는 SetPriorityClass 함수 또는 이 함수를 사용하는 작업 관리자나 Process Explorer 등의 툴을 통해 우선순위를 바꿀 수도 있다(프로세스를 마우스 오른쪽 클릭하고 새로운 우선순위 클래스를 선택한다). 예를 들어 CPU에 부하를 많이 주는 프로세스의 우선순위를 내려 정상적인 시스템 활동을 방해하지 않게 할 수 있다. 프로세스 우선순위를 바꾸는 것은 스레드의 우선순위를 올리거나 내리게 되지만, 상대적인 설정 값은 그대로 있다.

일반적으로 사용자 애플리케이션이나 서비스는 보통Normal 기본 우선순위에서 시작한다. 따라서 초기 스레드는 우선순위 수준 8에서 시작한다. 하지만 일부 윈도우 시스템 프로세스(세션 관리자와 서비스 컨트롤 관리자, 로컬 보안 인증 프로세스 등)는 기본 우선순위를 일반적으로 보통Normal 클래스의 기본 값(8)보다 약간 높게 잡는다. 이렇게 높게 잡으면 이 프로세스 내의 모든 스레드도 기본 값 8보다 높은 우선순위를 갖고 시작하게 된다.

실시간 우선순위

어떤 애플리케이션이든지 동적 우선순위 범위 내에서 스레드의 우선순위를 조절할 수 있지만, 실시간real-time 범위로 조절하려면 스케줄링 우선순위 높이기 특권(SeIncreaseBasePriorityPrivilege)이 있어야 한다. 많은 주요 커널 모드 시스템 스레드가 실시간 우선순위 범위에서 실행하고 있으므로 스레드가 이 범위에서 너무 많은 시간을 보내게 되면 중요한 시스템 기능(메모리 관리자나 캐시 관리자, 디바이스 드라이버 등)을 블록시킬 수도 있다는 것을 명심해야 한다.

표준 윈도우 API를 사용해 프로세스가 실시간 범위로 일단 진입하게 되면 그 프로세스의 모든 스레드는 (유휴 스레드조차도) 실시간 우선순위 수준 중 한곳에서 실행돼야 한다. 따라서 표준 인터페이스를 사용해 한 프로세스 내에 실시간 스레드와 동적 스레드를 동시에 갖는 것은 불가능하다. 이것은 SetThreadPriority API가 네이티브 API인 NtSetInformationThread 함수를 호출하는데, 이때 ThreadBasePriority 정보 클래스를 사용해 우선순위가 같은 범위 내에서만 있게 하기 때문이다. 게다가 이 정보 클래스는 CSRSS나 실시간 프로세스로부터 요청이 오지 않는 이상 −2부터 2까지의(또는 타임-크리티컬/유휴) 승인된 윈도우 API 델타 값 내에서만 변경을 허용한다. 다시 말해 실시간 프로세스는 표준 윈도우 API가 앞에서 보여준 테이블에 기초해 스레드 우선순위 선택에 제약을 가할지라도 16과 31 사이에서 어떠한 스레드 우선순위도 고를 수 있다는 것을 의미한다.

앞서 언급했듯이 특수한 값들의 한 집합으로 SetThreadPriority를 호출하면 Thread-

ActualBasePriority 정보 클래스로 NtSetInformationThread를 호출하게 된다. 이 함수를 호출하면 실시간 프로세스에 대해 커널이 동적 범위를 포함해 스레드의 기본 우선순위를 직접 설정할 수 있게 할 수 있다.

> 실시간이라는 이름은 일반적 의미에 있어서 윈도우가 실시간 OS라는 것을 암시하지는 않는다. 윈도우는 진정한 실시간 운영체제(RTOS, real-time OS)의 기능(보장된 인터럽트 지연 시간, 보장된 실행 시간을 스레드가 갖게 하는 수단 등)을 제공하지 않기 때문이다. 실시간이라 용어는 단지 '다른 것들보다는 높음'을 의미한다.

우선순위를 조작할 수 있는 툴 사용

작업 관리자나 Process Explorer를 통해 프로세스 기본 우선순위를 확인하거나 변경할 수 있다. Process Explorer를 이용해 프로세스 내의 개별 스레드를 강제 종료시킬 수 있다(물론 이것은 아주 주의해서 사용해야 한다).

성능 모니터나 Process Explorer, WinDbg를 통해 개별 스레드의 우선순위를 볼 수 있다. 프로세스의 우선순위를 올리거나 내리는 것은 유용할 수도 있지만 개별 스레드의 우선순위를 조정하는 것은 보통 필요치 않다. 이것은 프로그램에 대해 완전히 이해하는 사람(즉 개발자)만이 프로세스 내부 각 스레드의 상대적 중요성을 알 수 있기 때문이다.

윈도우의 명령 프롬프트에서 프로세스의 시작 우선순위 클래스를 지정해주는 유일한 방법은 start 명령을 사용하는 것이다. 어떤 프로그램을 언제나 특정한 우선순위를 주어 실행시키고 싶다면 cmd /c로 시작하는 start 명령을 사용하는 바로가기[shortcut]를 만들면 된다. 이렇게 하면 명령 프롬프트를 실행시켜 커맨드라인에 있는 명령을 실행시키고 명령 프롬프트는 종료한다. 예를 들어 Notepad를 유휴 프로세스 우선순위로 실행시키려면 바로가기 명령은 cmd /c start /low Notepad.exe와 같다.

실습: 프로세스와 스레드의 우선순위를 알아보고 설정하기

프로세스와 스레드의 우선순위를 알아보고 설정하려면 다음과 같은 과정을 따라 한다.

1. notepad.exe를 통상적으로 실행한다. 예를 들어 명령 윈도우에서 Notepad를 입력한다.

2. 작업 관리자를 열고 Details 탭을 클릭한다.

3. Base Priority로 명명된 칼럼을 추가한다. 이는 작업 관리자가 우선순위 클래스에 사용하는 이름이다.

4. 목록에서 Notepad을 찾는다. 다음과 유사한 화면을 볼 수 있을 것이다.

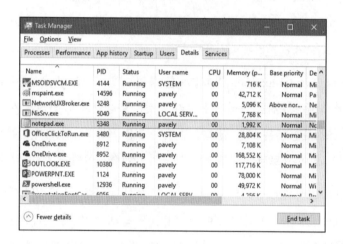

5. Notepad 프로세스는 보통 우선순위 클래스(8)에서 실행하며 작업 관리자는 유휴 우선순위 클래스를 낮음(Low)으로 보여준다는 점에 유의하자.

6. Process Explorer를 연다.

7. Notepad 프로세스를 더블 클릭해 속성 창을 열고 Threads 탭을 클릭한다.

8. 하나 이상의 스레드가 있다면 첫 번째 스레드를 선택한다. 다음과 같은 화면을 보게 될 것이다.

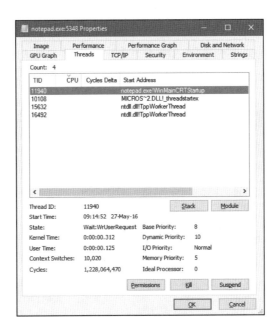

9. 스레드 우선순위에 주목하자. 기본 우선순위는 8이지만 현재(동적) 우선
순위는 10이다(이런 우선순위 상승에 대한 이유는 '우선순위 상승' 절에서
설명한다).

10. 원한다면 스레드를 일시 정지시키고 종료시킬 수 있다(이들 두 동작은
물론 주의를 갖고 사용해야 한다).

11. 작업 관리자에서 Notepad 프로세스를 마우스 오른쪽 클릭하고 다음과
같이 Set Priority를 선택해 High 값으로 설정한다.

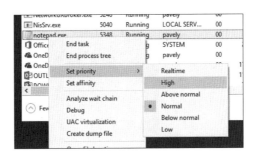

12. 확인 대화상자 변경을 수락하고서 Process Explorer로 되돌아간다. 스레드 우선순위가 새로운 기본 우선순위 높음(13)으로 변경됐음에 주목하자. 동적 우선순위도 동일한 상대적 상승이 이뤄졌다.

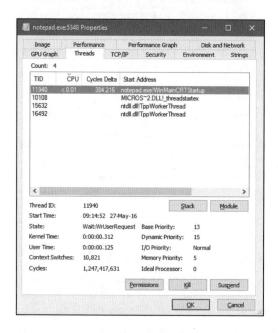

13. 작업 관리자에서 우선순위 클래스를 실시간으로 변경한다(이 작업이 성공하려면 머신의 관리자라야 한다. 프로세스 관리자에서도 이 변경을 할 수 있다).

14. 프로세스 관리자에서 스레드의 기본 및 동적 우선순위가 이제 24임에 주목하자. 커널은 실시간 우선순위 범위에서 스레드의 우선순위 상승을 적용하지 않음을 상기하자.

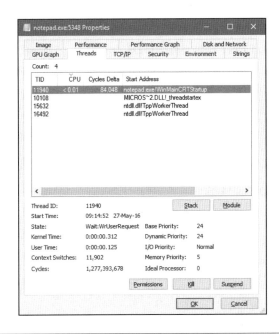

윈도우 시스템 자원 관리자

윈도우 서버 2012 R2 표준 에디션과 그 상위 SKU는 윈도우 시스템 자원 관리자 WSRM, Windows System Resource Manager라고 하는 선택적으로 설치할 수 있는 구성 요소가 있다. 이것은 관리자가 프로세스에 대해 CPU 사용량, 친화성 설정, 메모리 제한(물리적 메모리와 가상 메모리 모두) 등의 정책을 설정할 수 있게 한다. 또한 WSRM은 자원 이용 보고서를 생성해 사용자와 맺은 서비스 레벨 보증서service-level agreement에 대한 통계나 검증 등에 활용할 수 있게 한다.

정책은 특정 애플리케이션(이미지 이름을 커맨드라인의 특정 인자와 일치시키거나 또는 커맨드라인의 특정 인자 없이), 유저 또는 그룹에 대해 적용되게 할 수 있다. 이 정책이 특정 시간대에 적용되게 할 수도 있고 항상 적용되게 할 수도 있다.

특정 프로세스를 관리하기 위해 자원 할당 정책을 설정하고 나면 WSRM 서비스는 관리 대상 프로세스의 CPU 사용량을 감시하고 프로세스의 기본 우선순위를 조정해 프로세스가 CPU 할당 목표치에서 벗어나지 않게 한다.

물리적 메모리 사용량 제한은 최대 고정 워킹셋$^{\text{hard-working set}}$ 크기를 설정하기 위해 **SetProcessWorkingSetSizeEx** 함수를 사용한다. 가상 메모리 제한은 프로세스가 사용하는 전용 가상$^{\text{private virtual}}$ 메모리의 사용을 검사하는 서비스를 통해 구현된다(메모리 제한에 대한 설명은 5장에서 다룬다). 이 제한을 초과하게 되면 프로세스를 중단시키거나 이벤트 로그에 기록하게 WSRM을 설정할 수 있다. 이 것은 메모리 누수가 있는 프로세스가 시스템의 모든 사용 가능한 가상 메모리를 차지하기 전에 잡아내는 용도로 활용할 수 있다. WSRM 메모리 제한은 주소 윈 도잉 확장$^{\text{AWE, Address Windowing Extensions}}$ 메모리 또는 라지 페이지 메모리, 커널 메모 리(페이지드 또는 넌페이지드 풀)에는 적용되지 않는다(이들 용어에 대한 추가적인 정보는 5장을 보라).

스레드 상태

스레드 스케줄링 알고리즘을 살펴보기 전에 스레드가 가질 수 있는 다양한 실행 상태에 대한 이해가 필요하다. 스레드 상태는 다음과 같다.

- **레디(Ready)** 레디 상태에 있는 스레드는 실행을 기다리고 있거나 대기를 완료 해 스왑인$^{\text{in-swapped}}$ 되기를 기다리고 있다. 디스패처는 실행시킬 스레드를 찾을 때 레디 상태에 있는 스레드만을 고려한다.
- **지연된 레디(Deferred Ready)** 이것은 특정 프로세서에서 실행되게 선택됐으 나 실제로 실행이 시작되지 않은 스레드를 위한 상태다. 이 상태가 있기 때문에 커널에서 스케줄링 데이터베이스 접근을 위한 프로세서마다의 락에 대한 소유 시간을 최소화할 수 있다.
- **스탠바이(Standby)** 이 상태에 있는 스레드는 특정 프로세서에서 다음번에 실

행되게 선택된 것을 의미한다. 올바른 조건이 이뤄지면 디스패처는 이 스레드로 컨텍스트 전환을 수행한다. 시스템의 프로세서별로 스탠바이 상태의 스레드는 하나씩만 존재할 수 있다. 물론 스탠바이 상태의 스레드가 시작도 되기 전에 선점 당할 수도 있다. 예를 들면 해당 스레드가 실행되기 전에 더 높은 우선순위의 스레드가 실행 가능하게 될 경우다.

- **실행(Running)** 디스패처가 어떤 스레드로 컨텍스트 전환을 수행한 이후에 그 스레드는 실행 상태로 들어가서 실행하게 된다. 스레드의 실행은 퀀텀이 끝나고 같은 우선순위의 다른 스레드가 실행할 준비가 됐거나, 우선순위가 높은 다른 스레드에 의해 선점되거나, 종료되거나, 실행을 양보하거나, 자발적으로 대기 상태로 들어갈 때까지 계속된다.

- **대기(Waiting)** 스레드는 다음과 같은 이유로 대기 상태로 진입할 수 있다. 스레드가 실행을 동기화하기 위해 객체를 자발적으로 대기하거나, OS가 스레드를 대신해(페이징 I/O를 해결할 때처럼) 대기할 수도 있다. 또한 환경 서브시스템이 스레드를 일시 중지시킬 수도 있다. 스레드의 대기 상태가 끝나면 우선순위에 따라 바로 실행을 시작할 수도 있고 다시 레디 상태로 돌아갈 수도 있다.

- **트랜지션(Transition)** 스레드가 실행될 준비가 돼 있지만 커널 스택이 메모리에서 페이지 아웃돼 있으면 트랜지션 상태로 들어간다. 커널 스택이 메모리로 페이지인되면 스레드는 레디 상태로 들어간다(스레드 스택은 5장에서 다룬다).

- **종료(Terminated)** 스레드가 실행을 끝내면 이 상태로 들어간다. 스레드가 종료된 이후에 익스큐티브 스레드 객체(스레드를 기술하는 시스템 메모리에 저장된 데이터 구조체)는 할당 해제될 수도 그렇지 않을 수도 있다. 객체 관리자가 이 객체를 언제 삭제할지에 대해 정책을 설정한다. 예를 들어 스레드에 대한 오픈 핸들이 존재한다면 객체는 유지된다. 다른 스레드에 의해 명시적으로 강제 종료된다면(예를 들어 TerminateThread 윈도우 API를 호출해) 스레드는 다른 상태에서 이 상태로 진입할 수 있다.

- **초기화(Initialized)** 스레드가 생성되고 있는 동안 내부적으로 사용되는 상태다.

그림 4-8은 스레드의 주요 상태 전환을 보여준다. 표시된 숫자는 각 상태의 내부적 값을 나타낸다. 이들 값은 성능 모니터 같은 툴로 볼 수 있다. 레디와 지연된 레디 상태는 하나로 표시한다. 지연된 레디 상태는 스케줄링 루틴을 위한 임시적인 상태로 동작한다는 사실을 반영한다. 이는 스탠바이 상태에도 적용된다. 이 상태들은 거의 항상 매우 수명이 짧다. 즉, 이 상태들에 존재하는 스레드들은 항상 레디, 실행, 대기 상태 사이를 빠르게 전환한다.

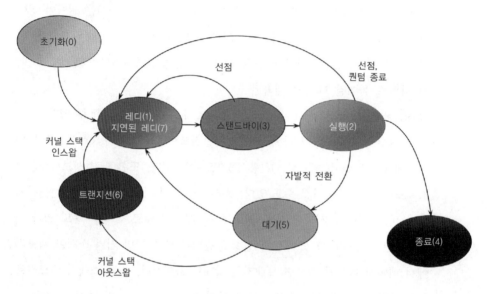

그림 4-8 스레드 상태와 전환

실습:스레드 스케줄링 상태의 변화

윈도우에서 성능 모니터 툴을 이용해 스레드 스케줄링 상태의 변화를 관찰할 수 있다. 이 유틸리티는 멀티스레드 애플리케이션을 디버깅하면서 프로세스 내의 스레드 상태가 궁금할 때 유용하게 이용할 수 있다. 성능 모니터 툴에서 스레드 스케줄링 상태 변화를 관찰하려면 다음과 같이 한다.

1. 이 책의 다운로드 가능한 리소스를 참고해 CPU 스트레스 툴을 다운로드한다.

2. CPUSTRES.exe를 실행한다. 스레드 1은 동작 중이어야 한다.

3. 목록에서 스레드 2를 선택하고 Activate 버튼을 클릭하거나 스레드를 마우스 오른쪽 버튼을 클릭하고 컨텍스트 메뉴에서 Activate를 선택해 구동시킨다. 툴은 다음과 같이 보일 것이다.

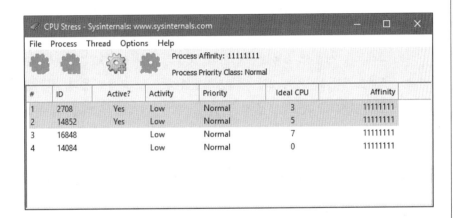

4. Start 버튼을 클릭하고 perfmon을 입력해 성능 모니터 툴을 시작한다.

5. 필요하다면 차트 뷰를 선택한다. 그러고 나서 기존 CPU 카운터를 삭제한다.

6. 그래프에서 마우스 오른쪽 버튼을 클릭하고 Properties를 선택한다.

7. Graph 탭을 클릭하고 차트 수직 확장 최대 크기를 7로 변경한다(그림 4-8에서 봤듯이 다양한 상태가 0과 7 사이의 숫자와 연관돼 있다). 그리고 OK를 클릭한다.

8. 툴바의 Add 버튼을 클릭해 Add Counters 창을 연다.

9. Thread 성능 객체를 선택한 다음에 Thread State 카운터를 선택한다.

10. Show Description 체크박스를 선택해 다음과 같이 값의 정의를 살펴본다.

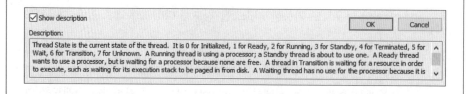

Thread State is the current state of the thread. It is 0 for Initialized, 1 for Ready, 2 for Running, 3 for Standby, 4 for Terminated, 5 for Wait, 6 for Transition, 7 for Unknown. A Running thread is using a processor; a Standby thread is about to use one. A Ready thread wants to use a processor, but is waiting for a processor because none are free. A thread in Transition is waiting for a resource in order to execute, such as waiting for its execution stack to be paged in from disk. A Waiting thread has no use for the processor because it is

11. 인스턴스 박스에서 〈All instances〉를 선택한 다음 cpustres를 입력하고 Search를 클릭한다.

12. cpustres의 처음 세 스레드(cpustres/0와 cpustres/1, cpustres/2)를 선택하고 Add〉〉 버튼을 클릭한 다음에 OK를 클릭한다. 스레드 0은 GUI 스레드고 사용자 입력을 대기하고 있으므로 상태 5(대기)이어야 한다. 스레드 1과 2는 상태 2와 상태 5(실행과 대기)를 교대로 왔다 갔다 한다 (스레드 1은 스레드 2를 숨길 수가 있는데, 이는 이들 두 스레드가 동일한 활동 레벨과 같은 우선순위에서 실행하기 때문이다).

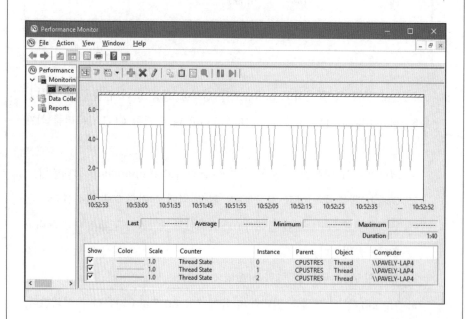

13. CPU Stres로 되돌아가 스레드 2에서 마우스 버튼을 오른쪽 클릭하고 활
성 컨텍스트 메뉴에서 Busy를 선택한다. 스레드 2가 스레드 1보다 더
자주 상태 2(실행)에 있음을 볼 수 있다.

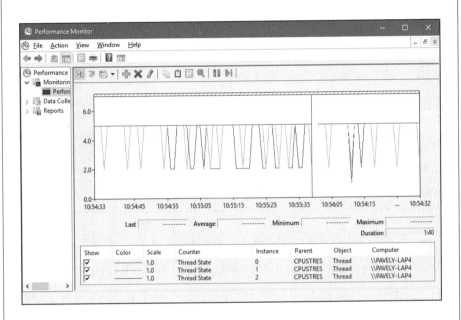

14. 스레드 1에서 마우스 오른쪽 클릭을 하고 활동 레벨 Maximum을 선택한
다. 이 단계를 스레드 2에도 반복한다. 이들 두 스레드는 원래 무한 루프
를 실행하고 있었으므로 이제 변함없이 상태 2에 존재하게 된다.

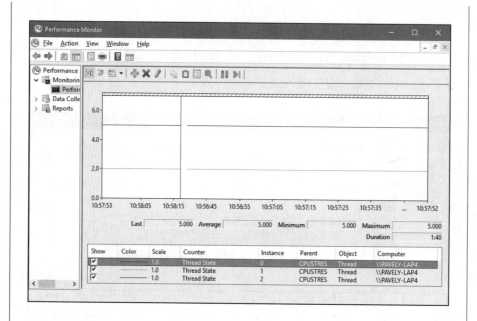

이를 단일 프로세서 시스템에서 진행한다면 조금 다른 결과를 볼 수도 있다. 단 하나의 프로세서가 존재하므로 한 번에 하나의 스레드만이 실행할 수 있기 때문이다. 따라서 두 스레드가 상태 1(레디)과 상태 2(실행)를 교대로 오가는 것을 보게 될 것이다.

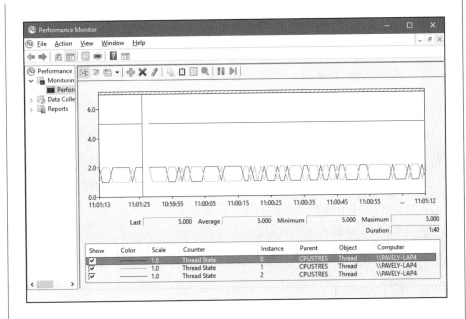

15. 독자의 시스템이 멀티프로세서 시스템(아마도 그럴 것 같다)이라면 여기
    서 보듯이 작업 관리자에서 CPUSTRES 프로세스에 마우스 오른쪽 버튼
    을 클릭하고서 Set Affinity를 선택한 다음에 단 하나의 프로세서만을 선
    택함으로써(어떤 프로세서를 선택하는가는 중요하지 않다) 유사한 효과를
    얻을 수 있다(CPU Stress에서도 Process 메뉴를 열고서 Affinity를 선택해
    이 작업을 할 수 있다).

16. 시도해 볼 수 있는 한 가지가 더 있다. 이 설정을 하고서 다시 CPU Stres로 가서 스레드 1에서 마우스 오른쪽 버튼을 클릭하고 Above Normal 우선순위를 선택한다. 스레드 1이 계속 실행되고(상태 2) 스레드 2는 항상 레디 상태(상태 1)에 있음을 보게 될 것이다. 이는 하나의 프로세서가 존재하기 때문이며, 따라서 일반적으로 좀 더 높은 우선순위의 스레드가 승리하게 된다. 하지만 종종 스레드 1의 상태가 레디로 변경되는 것을 볼 수도 있다. 이는 4초 정도마다 기아starved 스레드가 상승돼 잠시 동안 실행이 되기 때문이다(흔히 이 상태 변경은 그래프에서 반영되지 않는다. 성능 모니터의 측정 단위가 1초로 제한돼 있는데 이는 너무 세밀하지 못하다). 4장 후반부의 '우선순위 상승' 절에서 이에 대해 좀 더 자세히 설명한다.

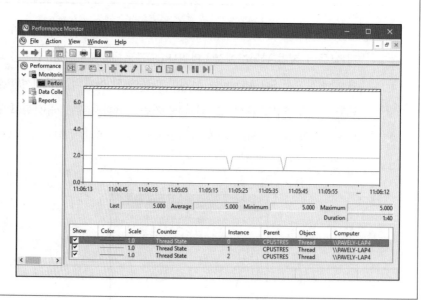

디스패처 데이터베이스

스레드 스케줄링에 대한 결정을 내리기 위해 커널은 디스패처 데이터베이스^{dispatcher}

database라는 데이터 구조체 집합을 갖고 있다. 디스패처 데이터베이스는 어느 스레드가 실행을 기다리고 있고 어느 프로세서가 어느 스레드를 실행하고 있는지를 추적한다.

스레드 디스패칭 병렬성^{concurrency}을 포함한 확장성을 향상시키기 위해 윈도우 멀티프로세서 시스템은 그림 4-9에서 보듯이 프로세서별 디스패처 레디 큐^{ready queue}와 공유 프로세서 그룹 큐를 갖고 있다. 이런 방식으로 각 CPU는 시스템 전체 레디 큐에 대한 락을 걸지 않고 자신의 레디 큐를 검사해 다음에 실행될 스레드를 결정할 수 있다.

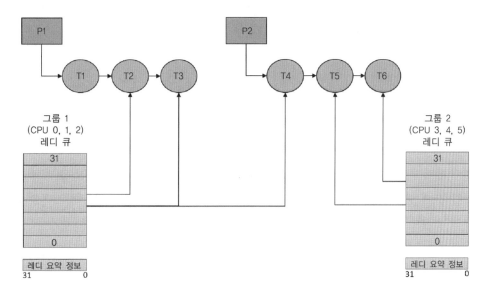

그림 4-9 윈도우 멀티프로세서 디스패처 데이터베이스(여기서는 6개의 프로세서가 보인다. P는 프로세스, T는 스레드를 나타낸다)

윈도우 8과 윈도우 서버 2012 이전의 윈도우 버전은 프로세서별 레디 큐와 프로세서별 레디 요약 정보^{ready summary}를 사용했다. 이들은 프로세서 컨트롤 블록(PRCB) 구조체의 일부분으로 저장돼 있었다(PRCB의 필드를 확인하려면 커널 디버거에서 dt nt!_kprcb 명령을 이용한다). 윈도우 8과 윈도우 서버 2012부터 시작해 프로세서 그룹에 대해 공유 레디 큐와 레디 요약 정보가 사용됐다. 이 덕분에 해당 그룹의 프로세서에서 다음에 사용할 프로세서를 결정하는 데 있어서 시스템은 좀 더 나은 결정을 할 수 있게 됐다 (CPU별 레디 큐는 여전히 상존하며 친화성 제약을 가진 스레드에 사용된다).

> 공유 데이터 구조체는 보호가 돼야 하므로(스핀 락으로) 그룹은 너무 커서는 안 된다. 다음과 같은 방식으로 큐에 대한 경쟁이 그렇게 문제가 되지 않게 한다. 현재 구현에서 최대 그룹 크기는 4개의 논리 프로세서까지다. 논리 프로세서의 개수가 4보다 크다면 하나 이상의 그룹이 만들어지고 이용 가능한 프로세서는 그룹 간에 균등하게 나뉜다. 예를 들어 6개의 프로세서 시스템이라면 각각 3개의 프로세서가 존재하는 2개의 그룹이 만들어질 것이다.

레디 큐와 레디 요약 정보(다음에 기술한다), 기타 일부 정보는 PRCB 내에 존재하는 커널 구조체 KSHARED_READY_QUEUE에 저장된다. 이는 모든 프로세서마다 존재할지라도 각 프로세서 그룹의 첫 프로세서에만 사용되며, 해당 그룹 내에 나머지 프로세서는 이를 공유한다.

디스패처 레디 큐(KSHARED_READY_QUEUE 내의 ReadListHead)는 실행을 위해 스케줄링되기를 기다리고 있는 레디 상태의 스레드를 갖고 있다. 32가지의 각 우선순위 레벨마다 각각 하나의 큐를 갖고 있다. 어떤 스레드가 선점되고 어떤 스레드가 다음에 실행될지 빨리 선택하기 위해 윈도우는 레디 요약 정보(ReadySummary)라 불리는 32비트 비트마스크를 갖고 있다. 설정돼 있는 각 비트는 해당 우선순위 수준에 하나 이상의 스레드가 대기 중임을 나타낸다(비트 0이 우선순위 0, 비트 1은 우선순위 1을 가리키는 방식이다).

각 레디 리스트를 돌며 비어 있는지 확인하는 것보다(몇 개의 다른 우선순위 스레드가 존재하느냐에 따라 다음 스케줄을 결정하는 데 영향을 준다) 단일 비트에 대한 조사는 최상위 비트가 설정돼 있는지 확인하는 네이티브 프로세서 명령으로 가능하다. 레디 큐 내의 스레드 수에 관계없이 이 동작은 상수 시간이 걸린다.

디스패처 데이터베이스는 IRQL을 DISPATCH LEVEL(2)로 상승시킴으로써 동기화된다 (인터럽트 우선순위 수준(즉, IRQL)에 대한 자세한 설명은 6장을 보라). 이렇게 IRQL을 상승시키면 해당 프로세서에서 다른 스레드가 스레드 디스패칭에 개입하는 것을 차단할 수 있는데, 이는 대부분의 스레드가 IRQL 0 또는 1에서 실행하기 때문이다. 하지만 다른 프로세서가 동시에 IRQL을 똑같은 수준으로 올려서 디스패처 데이터베이스에 접근하려 할 수 있기 때문에 단순히 IRQL을 올리는 것만으로는 충분하지 않다. 윈도우가 디스패처 데이터베이스에 대한 동기화를 어떻게 하는지에 대해서는 4장 후반부의 '멀티프로세서 시스템' 절에서 다룬다.

실습: 실행 가능 스레드 보기

커널 디버거에서 !ready 명령을 실행하면 레디 상태의 스레드 목록을 확인할 수 있다. 이 명령은 각 우선순위별로 실행할 준비가 돼 있는 스레드나 스레드 목록을 보여준다. 다음 예는 4개의 논리 프로세서를 가진 32비트 머신에서 실행한 내역이다.

```
0: kd> !ready
KSHARED_READY_QUEUE 8147e800: (00) ****---------------------------
SharedReadyQueue 8147e800: Ready Threads at priority 8
   THREAD 80af8bc0  Cid 1300.15c4 Teb: 7ffdb000 Win32Thread: 00000000 READY on
processor 80000002
   THREAD 80b58bc0  Cid 0454.0fc0 Teb: 7f82e000 Win32Thread: 00000000 READY on
processor 80000003
SharedReadyQueue 8147e800: Ready Threads at priority 7
   THREAD a24b4700  Cid 0004.11dc Teb: 00000000 Win32Thread: 00000000 READY on
processor 80000001
   THREAD a1bad040  Cid 0004.096c Teb: 00000000 Win32Thread: 00000000 READY on
processor 80000001
SharedReadyQueue 8147e800: Ready Threads at priority 6
   THREAD a1bad4c0  Cid 0004.0950 Teb: 00000000 Win32Thread: 00000000 READY on
processor 80000002
   THREAD 80b5e040  Cid 0574.12a4 Teb: 7fc33000 Win32Thread: 00000000 READY on
processor 80000000
SharedReadyQueue 8147e800: Ready Threads at priority 4
   THREAD 80b09bc0  Cid 0004.12dc Teb: 00000000 Win32Thread: 00000000 READY on
processor 80000003
SharedReadyQueue 8147e800: Ready Threads at priority 0
```

```
   THREAD 82889bc0  Cid 0004.0008 Teb: 00000000 Win32Thread: 00000000 READY on
processor 80000000
Processor 0:  No threads in READY state
Processor 1:  No threads in READY state
Processor 2:  No threads in READY state
Processor 3:  No threads in READY state
```

프로세서 번호가 0x80000000에 더해졌지만 실제 프로세서 번호는 쉽게 알아볼 수 있다. 첫 번째 줄은 괄호 내에는 그룹 번호(출력 결과에서 00)를 가진 **KSHARED_READY_QUEUE**의 주소와 이 특정 그룹 내에서 해당 프로세서에 대한 그래픽 표현(4개의 *)을 보여준다.

마지막 네 줄이 조금은 이상해 보인다. 레디 스레드가 아닌 것처럼 표시돼 있는데, 이는 바로 앞의 출력과 상충한다. 프로세서별 레디 큐가 제한적인 친화성(해당 프로세서 그룹 내의 일부 프로세서에 대해 실행하게 설정돼 있다)을 가진 스레드에 대해 사용되기 때문에 이들 줄은 PRCB의 예전 멤버인 **DispatcherReadyListHead**에 있는 레디 스레드를 나타낸다.

주소와 함께 **!ready** 명령을 사용해 **KSHARED_READY_QUEUE**를 덤프할 수 있다.

```
0: kd> dt nt!_KSHARED_READY_QUEUE 8147e800
   +0x000 Lock          : 0
   +0x004 ReadySummary  : 0x1d1
   +0x008 ReadyListHead : [32] _LIST_ENTRY [ 0x82889c5c - 0x82889c5c ]
   +0x108 RunningSummary : [32] "???"
   +0x128 Span          : 4
   +0x12c LowProcIndex  : 0
   +0x130 QueueIndex    : 1
   +0x134 ProcCount     : 4
   +0x138 Affinity      : 0xf
```

ProcCount 멤버는 공유 그룹 내의 프로세서 카운트를 보여준다(여기서는 4). ReadySummary 값은 0x1d1임에 주목하자. 이는 이진수로 111010001에 해당한다. 이 바이너리를 우측에서 좌측으로 읽으면 우선순위가 0, 4, 6, 7, 8인 스레드가 존재함을 나타낸다. 이는 이전 출력과 일치함을 알 수 있다.

퀀텀

앞서 언급했듯이 **퀀텀**quantum이란 윈도우가 같은 우선순위의 다른 스레드가 실행되기를 기다리고 있는지를 확인할 때까지 한 스레드가 실행하게 주어진 시간을 의미한다. 한 스레드가 자신의 퀀텀을 다 소진했지만 같은 우선순위의 다른 스레드가 없으면 윈도우는 현재 스레드가 한 번의 퀀텀 동안 더 수행할 수 있게 한다.

클라이언트용 윈도우에서 스레드는 기본적으로 2 클록 간격씩 수행된다. 서버 시스템에서는 기본적으로 12 클록 간격씩 동작한다(이 값을 어떻게 변경하는지에 대해서는 '퀀텀 제어' 절에서 설명한다). 서버 시스템에 더 긴 시간을 설정하는 것은 컨텍스트 전환 횟수를 최소화하기 위해서다. 퀀텀 크기를 길게 하면 클라이언트의 요청에 의해 깨어난 서버 애플리케이션이 주어진 퀀텀이 끝나기 전에 임무를 마치고 다시 대기 상태로 돌아갈 수 있는 가능성이 더 커지게 된다.

클록 간격의 길이는 하드웨어 플랫폼에 따라 달라진다. 클록 인터럽트의 주기는 커널이 아닌 HAL에 의해 결정된다. 예를 들어 x86 단일 프로세서에서 클록 간격은 대부분 10ms이고(이런 시스템은 더 이상 윈도우가 지원하지 않으며 예를 들기 위해 설명됐을 뿐이다), 대부분의 x86과 x64 멀티프로세서에서는 15ms으로 설정돼 있다. 이 클록 주기는 커널 변수 KeMaximumIncrement에 수백 나노초로 저장된다.

스레드는 클록 간격 단위로 실행하지만 시스템은 더 이상 클록 틱Tick 카운트로 스레드가 얼마나 동작했는지, 그리고 퀀텀이 끝났는지를 판단하지는 않는다. 이는 스레드 런타임 통계는 프로세서 사이클에 기반을 두기 때문이다. 시스템이 시작할 때 매 퀀텀에 해당하는 클록 사이클을 계산하기 위해 Hz 단위의 프로세서 속도(초당 CPU 클록 사이클)에 한 클록 틱이 일어나는 데 걸린 초를 곱한다(앞서 언급한 KeMaximumIncrement에 기반). 이 값은 커널 변수 KiCyclesPerClockQuantum에 저장된다.

이 계산법에 따라 스레드는 클록 틱에 기반을 둔 퀀텀 수에 따라 실행하는 것이 아니고 퀀텀 대상에 따라 실행하게 된다. 퀀텀 대상은 스레드가 자신의 차례를 포기할 때까지 소비한 CPU 클록 사이클 수에 대한 추정치를 나타낸다. 이 대상은 내부적인 클록 타이머 틱의 개수와 같아야 한다. 퀀텀당 클록 사이클 계산은 내부적인 클록 타이머 주기를 기본으로 하기 때문이다. 이것은 다음의 실습을 통해 알아 볼 수 있다. 하지만 인터럽트 사이클은 스레드에 부가되지 않기 때문에 실제 클록 타임은 조금 더 길수 있음에 주목하자.

실습: 클록 간격 주기 확인하기

윈도우의 GetSystemTimeAdjustment 함수는 클록 간격을 반환한다. 클록 간격을 알아보기 위해서는 윈도우 Sysinternals의 clockres 툴을 실행한다. 다음 출력은 64비트 윈도우 10 쿼드코어 시스템에서 실행한 결과다.

```
C:\>clockres

ClockRes v2.0 - View the system clock resolution
Copyright (C) 2009 Mark Russinovich
SysInternals - www.sysinternals.com

Maximum  timer  interval: 15.600 ms
Minimum  timer  interval: 0.500 ms
Current  timer  interval: 1.000 ms
```

Current 간격은 멀티미디어 타이머로 인해 최대(기본) 클록 간격보다 조금 작을 수 있다. 멀티미디어 타이머는 기껏해야 1밀리초(ms) 간격으로 콜백을 받기 위해 사용되는 timeBeginPeriod나 timeSetEvent 같은 함수에 사용된다. 이는 커널

인터벌 타이머의 전반적인 재프로그래밍을 필요로 할 수도 있는데, 이것은 스케줄러가 좀 더 빈도가 높은 간격으로 깨어난다는 것을 의미한다. 따라서 시스템의 성능을 저하시킬 수 있다. 다음 절에서 설명하겠지만 어쨌든 이것은 퀀텀 길이에는 영향을 주지 않는다.

여기서 보는 것처럼 KeMaximumIncrement 전역 변수를 사용해 클록 간격 값을 읽을 수도 있다(이전 예제와는 다른 시스템이다).

```
0: kd> dd nt!KeMaximumIncrement L1
814973b4 0002625a
0: kd> ? 0002625a
Evaluate expression: 156250 = 0002625a
```

이 값은 기본 값인 15.6ms에 해당한다.

퀀텀 계산

각 프로세스는 프로세스 제어 블록(KPROCESS)에 퀀텀 재설정 값$^{reset\ value}$을 갖고 있다. 이 값은 프로세스에서 새로운 스레드를 생성하는 경우에 사용되며, 스레드 제어 블록(KTHREAD)에 복사된다. 그러고 나서 스레드에 새로운 퀀텀 대상 값을 부여하는 데 사용된다. 퀀텀 재설정 값은 실제 퀀텀 단위로 저장돼 있다(이 부분에 대해 다시 설명한다). 퀀텀 재설정 값에 퀀텀당 클록 사이클 수를 곱하면 퀀텀 대상$^{quantum\ target}$이 된다.

스레드가 실행함에 따라 스레드에 여러 상이한 이벤트(컨텍스트 스위칭, 인터럽트 그리고 특정 스케줄링 결정과 같은)에 따른 CPU 클록 사이클이 부가된다. 클록 주기 타이머 인터럽트가 발생한 시점에 부가된 CPU 클록 사이클 수가 퀀텀 대상에 도달했다면(또는 지나버렸다면) 퀀텀 중지 처리가 시작된다. 동일한 우선순위의 또 다른 스레드가 실행하려고 대기 중이라면 레디 큐의 다음 스레드에게 컨텍스트 스위칭이 일어난다.

내부적으로 퀀텀 단위는 클록 틱의 1/3로 표현된다. 즉, 1 클록 틱은 3 퀀텀에 해당한다. 이것은 클라이언트용 윈도우 시스템에서 스레드가 6(=2×3)의 퀀텀 재설정 값을 갖고 서버용 윈도우 시스템에서는 36(= 12×3)의 퀀텀 재설정 값을 기본적으로 가짐을 의미한다. 이러한 이유로 앞에서 설명한 계산을 할 때 KiCyclesPerClockQuantum 값에 3을 나눈 것이다. 원래의 값은 클록 주기 타이머 틱당 CPU 클록 사이클만을 가리키기 때문이다.

전체 틱이 아닌 클록 틱의 일부분이 내부적으로 퀀텀으로 저장되게 된 이유는 윈도우 비스타 이전의 윈도우에서 대기 완료[wait completion]에 의한 일부 퀀텀 손실을 허용하기 위해서다. 이전 버전은 클록 주기 타이머를 통해 퀀텀 만료를 결정했다. 이렇게 조절하지 않는다면 스레드의 퀀텀이 절대로 줄어들지 않는 일이 발생할 수 있다. 예를 들어 스레드가 실행돼 대기 상태로 진입하고, 다시 실행돼 또 다른 대기 상태로 진입했지만 클록 주기 타이머가 발생했을 때 절대 현재 실행 상태의 스레드가 될 수 없었다면 이 스레드는 자신이 실행했던 시간에 대해 퀀텀을 부가하지 않게 될 수 있다. 스레드는 이제 퀀텀 대신 부가된 CPU 클록 사이클을 가지며, 또한 이는 더 이상 클록 주기 타이머에 의존하지 않기 때문에 이런 조절이 필요하지 않다.

실습: 퀀텀당 클록 사이클 알아보기

윈도우는 어떤 함수로도 퀀텀당 클록 사이클 수를 구하는 방법을 제공하지는 않는다. 하지만 앞서 기술한 계산법 및 설명과 함께 다음의 과정과 WinDbg(로컬 디버깅 모드) 같은 커널 디버거로 직접 이 값을 찾을 수 있다.

1. 윈도우가 탐지한 독자의 프로세서 속도를 알아본다. !cpuinfo 명령으로 얻을 수 있는 PRCB의 MHz 필드에 저장된 값을 이용하면 된다. 다음은 2794MHz의 속도로 수행되는 4개의 프로세서를 장착된 시스템에서의 출력 값이다

```
lkd> !cpuinfo
```

```
CP   F/M/S Manufacturer   MHz PRCB Signature   MSR 8B Signature Features
0 6, 60, 3 GenuineIntel   2794 ffffffff00000000 >ffffffff00000000<a3cd3fff
1 6, 60, 3 GenuineIntel   2794 ffffffff00000000            a3cd3fff
2 6, 60, 3 GenuineIntel   2794 ffffffff00000000            a3cd3fff
3 6, 60, 3 GenuineIntel   2794 ffffffff00000000            a3cd3fff
```

2. 이 수를 헤르츠(Hz) 단위로 변환한다. 이 값이 현재 시스템에서 매초 발생하는 CPU 클록 사이클의 횟수가 된다. 이 예제에서는 초당 2,794,000,000 사이클이다.

3. clockres를 이용해 시스템의 클록 주기를 얻어온다. 이 값은 클록이 발생하기 전에 얼마나 오래 걸리는지에 대한 것이다. 여기서 이용된 예제 시스템의 간격은 15.625ms이었다.

4. 이 수를 초당 발생하는 클록 주기 타이머 수로 변환한다. 1초는 1000ms 이므로 3단계에서 얻어온 숫자에 나누기 1000을 한다. 이 예제에서는 매 0.015625초마다 타이머가 발생한다는 계산이 나온다.

5. 이 숫자를 2단계에서 얻은 초당 사이클 수로 곱한다. 예제의 경우 43,656,250 사이클이 각 클록 주기당 소모된다고 할 수 있다.

6. 각 퀀텀 단위는 클록 간격의 1/3에 해당하는 것을 기억하고서 사이클 수를 3으로 나눈다. 이 예제에서는 14,528,083(0xDE0C13)이 된다. 이것이 15.6ms의 클록 주기를 갖는 2,794MHz 속도의 시스템에서 각 퀀텀 단위가 갖는 클록 사이클의 수다.

7. 계산을 확인하려면 시스템에서 KiCyclesPerClockQuantum의 값을 출력해본다. 같은 값이어야 한다(또는 반올림 오차 범위 내이어야 한다).

```
lkd> dd nt!KiCyclesPerClockQuantum L1
8149755c 00de0c10
```

퀀텀 제어

모든 프로세스에 대한 스레드 퀀텀을 변경할 수 있지만 숏^{short}(클라이언트 머신의 기본
값인 2 클록 틱)과 롱^{long}(서버 시스템의 기본 값인 12 클록 틱) 중 하나만을 선택할 수
있다.

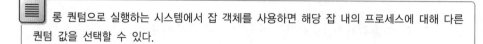 롱 퀀텀으로 실행하는 시스템에서 잡 객체를 사용하면 해당 잡 내의 프로세스에 대해 다른
퀀텀 값을 선택할 수 있다.

이 설정을 바꾸려면 데스크톱의 내 PC 아이콘에서 마우스 오른쪽 버튼을 클릭하거나
윈도우 탐색기에서 속성을 선택하고 고급 시스템 설정 메뉴에서 고급 탭을 선택, 성능
섹션에 있는 설정 버튼을 클릭한 후 고급 탭을 선택하면 그림 4-10과 같은 대화상자가
나타난다.

그림 4-10 성능 옵션 대화상자에서의 퀀텀 구성

이 대화상자는 다음과 같은 두 가지 핵심 옵션을 가진다.

- **프로그램** 이 설정은 숏 퀀텀 사용을 지정한다. 이것은 가변 길이의 퀀텀으로서 클라이언트 버전 윈도우(그리고 모바일, XBOX, 홀로렌즈 등과 같은 클라이언트 버전)의 기본 값이다. 서버 시스템에 터미널 서비스를 설치하고 이 시스템을 애플리케이션 서버로 구성한 경우 터미널 서버에 연결된 사용자는 클라이언트 시스템이나 데스크톱에서 사용하는 것과 같은 퀀텀 설정을 사용하게 된다. 윈도우 서버 시스템을 데스크톱 OS처럼 사용한다면 이 값을 수동으로 선택할 수 있다.

- **백그라운드 서비스** 이 설정은 롱 퀀텀의 사용을 지정한다. 이것은 고정 길이 퀀텀으로서 서버 시스템의 기본 값이다. 워크스테이션 시스템에서 이를 선택하는 유일한 경우는 워크스테이션을 서버 시스템으로 사용하고자 할 때다. 하지만 이 옵션으로 변경은 즉시 효과가 발생하므로 시스템을 백그라운드 또는 서버 스타일의 작업을 처리하는 데 사용하려면 이 옵션을 사용하는 게 당연할 수도 있다. 예를 들어 장시간 계산하는 프로그램이나 인코딩이나 모델링을 시뮬레이션하는 프로그램을 밤새 수행할 필요가 있다면 밤에는 시스템을 백그라운드 서비스 모드로 수행하고 아침에는 프로그램 모드로 돌아오게 선택할 수 있다.

가변 퀀텀

가변 퀀텀이 활성화되면 6개의 퀀텀 숫자에 대한 배열을 갖는 가변 퀀텀 테이블(PspVariablesQuantums)이 `PspComputeQuantum` 함수에서 사용하는 `PspForeground-Quantum` 테이블(3개의 항목을 갖는 배열)에 로딩된다. 이 알고리즘은 프로세스가 포어그라운드인지(데스크톱의 포어그라운드 윈도우를 소유한 스레드가 포함돼 있는지) 아닌지에 기초해 적절한 퀀텀 인덱스를 고른다. 이런 경우가 아니라면 앞서 설명한 기본 스레드 퀀텀과 대응하는 인덱스 0이 선택된다. 포어그라운드 프로세스라면 퀀텀 인덱스는 우선순위 구분[Priority Separation]과 일치한다.

이 우선순위 구분 값은 스케줄러가 포어그라운드 스레드에 적용할 우선순위 상승(조금

후의 '우선순위 상승' 절에서 다룬다)을 결정하고, 이 값은 적절한 퀀텀의 증가와 짝을 이룬다. 즉, 각각의 추가적인 우선순위 레벨(2 상승)에 대해 추가적인 퀀텀이 스레드에 주어진다. 예를 들어 스레드가 하나의 우선순위 상승을 부여받으면 그 스레드는 여분의 퀀텀 또한 받게 된다. 기본적으로, 윈도우는 포어그라운드 스레드에 최대로 가능한 우선순위 상승 값을 부여한다. 즉, 우선순위 구분은 2가 될 것이다. 따라서 가변 퀀텀 테이블에서 퀀텀 인덱스 2가 선택되고, 스레드가 2개의 추가적인 퀀텀을 받게 돼 총 3 퀀텀이 된다.

표 4-2는 사용되는 퀀텀 설정 값과 퀀텀 인덱스에 기반을 두고 선택되는 정확한 퀀텀 값(이 값은 클록 틱의 1/3을 나타냄을 기억하자)을 나타낸다.

표 4-2 퀀텀 값

	숏 퀀텀 인덱스			롱 퀀텀 인덱스		
가변	6	12	18	12	24	36
고정	18	18	18	36	36	36

따라서 클라이언트 시스템에서 윈도우가 포어그라운드로 올라오게 되면 포어그라운드 윈도우를 소유한 스레드를 포함하는 프로세스 내의 모든 스레드는 퀀텀이 3배가 된다. 따라서 포어그라운드 프로세스의 스레드는 6 클록 틱의 퀀텀을 갖고 실행된다. 하지만 여타 프로세스는 기본 클라이언트 퀀텀인 2 클록 틱을 가진다. 이런 방식을 통해 CPU를 집중적으로 사용하는 프로세스가 실행 중인 상태에서 새로운 포어그라운드 프로세스가 비교적 더 많은 CPU를 사용할 수 있게끔 한다. 이것은 이 프로세스의 스레드가 실행할 때 백그라운드 스레드보다 오랫동안 실행되기 때문이다(이것은 포어그라운드 프로세스와 백그라운드 프로세스의 스레드 우선순위가 같다는 것을 가정한 것이다).

퀀텀 설정 값 레지스트리

앞서 살펴봤던 사용자 인터페이스를 이용해 퀀텀 설정을 바꾸면 레지스트리 HKLM\SYSTEM\CurrentControlSet\Control\PriorityControl의 Win32PrioritySeparation

값이 변경된다. 이 레지스트리 값은 스레드 퀀텀의 상대적 길이(롱 또는 숏)를 지정하는 것에 더해 가변 퀀텀과 우선순위 구분이 사용돼야 할지 말지를 정의한다(앞에서 봤듯이 가변 퀀텀이 활성화됐을 때 우선순위 구분은 사용되는 퀀텀 인덱스를 결정한다). 이 값은 그림 4-11에서 보는 것처럼 3 부분의 2비트 필드를 갖는 6비트로 구성돼 있다.

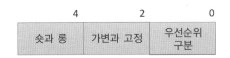

그림 4-11 Win32PrioritySeparation 레지스트리 값의 필드

그림 4-11의 필드는 다음과 같이 정의된다.

- **숏과 롱** 1로 설정하면 롱, 2로 설정하면 숏을 의미한다. 0이나 3으로 설정하면 시스템에 적합한 기본 값이 사용된다(클라이언트 시스템에서는 숏, 서버 시스템에서는 롱).
- **가변과 고정** 설정 값 1은 '가변 퀀텀' 절에서 보여준 알고리즘에 기반을 두고 가변 퀀텀 테이블이 활성화되는 것을 의미한다. 0이나 3으로 설정하면 시스템에 적합한 기본 값이 사용된다(클라이언트 시스템에서는 가변, 서버 시스템에서는 고정).
- **우선순위 구분** 이 필드 값은 커널 변수 PsPrioritySeparation에 저장돼 있으며, '가변 퀀텀' 절에서 설명한 우선순위 구분(2 상승)을 의미한다.

성능 옵션 대화상자(그림 4-10을 참조)를 사용하면 오직 두 조합, '포어그라운드 퀀텀의 3배인 숏 퀀텀'이나 '포어그라운드 스레드에는 퀀텀 변경이 없는 롱 퀀텀' 중 한 가지만을 선택할 수 있다. 하지만 Win32PrioritySeparation 레지스트리 값을 직접 수정하면 다른 조합도 사용할 수 있다.

유휴 프로세스 우선순위 클래스로 동작 중인 프로세스 내의 스레드는 기본 설정이나 레지스트리를 통한 어떠한 종류의 퀀텀 설정 값에 상관없이 항상 하나의 스레드 퀀텀만을 받는다.

애플리케이션 서버로 설정된 윈도우 서버 시스템에서 Win32PrioritySeparation 레지스트리의 초깃값은 16진수 0x26이다. 이 값은 성능 옵션 대화상자의 '프로그램을 위한 성능 최적화' 옵션에 의해 설정된 값과 동일하다. 이것은 퀀텀과 우선순위 상승 동작이 윈도우 클라이언트 시스템처럼 동작하게 해 사용자 애플리케이션을 호스팅하는 데 주로 사용되는 서버에 적합하다.

윈도우 클라이언트 시스템과 애플리케이션 서버로 설정되지 않은 서버 시스템에서 Win32PrioritySeparation 레지스트리의 초깃값은 2다. 이것은 숏과 롱, 가변과 고정 비트 필드에 0 값이 되게 해서 이 옵션에 대해 시스템의 기본 동작(클라이언트 시스템인지 서버 시스템인지에 따라 달라지는)에 의지하게 한다. 하지만 우선순위 구분 필드 값은 2가 된다. 성능 옵션 대화상자를 통해 레지스트리 값이 한 번 변경되면 레지스트리 값을 직접 수정하지 않는 이상 원래 값으로 복구될 수 없다.

실습: 퀀텀 설정 변경에 따른 효과

로컬 디버거를 이용해 두 가지의 퀀텀 설정인 '프로그램'과 '백그라운드 서비스' 가 PsPrioritySeperation과 PspForegroundQuantum 테이블에 어떤 영향을 주는지와 시스템에 존재하는 스레드의 QuantumReset 값을 어떻게 변경하는지 확인할 수 있다. 다음 과정을 따라가 보자.

1. 제어판이나 데스크톱의 내 PC 아이콘을 오른쪽 마우스 클릭해 시스템 유틸리티를 연다.

2. 고급 시스템 설정을 클릭해 고급 탭을 선택한다. 성능 섹션에서 설정 버튼을 클릭하고 고급 탭을 선택한다.

3. 프로그램 옵션을 선택하고 적용을 클릭한다. 이 대화상자를 그대로 띄워 놓은 상태로 실습을 진행한나.

4. 다음 표시된 것처럼 PsPrioritySeperation과 PspForegroundQuantum 값을 살펴보자. 윈도우 시스템에서 1~3단계처럼 변경을 수행하면 다음

과 같은 값이 나타나야 한다. 가변, 숏 퀀텀 테이블이 어떻게 사용되는지 와 우선순위 상승 2가 포어그라운드 애플리케이션에 어떻게 적용되는 지 주목해서 살펴보자.

```
lkd> dd nt!PsPrioritySeparation L1
fffff803'75e0e388 00000002
lkd> db nt!PspForegroundQuantum L3

fffff803'76189d28 06 0c 12
```

5. 시스템의 아무 프로세스에서 QuantumReset 값을 확인해보자. 앞서 언급 했듯이 시스템의 스레드에 퀀텀 재설정이 이뤄질 때 이 값이 각 스레드 의 기본 퀀텀 값이 된다. 이 값은 각 프로세스의 각 스레드에 캐싱돼 있지만 KPROCESS 구조체를 통해 쉽게 확인할 수 있다. 예제의 경우 이 값은 6인데 WinDbg의 경우 다른 대부분의 애플리케이션도 그렇지만, PspForegroundQuantum 테이블의 첫 엔트리에 설정된 퀀텀을 가져오기 때문이다.

```
lkd> .process
Implicit process is now  ffffe001'4f51f080
lkd> dt nt!_KPROCESS  ffffe001'4f51f080 QuantumReset
   +0x1bd QuantumReset : 6 ''
```

6. 이제 1단계와 2단계에서 열었던 대화상자를 사용해 성능 옵션을 백그라 운드 서비스로 바꿔보자.

7. 4단계와 5단계를 다시 수행해보면 이번 절에서 설명한 것처럼 값이 변경 돼 있는 것을 확인할 수 있을 것이다.

```
lkd> dd nt!PsPrioritySeparation L1
fffff803'75e0e388  00000000
lkd> db nt!PspForegroundQuantum L3
fffff803'76189d28  24 24 24
lkd> dt nt!_KPROCESS ffffe001'4f51f080 QuantumReset
   +0x1bd QuantumReset  :  36 '$'
```

우선순위 상승

윈도우 스케줄러는 내부 우선순위 상승 메커니즘을 통해 주기적으로 스레드의 현재(동적) 우선순위를 조정한다. 많은 경우 이렇게 함으로써 다양한 대기 시간을 줄이고(스레드가 자신들이 대기하는 이벤트에 좀 더 빨리 반응하게 함으로써) 반응 속도를 높인다. 한편으로는 이 상승을 통해 전도[inversion]와 기아[starvation] 시나리오를 예방할 수 있다. 다음은 이 절에서 다룰 몇 가지의 상승 시나리오와 그 목적이다.

- 스케줄러/디스패처 이벤트에 의한 상승(지연 시간 감소)
- I/O 작업의 완료에 의한 상승(지연 시간 감소)
- 사용자 인터페이스 입력에 의한 상승(지연 시간 감소 및 반응 속도 향상)
- 익스큐티브 리소스(ERESOURCE)를 너무 오래 기다린 스레드에 의한 상승(기아 회피)
- 실행할 준비가 된 스레드가 한동안 실행되지 못하고 있을 때의 상승(기아와 우선순위 전도의 회피)

하지만 다른 스케줄링 알고리즘과 마찬가지로 이러한 조정은 완벽하지 않으며, 모든 애플리케이션에 도움이 되지 않을 수도 있다.

> 윈도우는 실시간(16~31) 범위에 있는 스레드의 우선순위는 절대로 상승시키지 않는다. 따라서 실시간 범위에 있는 다른 스레드의 스케줄링이 예측 가능하게 된다. 윈도우는 사용자가 실시간 우선순위를 사용한다면 사용자가 무엇을 하고 있는지를 잘 알고 있다고 가정한다.

클라이언트 버전 윈도우에는 멀티미디어 재생 시에 발생하는 의사-상승^{pseudo-boosting} 메커니즘도 포함됐다. 다른 우선순위 상승과는 다르게 멀티미디어 재생 우선순위 상승은 멀티미디어 클래스 스케줄러 서비스(mmcss.sys)로 불리는 커널 모드 드라이버에 의해 관리된다. 하지만 이것은 실제 상승은 아니다. 드라이버는 필요에 따라 스레드에 새로운 우선순위를 단순히 설정한다. 따라서 상승에 관한 어떠한 규칙도 적용되지 않는다. 먼저 커널이 관리하는 전형적인 우선순위 상승에 대해 알아보고, 그 후 MMCSS와 그것에 의해 수행되는 우선순위 상승 작업에 관해 설명한다.

스케줄러/디스패처 이벤트에 의한 상승

디스패치 이벤트가 발생할 때마다, `KiExitDispatcher` 루틴이 호출된다. 이 함수는 `KiProcessThreadWaitList`를 호출해 지연된 대기 리스트를 처리하고 현재 프로세서에서 어떤 스레드가 스케줄되지 말아야 하는지를 검사하기 위해 `KiCheckForThreadDispatch`를 호출한다. 이러한 이벤트가 발생할 때마다 호출자는 스레드에 적용돼야 하는 상승 타입과 그 상승과 관련된 우선순위 증가량을 명시할 수 있다. 다음 시나리오는 시그널된 상태(하나 이상의 스레드를 깨울 수 있다)로 진입하는 디스패처(동기화) 객체를 다루기 때문에 `AdjustUnwait` 디스패치 이벤트로 간주된다.

- 비동기 프로시저 호출(APC, 6장에서 언급하고 2권의 8장에서 좀 더 자세히 다룬다)이 스레드에 큐잉됐다.
- 이벤트가 설정^{set}되거나 펄스^{pulse}됐다.
- 타이머가 설정되거나 시스템 시간이 변경돼 타이머가 리셋돼야 했다.
- 뮤텍스가 해제^{release}되거나 버려졌다^{abandon}.
- 프로세스가 종료됐다.
- 큐(KQUEUE)에 엔트리가 추가되거나 큐가 비워졌다^{flush}.
- 세마포어가 해제됐다.
- 스레드가 경고^{alert}를 내거나 일시 중지, 재개, 동결^{frozen}, 해제^{thawed}됐다.
- 주 UMS 스레드가 스케줄된 UMS 스레드로 전환하기 위해 대기 중이다.

공개 API(SetEvent 같은)와 연관된 스케줄링 이벤트에 대해 적용되는 상승 증가 값은 호출자에 의해 명시된다. 나중에 설명하겠지만 윈도우는 개발자에게 특정 값을 사용하게 추천한다. 경고를 위해서는 2만큼의 상승이 사용되는데(스레드가 상승 값 1이 적용되는 KeAlertThreadByThreadId를 호출해 경고 상태에 진입하지 않았다면), 경고 API에는 호출자에 의해 설정되는 증가 값을 받아들일 수 있는 인자를 갖지 않기 때문이다.

또한 스케줄러는 락 소유권 우선순위^{lock ownership priority} 메커니즘의 일부인 2개의 특수한 AdjustBoost 디스패치 이벤트를 가진다. 이 상승은 우선순위 X에서 락을 소유한 호출자가 X 이하의 우선순위에서 대기 중인 스레드에 락 해제를 완료하는 상황을 해결하기 위해 사용된다. 이 상황에서 새로운 소유자 스레드는 우선순위 X에서 수행된다면 자신의 차례를 기다려야 한다. 그렇지 않고 우선순위가 X보다 낮다면 수행할 기회가 전혀 없을 수도 있다. 이렇게 되면 새로운 소유자 스레드가 깨어나 프로세서에 대한 제어를 가져야 함에도 불구하고 락을 해제하는 스레드가 계속해서 수행되는 상황을 야기하게 된다. 다음 두 디스패처 이벤트는 AdjustBoost 디스패처가 종료되게 한다.

- ERESOURCE 읽기-쓰기 커널 락에 의해 사용되는 이벤트가 KeSetEventBoostPriority 인터페이스를 통해 설정된다.
- 게이트 락을 해제할 때 다양한 내부 메커니즘에 의해 사용되는 게이트가 KeSignalGate 인터페이스를 통해 설정된다.

Unwait 상승

Unwait 상승은 객체가 시그널돼(따라서 레디 상태로 들어가는) 깨어나는 스레드와 Unwait을 처리하기 위해(따라서 실행 상태로 들어가는) 실행을 시작하는 스레드 사이의 지연을 줄이기 위한 시도다. 일반적으로 대기 상태에서 깨어난 스레드가 가능한 한 빨리 실행을 할 수 있다는 것은 바람직한 상황이다.

다양한 윈도우 헤더 파일은 MUTANT_INCREMENT와 SEMAPHORE_INCREMENT, EVENT_INCREMENT 같은 정의를 통해 커널 모드에서 KeReleaseMutex와 KeSetEvent, KeReleaseSemaphore

등의 API를 호출할 때 사용해야 하는 추천 값을 명시하고 있다. 앞서 소개한 이들 세 가지 정의는 헤더 파일에 항상 1로 설정돼 있었기 때문에 이들 객체에 대한 대부분의 Unwait은 1만큼 상승된다고 가정해도 안전하다. 유저 모드 API에서는 이러한 증가 값을 명시할 수 없고, NtSetEvent 같은 네이티브 시스템 호출도 역시 상승 값을 명시할 수 있는 인자가 없다. 대신 이런 API는 내부의 Ke로 시작하는 인터페이스를 호출할 때 자동으로 기본 _INCREMENT 정의를 사용한다. 이것은 뮤텍스가 버려지거나 타이머가 시스템 시간 변화에 따라 리셋될 때도 마찬가지다. 즉, 시스템은 뮤텍스가 해제됐을 때 정상적으로 적용됐을 기본 상승 값을 사용한다. 마지막으로 APC 상승은 전적으로 호출자에 달려있다. 곧 I/O 완료와 관련된 특정 APC 상승에 대한 사용 방법을 보게 될 것이다.

 어떤 디스패처 객체는 자신들과 연관된 상승 값이 없다. 예를 들어 타이머가 설정되거나 만료될 때 또는 프로세스가 시그널될 때는 아무런 상승도 적용되지 않는다.

이처럼 1만큼 상승시키는 것은 해제와 대기를 수행하는 스레드가 동일한 우선순위에서 수행된다는 가정을 함으로써 초기 문제를 해결하게 시도한다. 대기 스레드를 1 우선순위만큼 상승시킴으로써 대기 스레드는 해제 동작이 완료되자마자 해제 스레드를 선점해야 한다. 불행히도 단일 프로세서 시스템에서 이 가정이 유효하지 않다면 상승은 거의 일어나지 않을지도 모른다. 예를 들어 대기 스레드가 우선순위 4에서 대기 중이고 해제 스레드가 우선순위 8에서 실행 중이라면 우선순위 5에서 대기하는 것은 지연을 줄이지도 강제로 선점하지도 못할 것이다. 하지만 멀티프로세서 시스템에서는 스틸링과 밸런싱stealing and balancing 알고리즘에 따라 이 우선순위 스레드는 다른 논리 프로세서에 의해 선택될 기회가 더 높아진다. 이러한 사실은 일부 락을 제외한 다른 락의 소유권을 추적하지 않는 초기 NT 아키텍처에서 선택된 설계에 따른 것이다. 이것은 실제 누가 이벤트를 소유했는지, 그것이 락으로 사용되는지 아닌지를 스케줄러가 확신할 수 없게 한다는 것을 의미한다. 락 소유권에 대한 추적 기능을 갖더라도 락 호위Lock convoy 문제를 피하기 위해 아래에서 설명할 ERESOURCE 경우를 제외하고는 보통 소유권이 전달되지 않는다.

그러나 자신들의 내부 동기화 객체로 이벤트나 게이트를 사용하는 일부 종류의 락 객체의 경우 락 소유권 상승Lock Ownership Boost은 이 딜레마를 해결한다. 또한 멀티프로세서 머신에서 레디 스레드는 다른 프로세서에 의해 선택될 수 있으며(나중에 살펴볼 프로세서 분산과 로드밸런싱Load-balancing 구성에 의해), 이 스레드의 높은 우선순위로 인해 이 스레드는 새로이 선택된 프로세서에서 더 많은 실행 기회를 갖게 된다.

락 소유권 상승

익스큐티브-리소스(ERESOURCE)와 크리티컬 섹션 락은 기본적인 디스패처 객체를 사용하므로 이 락을 해제하는 것은 앞에서 설명한 Unwait 상승을 유발한다. 반면에 이 객체의 고수준 구현은 락 소유자를 추적하므로 커널은 AdjustBoost 원인을 이용함으로써 어떤 종류의 상승이 적용돼야 하는지에 대해 좀 더 세련된 결정을 내릴 수 있다. 이런 종류의 상승에서 AdjustIncrement는 GUI 포어그라운드 구분 상승을 차감한 해제(또는 설정)하는 스레드의 현재 우선순위로 설정된다. 그리고 KiExitDispatcher 함수가 호출되기 전에 해제하는 스레드를 보통의 우선순위로 돌리기 위해 이벤트나 게이트 코드에 의해 KiRemoveBoostThread 함수가 호출된다. 이 과정은 두 스레드가 계속 증가하는 상승을 갖고 서로 반복해서 락을 주고받는 락 호위Lock convoy 문제를 피하기 위해 필요하다.

> 푸시락(pushlocks)은 경쟁하는 획득 경로 내에서 락 소유권이 예측 불가능하기 때문에(오히려 스핀락처럼 랜덤이다) 불공평한 락임에 유의하고, 락 소유권으로 인해 우선순위 상승을 적용하면 안 된다. 이것은 그렇게 해봤자 락이 해제되자마자 즉시 제거(free)되기 때문에(일반적인 Wait/Unwait 과정을 우회한다) 선점과 우선순위 확산에만 도움이 될 뿐이다.

락 소유권 상승과 Unwait 상승 간의 다른 차이점은 다음 절의 주제인 스케줄러가 상승을 실제로 적용하는 방법에 따라 나타날 것이다.

I/O 완료 후의 우선순위 상승

윈도우는 특정 I/O가 완료되는 시점에 임시로 우선순위를 상승시켜서 원하는 I/O를 기다리던 스레드에게 가능한 한 빨리 원하는 작업을 마칠 기회를 조금이라도 더 갖게 한다. WDK 헤더 파일에는 상승을 얼마나 해줄지에 대한 권장 값(Wdm.h 또는 Ntddk.h에서 '#define IO_'로 찾아보기 바란다)이 있지만 실제로 얼마나 해줄지는 장치 드라이버에 달려있다. 이 값이 표 4-3에 나와 있다. 장치 드라이버는 커널 함수 `IoCompleteRequest`를 호출해 I/O 요청을 완료할 때 상승 값을 지정한다. 표 4-3에서 보듯이 더 우수한 응답성을 요구하는 장치의 I/O일수록 더 높은 상승 값을 가짐을 알 수 있다.

표 4-3 권장 상승 값

장치	상승 값
디스크, CD-ROM, 병렬 포트, 비디오	1
네트워크, 메일슬롯, 명명된 파이프, 직렬 포트	2
키보드, 마우스	6
사운드	8

> 여러분은 직관적으로 비디오카드나 디스크에서 1 상승 이상의 더 좋은 응답 속도를 기대할지도 모른다. 하지만 커널은 지연에 대한 최적화를 시도해 특정 장치(사람의 입력뿐만 아니라)가 다른 장치들보다 더 민감하게 만든다. 이해를 돕기 위해 사운드카드는 인지할 수 있는 손실 없이 음악을 재생하기 위해 매 1ms마다 데이터를 기대한다. 반면에 비디오카드는 인간의 눈이 손실을 인식할 수 없게 매 40ms마다, 또는 초당 최소 24 프레임의 출력이 필요하다.

앞서 힌트를 줬듯이 이 I/O 완료 상승은 앞 절에서 살펴본 Unwait 상승에 의존한다. 6장에서 I/O 완료 메커니즘에 대해 깊이 살펴볼 것이다. 지금 중요한 점은 커널이 APC(비동기적인 I/O를 위해)를 사용하거나 이벤트(동기적인 I/O를 위해)를 통해 `IoCompleteRequest` API 내부에 시그널링 코드를 구현했다는 것이다. 예를 들어 어떤 드라이버가 비동기적인 디스크 읽기에 대해 `IO_DISK_INCREMENT`를 `IoCompleteRequest`로 전달했다면 커널은 상승과 관련된 인자를 IO_DISK_INCREMENT로 설정한 후 KeInsertQueueApc를 호출한다. 그러면 스레드의 대기는 APC로 인해 풀리게 되고 해당 스레드는 1만큼의 상승을 받게 된다.

앞선 표 4-3에서 보여준 상승 값은 단순한 마이크로소프트의 권장 값이다. 따라서 장치 드라이버 개발자들은 이 권장 값을 무시할 수 있으며, 일부 특수한 드라이버는 자신만의 상승 값을 사용할 수 있다. 예를 들어 의학 장치로부터 나오는 초음파 데이터를 유저 모드의 시각화 애플리케이션에게 해당 데이터에 대해 알려줘야 하는 드라이버는 사운드 카드와 동일한 지연을 보장하기 위해 상승 값 8을 사용할 수도 있다. 그러나 대부분의 경우 윈도우 드라이버 스택이 구성된 방법(6장에서 자세히 다룬다)에 따라 드라이버 개발자는 미니드라이버^{minidriver}를 종종 작성한다. 이 미니드라이버는 IoCompleteRequest에 자신만의 상승 값을 제공하는 마이크로소프트 소유의 드라이버를 호출한다. 예를 들어 RAID나 SATA 컨트롤러 카드 개발자는 자신들의 요청에 대해 완료 처리하기 위해 일반적으로 StorPortCompleteRequest 함수를 호출한다. Storport.sys 드라이버가 커널을 호출할 때 정확한 값을 채우기 때문에 이 함수는 상승에 대한 어떠한 인자도 갖고 있지 않다. 추가적으로, 파일 시스템 드라이버(장치 타입이 FILE_DEVICE_DISK_FILE_SYSTEM이나 FILE_DEVICE_NETWORK_FILE_SYSTEM으로 식별되는)가 자신의 요청을 완료할 때마다 IO_NO_INCREMENT(0)를 전달한다면 IO_DISK_INCREMENT 상승 값이 항상 대신 적용된다. 따라서 이 상승 값은 점점 권장하지 않게 됐고 커널에 의해 강제되는 요구 사항으로 남게 됐다.

익스큐티브 자원 대기 동안의 상승

어떤 스레드가 다른 스레드에 의해 이미 배타적으로 소유된 익스큐티브 자원(ERESOURCE, 2권의 8장에서 커널 동기화 객체를 상세히 설명한다)을 획득하려 할 때 해당 스레드는 다른 스레드가 자원을 해제할 때까지 대기 상태로 있어야 한다. 데드락 상황을 피하기 위해 익스큐티브는 해당 자원을 무한정 대기하는 대신 500ms 동안 대기한다.

500ms가 지난 후에 해당 자원이 아직도 해제되지 않았으면 익스큐티브는 디스패처 락

을 획득함으로써 CPU 기아^{starvation}를 방지하려 한다. 리소스를 소유한 스레드 또는 스레드들을 15로 상승시키고(원래 소유주의 우선순위가 대기하는 스레드보다 낮고 아직 15가 되지 않았을 경우라면), 퀀텀을 재설정한 후 다시 한 번 대기를 수행한다.

익스큐티브 자원은 공유되거나 독점될 수 있기 때문에 커널은 독점 소유자를 먼저 상승한 다음 공유 소유자를 검사해 이들 모두를 상승시킨다. 대기 스레드가 다시 대기 상태로 진입할 때 스케줄러가 소유자 스레드 중 하나를 스케줄해 해당 스레드가 작업을 마치고 리소스를 해제할 만큼의 충분한 시간을 갖기를 바라게 된다. 이 상승 기법은 Disabled Boost 플래그가 설정돼 있지 않은 리소스에 대해서만 사용된다는 것을 주의해야 한다. 여기서 설명돼 있는 우선순위 전도^{inversion} 메커니즘이 개발자가 리소스를 사용하는 의도대로 잘 작동될 경우 개발자는 이 플래그를 설정할 수 있다.

물론 이 기법은 완벽하지는 않다. 예를 들어 리소스가 여러 공유 소유자를 갖고 있는 경우 익스큐티브는 해당 소유 스레드의 우선순위를 15까지 상승시킨다. 이는 시스템에 갑자기 높은 우선순위를 가진 채 퀀텀을 모두 사용하는 스레드를 급증하게 만든다. 초기 소유 스레드가 먼저 수행되겠지만(상승하게 되는 최초의 스레드이므로 레디 리스트의 처음에 위치하게 된다), 대기 스레드의 우선순위는 상승되지 않음으로 그다음에는 공유 소유자들이 실행하게 된다. 모든 공유 소유자가 실행될 기회를 얻고 그들의 우선순위가 대기 스레드보다 낮아져야만 대기 스레드는 리소스를 획득할 기회를 갖게 된다. 독점 소유자가 리소스를 해제하는 즉시 공유 소유자는 해당 리소스에 대한 소유를 공유에서 독점으로 요청하거나 변경할 수 있기 때문에 이 메커니즘은 의도한 대로 동작하지 않을 수도 있다.

대기가 끝난 후의 포어그라운드 스레드에 대한 우선순위 상승

잠시 후에 다루겠지만 포어그라운드 프로세스 내의 스레드가 커널 객체에 대한 대기를 끝낼 때마다 커널은 현재 우선순위(기본 우선순위가 아닌)를 PsPrioritySeperation의 현재 값만큼 올려준다(어느 프로세스가 포어그라운드로 될 것인지는 윈도우 시스템이 결정하게 된다). 4장의 '퀀텀 제어' 절에서 살펴봤듯이 PsPrioritySeperation은 포어그라운드 애플리케이션의 스레드에 대한 퀀텀을 선택하는 데 사용되는 퀀텀 테이블 인덱스를 반영한다. 하지만 여기서는 우선순위 상승 값으로 사용된다.

이 상승의 목적은 대화형 애플리케이션의 응답성 향상이다. 포어그라운드 애플리케이션이 대기를 끝마칠 때 약간의 상승을 해주면 같은 기본 우선순위에 있는 다른 프로세스들이 백그라운드에서 돌고 있는 상황에서도 즉시 실행될 기회가 좀 더 많아지게 된다.

실습: 포어그라운드 우선순위 상승과 감소 살펴보기

CPU 스트레스 툴을 활용하면 우선순위 상승이 동작하는 것을 확인할 수 있다. 다음의 과정을 수행한다.

1. 제어판에서 시스템 유틸리티를 열거나 데스크톱에서 내 **컴퓨터** 아이콘을 오른쪽 마우스 클릭해 속성을 선택한다.
2. 고급 시스템 설정을 선택하고 고급 탭을 클릭한다. 그리고 성능 섹션에서 설정 버튼을 클릭한 다음 고급 탭을 클릭한다.
3. Program 옵션을 선택한다. 이렇게 하면 **PsPrioritySeperation**의 값이 2로 설정된다.
4. CPU Stress를 실행하고 스레드 1을 마우스 오른쪽 버튼 클릭해 컨텍스트 메뉴에서 Busy를 선택한다.
5. 성능 모니터 툴을 실행한다.
6. 툴바의 Add Counter 버튼을 클릭 하거나 Ctrl + I 키를 눌러 Add Counters 대화상자를 띄운다.
7. Thread 객체를 선택한 다음 Priority Current 카운터를 선택한다.
8. Instance 상자에서 〈All Instance〉를 선택하고 Search 버튼을 클릭한다.
9. CPUSTRES 프로세스가 나올 때까지 아래로 스크롤한다. 두 번째 스레드 (스레드 1, 첫 번째 스레드는 GUI 스레드다)를 선택하고서 Add 버튼을 클릭한다. 이제 다음 그림과 같이 된다.

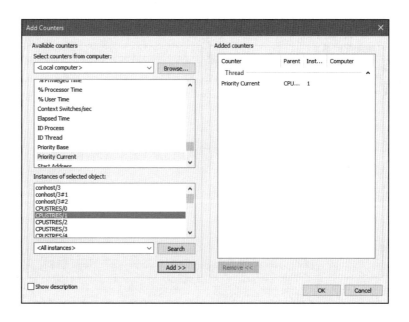

10. OK 버튼을 클릭한다.

11. 카운터에 마우스 오른쪽 클릭을 하고서 Properties를 선택한다.

12. Graph 탭을 클릭하고서 Maximum Vertical Scale 값을 16으로 설정한 다음에 OK를 클릭한다.

13. 이제 CPUSTRES 프로세스를 포어그라운드로 올린다. 이제 CPUSTRES 스레드의 우선순위가 2만큼 올라갔다가 바로 기본 우선순위까지 떨어지는 것을 확인 할 수 있을 것이다. CPUSTRES가 주기적으로 2만큼씩 상승을 받는 이유는 모니터링하고 있는 스레드가 전체 시간의 25% 정도 잠자고 나서 깨어나기 때문이다(Busy Activity 레벨인 경우). 상승은 스레드가 깨어날 때 적용된다. 활동성^{Activity} 레벨을 Maximum을 설정하면 상승을 확인할 수 없는데, CPUSTRES를 Maximum으로 올리면 해당 프로세스 내의 스레드가 무한 루프에 빠지기 때문이다. 따라서 그 스레드는 어떠한 대기 함수도 호출하지 않고 따라서 어떠한 상승도 받지 않게 된다.

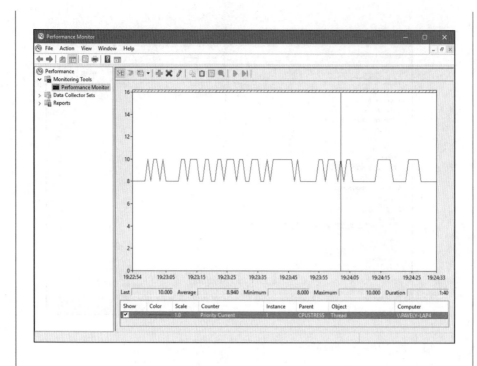

14. 끝내려면 성능 모니터와 CPU 스트레스 프로그램을 종료한다.

GUI 스레드가 깨어난 후의 우선순위 상승

윈도우를 가진 스레드가 메시지 수신과 같은 윈도우 활동을 하기 위해 깨어나면 우선순위 2만큼 더 상승된다. 윈도잉 시스템(Win32k.sys)은 GUI 스레드를 깨우는 데 사용될 이벤트를 설정하기 위해 KeSetEvent를 호출하면 이러한 상승을 적용한다. 이런 상승이 필요한 이유는 앞서 살펴본 것처럼 대화형 애플리케이션을 좀 더 배려하기 위한 것이다.

실습: GUI 스레드에 대한 우선순위 상승 관찰하기

윈도잉 시스템은 GUI 애플리케이션의 현재 우선순위를 감시하면서 그 윈도우 위에서 마우스를 움직이면 윈도우 메시지를 처리하기 위해 GUI 스레드가 깨어나

는 순간 2 만큼의 우선순위 상승을 적용하는 것을 확인할 수 있다. 다음과 같은 과정을 수행한다.

1. 제어판에서 시스템 유틸리티를 연다.

2. 고급 시스템 설정을 선택하고, 고급 탭을 클릭하고, 성능 섹션에서 설정 버튼을 클릭한 다음에 고급 탭을 클릭한다.

3. Program 옵션을 선택한다. 이것은 PsPrioritySeperation 값을 2로 지정하게 된다.

4. Notepad를 실행한다.

5. 성능 모니터를 시작한다.

6. 툴바의 Add Counter 버튼을 클릭하거나 Ctrl + I를 눌러 Add Counter 대화상자를 연다.

7. Thread 객체를 선택하고 Priority Current 카운터를 선택한다.

8. Instance 상자에 Notepad를 입력한 후 Search를 클릭한다.

9. Notepad/0이 나올 때까지 아래로 스크롤해 이를 클릭하고 Add 버튼을 클릭한 후 OK를 클릭한다.

10. 앞선 실습과 마찬가지로 Maximum Vertical Scale 값을 16으로 변경한다. Notepad의 스레드 0의 우선순위가 8이나 10 중 하나의 값을 갖는 것을 확인할 수 있을 것이다(Notepad가 포어그라운드 프로세스 내의 스레드가 받는 2만큼의 상승을 받은 후에 바로 대기 상태로 들어가기 때문에 우선순위가 10에서 8로 아직 내려오지 않았을 수도 있다).

11. 성능 모니터를 포어그라운드로 올리고 Notepad 윈도우에서 마우스를 움직여 보자(윈도우 두 개 모두를 바탕 화면에서 보이게 한다). 앞서 설명한 이유 때문에 우선순위가 10이나 9로 계속 유지되는 것을 확인할 수 있다.

> Notepad가 8이 되는 순간을 잘 포착하지 못하는 이유는 2만큼의 GUI 스레드 상승을 받은 후에 아주 짧은 시간만 수행되고 다시 깨어나기 전에 1 이상의 우선순위 감소가 거의 불가능하기 때문이다(이는 추가적인 윈도잉 활동으로 인해 2 만큼의 상승을 다시 받기 때문이다).

12. 이제 Notepad를 포어그라운드로 올린다. 그럼 우선순위가 12로 올라가서 계속 유지되고 있음을 볼 수 있다. 이는 스레드가 다음과 같은 2번의 상승을 받기 때문이다. 즉, GUI 스레드가 윈도잉 입력을 처리하기 위해 깨어날 때 적용되는 2만큼의 상승과 Notepad가 포어그라운드로 나오면서 주어지는 2만큼의 추가적인 상승이다(또는 11로 떨어지기도 할 텐데, 이는 퀀텀이 끝날 때 상승된 스레드에 적용되는 정상적인 우선순위 감소 때문이다).

13. 아직 포어그라운드에 있는 Notepad 위에서 마우스를 움직여보자. 상승된 스레드의 퀀텀이 끝나면서 정상적으로 우선순위가 떨어짐에 따라 우선순위가 11로 떨어지는(심지어는 10까지도) 것을 볼 수 있다. 하지만 2만큼의 상승은 계속 적용돼 있는데 Notepad가 포어그라운드에 있는 이상은 Notepad 프로세스가 포어그라운드 프로세스이기 때문이다.

14. 다 끝났으면 성능모니터와 Notepad를 종료한다.

CPU 기아 상태에 대한 우선순위 상승

우선순위 7인 스레드가 실행하고 있어서 우선순위 4인 스레드가 CPU 시간을 할애 받지 못하고 있으며, 우선순위 11인 스레드가 우선순위 4인 스레드가 잠금을 걸고 있는 자원을 기다리고 있는 상황을 생각해보자. 중간에 있는 우선순위 7인 스레드가 CPU 시간을 모두 잡아먹고 있으므로 우선순위 4인 스레드는 하던 일을 마무리해 우선순위 11인 스레드를 막고 있는 자원을 해제할 만큼 충분히 수행되지 못한다. 이런 시나리오를 우선순위 전도^{priority inversion}라고 부른다.

이 상황을 해결하기 위해 윈도우는 어떻게 해야 할 것인가? 락과 그 소유자를 추적해 적절한 스레드가 진행을 할 수 있게 하는 것이 이상적 해결책(적어도 이론적으로)이 될 수 있다. 이 개념은 **자동 상승**^{AutoBoost}으로 불리는 기능으로 구현됐다. 이는 4장의 '자동 상승' 절에서 설명한다. 하지만 일반적인 기아 시나리오에서는 다음과 같은 완화책이 사용된다.

익스큐티브 리소스에 대한 책임이 있는 익스큐티브 코드가 소유자 스레드를 상승하게끔 해 리소스를 해제할 만큼 실행될 기회를 줌으로써 이러한 상황을 해결하려 노력하는 것을 알아봤다. 하지만 익스큐티브 리소스는 개발자가 사용할 수 있는 많은 동기화 구성체 중 하나며, 여타 기본 구성체에는 이러한 상승 기법이 사용되지 않는다. 따라서 윈도우는 **균형 세트 관리자**^{balance set manager}(주로 메모리 관리 함수를 수행하는 시스템 스레드로 5장에서 더 자세히 다룬다)라는 스레드 동작의 일부분으로 일반적인 CPU 기아 ^{Starvation} 해결 메커니즘을 제공한다. 1초에 한번씩 이 스레드는 레디 큐를 스캔해 레디 상태에서 대략 4초 이상 머물고(실행되지 못한 채로) 있는 스레드가 존재하는지 살펴본다. 그런 스레드를 찾았다면 균형 세트 관리자는 스레드의 우선순위를 15로 올리고 퀀텀 대상을 3 퀀텀 단위의 CPU 클록 사이클 개수만큼 설정한다. 일단 퀀텀이 만료되면 그 즉시 스레드 우선순위는 본래의 기본 우선순위로 돌아간다. 스레드가 아직 종료되지 않았는데 더 높은 우선순위 스레드가 실행 준비돼 있으면 우선순위가 감소된 스레드는 레디 큐로 돌아간다. 다시 4초 동안 그곳에 남아있게 된다면 또다시 상승을 받게 된다.

균형 세트 관리자가 동작할 때마다 모든 준비 상태의 스레드를 실제로 검사하지는 않는다. 균형 세트 관리자가 사용하는 CPU 시간을 최소화하기 위해 오직 16개 스레드만을 검사한다. 해당 우선순위 수준에 더 많은 스레드가 있다면 어디까지 검사했는지 기억해 두고 다음번 검사 때 그곳부터 검사를 시작한다. 또한 한 번의 검사 동안에 열 개의 스레드만 상승시킨다. 이런 특별한 상승을 받는 스레드가 열 개를 초과한다면(일반적이지 않은 바쁜 시스템 상태를 가리킨다) 거기서 검사를 중단하고 나머지는 다음번의 검사 시에 처리한다.

앞서 언급했지만 윈도우에서의 스케줄링 판단은 스레드의 개수에 영향을 받지 않으며, 상수 시간 내에 이뤄진다. 균형 세트 관리자는 수동으로 레디 큐를 검사해야 하기 때문에 이 동작은 시스템의 스레드 개수에 영향을 받으며, 많은 스레드가 있을수록 더 많은 검사 시간이 필요하게 된다. 하지만 균형 세트 관리자는 스케줄러나 스케줄러 알고리즘의 일부분이 아니라 단순히 신뢰성을 높이기 위한 확장된 메커니즘이다. 추가적으로 스캔을 하려는 스레드와 큐를 한정함으로써 성능적인 영향을 최소화하고 최악의 시나리오에서도 예측 가능하다.

실습: CPU 기아에 대한 우선순위 상승 감시하기

CPU 스트레스 툴을 이용해 우선순위 상승 동작을 볼 수 있다. 이 실습에서는 스레드 우선순위가 상승될 때 CPU 사용량의 변화를 살펴보겠다. 다음과 같이 진행한다.

1. CPUSTRES.exe를 실행한다.
2. 스레드 1의 활성 레벨이 Low이다. 이를 Maximum으로 변경한다.
3. 스레드 1의 우선순위를 Normal에서 Lowest로 변경한다.
4. 스레드 2를 클릭하고 활성 레벨을 Low에서 Maximum으로 변경한다.
5. 프로세스 친화성 마스크를 단일 논리 프로세서로 변경한다. 이렇게 하려면 Process 메뉴를 열고 Affinity를 선택한다(어느 프로세서인지는 중요하지 않다). 다른 방법으로, 작업 관리자를 사용해 변경이 가능하다. 다음과 같은 화면을 볼 수 있을 것이다.

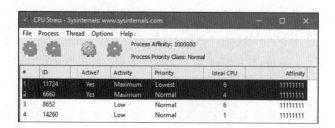

6. 성능 모니터를 실행한다.

7. 툴바에서 Add Counter 버튼을 클릭하거나 Ctrl + I를 눌러 Add Counter 대화상자를 연다.

8. Thread 객체를 선택하고 Priority Current 카운터를 선택한다.

9. Instance 상자에서 CPUSTRES를 입력한 후 Search를 클릭한다.

10. 스레드 1과 2(스레드 0은 GUI 스레드다)를 선택하고 Add 버튼을 클릭한 이후에 OK를 클릭한다.

11. 이들 두 카운터에 대한 Vertical Scale Maximum 값을 16으로 변경한다.

12. 성능 모니터는 매초마다 갱신되므로 우선순위 상승을 놓칠 수도 있다. 디스플레이를 멈추기 위해 Ctrl + U를 누르고 있으면 이런 상황에 도움이 된다. 이제 Ctrl + U를 계속 누르고 있으면 갱신이 좀 더 자주 이뤄지게 된다. 운이 좋다면 우선순위가 15 정도인 스레드에 대해 우선순위 상승을 볼 수도 있다.

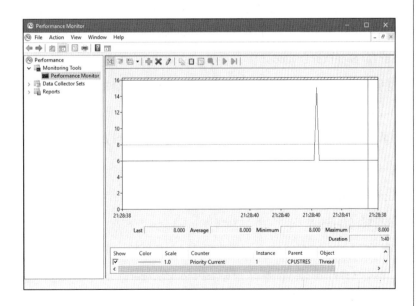

13. 성능 모니터와 CPU 스트레스를 종료한다.

상승 적용

KiExitDispatcher에서 지연 레디 리스트 내의 스레드를 처리하기 위해 KiProcess-ThreadWaitList가 호출되는 것을 봤다. 여기에서 호출자에 의해 전달된 상승 정보가 처리된다. 이것은 각각의 DeferredReady 스레드에 대해 루프를 돌면서 해당 스레드의 대기 블록의 링크를 해제하고(Active와 Bypassed 블록만이 링크가 해제된다) 커널 스레드 제어 블록 내의 두 키 값(AdjustReason과 AdjustIncrement)을 설정함으로써 이뤄진다. 그 이유는 앞에서 살펴봤던 두 개의 조절^{Adjust} 가능성 중 하나이고, 증가 값은 상승 값과 일치한다. 그런 후 KiDeferredReadyThread가 호출된다. 이 함수는 다음의 두 알고리즘을 수행해 스레드가 실행 레디 상태가 되게 한다. 퀀텀과 우선순위 선택 알고리즘(두 부분에서 살펴볼 것이다), 그리고 프로세서 선정 알고리즘(4장의 '프로세서 선정' 절에서 다룬다)이 그것이다.

먼저 알고리즘이 상승에 적용될 때를 살펴볼 것인데, 이것은 스레드가 실시간 우선순위 범위에 있지 않을 경우에만 발생한다. AdjustUnwait 상승은 스레드가 아직 예외적인 상승을 경험하지 못했고 해당 스레드가 KTHREAD 내의 DisableBoost 플래그를 설정하는 SetThreadPriorityBoost를 호출해 상승 기능을 끄지 않았을 경우에만 적용된다. 이 경우에 상승을 끌 수 있는 또 다른 상황은 스레드가 실제로 자신의 퀀텀(하지만 퀀텀이 소진되게 클록 인터럽트가 발생하지는 않았다)을 소진했고 이 스레드가 두 클록 틱 이하로 지속된 대기로부터 빠져 나온 것을 커널이 인식했을 경우다.

현재 이런 상황이 아니라면 스레드의 새로운 우선순위는 자신의 현재 기본 우선순위에 AdjustIncrement가 더해져서 계산된다. 추가적으로 스레드가 포어그라운드 프로세스에 포함돼 있다면(포커스가 변경될 때 Win32k.sys에 의해 설정되는 메모리 우선순위가 MEMORY_PRIORITY_FOREGROUND로 설정돼 있다는 것을 의미) 새로운 우선순위 위에 상승 값이 더해짐으로써 우선순위 분리 상승(PsPrioritySeparation)이 적용된다. 이것은 또한 앞서 설명한 포어그라운드 우선순위 상승으로도 알려져 있다.

마지막으로 커널은 새롭게 계산되는 우선순위가 스레드의 현재 우선순위보다 높은지 검사하고, 이 값이 실시간 범위로 넘어가는 것을 피하기 위해 15를 넘지 못하게 제한

한다. 그런 후 이 값을 스레드의 새로운 현재 우선순위로 설정한다. 어떤 포어그라운드 분리 상승이 적용됐다면 분리 상승과 동일한 PriorityDecrement 값이 KTHREAD의 ForegroundBoost 필드에 설정된다.

AdjustBoost 상승을 위해 커널은 스레드의 현재 우선순위가 AdjustIncrement(이것은 설정 스레드의 우선순위임을 기억하자)보다 낮은지, 그리고 13 이하인지 검사한다. 그리고 해당 스레드에 대해 우선순위 상승이 꺼져있지 않다면 AdjustIncrement 우선순위가 최대 13으로 제한된 새로운 현재 우선순위로 사용된다. 한편 KTHREAD의 UnusualBoost 필드에는 락 소유 상승과 동일한 PriorityDecrement 상승 값이 포함돼 있다.

PriorityDecrement가 존재하는 모든 경우에 스레드의 퀀텀 또한 KiLockQuantumTarget 값을 기반으로 오직 하나의 클록 틱과 동일하게 재계산된다. 이것은 포어그라운드 상승 과 예외적 상승이 보통의 두 클록 틱(또는 설정된 다른 값) 대신 한 클록 틱 이후에 사라 지게 되는 것을 보장한다. 이에 대해서는 다음 절에서 설명한다. 이것은 AdjustBoost가 요청되지만 스레드가 우선순위 13이나 14에서 수행 중이거나 상승이 꺼져있을 경우에 도 발생한다.

이 작업이 완료된 후 AdjustReason은 이제 AdjustNone으로 설정된다.

상승 제거

상승 제거는 상승 값과 퀀텀의 재계산이 적용될 때(이전 절에서 살펴본 것처럼) KiDeferredReadyThread에서 수행된다. 이 알고리즘은 우선 수행되는 조정의 유형을 먼저 검사하는 것부터 시작한다.

아마도 스레드가 선점에 의해 레디 상태가 된 것을 나타내는 AdjustNone 시나리오에서 스레드가 동적 우선순위 수준에서 수행 중인 동안 스레드의 퀀텀 대상에 이미 도달했지 만 클록 인터럽트가 아직 인지되지 않았다면 해당 스레드의 퀀텀은 재계산된다. 추가적 으로, 스레드의 우선순위도 재계산된다. 비실시간 스레드에 대한 AdjustUnwait 또는 AdjustBoost 시나리오에서 커널은 해당 스레드가 조용히 자신의 퀀텀을 소진했는지 검사한다(바로 앞 절처럼). 그렇다면 스레드의 퀀텀과 우선순위는 재계산된다. 또한 그 스레드가 14 이상의 기본 우선순위를 갖고 수행했거나 PriorityDecrement가 없는 상태에서 그 스레드가 두 클록 틱 이상 지속된 대기를 완료했을 경우에도 스레드의 퀀텀과 우선순위는 다시 계산된다.

우선순위 재계산은 비실시간 스레드에서 발생한다. 이것은 해당 스레드의 현재 우선순위에서 포어그라운드 상승과 예외 상승을 빼고(이 두 항목의 조합은 PriorityDecrement 다), 그리고 1을 빼서 완료한다. 이 새로운 우선순위는 최하위 경계로 기본 우선순위가 사용되고 존재하는 어떠한 우선순위 감소 값은 모두 0이 된다(예외 상승과 포어그라운드 상승을 제거한다). 이것은 락 소유 상승이나 앞서 설명한 예외 상승의 경우에 전체 상승 값이 이제 사라지는 것을 의미한다. 반대로 보통의 AdjustUnwait 상승의 경우 우선순위는 1을 빼는 것으로 인해 자연스럽게 한 단계 내려간다. 이 내림은 기본 우선순위가 최하위 경계 값에 도달했을 때 결국 중지한다.

상승이 제거돼야 하는 다른 예도 있는데 KiRemoveBoostThread 함수를 통해 수행된다. 이것은 특수한 경우의 상승 제거로 락 호위 문제를 피하기 위해 설정 스레드가 자신의 현재 우선순위를 깨어나는 스레드에게 건네줄 때 설정 스레드의 상승이 반드시 제거돼야 함을 명시한 소유권 상승 규칙에 기인해 발생한다. 또한 ERESOURCE 락 기아[lock-starvation] 상승에 대한 상승뿐만 아니라 타겟된 DPC 호출[targeted DPC-call]에 의한 상승을 제거하는 데도 사용된다. 이 함수에 관한 특별한 세부 사항은 새로운 우선순위를 계산할 때인데, 스레드가 축적한 모든 GUI 포어그라운드 분리 상승을 유지하기 위해 PriorityDecrement의 ForegroundBoost 컴포넌트와 UnusualBoost 컴포넌트를 분리하게 특별히 주의한다는 것이다. 윈도우 7에 새롭게 나온 이 동작은 락 소유 상승에 의존하는 스레드가 포어그라운드에서 수행될 때 또는 그 반대의 경우에 예측 불허의 동작을 하지 않게 하는 것을 보장한다.

그림 4-12는 퀀텀이 끝난 스레드에서 일반적인 상승이 어떻게 제거되는지를 보여주는 예다.

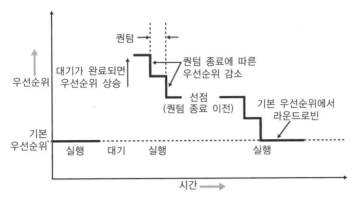

그림 4-12 우선순위 상승과 감소

멀티미디어 및 게임 애플리케이션의 우선순위 상승

윈도우의 CPU 기아에 대한 우선순위 상승이 비정상적으로 오랜 대기 상태로 빠지는 것이나 데드락 가능성을 방지할 수는 있지만, 윈도우 미디어 플레이어나 3D 게임 같이 CPU를 집중적으로 사용하는 애플리케이션이 요청하는 리소스 요구 사항에 대해서는 적절히 처리하지 못하는 것을 봤다.

윈도우 사용자를 많이 짜증나게 하는 일반적인 문제 중 하나가 음악이 튀거나 건너뛰는 것이었다. 윈도우 유저 모드 오디오 스택은 선점 당할 가능성이 더 높아 이 현상을 더욱 악화시켰다. 이것을 해결하기 위해 클라이언트 버전의 윈도우는 MMCSS 드라이버(4장에서 이미 소개했다. %SystemRoot%\System32\Drivers\MMCSS.sys)를 사용한다. 이것의 목적은 미디어 재생 프로그램으로 등록된 애플리케이션의 무결함glitch-free을 보장하기 위한 것이다.

> 윈도우 7은 MMCSS를 서비스(드라이버가 아닌)로 구현한다. 하지만 이런 구현은 잠재적 위험을 가진다. MMCSS 관리 스레드가 어떤 이유로 블록돼 있다면 MMCSS에 의해 관리되는 스레드는 실시간 우선순위로 남겨지게 된다. 이는 잠재적으로 시스템 전역적인 기아를 초래할 수 있다. 해결책은 커널 영역(관리 스레드와 MMCSS가 사용하는 여타 자원이 쉽게 접근될 수 없는)으로 해당 코드를 옮기는 것이다. 커널 드라이버가 되면 일부 이점이 있다. 즉, ID나 핸들이 아닌 프로세스와 스레드 객체에 대한 직접적인 포인터를 소유할 수 있다. 이는 ID나 핸들에 기반을 둔 탐색을 방지하고 스케줄러와 전원 관리자와의 빠른 통신을 가능하게 한다.

클라이언트 애플리케이션은 HKLM\SOFTWARE\Microsoft\Windows NT\CurrentVersion\
Multimedia\SystemProfile\Tasks 아래의 서브키 중 하나와 일치해야 하는 태스크 이
름을 갖고 AvSetMmThreadCharacteristics를 호출해 MMCSS에 등록할 수 있다(목록은
다른 특별한 태스크를 포함하게 OEM에 의해 수정될 수 있다). 여기에는 다음과 같은 태스
크가 있다.

- 오디오audio
- 캡처Capture
- 배포Distribution
- 게임Games
- 저지연Low Latency
- 재생Playback
- 프로 오디오Pro Audio
- 윈도우 관리자Window Manager

이들 작업 각각은 자신들을 차별화하는 다양한 속성에 대한 정보를 포함한다. 스케줄링
을 위한 가장 중요한 요소는 스케줄링 분류Scheduling Category라고 불리는 것으로, 이것은
MMCSS에 등록된 스레드의 우선순위를 정하는 첫 번째 요소가 된다. 표 4-4는 다양한
스케줄링 분류를 보여준다.

표 4-4 스케줄링 분류

분류	우선순위	설명
High	23-26	크리티컬(critical) 시스템 스레드를 제외하고 시스템에서 가장 높은 우선순위에서 동작하는 프로 오디오 스레드
Medium	16-22	윈도우 미디어 플레이어 같은 포어그라운드 애플리케이션의 스레드
Low	8-15	이전 분류에 해당되지 않는 다른 모든 스레드
Exhausted	4-6	할당받은 모든 CPU 시간을 사용해버려 더 높은 우선순위 스레드가 없는 경우에만 동작하는 스레드

MMCSS 이면의 주요 메커니즘은 등록된 프로세스 내의 스레드 우선순위를 해당 스케줄링 분류에 맞게끔 우선순위 수준을 상승시키고, 또한 보장된 시간 동안 이 분류 내의 상대적인 우선순위로 상승시키는 것이다. 그 후엔 Exhausted 분류로 스레드 우선순위를 내려 시스템의 비멀티미디어 스레드가 시작할 수 있게 한다.

기본적으로 멀티미디어 스레드는 활용 가능한 80%의 CPU 시간을 할당받으며, 그 외 스레드는 20%(10ms의 샘플링한다고 하면 8ms과 2ms를 각각 받는다고 할 수 있다)를 할당받게 된다. `HKLM\SOFTWARE\Microsoft\Windows NT\CurrentVersion\Multimedia\SystemProfile` 키 아래의 `SystemResponsiveness` 레지스트리 값을 변경해 이 비율을 변경할 수 있다. 이 값은 범위가 10에서 100%(20은 기본 값이고, 10 이하로 설정된 값은 10으로 간주한다)까지 가능하다. 이들 값은 시스템에 보장받은(등록된 오디오 앱이 아니라) CPU 백분율을 나타낸다. MMCSS 스케줄링 스레드는 우선순위 27에서 동작한다. 그 이유는 프로 오디오 스레드의 우선순위를 Exhausted 분류로 내리기 위해 프로 오디오 스레드를 선점해야 하기 때문이다.

설명한 것처럼 한 프로세스 내에서 스레드의 상대적인 우선순위 변경은 의미도 없고 프로그램 내에서 다양한 스레드의 중요성은 오직 개발자만이 알 수 있으므로 어떤 툴도 이를 지원하지 않는다. 반면 MMCSS에 애플리케이션이 수동으로 등록되고 이게 어떤 스레드인지에 대한 정보가 같이 제공되므로 MMCSS는 이들 스레드의 상대적인 우선순위를 변경하는 데 필요한 정보를 갖게 된다. 그리고 개발자는 이런 일이 발생할 것이라는 것을 잘 알고 있다.

실습: MMCSS 우선순위 상승

이 실습에서 MMCSS 우선순위 상승의 효과를 관찰한다.

1. 윈도우 미디어 플레이어(wmplayer.exe)를 실행한다(다른 재생 프로그램은 MMCSS에 등록하기 위해 필요한 API를 아직 사용하지 않을 수도 있기 때문에).

2. 오디오 콘텐츠를 재생한다.

3. 작업 관리자나 Prcoess Explorer를 사용해 Wmplayer.exe 프로세스의 친화성을 설정해서 오직 하나의 CPU에서만 실행되게 한다.

4. 성능 모니터를 시작한다.

5. 작업 관리자를 사용해 성능 모니터의 우선순위 클래스를 Realtime으로 변경해 녹음 활동의 기회를 더 자주 갖게 한다.

6. 툴바에서 Add Counter 버튼을 클릭하거나 Ctrl + I를 눌러 Add Counter 대화상자를 연다.

7. Thread 객체를 선택해 Priority Current를 선택한다.

8. Instance 상자에서 Wmplayer를 입력하고 검색을 클릭해 모든 스레드를 선택한다.

9. Add 버튼을 클릭하고 확인을 클릭한다.

10. Action 메뉴를 열고 Properties를 선택한다.

11. Graph 탭의 Maximum Veritical Scale 값을 32로 변경한다. Wmplayer에서 16 우선순위를 가진 하나 이상의 스레드가 보여야 한다. 이 스레드는 Exhausted 분류로 내려가서 더 높은 우선순위의 스레드가 CPU를 요청하지 않을 경우 계속해서 수행될 것이다.

12. Cpustres를 실행한다.

13. Thread 1의 활동성 레벨을 Maximum으로 설정한다.

14. Thread 1의 우선순위를 Normal에서 Time Critical로 올린다.

15. CPUSTRES의 우선순위 클래스를 High로 변경한다.

16. CPUSTRES 친화성을 Wmplayer가 사용하는 그 CPU를 사용하게 변경한다. 시스템이 상당히 느려지는 것을 느낄 테지만 음악 재생은 계속 될 것이다. 종종 시스템의 일부로부터 응답을 받을 수 있을 것이다.

17. 성능 모니터 툴에서 WmPlayer 우선순위 16 스레드는 다음에 보는 바와 같이 종종 내려가는 것을 볼 수 있다.

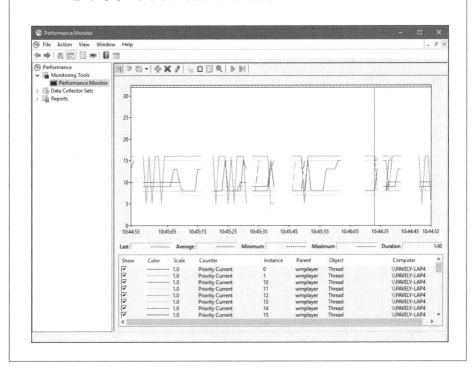

MMCSS의 기능이 기본 우선순위 상승에서 멈추지는 않지만 윈도우와 NDIS 스택에 있는 네트워크 드라이버가 갖는 특성으로 인해 네트워크 카드로부터 발생한 인터럽트 후에 작업을 연기하기 위해 DPC가 일반적인 메커니즘으로 사용된다. DPC는 유저 모드 코드보다 높은 IRQL에서 동작하기 때문에(6장에서 DPC와 IRQL에 대한 자세한 내용을 다룬다) 오래 수행되는 네트워크 카드 코드(예를 들어 네트워크 전송 중이나 게임을 하는 동안에는)는 여전히 미디어 재생을 방해할 수 있다.

MMCSS 네트워크 스택에 특수한 명령을 보내게 되는데, 이는 미디어를 재생하는 동안에 네트워크 패킷을 조절하게 요청한다. 이 조절 값은 네트워크 처리량을 약간 손해 보더라도 미디어 재생 성능을 최대화시킬 수 있게 설계됐다(온라인 게임을 하는 것과 같은 재생 동안 수행되는 네트워크 성능의 저하가 인지되지 않을 정도다). 이에 대한 정확한 메커니즘은 스케줄러와는 관련이 없는 내용이므로 여기서는 설명을 하지 않겠다.

MMCSS는 또한 데드라인 스케줄링^{deadline scheduling}으로 불리는 기능을 지원한다. 오디오 재생 프로그램은 그 범주에서 가장 높은 우선순위 수준을 항상 필요로 하지 않는다는 점에 착안을 한다. 이런 프로그램이 버퍼링(디스크나 네트워크로부터 오디오 데이터를 구하는 것)을 사용해 다음 버퍼를 구축하는 동안에 기존 버퍼를 재생한다면 데드라인 스케줄링은 클라이언트 스레드로 하여금 끊김 현상을 방지하기 위해 스레드가 높은 우선순위를 가져야 할 시점을 나타내게 한다. 하지만 이 동안에 스레드는 다소 낮은 우선순위(자신의 범주 내에서)에서 동작한다. 스레드는 `AvTaskIndexYield` 함수를 사용해 실행이 허용돼야 할 다음 시점을 표시할 수 있다(자신의 범주 내에서 가장 높은 우선순위를 필요한 시점을 명시해). 이 시점이 도래하기 전까지 스레드는 자신의 범주 내에서 가장 낮은 우선순위를 가진다. 이는 잠재적으로 시스템에 더 많은 자유로운 CPU 시간을 갖게 한다.

자동 상승

자동 상승^{Autoboost}은 이전 절에서 언급한 우선순위 전도 문제를 대상으로 하는 프레임워크다. 스레드가 진행을 계속할 수 있게 적절한 스레드의 우선순위(필요하다면 I/O 우선순위도 해당) 상승을 허용하는 방식으로 락 소유자와 락 대기자를 추적하는 것이 기본 개념이다. 락 정보는 `KTHREAD` 구조체의 `KLOCK_ENTRY` 객체에 대한 정적 배열에 저장돼 있다. 현재 구현은 최대 6개의 항목을 사용한다. 각 `KLOCK_ENTRY`는 2개의 이진트리를 관리한다. 하나는 스레드에 의해 소유된 락을 위한 것이고, 다른 한 트리는 해당 스레드에 의해 대기가 이뤄지는 락을 위한 용도다. 상승이 적용될 가장 높은 우선순위를 결정하는 데 상수 시간이 필요하게 이들 트리는 우선순위에 의해 구성돼 있다. 상승이 필요하다면 소유자의 우선순위는 대기자의 우선순위로 설정된다. 이는 또한 I/O가 낮은 우선순위에서 이뤄졌다면 I/O 우선순위를 상승시킬 수도 있다(I/O 우선순위는 6장을 참고하라). 모든 우선순위 상승을 망라해 자동 상승에 의해 획득 가능한 최대 우선순위는

15다(실시간 스레드의 우선순위는 절대로 상승되지 않는다).

현재 구현은 커널 코드에만 노출돼 있는 푸시락과 가드 뮤텍스^{guarded mutexes} 동기화 프리미티브^{primitives}에 대해 자동 상승 프레임워크를 사용한다(이들 객체에 대한 추가적인 정보는 2권의 8장을 보라). 프레임워크는 또한 특별한 경우에 일부 익스큐티브 컴포넌트에 의해 사용된다. 윈도우의 향후 버전은 크리티컬 섹션과 같이 소유권 개념을 가진 유저 모드에서 접근 가능한 객체에 대해서도 자동 상승을 구현할 수도 있다.

컨텍스트 전환

스레드의 컨텍스트와 컨텍스트 전환^{Context Switching} 절차는 프로세서의 구조에 따라 달라진다. 일반적으로 컨텍스트 전환은 다음의 자료들을 저장하고 복원하는 일을 필요로 한다.

- 인스트럭션 포인터^{Instruction pointer}
- 커널 스택 포인터^{Kernel stack pointer}
- 스레드가 실행하는 주소 공간의 포인터(프로세스의 페이지 테이블 디렉터리)

커널은 이들 정보를 현재(이전 스레드의) 커널 모드 스택에 넣고서 스택 포인터를 갱신하고 이 스택 포인터를 이전 스레드의 KTHREAD 블록에 저장함으로써 이전 스레드로부터 이들 정보를 저장한다. 이제 커널 스택 포인터는 새 스레드의 커널 스택으로 설정되고, 새 스레드의 컨텍스트가 로드된다. 새 스레드가 다른 프로세스에 있는 것이라면 그 프로세스의 페이지 테이블 디렉터리를 특별한 프로세서 레지스터에 적재해 해당 프로세스의 주소 공간이 사용 가능하게 한다(주소 변환에 대한 설명은 5장에서 설명한다). 처리돼야 하는 커널 APC가 지연되고 있다면 IRQL 1의 인터럽트가 요청된다(APC에 관한 자세한 정보는 2권의 8장을 참고하라). 그렇지 않으면 새로운 스레드의 복구된 인스트럭션 포인터로 제어가 넘어가 새로운 스레드가 실행을 재개한다.

직접 전환

윈도우 8과 서버 2012는 직접 전환^{Direct Switch}이라는 최적화 기법을 도입했다. 이는 스레드로 하여금 자신의 퀀텀을 양보하고 동일한 프로세서에서 즉시 스케줄되도록 다른 스레드를 상승시키게 한다. 이 기법은 동기적 클라이언트/서버 시나리오에서 상당한 처리량 개선을 이룰 수 있다. 클라이언트/서버 스레드는 유휴 상태이거나 정지 상태에 있을 수도 있는 다른 프로세서로 이주를 하지 않기 때문이다. 스레드 전환은 특정한 주어진 시간에 클라이언트나 서버 스레드만이 실행한다면 스레드 스케줄러는 이들을 단일 논리 스레드로 취급할 수 있다는 측면으로도 생각해볼 수도 있다. 그림 4-13은 직접 전환의 사용 효과를 보여준다.

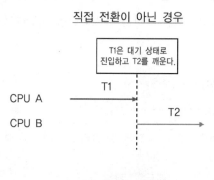

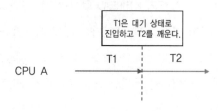

그림 4-13 직접 전환

첫 번째 스레드(그림 4-13에서 T1)가 두 번째 스레드(T2)가 대기하고 있는 동기화 객체를 시그널링한 이후에 대기 상태로 막 진입하려 한다는 사실을 스케줄러는 알 수가 없다. 따라서 스케줄러에게 이러한 상황을 알려주기 위해 특수한 한 함수를 호출해야 한다(원자적 시그널과 대기).

가능하다면 KiDirectSwitchThread 함수는 실제 전환 작업을 수행한다. KiExitDispatcher 는 가능하다면 직접 전환을 사용하기를 표시하는 플래그가 전달된다면 KiDirect-SwitchThread를 호출한다. KiExitDispatcher의 또 다른 플래그에 우선순위 반납이 지정돼 있으면 우선순위 반납이 적용된다. 즉, 첫 번째 스레드의 우선순위가 두 번째 스레드로 반납된다(후자의 우선순위가 전자보다 낮다면). 현재 구현에서는 이들 두 플래그는 항상 함께 지정된다(또는 함께 지정되지 않는다). 이는 직접 전환 시도가 있다면 우선순위 반납도 같이 이뤄진다는 의미다. 예를 들어 대상 스레드의 친화성으로 인해 현재 프로세서에서 실행하지 못하게 된다면 직접 전환은 실패할 수도 있다. 하지만 성공한다면 첫 번째 스레드의 퀀텀은 대상 스레드로 이전되고 첫 번째 스레드는 남은 자신의 퀀텀을 잃게 된다.

직접 전환은 현재 다음과 같은 시나리오에서 사용된다.

- 스레드가 SignalObjectAndWait 윈도우 API를 호출한다면(또는 이 함수의 커널 버전인 NtSignalAndWaitForSingleObject)
- ALPC(2권의 8장에서 설명한다)
- 동기적 원격 프로시저 호출[RPC]
- COM 원격 호출(현재 MTA [멀티스레드 아파트먼트]에서 MTA로만)

스케줄링 시나리오

윈도우는 스레드 우선순위에 대해 "누가 CPU를 갖는가?"라는 질문에 기초한다. 그러면 실제로 이런 접근법이 어떻게 동작할까? 다음 절은 우선순위 기반 선점형 멀티태스킹이 스레드 수준에서 어떻게 동작하는지를 보여준다.

자발적인 전환

우선 스레드는 윈도우의 대기 함수(WaitForSingleObject 또는 WaitForMultipleObjects)를 호출해 일부 객체(이벤트와 뮤텍스, 세마포어, I/O 완료 포트, 프로세스, 스레드 등)에 대한 대기 상태로 진입함으로써 프로세서 사용을 자발적으로 포기한다(객체에 대한 대기는 2권의 8장에서 좀 더 상세히 다룬다).

그림 4-14에서는 스레드가 대기 상태로 진입하고 윈도우가 새롭게 실행시킬 스레드를 선택하는 것을 보여준다. 그림 4-14에서 맨 위 블록(스레드)은 자발적으로 프로세서를 포기해 레디 큐$^{ready\ queue}$에 있는 다음 스레드가 실행할 수 있게 한다(실행 열에 들어가면 광륜^{halo})로 표시된다). 그림에서 프로세서를 포기하는 스레드의 우선순위가 감소하는 것처럼 보이지만 그렇지 않다. 스레드가 대기하는 객체의 대기 큐로 옮겨진 것뿐이다.

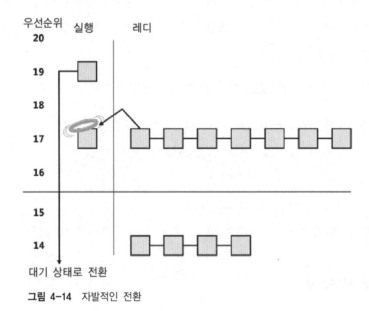

그림 4-14 자발적인 전환

선점

이 스케줄링 시나리오에서 우선순위가 낮은 스레드는 우선순위가 높은 스레드가 실행될 준비가 되면 선점된다. 이 상황은 다음과 같은 몇 가지 이유로 발생한다.

- 우선순위가 높은 스레드의 대기가 끝났을 경우(다른 스레드가 기다리던 이벤트가 발생한 경우)
- 스레드의 우선순위가 증가 또는 감소하는 경우

420

두 가지의 경우에 윈도우는 지금 실행하고 있는 스레드가 계속 실행돼야 하는지 아니면 우선순위가 더 높은 다른 스레드가 실행할 수 있게 선점돼야 할지를 결정해야 한다.

 유저 모드에서 실행하는 스레드도 커널 모드에서 동작하는 스레드를 선점할 수 있다. 스레드가 실행하는 모드는 중요하지 않고, 스레드의 우선순위에 의해 모든 것이 결정된다.

스레드가 선점 당하면 자신이 실행했던 해당 우선순위의 레디 큐의 맨 앞에 놓이게 된다 (그림 4-15를 보라).

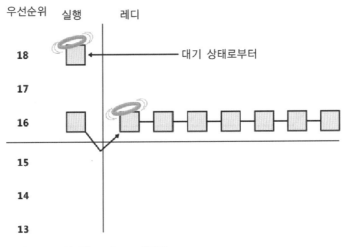

그림 4-15 선점형 스레드 스케줄링

그림 4-15에서 우선순위 18인 스레드가 대기 상태에서 깨어나 CPU를 다시 차지하게 돼 이제까지 실행되고 있던 우선순위 16인 스레드는 레디 큐의 맨 앞으로 밀려난다. 밀려난 스레드는 큐의 맨 뒤가 아닌 맨 앞으로 오게 됨을 유의해야 한다. 선점했던 스레드가 실행을 끝내면 밀려난 스레드가 자신의 남은 퀀텀을 소진하게 된다.

퀀텀 종료

실행되고 있는 스레드가 CPU 퀀텀을 모두 소진하면 윈도우는 이 스레드의 우선순위가 감소돼야 하는지, 그리고 다른 스레드가 프로세서에 스케줄돼야 하는지를 판단한다.

스레드의 우선순위가 감소됐다면(예를 들어 이전에 받았던 우선순위 상승으로 인해) 윈도우는 스케줄링을 위해 좀 더 적당한 스레드를 찾는다(예를 들어 지금 실행중인 스레드보다 더 높은 우선순위의 스레드가 레디 큐에 있다면). 스레드의 우선순위가 감소하지 않고 같은 우선순위의 레디 큐에 다른 스레드가 있다면 윈도우는 이 스레드를 선택하고 지금 실행하고 있는 스레드는 레디 큐의 맨 뒤로 보낸다. 이때 보내는 스레드에 대해 새로운 퀀텀을 부여하고 스레드의 상태를 실행 상태에서 준비 상태로 변경한다. 이 상황을 그림 4-16에 나타내고 있다. 실행 준비가 된 동일한 우선순위를 가진 다른 스레드가 없으면 지금 실행 중인 스레드가 퀀텀을 다시 받아 계속 실행하게 된다.

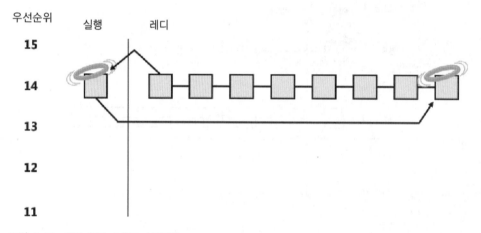

그림 4-16 퀀텀 종료 스레드 스케줄링

살펴봤듯이 윈도우는 클록 간격 타이머에 기초한 퀀텀으로만 스레드 스케줄링을 하는 대신에 좀 더 정확한 CPU 클록 사이클 카운트를 사용해 퀀텀 대상을 유지하고 있다. 윈도우는 이 카운트를 이용해 퀀텀 종료가 현재 스레드에 적절한지를 판단한다. 이것은 이전 상황에서도 발생할 수 있으며, 논의할 중요한 사항이다.

클록 간격 타이머에만 의존하는 스케줄 모델에서는 다음과 같은 현상이 발생할 수 있다.

- 스레드 A와 스레드 B가 간격 사이에 실행 준비 상태가 될 수 있다(클록 간격에만 스케줄링 코드가 실행되는 것이 아니기 때문에 이 상태는 자주 발생한다).

- 스레드 A가 실행됐지만 잠시 동안 인터럽트 된다. 인터럽트 처리에 소비된 시간은 그 스레드에 부가된다.

- 인터럽트 처리가 끝나고 스레드 A가 다시 실행됐지만 바로 다음 클록 간격에 도달한다. 스케줄러는 이제까지 스레드 A가 실행됐다고 가정하고 스레드 B로 전환한다.

- 스레드 B가 실행되고 모든 클록 간격을 다 사용할 기회를 가진다(선점이나 인터럽트 처리를 제외하고).

이 시나리오에서 스레드 A는 두 가지의 다른 관점에서 불리한 입장이 된다. 첫 번째로 인터럽트 처리와는 아무런 상관이 없는 스레드일지라도 디바이스 인터럽트를 처리하기 위해서 사용된 시간이 해당 스레드의 CPU 시간으로 계산돼 버리는 것이다(인터럽트는 그 당시 실행되는 스레드의 컨텍스트에서 실행되게 된다. 6장에서 다룬다). 스레드 A의 스케줄이 일어나기 전에 시스템의 유휴 상태 처리가 해당 클록 간격 안에서 일어나는 것도 불공평한 일이다. 그림 4-17은 이런 상황을 보여준다.

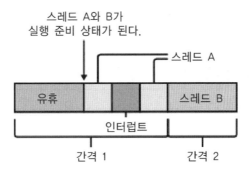

그림 4-17 이전 버전의 윈도우에서 불공평한 시간 분배

윈도우는 스레드가 처리하게 돼 있는 작업(인터럽트는 제외) 수행에 소비된 정확한 CPU 클록 사이클 수에 대한 올바른 카운트를 유지한다. 윈도우는 퀀텀 종료 시점에 스레드에 의해 소비돼야 하는 클록 사이클의 퀀텀 대상을 유지하고 있다. 따라서 앞서 기술한 스레드 A에게 주어졌던 두 가지의 불공평한 결정이 더 이상 윈도우에서 일어나지 않게 됐다. 대신 다음과 같은 상황이 발생한다.

- 스레드 A와 B는 간격 사이에 실행 준비 상태가 된다.
- 스레드 A가 실행됐지만 잠시 인터럽트된다. 인터럽트 처리에 소비된 CPU 클록 사이클은 스레드 A에 부가되지 않는다.
- 인터럽트 처리가 끝나서 스레드 A가 다시 실행되지만, 바로 다음 클록 간격에 도달한다. 스케줄러는 이 스레드에 부가된 CPU 클록 사이클 수를 살펴보고 이 수치를 퀀텀 종료 시에 부가돼야 하는 예상 CPU 클록 사이클과 비교한다.
- 바로 전의 수치가 예상치보다 훨씬 작기 때문에 스케줄러는 스레드 A가 클록 간격 중간에서 실행됐고 추가적인 인터럽트가 발생했다고 가정한다.
- 스레드 A의 퀀텀이 클록 간격만큼 증가되고 퀀텀 대상이 재계산된다. 스레드 A는 이제 전체 클록 간격만큼 실행할 기회를 갖게 된다.
- 다음 클록 간격 시점에 스레드 A는 퀀텀을 마치고 스레드 B가 실행할 기회를 가진다.

그림 4-18에서 이 시나리오를 보여준다.

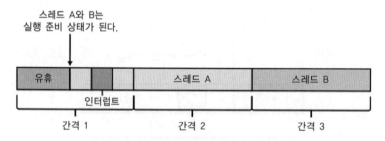

그림 4-18 현재 버전의 윈도우에서의 공평한 시간 분배

종료

스레드가 실행을 끝내면(메인 루틴에서 리턴돼 ExitThread를 호출하거나 TerminateThread 가 호출돼 죽거나) 실행 상태에서 종료terminated 상태로 옮겨간다. 해당 스레드 객체에 대한 오픈된 핸들이 없다면 스레드가 프로세스의 스레드 목록에서 제거되고, 관련 데이터 구조체도 할당 해지돼 반환된다.

유휴 스레드

실행 가능한 스레드가 CPU에 없으면 윈도우는 CPU의 유휴 스레드^{Idle Thread}를 이 CPU에 배정한다. 멀티프로세서 시스템의 경우 한 CPU는 스레드를 실행하고 있지만, 나머지 CPU들은 실행할 스레드가 없는 상황이 존재할 수 있기 때문에 각 CPU는 자신만의 전용 유휴 스레드를 가진다. 각 CPU의 유휴 스레드는 CPU의 PRCB 내에 존재하는 포인터를 통해 찾을 수 있다.

모든 유휴 스레드는 유휴 프로세스에 속한다. 유휴 프로세스와 유휴 스레드는 여러 면에서 특별하다. 물론 그들도 EPROCESS/KPROCESS와 ETHREAD/KTHREAD 구조체로 나타나지만 익스큐티브 관리 프로세스나 스레드 객체가 아니다. 시스템의 프로세스 리스트에도 유휴 프로세스는 존재하지 않는다(이것이 커널 디버거의 !process 0 0 명령의 결과에 나타나지 않는 이유다). 하지만 유휴 스레드(또는 스레드들)나 유휴 프로세스는 다른 방법으로 찾을 수 있다.

실습: 유휴 스레드와 유휴 프로세스의 구조체 살펴보기

유휴 스레드와 유휴 프로세스의 구조체는 커널 디버거의 !pcr 명령을 통해 확인할 수 있다(PCR은 processor control region의 약자다). 이 명령은 PCR의 일부 정보 및 PRCB와 연관된 정보까지 보여준다. !pcr 명령은 하나의 숫자로 된 인자를 받는데, 이것은 PCR을 검사할 CPU의 번호를 나타낸다. 부팅 프로세서^{boot processor}는 프로세서 번호가 0이고, 또한 항상 존재하므로 !pcr 0은 항상 동작한다. 다음 내용은 64비트의 8개 프로세서를 가진 시스템의 로컬 커널 디버깅 세션으로부터 얻은 이 명령의 결과다.

```
lkd> !pcr
KPCR for Processor 0 at fffff80174bd0000:
   Major 1 Minor 1
   NtTib.ExceptionList:    fffff80176b4a000
```

```
          NtTib.StackBase:  fffff80176b4b070
         NtTib.StackLimit:  000000000108e3f8
      NtTib.SubSystemTib:  fffff80174bd0000
            NtTib.Version:  0000000074bd0180
       NtTib.UserPointer:  fffff80174bd07f0
           NtTib.SelfTib:  00000098af072000

                  SelfPcr:  0000000000000000
                     Prcb:  fffff80174bd0180
                     Irql:  0000000000000000
                      IRR:  0000000000000000
                      IDR:  0000000000000000
            InterruptMode:  0000000000000000
                      IDT:  0000000000000000
                      GDT:  0000000000000000
                      TSS:  0000000000000000

           CurrentThread:  ffffb882fa27c080
              NextThread:  0000000000000000
              IdleThread:  fffff80174c4c940

  DpcQueue:
```

이 결과는 메모리 덤프가 추출될 때 유휴 스레드가 아닌 다른 스레드가 CPU 0에서 수행 중이었음을 보여준다. CurrentThread와 IdelThread 포인터가 다르기 때문이다(멀티 CPU 시스템이라면 에러가 발생할 때까지 !pcr 1, !pcr 2 등의 명령도 시도해 각각의 IdleThread 포인터가 다름을 확인할 수 있다).

이제 !thread 명령에 유휴 스레드의 주소를 인자로 사용해보자.

```
lkd> !thread fffff80174c4c940
THREAD fffff80174c4c940  Cid 0000.0000   Teb: 0000000000000000 Win32Thread:
0000000000000000 RUNNING on processor 0
Not impersonating
```

```
DeviceMap ffff800a52e17ce0
Owning Process          fffff80174c4b940    Image: Idle
Attached Process        ffffb882e7ec7640    Image: System
Wait Start TickCount    1637993     Ticks: 30 (0:00:00.468)
Context Switch Count    25908837    IdealProcessor: 0
UserTime                00:00:00.000
KernelTime              05:51:23.796
Win32 Start Address nt!KiIdleLoop (0xfffff801749e0770)
Stack Init fffff80176b52c90 Current fffff80176b52c20
Base fffff80176b53000 Limit fffff80176b4d000 Call 0000000000000000
Priority 0 BasePriority 0 PriorityDecrement 0 IoPriority 0 PagePriority 5
```

마지막으로 이전 결과에서 보여준 'Owning Process'를 !process 명령의 인자로 사용해보자. 간결하게 만들기 위해 두 번째 인자 값으로 3을 사용할 텐데, 이것은 !process의 결과에서 각 스레드에 관련된 정보를 최소화할 수 있게 해준다.

```
lkd> !process fffff80174c4b940 3
PROCESS fffff80174c4b940
    SessionId: none   Cid: 0000   Peb: 00000000  ParentCid: 0000
    DirBase: 001aa000  ObjectTable: ffff800a52e14040  HandleCount: 2011.
    Image: Idle
    VadRoot ffffb882e7e1ae70 Vads 1 Clone 0 Private 7. Modified 1627. Locked 0.
    DeviceMap 0000000000000000
    Token                           ffff800a52e17040
    ElapsedTime                     07:07:04.015
    UserTime                        00:00:00.000
    KernelTime                      00:00:00.000
    QuotaPoolUsage[PagedPool]       0
    QuotaPoolUsage[NonPagedPool]    0
    Working Set Sizes (now,min,max) (7, 50, 450) (28KB, 200KB, 1800KB)
    PeakWorkingSetSize              1
    VirtualSize                     0 Mb
    PeakVirtualSize                 0 Mb
```

```
    PageFaultCount              2
    MemoryPriority              BACKGROUND
    BasePriority                0
    CommitCharge                0

        THREAD fffff80174c4c940  Cid 0000.0000 Teb: 0000000000000000
Win32Thread: 0000000000000000 RUNNING on processor 0
        THREAD ffff9d81e230ccc0  Cid 0000.0000 Teb: 0000000000000000
Win32Thread: 0000000000000000 RUNNING on processor 1
        THREAD ffff9d81e1bd9cc0  Cid 0000.0000 Teb: 0000000000000000
Win32Thread: 0000000000000000 RUNNING on processor 2
        THREAD ffff9d81e2062cc0  Cid 0000.0000 Teb: 0000000000000000
Win32Thread: 0000000000000000 RUNNING on processor 3
        THREAD ffff9d81e21a7cc0  Cid 0000.0000 Teb: 0000000000000000
Win32Thread: 0000000000000000 RUNNING on processor 4
        THREAD ffff9d81e22ebcc0  Cid 0000.0000 Teb: 0000000000000000
Win32Thread: 0000000000000000 RUNNING on processor 5
        THREAD ffff9d81e2428cc0  Cid 0000.0000 Teb: 0000000000000000
Win32Thread: 0000000000000000 RUNNING on processor 6
        THREAD ffff9d81e256bcc0  Cid 0000.0000 Teb: 0000000000000000
Win32Thread: 0000000000000000 RUNNING on processor 7
```

이 프로세스와 스레드 주소는 dt nt!_EPROCESS, dt nt!_KTHREAD 등의 명령에서 도 사용할 수 있다.

이전 실습은 유휴 프로세스 및 유휴 스레드와 연관된 일부 이상한 점을 보여준다. 디버 거는 Image 이름을 Idle로 표시하지만(EPROCESS 구조체의 ImageFileName 멤버에서 가져 온) 여러 윈도우 유틸리티는 유휴 프로세스를 여러 가지 다른 이름으로 보고한다. 작업 관리자와 Process Explorer는 System Idle Process라고 하고, tlist는 System Process 라고 표기한다. 프로세스 ID와 스레드 ID(디버거의 결과에서는 'client IDs'나 'Cid'라고 표시된다)는 0이다. 또한 PEB나 TEB 포인터, 그리고 유휴 프로세스와 유휴 스레드 내의 많은 다른 필드는 0의 값을 가진다. 이것은 유휴 프로세스가 유저 모드 주소 공간이 없고 유휴 스레드도 유저 모드 코드가 없어서 유저 모드 환경을 관리하는 데 필요한 다양한 데이터가 필요 없기 때문이다. 또한 유휴 프로세스는 객체 관리자의 프로세스 객체가 아니며, 유휴 스레드도 객체 관리자의 스레드 객체가 아니다. 대신 초기 유휴 스레드와 유휴 프로세스 구조체는 정적으로 할당돼 프로세스 관리자와 객체 관리자가 초기화되기 전에 시스템 부팅을 위해 사용된다. 그 이후의 유휴 스레드 구조체는 추가 프로세서가 동작할 때 동적으로 할당된다(넌페이지드 풀$^{nonpaged\ pool}$에서 할당해 객체 관리자에게 넘긴다). 프로세스 관리가 초기화되면 유휴 프로세스를 참조하기 위해 PsIdleProcess라는 특수한 변수를 사용한다.

유휴 프로세스와 관련된 가장 흥미로운 예외 점은 윈도우가 유휴 스레드의 우선순위를 0으로 보고한다는 것이다. 하지만 유휴 스레드는 실행시킬 스레드가 전혀 없을 때에만 디스패칭을 위해 선택되므로 실제로 유휴 스레드의 우선순위 값은 관계가 없다. 그들의 우선순위는 절대로 다른 스레드와 비교되지 않는다. 우선순위는 유휴 스레드를 레디 큐에 넣기 위해 사용되지 않는다. 유휴 스레드는 절대로 어떠한 스레드 큐에도 들어가지 않는다(윈도우 시스템에서 우선순위가 0인 스레드는 5장에서 설명할 제로 페이지$^{zero\ page}$ 스레드 하나뿐이다).

유휴 스레드가 실행을 위한 선택의 관점에서 특별한 것처럼 선점에 대해서도 특별하다. 유휴 스레드의 루틴인 KiIdleLoop는 일반적인 방식으로 다른 스레드에 의해 선점되는 것을 차단하는 많은 명령을 수행한다. 프로세서에서 수행될 유휴 스레드가 아닌 스레드가 하나도 없게 될 때 해당 프로세서의 PRCB에는 유휴하다는 표시가 된다. 그 후에 해당 유휴 프로세서에서 수행될 스레드가 선택됐다면 해당 스레드의 주소는 유휴 프로세서 PRCB의 NextThread 포인터에 저장된다. 유휴 스레드는 자신의 루프에서 이 포인터 값을 검사한다.

흐름에 대한 세부 사항(C 언어가 아닌 어셈블리로 작성되는 몇 안 되는 루틴 중의 하나다)은 구조에 따라 달라지겠지만, 유휴 스레드의 기본 제어 흐름은 다음과 같다.

1. 유휴 스레드는 펜딩 상태인 인터럽트를 전달할 수 있게 일시적으로 인터럽트를

활성화하고 다시 비활성화한다(x86과 x64 프로세서에서 STI와 CLI 명령을 사용해). 유휴 스레드의 상당 부분이 인터럽트가 비활성화된 채로 수행하기 때문에 이것은 바람직하다.

2. 일부 아키텍처의 디버그 빌드에서 유휴 스레드는 커널 디버거가 시스템 브레이크를 시도하고 있는지 검사해 그렇다면 그 요청을 허용한다.

3. 유휴 스레드는 해당 프로세서에 펜딩 중인 DPC(6장에서 설명된)가 있는지 확인한다. DPC는 자신이 큐에 들어갈 때 DPC 인터럽트가 발생하지 않았다면 펜딩될 수 있다. DPC가 펜딩 상태라면 유휴 루프는 KiRetireDpcList를 호출해 펜딩된 DPC를 전달하게 한다. 이것은 또한 타이머 종료와 지연된 준비 작업도 처리한다. 후자에 대해서는 앞으로 나오는 '멀티프로세서 시스템' 절에서 다룬다. 1단계의 끝부분에서 인터럽트를 비활성화한 채로 남겨놨기 때문에 KiRetireDpcList에는 인터럽트가 비활성화된 채로 들어와야 한다. 또한 KiRetireDpcList는 인터럽트가 비활성화된 채로 빠져나가게 된다.

4. 유휴 스레드는 퀀텀 종료 처리가 요청됐는지 검사한다. 그렇다면 KiQuantumEnd를 호출해 이 요청을 처리한다.

5. 유휴 스레드는 이 프로세서에서 다음번에 실행시키기로 선택된 스레드가 있는지 검사한다. 있으면 해당 스레드를 배정한다. 예를 들어 3단계에서 처리되는 DPC 또는 타이머 종료가 대기 중인 스레드의 대기를 풀어줬거나, 이미 유휴 루프 안에 있는 동안 이 프로세서에서 수행할 스레드를 다른 프로세서에서 선택했을 경우다.

6. 요청이 있는 경우 유휴 스레드는 다른 프로세서에서 실행되기를 대기 중인 스레드가 있는지 검사해 가능하다면 이들 스레드 중 하나를 지역적으로 스케줄링한다(이 동작에 대해서는 앞으로 나올 '유휴 스케줄러' 절에서 다룬다).

7. 유휴 스레드는 등록된 전원 관리 프로세서의 유휴 루틴을 호출한다(실행해야 하는 전원 관리 기능이 있는 경우에). 이 루틴은 프로세서 전원 드라이버(intelppm. sys 같은)나 제공되는 드라이버가 없는 경우에는 HAL 내부 루틴이 사용된다.

스레드 일시 중지

스레드는 SuspendThread와 ResumeThread API 함수를 각각 사용해 일시 중지됐다가 다시 재개할 수 있다. 모든 스레드는 일시 중지에 의해 증가되고 재개에 의해 감소되는 일시 중지 카운트를 가진다. 카운트가 0이면 스레드는 실행에 자유롭다. 그렇지 않다면 스레드는 실행하지 않는다.

일시 중지는 커널 APC를 해당 스레드에 큐잉함으로써 동작한다. 스레드가 실행을 위해 전환될 때 APC가 먼저 실행된다. 이는 스레드가 언젠가 재개할 때 시그널되는 이벤트를 스레드가 대기하게 한다.

이런 일시 중지 메커니즘은 일시 중지 요청이 들어오는 동안에 스레드가 대기 상태에 있다면 분명한 단점을 지닌다. 이는 스레드는 일시 정지되기 위해 깨어나야 할 필요가 있음을 의미하기 때문이다. 이로 인해 커널 스택 인스왑(해당 스레드의 커널 스택이 스왑 아웃됐다면)이 이뤄져야 한다. 윈도우 8.1과 서버 2012 R2는 가벼운 일시 중지^{Lightweight} Suspend로 불리는 메커니즘을 추가했다. 이는 APC 메커니즘을 사용한 것이 아니라 메모리 내의 스레드 객체를 직접 조작해 스레드를 일시 중지 상태로 표시함으로써 대기 상태에 있는 스레드의 일시 중지를 허용한다.

(딥) 프리즈

프리징^{Freezing}은 일시 중지 상태로 프로세스가 진입하는 메커니즘으로서 해당 프로세스에 존재하는 스레드에 대해 ResumeThread를 호출해도 일시 중지 상태는 변하지 않는다. 이는 시스템이 UWP 앱을 일시 중지시킬 필요가 있을 때 매우 유용하다. 이런 경우는 예를 들어 다른 앱이 태블릿 모드에서 포어그라운드로 오거나 앱이 데스크톱 모드에서 최소화되는 것으로 인해 윈도우 앱이 백그라운드로 갈 때 발생한다. 이런 경우에 시스템은 대략 5초 정도의 시간을 앱에게 주어 작업을 하게 한다(일반적으로 애플리케이션 상태를 저장하기 위한). 메모리 자원이 고갈된다면 어떠한 통지도 없이 윈도우 앱이 죽을 수도 있기 때문에 상태 저장 작업은 중요하다. 앱이 죽는다면 저장된 이 상태는 다음번의 시작 시에 다시 로드될 수 있으므로 사용자는 앱이 그렇게 멀리 가지 않았다고 생각할 것이다. 어떤 프로세스를 프리징한다는 것은 ResumeThread가 깨울 수 없는 방식으로 모든 스레드를 일시 중지시킨다는 것을 의미한다. KTHREAD 구조체 내의 한 플래그는 스레드가 프리징됐는지를 나타낸다. 스레드가 실행을 할 수 있으려면 일시 중지 카운트가 0이고 frozen 플래그가 클리어돼 있어야 한다.

딥 프리즈Deep freeze는 프로세스에 새로 생성된 스레드는 시작을 할 수 없다는 또 다른 제약을 가한다. 예를 들어 딥 프리징이 된 프로세스에 새로운 스레드 생성을 위해 CreateRemoteThreadEx를 호출한다면 스레드는 실제로 시작하기 전에 프리징된다. 이는 프리징 기능을 사용하는 전형적인 방식이다.

프로세스 프리징과 스레드 프리징 기능은 유저 모드에 직접 노출되지 않는다. 이 기능은 딥 프리징과 언프리징unfreezing을 위해 커널에 요청하는 책임을 가진 프로세스 상태 관리자Process State Manager 서비스가 내부적으로 사용한다.

잡을 사용하는 프로세스 또한 프리징시킬 수 있다. 잡을 프리징하고 언프리징하는 기능은 공개적으로 문서화돼 있지 않지만 표준 NtSetInformationJobObject 시스템 호출을 사용해 가능하다. 모든 윈도우 앱 프로세스는 잡에 포함돼 있으므로 이는 주로 윈도우 앱에 많이 사용된다. 이런 잡은 단 하나의 프로세스(윈도우 앱 자신)를 포함할 수도 있지만, 해당 잡에서의 모든 프로세스를 프리징 또는 언프리징하는 작업이 한 번에 이뤄질 수 있게끔 동일한 바로 그 윈도우 앱과 관련된 백그라운드 태스크 호스팅 프로세스를 또한 포함할 수도 있다(윈도우 앱에 대한 추가적인 사항은 2권의 8장을 보라).

실습: 딥 프리즈

이 실습에서 가상머신을 디버깅함으로써 발생하는 딥 프리즈를 살펴본다.

1. WinDbg를 관리자 권한으로 열고 윈도우 10에서 실행하는 가상머신에 연결한다.

2. Ctrl + Break를 눌러 VM으로 진입한다.

3. 프리징되는 프로세스를 보여주는 명령으로 딥 프리즈가 시작할 때 브레이크포인트가 잡히게 다음과 같이 설정한다.

```
bp nt!PsFreezeProcess "!process -1 0; g"
```

4. g(go) 명령을 입력하거나 F5를 누른다. 여러 딥 프리즈의 발생을 볼 수 있을 것이다.

5. 작업 줄에서 Cortana UI를 시작한 다음에 해당 UI를 닫는다. 5초가 지나면 다음 출력과 같은 결과를 볼 수 있다.

```
PROCESS 8f518500  SessionId: 2  Cid: 12c8   Peb: 03945000  ParentCid: 02ac
  DirBase:  054007e0   ObjectTable: b0a8a040 HandleCount: 988.
  Image: SearchUI.exe
```

6. 디버거로 들어가서 이 프로세스에 대한 추가적인 정보를 살펴보자.

```
1: kd> !process 8f518500 1
PROCESS 8f518500  SessionId: 2  Cid: 12c8  Peb: 03945000  ParentCid: 02ac
DeepFreeze
  DirBase: 054007e0  ObjectTable: b0a8a040  HandleCount: 988.
  Image: SearchUI.exe
  VadRoot 95c1ffd8 Vads 405 Clone 0 Private 7682. Modified 201241. Locked 0.
  DeviceMap a12509c0
  Token                             b0a65bd0
  ElapsedTime                       04:02:33.518
  UserTime                          00:00:06.937
  KernelTime                        00:00:00.703
  QuotaPoolUsage[PagedPool]         562688
  QuotaPoolUsage[NonPagedPool]      34392
  Working Set Sizes (now,min,max)  (20470, 50, 345) (81880KB, 200KB, 1380KB)
```

```
PeakWorkingSetSize          25878
VirtualSize                 367 Mb
PeakVirtualSize             400 Mb
PageFaultCount              307764
MemoryPriority              BACKGROUND
BasePriority                8
CommitCharge                8908
Job                         8f575030
```

7. 디버거에 의해 기록된 DeepFreeze 속성에 주목하자. 프로세스가 잡의
   일부분임에도 유의하자. !job 명령을 사용해 좀 더 세부적 사항을 볼
   수 있다.

```
1: kd> !job 8f575030
Job at 8f575030
  Basic Accounting Information
    TotalUserTime:              0x0
    TotalKernelTime:            0x0
    TotalCycleTime:             0x0
    ThisPeriodTotalUserTime:    0x0
    ThisPeriodTotalKernelTime:  0x0
    TotalPageFaultCount:        0x0
    TotalProcesses:             0x1
    ActiveProcesses:            0x1
    FreezeCount:                1
    BackgroundCount:            0
    TotalTerminatedProcesses:   0x0
    PeakJobMemoryUsed:          0x38e2
    PeakProcessMemoryUsed:      0x38e2
  Job Flags
    [cpu rate control]
    [frozen]
    [wake notification allocated]
```

```
            [wake notification enabled]
            [timers virtualized]
            [job swapped]
        Limit Information (LimitFlags: 0x0)
        Limit Information (EffectiveLimitFlags: 0x3000)
        CPU Rate Control
          Rate = 100.00%
          Scheduling Group: a469f330
```

8. 잡은 CPU 비율 제어하에 있으며(CPU 비율 제어에 관한 추가적 사항은
   4장의 후반부에 나오는 'CPU 비율 제한' 절을 참고하라) 프리징돼 있다.
   디버거를 VM으로부터 연결 해제하고 종료한다.

스레드 선정

논리 프로세서는 실행시킬 다음 스레드를 골라야 할 때마다 KiSelectNextThread 스케
줄러 함수를 호출한다. 이것은 다양한 시나리오에서 발생할 수 있다.

- 현재 수행하고 있거나 대기 중인 스레드가 선택된 논리 프로세서에서의 실행
  자격을 없게 만드는 고정 친화성$^{Hard\ affinity}$의 변화가 발생해 다른 프로세서가
  선택돼야 하는 경우
- 현재 실행 중인 스레드의 퀀텀이 끝나고 실행 중이었던 대칭형 멀티스레딩 설정
  이 이제 busy로 변경됐지만(Symmetric Multi-Threading은 2장에서 설명한 하이
  퍼스레딩 기술에 대한 기술적인 이름이다) 반면에 이상적인 노드 내의 다른 SMT
  설정들은 완전히 유휴 상태인 경우 스케줄러는 현재 스레드의 퀀텀 종료 이동을
  수행해 다른 스레드가 선택되게 한다.
- 대기 작업이 종료되고 대기 상태 레지스터 내에 펜딩된 스케줄링 작업이 있는
  경우(즉, 우선순위와 친화성 비트가 설정돼 있다)

이러한 시나리오에서 스케줄러의 동작은 다음과 같다.

- 프로세서가 수행해야 할 다음 레디 스레드를 찾기 위해 KiSelectReadyThreadEx를 호출해 스레드가 있는지 검사한다.
- 레디 스레드가 발견되지 않는다면 유휴 스케줄러가 활성화돼 유휴 스레드가 실행을 위해 선택된다. 레디 스레드가 발견될 경우 로컬이나 공유 레디 큐 중에 적절한 곳에 그 스레드를 스탠바이 상태로 넣는다.

논리 프로세서가 스케줄돼야 하는 다음 스레드를 선택해야 하고 아직 그 스레드가 수행되지 않았을 경우에만(스레드가 레디 상태로 들어가야 하는 이유이다) KiSelectNextThread 작업이 수행된다. 하지만 논리 프로세서는 다음 레디 스레드를 즉시 수행하거나 수행해야 할 스레드가 없는 경우(유휴 상태로 들어가는 대신에) 다른 동작을 수행하는 것에 관심이 있을 수 있다. 예를 들어 다음과 같은 경우다.

- 우선순위가 변경돼 현재 스탠바이 상태이거나 실행 중인 스레드가 해당 논리 프로세서에서 더 이상 가장 높은 우선순위의 레디 스레드가 아니게 돼 더 높은 우선순위의 레디 스레드가 바로 실행돼야 하는 경우
- 스레드가 명시적으로 YieldProcessor나 NtYieldExecution을 호출해 양보를 하고 다른 스레드가 수행을 위해 준비가 돼 있을 경우
- 현재 스레드의 퀀텀이 끝나고 동일한 우선순위 수준의 다른 스레드 역시 수행될 필요가 있는 경우
- 방금 설명한 시나리오와 유사한 우선순위 변화로 인해 스레드가 자신의 우선순위 상승을 잃은 경우
- 유휴 스케줄러가 동작하면서 유휴 스케줄링이 요청돼 유휴 스케줄러가 동작하는 사이에 레디 스레드가 나타났는지 검사할 필요가 있는 경우

어떤 루틴이 수행될지에 대한 차이점을 기억하는 가장 간단한 방법은 논리 프로세서가 다른 스레드를 반드시 수행해야 하는지(이 경우 KiSelectNextThread가 호출된다), 또는 가능할 경우에 다른 스레드를 수행해야 하는지 여부다(이 경우 KiSelectReadyThread가

436

호출된다). 두 경우 모두 각각의 프로세서는 공유 레디 큐(KPRCB에 의해 가리켜진다)에 속하므로 가장 높은 우선순위의 첫 번째 스레드가 현재 수행되는 스레드의 우선순위보다 낮지 않다면 해당 스레드를 제거함으로써 KiSelectReadyThreadEx는 현재 논리적 프로세서[LP, Logical Processor]의 큐를 간단히 검사할 수 있다(현재 스레드가 여전히 실행되게 허락돼 있는지에 달려있는데 KiSelectNextThread 시나리오에서는 없는 상황이다). 우선순위가 높은 스레드가 없거나(또는 레디 상태의 스레드가 전혀 없다면) 반환되는 스레드는 없다.

유휴 스케줄러

유휴 스레드가 동작할 때마다 유휴 스케줄링이 활성화돼 있는지 검사한다. 그렇다면 유휴 스레드는 KiSearchForNewThread를 호출함으로써 다른 프로세서의 레디 큐에서 실행 가능한 스레드에 대한 스캐닝을 시작한다. 이 작업과 관련된 런타임 비용은 유휴 스레드의 시간에 부과되지 않고 대신 인터럽트와 DPC 시간(해당 프로세서에 부과된)으로 부여된다. 따라서 유휴 스케줄링 시간은 시스템 시간으로 간주된다. 이번 절에서 앞서 봤던 함수들에 기반을 둔 KiSearchForNewThread 알고리즘은 잠시 후에 설명한다.

멀티프로세서 시스템

단일 프로세서 시스템에서의 스케줄링은 비교적 단순하다. 언제나 수행되길 원하는 가장 높은 우선순위의 스레드가 실행한다. 멀티프로세서 시스템에서 윈도우는 스레드가 선호하는 프로세서가 어떤 것인지, 직전에 수행했던 프로세서가 어떤 것인지를 고려하고 멀티프로세서 시스템의 구성도 고려해 이 스레드에 가장 적합한 프로세서를 골라 스케줄링을 하므로 상황이 더 복잡하다. 따라서 윈도우는 가장 높은 우선순위를 갖는 스레드를 모든 가용한 프로세서에 스케줄링하지만 하나의 가장 높은 우선순위의 스레드가 어디에선가 실행하고 있음을 보장할 뿐이다. 공유 레디 큐(친화성 제약이 없는 스레드를 위한) 덕택에 이 보장은 더욱 강력해졌다. 프로세서에 대한 각 공유 그룹은 가장 높은 우선순위 스레드 중의 한 스레드를 실행한다.

어떤 스레드를 언제 어디서 실행해야 하는지를 결정하는 알고리즘을 설명하기에 앞서 멀티프로세서 시스템에서 스레드와 프로세서 상태를 추적하기 위해 윈도우가 사용하는 추가적인 정보에 대해 살펴보고, 윈도우에서 지원하는 세 가지 형태의 멀티프로세서 시스템(SMT와 멀티코어, NUMA)에 대해서도 살펴보자.

패키지 세트와 SMT 세트

윈도우는 논리 프로세서 토폴로지topology를 다룰 때 올바른 스케줄링 결정을 위해 KPRCB 의 다섯 개 필드를 사용한다. 첫 번째 필드인 CoresPerPhysicalProcessor는 이 논리 프로세서가 멀티코어 패키지의 일부분인지 결정한다. 이는 프로세서가 반환한 CPUID를 2의 제곱 값이 되게 반올림해 계산된다. 두 번째 필드는 LogicalProcessorsPerCore로 논리 프로세서가 하이퍼스레딩이 활성화된 인텔 프로세서 같은 SMT 세트의 일부분인지 결정한다. 이것 역시 CPUID와 반올림을 통해 계산된다. 이들 두 숫자를 곱함으로써 패키지당 논리적 프로세서의 수, 또는 소켓에 맞는 실제 물리적 프로세서의 수를 구할 수 있다. 이 숫자들로 각 PRCB는 PackageProcessorSet 값을 채울 수 있다. 이것은 해당 그룹 내의(패키지가 하나의 그룹으로 제한되기 때문에) 다른 논리적 프로세서가 동일 한 물리적 프로세서에 포함돼 있는지를 기술하는 친화성 마스크 값이다. 유사하게 CoreProcessorSet 값은 다른 논리 프로세서를 SMT 세트라 불리는 동일한 코어로 연결 한다. 마지막으로 GroupSetMember 값은 현재 프로세서 그룹 내에서 바로 이 논리 프로 세서를 나타내는 비트마스크를 정의한다. 예를 들어 논리 프로세서 3은 일반적으로 GroupSetMember로 $8(2^3)$의 값을 가진다.

실습: 논리 프로세서 정보 보기

SMT 프로세서를 위해 윈도우가 관리하는 정보를 보려면 커널 디버거에서 !smt 명령을 입력한다. 다음 출력은 SMT가 적용된 쿼드코어 Intel Core i7 시스템(8 개의 논리 프로세서)에서 얻은 것이다.

```
lkd> !smt
SMT Summary:
------------

KeActiveProcessors:
********--------------------------------------------------------
(00000000000000ff)
IdleSummary:
-****--*--------------------------------------------------------
(000000000000009e)


No PRCB       SMT Set                           APIC Id
0 fffff803d7546180 **------------------------ (0000000000000003) 0x00000000
1 ffffba01cb31a180 **------------------------ (0000000000000003) 0x00000001
2 ffffba01cb3dd180 --**---------------------- (000000000000000c) 0x00000002
3 ffffba01cb122180 --**---------------------- (000000000000000c) 0x00000003
4 ffffba01cb266180 ----**-------------------- (0000000000000030) 0x00000004
5 ffffba01cabd6180 ----**-------------------- (0000000000000030) 0x00000005
6 ffffba01cb491180 ------**------------------ (00000000000000c0) 0x00000006
7 ffffba01cb5d4180 ------**------------------ (00000000000000c0) 0x00000007

Maximum cores per physical processor:   8
Maximum logical processors per core:    2
```

NUMA 시스템

윈도우에서 지원되는 또 다른 형태의 멀티프로세서는 비정형 메모리 아키텍처^{NUMA,} Non-Uniform Memory Architecture에 관한 것이다. NUMA 시스템에서는 프로세서들이 노드^{node} 라는 작은 단위로 그룹화된다. 각각의 노드는 자체적인 프로세서와 메모리를 가지며, 캐시 일관성^{cache-coherent} 내부 연결 버스를 통해 좀 더 큰 시스템에 연결된다. 이 시스템 이 '비정형'으로 불리는 이유는 각각의 노드가 자체적인 고속 메모리를 갖고 있기 때문 이다. 어느 노드의 어느 프로세서든 모든 메모리에 접근 가능하지만 노드 자체의 메모 리가 접근하기 훨씬 빠르다.

NUMA 시스템에서 커널은 각각의 노드에 대한 정보를 KNODE라는 데이터 구조체에 저장한다. 커널 변수 KeNodeBlock은 각 노드에 대한 KNODE 구조체 포인터를 갖는 배열이다. KNODE 구조체의 형식을 보려면 커널 디버거에서 dt 명령을 입력하면 된다. 결과는 다음과 같다.

```
lkd> dt nt!_KNODE
   +0x000 IdleNonParkedCpuSet : Uint8B
   +0x008 IdleSmtSet         : Uint8B
   +0x010 IdleCpuSet         : Uint8B
   +0x040 DeepIdleSet        : Uint8B
   +0x048 IdleConstrainedSet  : Uint8B
   +0x050 NonParkedSet       : Uint8B
   +0x058 ParkLock           : Int4B
   +0x05c Seed               : Uint4B
   +0x080 SiblingMask        : Uint4B
   +0x088 Affinity           : _GROUP_AFFINITY
   +0x088 AffinityFill       : [10] UChar
   +0x092 NodeNumber         : Uint2B
   +0x094 PrimaryNodeNumber  : Uint2B
   +0x096 Stride             : UChar
   +0x097 Spare0             : UChar
   +0x098 SharedReadyQueueLeaders : Uint8B
   +0x0a0 ProximityId        : Uint4B
   +0x0a4 Lowest             : Uint4B
   0x0a8 Highest             : Uint4B
   0x0ac MaximumProcessors   : UChar
   0x0ad Flags               : _flags
   0x0ae Spare10             : UChar
   0x0b0 HeteroSets          : [5] _KHETERO_PROCESSOR_SET
```

실습: NUMA 정보 살펴보기

NUMA 시스템에서 윈도우가 각 노드에 대해 유지하는 정보를 보려면 커널 디버거에서 !numa 명령을 입력한다. NUMA 시스템이 이용 불가능한 상황에서 실습을 하려면 게스트 VM이 사용할 하나 이상의 NUMA 노드를 포함하는 하이퍼-V 가상머신을 구성하면 된다. NUMA 사용을 위한 하이퍼-V VM을 구성하기 위해 다음과 같이 한다(4개 이상의 논리 프로세서가 장착된 호스트 머신이 필요하다).

1. 시작을 클릭하고 hyper를 입력한다. Hyper-V 관리자 옵션을 클릭한다.

2. VM의 전원이 꺼져있는지 확인한다. 그렇지 않다면 다음의 변경이 이뤄질 수 없다.

3. Hyper-V 관리자의 VM에 마우스 오른쪽 클릭을 하고 VM 설정을 열기 위해 Settings를 선택한다.

4. Memory 노드를 클릭하고 Dynamic Memory의 체크가 해제돼 있는지 확인한다.

5. Processor 노드를 클릭하고 Number of Virtual Processors 박스에 4를 입력한다.

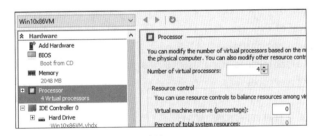

6. Processor 노드를 확장해 NUMA 서브노드를 선택한다.

7. Maximum Number of Processors와 Maximum NUMA Nodes Allowed on a Socket 박스에 각각 2를 입력한다.

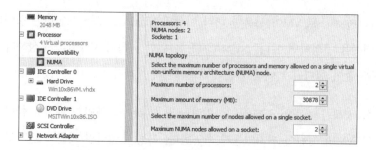

8. 설정을 저장하기 위해 OK를 클릭한다.

9. VM의 전원을 켠다.

10. 커널 디버거에서 !numa 명령을 실행한다. 이렇게 구성된 VM에 대한 출력 결과는 다음과 같다.

```
2: kd> !numa
NUMA Summary:
------------
    Number of NUMA nodes  : 2
    Number of Processors  : 4
unable to get nt!MmAvailablePages
    MmAvailablePages      : 0x00000000
    KeActiveProcessors    : ****--------------------------- (0000000f)

    NODE 0 (FFFFFFFF820510C0):
    Group                 : 0 (Assigned, Committed, Assignment Adjustable)
    ProcessorMask         : **----------------------------- (00000003)
    ProximityId           : 0
    Capacity              : 2
    Seed                  : 0x00000001
    IdleCpuSet            : 00000003
    IdleSmtSet            : 00000003
    NonParkedSet          : 00000003
Unable to get MiNodeInformation

    NODE 1 (FFFFFFFF8719E0C0):
```

```
Group              : 0 (Assigned, Committed, Assignment Adjustable)
ProcessorMask      : --**-------------------------- (0000000c)
ProximityId        : 1
Capacity           : 2
Seed               : 0x00000003
IdleCpuSet         : 00000008
IdleSmtSet         : 00000008
NonParkedSet       : 0000000c
Unable to get MiNodeInformation
```

NUMA 시스템에서 성능을 최대한 끌어내기 위해 윈도우가 NUMA 인식 스케줄링 알고리즘에 따라 거의 모든 스레드를 이미 하나의 NUMA 노드에 제한할지라도 애플리케이션은 친화성 마스크를 설정해 프로세스가 특정 노드의 프로세서에서만 동작하게 제한할 수 있다.

스케줄링 알고리즘이 NUMA 시스템을 어떻게 고려하는지는 4장의 '프로세서 선정' 절에서 다뤘다(노드 자체 메모리를 활용한 메모리 관리자의 최적화는 5장에서 다룬다).

프로세서 그룹 할당

논리 프로세서와 SMT 세트, 멀티코어 패키지, 물리적 소켓 사이의 다양한 관계를 구축하기 위해 시스템의 토폴로지를 질의하는 동안 윈도우는 프로세서의 친화성을 나타내는 적합한 그룹에 프로세서를 배정한다(앞서 살펴본 확장된 친화성 마스크를 통해). 이 작업은 KePerformGroupConfiguration 루틴에서 수행되는데, 초기화하는 동안 다른 어떤 1단계 작업이 완료되기 전에 호출된다. 이 과정의 단계는 다음과 같다.

1. 이 함수는 모든 감지된 노드(KeNumberNodes)에 질의해 각 노드의 용량을 계산한다. 즉, 얼마나 많은 논리 프로세서가 노드에 포함될 수 있는지를 계산한다. 이 값은 시스템의 모든 NUMA 노드를 나타내는 KeNodeBlock 내의 MaximumProcessors에 저장된다. 시스템이 NUMA 근접^{Proximity} ID를 지원한다면 각 노드에 대한 근접

ID 또한 질의돼 노드 블록 내에 저장된다.

2. NUMA 거리^{distance} 배열(KeNodeDistance)이 할당돼 각 NUMA 노드 사이의 거리가 계산된다.

   다음의 과정은 기본 NUMA 배정을 대체하는 특정 사용자 설정 옵션을 처리한다. 예를 들어 하이퍼-V가 설치되고 하이퍼바이저가 자동 시작하게 설정된 시스템을 가정해보자. CPU가 확장 하이퍼바이저 인터페이스를 지원하지 않는다면 오직 하나의 프로세서 그룹만이 활성화되고 모든 NUMA 노드는 그룹 0에 연관될 것이다. 따라서 이 경우에 하이퍼-V는 동시에 64개 프로세서 이상을 가진 머신의 장점을 취할 수 없다는 것을 의미한다.

3. 다음으로 이 함수는 로더에 의해 전달된(따라서 사용자에 의해 설정된) 어떠한 정적 그룹 할당 데이터가 있는지 검사한다. 이 데이터는 근접 정보와 각 NUMA 노드에 대한 그룹 할당을 명시한다.

> 테스팅과 인증 목적으로 근접 정보와 그룹 할당에 대한 맞춤 제어가 필요한 대규모의 NUMA 서버를 다루는 사용자는 이 데이터를 HKLM\SYSTEM\CurrentControlSet\Control\NUMA 레지스트리 키 아래의 Group Assignment와 Node Distance 값을 통해 입력할 수 있다. 이 데이터의 정확한 형식은 개수와 32비트 값의 근접 ID와 그룹 할당에 대한 배열을 포함한다.

4. 이 데이터가 유효하다고 처리하기 전에 커널은 근접 ID와 노드 번호가 일치하는지 질의한 후 요청된 그룹 번호와 연결시킨다. 그런 다음 NUMA 노드 0이 그룹 0과 연결돼 있는지, 모든 NUMA 노드의 용량이 그룹 크기와 일치하는지 확인한다. 마지막으로 이 함수는 얼마나 많은 그룹이 잔여 용량을 갖고 있는지 검사한다.

> NUMA 노드 0은 항상 그룹 0에 할당된다.

5. 커널은 방금 설명한 것처럼 할당 데이터가 전달됐다면 모든 정적으로 구성된 노드를 존중하면서 동적으로 NUMA 노드를 그룹에 할당하려고 시도한다. 일반

적으로 커널은 그룹당 가능한 한 많은 NUMA 노드를 합쳐서 생성되는 그룹의 수를 최소화하려고 한다. 그러나 이 동작이 요구되지 않았다면 maxgroup BCD 옵션을 통해 구성된 /MAXGROUP 로더 매개변수로 다르게 구성할 수 있다. 이 값을 설정하면 기본 동작을 무시하고 가능한 한 많은 NUMA 노드를 가능한 한 많은 그룹으로 확산하기 위한 알고리즘을 동작시킨다(현재 구현된 그룹 제한이 20인 것을 감안하면서). 오직 하나의 노드만 존재하거나 모든 노드가 하나의 그룹에 속할 수 있다면(maxgroup이 꺼져있음) 시스템은 모든 노드를 그룹 0으로 할당하는 기본 설정을 수행한다.

6. 하나 이상의 노드가 있다면 윈도우는 정적 NUMA 노드(존재한다면)의 거리를 검사한다. 모든 노드를 자신들의 용량에 따라 정렬해 가장 큰 노드가 가장 먼저 오게 한다. 그룹 최소화^{group-minimization} 모드에서는 모든 용량을 합함으로써 커널은 얼마나 많은 최대 프로세서가 있을 수 있는지 파악한다. 그 수를 그룹당 프로세서 수로 나눔으로써 커널은 시스템에 이렇게 많은 총 그룹이 있을 거라고 가정한다(최대 20로 제한된). 그룹 최대화^{group-maximization} 모드에서는 노드만큼 많은 그룹이 있을 것이라고 초기에 추정한다(역시 20로 제한된).

7. 커널은 마지막 할당 과정을 시작한다. 이전의 모든 고정된 할당은 이제 커밋되고 그 할당을 위해 그룹들이 생성된다.

8. 그룹 내의 다른 노드들 사이의 거리를 최소화하기 위해 모든 NUMA 노드는 다시 섞인다. 즉, 거리에 따라 정렬돼 더 가까운 노드는 동일한 그룹에 들어간다.

9. 동적으로 설정된 모든 노드에 대한 그룹 할당이 동일한 과정으로 진행된다.

10. 남아있는 모든 빈 노드가 그룹 0으로 할당된다.

그룹당 논리 프로세서

일반적으로 윈도우는 그룹당 64개의 프로세서를 할당한다. 하지만 BCD의 groupsize 항목을 통해 설정되는 /GROUPSIZE 등의 다양한 로드 옵션을 이용해 사용자 정의를 할 수도 있다. 2의 제곱수로 지정함으로써 일반적인 상황보다 더 적은 프로세서를 그룹이 갖게 강제해 시스템 내의 그룹 인식 테스트 같은 목적의 작업을 할 수 있다. 예를 들어

8개의 논리 프로세서를 갖는 시스템은 1 또는 2, 4개의 그룹을 갖게 할 수 있다. BCD의 groupaware 요소인 /FORCEGROUPAWARE 옵션은 스레드와 DPC의 친화성 선택이나 프로세스 그룹 할당 같은 행동 시 커널이 가능하다면 가용한 가장 높은 그룹 번호를 그룹 0에 할당하는 것을 막는다. 그룹 크기를 1로 설정하는 것은 피하는 것이 좋다. 이는 시스템의 거의 모든 애플리케이션이 단일 프로세서에서 동작하는 것처럼 만들기 때문이다. 커널이 프로세서가 다른 친화성 마스크를 요청하기 전까지(대부분의 애플리케이션이 요즘 이렇게 하지 않는다) 해당 프로세스의 친화성 마스크를 오직 하나의 그룹으로만 설정하기 때문이다.

패키지 내의 논리적 프로세서 개수가 하나의 그룹에 수용될 수 없는 예매한 상황도 있음에 유의하자. 이때 윈도우는 패키지가 하나의 그룹에 맞게 이들 개수를 조정한다. 윈도우는 CoresPerPhysicalProcessor 숫자를 줄이고 SMT도 맞지 않다면 Logical-ProcessorPerCore도 조정한다. 시스템이 실제로 하나의 패키지 내에 여러 개의 NUMA 노드를 갖고 있을 경우에만 이 규칙에 대해 예외가 된다(흔한 상황은 아니지만 가능은 하다). 이들 멀티칩 모듈MCM에서는 두 개의 메모리 컨트롤러와 두 세트의 코어가 하나의 동일한 패키지 내에 존재한다. ACPI 정적 리소스 친화성 테이블SRAT이 MCM을 두 개의 NUMA 노드를 가진 것으로 정의한다면 그룹 설정 알고리즘에 따라 윈도우는 두 개의 노드를 두 개의 서로 다른 그룹과 연관시킨다. 이 시나리오에서 MCM 패키지는 하나 이상의 그룹으로 확장된다.

중요한 드라이버와 애플리케이션 호환성 문제(개발자에 의해 사용될 때 이 문제가 식별되고 제거되게 설계되는)를 야기하는 것 이외에 이 옵션은 시스템에 훨씬 더 큰 영향을 미친다. 이들은 비NUMA 시스템에서 NUMA의 동작을 강제한다. 이것은 앞서 할당 알고리즘에서 살펴본 것처럼 윈도우가 NUMA 노드를 절대로 다중 그룹으로 확장되게 하지 않기 때문이다. 따라서 커널이 인위적으로 작은 그룹을 만들었다면 각각의 그룹은 반드시 자신만의 NUMA 노드를 가져야 한다. 예를 들어 그룹 크기가 2인 쿼드코어 프로세서에서는 두 개의 그룹을 만들 것이기 때문에 메인 노드의 서브노드가 되는 두 개의 NUMA 노드가 생성될 것이다. 이것은 실제 NUMA 시스템과 동일한 방법으로 스케줄링과 메모리 관리 정책에 영향을 줄 것이다. 하지만 테스트를 위해서는 유용할 수 있다.

논리 프로세서 상태

공유 레디 큐와 로컬 레디 큐, 레디 요약$^{\text{ready summary}}$에 더불어 윈도우는 시스템에 존재하는 프로세서의 상태를 나타내는 두 가지의 비트마스크를 갖고 있다(이들 마스크를 어떻게 활용하는지는 '프로세서 선정' 절에서 설명했다). 윈도우가 유지하는 두 가지의 비트마스크는 다음과 같다.

- **KeActiveProcessors** 활성 프로세서 마스크다. 각 비트는 시스템 내의 프로세서 중 어느 것이 사용 가능한지를 나타낸다. 윈도우 버전의 라이선스가 실제 시스템에서 가용한 물리적 프로세서 수보다 적은 수의 프로세서만을 지원한다면 이들은 실제 시스템에 존재하는 프로세서 수보다 적을 수도 있다. 머신에 실제로 얼마나 많은 프로세서가 라이선스에 따라 사용되는지 보려면 KeRegisteredProcessors 변수를 사용한다. 이 예에서 '프로세서들'은 물리적인 패키지를 말한다.
- **KeMaximumProcessors** 프로세서의 최대 개수를 나타낸다(미래에 가능한 모든 동적 프로세서 추가도 고려해). 이 값은 라이선스 한도 내로 제한된다. HAL을 호출하거나 ACPI SRAT 테이블을 검사해 확인할 수 있는 플랫폼 제약이 존재한다면 이에 의해 제한된다.

노드 데이터(KNODE)의 부분으로 해당 노드 내의 유휴 CPU 집합(IdleCpuSet 멤버)과 파킹되지 않은 유휴 CPU(IdleNonParkedCpuSet), 유휴 SMT 세트(IdleSmtSet)가 있다.

스케줄러 확장성

멀티프로세서 시스템에서 한 프로세서가 다른 프로세서의 CPU 스케줄링 데이터 구조체를 변경할 필요가 있을 수도 있다(예를 들어 특정 프로세서에서 실행하기 위한 스레드를 삽입한다든지).

이런 이유로 이들 구조체는 PRCB마다 존재하는 큐드 스핀락^{queued spinlock}으로 동기화된다. 큐드 스핀락은 DISPATCH_LEVEL IRQL에서 획득된다. 따라서 스레드 선택은 오직 각 프로세서의 PRCB를 잠근 상태에서 일어날 수 있다. 필요할 경우 하나 이상의 프로세서 PRCB를 잠글 수도 있다. 이는 나중에 설명할 스레드 스틸링^{thread stealing} 같은 시나리오에서 이뤄진다. 스레드의 컨텍스트 전환 역시 정교하게 세분화된 스레드마다의 스핀락에 의해 동기화된다.

또한 CPU마다 지연된 레디^{deferred ready} 상태의 스레드 리스트가 하나씩 존재한다(DeferredReadyListHead). 지연된 레디 상태란 실행^{run}할 준비는 됐지만 시작될^{execution} 준비가 되지 않은 스레드의 상태다. 즉, 실제 준비 동작이 적당한 시간 동안 유예돼 있는 상태를 의미한다. 각각의 프로세서는 자신만의 지연된 레디 리스트만을 다루기 때문에 이 리스트는 PRCB 스핀락으로 동기화되지 않는다. 지연된 레디 스레드 리스트는 함수가 프로세스나 스레드의 친화성, 우선순위(우선순위 상승을 포함한), 퀀텀 값 등을 이미 수정한 후에 KiProcessDeferredReadyList에 의해 처리된다.

이 함수는 리스트의 각 스레드에 대해 KiDeferredReadyThread 함수를 호출해 '프로세서 선정' 절에서 설명할 알고리즘을 수행한다. 이 알고리즘은 스레드가 즉시 수행돼야 할지, 프로세서의 레디 리스트에 들어가야 할지, 프로세서가 가용하지 않다면 잠재적으로 다른 프로세서의 지연된 레디 리스트에 들어가야 할지, 스탠바이 상태에 들어가야 할지, 바로 수행돼야 할지를 결정한다. 이런 특성은 코어를 파킹^{parking}할 때 사용되는 코어 파킹 엔진에서 사용된다. 즉, 모든 스레드는 지연된 레디 리스트에 들어간 후 처리된다. KiDeferredReadyThread는 파킹된 코어를 건너뛰기 때문에(나중에 설명한다) 이 프로세서의 모든 스레드를 다른 프로세서에서 실행되게 한다.

친화성

각 스레드는 친화성 마스크를 지정해 어느 프로세서에서 실행할 것인지를 지정한다. 스레드의 친화성 마스크는 프로세스 친화성 마스크를 상속받는다. 기본적으로 모든 프로세스(따라서 모든 스레드)는 자신이 할당된 그룹에서 활성화된 모든 프로세서의 개수와 같은 친화성 마스크를 갖는다. 즉, 시스템은 모든 스레드를 프로세스와 연관된 그룹 내의 사용 가능한 프로세서 아무것에나 제한 없이 스케줄링한다. 하지만 성능을 향상시키고 특정 프로세서에 대한 부하를 분할하기 위해 애플리케이션은 스레드의 친화성 마스크를 바꿀 수 있다. 이 작업은 여러 수준별로 이뤄질 수 있다.

- `SetThreadAffnityMask` 함수를 호출해 개별 스레드의 친화성을 설정한다.
- `SetProcessAffnityMask` 함수를 호출해 프로세스에 있는 모든 스레드의 친화성을 설정한다.
- 작업 관리자와 Process Explorer에서 이 함수를 호출하는 GUI를 제공하는데, 프로세스를 선택해 오른쪽 마우스 클릭한 다음 Set Affinity를 선택한다. (Sysinternals의) Psexec 툴은 이 함수를 호출하는 커맨드라인 인터페이스를 제공한다(도움말에서 -a 스위치를 참조하라).
- 특정 프로세스를 잡 전역적인 친화성 마스크가 설정된 잡의 멤버로 만들기 위해서 `SetInformationJobObject` 함수(3장에서 설명했다)를 호출한다.
- 애플리케이션이 컴파일될 때 이미지 헤더에 친화성 마스크를 지정할 수 있다.

> 💡 좀 더 자세한 윈도우 이미지 형식에 대한 설명을 보려면 http://msdn.microsoft.com에서 'Portable Executable and Common Object File Format Specification'을 찾아보자.

링크 시점에 이미지에 대해 uniprocessor 플래그를 설정할 수도 있다. 이 플래그가 설정돼 있다면 시스템은 프로세스를 만들 때 하나의 프로세서를 선택해 (MmRotatingProcessorNumber) 프로세스 친화성 마스크로 선택된 프로세서를 프로세스에 할당한다. 그리고 이 프로세서를 시작으로 해서 그룹 내의 모든 프로세서를 돌아가며 round-robin 각 프로세서에 프로세스를 배정한다. 예를 들어 프로세서 두 개짜리 시스템에서 uniprocessor 플래그가 설정된 이미지를 처음 실행시키면 CPU 0에서 실행되고 다음번에는 CPU 1에서, 그 다음번에는 다시 CPU 0에서, 그 다음번에는 CPU1에서와 같은 식으로 진행된다. 이 플래그는 경쟁 조건race condition로 인해 발생하는 멀티스레드 동기화 버그 (단일프로세서 시스템에서는 발생하지 않지만 멀티프로세서 시스템에서는 현상이 나타난다)

를 우회하는 임시적인 방편으로 유용하다. 실행 이미지가 이러한 증상을 보이며 서명이 되지 않았다면 PE$^{Portable\ Executable}$ 이미지 편집 툴을 이용해 이미지 헤더에 직접 이 플래그 를 추가할 수 있다. 더 나은 해결책으로는 (인증된 이미지와 호환성을 위해) 마이크로소프 트 애플리케이션 호환성 툴킷$^{Application\ Compatibility\ Toolkit}$을 이용해 이 이미지를 실행할 때 단일 프로세서에서만 동작하게 호환성 데이터베이스에 표시하게 심^{shim}을 넣는 것이다.

실습: 프로세스의 친화성을 확인하고 변경하기

이번 실습에서는 프로세스의 친화성 설정을 변경해보고 프로세스의 친화성이 자 식 프로세스에 계승됨을 확인한다.

1. 명령 프롬프트(cmd.exe)를 실행한다.
2. 작업 관리자나 Process Explorer를 실행해 프로세스 목록에서 cmd.exe 를 찾는다.
3. 명령 프롬프트 프로세스에 오른쪽 마우스 클릭한 후 Set Affinity를 선택 한다. 프로세서의 목록이 표시돼야 한다. 예를 들어 8개의 논리 프로세 서가 존재하는 시스템이라면 다음과 같다.

4. 시스템에 설정된 사용 가능한 프로세서를 선택하고 OK를 누른다. 프로 세스의 스레드는 이제 방금 선택한 프로세서에서만 동작하게 제한된다.

---

5. 명령 프롬프트에서 Notepad를 입력해 Notepad.exe를 실행한다.

6. 작업 관리자 또는 Process Explorer로 돌아가서 새로 생긴 Notepad 프로세스를 찾는다.

7. Notepad 프로세스에서 오른쪽 마우스 클릭한 후 Affinity를 선택한다. 명령 프롬프트 프로세스에서 선택했던 프로세서와 같은 프로세서 목록이 있음을 확인한다. 이것은 프로세스의 친화성 설정이 부모 프로세스를 따르기 때문이다.

첫 번째 프로세서로 친화성이 설정된 스레드를 첫 번째 프로세서에서 실행하기 위해 윈도우는 다른 프로세서에서 실행할 수 있는 실행 중인 스레드를 첫 번째 CPU에서 두 번째 프로세서로 옮기지 않는다. 예를 들어 이런 시나리오를 생각해보자. CPU 0에서 모든 프로세서에서 실행할 수 있는 우선순위 8인 스레드가 수행 중이고, CPU 1에는 모든 프로세서에서 실행할 수 있는 우선순위 4인 스레드가 수행 중이다. CPU 0에서만 실행 가능한 우선순위 6인 스레드가 레디 상태가 되면 어떻게 될까? 윈도우는 우선순위 6인 스레드를 실행시키려고 우선순위 8인 스레드를 CPU 0에서 CPU 1로 우선순위 4인 스레드를 선점하면서까지 옮겨 주지는 않는다. 우선순위 6인 스레드는 레디 상태에서 대기해야 한다. 따라서 프로세스나 스레드의 친화성 마스크를 변경하는 것은 윈도우가 스레드를 특정 프로세서에서 실행하게 제한을 가하는 것이므로 스레드는 정상적인 때보다 더 적은 CPU 시간을 얻게 된다. 따라서 친화성 설정에는 세심한 주의를 기울여야 한다. 대부분의 경우 윈도우가 어느 스레드를 어디서 실행시킬 것인지를 결정하게 내버려두는 것이 최적의 결과를 얻을 수 있다.

확장 친화성 마스크

친화성 마스크 구조체의 제약으로 인한(64비트 시스템에서 64비트로 구성된) 64개 이상의 프로세서를 지원하기 위해 윈도우는 확장 친화성 마스크Extended Affinity Mask(KAFFINITY_EX)를 사용한다. 이는 지원되는 각각의 프로세서 그룹(현재는 20로 정의된)마다 하나씩 대응하는 친화성 마스크 배열이다. 스케줄러가 확장 친화성 마스크 내의 프로세서를 참조할 필요가 있을 때 그룹 번호를 사용해 올바른 비트마스크를 역참조해 친화성에 직접 접근한다. 커널 API에서는 확장 친화성 마스크가 공개돼 있지는 않고, 대신에 API 호출자가 인자로 그룹 번호를 입력하면 그 그룹에 대한 기존 친화성 마스크를 받게 된다. 반면에 윈도우 API에서는 오직 현재 스레드가 수행 중인 그룹(정해져 있다) 하나에 대한 정보만 보통 질의할 수 있다.

확장 친화성 마스크와 그것의 내부적인 기능은 하나의 프로세스가 최초 할당된 프로세서 그룹의 경계를 어떻게 벗어날 수 있는지에 대한 것이다. 확장 친화성 API를 사용함으로써 프로세스 내의 스레드는 다른 프로세서 그룹의 친화성 마스크를 선택할 수 있다. 예를 들어 프로세스가 4개의 스레드를 갖고 있고 시스템은 256개의 프로세서를 갖고 있고, 각 스레드가 그룹 0, 1, 2, 3에 대해 친화성 마스크를 0x10(이진수로 0b10000)으로 설정했다면 스레드 1은 프로세서 4, 스레드 2는 프로세서 68, 스레드 3은 프로세서 132, 스레드 4는 프로세서 196에서 수행할 수 있다. 또는 이들 스레드는 자신들의 그룹에 대해 모든 비트를 1로 하는(0xFFFF…) 친화성 마스크를 설정해 프로세스가 시스템의 가용한 어떤 프로세서에서든 자신의 스레드를 실행하게 할 수 있다(제약 사항으로 각 스레드는 자기 자신의 그룹 내에서만 실행하게 제한된다).

스레드 생성 시점에 스레드의 속성 리스트(PROC_THREAD_ATTRIBUTE_GROUP_AFFINITY)에 그룹 번호를 명시함으로써 또는 기존 스레드의 경우에 SetThreadGroupAffinity를 호출해 확장 친화성을 이용할 수 있다.

시스템 친화성 마스크

윈도우 드라이버는 보통 호출한 스레드의 컨텍스트나 임의의 스레드 컨텍스트(즉, 시스템 프로세스의 안전한 범위를 벗어난)에서 실행된다. 따라서 현재 수행되는 드라이버 코드는 애플리케이션 개발자가 설정한 친화성 규칙의 대상이 될 수도 있다. 이런 규칙은 현재 수행 중인 드라이버 코드와 아무런 연관도 없고, 심지어 인터럽트와 다른 큐잉된 작업에 대해 올바른 처리를 방해할 수도 있다. 그러므로 드라이버 개발자는

KeSetSystemAffinityThread(Ex)/KeSetSystemGroupAffinityThread와 KeRevert-ToUserAffinityThread(Ex)/KeRevertToUserGroupAffinityThread 등의 API를 이용해 유저 스레드의 친화성 설정을 일시적으로 우회할 수 있는 메커니즘을 가져야 한다.

이상적 프로세서와 직전 프로세서

각 스레드는 다음과 같은 세 가지 CPU 번호를 커널 스레드 제어 블록에 저장한다.

- **이상적(Ideal) 프로세서** 이 스레드가 실행돼야 하는 선호 프로세서
- **직전(Last) 프로세서** 이 스레드를 가장 최근에 실행했던 프로세서
- **다음(Next) 프로세서** 이 스레드 다음에 실행될 프로세서 또는 이미 실행되고 있는 프로세서

스레드에 대한 이상적 프로세서는 스레드가 생성될 때 프로세스 제어 블록에 있는 시드 seed를 이용해 결정한다. 시드 값은 스레드가 생성될 때마다 하나씩 증가해 프로세스 내에서 생성되는 새로운 스레드에 대한 이상적 프로세서가 시스템의 사용 가능한 프로세서를 돌아가면서 선택하게끔 한다. 예를 들어 첫 번째 프로세스의 첫 번째 스레드는 이상적 프로세서가 0번으로 배정된다. 이 프로세스의 두 번째 스레드는 이상적 프로세서가 1이 된다. 하지만 다음 프로세스의 첫 번째 스레드는 이상적 프로세서가 1이 되고, 두 번째 스레드는 2가 되는 식으로 진행된다. 이런 방식으로 각 프로세스 내의 스레드는 여러 프로세서에 걸쳐 골고루 분산된다. SMT 시스템(하이퍼스레딩)에서 다음번의 이상적 프로세서는 다음 SMT 세트로부터 선택된다. 예를 들어 쿼드코어, 하이퍼스레드 시스템에서 특정 프로세스 내의 스레드에 대한 이상적 프로세서는 0, 2, 4, 6, 0, …; 3, 5, 7, 1, 3, …; 등과 같이 될 수 있다. 이런 방식으로 스레드는 물리 프로세서에 골고루 분산된다.

이것은 프로세스 내의 스레드가 같은 양의 일을 한다는 것을 가정한 것이다. 하나 또는 그 이상의 관리 작업 스레드와 다수의 작업자 worker 스레드로 구성된 대개의 멀티스레드 프로세스에서는 보통 이렇지 않다. 따라서 멀티스레드 애플리케이션이 플랫폼을 충분

히 활용하려면 SetThreadIdealProcessor 함수를 이용해 각 스레드에 이상적인 프로세서 번호를 지정하면 도움이 될 것이다. 프로세서 그룹을 활용하기 위해서 개발자는 친화성에 대한 그룹 번호를 선택하기 위해 SetThreadIdealProcessorEx 함수를 대신 이용해야 한다.

64비트 윈도우에서는 KNODE의 Stride 필드를 이용해 프로세스 내의 새롭게 생성되는 스레드에 대한 할당을 균형 잡히게 한다. Stride는 주어진 NUMA 노드 내의 친화성 비트 수를 나타내는 스칼라 번호로 새로운 독립적 논리 프로세서를 구하기 위해 건너뛰어야 하는 수치다. 여기서 독립적이라는 것은 다른 코어(SMT 시스템을 다룰 경우)나 다른 패키지(SMT 시스템은 아니지만 멀티코어 시스템일 경우)를 의미한다. 32비트 윈도우에서는 큰 프로세서 설정 시스템을 지원하지 않기 때문에 Stride를 사용하지 않는다. 대신 단순히 다음 프로세서 번호를 선택해 가능하면 동일한 SMT 세트와 공유가 되지 않게 한다.

이상적 노드

NUMA 시스템의 경우 프로세서가 생성될 때 이 프로세스에 대한 이상적인 노드가 선택된다. 첫 번째 프로세스는 노드 0에 배정되고, 두 번째 프로세스는 노드 1에 배정되는 식이다. 그 후, 프로세스 내의 스레드에 대한 이상적 프로세서는 해당 프로세스의 이상적 노드에서 선택한다. 프로세스 내의 첫 번째 스레드에 대한 이상적 프로세서로는 노드 내의 첫 번째 프로세서가 할당된다. 같은 이상적 노드를 갖는 프로세스에서 스레드가 하나 더 생기면 다음번 프로세서가 다음 스레드의 이상적 프로세서로 사용되는 식이다.

CPU 세트

친화성이 스레드를 특정 프로세서로 제한할 수 있음을 살펴봤다(종종 고정 친화성으로 불린다). 이 친화성은 스케줄러에 의해 항상 고려가 된다. 이상적 프로세서 메커니즘은 스레드의 상태가 프로세서 캐시의 일부분이 될 것이라는 일반적인 기대를 갖고 스레드를 자신들의 이상적 프로세서에서 실행하려고 시도한다(종종 소프트 친화성으로 불린다). 이상적 프로세서는 사용될 수도 안 될 수도 있으며, 스레드가 다른 프로세서에 스케줄되는 것을 막지도 않는다. 이들 두 메커니즘 모두는 시스템 스레드 동작 같은 시스템 관련 행위에는 관여하지 않는다. 또한 단 한 번에 시스템에 존재하는 모든 프로세스에 고정 친화성을 설정할 수 있는 손쉬운 방법은 존재하지 않는다. 심지어 프로세스에 대해 차례대로 진행해도 불가능하다. 시스템 프로세스는 보호 프로세스에는 허용이 안 되는 ROCESS_SET_INFORMATION 접근 권한이 필요하므로 외부의 친화성 변경으로부터 일반적으로 보호를 받는다.

윈도우 10과 서버 2016은 CPU 세트로 불리는 메커니즘을 도입했다. 이들은 시스템 전체(시스템 스레드의 동작을 포함해)와 프로세스, 심지어 개별 스레드에 의한 사용 용도로 설정할 수 있는 친화성의 한 형태다. 예를 들어 저지연 오디오 애플리케이션은 시스템의 나머지 애플리케이션은 다른 프로세서를 사용하게 우회시키면서 자신은 어떤 한 프로세서를 독점적으로 사용하기를 원할 수 있다. CPU 세트는 이를 가능케 하는 방법을 제공한다.

이 책의 집필 당시에 문서화된 유저 모드 API는 다소 제약이 있었다. GetSystem-CpuSetInformation은 각 CPU 세트에 대한 데이터를 갖는 SYSTEM_CPU_SET_INFORMATION 배열을 반환한다. 현재 구현에서 CPU 세트는 단일 CPU와 일치한다. 이는 반환되는 배열의 길이가 시스템 내의 논리 프로세서의 개수임을 의미한다. 각 CPU 세트는 CPU 인덱스(0, 1, …)를 더해 256(0x100)이 되는 임의의 값인 자신의 ID로 식별된다. 이들 ID는 SetProcessDefaultCpuSets와 SetThreadSelectedCpuSets 함수로 전달돼 프로세스에 대한 기본 CPU 세트와 특정 스레드에 대한 CPU 세트를 각각 설정한다.

스레드 CPU 세트를 설정하는 한 예로는 가능하다면 인터럽트가 되지 않아야 하는 '중요한' 스레드를 들 수 있다. 이 스레드는 다른 모든 CPU를 포함하기 위한 기본적인 프로세스 CPU 세트를 설정하면서 다른 한편으로는 한 CPU를 포함하는 CPU 세트도 가질 수 있다.

윈도우 API에서 빠진 함수 하나는 시스템 CPU 세트를 축소시키는 기능을 가진 것이다. 이 기능은 NtSetSystemInformation 시스템 호출을 통해 가능하다. 이 함수가 성공하려면 호출자는 SeIncreaseBasePriorityPrivilege 권한을 가져야 한다.

실습: CPU 세트

이 실습에서는 CPU 세트를 살펴보고 이를 수정하고서 그 결과를 알아본다.

1. 이 책의 다운로드 정보로부터 CpuSet.exe 툴을 다운로드한다.
2. 관리자 권한의 명령 윈도우를 열고 CPUSET.exe가 있는 곳으로 이동한다.
3. 명령 윈도우에서 현재 시스템 CPU 세트를 보려면 아무런 인자 없이 cpuseet.exe를 입력한다. 그 결과는 다음과 유사할 것이다.

```
System CPU Sets
---------------
Total CPU Sets: 8

CPU Set 0
  Id: 256 (0x100)
  Group: 0
  Logical Processor: 0
  Core: 0
  Last Level Cache: 0
  NUMA Node: 0
  Flags: 0 (0x0)   Parked: False Allocated: False    Realtime: False Tag: 0
CPU Set 1
  Id: 257 (0x101)
  Group: 0
  Logical Processor: 1
  Core: 0
  Last Level Cache: 0
  NUMA Node: 0
  Flags: 0 (0x0)   Parked: False Allocated: False    Realtime: False Tag: 0
...
```

---

4. CPUSTRES.exe를 실행하고 최대 활동성 레벨로 하나 또는 두 개의 스레드를 실행하게 구성한다(약 25%의 CPU 사용량을 목표로 한다).

5. 작업 관리자를 열고 Performance 탭을 클릭하고 CPU를 선택한다.

6. CPU 그래프 뷰를 변경해 개별 프로세서를 보이게 한다(뷰가 현재 전체 사용량을 나타내게 구성돼 있다면).

7. 명령 윈도우에서 다음 명령을 실행한다. -p 다음의 번호를 독자의 시스템에 있는 CPUSTRES 프로세스의 프로세스 ID로 대체한다.

```
CpuSet.exe -p 18276 -s 3
```

-s 인자는 해당 프로세스에 기본 설정을 위한 프로세서 마스크를 지정한다. 여기서 3은 CPU 0과 1을 의미한다. 이들 두 CPU에 대해 작업 관리자가 부지런히 움직이는 것을 볼 수 있다.

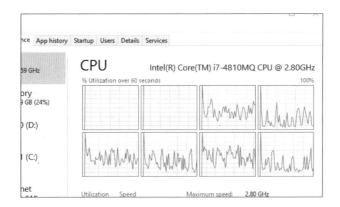

8. CPU 0에서 어떤 스레드가 실행하고 있는지를 보기 위해 좀 더 자세히 살펴보자. 이를 위해 윈도우 SDK에 있는 윈도우 성능 레코더^{WPR, Windows Performance Recorder}와 윈도우 성능 분석기^{WPA, Windows Performance Analyzer}를 사용한다. 시작 버튼을 클릭하고 WPR을 입력하고서 윈도우 성능 레코더를

선택한다. 권한 상승 프롬프트를 수락한다. 다음과 같은 대화상자가 보일 것이다.

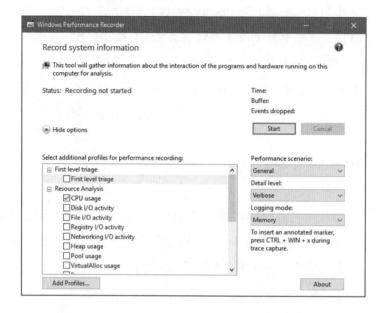

9. 기본 동작은 우리가 원하는 작업인 CPU 사용량을 기록하는 것이다. 이툴은 윈도우 이벤트 트레이싱ETW, Event Tracing for Windows 이벤트를 기록한다(ETW에 관한 추가적인 내용은 2권의 8장을 보라). 대화상자에서 **시작** 버튼을 클릭한다. 그리고 1초를 기다리거나 같은 버튼을 두 번 클릭하면 Save 버튼이 보일 것이다.

10. WPR은 기록된 데이터를 저장할 위치를 제시한다. 이를 받아들이거나 다른 파일/폴더로 변경한다.

11. 파일이 저장된 이후에 WPR은 이 파일을 WPA로 열기를 제시한다. 이 제안을 받아들인다.

12. WPA 툴은 저장된 파일을 열고 로드한다(WPA는 기능이 풍부한 툴로 이 책의 범위를 벗어난다). 좌측에서 다음의 화면과 같은 캡처된 여러 범주의

정보를 볼 수 있을 것이다.

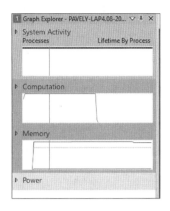

13. Computation 노드를 확장한 다음에 CPU Usage(Precise) 노드를 확장한다.

14. Utilization by CPU 그래프를 더블 클릭하면 메인 디스플레이 창에 보이게 된다.

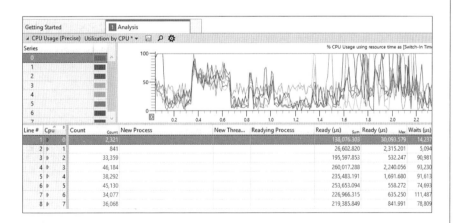

15. 당분간 CPU 0에만 관심을 둔다. 다음 단계에서 CPUSTRES가 CPU 0 작업만 하게 한다. CPU 0 노드를 확장하는 것으로 시작한다. CPUSTRES를 포함해 다양한 프로세스가 보일 것이다. 특정 프로세스가 대부분을 차지하고 있지는 않을 것이다.

#	Cpu	0	Count	Count	New Process	Ne
1	▼	0		2,321		
2				1	System (4)	
3				1	RuntimeBroker.exe (7596)	
4				1	System (4)	
5				1	RuntimeBroker.exe (7596)	
6				1	System (4)	
7				1	MsMpEng.exe (3948)	
8				1	System (4)	
9				1	SearchIndexer.exe (10784)	
10				1	System (4)	
11				1	CPUSTRES.exe (18276)	
12				1	conhost.exe (13580)	
13				1	System (4)	
14				1	conhost.exe (13580)	
15				1	System (4)	
16				1	SHSPipeHost.exe (12344)	
17				1	System (4)	
18				1	SHSPipeHost.exe (12344)	
19				1	System (4)	
20				1	SearchIndexer.exe (10784)	
21				1	System (4)	
22				1	SearchIndexer.exe (10784)	

16. 시스템이 첫 번째 프로세서를 제외한 모든 프로세서를 사용하게끔 제한하기 위해 다음과 같은 명령을 입력한다. 이 시스템에서 프로세서의 개수는 8이다. 따라서 전체 마스크는 255(0xff)가 된다. CPU 0을 제외하면 254(0xfe)가 된다. 독자의 시스템에 적합한 마스크 값으로 대체한다.

```
CpuSet.exe -s 0xfe
```

---

17. 작업 관리자의 뷰는 거의 비슷하게 보인다. CPU 0을 좀 더 자세히 살펴보자. WPR을 다시 실행해 이전과 같은 설정으로 약 1초 또는 2초 동안 기록한다.

18. WPA에서 추적을 열고서 Utilization by CPU가 있는 곳으로 간다.

19. CPU 0을 확장한다. 간혹 시스템 프로세스도 눈에 띄지만 CPUSTRESS가 거의 대부분을 차지하고 있을 것이다.

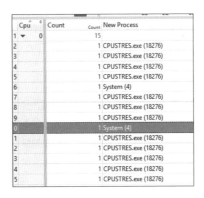

20. CPU 사용량(뷰에서 ms) 칼럼을 보면 시스템 프로세스에서 소비된 시간은 매우 작음(마이크로초)에 주목하자. 분명히 CPU 0은 CPUSTRES 프로세서 전용으로 돼 있음을 볼 수 있다.

21. CPUSET.exe을 인자 없이 다시 실행한다. 첫 번째 세트(CPU 0)가 **Allocated: Ture**로 표시돼 있다. 이제 CPU 0은 특정 프로세스에 할당돼 범용 시스템 사용 용도로는 사용되지 않기 때문이다.

22. CPU Stress를 종료한다.

23. 시스템 CPU 세트를 기본 값으로 복원하기 위해 다음과 같은 명령을 입력한다.

```
Cpuset -s 0
```

멀티프로세서 시스템에서의 스레드 선정

멀티프로세서 시스템을 더 자세히 다루기 전에 앞서 '스레드 선정' 절에서 설명했던 알고리즘을 정리해보자. 그 알고리즘은 현재 스레드의 수행을 지속하든지(새로운 후보가 없을 경우) 유휴 스레드 수행을 시작한다(현재 스레드가 블록이 된다면). 그러나 앞서 잠시 언급한 KiSearchForNewThread라는 세 번째 스레드 선정 알고리즘이 있다. 이 알고리즘은 한 가지 특별한 경우에만 호출되는데, NtDelayExecutionThread의 호출이나 윈도우 Sleep API로 알려진 함수를 호출하는 것을 포함해 현재 스레드가 객체에 대한 대기로 인해 막 블록^{blocked}되려고 할 때 호출된다.

> 이것은 현재 스레드를 다음번 타이머 틱까지 중지시키는 일반적인 Sleep(1) 호출과 앞서 설명한 SwitchToThread 호출 사이의 미묘한 차이점을 보여준다. Sleep(1)은 바로 다음에 설명할 알고리즘을 사용하고, SwitchToThread 호출은 이전에 보여준 로직을 사용한다.

KiSearchForNewThread는 최초에 이 프로세서를 위한 스레드가 존재하는지 검사한다(NextThread 필드를 읽어서). 그렇다면 이 스레드를 즉시 실행 상태로 보낸다. 그렇지 않다면 KiSelectReadyThreadEx를 호출해 스레드가 존재하는지 찾고 존재한다면 동일한 과정을 수행한다.

그러나 스레드가 발견되지 않는다면 프로세서는 유휴 상태로 표시되고(유휴 스레드가 아직 수행되지 않더라도) 다른 논리 프로세서 (공유) 큐의 스캔이 시작된다(이 시점에서 포기하는 다른 표준 알고리즘과는 달리). 하지만 프로세서 코어가 파킹된다면 해당 코어에 새로운 작업을 주어 바쁘게^{Busy} 유지하는 대신 파킹 상태로 넣는 것을 선호하기 때문에 이 알고리즘은 다른 논리 프로세서에 대한 검사를 시도하지 않을 것이다.

이 두 시나리오가 아니라면 워크스틸링^{work-stealing} 루프가 동작한다. 이 코드는 현재 NUMA 노드를 살펴봐서 모든 유휴 프로세서를 제거한다(이들은 스틸링이 필요한 스레드를 가져서는 안 되기 때문이다). 그런 후에 이 코드는 현재 CPU의 공유 레디 큐를 찾아 루프 내에서 KiSearchForNewThreadOnProcessor를 호출한다. 스레드를 찾지 못한다면 친화성은 다음 그룹으로 변경되고 이 함수가 다시 호출된다. 하지만 이 시점에서 대상 CPU는 현재의 큐 대신에 다음 그룹의 공유 큐를 가리킨다. 이는 이 프로세서로 하여금 다른 프로세서 그룹의 레디 큐에서 최적의 레디 스레드를 찾게 한다. 실행할 스레드를 찾지 못한다면 해당 그룹의 프로세서에 대한 로컬 큐가 동일한 방식으로 탐색된다. 이 또한 실패하고 DFSS가 활성화돼 있다면 원격 논리 프로세서의 유휴 전용 큐에 있는 한 스레드가 가능하다면 현재 프로세서에 할당된다.

462

후보 레디 스레드가 발견되지 않는다면 다음으로 낮은 번호의 논리 프로세서에 대해 시도되고, 이 과정은 현재 NUMA 노드 내에 논리 프로세서가 소진될 때까지 반복된다. 찾지 못했다면 이 알고리즘은 다음번 가까운 노드에 대해 검사를 계속 수행하고 현재 그룹 내의 모든 노드가 소진될 때까지 이 과정을 반복한다(윈도우는 주어진 스레드가 오직 하나의 그룹에 대해서만 친화성을 갖게 허락한다는 것을 기억하자). 어떠한 후보도 찾지 못했다면 이 함수는 NULL을 리턴하고 해당 프로세서가 대기 상태에 있다면(유휴 스케줄링을 건너뛰는) 유휴 스레드를 실행한다. 이 작업이 이미 유휴 스케줄러에 의해 수행됐다면 해당 프로세서는 슬립^{Sleep} 상태로 들어간다.

프로세서 선정

논리 프로세서가 스레드를 선정할 필요가 있을 때(또는 주어진 논리 프로세서를 위해 선정 작업이 반드시 필요할 때) 윈도우가 어떻게 스레드를 고르는지에 대해 살펴봤고, 레디 스레드를 선택하기 위한 데이터베이스를 갖는 다양한 스케줄링 루틴도 설명했다. 이제 이 데이터베이스가 처음에 어떻게 채워지는지 살펴볼 것이다. 즉, 윈도우가 어떻게 주어진 스레드를 어떤 논리 프로세서의 레디 큐에 연관시키는지 그 방법을 살펴본다. 윈도우에서 지원하는 멀티프로세서 시스템의 형태와 함께 스레드의 친화성과 이상적 프로세서 설정에 대해 살펴봤으므로, 이제 어느 스레드가 어디서 실행돼야 하는지를 결정하는 데 있어서 이들 정보를 어떻게 이용하는지 살펴보자.

유휴 프로세서가 있을 때 스레드를 실행할 프로세서 선택

스레드가 실행할 준비가 되면 윈도우는 `KiDeferredReadyThread` 스케줄러 함수를 호출해서 다음 두 작업을 수행한다.

- 필요에 따른 우선순위 조정과 퀀텀을 재설정한다('우선순위 상승' 절에서 설명했다).
- 해당 스레드에 맞는 최적의 논리 프로세서를 선택한다.

윈도우는 먼저 스레드의 이상적 프로세서를 살펴보고 스레드의 고정 친화성 마스크 내의 유휴 프로세서 집합을 계산한다. 이 집합은 다음과 같이 정리된다.

1. 코어 파킹 메커니즘에 의해 파킹된 모든 유휴 논리 프로세서가 제거된다(코어 파킹에 대한 자세한 정보는 6장을 살펴보자). 유휴 프로세서가 남지 않게 되면 유휴 프로세서 선정은 실패하고 스케줄러는 유휴 프로세서가 가용하지 않은 것처럼 동작한다(다음 절에서 설명한다).

2. 이상적 노드(이상적 프로세서를 포함한 노드라고 정의된)에 존재하지 않는 모든 유휴 논리 프로세서를 제거한다(모든 유휴 프로세서가 제거되지 않는다면).

3. SMT 시스템에서는 이상적 프로세서 자체에 대한 제거가 일어날지라도 모든 비유휴$^{non-idle}$ SMT 세트를 제거한다. 즉, 윈도우는 이상적 프로세서보다 비이상적$^{non-ideal}$ 유휴 SMT 세트를 우선시한다.

4. 윈도우는 남아있는 유휴 프로세서 집합 중에 이상적 프로세서가 있는지 검사한다. 없다면 가장 적합한 유휴 프로세서를 찾아야 한다. 이를 위해 윈도우는 먼저 남아있는 유휴 세트에서 해당 스레드가 마지막으로 수행했던 프로세서가 있는지 검사한다. 있다면 윈도우는 이 프로세서를 임시 이상적 프로세서로 간주하고 선택한다(이상적 프로세서는 프로세서 캐시 적중률을 최대화하는 것으로 스레드가 가장 마지막에 수행한 프로세서를 선택하는 것도 그렇게 하는 가장 좋은 방법이라는 것을 명심하자). 마지막 수행된 프로세서가 유휴 프로세서 세트 내에 없다면 윈도우는 현재 프로세서(즉, 이 스케줄링 코드를 수행하는 현재 프로세서)가 이 세트 내에 포함돼 있는지 확인한다. 그렇다면 바로 이전 과정과 동일하게 처리한다.

5. 마지막 수행된 프로세서와 현재 수행 중인 프로세서 모두 유휴하지 않다면 윈도우는 이상적 프로세서와 동일한 SMT 세트 내에 존재하지 않는 모든 유휴 논리 프로세서를 제거하는 가지치기 작업을 한 번 더 수행한다. 더 이상 남아있는 것이 없다면 윈도우는 현재 프로세서의 SMT 세트에 없는 프로세서를 대신 제거한다(그렇지 않다면 역시 모든 유휴 프로세서를 제거한다). 부연하면 윈도우는 가장 먼저 선택했어야 하는 이용 불가능한 이상적 프로세서와(/또는) 직전 프로세

서와 동일한 SMT 세트를 공유하는 유휴 프로세서를 선호한다. SMT는 코어의 캐시를 공유하게 구현되므로 캐싱의 관점에서 보면 이상적 프로세서를 선택하나 직전 프로세서를 선택하나 거의 동일한 효과를 볼 수 있다.

6. 이 최종 단계에서 유휴 세트에 남아있는 프로세서가 하나 이상이라면 윈도우는 스레드의 현재 프로세서로 번호가 가장 낮은 프로세서를 선택한다.

스레드를 실행할 프로세서가 선택된 이후에 이 스레드는 스탠바이 상태로 들어가고 유휴 프로세서의 PRCB가 이 스레드를 가리키게 갱신된다. 해당 프로세서가 유휴 상태이고 정지 상태가 아니라면 DPC 인터럽트가 전달돼 프로세서가 스케줄링 작업을 즉시 처리하게 한다. 이런 스케줄링 작업이 초기화될 때마다 KiCheckForThreadDispatch가 호출된다. 이 함수는 해당 프로세서에 새로운 스레드가 스케줄링됐다는 것을 탐지하고 가능하다면 바로 컨텍스트 전환을 일으키며 이 전환에 대한 자동 상승을 통지하고 펜딩 APC도 전달한다. 그렇지 않고서 펜딩 스레드가 없다면 이 함수는 DPC 인터럽트를 보내게 한다.

유휴 프로세서가 없을 때 스레드에 대한 프로세서 선택

스레드가 실행되려 하는데 유휴 프로세서가 없거나 유일한 유휴 프로세서가 첫 번째 가지치기 작업(파킹된 유휴 프로세서의 제거)에 의해 제거됐을 경우 윈도우는 먼저 후자의 경우인지 검사한다. 이 시나리오에서 스케줄러는 코어 파킹 엔진에게 최상의 후보 프로세서를 요청하기 위해 KiSelectCandidateProcessor를 호출한다. 코어 파킹 엔진은 이상적 노드 내의 파킹되지 않은 가장 높은 번호의 프로세서를 선택한다. 그런 프로세서가 없다면 엔진은 이상적 프로세서의 파킹 상태를 강제로 덮어쓰고 파킹되지 않게 한다. 스케줄러로 복귀할 때 전달받은 후보가 유휴 상태인지 검사한다. 그렇다면 이전 시나리오와 동일한 마지막 단계에 따라 해당 스레드를 위해 이 프로세서를 선택한다.

실패하면 윈도우는 현재 실행 중인 스레드를 선점할지를 결정해야 한다. 먼저 대상 프로세서를 선택해야 한다. 대상 프로세서의 선호도는 스레드의 이상적 프로세서와 스레드가 수행했던 직전 프로세서, 현재 NUMA 노드 내의 이용 가능한 첫 번째 프로세서, 다른 NUMA 노드에 있는 가장 근접한 프로세서, 그리고 존재한다면 친화성 제약이 없는 프로세서 순으로 정해진다.

프로세서가 선택된 이후에 다음 고려할 사항은 새로운 스레드가 해당 프로세서의 현재 스레드를 선점해야 하는지 여부다. 이는 두 스레드의 순위를 비교해 이뤄진다. 이 순위는 스레드 스케줄링 그룹과 다른 요소에 기반을 두고 스레드의 상대적 능력치를 나타내는 내부 스케줄링 수치다(그룹 스케줄링과 순위에 관한 세부적 논의는 4장의 후반부에 있는 '그룹 기반의 스케줄링' 절을 보라). 새로운 스레드의 순위가 0(가장 높다) 또는 현재 스레드의 순위보다 낮거나 순위가 같지만 새로운 스레드의 우선순위가 현재 실행 중인 스레드보다 더 높다면 선점이 일어나야 한다. 현재 수행 중인 스레드는 선점되는 걸로 표시되고 윈도우는 이 새로운 스레드가 현재 수행 중인 스레드를 선점하게 대상 프로세서에게 DPC 인터럽트를 큐잉한다.

레디 스레드가 바로 수행될 수 없다면 자신의 스레드 우선순위에 맞는 공유 또는 로컬 큐의 레디 상태로 이동해 자신이 수행될 차례를 기다릴 것이다. 이전 스케줄링 시나리오에서 본 바와 같이 스레드는 선점에 의해 레디 상태에 들어갔는지 여부에 따라 큐의 처음이나 맨 뒤에 들어갈 것이다.

> 잠재적인 시나리오나 다양한 가능성과 상관없이 스레드는 항상 자신의 이상적 프로세서의 레디 큐(프로세서마다 존재하는)에 놓이게 돼 논리적 프로세서가 수행할 스레드를 어떻게 고르는지 결정하는 알고리즘의 일관성을 보장한다.

이기종 스케줄링(big.LITTLE)

이전에 기술한 것처럼 커널은 SMP 시스템이라고 가정한다. 하지만 일부 ARM 기반의 프로세서는 동일하지 않은 여러 코어를 포함한다. 일반적인 ARM CPU(예를 들어 퀄컴 제조)는 한 번에 짧은 기간 동안만 실행돼야 하는(그리고 좀 더 많은 에너지를 소비하는) 강력한 일반 코어와 좀 더 긴 기간 동안 실행할 수 있는(그리고 에너지를 좀 더 덜 소비하는) 약한 코어의 집합을 가진다. 이를 종종 big.LITTLE이라고 부른다.

윈도우 10은 이들 코어를 구분해 스레드의 포어그라운드 상태와 우선순위, 예상되는 실행 시간 등을 포함해 코어의 크기와 정책에 기반을 둔 스케줄을 가능케 하는 기능을 도입했다. 윈도우는 전원 관리자가 PopInitializeHeteroProcessors를 호출해 초기화 될 때(그리고 프로세서가 시스템에 실행 시에 추가된다면)에 프로세서 집합을 초기화한다. 이 함수는 레지스트리 키 HKLM\System\CurrentControlSet\Control\Session Manager\ Kernel\KGroups 아래에 다음과 같이 키를 추가함으로써 이기종 시스템[hetero systems]의 시뮬레이션(예를 들어 테스트 목적으로)을 가능하게 한다.

- 프로세서 그룹 번호를 식별하기 위해 키는 두 자리 10진수를 사용해야 한다(각 그룹은 기껏해야 64개의 프로세서를 가진다는 것을 기억하자). 예를 들어 00은 첫 번째 그룹, 01은 두 번째 그룹을 나타내는 식이다(대부분의 시스템에서 하나의 그룹이면 충분하다).
- 각 키는 작다고 간주되는 프로세서에 대한 마스크 값인 SmallProcessorMask로 불리는 DWORD 값을 가진다. 예를 들어 값이 3(처음 두 비트가 설정)이고 그룹이 총 6개의 프로세서를 가진다면 이는 프로세서 0과 1(3 = 1 OR 2)은 작음을 의미 하고, 반면에 나머지 4개의 프로세서는 큼을 의미한다. 이는 기본적으로 친화성 마스크와 동일하다.

커널은 이기종 시스템을 다룰 때에 변경을 가할 수 있는 여러 정책 옵션을 가진다. 표 4-5는 이들 변수 일부와 그 의미를 보여준다.

동적 정책(표 4-5 참고)은 KiDynamicHeteroPolicyMask와 스레드의 상태에 기반을 두 고 중요도 값으로 변환돼야 한다. 이 변환은 스레드의 포어그라운드 상태와 우선순위, KiDynamicHeteroCpuPolicyImportantPriority에 상대적 우선순위, 예상 실행 시간 순으로 이를 검사하는 KiConvertDynamicHeteroPolicy에 의해 이뤄진다. 스레드가 중 요하다고 여겨지면(실행 시간이 결정적 요소라면 이 또한 부족할 수 있다) 스케줄링 결정 에 중요성 관련 정책이 사용된다(표 4-5에서 KiDynamicHeteroCpuPolicyImportantShort 또는 KiDynamicHeteroCpuPolicyImportant가 해당된다).

표 4-5 이기종 커널 변수

변수 이름	의미	기본 값
KiHeteroSystem	시스템이 이기종인가?	False
PopHeteroSystem	시스템 이기종 타입: None (0) Simulated (1) EfficiencyClass (2) FavoredCore (3)	None (0)
PpmHeteroPolicy	스케줄링 정책: None (0) Manual (1) SmallOnly (2) LargeOnly (3) Dynamic (4)	Dynamic (4)
KiDynamicHeteroCpuPolicyMask	스레드가 중요한지에 대한 평가에 있어서 무엇을 고려해야 하는지를 결정한다.	7(포어그라운드 상태 = 1, 우선순위 = 2, 예상 실행 시간 = 4)
KiDefaultDynamicHeteroCpuPolicy	Dynamic 이기종 정책의 동작(위 참조) All (0)(모두 이용 가능) Large (1) LargeOrIdle (2) Small (3) SmallOrIdle (4) Dynamic (5) (결정에 우선순위와 여타 지표를 사용한다) BiasedSmall (6) (우선순위와 여타 지표를 사용하지만 작은 값이 우선시 된다) BiasedLarge (7)	Small (3)

(이어짐)

변수 이름	의미	기본 값
KiDynamicHeteroCpuPolicyImportant	중요하다고 간주되는 동적 스레드에 대한 정책(가능한 값은 위를 참고하라)	LargeOrIdle (2)
KiDynamicHeterCpuPolicyImportantShort	중요하다고 간주되지만 단기간만 실행하는 동적 스레드에 대한 정책	Small (3)
KiDynamicCpuPolicyExpectedRuntime	과중하다고 여겨지는 실행 시간 값	5,200msec
KiDynamicHeteroCpuPolicyImportantPriority	우선순위 기반의 동적 정책이 선택된다면 스레드가 중요하다고 간주되는 우선순위	8

그룹 기반의 스케줄링

앞 절에서는 윈도우의 스레드 기반 표준 스케줄링 구현을 설명했다. 이는 윈도우 NT(후속하는 각 버전에서 확장성 개선이 이뤄졌다)의 첫 번째 배포에서 처음 모습을 보인 이래로 범용 사용자와 서버 시나리오에서 신뢰를 얻었다. 스레드 기반의 스케줄링은 동일한 우선순위의 스레드 간의 경쟁에서만 프로세서(또는 프로세서들)를 공정하게 공유하게 하기 때문에 사용자에 대한 스레드의 분산과 다른 사용자를 희생하고서라도 특정 사용자에게 좀 더 많은 CPU 시간을 할애하는 잠재성 같은 좀 더 높은 수준의 요구 사항을 고려하지 않는다. 이는 수십 명의 사용자가 CPU 시간을 경쟁하는 터미널 서비스 환경에서는 문제가 된다. 스레드 기반의 스케줄링만 사용된다면 주어진 사용자에서 우선순위가 높은 하나의 스레드가 머신의 다른 모든 사용자 스레드를 고사시킬 잠재성이 생긴다.

윈도우 8과 서버 2012는 스케줄링 그룹의 개념(KSCHEDULING_GROUP) 중심으로 만들어진 그룹 기반의 스케줄링 메커니즘을 도입했다. 스케줄링 그룹은 정책과 스케줄링 인자(잠시 후에 설명한다), 스케줄링 그룹의 일부분인 커널 스케줄링 제어 블록KSCB 리스트(프로세서별)를 유지한다. 그 이면은 스레드는 자신이 속한 스케줄링 그룹을 가리키고 있다는 점이다. 이 포인터가 null이면 스레드는 스케줄링 그룹의 제어를 벗어나 있다는 것을 의미한다. 그림 4-19는 스케줄링 그룹의 구조를 보여준다. 여기서 스레드 T1과 T2, T3는 스케줄링 그룹에 속하고 스레드 T4는 속하지 않는다.

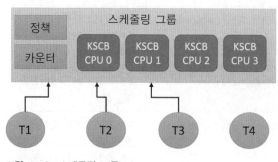

그림 4-19 스케줄링 그룹

다음에 그룹 스케줄링과 관련된 몇 개의 용어를 소개한다.

- **세대**   CPU 사용량을 추적하는 시간의 양
- **쿼타(Quota)**   세대별 그룹에 허용된 CPU 사용량. 상회 쿼터[Over quota]는 그룹이 자신의 예산을 모두 소진했음을 의미한다. 하회 쿼터[Under quota]는 그룹이 전체 예산을 모두 사용하지 않았음을 의미한다.
- **가중치(Weight)**   그룹(1과 9 사이의 값, 여기서 기본은 5이다)의 상대적 중요도다.
- **공정 소유(Fair-share) 스케줄링**   이런 유형의 스케줄링에서 유휴 사이클은 실행을 원하는 하회 쿼터 스레드가 없다면 상회 쿼터 스레드에게 주어진다.

KSCB 구조체는 다음과 같은 CPU 관련 정보를 가진다.

- 이 세대에 대한 사이클 사용량
- 과격한 자원 소비로부터 급격히 늘어나는 스레드 동작을 구분할 수 있는 장기간 평균 사이클 사용량
- 강력한 억제 수단(CPU 시간이 쿼타에 할당된 이상으로 이용 가능할지라도 스레드에게 여분의 CPU 시간을 주는데 사용되지 않음을 의미한다)과 같은 제어 플래그

- 표준 우선순위(실시간 스레드는 스케줄링 그룹이 될 수 없으므로 0에서 15만)에 기반을 둔 레디 큐

스케줄링 그룹이 관리하는 중요한 한 인자로 순위^{rank}가 있다. 이는 스레드에 대한 전체 그룹의 스케줄링 우선순위로 간주할 수 있다. 순위 값 0은 가장 높은 순위다. 순위 값이 크면 클수록 해당 그룹은 더 많은 CPU 시간을 사용했고, 따라서 추가적인 CPU 시간을 얻을 가능성이 작아진다는 의미다. 순위는 항상 우선순위에 앞선다. 이는 다른 순위를 갖는 두 스레드가 있다면 우선순위와는 관계없이 낮은 값의 순위가 선호된다는 의미다. 동일한 순위의 스레드는 우선순위에 기반을 두고 비교된다. 순위는 사이클 사용량이 증가함에 따라 주기적으로 조정된다.

순위 0은 높은 값을 가진 순위보다 가장 우선시되며(따라서 항상 승리한다), 일부 스레드에 대해서는 암시적으로 적용된다. 이는 다음 사항 중 하나를 가리킨다.

- 스레드는 어떠한 스케줄링 그룹에도 해당하지 않는다('일반적' 스레드).
- 하회 쿼터 스레드
- 실시간 우선순위 스레드(16-31)
- 커널 임계 영역이나 가드 영역 내에서 IRQL APC_LEVEL (1)로 실행하는 스레드 (APC와 이들 영역에 대해서는 2권의 8장을 보라)

다양한 스케줄링 선택 시점(예를 들어 KiQuantumEnd)에서 다음에 어떤 스레드를 스케줄할 것인지에 대한 결정은 현재 스레드와 레디 스레드의 스케줄링 그룹(있다면)도 영향을 준다. 스케줄링 그룹이 존재한다면 가장 낮은 값의 순위를 갖는 스레드, 그리고 우선순위(순위가 동일하다면)가 높은 스레드가 그 뒤를 따르고, 마지막으로 먼저 도착하는 스레드(우선순위가 같고 퀀텀 종료로 라운드로빈 방식이라면)의 순서로 결정된다.

동적으로 공정한 공유 스케줄링

동적으로 공정한 공유 스케줄링^{DFSS, Dynamic Fair Share Scheduling}은 머신에서 실행하는 세션

간에 CPU 시간을 공정하게 분배하는 데 사용될 수 있는 메커니즘이다. 이는 어떤 세션에서 실행하는 일부 스레드가 상대적으로 우선순위가 높고 많이 실행된다면 그 세션이 CPU를 잠재적으로 독점하는 것을 방지한다. 이 기능은 원격 데스크톱 역할을 갖는 윈도우 서버 시스템에서는 기본적으로 활성화되지만 클라이언트나 서버와 같은 여타 시스템에서도 구성 가능하다. 이 기능의 구현은 이전 절에서 설명한 그룹 스케줄링에 기반을 둔다.

시스템 초기화의 가장 마지막 부분에서 Smss.exe는 **SOFTWARE** 하이브[hive]를 초기화한다. 이때 프로세스 관리자는 `PsBootPhaseComplete` 내에서 `PspIsDfssEnabled`를 호출해 마지막 포스트 부트[post-boot] 초기화 작업을 시작한다. 여기서 시스템은 두 개의 CPU 할당량 메커니즘(DFSS와 전통적인 방법) 중 어느 것을 채용할지 결정한다. DFSS가 활성화되기 위해서는 두 개의 할당량 레지스트리 키에 있는 `EnableCpuQuota` 값이 반드시 0이 아닌 값으로 설정돼 있어야 한다. 첫 번째 키는 `HKLM\SOFTWARE\Policies\Microsoft\Windows\SessionManager\Quota System`으로 정책 기반 설정을 위한 것이다. 다른 하나는 `HKLM\SYSTEM\CurrentControlSet\Control\SessionManager\Quota System`으로 시스템이 이 기능을 지원하는지(기본적으로 원격 데스크톱 기능을 하는 윈도우 서버에서는 TRUE로 설정돼 있다) 결정하는 데 사용된다.

DFSS가 활성화되면 `PsCpuFairShareEnabled` 전역 변수가 TRUE로 설정돼 모든 스레드(세션 0의 프로세스는 제외)가 스케줄링 그룹에 속하게 한다. DFSS 구성 인자는 `PspReadDfssConfigurationValues`의 호출을 통해 앞서 언급한 레지스트리 키에서 읽혀지고 전역 변수에 저장된다. 시스템은 이들 키를 감시한다. 이들 키가 변경되면 통지 콜백은 `PspReadDfssConfigurationValues`를 다시 호출해 구성 값을 갱신한다. 표 4-6에 그 값과 의미가 있다.

DFSS가 활성화된 이후에 새로운 세션(세션 0은 제외)이 생성될 때마다 `MiSession-ObjectCreate`는 최소 1과 최대 9 사이의 중간을 이루는 기본 가중치 5의 값을 갖는 세션과 관련된 스케줄링 그룹을 할당한다. 스케줄링 그룹은 스케줄링 그룹의 일부분인 정책 구조(KSCHEDULING_GROUP_POLICY)에 기반을 두고 DFSS 또는 CPU 비율 제어[rate-

^{control} 정보(다음 절을 보라) 중의 하나를 관리한다. Type 멤버는 DFSS(WeightBased=0) 또는 비율 제어(RateControl=1)로 구성돼 있는지를 나타낸다. MiSessionObjectCreate 는 KeInsertSchedulingGroup을 호출해 스케줄링 그룹을 전역 시스템 리스트에 넣는다 (KiSchedulingGroupList 전역 변수로 관리된다. 프로세서가 동작 중에 추가된다면^{hot-added} 가중치 재계산에 필요하다). 이런 결과물인 스케줄링 그룹은 특정 세션에 대한 SESSION_ OBJEC에 의해 또한 가리켜진다.

표 4-6 DFSS 레지스트리 구성 인자

레지스트리 값 이름	커널 변수 이름	의미	기본 값
DfssShortTermSharingMS	PsDfssShortTermSharingMS	그룹 순위가 세대 사이클 내에서 증가하는데 걸리는 시간	30ms
DfssLongTermSharingMS	PsDfssLongTermSharingMS	스레드가 세대 사이클 내에서 자신들의 할당량을 초과할 때 순위 0에서 넌제로 순위로 이동하는 데 걸리는 시간	15ms
DfssGenerationLengthMS	PsDfssGenerationLengthMS	세대 시간에 대한 CPU 사용량을 추적	600ms
DfssLongTermFraction1024	PsDfssLongTermFraction1024	장기 사이클 계산에 사용되는 지수 이동 평균 공식에 사용되는 값	512

실습: DFSS 동작

이 실습에서 DFSS를 사용하게 시스템을 구성하고 그 작업을 살펴보자.

1. 시스템에 DFSS를 활성화하기 위해 이번 절에서 언급한 레지스트리 키와 값을 추가한다(물론 VM에서도 이 실습을 할 수 있다). 변경의 효과를 주기 위해 시스템을 다시 시작한다.

2. DFSS가 동작 중임을 확인하기 위해 라이브 커널 디버그 세션을 열고 다음과 같은 명령을 입력해 PsCpuFairShareEnabled 값을 살펴본다. 값이 1이라면 DFSS가 동작 중임을 나타낸다.

```
lkd> db nt!PsCpuFairShareEnabled L1
fffff800'5183722a 01
```

3. 디버거에서 현재 스레드를 보라(WinDbg에서 실행 중인 한 스레드라야 한다). 디스플레이 시점에 스레드는 실행 중이었기 때문에 스레드는 스케줄링 그룹의 일부분이며, KSCB는 NULL이 아님에 주목하자.

```
lkd> !thread
THREAD ffffd28c07231640  Cid 196c.1a60 Teb: 000000f897f4b000
Win32Thread:
ffffd28c0b9b0b40 RUNNING on processor 1
IRP List:
    ffffd28c06dfac10: (0006,0118) Flags: 00060000 Mdl: 00000000
Not impersonating
DeviceMap            ffffac0d33668340
Owning Process       ffffd28c071fd080    Image:        windbg.exe
Attached Process     N/A      Image: N/A
Wait Start TickCount 6146     Ticks: 33 (0:00:00:00.515)
Context Switch Count 877      IdealProcessor: 0
UserTime             00:00:00.468
KernelTime           00:00:00.156
Win32 Start Address 0x00007ff6ac53bc60
Stack Init ffffbf81ae85fc90 Current ffffbf81ae85f980
Base ffffbf81ae860000 Limit ffffbf81ae85a000 Call 0000000000000000
Priority 8 BasePriority 8 PriorityDecrement 0 IoPriority 2 PagePriority 5
Scheduling Group: ffffd28c089e7a40 KSCB: ffffd28c089e7c68 rank 0
```

4. dt 명령을 입력해 스케줄링 그룹을 살펴본다.

```
lkd> dt nt!_kscheduling_group ffffd28c089e7a40
   +0x000 Policy                  : _KSCHEDULING_GROUP_POLICY
   +0x008 RelativeWeight          : 0x80
   +0x00c ChildMinRate            : 0x2710
   +0x010 ChildMinWeight          : 0
   +0x014 ChildTotalWeight        : 0
   +0x018 QueryHistoryTimeStamp   : 0xfed6177
   +0x020 NotificationCycles      : 0n0
   +0x028 MaxQuotaLimitCycles     : 0n0
   +0x030 MaxQuotaCyclesRemaining : 0n-73125382369
   +0x038 SchedulingGroupList     : _LIST_ENTRY [ 0xfffff800'5179b110 -
0xffffd28c'081b7078 ]
   +0x038 Sibling                 : _LIST_ENTRY [ 0xfffff800'5179b110 -
0xffffd28c'081b7078 ]
   +0x048 NotificationDpc         : 0x0002eaa8'0000008e _KDPC
   +0x050 ChildList               : _LIST_ENTRY [ 0xffffd28c'062a7ab8 -
0xffffd28c'05c0bab8 ]
   +0x060 Parent                  : (null)
   +0x080 PerProcessor            : [1] _KSCB
```

5. 머신에 또 다른 로컬 사용자를 생성한다.

6. 현재 세션에서 CPU 스트레스 툴을 실행한다.

7. 최대 활동성으로 일부 스레드를 실행하지만 머신에 무리한 부하는 주지
   않도록 한다. 예를 들어 다음 이미지는 3개의 프로세서로 구성된 가상머
   신에서 최대 활동성으로 2개의 스레드를 실행한 결과다.

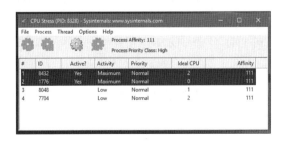

8. Ctrl + Alt + Del을 눌러 사용자 전환을 선택한다. 그리고 이전에 생성한 다른 사용자 계정을 선택하고 로깅을 한다.

9. CPU 스트레스를 다시 실행해 최대 활동성으로 이전과 동일한 수의 스레드를 실행한다.

10. CPUSTRESS 프로세스에 대해 Process 메뉴를 열고 Priority Class를 선택한 다음에 프로세스 우선순위 클래스를 High로 변경한다. DFSS가 없었다면 이 높은 우선순위의 프로세스가 대부분의 CPU를 점유했을 것이다. 이는 3개의 프로세서를 경쟁하는 4개의 스레드가 존재하기 때문이다. 이들 중의 한 스레드는 경쟁에서 탈락하고 이 스레드는 좀 더 낮은 우선순위의 프로세스에 속할 것이다.

11. Prcess Explorer를 열고 두 CPUSTRES 프로세스를 더블 클릭해 Performance Graph 탭을 선택한다.

12. 두 윈도우를 나란히 배치한다. 이들 두 프로세스의 우선순위가 같지 않음에도 불구하고 소비된 CPU는 대략적으로 두 프로세스 간에 균등함을 볼 수 있다.

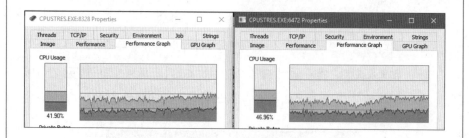

13. 레지스트리 키를 삭제해 DFSS를 비활성화시킨다. 그리고 시스템을 다시 시작한다.

14. 다시 실습으로 돌아오면 좀 더 높은 우선순위의 프로세스가 대부분의 CPU 시간을 할애 받고 있음을 확연히 알 수 있을 것이다.

CPU 비율 제한

DFSS는 새로운 스레드를 세션 스케줄링 그룹 내에 자동으로 배치함으로써 동작한다. 이는 터미널 서비스 시나리오에는 적합하지만 스레드나 프로세스의 CPU 시간을 제한하는 범용적 메커니즘으로는 충분하지 않다.

스케줄링 그룹 인프라는 잡 객체를 사용함으로써 좀 더 작은 단위의 방식에서 사용될 수 있다. 3장에서 잡은 하나 이상의 프로세스를 관리할 수 있다는 점을 상기해보자. 잡에 가할 수 있는 제약 중 하나로 CPU 비율 제어^{rate control}가 있다. 이는 잡 정보 클래스로 ObjectCpuRateControlInformation과 실제 제어 데이터를 갖는 JOBOBJECT_CPU_RATE_CONTROL_INFORMATION으로써 SetInformationJobObject를 호출해 이뤄진다. 이 구조체는 CPU 시간을 제한하기 위한 세 가지 설정 중의 하나를 적용할 수 있는 플래그 집합을 가진다.

- **CPU 비율** 이 값은 1과 10000 사이의 값으로 100이 곱해진 비율을 나타낸다(예를 들어 40%인 경우에 이 값은 4000이다).
- **가중치 기반** 이 값은 1과 9 사이로서 다른 잡의 가중치와 상대적이다(DFSS는 이 설정으로 구성된다).
- **최소와 최대 CPU 비율** 이들 값은 첫 번째 옵션과 비슷하게 지정된다. 잡 내의 스레드가 측정 간격(기본으로 600ms)에 지정된 최대 비율에 도달하면 다음번의 간격이 시작하기 전까지 이들은 더 이상 CPU를 얻을 수 없다. 여분의 CPU 시간이 이용 가능할지라도 제한을 강제하기 위해 강제 조치를 사용할 것인지를 제어 플래그를 사용해 지정할 수 있다.

이들 제한 값을 설정함으로써 생기는 결과는 잡 내의 모든 프로세스에 속하는 모든 스레드를 새로운 스케줄링 그룹으로 재배치시키게 되며, 해당 그룹을 지정된 대로 구성하게 된다.

실습: CPU 비율 제한

이 실습에서는 잡 객체를 사용하는 CPU 비율 제한을 살펴본다. 이 책의 집필 당시에 디버거 버그로 인해 로컬 커널 디버거를 사용하기보다는 가상머신에서 커널에 디버거를 연결해 이 실습을 해보자.

1. 테스트 VM에서 CPU Stress를 실행한다. CPU 시간의 약 50 퍼센트를 소비하게 몇몇 스레드를 구성하자. 예를 들어 8개의 프로세서 시스템에서 최대 활동성 레벨에서 실행하는 4개의 스레드를 구동시킨다.

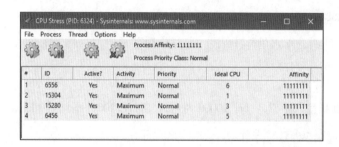

2. Process Explorer를 열고 CPUSTRES 인스턴스를 찾은 다음에 속성을 열고 Performance Graph 탭을 선택한다. CPU 사용량은 대략 50%일 것이다.
3. 이 책의 다운로드 정보를 참고해 CPULIMIT 툴을 다운로드한다. 이는 강제 조치를 통해 단일 프로세스의 CPU 사용량을 제한할 수 있는 간단한 툴이다.
4. 다음 명령을 실행해 CPSTRES 프로세스의 CPU 사용량을 20%로 제한한다(6324는 독자의 프로세스 ID로 대체한다).

```
CpuLimit.exe 6324   20
```

5. Process Explorer 윈도우를 보라. 대략 20% 근처로 떨어지는 것을 볼 수 있다.

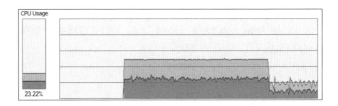

6. 호스트 시스템에 WinDbg를 연다.
7. 테스트 시스템의 커널에 연결하고 진입한다.
8. CPUSTRES 프로세서를 찾기 위해 다음 명령을 입력한다.

```
0: kd> !process 0 0 cpustres.exe
PROCESS ffff9e0629528080
    SessionId: 1 Cid: 18b4 Peb: 009e4000 ParentCid: 1c4c
    DirBase: 230803000   ObjectTable: ffffd78d1af6c540   HandleCount:
<Data Not Accessible>
    Image: CPUSTRES.exe
```

9. 다음의 명령을 입력해 해당 프로세스의 기본 정보를 나열한다.

```
0: kd> !process ffff9e0629528080 1
PROCESS ffff9e0629528080
    SessionId: 1  Cid: 18b4   Peb: 009e4000 ParentCid: 1c4c
    DirBase: 230803000   ObjectTable: ffffd78d1af6c540    HandleCount: <Data
Not Accessible>
    Image: CPUSTRES.exe
    VadRoot ffff9e0626582010 Vads 88 Clone 0 Private 450. Modified 4. Locked 0.
    DeviceMap ffffd78cd8941640
    Token                   ffffd78cfe3db050
    ElapsedTime             00:08:38.438
```

```
UserTime                          00:00:00.000
KernelTime                        00:00:00.000
QuotaPoolUsage[PagedPool]         209912
QuotaPoolUsage[NonPagedPool]      11880
Working Set Sizes (now,min,max) (3296, 50, 345) (13184KB, 200KB, 1380KB)
PeakWorkingSetSize                3325
VirtualSize                       108 Mb
PeakVirtualSize                   128 Mb
PageFaultCount                    3670
MemoryPriority                    BACKGROUND
BasePriority                      8
CommitCharge                      568
Job                               ffff9e06286539a0
```

10. 널이 아닌 잡 객체가 하나 존재함에 주목하자. !job 명령으로 이 객체의
    속성을 살펴보자. 툴은 잡을 생성해(CreateJobObject) 이 잡에 해당 프로
    세스를 추가한다(AssignProcessToJobObject). 그리고 CPU 비율 정보 클
    래스와 비율 값 2000(20%)으로 SetInformationJobObject를 호출한다.

```
0: kd> !job ffff9e06286539a0
Job at ffff9e06286539a0
  Basic Accounting Information
    TotalUserTime:              0x0
    TotalKernelTime:            0x0
    TotalCycleTime:             0x0
    ThisPeriodTotalUserTime:    0x0
    ThisPeriodTotalKernelTime:  0x0
    TotalPageFaultCount:        0x0
    TotalProcesses:             0x1
    ActiveProcesses:            0x1
    FreezeCount:                0
    BackgroundCount:            0
    TotalTerminatedProcesses:   0x0
```

```
      PeakJobMemoryUsed:           0x248
      PeakProcessMemoryUsed:       0x248
   Job Flags
     [close done]
     [cpu rate control]
   Limit Information (LimitFlags: 0x0)
   Limit Information (EffectiveLimitFlags: 0x800)
   CPU Rate Control
     Rate = 20.00%
     Hard Resource Cap
     Scheduling Group: ffff9e0628d7c1c0
```

11. 동일한 프로세스에 대해 CPULIMIT로서 CPU 비율을 20%로 재지정한다. CPUSTRES의 CPU 소비량이 4% 근처까지 떨어짐을 볼 수 있을 것이다. 이는 잡 중첩으로 인한 것이다. 새로운 잡이 생성되면 프로세스가 이 잡에 할당되듯이 자신도 첫 번째 잡 아래에 중첩된다. 20%의 20%는 결국 4%가 된다.

동적 프로세서 추가와 교체

앞서 살펴봤듯이 개발자는 스레드가 특정 프로세서에서 실행되게(이상적 프로세서의 경우에서는 무조건) 미세한 조정을 할 수 있다. 이 작업은 정해진 프로세서 수를 가진 시스템에서 프로세서가 실행 중인 동안에는 잘 동작한다. 예를 들면 데스크톱 머신은 프로세서나 프로세서의 개수를 바꾸기 위해서는 시스템을 종료해야 한다. 하지만 근래의 서버 시스템에서는 CPU 교체 또는 추가로 인해 서버를 중지시킬 수 없는 경우가 많다. 실제로 머신이 현재 성능으로 감당할 수 없는 높은 작업량이 있는 시점에 CPU 추가가 필요할 수도 있다. 최대 사용량 기간 동안에 서버를 중지시켜야만 한다면 이는 목적에 부합하지 않는다.

이러한 요구 사항을 충족하고자 최근 서버 마더보드와 시스템은 서버가 실행 중인 상태에서 프로세서 추가(또한 교체)를 지원한다. ACPI BIOS와 시스템에 장착된 관련된 하드웨어들은 이러한 필요성에 맞게 만들어졌지만, 이런 기능을 완벽히 지원하기 위해서는 OS가 관여돼야 한다.

동적 프로세서 지원은 HAL을 통해 이뤄지는데, **KeStartDynamicProcessor** 함수를 통해 새로운 프로세서가 장착됐음을 커널에 알리게 된다. 이 루틴은 시스템 초기 부팅 과정에서 하나 이상의 프로세서를 탐지해 그에 따른 관련된 구조체를 초기화하는 것과 유사한 작업을 한다. 동적 프로세서가 추가되면 여러 시스템 컴포넌트가 추가적인 작업을 수행한다. 예를 들면 메모리 관리자는 CPU에 최적화된 새로운 페이지와 메모리 구조체를 할당한다. 또한 커널이 전역 디스크립터 테이블^{GDT, Global Descriptor Table}과 인터럽트 디스크립터 테이블^{IDT, Interrupt Descriptor Table}, 프로세서 제어 영역^{PCR, Processor Control Region}, 프로세서 제어 블록^{PRCB, Processor Control Block}, 그리고 프로세서와 관련된 구조체를 초기화할 때 이 루틴은 새로운 DPC 커널 스택을 초기화한다.

커널 내의 다른 익스큐티브 부분도 호출돼 추가된 프로세서의 프로세서별 룩 어사이드 리스트를 초기화한다. 예를 들면 I/O 관리자와 익스큐티브 룩 어사이드 리스트 코드, 캐시 관리자, 객체 관리자 모두 자주 할당되는 구조체를 위해 프로세서별 룩 어사이드 리스트를 사용한다.

마지막으로 커널은 프로세서에 대한 스레디드^{threaded} DPC 지원을 초기화하고 새로운 프로세서에게 보고하기 위한 익스포트된 커널 변수를 조정한다. 프로세서 개수에 기반을 두고 달라지는 메모리 관리자 마스크와 프로세스 시드 값도 변경되며, 새로운 프로세서를 시스템의 나머지 부분과 맞추기 위해 필요한 프로세서 속성도 변경되게 된다. 예를 들어 새로 추가된 프로세서의 가상화 지원 기능을 활성화한다. 모든 초기화 과정의 완료는 윈도우 하드웨어 오류 아키텍처^{Windows Hardware Error Architecture} 컴포넌트에 새로운 프로세서가 온라인됐음을 알리며 끝맺게 된다.

HAL 또한 이 과정에 관여한다. 커널이 새로운 동적 프로세서의 유무를 알게 된 이후에 동적 프로세서를 시작시키기 위해 한 번 호출되고, 커널이 프로세서의 초기화 과정을 종료한 후에 다시 한 번 호출된다. 하지만 이들 통지와 콜백은 커널로 하여금 프로세서 변경에 대해 알게 해주고 반응하게 해줄 뿐이다. 추가적인 프로세서는 커널 처리량을 증가시키지만 드라이버를 도와주지는 않는다.

드라이버를 처리하기 위해 시스템은 드라이버가 등록해 알림을 받을 수 있는 새로운 기본 익스큐티브 콜백 객체(ProcessorAdd)를 갖는다. 이 콜백은 전원 상태 또는 시스템 시간 변경에 대한 알림을 드라이버로 알려주는 콜백과 비슷하다. 예를 들면 이 콜백은 드라이버 코드로 하여금 한 번에 더 많은 작업을 처리할 수 있는 바람직한 상황이라면 새로운 작업자 스레드worker thread를 생성하게끔 한다.

일단 드라이버에 통지가 이뤄지고 나면 커널 컴포넌트인 플러그앤플레이 관리자가 마지막으로 호출된다. 플러그앤플레이는 프로세서를 시스템의 디바이스 노드에 추가하고 인터럽트를 재조정해 다른 프로세서에 이미 등록된 인터럽트를 새로운 프로세서도 처리할 수 있게 한다. CPU에 굶주린 애플리케이션도 새로운 프로세서를 활용할 수 있게 된다.

하지만 친화성의 갑작스런 변화는 실행 중인 애플리케이션에 잠재적으로 급격한 변경을 가져올 수 있다(특히 단일 프로세서 시스템에서 멀티프로세서 환경으로 전환되는 경우). 이는 잠재적인 경쟁 상태나 단순히 잘못된 작업 분배(프로세스는 시작 시점에 이미 알고 있는 CPU 개수에 맞게 완벽히 계산됐을 것이므로) 등으로 나타날 수 있다. 결과적으로 애플리케이션은 기본적으로는 동적으로 추가한 프로세서의 혜택을 볼 수 없고, 이를 반드시 요청해야 한다.

윈도우 API인 SetProcessAffinityUpdateMode와 QueryProcessAffinityUpdateMode (문서화 되지 않은 NtSet/QueryInformationProcess 시스템 호출을 이용하는)를 통해 프로세스 관리자에게 해당 프로세스의 친화성이 업데이트될 필요가 있음을 알리거나 (EPROCESS의 AffnityUpdateEnable 플래그를 설정해) 또는 친화성이 업데이트되는 것을 원치 않음을 알린다(EPROCESS의 AffnityPermanent 플래그를 설정해). 이는 일회성 변경 이다. 애플리케이션이 시스템에 자신의 친화성이 불변임을 알리고 나면 나중에 변심해 친화성 업데이트를 요구하는 것이 불가능해진다.

KeStartDynamicProcessor의 한 작업으로 인터럽트 재조정 후에 새로운 단계가 추가됐는데, 이는 프로세스 관리자를 호출해 PsUpdateActiveProcessAffnity를 통해 친화성 업데이트를 하는 단계다. 일부 윈도우 코어 프로세스나 서비스는 이미 친화성 업데이트가 활성화돼 있지만 서드파티 소프트웨어는 새로운 이 API의 혜택을 받으려면 재컴파일이 필요하다. 시스템 프로세스와 Svchost 프로세스, Smss는 동적 프로세서 추가 기능과 호환된다.

작업자 팩토리(스레드 풀)

작업자 팩토리Worker Factories는 유저 모드 스레드 풀Thread Pools 구현에 사용되는 내부 메커니즘이다. 레거시Legacy 스레드 풀 루틴은 유저 모드의 Ntdll.dll 라이브러리 내부에 모두 구현돼 있었다. 게다가 윈도우 API는 개발자에게 진행된 작업의 정도에 따라 호출할 수 있는 여러 함수를 제공한다. 이런 함수로는 대기 가능 타이머(CreateTimerQueue와 CreateTimerQueueTimer, 유사 함수들)와 대기 콜백(RegisterWaitForSingleObject), 자동으로 스레드 생성과 삭제를 처리하는 워크 아이템(QueueUserWorkItem)이 제공된다.

이전 구현의 한 가지 문제점은 프로세스 내에 단 하나의 스레드 풀만을 생성할 수 있다는 것이다. 이는 일부 시나리오의 경우 구현을 어렵게 만든다. 예를 들어 상이한 요청을 처리하기 위한 두 개의 스레드 풀을 구축해 워크 아이템을 우선시하려는 시도는 직접적으로 불가능하다. 또 다른 문제는 유저 모드(Ntdll.dll)에 존재하는 구현 그 자체다. 스레드 스케줄링, 생성, 종료 작업 등을 유저 모드에서 수행했을 경우 발생하는 전형적인 비용 없이 커널이 이런 작업을 직접 제어할 수 있기 때문에 윈도우에서 유저 모드 스레드 풀 구현을 위해 제공돼야 하는 대부분의 기능은 커널에 존재한다. 또한 개발자들이 작성해야 하는 코드를 단순화시켜준다. 예를 들어 원격 프로세스에 작업자 풀을 생성하는 것은 일반적인 복잡한 가상 메모리 관련 호출 대신 하나의 API 호출로 수행할 수 있다. 이런 모델에서 Ntdll.dll은 단지 인터페이스와 작업자 팩토리 코드와 인터페이싱하기 위해 요구되는 고수준의 API를 제공할 뿐이다.

윈도우 커널에서 관리되는 이러한 스레드 풀 기능은 팩토리 관리를 위한 4개의 네이티브 시스템 함수(NtCreateWorkerFactory, NtWorkerFactoryWorkerReady, NtReleaseWorker-FactoryWorker, NtShutdownWorkerFoctory), 두 개의 query/set 시스템 함수(NtQuery-InformationWorkerFactory와 NtSetInformationWorkerFactory), 하나의 대기 함수(NtWaitForWorkViaWorkerFactory), 그리고 **TpWorkerFactory**라 불리는 객체 관리자 타입에 의해 관리된다. 다른 네이티브 호출과 같이 이들 호출은 유저 모드에 **TpWorker-Factory** 객체에 대한 핸들을 제공한다. 이 핸들은 이름과 객체 속성, 요청 접근 마스크, 보안 디스크립터 같은 정보를 포함한다. 윈도우 API로 래핑된 다른 시스템 호출과는 달리 스레드 풀 관리는 Ntdll.dll의 네이티브 코드에 의해 처리된다. 이것은 Ntdll.dll이 소유한 불명확한 디스크립터(TP_WORK(워크 콜백)와 TP_TIMER(타이머 콜백), TP_WAIT(대기 콜백) 등을 포함해 스레드 풀에 대한 **TP_POOL** 포인터와 풀에서 생성되는 객체에 대한 그 밖의 불명확한 포인터 등)를 갖고 개발자들이 작업을 해야 한다는 것을 의미한다. 이들 구조체는 **TpWorkerFactory** 객체에 대한 핸들과 같은 다양한 종류의 정보를 가진다.

이름에서 알 수 있듯이 작업자 팩토리는 작업자 스레드를 할당하는 작업(그리고 전달된 유저 모드 작업자 스레드의 진입점을 호출한다)과 최소/최대 스레드 카운트(영구적인 작업자 풀 또는 완전히 동적인 풀을 허용하게 한다), 여타 통계 정보를 관리하는 것을 책임지게 구현됐다. 이런 구현을 통해 스레드 풀의 종료가 커널에 대한 한 번의 호출로 이뤄질 수 있게 됐는데, 이것은 오직 커널만이 스레드의 생성과 종료를 담당하는 컴포넌트이기 때문에 가능하다.

커널은 필요에 따라 동적으로 스레드를 생성하므로(주어진 최소/최대 카운트에 기반) 새로운 스레드 풀 구현을 사용하는 애플리케이션의 확장성을 증가시킨다. 작업자 팩토리는 다음 조건을 만족할 때마다 새로운 스레드를 생성할 것이다.

- 동적 스레드 생성이 활성화돼 있다.
- 가용한 작업자의 수가 팩토리에 할당된 최대 작업자의 수보다 작다(기본 값은 500이다).
- 작업자 팩토리가 바운드 객체[bound object]를 갖거나(예를 들어 이 작업자 스레드가

기다리는 ALPC 포트), 스레드가 풀에 활성화됐다.

- 작업자 스레드와 연관된 펜딩 I/O 요청 패킷(IRPs는 6장에서 자세히 다룬다)이 존재한다.

게다가 작업자 팩토리는 스레드가 10초(기본 값) 이상 유휴 상태(즉, 이들은 어떠한 워크 아이템도 처리하지 않았다)가 될 때마다 스레드를 종료할 것이다. 개발자는 항상 예전 구현 방식을 통해 가능한 한 많은 수의 스레드(시스템에 존재하는 프로세서의 수에 기반)로부터 이점을 누려왔다. 이제 스레드 풀을 사용하는 애플리케이션은 실행 시에 새로운 프로세서가 추가되는 데 대한 이점을 자동으로 누릴 수 있게 됐다. 이는 윈도우 서버의 동적 프로세서에 대한 지원(4장의 앞부분에서 설명했다)을 통해 이뤄진다.

작업자 팩토리 생성

작업자 팩토리 지원은 이 지원이 없었더라면 유저 모드에서 수행됐을(성능의 손실이 발생함) 일상적인 작업을 관리하기 위한 단순한 래퍼^{wrapper}다. 새로운 스레드 풀 코드의 많은 로직 부분은 이 아키텍처의 Ntdll.dll 부분에 남아있다(이론적으로, 문서화되지 않은 함수를 사용함으로써, 작업자 팩토리를 기반으로 해 다른 스레드 풀 구현을 만들 수 있다). 또한 확장성과 대기의 내부 사항, 효율적인 작업 처리 등은 작업자 팩토리 코드가 아니다. 이들은 윈도우의 아주 오래된 컴포넌트(I/O 완료 포트와 좀 더 엄밀히는 커널 큐(KQUEUE)) 부분이다. 실제로 작업자 팩토리가 생성될 때 I/O 완료 포트가 유저 모드에 의해 이미 만들어져 있어야 하고 그 핸들도 전달돼야 한다.

유저 모드 구현은 이 I/O 완료 포트를 통해 작업을 큐에 넣거나 작업을 대기할 수 있게 된다. 하지만 이 작업은 I/O 완료 포트 API가 아닌 작업자 팩토리 시스템 호출을 통해 이뤄진다. 하지만 내부적으로 '해제^{Release}' 작업자 팩토리 호출(작업을 큐에 넣는다)은 IoSetIoCompletionEx의 래퍼로 펜딩 작업을 증가시킨다. 반면에 '대기^{Wait}' 호출은 IoRemoveIoCompletion 함수의 래퍼다. 이들 두 루틴은 커널 큐 구현을 호출한다. 따라서 작업자 팩토리 코드의 임무는 영구적이거나 정적, 동적 스레드 풀을 관리하는 것이다. 즉, 동적 스레드를 자동으로 생성함으로써 정지된^{stalled} 작업자 큐가 되지 않게 하는 인터페이스로 I/O 완료 포트 모델을 감싸고 또한 팩토리 셧다운 요청 동안에 전역적인 정리 및 종료 작업을 단순화시키는(또는 특정 시나리오에서 팩토리에 대한 새로운 요청을 쉽게 차단하기 위한) 것이다.

작업자 팩토리를 생성하는 익스큐티브 함수인 NtCreateWorkerFactory는 생성할 최대 스레드의 개수와 초기 커밋 및 예약 스택 크기와 같은 스레드 풀의 맞춤형이 가능한 여러 인자를 받아들인다. 하지만 CreateThreadpool 윈도우 API는 실행 파일 이미지에 있는 기본 스택 크기를 사용한다(CreateThread의 기본 동작). 하지만 이 윈도우 API는 이들 값을 대체할 수 있는 방법을 제공하지 않는다. 스레드 풀이 깊은 호출 스택을 필요로 하지 않아 좀 더 작은 스택을 할당했으면 도움이 됐을 상황 같은 많은 경우에 있어서 이는 다소 불행한 일이다.

작업자 팩토리 구현에 사용된 자료 구조체는 공개 심볼에 포함돼 있지 않다. 하지만 다음의 실습을 통해 일부 작업자 풀은 볼 수 있다. 또한 NtQueryInformationWorkerFactory API는 작업자 팩토리 구조체의 거의 모든 필드를 덤프할 수 있다.

실습: 스레드 풀 보기

스레드 풀 사용의 이점 때문에 많은 핵심 시스템 컴포넌트와 애플리케이션이 이를 이용하며, 특히 ALPC 포트 같은 리소스를 다룰 때 사용한다(들어오는 요청을 적절하고 확장성 있는 레벨에서 동적으로 처리하기 위해). 어떤 프로세스가 작업자 팩토리를 이용하는지 알아보는 방법은 Process Explorer에 있는 핸들 리스트를 확인하는 것이다. 자세한 정보를 보기 위해서는 다음 과정을 따라 해보자.

1. Process Explorer를 실행한다.
2. View 메뉴를 열고 Show Unnamed Handles And Mappings를 선택한다 (불행히도 작업자 팩토리는 Ntdll.dll에 의해 이름을 부여받지 못했으므로 핸들을 보려면 이 과정을 따라야 한다).

3. 프로세스 리스트에서 svchost.exe의 인스턴스를 선택한다.

4. 하단 표시 창에 핸들 테이블을 보기 위해 View 메뉴에서 Show Lower Pane을 선택한다.

5. View 메뉴에서 Lower Pane View를 선택하고서 Handles를 선택해 핸들 모드에서 테이블을 표시한다.

6. 하단 표시 창의 칼럼 영역에서 오른쪽 마우스 클릭을 하고 Select Columns를 선택한다.

7. Type과 Handle Value 칼럼이 체크돼 있는지 확인한다.

8. Type 헤더를 클릭해 유형별로 정렬한다.

9. Type 칼럼에서 TpWorkerFactory 유형의 핸들을 찾을 때까지 핸들을 밑으로 스크롤한다.

10. Handle 헤더를 클릭해 핸들 값에 따라 정렬한다. 다음의 스크린샷과 유사한 모습을 볼 수 있을 것이다. TpWorkerFactory 핸들이 IoCompletion 핸들 바로 앞에 위치한다는 점에 유의하자. 이미 설명했던 것처럼 이렇게 보이는 것은 작업자 팩토리를 생성하기 전에 작업을 보내야 할 I/O 완료 포트에 대한 핸들이 반드시 만들어져 있어야 하기 때문이다.

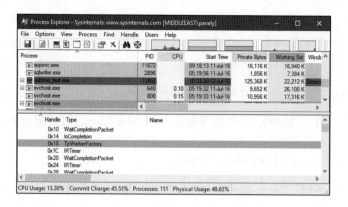

11. 이제 프로세스 리스트에서 선택된 프로세스를 더블 클릭해 Threads 탭을 클릭한 다음에 Start Address 칼럼을 클릭한다. 다음과 유사한 스크린샷을 볼 수 있다. 작업자 팩토리 스레드는 자신들의 Ntdll.dll의 진입점인 **TppWorkerThread**(Tpp는 스레드 풀 전용을 의미한다)에 의해 쉽게 식별된다.

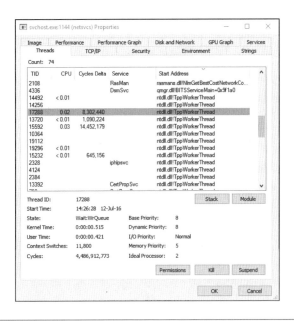

다른 작업자 스레드를 확인해보면 이벤트 같은 객체를 기다리는 것을 볼 수 있다. 하나의 프로세스는 여러 스레드 풀을 가질 수 있고 각각의 스레드 풀은 전혀 상관없는 여러 작업을 처리하는 다양한 스레드를 가질 수 있다. 작업을 할당하고 스레드 풀 API를 호출해 이 작업을 Ntdll.dll을 통해 등록하는 것은 개발자의 책임이다.

결론

4장에서는 스레드의 구조와 이들이 어떻게 생성되는지를 살펴봤고 또한 윈도우가 어느 스레드를 얼마나 오랫동안 어떤 프로세서에서 실행시킬 것인지를 결정하는 방법도 알아 봤다. 5장에서는 OS에서 가장 중요한 한 측면인 메모리 관리를 살펴본다.

05

메모리 관리

5장에서는 윈도우가 가상 메모리^{Virtual Memory}를 어떻게 구현했으며, 물리 메모리에서 가상 메모리를 어떻게 관리하는지 설명한다. 또한 메모리 관리자^{Memory Manager}를 구성하는 중요 자료 구조체와 알고리즘 등의 내부 구조와 컴포넌트를 설명한다. 이런 메커니즘을 알아보기 전에 메모리 관리자에서 제공하는 기본 서비스와 예약 메모리^{Reserved Memory}, 커밋 메모리^{Committed Memory}, 공유 메모리^{Shared Memory} 같은 중요 개념을 살펴본다.

메모리 관리자 소개

기본적으로 32비트 윈도우에서 프로세스의 가상 메모리 크기는 2GB다. 하지만 실행 이미지에 큰 주소 공간 인식^{Large Address Space Aware}이 명시적으로 표시돼 있고 시스템이 특별한 옵션(5장 뒷부분 'x86 주소 공간 배치' 절에서 설명)으로 부팅됐다면 32비트 윈도우에서는 3GB까지 확장 가능하고, 64비트 윈도우에서는 4GB까지 확장 가능하다. 64비트 윈도우 8과 서버 2012에서 프로세스의 가상 메모리 크기는 8192GB(8TB)이고, 64비트 윈도우 8.1(과 그 후속 버전)과 서버 2012 R2(와 그 후속 버전)에서는 128TB다.

2장에서 살펴봤듯이(특히 표 2-2) 현재 윈도우에서 지원하는 물리 메모리의 최대 크기는 윈도우가 실행하는 버전과 에디션에 따라 2GB에서 24TB까지 다양하다. 이처럼 머신의 물리 메모리보다 가상 주소 공간이 작거나 클 수 있기 때문에 메모리 관리자는 두 가지의 중요한 임무를 가진다.

- 해당 프로세스의 컨텍스트에서 실행하는 스레드가 가상 주소 공간을 읽고/쓰기를 할 때 정확한 물리 메모리를 참조할 수 있게 프로세스의 가상 주소 공간을 물리 메모리로 변환하거나 매핑하는 작업을 수행해야 한다(물리 메모리에 존재하는 프로세스 가상 주소 공간의 일부분을 워킹셋^{Working Set}이라 하며, 5장의 후반부 '워킹셋' 절에서 자세히 설명한다).
- 메모리가 과도하게 커밋돼(즉, 실행되는 스레드가 현재 가용한 물리 메모리보다 더 많은 영역을 사용하려고 할 때) 메모리의 일부 내용을 디스크로 페이징시키거나 페이징된 내용이 필요할 때 물리 메모리로 가져오는 작업을 수행해야 한다.

가상 메모리 관리뿐만 아니라 메모리 관리자는 다양한 윈도우 환경 서브시스템이 내장돼 있는 핵심적인 서비스들을 제공한다. 이런 서비스로는 메모리 맵 파일^{Memory Mapped File}(내부적으로는 섹션 객체^{Section Object}라고 불린다)과 쓰기 시 복사^{Copy-on-write} 메모리, 큰 주소 공간이나 희소^{Sparse} 주소 공간을 사용하는 애플리케이션의 지원 등이 있다. 또한 프로세스가 한 번에 자신의 가상 주소 공간으로 매핑할 수 있는 것보다 더 큰 양의 물리 메모리를 할당하거나 사용할 수 있는 방법도 제공한다(예를 들어 3GB 이상의 물리 메모리를 갖는 32비트 시스템). 이 내용은 5장의 뒷부분인 '주소 윈도잉 확장' 절에서 살펴본다.

> 페이징 파일의 크기나 수, 위치를 제어할 수 있는 제어판 애플릿이 있다. 그것의 명명법을 보면 가상 메모리와 페이징 파일이 동일한 것처럼 암시한다. 이것은 사실이 아니며 페이징 파일은 가상 메모리의 단순한 한 부분일 뿐이다. 사실, 페이지 파일을 전혀 사용하지 않게 하고 시스템을 동작시키더라도 윈도우는 여전히 가상 메모리를 사용할 것이다. 이 차이는 5장의 뒷부분에서 좀 더 자세히 설명한다.

메모리 관리자 컴포넌트

메모리 관리자는 윈도우 익스큐티브의 일부분으로 Ntoskrnl.exe 파일에 존재한다. 이는 익스큐티브에서 가장 큰 컴포넌트며, 이 사실은 메모리 관리자의 중요성과 복잡성을 암시한다. 메모리 관리자는 하드웨어 추상화 계층^{HAL, Hardware Abstraction Layer}에는 존재하지 않는다. 메모리 관리자는 다음과 같은 컴포넌트로 구성된다.

- 가상 메모리에 대한 할당과 해제, 관리를 위한 익스큐티브 서비스 집합으로 이들 대부분은 커널 모드 디바이스 드라이버 인터페이스나 윈도우 API를 통해 외부에 노출돼 있다.

- 하드웨어 탐지 메모리 관리 예외를 처리하고 프로세스를 위해 가상 페이지를 물리 메모리에 상주시키기 위한 유효하지 않은 메모리 변환$^{\text{Translation-not-valid}}$과 액세스 폴트 트랩 핸들러

- 시스템 프로세스 내에서 6개의 서로 다른 커널 모드 스레드로 동작하는 6개의 중요 최상위 루틴

  - **밸런스 셋 관리자(KeBalanceSetManager, 우선순위 17)** 1초에 한 번씩 또는 사용 가능 메모리$^{\text{Free memory}}$ 양이 특정 임계치 이하로 떨어질 때마다 내부 루틴인 워킹셋 관리자(MmWorkingSetManager)를 호출한다. 워킹셋 관리자는 워킹셋 정돈$^{\text{Working set trimming}}$이나 에이징^{Aging}, 변경된 페이지$^{\text{Modified Page}}$에 대한 쓰기 작업 등의 전반적인 메모리 관리 정책들을 처리한다.

  - **프로세스/스택 스와퍼(KeSwapProcessOrStack, 우선순위 23)** 프로세스와 커널 스레드 스택에 대한 스와핑(Inswapping이나 Outswaping)을 수행한다. 밸런스 셋 관리자와 커널 내의 스레드 스케줄링 코드는 스와핑이 필요할 때마다 이 스레드를 깨운다.

  - **변경된 페이지 기록자(MiModifiedPageWriter, 우선순위 18)** 변경된 리스트에 존재하는 더티 페이지들$^{\text{Dirty pages}}$을 적절한 페이징 파일에 적는다. 이 스레드는 변경된 페이지 리스트의 개수가 줄어야 할 때마다 깨어난다.

  - **맵 페이지 기록자(MiMappedPageWriter, 우선순위 18)** 더티 페이지를 디스크나 원격 저장소에 매핑된 파일에 적는다. 이 스레드는 변경된 페이지 리스트의 개수가 줄어야 할 때나 매핑된 파일의 페이지가 변경된 페이지 리스트에 5분 이상 있다면 깨어난다. 이 두 번째 변경된 페이지 기록자 스레드는 프리 페이지에 대한 요청으로 페이지 폴트가 발생할 수 있기

때문에 반드시 필요하다. 변경된 페이지 기록자 스레드가 오직 하나뿐이고 프리 페이지가 없다면 시스템은 프리 페이지를 기다리다 데드락에 빠질 수 있다.

- **세그먼트 역참조 스레드(MiDereferenceSegmentThread, 우선순위 19)** 캐시를 축소시키거나 페이지 파일을 확장시키고 축소시키는 작업을 수행한다. 예를 들어 페이지드 풀의 확장을 위한 가상 주소 공간이 없을 경우 이 스레드는 페이지 캐시를 잘라내 페이지드 풀에서 재사용할 수 있게 한다.

- **제로 페이지 스레드(MiZeroPageThread, 우선순위 0)** 프리 리스트[Free list]의 페이지를 0으로 초기화해 미래의 제로 페이지 폴트[Demand-Zero page fault]를 처리하는 데 제로 페이지 캐시가 사용될 수 있게 한다. 일부 경우에 메모리 제로화는 `MiZeroInParallel`로 불리는 좀 더 빠른 함수에 의해 이뤄진다. 5장의 후반부 '페이지 리스트 다이내믹스' 절의 참고를 참고하라.

2권의 14장에서 다루는 세그먼트 역참조 스레드를 제외한 이들 컴포넌트는 5장의 뒷부분에서 더 자세히 설명한다.

큰 페이지와 작은 페이지

메모리 관리는 페이지[pages]로 불리는 단위로 이뤄진다. 이것은 하드웨어 메모리 관리 장치가 페이지 단위로 가상 메모리를 물리 메모리로 변환하기 때문이다. 따라서 하드웨어 수준에서 보호할 수 있는 최소 단위는 페이지다(다양한 페이지 보호 옵션은 5장의 '메모리 보호' 절에서 설명한다). 윈도우가 동작하는 프로세서는 작은[Small] 것과 큰[Large] 것이라는 두 개의 페이지 크기를 지원한다. 표 5-1에 보듯이 실제 크기는 하드웨어 아키텍저에 따라 다양하다.

표 5-1 페이지 크기

아키텍처	작은 페이지 크기	큰 페이지 크기	큰 페이지당 작은 페이지
X86(PAE)	4KB	2MB	512
X64	4KB	2MB	512
ARM	4KB	4MB	1024

> 일부 프로세서는 구성 가능한 페이지 크기를 지원하지만 윈도우는 이런 기능을 사용하지는 않는다.

큰 페이지는 해당 페이지에 포함돼 있는 데이터를 참조할 때 메모리 변환이 빠르다는 장점이 있다. 이것은 큰 페이지에 포함된 일부 바이트를 처음 참조할 때 하드웨어의 변환 룩 어사이드 버퍼(TLB라고 하며, 5장의 후반부 '변환 룩 어사이드 버퍼' 절에서 설명한다)에 변환 시 필요한 정보가 캐시돼 동일한 페이지 안의 다른 데이터 참조 시에는 캐시된 정보를 사용하기 때문이다. 작은 페이지를 사용한다면 동일한 영역의 가상 메모리를 위해 더 많은 TLB 엔트리가 필요하게 되므로 새로운 가상 메모리 변환의 필요에 따라 엔트리의 재사용이 증가한다. 이로 인해 이미 변환을 위해 캐시된 작은 페이지 영역 밖의 가상 메모리가 참조될 때마다 캐시되지 않은 페이지 테이블 구조체를 직접 참조해야 한다. TLB는 아주 작은 크기의 캐시이기 때문에 큰 페이지가 이 제한된 리소스를 더 잘 사용한다.

2GB 이상의 램을 갖고 있는 시스템에서 큰 페이지의 이점을 활용하기 위해 윈도우는 핵심 운영체제 데이터(넌페이지드 풀의 초기 부분과 물리 메모리의 상태를 나타내는 데이터 구조체)뿐만 아니라 핵심 운영체제 이미지(Ntoskrnl.exe와 HAL.dll)를 큰 페이지들에 매핑시킨다. 또한 윈도우는 I/O 공간 요청(디바이스 드라이버가 MmMapIoSpace를 호출해 요청한)이 큰 페이지 길이와 정렬을 만족할 경우 이 요청을 자동으로 큰 페이지에 매핑한다. 또 윈도우는 애플리케이션이 자신의 이미지와 전용Private 메모리, 페이지-파일-백업 섹션Page-file-backed section 등을 큰 페이지에 매핑할 수 있게 한다(VirtualAlloc,

VirtualAllocEx, VirtualAllocExNuma 함수에 있는 MEM_LARGE_PAGE 플래그를 참고하라).
또한 다중문자열 레지스트리 값인 LargePageDrivers를 HKLM\SYSTEM\CurrentControlSet\
Control\Session Manager\Memory Management에 추가하고 각기 null로 끝나는 문자열
로 구분되는 디바이스 드라이버 이름을 저장하면 디바이스 드라이버도 큰 페이지에 매
핑할 수 있다.

운영체제가 장시간 동안 운영된 이후에는 각각의 큰 페이지를 위한 물리 메모리가 물리
적으로 연속된 상당히 많은 수의 작은 페이지(표 5-1 참조)를 차지해야 하기 때문에
큰 페이지 할당 시도가 실패할 수도 있다. 게다가 이런 물리 페이지 범위는 큰 페이지
경계에서 시작해야 한다. 예를 들어 물리 페이지 0부터 511, 512부터 1023은 x64 시스
템의 큰 페이지로 사용될 수 있지만, 페이지 10부터 521까지는 큰 페이지로 사용될 수
없다. 프리 상태의 물리 메모리는 시스템이 동작함에 따라 점점 단편화가 된다. 이것은
작은 페이지를 이용한 할당에는 문제가 되지 않지만 큰 페이지의 할당은 실패를 일으킬
수 있다.

페이지 파일 시스템이 큰 페이지를 지원하지 않으므로 이 메모리는 항상 페이징 불가능
하다. 메모리가 페이지 불가능하므로 호출자는 SeLockMemoryPrivilege 권한을 가져
야만 큰 페이지 사용을 위한 할당을 할 수 있다. 또한 할당된 메모리는 프로세스 워킹셋
(5장의 뒷부분 '워킹셋' 절에서 설명한다)의 일부로 사용 불가능하며, 큰 페이지 할당은
가상 메모리 사용에 대한 잡 전역적 제한이 적용된다.

윈도우 10 버전 1607 x64와 서버 2016 시스템에서 큰 페이지는 크기가 1GB인 거대[huge]
페이지에 매핑될 수도 있다. 요청된 할당 크기가 1GB보다 크다면(반드시 1GB의 배수일
필요는 없다) 이는 자동으로 이뤄진다. 예를 들어 1040MB의 할당은 하나의 거대 페이지
(1024MB)와 8개의 '일반' 큰 페이지(16MB 나누기 2MB)를 사용해 가능하다.

큰 페이지를 사용할 경우 불행히도 부작용이 있다. 각각의 페이지는(거대하거나, 크거나,
작거나) 해당하는 전체 페이지에 적용되는 하나의 보호 속성과 매핑돼야 한다. 이는
하드웨어 메모리 보호는 페이지 기반으로 동작하기 때문이다. 예를 들어 큰 페이지 내
에 읽기 전용 코드 영역과 읽기/쓰기 데이터 영역이 같이 포함된다면 이 페이지는 읽기/

쓰기 가능으로 표시돼야 하며, 이는 코드 영역도 쓰기가 가능해진다는 것을 의미한다. 결과적으로 디바이스 드라이버나 커널 모드 코드가 악의적으로 또는 자신의 버그로 인해 읽기만 가능한 운영체제나 다른 드라이버 코드를 메모리 접근 위반 없이 수정 가능하게 된다. 운영체제의 커널 모드 코드를 작은 페이지에 매핑하면 Ntoskrnl.exe와 Hal.dll의 읽기 전용 부분은 읽기 전용 페이지에 매핑될 것이다. 작은 페이지를 사용하면 주소 변환의 효율성은 떨어뜨리지만, 디바이스 드라이버(또는 여타 커널 모드 코드)가 운영체제의 읽기 전용 부분을 수정하려고 할 때 시스템은 드라이버 내의 잘못된 명령어를 가리키는 예외 정보를 보여주며 즉시 크래시된다. 쓰기가 허용된다면 나중에 누군가가 손상된 데이터를 사용할 때 시스템에 크래시가 발생해 원인을 찾기 어려워진다.

커널 코드를 손상시킨 것 같은 의심이 되면 드라이버 베리파이어(6장에서 설명한다)를 활성화시킨다. 이것은 큰 페이지를 사용하지 못하게 한다.

 5장과 이후의 장에서 사용되는 페이지란 용어는 특별한 언급이 없거나 문맥에 의해 명확하다면 작은 페이지를 말한다.

메모리 사용량 살펴보기

메모리와 프로세스 성능 카운터는 시스템과 프로세스의 메모리 사용량에 관한 자세한 정보를 제공한다. 5장 전반에 걸쳐 앞서 설명한 컴포넌트와 연관된 정보를 포함하는 특정 성능 카운터에 대해 살펴본다. 이와 관련된 예제도 살펴보고 실습도 한다. 그러나 메모리 정보를 보여주는 각 유틸리티는 다양하고 일관되지 않으며, 가끔은 혼동되는 용어를 사용하므로 주의해야 한다. 다음 실습은 이런 점을 보여준다(이 실습에서 보여주는 모든 용어는 이어지는 절에서 모두 설명할 것이다).

실습: 시스템 메모리 정보 보기

다음은 윈도우 10 버전 1607 시스템에서 발췌한 스크린샷이다. 윈도우 작업 관리자의 **성능** 탭에서 기본적인 시스템 메모리 정보를 확인할 수 있다(성능 탭 내의 좌측에서 메모리 탭을 클릭한다). 이 정보는 성능 카운터를 통해 구할 수 있는 자세한 메모리 정보 중 일부분으로, 물리 메모리와 가상 메모리 사용량을 포함하고 있다. 그림 다음에 있는 표에서는 메모리 관련 값들에 대한 의미를 보여준다.

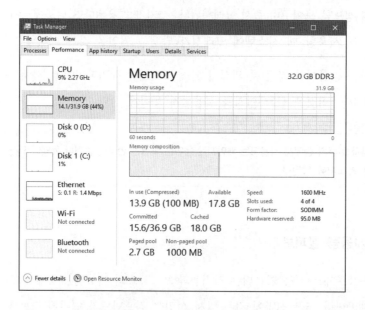

작업 관리자 값	정의
메모리 사용량 히스토그램	차트 라인의 높이는 윈도우에 의해 사용되는 물리 메모리를 보여준다(성능 카운터로는 구할 수 없음). 라인 위의 영역은 하위 영역에서 Available 값과 동일하다. 그래프의 전체 높이는 그래프 우측 상단에 보이는 전체 값과 동일하다(여기서는 31.9GB). 이는 BIOS 셰도우 페이지와 디바이스 메모리 등을 제외한 운영체제에 의해 사용 가능한 전체 램을 나타낸다.

(이어짐)

작업 관리자 값	정의
메모리 컴포지션	활발하게 사용되는 메모리와 스탠바이, 변경된, 프리+제로 메모리(5장의 후반부에서 모두 설명한다) 간의 관계를 상세히 한다.
물리 메모리 전체(그래프의 우측 상단)	윈도우가 사용 가능한 물리 메모리
사용 중(압축)	현재 사용되는 물리 메모리. 압축된 물리 메모리의 양은 괄호 내에 보인다. 이 값에 마우스를 갖다 대면 압축에 의해 절약된 메모리의 양을 보여준다(메모리 압축은 5장의 후반부 '메모리 압축' 절에서 다룬다).
캐시(Cached)	메모리 범주의 다음과 같은 성능 카운터의 합: 캐시 바이트, 변경된 페이지 리스트 바이트, 스탠바이 캐시 코어 바이트, 스탠바이 캐시 일반 우선순위 바이트, 스탠바이 캐시 예약 바이트
가용(Available)	운영체제와 프로세스, 드라이버에 의해 즉시 사용 가능한 메모리의 양. 스탠바이와 프리, 제로 페이지 리스트를 합친 크기와 같다.
프리(free)	프리 리스트와 제로 페이지 리스트 바이트를 보여준다. 이 정보를 보려면 메모리 컴포지션 바의 가장 우측 부분에 마우스를 갖다댄다.
커밋(Committed)	여기서 보이는 두 숫자는 Committed Bytes와 Commit Limit 성능 카운터 값과 각각 일치한다.
페이지드 풀	해제되거나 할당된 영역을 포함하는 페이지드 풀의 전체 크기
넌페이지드 풀	해제되거나 할당된 영역을 포함하는 넌페이지드 풀의 전체 크기

페이지드 풀과 넌페이지드 풀의 자세한 사용량을 보려면 5장의 후반부 '풀 사용량 감시하기' 절에서 설명할 Poolmon 유틸리티를 사용한다.

Sysinternals의 Process Explorer는 물리 메모리와 가상 메모리에 관한 훨씬 많은 정보를 볼 수 있다. 메인 화면에서 View 메뉴의 System Information을 클릭하고 Memory 탭을 선택한다. 64비트 윈도우 10 시스템에서는 다음의 예제와 같은 화면을 볼 수 있다(5장의 후반부 관련 절에서 이들 카운터 대부분을 설명할 것이다).

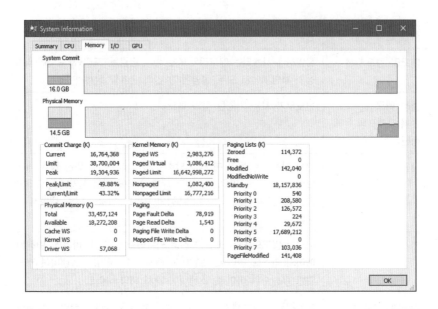

Sysinternals의 다른 두 가지 툴은 다음과 같은 확장된 메모리 정보를 보여준다.

- VMMap은 프로세스 내의 가상 메모리 사용에 관한 자세한 정보를 세밀한 수준으로 보여준다.
- RAMMap은 물리 메모리 사용에 대한 자세한 정보를 보여준다.

이들 툴은 5장의 뒷부분의 실습에서 그 기능을 볼 수 있다.

마지막으로 !vm 커널 디버거 명령을 사용하면 메모리 관련 성능 카운터를 이용해 기본적인 메모리 정보를 보여준다. 이 명령은 크래시 덤프 파일을 분석하거나 행^{Hang}이 된 시스템을 분석할 때 유용하게 사용될 수 있다. 다음 출력은 32GB RAM이 장착된 64비트 윈도우 10 시스템에서 구한 결과다.

```
lkd> !vm
Page File: \??\C:\pagefile.sys
  Current: 1048576 Kb  Free Space:    1034696 Kb
```

```
    Minimum:  1048576 Kb   Maximum:              4194304 Kb
Page File: \??\C:\swapfile.sys
    Current:  16384 Kb Free Space:              16376 Kb
    Minimum:  16384 Kb Maximum:              24908388 Kb
No Name for Paging File
    Current:  58622948 Kb  Free Space:       57828340 Kb
    Minimum:  58622948 Kb  Maximum:         58622948 Kb

Physical Memory:              8364281 (       33457124 Kb)
Available Pages:              4627325 (       18509300 Kb)
ResAvail Pages:               7215930 (       28863720 Kb)
Locked IO Pages:                    0 (              0 Kb)
Free System PTEs:          4295013448 (    17180053792 Kb)
Modified Pages:                 68167 (         272668 Kb)
Modified PF Pages:              68158 (         272632 Kb)
Modified No Write Pages:            0 (              0 Kb)
NonPagedPool Usage:               495 (           1980 Kb)
NonPagedPoolNx Usage:          269858 (        1079432 Kb)
NonPagedPool Max:          4294967296 (    17179869184 Kb)
PagedPool 0 Usage:             371703 (        1486812 Kb)
PagedPool 1 Usage:              99970 (         399880 Kb)
PagedPool 2 Usage:             100021 (         400084 Kb)
PagedPool 3 Usage:              99916 (         399664 Kb)
PagedPool 4 Usage:              99983 (         399932 Kb)
PagedPool Usage:               771593 (        3086372 Kb)
PagedPool Maximum:         4160749568 (    16642998272 Kb)
Session Commit:                 12210 (          48840 Kb)
Shared Commit:                 344197 (        1376788 Kb)
Special Pool:                       0 (              0 Kb)
Shared Process:                 19244 (          76976 Kb)
Pages For MDLs:                419675 (        1678700 Kb)
Pages For AWE:                      0 (              0 Kb)
NonPagedPool Commit:           270387 (        1081548 Kb)
PagedPool Commit:              771593 (        3086372 Kb)
Driver Commit:                  24984 (          99936 Kb)
Boot Commit:                   100044 (         400176 Kb)
```

```
System PageTables:              5948 (        23792 Kb)
VAD/PageTable Bitmaps:         18202 (        72808 Kb)
ProcessLockedFilePages:          299 (         1196 Kb)
Pagefile Hash Pages:              33 (          132 Kb)
Sum System Commit:           1986816 (      7947264 Kb)
Total Private:               2126069 (      8504276 Kb)
Misc/Transient Commit:         18422 (        73688 Kb)
Committed pages:             4131307 (     16525228 Kb)
Commit limit:                9675001 (     38700004 Kb)
...
```

괄호 내에 있지 않은 값은 작은 페이지(4KB)다. 5장에 걸쳐 이 명령의 출력에 대한 여러 세부적 사항을 살펴본다.

내부 동기화

윈도우 익스큐티브의 다른 모든 구성 요소와 마찬가지로 메모리 관리자는 완전한 재진 입을 허용하고 멀티프로세서 시스템에서 동시 실행을 지원한다. 즉, 이것은 두 개 이상 의 스레드가 서로 다른 스레드의 데이터에 영향을 주지 않으면서 자원을 획득할 수 있게 끔 한다. 완전한 재진입을 위해 메모리 관리자는 스핀락Spinlock과 인터락드interlocked 명령 어 같은 상이한 다수의 동기화 메커니즘을 사용해 내부 데이터 구조체에 대한 접근을 관리한다(동기화 객체는 2권의 8장에서 다룬다).

메모리 관리자가 반드시 동기화를 수행해야 하는 시스템 전역적인 자원은 다음과 같다.

- 동적으로 할당되는 시스템 가상 주소 공간의 부분
- 시스템 워킹셋
- 커널 메모리 풀
- 로드된 드라이버 리스트

502

- 페이징 파일 리스트
- 물리 메모리 리스트
- 이미지 베이스 랜덤화 주소 공간 배치 랜덤화^{ASLR} 구조체
- 페이지 프레임 번호^{PFN} 데이터베이스 내의 각 엔트리

프로세스마다 동기화가 필요한 메모리 관리 데이터 구조체는 다음과 같다.

- **워킹셋 락** 워킹셋 리스트에 변경이 가해지는 동안 유지되는 락
- **주소 공간 락** 주소 공간을 변경할 때마다 유지되는 락

이들 두 락은 푸시락에 의해 구현된다. 이는 2권의 8장에서 다룬다.

메모리 관리자가 제공하는 서비스

메모리 관리자는 가상 메모리에 대한 할당과 해제, 프로세스 간의 메모리 공유, 파일을 메모리로 매핑, 가상 페이지를 디스크로 플러시, 가상 페이지 범위에 관한 정보를 추출, 가상 페이지에 대한 보호 속성 변경, 가상 페이지를 메모리에 락시키는 등의 시스템 서비스를 제공한다.

다른 윈도우 익스큐티브 서비스와 마찬가지로 메모리 관리 서비스도 호출자로 하여금 가상 메모리를 조작하려는 대상 프로세스에 대한 핸들을 지정할 수 있게 한다. 이로 인해 호출자는 자신의 메모리뿐만 아니라 다른 프로세스의 메모리까지 (적절한 권한을 갖고) 조작이 가능하다. 예를 들어 한 프로세스가 자식 프로세스를 생성하면 부모 프로세스는 기본적으로 자식 프로세스의 가상 메모리를 조작할 권한을 갖는다. 그 후에 부모 프로세스는 자식 프로세스의 핸들을 메모리 관리자가 제공하는 서비스의 인자로 넘겨줘서 자식 프로세스의 메모리에 대해 할당과 해제, 읽기와 쓰기를 할 수 있게 된다. 이런 특징은 클라이언트 프로세스의 메모리를 관리하는 서브시스템에 의해 사용된다. 또한 디버깅되는 프로세스의 메모리를 읽거나 쓸 수 있어야 하는 디버거를 구현할 때 핵심 요소가 된다.

대부분의 이런 서비스는 윈도우 API를 통해 노출돼 있다. 그림 5-1에서 보듯이 윈도우 API는 애플리케이션에서 메모리 관리 용도로 다음과 같은 네 그룹의 함수를 가진다.

- **가상 API** 일반적인 메모리 할당과 해제를 위한 가장 저수준의 API로서 항상 페이지 단위로 동작한다. 이는 또한 메모리 관리자의 전체 기능을 지원하는 가장 강력한 함수다. VirtualAlloc과 VirtualFree, VirtualProtect, VirtualLock 등이 여기에 해당한다.
- **힙 API** 작은 할당(일반적으로 한 페이지보다 작은)을 위한 함수를 제공한다. 이는 내부적으로 가상 API를 사용하지만 가상 API 상단에 관리 계층을 추가한다. 힙 관리자 함수로는 HeapAlloc과 HeapFree, HeapCreate, HeapReAlloc 등이 존재한다. 힙 관리자는 5장의 후반부 '힙 관리자' 절에서 다룬다.
- **지역/전역 API** 16비트 윈도우의 잔재로서 이제는 힙 API를 사용하게 구현돼 있다.
- **메모리 맵 파일** 매핑 파일을 협력 프로세스 간에 공유 메모리와(/또는) 메모리로 사용하게 한다. 메모리 맵 파일 함수에는 CreateFileMapping과 OpenFileMapping, MapViewOfFile 등이 있다.

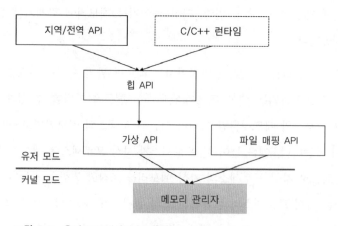

그림 5-1 유저 모드에서이 메모리 API 그룹

점선으로 표시된 박스는 메모리 관리에서 힙 API를 사용하는 일반적인 C/C++ 런타임 구현(malloc과 free, realloc, C++ operator new와 delete와 같은 함수)을 보여준다. 이

504

구현은 (매우 일반화됐지만) 컴파일러 의존적이고 강제적 사항은 아니므로 점선으로 표시했다. Ntdll.dll 내에 구현된 C 런타임 대응 함수는 힙 API를 사용한다.

메모리 관리자는 디바이스 드라이버뿐만 아니라 익스큐티브 내의 다른 커널 모드 컴포넌트에 다양한 서비스를 제공한다. 물리 메모리의 할당과 해제, 직접 메모리 접근[DMA] 전송을 위한 물리 메모리 내에 페이지 락킹[Locking]이 여기에 해당한다. 이런 함수는 Mm 접두어로 시작한다. 게다가 엄격하게는 메모리 관리자의 일부분은 아니지만 일부 익스큐티브는 시스템 힙에 대한 할당과 해제(페이지드 풀과 넌페이지드 풀), 룩 어사이드 리스트 조작 같은 기능을 수행하는 Ex로 시작하는 함수들을 제공한다. 이 내용은 5장의 후반부 '커널 모드 힙(시스템 메모리 풀)' 절에서 설명한다.

페이지 상태와 메모리 할당

한 프로세스의 가상 주소 공간 내의 페이지는 해제[Free]돼 있거나, 예약[Reserved]돼 있거나, 커밋[Committed]돼 있거나 공유 가능[Shareable]한 상태다. 커밋되고 공유 가능한 페이지는 접근될 때 최종적으로 물리 메모리 내의 유효한 페이지로 변환되는 페이지다. 커밋된 페이지는 전용[Private] 페이지라고도 불린다. 이는 커밋된 페이지는 다른 프로세스와 공유될 수 없고 반면에 공유 가능 페이지(물론 한 프로세스에 의해서만 사용도 가능)는 공유가 가능하기 때문이다.

전용 페이지는 VirtualAlloc과 VirtualAllocEx, VirtualAllocExNuma 등의 윈도우 함수를 통해 할당된다. 이들 함수는 메모리 관리자 내부의 NtAllocateVirtualMemory 함수가 있는 익스큐티브로 최종적으로 이어진다. 이들 함수는 메모리의 커밋과 예약을 할 수 있다. 메모리 예약은 작은 시스템 자원을 사용해 미래 가능한 사용(배열과 같은)에 대비해 연속적인 가상 주소의 범위를 확보해 둔다는 것을 의미한다. 이렇게 해서 애플리케이션은 실행 시에 필요에 따라 예약된 이 공간에서 커밋을 할 수 있다. 또는 크기 요구 사항을 미리 안다면 프로세스는 한 번의 함수 호출로 예약과 커밋을 동시에 할 수 있다. 각각의 경우에 결과적으로 커밋된 페이지는 해당 프로세스 내의 모든 스레드에 의해 접근될 수 있다. 해제됐거나 예약된 메모리에 접근을 시도하면 해당 페이지가 참조를 해결해 줄 수 있는 어떠한 저장소에도 매핑돼 있지 않기 때문에 예외를 일으킨다.

커밋된(전용) 페이지가 아직 한 번도 접근된 적이 없다면 최초 접근 시 0으로 초기화된(또는 demand zero) 상태로 생성된다. 커밋된 전용 페이지는 물리 메모리에 대한 요구가 있을 경우 운영체제에 의해 페이징 파일에 자동으로 추후에 저장될 수 있다. '전용'이라는 것은 이 페이지는 일반적으로 다른 프로세스에 의해 접근될 수 없다는 사실을 나타낸다.

> ReadProcessMemory나 WriteProcessMemory 같은 일부 함수는 프로세스 간의 메모리 접근을 허용하는 것처럼 보인다. 하지만 이들 함수는 대상 프로세스의 컨텍스트에서 동작하는 커널 모드 코드에 의해 구현된다(이것을 프로세스에 어태칭(attaching)한다고 말한다). 또한 이들 함수는 대상 프로세스의 보안 기술자가 접근 프로세스의 PROCESS_VM_READ, PROCESS_VM_WRITE 권한을 허용하거나 접근 프로세스가 관리자 그룹 멤버에게만 기본적으로 허용되는 SeDebugPrivilege 권한을 갖고 있어야 한다.

공유 페이지는 일반적으로 섹션 뷰에 매핑이 된다. 이 섹션은 파일의 일부 또는 전체일 수 있지만 페이지 파일 공간의 일부를 나타낼 수도 있다. 모든 공유 페이지는 잠재적으로 다른 프로세스와 공유될 수 있다. 섹션은 윈도우 API에서 파일 매핑 객체로 노출된다.

공유 페이지가 어떤 프로세스에 의해 최초로 접근될 때 관련된 맵 파일(섹션이 페이징 파일과 관련돼 있지 않는 한, 이 경우에는 0으로 초기화된 페이지로 생성된다)에서 읽혀진다. 이후에 이 페이지가 물리 메모리에 여전히 존재하면 이 페이지를 참조하는 다음 및 그 후속하는 프로세스는 이미 메모리에 있는 동일한 페이지 내용을 간단히 사용할 수 있다. 공유 페이지는 시스템에 의해 프리패치됐을 수도 있다.

5장의 '공유 메모리와 맵 파일' 절과 '섹션 객체' 절에서 공유 페이지에 대해 더 자세히 다룬다. 페이지는 **변경된 페이지 쓰기**modified page writing라는 메커니즘에 의해 디스크에 기록된다. 이것은 페이지가 프로세스의 워킹셋에서 변경된 페이지 리스트라 불리는 시스템 전역적인 리스트로 이동하면서 일어난다. 이 작업을 통해 페이지는 디스크나 원격 저장소에 써진다(워킹셋과 변경 리스트에 대해서는 5장의 뒷부분에서 설명한다). 맵 파일 페이지도 FlushViewOfFile을 명시적으로 호출하거나 메모리 요청 발생 시 맵 페이지 기록자^{Mapped page writer}에 의해 디스크의 매핑된 원본 파일에 써진다.

VirtualFree나 VirtualFreeEx 함수를 이용해 전용 페이지를 디커밋^{Decommit}하거나 주소 공간을 디커밋^{decommit}할 수 있다. 디커밋과 해제^{relesae}의 차이는 예약과 커밋의 차이와 동일하며, 디커밋된 메모리는 아직 예약된 상태이지만 해제된 메모리는 커밋되지도 예약되지도 않은 프리^{Free} 상태가 된다.

가상 메모리를 예약하고 커밋하는 두 단계를 사용하면 가상 메모리의 연속성은 보장해주면서 실제 필요한 시점까지 페이지의 커밋을 지연시킴으로써 다음 절에서 설명할 '커밋 양^{commit charge}'이 시스템에 추가되는 것을 연기한다. 메모리 예약은 아주 작은 양의 실제 메모리를 소비하기 때문에 상대적으로 값싼 동작이다. 이때 변경되거나 만들어져야 할 필요가 있는 모든 것은 프로세스의 주소 공간 상태를 나타내는 상대적으로 작은 내부 데이터 구조체뿐이다. 페이지 테이블과 가상 주소 디스크립터^{VAD, Virtual address descriptor}라고 불리는 이 내부 구조체에 대해서는 5장의 뒤에서 설명한다.

전체 공간을 예약해놓고 필요할 때마다 커밋하는 방법을 사용하는 가장 대표적인 예가 스레드에 대한 유저 모드 스택이다. 스레드가 생성될 때 프로세스 주소 공간의 연속되는 일부분을 예약함으로써 스택이 생성된다(1MB가 기본인데 CreateThread와 CreateRemoteThread(Ex) 함수 호출 시 스택 크기를 지정하거나 /STACK 링커 플래그를 사용해 실행 파일 이미지에 있는 기본 값을 조절할 수 있다). 기본적으로 스택의 첫 번째 페이지는 커밋되고 다음 페이지는 가드 페이지^{Guard Page}로 설정돼(커밋되지 않은) 커밋된 영역을 넘어 접근하면 트랩이 발생하게 하고 이때 스택을 확장하는 형태로 동작한다.

실습: 예약된 페이지와 커밋된 페이지

Sysinternals의 TestLimit 유틸리티는 많은 양의 예약된 가상 메모리나 전용으로 커밋된 가상 메모리를 할당하는 데 사용할 수 있다. 다음과 같은 실습을 통해 Process Explorer에서 그 차이점을 확인할 수 있다.

1. 두 개의 명령 프롬프트 창을 연다.

2. 그중 하나에서 많은 양의 예약된 메모리를 생성하기 위해 TestLimit을 실행한다.

```
C:\temp>testlimit -r 1 -c 800

Testlimit v5.24 - test Windows limits
Copyright (C) 2012-2015 Mark Russinovich
Sysinternals - www.sysinternals.com

Process ID: 18468

Reserving private bytes 1 MB at a time ...
Leaked 800 MB of reserved memory (800 MB total leaked). Lasterror: 0
The operation completed successfully.
```

3. 다른 창에서 동일한 양의 커밋된 메모리를 생성한다.

```
C:\temp>testlimit -m 1 -c 800

Testlimit v5.24 - test Windows limits
Copyright (C) 2012-2015 Mark Russinovich
Sysinternals - www.sysinternals.com

Process ID: 14528

Leaking private bytes 1 KB at a time ...
Leaked 800 MB of private memory (800 MB total leaked). Lasterror: 0
The operation completed successfully.
```

4. 작업 관리자를 실행시켜 자세히 탭을 클릭하고 Commit Size 칼럼을 추가한다.

5. 리스트에서 두 개의 TestLimit 인스턴스를 찾는다. 다음 그림과 같이 나올 것이다.

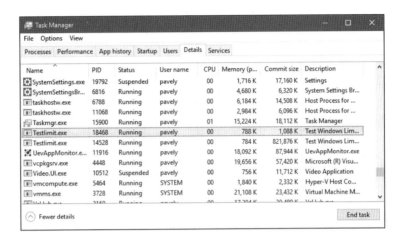

6. 작업 관리자는 커밋된 크기를 보여주지만 다른 TestLimit 프로세스 내의 예약된 메모리를 보여주는 카운터가 없다.

7. Process Explorer를 실행시킨다.

8. Process Memory 탭을 클릭한 후 Private Bytes와 Virtual Size 카운터를 활성화한다.

9. 메인 창에서 두 개의 TestLimit 프로세스를 찾는다.

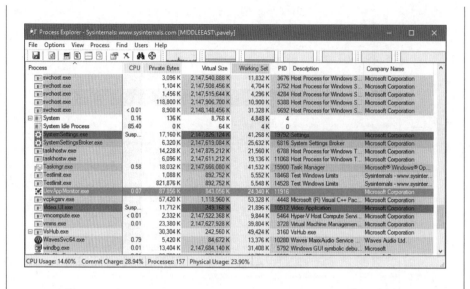

10. 두 프로세스의 가상 크기가 동일하지만 오직 하나만 Virtual Size 값에 필적하는 Private Bytes 값을 보여주는 것을 확인할 수 있다. 다른 TestLimit 프로세스(프로세스 ID 18468)와 큰 차이점이 나는 것은 예약된 메모리 때문이다. 성능 모니터에서 Process 범주에 있는 Virtual Bytes와 Private Bytes 카운터를 살펴봄으로써 같은 비교를 해볼 수 있다.

커밋 양과 커밋 제한

작업 관리자의 성능 탭에서 메모리 부분을 보면 커밋됨이라는 항목에 두 숫자가 보인다. 메모리 관리자는 전역적으로 커밋된 전용 메모리 사용을 추적하는데, 이를 커밋 양^{commit}^{charge}이라고 부른다. 이들 두 숫자 중 첫 번째 것은 시스템 내의 커밋된 가상 메모리 전체를 나타낸다.

임의의 시간에 존재할 수 있는 커밋된 가상 메모리 총량을 나타내는 시스템 커밋 제한^{system commit limit} 또는 그냥 커밋 제한^{commit limit}이라고 하는 시스템 전역적인 제한이 있다. 이 제한은 현재 모든 페이징 파일의 전체 크기와 운영체제에 의해 사용 가능한 RAM

양을 합친 것과 동일하다. 이것이 작업 관리자의 성능 탭에 있는 커밋됨이라고 보여주는 두 숫자 중 두 번째 값이다. 메모리 관리자는 아직 설정된 최대 크기에 도달하지 않았다면 하나 이상의 페이징 파일을 확장함으로써 커밋 제한을 자동으로 증가시킬 수 있다.

커밋 양과 시스템 커밋 제한은 5장의 뒷부분 '커밋 양과 시스템 커밋 제한' 절에서 자세히 설명한다.

메모리 락킹

일반적으로 메모리 관리자가 어떤 페이지를 물리 메모리 내에 남길지 결정하게 하는 것이 더 효율적이다. 하지만 애플리케이션이나 디바이스 드라이버가 물리 메모리 내의 페이지를 직접 락킹Locking해야만 하는 특수한 경우가 있는데, 다음 두 가지 방법으로 페이지를 메모리에 락킹할 수 있다.

- 애플리케이션은 자신의 워킹셋 내에 존재하는 페이지를 락킹하기 위해 `VirtualLock` 함수를 사용할 수 있다. 이 방법을 이용해 락킹된 페이지는 명시적으로 락킹을 해제하거나 락킹한 프로세스가 종료될 때까지 메모리에 존재한다. 하나의 프로세스에서 락킹할 수 있는 페이지 수는 자신의 최소 워킹셋 크기에서 8 페이지를 뺀 값을 초과할 수 없다. 따라서 프로세스가 더 많은 페이지를 락킹하려면 `SetProcessWorkingSetSizeEx` 함수를 이용해 워킹셋 크기의 최솟값을 증가시켜야 한다. 이 함수는 5장의 뒷부분 '워킹셋 관리' 절을 참고하라.
- 디바이스 드라이버는 `MmProbeAndLockPages`, `MmLockPagableCodeSection`, `MmLockPagableDataSection`, `MmLockPagableSectionByHandle` 등의 커널 모드 함수를 호출할 수 있다. 이 메커니즘을 사용해 락킹된 페이지는 명시적으로 락킹을 해제할 때까지 메모리에 존재하게 된다. 이들 함수 중 뒤의 3개는 드라이버가 최초 로딩될 때 상주 가능한 페이지 양을 구할 수 있으므로 락킹할 수 있는 페이지 쿼터를 제한하지 않는다. 이는 과도한 락킹으로 인해 시스템이 크

래시되는 상황이 유발되지 않게 한다. 첫 번째 API의 경우 상주 가능한 페이지 양을 반드시 구해야 하며, 그렇지 않을 경우 API는 에러 코드를 반환한다.

할당 단위

윈도우는 예약된 프로세스 주소 영역의 시작 위치를 GetSystemInfo나 GetNative-SystemInfo 함수를 통해 구할 수 있는 시스템 할당 단위^{Granularity} 값의 배수가 되는 곳에서부터 시작하게끔 정렬한다. 이 값은 64KB로 메모리 관리자가 프로세스의 다양한 동작을 지원하기 위한 메타데이터(예를 들어 VAD나 비트맵 등)를 효과적으로 할당하기 위해 사용하는 단위다. 또한 앞으로 큰 페이지 크기(예를 들어 최대 64KB까지)를 사용하는 프로세서가 나오거나 시스템 전체의 가상 메모리 페이지에 대한 물리 메모리 정렬이 필요한 가상으로 인덱싱된 캐시에 대한 지원이 추가되더라도 할당 정렬에 대한 일정한 가정하에 개발된 애플리케이션이 변경되는 위험을 줄이는 효과가 있다.

> 윈도우 커널 모드 코드는 이런 제약을 받지 않는다. 이들은 한 페이지 단위로 메모리를 예약할 수 있다(앞에서 설명한 여러 이유 때문에 디바이스 드라이버에게는 공개돼 있지 않지만). 이런 기능은 TEB 할당을 좀 더 압축된 형태로 만들기 위해 주로 사용된다. 이 메커니즘은 내부에서만 사용되기 때문에 미래 플랫폼에서 다른 값을 요구한다면 이 코드는 변경될 가능성이 높다. 또한 x86 시스템에서만 16비트와 MS-DOS 애플리케이션을 지원하기 위한 목적으로 메모리 관리자는 MapViewOfFileEx API를 사용할 때 MEM_DOS_LIM 플래그를 이용해 한 페이지 단위로 메모리를 예약할 수 있게 지원한다.

마지막으로 메모리 공간 영역이 예약될 때 윈도우는 영역의 시작과 크기가 어떠한 경우라도 시스템 페이지 크기의 배수가 되게 보장한다. 예를 들어 x86 시스템은 4KB 페이지를 사용하기 때문에 18KB 크기의 메모리 영역을 예약하면 실제 예약되는 크기는 20KB가 된다. 18KB 영역에 대한 시작 주소를 3KB로 지정한다면 실제 예약되는 크기는 24KB가 된다. 이때 할당된 VAD는 64KB 단위로 정렬되므로 예약하고 남은 영역은 접근할 수 없게 된다.

공유 메모리와 맵 파일

오늘날 대부분의 운영체제들과 마찬가지로 윈도우도 프로세스와 운영체제 사이의 메모리 공유 메커니즘을 제공한다. 공유 메모리^{shared memory}란 하나 이상의 프로세스에서 보이거나 하나 이상의 프로세스 가상 주소 공간에 있는 메모리로 정의할 수 있다. 예를 들어 그림 5-2처럼 두 프로세스에서 동일한 DLL을 사용한다면 해당 DLL의 코드 페이지를 물리 메모리로 한 번만 로딩시키고 해당 DLL을 매핑한 모든 프로세스가 그 페이지를 공유하게 하는 것이 이치에 맞다.

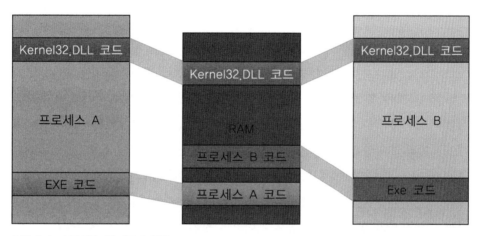

그림 5-2 프로세스 간 메모리 공유

각 프로세스는 개별 데이터를 저장하기 위해 자신의 전용 메모리 영역을 여전히 유지하겠지만 DLL 코드나 변경되지 않는 데이터 페이지는 손상 없이 공유될 수 있다. 나중에 설명하겠지만 실행 파일(EXE와 DLL 파일, 기본적으로 DLL이지만 다른 이름을 갖는 스크린 세이버^{SCR} 같은 여타 종류의 파일)의 코드 페이지는 실행 전용 속성으로만 매핑되고 쓰기 가능한 페이지는 쓰기 시 복사 속성으로 매핑되기 때문에 이런 공유는 자동으로 이뤄진다(자세한 정보는 5장 뒷부분의 '쓰기 시 복사' 절을 참고하라).

그림 5-2는 물리 메모리에 매핑돼 있는 DLL을 공유하는 다른 이미지의 두 프로세스를 보여준다. 두 프로세스가 다른 이미지를 실행하므로 이미지(EXE) 코드 자체는 이 경우에 공유되지 않는다. EXE 코드는 Notepad.exe를 실행하는 둘 이상의 프로세스처럼

동일한 이미지를 실행하는 프로세스 간에 공유된다.

공유 메모리의 구현을 위해 사용되는 메모리 관리자 내부의 프리미티브^{Primitives}는 섹션 객체^{Section Object}로 불리며, 이는 윈도우 API에서는 파일 매핑 객체^{File mapping object}로 공개된다. 섹션 객체의 내부 구조와 구현 방법은 5장의 뒤에 나오는 '섹션 객체' 절에서 다룬다.

메모리 관리자 내의 이런 기본적인 프리미티브는 가상 주소를 매핑하기 위해 사용되는데, 가상 주소가 메인 메모리에 있거나 페이징 파일에 있거나, 애플리케이션이 메모리에 존재하는 것처럼 접근하고 싶은 파일에 있을 때도 상관없다. 섹션은 하나의 프로세스나 여러 프로세스에 의해 열릴 수 있다. 즉, 섹션 객체는 공유 메모리와 완전히 동일할 필요는 없다.

섹션 객체는 디스크의 오픈된 파일(맵 파일로 불린다)이나 커밋된 메모리(공유 메모리를 지원하기 위해)와 연결될 수 있다. 커밋된 메모리에 매핑된 섹션은 페이지-파일-백업 섹션^{Page-file-backed-sections}으로 불린다. 이는 물리 메모리 요청이 발생하면 해당 페이지가 페이징 파일(맵 파일과는 반대로)로 쓰이기 때문이다(윈도우는 페이징 파일 없이 동작할 수 있기 때문에 페이지 파일에 저장되는 섹션은 실제로 물리 메모리에 의해서만 백업된다). 유저 모드에서 보이는 빈 페이지(예를 들어 커밋된 전용 페이지)의 경우처럼 중요한 데이터의 노출을 막기 위해 커밋된 공유 페이지는 최초 접근 시 0으로 초기화된다.

섹션 객체를 생성하려면 매핑하기 위해 이전에 오픈한 파일 핸들(페이지-파일-백업 섹션의 경우에는 INVALID_HANDLE_VALUE), 그리고 옵션으로 이름과 보안 디스크립터를 지정해 윈도우 CreateFileMapping이나 CreateFileMappingFromApp, CreateFileMappingNuma(Ex) 함수를 호출한다. 섹션이 이름을 갖는다면 다른 프로세스에서 OpenFileMapping이나 CreateFileMapping* 함수로 이 섹션을 오픈할 수 있다. 또는 핸들 상속(핸들을 열거나 생성할 때 핸들이 상속 가능하게 명시함으로써)이나 핸들을 복사함으로써(DuplicateHandle 함수를 이용해) 섹션 객체에 대한 접근을 허용할 수 있다. 디바이스 드라이버 또한 ZwOpenSection과 ZwMapViewOfSection, ZwUnmapViewOfSection 등의 함수를 이용해 섹션 객체를 조작할 수 있다.

섹션 객체는 프로세스의 메모리 공간보다 훨씬 큰 파일에 대해서도 참조가 가능하다(페이징 파일이 섹션 객체를 지원하고 있다면 페이징 파일과 RAM에는 그것을 포함할 수 있는 충분한 공간이 있어야 한다). 아주 큰 섹션 객체에 접근하기 위해 MapViewOfFile(Ex) 또는 MapViewOfFile-FromApp, MapViewOfFileExNuma 함수에 매핑하려는 영역을 명시해 호출함으로써 필요한 크기만큼의 영역(섹션 뷰로 불린다)만 매핑할 수 있다. 이처럼 특정 시점에 필요한 섹션 객체의 뷰만 메모리로 매핑되기 때문에 매핑 뷰는 프로세스로 하여금 주소 공간을 절약하게 한다.

윈도우 애플리케이션은 맵 파일 기법을 이용해 파일을 자신의 주소 공간에 존재하는 것처럼 매핑한 후 편하게 파일에 대한 I/O 작업을 수행할 수 있다. 이런 섹션 객체가 유저 애플리케이션에서만 사용되는 것은 아니다. 이미지 로더는 실행 이미지나 DLL, 디바이스 드라이버를 메모리로 매핑하기 위해 섹션 객체를 사용하며, 캐시 관리자는 캐시된 파일 내의 데이터를 접근하기 위해 섹션 객체를 사용한다(캐시 관리자와 메모리 관리자가 어떻게 연동되는지는 2권의 14장을 보라). 주소 변환과 내부 데이터 구조체 관점에서 공유 메모리 섹션의 내부 구현은 5장 후반부의 '섹션 객체' 절에서 설명한다.

실습: 메모리 맵 파일 보기

Process Explorer를 이용해 프로세스 내의 메모리 맵 파일을 볼 수 있다. 이를 위해 Process Explorer의 하단에 있는 창을 DLL View로 구성해야 한다(View 메뉴의 Lower Pane View를 선택하고서 DLL을 선택하면 된다). 이때 보여주는 내용은 로딩된 DLL 리스트뿐만 아니라 프로세스 주소 공간 내에 존재하는 모든 메모리 맵 파일을 보여준다. 이들 중 일부는 DLL이며, 이미지 파일(EXE) 하나는 막 시작을 했고, 그 외의 항목은 메모리 맵 파일이다.

Process Explorer를 통한 다음 출력물은 검사하려는 메모리 덤프 파일을 접근하기 위해 여러 다른 메모리 매핑을 사용하는 WinDbg 프로세스를 보여준다. 대부분의 윈도우 프로그램처럼 이 프로그램(또는 사용하는 윈도우 DLL 중 하나도)도 윈도우의 국제화 지원을 위한 Locale.nls라 불리는 윈도우 데이터 파일에 접근하기 위해 메모리 매핑을 사용한다.

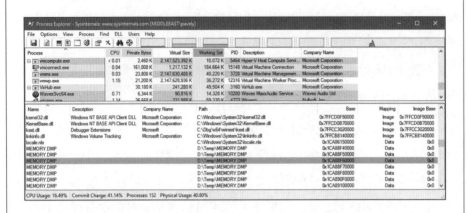

또한 Find 메뉴를 열고 Find Handle or DLL(또는 Ctrl + F를 누른다)을 선택해 메모리 맵 파일을 찾을 수 있다. 이 기능은 어떤 프로세스가 어떤 DLL을 사용하고 있는지 결정하거나 교체하려는 메모리 맵 파일을 결정할 때 유용하다.

메모리 보호

1장에서 설명했듯이 윈도우는 메모리 보호 기능을 제공해 사용자 프로세스가 우연이나 고의적으로 다른 프로세스나 운영체제의 메모리 주소 공간을 손상시키지 못하게 한다. 윈도우에서는 다음과 같은 4가지 방법으로 메모리 보호 기능을 제공한다.

- 커널 모드 시스템 컴포넌트에 의해 사용되는 모든 시스템 데이터나 메모리 풀은 커널 모드에서만 접근이 가능하다. 유저 모드 스레드에서는 이들 페이지에 접근이 불가능하다. 유저 모드 스레드에서 접근을 하게 되면 하드웨어는 폴트를 일으키고 메모리 관리자는 접근을 시도한 스레드에게 메모리 접근 위반 오류를 보고한다.

- 각 프로세스는 다른 프로세스에 포함된 스레드에 의한 접근으로부터 보호가

되는 자신만의 분리된 전용 주소 공간을 갖는다. 각 프로세스는 공유 영역도 자신의 가상 주소 공간의 일부분인 주소를 이용해 접근하기 때문에 사실 공유 메모리도 예외가 되지 않는다. 유일한 예외는 다른 프로세스에서 해당 프로세스 객체에 대해 가상 메모리 쓰기나 읽기 권한을 갖고(SeDebugPrivilege를 갖고) ReadProcessMemory나 WriteProcessMemory 함수를 이용하는 것이다. 스레드가 해당 주소에 접근할 때마다 가상 메모리 하드웨어는 메모리 관리자와 연계해 가상 주소를 물리 주소로 변환한다. 이처럼 윈도우는 가상 주소가 물리 주소로 변환되는 과정을 제어함으로써 한 프로세스에서 동작하는 스레드가 다른 프로세스에 포함된 페이지에 부적절하게 접근하지 못하게 한다.

- 가상 주소를 물리 주소로 변환하는 암묵적인 보호 방법에 추가적으로 윈도우에서 지원하는 모든 프로세서는 일종의 하드웨어 제어 메모리 보호(읽기, 쓰기, 읽기 전용 등과 같은)를 지원한다(자세한 보호 옵션은 프로세서별로 다르다). 예를 들어 프로세스의 주소 공간 내의 코드 페이지는 읽기 전용으로 설정돼 있어 유저 스레드에 의한 변경으로부터 보호된다. 표 5-2는 윈도우 API에 정의돼 있는 메모리 보호 옵션들이다(VirtualProtect, VirtualProtectEx, VirtualQuery, VirtualQueryEx 함수의 문서를 참고하라).

표 5-2 윈도우 API에 정의돼 있는 메모리 보호 옵션

속성	설명
PAGE_NOACCESS	이 영역에 대해 읽거나 쓰거나 실행하려고 하면 접근 위반 오류가 발생한다.
PAGE_READONLY	쓰기 시도 시(실행 방지를 지원하는 프로세서에서 코드 실행 시) 접근 위반 오류가 발생하며, 읽기에 대해서는 허용된다.
PAGE_READWRITE	읽기와 쓰기는 가능하지만 실행은 안 된다.
PAGE_EXECUTE	이 영역 내의 메모리에 있는 코드에 쓰기 시도 시에 접근 위반 오류가 발생하지만 실행(그리고 현존하는 모든 프로세서에서 읽기 동작)은 허용된다.

(이어짐)

속성	설명
PAGE_EXECUTE_READ*	이 영역 내의 메모리에 쓰기 시도 시에 접근 위반 오류가 발생하지만 읽기와 실행은 허용된다.
PAGE_EXECUTE_READWRITE*	읽기와 쓰기, 실행하기 모두 가능하다. 모든 접근이 성공한다.
PAGE_WRITECOPY	이 영역 내의 메모리에 쓰기 시도 시에 시스템은 해당 프로세스에 페이지에 대한 전용 복사본을 만든다. 실행 방지를 지원하는 프로세서에서 이 영역 내의 메모리에 있는 코드를 실행하려고 하면 접근 위반 오류가 발생한다.
PAGE_EXECUTE_WRITECOPY	이 영역 내의 메모리에 쓰기 시도 시에 시스템은 해당 프로세스에 페이지에 대한 전용 복사본을 만든다. 이 영역 내의 코드에 대해 읽기와 실행하기는 허용된다(이 경우에는 복사가 일어나지 않는다).
PAGE_GUARD	이 가드(Guard) 페이지에 읽기나 쓰기를 시도하면 EXCEPTION_GUARD_PAGE 예외가 발생하면서 가드 페이지 상태가 제거된다. 가드 페이지는 일회성이다. 이 옵션은 PAGE_NOACCESS를 제외한 다른 모든 보호 속성과 함께 사용될 수 있음에 주목하자.
PAGE_NOCACHE	캐시되지 않은 물리 메모리를 사용한다. 일반적인 경우 추천하지 않지만 디바이스 드라이버에서 캐시 없이 비디오 프레임 버퍼를 매핑한다든지 하는 경우에 유용하다.
PAGE_WRITECOMBINE	쓰기-조합 메모리 접근을 활성화한다. 이 옵션이 켜지면 프로세서는 메모리 쓰기에 대해 캐시를 하지 않고서(메모리 쓰기가 캐시되는 것보다 상당히 많은 메모리 트래픽이 발생할 수 있다) 성능을 최적화하기 위해 쓰기 요청을 모은다. 예를 들어 동일한 주소에 대해 여러 번의 쓰기 요청이 발생하면 가장 마지막 쓰기 요청에 대해서만 처리해준다. 인접한 영역의 서로 다른 쓰기에 대해 하나의 큰 쓰기로 처리한다. 일반적인 애플리케이션에서는 사용되지 않지만 비디오 프레임 버퍼를 매핑해 쓰기를 조합하는 디바이스 드라이버 등에서는 유용하다.

(이어짐)

속성	설명
PAGE_TARGETS_INVALID와 PAGE_TARGETS_NO_UPDATE (윈도우 10과 윈도우 서버 2016)	이 값은 이들 페이지 내의 실행 파일 코드에 대한 제어 흐름 가드(Control Flow Guard, CFG)의 행위를 제어한다. 이들 두 상수 값은 동일하지만 기본적으로 토글(toggle)로 동작하는 다른 호출에 사용된다. PAGE_TARGETS_INVALID는 간접 호출이 CFG를 실패시키고 프로세스를 크래시 시킨다는 것을 나타낸다. PAGE_TARGETS_NO_UPDATE는 페이지 범위를 변경하는 VirtualProtect 호출로 하여금 CFG 상태를 변경하지 않는 실행을 허용하게끔 한다.

* 실행 방지 기능은 필요한 하드웨어 지원을 가진 프로세서(예를 들어 모든 x64 프로세서)에서 지원되지만 이전의 x86 계열 프로세서에서는 지원하지 않는다. 지원이 되지 않는다면 '실행'은 '읽기'로 변환된다.

- 공유 메모리 섹션 객체는 프로세스가 섹션 객체를 열려고 시도할 때 적절한 접근 권한을 갖고 있는지 검사하는 표준화된 윈도우 접근 제어 목록[ACL]을 갖고 있어 공유 메모리에 대한 접근을 제한할 수 있다. 또한 스레드가 맵 파일을 포함하는 섹션을 생성하려고 할 때에도 접근 제어가 적용된다. 섹션을 생성하기 위해 스레드는 대상이 되는 파일 객체에 대해 적어도 읽기 권한을 가져야 하며, 그렇지 않으면 생성이 실패할 것이다.

스레드가 섹션에 대한 핸들을 성공적으로 열게 되더라도 스레드의 동작은 앞에서 설명한 메모리 관리자와 하드웨어 기반의 페이지 보호 기능에 의해 제한을 받는다. 스레드가 해당 섹션 객체에 대한 ACL의 접근 권한을 위반하지 않는다면 스레드는 섹션 내의 가상 페이지에 대한 페이지 수준의 보호 속성을 변경할 수 있다. 예를 들어 메모리 관리자는 스레드가 읽기 전용 섹션의 페이지에 대해 쓰기 시 복사 속성으로는 변경할 수 있게 하지만, 읽기/쓰기 속성으로의 변환은 허용하지 않는다. 이는 쓰기 시 복사가 데이터를 공유하는 다른 프로세스에 전혀 영향을 주지 않기 때문이다.

데이터 실행 방지

데이터 실행 방지[DEP, Data Execution Prevention] 또는 실행 방지 페이지 보호[no-execute page] protection는 '실행 방지'로 표시된 페이지에서 명령어가 실행될 때 접근 폴트를 발생시킨다. 이 기능은 시스템에 존재하는 버그 등의 취약점을 이용해 익스플로잇Exploit을 발생시킨 후 스택 등의 데이터 페이지에 코드를 위치시켜 실행하는 악성코드를 차단할 수 있다. DEP는 또한 실행할 코드가 포함된 페이지에 대해 권한을 올바르게 변경하지 못하는 잘못 작성된 프로그램을 찾아낼 수 있다. 커널 모드에서 실행 방지로 설정된 페이지의 코드 실행이 시도된다면 시스템은 ATTEMPTED_EXECUTE_OF_NOEXECUTE_MEMORY(0xFC) 버그 체크Bugcheck 코드를 보여주며 크래시될 것이다(2권 15장의 '크래시 덤프 분석' 절을 보면 버그 체크 코드들에 대한 설명이 있다). 유저 모드에서 똑같은 상황이 발생한다면 STATUS_ACCESS_VIOLATION(0xC0000005) 예외가 불법적인 참조를 시도하는 스레드로 전달된다. 프로세스가 실행할 필요가 있는 메모리를 할당한다면 PAGE_EXECUTE 또는 PAGE_EXECUTE_READ, PAGE_EXECUTE_READWRITE, PAGE_EXECUTE_WRITECOPY 플래그를 페이지 단위의 메모리 할당 함수에 반드시 명시적으로 지정해야 한다.

DEP를 지원하는 32비트 x86 시스템에서 페이지 테이블 엔트리PTE의 63번째 비트는 실행 불가 페이지로 표시하는 데 사용된다. 따라서 DEP 기능은 프로세서가 물리 주소 확장PAE, Physical Address Extension 모드(32비트 크기만의 페이지 테이블 엔트리가 사용되지 않는)에서 실행할 때 이용 가능하다(5장 후반부의 'x86 가상 주소 변환' 절을 참고하라). 따라서 32비트 시스템에서 하드웨어 DEP에 대한 지원은 현재 x86 시스템에 대해 유일하게 지원되는 커널인 PAE 커널(\%SystemRoot%\System32\Ntkrnlpa.exe)의 로딩을 필요로 한다.

ARM 시스템에서 DEP는 항상 AlwaysOn으로 설정돼 있다.

64비트 버전의 윈도우에서 실행 방지 기능은 모든 64비트 프로세스와 디바이스 드라이버에 항상 적용되고, BCD 옵션의 nx 플래그를 AlwaysOff로 설정하는 방법으로만 이 기능을 끌 수도 있다. 32비트 프로세스에 대한 실행 방지 기능은 잠시 후에 설명하는 시스템 구성 설정에 따라 달라진다. 64비트 윈도우에서 실행 방지 기능은 스레드 스택(유저 모드와 커널 모드 둘 다)과 실행 가능으로 명시적으로 표시되지 않은 유저 모드 페이지, 커널 페이지드 풀, 커널 세션 풀에 적용된다. 커널 메모리 풀에 대한 설명은

'커널 모드 힙(시스템 메모리 풀)' 절을 보라. 하지만 32비트 윈도우에서 실행 방지 기능은 스레드 스택과 유저 모드 페이지에만 적용되며, 페이지드 풀과 세션 풀에는 적용되지 않는다.

32비트 프로세스에 대한 실행 방지 기능은 BCD의 nx 옵션에 따라 달라진다. 이 옵션에 대한 설정을 변경하려면 **성능 옵션 대화상자**에서 **데이터 실행 방지 탭**(그림 5-3을 보라)을 연다(이 대화상자를 열려면 내 컴퓨터에서 마우스 오른쪽 클릭을 하고 속성을 선택한 다음 고급 시스템 설정을 클릭한다. 그리고 성능 설정을 선택한다). **성능 옵션 대화상자**에서 실행 방지 기능을 설정하면 BCD의 nx 옵션도 적절한 값으로 설정된다. 표 5-3은 다양한 값을 보여주고 해당 값이 DEP 설정 탭에서 어떻게 설정 가능한지 보여준다. 실행 방지 기능에서 예외가 되는 32비트 애플리케이션은 레지스트리 `HKLM\SOFTWARE\Microsoft\Windows NT\CurrentVersion\AppCompatFlags\Layers` 키 아래에 각 실행 파일에 대한 전체 경로를 값 이름으로 가지며, 그 데이터는 `DisableNxShowUI`로 설정되는 형태로 존재한다.

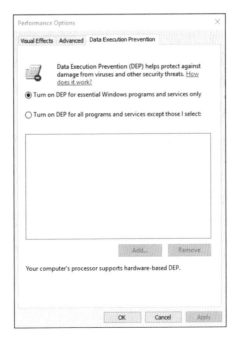

그림 5-3 데이터 실행 방지 탭 설정

표 5-3 BCD nx 값

BCD nx 값	데이터 실행 방지 탭 옵션	설명
OptIn	필수적인 윈도우 프로그램이나 서비스에만 DEP를 켠다.	윈도우의 핵심 이미지에 DEP를 활성화한다. 32비트 프로세스는 자신들의 라이프사이클 동안 동적으로 DEP 설정이 가능하다.
OptOut	사용자가 직접 선택한 항목을 제외한 모든 프로그램이나 서비스에 대해 DEP를 켠다.	명시된 프로그램을 제외한 모든 프로세스에 대해 DEP를 켠다. 32비트 프로세스는 자신들의 라이프사이클 동안 동적으로 DEP 설정이 가능하다. DEP를 위한 시스템 호환성 수정 기능을 활성화한다.
AlwaysOn	이 설정을 위한 대화상자 옵션이 존재하지 않음	예외 없이 모든 프로세스에 DEP를 켠다. 32비트 프로세스에 대한 동적 구성을 비활성화하며, 시스템 호환성 수정 기능도 비활성화한다.
AlwaysOff	이 설정을 위한 대화상자 옵션이 존재하지 않음	DEP 기능을 끈다(추천하지 않음). 32비트 프로세스에 대한 동적 구성을 비활성화한다.

윈도우 클라이언트 버전(64비트와 32비트 모두)에서 32비트 프로세스에 대한 실행 방지 기능은 기본적으로 핵심 윈도우 운영체제 실행 파일에 대해서만 적용하게 구성돼 있다. 즉, BCD의 nx 옵션은 OptIn으로 설정돼 있다. 이것은 패킹Packed됐거나 실행 압축Self-extracting돼 있는 애플리케이션처럼 실행 가능으로 특별히 표시되지 않은 페이지 내의 코드를 실행할 수 있어야 하는 32비트 프로세스의 정상 동작을 보장하기 위해서다. 윈도우 서버 시스템에서 32비트 애플리케이션에 대한 실행 방지 옵션은 기본적으로 모든 32비트 프로그램에 적용되게 구성돼 있다. 즉, BCD의 nx 옵션은 OptOut으로 설정돼 있다.

DEP를 강제로 활성화시켰더라도 애플리케이션은 자신의 이미지에 대해 DEP를 끌 수 있는 방법이 여전히 존재한다. 예를 들면 어떤 실행 방지 옵션이 활성화됐는지에 상관없이 이미지 로더(이미지 로더에 대한 자세한 사항은 3장을 참고하라)는 알려진 복사-방지 메커니즘(SafeDisc나 SafeROM 같은)에 대해 실행 파일의 서명을 검증하고서 예전 방식의 복사-방지 소프트웨어(컴퓨터 게임 같은)에 호환성을 제공하기 위해 실행 방지 기능을 비활성화한다.

게다가 이전 버전의 액티브 템플릿 라이브러리^{Active Template Library} 프레임워크(7.1과 그 이전 버전)에 호환성을 제공하기 위해 윈도우 커널은 ATL 성크^{thunk} 에뮬레이션 환경을 제공한다. 이 환경은 DEP 예외를 발생시킨 일련의 ATL 성크 코드를 찾아내 원래의 기대한 동작을 수행할 수 있게 에뮬레이션한다. 애플리케이션 개발자는 최신 마이크로소프트 C++ 컴파일러를 사용해 /NXCOMPAT 플래그(PE 헤더에 IMAGE_DLLCHARACTERISTICS_NX_COMPAT 플래그를 설정한다)를 설정함으로써 ATL 성크 에뮬레이션이 적용되지 않게 요청할 수 있다. 이 플래그는 실행 파일은 DEP를 완전히 지원한다는 사실을 시스템에 알려준다. AlwaysOn이 설정돼 있다면 ATL 성크 에뮬레이션은 영구적으로 비활성화된다.

마지막으로 시스템이 OptIn이나 OptOut 모드이고 32비트 프로세스를 실행 중이라면 프로세스는 SetProcessDEPPolicy 함수를 이용해 동적으로 DEP를 끄거나 영구적으로 켤 수 있다. 이 API를 사용해 DEP를 켠다면 해당 프로세스가 종료될 때까지 프로그램적으로 DEP를 끌 수 없다. 이미지가 /NXCOMPAT 플래그 없이 컴파일됐다면 이 함수는 또한 동적으로 ATL 성크 에뮬레이션을 비활성화하는 데 사용될 수 있다. 64비트 프로세스 또는 AlwaysOff나 AlwaysOn 옵션으로 부팅된 시스템에서 이 함수는 항상 실패한다. GetProcessDEPPolicy 함수는 32비트 프로세스에 적용된 DEP 정책을 반환한다(64비트 시스템에서는 항상 DEP가 켜져 있으므로 이 함수는 매번 실패를 반환한다). 반면에 GetSystemDEPPolicy 함수는 표 5-3의 정책과 대응하는 값을 반환하는 데 사용된다.

쓰기 시 복사

쓰기 시 복사 페이지 보호는 메모리 관리자가 물리 메모리를 절약하기 위해 사용하는 최적화 방법이다. 읽기/쓰기 속성이 있는 페이지를 포함한 섹션 객체에 대해 프로세스가 쓰기 시 복사 뷰로 매핑하면 뷰가 매핑되는 순간 프로세스 전용 복사본을 만드는 대신 메모리 관리자는 페이지에 쓰기 행위가 일어나는 순간까지 페이지 복사를 지연시킨다. 예를 들어 그림 5-4는 두 프로세스가 쓰기 시 복사 속성을 가진 세 개의 페이지를 공유하면서 해당 페이지에 대해 어떠한 쓰기 시도도 하지 않는 상태를 나타낸다.

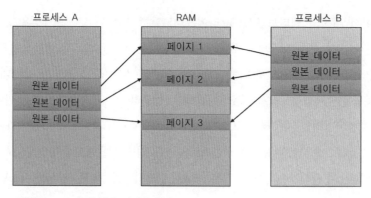

그림 5-4 쓰기 시 복사 이전의 상태

둘 중 한 프로세스의 스레드가 페이지에 쓰면 메모리 관리 폴트가 발생한다. 이때 메모리 관리자는 쓰기 시 복사 페이지에 대한 쓰기 시도인지 확인하고 액세스 예외 에러를 보고하는 대신 다음과 같은 작업을 수행한다.

1. 물리 메모리에 읽기/쓰기 속성을 가진 새로운 페이지를 할당한다.
2. 원본 페이지에 있던 데이터를 새로운 페이지에 복사한다.
3. 해당 프로세스에서 사용하는 페이지 매핑 정보(5장의 뒤에서 설명한다)를 갱신해 새로운 위치를 가리킬 수 있게 한다.
4. 발생된 예외를 취소시킨 후 예외가 발생했던 코드를 다시 수행하게 해준다.

이제 그림 5-5에서 보듯이 쓰기 동작은 성공하고, 새롭게 복사된 페이지는 쓰기 작업을 수행했던 프로세스의 전용 메모리가 되고, 쓰기 시 복사 페이지를 공유하는 다른 프로세스는 여전히 새롭게 복사된 이 페이지를 볼 수 없다. 새로운 프로세스가 바로 동일한 이 공유 페이지에 대해 쓰기 동작을 수행하면 자신만의 전용 메모리 복사본을 갖게 된다.

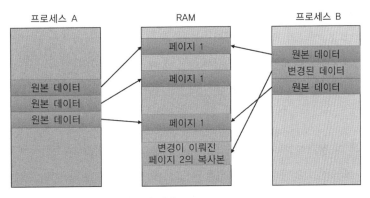

그림 5-5 쓰기 시 복사 이후의 상태

이런 쓰기 시 복사의 대표적인 예는 디버거에서 제공하는 브레이크포인트[Breakpoint]의 구현이다. 예를 들어 코드 페이지의 속성은 기본적으로 실행만 가능한 상태다. 프로그래머가 프로그램을 디버깅하기 위해 브레이크포인트를 설정하면 디버거는 코드에 브레이크포인트 명령을 추가해야 한다. 먼저 해당 페이지 보호 속성을 PAGE_EXECUTE_READWRITE로 변경하고 명령 스트림을 변경한다. 해당 코드 페이지는 매핑된 섹션의 일부분이므로 메모리 관리자는 해당 프로세스에 브레이크포인트가 설정된 전용 메모리를 새롭게 할당하고, 다른 프로세스들은 변경되지 않은 코드 페이지를 사용하게 해준다.

쓰기 시 복사는 메모리 관리자가 가능한 한 많이 사용하는 지연 평가^{Lazy Evaluation} 기법 중 하나다. 지연 평가 알고리즘은 값비싼 행위의 요청이 일어났을 때 실제 동작이 확실히 필요할 때까지 해당 요청에 대한 처리를 최대한 미룸으로써 행위가 일어나지 않을 경우 불필요한 행위를 하지 않게 한다.

쓰기 시 복사 예외에 대한 빈도수를 확인하고 싶다면 성능 모니터 툴의 메모리 범주에서 Copies/sec 성능 카운터 변수를 확인하면 된다.

주소 윈도잉 확장

32비트 윈도우에서는 최대 64GB까지의 물리 메모리를 지원하지만(표 2-2를 참고하라) 32비트 프로세스는 기본적으로 2GB만의 가상 주소 공간을 갖는다(BCD의 increaseuserva 옵션을 이용하면 3GB까지 사용할 수 있으며, 자세한 내용은 조금 후에 '가상 주소 공간 배치' 절에서 설명한다). 하나의 프로세스에서 쉽게 이용할 수 있는 2GB나 3GB 이상의 데이터를 필요로 하는 애플리케이션은 파일 매핑을 통해 대용량 파일의 여러 부분을 자신의 주소 공간으로 다시 매핑해 사용할 수 있다. 하지만 상당한 페이징 작업이 이런 재매핑에 관여된다.

높은 성능과 더 정교한 제어를 위해 윈도우는 주소 윈도잉 확장^{AWE, Address Windowing Extension} 라는 함수 계열을 지원한다. 이들 함수는 프로세스의 가상 주소 공간으로 표현할 수 있는 것보다 더 많은 물리 메모리를 할당할 수 있게 해준다. 그런 다음 프로세스는 다양한 시점에 자신의 가상 주소 공간의 일부를 물리 메모리의 선택된 부분으로 매핑해 물리 메모리에 접근할 수 있다.

AWE 함수를 이용해 메모리를 할당하고 사용하는 방법은 다음과 같이 세 단계를 거친다.

1. 사용할 물리 메모리를 할당한다. 애플리케이션은 윈도우 함수 AllocateUser-PhysicalPages나 AllocateUserPhysicalPagesNuma를 사용할 수 있다(이들

함수는 SeLockMemoryPrivilege 권한이 필요하다).

2. 물리 메모리에 대한 뷰를 매핑하는 윈도우로 동작할 수 있는 하나 이상의 가상 주소 공간 영역을 생성한다. 애플리케이션은 Win32 VirtualAlloc이나 VirtualAllocEx, VirtualAllocExNuma 등의 함수와 MEM_PHYSICAL 플래그를 사용한다.

3. 1단계와 2단계는 일반적으로 말하는 초기화 단계다. 실제로 메모리를 사용하기 위해 애플리케이션은 1단계에서 할당된 물리 영역의 일부를 2단계에서 할당된 가상 영역이나 윈도우 중의 하나로 매핑하기 위해 MapUserPhysicalPages나 MapUserPhysicalPagesScatter를 사용한다.

그림 5-6은 예제를 보여준다. 애플리케이션에서 자신의 메모리 주소 공간에 256MB의 윈도우를 생성하고 4GB의 물리 메모리를 할당한다. 애플리케이션은 이제 MapUser-PhysicalPages나 MapUserPhysicalPagesScatter 함수를 이용해 물리 메모리의 어느 영역이든 256MB의 메모리 윈도우로 매핑해 접근할 수 있다. 애플리케이션의 가상 주소 공간 윈도우 크기는 애플리케이션이 주어진 특정 매핑으로 접근할 수 있는 물리 메모리의 양을 결정한다. 할당된 램의 다른 영역에 접근하려면 애플리케이션은 단순히 해당 영역을 다시 매핑하면 된다.

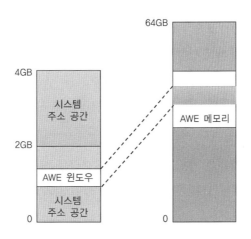

그림 5-6 AWE를 사용한 물리 메모리의 매핑

AWE 함수는 모든 버전의 윈도우에서 지원되며, 시스템에 물리 메모리가 얼마나 있든지 상관없이 사용할 수 있다. 하지만 AWE는 32비트 프로세스가 가상 주소 공간보다 더 많은 물리 메모리에 접근할 수 있는 방법을 제공하기 때문에 2GB 이상의 물리 메모리를 가진 32비트 시스템에서 가장 유용하다. 또한 보안 목적으로 사용되기도 한다. AWE 메모리는 절대로 페이지 아웃되지 않으므로 AWE 메모리 내의 데이터는 절대로 페이징 파일에 복사본이 존재하지 않게 돼 다른 운영체제로 재부팅한 후 페이징 파일 내의 데이터를 검색하더라도 AWE 메모리에 존재하던 데이터는 절대 찾을 수 없다(VirtualLock 함수도 페이지에 대해 동일한 기능을 지원한다).

마지막으로 AWE 함수에 의해 할당되고 매핑된 메모리에는 다음과 같은 약간의 제약 사항이 있다.

- 페이지는 프로세스 간에 공유될 수 없다.
- 동일한 물리 메모리는 하나 이상의 가상 메모리로 매핑될 수 없다.
- 페이지 보호 속성은 읽기/쓰기, 읽기 전용, 접근 금지로 제한된다.

AWE는 64비트 윈도우 시스템에서는 그다지 유용하지 않다. 이는 이들 시스템은 각 프로세스당 128TB의 가상 주소 공간을 지원하는 반면, 최대 램 크기는 24TB까지만 허용하기 때문이다(윈도우 서버 2016 시스템에서). 따라서 AWE는 애플리케이션이 자신이 가진 가상 주소 공간 이상의 램을 사용하게 허용할 필요가 없다. 이런 시스템에서 램의 양은 항상 프로세스의 가상 주소 공간보다 작을 것이다. 그러나 AWE는 프로세스 주소 공간의 페이징 불가능한 영역을 설정하는 데 여전히 유용하다. 이것은 파일 매핑 API보다 더 정밀한 단위를 제공한다(이런 시스템의 시스템 페이지 크기는 64KB가 아닌 4KB다).

4GB 이상의 물리 메모리를 가진 시스템에서 메모리를 매핑하는 데 사용되는 페이지 테이블 데이터 구조체는 'x86 가상 주소 변환' 절에서 다룬다.

커널 모드 힙(시스템 메모리 풀)

시스템 초기화 시점에 메모리 관리자는 대부분의 커널 모드 컴포넌트가 시스템 메모리 할당을 위해 사용하는 동적인 크기를 갖는 두 개의 메모리 풀이나 힙을 생성한다.

- **넌페이지드 풀(Nonpaged Pool)** 항상 물리 메모리 내에 있게 보장되는 시스템 가상 주소 영역으로 구성된다. 따라서 언제라도 페이지 폴트 없이 접근이 가능하다. 이는 어떤 IRQL에서도 접근이 가능함을 의미한다. 넌페이지드 풀이 필요한 하나의 이유는 DPC/디스패치 레벨이나 더 상위의 IRQL에서는 페이지 폴트를 처리할 수 없기 때문이다. 따라서 DPC/디스패치 이상의 레벨에서 접근되는 데이터나 수행되는 코드는 반드시 페이징되지 않는 메모리에 있어야 한다.
- **페이지드 풀(Paged Pool)** 페이지 아웃되거나 페이지 인이 될 수 있는 시스템 가상 주소 영역이다. DPC/디스패치 레벨이나 더 상위의 IRQL에서 해당 메모리에 접근할 필요가 없는 디바이스 드라이버가 이것을 사용할 수 있다. 어떤 프로세스 컨텍스트에서도 접근이 가능하다.

두 메모리 풀 모두 시스템 영역의 주소 공간에 위치하며, 모든 프로세스의 가상 주소에 매핑돼 있다. 익스큐티브는 이들 풀로부터 할당하거나 해제할 수 있는 서비스를 제공한다. 이런 서비스에 대해서는 WDK 문서에서 `ExAllocatePool`이나 `ExAllocatePoolWithTag`, `ExFreePool`로 시작하는 함수를 살펴보자.

시스템은 4개의 페이지드 풀(시스템 전체적인 페이지드 풀을 만들기 위해 합쳐진다)과 2개의 넌페이지드 풀로 시작한다. 시스템의 NUMA 노드 개수에 따라 최대 64개까지 추가로 생성할 수 있다. 하나 이상의 페이지드 풀을 가지면 풀 함수를 동시에 호출했을 때 시스템 코드가 중지되는 빈도를 줄일 수 있다. 게다가 생성된 서로 다른 풀은 시스템의 다른 NUMA 노드와 연결된 서로 다른 가상 메모리 영역에 매핑된다. 큰 페이지 룩 어사이드 리스트 같은 풀 할당을 기술하는 데이터 구조체 정보도 다른 NUMA 노드에 걸쳐서 매핑돼 있다.

페이지드와 넌페이지드 풀 이외에도 특별한 속성이나 사용법을 갖는 몇 개의 다른 풀이 있다. 예를 들어 세션 공간 내에 풀 영역이 존재하며, 이는 해당 세션 내의 모든 프로세스에 공통적인 데이터를 위해 사용된다. 스페셜 풀로 불리는 또 다른 풀로부터 할당된 메모리는 접근 금지로 설정된 페이지로 둘러싸인다. 이는 자신이 할당한 풀 영역의 앞이나 뒤 메모리에 접근하는 코드 문제를 찾는 데 도움을 준다.

풀 크기

넌페이지드 풀은 시스템의 물리 메모리 크기에 따라 다른 초깃값을 갖고 시작되며, 필요에 따라 늘어날 수 있다. 넌페이지드 풀을 위한 초기 크기는 시스템 물리 메모리의 3%며, 이것이 40MB보다 작다면 40MB가 초깃값이 되고, 40MB가 시스템 물리 메모리의 10%보다 크다면 10%가 최솟값이 된다. 윈도우는 동적으로 풀의 최대 크기를 선택하며, 기본 값으로부터 표 5-4에 나와 있는 최댓값까지 크기를 확장할 수 있다.

표 5-4 최대 풀 크기

풀 종류	32비트 시스템의 최댓값	64비트 시스템의 최댓값 (윈도우 8, 서버 2012)	64비트 시스템의 최댓값 (윈도우 8.1, 10, 서버 2012 R2, 2016)
넌페이지드	물리 메모리의 75% 나 2GB 중 작은 값	물리 메모리의 75%나 128GB 중 작은 값	16TB
페이지드	2GB	384GB	15.5TB

윈도우 8.x와 서버 2012/R2에서 이런 4개의 계산된 값은 커널 변수에 저장된다. 그중 3개는 성능 카운터로 외부에 공개되고, 나머지 하나는 성능 카운터 값에 의해 계산된다. 윈도우 10과 서버 2016은 이 전역 변수를 MiState로 불리는 전역 메모리 관리 구조체 (MI_SYSTEM_INFORMATION) 내의 필드로 옮겼다. 이 구조체 내의 Vs 변수(_MI_VISIBLE_STATE 타입)에 이 정보가 존재한다. 이런 변수와 성능 카운터는 표 5-5와 같다.

표 5-5 시스템 풀 크기 변수와 성능 카운터

커널 변수	성능 카운터	설명
MmSizeOfNonPagedPoolInBytes	Memory: Pool Nonpaged Bytes	넌페이지드 풀의 초기 크기, 메모리 요청이 발생하면 시스템에 의해 자동으로 줄어들거나 늘어날 수 있다. 커널 변수는 이런 변화를 보여주지 않고 성능 카운터는 보여준다.
MmMaximumNonPagedPoolInBytes (윈도우 8.x와 서버 2012/R2)	없음	넌페이지드 풀의 최댓값
MiVisibleState->MaximumNonPagePoolInBytes (윈도우 10과 서버 2016)	없음	넌페이지드 풀의 최댓값
없음	Memory: Pool Paged Bytes	현재 페이지드 풀의 전체 가상 메모리 크기
MmPagedPoolWs 구조체(_MMSUPPORT 타입) 내의 WorkingSetSize(페이지 수)(윈도우 8.x와 서버 2012/R2)	Memory: Pool Paged Resident Bytes	현재 페이지드 풀의 전체 물리 메모리(상주하는) 크기
MmSizeOfPagedPoolInBytes (윈도우 8.x와 서버 2012/R2)	없음	페이지드 풀의 최대(가상) 메모리 크기
MiState.Vs.SizeOfPagedPoolInBytes (윈도우 10과 서버 2016)	없음	페이지드 풀의 최대(가상) 메모리 크기

실습: 최대 풀 크기 결정하기

풀의 최댓값은 Process Explorer나 커널 디버깅으로 확인할 수 있다(1장에서 설명했다). Process Explorer로 풀의 최댓값을 확인하려면 View 메뉴의 System Information을 선택한 후 Memory 탭을 클릭한다. 풀의 최댓값은 다음 그림처럼 중간의 Kernel Memory 섹션에 나타난다.

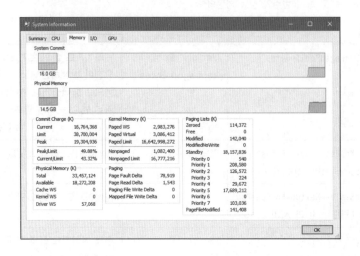

커널 디버거를 이용해 동일한 정보를 보려면 5장의 앞부분에서 살펴본 !vm 명령을 이용하면 된다.

풀 사용량 모니터링

메모리 성능 카운터 객체는 넌페이지드 풀과 페이지드 풀(가상, 물리 모두)에 대해 별개의 카운터를 갖고 있다. 추가로 풀몬Poolmon 유틸리티(WDK 툴 디렉터리에 있다)는 넌페이지드 풀과 페이지드 풀의 사용량에 관한 자세한 사용량을 모니터링할 수 있게 한다. 풀몬을 실행하면 그림 5-7과 같은 화면을 볼 수 있다.

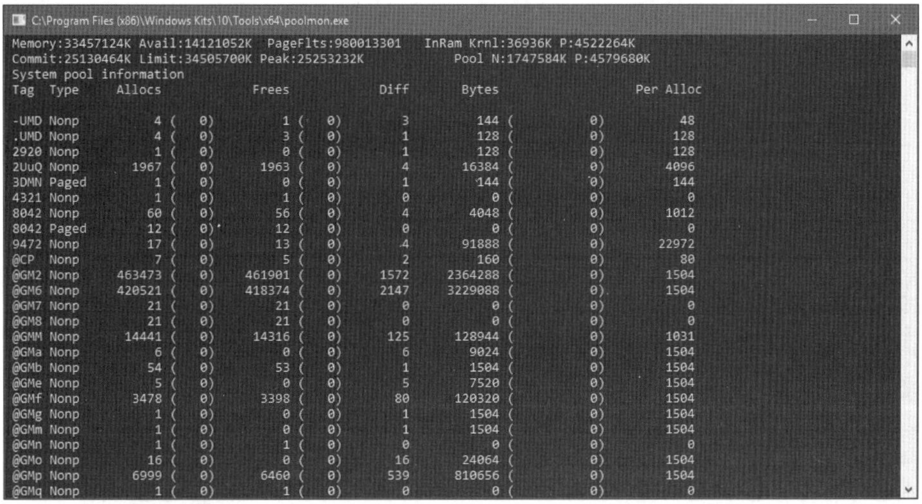

그림 5-7 풀몬 결과 화면

강조된 라인은 변화하는 것을 표시한다(강조 기능은 실행 중에 슬래시(/)를 입력하면 꺼지고 다시 한 번 슬래시를 입력하면 켜진다). 풀몬이 실행 중에 물음표(?)를 누르면 도움말이 나온다. 어떤 종류의 풀(페이지드 풀이나 넌페이지드 풀, 또는 둘다)을 모니터링할지 명시할 수 있으며, 정렬 방법도 명시할 수 있다. 예를 들어 넌페이지드 할당만 보일 때까지 P 키를 누르고 있다가 Diff 칼럼으로 정렬하기 위해 D 키를 누르면 넌페이지드 풀에서 가장 많은 구조체 종류가 무엇인지 확인할 수 있다. 또한 커맨드라인 옵션을 이용해 특정 태그Tag를 갖는 풀만 감시할 수 있다(특정 태그를 제외한 나머지를 감시할 수도 있다). 예를 들어 풀몬 옵션으로 -iCM을 입력하면 CM 태그(레지스트리를 관리하는 구성 관리자에 의한 할당)만을 감시할 수 있다. 표 5-6에서 각 칼럼의 의미를 설명한다.

표 5-6 풀몬 칼럼

칼럼	설명
Tag	풀 할당 시 사용되는 4바이트 태그
Type	풀 종류(페이지드 풀이나 넌페이지드 풀)
Allocs	전체 할당 횟수. 괄호 안의 값은 지난번 갱신 이후 Allocs 칼럼 값의 차이다.

(이어짐)

칼럼	설명
Frees	전체 해제 횟수. 괄호 안의 값은 지난번 갱신 이후 Frees 칼럼 값의 차이다.
Diff	Alloc에서 Frees를 뺀 수
Bytes	이 태그에 의해 사용되는 전체 바이트 수. 괄호 안의 값은 지난번 갱신 이후 Bytes 칼럼 값의 차이다.
Per Alloc	이 태그에 대한 한 인스턴스의 바이트 크기

윈도우에 의해 사용되는 풀 태그의 의미는 윈도우 디버깅 툴이 위치한 Triage 서브디렉터리 내의 Pooltag.txt 파일을 참고하라. 이 파일에는 서드파티 디바이스 드라이버가 사용하는 태그는 포함돼 있지 않기 때문에 WDK의 32비트 버전의 풀몬 실행 시 -c 스위치를 줌으로써 로컬 풀 태그 파일(Localtag.txt)을 생성할 수 있다. 이 파일에는 서드파티 디바이스 드라이버를 포함한 시스템에서 동작하는 디바이스 드라이버가 사용하는 풀 태그가 포함된다(디바이스 드라이버가 로딩된 이후에 해당 드라이버의 바이너리 파일이 삭제됐다면 그 드라이버에서 사용하는 풀 태그는 인식되지 않는다).

다른 방법으로는 Sysinternals에서 배포하는 Strings.exe 툴을 사용해 특정 풀 태그를 갖는 디바이스 드라이버를 시스템에서 검색할 수 있다. 예를 들어 다음 명령은 'abcd'라는 문자열을 가진 디바이스 드라이버를 보여준다.

```
strings %SYSTEMROOT%\system32\drivers\*.sys | findstr /i "abcd"
```

디바이스 드라이버는 %SystemRoot%\System32\Drivers에 있을 필요가 없으며 어떤 폴더에 있더라도 상관없다. 로딩된 모든 드라이버의 전체 경로를 보고 싶다면 다음의 단계를 수행한다.

1. 시작 버튼을 눌러 Msinfo32라고 입력한다(시스템 정보라는 창이 나온다).
2. 시스템 정보를 실행한다.
3. 소프트웨어 환경을 선택한다.

4. 시스템 드라이버를 선택한다. 디바이스 드라이버가 로딩된 이후에 해당 드라이버의 바이너리가 삭제됐다면 여기에 표시되지 않는다.

디바이스 드라이버가 사용하는 풀 사용량을 감시하는 또 다른 방법은 6장에서 설명할 드라이버 베리파이어의 풀 트래킹 기능을 사용하는 것이다. 이 기능은 풀 태그로부터 디바이스 드라이버로의 불필요한 매핑을 보여주므로 원하는 드라이버만 보려면 재부팅이 필요하다. 풀 트래킹 기능을 켠 상태로 재부팅을 한 후에 드라이버 베리파이어 관리자(%SystemRoot%\System32\Verifier.exe)를 실행시키거나 **Verifier /Log** 명령을 이용해 풀 사용에 관한 정보를 파일로 남길 수 있다.

마지막으로 커널 디버거 명령인 **!poolused**를 이용해 풀 사용량을 확인할 수 있다. **!poolused 2** 명령은 넌페이지드 풀을 가장 많이 사용한 태그 순으로 넌페이지드 풀 사용량을 정렬해 보여준다. **!poolused 4** 명령은 페이지드 풀을 가장 많이 사용한 태그 순으로 정렬해 보여준다. 다음 예는 이 두 명령 결과의 일부분이다.

```
lkd> !poolused 2
........
Sorting by NonPaged Pool Consumed

        NonPaged           Paged
Tag     Allocs      Used    Allocs Used

 File   626381   260524032      0       0   File objects
 Ntfx   733204   227105872      0       0   General Allocation , Binary:
                                            ntfs.sys
 MmCa   513713   148086336      0       0   Mm control areas for mapped
                                            files , Binary: nt!mm
 FMsl   732490   140638080      0       0   STREAM_LIST_CTRL structure ,
                                            Binary: fltmgr.sys
 CcSc   104420    56804480      0       0   Cache Manager Shared Cache Map
                                            , Binary: nt!cc
 SQSF   283749    45409984      0       0   UNKNOWN pooltag 'SQSF', please
                                            update pooltag.txt
```

FMfz	382318	42819616	0	0	FILE_LIST_CTRL structure , Binary: fltmgr.sys
FMsc	36130	32950560	0	0	SECTION_CONTEXT structure , Binary: fltmgr.sys
EtwB	517	31297568	107	105119744	Etw Buffer , Binary: nt!etw
DFmF	382318	30585440	382318	91756320	UNKNOWN pooltag 'DFmF', please update pooltag.txt
DFmE	382318	18351264	0	0	UNKNOWN pooltag 'DFmE', please update pooltag.txt
FSfc	382318	18351264	0	0	Unrecoginzed File System Run Time allocations (update pooltag.w) , Binary: nt!fsrtl
smNp	4295	17592320	0	0	ReadyBoost store node pool allocations , Binary: nt!store or rdyboost.sys
Thre	5780	12837376	0	0	Thread objects , Binary: nt!ps
Pool	8	12834368	0	0	Pool tables, etc.

실습: 풀 누수 해결하기

이번 실습에서는 시스템에서 발생하는 페이지드 풀의 실제 누수를 해결해 봄으로써 앞서 설명한 기법을 이용해 풀 누수를 어떻게 찾아내는지 알아본다. 누수를 발생시키기 위해 Sysinternals에서 구할 수 있는 NotMyFault 툴을 사용해 다음 과정을 따라 한다.

1. OS 비트에 맞게 NotMyFault.exe를 실행한다(예를 들어 64비트 시스템에서는 64비트 버전).
2. NotMyFault.exe는 MyFault.sys 디바이스 드라이버를 로딩하고 Crash 탭이 선택된 채로 Not My Fault 대화상자를 보여준다. Leak 탭을 선택하면 다음과 같은 모습을 볼 수 있다.

3. Leak/Second 설정에 1000KB라고 설정한다.

4. Leak Paged 버튼을 누른다. 그러면 NotMyFault에서 MyFault 드라이버
   에 페이지드 풀을 할당하게 요청을 보내기 시작한다. NotMyFault은
   Stop Paged 버튼을 누르기 전까지 계속해서 요청을 보낸다. 누수를 발
   생시키는 프로그램(버그를 가진 디바이스 드라이버와 통신한)을 종료하더
   라도 페이지드 풀은 보통 해제되지 않고 시스템이 재부팅될 때까지 누수
   가 계속 남는다. 하지만 테스트를 쉽게 하기 위해 MyFault 디바이스 드
   라이버는 애플리케이션이 종료되는 것을 감지해 할당한 페이지를 모두
   해제한다.

5. 풀이 누수되는 동안 작업 관리자를 열고 **성능** 탭을 클릭한 후 Memory를
   선택한다. Paged Pool 값이 급격히 올라가는 것을 볼 수 있다. 또한
   Process Explorer의 System Information 메뉴로도 확인할 수 있다(View
   메뉴의 System Information을 선택하고 Memory 탭을 클릭한다).

6. 누수되고 있는 풀 태그를 확인하기 위해 풀몬을 실행시킨 후 B 키를 눌러
   바이트 수로 정렬한다.

7. P 키를 두 번 눌러 풀몬이 페이지드 풀만 보여주게 한다. Leak 풀 태그가 리스트의 최상위로 올라가는 것을 확인할 수 있다(풀몬은 변화하는 열을 강조해 풀 할당량 변화를 보여준다).

8. Stop Paged 버튼을 눌러 더 이상 시스템의 페이지드 풀을 낭비하지 않게 한다.

9. 이전 절에서 설명한 기법을 이용하기 위해 Sysinternals에서 구할 수 있는 Strings를 이용해 Leak라는 풀 태그를 갖는 드라이버 바이너리를 찾는다. 이 명령의 결과로 MyFault.sys 파일이 검색되고 해당 드라이버가 Leak 풀 태그를 사용했음을 확인할 수 있다.

```
Strings %SystemRoot%\system32\drivers\*.sys | findstr Leak
```

룩 어사이드 리스트

윈도우는 룩 어사이드 리스트look-aside list라는 빠른 메모리 할당 메커니즘을 제공한다. 풀과 룩 어사이드 리스트의 기본적인 차이점은 풀이 다양한 크기를 할당할 수 있는 반면, 룩 어사이드 리스트는 고정된 크기만 할당할 수 있다는 점이다. 풀이 더 유연하게 사용될 수 있지만 룩 어사이드 리스트는 스핀락을 사용하지 않기 때문에 더 빠르다.

익스큐티브 컴포넌트와 디바이스 드라이버는 WDK에 문서화된 ExInitializeNPaged-LookasideList(넌페이지드 할당 용도)와 ExInitializePagedLookasideList(페이지드 할당 용도) 함수를 이용해 자주 할당되는 데이터 구조체 크기에 맞는 룩 어사이드를 생성할 수 있다. 멀티프로세서 간의 동기화에 따른 오버헤드를 줄이기 위해 일부 익스큐티브 서브시스템(I/O 관리자와 캐시 관리자, 객체 관리자 같은)은 자주 사용되는 데이터 구조체에 대해 프로세서별로 분리된 룩 어사이드 리스트를 생성한다. 익스큐티브는 또한 256바이트 이하의 작은 메모리 할당에 사용되는 페이지드 룩 어사이드 리스트와 넌페이지드 룩 어사이드 리스트를 프로세서별로 생성한다.

최초 생성됐을 때처럼 룩 어사이드 리스트가 비어 있다면 시스템은 페이지드 풀이나 넌페이지드 풀에서 할당한다. 이들 풀에 프리 블록이 존재한다면 할당은 아주 빨리 이뤄진다(룩 어사이드 리스트는 블록이 자신에게 반환되는 만큼 늘어난다). 풀 할당 루틴은 디바이스 드라이버나 익스큐티브 서브시스템이 리스트로부터 얼마나 자주 할당하는지에 따라 룩 어사이드 리스트에서 관리하는 해제된 버퍼의 개수를 자동으로 조절한다. 할당이 많아질수록 리스트에 존재하는 블록의 개수는 늘어난다. 룩 어사이드 리스트에서 할당이 일어나지 않는다면 리스트의 크기는 자동으로 줄어든다(이 검사는 시스템 스레드인 밸런스 셋 관리자^{Balance Set Manager}가 1초에 한 번씩 깨어나 ExAdjustLookasideDepth 함수를 호출할 때마다 이뤄진다).

실습: 시스템의 룩 어사이드 리스트 살펴보기

커널 디버거의 !lookaside 명령을 이용해 시스템에서 사용되는 다양한 종류의 룩 어사이드 리스트들의 크기와 내용을 확인할 수 있다. 다음은 이 명령의 결과 일부를 발췌한 것이다.

```
lkd> !lookaside

Lookaside "nt!CcTwilightLookasideList" @ 0xfffff800c6f54300 Tag(hex):
0x6b576343 "CcWk"
    Type            =       0200    NonPagedPoolNx
    Current Depth   =          0    Max Depth   =          4
    Size            =        128    Max Alloc   =        512
    AllocateMisses  =     728323    FreeMisses  =     728271
    TotalAllocates  =    1030842    TotalFrees  =    1030766
    Hit Rate        =        29%    Hit Rate    =        29%
Lookaside "nt!IopSmallIrpLookasideList" @ 0xfffff800c6f54500 Tag(hex):
0x73707249 "Irps"
    Type            =       0200    NonPagedPoolNx
```

```
          Current Depth   =          0    Max Depth   =          4
          Size            =        280    Max Alloc   =       1120
          AllocateMisses  =      44683    FreeMisses  =      43576
          TotalAllocates  =     232027    TotalFrees  =     230903
          Hit Rate        =        80%    Hit Rate    =        81%

Lookaside "nt!IopLargeIrpLookasideList" @ 0xfffff800c6f54600 Tag(hex):
0x6c707249 "Irpl"
          Type            =       0200    NonPagedPoolNx
          Current Depth   =          0    Max Depth   =          4
          Size            =       1216    Max Alloc   =       4864
          AllocateMisses  =     143708    FreeMisses  =     142551
          TotalAllocates  =     317297    TotalFrees  =     316131
          Hit Rate        =        54%    Hit Rate    =        54%
...

Total NonPaged currently allocated for above lists  =          0
Total NonPaged potential for above lists            =      13232
Total Paged currently allocated for above lists     =          0
Total Paged potential for above lists               =       4176
```

힙 관리자

최소 할당 단위인 64KB보다 작은 영역을 할당하기 위해 대부분의 애플리케이션은 VirtualAlloc 같은 페이지 단위의 함수를 사용한다. 상대적으로 크기가 작은 영역의 할당을 하는 데 이런 큰 영역을 할당하는 것은 메모리 사용성이나 성능 면에서 최상의 방법은 아니다. 이런 단점을 극복하기 위해 윈도우는 미리 예약된 큰 영역의 메모리 내에서 페이지 단위의 할당 관련 함수를 이용해 메모리 힐딩을 지원하는 힙 관리자[heap manager] 컴포넌트를 제공한다. 힙 관리자 내에서의 할당 단위는 32비트 시스템에서는 8바이트이고, 64비트 시스템에서는 16바이트로 상대적으로 작다. 힙 관리자는 이처럼 작은 영역의 메모리 사용 시 메모리 사용성과 성능을 최적화하기 위해 만들어졌다.

힙 관리자는 Ntdll.dll과 Ntoskrnl.exe 두 곳에 위치한다. 서브시스템 API(윈도우 힙 API 같은)는 Ntdll.dll 내의 함수를 호출하고 여러 익스큐티브 컴포넌트와 디바이스 드라이버는 Ntoskrnl.exe 내의 함수를 호출한다. Rtl로 시작하는 네이티브 인터페이스 함수는 내부 윈도우 컴포넌트나 커널 모드 디바이스 드라이버에서만 사용 가능하다. Heap으로 시작하는 힙과 관련된 문서화된 윈도우 API는 Ntdll.dll 내의 네이티브 함수로 포워딩돼 있다. 게다가 예전 버전의 윈도우 애플리케이션을 지원하기 위해 제공되는 Local이나 Global로 시작하는 레거시 API가 제공된다. 이들은 예전의 동작을 지원하기 위해 특수화된 일부 인터페이스를 사용한다. 가장 대표적인 윈도우 힙 함수는 다음과 같다.

- **HeapCreate**나 **HeapDestroy** 힙을 생성하거나 삭제한다. 초기 예약되거나 커밋되는 메모리 크기는 생성 시 설정한다.
- **HeapAlloc** 힙 블록을 할당한다. Ntdll.dll 내의 **RtlAllocateHeap**으로 전달된다.
- **HeapFree** HeapAlloc으로 할당된 힙 블록을 해제한다.
- **HeapReAlloc** 기존 할당된 영역의 크기를 변경하고 기존 블록의 크기를 늘리거나 줄인다. Ntdll.dll 내의 **RtlReAllocateHeap**으로 전달된다.
- **HeapLock**이나 **HeapUnlock** 힙 조작에 관한 상호 배제[Mutual Exclusion]를 제어한다.
- **HeapWalk** 힙 내의 엔트리와 영역을 열거한다.

프로세스 힙

각 프로세스는 기본 프로세스 힙이라는 최소한 하나의 힙을 가진다. 이 기본 힙은 프로세스 시작 시 생성되며 프로세스가 종료될 때까지 사라지지 않는다. 기본 크기는 1MB 지만 **/HEAP** 링커 플래그를 이용해 이미지 파일 내에 더 큰 크기를 갖게 명시할 수 있다. 이 크기는 단순히 초기 예약되는 크기로, 필요에 따라 자동으로 늘어난다. 또한 이미지 파일 내에 초기 커밋되는 크기를 명시할 수도 있다.

기본 힙은 프로그램 내에서 명시적으로 사용될 수도 있고 윈도우 내부 함수에 의해 암묵적으로 사용될 수도 있다. 애플리케이션은 윈도우 함수인 **GetProcessHeap**을 이용해 기본 프로세스 힙을 구할 수 있다. 프로세스는 `HeapCreate` 함수를 이용해 추가적으로 전용 힙을 생성할 수 있다. 프로세스는 더 이상 전용 힙이 필요 없어지면 `HeapDestroy` 함수를 이용해 가상 주소 공간을 복구할 수 있다. 프로세스 내에는 모든 힙을 담고 있는 배열이 존재하며, 스레드는 `GetProcessHeaps` 윈도우 함수로 이 배열을 구할 수 있다.

유니버설 윈도우 플랫폼^{UWP, Universal Windows Platform} 앱 프로세스는 적어도 다음과 같은 세 개의 힙을 가진다.

- 방금 설명한 기본 프로세스 힙
- 프로세스 세션 Csrss.exe 인스턴스에 대규모의 인자를 전달하기 위해 사용하는 공유 힙. 이 힙은 Ntdll.dll 내의 `CsrClientConnectToServer` 함수에 의해 생성된다. 이 함수는 Ntdll.dll에 의해 이뤄지는 프로세스 초기화의 이른 시점에 실행한다.
- 마이크로소프트 C 런타임 라이브러리에 의해 생성되는 힙. 이 핸들은 `msvcrt` 모듈 내의 전역 변수 `_crtheap`에 저장된다. 이는 `malloc`, `free`, 연산자 `new`/`delete` 같은 C/C++ 메모리 할당 함수에 의해 내부적으로 사용되는 바로 그 힙이다.

힙은 메모리 관리자로부터 `VirtualAlloc`을 통해 예약된 큰 메모리 영역 내의 할당과/또는 프로세스의 주소 공간에 매핑된 메모리 맵 파일 객체로부터의 할당을 관리할 수 있다. 후자는 실제로 거의 사용되지 않지만(윈도우 API에 의해 노출돼 있지 않다) 두 프로세스 간이나 커널 모드와 유저 모드 컴포넌트 간에 블록의 내용을 공유할 필요가 있을 때 용이하다. Win32 GUI 서브시스템 드라이버(Win32k.sys)는 GDI 객체와 유저 객체를 유저 모드와 공유하기 위해 이런 힙을 사용한다. 힙이 메모리 맵 파일 영역을 기반으로 만들어진다면 힙 관련 함수를 호출할 수 있는 컴포넌트에 대해 다음과 같은 특정 제약이 적용된다.

- 내부 힙 구조체는 포인터를 사용하므로 다른 프로세스 내의 다른 주소로 재매핑하는 것을 허용하지 않는다.

- 멀티프로세스 간 또는 커널 컴포넌트와 유저 프로세스 간의 동기화는 힙 함수에서 제공되지 않는다.
- 유저 모드와 커널 모드 간에 힙이 공유되는 경우 유저 모드 매핑은 읽기 전용으로 돼 유저 모드 코드가 힙의 내부 구조를 덮어쓰는 것을 방지해야 한다. 덮어쓰게 된다면 시스템 크래시가 발생한다. 또한 커널 모드 드라이버는 유저 모드로 중요 데이터가 빠져나가는 것을 막기 위해 유저 모드와 공유되는 힙에 중요한 데이터를 저장하지 말아야 한다.

힙 유형

윈도우 10과 서버 2016 이전까지는 NT 힙으로 부르는 단 하나의 힙 유형만 존재했다. NT 힙은 사용된다면 저단편화 힙^{LFH, Low-Fragmentation Heap}을 구성하는 선택적 프런트엔드^{front-end} 계층에 의해 확장된다.

윈도우 10은 세그먼트 힙^{segment heap}으로 불리는 새로운 힙 유형을 도입했다. 이들 두 유형은 공통 요소를 포함하지만 다른 구조로 구현돼 있다. 기본적으로 세그먼트 힙은 모든 UWP 앱과 일부 시스템 프로세스에 의해 사용되며, NT 힙은 여타 모든 프로세스에 의해 사용된다. 5장 뒷부분의 '세그먼트 힙' 절에서 설명하는 레지스트리에서 이를 변경할 수 있다.

NT 힙

그림 5-8에서 보듯이 유저 모드 내의 NT 힙은 프런트엔드와 힙 백엔드(종종 힙 코어^{Heap Core}로도 불린다)의 두 계층으로 구성돼 있다.

백엔드 계층은 기본 기능을 처리하고 세그먼트 내부의 블록 관리와 세그먼트의 관리, 힙 확장 정책, 메모리 커밋과 디커밋, 큰 블록 관리를 포함한다.

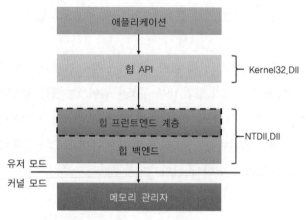

그림 5-8 유저 모드에서의 NT 힙 계층

유저 모드 힙에서만 핵심 기능 위에 프런트엔드 힙 계층이 존재할 수 있다. 윈도우에서 제공되는 유일한 프런트엔드 기능은 조금 후에 설명하는 저단편화 힙이다.

힙 동기화

힙 관리자는 기본적으로 멀티스레드의 동시 접근을 지원한다. 하지만 프로세스가 하나의 스레드로만 동작하거나 외부 동기화 메커니즘을 사용한다면 힙 생성 시나 할당 시 **HEAP_NO_SERIALIZE** 플래그를 명시해 힙 관리자가 동기화를 위해 사용하는 오버헤드를 방지할 수 있다. 힙 동기화가 활성화된다면 모든 힙 내부 구조체를 보호하는 락이 힙마다 하나씩 존재하게 된다.

프로세스는 여러 번의 힙 관련 요청에 일관성을 유지할 필요가 있을 경우 전체 힙을 락Lock해 다른 스레드에서 힙 관련 작업을 수행하지 못하게 할 수 있다. 예를 들어 힙 내에 존재하는 힙 블록을 열거하는 **HeapWalk** 함수 사용 시 동시에 다른 스레드에서 힙 관련 작업을 수행할 가능성이 있다면 힙을 락킹할 필요가 있다. 힙의 락과 언락 작업은 각각 **HeapLock**과 **HeapUnlock** 함수로 이뤄진다.

저단편화 힙

윈도우에서 동작하는 많은 애플리케이션은 보통 1MB 이하의 상대적으로 작은 힙 메모리를 사용한다. 이런 종류의 애플리케이션의 경우 힙 관리자의 최선 맞춤^{Best-fit} 정책은 프로세스가 작은 메모리 사용량을 유지하게 도움을 준다. 그러나 이 정책은 큰 프로세스나 멀티프로세서 시스템에 적용할 수 없다. 이런 경우 힙 단편화로 인해 사용 가능한 힙 공간은 줄어들 것이다. 서로 다른 프로세서에서 스케줄링되는 서로 다른 스레드가 동시에 일정한 크기의 메모리만을 사용하는 시나리오에서는 성능이 저하될 수 있다. 이것은 여러 개의 프로세서가 같은 위치의 메모리(예를 들면 특정 크기의 룩 어사이드 리스트 헤드)에 동시에 쓰기 동작을 하려 할 때 해당 캐시 라인에 심각한 경쟁이 발생하기 때문이다.

LFH는 버킷^{bucket}이라는 미리 정의된 서로 다른 크기의 범위를 갖는 블록을 관리함으로써 단편화를 해결한다. 프로세스가 힙에서 메모리를 할당하려고 하면 LFH는 요청된 크기를 포함할 수 있는 가장 작은 버킷에 대응하는 버킷을 선택한다(가장 작은 블록은 8바이트다). 첫 번째 버킷은 1~8바이트, 두 번째 버킷은 9~16바이트 식으로 8바이트 단위의 크기로 32번째 버킷(249~256바이트)까지 늘어난다. 33번째 버킷(257~272바이트)부터는 16바이트 단위의 크기로 늘어나고, 결국 마지막인 128번째 버킷은 15,873~16,384바이트 크기의 할당까지 지원할 수 있다(이것은 바이너리 버디^{binary buddy} 시스템으로 알려져 있다).

할당이 16,384바이트보다 크다면 LFH는 이 요청을 하부의 힙 백엔드로 그냥 전달한다. 표 5-7은 버킷마다의 할당 단위와 매핑하는 크기의 범위를 요약한 내용이다.

LFH는 코어 힙 관리자와 룩 어사이드 리스트를 사용해 이런 상황을 처리한다. 윈도우 힙 관리자는 락에 대한 경쟁이 일어나거나 LFH 기능을 활성화한 상태에서 더 좋은 성능을 보여주는 자주 사용되는 크기의 할당이 발생하는 등의 조건에서 기본적으로 LFH를 활성화할 수 있는 자동화된 튜닝 알고리즘을 구현한다. 큰 크기의 힙에서 대부분의 할당은 특정 크기를 갖는 상대적으로 작은 수의 버킷으로 그룹화된다. 동일한 크기를 갖는 블록을 효율적으로 관리해 이런 패턴의 사용을 최적화하는 것이 LFH의 할당 전략이다.

표 5-7 LFH 버킷

버킷	할당 단위	범위
1-32	8	1-256
33-48	16	257-512
49-64	32	513-1,024
65-80	64	1,025-2,048
81-96	128	2,049-4,096
97-112	256	4,097-8,194
113-128	512	8,195-16,384

확장성 문제를 해결하기 위해 LFH는 현재 프로세서 개수보다 두 배 많은 슬롯slot 개수만큼 자주 접근되는 내부 구조체를 늘린다. 이들 슬롯에 대한 스레드의 할당은 친화성Affinity 관리자라는 LFH 구성 요소에 의해 이뤄진다. 최초에 LFH는 힙 할당을 위해 첫 번째 슬롯을 사용한다. 하지만 내부 데이터에 접근할 때 경쟁이 발생하면 LFH는 현재 스레드가 다른 슬롯을 사용하게 변경한다. 경쟁이 일어날수록 스레드는 더 많은 슬롯으로 골고루 분산된다. 이런 슬롯이 갖는 버킷의 크기는 지역성Locality을 향상시키고 전체 메모리 사용량을 최소화하도록 적절하게 조절된다.

LFH가 프런트엔드 힙으로 활성화돼 있을지라도 여전히 코어 힙 함수를 사용해 자주 사용되지 않는 크기에 대해서는 할당할 수 있고, 반면에 자주 할당되는 크기에 대해서는 LFH를 사용해 할당할 수 있다. LFH가 특정 힙에 대해 활성화됐다면 비활성화될 수는 없다. 윈도우 7과 그 이전 버전의 윈도우에서 LFH 계층을 제거할 수 있었던 Heap-SetInformation 함수(HeapCompatibilityTnformation 클래스를 가진)는 이제 무시된다.

세그먼트 힙

그림 5-9는 윈도우 10에 도입된 세그먼트 힙의 아키텍처를 보여준다.

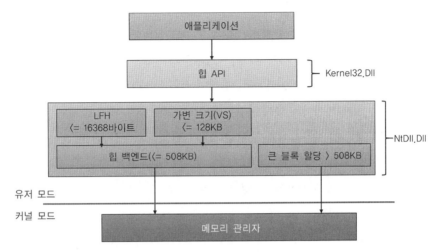

그림 5-9 세그먼트 힙

할당을 관리하는 실제 계층은 할당 크기에 따라 다음과 같이 달라진다.

- 작은 크기(16,368바이트보다 같거나 작은)의 경우 LFH 할당자가 사용되지만 크기가 일반적인 것이라고 판단되는 경우로만 한정한다. 이는 NT 힙의 LFH 프런트 계층과 유사한 방식이다. LFH가 아직 처리하지 않았다면 가변 크기^{VS} 할당자가 대신 사용된다.

- 128KB보다 작거나 같은 크기(그리고 LFH에 의해 처리되지 않는)의 경우 VS 할당자가 사용된다. VS와 LFH 할당자 둘 다는 필요한 힙 서브세그먼트를 생성하기 위해 백엔드를 사용한다.

- 128KB보다 크고 508KB보다 작거나 같은 할당은 힙 백엔드에 의해 직접 처리된다.

- 508KB보다 큰 할당은 이들 크기가 너무 커서 기본 64KB 할당 단위(그리고 가장 근접한 페이지 크기로 반올림한 크기)를 사용하는 것으로도 충분하다고 여겨지기 때문에 메모리 관리자를 직접 호출해 처리된다(VirtualAlloc).

이들 두 힙 구현의 간단한 비교는 다음과 같다.

- 일부 시나리오에서 세그먼트 힙은 NT 힙보다 다소 느릴 수 있다. 하지만 향후의 윈도우 버전에서는 NT 힙과 비슷할 수준이 될 것이다.
- 세그먼트 힙은 메타데이터 용도로 좀 더 작은 메모리 사용을 한다. 따라서 폰과 같은 작은 메모리 장치에 좀 더 적합하다.
- 세그먼트 힙의 메타데이터는 실제 데이터와는 구분된다. 반면에 NT 힙 메타데이터는 실제 데이터와 함께 존재한다. 이는 특정 블록 주소 할당에 대해 메타데이터의 획득을 좀 더 어렵게 만듦으로써 세그먼트 힙을 좀 더 안전하게 한다.
- 세그먼트 힙은 증가 가능한 힙으로만 사용될 수 있다. 이는 유저 제공 메모리 맵 파일과는 함께 사용될 수 없다. 그런 세그먼트 힙 생성이 시도되면 NT 힙이 대신 생성된다.
- 이들 두 힙 모두는 LFH 유형의 할당을 지원하지만 이들의 내부 구현은 완전히 다르다. 세그먼트 힙은 메모리 소비와 성능 측면에서 좀 더 효율적인 구현이 돼 있다.

언급했듯이 UWP 앱은 기본적으로 세그먼트 힙을 사용한다. 이는 작은 메모리 장치에 적합한 이들의 좀 더 작은 메모리 사용에 주로 기인한다. 이 힙은 또한 csrss.exe와 lsass.exe, runtimebroker.exe, services.exe, smss.exe, svchost.exe 같은 특정 시스템 프로세스에서도 사용된다.

기존 애플리케이션에 영향을 줄 수 있는 일부 호환성 문제로 인해 세그먼트 힙은 데스크톱 앱의 기본 힙이 아니다. 하지만 미래의 버전에서는 기본 힙이 될 것이다. 특정 실행 파일에 대해 세그먼트 힙을 활성화하거나 비활성화하기 위해 `FrontEndHeapDebug-Options(DWORD)`로 불리는 이미지 파일 실행 옵션 값을 설정할 수 있다.

- 비트 2(4)는 세그먼트 힙을 비활성화시킨다.
- 비트 3(8)은 세그먼트 힙을 활성화시킨다.

`HKLM\ SYSTEM\CurrentControlSet\Control\Session Manager\Segment Heap` 레지스

트리 키에 Enabled(DWORD)로 불리는 값을 추가해 세그먼트 힙을 전역적으로 활성화하고 비활성화할 수 있다. 값 0은 세그먼트 힙을 비활성화하고 0이 아닌 값은 세그먼트 힙을 활성화한다.

실습: 기본 힙 정보 살펴보기

이 실습에서 UWP 프로세스의 힙을 살펴본다.

1. 윈도우 10을 사용해 윈도우 계산기를 실행한다(시작 버튼을 클릭하고 Calculator를 입력해 실행한다).
2. 윈도우 10에서 계산기는 UWP 앱(Calcuator.Exe)으로 전환됐다. WinDbg를 실행하고 계산기 프로세스에 연결한다.
3. WinDbg가 연결되면 계산기로 진입을 한다. !heap 명령을 사용해 계산기 프로세스의 힙에 대한 요약 정보를 살펴보자.

```
0:033> !heap
    Heap Address   NT/Segment Heap

    2531eb90000      Segment Heap
    2531e980000         NT Heap
    2531eb10000      Segment Heap
    25320a40000      Segment Heap
    253215a0000      Segment Heap
    253214f0000      Segment Heap
    2531eb70000      Segment Heap
    25326920000      Segment Heap
    253215d0000         NT Heap
```

4. 핸들과 유형을 가진 다양한 힙(세그먼트 또는 NT)에 주목하자. 첫 번째 힙은 프로세스 기본 힙이다. 이는 확장 가능하고 기존의 어떤 메모리 블록도 사용하지 않으며, 세그먼트 힙으로 생성된다. 두 번째 힙은 사용자

정의 메모리 블록을 사용한다('프로세스 힙' 절에서 이미 설명했다). 이 기
능은 현재 세그먼트 힙에서는 지원되지 않으므로 NT 힙으로 생성된다.

5. NT 힙은 NtDll!_HEAP 구조체에 의해 관리된다. 두 번째 힙에 대해 이
구조체를 살펴보자.

```
0:033> dt ntdll!_heap 2531e980000
   +0x000 Segment          : _HEAP_SEGMENT
   +0x000 Entry            : _HEAP_ENTRY
   +0x010 SegmentSignature : 0xffeeffee
   +0x014 SegmentFlags     : 1
   +0x018 SegmentListEntry : _LIST_ENTRY [ 0x00000253'1e980120 -
0x00000253'1e980120 ]
   +0x028 Heap             : 0x00000253'1e980000 _HEAP
   +0x030 BaseAddress      : 0x00000253'1e980000 Void
   +0x038 NumberOfPages    : 0x10
   +0x040 FirstEntry       : 0x00000253'1e980720 _HEAP_ENTRY
   +0x048 LastValidEntry   : 0x00000253'1e990000 _HEAP_ENTRY
   +0x050 NumberOfUnCommittedPages : 0xf
   +0x054 NumberOfUnCommittedRanges : 1
   +0x058 SegmentAllocatorBackTraceIndex : 0
   +0x05a Reserved         : 0
   +0x060 UCRSegmentList   : _LIST_ENTRY [ 0x00000253'1e980fe0 -
0x00000253'1e980fe0 ]
   +0x070 Flags            : 0x8000
   +0x074 ForceFlags       : 0
   +0x078 CompatibilityFlags : 0
   +0x07c EncodeFlagMask   : 0x100000
   +0x080 Encoding         : _HEAP_ENTRY
   +0x090 Interceptor      : 0
   +0x094 VirtualMemoryThreshold : 0xff00
   +0x098 Signature        : 0xeeffeeff
   +0x0a0 SegmentReserve   : 0x100000
   +0x0a8 SegmentCommit    : 0x2000
   +0x0b0 DeCommitFreeBlockThreshold : 0x100
```

```
+0x0b8 DeCommitTotalFreeThreshold : 0x1000
+0x0c0 TotalFreeSize            : 0x8a
+0x0c8 MaximumAllocationSize  : 0x00007fff'fffdefff
+0x0d0 ProcessHeapsListIndex  : 2
...
+0x178 FrontEndHeap        : (null)
+0x180 FrontHeapLockCount    : 0
+0x182 FrontEndHeapType      : 0 ''
+0x183 RequestedFrontEndHeapType : 0 ''
+0x188 FrontEndHeapUsageData : (null)
+0x190 FrontEndHeapMaximumIndex : 0
+0x192 FrontEndHeapStatusBitmap : [129] ""
+0x218 Counters             : _HEAP_COUNTERS
+0x290 TuningParameters   : _HEAP_TUNING_PARAMETERS
```

6. FrontEndHeap 필드에 주목하자. 이 필드는 프런트엔드 계층이 존재하는
   지를 표시한다. 이전 출력에서 이 필드는 null인데, 이는 프런트엔드 계
   층이 없음을 의미한다. null이 아닌 값은 LFH 프런트엔드 계층을 표시
   한다(정의된 유일한 계층이므로).

7. 세그먼트 힙은 NtDll!_SEGMENT_HEAP 구조체로 정의된다. 다음은 프로
   세스 기본 힙이다.

```
0:033> dt ntdll!_segment_heap 2531eb90000
   +0x000 TotalReservedPages : 0x815
   +0x008 TotalCommittedPages : 0x6ac
   +0x010 Signature         : 0xddeeddee
   +0x014 GlobalFlags       : 0
   +0x018 FreeCommittedPages : 0
   +0x020 Interceptor       : 0
   +0x024 ProcessHeapListIndex : 1
   +0x026 GlobalLockCount   : 0
   +0x028 GlobalLockOwner   : 0
```

```
+0x030 LargeMetadataLock    : _RTL_SRWLOCK
+0x038 LargeAllocMetadata   : _RTL_RB_TREE
+0x048 LargeReservedPages   : 0
+0x050 LargeCommittedPages  : 0
+0x058 SegmentAllocatorLock : _RTL_SRWLOCK
+0x060 SegmentListHead : _LIST_ENTRY [ 0x00000253'1ec00000 -
0x00000253'28a00000 ]
+0x070 SegmentCount    : 8
+0x078 FreePageRanges  : _RTL_RB_TREE
+0x088 StackTraceInitVar : _RTL_RUN_ONCE
+0x090 ContextExtendLock : _RTL_SRWLOCK
+0x098 AllocatedBase   : 0x00000253'1eb93200 ""
+0x0a0 UncommittedBase : 0x00000253'1eb94000 "--- memory read error at
address 0x00000253'1eb94000 ---"
+0x0a8 ReservedLimit   : 0x00000253'1eba5000 "--- memory read error at
address 0x00000253'1eba5000 ---"
+0x0b0 VsContext       : _HEAP_VS_CONTEXT
+0x120 LfhContext      : _HEAP_LFH_CONTEXT
```

8. Signature 필드에 주목하자. 이 필드는 두 유형의 힙을 구분하는 데 사용된다.

9. _HEAP 구조체의 오프셋 0x10에 위치한 SegmentSignature 필드를 주목하자. 이는 RtlAllocateHeap 같은 함수가 힙 핸들(주소)만에 기반을 두고 어떤 구현을 사용하는지를 알게 해준다.

10. _SEGMENT_HEAP 내의 마지막 두 필드에 주목하자. 이들은 VS와 LFH 할당자 정보를 가진다.

11. 각 힙에 대한 추가적인 정보는 !heap -s 명령으로 구할 수 있다.

```
0:033> !heap -s

                          Process      Total         Total
                          Global    Heap Reserved  Committed
```

Heap Address	Signature	Flags	List Index	Bytes (K)	Bytes (K)
2531eb90000	ddeeddee	0	1	8276	6832
2531eb10000	ddeeddee	0	3	1108	868
25320a40000	ddeeddee	0	4	1108	16
253215a0000	ddeeddee	0	5	1108	20
253214f0000	ddeeddee	0	6	3156	816
2531eb70000	ddeeddee	0	7	1108	24
25326920000	ddeeddee	0	8	1108	32

```
**********************************************************************
**********
                  NT HEAP STATS BELOW
**********************************************************************
**********
LFH Key                 : 0xd7b666e8f56a4b98
Termination on corruption : ENABLED
Affinity manager status:
  - Virtual affinity limit  8
  - Current entries in use  0
  - Statistics: Swaps=0, Resets=0, Allocs=0

        Heap    Flags Reserv Commit  Virt  Free  List UCR  Virt
Lock   Fast
                 (k)    (k)    (k)    (k)  length  blocks
cont. heap
------------------------------------------------------------------
---------
0000002531e980000 00008000  64    4     64    2    1   1   0   0
00000253215d0000 00000001  16    16    16   10    1   1   0   N/A
------------------------------------------------------------------
---------
```

12. 출력의 첫 부분에 주목하자. 세그먼트 힙에 대한 확장 정보를 보여준다. 두 번째 부분은 해당 프로세스의 NT 힙에 관한 확장 정보를 보여준다.

> !heap 디버거 명령은 힙을 살펴보고 조사하고 탐색할 수 있는 여러 옵션을 제공한다. 좀 더 상세한 정보는 '윈도우 디버깅 툴'의 문서를 살펴보자.

힙 보안 특징

힙 관리자가 발전하면서 힙 사용 시 발생하는 오류를 미리 감지하거나 힙 기반의 잠재적인 익스플로잇 피해를 줄이는 기능이 포함됐다. 이런 기능은 애플리케이션이 가진 잠재적 취약점을 줄여준다. NT 힙과 세그먼트 힙 둘 모두의 구현은 메모리 취약점을 줄여주는 여러 메커니즘을 가진다.

힙 내부 관리를 위해 힙에 의해 사용되는 메타데이터는 높은 수준으로 난수화돼 있어 내부 데이터를 패치해 공격 시 발생하는 크래시를 방지하고 익스플로잇이 공격 시도 흔적을 지우는 것을 어렵게 만든다. 또한 버퍼 오버런^{Buffer Overrun} 같은 간단한 손상을 진단하기 위해 헤더에 무결성을 검증하는 메커니즘도 제공한다. 마지막으로 힙은 베이스 주소나 핸들에 대해 낮은 수준의 난수화를 적용한다. `HeapSetInformation` API에 `HeapEnableTerminationOnCorruption` 클래스를 사용해 알려지지 않은 코드의 실행을 차단하기 위한 일환으로 힙의 무결성 손상이 탐지될 경우 프로세스가 자동으로 종료되게 할 수 있다.

블록에 대한 메타데이터를 난수화함으로써 디버거를 이용해 블록 헤더를 덤프하는 것은 더 이상 유용하지 않은 기술이 됐다. 예를 들어 블록의 크기나 해당 블록이 사용되는지 여부를 일반적인 덤프로부터는 알아내기 어려워졌다. 헤더에 다른 형태의 메타데이터를 저장하고 있는 LFH 블록도 부분적인 난수화를 사용하므로 덤프로부터 블록 헤더를 파악할 수 없게 됐다. 이들 세부 사항을 덤프하기 위해 디버거에서 `!heap -i` 명령을 사용하면 체크섬에 대한 플래그나 해제 리스트가 존재하는 경우에 무결성이 정상인지 등에 관한 메타데이터 필드를 가져올 수 있다. 이 명령은 LFH나 일반적인 힙에 모두 사용할 수 있다. 다음 예처럼 블록의 전체 크기, 사용자가 요청한 크기, 블록을 소유한 세그먼트와 헤더의 체크섬까지도 확인 가능하다. 난수화 알고리즘은 힙 할당 크기를 사용하므로 !heap -i 명령은 블록을 포함하고 있는 적절한 힙 컨텍스트에서 사용해야 한다. 예를 들어 다음 예에서 힙 핸들이 0x001a0000인데, 현재 힙 컨텍스트가 다르다면 디코딩된 헤더 결과는 정확하지 않게 된다. 적절한 컨텍스트를 설정하려면 인자로 힙 핸들을 사용해 !heap -i 명령을 먼저 실행해야만 한다.

```
0:004> !heap -i 000001f72a5e0000
Heap context set to the heap 0x000001f72a5e0000

0:004> !heap -i 000001f72a5eb180
Detailed information for block entry 000001f72a5eb180
Assumed heap         : 0x000001f72a5e0000 (Use !heap -i NewHeapHandle to change)
Header content       : 0x2FB544DC 0x1000021F (decoded : 0x7F01007E 0x10000048)
Owning segment       : 0x000001f72a5e0000 (offset 0)
Block flags          : 0x1 (busy )
Total block size     : 0x7e units (0x7e0 bytes)
Requested size       : 0x7d0 bytes (unused 0x10 bytes)
Previous block size  : 0x48 units (0x480 bytes)
Block CRC            : OK - 0x7f
Previous block       : 0x000001f72a5ead00
Next block           : 0x000001f72a5eb960
```

세그먼트 힙 한정적 보안 기능

세그먼트 힙 구현은 메모리 손상과 공격자에 의한 코드 인젝션을 어렵게 만들기 위한 다음과 같은 여러 보안 메커니즘을 사용한다.

- **링크드 리스트 노드 손상에 대한 빠른 실패** 세그먼트 힙은 세그먼트와 서브세그먼트를 추적하기 위한 링크드 리스트를 사용한다. NT 힙의 경우 손상된 리스트 노드로 인한 임의의 메모리 쓰기를 방지하기 위해 리스트 노드 삽입과 삭제 시점에 검사가 이뤄진다. 손상된 노드가 탐지되면 RtlFailFast를 호출해 프로세스는 종료된다.

- **레드블랙(RB) 트리 노트 손상에 대한 빠른 실패** 세그먼트 힙은 RB 트리를 사용해 프리 백엔드와 VS 할당을 추적한다. 노드 삽입과 삭제 함수는 관련 노드의 유효성을 검사한다. 노드가 손상됐다면 빠른 실패 메커니즘을 호출한다.

- **함수 포인터 디코딩** 세그먼트 힙의 일부분은 콜백을 허용한다(_SEGMENT_HEAP 구조체의 일부인 VsContext와 LfhContext 구조체). 공격자가 이들 콜백을 자신의 코드로 덮어쓸 수 있다. 하지만 함수 포인터는 내부 난수화 힙 키와 컨텍스트 주소(미리 예단할 수 있는 값이 아니다)로 XOR 함수를 사용해 인코딩된다.

- **가드 페이지** LFH와 VS 서브세그먼트, 큰 블록이 할당될 때 가드 페이지[guard 페이지]가 끝에 추가된다. 이는 오버플로우와 인접 데이터의 손상 탐지에 도움이 된다. 가드 페이지에 대한 추가적인 정보는 5장의 '스택' 절을 보라.

힙 디버깅 특징

힙 관리자는 다음과 같은 힙 설정을 사용해 버그 탐지에 도움이 되는 여러 기능을 가진다.

- **테일(Tail) 검사 활성화** 블록이 해제될 때 해당 블록의 정상 유무를 검사하기 위해 각 블록 끝에는 시그니처가 포함된다. 버퍼 오버런에 의해 시그니처 전체나 일부가 손상됐다면 오류를 보고한다.

- **해제 검사 활성화** 해제된 블록은 특정한 패턴으로 채워져 힙 관리자가 해당 블록에 접근할 필요가 있을 경우 검사를 수행한다(블록을 할당하기 위해 해제 리스트에서 제거될 경우처럼). 프로세스가 블록을 해제한 이후에도 계속해서 해당 블록에 쓰기 작업을 수행했다면 힙 관리자는 패턴의 변화를 감지해 오류를 보고한다.

- **인자 검사** 힙 함수로 전달되는 인자들에 대해 광범위한 검사를 수행한다.

- **힙 유효성 검사** 힙 관련 함수가 호출될 때마다 힙 전체에 대한 유효성 검사를 수행한다.

- **힙 태깅(Tagging)과 스택 추적 지원** 이 기능은 할당 시점에 태깅을 할 수 있게 하며, 힙 관련 함수 사용 시 유저 모드 스택에 대한 추적을 지원해 힙 관련 오류

가 발생할 때 문제의 원인을 좁힐 수 있게 해준다.

이 옵션 중 처음 세 개는 프로세스가 디버거에 의해 실행될 때 자동으로 로더에 의해 활성화 된다(디버거는 이 동작을 변경할 수 있으며 끌 수도 있다). 힙 디버깅 기능은 Gflags 툴을 이용해 이미지 헤더에 다양한 디버깅 관련 플래그를 설정함으로써 실행 파일 이미지에 명시할 수도 있다(바로 다음의 실습과 2권 8장의 '윈도우 전역 플래그' 절을 참고하라). 또는 힙 디버깅 옵션은 윈도우 표준 디버거의 !heap 명령에 의해 활성화될 수도 있다 (자세한 정보는 디버거 도움말을 참고하라).

힙 디버깅 옵션을 활성화하면 해당 프로세스의 모든 힙에 영향을 준다. 또한 힙 디버깅 관련 옵션이 활성화되면 LFH 기능은 자동으로 비활성화되고 코어 힙이 대신 사용된다 (요청된 디버깅 옵션이 활성화된 채로). LFH는 확장 불가능한 힙(기존의 힙 구조에 추가적인 오버헤드가 들기 때문에)이나 직렬화^{Serialization}를 허용하지 않는 힙에서는 사용되지 않는다.

페이지힙

앞 절에서 설명한 테일과 해제 검사 옵션을 이용해 실제 문제가 발견되기 전에 힙 손상을 발견할 수도 있기 때문에 페이지힙^{PageHeap}이라는 추가적인 힙 디버깅 기능이 제공된다. 페이지힙은 일부나 모든 힙 관련 호출을 다른 힙 관리자로 돌릴 수 있다. 페이지힙은 Gflags 툴(윈도우 디버깅 툴의 일부)에 의해 활성화된다. 이 기능이 활성화되면 힙 관리자는 페이지의 끝에 요청된 영역을 할당하고 바로 다음 페이지를 예약한다. 예약된 페이지는 접근 불가능하므로 버퍼 오버런 발생 시 액세스 위반 오류가 일어나게 함으로써 문제의 코드를 쉽게 찾을 수 있게 한다. 게다가 페이지힙은 요청된 영역을 페이지의 시작에 위치하게 하고 그 이전 페이지를 예약해 버퍼 언더런$^{Buffer\ Underrun}$ 문제도 찾을 수 있게 한다(이것은 거의 발생하지 않는다). 또한 페이지힙은 해제된 이후에 힙 블록에 대한 참조를 찾아보내려는 시도로부터 해제된 페이지를 보호할 수 있다.

주의할 점은 페이지힙 기능을 사용하게 되면 작은 영역 할당 시 상당한 오버헤드가 추가적으로 필요하므로 메모리 주소 공간(32비트 프로세스의 경우)이 고갈될 수 있다는 점이다. 또한 제로 페이지에 대한 요청 증가와 지역성의 감소, 힙 구조체에 대한 빈번한 유효성 검사로 인해 성능 하락을 가져올 수 있다. 이런 문제를 해결하기 위해 프로세스는 페이지힙을 사용할 특정 크기의 블록과 주소 범위, 사용할 DLL 등을 명시함으로써 성능 하락을 줄일 수 있다.

실습: 페이지힙 사용

이번 실습에서는 Notepad.exe의 페이지힙을 활성화시키고 그 효과를 살펴본다.

1. Notepad.exe를 실행한다.

2. 작업 관리자를 실행한 후 자세히 탭을 클릭하고 디스플레이에 커밋 크기 칼럼을 추가한다.

3. 방금 시작한 메모장 인스턴스의 커밋 크기에 주목하자.

4. 윈도우 디버깅 툴이 설치된 폴더에 위치한 Gflags.exe를 실행한다(권한 상승이 필요하다).

5. Image File 탭을 클릭한다.

6. Image 텍스트 박스에 notepad.exe를 입력한 후 Tab 키를 누른다. 여러 체크박스를 선택해야 한다.

7. Enable Page Heap 체크박스를 선택한다. 다음과 같은 대화상자가 보일 것이다.

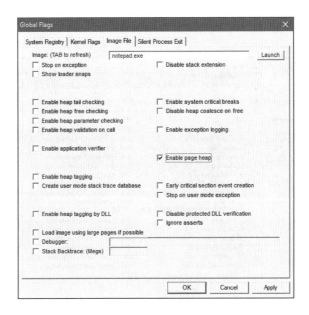

8. Apply를 클릭한다.

9. 또 다른 Notepad의 인스턴스를 실행한다(첫 번째 것은 계속 유지하자).

10. 작업 관리자에서 이들 두 메모장 인스턴스의 커밋 크기를 비교한다. 이
    들 두 인스턴스는 모두 빈 메모장 프로세스임에도 불구하고 두 번째 인
    스턴스가 훨씬 큰 커밋 크기를 가짐에 주목하자. 이는 페이지힙이 제공
    한 추가적인 할당에 기인한다. 다음은 32비트 윈도우 10에서의 결과다.

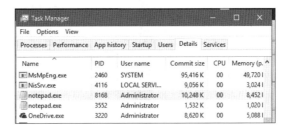

11. 추가적인 메모리 할당에 대한 이해를 돕기 위해 VMMAP Sysinternals 툴
    을 사용한다. 메모장 프로세스는 여전히 실행 중인 동안에 VMMap.exe

를 실행해 페이지힙을 사용하는 메모장 인스턴스를 선택한다.

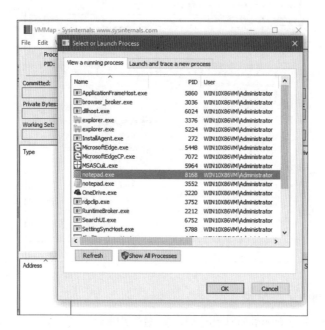

12. 추가적인 VMMap 인스턴스를 실행하고 나머지 메모장 인스턴스를 선택한다. 두 윈도우를 나란히 배치하자.

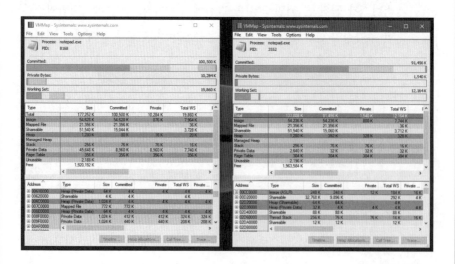

13. Private Data(노란) 부분에 커밋 크기의 차이점이 명확히 눈에 띈다.

14. 아랫부분의 디스플레이에서 이들 부분을 살펴보기 위해 두 VMMap 인스턴스의 중앙 부분에 있는 Private Data 줄을 클릭한다(스크린샷에서는 크기순으로 정렬됐다).

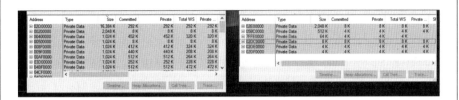

15. 좌측 스크린샷(페이지힙이 있는 메모장)은 분명 더 많은 메모리를 소비한다. 1024KB 크기에서 하나를 열자. 다음과 같은 모습을 볼 수 있다.

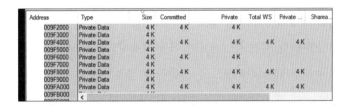

16. 버퍼 오버런과 언더런 탐지에 도움이 되는 커밋 페이지 사이에서 페이지힙이 제공한 예약 페이지를 확실히 볼 수 있을 것이다. Gflag에서 Enable Page Heap 옵션의 체크를 해제하고 Apply를 적용해 이제부터 메모장이 페이지힙 없이 실행되게 한다.

페이지힙에 관한 추가적인 정보는 '윈도우 디버깅 툴'의 도움말을 보라.

폴트 톨러런트 힙

마이크로소프트는 가장 흔한 애플리케이션 실패의 원인 중 하나로 힙 메타데이터 손상이 있음을 알았다. 윈도우는 이런 문제를 완화시키고 애플리케이션 개발자에게 더 나은 문제 해결 자원을 제공하기 위해 폴트 톨러런트 힙^{FTH, Fault Tolerant Heap}이라는 기능을 포함한다. 폴트 톨러런트 힙은 다음과 같은 두 개의 주요 컴포넌트로 구성된다.

- 탐지 컴포넌트(FTH 서버)
- 완화 컴포넌트(FTH 클라이언트)

탐지 컴포넌트는 Fthsvc.dll이라는 DLL이며, 윈도우 보안 센터 서비스(Wscsvc.dll)에 의해 로드된다. 이 서비스는 로컬서비스 계정하에서 공유 서비스 프로세스 중 하나에 의해 실행된다. 이 컴포넌트는 윈도우 오류 보고 서비스에 의해 애플리케이션 크래시를 통지받는다.

애플리케이션이 Ntdll.dll 내에서 접근 위반이나 힙 손상 예외 에러 상태를 갖고 크래시된다고 가정하자. 이 애플리케이션이 아직 FTH 서비스의 감시 애플리케이션 목록에 없다면 서비스는 애플리케이션이 FTH 데이터를 갖기 위한 티켓을 생성한다. 그 후에 해당 애플리케이션이 한 시간 동안에 4번 이상 크래시되면 FTH 서비스는 해당 애플리케이션이 다음부터 FTH 클라이언트를 사용하게 설정한다.

FTH 클라이언트는 애플리케이션 호환성 심^{shim}이다. 이 메커니즘은 윈도우 XP부터 예전 윈도우 시스템의 특정 동작에 의존적인 애플리케이션이 나중에 나온 시스템에서 수행되게 하기 위해 사용됐다. 이 경우에 심 메커니즘은 힙 루틴에 대한 호출을 가로채이를 자신의 코드로 돌린다. FTH 코드는 애플리케이션이 다양한 힙 관련 에러에도 불구하고 살아남을 수 있게 하기 위해 많은 완화 기능을 구현한다.

예를 들어 작은 버퍼 오버런 에러를 보호하기 위해 각 할당에 대해 FTH는 8바이트 패딩과 FTH 예약 영역을 추가한다. 해제 이후에 힙 블록이 사용되는 일반적인 시나리오를 대응하기 위해 HeapFree 호출은 약간의 지연 시간을 갖게 구현된다. 해제된 블록은 리스트에 들어가고 리스트의 총 블록 크기가 4MB를 초과할 때에만 해제된다. 실제로 힙 부분이 아닌 영역을 해제하려는 시도나 HeapFree의 인자로 넘어오는 힙 핸들에 의해 식별되는 힙의 부분이 아닌 영역을 해제하려는 시도는 단순히 무시된다. 게다가 exit나

RtlExitUserProcess가 일단 호출되면 어떠한 블록도 실제 해제되지 않는다.

FTH 서버는 완화 기능이 적용된 이후에 애플리케이션의 실패율을 계속해서 감시한다. 실패율이 나아지지 않는다면 완화 기능은 제거된다.

다음 단계와 같이 폴트 톨러런트 힙의 동작은 이벤트 뷰어로 관찰할 수 있다.

1. 실행 창에 eventvwr.msc를 입력한다.
2. 이벤트 뷰어의 왼쪽 창에서 **이벤트 뷰어를 응용 프로그램 및 서비스 로그를** 선택한다. 그리고 Microsoft를 선택한 다음에 Windows를 선택하고 Fault-Tolerant-Heap을 클릭한다.
3. Operational 로그를 클릭한다.
4. 레지스트리 키 HKLM\Software\Microsoft\FTH에 Enabled 값을 0으로 설정하면 FTH 기능을 완전히 비활성화할 수 있다.

이 키는 앞서 언급한 지연과 실행 파일에 대한 배제 리스트(smss.exe와 csrss.exe, wininit.exe, services.exe, winlogon.exe, taskhost.exe와 같은 기본 시스템 프로세스를 포함한다)와 같은 다양한 FTH 설정도 가진다. 규칙 리스트(RuleList 값)도 존재한다. 이 리스트는 FTH가 규칙을 적용할 모듈과 예외 유형(과 일부 플래그)을 가진다. 기본적으로 Ntdll.dll 내의 힙 문제를 나타내는 STATUS_ACCESS_VIOLATION(0xc0000005) 유형의 규칙 리스트가 있다.

FTH는 일반적으로 서비스에는 동작하지 않으며, 윈도우 서버 시스템에서는 성능 문제로 인해 비활성화돼 있다. 시스템 관리자가 애플리케이션 호환성 툴킷을 이용해 서비스 실행 파일이나 애플리케이션에 수동으로 심을 적용할 수 있다.

가상 주소 공간 배치

이번 절에서는 유저 주소 공간과 시스템 주소 공간의 컴포넌트에 대해 설명하고, 그다음으로 32비트 시스템(x86과 ARM) 배치와 64비트 시스템(x64) 배치를 설명한다. 이들 정보는 두 플랫폼에서 프로세스와 시스템 가상 메모리에 대한 한계를 이해하는 데 도움을 준다.

윈도우에서는 3가지 주요 데이터 유형이 가상 주소 공간에 매핑돼 있다.

- **프로세스별 전용 데이터와 코드** 1장에서 설명했듯이 각 프로세스는 다른 프로세스에서 접근할 수 없는 전용 주소 공간을 가진다. 즉, 가상 주소 공간은 현재 프로세스의 컨텍스트에서만 유효하며, 다른 프로세스에서 정의된 주소를 참조할 수 없다. 따라서 프로세스 내의 스레드는 해당 프로세스의 전용 주소 공간 외부의 가상 주소에 절대 접근할 수 없다. 공유 메모리도 이 규칙에 예외는 아니다. 공유 메모리 영역도 공유하는 각 프로세스에 매핑되고 해당 프로세스는 프로세스별 주소를 사용해 접근하기 때문이다. 유사하게 프로세스 간 사용하는 메모리 함수(ReadProcessMemory와 WriteProcessmemory)도 대상 프로세스 컨텍스트 내에서 커널 모드 코드가 수행됨으로써 동작한다. 페이지 테이블로 불리는 프로세스 가상 주소 공간은 '주소 변환' 절에서 설명한다. 각 프로세스는 자신만의 페이지 테이블 집합을 가진다. 페이지 테이블은 커널 모드에서만 접근할 수 있는 페이지 내에 저장되므로 프로세스 내의 유저 모드 스레드는 자신의 주소 공간 배치를 수정할 수 없다.

- **세션 전역적인 코드와 데이터** 세션 공간에는 각 세션에 공통된 정보가 들어있다(세션에 대한 자세한 설명은 2장 참조). 세션은 단일 사용자의 로그온 세션을 나타내는 프로세스와 시스템 객체(윈도우 스테이션과 데스크톱, 윈도우와 같은)로 구성돼 있다. 각 세션은 윈도우 서브시스템(Win32k.sys)의 커널 모드 영역에서 세션 전용 GUI 데이터를 할당하기 위해 사용할 세션 전용 페이지드 풀 영역을 가진다. 또한 각 세션은 자신만의 윈도우 서브시스템 프로세스(Csrss.exe)와 로그온 프로세스(Winlogon.exe)의 복사본을 가진다. 세션 관리자 프로세스(Smss. exe)는 새로운 세션을 만들거나(Win32k.sys의 세션 전용 복사본을 로딩하는 것을 포함한다), 세션 전용 객체 관리자 네임스페이스Namespace을 만들거나(객체 관리자의 상세한 설명은 2권의 8장을 보라), Csrss.exe와 Winlogon.exe 프로세스의

564

세션 전용 인스턴스를 만드는 일을 수행한다. 세션을 가상화하기 위해 세션 전역적인 모든 데이터 구조체는 세션 공간^{session space}이라는 시스템 영역으로 매핑된다. 프로세스가 생성될 때 이 주소 영역은 프로세스가 속하는 세션과 관련돼 있는 페이지로 매핑된다.

- **시스템 전역적인 코드와 데이터** 시스템 공간은 현재 수행 중인 프로세스와 상관없이 커널 모드 코드에서 보이는 전역적인 운영체제 코드와 데이터들을 포함한다. 시스템 공간은 다음과 같은 컴포넌트로 구성돼 있다.

  - **시스템 코드** 시스템을 부팅시키는 데 사용되는 OS 이미지와 HAL, 디바이스 드라이버로 구성돼 있다.

  - **넌페이지드 풀** 페이징 불가능한 시스템 메모리 힙

  - **페이지드 풀** 페이징 가능한 시스템 메모리 힙

  - **시스템 캐시** 시스템 캐시에서 오픈된 파일을 매핑하는 데 사용되는 가상 주소 공간(자세한 정보는 2권의 11장을 참고하라)

  - **시스템 페이지 테이블 엔트리(PTE)** I/O 공간과 커널 스택, 메모리 디스크립터 리스트 등과 같은 시스템 페이지를 매핑하는 데 사용되는 시스템 PTE 풀. 성능 모니터에서 Memory: Free System Page Table Entries 카운터 값을 확인하면 시스템 내에 사용 가능한 PTE 개수를 알 수 있다.

  - **시스템 워킹셋 리스트** 세 개의 시스템 워킹셋을 기술하는 워킹셋 리스트 데이터 구조체(시스템 캐시 워킹셋, 페이지드 풀 워킹셋, 시스템 PTE 워킹셋)

  - **시스템 맵 뷰** Win32k.sys(윈도우 서브시스템의 로딩 가능한 커널 모드 부분)와 이것이 사용하는 커널 모드 그래픽 드라이버를 매핑하는 데 사용된다(Win32k.sys에 대한 자세한 내용은 2장을 참조하라).

  - **하이퍼스페이스** 프로세스 워킹셋 리스트와 임의의 프로세스 컨텍스트에서 접근할 필요가 없는 기타 프로세스별 데이터를 매핑하는 데 사용되는 특수한 영역이다. 이는 또한 물리 페이지를 시스템 공간으로 일시적으로 매핑하는 데 사용된다. 이에 대한 예로는 스탠바이^{Standby} 리스트에서 페이지를 제거하는 경우와 같이 다른 페이지 테이블에 있는 페이지 테이블

항목을 무효화하는 작업을 들 수 있다.

- ◦ **크래시 덤프 정보** 시스템 크래시 상태에 관한 정보를 저장하기 위해 예약된 영역
- ◦ **HAL 사용** HAL 관련 구조체를 위해 예약된 시스템 메모리

지금까지 윈도우 가상 메모리 공간의 기본적인 구성 요소들을 살펴봤다. 이제부터는 x86과 ARM, x64 플랫폼의 자세한 배치를 살펴보자.

x86 주소 공간 배치

기본적으로 32비트 윈도우의 각 유저 프로세스는 2GB의 전용 주소 공간을 갖는다(운영 체제가 나머지 2GB를 갖는다). 하지만 x86 시스템의 경우 increaseuserva BCD 부팅 옵션을 사용하면 유저 주소 공간을 3GB까지 가질 수 있게 시스템을 설정할 수 있다. 그림 5-10은 두 개의 가능한 주소 공간 배치를 보여준다.

2GB 이상의 유저 주소 공간을 갖는 32비트 프로세스는 2GB 크기의 주소 공간을 사용할 때보다 더 많은 데이터를 메모리에 보관하기 위한 필요성을 수용하기 위해 추가됐다. 물론 64비트 시스템에서는 더 큰 주소 공간을 제공한다.

프로세스가 2GB 이상의 주소 공간을 가지려면 이미지 파일은 IMAGE_FILE_LARGE_ ADDRESS_AWARE 플래그가 이미지 파일 헤더에 설정돼 있어야 한다(전역 increaseuserva 설정과 더불어). 그렇지 않으면 윈도우가 추가적인 주소 공간을 예약해 애플리케이션에서는 0x7FFFFFFF보다 큰 주소에는 접근할 수 없게 된다. 어떤 애플리케이션에서는 자신들이 가질 수 있는 최대 크기가 2GB라고 간주하기 때문에 추가적인 가상 메모리에 접근하는 것은 선택 사항이다. 2GB 이하의 주소를 가리킬 때 포인터의 최상위 비트는 항상 0이기 때문에(2GB 주소 공간을 참조하기 위해서는 31비트가 필요하다) 이들 애플리케이션에서는 해당 비트를 자신들만의 데이터를 가리키는 플래그로 사용하다가 실제 데이터를 참조하기 전에 지워준다. 그런 프로그램들이 3GB의 주소 공간을 갖고 실행한 다면 2GB 이상의 값을 갖는 포인터를 우연히 변경할 수 있게 돼 데이터가 손상되는

등의 프로그램 오류가 발생할 수도 있다. 실행 파일 빌드 시 **/LARGEADDRESSAWARE** 링커 플래그를 명시해 이 플래그를 설정할 수 있다. 다른 방법으로는 비주얼 스튜디오의 속성 페이지를 사용할 수도 있다(Linker를 선택하고 System에서 Enable Large Addresses를 클릭한다). 파일이 서명되지 않는다는 가정하에 Edibin.exe(윈도우 SDK 툴의 일부) 같은 툴을 사용해 빌드를 하지 않고서도(소스코드가 필요치 않다) 실행 파일에 이 플래그를 추가할 수 있다. 2GB 주소 공간을 갖는 시스템에서 이 플래그를 갖는 애플리케이션이 실행되면 이 플래그는 아무런 영향을 주지 않는다.

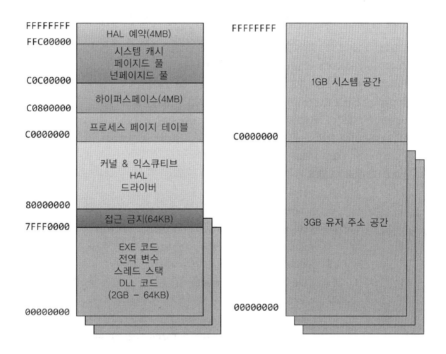

그림 5-10 x86 가상 주소 공간 배치(2 GB는 왼쪽, 3 GB는 오른쪽)

일부 시스템 이미지들은 큰 주소 공간을 인식한다는 표시가 돼 있어 큰 주소 공간을 갖는 시스템에서 실행될 때 이점을 가질 수 있다. 이런 이미지로는 다음과 같은 것들이 있다.

- **Lsass.exe** 로컬 보안 인증 서브시스템
- **Inetinfo.exe** 인터넷 정보 서버

- Chkdsk.exe 체크 디스크 유틸리티

- Smss.exe 세션 관리자

- Dllhst3g.exe Dllhost.exe의 특별한 버전(COM+ 애플리케이션용)

실습: 애플리케이션이 큰 주소 공간을 지원하는지 검사하기

비주얼 스튜디오 툴(그리고 윈도우 SDK의 예전 버전)의 Dumpbin 유틸리티를 이용하면 실행 파일이 큰 주소 공간을 지원하는지 검사할 수 있다. /headers 플래그를 이용하면 결과를 볼 수 있다. 다음은 세션 관리자에 대한 Dumpbin의 결과다.

```
dumpbin /headers c:\windows\system32\smss.exe
Microsoft (R) COFF/PE Dumper Version 14.00.24213.1
Copyright (C) Microsoft Corporation. All rights reserved.
Dump of file c:\windows\system32\smss.exe
PE signature found
File Type: EXECUTABLE IMAGE
FILE HEADER VALUES
            14C   machine (x86)
              5   number of sections
       57898F8A   time date stamp Sat Jul 16 04:36:10 2016
              0   file pointer to symbol table
              0   number of symbols
             E0   size of optional header
            122   characteristics
                  Executable
                  Application can handle large (>2GB) addresses
                  32 bit word machine
```

마지막으로 VirtualAlloc과 VirtualAllocEx, VirtualAllocExNuma 함수를 이용해 메모리를 할당하면 기본적으로 낮은 주소부터 할당을 시작해 주소가 증가하는 방향으로 할당이 이뤄진다. 프로세스가 아주 많은 가상 메모리를 할당하지 않았거나 단편화가 아주 심하지 않다면 높은 가상 주소를 사용할 일이 전혀 없을 것이다. 따라서 테스트를

위해 VirtualAlloc* 함수에 MEM_TOP_DOWN 플래그를 이용하거나 레지스트리 HKLM\
SYSTEM\CurrentControlSet\Control\Session Manager\Memory Management 키에 DWORD
값인 AllocationPreference를 0x100000으로 설정하면 메모리 할당이 높은 주소부터
할당이 시작되게 할 수 있다.

다음 출력은 TestLimit 유틸리티(이전 실습에서 봤다)를 이용해 increaseuserva 옵션이
없이 부팅된 32비트 윈도우 머신에서 메모리 누수가 발생하게 하는 화면이다.

```
Testlimit.exe -r

Testlimit v5.24 - test Windows limits
Copyright (C) 2012-2015 Mark Russinovich
Sysinternals - www.sysinternals.com

Process ID: 5500

Reserving private bytes (MB)...
Leaked 1978 MB of reserved memory (1940 MB total leaked). Lasterror: 8
```

이 프로세스는 2GB 제한에 근접하게 예약했다. 프로세스 주소 공간은 EXE 코드와 다양
한 DLL 맵을 가진다. 따라서 일반 프로세스에서 전체 주소 공간을 모두 예약하는 것은
불가능하다.

같은 시스템에서 관리자 명령 창에서 다음과 같은 명령을 실행해 3GB 주소 공간으로
전환할 수 있다.

```
C:\WINDOWS\system32>bcdedit /set increaseuserva 3072

The operation completed successfully.
```

이 명령에는 2,048(2GB, 기본)과 3,072(3GB, 최대) 사이의 값을 지정할 수 있음에 주목하
자. 시스템을 다시 시작해 설정의 효과가 나타나게 한 이후에 TestLimit를 다시 실행하
면 다음과 같은 결과를 얻을 수 있다.

```
Testlimit.exe -r

Testlimit v5.24 - test Windows limits
Copyright (C) 2012-2015 Mark Russinovich
Sysinternals - www.sysinternals.com

Process ID: 2308

Reserving private bytes (MB)...
Leaked 2999 MB of reserved memory (2999 MB total leaked). Lasterror: 8
```

예상대로 TestLimit이 거의 3GB까지 누수시킨 것을 볼 수 있다. 이것은 TestLimit이
/LARGEADDRESSAWARE 옵션을 갖고 링크됐기 때문에 가능하다. 옵션이 없었다면
increaseuserva 없이 부팅된 시스템과 동일한 결과를 얻을 것이다.

 시스템을 일반적인 프로세스당 2GB 주소 공간으로 되돌리기 위해 bcdedit / deletevalue
increaseuserva 명령을 실행한다.

x86 시스템 주소 공간 배치

32비트 버전의 윈도우는 가상 주소 할당자(이 기능에 대해서는 이 절의 뒷부분에서 설명한
다)를 이용해 동적 시스템 주소 공간 배치를 구현한다. 그림 5-10처럼 특별히 예약되는
일부 영역도 여전히 존재한다. 하지만 많은 커널 모드 구조체는 동적 주소 공간 할당을
사용한다. 따라서 이런 구조체는 가상으로 연속적일 필요는 없고 시스템 주소 공간의
다양한 영역에 따로 떨어진 여러 조각으로 존재할 수 있다. 이런 방식으로 할당되는
시스템 주소 공간의 사용처는 다음과 같다.

- 넌페이지드 풀
- 페이지드 풀
- 특수 풀
- 시스템 PTE

- 시스템 맵 뷰
- 파일 시스템 캐시
- PFN 데이터베이스
- 세션 공간

x86 세션 공간

다중 세션을 가진 시스템의 경우(언제나 항상 그러하듯이 세션 0는 시스템 프로세스와 서비스가 사용하고 세션 1은 첫 번째로 로그인한 사용자가 사용한다) 세션별로 고유한 코드와 데이터는 시스템 주소 공간에 매핑돼 해당 세션 내의 프로세스들끼리 공유된다. 그림 5-11은 세션 공간에 대한 일반적인 배치를 보여준다. 세션 공간의 컴포넌트 크기는 커널 시스템 주소 공간의 나머지 다른 부분과 같이 동적으로 구성되며, 요구에 따라 메모리 관리자에 의해 재조정된다.

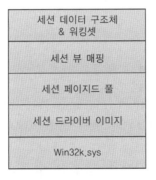

그림 5-11 x86 세션 공간 배치(비례하지는 않는다)

실습: 세션 보기

어떤 프로세스가 어떤 세션에 포함돼 있는지는 세션 ID를 통해 확인할 수 있다. 이 정보는 작업 관리자나 Process Explorer, 커널 디버거 등을 통해 확인이 가능하다. 커널 디버거의 !session 명령을 이용하면 다음과 같이 현재 동작 중인 활성 세션 리스트를 구할 수 있다.

```
lkd> !session
Sessions on machine: 3
Valid Sessions: 0 1 2
Current Session 2
```

그런 후 !session -s 명령을 이용해 활성 세션을 설정한 후 세션 데이터 구조체
의 주소를 볼 수 있으며, !sprocess 명령을 이용해 해당 세션 내에 포함된 프로
세스 정보를 구할 수 있다.

```
lkd> !session -s 1
Sessions on machine: 3
Implicit process is now d4921040
Using session 1

lkd> !sprocess
Dumping Session 1

_MM_SESSION_SPACE d9306000
_MMSESSION        d9306c80
PROCESS d4921040   SessionId: 1  Cid: 01d8   Peb: 00668000  ParentCid: 0138
  DirBase: 179c5080 ObjectTable: 00000000 HandleCount: 0.
  Image: smss.exe

PROCESS d186c180   SessionId: 1  Cid: 01ec   Peb: 00401000  ParentCid: 01d8
  DirBase: 179c5040 ObjectTable: d58d48c0 HandleCount: <Data Not Accessible>
  Image: csrss.exe

PROCESS d49acc40   SessionId: 1  Cid: 022c   Peb: 03119000  ParentCid: 01d8
  DirBase: 179c50c0 ObjectTable: d232e5c0 HandleCount: <Data Not Accessible>
  Image: winlogon.exe

PROCESS dc0918c0   SessionId: 1  Cid: 0374   Peb: 003c4000  ParentCid: 022c
```

DirBase: 179c5160 ObjectTable: dc28f6c0 HandleCount: <Data Not Accessible>
Image: LogonUI.exe

PROCESS dc08e900 SessionId: 1   Cid: 037c   Peb: 00d8b000   ParentCid: 022c
    DirBase: 179c5180 ObjectTable: dc249640 HandleCount: <Data Not Accessible>
    Image: dwm.exe

세션에 대한 자세한 정보를 확인하려면 다음과 같이 dt 명령을 이용해 MM_
SESSION_SPACE 구조체를 덤프한다.

```
lkd> dt nt!_mm_session_space d9306000
   +0x000 ReferenceCount     : 0n4
   +0x004 u                  : <unnamed-tag>
   +0x008 SessionId          : 1
   +0x00c ProcessReferenceToSession : 0n6
   +0x010 ProcessList        : _LIST_ENTRY [ 0xd4921128 - 0xdc08e9e8 ]
   +0x018 SessionPageDirectoryIndex : 0x1617f
   +0x01c NonPagablePages    : 0x28
   +0x020 CommittedPages     : 0x290
   +0x024 PagedPoolStart     : 0xc0000000 Void
   +0x028 PagedPoolEnd       : 0xffbfffff Void
   +0x02c SessionObject      : 0xd49222b0 Void
   +0x030 SessionObjectHandle  : 0x800003ac Void
   +0x034 SessionPoolAllocationFailures : [4] 0
   +0x044 ImageTree          : _RTL_AVL_TREE
   +0x048 LocaleId           : 0x409
   +0x04c AttachCount        : 0
   +0x050 AttachGate         : _KGATE
   +0x060 WsListEntry        : _LIST_ENTRY [ 0xcdcde060 - 0xd6307060 ]
   +0x080 Lookaside          : [24] _GENERAL_LOOKASIDE
   +0xc80 Session            : _MMSESSION
...
```

실습: 세션 공간 사용량 보기

커널 디버거에서 !vm 4 명령을 이용해 세션 공간의 메모리 사용량을 확인할 수 있다. 예를 들어 다음 예는 원격 데스크톱 연결을 가진 32비트 윈도우 클라이언트 시스템(기본 2개의 세션에 원격 세션이 추가돼 3개의 세션이 존재)의 출력 결과다(주소는 앞서 살펴본 MM_SESSION_SPACE 객체의 것이다).

```
lkd> !vm 4
...
Terminal Server Memory Usage By Session:

Session ID 0 @ d6307000:
Paged Pool Usage:      2012 Kb
NonPaged Usage:         108 Kb
Commit Usage:          2292 Kb

Session ID 1 @ d9306000:
Paged Pool Usage:      2288 Kb
NonPaged Usage:         160 Kb
Commit Usage:          2624 Kb

Session ID 2 @ cdcde000:
Paged Pool Usage:      7740 Kb
NonPaged Usage:         208 Kb
Commit Usage:          8144 Kb

Session Summary
Paged Pool Usage:     12040 Kb
NonPaged Usage:         476 Kb
Commit Usage:         13060 Kb
```

시스템 페이지 테이블 엔트리

시스템 페이지 테이블 엔트리[PTE]는 IO 공간, 커널 스택, 메모리 디스크립터 리스트(MDL은 6장에서 다룬다) 매핑 같은 시스템 페이지를 동적으로 매핑하는 데 사용한다. 시스템 PTE 는 무한한 자원이 아니다. 32비트 윈도우에서 가용한 시스템 PTE의 개수는 2GB의 연속적인 시스템 가상 주소 공간을 이론적으로 나타낼 수 있을 만큼이다. 윈도우 10 64비트와 서버 2016에서 시스템 PTE는 16TB의 연속적인 가상 주소 공간을 나타낼 수 있다.

실습: 시스템 PTE 정보 보기

성능 모니터의 Memory: Free System Page Table Entries 카운터 값을 확인하거나 디버거의 !sysptes나 !vm 명령을 이용해 얼마나 많은 시스템 PTE가 현재 사용 가능한지 알 수 있다. 또한 메모리 상태(MiState) 변수(또는 윈도우 8.x/2012/R2에서 MiSystemPteInfo 전역 변수)의 일부로서 _MI_SYSTEM_PTE_TYPE 을 덤프할 수 있다. 현재 시스템에서 시스템 PTE 할당이 얼마나 많이 실패했는지 에 대한 정보도 얻을 수 있다. 이 값이 높다면 문제 상황임을 나타내는 것이고 시스템 PTE 누수 가능성이 있다.

```
kd> !sysptes
System PTE Information
  Total System Ptes 216560
    starting PTE: c0400000
  free blocks: 969      total free: 16334     largest free block: 264

kd> ? MiState
Evaluate expression: -2128443008 = 81228980

kd> dt nt!_MI_SYSTEM_INFORMATION SystemPtes
  +0x3040 SystemPtes : _MI_SYSTEM_PTE_STATE

kd> dt nt!_mi_system_pte_state SystemViewPteInfo 81228980+3040
```

```
    +0x10c SystemViewPteInfo : _MI_SYSTEM_PTE_TYPE

kd> dt nt!_mi_system_pte_type 81228980+3040+10c
    +0x000 Bitmap        : _RTL_BITMAP
    +0x008 BasePte          : 0xc0400000 _MMPTE
    +0x00c Flags            : 0xe
    +0x010 VaType           : c ( MiVaDriverImages )
    +0x014 FailureCount  : 0x8122bae4 -> 0
    +0x018 PteFailures      : 0
    +0x01c SpinLock         : 0
    +0x01c GlobalPushLock  : (null)
    +0x020 Vm               : 0x8122c008 _MMSUPPORT_INSTANCE
    +0x024 TotalSystemPtes : 0x120
    +0x028 Hint             : 0x2576
    +0x02c LowestBitEverAllocated : 0xc80
    +0x030 CachedPtes       : (null)
    +0x034 TotalFreeSystemPtes : 0x73
```

시스템 PTE 할당이 많이 실패하고 있다면 HKLM\SYSTEM\CurrentControlSet\ Control\Session Manager\Memory Management 키에 DWORD 값인 TrackPtes를 생성하고 값을 1로 설정하면 시스템 PTE에 대한 트래킹을 활성화할 수 있다. 그런 후 !sysptes 4 명령을 이용해 할당자 리스트를 살펴볼 수 있다.

ARM 주소 공간 배치

그림 5-12에서 보듯이 ARM 주소 공간 배치는 x86 주소 공간과 거의 동일하다. 메모리 관리자는 순수 메모리 관리 측면에서 ARM 기반의 시스템을 x86 시스템처럼 취급한다. 사이점은 주소 변환 계층인데, 5장 후반부의 '주소 변환' 절에서 설명한다.

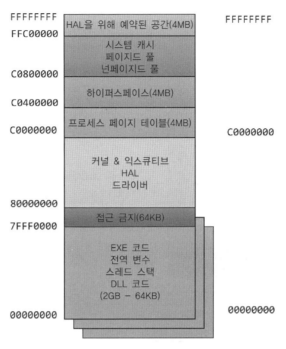

그림 5-12 ARM 가상 주소 공간 배치

64비트 주소 공간 배치

이론적으로 64비트 가상 주소 공간은 16엑사바이트(18,446,744,073,709,551,616바이트)
다. 현재 프로세서 제한은 48 주소 라인까지만 허용되므로 가능한 주소 공간은 256TB
(2의 48승)까지로 제한된다. 이 주소 공간은 절반으로 나뉜다. 하위 128TB는 개별 유저
프로세스로 이용 가능하고, 상위 128TB는 시스템 공간이다. 시스템 공간은 그림 5-13
에서 보듯이 크기가 다른 여러 영역으로 나뉜다(윈도우 10과 서버 2016). 명백하게 64비
트는 32비트에 대한 주소 공간의 크기에 비해 엄청난 향상이 이뤄졌다. ASLR은 최신
윈도우 버전에서 커널 공간에 영향을 주므로 여러 커널 영역의 실제 시작 부분은 살펴본
것과 반드시 일치할 필요는 없다.

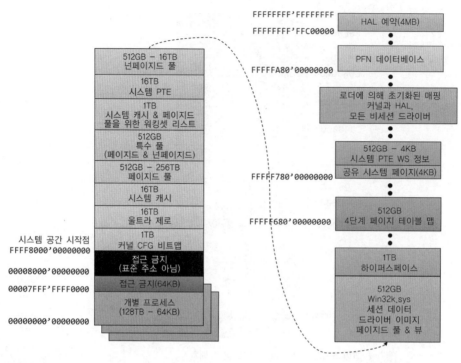

그림 5-13 x64 주소 공간 배치

> 윈도우 8과 서버 2012는 16TB 주소 공간으로 제한돼 있다. 이는 윈도우 인터널 6판 2권의 10장에서 설명한 윈도우 구현 제약으로 인한 것이다. 16TB 중에서 8TB는 개별 프로세스로 사용되고 나머지 8TB는 시스템 공간으로 사용된다.

큰 주소 공간 인식을 하는 32비트 이미지는 64비트 윈도우(Wow64에서)에서 실행하는 동안에 추가적인 이점을 갖는다. 이런 이미지는 실제로 이용 가능한 사용자 주소 공간으로 4GB를 받는다. 결국 이 이미지가 3GB 포인터를 지원할 수 있다면 4GB 포인터도 크게 다르지 않을 것이다. 이는 2GB에서 3GB로의 전환과 달리 추가적으로 관련된 비트가 없기 때문이다. 다음은 64비트 윈도우 머신에서 32비트 애플리케이션으로 실행하면서 주소 공간을 예약하는 TestLimit의 출력을 보여준다.

```
C:\Tools\Sysinternals>Testlimit.exe -r
```

```
Testlimit v5.24 - test Windows limits
Copyright (C) 2012-2015 Mark Russinovich
Sysinternals - www.sysinternals.com

Process ID: 264

Reserving private bytes (MB)...
Leaked 4008 MB of reserved memory (4008 MB total leaked). Lasterror: 8
Not enough storage is available to process this command.
```

이들 결과는 /LARGEADDRESSAWARE 옵션으로 링크된 TestLimit에 좌우된다. 이 옵션이
없었다면 결과는 각각에 대해 약 2GB 정도가 됐을 것이다. /LARGEADDRESSAWARE 없이
링크된 64비트 애플리케이션은 32비트 애플리케이션처럼 첫 2GB의 프로세스 가상 주
소 공간으로 제한된다(이 플래그는 64비트 빌드 시에 비주얼 스튜디오에서 기본적으로 설
정된다).

x64 가상 주소 제약

설명했다시피 64비트의 가상 주소 공간은 최대 16EB의 가상 메모리까지 사용할 수 있
으며, 32비트에서 제공하는 4GB에 비해 엄청난 발전이다. 오늘날의 컴퓨터나 미래의
컴퓨터라도 이렇게 많은 메모리에 대한 지원이 필요하지는 않다.

따라서 칩 아키텍처를 단순화하고, 특히 주소 변환 같은(나중에 설명할) 불필요한 오버헤
드를 피하기 위해 현재 AMD와 Intel에서 지원하는 x64 프로세서는 256TB의 가상 주소
공간만을 구현한다. 이것은 64비트 가상 주소의 하위 48비트만 구현된 것이다. 하지만
가상 주소는 여전히 64비트 크기고 메모리에 저장될 때나 레지스터에서 8바이트를 차지
한다. 상위 16비트(48비트에서 63비트까지)는 2의 보수 연산에서 부호 확장과 유사한
방법으로 가장 높은 비트(47비트)와 동일한 값을 가져야 한다. 이런 규칙을 따르는 주소
를 표준 주소^{canonical address}라고 한다.

이런 규칙 아래 주소 공간의 아래쪽 반은 0x0000000000000000로 시작하고 0x00007F FFFFFFFFFF로 끝난다. 주소 공간의 위쪽 반은 0xFFFF800000000000에서 시작해 0xFFFFFFFFFFFFFFFF로 끝난다. 각각의 표준 영역은 128TB다. 새로운 프로세서에서 더 많은 주소 비트를 지원하게 되면 아래쪽 반은 최대 0x7FFFFFFFFFFFFFFF까지 위쪽으로 확장되고 위쪽 반은 최소 0x8000000000000000까지 아래쪽으로 확장될 것이다.

동적 시스템의 가상 주소 관리

32비트 버전의 윈도우는 이번 절에서 설명할 내부 커널 가상 할당자 메커니즘을 통해 시스템 주소 공간을 관리한다. 현재 64비트 버전의 윈도우는 각 영역이 정적으로 정의 돼 있기 때문에 가상 주소 공간 관리를 위해 가상 할당자를 사용할 필요가 없다(그림 5-13 참조).

시스템이 초기화될 때 MiInitializeDynamicVa 함수는 기본적인 동적 영역을 설정하고 이용할 수 있는 모든 커널 공간에 유용한 가상 주소를 설정한다. 그런 후 하드코딩된 주소 공간을 설정하는 데 사용하는 MiIntializeSystemVaRange 함수(32비트 시스템에 만 해당)로 부트 로더 이미지, 프로세스 공간(하이퍼스페이스), HAL을 위한 주소 공간을 초기화한다. 나중에 넌페이지드 풀이 초기화될 때 이 함수는 가상 주소 공간을 예약하 기 위해 다시 사용된다. 마지막으로 드라이버가 로딩될 때마다 주소 공간은 해당 드라 이버 이미지 영역(부팅 시 로딩된 영역 대신에)을 위해 재사용된다.

이 시점 이후로 시스템 가상 주소 공간의 나머지 영역은 MiObtainSystemVa(이것과 유사 한 MiObtainSessionVa)와 MiReturnSystemVa를 통해 동적으로 할당되고 해제될 수 있 다. 시스템 캐시와 시스템 PTE, 넌페이지드 풀, 페이지드 풀과 특수 풀의 확장이나 큰 페이지로의 메모리 매핑, PFN 데이터베이스 생성, 새로운 세션의 생성 등은 모두 특정 영역에 가상 주소를 동적으로 할당함으로써 이뤄진다.

커널 가상 주소 공간 할당자가 특정 유형의 가상 주소로 사용되는 가상 메모리 공간 을 획득할 때마다 새롭게 할당된 영역의 가상 주소 유형을 갖는 MiSystemVaType

배열을 갱신한다. `MiSystemVaType`에 나타날 수 있는 값들이 표 5-8에 나타나 있다.

표 5-8 시스템 가상 주소 유형

영역	설명	한계 유무
MiVaUnused(0)	미사용	해당 없음
MiVaSessionSpace(1)	세션 공간을 위한 주소	예
MiVaProcessSpace(2)	프로세스 공간을 위한 주소	아니오
MiVaBootLoaded(3)	부트 로더에 의해 로딩된 이미지 주소	아니오
MiVaPfnDatabase(4)	PFN 데이터베이스를 위한 주소	아니오
MiVaNonPagedPool(5)	넌페이지드 풀을 위한 주소	예
MiVaPagedPool(6)	페이지드 풀을 위한 주소	예
MiVaSpecialPoolPaged(7)	특수 풀(페이지드)을 위한 주소	아니오
MiVaSystemCache(8)	시스템 캐시를 위한 주소	아니오
MiVaSystemPtes(9)	시스템 PTE를 위한 주소	예
MiVaHal(10)	HAL을 위한 주소	아니오
MiVaSessionGlobalSpace(11)	세션 전역 공간을 위한 주소	아니오
MiVaDriverImages(12)	로딩된 드라이버 이미지를 위한 주소	아니오
MiVaSpecialPoolNonPaged(13)	특수 풀을 위한 주소(넌페이지드)	예
MiVaSystemPtesLarge(14)	큰 페이지를 위한 PTE 주소	예

요청이 있을 때마다 가상 주소 공간을 동적으로 할당하는 기능은 더 나은 가상 메모리 관리를 제공하지만, 이 메모리를 해제하는 기능이 없다면 아무 쓸모가 없을 것이다. 그런 이유로 페이지드 풀이나 시스템 캐시가 줄어들거나 특수 풀과 큰 페이지 매핑이 해제될 때 관련된 가상 주소는 해제된다. 또 다른 경우는 부팅 관련 레지스트리가 해제 될 때도 마찬가지다. 이런 동작은 각 컴포넌트가 사용하는 방법에 따라 메모리 관리를 동적으로 하게 해준다. 또한 이용 가능한 가상 주소 공간이 128MB 이하로 떨어졌을

경우 플러시돼야 하는(역참조 세그먼트 스레드를 통해) 시스템 캐시와 연관된 가상 주소를 요청한 컴포넌트는 MiReclaimSystemVa 함수로 메모리를 재요청할 수 있다. 초기 넌페이지드 풀이 해제됐을 경우에도 재요청이 가능하다.

동적 가상 주소 할당자는 상이한 커널 메모리 사용자에 전용된 가상 주소에 대한 좀 더 나은 비율과 관리를 할뿐만 아니라 메모리에 대한 추가 정보를 줄이는 이점도 가진다. 페이지 테이블 엔트리와 페이지 테이블, 페이징 관련 구조체를 수동으로 미리 할당하는 대신에 요청이 있을 때마다 동적으로 할당한다. 32비트와 64비트 시스템 모두에서 이런 방식은 사용하지 않는 메모리 주소에 대해 페이지 테이블을 할당하지 않게 되므로 부팅 시 메모리 사용이 줄어들게 된다. 또한 64비트 시스템에서는 예약된 큰 주소 공간 영역이 메모리에 매핑된 페이지 테이블을 가질 필요가 없기 때문에 특히 페이징 구조체 결과를 백업하기 위한 물리적인 RAM이 적은 시스템에서 임의적인 크기 제한이 허용된다.

실습: 시스템 가상 주소 사용 현황 보기(윈도우10과 서버 2016)

커널 디버거를 이용해 시스템 가상 주소 유형별 최대 메모리 사용량과 현재 사용량을 확인할 수 있다. 전역 변수 MiVisibleState(MI_VISIBLE_STATE 유형)는 공개 심볼에서 이용 가능한 정보를 제공한다(이 예제는 x86 윈도우 10을 기반으로 했다).

1. MiVisibleState가 제공하는 데이터를 살펴보기 위해 다음과 같이 구조체를 덤프한다.

```
lkd> dt nt!_mi_visible_state poi(nt!MiVisibleState)
   +0x000 SpecialPool      : _MI_SPECIAL_POOL
   +0x048 SessionWsList    : _LIST_ENTRY [ 0x91364060 - 0x9a172060 ]
   +0x050 SessionIdBitmap  : 0x8220c3a0 _RTL_BITMAP
   +0x054 PagedPoolInfo    : _MM_PAGED_POOL_INFO
   +0x070 MaximumNonPagedPoolInPages : 0x80000
   +0x074 SizeOfPagedPoolInPages : 0x7fc00
   +0x078 SystemPteInfo    : _MI_SYSTEM_PTE_TYPE
```

```
+0x0b0 NonPagedPoolCommit     : 0x3272
+0x0b4 BootCommit             : 0x186d
+0x0b8 MdlPagesAllocated      : 0x105
+0x0bc SystemPageTableCommit  : 0x1e1
+0x0c0 SpecialPagesInUse      : 0
+0x0c4 WsOverheadPages        : 0x775
+0x0c8 VadBitmapPages         : 0x30
+0x0cc ProcessCommit          : 0xb40
+0x0d0 SharedCommit           : 0x712a
+0x0d4 DriverCommit           : 0n7276
+0x100 SystemWs               : [3] _MMSUPPORT_FULL
+0x2c0 SystemCacheShared      : _MMSUPPORT_SHARED
+0x2e4 MapCacheFailures       : 0
+0x2e8 PagefileHashPages      : 0x30
+0x2ec PteHeader              : _SYSPTES_HEADER
+0x378 SessionSpecialPool     : 0x95201f48 _MI_SPECIAL_POOL
+0x37c SystemVaTypeCount      : [15] 0
+0x3b8 SystemVaType           : [1024] ""
+0x7b8 SystemVaTypeCountFailures : [15] 0
+0x7f4 SystemVaTypeCountLimit : [15] 0
+0x830 SystemVaTypeCountPeak  : [15] 0
+0x86c SystemAvailableVa      : 0x38800000
```

2. 15개의 항목을 가진 마지막 배열들에 주목하자. 이들 각각은 표 5-8
   의 시스템 가상 주소 유형에 대응한다. 다음은 SystemVaTypeCount와
   SystemVaTypeCountPeak 배열의 내용이다.

```
lkd> dt nt!_mi_visible_state poi(nt!mivisiblestate) -a
SystemVaTypeCount
  +0x37c SystemVaTypeCount :
   [00] 0
   [01] 0x1c
   [02] 0xb
```

```
    [03] 0x15
    [04] 0xf
    [05] 0x1b
    [06] 0x46
    [07] 0
    [08] 0x125
    [09] 0x38
    [10] 2
    [11] 0xb
    [12] 0x19
    [13] 0
    [14] 0xd
lkd> dt nt!_mi_visible_state poi(nt!mivisiblestate) -a
SystemVaTypeCountPeak
   +0x830 SystemVaTypeCountPeak :
    [00] 0
    [01] 0x1f
    [02] 0
    [03] 0x1f
    [04] 0xf
    [05] 0x1d
    [06] 0x51
    [07] 0
    [08] 0x1e6
    [09] 0x55
    [10] 0
    [11] 0xb
    [12] 0x5d
    13] 0
    14] 0xe
```

실습: 시스템 가상 주소 사용 현황 보기(윈도우 8.x와 서버 2012/R2)

커널 디버거를 이용해 시스템 가상 주소 유형별 최대 메모리 사용량과 현재 사용량을 확인할 수 있다. 표 5-8에서 기술한 각 시스템 가상 주소 유형에 대해 커널 내의 MiSystemVaTypeCount와 MiSystemVaTypeCountFailures, MiSystemVa-TypeCountPeak 전역 배열이 각 유형에 대한 그 크기와 실패 카운트, 순간 최대 크기를 갖고 있다. 크기는 PDE 매핑(5장 후반부의 '주소 변환' 절을 참조)의 배수로서 큰 페이지 크기(x86에서 2MB)에 효율적이다. 다음은 시스템 사용량과 순간 최대 사용량을 덤프할 수 있는 방법을 보여준다. 실패 카운트에 대해서도 유사한 기법을 사용할 있다(이 예제는 32비트 윈도우 8.1 시스템을 기반으로 했다).

```
lkd> dd /c 1 MiSystemVaTypeCount L f
81c16640 00000000
81c16644 0000001e
81c16648 0000000b
81c1664c 00000018
81c16650 0000000f
81c16654 00000017
81c16658 0000005f
81c1665c 00000000
81c16660 000000c7
81c16664 00000021
81c16668 00000002
81c1666c 00000008
81c16670 0000001c
81c16674 00000000
81c16678 0000000b
lkd> dd /c 1 MiSystemVaTypeCountPeak L f
81c16b60 00000000
81c16b64 00000021
81c16b68 00000000
81c16b6c 00000022
81c16b70 0000000f
81c16b74 0000001e
81c16b78 0000007e
81c16b7c 00000000
```

```
81c16b80  000000e3
81c16b84  00000027
81c16b88  00000000
81c16b8c  00000008
81c16b90  00000059
81c16b94  00000000
81c16b98  0000000b
```

이론적으로 각 컴포넌트에 할당된 서로 다른 가상 주소 영역은 시스템의 가상 주소 공간
이 허용하는 범위 내에서 크기가 임의적으로 증가할 수 있다. 실제로 32비트 시스템에
서 커널 할당자는 안정성과 신뢰성을 위해 가상 주소 유형별 최대 크기를 제한하게 구현
돼 있다(64비트 시스템에서 커널 주소 공간 소진은 현재 문제가 아니다). 기본적으로 한계
가 없는 걸로 설정되지만 시스템 관리자는 현재 제한 가능으로 설정된 가상 주소 유형별
한계를 레지스트리를 이용해 변경할 수 있다(표 5-8 참조).

MiObtainSystemVa 호출 도중 현재 요청이 이용 가능한 한계를 넘어서면 실패가 표시되
고(이전 실습을 참조) 이용 가능한 메모리에 상관없이 재요청 작업이 진행된다. 이것은
메모리 부하를 경감시키는 데 도움을 줄 수 있고, 다음번 시도 시에 가상 메모리 할당이
가능하게 할 수도 있다. 그러나 재요청은 시스템 캐시와 넌페이지드 풀일 경우에만 효
과가 있다는 점을 기억하자.

실습: 시스템 가상 주소 한계 설정하기

MiSystemVaTypeCountLimit 배열에는 각 유형에 대해 설정할 수 있는 시스템
가상 주소 사용량에 대한 한계치가 들어있다. 현재 메모리 관리자는 특정 가상
주소 유형에 대해서만 제한을 설정할 수 있게 허용하며, 실행 중에 동적으로 시스
템에 대한 한계를 설정할 수 있는 문서화되지 않은 시스템 함수를 사용할 수
있다(이런 제약은 http://msdn.microsoft.com/en-us/library/bb870880.aspx에 명

시된 것처럼 레지스트리로도 설정 가능하다). 이들 제약은 표 5-8에 설명된 유형에 대해 설정할 수 있다.

MemLimit 유틸리티(이 책의 다운로드 정보를 참조한다)를 이용해 32비트 시스템 에서 이들 유형에 대한 상이한 제한 값을 질의하고 설정할 수 있으며, 현재 가상 주소 공간 사용량과 최대 가상 주소 공간 사용량도 볼 수 있다. 다음은 -q 플래그 를 이용해 현재 한계치를 확인하는 예다.

```
C:\Tools>MemLimit.exe -q

MemLimit v1.01 - Query and set hard limits on system VA space consumption
Copyright (C) 2008-2016 by Alex Ionescu
www.alex-ionescu.com

System Va Consumption:

Type              Current         Peak            Limit
Non Paged Pool     45056 KB        55296 KB        0 KB
Paged Pool        151552 KB       165888 KB        0 KB
System Cache      446464 KB       479232 KB        0 KB
System PTEs        90112 KB       135168 KB        0 KB
Session Space      63488 KB        73728 KB        0 KB
```

다음은 실습을 위해 페이지드 풀의 한계치를 100MB로 설정하는 명령이다.

```
memlimit.exe -p 100M
```

이제 Sysinternals의 TestLimit 툴을 사용해 가능한 한 많은 수의 핸들을 생성한 다. 일반적으로 충분한 페이지드 풀이 있다면 1600만 개의 핸들을 만들 수 있다. 하지만 풀의 한계를 100MB로 설정했으므로 이보다는 작게 만들어진다.

```
C:\Tools\Sysinternals>Testlimit.exe -h

Testlimit v5.24 - test Windows limits
Copyright (C) 2012-2015 Mark Russinovich
Sysinternals - www.sysinternals.com

Process ID: 4780

Creating handles...
Created 10727844 handles. Lasterror: 1450
```

객체와 핸들, 페이지드 풀 소비에 대한 추가적인 정보는 2권의 8장을 보라.

시스템 가상 주소 공간 할당량

앞 절에서 설명한 시스템 가상 주소 공간 제약은 특정 커널 구성 요소의 시스템 전역적인 가상 주소 공간 사용을 제한할 수 있게 하지만, 32비트 시스템에서 전체 시스템에 적용할 때에만 동작한다. 시스템 관리자가 가질 수 있는 더 세세한 할당량^{quota} 요구 사항을 해결하기 위해 메모리 관리자는 프로세스 관리자와 협업해 각 프로세스에 대해 시스템 전역적인 할당량이나 사용자별 할당량을 모두 제한할 수 있다.

HKLM\SYSTEM\CurrentControlSet\Control\Session Manager\Memory Management 키의 PagedPoolQuota, NonPagedPoolQuota, PagingFileQuota, WorkingSetPagesQuota 값을 수정해 한 프로세스가 사용할 수 있는 유형별 메모리량을 설정할 수 있다. 이 정보는 초기화 시점에 읽혀지고 기본적인 시스템 할당 블록이 생성돼 모든 시스템 프로세스에 할당된다(유저 프로세스의 경우 다음에 설명하는 것처럼 사용자별 할당량이 설정돼 있지 않다면 기본 시스템 할당 블록의 복사본을 갖는다).

HKLM\SYSTEM\CurrentControlSet\Control\Session Manager\Quota System 레지스트리 키 하위에 사용자별 SID를 나타내는 서브키를 만들어 사용자별 할당량을 설정할

수 있다. 앞에서 설명한 값들은 이제 이 SID 서브키 아래에 생성될 수 있으며, 이는 해당 SID를 가진 사용자에 의해 생성되는 프로세스에 대해서만 한계를 제한한다. 표 5-9은 어떻게 이 값들을 설정하는지(실행 시에 적용할 수 있는지 없는지), 어떤 권한이 필요한지를 보여준다.

표 5-9 프로세스 할당량 유형

값 이름	설명	값 유형	동적 가능 유무	권한
PagedPoolQuota	한 프로세스가 할당할 수 있는 페이지드 풀의 최댓값	MB 크기	시스템 토큰을 가진 프로세스만 가능	SeIncreaseQuotaPrivilege
NonPagedPoolQuota	한 프로세스가 할당할 수 있는 넌페이지드 풀의 최댓값	MB 크기	시스템 토큰을 가진 프로세스만 가능	SeIncreaseQuotaPrivilege
PagingFileQuota	한 프로세스가 페이징 파일에 페이지 아웃 할 수 있는 최대 페이지 개수	페이지	시스템 토큰을 가진 프로세스만 가능	SeIncreaseQuotaPrivilege
WorkingSetPagesQuota	한 프로세스가 워킹 셋(물리 메모리)에 가질 수 있는 최대 페이지 개수	페이지	가능	제거(purge) 요청이 아닐 경우 SeIncreaseBasePriorityPrivilege

사용자 주소 공간 배치

커널 주소 공간이 동적으로 구축되는 것처럼 사용자 주소 공간도 동적으로 구축된다. 스레드 스택, 프로세스 힙, 로딩되는 이미지(DLL과 애플리케이션 이미지처럼) 등의 주소는 주소 공간 배치 랜덤화로 불리는 ASLR^{Address Space Layout Randomization} 메커니즘에 의해 동적으로 계산된다(애플리케이션과 그 이미지가 이를 지원한다면).

운영체제 수준에서 사용자 주소 공간은 그림 5-14처럼 잘 정의된 몇 개의 메모리 영역으로 나눠져 있다. 실행 파일과 DLL은 메모리 맵 이미지 파일로 표현되고 그다음에 프로세스 힙과 스레드 스택이 위치한다. 이런 영역(그리고 TEB나 PEB 같은 일부 예약된 시스템 구조체) 이외의 다른 모든 메모리 할당은 실행 중 상황에 맞게끔 이뤄진다. ASLR 은 이런 모든 실행 중 결정되는 영역의 위치에 관여하고 DEP와 연계해 메모리 조작을 통해 원격에서 익스플로잇을 발생하는 행위를 더 어렵게 만든다. 윈도우 코드와 데이터 를 동적으로 배치시키므로 공격자는 의미 있는 시스템 DLL이나 프로그램의 오프셋을 하드코딩할 수 없게 된다.

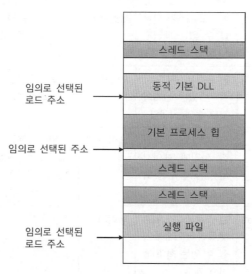

그림 5-14 ASLR이 활성화됐을 때의 사용자 주소 공간 배치

실습: 사용자 가상 주소 공간 분석

Sysinternals의 VMMap 유틸리티를 이용하면 머신의 프로세스에 의해 사용 중인 가상 메모리의 세부 상황을 볼 수 있다. 이 정보는 각 할당 유형에 따라 다음과 같은 요약된 형태로 보여준다.

- **Image** 실행 파일과 그 의존물(동적 라이브러리 같은), 기타 메모리 맵 이미지(PE 포맷) 파일을 매핑하는 데 사용되는 메모리 할당을 표시한다.
- **Mapped File** 메모리 맵 데이터 파일 용도로 할당된 영역을 나타낸다.

- **Shareable** 일반적으로 공유 메모리를 포함해 공유 속성으로 설정된 메모리 할당을 나타낸다(이미지 항목이나 맵 파일 리스트에 있는 메모리 맵 파일은 아니다).

- **Heap** 프로세스가 소유한 힙을 위해 할당된 영역을 나타낸다.

- **Managed Heap** .NET CLR(관리 객체)에 의해 할당된 메모리를 나타낸다. .NET을 사용하지 않는 프로세스에 대해서는 아무것도 표시하지 않는다.

- **Stack** 프로세스 내의 각 스레드를 위한 스택 용도로 할당된 영역을 나타낸다.

- **Private Data** 스택이나 힙을 제외한 전용 데이터(내부 데이터 구조체 같은)로 표시된 메모리 할당을 표시한다.

다음 화면은 VMMap을 이용해 살펴본 탐색기(64비트)의 전형적인 메모리 형태다.

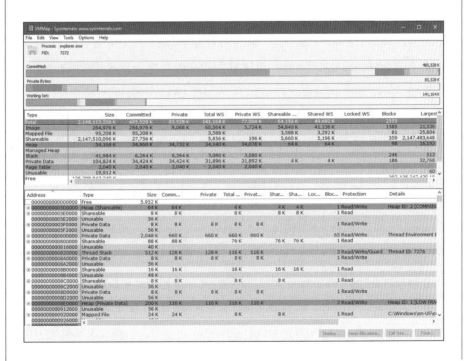

메모리 할당 유형에 따라 VMMap은 파일명(맵 파일일 경우), 힙 ID(힙 할당일 경우), 스레드 ID(스택 할당일 경우) 등과 같은 추가 정보를 보여준다. 게다가 각 할당을 위해 소모된 커밋된 메모리와 워킹셋 메모리를 보여준다. 각 할당된 영역의 크기나 보호 속성도 볼 수 있다.

ASLR은 프로세스 실행 파일과 그의 부속 DLL을 갖고 이미지 레벨부터 시작한다. 일반적으로 마이크로소프트 비주얼 스튜디오에서 /DYNAMICBASE 링커 플래그를 명시한 채로 빌드해 PE 헤더에 ASLR의 지원이 명시됐거나(IMAGE_DLL_CHARACTERISTIC_DYNAMIC_BASE) 또는 재배치 섹션을 포함하고 있는 이미지 파일은 ASLR에 의해 처리된다. 이런 이미지가 발견되면 시스템은 이번 부팅에서 전역적으로 사용되는 이미지 오프셋을 하나 선택한다. 이 오프셋은 64KB로 정렬된 256개의 값을 가진 버킷에서 선택된다.

이미지 랜덤화

실행 파일은 로드될 때마다 델타Delta 값이 계산돼 로드 오프셋이 결정된다. 이 값은 0x10000부터 0xFE0000까지의 8비트 의사 난수 값으로 현재 프로세서의 타임스탬프 카운터TSC 값 중 4군데를 시프팅Shifting하고 그 결과를 254로 모듈러Modulo 연산한 후 1을 더해 계산한다. 그런 후 이 값은 앞에서 설명한 64KB의 메모리 할당 단위로 곱해진다. 이때 메모리 관리자는 1을 더해 이 값이 절대 0이 되지 않게 함으로써 ASLR을 사용할 경우 PE 헤더에 있는 주소로 절대 로딩되지 않게 만든다. 이 델타 값은 이미지의 선호Preferred 로딩 주소에 더해져 PE 헤더의 이미지 주소로부터 16MB 내의 가능한 256개 값 중 하나의 위치를 생성한다.

DLL의 경우 이미지 Bias라는 시스템 전역 로드 오프셋이 사용되는데, 이 값은 부팅 때마다 MiInitializeRelocations에 의해 새롭게 계산돼 MiState.Sections.ImageBias 필드(윈도우 8.x/2012/R2에서 MiImageBias 전역 변수) 내의 전역 메모리 상태 구조체(MI_SYSTEM_INFORMATION)에 저장된다. 이 값은 부팅 과정 중 이 함수가 불릴 당시의 현재 프로세서 TSC 값을 취해 시프트하고 8비트 값으로 마스킹된다. 32비트 시스템에서는 256개의 가능한 값이 존재한다. 64비트 시스템에서는 이와 유사한 방식으로 계산이 이뤄지며, 주소 공간이 방대하므로 좀 더 많은 값을 가진다. 실행 파일과 달리 이 값은 부팅 시 한 번만 계산돼 시스템 전역적으로 공유함으로써 DLL이 물리 메모리에 공유된 상태로 남아 있게 하고 단 한번만 재배치되게 한다. DLL이 서로 다른 프로세스 내에서 서로 다른 영역에 로딩된다면 이 코드는 공유될 수 없다. 로더는 각 프로세스별로 주소 참조를 다르게 수정해야 하므로 공유되는 읽기 전용 코드를 프로세스 전용 데이터로 변경해야 한다. 해당 DLL을 사용하는 각 프로세스는 물리 메모리에 자신만의 전용 복사 본을 만들어야 한다.

오프셋이 계산되면 메모리 관리자는 **MI_SECTION_STATE** 구조체의 일부분인 **ImageBitMap**(윈도우 8.x/2012/R2에서 MiImageBitMap 전역 변수)이라는 비트맵을 초기화한다. 이 비트맵은 32비트 시스템에서 **0x50000000**부터 **0x78000000**(64비트 시스템의 값은 아래를 참조)까지의 범위를 나타내며, 각 비트는 하나의 메모리 할당 단위(앞에서 설명했듯이 64KB)를 나타낸다. 메모리 관리자가 DLL을 로딩할 때마다 시스템에서의 위치를 표시하는 적당한 비트가 설정된다. 동일한 DLL이 다시 로딩될 때 메모리 관리자는 이미 재배치된 정보를 이용해 섹션 객체를 공유한다.

각 DLL이 로딩될 때 시스템은 사용되고 있지 않는 비트를 찾기 위해 비트맵을 위에서 아래로 스캔한다. 이전에 계산된 **ImageBias**는 부팅 시마다 로딩을 랜덤화하기 위해 최상위부터 시작 인덱스로 사용된다. 첫 번째 DLL(항상 Ntdll.dll이다)이 로딩될 때 비트맵은 완전히 비어있는 상태이기 때문에 그 DLL을 위한 로딩 주소는 쉽게 계산된다(64비트 시스템은 자신들만의 bias를 가진다).

- **32비트**   0x78000000 - (ImageBias + NtDllSizein64KBChunks) * 0x10000
- **64비트**   0x7FFFFFFF0000 - (ImageBias64High + NtDllSizein64KBChunks) * 0x10000

이후의 각 DLL은 64KB 영역만큼 떨어진 아래 부분에 로딩될 것이다. 이런 이유로

Ntdll.dll의 주소를 알게 되면 다른 DLL의 주소는 쉽게 계산할 수 있다. 이런 가능성을 줄이기 위해 초기화 동안에 세션 관리자에 의해 매핑되는 알려진 DLL의 순서 또한 Smss.exe가 로딩될 때 랜덤화된다.

마지막으로 비트맵에 가용한 공간이 없다면(이것은 ASLR을 위해 정의된 영역이 대부분 사용 중임을 의미한다) 실행 파일의 경우처럼 DLL 재배치 코드는 선호 베이스 주소의 16MB 범위 안에서 64KB 단위에 맞는 위치에 로딩된다.

실습: Ntdll.dll의 로드 주소 계산하기

앞 절에서 배운 내용과 커널 변수 정보를 함께 사용해 Ntdll.dll의 로드 주소를 계산할 수 있다. 다음 계산은 윈도우 10 x86 시스템에서 진행한 것이다.

1. 로컬 커널 디버깅을 시작한다.
2. ImageBias 값을 찾는다.

```
lkd> ? nt!mistate
Evaluate expression: -2113373760 = 820879c0
lkd> dt nt!_mi_system_information sections.imagebias 820879c0
   +0x500 Sections       :
      +0x0dc ImageBias    : 0x6e
```

3. 탐색기를 열고 System32 디렉터리에서 Ntdll.dll의 크기를 찾는다. 이 시스템에서 크기는 1547KB = 0x182c00이다. 64KB 단위의 크기가 0x19개만큼 존재한다(항상 반올림된다). 결과는 0x78000000 - (0x6E + 0x19) * 0x10000 = 0x77790000가 된다.
4. Process Explorer를 열고 아무 프로세스나 찾아 Ntdll.dll의 로드 주소를 보라(Base 또는 Image Base 칼럼에서). 같은 값을 볼 수 있을 것이다.
5. 64비트 시스템에서도 시도해보자.

스택 랜덤화

ASLR의 다음 순서는 초기 스레드의 스택과 이후에 생성되는 스레드의 스택 위치를 랜덤화하는 것이다. 프로세스의 StackRandomizationDisabled 플래그가 켜져 있지 않다면 스택 랜덤화는 활성화되고 64KB나 256KB로 나눠진 32개의 가능한 스택 위치 중 하나를 선택한다. 이런 베이스 주소는 적절한 크기의 사용 가능한 메모리 영역 중 첫 번째 것을 찾은 후 이로부터 x번째 가능한 공간을 선택해 결정된다. 이때 x는 현재 프로세서의 TSC 값을 시프트하고 마스킹해 5비트짜리 값으로 변경한 것이다(32개의 위치가 가능하다).

일단 베이스 주소가 선택되면 TSC로부터 9비트 길이를 갖는 새로운 값을 만든다. 정렬을 위해 이 값에 4를 곱하면 이 값은 최대 2048바이트(페이지의 반)가 될 수 있다. 이 값을 베이스 주소에 더해 최종 스택 베이스가 구해진다.

힙 랜덤화

ASLR은 유저 모드에서 생성되는 초기 프로세스 힙과 이후 생성되는 힙의 위치에 대해 랜덤화를 수행한다. RtlCreateHeap 함수는 힙의 베이스 주소를 결정하기 위해 TSC로부터 구해지는 또 다른 의사 랜덤 값을 사용한다. 초기 힙을 위해 0x00000000부터 0x001F0000까지의 가능한 값 사이의 최종 베이스 주소를 생성하기 위해 5비트인 이 랜덤 값에 64KB를 곱한다. 추가적으로 힙의 베이스 주소 이전의 메모리에 대해서는 모두 수동으로 할당을 해제해 전체 힙에 대해 무작위[Brute-Force] 공격이 발생했을 때 접근 위반 오류가 발생하게 한다.

커널 주소 공간에서의 ASLR

ASLR은 커널 주소 공간에서도 활성화된다. 32비트용 드라이버에 대해서는 64개의 가능한 로딩 주소가 있고, 64비트 드라이버에 대해서는 256개가 있다. 유저 공간 이미지의 재배치는 커널 공간에서 상당히 많은 작업 공간을 요구한다. 하지만 커널 공간에 여유가 없다면 ASLR은 이 작업 영역 용도로 시스템 프로세스의 유저 모드 주소 공간을 사용할 수 있다. 윈도우 10(버전 1607)과 서버 2016에서 ASLR은 페이지드와 넌페이지 풀, 시스템 캐시, 페이지 테이블, PFN 데이터베이스 같은 대부분의 시스템 메모리 영역에 적용돼 있다(MiAssignTopLevelRanges에 의해 초기화된다).

보안 미티게이션 제어

앞에서 본 것처럼 ASLR과 윈도우의 많은 보안 미티게이션^{mitigations}은 이들이 가진 잠재적인 호환성 문제 때문에 선택적으로 적용된다. ASLR은 이미지 헤더에 `IMAGE_DLL_CHARACTERISTICS_DYNAMIC_BASE` 비트를 가진 이미지에만 적용되며, 하드웨어 실행 방지(DEP)는 부팅 옵션과 링커 옵션의 조합으로 제어될 수 있다. 기업 사용자나 개인 사용자 모두에게 이런 기능에 대한 더 높은 가시성과 제어를 제공하기 위해 마이크로소프트는 EMET^{Enhanced Mitigation Experience Toolkit}를 배포한다. EMET는 윈도우에 들어 있는 미티게이션에 대한 집중화된 제어 기능과 윈도우 제품에 들어 있지 않은 일부 미티게이션을 추가적으로 포함하고 있다. 또한 EMET는 미티게이션이 적용돼 일부 소프트웨어에서 접근 오류가 발생할 때 관리자가 알 수 있게 이벤트 로그를 통해 통지하는 기능을 제공한다. 마지막으로 EMET는 개발자에 의해 적용되게 설정됐을지라도 특정 환경에서 호환성 문제가 발생하는 애플리케이션에 대해 수동으로 해당 기능을 끌 수 있는 기능을 제공한다.

> 이 책의 집필 당시에 EMET는 버전 5.51이었다. 지원 종료 기간은 2018년 7월말까지다. 하지만 이의 일부 기능은 현재 윈도우 버전에 통합됐다.

실습: 프로세스의 ASLR 보호 보기

Sysinternals의 Process Explorer를 이용하면 프로세스와 로딩되는 DLL이 ASLR을 지원하는지 살펴볼 수 있다. 프로세스에 의해 로딩되는 DLL 중 하나라도 ASLR을 지원하지 않는다면 해당 프로세스는 공격에 훨씬 더 취약해질 수 있다는 것을 주의하자.

프로세스에 대한 ASLR 상태를 보기 위해 다음의 과정을 따라 한다.

1. 프로세스 트리에서 아무 칼럼에 대해 오른쪽 마우스 버튼을 클릭하고 Select Columns를 선택한다.

2. Process Image와 DLL 탭에서 ASLR Enabled를 선택한다.

3. 윈도우 내장 프로그램이나 서비스는 모두 ASLR이 활성화된 채로 실행되지만 서드파티 애플리케이션은 ASLR이 활성화된 채로, 또는 되지 않은 채로 실행할 수도 있다.

다음 예에서 Notepad.exe 프로세스를 강조했다. 이 경우 해당 이미지의 로딩 주소는 0x7FF7D76B0000이다. 모든 메모장 인스턴스를 닫고 다시 실행하면 다른 로딩 주소를 갖는 것을 확인할 수 있다. 시스템 종료 후에 재부팅시킨 후 실험을 다시 하면 ASLR이 활성화된 DLL이 매 부팅마다 다른 주소로 로딩되는 것을 확인할 수 있다.

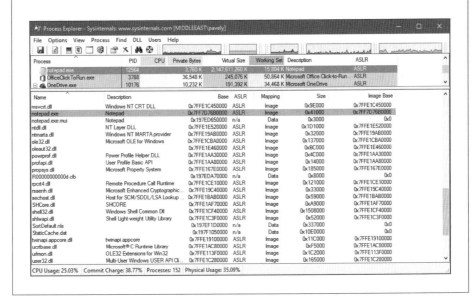

주소 변환

지금까지 윈도우에서 가상 주소 공간을 어떻게 구성하는지 살펴봤고, 이제부터는 가상 주소를 물리 메모리로 어떻게 매핑시키는지 살펴보자. 유저 애플리케이션과 시스템 코드는 가상 주소 공간을 참조한다. 이 절에서는 먼저 PAE 모드(최근 윈도우 버전에서 지원하는 유일한 모드)에서 32비트 x86 주소 변환을 자세히 알아본 후 ARM과 x64 플랫폼에서의 주소 변환 차이점에 대해 간략히 설명한다. 다음 절에서는 이런 변환이 물리 메모리 주소로 매핑되지 못했을 경우(페이지 폴트) 어떠한 일이 일어나는 지, 윈도우에서 워킹셋과 페이지 프레임 데이터베이스를 이용해 물리 메모리를 어떻게 관리하는지 살펴본다.

x86 가상 주소 변환

최초의 x86 커널은 그 당시에 이용 가능한 CPU 하드웨어에 기반을 두고 4GB 이상의 물리 메모리를 지원하지 않았다. 인텔 x86 펜티엄 프로 프로세서는 **물리 주소 확장**^{Physical} Address Extension으로 불리는 메모리 매핑 모드를 도입했다. 적절한 칩셋이 갖춰져 있다면 PAE 모드는 현재 인텔 x86 프로세서에서 32비트 운영체제가 64GB 물리 메모리까지(PAE가 없다면 4GB) 접근하게 해주며, x64 프로세서에서 레거시 모드로 실행할 때 1,024GB 물리 메모리까지 접근하게 해준다(윈도우는 현재 이렇게 큰 메모리를 기술하는데 필요한 PFN 데이터베이스의 크기로 인해 이를 64GB로 제한한다). 이후로 윈도우는 하나는 PAE를 지원하고 나머지 하나는 PAE를 지원하지 않는 두 개의 별도 x86 커널을 유지했다. 윈도우 비스타부터 시작해 x86 윈도우 설치본은 시스템의 물리 메모리가 4GB 이상이 아니어도 항상 PAE 커널을 설치한다. 이는 성능과 메모리 사용 관점에서 PAE를 지원하지 않는 커널의 이점이 거의 없고 하드웨어 실행 방지 지원의 필요성으로 인한 것이다. 이로써 마이크로소프트는 단일 x86 커널을 유지할 수 있었다. 따라서 여기서는 x86 PAE 주소 변환만을 기술한다. 비PAE에 대해 관심이 있다면 이 책의 6판에서 관련 절을 찾아보라.

메모리 관리자가 생성하고 관리하는 페이지 테이블^page tables이라는 데이터를 이용해 CPU는 가상 주소를 물리 주소로 변환한다. 가상 주소 공간에 대한 각 페이지는 시스템 영역 구조체인 페이지 테이블 엔트리^PTE와 연계돼 있는데, PTE에는 가상 주소와 매핑된 물리 메모리 주소가 저장돼 있다. 예를 들어 그림 5-15는 세 개의 연속적인 가상 페이지가 x86 시스템에서 어떻게 물리적으로 연속적이지 않은 페이지로 매핑되는지를 보여준다. 페이지 테이블은 첫 번째 페이지 폴트^page fault가 발생할 때에만 할당되기 때문에 실제 접근이 일어나지 않는다면 아무리 예약됐거나 커밋된 영역이라도 PTE가 존재하지 않을 수 있다(그림 5-15에서 가상 페이지와 PTE를 연결하는 점선은 가상 페이지와 물리 메모리 간의 간접적 관계를 나타낸다).

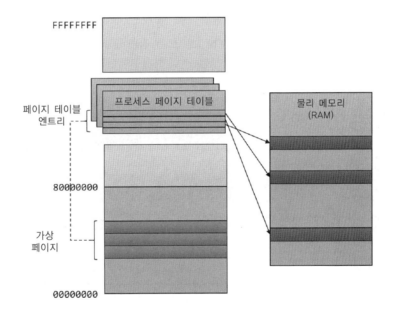

그림 5-15 가상 주소에서 물리 메모리로의 매핑(x86)

> 커널 모드 코드(디바이스 드라이버 같은)도 물리 메모리 주소를 직접 참조할 수 없고 물리 메모리에 매핑된 가상 주소를 생성함으로써 간접적으로 참조할 수 있다. 더 자세한 정보는 WDK 문서에 설명된 메모리 디스크립터 리스트(MDL) 지원 함수를 살펴보자.

실제 변환 과정과 페이지 테이블 및 페이지 디렉터리(바로 알아본다)의 배치는 CPU에 의해 결정된다. 운영체제는 이런 전체적인 개념이 동작하도록 메모리에 구조체를 올바르게 구축해야 한다. 그림 5-16은 x86에서의 주소 변환에 대한 일반적인 도해를 보여준다. 이런 범용적 개념은 다른 아키텍처에서도 동일하다.

그림 5-16에서 보듯이 변환 시스템의 입력 값은 32비트 가상 주소(여기서는 32비트 주소 지정 범위를 가지므로)와 다수의 메모리 관련 구조체(잠시 후에 모두 설명할 페이지 테이블과 페이지 디렉터리, 페이지 디렉터리 포인터 테이블^{PDPT}, 변환 룩 어사이드 버퍼)로 이뤄진다. 출력 값은 실제 바이트가 위치할 RAM 내의 36비트 물리 주소다. 페이지 테이블 구성 방식과 앞서 언급한 바와 같이 프로세서 특성에 의해 36비트가 나온 것이다. 작은 페이지를 매핑할 때(그림 5-16에서 보듯이 흔한 경우다) 가상 주소의 최하위 12비트는 물리 메모리 최종 결과에 바로 복사된다. 12비트는 정확하게 4KB며, 바로 작은 페이지 크기이기도 하다.

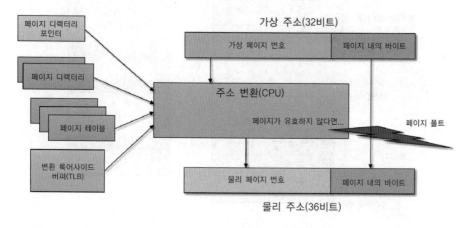

그림 5-16 가상 주소 변환 개요

주소가 성공적으로 변환될 수 없다면(예를 들어 해당 페이지가 물리 메모리가 아닌 페이지 파일에 존재할 수 있어서) CPU는 해당 페이지를 찾을 수 없다고 OS에게 알리는 페이지 폴트로 알려진 예외를 일으킨다. CPU는 해당 페이지를 어디서 찾을지를 모르므로(페이지 파일이나 맵 파일, 그 외의 어딘가) 위치한 곳에 관계없이 해당 페이지를 구하고 이 페이지를 가리키게 페이지 테이블을 수정하고 CPU로 하여금 주소 변환을 다시 하게 요청하기 위해 OS에 의존한다(5장 후반부의 '페이지 파일' 절에서 페이지 폴트를 설명한다).

그림 5-17은 x86 가상 주소를 물리 주소로 변환하는 전체 과정을 보여준다.

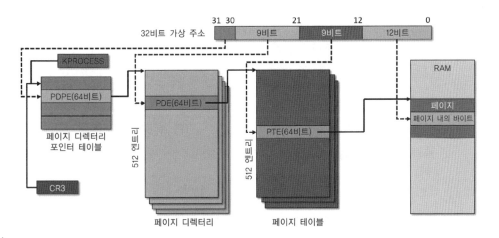

그림 5-17 x86 가상 주소 변환

변환할 32비트 가상 주소는 논리적으로 네 부분으로 구분된다. 살펴봤듯이 하위 12비트는 페이지 내의 특정 바이트를 선택하기 위해 있는 그대로 사용된다. 변환 과정은 항상 물리 메모리가 저장돼 있는 프로세스별로 하나씩 갖는 PDPT에서 시작한다(이는 시스템이 물리 메모리를 찾는 수단이다). PDPT의 물리 주소는 각 프로세스의 **KPROCESS** 구조체에 저장된다. 특수한 x86 레지스터인 CR3는 현재 실행 중인 프로세스(즉, 프로세스의 한 스레드가 가상 주소에 접근을 했다)의 PDPT 물리 주소 값을 가진다. CPU에서 컨텍스트 전환이 발생할 때 이전 스레드가 실행했던 프로세스와 다른 프로세스로의 전환이 이뤄진다면 CR3 레지스터도 해당 **KPROCESS** 구조체에 있는 새로운 프로세스의 페이지 디렉터리 포인터 주소로 갱신해야 한다. PDPT는 32바이트 경계로 정렬이 돼야 하며, RAM의 처음 4GB 내에 존재해야 한다(x86에서 CR3는 여전히 32비트 레지스터다).

그림 5-17을 참고해 가상 주소를 물리 주소로 변환하는 순서는 다음과 같다.

1. 가상 주소의 최상위 두 비트(비트 30과 31)는 PDPT로의 인덱스를 제공한다.

이 테이블은 4개의 엔트리를 가진다. 선택된 엔트리(페이지 디렉터리 포인터 엔트리^{PDPE})는 페이지 디렉터리의 물리 주소를 가리킨다.

2. 페이지 디렉터리는 512개의 엔트리를 가진다. 가상 주소 비트 21에서 29까지인 9비트에 의해 그중의 한 엔트리가 선택된다. 선택된 페이지 디렉터리 엔트리^{PDE}는 페이지 테이블의 물리 주소를 가리킨다.

3. 페이지 테이블 또한 512개의 엔트리를 가지며, 가상 주소의 비트 13에서 20까지인 9비트에 의해 그중의 한 엔트리가 선택된다. 선택된 페이지 테이블 엔트리^{PTE}는 페이지의 물리 시작 주소를 가리킨다.

4. 가상 주소 오프셋(최하위 12비트)이 호출자에 의해 요청된 최종 물리 주소를 만들기 위해 PTE가 가리키는 주소에 더해진다.

다양한 테이블 내의 각 엔트리 값은 페이지 단위로 정렬된 주소를 가리키기 때문에 페이지 프레임 번호^{page frame number}로도 불린다. 각 엔트리는 64비트 크기지만(따라서 페이지 디렉터리나 페이지 테이블의 크기는 4KB 페이지보다 클 수 없다) 64GB 물리 영역을 기술하는 데에는 24비트만이 필요하다(여기에 주소 영역에 대한 12비트 오프셋을 더해 총 36비트가 된다). 이는 실제 PFN 값에는 필요한 것보다 더 많은 비트가 존재함을 의미한다.

유효 비트로 불리는 특히 추가적인 한 비트가 전체 메커니즘에 중요한 역할을 한다. 이 비트는 PFN 데이터가 실제로 유효해 CPU가 앞서 기술한 대로 변환 절차를 수행해야 하는지를 나타낸다. 하지만 이 비트가 설정돼 있지 않다면 페이지 폴트를 나타낸다. CPU는 예외를 일으키고 OS가 적절한 방식으로 페이지 폴트를 처리하기를 기대한다. 예를 들어 문제의 이 페이지가 이전에 디스크로 써졌다면 메모리 관리자는 RAM 내의 프리 페이지로 이를 다시 읽어 들이고 PTE를 수정해 CPU에게 다시 시도하게 알린다.

윈도우는 각 프로세스에 전용 주소 공간을 제공하기 때문에 각 프로세스는 전용 주소 공간으로 매핑하기 위한 자신만의 PDPT와 페이지 디렉터리, 페이지 데이블을 가진다. 하지만 시스템 공간을 기술하는 페이지 디렉터리와 페이지 테이블은 모든 프로세스 간에 공유된다(그리고 세션 공간은 세션 내의 프로세스 간에만 공유된다). 동일한 가상 주소 메모리를 기술하는 여러 페이지 테이블이 존재하지 않도록 프로세스가 생성될 때 시스템 공간을 기술하는 페이지 디렉터리 엔트리는 기존 시스템 페이지 테이블을 가리키게 초기화된다.

페이지 테이블과 페이지 테이블 엔트리

각 PDE는 페이지 테이블을 가리킨다. 페이지 테이블은 PTE의 단순한 배열이다. PDPT 또한 마찬가지다. 모든 페이지 테이블이 512개의 엔트리를 가지며, 각 PTE는 한 페이지(4KB)를 매핑한다. 이는 한 페이지 테이블이 2MB 주소 공간(512 × 4KB)을 매핑할 수 있음을 의미한다. 비슷하게 페이지 디렉터리도 512개의 엔트리를 가지며, 각각은 페이지 테이블을 가리킨다. 이는 한 페이지 디렉터리가 512 × 2MB(즉, 1GB 주소 공간)를 매핑할 수 있음을 의미한다. 4개의 PDPE가 존재하고 이들 모두를 합치면 32비트 전체인 4GB 주소 공간을 매핑할 수 있다.

큰 페이지의 경우 PDE는 11비트로 물리 메모리의 큰 페이지 시작 부분을 가리킨다. 바이트 오프셋은 최초 가상 주소의 하위 21비트로부터 구해진다. 이는 큰 페이지를 매핑하는 이런 PDE는 페이지 테이블을 가리키지 않음을 의미한다.

페이지 디렉터리와 페이지 테이블의 배치는 기본적으로 동일하다. 커널 디버거 !pte 명령을 사용해 PTE를 살펴볼 수 있다(바로 다음의 '주소 변환' 실습을 참고하라). 여기서는 유효한 PTE를 다루고, '페이지 폴트 처리' 절에서 유효하지 않은 PTE를 다룬다. 유효한 PTE는 데이터를 포함하는 물리 페이지의 PFN(즉, 메모리 내의 페이지에 대한 물리 주소의 PFN)와 해당 페이지의 상태와 보호 속성을 기술하는 일부 플래그로 이뤄진다(그림 5-18을 보라).

그림 5-18에서 'Software'와 'Reserved'라고 표시된 비트는 PTE가 유효한지 아닌지 상관없이 CPU 내의 메모리 관리 유닛에 의해 무시된다. 이들 비트는 메모리 관리자에 의해 해석되고 저장된다. 표 5-10은 유효한 PTE 내의 하드웨어 정의 비트를 간단히 설명한 것이다.

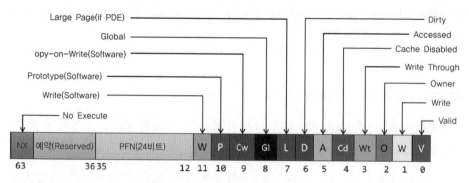

그림 5-18 유효한 x86 하드웨어 PTE

표 5-10 PTE 상태와 보호 비트

비트 이름	의미
Accessed	페이지가 접근됐다.
Cache disabled	이 페이지에 대한 CPU 캐싱을 비활성화한다.
Copy-on-write	이 페이지에 대해 쓰기 시 복사가 사용된다(앞에서 설명했다).
Dirty	페이지에 기록이 일어났다.
Globa	주소 변환이 모든 프로세스에 적용된다(예를 들어 변환 버퍼의 플러시 작업은 이 PTE에 영향을 주지 않는다).
Large page	PDE가 2MB짜리 페이지에 매핑됨을 표시한다(앞서 나온 '큰 페이지와 작은 페이지' 절을 참고한다).
No Execute	페이지 내의 코드가 실행될 수 없음을 나타낸다(데이터 전용만으로 사용될 수 있다).
Owner	유저 모드 코드가 이 페이지에 접근 가능한지, 커널 모드 전용인지를 표시한다.
Prototype	PTE가 섹션 객체와 연관된 공유 메모리의 템플릿으로 사용되는 프로토타입 PTE임을 표시한다.
Valid	주소 변환이 물리 메모리 내의 페이지로 매핑되는지를 나타낸다.

(이어짐)

604

비트 이름	의미
Write through	이 페이지를 write-through(프로세서가 페이지 속성 테이블을 지원한다면)나 write-combined로 표시한다. 이것은 보통 비디오 프레임 버퍼 메모리를 매핑할 때 사용한다.
Write	페이지가 쓰기 가능한지 메모리 관리 유닛에게 알려준다.

x86 시스템에서 하드웨어 PTE는 MMU에 의해 변경될 수 있는 더티^{dirty} 비트와 접근 ^{Accessed} 비트 두 개를 포함한다. 액세스하는 시점에 접근 비트가 꺼져있다면 페이지에 대해 읽기나 쓰기가 일어날 때 MMU는 이 비트를 설정한다. MMU는 페이지에 쓰기가 일어날 때마다 더티 비트를 설정한다. 이 두 비트는 MMU에 의해 꺼지지 않고 운영체제가 적절한 시점에 이 두 비트를 꺼야 할 책임이 있다.

x86 메모리 관리 유닛은 페이지 보호를 제공하기 위해 쓰기^{Write} 비트를 사용한다. 이 비트가 꺼져 있을 때 페이지는 읽기 전용이 되고, 켜져 있을 때는 페이지가 읽기/쓰기 상태가 된다. 쓰기 비트가 꺼져 있는 페이지에 대해 스레드가 쓰기를 시도한다면 메모리 관리 예외가 발생한다. 메모리 관리자의 액세스 폴트 핸들러(뒷부분 '페이지 폴트 처리' 절에서 설명한다)는 스레드가 해당 페이지에 쓸 수 있게 할지(예를 들어 페이지가 쓰기 시 복사로 표시돼 있다면), 엑세스 위반을 발생해야 할지 등을 결정해야 한다.

페이지 테이블 엔트리 내의 하드웨어 쓰기 비트와 소프트웨어 쓰기 비트

소프트웨어로 구현된 추가적인 쓰기 비트(표 5-10에 참고)는 더티 비트의 갱신과 윈도우 메모리 관리 데이터의 갱신을 동기화하게 강제하는 데 사용된다. 간단한 구현에서 메모리 관리자는 모든 쓰기 가능 페이지에 대해 하드웨어 쓰기 비트(비트 1)를 설정하고서 이런 페이지에 대한 쓰기에 대해 MMU가 PTE 내의 더티 비트를 설정하게 만든다. 이후에 더티 비트는 메모리 관리자에게 물리 페이지가 다른 용도로 사용되기 전에 물리 페이지의 내용이 저장소에 쓰여야 한다는 것을 알려준다.

실제로 멀티프로세서 시스템에서 이것은 해결하는 데 많은 비용이 소모되는 경쟁 상태를 유발할 수 있다. 다양한 프로세서의 MMU는 언제든지 하드웨어 쓰기 비트가 설정된 PTE의 더티 비트도 설정할 수 있다. 여러 시점에 메모리 관리자는 PTE 내의 더티 비트 상태를 반영하기 위해 프로세스 워킹셋 리스트를 갱신해야 한다. 메모리 관리자는 워킹셋 리스트에 대한 접근을 동기화하기 위해 푸시락을 사용한다. 하지만 멀티프로세서 시스템에서 한 프로세서가 해당 락을 소유하고 있는 동안에도 더티 비트는 다른 프로세서의 메모리 관리 유닛에 의해 변경될 수도 있다. 이것은 더티 비트에 대한 갱신을 잃게 만드는 가능성을 유발한다.

이런 상황을 방지하기 윈도우 메모리 관리자는 읽기 전용과 쓰기 가능한 페이지의 PTE에 대한 하드웨어 쓰기 비트(비트 1)를 0으로 초기화하고, 페이지의 실제 쓰기 가능한 상태를 소프트웨어 쓰기 비트(비트 11)에 기록한다. 이런 페이지에 대한 첫 번째 쓰기 접근 시에 마치 실제 읽기 전용 페이지인 것처럼 하드웨어 쓰기 비트가 꺼져 있기 때문에 프로세서는 메모리 관리 예외를 일으킨다. 이 경우에도 메모리 관리자는 해당 페이지가 실제로 쓰기 가능하다는 것을 알기에 (소프트웨어 쓰기 비트를 통해) 워킹셋 푸시락을 획득하고 PTE 내의 하드웨어 쓰기 비트와 더티 비트를 설정한다. 그리고 해당 페이지가 변경됐다는 것을 알리기 위해 워킹셋 리스트를 갱신한 후에 워킹셋 푸시락을 해제하고 예외를 제거한다. 그러면 하드웨어 쓰기 작업은 보통처럼 처리되지만 더티 비트의 설정은 워킹셋 리스트 푸시락을 소유한 채로 일어나게 돼 있다.

해당 페이지에 대한 이후의 쓰기 작업에 대해 하드웨어 쓰기 비트가 설정돼 있으므로 예외가 발생하지 않는다. MMU는 불필요한 더티 비트 설정을 하지만 페이지의 '쓰여짐 written-to' 상태는 이미 워킹셋 리스트에 기록돼 있으므로 문제가 되지 않는다. 페이지에 대한 첫 번째 쓰기가 이 예외 핸들링을 거치도록 강제하는 것은 과도한 오버헤드처럼 보일 수도 있다. 그러나 이것은 페이지가 유효 상태로 유지되는 동안 쓰기 가능 페이지마다 오직 한 번만 일어난다. 게다가 페이지가 보통 유효하지 않은 상태(PTE 비트 0이 꺼진 채로)로 초기화되기 때문에 거의 모든 페이지에 대한 첫 번째 접근은 메모리 관리자 예외 핸들링을 거친다. 페이지에 대한 첫 번째 접근이 해당 페이지에 대한 첫 번째 쓰기 접근이라면 방금 설명한 것처럼 더티 비트 처리는 최초 접근 페이지 폴트 처리 내에서 일어날 것이므로 추가적인 오버헤드가 작다. 마지막으로 단일 프로세서나 멀티 프로세서 시스템 모두에서 이 구현 방법은 플러시되는 각 페이지에 대한 락을 소유하지 않고도 변환 룩 어사이드 버퍼(다음 절에서 설명할)를 플러싱하게 허용한다.

변환 룩 어사이드 버퍼(TLB)

지금까지 살펴본 것처럼 각 하드웨어 주소 변환은 다음과 같은 세 가지 참조를 필요로 한다.

- PDPT에서 올바른 엔트리를 찾기 위한 참조
- 페이지 디렉터리(페이지 테이블의 위치를 제공한다)에서 올바른 엔트리를 찾기 위한 참조
- 페이지 테이블에서 올바른 엔트리를 찾기 위한 참조

가상 주소의 모든 참조에 대해 추가적으로 메모리 검사를 세 번씩 하는 것은 요구되는 메모리 대역폭이 4배가 될 것이고, 이것은 성능 저하를 가져올 것이다. 모든 CPU는 주소 변환을 캐시해 같은 주소에 대한 반복된 접근 시 반복해서 같은 변환이 일어나지 않게 한다. 이런 캐시는 **변환 룩 어사이드 버퍼**translation look-aside buffer로 불리는 연관associative 메모리 배열 형태다. 연관 메모리는 셀들을 동시에 읽고 대상 값을 비교할 수 있는 일종의 벡터다. TLB의 경우 각 벡터는 그림 5-19처럼 가장 최근에 사용된 페이지의 가상 주소에서 물리 주소로의 매핑 정보가 포함돼 있고, 각 페이지에 적용된 페이지 보호 유형이나 크기, 속성 정보 등이 포함돼 있다. TLB 내의 엔트리는 캐시 엔트리와 비슷하다. 즉, 태그(가상 주소 일부분을 가진다)와 데이터 부분(물리 페이지 번호와 보호 필드, 유효 비트, 캐시된 PTE와 대응하는 페이지의 상태를 나타내는 더티 비트를 가진다)으로 이뤄져 있다. PTE의 전역 비트가 설정돼 있다면(모든 프로세스에 전역적으로 보이는 시스템 공간 페이지를 위해 윈도우에 의해 사용된) TLB 엔트리는 컨텍스트 전환이 일어나도 무효화되지 않는다.

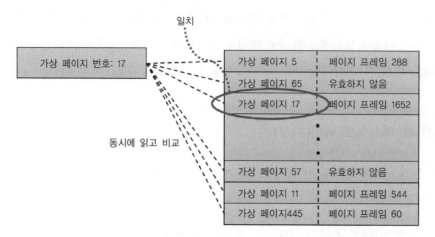

그림 5-19 TLB 접근

자주 사용되는 가상 주소는 TLB 내에 엔트리를 가질 가능성이 크고, 이것은 가상 주소에서 물리 주소로의 아주 빠른 주소 변환을 제공하므로 결국 빠른 메모리 접근이 이뤄진다. 가상 주소가 TLB에는 없고 메모리에는 아직 있다면 해당 주소를 찾기 위해 여러 번의 메모리 접근이 필요하므로 접근 시간은 약간 느려진다. 가상 페이지가 메모리 밖으로 페이지 아웃되거나 메모리 관리자가 PTE를 변경한다면 메모리 관리자는 명시적으로 TLB 엔트리를 무효화해야 한다. 프로세스가 해당 페이지에 다시 접근하면 페이지 폴트가 일어나고 메모리 관리자는 해당 페이지를 다시 메모리로 읽어온 후(필요하다면) PTE 엔트리를 다시 생성한다(그러면 TLB 내에 결과에 대한 엔트리가 만들어진다).

실습: 주소 변환

주소 변환이 어떻게 이뤄지는지 명확하게 하기 위해 이 실습에서는 x86 PAE 시스템에서 커널 디버거를 이용해 PDPT와 페이지 디렉터리, 페이지 테이블, PTE를 확인할 수 있는 가용한 툴을 사용해 가상 주소 변환의 실제 예를 보여준다. 이 예제에서 현재 유효한 물리 주소와 매핑돼 있는 가상 주소 0x3166004를 가진 프로세스에 대해 진행을 한다. 이후의 예제에서는 커널 디버거를 갖고 유효

608

하지 않은 주소를 가진 경우 주소 변환이 어떻게 일어나는지 살펴본다.

먼저 0x3166004를 이진수 형태로 변환한 후 주소 변환에 사용되는 세 개의 필드로 나눈다. 이진수로 0x3166004는 11.0001.0110.0110.0000.0000.0100이다. 이것을 다음과 같은 컴포넌트로 나눈다.

31 30 29		21 20		12 11		0
00	00.0011.000		1.0110.0110		0000.0000.0100	
페이지 디렉터리 포인터 인덱스(0)	페이지 디렉터리 인덱스(24)		페이지 테이블 인덱스 (0x166 또는 358)		바이트 오프셋(4)	

변환 작업을 시작하기 위해 CPU는 해당 프로세스에 대한 PDPT의 물리 주소를 필요로 한다. 이 값은 프로세스 내에 포함된 스레드가 동작하는 동안 CR3 레지스터에 저장돼 있다. 이 주소를 알아내려면 다음 예처럼 !process 명령의 결과에서 DirBase 필드를 찾으면 된다.

```
lkd> !process -1 0
PROCESS 99aa3040   SessionId: 2  Cid: 1690    Peb: 03159000  ParentCid: 0920
    DirBase: 01024800   ObjectTable: b3b386c0 HandleCount: <Data Not Accessible>
    Image: windbg.exe
```

DirBase 필드는 PDPT가 물리 주소 0x1024800에 저장돼 있음을 보여준다. 이전 그림에서 보듯이 이 예제의 가상 주소에서는 PDPT 인덱스 필드가 0이다. 따라서 관련된 페이지 디렉터리의 물리 주소를 포함하고 있는 PDPT 엔트리는 PDPT의 첫 번째 엔트리로 물리 주소는 0x1024800이 된다.

커널 디버거 명령 !pte를 사용하면 다음처럼 가상 주소에 대한 PDE와 PTE 정보를 확인할 수 있다.

```
lkd> !pte 3166004
                 VA 03166004
PDE at C06000C0           PTE at C0018B30
contains 0000000056238867   contains 800000005DE61867
pfn 56238     ---DA--UWEV   pfn 5de61     ---DA--UW-V
```

디버거가 PDPT를 보여주지 않지만 주어진 물리 주소를 이용해 쉽게 볼 수 있다.

```
lkd> !dq 01024800 L4
# 1024800 00000000'53c88801 00000000'53c89801
# 1024810 00000000'53c8a801 00000000'53c8d801
```

여기서 디버거 확장 명령인 **!dq**를 사용했다. 이것은 dq 명령(64비트 값 쿼드워드 quadwords를 보여준다)과 유사한데 가상 주소 대신 물리 주소를 확인할 수 있게 해준다. PDPT가 4개의 엔트리만 가진 것을 알기 때문에 결과가 뒤섞이지 않도록 L 4라는 길이 관련 인자를 추가했다.

앞 그림처럼 이 예제의 가상 주소에서 PDPT 인덱스(최상위 두 비트)는 0이므로 찾고자 하는 PDPT 엔트리는 출력된 쿼드워드의 첫 번째 것이 된다. PDPT 엔트리는 PDE나 PTE와 유사한 포맷을 가지므로 여기서는 물리 주소로 0x53c88000에 대한 PFN 0x53c88을 갖고 있는 것을 확인할 수 있다. 이것은 페이지 디렉터리의 물리 주소다.

!pte 결과는 PDE 주소 0xC06000C0에 대한 물리 주소가 아닌 가상 주소를 보여준다. x86 시스템에서 프로세스의 첫 번째 페이지 디렉터리는 가상 주소 0xC0600000에서 시작한다. 이 경우 PDE 주소는 0xC0이므로, 즉 8바이트(엔트리의 크기)의 24배인 값을 페이지 디렉터리 시작 주소에 더한다. 따라서 이 예의 가상 주소에 대한 페이지 디렉터리 인덱스 필드는 24다. 이는 페이지 디렉터리에서 25번째 PDE를 찾고 있다는 것을 의미한다.

PDE는 필요한 페이지 테이블의 PFN을 제공한다. 이 예에서 PFN은 0x56238이 므로 페이지 테이블은 물리 주소 0x56238000에서 시작한다. MMU는 가상 주소의 페이지 테이블 인덱스 필드(0x166)에 8(PTE의 바이트 크기)을 곱한 값을 더할 것이다. PTE의 물리 주소는 0x56238B30이 된다.

디버거는 PTE의 가상 주소가 0xC0018B30이라고 보여준다. 바이트 오프셋 부분 (0xB30)이 주소 변환 시에는 항상 물리 주소 부분과 동일한 것을 주목하자. 메모리 관리자는 페이지 테이블의 시작을 0xC0000000에 매핑하기 때문에 0xC0018000 (0x18은 앞서 봤듯이 24번째 엔트리이다)에 0xB30을 더하면 앞에서 커널 디버거 명령으로 나온 결과와 동일하게 된다(0xC0018B30). 디버거는 PTE의 PFN 필드 값이 0x5DE61이라고 보여준다.

마지막으로 원본 주소의 바이트 오프셋을 고려해보자. 앞에서 설명했듯이 MMU 는 PTE의 PFN에 바이트 오프셋을 덧붙여 물리 주소는 0x5DE61004가 된다. 따라서 이 순간 원본 가상 주소 0x3166004와 연관된 물리 주소는 이 값이 된다.

PTE의 플래그 비트는 PFN의 오른쪽에 표시된다. 예를 들어 참조 중인 페이지를 나타내는 PTE 페이지는 ---DA--UW-V 플래그를 갖는다. 여기서 A는 액세스된 페이지를 나타내며(페이지가 읽힌 적이 있다), U는 유저 모드 접근 가능 페이지(반대는 커널 모드 전용 접근 가능 페이지), W는 쓰기 가능 페이지(단순히 읽기만 하는 대신), V는 유효한 페이지를 나타내는 플래그다(PTE는 물리 메모리 내의 유효한 페이지를 나타낸다).

여기서 계산한 물리 주소를 확인하기 위해 가상과 물리 주소 둘 다 살펴보자. 먼저 가상 주소에 대해 디버거 dd(dwords 표시) 명령을 사용하면 다음과 같은 결과가 나온다.

```
lkd> dd 3166004 L 10
```

```
03166004  00000034  00000006  00003020  0000004e
03166014  00000000  00020020  0000a000  00000014
```

그리고 계산된 물리 주소에 대해 !dd 명령을 사용하면 다음과 같이 동일한 내용을 볼 수 있다.

```
lkd> !dd 5DE61004 L 10
#5DE61004  00000034  00000006  00003020  0000004e
#5DE61014  00000000  00020020  0000a000  00000014
```

PTE와 PDE의 가상 주소와 물리 주소에 대해서도 결과를 동일한 방법으로 비교할 수 있다.

x64 가상 주소 변환

x64에서 주소 변환은 x86과 유사하지만 4번째 단계가 추가됐다. 각 프로세스는 확장된 최상위 레벨의 페이지 디렉터리(페이지 맵 레벨 4 테이블로 불린다)를 갖는데, 이것은 페이지 부모 디렉터리page parent directories로 불리는 레벨 3 구조체에 대한 512개의 물리 위치를 포함하고 있다. 페이지 부모 디렉터리는 x86 PAE의 PDPT와 유사하지만 1개가 아닌 512개가 있고, 각 페이지 부모 디렉터리는 4개가 아닌 512개의 엔트리를 포함하는 완전한 페이지다. PDPT처럼 페이지 부모 디렉터리 엔트리는 레벨 2 페이지 디렉터리에 대한 물리 주소를 포함하고, 각 페이지 디렉터리는 512개의 페이지 테이블 위치를 가리키는 포인터를 포함한다. 마지막으로 페이지 테이블(각기 512개의 페이지 테이블 엔트리를 포함한다)은 메모리 내의 해당 페이지 물리 위치를 가리킨다. 앞에서 실명한 물리 위치는 이들 구조체에 PFN으로 저장돼 있다.

현재 구현된 x64 아키텍처는 가상 주소를 48비트로 제한한다. 이 48비트 가상 주소를 구성하는 컴포넌트와 주소 변환 용도로 사용되는 컴포넌트 간의 관계를 그림 5-20에서 보여준다. x64 하드웨어 PTE 포맷은 그림 5-21에서 보여준다.

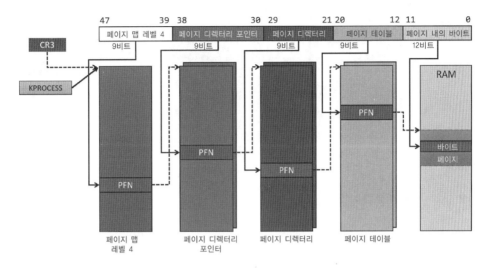

그림 5-20 x64 주소 변환

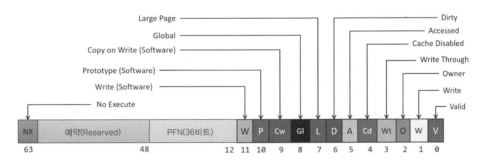

그림 5-21 x64 하드웨어 PTE

ARM 가상 주소 변환

ARM 32비트 프로세서에서의 가상 주소 변환은 각 크기가 32비트인 1024개의 엔트리를 갖는 단 하나의 페이지 디렉터리를 사용한다. 변환 구조는 그림 5-22에서 보여준다.

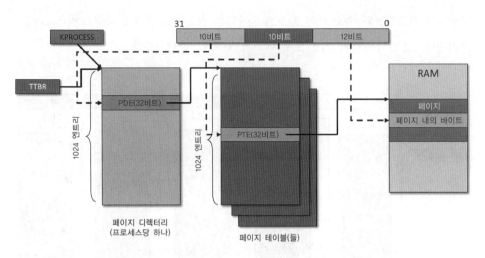

그림 5-22 ARM 가상 주소 변환 구조

모든 프로세스는 단일 페이지 디렉터리를 가진다. 이 디렉터리의 물리 주소는 TTBR 레지스터(x86/x64에서 CR3 레지스터와 유사하다)에 저장돼 있다. 가상 주소의 최상위 10비트는 1,024개의 페이지 테이블 중 하나를 가리키는 PDE를 선택한다. 특정 PTE는 가상 주소의 그다음 10비트에 의해 선택된다. 유효한 각 PTE는 물리 메모리에서 페이지의 시작 지점을 가리킨다. 오프셋은 가상 주소의 최하위 12비트다(x86과 x64 경우처럼). 그림 5-22의 기법에서 각 PTE는 x86/x64의 경우(64비트)보다 작고(32비트) 실제로 PFN 용도로는 20 비트만 사용되기 때문에 주소 지정 가능한 물리 메모리는 4GB임을 암시한다. ARM 프로세서는 PAE 모드를 지원하지만(x86과 유사하다) 윈도우는 이 기능을 사용하지 않는다. 미래의 윈도우 버전은 ARM 64비트 아키텍처를 지원할 수도 있는데, 이렇게 되면 물리 주소 제약을 완화시킬 것이고 프로세스와 시스템을 위한 가상 주소 공간도 극적으로 증가될 것이다.

이상하게도 유효한 PTE와 PDE, 큰 페이지 PDE의 배치가 동일하지 않다. 그림 5-23은 ARMv7에서 현재 윈도우에 의해 사용되는 유효한 PTE 배치를 보여준다. 추가적인 정보는 공식적인 ARM 문서를 살펴보자.

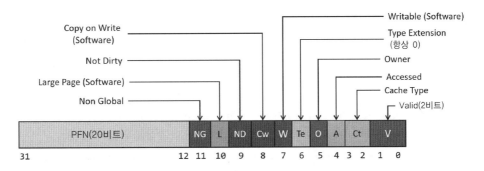

그림 5-23 ARM 유효 PTE 배치

페이지 폴트 핸들링

지금까지 PTE가 유효할 때 주소 변환이 어떻게 이뤄지는지 살펴봤다. PTE의 유효^{valid}비트가 클리어돼 있다면 요청된 페이지가 어떤 이유에 의해 현재 프로세스에서 접근할 수 없음을 나타낸다. 이번 절에서는 유효하지 않은 PTE를 설명하고 그것들에 대한 참조가 어떻게 이뤄지는지 살펴본다.

> 이번 절에서는 32비트 x86 PTE 포맷에 대해서만 자세히 다룬다. 64비트와 ARM 시스템의 PTE도 비슷한 정보를 포함하고 있지만 자세한 배치는 설명하지 않는다.

유효하지 않은 페이지 참조를 페이지 폴트^{page fault}라고 부른다. 커널 트랩 핸들러(2권 8장의 '트랩 디스패칭' 절을 참조)는 이런 종류의 폴트 해결을 위해 메모리 관리자 폴트 핸들러(MmAccessFault)로 전달한다. 이 루틴은 폴트를 발생시킨 스레드 컨텍스트에서 수행되며, 가능하다면 폴트를 해결하고 그렇지 않다면 적절한 예외를 발생시킬 책임이 있다. 이런 폴트는 표 5-11에 나열된 것처럼 다양한 조건에서 발생될 수 있다.

표 5-11 접근 폴트의 원인

폴트 원인	결과
PTE/PDE 손상	코드 0x1A(MEMORY_MANAGEMENT)로 시스템을 버그 체크(크래시)시킨다.
메모리에 존재하지 않고 디스크의 페이지 파일이나 맵 파일에 존재하는 페이지에 대한 접근	물리 메모리를 할당하고 요청된 페이지를 디스크로부터 읽어 적절한 워킹셋에 저장
스탠바이(standby) 리스트나 변경(modified) 리스트에 포함된 페이지에 대한 접근	요청된 페이지를 프로세스나 세션 또는 시스템 워킹셋으로 변환
커밋되지 않은 페이지에 대한 접근(예를 들어 예약된 주소 공간이거나 할당되지 않은 주소 공간)	액세스 위반 예외
커널 모드에서만 접근 가능한 페이지를 유저 모드에서 접근	액세스 위반 예외
읽기 전용 페이지에 대한 쓰기	액세스 위반 예외
제로 요청(demand zero) 페이지에 대한 접근	0으로 채워진 페이지를 적절한 워킹셋으로 추가
가드 페이지에 대한 쓰기	가드 페이지 위반(유저 모드 스택에 대한 참조라면 스택이 자동으로 확장된다)
쓰기 시 복사 페이지에 대한 쓰기	프로세스 전용(또는 세션 전용)으로 페이지 복사본을 만들고 프로세스나 세션, 시스템 워킹셋 내의 원본과 교체
유효하지만 아직 현재 백업 저장 복사본에 쓰여지지않은 페이지에 대한 쓰기	PTE의 더티 비트 설정
실행 금지로 표시된 페이지에 포함돼 있는 코드에 대한 실행	액세스 위반 예외
PET 권한이 엔클레이브 권한과 일치하지 않는다(CreateEnclave 함수에 대해서는 윈도우 SDK 문서와 5장 뒷부분의 '메모리 엔클레이브' 절을 참고하라).	유저 모드:접근 위반 예외. 커널 모드: 코드 0x50(PAGE_FAULT_IN_NONPAGED_AREA)으로 버그 체크

다음 절에서는 접근 폴트 핸들러에 의해 처리되는 기본적인 4가지 종류의 유효하지 않은 PTE에 대해 설명한다. 그다음은 유효하지 않은 PTE의 특별한 경우인 프로토타입 prototype PTE를 설명하는데, 이것은 공유 가능한 페이지를 구현하는 데 사용된다.

유효하지 않은 PTE

주소 변환 중에 PTE의 유효 비트가 0이라면 그 PTE는 유효하지 않은 페이지를 나타낸다. 이 페이지에 대한 참조는 메모리 관리 예외(즉, 페이지 폴트)가 발생한다. MMU는 PTE의 남은 비트를 무시한다. 따라서 운영체제는 페이지 폴트를 해결하는 데 도움이 되는 페이지에 관한 정보를 저장하기 위해 이 비트들을 사용할 수 있다.

다음 목록은 4가지 유효하지 않은 PTE와 이들의 구조에 대한 세부 사항을 설명한다. 이들은 MMU 대신 메모리 관리자에 의해 해석되므로 종종 소프트웨어 PTE로 불리기도 한다. 일부 플래그는 표 5-10에서 설명한 하드웨어 PTE의 플래그와 동일하고 일부 비트 필드는 하드웨어 PTE의 필드와 동일하거나 비슷한 의미를 가진다.

- **페이지 파일** 요청된 페이지는 페이징 파일 내에 존재한다. 그림 5-24에서처럼 PTE의 4비트는 페이지가 존재하는 16개의 가능한 페이지 파일을 나타내고, 32 비트는 파일 내에서 페이지 번호를 제공한다. 페이저^{pager}는 해당 페이지를 메모리로 가져와 유효하게 만들기 위해 인 페이지 동작을 시작한다. 페이지 파일 오프셋은 다음에 설명할 다른 포맷을 허용하기 위해 0이 아니거나 모두 1로 채워져 있지 않다(이것은 페이지 파일 내에서 최초이거나 마지막 페이지를 나타내는데, 이들 페이지는 페이징을 위해 사용되지 않는다).

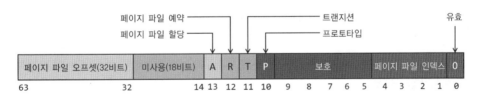

그림 5-24 페이지 파일 내의 페이지를 나타내는 PTE

- **제로 요청** 이 PTE 포맷은 앞에서 살펴본 페이지 파일의 PTE 엔트리와 동일하지만 페이지 파일 오프셋은 0이 된다. 요청된 페이지는 0으로 채워진 페이지여야 한다. 페이저는 제로 페이지 리스트를 살펴보고 리스트가 비어 있다면 프리^{free} 리스트에서 페이지를 가져와 0으로 채운다. 프리 리스트도 비어 있다면 스

탠바이 리스트에서 페이지를 가져와 0으로 채운다.

- **가상 주소 디스크립터** 이 PTE 포맷은 앞에서 살펴본 페이지 파일의 PTE와 동일하지만 페이지 파일 오프셋 필드는 모두 1로 채워져 있다. 이는 그 정의와 백업 저장소를 프로세스의 가상 주소 디스크립터^{VAD} 트리에서 찾을 수 있는 페이지를 나타낸다. 이 포맷은 매핑 파일에서 섹션에 의해 백업되는 페이지를 위해 사용된다. 페이저는 해당 가상 페이지를 둘러싸는 가상 주소 공간을 정의하는 VAD를 찾아 이 VAD에 의해 참조되는 맵 파일로부터 인 페이지 동작을 시작한다 (VAD에 대해서는 5장 뒷부분의 '가상 주소 디스크립터' 절에서 자세히 설명한다).

- **트랜지션(Transition)** 트랜지션 비트가 1이다. 요청된 페이지가 스탠바이 리스트나 변경 리스트, 쓰기 없는 변경$^{Modified-no-write}$ 리스트에 있거나 어떤 리스트에도 존재하지 않는다. 페이저는 해당 페이지를 리스트(리스트에 있다면)에서 제거하고 프로세스 워킹셋에 추가한다. 이는 I/O가 동반되지 않으므로 소프트 페이지 폴트로 불린다.

- **Unknown** PTE가 0이거나 페이지 테이블이 아직 존재하지 않는다(페이지 테이블의 물리 주소를 제공하는 PDE가 0을 포함하고 있다). 이들 두 경우 모두 메모리 관리자 페이저는 가상 주소가 커밋됐는지 아닌지 여부를 결정하기 위해 VAD를 검사해야 한다. 커밋됐다면 새롭게 커밋된 주소 공간을 위한 페이지 테이블이 만들어진다. 커밋되지 않았다면(즉, 해당 페이지가 예약됐거나 전혀 정의되지 않았다면) 페이지 폴트가 액세스 위반 예외로 보고된다.

프로토타입 PTE

페이지가 두 프로세스 사이에서 공유될 수 있다면 메모리 관리자는 **프로토타입**^{Prototype} **페이지 테이블 엔트리(프로토타입 PTE)**라는 소프트웨어 구조체를 이용해 잠재적으로 공유된 페이지들을 매핑한다. 페이지-파일-백업$^{Page-file-backed}$ 섹션에 대한 프로토타입 PTE 배열은 섹션 객체가 처음 생성될 때 만들어진다. 맵 파일의 경우 요청에 의해 각 뷰가 매핑될 때마다 배열의 일부분이 생성된다. 이들 프로토타입 PTE는 세그먼트 구조

(5장 뒷부분의 '섹션 객체' 절을 보라)의 일부분이다.

프로세스가 처음으로 섹션 객체의 뷰에 매핑된 페이지를 참조할 때(뷰가 매핑됐을 때에만 VAD가 생성된다는 것을 기억하자) 메모리 관리자는 프로토타입 PTE에 들어있는 정보를 이용해 해당 프로세스 페이지 테이블에 주소 변환에 사용되는 실제 PTE를 채운다. 공유 페이지가 유효하게 되면 프로세스 PTE와 프로토타입 PTE 모두 데이터를 포함하는 물리 페이지를 가리킨다. 유효한 공유 페이지를 참조하는 프로세스 PTE의 개수를 추적하기 위해 PFN 데이터베이스 항목에 있는 카운터가 하나 증가된다. 따라서 메모리 관리자는 공유 페이지가 어떤 페이지 테이블에 의해서도 더 이상 참조되지 않는 때를 결정해 해당 페이지를 유효하지 않게 만든 후 트랜지션 리스트로 이동시키거나 디스크에 기록할 수도 있다.

공유 페이지가 유효하지 않게 될 때 프로세스 페이지 테이블 내의 PTE는 그림 5-25처럼 페이지를 기술하는 프로토타입 PTE를 가리키는 특별한 PTE로 채워진다. 따라서 페이지가 접근될 때 메모리 관리자는 이 PTE에 인코딩된 정보를 이용해 프로토타입 PTE를 찾고, 결국 참조되는 페이지를 찾을 수 있다.

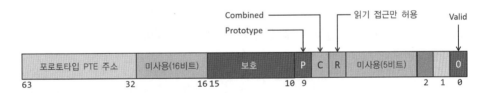

그림 5-25 프로토타입 PTE를 가리키는 유효하지 않은 PTE의 구조

공유 페이지는 프로토타입 PTE에 의해 기술된 것처럼 다음과 같은 여섯 가지 상태 중 하나가 될 수 있다.

- **액티브(Active)/유효** 다른 프로세스에 의해 액세스돼 페이지가 물리 메모리 내에 존재한다.
- **트랜지션** 요청된 페이지가 스탠바이 리스트나 변경 리스트(또는 어떤 리스트에도 포함되지 않는)의 메모리 내에 존재한다.

- **쓰기 없는 변경(Modified-no-write)** 요청된 페이지가 메모리에 존재하며 쓰기 없는 변경 리스트에 속한다(표 5-11를 참조).
- **제로 요청** 요청된 페이지는 0으로 돼 있어야 한다.
- **페이지 파일** 요청된 페이지는 페이지 파일에 존재한다.
- **맵 파일** 요청된 페이지는 맵 파일에 존재한다.

프로토타입 PTE 포맷이 앞서 설명한 실제 PTE와 동일하더라도 프로토타입 PTE는 주소 변환에 사용되지는 않는다. 이들은 페이지 테이블과 PFN 데이터베이스 사이에 존재하는 계층으로 페이지 테이블에서 결코 직접적으로 나타나지 않는다.

폴트를 해결하기 위해 잠재적으로 공유되는 페이지에 접근하는 모든 접근자를 프로토타입 PTE를 가리키게 함으로써 메모리 관리자는 해당 페이지를 공유하는 각 프로세스의 페이지 테이블을 갱신할 필요 없이 공유 페이지를 관리할 수 있다. 예를 들어 공유되는 코드나 데이터 페이지가 어떤 시점에 디스크로 페이지 아웃될 수도 있다. 메모리 관리자가 디스크로부터 그 페이지를 다시 읽어올 때 프로토타입 PTE만 새롭게 로딩된 물리 페이지를 가리키게 하면 된다. 해당 페이지를 공유하는 각 프로세스 PTE는 유효 비트가 클리어된 상태로 여전히 프로토타입 PTE를 가리키며 동일한 값을 유지한다. 나중에 프로세스가 이 페이지를 참조할 때 실제 PTE가 갱신될 것이다.

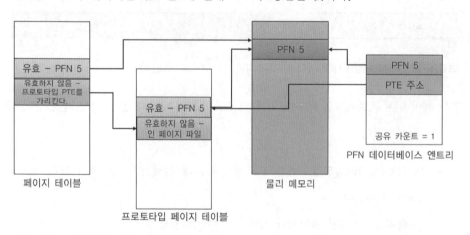

그림 5-26 프로토타입 페이지 테이블 엔트리

그림 5-26은 맵 뷰 내에 두 개의 가상 페이지가 있음을 나타낸다. 하나는 유효하고 다른 하나는 유효하지 않다. 보는 것처럼 첫 번째 페이지는 유효하고 프로세스 PTE와 프로토타입 PTE 둘 다 이 페이지를 가리킨다. 두 번째 페이지는 페이징 파일에 존재하고 프로토타입 PTE는 그것의 정확한 위치를 가리킨다. 프로세스 PTE(와 해당 페이지를 매핑한 여타 모든 프로세스)는 이 프로토타입 PTE를 가리킨다.

인 페이징 I/O

페이지 폴트를 해결하기 위해 파일(페이지 파일이나 맵 파일)에 대한 읽기 동작이 반드시 있어야 하는데, 이때 인 페이징In-Paging I/O가 발생한다. 또한 페이지 테이블 자체도 페이징이 가능하기 때문에 페이지 폴트 처리 중에 필요하다면 또 다른 I/O가 발생할 수 있다. 시스템이 참조하려는 원본 페이지에 대한 정보를 포함하고 있는 PTE나 프로토타입 PTE가 저장된 페이지 테이블 페이지를 로딩할 때가 그렇다.

인 페이징 I/O는 동기적(즉, 스레드는 I/O가 완료될 때까지 이벤트를 기다린다)이며, 비동기 프로시저 호출APC에 의해 인터럽트되지 않는다. 페이저는 I/O 요청 함수 내에서 페이징 I/O를 나타내기 위해 특별한 변경자Modifier를 사용한다. 페이징 I/O가 완료되면 I/O 시스템은 이벤트를 발생시켜 페이저를 깨워 인 페이징 I/O 처리를 계속할 수 있게 한다.

페이징 I/O 작업이 진행 중인 동안 페이지 폴트를 발생시킨 스레드는 중요한 메모리 관리 동기화 객체 중 어떤 것도 갖지 않는다. 페이징 I/O가 처리되는 동안 동일한 프로세스 내의 다른 스레드는 가상 메모리 함수를 사용할 수 있고, 페이지 폴트도 처리할 수 있다. 그러나 I/O 작업이 완료될 때 페이저가 알아야만 하는 몇 가지 흥미로운 조건이 있다.

- 같은 프로세스 내의 다른 스레드나 다른 프로세스가 동일한 페이지에 대해 폴트를 발생시킬 수 있다(페이지 폴트 충돌이라고 하는데, 다음 절에서 설명한다).
- 페이지가 가상 주소 공간에서 삭제되고 다시 매핑될 수 있다.
- 페이지에 대한 보호가 변경될 수 있다.

- 페이지 폴트가 프로토타입 PTE에 대해 발생할 수도 있고, 이 프로토타입 PTE를 매핑하고 있는 페이지가 워킹셋 밖에 있을 수도 있다.

페이저는 페이징 I/O 요청 전에 스레드의 커널 스택에 충분한 상태 정보를 저장해 요청이 완료됐을 때 막 언급한 이런 조건을 감지할 수 있게 하고, 필요하다면 페이지를 유효화하지 않고 페이지 폴트를 무시할 수도 있다. 폴트를 일으킨 명령이 다시 실행되면 페이저는 다시 호출되고 PTE는 새로운 상태에서 다시 평가된다.

페이지 폴트 충돌

현재 페이징 인되고 있는 페이지에 대해 동일한 프로세스 내의 다른 스레드나 다른 프로세스에서 다시 폴트를 발생시키는 경우를 페이지 **폴트 충돌**collided page fault이라고 한다. 멀티스레드 시스템에서는 일반적으로 발생하는 일이기 때문에 페이저pager는 최적화된 방법으로 페이지 폴트 충돌을 감지하고 처리한다. 다른 스레드나 프로세스에 의해 동일한 페이지에서 폴트가 발생하면 페이저는 페이지 폴트 충돌을 감지하고 해당 페이지가 트랜지션 중이며 읽기 작업이 수행 중이라고 알려준다(이 정보는 PFN 데이터베이스 엔트리 내에 있다). 이 경우 페이저는 PFN 데이터베이스 엔트리에 명시된 이벤트에 대해 대기 명령을 내릴 수 있다. 대안으로 파일 시스템이 데드락Deadlock에 걸리는 것을 막기 위해 병렬 I/O를 발생시킬 수 있다(먼저 완료한 I/O만 성공시키고 나머지는 무시한다). 이 이벤트는 페이지 폴트를 처리하기 위해 최초로 I/O를 발생시켰던 스레드에 의해 초기화됐다.

I/O가 완료되면 이벤트를 대기하고 있던 모든 스레드는 대기 상태에서 해제된다. PFN 데이터베이스 락을 최초로 획득한 스레드는 인 페이지 완료 작업을 수행할 책임이 있다. 이 작업은 I/O가 성공적으로 완료됐는지를 확인하기 위해 I/O 상태를 확인하거나, PFN 데이터베이스 내의 읽기 진행 중read-in-progress 비트를 클리어하거나, PTE를 갱신하는 작업들로 구성돼 있다.

후속하는 다른 스레드가 페이지 폴트 충돌을 완료하기 위해 PFN 데이터베이스 락을 획득할 때 페이저는 읽기 진행 중 비트가 지워진 것을 보고 최초 갱신이 완료됐다는 것을 인식한 후 인 페이징 I/O가 성공적으로 완료됐는지를 확인하기 위해 PFN 데이터베이스 항목에서 인 페이지in-page 오류 플래그를 검사한다. 인 페이지 오류 플래그가 설정돼 있다면 PTE는 갱신되지 않고 폴트를 발생한 스레드에서 인 페이지 오류 예외가 발생한다.

클러스터 페이지 폴트

메모리 관리자는 페이지 폴트를 처리할 때 큰 클러스터 단위로 프리패치Prefetch해 시스템 캐시에 위치시킨다. 프리패치 동작은 가상 메모리의 워킹셋 대신 시스템의 페이지 캐시로 데이터를 직접 읽어오므로 프리패치된 데이터가 가상 메모리 공간을 소진하지 않게 하고, 미리 읽어오는 데이터의 크기가 사용 가능한 가상 메모리 크기에 제약받지 않게 한다. 또한 페이지가 용도 변경이 일어날 것이라면 값비싼 TLB 플러싱이 일어나는 프로세서 간 인터럽트가 필요 없다. 프리패치된 페이지는 스탠바이 리스트에 들어가고 PTE에 트랜지션 상태로 표시된다. 프리패치된 페이지가 그 후에 참조된다면 메모리 관리자는 그것을 워킹셋에 추가한다. 그렇지 않고 한 번도 참조되지 않는다면 그것을 해제하기 위해 시스템 리소스가 필요하지 않다. 프리패치된 클러스터 내의 페이지가 이미 메모리에 있다면 메모리 관리자는 다시 그것을 읽지 않는다. 대신 그림 5-27처럼 더미 페이지를 사용해 이들 페이지를 나타내서 효율적인 하나의 커다란 I/O가 발생될 수 있게 한다.

이 그림에서 페이지 A, Y, Z, B에 해당하는 파일 오프셋과 가상 주소는 논리적으로 연속적이다. 하지만 이들의 물리 페이지는 연속적일 필요가 없다. 페이지 A와 B는 상주하고 있지 않으므로 메모리 관리자는 그것을 읽어 와야 한다. 페이지 Y와 Z는 이미 메모리에 상주하므로 읽어올 필요가 없다(실제로 이들은 저장된 영역에서 읽혀져 온 이후로 변경이 됐을지도 모르는데, 그 내용을 덮어쓴다면 심각한 오류 상황이 된다). 하지만 페이지 A와 B를 하나의 동작으로 동시에 읽어오는 것이 페이지 A를 읽어온 후 다시 페이지 B를 읽어오는 것보다 훨씬 더 효율적이다. 따라서 메모리 관리자는 4개 페이지 모두(A, Y, Z, B)를 저장된 영역으로부터 읽어오기 위해 하나의 읽기 요청을 내린다. 이런 읽기 요청은 현재 시스템의 메모리 사용량과 가용한 메모리 크기 등을 고려해 타당한 수준의 페이지 양을 포함한다.

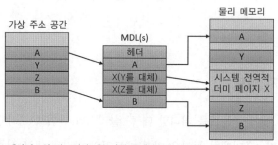

페이지 Y와 Z는 이미 메모리에 존재하므로 관련된
MDL 엔트리는 시스템 전역적인 더미 페이지를 가리킨다.

그림 5-27 MDL에서 가상 주소를 물리 주소로 매핑할 때 더미 페이지 사용법

메모리 관리자가 요청된 페이지를 기술하는 메모리 디스크립터 리스트^{MDL}을 만들 때 페이지 A와 B에 대한 유효한 포인터를 제공한다. 반면에 Y와 Z 페이지에 대한 엔트리는 시스템 전역적으로 하나인 더미 페이지 X를 가리키게 한다. 메모리 관리자는 X가 보이지 않게 만들기 때문에 더미 페이지 X에 잠재적으로 저장소에 있는 유효하지 않은 데이터를 채워 넣을 수도 있다. 하지만 어떤 컴포넌트가 MDL 내의 Y와 Z 오프셋을 참조하면 Y와 Z 대신 더미 페이지 X를 보게 된다.

메모리 관리자는 버려지는 많은 페이지를 하나의 더미 페이지로 나타낼 수 있다. 더미 페이지는 동일한 MDL에 여러 번 들어갈 수 있으며, 다른 드라이버에서 사용되는 여러 개의 MDL에 동시에 들어갈 수도 있다. 그 결과 버려지는 페이지를 가리키는 위치에 대한 내용은 언제든 바꿀 수 있다(MDL에 관한 추가적 사항은 6장을 보라).

페이지 파일

페이지 파일은 프로세스에 의해 아직 사용 중이지만 해당 페이지의 매핑이 해제됐거나 메모리 압박으로 트림^{trim}이 발생해 디스크에 써져야 할 변경된 페이지를 저장하는 용도

로 사용된다. 페이지가 최초 커밋되면 페이지 파일 공간이 예약되지만 페이지가 디스크에 기록되는 시점까지는 최적으로 클러스터화된 페이지 파일의 정확한 위치는 알 수 없다.

시스템이 부팅될 때 세션 관리자 프로세스(Smss.exe)는 HKLM\SYSTEM\CurrentControlSet\Control\Session Manager\Memory Management\PagingFiles 레지스트리 값을 검사해 열어야 할 페이지 파일 리스트를 읽는다. 이 다중 문자열 레지스트리 값에는 각 페이징 파일의 이름과 최소 크기, 최대 크기가 저장돼 있다. 윈도우는 x86과 x64에서 16개, 그리고 ARM에서는 2개의 페이지 파일까지 지원한다. x86과 x64에서 시스템의 각 페이지 파일 크기는 최대 16TB까지 가능하며, ARM 시스템에서는 최대 4GB다. 페이지 파일이 한 번 열리면 시스템 프로세스에 의해 페이지 파일에 대한 열린 핸들이 관리되기 때문에 시스템이 동작하는 한 지울 수 없다.

페이지 파일은 프로세스와 커널의 가상 메모리 일부분을 포함하기 때문에 보안적인 이유로 시스템 종료 시 페이지 파일을 깨끗하게 정리할 수 있게 시스템을 설정할 수 있다. 이 기능을 활성화하려면 HKLM\SYSTEM\CurrentControlSet\Control\Session Manager\Memory Management 키의 ClearPageFileAtShutdown 값을 1로 하면 된다. 이렇게 하지 않으면 시스템이 종료된 이후에 시스템이 동작할 때 페이지 아웃됐던 데이터가 페이지 파일에 남게 되고, 이 데이터는 시스템에 물리적으로 접근할 수 있는 다른 누군가에 의해 접근될 수도 있다.

페이징 파일 크기의 최댓값과 최솟값이 모두 0(또는 지정되지 않았다면)이면 이는 시스템에 의해 관리되는 페이지 파일임을 나타낸다. 윈도우 7과 서버 2008 R2는 RAM 크기에만 기반을 두고 다음과 같은 간단한 규칙을 따른다.

- **최소 크기** RAM의 크기나 1GB 중 큰 값으로 설정한다.
- **최대 크기** 3 × RAM 크기나 4GB 중 큰 값으로 설정한다.

이런 설정 값이 이상적인 것은 아니다. 예를 들어 최근의 노트북과 데스크톱 머신은 32GB나 64GB RAM을 보통 갖고 있다. 서버 머신은 수백 기가바이트의 RAM을 가질 수도 있다. 초기 페이지 파일의 크기를 RAM 크기로 설정하면, 특히 디스크 크기가 상대적으로 작고 SSD에 기반을 두는 경우 디스크 공간의 상당한 손실로 이어질 수 있다. 더욱이 시스템에서 RAM의 크기가 해당 시스템의 일반적인 메모리 작업량을 나타내지는 않는다.

현재 구현은 좀 더 정교한 기법을 사용한다. 즉, RAM 크기와 더불어 페이지 파일 사용 이력과 다른 요소에 기반을 두고 알맞은 최소 페이지 파일 크기를 계산한다. 페이지 파일 생성과 초기화의 일환으로 Smss.exe는 다음과 같은 전역 변수에 저장된 4가지 요소에 기반을 두고 페이지 파일의 최소 크기를 계산한다.

- RAM(**SmpDesiredPfSizeBasedOnRAM**) RAM에 기반을 둔 권장 페이지 파일 크기
- Crash dump(**SmpDesiredPfSizeForCrashDump**) 크래시 덤프를 저장하는 데 필요한 권장 페이지 파일 크기
- History(**SmpDesiredPfSizeBasedOnHistory**) 사용 이력에 기반을 둔 권장 페이지 파일 크기. Smss.exe는 한 시간에 한 번씩 구동하는 타이머를 사용해 페이지 파일 사용량을 기록한다.
- Apps(**SmpDesiredPfSizeForApps**) 윈도우 앱에 권장되는 페이지 파일 크기

이 값들은 표 5-12에서처럼 계산된다.

시스템 관리 크기의 경우 최대 페이지 파일 크기는 RAM의 세 배 또는 4GB 중에서 큰 값이 된다. 최소(초기) 페이지 파일 크기는 다음과 같이 결정된다.

- 첫 번째 시스템 관리 페이지 파일이라면 기본 크기는 페이지 파일 이력에 기반을 두고 설정된다(표 5-12 참조). 그렇지 않다면 기본 크기는 RAM에 기반을 둔다.
- 첫 번째 시스템 관리 페이지 파일이라면
  - 기본 크기가 앱(SmpDesiredPfSizeForApps)용으로 계산된 페이지 파일 크기보다 작다면 앱용으로 계산된 크기로 새로운 기본 값을 설정한다(표 5-12 참조).

◦ (새로운) 기본 크기가 크래시 덤프(SmpDesiredPfSizeForCrashDump)용으로 계산된 크기보다 작다면 크래시 덤프 용도로 계산된 크기가 되게 새로운 기본 값을 설정한다.

표 5-12 권장 페이지 파일 크기의 기본 계산

권장 기본 값	권장 페이지 파일 크기
RAM	RAM <= 1GB라면 크기는 1GB. RAM > 1GB라면 최대 32GB까지 RAM의 각 여분 1GB에 대해 1/8 GB를 더한다.
Crash dump	전용 덤프 파일이 구성돼 있다면 덤프 파일 저장에 페이지 파일이 필요하지 않으므로 size = 0이다(HKLM\System\CurrentControlSet\Control\CrashControl에 DedicatedDumpFile 값을 추가해 전용 덤프 파일 생성을 구성할 수 있다). 덤프 타입이 Automatic(기본 설정)으로 구성돼 있는 경우 RAM < 4GB이라면 size = RAM / 6이고, 그렇지 않다면 size = 2/3GB + 1/8GB(4GB를 초과할 때 초과분의 각 1GB마다)다, 최대 32GB로 한정한다. 페이지 파일이 충분하지 않은 상황에서 최근에 크래시가 있었다면 권장 크기는 RAM이나 32GB 중의 작은 값이 된다. 전체 덤프 파일이 구성돼 있다면 반환 size = RAM 크기 + 덤프 파일 내에 존재하는 추가적인 정보 크기가 되고, 커널 덤프 파일이 구성돼 있다면 size = RAM이다.
History	충분한 샘플이 로깅됐다면 90번째 백분위수를 권장 크기로 반환한다. 그렇지 않다면 위의 RAM 항목에 기반을 둔 크기를 반환한다.
Apps	서버라면 0을 반환한다. 권장 크기는 프로세스 라이프사이클 관리자(Process Lifecycle Manager)가 앱을 언제 종료할지를 결정하기 위해 사용하는 요소에 기반을 둔다. 현재 사용 중인 요소는 2.3 × RAM이다. 이는 RAM = 1GB(모바일 장치에는 충분한 최솟값이다)인 것으로 고려했다. 권장 크기(앞서 언급한 요소에 기반을 두면)는 대략 2.5GB이다. 이 값이 RAM보다 크다면 RAM은 차감된다. 그렇지 않다면 0을 반환한다.

실습: 페이지 파일 보기

페이지 파일 리스트를 보기 위해 HKLM\SYSTEM\CurrentControlSet\Control\ Session Manager\Memory Management 키의 PagingFiles 값을 보라. 이 엔트리에는 고급 시스템 설정 대화상자에 의해 설정을 변경하는 페이지 파일 설정 정보가 들어있다. 이들 설정 값을 보려면 다음과 같이 따라 한다.

1. 제어판을 연다.

2. 시스템 및 보안을 클릭한 다음 시스템을 클릭한다. 이는 시스템 속성 대화 상자를 연다. 이것은 탐색기의 내 컴퓨터에서 마우스를 오른쪽 버튼 클릭해 속성 창을 여는 것과 동일하다.

3. 고급 시스템 설정을 클릭한다.

4. 성능 영역의 설정 버튼을 누른다. 성능 옵션 대화상자가 열린다.

5. 고급 탭을 클릭한다.

6. 가상 메모리 영역의 변경 버튼을 클릭한다.

실습: 페이지 파일의 권장 크기 살펴보기

표 5-12에서 계산된 실제 변수를 보려면 다음과 같은 과정을 따라 한다(이 실습은 x86 윈도우 10 시스템에서 진행됐다).

1. 로컬 커널 디버깅을 시작한다.

2. Smss.exe 프로세스를 찾는다.

```
lkd> !process 0 0 smss.exe
PROCESS 8e54bc40 SessionId: none Cid: 0130 Peb: 02bab000 ParentCid:
0004
   DirBase: bffe0020 ObjectTable: 8a767640 HandleCount: <Data Not
Accessible>
   Image: smss.exe

PROCESS 9985bc40 SessionId: 1 Cid: 01d4 Peb: 02f9c000 ParentCid: 0130
   DirBase: bffe0080 ObjectTable: 00000000 HandleCount: 0.
   Image: smss.exe

PROCESS a122dc40 SessionId: 2 Cid: 02a8 Peb: 02fcd000 ParentCid: 0130
   DirBase: bffe0320 ObjectTable: 00000000 HandleCount: 0.
```

```
Image: smss.exe
```

3. 세션 ID가 없는 첫 번째 마스터 Smss.exe를 찾는다(좀 더 자세한 사항은 2장을 참고하라).

4. 디버거 컨텍스트를 이 프로세스로 전환한다.

```
lkd> .process /r /p 8e54bc40
Implicit process is now 8e54bc40
Loading User Symbols
..
```

5. 이전 절에서 언급한 4개의 변수를 살펴보자(각각의 크기는 64비트다).

```
lkd> dq smss!SmpDesiredPfSizeBasedOnRAM L1
00974cd0 00000000'4fff1a00
lkd> dq smss!SmpDesiredPfSizeBasedOnHistory L1
00974cd8 00000000'05a24700
lkd> dq smss!SmpDesiredPfSizeForCrashDump L1
00974cc8 00000000'1ffecd55
lkd> dq smss!SmpDesiredPfSizeForApps L1
00974ce0 00000000'00000000
```

6. 이 머신에는 하나의 볼륨(C:\)만이 존재하기 때문에 하나의 페이지 파일이 생성된다. 특별히 구성하지 않았다면 이는 시스템이 관리한다. 디스크의 C:\PageFile.Sys에 대한 실제 파일 크기를 살펴볼 수도 있고, !vm 디버거 명령을 다음과 같이 사용할 수도 있다.

```
lkd> !vm 1
Page File: \??\C:\pagefile.sys
```

```
    Current: 524288 Kb      Free Space:   524280 Kb
    Minimum: 524288 Kb      Maximum:     8324476 Kb
Page File: \??\C:\swapfile.sys
    Current: 262144 Kb      Free Space:   262136 Kb
    Minimum: 262144 Kb      Maximum:     4717900 Kb
No Name for Paging File
    Current: 11469744 Kb    Free Space: 11443108 Kb
    Minimum: 11469744 Kb    Maximum:    11469744 Kb
...
```

C:\PageFIle.sys(524288KB)의 최소 크기에 주목하자(다음 절에서 나머지 페이지 파일 엔트리를 다룬다). 변수에 따르면 `SmpDesiredPfSizeForCrashDump`가 가장 크고 따라서 결정 요소가 돼야 한다(0x1FFECD55 = 524211KB). 이는 나열된 값에 가장 근접한 값이다(페이지 파일 크기는 64MB의 배수로 반올림된다).

새로운 페이지 파일을 추가하려면 제어판은 Ntdll.dll에 정의된 내부 `NtCreatePagingFile` 시스템 서버스를 사용한다(이 호출에는 `SeCreatePagefilePrivilege` 권한이 필요하다). 자신이 존재하는 디렉터리가 압축돼 있더라도 페이지 파일은 항상 비압축 파일로 생성된다. 이들의 이름은 PageFIle.sys(다음 절에서 기술하는 일부 특수한 일부 파일은 제외)다. 이들은 숨겨진 속성으로 루트 파티션에 생성돼 보이지 않게 된다. 새로운 페이지 파일이 삭제되는 것을 방지하기 위해 핸들이 시스템 프로세스로 복사된다. 따라서 생성 프로세스가 새로운 페이지 파일에 대한 핸들을 닫더라도 복사된 핸들은 해당 페이지 파일에 대해서 오픈된 상태로 존재한다.

스왑 파일

UWP 앱 세계에서 앱이 백그라운드로 갈 때(예를 들어 최소화되는 경우) 그 프로세스 내의 스레드는 일시 중지돼 프로세스는 CPU를 전혀 사용하지 않는다. 이 프로세스에 의해 사용되는 전용 물리 메모리도 다른 프로세스 용도로 잠재적으로 사용될 수 있다.

메모리 압박이 크다면 다른 프로세스를 위해 물리 메모리가 사용될 수 있게 전용 워킹셋 (프로세스에 의해 사용되는 물리 메모리)은 디스크로 교체돼 나갈 수도 있다.

윈도우 8은 스왑 파일^{swap file}로 불리는 또 다른 페이지 파일을 추가했다. 이는 본질적으로 일반적인 페이지 파일과 동일하지만 UWP 앱 전용으로만 사용된다. 스왑 파일은 최소한 하나의 일반 페이지 파일이 생성된 경우에만 클라이언트 SKU에 생성된다(일반 적인 경우). 이 파일의 이름은 SwapFile.sys며, C:\SwapFile.Sys와 같은 시스템 루트 파티션에 존재한다.

일반 페이지 파일이 생성된 이후에 `HKLM\System\CurrentControlSet\Control\Session Manager\Memory Management` 레지스트리 키가 검사된다. `SwapFileControl`의 `DWORD` 값이 존재하고 그 값이 0이라면 스왑 파일의 생성은 중단된다. `SwapFile` 값이 존재한다 면 파일명과 초기 크기, 최대 크기 값이 일반 페이지 파일과 동일한 형식의 문자열로 읽혀진다. 크기 값이 0이면 스왑 파일 생성을 하지 않음으로 해석된다는 것이 그 차이점 이다. 이들 두 레지스트리 값은 기본적으로는 존재하지 않는다. 기본적으로 최소 16MB 의 크기로 빠른(그리고 작은) 디스크(예를 들어 SSD) 또는 256MB 크기로 느린(또는 큰 SSD) 디스크의 시스템 루트 파티션에 SwapFile.sys 파일을 생성한다. 스왑 파일의 최대 크기는 $1.5 \times RAM$ 또는 시스템 루트 파티션 크기의 10% 중에서 작은 크기다. UWP 앱에 관한 추가적인 사항은 7장과 8장, 그리고 2권의 9장을 보라.

 스왑 파일은 지원 가능한 최대 페이지 파일 개수에 고려되지 않는다.

가상 페이지 파일

!vm 디버거 명령을 사용해 보면 '이름이 없는 페이징 파일'로 불리는 또 다른 페이지 파일의 존재에 대한 힌트를 엿볼 수 있다. 이 파일은 가상 페이지 파일이다. 이름이 암시하듯이 이 파일은 실제 파일을 갖지 않지만 메모리 압축(5장 뒷부분의 '메모리 압축' 절에서 설명한다) 용도의 저장소로 간접적으로 사용된다. 이 파일은 크지만 그 크기는 프리 공간을 소진하지 않으면서 임의적으로 설정된다. 압축된 페이지에 대한 유효하지

않은 PTE는 이 가상 페이지 파일을 가리키고, 메모리 압축 저장소가 유효하지 않은 PTE 내의 비트를 해석해 필요한 시점에 압축된 데이터(정확한 저장소와 영역 인덱스)가 있는 곳으로 갈 수 있게끔 한다.

실습: 스왑 파일과 가상 페이지 파일 정보 살펴보기

!vm 디버거 명령은 스왑 파일과 가상 페이지 파일을 포함해 모든 페이지 파일의 정보를 보여준다.

```
lkd> !vm 1
Page File: \??\C:\pagefile.sys
   Current: 524288 Kb      Free Space:     524280 Kb
   Minimum: 524288 Kb      Maximum:       8324476 Kb
Page File: \??\C:\swapfile.sys
   Current: 262144 Kb      Free Space:     262136 Kb
   Minimum: 262144 Kb      Maximum:       4717900 Kb
No Name for Paging File
   Current: 11469744 Kb   Free Space:   11443108 Kb
   Minimum: 11469744 Kb   Maximum:     11469744 Kb
```

시스템이 윈도우 10인 가상머신에서 스왑 파일의 최소 크기는 256MB다(디스크를 구성한 VHD는 느린 디스크로 간주된다). 시스템의 RAM은 3GB이고 디스크 파티션 크기는 64GB이므로(4.5GB와 6.4GB 중의 최솟값) 스왑 파일의 최대 크기는 대략 4.5GB다.

커밋 양과 시스템 커밋 제한

이제 커밋 양과 시스템 커밋 제한에 대해 좀 더 자세히 알아보자.

가상 주소 공간이 생성될 때마다(예를 들어 VirtualAlloc(커밋 메모리용)이나 MapViewOfFile을 호출해) 시스템은 생성 요청이 성공적으로 완료되기 전에 RAM이나 백업 저장소에

632

그것을 저장할 공간이 있다는 것을 보장해야 한다. 매핑된 메모리(페이지 파일에 매핑된 섹션이 아닌)를 위해 MapViewOfFile 호출에 의해 참조되는 매핑 객체와 연관된 파일은 필요한 백업 저장소를 제공한다. 여타 모든 가상 할당은 저장을 위해 시스템에 의해 관리되는 공유 리소스인 RAM과 페이지 파일에 의존한다. 시스템 커밋 제한과 커밋 양의 목적은 이 리소스의 모든 사용에 대해 추적을 해서 절대로 과도하게 커밋되지 않게 보장하기 위한 것이다. 이것은 그 내용을 저장할 공간(RAM이나 디스크의 백업 저장소)보다 추가적으로 정의된 가상 주소가 존재하지 않는다는 것을 의미한다.

> 이 절에서는 페이지 파일에 대해 참조를 많이 한다. 페이지 파일 없이 윈도우를 수행하는 게 가능하지만 일반적으로 추천되지는 않는다. 기본적으로 이는 RAM이 소진될 때에 페이지 파일 확장이나 메모리 할당은 실패하고 블루 스크린이 발생한다는 것을 의미한다. 여기에서 페이지 파일에 대한 모든 참조는 페이지 파일이 하나 이상 있을 경우에만 자격이 있는 것으로 간주된다.

개념적으로 시스템 커밋 제한은 생성될 수 있는 커밋 가상 주소 공간의 총량과 더불어 백업 저장소와 연관된 가상 할당을 함께 나타낸다. 즉, 파일에 매핑된 섹션을 포함한다. 이 숫자 값은 단순히 윈도우에 가용한 RAM의 양과 현재 모든 페이지 파일의 크기를 더한 값이 된다. 페이지 파일이 확장되거나 새로운 페이지 파일이 생성된다면 커밋 제한은 그에 따라 증가한다. 페이지 파일이 없다면 시스템 커밋 제한은 단순히 윈도우에 가용한 RAM의 총량이다.

커밋 양commit charge은 RAM이나 페이지 파일에 보관돼야 하는 시스템 전역적인 모든 커밋된 메모리 할당의 총합이다. 이름에서 보듯이 프로세스 전용으로 커밋된 가상 주소 공간도 커밋 양에 관여한다는 것이 명백하다. 그러나 다른 많은 것들도 관여하는데, 그중 일부는 명백하지 않다.

윈도우는 프로세스 페이지 파일 할당량process page file quota이라는 프로세스별 카운터를 관리한다. 커밋 양에 관여하는 많은 할당은 프로세스 페이지 파일 할당량에도 관여한다. 이것은 시스템 커밋 양에 대한 각 프로세스별 기여를 나타낸다. 하지만 이것이 현재 페이지 파일 사용량을 나타내지 않음에 주의하자. 이것은 할당이 페이지 파일에 저장돼야 할 경우에 잠재적 페이지 파일 사용량이나 최대 한도의 페이지 파일 사용량을 나타낸다.

다음 유형의 메모리 할당은 시스템 커밋 양에 기여하며, 많은 경우 프로세스 페이지 파일 할당량에도 기여한다(그중 일부는 5장의 뒤에서 자세히 설명한다).

- **전용으로 커밋된 메모리** MEM_COMMIT 옵션을 가진 VirtualAlloc 함수 호출로 할당된 메모리다. 이것은 커밋 양에 관여하는 가장 흔한 형태다. 이런 할당은 해당 프로세스의 페이지 파일 할당량에도 부가된다.

- **페이지-파일-백업 매핑 메모리(Page-file-backed mapped memory)** 섹션 객체를 참조하는 MapViewOfFile 호출로 할당된 메모리로 파일과는 관련이 없다. 시스템은 대신 페이지 파일의 일부를 백업 저장소로 사용한다. 이런 할당은 해당 프로세스의 페이지 파일 할당량에 영향을 미치지 않는다.

- **일반 맵 파일과 관련돼 있더라도 매핑된 메모리의 쓰기 시 복사 영역** 맵 파일은 자신의 변경되지 않은 내용에 대해 백업 저장소를 제공한다. 하지만 쓰기 시 복사 영역 내의 페이지가 변경돼야 한다면 더 이상 저장소로 원래의 맵 파일을 사용할 수 없으며, 반드시 RAM이나 페이징 파일에 보관돼야 한다. 이들 할당은 해당 프로세스의 페이지 파일 할당량에 영향을 미치지 않는다.

- **넌페이지드 풀과 페이지드 풀, 그리고 명시적으로 연관된 파일에 저장되지 않는 여타 시스템 영역에서의 할당** 현재는 시스템 메모리 풀의 프리 영역도 커밋 양에 영향을 준다는 점에 주의하자. 페이징할 수 없는 영역은 전용 페이지 가능 데이터 용도로 이용 가능한 RAM 공간을 영구적으로 축소시키기 때문에 페이지 파일에 절대 써지지 않음에도 불구하고 커밋 양에 포함된다.

- **커널 스택** 커널 모드에서 실행하는 스레드의 스택

- **페이지 테이블** 이들 중 대부분은 페이징 가능하며, 맵 파일에 저장되지 않는다. 이것들은 페이징이 가능하지 않더라도 RAM을 차지한나. 따라서 이들을 위한 공간은 커밋 양에 포함된다.

- **실제로 아직 할당되지 않은 페이지 테이블을 위한 공간** 앞으로 설명하겠지만 정의는 돼 있더라도 아직 참조되지 않은(예를 들어 커밋된 전용 가상 공간) 가상

공간의 큰 영역에 대해 시스템은 그것과 연관된 페이지 테이블을 실제로 생성할 필요가 없다. 하지만 이런 아직 존재하지 않는 페이지 테이블을 위한 공간은 페이지 테이블이 필요할 때 만들어질 수 있음을 보장하기 위해 커밋 양에 포함된다.

- **주소 윈도잉 확장(AWE) API를 통해 이뤄진 물리 메모리 할당** 앞서 설명했듯이 물리 메모리를 직접적으로 소진한다.

이들 항목의 여러 경우에 커밋 양은 실제보다는 잠재적인 저장 공간의 사용을 나타내는 것일 수도 있다. 예를 들어 커밋된 전용 메모리 페이지는 적어도 한 번 참조되기 전까지 RAM의 물리 페이지나 연관된 페이지 파일 공간을 실제로 점유하지 않는다. 그때까지는 제로 요청 페이지^{demand-zero page}다(뒤에서 설명한다). 하지만 커밋 양은 가상 공간이 처음 만들어질 때 이들 페이지를 계산에 포함한다. 이것은 나중에 해당 페이지가 참조될 때 실제 물리 저장 공간이 가용하게 보장해준다.

쓰기 시 복사로 파일에 매핑된 영역은 유사한 요구 사항을 갖는다. 프로세스가 해당 영역에 쓰기 전까지 모든 페이지는 맵 파일에 저장된다. 하지만 프로세스는 언제든지 그 영역의 아무 페이지에라도 쓰기를 할 수 있다. 쓰기 작업이 일어나면 이들 페이지는 그 이후로 해당 프로세스 전용으로 간주된다. 따라서 그들의 저장소는 페이지 파일이 된다. 그 영역이 처음 생성됐을 때 시스템 커밋 양에 포함되는 것은 쓰기 접근이 일어날 경우 그것들을 위한 전용 공간을 보장하기 위한 것이다.

특히 흥미로운 경우는 전용 메모리를 예약하고 나중에 커밋할 때 발생한다. `VirtualAlloc` 함수로 예약된 영역이 생성될 때 시스템 커밋 양은 실제 가상 공간에 대한 것은 포함하지 않는다. 하지만 윈도우 8 및 서버 2012와 그 이전 버전의 경우 해당 영역을 위해 필요한 새로운 페이지 테이블 페이지는 아직 존재하지 않더라도 커밋 양에 포함된다. 윈도우 8.1과 서버 2012 R2부터 예약 영역에 대한 페이지 테이블 계층은 할당량에 즉시 부가되지 않는다. 이는 대규모 예약 메모리 영역은 페이지 테이블을 소진하지 않고서도 할당될 수 있음을 의미한다. 이는 제어 흐름 가드^{Control Flow Guard}(좀 더 자세한 사항은 7장을 참고하라) 같은 일부 보안 기능에서 중요하다. 영역이나 그중 일부가 나중에 커밋된다면 시스템 커밋 양에 프로세스 페이지 파일 할당량도 포함되며, 해당 영역(과 페이지 테이블)의 크기가 포함된다.

달리 표현하면 시스템이 `VirtualAlloc` 커밋이나 `MapViewOfFile` 호출을 성공적으로 끝낼 때 이 시점에서는 필요하지 않더라도 추후에 저장소가 필요한 시점에 이용 가능하게 '약속commitment'을 해두는 것이다. 따라서 할당된 영역에 대한 이후의 메모리 참조는 절대로 저장 공간 부족으로 실패할 수 없다(페이지 보호나 그 영역에 대한 해제 등의 다른 이유로 실패할 수는 있다). 커밋 양 메커니즘은 시스템이 이 약속을 지키게 해준다.

커밋 양은 성능 모니터에 Memory: Commited Bytes 카운터로 나타난다. 또한 이것은 작업 관리자의 성능 탭에 커밋이라고 표시되는 두 숫자 중 첫 번째 것이고(두 번째 것은 커밋 제한양이다), Process Explorer의 System Information Memory 탭에도 Commit Charge-Current로 표시된다.

프로세스 페이지 파일 할당량은 성능 카운터에 Process: Page File Bytes로 나타난다. 동일한 데이터는 Process: Private Bytes 성능 카운터에도 나타난다(두 용어 모두 해당 카운터의 실제 의미를 정확하게 표현하지는 않는다).

커밋 양이 커밋 제한에 다다르면 메모리 관리자는 하나 이상의 페이지 파일을 확장함으로써 커밋 제한을 늘리려고 시도한다. 이 시도가 불가능하다면 커밋 양을 사용하는 이후의 가상 메모리 할당 시도는 기존에 커밋된 메모리가 해제될 때까지 실패할 것이다. 표 5-13에 나오는 성능 카운터는 시스템 전반에 걸쳐 프로세스별, 페이지 파일별로 커밋된 전용 메모리 사용량을 확인할 수 있게 해준다.

표 5-13 커밋된 메모리와 페이지 파일 성능 카운터

성능 카운터	설명
Memory: Committed Bytes	커밋된(예약이 아니다) 가상 메모리 바이트 수다. 이 숫자에는 물리 메모리에 존재하는 커밋된 전용 페이지 중 한 번도 페이지 아웃되지 않은 페이지를 포함하므로, 페이지 파일 사용량을 반드시 나타내지는 않는다. 오히려 페이지 파일이나 RAM에 저장해야 하는 양을 나타낸다.
Memory: Commit Limit	페이지 파일의 확장 없이 커밋될 수 있는 가상 메모리의 바이트 수다. 페이지 파일이 확장 가능하다면 이 제약은 유동적이다.

(이어짐)

성능 카운터	설명
Process: Page File Quota	Memory: Committed Bytes에 포함된 프로세스 메모리다.
Process: Private Bytes	Process: Page File Quota와 동일하다.
Process: Working Set-Private	현재 RAM에 있고 페이지 폴트 없이 참조할 수 있는 Process: Page File Quota의 하위 집합이다. 또한 Process: Working Set의 하위 집합이기도 하다.
Process: Working Set	현재 RAM에 있고 페이지 폴트 없이 참조할 수 있는 Process: Virtual Bytes의 하위 집합이다.
Process: Virtual Bytes	프로세스의 할당된 가상 메모리 총합이다. 매핑된 영역, 커밋된 전용 영역, 예약된 전용 영역 등이 포함된다.
Paging File: % Usage	현재 사용 중인 페이지 파일 공간의 %를 나타낸다.
Paging File: % Usage Peak	측정된 Paging File: % Usage 값 중에서 최댓값이다.

커밋 양과 페이지 파일 크기

표 5-13에 있는 카운터는 맞춤형 페이지 파일 크기를 선택할 때 도움이 된다. RAM 크기에 기반을 둔 기본 정책은 대부분의 머신에서 수용할 만큼 동작하지만, 작업량에 따라 페이지 파일이 불필요하게 크거나 충분히 크지 못할 수도 있다.

시스템에 실제 필요한 페이지 파일 크기를 결정하려면 시스템이 부팅된 이후로 동작하는 애플리케이션과 Process Explorer의 시스템 정보에서 보여주는 최대 커밋 양 등을 이용해야 한다. 이 값은 부팅된 이후 시스템이 커밋된 전용 가상 메모리의 대부분을 페이지 아웃해야 할 경우(거의 발생하지 않는다) 필요한 페이지 파일 공간의 최댓값을 나타낸다.

시스템에 있는 페이지 파일이 아주 크다면 시스템은 이 페이지 파일을 모두 다 사용하지 않을 수도 있다. 다시 말하면 페이지 파일의 크기를 늘려도 시스템 성능에 영향을 주지 않는다. 이는 단지 시스템이 더 많은 커밋 가상 메모리를 가질 수 있음을 의미한다. 시스템에서 실행되는 다양한 애플리케이션을 위한 페이지 파일이 너무 작다면 'system running low on virtual memory'라는 오류 메시지를 보게 될 것이다. 이런 경우 프로세스의 전용 바이트 카운트를 확인해 메모리 누수가 있는지를 먼저 검사한다. 누수가 있는 프로세스가 없다면 시스템의 페이지드 풀 크기를 검사한다. 디바이스 드라이버에서 페이지드 풀의 누수가 발생하고 있다면 이것이 오류의 원인일 수도 있다(풀 누수를 해결하려면 '커널 모드 힙(시스템 메모리 풀)' 절의 '풀 누수 해결하기' 실습을 보라).

실습: 작업 관리자로 페이지 파일 사용량 보기

작업 관리자의 성능 탭을 이용해 커밋된 메모리 사용량을 확인할 수 있다. 페이지 파일과 관련된 다음과 같은 카운터를 확인할 수 있을 것이다.

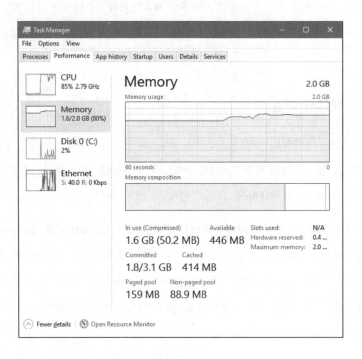

시스템에 커밋된 충합은 커밋됨^{Committed} 리벨 아래의 두 숫자로 표시된다. 첫 번째 수는 실제 페이지 파일 사용량이 아닌 잠재적인 페이지 파일 사용량을 나타낸다. 이것은 모든 커밋된 전용 가상 메모리가 한꺼번에 페이지 아웃돼야 할 경우

얼마나 많은 페이지 파일 공간이 사용될지를 나타낸다. 두 번째 수는 커밋 제한을 나타내는데, 가상 메모리가 고갈되기 전에 시스템이 지원할 수 있는 가상 메모리 사용량의 최댓값을 나타낸다(이것은 페이징 파일뿐만 아니라 물리 메모리에 의해 백업되는 가상 메모리까지 포함한다). 커밋 제한은 기본적으로 RAM 크기에 현재 페이지 파일의 크기를 더한 값이다. 따라서 커밋 제한은 있을 수 있는 페이지 파일 확장을 고려하지 않는다.

Process Explorer의 시스템 정보는 시스템 커밋 사용량에 대한 추가적인 정보를 보여준다. 즉, 제한 대비 최대 사용량의 백분율(%)과 제한 대비 현재 사용량의 백분율이다.

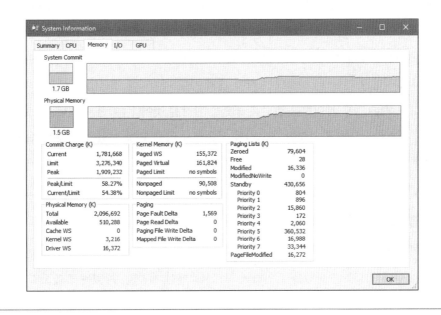

스택

스레드는 동작할 때마다 함수의 인자와 지역 변수, 함수 호출 이후 돌아갈 리턴 주소가 저장되는 임시 저장 위치를 접근해야 한다. 이런 메모리를 스택stack이라고 부른다. 윈도우에서 메모리 관리자는 유저 스택과 커널 스택이라는 두 가지 스택을 각 스레드마다 제공하고, DPC 스택이라는 프로세서마다 있는 스택도 제공한다. 2장에서 시스템 호출로 인해 스레드가 유저 스택에서 커널 스택으로 어떻게 전환하는지에 대해 간단히 언급했다. 지금부터는 스택 공간을 효율적으로 사용하기 위해 메모리 관리자가 제공하는 추가적인 서비스를 살펴본다.

유저 스택

스레드 생성 시 메모리 관리자는 기본적으로 1MB로 미리 정의된 메모리를 자동으로 예약한다. 이 값은 CreateThread나 CreateRemoteThread(Ex) 함수를 호출할 때 설정하거나 애플리케이션을 컴파일할 때 마이크로소프트 C/C++ 컴파일러의 /STACK:reserve 스위치를 사용하면 이미지 헤더 내에 정보가 저장돼 설정할 수 있다. 1MB가 예약됐더라도 스택의 첫 번째 페이지(이미지의 PE 헤더에 다르게 명시돼 있지 않다면)만 가드 페이지와 함께 커밋될 것이다. 스레드 스택이 커져 가드 페이지에 접근하면 예외가 발생할 것이고, 또 다른 가드 페이지를 할당해 스택을 확장할 것이다. 이런 메커니즘으로 유저 스택은 처음부터 1MB의 커밋된 메모리를 사용하지 않고 요청이 있을 때에만 증가한다 (하지만 한 번 늘어나면 절대 줄어들지 않는다).

실습: 최대 개수의 스레드 생성하기

32비트 프로세스에게 가용한 2GB의 유저 주소 공간과 스레드 스택을 위해 예약되는 상대적으로 큰 공간을 감안하면 프로세스에서 제공할 수 있는 스레드의 최대 개수를 쉽게 계산할 수 있다. 2GB의 메모리의 경우 거의 2,048개가 될 것이다 (increaseuserva BCD 옵션을 사용하지 않고 이미지가 큰 주소 공간을 인식하지 않는다면). 새로운 각 스레드를 가능한 한 가상 작은 스택 예약 공간(64KB)을 사용하게 강제한다면 최대 30,000개의 스레드까지 증가할 수 있는데, Sysinternals의 TestLimit 유틸리티를 이용해 테스트할 수 있다. 다음은 결과의 일부분이다.

```
C:\Tools\Sysinternals>Testlimit.exe -t -n 64

Testlimit v5.24 - test Windows limits
Copyright (C) 2012-2015 Mark Russinovich
Sysinternals - www.sysinternals.com

Process ID: 17260

Creating threads with 64 KB stacks...
Created 29900 threads. Lasterror: 8
```

이 실습을 64비트 윈도우가 설치된 시스템(128TB의 가용한 유저 주소 공간을 갖는)에서 한다면 수십만 개의 스레드 생성을 기대할 수 있다(충분한 메모리가 가용한 한). 하지만 흥미롭게도 TestLimit 유틸리티는 32비트 시스템보다 더 적은 스레드를 생성한다. 이는 TestLimit이 32비트 애플리케이션이므로 Wow64 환경하에서 동작하기 때문이다(Wow64에 대한 자세한 정보는 2권의 8장을 참고하라). 각 스레드는 32비트 Wow64 스택뿐만 아니라 64비트 스택도 갖게 돼 2배 이상의 메모리를 사용하는 데 반해 여전히 2GB의 주소 공간만 갖기 때문이다. 64비트 윈도우에서 스레스 생성 한계를 제대로 테스트하려면 TestLimit64.exe를 사용한다.

주의할 점은 TestLimit 애플리케이션을 종료하는 데 Ctrl + C 키를 사용하면 내부적으로 새로운 스레드를 하나 만들게 되는데, 메모리가 이미 다 소진된 상태에서 이 동작이 불가능하므로 Process Explorer나 작업 관리자로 종료할 필요가 있다.

커널 스택

유저 스택 크기는 보통 1MB이지만 커널 스택은 이보다 훨씬 작다. 즉, 32비트 시스템에서는 12KB이고, 64비트 시스템에서는 16KB다. 가이드 페이지가 추가적으로 존재해 총 16KB나 20KB의 가상 주소 공간을 사용한다. 커널 영역에서 사용되는 코드는 유저 모드 코드보다 재귀 호출을 덜 사용해야 하고, 더 효과적으로 변수를 사용해 스택 버퍼 크기를 작은 상태로 유지해야 한다. 또한 커널 스택은 시스템 주소 공간(모든 프로세스에 의해 공유되는)에 있게 되므로 이들의 메모리 사용량은 시스템에 더 많은 영향을 준다.

커널 코드가 일반적으로 재귀 호출을 사용하지 않지만 Win32k.sys에 의해 처리되는 그래픽 관련 시스템 콜과 후속하는 유저 모드로의 콜백 사이에는 동일한 커널 스택을 사용하면서 커널로 재진입하는 재귀 호출이 일어날 수 있다. 따라서 윈도우는 커널 스택의 초기 크기인 16KB로부터 동적으로 늘어나거나 줄어들 수 있는 메커니즘을 제공한다. 동일한 스레드에 의해 그래픽 관련 콜이 추가적으로 일어날 때마다 추가적인 16KB의 커널 스택을 할당한다(이런 상황은 시스템 주소 공간 어디에서나 발생한다. 메모리 관리자는 가드 페이지에 접근할 경우 다른 스택으로 건너뛸 수 있는 기능을 제공한다). 모든 호출이 호출자에게 리턴되면^{unwinding} 메모리 관리자는 그림 5-28에서 보는 것처럼 추가적으로 할당된 커널 스택을 해제한다. 이 메커니즘은 재귀적인 시스템 콜에 대한 신뢰성뿐만 아니라 시스템 주소 공간의 효율적인 사용을 제공한다. 또한 드라이버 개발자가 KeExpandKernelStackAndCallout(Ex) API를 통해 필요에 따라 재귀적 호출을 할 수 있게 한다.

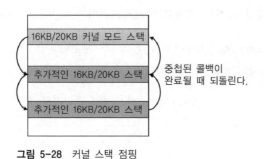

그림 5-28 커널 스택 점핑

실습: 커널 스택 사용량 보기

Sysinternals의 RamMap 툴을 사용하면 현재 커널 스택이 사용하는 물리 메모리를 확인할 수 있다. Use Counts 탭에서 살펴본 스크린샷은 다음과 같다.

■ Driver Locked	3,419,852 K	3,419,852 K	
■ Kernel Stack	47,496 K	41,380 K	6,116 K
■ Unused	10,773,740 K	77,504 K	

커널 스택 사용량을 보기 위해 다음과 같은 과정을 수행한다.

1. 이전의 TestLimit 실습을 여러 번 반복하자. 하지만 TestLimit는 아직 종료시키지 않는다.
2. RamMap으로 전환한다.
3. File 메뉴를 열고 Refresh(또는 F5를 누른다)를 선택한다. 훨씬 많은 커널 스택 크기를 보게 될 것이다.

■ Driver Locked	3,419,852 K	3,419,852 K	
■ Kernel Stack	346,076 K	339,916 K	6,160 K
■ Unused	10,318,232 K	77,680 K	

TestLimit을 몇 번 더 실행하면(이전 인스턴스는 열어둔 채로) 32비트 시스템에서는 물리 메모리를 쉽게 소진하게 될 것이다. 이는 곧 시스템 전역적인 32비트 스레드 수에 대한 주요 제약 중 하나로 귀결될 것이다.

DPC 스택

윈도우는 DPC가 수행될 때 시스템 사용 용도로 프로세서별로 DPC 스택을 유지한다. 이런 접근법은 현재 스레드의 커널 스택으로부터 DPC 코드를 분리시킨다(DPC는 임의의 스레드 컨텍스트에서 수행되므로 이것은 DPC의 실제 동작과 전혀 연관이 없다. DPC에 관한 추가적인 사항은 6장을 보라). DPC 스택은 시스템 호출 동안에 sysenter(x86), svc(ARM) 또는 syscall(x64) 명령을 처리하기 위한 초기 스택으로 설정된다. CPU는 이들 명령어가 수행될 때 모델 전용 레지스터(x86/x64에서 MSR) 중 하나에 기반을 두고 스택을 교환할 책임이 있다. 하지만 이것은 값비싼 동작이기 때문에 윈도우는 모든 컨텍스트 교환 때마다 MSR을 재프로그램하기를 원치 않는다. 따라서 윈도우는 프로세서별

DPC 스택 포인터를 MSR에 설정한다.

가상 주소 디스크립터(VAD)

메모리 관리자는 언제 페이지를 메모리로 로딩해야 하는지 알기 위해 스레드가 주소에 접근해 페이지 폴트가 발생하고 나서야 디스크로부터 페이지를 가져오는 페이지 요구 demand-paging 알고리즘을 사용한다. 쓰기 시 복사처럼 페이지 요구도 필요할 때까지 작업 실행을 기다리는 지연 평가lazy evaluation의 한 형태다.

메모리 관리자는 페이지를 메모리로 가져올 때뿐만 아니라 새로운 페이지를 서술하기 위한 페이지 테이블을 구성할 때에도 지연 평가를 사용한다. 예를 들어 스레드가 VirtualAlloc을 이용해 큰 영역의 가상 메모리를 커밋할 때 메모리 관리자는 할당된 메모리 전체 영역에 접근할 때 필요한 페이지 테이블을 즉시 만들 수도 있다. 그런데 그 영역 중 일부는 절대로 액세스되지 않는다면 전체 영역에 대한 페이지 테이블을 만드는 것은 낭비일지도 모른다. 대신 메모리 관리자는 스레드가 페이지 폴트를 발생시킬 때까지 페이지 테이블 생성을 기다리다 그때에 해당 페이지에 대한 페이지 테이블을 생성한다. 이 방법은 큰 메모리 영역에 대해 예약과 커밋을 한 후 띄엄띄엄 페이지에 접근하는 프로세스의 성능을 상당히 향상시킨다.

아직 존재하지 않는 페이지 테이블에 의해 점유된 가상 주소 공간은 프로세스의 페이지 파일 사용량과 시스템 커밋 양에 포함된다. 이것은 그것들이 실제로 생성돼야 할 때 공간이 가용하게 보장한다. 지연 평가 알고리즘을 사용하면 큰 메모리 블록을 할당하는 것도 빠르게 이뤄질 수 있다. 스레드가 메모리를 할당할 때 메모리 관리자는 스레드가 사용할 주소 영역에 대해 조치를 취해야 한다. 이렇게 하기 위해 메모리 관리자는 프로세스 주소 공간에서 어떤 가상 주소가 예약돼 있고 어떤 것은 아닌지 추적할 수 있는 데이터 구조체 집합을 관리해야 한다. 이들 구조체를 가상 주소 디스크립터VAD, Virtual Address Descriptors라고 한다. VAD는 넌페이지드 풀에 할당된다.

프로세스 VAD

각 프로세스에 대해 메모리 관리자는 프로세스 주소 공간의 상태를 서술하는 VAD 집합을 관리한다. 자체 균형 AVL 트리 알고리즘(발명자인 Adelson-Velskii-Landis의 이름을 딴 것이다. 어떤 노드의 두 자식 서브트리의 높이는 기껏해야 1밖에 차이가 나지 않으므로 삽입과 탐색, 삭제가 매우 빠르게 이뤄진다)으로 VAD를 구성한다. 가상 주소와 연관된 VAD를 찾을 때 평균적으로 더 적은 횟수의 비교가 일어나게 한다. 모두 동일한 속성을 갖는(예약, 커밋, 매핑됐거나 메모리 접근 보호 등) 해제되지 않은 가상 주소의 각 연속된 영역마다 하나의 VAD가 존재한다. 그림 5-29는 VAD 트리 다이어그램을 보여준다.

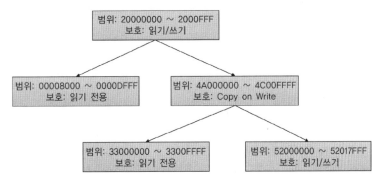

그림 5-29 VAD

프로세스가 주소 공간을 예약하거나 섹션 뷰를 매핑할 때 메모리 관리자는 VAD를 생성해 예약될 주소의 영역, 영역이 공유되거나 전용이 될지 여부, 자식 프로세스가 영역의 내용을 상속할지 여부, 페이지에 적용할 페이지 보호의 종류 등 할당 요청 시 제공된 정보를 저장한다.

스레드가 처음으로 주소를 액세스할 때 메모리 관리자는 해당 주소를 포함하는 페이지에 대한 PTE를 생성해야 한다. 이렇게 하기 위해 메모리 관리자는 액세스될 주소를 포함하는 주소 영역의 VAD를 찾아 그 정보를 PTE에 채우는 데 이용한다. 주소가 VAD가 관할하는 주소 범위 밖에 있거나 예약은 돼 있지만 커밋되지 않은 영역이라면 메모리 관리자는 할당하지 않은 메모리를 스레드가 사용하려 함을 감지하고 액세스 위반을 발생시킨다.

실습: VAD 살펴보기

커널 디버거의 !vad 명령으로 주어진 프로세스에 대한 VAD를 볼 수 있다. 먼저 !process 명령으로 VAD 트리의 루트 주소를 찾는다. 그런 다음 !vad 명령에 해당 주소를 명시한다. 다음은 실행 중인 Explorer.exe 프로세스에 대한 VAD 트리 예다.

```
lkd> !process 0 1 explorer.exe
PROCESS ffffc8069382e080
    SessionId: 1  Cid: 43e0  Peb: 00bc5000  ParentCid: 0338
    DirBase: 554ab7000  ObjectTable: ffffda8f62811d80  HandleCount: 823.
    Image: explorer.exe
    VadRoot ffffc806912337f0 Vads 505 Clone 0 Private 5088. Modified 2146. Locked 0.
...

lkd> !vad ffffc8068ae1e470
VAD          Level     Start  End Commit
ffffc80689bc52b0  9    640    64f     0 Mapped    READWRITE
Pagefile section,  shared commit 0x10
ffffc80689be6900  8    650    651     0 Mapped    READONLY
Pagefile section,  shared commit 0x2
ffffc80689bc4290  9    660    675     0 Mapped    READONLY
Pagefile section,  shared commit 0x16
ffffc8068ae1f320  7    680    6ff    32 Private   READWRITE
ffffc80689b290b0  9    700    701     2 Private   READWRITE
ffffc80688da04f0  8    710    711     2 Private   READWRITE
ffffc80682795760  6    720    723     0 Mapped    READONLY
Pagefile section,  shared commit 0x4
ffffc80688d85670 10    730    731     0 Mapped    READONLY
Pagefile section,  shared commit 0x2
ffffc80689bdd9e0  9    740    741     2 Private   READWRITE
ffffc80688da57b0  8    750    755     0 Mapped    READONLY
\Windows\en-US\explorer.exe.mui
...
```

```
Total VADs: 574, average level: 8, maximum depth: 10
Total private commit:  0x3420 pages (53376 KB)
Total shared commit:   0x478 pages (4576 KB)
```

VAD 교체

비디오 카드 드라이버는 일반적으로 유저 모드 그래픽 애플리케이션으로부터 시스템 메모리로 데이터를 복사해야 하는데, 이때 사용되는 시스템 메모리는 비디오 카드 메모리나 AGP 포트 메모리처럼 서로 다른 캐시 속성과 주소를 갖는 아주 다양한 형태다. 이처럼 다양한 메모리 뷰를 프로세스로 빠르게 매핑하면서 다양한 캐시 속성을 지원하기 위해 메모리 관리자는 VAD 교체[rotate]를 구현한다. 이것은 GPU를 사용해 비디오 드라이버가 직접 데이터를 전송하게 해주고 요청에 따라 불필요한 메모리를 프로세스 뷰 페이지 안과 밖으로 교체시킬 수 있게 해준다. 그림 5-30은 동일한 가상 주소가 비디오 RAM과 가상 메모리 사이에서 어떻게 교체될 수 있는지를 보여준다.

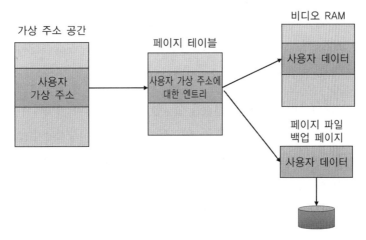

그림 5-30 VAD 교체

NUMA

윈도우는 새롭게 배포될 때마다 대용량 서버 같은(인텔 i7이나 AMD 옵테론 SMP 워크스테이션을 포함해) 비정형 메모리 아키텍처^{NUMA, Non Uniform Memory Architecture} 머신을 더 잘 사용하게끔 향상된 새로운 기능을 메모리 관리자에서 제공한다. 메모리 관리자에 대한 NUMA 지원을 위해 하위에 있는 하드웨어의 세세한 부분을 추상화하면서 메모리 관리자가 애플리케이션이나 드라이버가 NUMA의 기능의 이점을 사용할 수 있게 하는 위치와 토폴로지^{topology}, 액세스 비용 같은 지능적인 노드 정보가 추가됐다.

메모리 관리자는 초기화 시 `MiComputeNumaCosts` 함수를 호출해 상이한 노드에 대한 다양한 페이지와 캐시 관련 동작을 수행한다. 그리고 이들 작업이 완료될 때까지 걸리는 시간을 계산한다. 이 정보에 기초해 메모리 관리자는 액세스 비용에 대한 노드 그래프를 구축한다(시스템의 한 노드와 다른 노드 사이의 거리). 시스템이 특정 동작에 페이지를 필요로 하면 메모리 관리자는 최상의 노드를 선택하기 위해 그래프를 이용한다(가장 가까운 것). 해당 노드에 메모리가 가용하지 않다면 그다음으로 가까운 노드를 선택하고 그렇지 않다면 다음 노드를 선택하는 식으로 진행된다.

메모리 관리자는 가능하다면 언제나 할당을 요청한 스레드의 이상적인 프로세서 노드(이상적인 노드)에서 메모리를 할당하지만 애플리케이션이 자신의 노드를 직접 선택할 수 있게 `VirtualAllocExNuma`, `CreateFileMappingNuma`, `MapViewOfFileExNuma`, `AllocateUserPhysicalPagesNuma` 같은 API도 제공한다.

이상적인 노드는 애플리케이션이 메모리를 할당할 때뿐만 아니라 커널에서 수행될 때나 페이지 폴트가 발생할 때에도 사용된다. 예를 들어 스레드가 이상적이지 않은 프로세서에서 동작하다가 페이지 폴트가 발생할 때 메모리 관리자는 현재 노드를 사용하지 않는다. 대신 스레드의 이상적인 노드로부터 메모리를 할당한다. 스레드가 이 CPU에서 동작하는 동안 이것이 접근 시간을 느리게 하더라도 스레드가 이상적인 노드로 다시 이동하면 전체적인 메모리 접근은 최적화될 것이다. 이상적인 노드의 리소스가 모두 소진된다면 임의로 다른 노드가 선택되지 않고 이상적인 노드와 가장 가까운 노드가 선택된다.

그러나 유저 모드 애플리케이션과 동일하게 드라이버도 `MmAllocatePagesforMdlEx`나 `MmAllocateContiguousMemorySpecifyCacheNode` 같은 API를 사용해 자신의 노드를 직접 명시할 수 있다.

메모리 관리자의 다양한 풀과 데이터 구조체 또한 NUMA 노드를 이용해 최적화된다. 메모리 관리자는 넌페이지드 풀을 보유함에 있어 시스템의 모든 노드의 물리 메모리를 골고루 사용하려고 시도한다. 넌페이지드 풀 할당이 이뤄질 때 메모리 관리자는 이 노드에 속한 물리 메모리와 연관된 넌페이지드 풀 내의 가상 메모리 주소 범위를 선택하기 위해 이상적인 노드를 인덱스로 사용한다. 추가적으로 NUMA 노드마다 풀 해제 리스트를 생성해 이런 종류의 메모리 구성을 효과적으로 할 수 있다. 넌페이지드 풀과는 별도로 시스템 캐시와 시스템 PTE, 메모리 관리자의 룩 어사이드 리스트는 비슷한 방법으로 모든 노드에 걸쳐 할당된다.

마지막으로 시스템이 페이지들을 0으로 초기화할 필요가 있을 때 해당 물리 메모리가 위치한 노드에 해당하는 NUMA 친화성으로 스레드를 생성해 상이한 NUMA 노드에 걸쳐 병렬적으로 처리한다. 소프트 페이지 폴트는 페이지 폴트를 일으킨 스레드의 이상적인 노드로 페이지를 이동시키는 반면에 논리적인 프리패처^{PreFetcher}와 슈퍼패치^{SuperFetch}('선행적 메모리 관리(슈퍼패치)' 절에서 설명한다)는 프리패칭을 할 때 대상 프로세스의 이상적인 노드를 사용한다.

섹션 객체

5장 앞부분의 '공유 메모리와 맵 파일' 절에서 섹션 객체^{section object}를 언급했다. 윈도우 서브시스템에서는 이를 파일 매핑 객체라 부르며, 둘 이상의 프로세스가 공유하는 메모리 블록을 나타낸다. 섹션 객체는 페이징 파일이나 디스크의 파일에 매핑될 수 있다.

익스큐티브는 실행 파일 이미지를 메모리로 읽어 들일 때 섹션을 이용하고, 캐시 관리자는 캐시 파일 내의 데이터에 접근하기 위해 섹션을 사용한다(캐시 관리자가 어떻게 섹션 객체를 사용하는지에 대한 자세한 정보는 2권의 14장을 참고하라). 파일을 프로세스 주소 공간으로 매핑시킬 때도 섹션 객체를 사용할 수 있다. 이때 파일은 섹션 객체의 각기 다른 뷰에 매핑돼 커다란 배열인 것처럼 액세스될 수 있고, 파일이 아닌 메모리 형태로 읽고 쓰기가 가능해진다(맵 파일 I/O라고 불리는 동작이다). 프로그램이 유효하지 않은 페이지(물리 메모리에 존재하지 않는 페이지)에 접근하면 페이지 폴트가 발생하고, 메모리 관리자는 자동으로 맵 파일이나 페이지 파일로부터 해당 페이지를 메모리로 읽어온다. 애플리케이션이 페이지를 수정하면 메모리 관리자는 일반적인 페이징 작업이 일어날 때 변경된 페이지를 매핑된 파일에 쓴다(또는 애플리케이션에서 직접 윈도우 Flush-ViewOfFile 함수를 사용해 명시적으로 뷰를 플러시시킬 수도 있다).

다른 객체들과 마찬가지로 섹션 객체는 객체 관리자에 의해 할당되고 해제된다. 객체 관리자는 객체를 관리할 때 사용하는 객체 헤더를 생성하고 초기화하며, 메모리 관리자는 섹션 객체의 바디^{Body}를 정의한다(객체 관리자에 대한 좀 더 자세한 사항은 2권의 8장을 보라). 또한 메모리 관리자는 유저 모드 스레드가 섹션 객체의 바디에 저장돼 있는 속성을 가져가거나 변경할 수 있는 서비스들을 제공한다. 그림 5-31은 섹션 객체 구조체를 보여준다. 표 5-14는 섹션 객체에 저장된 고유한 속성을 요약한 것이다.

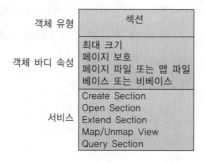

그림 5-31 섹션 객체

650

표 5-14 섹션 객체 바디 속성

속성	목적
최대 크기	섹션이 커질 수 있는 최대 바이트 크기. 맵 파일인 경우 최대 크기는 파일의 크기다.
페이지 보호	생성 시 섹션 내의 모든 페이지에 할당된 페이지 단위의 메모리 보호 속성
페이지 파일/ 맵 파일	섹션이 빈 상태로 생성됐는지(페이징 파일로 지원된다. 앞서 설명했듯이 페이지 파일 백업 섹션은 페이지가 디스크로 써질 필요가 있을 때 오직 페이지 파일만을 사용한다), 파일에서 로드됐는지(맵 파일로 지원되는)를 나타낸다.
베이스/비베이스	섹션을 공유하는 모든 프로세스에서 동일한 가상 주소에 나타나야 하는 베이스 섹션인지 서로 다른 가상 주소에 나타나도 되는 비베이스 섹션인지를 나타낸다.

실습: 섹션 객체 보기

Sysinternals의 Process Explorer를 이용해 프로세스에 매핑된 파일을 살펴볼 수 있다. 다음의 과정을 따른다.

1. View 메뉴의 Lower Pane View 엔트리에서 DLLs를 선택한다.
2. View 메뉴의 Select Columns에서 DLL을 선택하고 Mapping Type 칼럼을 활성화시킨다.
3. Mapping 열에서 Data라고 표시된 파일에 주목하자. 이들은 이미지 로더가 모듈로 로딩한 파일이나 DLL이 아닌 맵 파일이다. 페이지 파일에 의해 백업되는 섹션 객체는 Name 칼럼에 〈Pgaefile Backed〉로 표시된다. 그렇지 않다면 파일명이 보인다.

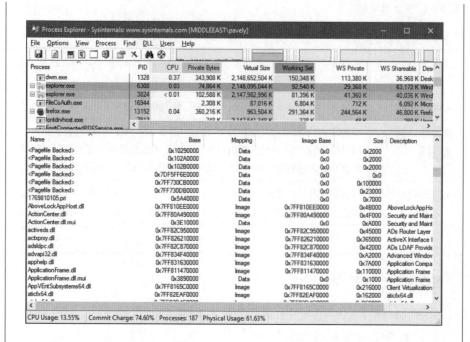

섹션 객체를 살펴보는 또 다른 방법은 핸들 뷰로 전환해(View 메뉴를 열고 Lower Pane View를 선택한 다음 Handles를 선택한다) Section 유형의 객체를 찾으면 된다. 다음 스크린샷에서 객체 이름(존재한다면)이 보인다. 이는 섹션을 백업하는 파일명이 아니며 객체 관리자의 네임스페이스에서 객체에 부여된 이름이다(객체 관리자는 2권의 8장에서 좀 더 상세히 다룬다). 엔트리를 더블 클릭하면 오픈 핸들의 수와 핸들의 보안 디스크립터 같은 객체에 관한 추가적인 정보를 볼 수 있다.

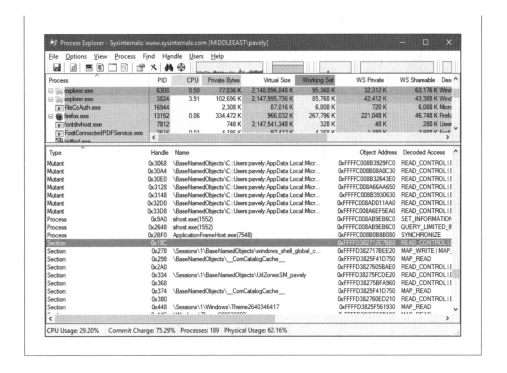

그림 5-32는 매핑된 섹션을 기술하기 위해 메모리 관리자가 관리하는 데이터 구조체를 보여준다. 이들 구조체는 접근 유형에 상관없이(열린 파일, 맵 파일 등) 맵 파일로부터 데이터를 읽을 때 일관성을 보장한다. 각 열린 파일(파일 객체에 의해 표현되는)에 대해 하나의 섹션 객체 포인터 구조체가 있다. 이것은 모든 유형의 파일 접근에 대해 데이터 일관성을 유지시켜주고 파일에 대한 캐시를 제공해주는 핵심 구조체다. 섹션 객체 포인터 구조체는 하나 또는 두 개의 제어 영역을 가리킨다. 한 제어 영역은 파일이 데이터 파일로 접근될 때 그 파일을 매핑하기 위해 사용하고, 다른 하나는 파일이 실행 이미지로 실행될 때 그 파일을 매핑하기 위해 사용한다. 제어 영역은 파일의 각 섹션에 대한 매핑 정보(읽기 전용, 읽기/쓰기, 쓰기 시 복사 등)를 기술하는 서브섹션 구조체를 가리킨다. 또한 제어 영역은 페이지드 풀에 할당된 세그먼트 구조를 가리키는데, 이는 섹션 객체에 의해 매핑된 실제 페이지로 매핑하기 위해 사용된 프로토타입 PTE를 가리킨다. 5장의 앞에서 설명한 것처럼 프로세스 페이지 테이블은 이들 프로토타입 PTE를 가리키고, 이는 다시 참조될 페이지를 매핑한다.

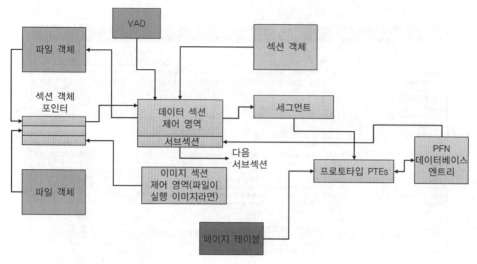

그림 5-32 섹션 구조체의 내부

파일을 접근하는(읽기 또는 쓰기) 프로세스는 언제나 동일하고 일관성 있는 데이터를 볼 것이라는 점을 윈도우가 보장하긴 하지만, 어떤 파일의 페이지에 대해 두 개의 복사본이 물리 메모리에 있는 경우가 있다(하지만 이런 경우조차도 모든 접근 주체는 가장 마지막 복사본을 얻게 되므로 데이터 일관성은 유지된다). 이미지 파일이 데이터 파일(읽혀졌거나 또는 써졌다)로 액세스된 후 실행 이미지로 실행될 때 이런 중복이 발생할 수 있다(예를 들어 이미지가 링크된 후 실행될 때이다. 즉, 링커가 데이터 액세스를 위해 실행 이미지 파일을 연 상태에서 해당 이미지가 실행될 때 이미지 로더는 그 파일을 실행 파일로 매핑한다). 내부적으로 다음과 같은 일이 일어난다.

1. 실행 파일이 파일 매핑 API나 캐시 관리자를 통해 생성됐다면 이미지 파일 내의 데이터 페이지가 읽히거나 써지는 것을 나타내기 위해 하나의 데이터 제어 영역이 생성된다.

2. 이미지가 실행돼 이미지를 실행 파일로 매핑하기 위해 섹션 객체가 생성될 때 메모리 관리자는 이미지 파일에 대한 섹션 객체 포인터가 데이터 제어 영역을 가리키는 것을 발견하고 해당 섹션을 플러시한다. 이 단계는 이미지 제어 영역을 통해 이미지를 액세스하기 전에 모든 변경된 페이지가 디스크에 써지게 보장

654

하기 위해 필요하다.

3. 메모리 관리자는 이미지 파일에 대한 제어 영역을 생성한다.

4. 이미지가 실행되기 시작하면서 이미지 파일로부터 읽기 전용 페이지에 대한 페이지 폴트가 발생하거나 해당하는 데이터 페이지가 이미 메모리에 있다면 데이터 파일로부터 직접 복사한다.

데이터 제어 영역에 의해 매핑된 페이지는 여전히 스탠바이 리스트에 상주할 수 있기 때문에 이런 경우는 동일한 데이터의 두 복사본이 메모리 내의 서로 다른 페이지에 있을 수 있다. 하지만 이 중복은 앞에서 언급된 것처럼 데이터 제어 영역이 이미 디스크에 플러시됐기 때문에 데이터 일관성 문제가 발생하지는 않으며, 따라서 이미지로부터 읽혀진 페이지는 최신의 것이다(그리고 이들 페이지는 결코 다시 디스크로 기록되지 않는다).

실습: 제어 영역 살펴보기

파일에 대한 제어 영역 구조체 주소를 찾으려면 먼저 파일 객체의 주소를 얻어야 한다. 커널 디버거의 !handle 명령으로 프로세스 핸들 테이블을 덤프해 파일 객체에 대한 주소를 구할 수 있다. 커널 디버거의 !file 명령을 사용하면 파일 객체에 대한 기본적인 정보를 구할 수 있지만, 섹션 객체 포인터 구조체에 대한 포인터를 구할 수는 없다. 이때 섹션 객체 포인터 구조체에 대한 주소를 얻기 위해 dt 명령을 사용해 파일 객체 구조체의 형식을 살펴본다. 이 구조체는 3개의 포인터로 구성되는데, 이것은 데이터 제어 영역에 대한 포인터, 공유 캐시 맵에 대한 포인터(2권의 14장에서 설명한다), 이미지 제어 영역에 대한 포인터다. 섹션 객체 포인터 구조체로부터 파일에 대한 제어 영역 주소를 얻을 수 있고(존재한다면) 이 주소를 !ca 명령에 사용한다.

예를 들어 파워포인트 파일을 열고 !handle 명령을 사용해 이 프로세스에 대한 핸들 테이블을 표시하면 다음에 나타낸 것처럼 파워포인트 파일에 대한 열린 핸들들을 찾을 것이다(문자 검색을 하면 된다. !handle 명령에 대한 자세한 정보는

2권 8장의 '객체 관리자' 절이나 디버거 문서를 참고하라).

```
lkd> !process 0 0 powerpnt.exe
PROCESS ffffc8068913e080
    SessionId: 1  Cid: 2b64   Peb: 01249000 ParentCid: 1d38
    DirBase: 252e25000   ObjectTable: ffffda8f49269c40   HandleCount: 1915.
    Image: POWERPNT.EXE
lkd> .process /p ffffc8068913e080
Implicit process is now ffffc806'8913e080
lkd> !handle
...
0c08: Object: ffffc8068f56a630  GrantedAccess: 00120089    Entry:
ffffda8f491d0020
    Object: ffffc8068f56a630 Type: (ffffc8068256cb00) File
        ObjectHeader: ffffc8068f56a600 (new version)
            HandleCount: 1  PointerCount: 30839
            Directory Object: 00000000  Name: \WindowsInternals\7thEdition\
Chapter05\diagrams.pptx {HarddiskVolume2}
...
```

파일 객체 주소(ffffc8068f56a630)를 구해 **dt** 명령으로 구조화하면 다음과 같다.

```
lkd> dt nt!_file_object ffffc8068f56a630
    +0x000 Type        : 0n5
    +0x002 Size        : 0n216
    +0x008 DeviceObject : 0xffffc806'8408cb40 _DEVICE_OBJECT
    +0x010 Vpb         : 0xffffc806'82feba00 _VPB
    +0x018 FsContext   : 0xffffda8f'5137cbd0 Void
    +0x020 FsContext2  : 0xffffda8f'4366d590 Void
    +0x028 SectionObjectPointer : 0xffffc806'8ec0c558 _SECTION_OBJECT_POINTERS
...
```

그런 후 섹션 객체 포인터 구조체의 주소를 구해 **dt** 명령으로 구조화한다.

```
lkd> dt nt!_section_object_pointers 0xffffc806'8ec0c558
   +0x000 DataSectionObject : 0xffffc806'8e838c10 Void
   +0x008 SharedCacheMap  : 0xffffc806'8d967bd0 Void
   +0x010 ImageSectionObject  : (null)
```

마지막으로 이 주소에 !ca 명령을 사용해 제어 영역을 표시한다.

```
lkd> !ca 0xffffc806'8e838c10
ControlArea      @ffffc8068e838c10
   Segment     ffffda8f4d97fdc0 Flink  ffffc8068ecf97b8    Blink
ffffc8068ecf97b8
   Section Ref              1 Pfn Ref          58 Mapped Views      2
   User Ref                 0 WaitForDel        0 Flush Count        0
   File Object ffffc8068e5d3d50 ModWriteCount     0 System Views      2
   WritableRefs             0
   Flags (8080) File WasPurged \WindowsInternalsBook\7thEdition\Chapter05\
diagrams.pptx

Segment @ ffffda8f4d97fdc0
   ControlArea ffffc8068e838c10 ExtendInfo    0000000000000000
   Total Ptes               80
   Segment Size          80000 Committed                 0
   Flags (c0000) ProtectionMask

Subsection 1 @  ffffc8068e838c90
   ControlArea  ffffc8068e838c10 Starting Sector   0 Number Of Sectors   58
   Base Pte     ffffda8f48eb6d40 Ptes In Subsect  58 Unused Ptes          0
   Flags                      d Sector Offset      0 Protection           6
   Accessed
   Flink       ffffc8068bb7fcf0 Blink  ffffc8068bb7fcf0 MappedViews      2

Subsection 2 @  ffffc8068c2e05b0
   ControlArea ffffc8068e838c10 Starting Sector  58 Number Of Sectors 28
   Base Pte    ffffda8f3cc45000 Ptes In Subsect  28 Unused Ptes       1d8
   Flags                      d Sector Offset      0 Protection          6
```

```
        Accessed
        Flink    ffffc8068c2e0600  Blink  ffffc8068c2e0600  MappedViews       1
```

모든 제어 영역 리스트를 보는 또 다른 방법은 !memusage 명령을 사용하는 것이다. 아래의 발췌된 내용은 이 명령의 결과를 보여준다(메모리가 큰 시스템의 경우이 명령 실행에는 긴 시간이 소요될 수도 있다).

```
lkd> !memusage
loading PFN database
loading (100% complete)

Compiling memory usage data (99% Complete).

          Zeroed:     98533 (   394132 kb)
            Free:      1405 (     5620 kb)
         Standby:    331221 (  1324884 kb)
        Modified:     83806 (   335224 kb)
  ModifiedNoWrite:      116 (      464 kb)
     Active/Valid:  1556154 (  6224616 kb)
      Transition:         5 (       20 kb)
       SLIST/Bad:      1614 (     6456 kb)
         Unknown:         0 (        0 kb)
           TOTAL:   2072854 (  8291416 kb)
Dangling Yes Commit:      130 (      520 kb)
 Dangling No Commit:   514812 (   2059248 kb)
 Building kernel map
 Finished building kernel map

 (Master1 0 for 1c0)

 (Master1 0 for e80)

 (Master1 0 for ec0)

 (Master1 0 for f00)
```

```
Scanning PFN database - (02% complete)

 (Master1 0 for de80)
 Scanning PFN database - (100% complete)

 Usage Summary (in Kb):
Control    Valid Standby Dirty Shared Locked PageTables    name
fffffffffd 1684540   0   0    0 1684540  0       AWE
ffff8c0b7e4797d0 64    0    0 0 0     0 mapped_file( Microsoft-
Windows-Kernel-PnP%4Configuration.evtx )
ffff8c0b7e481650  0    4    0 0 0    0 mapped_file( No name for file )
ffff8c0b7e493c00  0   40    0 0 0    0 mapped_file( FSD-{ED5680AF-
0543-4367-A331-850F30190B44}.FSD )
ffff8c0b7e4a1b30  8   12    0 0 0    0 mapped_file( msidle.dll )
ffff8c0b7e4a7c40 128 0    0 0 0    0 mapped_file( Microsoft-
Windows-Diagnosis-PCW%4Operational.evtx )
ffff8c0b7e4a9010 16    8    0 16 0    0 mapped_file( netjoin.dll )
8a04db00 ...
ffff8c0b7f8cc360   8212   0   0 0 0    0 mapped_file( OUTLOOK.EXE )
ffff8c0b7f8cd1a0 52   28    0 0 0    0 mapped_file( verdanab.ttf )
ffff8c0b7f8ce910  0    4    0 0 0    0 mapped_file( No name for file )
ffff8c0b7f8d3590  0    4    0 0 0    0 mapped_file( No name for file )
```

Control 열은 맵 파일을 서술하는 제어 영역 구조체를 가리킨다. 커널 디버거 명령인 !ca를 사용해 제어 영역과 세그먼트, 서브섹션을 구할 수 있다. 예를 들어 이 예제에서 Outlook.exe 맵 파일에 대한 제어 영역을 덤프하기 위해 !ca 명령 다음에 Control 번호를 입력하면 다음과 같다.

```
lkd> !ca ffff8c0b7f8cc360

ControlArea  @ ffff8c0b7f8cc360
  Segment  ffffdf08d8a55670  Flink    ffff8c0b834f1fd0   Blink
ffff8c0b834f1fd0
```

```
Section Ref              1 Pfn Ref                 806     Mapped Views  1
User Ref                 2 WaitForDel                0     Flush Count c5a0
File Object  ffff8c0b7f0e94e0 ModWriteCount          0     System Views ffff
WritableRefs        80000161
Flags (a0) Image File

    \Program Files (x86)\Microsoft Office\root\Office16\OUTLOOK.EXE

Segment @ ffffdf08d8a55670
   ControlArea    ffff8c0b7f8cc360  BasedAddress   0000000000be0000
   Total Ptes                 1609
   Segment Size            1609000  Committed                      0
   Image Commit                 f4  Image Info      ffffdf08d8a556b8
   ProtoPtes      ffffdf08dab6b000
   Flags (c20000) ProtectionMask


Subsection 1 @   ffff8c0b7f8cc3e0
   ControlArea    ffff8c0b7f8cc360  Starting Sector  0   Number Of Sectors 2
   Base Pte       ffffdf08dab6b000  Ptes In Subsect  1   Unused Ptes       0
   Flags                        2   Sector Offset    0   Protection        1

Subsection 2 @   ffff8c0b7f8cc418
   ControlArea    ffff8c0b7f8cc360  Starting Sector  2   Number Of Sectors
   7b17
   Base Pte       ffffdf08dab6b008  Ptes In Subsect f63  Unused Ptes       0
   Flags                        6   Sector Offset    0   Protection        3

Subsection 3 @   ffff8c0b7f8cc450
   ControlArea    ffff8c0b7f8cc360  Starting Sector 7b19 Number Of Sectors
   19a4
   Base Pte       ffffdf08dab72b20  Ptes In Subsect   335 Unused Ptes      0
   Flags                        2   Sector Offset       0 Protection       1

Subsection 4 @   ffff8c0b7f8cc488
   ControlArea    ffff8c0b7f8cc360  Starting Sector   94bd Number Of Sectors
   764
   Base Pte       ffffdf08dab744c8  Ptes In Subsect     f2 Unused Ptes     0
```

```
        Flags                            a  Sector Offset       0 Protection       5

Subsection 5 @  ffff8c0b7f8cc4c0
    ControlArea  ffff8c0b7f8cc360  Starting Sector  9c21 Number Of Sectors 1
    Base Pte     ffffdf08dab74c58  Ptes In Subsect     1 Unused Ptes       0
    Flags                       a  Sector Offset       0 Protection       5

Subsection 6 @  ffff8c0b7f8cc4f8
    ControlArea  ffff8c0b7f8cc360  Starting Sector  9c22 Number Of Sectors 1
    Base Pte     ffffdf08dab74c60  Ptes In Subsect     1 Unused Ptes       0
    Flags                       a  Sector Offset       0 Protection       5

Subsection 7 @  ffff8c0b7f8cc530
    ControlArea  ffff8c0b7f8cc360  Starting Sector  9c23 Number Of Sectors
    c62
    Base Pte     ffffdf08dab74c68  Ptes In Subsect   18d Unused Ptes       0
    Flags                       2  Sector Offset       0 Protection       1

Subsection 8 @  ffff8c0b7f8cc568
    ControlArea  ffff8c0b7f8cc360  Starting Sector  a885 Number Of Sectors
    771
    Base Pte     ffffdf08dab758d0  Ptes In Subsect    ef Unused Ptes       0
    Flags                       2  Sector Offset       0 Protection       1
```

워킹셋

지금까지 윈도우가 물리 메모리를 어떻게 관리하고 얼마나 많은 메모리를 지원할 수 있는지 살펴봤고, 이제부터는 물리 메모리 내에 가상 주소의 부분들을 어떻게 유지하는지 알아본다.

기억하겠지만 물리 메모리 내에 상주하는 가상 페이지의 부분집합을 워킹셋[working set]이라고 한다. 워킹셋에는 다음과 같은 세 종류가 있다.

- **프로세스 워킹셋** 단일 프로세스 내의 스레드에 의해 참조되는 페이지를 포함한다.
- **시스템 워킹셋** 상주하는 페이징 가능한 시스템 코드의 부분집합(예를 들면 Ntoskrnl.exe나 드라이버)과 페이지드 풀, 시스템 캐시를 포함한다.
- **세션 워킹셋** 각 세션은 윈도우 서브시스템(Win32k.sys)의 커널 모드 부분에 의해 할당된 커널 모드 세션 관련 데이터 구조체와 세션 페이지드 풀, 세션 맵 뷰, 기타 세션 공간 디바이스 드라이버 중 메모리에 상주하는 부분집합을 포함하는 워킹셋을 가진다.

유형별 워킹셋을 자세히 알아보기 전에 어떤 페이지를 물리 메모리로 가져오고 이들을 얼마나 오랫동안 유지하는지 결정하는 전체적인 정책을 살펴보자.

요구 페이징

윈도우 메모리 관리자는 페이지를 메모리로 로딩하기 위해 클러스트링을 갖는 요구 페이징Demand Paging 알고리즘을 사용한다. 스레드가 페이지 폴트를 일으키면 메모리 관리자는 폴트를 일으킨 페이지와 함께 앞뒤로 몇 개의 페이지를 메모리로 더 읽어 들인다. 이런 전략은 스레드가 일으키게 되는 페이징 I/O의 수를 최소화하려는 시도다. 프로그램, 특히 큰 프로그램들의 경우 임의의 한 시점에서는 메모리 공간의 국부적인 영역 내에서 실행하려는 경향을 갖기 때문에 가상 페이지를 클러스터 단위로 로딩하면 디스크 읽기 횟수가 줄어든다. 이미지 내의 데이터 페이지 참조로 일어난 페이지 폴트에 대한 클러스터 크기는 3 페이지며, 여타 페이지 폴트에 대한 클러스터 크기는 7 페이지다.

하지만 페이징 요구 정책은 프로세스의 스레드가 처음 실행을 시작하거나 나중의 특정 시점에서 실행을 다시 시작할 때 프로세스에서 많은 페이지 폴트가 발생하는 결과를 가져올 수 있다. 프로세스(그리고 시스템)의 시작을 최적화하기 위해 윈도우는 다음 절에서 설명할 **논리적 프리패처**Logical Prefetcher라는 지능적인 프리패치 엔진을 갖는다. 그 이상의 최적화와 프리패칭은 5장의 뒷부분에서 설명할 슈퍼패치SuperFetch라는 다른 컴포넌트에 의해 수행된다.

논리적 프리패처와 레디부트

일반적인 시스템 부팅 과정이나 애플리케이션이 시작하는 동안 폴트가 발생하는 순서는, 처음에는 파일의 일부분에서, 그 다음은 동일한 파일의 다른 부분에서, 그다음은 다른 파일, 다음은 어떤 디렉터리, 그리고 다시 처음의 파일에서 페이지를 가져오는 형태일 것이다. 이렇게 여기저기를 점프하는 것은 각 접근을 현저하게 느리게 만든다. 그리고 분석 결과를 보면 디스크의 탐색 시간이 부팅과 애플리케이션의 시작 시간을 느리게 하는 데 큰 영향을 미침을 알 수 있다. 한 번에 여러 페이지를 프리패칭함으로써 순서에 민감한 접근이 과도한 역추적 없이도 가능하고, 그로 인해 시스템이나 프로그램이 시작되는 전체적인 시간을 향상시킬 수 있다. 부팅이나 애플리케이션이 시작될 때 이뤄지는 접근은 높은 상호 연관성 때문에 어떤 페이지들이 필요할지 미리 알 수 있다.

프리패처는 부팅 과정이나 애플리케이션이 시작되는 과정 중 접근되는 데이터나 코드를 감시해 다음번 부팅이나 애플리케이션이 시작되는 초기 시점에 코드와 데이터를 읽어 들이기 위해 이 정보를 사용함으로써 부팅 과정이나 애플리케이션 시작 속도를 빠르게 할 수 있게 시도한다. 프리패처가 활성화되면 메모리 관리자는 커널의 프리패처 코드에게 페이지 폴트를 알려준다. 이때 하나는 데이터를 디스크로부터 읽어 와야 한다는 것이고(하드 폴트), 다른 하나는 이미 메모리에 있는 데이터를 프로세스 워킹셋에 추가하기만 하면 된다는 것(소프트 폴트)이다. 프리패처는 애플리케이션이 시작하는 처음 10초를 감시한다. 부팅 과정에서 프리패처는 기본적으로 시스템이 시작하면 이때부터 30초 동안 추적을 한다. 이 시간 동안에 유저 셸(주로 탐색기)이 시작하고 이 추적이 실패하면 윈도우 서비스가 초기화된 지 60초 후나 시스템이 시작한 120초 후 중 먼저 도달하는 시점까지 추적한다.

커널에서 수집된 추적 정보에는 NTFS 마스터 파일 테이블^{MFT} 메타데이터 파일(애플리케이션이 NTFS 볼륨에서 파일 또는 디렉터리를 액세스한다면)과 참조된 파일, 참조된 디렉터리에서 일어났던 폴트가 있다. 수집된 추적 정보를 갖고 커널 프리패처 코드는 Svchost의 한 인스턴스에서 수행되는 슈퍼패치 서비스(%SystemRoot%\System32\Sysmain.dll)의 프리패처 컴포넌트로부터 요청이 오기를 기다린다. 슈퍼패치 서비스는 커널 내의 논리적 프리패칭 컴포넌트와 다음에 다룰 슈퍼패치 컴포넌트에 대해 책임이 있다. 프리패처는 지금부터 추적 데이터를 질의할 수 있다는 것을 슈퍼패치 서비스에게 알리기 위해 `\KernelObjects\PrefetchTracesReady` 이벤트를 시그널시킨다.

> 레지스트리 `HKLM\SYSTEM\CurrentControlSet\Control\Session Manager\Memory Management\PrefetchParameters` 키의 DWORD형 `EnablePrefetcher` 값을 수정해 부팅이나 애플리케이션 시작에 대한 프리패칭을 활성화하거나 비활성화할 수 있다. 0으로 설정하면 프리패칭이 전면적으로 비활성화되고, 1로 설정하면 애플리케이션에 대해서만 프리패칭이 활성화되고, 2로 설정하면 부팅에 대해서만 활성화되고, 3으로 설정하면 모두 활성화된다.

슈퍼패치 서비스(실제 슈퍼패치 기능과 완전하게 분리된 컴포넌트일지라도 논리적 프리패처를 포함하는)는 추적 데이터를 요청하기 위해 내부의 `NtQuerySystemInformation` 시스템 호출을 수행한다. 논리적 프리패처는 이전에 수집된 데이터와 결합해 추적 데이터를 후처리하고, 이것을 그림 5-33에 보이는 것처럼 %SystemRoot%\Prefetch 폴더에 파일로 저장한다. 파일명은 추적이 적용된 애플리케이션 이름 뒤에 대시를 붙이고 파일 경로의 해시를 나타내는 16진수 값을 붙여 만든다. 파일은 .pf 확장자를 갖는데, 예를 들면 NOTEPAD.EXE-9FB27C0E.PF와 같다.

마이크로소프트 관리 콘솔(%SystemRoot%\System32\Mmc.exe)과 서비스 호스팅 프로세스(%SystemRoot%\System32\Svchost.exe), Run DLL 컴포넌트(%SystemRoot%\System32\Rundll32.exe), Dllhost(%SystemRoot%\System32\Dllhost.exe)를 포함하는 여타 컴포넌트를 호스트하는 이미지에 대해서는 파일명 규칙에 예외가 있다. 이들 애플리케이션에 대해서는 애드온 컴포넌트가 커맨드라인에 지정되기 때문에 프리패처는 생성된 해시에 이들 커맨드라인을 포함한다. 따라서 커맨드라인에 다른 컴포넌트를 명시해 애플리케이션을 실행시키면 다른 추적 결과를 가져올 것이다.

시스템 부트의 경우 레디부트^{ReadyBoot}로 불리는 다른 메커니즘이 사용된다. 레디부트는 크고 효율적인 I/O 읽기를 만들고 RAM에 데이터를 저장함으로써 I/O 동작의 최적화를 시도한다. 시스템 컴포넌트가 이 데이터를 필요로 할 때 저장된 RAM을 통해 이뤄진다.

이는 기계적 디스크인 경우 특히 효율적이지만 SSD의 경우도 또한 유용하다. 프리패치할 파일에 있는 정보는 부팅 이후에 그림 5-33에서 보듯이 프리패치 디렉터리의 레디부트 서브디렉터리에 저장된다. 부팅이 완료되면 RAM의 캐시 데이터는 삭제된다. 매우 빠른 SSD의 경우 이득이 있다고 하더라도 미미하므로 레디부트는 기본적으로 꺼져있다.

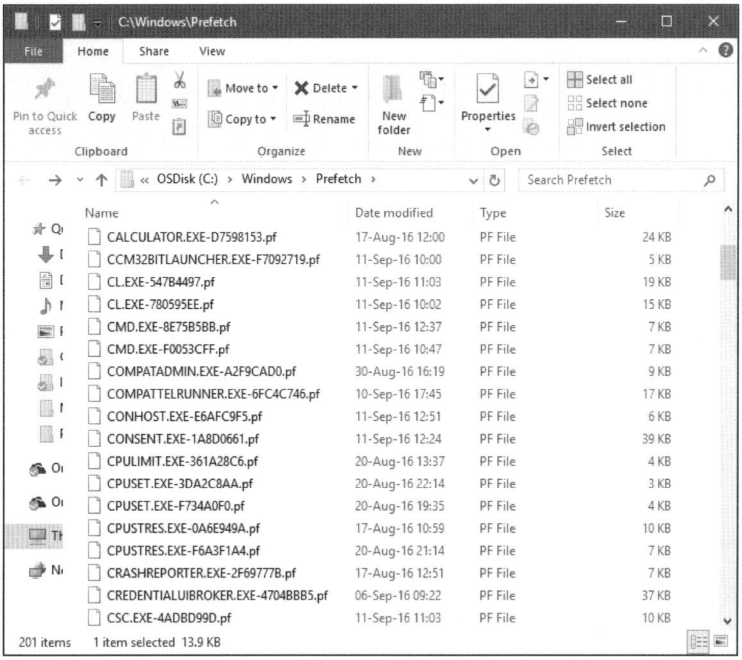

그림 5-33 프리패치 폴더

시스템이 부팅되거나 애플리케이션이 시작될 때 프리패처가 호출돼 프리패칭을 수행할 기회를 준다. 프리패처는 프리패치 디렉터리를 살펴보고 현재 프리패치 상황에 맞는 추적 파일이 있는지 확인한다. 있다면 프리패처는 NTFS를 호출해 참조하는 MFT 메타파일을 프리패치하고, 참조되는 각 디렉터리 내용을 읽고, 마지막으로 참조된 파일을 연다. 이때 프리패처는 메모리 관리자 함수 MmPrefetchPages를 호출해 추적 파일에 등록돼 있지만 아직 메모리에 없는 데이터와 코드를 읽는다. 메모리 관리자는 모든 읽기 동작을 비동기적으로 시작하고 완료될 때까지 기다린 다음 애플리케이션을 시작한다.

실습: 프리패치 파일 읽기 및 쓰기 관찰

윈도우의 클라이언트 에디션(윈도우 서버 에디션은 프리패칭이 기본적으로 비활성화돼 있다)에서 Sysinternals의 프로세스 모니터 유틸리티를 이용해 애플리케이션 시작에 대한 추적을 캡처한다면 프리패처가 애플리케이션의 프리패치 파일(존재한다면)을 검사하고 읽는 것을 볼 수 있을 것이다. 애플리케이션이 시작되고 약 10초 후에 프리패처가 파일에 대한 새로운 복사본을 만드는 것을 볼 수 있다. 다음은 프로세스 모니터가 %SystemRoot%\Prefetch 디렉터리에 대한 액세스만 보여주도록 Include 필터를 'prefetch'로 설정한 후 Notepad의 시작을 캡처한 것이다.

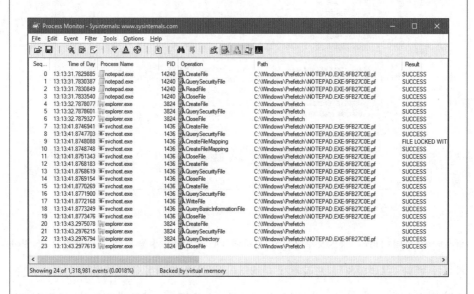

0에서 3라인은 Notepad 프로세스가 시작되는 동안 자신의 컨텍스트에서 Notepad 프리패치 파일이 읽혀진 것을 보여준다. 라인 7-19(처음 네 라인과 타임스탬프로 10초 차이가 나는)는 Svchost 프로세스 컨텍스트에서 실행하는 슈퍼패치 서비스가 프리패치 파일을 갱신하는 것을 보여준다.

검색을 더 최소화하기 위해 약 3일마다 시스템이 유휴 상태인 동안에 슈퍼패치는 부팅이나 애플리케이션이 시작하는 동안 참조하는 파일과 디렉터리 리스트를 순서대로 구성하고 그림 5-34에 나타난 것처럼 Windows\Prefetch\Layout.ini 파일에 이 리스트를 저장한다. 이 리스트는 또한 슈퍼패치에 의해 추적된 자주 참조되는 파일을 포함한다.

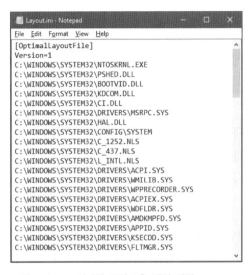

그림 5-34 프리패치 조각모음 배치 파일

그런 후 슈퍼패치는 전체 조각모음을 수행하는 것이 아니라 이 파일에 있는 내용을 바탕으로 조각모음을 하게끔 커맨드라인 옵션을 지정하고 시스템 조각모음 프로그램을 실행시킨다. 조각모음 프로그램은 해당 볼륨에 존재하는 배치 파일에 지정된 파일과 디렉터리를 수용할 충분한 크기의 연속적인 공간을 각 볼륨에서 찾아 해당 파일과 디렉터리가 지정된 순서대로 저장되도록 이들 전체를 이동시킨다. 이제 읽어야 할 모든 데이터가 디스크에 순서대로 물리적으로 저장돼 있기 때문에 다음번 프리패치는 훨씬 더 효율적일 것이다. 프리패칭을 위해 조각모음을 하는 파일의 개수는 대개 수백 단위이므로 전체 볼륨에 대한 조각모음을 하는 것보다 훨씬 빠르다.

배치 정책

스레드가 페이지 폴트를 내면 메모리 관리자는 가상 페이지를 물리 메모리의 어느 위치에 넣을 것인지를 결정해야 한다. 최상의 위치를 결정하기 위해 사용되는 일련의 규칙을 배치 정책^{Palcement policy}이라고 한다. 윈도우는 페이지 프레임을 선택할 때 캐시의 불필요한 스레싱^{thrashing}을 최소화하기 위해 CPU의 메모리 캐시 크기를 고려한다.

페이지 폴트가 발생했는데 물리 메모리가 모두 사용 중이라면 윈도우는 새로운 페이지를 수용할 공간을 확보하기 위해 어느 페이지를 제거할 것인지를 결정하는 교체^{Replacement} 정책을 사용한다. 일반적인 교체 정책은 LRU^{least recently used}와 FIFO^{first in, first out} 등이 있다. LRU 알고리즘(대부분의 유닉스 버전에서 구현된 방법으로 클록^{clock} 알고리즘이라고도 한다)은 메모리의 페이지가 언제 사용됐는지 추적하는 가상 메모리 시스템이 필요하다. 새로운 페이지 프레임이 요청되면 가장 오랜 시간 동안 사용된 적이 없는 페이지가 워킹셋에서 제거된다. FIFO 알고리즘은 좀 더 단순한데, 사용 빈도에 상관없이 물리 메모리에 가장 오랫동안 존재했던 페이지가 제거된다.

교체 정책은 전역과 지역으로 구분 지을 수 있다. 전역 교체 정책은 페이지 폴트가 발생할 때 교체하려는 페이지가 어느 프로세스에 소유됐는지에 상관없이 교체할 수 있다. 예를 들어 FIFO 알고리즘을 사용하는 전역 교체 정책에서는 페이지 폴트를 해결하기 위해 가장 오랫동안 메모리에 있었던 페이지를 찾는다. 지역 교체 정책에서는 가장 오래된 페이지를 찾는 검색을 페이지 폴트를 일으킨 현재 프로세스가 소유하고 있는 페이지로 한정한다. 전역 교체 정책에서는 한 프로세스의 작용이 다른 프로세스들에 영향을 줄 수 있다. 즉, 잘못 동작하는 애플리케이션이 모든 프로세스에 과도한 페이지 활동을 일으켜 전체 운영체제에 손상을 줄 수도 있다.

윈도우는 지역과 전역 교체 정책을 조합해 사용한다. 워킹셋이 한계에 도달하거나 물리 메모리에 대한 요청 등으로 인해 정리할 필요가 있을 때 메모리 관리자는 충분한 프리^{Free} 페이지가 존재한다는 판단이 설 때까지 워킹셋으로부터 페이지를 제거한다.

워킹셋 관리

모든 프로세스는 최소 50 페이지의 기본 워킹셋과 최대 345 페이지의 최대 워킹셋으로 시작한다. 효과는 미미하지만 윈도우의 SetProcessWorkingSetSize 함수를 이용해 프로세스 워킹셋 한계를 변경할 수 있는데, 이를 위해서는 스케줄링 우선순위 상승 권한 (SeIncreaseBasePriorityPrivilege)을 가져야 한다. 하지만 하드 워킹셋 한계를 사용하게 프로세스를 구성하지 않았다면 이런 제한은 무시된다. 즉, 프로세스가 과도하게 페이징을 일으키지만 충분한 메모리가 존재할 경우 메모리 관리자는 프로세스의 워킹셋의 한계를 증가시키게 허용한다(반대로 페이징이 일어나지 않고 시스템에서 물리 메모리에 대한 요구가 높은 상황이라면 메모리 관리자는 프로세스의 최소 워킹셋을 더 작게 줄일 수도 있다). 하드 워킹셋 한계는 QUOTA_LIMITS_HARDWS_ENABLE 플래그를 사용해 SetProcessWorkingSetSizeEx 함수를 호출함으로써 설정할 수 있지만 대부분의 경우 시스템이 워킹셋을 관리하게 두는 것이 더 낫다.

32비트 시스템에서 최대 워킹셋 크기는 시스템 초기화 당시에 계산돼 커널 변수 MiMaximumWorkingSet에 저장되는 시스템 전역적인 최댓값을 초과할 수 없다. x64 시스템에서는 가상 주소 공간이 너무나 크므로 물리 메모리가 실질적인 상한 값 역할을 한다. 표 5-15에서는 워킹셋 최댓값을 보여준다.

표 5-15 워킹셋 최댓값의 상한선

윈도우 버전	워킹셋 최댓값
x86, ARM	2GB − 64KB(0x7FFF0000)
increaseuserva 옵션으로 부팅된 x86 버전의 윈도우	2GB − 64KB + 유저 가상 주소 증가분
x64(윈도우 8, 서버 2012)	8,192GB(8 TB)
x64(윈도우 8.1, 10, 서버 2012 R2, 2016)	128TB

페이지 폴트가 발생하면 프로세스의 워킹셋 한계와 시스템의 가용한 메모리양을 검사한다. 조건을 만족시키면 메모리 관리자는 프로세스가 워킹셋 최댓값까지 키우게 허용한

다(여유 메모리가 충분하고 프로세스가 하드 워킹셋 한계를 갖지 않는다면 최댓값 이상으로도 키울 수 있다). 하지만 메모리가 충분치 않다면 윈도우는 페이지 폴트가 발생했을 때 워킹셋에 페이지를 추가하는 대신 교체한다.

윈도우는 변경된 페이지를 디스크에 기록해 가용한 메모리를 유지하려고 한다. 수정된 페이지가 매우 높은 비율로 생성된다면 메모리 요청을 충족시키기 위해 더 많은 메모리가 필요하게 된다. 따라서 물리 메모리가 모자라면 밸런스 셋 관리자 시스템 스레드(다음 절에서 설명한다) 컨텍스트에서 실행되는 루틴인 워킹셋 관리자는 시스템에서 이용할 수 있는 여유 메모리양을 증가시키기 위해 자동 워킹셋 정리를 시작한다. 앞서 언급한 윈도우 함수 SetProcessWorkingSetSizeEx를 사용해 자신의 프로세스 워킹셋 정리를 시작할 수 있다(예를 들면 프로세스 초기화 이후).

워킹셋 관리자는 사용 가능한 메모리를 검사하고 어느 워킹셋이 정리될 필요가 있는지 결정한다. 메모리가 충분하다면 워킹셋 관리자는 필요할 경우 얼마나 많은 페이지를 워킹셋에서 제거할 수 있는지 계산한다. 정리가 필요하다면 최솟값 이상의 크기를 갖는 워킹셋을 찾는다. 또한 워킹셋을 검사하는 속도를 동적으로 조정하고 정리할 후보 프로세스 리스트를 최적화된 순서대로 구성한다. 예를 들면 최근에 액세스된 적이 없는 페이지를 여러 개 갖고 있는 프로세스가 우선 검사 대상이 된다. 오랫동안 유휴 상태였던 큰 프로세스가 자주 실행되는 작은 프로세스보다 우선 고려되고, 포어그라운드 애플리케이션을 수행하는 프로세스가 맨 나중에 검사되는 식이다.

워킹셋 관리자는 최솟값 이상을 사용하는 프로세스를 발견할 때 프로세스의 워킹셋에서 제거할 페이지들을 찾아 다른 용도로 사용 가능하게 만든다. 여유 메모리가 아직도 너무 부족한 상태라면 워킹셋 관리자는 시스템에 최소한의 프리 페이지가 확보될 때까지 프로세스의 워킹셋에서 페이지를 제거해 나간다.

워킹셋 관리자는 최근에 액세스되지 않았던 페이지를 제거하는데, 이는 페이지가 액세스된 적이 있는지 없는지 검사하기 위해 하드웨어 PTE 내의 Accessed 비트를 검사해 수행된다. 이 비트가 꺼져 있으면 이 페이지는 오래된 것이다. 즉, 이것은 마지막 워킹셋 정리 검사를 한 이후로 페이지가 참조된 적이 없음을 나타내는 카운트가 하나 증가된다.

나중에 이 카운트(age of page)는 워킹셋에서 제거될 후보 페이지를 찾는 데 사용된다.

하드웨어 PTE의 Accessed 비트가 켜져 있다면 워킹셋 관리자는 이 비트를 끈 후 워킹셋의 다음 페이지를 검사한다. 이런 방법으로 다음번에 워킹셋 관리자가 페이지를 검사할 때 Accessed 비트가 꺼져 있다면 지난번 검사 이후로 페이지가 액세스된 적이 없다는 것을 알 수 있다. 페이지를 제거하기 위한 이런 검사는 원하는 만큼 페이지를 제거했거나 검사가 한 바퀴 돌아 시작점으로 돌아올 때까지 전체 워킹셋 리스트를 대상으로 계속된다. 검사가 끝난 이 위치에서부터 다음번 검사가 시작된다.

실습: 프로세스의 워킹셋 크기 보기

성능 툴을 사용해 다음 표에 나와 있는 성능 카운터들을 보고 프로세스 워킹셋 크기를 검사할 수 있다. 몇 가지 다른 프로세스 뷰어 유틸리티(작업 관리자나 Process Explorer)도 프로세스 워킹셋 크기를 표시한다.

카운터	설명
Process: Working Set	바이트 단위의 대상 프로세스의 현재 워킹셋 크기
Process: Working Set Peak	바이트 단위로 대상 프로세스의 워킹셋 크기를 추적한다.
Process: Page Faults/sec	대상 프로세스가 초당 일으킨 페이지 폴트 수

성능 모니터의 인스턴스 박스에서 _Total 프로세스를 선택해 모든 프로세스의 워킹셋 총합을 얻을 수 있다. 이 프로세스는 진짜 프로세스가 아니다. 단순히 현재 시스템에서 동작하는 모든 프로세스에 대한 프로세스별 카운터 값의 합에 불과하다. 그러나 각 프로세스 워킹셋 크기에는 다른 프로세스에 의해 공유된 페이지가 포함돼 있기 때문에 보고 있는 총합은 실제 사용 중인 RAM보다 크다. 따라서 둘 이상의 프로세스가 페이지를 공유한다면 그 페이지는 각 프로세스의 워킹셋에서 계산된다.

실습: 워킹셋과 가상 크기

5장의 앞부분에서 TestLimit 유틸리티를 이용해 거의 예약되지 않은 커다란 메모리를 가진 프로세스와 커밋된 전용 메모리를 가진 프로세스 두 개를 생성해 Process Explorer로 둘 사이의 차이점을 살펴봤다. 이제 메모리를 커밋하고 접근해 메모리를 워킹셋으로 가져오게 하는 세 번째 TestLimit 프로세스를 생성해보자. 다음과 같은 과정을 따른다.

1. 새로운 TestLimit 프로세스를 생성한다.

```
C:\Users\pavely>testlimit -d 1 -c 800

Testlimit v5.24 - test Windows limits
Copyright (C) 2012-2015 Mark Russinovich
Sysinternals - www.sysinternals.com

Process ID: 13008

Leaking private bytes with touch 1 MB at a time...
Leaked 800 MB of private memory (800 MB total leaked). Lasterror: 0
The operation completed successfully.
```

2. Process Explorer를 실행한다.

3. View 메뉴의 Select Columns에서 Process Memory 탭을 클릭한다.

4. Private Bytes와 Virtual Size, Working Set Size, WS Shareable Bytes, WS Private Bytes 카운터를 활성화한다.

5. 다음 그림처럼 세 개의 TestLimit 인스턴스를 찾는다.

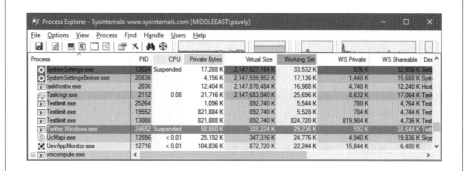

새로운 TestLimit 프로세스는 세 번째에 나타나는 PID 13008이다. 이것은 세 개 중 할당된 메모리를 실제로 참조하는 유일한 프로세스로, 테스트로 할당된 크기를 반영하는 워킹셋을 갖는 유일한 프로세스다.

프로세스가 이런 정도의 크기로 확장하게 하기 위해서는 충분한 RAM을 가진 시스템이라야 이런 결과를 얻을 수 있다. 이 시스템에서도 전용 바이트(821,888KB)의 모든 부분이 워킹셋의 WS Private 영역에 있지 않다. 일부 전용 페이지는 아직 페이지 인되지 않았거나 교체 정책에 의해 프로세스 워킹셋 밖으로 밀려났다.

실습: 디버거로 워킹셋 리스트 보기

커널 디버거의 !wsle 명령을 사용해 워킹셋 내의 각 엔트리를 볼 수 있다. 다음 예는 WinDbg의 워킹셋 리스트에 대한 출력의 일부분을 보여준다(32비트 시스템).

```
lkd> !wsle 7

Working Set Instance @ c0802d50
Working Set Shared @ c0802e30

    FirstFree    f7d   FirstDynamic     6
    LastEntry   203d   NextSlot         6 LastInitialized   2063
    NonDirect     0   HashTable        0 HashTableSize       0
```

Reading the WSLE data
....
....

Virtual	Address	Age	Locked	ReferenceCount
	c0603009	0	0	1
	c0602009	0	0	1
	c0601009	0	0	1
	c0600009	0	0	1
	c0802d59	6	0	1
	c0604019	0	0	1
	c0800409	2	0	1
	c0006209	1	0	1
	77290a05	5	0	1
	7739aa05	5	0	1
	c0014209	1	0	1
	c0004209	1	0	1
	72a37805	4	0	1
	b50409	2	0	1
	b52809	4	0	1
	7731dc05	6	0	1
	bbec09	6	0	1
	bbfc09	6	0	1
	6c801805	4	0	1
	772a1405	2	0	1
	944209	1	0	1
	77316a05	5	0	1
	773a4209	1	0	1
	77317405	2	0	1
	772d6605	3	0	1
	a71409	2	0	1
	c1d409	2	0	1
	772d4a05	5	0	1
	77342c05	6	0	1
	6c80f605	3	0	1
	77320405	2	0	1

```
77323205      1       0       1
77321405      2       0       1
7ffe0215      1       0       2
a5fc09        6       0       1
7735cc05      6       0       1
...
```

워킹셋 리스트에서 일부 엔트리는 페이지 테이블 페이지(0xC0000000보다 큰 주소를 가진 것)이고, 일부는 시스템 DLL(0x7nnnnnnn 영역에 있는 것)이고, 일부는 WinDbg.exe 자신의 코드임에 유의하자.

밸런스 셋 관리자와 스와퍼

워킹셋 확장과 정리는 밸런스 셋 관리자(KeBalanceSetManager 함수)라고 불리는 시스템 스레드 컨텍스트에서 일어난다. 밸런스 셋 관리자는 시스템 초기화 시에 생성된다. 밸런스 셋 관리자는 기술적으로 커널의 일부분이지만 워킹셋의 분석과 조정을 수행하기 위해 메모리 관리자의 워킹셋 관리자(MmWorkingSetManager)를 호출한다.

밸런스 셋 관리자는 두 개의 다른 이벤트 객체를 대기한다. 하나는 1초에 한 번씩 주기적으로 시그널되는 이벤트이고, 다른 하나는 메모리 관리자가 워킹셋이 조정돼야 하는 다양한 시점에 시그널시키는 워킹셋 관리자의 내부 이벤트다. 예를 들어 시스템에 페이지 폴트 횟수가 너무 잦거나 프리 리스트가 너무 작으면 메모리 관리자는 밸런스 셋 관리자를 깨워 밸런스 셋 관리자가 워킹셋 관리자를 호출해 워킹셋에 대한 정리 작업을 시작할 수 있게 한다. 메모리가 넉넉하다면 워킹셋 관리자는 폴트가 일어난 페이지를 메모리에 넣어줌으로써 페이지 폴트를 일으킨 프로세스가 자신의 워킹셋 크기를 점차적으로 늘리게 해준다. 물론 워킹셋은 꼭 필요한 만큼만 커진다.

밸런스 셋 관리자가 1초 주기 타이머에 의해 깨어나면 다음의 과정을 밟는다.

1. 시스템이 가상 안전 모드Virtual Secure Mode(윈도우 10과 서버 2016)를 지원한다면 안전한 커널이 주기적인 정리 작업을 하기 위해 호출된다(VslSecureKernelPeriodicTick).

2. IRP 크레딧credit을 조정하기 위한 루틴을 호출해 IRP 완료에서 사용되는 프로세서별 룩 어사이드 리스트의 사용량을 최적화한다(IoAdjustIrpCredits). 특정 프로세서가 과도한 I/O 부하에 놓일 때 이렇게 하면 좀 더 나은 확장성이 가능해진다(IRP에 관해서는 6장을 보라).

3. 룩 어사이드 리스트를 검사하고 이들의 깊이를 조절해(필요하다면) 접근 시간을 개선시키고 풀 사용량과 풀 단편화를 줄이게 한다(ExAdjustLookasideDepth).

4. 윈도우 이벤트 트레이싱 버퍼 풀 크기를 조절하기 위한 호출을 해 ETW 메모리 버퍼(EtwAdjustTraceBuffers)를 좀 더 효율적으로 사용한다(ETW에 관한 추가적인 사항은 2권의 8장을 보라).

5. 메모리 관리자의 워킹셋 관리자를 호출한다. 워킹셋 관리자는 언제 워킹셋을 정리하고 얼마나 많이 정리할 것인지를 조절하는 내부 카운터를 갖고 있다.

6. 잡에 대한 실행 시간을 강제한다(PsEnforceExecutionLimits).

7. 밸런스 셋 관리자는 자신의 1초 타이머가 만료돼 깨어나는 매 8번째마다 스왑퍼swapper로 불리는 또 다른 시스템 스레드를 깨우는 이벤트를 시그널한다(KeSwap-ProcessOrStack). 스왑퍼는 한 동안 실행되지 않았던 스레드의 커널 스택을 스왑아웃시킨다. 스왑퍼 스레드(우선순위 23에서 실행한다)는 15초 동안 유저 모드에서 대기 상태에 있던 스레드를 찾는다. 그런 스레드가 있다면 해당 스레드의 커널 스택을 트랜지션 상태로 두어(페이지를 변경 리스트나 스탠바이 리스트로 옮겨서) 물리 메모리를 회수하는데, 그 정도 오랫동안 대기하고 있는 스레드는 앞으로도 더 오랫동안 계속 대기하고 있을 것이라는 원칙에 따라 그렇게 한다. 프로세스의 마지막 스레드의 커널 스택이 메모리에서 제거됐다면 이 프로세스는 완전히 스왑아웃됐다고 표시해둔다. 따라서 오랫동안 유휴 상태인 프로세스(Wininit 또는 Winlogon 같은)의 워킹셋이 0이 된다.

시스템 워킹셋

프로세스가 프로세스 주소 공간의 페이징 가능한 영역을 관리하는 워킹셋을 갖고 있는 것처럼 시스템 주소 공간의 페이지 가능한 코드와 데이터도 시스템 워킹셋system working sets 으로 알려진 세 개의 전역 워킹셋을 이용해 관리한다. 이들 전역 워킹셋은 다음과 같다.

- **시스템 캐시 워킹셋** 시스템 캐시에 상주하는 페이지를 포함한다.
- **페이지드 풀 워킹셋** 페이지드 풀에 상주하는 페이지를 포함한다.
- **시스템 PTE 워킹셋** 시스템 공간으로 매핑된 섹션 페이지뿐만 아니라 로딩된 드라이버나 커널 이미지의 페이징 가능한 코드와 데이터를 포함한다.

표 5-16은 이들 시스템 워킹셋 유형이 저장된 위치를 보여준다.

표 5-16 시스템 워킹셋

시스템 워킹셋 유형	저장된 변수 (윈도우 8.x, 서버 2012/R2)	저장된 변수 (윈도우 10, 서버 2016)
시스템 캐시	MmSystemCacheWs	MiState.SystemVa.SystemWs[0]
페이지드 풀	MmPagedPoolWs	MiState.SystemVa.SystemWs[2]
시스템 PTE	MmSystemPtesWs	MiState.SystemVa.SystemWs[1]

표 5-17에 보이는 성능 카운터나 시스템 변수를 검사하면 이들 워킹셋과 컴포넌트에 관여된 사항과 그 크기를 살펴볼 수 있다(이때 성능 카운터의 값은 바이트 단위인 반면 시스템 변수는 페이지 단위임을 주의하자).

표 5-17 시스템 워킹셋 성능 카운터

성능 카운터(바이트 단위)	시스템 변수(페이지 단위)	설명
Memory: Cache Bytes Memory: System Cache Resident Bytes	WorkingSetSize 멤버	파일 시스템 캐시에 의해 소모된 물리 메모리

(이어짐)

성능 카운터(바이트 단위)	시스템 변수(페이지 단위)	설명
Memory: Cache Bytes Peak	`PeakWorkingSetSize` 멤버 (윈도우 10과 2016) `Peak` 멤버(윈도우 8.x, 2012/R2)	시스템 워킹셋 크기의 피크 값
Memory: System Driver Resident Bytes	`SystemPageCounts.` `SystemDriverPage`(전역, 윈도우 10과 서버 2016) `MmSystemDriverPage`(전역, 윈도우 8.x와 서버 2012/R2)	디바이스 드라이버의 페이징 가능 한 코드가 차지하는 물리 메모리
Memory: Pool Paged Resident Bytes	`WorkingSetSize` 멤버	페이지드 풀이 차지하는 물리 메 모리

성능 카운터 Memory: Cache Faults/Sec을 살펴봄으로써 시스템 캐시 워킹셋 내의 페이징 행위를 볼 수 있다. 이들 카운터는 시스템 캐시 워킹셋에서 일어나는 페이지 폴트(하드와 소프트 모두)를 나타낸다. 시스템 캐시 워킹셋 구조체의 `PageFaultCount` 멤버는 이 카운터 값을 포함한다.

메모리 통지 이벤트

윈도우는 물리 메모리와 페이지드 풀, 넌페이지드 풀, 커밋 양이 모자라거나 충분할 때 유저 모드 프로세스와 커널 모드 드라이버에게 알려줄 수단을 제공한다. 이 정보는 메모리 사용량을 적절하게 결정하기 위해 사용될 수 있다. 예를 들어 사용 가능한 메모리가 적다면 애플리케이션은 메모리 소모를 줄일 수 있다. 사용 가능한 페이지드 풀이 많다면 드라이버는 더 많은 메모리를 할당할 수 있다. 마지막으로 메모리 관리자는 손 상된 페이지가 발견될 때 통지받을 수 있는 이벤트도 제공한다.

유저 모드 프로세스는 낮은 메모리나 높은 메모리 조건일 경우에만 통지 받을 수 있다. 애플리케이션은 낮거나 높은 메모리 통지를 원한다고 명시하고서 *CreateMemory-*

ResourceNotification 함수를 호출할 수 있다. 이를 통해 얻어진 핸들은 모든 대기 함수에서 사용할 수 있다. 메모리가 낮을 때(또는 높을 때) 대기는 완료되고 해당 조건을 만족하는 스레드에게 통지한다. 다른 방법으로 QueryMemoryResourceNotification은 호출하는 스레드를 블록하지 않고 언제든지 시스템 메모리 조건을 조회하기 위해 사용될 수 있다.

반면에 드라이버는 메모리 관리자가 \KernelObjects 객체 관리자 디렉터리에 설정한 특정 이벤트 이름을 사용한다. 이는 표 5-18에 나온 전역 네임드 이벤트 객체 중 하나를 메모리 관리자가 시그널함으로써 통지가 이뤄지게 구현돼 있기 때문이다. 해당 메모리 조건이 탐지될 때 적절한 이벤트가 시그널되고, 이는 대기 스레드를 깨우게 된다.

표 5-18 메모리 관리자 통지 이벤트

이벤트 이름	설명
HighCommitCondition	이 이벤트는 커밋 양이 최대 커밋 한계 근처까지 도달할 때 설정된다. 즉, 메모리 사용량이 매우 높고, 물리 메모리나 페이징 파일의 가용한 공간이 거의 없고, 운영체제가 페이징 파일 크기를 증가시킬 수 없을 때.
HighMemoryCondition	이 이벤트는 가용한 물리 메모리양이 정의된 값을 초과할 때 설정된다.
HighNonPagedPoolCondition	이 이벤트는 넌페이지드 풀의 양이 정의된 값을 초과할 때 설정된다.
HighPagedPoolCondition	이 이벤트는 페이지드 풀의 양이 정의된 값을 초과할 때 설정된다.
LowCommitCondition	이 이벤트는 커밋 양이 현재의 커밋 한계에 비해 적을 때 설정된다. 즉, 메모리 사용량이 적고 가용한 물리 메모리나 페이징 파일의 양이 많을 때다.
LowMemoryCondition	이 이벤트는 가용한 물리 메모리양이 정의된 값 이하로 떨어질 때 설정된다.
LowNonPagedPoolCondition	이 이벤트는 가용한 넌페이지드 풀의 양이 정의된 값 이하로 떨어질 때 설정된다.

(이어짐)

이벤트 이름	설명
LowPagedPoolCondtion	이 이벤트는 가용한 페이지드 풀의 양이 정의된 값 이하로 떨어질 때 설정된다.
MaximumCommitCondition	이 이벤트는 커밋 양이 최대 커밋 제한 근처까지 도달할 때 설정된다. 즉, 메모리 사용량이 매우 높고, 물리 메모리나 페이징 파일의 가용한 공간이 거의 없고, 운영체제가 페이징 파일 크기나 개수를 증가시킬 수 없을 때.
MemoryErrors	잘못된 페이지(0이 아닌 제로 페이지)를 발견했을 때.

> 높거나 낮은 메모리 값은 HKLM\SYSTEM\CurrentControlSet\Session Manager\Memory Management 레지스트리 키 아래에 DWORD형 레지스트리 값인 LowMemoryThreshold나 HighMemory-Threshold를 추가해 덮어쓸 수 있다. 이 값은 낮은 임계치나 높은 임계치로 사용되는 메가바이트 수를 나타낸다. 시스템에서 잘못된 페이지가 발견되면 메모리 오류 이벤트를 시그널 하는 대신 시스템이 크래시되게 구성할 수 있다. 앞에서 설명한 레지스트리 키 하위에 DWORD형 레지스트리 값인 PageValidationAction을 1로 설정하면 된다.

실습: 메모리 리소스 통지 이벤트 보기

메모리 리소스 통지 이벤트를 보려면 Sysinternals의 Winobj를 실행해 Kernel-Objects 폴더를 클릭한다. 그러면 오른쪽 창에 낮은 메모리 조건 이벤트와 높은 메모리 조건 이벤트가 보일 것이다.

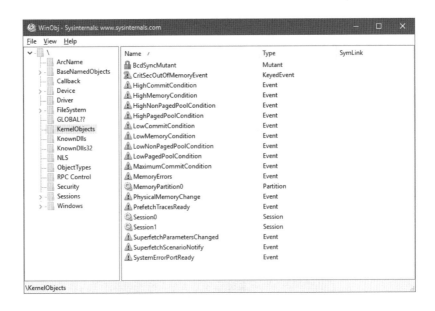

각 이벤트를 더블 클릭하면 대상 객체에 대해 얼마나 많은 핸들과 참조가 사용되고 있는지 확인할 수 있다. 메모리 리소스 통지를 받기 원하는 프로그램이 있는지를 확인하기 위해 `LowMemoryCondition`이나 `HighMemoryCondition`에 대한 참조를 핸들 테이블에서 찾는다. 이 작업을 하려면 Process Explorer의 Find 메뉴(Find Handle or DLL을 선택한다)나 WinDbg를 이용한다(핸들 테이블에 대한 설명은 2권 8장의 '객체 관리자' 절을 참고하라).

페이지 프레임 번호 데이터베이스

앞서 몇 개의 절에서 윈도우 프로세스의 가상 뷰인 페이지 테이블이나 PTE, VAD 등을 집중적으로 살펴봤다. 5장의 나머지 부분에서는 윈도우가 어떻게 물리 메모리를 추적하는지부터 시작해 윈도우가 물리 메모리를 어떻게 관리하는지를 설명한다. 워킹셋은 프로세스나 시스템에 소속된 상주 메모리를 나타내는 반면에 페이지 프레임 번호^{PFN} 데이터베이스는 물리 메모리의 각 페이지에 대한 상태를 나타낸다. 페이지 상태는 표 5-19에 나열돼 있다.

표 5-19 페이지 상태

상태	설명
액티브(Active) (Valid라고도 함)	페이지가 워킹셋의 일부이거나(프로세스 워킹셋이나 세션 워킹셋, 또는 시스템 워킹셋), 아무런 워킹셋의 일부도 아닌(예를 들면 넌페이지드 커널 페이지) 페이지를 의미하며, 유효한 PTE가 이를 가리킨다.
트랜지션(Transition)	페이지가 워킹셋의 소유도 아니고 페이지 리스트에도 올라 있지 않은 임시 상태다. 페이지에 대한 I/O가 진행 중일 때 이 상태가 된다. PTE는 인코딩돼 있어 페이지 폴트 충돌을 인식할 수 있고 적절히 처리될 수 있다(여기서 사용된 트랜지션이라는 용어는 앞서 '유효하지 않은 PTE' 절에서 나왔던 용어와는 다르다. 유효하지 않은 트랜지션 PTE는 스탠바이 리스트나 변경 리스트에 있는 페이지를 의미한다).
스탠바이(Standby)	페이지가 워킹셋에 속해 있다가 제거됐다. 또는 스탠바이 리스트로 직접 프리패치되거나 클러스터됐다. 페이지가 마지막으로 디스크에 기록된 이후로 수정된 적이 없다. PTE는 아직 물리 페이지를 참조하고 있지만 물리 페이지는 유효하지 않고 트랜지션 중이라고 표시돼 있다.
변경(Modified)	페이지가 워킹셋에 속해 있다가 제거됐다. 페이지가 사용되는 동안 수정됐으며, 현재 내용이 디스크나 원격 저장소에 아직 저장되지 않았다. PTE는 아직 물리 페이지를 참조하고 있지만 물리 페이지는 유효하지 않으며 트랜지션 중이라고 표시돼 있다. 물리 페이지가 재사용되기 전에 내용을 저장소에 기록해야 한다.
쓰기 없는 변경(Modified no-write)	변경 페이지와 동일하지만 메모리 관리자의 변경 페이지 기록자(Modified Page Writer)가 디스크에 쓰지 않게 표시돼 있다는 점이 다르다. 캐시 관리자는 파일 시스템 드라이버의 요청에 따라 페이지를 쓰기 없는 변경으로 표시한다. 예를 들어 NTFS에서는 파일 시스템 메타데이터를 포함한 페이지를 이 상태로 적용함으로써 보호하고 있는 페이지를 디스크에 저장하기 전에 트랜잭션 로그 엔트리를 먼저 디스크에 저장할 수 있게 보장할 수 있다(NTFS의 트랜잭션 로깅에 대해서는 2권의 13장을 참고하라).
프리(Free)	페이지가 해제됐으며, 쓰레기 값이 들어가 있다. 이 페이지는 보안상 이유로 0으로 초기화되지 않은 상태로 유저 프로세스의 유저 페이지에 제공될 수 없다. 하지만 유저 프로세스에게 제공되기 전에 새로운 데이터(예를 들어 파일로부터)로 덮어쓰질 수는 있다.
제로(Zeroed)	페이지가 해제됐으며, 제로 페이지 스레드에 의해 0으로 초기화돼 있다. 또는 이미 0으로 채워져 있다.

(이어짐)

상태	설명
롬(Rom)	읽기 전용 메모리를 나타낸다.
배드(Bad)	페이지에 패리티 오류나 그 밖의 하드웨어 오류가 발생해 사용할 수 없다(또는 엔클레이브의 일부분으로 사용됐다).

PFN 데이터베이스는 시스템에서 메모리의 각 물리 페이지를 나타내는 구조체의 배열로 구성된다. 그림 5-35은 PFN 데이터베이스와 페이지 테이블 간의 관계를 보여준다. 이 그림에서 보듯이 유효한 PTE는 PFN 데이터베이스 엔트리를 가리키며, PFN 데이터베이스 엔트리(프로토타입 PFN이 아닌)는 자신을 사용하고 있는 페이지 테이블을 다시 가리킨다(페이지 테이블에 의해 사용된다면). 프로토타입 PFN은 프로토타입 PTE를 가리킨다.

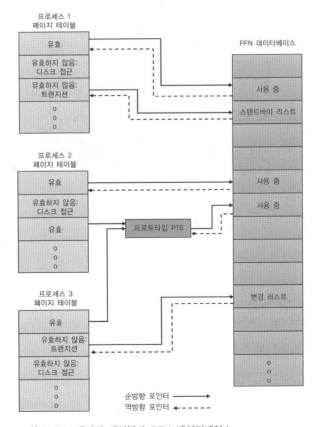

그림 5-35 페이지 테이블과 PFN 데이터베이스

표 5-19에 열거된 페이지 상태 중에서 여섯 개는 링크드 리스트로 돼 있어 메모리 관리자가 특정한 타입의 페이지를 빨리 찾을 수 있다(액티브/유효 페이지와 트랜지션 페이지, 과도한 배드 페이지는 시스템 전역 페이지 리스트에 없다). 또한 스탠바이 상태는 우선순위로 정렬된 여덟 개의 서로 다른 리스트와 연관돼 있다(이번 절의 나중에 페이지의 우선순위를 설명한다). 그림 5-36은 이 항목들이 서로 어떻게 연결돼 있는지 예를 보여준다.

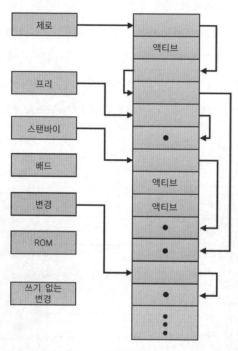

그림 5-36 PFN 데이터베이스 내의 페이지 리스트

다음 절에서는 이들 링크드 리스트가 페이지 폴트를 해결하기 위해 어떻게 사용되는지, 페이지가 어떻게 다양한 리스트 간에 이동하는지 알아본다.

실습: PFN 데이터베이스 보기

윈도우 인터널 출판사 웹사이트의 MemInfo 툴에 -s 플래그를 이용하면 다양한 페이지 리스트의 크기를 덤프할 수 있다. 다음은 이 명령의 결과물이다.

```
C:\Tools>MemInfo.exe -s
MemInfo v3.00 - Show PFN database information
Copyright (C) 2007-2016 Alex Ionescu
www.alex-ionescu.com

Initializing PFN Database... Done

PFN Database List Statistics
            Zeroed:    4867 (    19468 kb)
              Free:    3076 (    12304 kb)
           Standby: 4669104 ( 18676416 kb)
          Modified:    7845 (    31380 kb)
   ModifiedNoWrite:     117 (      468 kb)
       Active/Valid: 3677990 ( 14711960 kb)
        Transition:       5 (       20 kb)
               Bad:       0 (        0 kb)
           Unknown:    1277 (     5108 kb)
             TOTAL: 8364281 ( 33457124 kb)
```

커널 디버거의 !memusage 명령을 사용하면 비슷한 정보를 구할 수 있지만 실행 시간이 훨씬 더 오래 걸린다.

페이지 리스트 다이내믹스

그림 5-37은 페이지 프레임 전환 상태도를 보여준다. 단순화하기 위해 쓰기 없는 변경 리스트와 ROM, 배드bad 리스트는 포함하지 않았다.

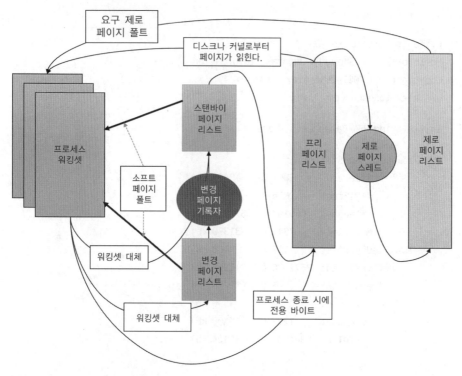

그림 5-37 물리 페이지의 상태도

페이지 프레임은 다음과 같은 방법으로 페이징 리스트 간에 이동한다.

- 메모리 관리자가 제로 페이지 요청 폴트(모두 0으로 초기화된 페이지에 대한 참조나 한 번도 사용된 적이 없는 유저 모드에서 커밋된 전용 페이지에 대한 참조)를 처리하기 위해 0으로 초기화된 페이지가 필요할 때 먼저 제로 페이지 리스트에서 하나를 가져오게 시도한다. 이 리스트가 비어있다면 프리 페이지 리스트에서 하나를 가져와 0으로 초기화한다. 프리 페이지 리스트도 비어있다면 스탠바이 리스트에서 하나를 가져와 0으로 채운다.

  0으로 초기화된 페이지가 필요한 이유는 국제 공통 평가 기준Common Criteria 같은 다양한 보안 요구 사항을 만족시키기 위해서다. 이전 프로세스의 메모리 내용을 읽어가는 것을 막기 위해 유저 모드 프로세스에게는 반드시 초기화된 페이지 프레임이 제공돼야 한다고 CC에 명시돼 있다. 따라서 메모리 관리자는 저장소

686

로부터 페이지가 읽히는 것이 아니라면 유저 모드 프로세스에게 0으로 초기화된 페이지 프레임을 준다. 저장소로부터 읽어오는 경우라면 메모리 관리자는 0으로 초기화되지 않은 페이지 프레임을 사용해 디스크나 원격 저장소에 저장돼 있는 데이터로 초기화하는 방법을 더 선호한다. 제로 페이지 리스트는 제로 페이지 스레드(시스템 프로세스에 있는 스레드 0)라는 시스템 스레드에 의해 프리 리스트로부터 옮겨진다. 제로 페이지 스레드는 동작하기 위해 게이트 객체가 시그널될 때까지 기다린다. 프리 리스트의 페이지가 8개 이상이 되면 이 게이트는 시그널이 된다. 하지만 제로 페이지 스레드는 우선순위 0에서 동작하고 유저 스레드에게 주어지는 최하위 우선순위는 1이므로 제로 페이지 스레드는 어떠한 스레드도 동작하지 않을 때에만 실행한다.

> 드라이버가 MmAllocatePagesForMdl(Ex)를 호출하거나, 윈도우 애플리케이션에서 Allocate-UserPhysicalPages나 AllocateUserPhysicalPagesNuma를 호출하거나, 애플리케이션이 큰 페이지를 할당한 결과로 물리 페이지 할당이 일어나 메모리가 0으로 초기화돼야 한다면 메모리 관리자는 고성능의 MiZeroInParallel 함수를 호출해 이를 수행한다. 이 함수는 한 번에 하나의 페이지만 0으로 하는 제로 페이지 스레드와는 달리 큰 영역을 매핑해 초기화할 수 있다. 또한 멀티프로세서 시스템에서 메모리 관리자는 별도의 시스템 스레드를 생성해 0으로 초기화하는 작업을 병렬 처리한다(NUMA 플랫폼에서는 NUMA 최적화 상태로).

- 메모리 관리자가 0으로 초기화된 페이지를 필요로 하지 않으면 먼저 프리 리스트로 간다. 프리 리스트가 비어있다면 제로 리스트로 간다. 제로 리스트가 비어있다면 스탠바이 리스트로 간다. 메모리 관리자가 스탠바이 리스트로부터 페이지 프레임을 사용할 수 있으려면 먼저 해당 페이지 프레임을 아직도 가리키고 있는 유효하지 않은 PTE(또는 프로토타입 PTE)의 참조를 제거해야 한다. PFN 데이터베이스 내의 엔트리는 이전 사용자의 페이지 테이블(공유 페이지일 경우 프로토타입 PTE 풀에 대한 페이지)에 대한 포인터를 포함하고 있으므로 메모리 관리자는 빨리 PTE를 찾아 적절하게 수정할 수 있다.

- 프로세스가 자신의 워킹셋으로부터 페이지를 하나 포기해야 하는 경우(새로운 페이지를 참조했는데 워킹셋이 가득 차있거나 메모리 관리자가 자신의 워킹셋을

정리했기 때문에) 페이지가 깨끗하다면(수정되지 않았다면) 스탠바이 리스트로 가고, 메모리에 상주하는 동안 수정이 일어났다면 변경 리스트로 이동한다.

- 프로세스가 종료될 때 모든 전용 페이지는 프리 리스트로 간다. 또한 페이지 파일 백업 섹션에 대한 마지막 참조가 종료되고 해당 섹션에 매핑된 뷰가 없다면 이들 페이지도 프리 리스트로 간다.

실습: 프리 페이지 리스트와 제로 페이지 리스트

Process Explorer의 System Infromation 보기를 통해 프로세스 종료 시에 전용 페이지의 해지를 살펴볼 수 있다. 자신의 워킹셋에 다수의 전용 페이지를 가진 프로세스를 생성하자. 이전에 TestLimit 유틸리티로 이 작업을 했었다.

```
C:\Tools\Sysinternals>Testlimit.exe -d 1 -c 1500

Testlimit v5.24 - test Windows limits
Copyright (C) 2012-2015 Mark Russinovich
Sysinternals - www.sysinternals.com

Process ID: 13928

Leaking private bytes with touch 1 MB at a time...
Leaked 1500 MB of private memory (1500 MB total leaked). Lasterror: 0
The operation completed successfully.
```

TestLimit의 -d 옵션은 전용으로 커밋된 메모리를 할당하고 접근하게 해준다. 이렇게 하면 물리 메모리가 할당돼 프로세스에 배정되며, 프로세스는 커밋된 가상 전용 메모리의 위치를 알게 된다. 시스템에 충분한 RAM이 존재한다면 이 프로세스에 1,500MB가 할당된다. 이 프로세스는 이제 사용자가 종료하거나 끝내기를 대기한다(명령 창에서 Ctrl + C를 사용해). 여기까지 진행했으면 다음과 같은 과정을 수행한다.

---

1. Process Explorer를 연다.
2. View 메뉴에서 System Information을 선택하고 Memory 탭을 클릭한다.
3. 프리 리스트와 제로 리스트의 크기에 주목하자.
4. TestLimit 프로세스를 종료한다.

프리 페이지 리스트의 크기가 증가했음을 알 수 있을 것이다. 프리 리스트가 단지 8 페이지만 남게 되는 순간 제로 페이지 스레드가 깨어나서 매우 빠르게 동작할 것이라고 생각해볼 수 있다. Process Explorer는 이 정보를 매초마다 갱신해보여주기 때문에 나머지 페이지는 Process Explorer가 정보를 갱신하는 동안에 이미 제로화돼 제로 페이지 리스트로 옮겨진 상황이다. 프리 리스트에서 일시적인 증가가 발생한다면 이는 곧 0으로 떨어질 것이고, 상대적으로 제로 페이지리스트가 증가됨을 볼 수 있을 것이다. 이런 경우가 아니라면 단지 제로 리스트가 증가할 것이다.

실습: 변경 페이지 리스트와 스탠바이 페이지 리스트

프로세스 워킹셋에서 변경 페이지 리스트로 페이지가 이동한 다음에 다시 스탠바이 페이지 리스트로 이동하는 것을 Sysinternals의 VMMap과 RAMMap, 또는라이브 커널 디버거를 통해 확인할 수 있다. 다음의 과정을 수행한다.

1. RAMMap을 열어 시스템 상태를 확인한다. 다음 그림은 3GB RAM을 가진 x86 시스템이다. 여기서 보여주는 칼럼은 그림 5-37에서 살펴본 다양한 페이지 상태를 나타낸다(지금 주제에서 중요하지 않은 칼럼 중 일부는 보기 쉽게 하기 위해 줄였다).

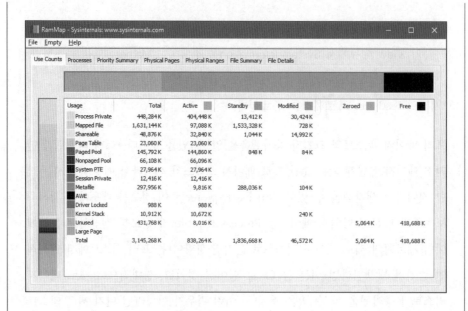

Usage	Total	Active	Standby	Modified	Zeroed	Free
Process Private	448,284 K	404,448 K	13,412 K	30,424 K		
Mapped File	1,631,144 K	97,088 K	1,533,328 K	728 K		
Shareable	48,876 K	32,840 K	1,044 K	14,992 K		
Page Table	23,060 K	23,060 K				
Paged Pool	145,792 K	144,860 K	848 K	84 K		
Nonpaged Pool	66,108 K	66,096 K				
System PTE	27,964 K	27,964 K				
Session Private	12,416 K	12,416 K				
Metafile	297,956 K	9,816 K	288,036 K	104 K		
AWE						
Driver Locked	988 K	988 K				
Kernel Stack	10,912 K	10,672 K		240 K		
Unused	431,768 K	8,016 K			5,064 K	418,688 K
Large Page						
Total	3,145,268 K	838,264 K	1,836,668 K	46,572 K	5,064 K	418,688 K

2. 시스템은 420MB 정도의 가용한 RAM을 갖고 있다(프리 페이지 리스트와 제로 페이지 리스트의 합). 580MB 정도가 스탠바이 리스트에 있고(따라서 일부는 가용하지만 프로세스가 최근에 버린 데이터를 포함하거나 슈퍼패치에 의해 사용 중인 데이터일 가능성이 있다). 약 8308MB는 액티브 상태인데, 유효한 페이지 테이블 엔트리를 통해 가상 주소로 직접 매핑돼 있다.

3. 각 열은 사용하는 방법이나 원본(프로세스 전용과 맵 파일 등)에 따라 더 세분화된 페이지 상태를 보여준다. 예를 들어 현재 830MB의 액티브 페이지 중 약 400MB는 프로세스 전용 할당으로 이뤄져 있다.

4. 이제 이전 실습처럼 워킹셋에 많은 페이지를 갖는 프로세스를 생성하기 위해 TestLimit 유틸리티를 사용한다. 다시 -d 옵션을 사용해 TestLimit이 각 페이지에 대해 쓰기를 하게 한다. 하지만 이번에는 가능한 한 많은 전용 변경 페이지를 만들기 위해 제한 없이 사용할 것이다.

```
C:\Tools\Sysinternals>Testlimit.exe -d
```

```
Testlimit v5.24 - test Windows limits
Copyright (C) 2012-2015 Mark Russinovich
Sysinternals - www.sysinternals.com

Process ID: 7548

Leaking private bytes with touch (MB)...
Leaked 1975 MB of private memory (1975 MB total leaked). Lasterror: 8
```

5. TestLimit은 1MB 크기를 갖는 1975개의 할당을 만들었다. RAMMap에서
   File 메뉴의 Refresh 명령을 사용해 내용을 갱신한다(정보를 수집하는 비
   용으로 인해 RAMMap은 계속해서 업데이트하지 않는다).

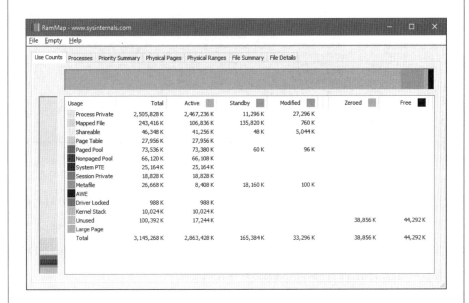

6. 2.8GB 이상이 액티브 상태고, 그중 2.4GB는 Process Private 열에 있음
   을 볼 수 있다. 이는 TestLimit 프로세스에 의해 할당되고 접근된 메모리
   때문이다. 또한 스탠바이와 제로, 프리 리스트가 훨씬 작아진 것을 주목하
   자. TestLimit에게 할당된 대부분의 RAM은 이들 리스트로부터 온 것이다.

7. 이제 RAMMap에서 프로세스의 물리 페이지 할당을 살펴보자. Physical Pages 탭으로 변경하고 하단의 필터를 Process 칼럼으로 설정하고 그 값은 TestLimit.exe로 한다. 이렇게 하면 프로세스의 워킹셋에 해당하는 모든 물리 메모리를 보여준다.

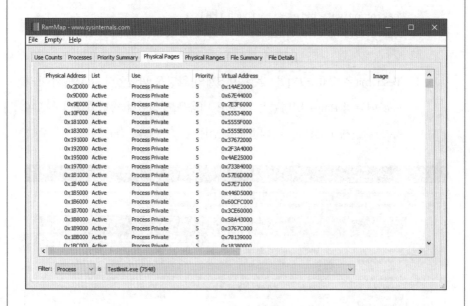

8. TestLimit의 **-d** 옵션으로 할당된 가상 주소 공간에 대한 물리 페이지를 식별해보자. RAMMap은 어떤 가상 할당이 RAMMap의 `VirtualAlloc` 호출과 연관된 것인지 표시하지 않는다. 그러나 VMMap 툴을 통해 이것에 대한 좋은 힌트를 얻을 수 있다. 동일한 프로세스에 대해 VMMap을 사용하면 다음과 같이 나타날 것이다.

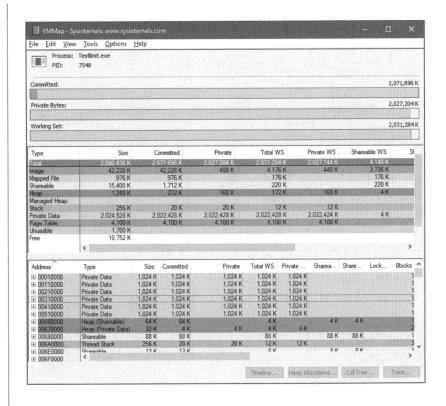

9. 아래 부분에 표시된 것을 보면 1MB 크기의 커밋된 수백 개의 프로세스 전용 데이터에 대한 할당을 찾을 수 있다. 이것은 TestLimit에 의해 수행된 할당 크기와 동일하다. 이들 중 하나는 앞의 그림에서 강조 표시돼 있다. 시작 가상 주소가 `0x310000`인 것에 주목하자.

10. 이제 RAMMap의 물리 메모리 디스플레이로 돌아가자. Virtual Address 열이 쉽게 보일 수 있게 조정하고, 값에 따라 정렬을 시키면 해당 가상 주소를 찾을 수 있다.

11. 0x310000에서 시작하는 가상 페이지가 현재 물리 주소 0x212D1000에 매핑된 것을 보여준다. TestLimit의 -d 옵션은 각 할당의 처음 몇 바이트에 프로그램 자신의 이름을 적는다. 로컬 커널 디버거의 !dc 명령(물리 주소를 이용해 문자를 보여주는)을 이용해 이것을 살펴볼 수 있다.

```
lkd> !dc 0x212d1000
#212d1000 74736554 696d694c 00000074 00000000 TestLimit.......
#212d1010 00000000 00000000 00000000 00000000 ................
...
```

12. 해당 페이지가 워킹셋에서 제거될 수도 있기 때문에 재빨리 확인하지 않으면 이는 실패할 수 있다. 마지막 실험으로 프로세스 워킹셋이 줄어들어 이 페이지가 변경 페이지로 이동한 후 스탠바이 페이지 리스트로 이동한 후에도 데이터가 손상되지 않은 상태로(잠시 동안) 남아 있는 것을 확인해본다.

13. VMMap에서 TestLimit 프로세스를 신택해 View 메뉴의 Empty Working Set을 선택해 해당 프로세스 워킹셋을 거의 최소한으로 줄인다. VMMap은 다음과 같은 화면을 보여줄 것이다.

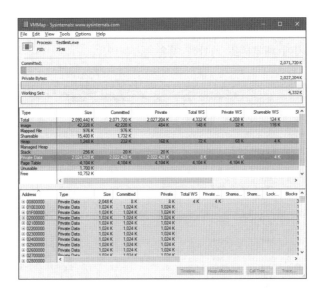

14. Working Set 바 그래프가 실제로 비어 있는 것을 확인하자. 중간 섹션을 보면 프로세스의 총 워킹셋은 단지 4KB이고 이것의 대부분은 페이지 테이블임을 보여준다. RAMMap으로 돌아가서 Use Counts 탭을 보면 액티브 페이지가 눈에 띄게 줄어들었고, 변경 리스트의 페이지는 많이 증가 됐고, 스탠바이 리스트는 일부 증가됐음을 확인할 수 있다.

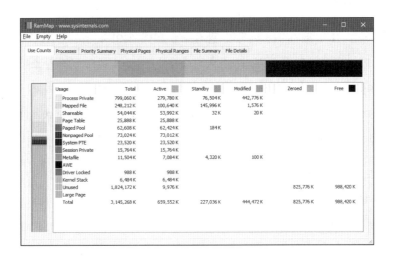

15. RAMMap의 Processes 탭을 보면 TestLimit 프로세스가 해당 리스트의 페이지에 대부분을 기여한 것을 볼 수 있다.

Process	Session	PID	Private	Standby	Modified	Page Table	Total
winlogon.exe	2	2196	332 K	0 K	0 K	160 K	492 K
winlogon.exe	1	564	84 K	0 K	0 K	144 K	228 K
wininit.exe	0	476	64 K	0 K	8 K	112 K	184 K
windbg.exe	2	4012	1,448 K	0 K	0 K	328 K	1,776 K
VSSVC.exe	0	1524	324 K	0 K	0 K	160 K	484 K
vmmap.exe	2	7792	7,108 K	28 K	0 K	316 K	7,452 K
userinit.exe	2	280	0 K	0 K	0 K	28 K	28 K
Testlimit.exe	2	4544	44 K	16 K	439,784 K	4,076 K	443,920 K
Taskmgr.exe	2	5800	4,772 K	0 K	0 K	424 K	5,196 K
taskhostw.exe	2	7268	36 K	0 K	0 K	200 K	236 K
taskhostw.exe	2	3444	1,428 K	0 K	0 K	288 K	1,716 K
System	-1	4	0 K	0 K	0 K	36 K	36 K
svchost.exe	0	6612	296 K	0 K	0 K	240 K	536 K
svchost.exe	0	1768	592 K	0 K	0 K	216 K	808 K
svchost.exe	0	1876	512 K	0 K	0 K	172 K	684 K
svchost.exe	0	1404	652 K	0 K	12 K	200 K	864 K
svchost.exe	0	2580	884 K	0 K	412 K	212 K	1,508 K
svchost.exe	0	1828	2,700 K	0 K	0 K	292 K	2,992 K
svchost.exe	2	4064	2,764 K	0 K	0 K	480 K	3,244 K
svchost.exe	0	1916	2,808 K	0 K	0 K	388 K	3,196 K
svchost.exe	0	2588	340 K	0 K	0 K	152 K	492 K
svchost.exe	0	748	2,676 K	0 K	4 K	216 K	2,896 K

페이지 우선순위

시스템의 모든 물리 페이지는 메모리 관리자에 의해 페이지 우선순위^{page priority} 값이 할당된다. 페이지 우선순위는 0부터 7까지의 숫자다. 이것의 주요 목적은 스탠바이 리스트로부터 어떤 페이지가 사용될지 순서를 결정하는 것이다. 메모리 관리자는 스탠바이 리스트를 8개로 나눠 각 우선순위에 맞는 페이지를 저장한다. 메모리 관리자가 스탠바이 리스트로부터 페이지를 가져가려 할 때 우선순위가 낮은 리스트에서 먼저 가져간다.

시스템의 모든 스레드와 프로세스 또한 페이지 우선순위가 할당된다. 페이지의 우선순위는 보통 해당 페이지를 처음으로 할당한 스레드의 우선순위를 반영한다(공유 페이지라면 공유하는 스레드 중 가장 높은 우선순위를 반영한다). 스레드는 자신의 페이지 우선순위 값을 자신이 포함된 프로세스로부터 상속받는다. 메모리 관리자는 프로세스의 메모리 접근이 예상될 때 디스크로부터 읽을 페이지를 선택함에 있어 추측에 근거해 낮은 우선순위의 페이지를 사용한다.

프로세스는 기본적으로 페이지 우선순위 5를 갖고 있지만 `SetProcessInformation`과 `SetThreadInformation` 유저 모드 함수를 이용해 애플리케이션이나 스레드는 페이지 우선순위를 변경할 수 있다. 이들 함수는 네이티브 함수 `NtSetInformationProcess`와 `NtSetInformationThread`를 호출한다. Process Explorer를 사용해 스레드의 메모리 우선순위를 확인할 수 있다(각 페이지의 우선순위는 PFN 엔트리를 보면 된다. 5장 뒤에서 실습으로 살펴볼 것이다). 그림 5-38은 Winlonon의 메인 스레드에 관한 정보를 보여주는 Process Explorer의 Thread 탭이다. 스레드 우선순위 자체는 높지만 메모리 우선순위는 여전히 기본 값인 5이다.

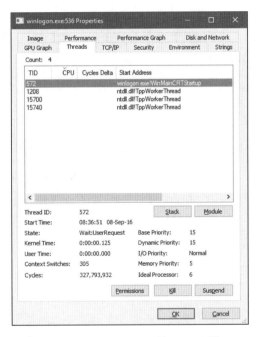

그림 5-38 Process Explorer의 Thread 탭

메모리 우선순위의 진가는 페이지의 상대적인 우선순위를 상위 레벨에서 고찰할 때에 비로소 드러난다. 이는 슈퍼패치의 역할로 5장의 끝부분에서 다룬다.

실습: 우선순위를 가진 스탠바이 리스트 보기

Process Explorer의 System Information 대화상자에서 Memory 탭을 선택하면 각 스탠바이 페이징 리스트의 크기를 살펴볼 수 있다.

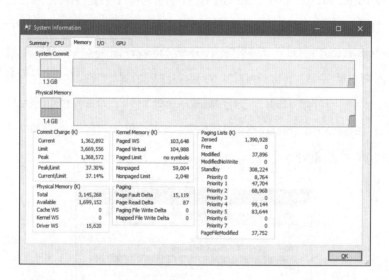

막 시작한 x64 시스템이 사용된 이 실습에서 우선순위 0에는 9MB 정도의 캐시된 데이터가 있고, 우선순위 1에는 약 47MB의 캐시 데이터가 있고, 우선순위 2에는 약 68MB의 캐시 데이터가 있다. 다음은 Sysinternals의 TestLimit 툴을 이용해 가능한 한 많은 메모리를 커밋해 접근했을 경우 어떻게 되는지 보여준다.

```
C:\Tools\Sysinternals>Testlimit.exe -d
```

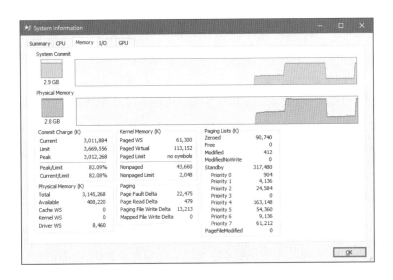

높은 우선순위를 가진 리스트는 여전히 중요한 캐시 데이터를 포함하고 있는 상태에서 낮은 우선순위를 가진 스탠바이 페이지 리스트가 먼저 어떻게 사용되고(용도 변경 카운트에 의해 보여준), 지금은 소진됐는지를 확인하자.

변경 페이지 기록자와 맵 페이지 기록자

메모리 관리자는 두 개의 시스템 스레드를 이용해 디스크로 페이지를 저장하고 그 페이지를 스탠바이 리스트(우선순위를 기반으로)로 이동시키는 일을 한다. 한 시스템 스레드는 변경된 페이지를 페이징 파일로 저장하고(MiModifiedPageWriter), 다른 스레드는 변경된 페이지를 맵 파일에 저장한다(MiMappedPageWriter). 두 스레드는 데드락이 발생하는 걸 피해야 한다. 맵 파일 페이지의 기록으로 인해 페이지 폴트가 발생해 프리 페이지가 필요한데, 이때 가용한 프리 페이지가 없다면(따라서 변경 페이지 기록자가 더 많은 해제 페이지를 생성해야 해서) 데드락이 발생한다. 변경 페이지 기록자로 하여금 맵 파일 I/O를 두 번째 시스템 스레드로 수행하게 함으로써 MiModifiedPageWriter 스레드는 일반적인 페이지 파일 I/O를 블로킹하지 않고서도 대기할 수 있다.

두 스레드는 모두 우선순위 18에서 동작하고, 초기화 후에는 이들을 깨워 일하게 만드는 서로 다른 객체를 기다린다. 맵 페이지 기록자는 다음과 같은 18개의 이벤트 객체를 대기한다.

- 종료 이벤트. 스레드가 종료하게 시그널한다(이 설명과는 무관하다).

- 맵 기록자 이벤트. 전역 변수 MiSystemPartition.Modwriter.MappedPage-WriterEvent(윈도우 8.x와 서버 2012/R2에서는 MmMappedPageWriterEvent)에 저장된다. 이 이벤트는 다음의 경우에 시그널될 수 있다.

  - 페이지 리스트 동작 중(MiInsertPageInList). 이 루틴은 입력 인자에 기반을 두고 리스트(스탠바이와 변경 등) 중 하나에 페이지를 삽입한다. 이 루틴은 변경 페이지 리스트에서 파일 시스템으로 향하는 페이지의 수가 16개 이상 도달하거나 가용한 페이지 수가 1,024개 아래로 떨어지는 경우에 이 이벤트를 시그널한다.

  - 프리 페이지를 얻으려고 시도할 때(MiObtainFreePages)

  - 커널의 밸런스 셋 관리자의 일부로서 동작하는 메모리 관리자의 워킹셋 관리자(MmWorkingSetManager)에 의해 시그널된다(1초에 한 번씩). 워킹셋 관리자는 파일 시스템으로 향하는 변경 페이지 리스트상의 페이지 수가 800개 이상이 되면 이 이벤트를 시그널시킨다.

  - 모든 변경 페이지를 플러시하라는 요청이 올 경우(MmFlushAllPages)

  - 파일 시스템으로 향하는 모든 변경 페이지를 플러시하라는 요청이 올 경우(MmFlushAllFilesystemPages). 대부분의 경우 변경된 맵 페이지를 자신의 저장소로 쓰는 작업은 변경 페이지 리스트의 맵 페이지 수가 쓰기 클러스터의 최대 크기(16페이지)보다 작다면 발생하지 않음을 주의하자. 이 검사는 MmFlushAll- FilesystemPages나 MmFlushAllPages에서 수행되지 않는다.

- 16개의 이벤트 배열은 MiSystemPartition.PageLists.MappedPageListHead-Event(윈도우 8.x와 서버 2012/R2의 경우 MiMappedPageListHeadEvent)에 저장돼

있는 16개의 맵 페이지 리스트와 연관돼 있다. 맵 페이지가 기록될 때마다 `MiSystemPartition.WorkingSetControl->CurrentMappedPageBucket`(윈도우 8.x와 서버 2012/R2의 경우 MiCurrentMappedPageBucket)에 저장되는 버킷 번호에 기반을 두고 이들 16개의 맵 페이지 리스트 중 한 리스트에 삽입된다. 시스템이 맵 페이지가 충분히 오랜 시간이 경과했다고 판단할 때(현재는 100초) 이 버킷 번호(동일한 구조체 내의 `WriteGapCounter`(윈도우 8.x와 서버 2012/R2의 경우 MiWriteGapCounter) 변수에 저장돼 있으며, 워킹셋 관리자가 실행할 때마다 증가된다)는 워킹셋 관리자에 의해 갱신된다. 이런 추가적인 이벤트들은 시스템에 크래시가 발생하거나 파워에 문제가 생긴 경우 변경 리스트가 아직 임계치인 800페이지에 도달하지 못했을지라도 변경된 맵 페이지 내용이 매핑된 파일에 무사히 써지게 함으로써 데이터 손실을 줄여주는 역할을 한다.

변경 페이지 기록자는 두 개의 이벤트를 대기한다. `Exit` 이벤트와 `MiSystemPartition.Modwriter.ModifiedPageWriterEvent`(윈도우 8.x와 서버 2012/R2의 경우 MmModifiedPageWriterGate에 저장된 커널 게이트를 대기한다)에 저장된 두 번째 이벤트가 그것이다. 두 번째 이벤트는 다음의 경우 시그널된다.

- 모든 페이지를 플러시하는 요청을 받은 경우
- 가용 페이지(`MiSystemPartition.Vp.AvailablePages`(윈도우 8.x와 서버 2012/R2의 경우 MmAvailablePages)에 저장돼 있다) 수가 128페이지 아래로 떨어질 경우
- 제로 페이지 리스트와 프리 페이지 리스트의 총 크기가 20,000페이지 아래로 떨어지고, 페이징 파일로 향하는 변경 페이지 수가 가용 페이지의 1/16과 64MB(16,384페이지) 중에 작은 값보다 클 경우
- 워킹셋이 추가적인 페이지를 수용하기 위해 줄어드는데, 이때 가용 페이지 수가 15,000개 이하일 경우
- 페이지 리스트 동작 중(`MiInsertPageInList`). 이 루틴은 변경 페이지 리스트상의 파일 시스템으로 향하는 페이지의 수가 16개 이상 도달하거나 가용한 페이지 수가 1,024개 아래로 떨어지는 경우 이 이벤트를 시그널한다.

또한 변경 페이지 기록자는 앞서 설명한 이벤트가 시그널된 이후에 두 개의 또 다른 이벤트를 대기한다. MiSystemPartition.Modwriter.RescanPageFilesEvent(윈도우 8.x와 서버 2012/R2의 경우 MiRescanPageFilesEvent)에 저장된 한 이벤트는 페이징 파일의 재스캔이 필요함(예를 들어 새로운 페이지 파일이 생성됐을 수도 있다)을 표시하는데 사용된다. 두 번째 이벤트는 페이징 파일 헤더(MiSystemPartition.Modwriter.PagingFileHeader, 윈도우 8.x와 서버 2012/R2의 경우 MmPagingFileHeader) 내에 있는 내부 이벤트다. 이것은 시스템이 필요시 수동으로 페이지 파일로 데이터를 플러시하라는 요청을 할 수 있게 한다.

호출이 일어나면 맵 페이지 기록자는 하나의 I/O 요청으로 가능한 한 많은 페이지를 디스크에 쓰려고 시도한다. 이것은 디스크의 연속된 위치에 페이지를 위치시키기 위해 변경 페이지 리스트의 페이지에 대한 PFN 데이터베이스의 원본 PTE 필드를 검사함으로써 이뤄진다. 일단 리스트가 생성되면 해당 페이지는 변경 리스트에서 제거되고 I/O 요청이 이뤄지며, I/O 작업이 성공적으로 끝나는 시점에 이들 페이지는 자신의 우선순위에 맞는 스탠바이 리스트의 맨 끝으로 옮겨진다.

쓰기가 진행 중인 페이지도 다른 스레드에 의해 참조될 수 있다. 이런 상황이 발생하면 물리 페이지에 대응되는 PFN 엔트리의 참조 카운트와 공유 카운트를 하나씩 증가시켜 다른 프로세스에서 이 페이지를 사용하고 있음을 표시한다. I/O 작업이 끝나면 변경 페이지 기록자는 공유 카운터가 0이 아님을 확인하고 이 페이지를 스탠바이 리스트로 옮기지 않는다.

PFN 데이터 구조

PFN 데이터베이스 엔트리는 고정된 크기를 갖지만 이들은 페이지 상태에 따라 여러 가지 다른 상태를 가질 수 있다. 따라서 상태에 따라 각 필드는 다른 의미를 갖는다. 그림 5-39는 다른 상태의 PFN 엔트리에 대한 포맷을 보여준다.

워킹셋 인덱스		
PTE 주소 | 락		
공유 카운트		
플래그	타입	우선순위
캐싱 속성	참조 카운트	
원본 PTE 내용		
PTE의 PFN	플래그	페이지 색상

워킹셋 내의 페이지에 대한 PFN

전방 링크		
PTE 주소 | 락		
후방 링크		
플래그	타입	우선순위
캐싱 속성	참조 카운트	
원본 PTE 내용		
PTE의 PFN	플래그	페이지 색상

스탠바이 리스트 또는 변경 리스트
페이지에 대한 PFN

커널 스택 소유자	다음 스택 PFN에 대한 링크	
PTE 주소 | 락		
공유 카운트		
플래그	타입	우선순위
캐싱 속성	참조 카운트	
원본 PTE 내용		
PTE의 PFN	플래그	페이지 색상

커널 스택에 포함된 페이지에
대한 PFN

이벤트 주소		
PTE 주소 | 락		
공유 카운트		
플래그	타입	우선순위
캐싱 속성	참조 카운트	
원본 PTE 내용		
PTE의 PFN	플래그	페이지 색상

I/O가 진행 중인 페이지에 대한 PFN

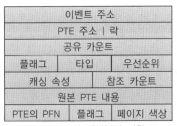

그림 5-39 PFN 데이터베이스 엔트리의 상태(세부 구조는 개념적이다)

일부 필드는 여러 PFN 유형에 대해 동일하지만 다른 것들은 PFN 유형에 따라 달라진다. 다음 필드는 하나 이상의 PFN 유형에서 나타난다.

- **PTE 주소** 이 페이지를 가리키는 PTE의 가상 주소. 또한 PTE 주소는 항상 4바이트 경계(64비트 시스템에서는 8바이트)로 정렬되기 때문에 두 개의 하위 비트는 PFN 엔트리에 대한 접근을 순서대로 진행되게 하는 락킹 메커니즘에 사용된다.

- **참조 카운트** 이 페이지를 참조하는 수. 참조 카운트는 페이지가 워킹셋에 처음 추가될 때와 I/O를 위해 페이지가 메모리 내에 락될 때(예를 들면 디바이스 드라이버에 의해) 증가한다. 참조 카운트는 공유 카운트가 0이 되거나 페이지가 메모리로부터 락이 해제될 때 감소한다. 공유 카운트가 0이 될 때 해당 페이지는 더 이상 워킹셋에 소속되지 않는다. 그때 참조 카운트도 0이 되면 해당 페이지를 나타내는 PFN 데이터베이스 엔트리는 프리 리스트나 스탠바이 리스트, 변경 리스트에 페이지를 추가하기 위해 갱신된다.

- **유형** PFN이 나타내는 페이지의 유형(유형에는 액티브/유효와 스탠바이, 변경, 쓰기 없는 변경, 해제, 제로, 배드, 트랜지션이 있다)
- **플래그** 이 필드에 포함된 정보는 표 5-20에 정리돼 있다.
- **우선순위** PFN과 연관된 우선순위로 어떤 스탠바이 리스트에 들어갈지 결정할 때 사용된다.
- **원본 PTE 내용** 모든 PFN 데이터베이스 엔트리는 페이지를 가리켰던 PTE(프로토타입 PTE가 될 수도 있다)의 원본 내용을 갖고 있다. PTE의 내용을 저장하면 물리 페이지가 더 이상 메모리에 상주하지 않을 때 이를 복원할 수 있다. AWE 할당에 대한 PFN 엔트리는 예외로, 이 필드에 대신 AWE 참조 카운트를 저장한다.
- **PTE의 PFN** 이 페이지를 가리키고 있는 PTE를 포함하고 있는 페이지 테이블 페이지의 물리 페이지 번호
- **색상** 리스트에서 서로 연결돼 있다는 사실 이외에 PFN 데이터베이스 엔트리는 물리 페이지를 연결하기 위해 페이지의 NUMA 노드 번호인 '색상Color'이라는 추가 정보를 사용한다.
- **플래그** 두 번째 플래그 필드는 PTE에 대한 추가 정보를 인코딩하는 데 사용된다. 이들 플래그는 표 5-21에서 설명한다.

표 5-20 PFN 데이터베이스 엔트리 내의 플래그

플래그	의미
Write in progress	페이지 쓰기 작업이 진행 중임을 나타낸다. 첫 번째 DWORD 항목에는 I/O가 완료되면 시그널시킬 이벤트 객체의 주소가 들어있다.
Modified state	페이지가 수정됐는지 여부를 가리킨다(페이지가 수정됐다면 메모리에서 제거하기 전에 반드시 그 내용을 디스크에 저장해야 한다).
Read in progress	이 페이지에 대한 읽기 작업이 진행 중임을 표시한다. 첫 번째 DWORD 항목에는 I/O가 완료되면 시그널시킬 이벤트 객체의 주소가 들어있다.
ROM	이 페이지는 컴퓨터의 펌웨어나 디바이스 레지스터 같은 읽기 전용 메모리로부터 왔음을 표시한다.

(이어짐)

플래그	의미
In-page error	페이지에 대한 읽기 작업 중 I/O 오류가 발생했음을 표시한다(이럴 경우 PFN의 첫 번째 필드에는 오류 코드가 저장된다).
Kernel stack	이 페이지는 커널 스택을 포함하기 위해 사용된다는 것을 표시한다. 이럴 경우 PFN 엔트리에는 스택을 소유하고 있는 스레드와 이 스레드의 다음 스택에 대한 PFN 정보를 포함한다.
Removal requested	페이지가 지워질 대상이라는 것을 표시한다(ECC나 갑작스럽게 메모리에서 제거되는 경우).
Parity error	물리 페이지에 패리티 오류나 오류 정정 제어 오류 등이 있음을 나타낸다.

표 5-21 PFN 데이터베이스 엔트리 내의 두 번째 플래그

플래그	의미
PFN image verified	이 PFN에 대한 코드 시그니처(이 PFN에 의해 백업되는 이미지에 대한 암호 시그니처 카탈로그 안에 포함돼 있는)가 확인됐다.
AWE allocation	이 PFN은 AWE 할당을 백업함을 나타낸다.
Prototype PTE	PFN 엔트리에 의해 참조되는 PTE가 프로토타입 PTE임을 나타낸다. 예를 들어 이 페이지는 공유 페이지다.

나머지 필드는 PFN 유형에 따라 달라진다. 예를 들어 그림 5-39의 첫 번째 PFN은 활성화돼 있고 워킹셋의 일부분인 페이지를 나타낸다. 공유 카운트 필드는 이 페이지를 참조하는 PTE의 수를 나타낸다(읽기 전용이나 쓰기 시 복사, 공유 읽기/쓰기로 표시된 페이지는 여러 프로세스에 의해 공유될 수 있다). 페이지 테이블 페이지인 경우 이 필드는 페이지 테이블 내의 유효 PTE와 트랜지션 PTE 수를 나타낸다. 공유 카운트가 0보다 큰 이상 그 페이지는 메모리로부터 제거될 수 없다.

워킹셋 인덱스 필드는 이 물리 페이지로 매핑된 가상 주소가 존재하는 프로세스 워킹셋 리스트에 대한 인덱스다(시스템 워킹셋 리스트 또는 세션 워킹셋 리스트에 대한 인덱스나 아무 워킹셋에도 존재하지 않다면 0이다). 페이지가 전용 페이지일 경우 페이지는 오직 하나의 가상 주소와 매핑됐기 때문에 워킹셋 인덱스 필드는 워킹셋 리스트 내의 엔트리

를 직접 참조한다. 공유 페이지인 경우 워킹셋 인덱스는 페이지를 유효하게 만든 첫 번째 프로세스에 대해서만 정확함을 보장하는 일종의 힌트다(다른 프로세스도 가능하면 동일한 인덱스를 사용할 것이다). 초기에 이 필드를 설정하는 프로세스는 적절한 인덱스를 참조하게 보장되고 가상 주소에 의해 참조되는 워킹셋 리스트 해시 엔트리를 자신의 워킹셋 해시 트리에 추가할 필요가 없다. 이런 보장은 워킹셋 해시 트리의 크기를 줄여주고 이들 엔트리에 대한 검색을 더 빠르게 한다.

그림 5-39의 두 번째 PFN은 스탠바이 리스트나 변경 리스트의 페이지에 대한 것이다. 이 경우 전방과 후방 링크 필드가 리스트 내의 엔트리를 서로 연결한다. 이런 연결은 페이지 폴트를 처리하기 위해 페이지를 쉽게 조작할 수 있게 한다. 페이지가 이들 리스트 중 하나에 있을 때 공유 카운트는 0으로 정의되고(페이지를 사용하는 워킹셋이 없기 때문에) 후방 링크도 변경된다. 이때 페이지가 리스트 중 어느 하나에 있다면 참조 카운트도 0이 된다. 0이 아니라면(예를 들어 페이지가 디스크에 써지고 있을 때처럼 이 페이지에 대한 I/O가 진행 중이기 때문에) 리스트에서 먼저 제거된다.

그림 5-39의 세 번째 PFN은 커널 스택에 포함된 페이지를 나타낸다. 앞서 언급했듯이 윈도우에서 커널 스택은 유저 모드에 대한 콜백이 수행되거나 리턴될 때마다, 또는 드라이버가 콜백을 수행하고 스택 확장을 요청할 때마다 동적으로 할당돼 확장되고 해제된다. 이런 PFN을 위해 메모리 관리자는 커널 스택과 연결된 스레드를 계속해서 감시해야 하거나 커널 스택이 해제된다면 다음 프리 룩 어사이드 스택에 대한 링크를 유지해야 한다.

그림 5-39의 네 번째 PFN은 I/O가 진행 중인 페이지를 나타낸다(예를 들어 페이지가 읽혀지고 있다). I/O가 진행 중인 동안 첫 번째 필드는 I/O가 완료될 때 시그널시킬 이벤트 객체를 가리킨다. 인 페이지 오류가 발생하면 이 필드에는 I/O 오류에 대한 윈도우 오류 상태 코드가 저장된다. 이 PFN 타입은 페이지 폴트 충돌을 해결하기 위해 사용된다.

PFN 데이터베이스와 더불어 표 5-22의 시스템 변수는 물리 메모리의 전반적인 상태를 나타낸다.

표 5-22 물리 메모리를 설명하는 시스템 변수

변수(윈도우 10과 서버 2016)	변수(윈도우 8.x과 서버 2012/R2)	설명
MiSystemPartition.Vp.NumberOf PhysicalPages	MmNumberOfPhysicalPages	시스템에서 사용 가능한 전체 물리 페이지 수
MiSystemPartition.Vp. AvailablePages	MmAvailablePages	시스템에서 가용한 전체 페이지의 수로 제로 리스트와 해제 리스트, 스탠바이 리스트에 있는 페이지의 총합
MiSystemPartition.Vp.Resident AvailablePages	MmResidentAvailablePages	모든 프로세스가 최소 워킹셋 크기로 줄어들고 변경된 모든 페이지가 디스크에 플러시될 경우 가용한 전체 물리 페이지 수

실습: PFN 엔트리 보기

커널 디버거의 !pfn 명령을 이용해 각 PFN 엔트리를 확인할 수 있다. 이때 인자로 PFN을 제공해야 한다(예를 들어 !pfn 0은 첫 번째 엔트리를 나타내고, !pfn 1은 두 번째 엔트리를 나타내는 식이다). 다음 예에서는 가상 주소 0xD20000에 대한 PTE가 나오고, 다음으로 페이지 디렉터리를 포함한 PFN이 나오고, 그다음으로 실제 페이지가 나온다.

```
lkd> !pte d20000
                 VA 00d20000
PDE at C0600030        PTE at C0006900
contains 000000003E989867   contains 8000000093257847
pfn 3e989   ---DA--UWEV   pfn 93257   ---D---UW-V

lkd> !pfn 3e989
  PFN 0003E989 at address 868D8AFC
   flink     00000071 blink / share count   00000144   pteaddress C0600030
```

```
    reference count  0001   Cached color 0   Priority 5
    restore pte  00000080   containing page 0696B3 Active M
  Modified
lkd> !pfn 93257
  PFN 00093257 at address 87218184
  flink        000003F9   blink / share count 00000001   pteaddress C0006900
  reference count  0001   Cached color 0   Priority 5
  restore pte  00000080   containing page 03E989 Active M
  Modified
```

PNF에 대한 정보를 얻기 위해 MemInfo 툴을 사용할 수도 있다. MemInfo는 디버깅 모드로 부팅할 필요도 없이 가끔 디버거보다 더 자세한 정보를 제공해주기도 한다. 다음은 앞에서 보여준 두 개의 PFN에 대한 MemInfo의 결과다.

```
C:\Tools>MemInfo.exe -p 3e989
0x3E989000 Active  Page Table      5 N/A        0xC0006000 0x8E499480

C:\Tools>MemInfo.exe -p 93257
0x93257000 Active  Process Private 5 windbg.exe  0x00D20000 N/A
```

좌측에서 우측 방향으로 보이는 정보는 물리 메모리와 유형, 페이지 우선순위, 프로세스 이름, 가상 주소, 잠재적인 추가적 정보 순이다. MemInfo는 첫 번째 PFN이 페이지 테이블이고, 두 번째 PFN은 WinDbg(디버거에서 !pte d20000 명령을 사용할 때 활성화된 프로세스)에 포함돼 있음을 정확하게 인식한다.

페이지 파일 예약

물리 메모리 소비를 줄여 페이지 파일의 접근을 감소시키기 위해 메모리 관리자가 사용하는 일부 메커니즘을 살펴봤다. 메모리 압축과 마찬가지로(5장 뒷부분의 '메모리 압축' 절을 보라) 스탠바이 리스트와 변경 리스트의 사용은 이런 메커니즘의 한 종류다. 메모리 사용에 대한 기타 최적화 기법은 페이지 파일 접근과 직접적으로 연관돼 있다.

기계적 하드 디스크는 실제로 읽거나 쓰기 전에 대상 섹터를 오가는 이동 헤드가 장착돼 있다. 이 탐색 시간은 상대적으로 값비싼 동작(대략 수 밀리초)이며, 따라서 전체 디스크 동작은 탐색 시간에 실제 읽기/쓰기 시간을 더한 것이다. 접근 데이터가 탐색 위치로부터 연속적인 부분이 많다면 탐색 시간은 무시할 수 있다. 하지만 디스크의 여러 곳에 산재한 데이터를 접근하기 위해 헤드가 탐색을 계속해야 한다면 누적된 탐색 시간은 문제가 된다.

세션 관리자(Smss.exe)는 페이지 파일을 생성할 때 기계적 디스크인지 SSD인지를 파악하기 위해 파일 파티션에 대해 디스크에 질의를 한다. 기계적 디스크라면 세션 관리자는 페이지 파일과 더불어 연속적인 물리 메모리 내에서 연속적인 페이지를 계속 추적하는 **페이지 파일 예약**page file reservations으로 불리는 메커니즘을 구동한다. SSD 디스크라면 (또는 페이지 파일 예약의 경우 SSD로 취급되는 하이브리드) 페이지 파일 예약 메커니즘은 별 도움이 되지 않는다(움직이는 헤드가 존재하지 않으므로). 따라서 이 기능은 이런 특정 페이지 파일에 대해 사용되지 않는다.

페이지 파일 예약 기능은 메모리 관리자의 세 부분(워킹셋 관리자와 변경 페이지 기록자, 페이지 폴트 핸들러)에서 처리된다. 워킹셋 관리자는 `MiFreeWsleList` 루틴을 호출해 워킹셋 정리를 수행한다. 이 루틴은 워킹셋으로부터 페이지 리스트를 받아 각 페이지에 대해 그 공유 카운트를 감소시킨다. 카운트 값이 0에 도달하면 해당 페이지는 변경 리스트에 위치할 수 있으며, 관련 PTE는 트랜지션 PTE로 변경된다. 이전 유효했던 PTE는 PFN에 저장된다.

유효하지 않은 PTE는 페이지 파일 예약과 연관된 두 비트(페이지 파일 예약과 페이지 파일 할당, 그림 5-24 참조)를 가진다. 물리 페이지가 필요해 프리 페이지 리스트(프리 또는 제로, 스탠바이)로부터 하나를 가져와서 액티브(유효) 페이지가 될 때 유효하지 않은 PTE는 PFN의 원래 PTE 필드에 저장된다. 이 필드가 바로 페이지 파일 예약을 추적하는 핵심 역할을 한다.

MiCheckReservePageFileSpace 루틴은 지정된 페이지부터 시작해 페이지 파일 예약 클러스터의 생성을 시도한다. 이 함수는 대상 페이지 파일에 대한 페이지 파일 예약이 비활성화돼 있는지, 그리고 이 페이지에 대한 페이지 파일 예약이 이미 존재하는지(원본 PTE에 기반)의 여부를 검사해 이들 조건 중 하나라도 해당한다면 이 함수는 이 페이지에 대한 추가적 처리를 중단한다. 이 루틴은 또한 페이지 유형이 사용자 페이지인지 검사하고 그렇지 않다면 손을 뗀다. 페이지 파일 예약은 특별히 이로운 점이 없으므로(예를 들어 예측이 힘든 사용 패턴으로 인해) 작은 클러스터로 사용되는 여타 페이지 유형(페이지드 풀 같은)에서는 시도되지 않는다. 끝으로 MiCheckReservePageFileSpace는 실제 작업을 수행하는 MiReservePageFileSpace를 호출한다.

페이지 파일 예약에 대한 탐색은 최초 PTE에서 시작해 역방향으로 이뤄진다. 예약이 가능한 한 연속적인 페이지를 찾는 것이 목표다. 이웃하는 페이지를 매핑하는 PTE가 디커밋된 페이지나 넌페이지드 풀 페이지를 나타내거나, 또는 이미 예약이 된 상태라면 이들 페이지는 사용될 수 없다. 즉, 현재 페이지가 예약 클러스터의 하한 제약이 된다. 그렇지 않다면 탐색은 역방향으로 계속 이뤄진다. 그러고 나서 탐색은 가능한 한 많은 수의 페이지 수집을 시도하면서 최초 페이지의 순방향으로 진행된다. 예약이 되기 위한 클러스터의 크기는 최소 16페이지는 돼야 한다(최대 클러스터 크기는 512페이지). 그림 5-40은 한 쪽은 유효하지 않은 페이지로 다른 한 쪽은 기존 클러스터에 의한 클러스터 경계의 예를 보여준다(동일한 페이지 디렉터리 내의 페이지 테이블을 확장할 수 있음에 유의하자).

페이지 클러스터 계산이 완료되면 이들 클러스터 페이지를 예약할 프리 페이지 파일 공간을 찾아야 한다. 페이지 파일 할당은 비트맵(각각의 설정된 비트는 파일 내에서 사용된 페이지를 나타낸다)에 의해 관리된다. 페이지 파일 예약의 경우 예약이 이뤄진 페이지(하지만 아직 기록될 필요는 없다. 이는 페이지 파일 할당 비트맵의 작업이다)를 나타내는 두 번째 비트맵이 사용된다. 예약과 할당이 되지 않은(이들 비트맵에 기반) 페이지 파일 공간이 존재하면 관련 비트는 예약 비트맵에서만 설정된다. 페이지의 내용을 디스크로 쓸 때 할당 비트맵에서 이들 비트를 설정하는 것은 변경 페이지 기록자의 작업이다.

필요한 클러스터 크기에 대한 충분한 페이지 파일 공간을 찾을 수 없다면 페이지 파일 확장이 시도된다. 그리고 이 시도가 이미 일어났다면(또는 최대 페이지 파일 크기가 확장된 크기라면) 찾아진 예약 크기에 맞게 클러스터 크기는 축소된다.

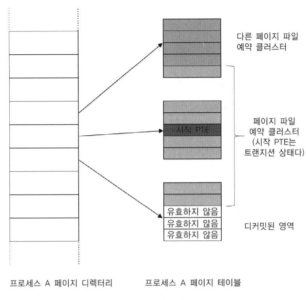

프로세스 A 페이지 디렉터리　　　프로세스 A 페이지 테이블

그림 5-40 페이지 파일 예약 클러스터

> 클러스터화된 페이지(최초 시작 PTE는 예외)는 물리 페이지 리스트에는 링크되지 않는다.
> 예약 정보는 PFN의 원본 PTE에 위치한다.

변경 페이지 기록자는 예약을 갖는 페이지 쓰기 작업을 특수한 경우로 다룬다. 변경 페이지 기록자는 페이지 파일에 대한 쓰기 작업의 일부분으로 사용되는 클러스터에 대한 정확한 PFN을 포함하는 MDL을 구축하기 위해 이전에 기술된 모든 수집 정보를 사용한다. 클러스터 구축 작업에는 예약 클러스터를 확장할 수 있는 연속한 페이지를 찾는 작업이 포함된다. 클러스터 사이에 빈 공간('holes')이 존재하면 더미 페이지(0xFF 값으로 채워진 페이지)가 추가된다. 더미 페이지의 개수가 32개를 초과하면 클러스터는 해체된다. 현재 방향으로 나아가는 작업은 완료가 되고 이제 기록할 마지막 클러스터를 구축하기 위해 역방향으로 진행한다. 그림 5-41은 변경 페이지 기록자에 의해 이런 클러스터가 구축된 이후의 페이지 상태를 보여준다.

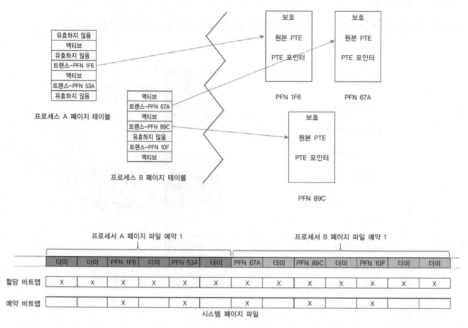

그림 5-41 기록 전의 클러스터 구축

마지막으로 페이지 폴트 핸들러는 예약 비트맵과 PTE로부터 구축된 정보를 사용해 클러스터의 시작과 마지막 지점을 결정하고 기계식 디스크 헤드의 최소 탐색으로 필요한 페이지를 효과적으로 읽어 들인다.

물리 메모리 제한

지금까지 윈도우가 물리 메모리에 대해 어떻게 정보를 관리하는지 배웠고, 이제는 윈도우가 실제로 지원할 수 있는 물리 메모리양을 살펴본다. 대부분의 시스템은 실행 시에 물리 메모리를 초과하는 코드와 데이터를 접근하기 때문에 물리 메모리는 본질적으로 시간 흐름에 따른 코드와 데이터에 대한 창이다. 프로세스나 운영체제가 필요로 하는 코드나 데이터가 메모리에 존재하지 않을 때 메모리 관리자는 디스크나 원격 저장소에

712

서 그것을 가져와야 하므로 메모리의 양은 성능에 영향을 미칠 수 있다.

성능에 영향을 미치는 것 이외에 물리 메모리의 양은 다른 리소스의 제한에 영향을 준다. 예를 들어 물리 메모리에 의해 지원되는 넌페이지드 풀의 양은 명백하게 물리 메모리양에 의해 제한된다. 물리 메모리는 또한 물리 메모리 크기와 현재 구성된 모든 페이징 파일 크기의 대략적인 합인 시스템 가상 메모리도 제한한다. 물리 메모리는 간접적으로 프로세스의 최대 수에도 영향을 미친다.

윈도우가 지원하는 물리 메모리는 하드웨어 제약과 라이선싱, 운영체제 데이터 구조체나 드라이버 호환성 등에 의해 제약을 받는다. https://msdn.microsoft.com/en-us/library/windows/desktop/aa366778.aspx URL은 여러 윈도우 에디션의 메모리 제약을 보여준다. 표 5-23에는 윈도우 8과 그 상위 버전에서의 제약을 요약했다.

표 5-23 윈도우 물리 메모리 지원의 제약

운영체제 버전/에디션	32비트 최대	64비트 최대
윈도우 8.x 프로페셔널과 엔터프라이즈	4GB	512GB
윈도우8.x(그 밖의 모든 에디션)	4GB	128GB
윈도우 서버 2012/R2 스탠더드와 데이터센터	해당 없음	4TB
윈도우 서버 2012/R2 에센셜	해당 없음	64GB
윈도우 서버 2012/R2 파운데이션	해당 없음	32GB
윈도우 스토리지 서버 2012 워크그룹	해당 없음	32GB
윈도우 스토리지 서버 2012 스탠더드 하이퍼-V 서버2012	해당 없음	4TB
윈도우 10 홈	4GB	128GB
윈도우 10 프로, 에듀케이션과 엔터프라이즈	4GB	2TB
윈도우 서버 2016 스탠더드와 데이터센터	해당 없음	24TB

이 책의 집필 당시에 지원되는 물리 메모리의 최댓값은 일부 서버 2012/R2 에디션에서는 24TB, 서버 2016 에디션에서는 24TB였다. 이런 제약은 특정 구현이나 하드웨어 제약으로 인한 것이 아니라 마이크로소프트가 테스트할 수 있는 설정만 지원하기 때문이다.

이 책의 집필 당시 이들 값이 테스트되고 지원되는 메모리 구성의 가장 큰 값들이었다.

윈도우 클라이언트 메모리 제한

64비트 윈도우 클라이언트 에디션은 서로 다른 특성처럼 지원하는 메모리양도 서로 다른데, 4GB부터 지원하기 시작해 엔터프라이즈와 프로페셔널 에디션은 2TB까지 지원한다. 그러나 모든 32비트 윈도우 클라이언트 에디션은 표준 x86 메모리 관리 모드에서 접근 가능한 가장 높은 물리 주소인 4GB까지만 지원한다.

클라이언트 SKU가 하드웨어 실행 방지 기능을 제공하기 위해 x86 시스템에서 PAE 주소 모드를 지원할지라도(PAE는 또한 4GB 이상의 물리 메모리를 접근할 수 있게 해준다) 테스팅 결과, 서버가 아닌 클라이언트에서 발견되는 비디오나 오디오 드라이버 같은 일부 디바이스 드라이버는 물리 주소가 4GB 이상일 수 있다는 점을 고려해 프로그램되지 않았기 때문에 많은 시스템이 크래시되고 행되거나 부팅할 수 없는 상태가 된다는 것을 알게 됐다. 결과적으로 드라이버는 4GB 이상의 주소를 잘라버려 메모리가 손상되고, 그로 인해 부작용이 발생했다. 서버 시스템은 보통 더 간단하고 안정적인 드라이버를 가진 일반적인 디바이스를 갖기 때문에 이런 문제가 발견되지는 않았다. 이런 문제가 있는 클라이언트 드라이버 생태계로 인해 이론적으로는 가능하지만 클라이언트 에디션에서 4GB 이상의 물리 메모리는 무시하는 결정을 하게 됐다. 디바이스 드라이버 개발자는 충분한 메모리가 시스템에 있을 경우에만 커널이 4GB 이상의 물리 주소를 사용하게 강제하는 nolowmem BCD 옵션을 사용해 자신의 시스템을 테스트하기 바란다. 이 옵션은 이런 문제를 가진 드라이버를 즉시 찾을 수 있게 해준다.

4GB는 32비트 클라이언트 에디션에서 공인된 제한이지만, 실제적인 제한은 실제로 더 낮고 시스템의 칩셋이나 연결된 디바이스에 따라 다르다. 물리 주소 매핑이 RAM뿐만 아니라 니바이스 메모리도 포함하기 때문인데, x86과 x64 시스템은 일반적으로 4GB 이상의 물리 메모리를 다루는 방법을 모르는 32비트 운영체제와 호환성을 유지하기 위해 모든 디바이스 메모리를 4GB 주소 경계 이하로 매핑시키기 때문이다. 새로운 칩셋들

은 PAE 기반의 디바이스 매핑을 지원하지만, 윈도우 클라이언트 에디션은 앞에서 설명한 드라이버 호환성 문제로 이것을 지원하지 않는다(그렇지 않다면 드라이버는 디바이스 메모리에 대한 64비트 포인터를 받을지도 모른다).

시스템이 4GB의 RAM과 디바이스 메모리의 총합이 500MB인 비디오, 오디오, 네트워크 어댑터 디바이스를 가진다면 RAM의 4GB 중 500MB는 그림 5-42처럼 4GB 주소 경계 위에 위치할 것이다.

그림 5-42 4GB 시스템에서의 물리 메모리 배치

결론은 3GB 이상의 메모리를 갖고 32비트 윈도우 클라이언트가 동작하는 시스템을 가졌다면 RAM을 모두 다 사용할 수 없을지도 모른다는 것이다. 윈도우가 탐지한 RAM이 얼마인지는 시스템 속성 대화상자에서 확인할 수 있지만 윈도우에서 얼마나 많은 메모리가 실제 사용 가능한지 확인하려면 작업 관리자의 성능 페이지나 Msinfo32 유틸리티를 사용해야 한다. 예를 들어 4GB RAM으로 구성된 하이퍼-V 가상머신에서 32비트 윈도우 10이 설치된 환경인 경우 가용한 물리 메모리의 양은 Msinfo32 유틸리티로 보듯이 3.87GB이다.

```
Installed Physical Memory (RAM)     4.00 GB
Total Physical Memory               3.87 GB
```

MemInfo 툴로 물리 메모리 배치를 볼 수 있다. 다음 출력은 32비트 시스템에서 물리 메모리 범위를 덤프하기 위해 -r 스위치를 사용한 MemInfo의 결과를 보여준다.

```
C:\Tools>MemInfo.exe -r
MemInfo v3.00 - Show PFN database information
Copyright (C) 2007-2016 Alex Ionescu
www.alex-ionescu.com

Physical Memory Range: 00001000 to 0009F000 (158 pages, 632 KB)
Physical Memory Range: 00100000 to 00102000 (2 pages, 8 KB)
Physical Memory Range: 00103000 to F7FF0000 (1015533 pages, 4062132 KB)
MmHighestPhysicalPage: 1015792
```

메모리 주소 범위 내에서 페이지 A0000부터 100000(384KB) 사이의 틈과 F8000000부터 FFFFFFFF(128MB) 사이의 또 다른 틈을 주목하자.

윈도우에 의해 사용될 수 없는 예약된 다양한 메모리 영역들을 무엇이 차지하고 있는지 확인하기 위해 장치 관리자를 사용할 수 있다(MemInfo 결과에서는 비어있는 상태로 나올 것이다). 장치 관리자로 확인하기 위해 다음의 과정을 따른다.

1. Devmgnt.msc를 실행한다.
2. 보기 메뉴의 리소스(연결별)를 선택한다.
3. 메모리 노드를 확장한다. 그림 5-43과 같은 결과를 보여주는 노트북 컴퓨터에서 매핑된 디바이스 메모리의 주요 소비자는 당연히 비디오 카드(하이퍼-V S3 Cap)로 F8000000-FBFFFFFF 사이의 128MB를 사용한다.

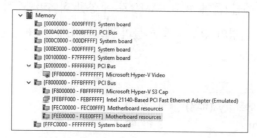

그림 5-43 32비트 윈도우 시스템에서 하드웨어 예약 메모리 영역

기타 부수적인 디바이스가 나머지의 대부분을 차지하고, PCI 버스는 부팅 과정에서 펌웨어가 사용하는 보수적인 추정치의 일부로 디바이스를 위해 추가적인 영역을 예약한다.

메모리 압축

윈도우 10의 메모리 관리자는 변경 페이지 리스트에 존재하는 전용 페이지와 페이지 파일 백업 섹션 페이지를 압축하는 메커니즘을 구현한다. 압축은 메모리 사정이 좋지 않은 애플리케이션에서 일어나는 워킹셋 교환과 비우기 작업에 매우 잘 동작하므로 압축의 주요 대상은 UWP 앱에 속하는 전용 페이지다. 애플리케이션이 일시 중지되고 해당 워킹셋이 밖으로 스왑되면 워킹셋은 언제라도 비워질 수 있고 더티 페이지는 압축 가능해진다. 이는 이전 애플리케이션을 메모리에 남겨둔 채로 다른 애플리케이션을 메모리에 수용할 만큼 충분한 추가적인 가용한 메모리를 만들 수도 있다.

> 마이크로소프트 Xpress 알고리즘을 사용해 페이지의 원래 크기의 30-50%로 압축할 수 있음을 실험을 통해 입증했다(페이지 크기에 따라 속도와 균형을 맞추면서). 따라서 상당한 메모리 절감 효과가 있다.

메모리 압축 아키텍처는 다음과 같은 요구 조건을 지켜야 한다.

- 페이지는 압축이나 비압축 형태로 메모리에 있을 수 없다. 이는 복제로 인한 물리 메모리 낭비를 초래하기 때문이다. 이는 페이지는 압축이 될 때마다 성공적인 압축 이후에 반드시 프리 페이지가 돼야 함을 의미한다.
- 압축 저장소는 자신의 데이터 구조체를 유지해야 하고 시스템 전반적으로 메모리를 항상 절감할 수 있는 방식으로 압축 데이터를 저장해야 한다. 이는 페이지가 충분히 잘 압축되지 않는다면 이 페이지는 저장소에 추가되지 않음을 의미한다.
- 메모리 압축은 어느 정도의 메모리 소비를 증가시킬 것이라는 고정 관념을 방지하기 위해 압축된 페이지는 가용한 메모리로 보여야 한다(필요하다면 실제로 다른 용도로 사용될 수 있기 때문에).

메모리 압축은 클라이언트 SKU(폰과 PC, Xbox 등)에서 기본적으로 활성화된다. 서버 SKU 는 현재 메모리 압축을 사용하지 않지만 향후의 서버 버전에서는 변경될 가능성이 있다.

> 윈도우 2016에서 작업 관리자는 여전히 압축된 메모리를 괄호 내의 숫자로 보여주지만 그 값은 항상 0이다. 또한 메모리 압축 프로세스도 존재하지 않는다.

시스템 시작 동안에 Superfetch 서비스(svchost.exe 인스턴스 내에 호스트되는 sysmain.dll, 잠시 후의 '선행적 메모리 관리(슈퍼패치)' 절에서 설명한다)는 NtSetSystemInformation 에 대한 호출을 통해 저장소 관리자Store Manager에게 넌UWP 애플리케이션이 사용할 하나의 시스템 저장소(생성돼야 할 첫 번째 저장소)를 생성하라고 지시한다. 앱이 시작할 때 각 UWP 애플리케이션은 Superfetch 서비스와 통신을 해 자신만의 저장소 생성을 요청한다.

압축 예제

메모리 압축의 동작 원리를 파악하기 위해 예제를 살펴보자. 일정 시점에 다음과 같은 물리 페이지가 존재한다고 가정하자.

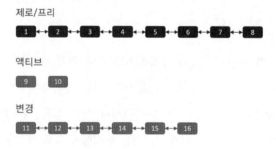

제로와 프리 페이지 리스트는 가비지garbage와 제로를 각각 갖는 페이지를 포함하며, 메모리 커밋을 충족시키기 위해 사용될 수 있다. 설명을 위해 이들을 하나의 리스트로 간주한다. 액티브 페이지는 다양한 프로세스에 속한다. 변경 페이지는 아직 페이지 파일에 써지지 않은 더티 데이터를 갖지만, 해당 프로세스가 변경 페이지를 참조하면 프로세스 워킹셋에 대한 I/O 동작이 없는 소프트 폴트가 발생할 수 있다.

이제 예를 들어 변경 페이지 리스트가 너무 크거나 제로/프리 페이지가 너무 작게 돼 메모리 관리자가 변경 페이지 리스트를 정리하기로 결정했다고 가정하자. 변경 리스트로부터 3개의 페이지가 제거된다고 가정한다. 메모리 관리자는 이들의 내용을 하나의 페이지(제로/프리 리스트로부터 온)에 압축한다.

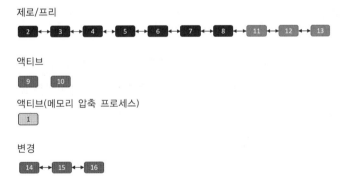

페이지 11과 12, 13은 페이지 1로 압축됐다. 압축이 이뤄진 이후로 페이지 1은 더 이상 프리 상태가 아니며, 메모리 압축 프로세스(다음 절에서 설명한다)의 워킹셋 일부분으로서 실제로 액티브 상태다. 페이지 11과 12, 13은 더 이상 필요치 않으며, 프리 리스트로 이동한다. 압축으로 인해 2개의 페이지가 절감됐다.

같은 과정을 반복한다고 가정한다. 이번에는 다음과 같이 페이지 14와 15, 16을 두 페이지(페이지 2와 3)로 압축한다.

결과적으로 페이지 2와 3은 메모리 압축 프로세스의 워킹셋에 합류됐지만 페이지 14와 15, 16은 프리 상태가 됐다.

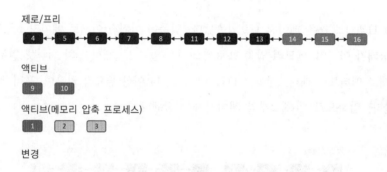

이후에 메모리 관리자가 메모리 압축 프로세스의 워킹셋을 정리하기로 결정했다고 가정하자. 이 경우 이런 페이지는 페이지 파일에 기록되지 않은 데이터를 포함하고 있으므로 이들은 변경 리스트로 이동된다. 물론 이들은 언제라도 소프트 폴트가 발생돼 자신들의 원래 프로세스로 되돌아 올 수 있다(프리 페이지를 이용해 해당 프로세스에서 압축을 해제해). 다음은 페이지 1과 2가 메모리 압축 프로세스의 액티브 페이지로부터 제거돼 변경 리스트로 이동되는 것을 보여준다.

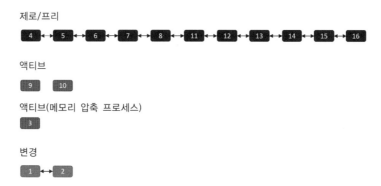

메모리 사정이 좋지 않다면 메모리 관리자는 압축된 변경 페이지를 페이지 파일로 내보내려는 결정을 할 수도 있다.

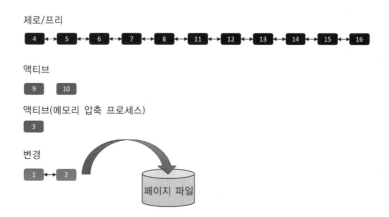

끝으로 이런 페이지들이 페이지 파일에 써지고 난 후에 이들은 스탠바이 리스트로 이동한다. 이는 이들의 내용이 저장됐으므로 필요하다면 다른 용도로 사용될 수 있기 때문이다. 이들은 또한 자신을 압축 해제해 해제된 페이지를 관련 프로세스 워킹셋 내의 액티브 상태로 이동시킴으로써 소프트 폴트를 유발할 수 있다(변경 리스트의 일부분으로 있을 때와 마찬가지로). 이들은 스탠바이 리스트에 있을 때 자신의 우선순위('페이지 우선순위와 균형 조절' 절에서 설명한다)에 따라 적절한 서브리스트에 연결된다.

제로/프리

```
4 ⟷ 5 ⟷ 6 ⟷ 7 ⟷ 8 ⟷ 11 ⟷ 12 ⟷ 13 ⟷ 14 ⟷ 15 ⟷ 16
```

액티브

```
9    10
```

액티브(메모리 압축 프로세스)

```
3
```

변경

스탠바이

```
⑦
...
⑤ ⟷ 1
...
① ⟷ 2
⓪
```

압축 아키텍처

압축 엔진은 압축 페이지와 이를 관리하는 데이터 구조체를 저장하기 위한 '작업 영역' 메모리를 필요로 한다. 1607 이전의 윈도우 10 버전에서는 시스템 프로세스의 사용자 주소 공간이 사용됐다. 윈도우 10 버전 1607부터는 **메모리 압축**^{Memory Compression}으로 불리는 새로운 전용 프로세스가 대신 사용된다. 이런 새로운 프로세스를 만들게 된 이유는 통상적인 관측에서 시스템 프로세스의 메모리 소비가 너무 과도하게 보였기 때문이다(이는 시스템이 많은 메모리를 소진한다는 것을 암시한다). 하지만 압축 메모리는 커밋 제한에 고려되지 않으므로 이것은 사실이 아니다. 그럼에도 이런 사실에 대해서 선입관이 만연했다.

메모리 압축 프로세스는 최소 프로세스다. 이는 어떠한 DLL도 로드하지 않음을 의미한다. 이 프로세스는 단지 작업 가능한 주소 공간을 제공하며, 어떠한 실행 이미지를 실행하는 것도 아니다. 커널은 이 프로세스의 유저 모드 주소 공간을 이용할 뿐이다(최소 프로세스에 대한 추가적인 사항은 3장을 보라).

저장소 관리자는 각 저장소를 위해 구성 가능한 영역 크기를 가진 영역 내에 메모리를 할당한다. 현재 128KB 크기가 사용된다. 할당은 필요에 따라 VirtualAlloc 호출을 통해 이뤄진다. 실제 압축된 페이지는 한 영역 내에 16바이트 크기로 저장된다. 압축된 하나의 페이지(4KB)는 여러 개의 16바이트 크기로 확장할 수 있다. 그림 5-44는 영역 배열과 저장소 관리와 연관된 데이터 구조체를 가진 한 저장소를 보여준다.

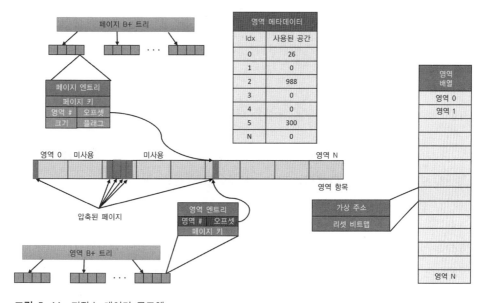

그림 5-44 저장소 데이터 구조체

그림 5-44에서 보듯이 페이지는 B+ 트리(노드는 수에 관계없이 자식을 가질 수 있다)로 관리되며, 각 페이지 엔트리는 영역 중 하나에 있는 압축된 자신의 내용을 가리킨다. 저장소는 영역 0부터 시작하고 영역은 필요에 따라 할당과 해제가 이뤄진다. 영역은 5장 후반부의 '페이지 우선순위와 균형 조절' 절에서 설명하는 우선순위와 관련돼 있다.

한 페이지를 추가하는 작업은 다음과 같은 주요 단계를 포함한다.

1. 페이지 우선순위를 가진 현재 영역이 없다면 새로운 영역을 할당하고 물리 메모리에 락시킨다. 그리고 이에 추가될 페이지의 우선순위를 배정한다. 이 우선순위에 대한 현재 영역을 할당 영역에 설정한다.

2. 페이지를 압축해 최소 단위(16바이트)로 올림해 영역에 저장한다. 예를 들어 페이지가 687바이트 크기로 압축된다면 43개의 16바이트 단위 크기를 소비한다(항상 올림이 된다). 압축은 간섭을 최소화하기 위해 낮은 CPU 우선순위(7)의 현재 스레드에서 이뤄진다. 압축 해제가 필요하면 모든 가용한 프로세서를 사용해 병렬로 수행된다.

3. 페이지와 영역 B+ 트리 내의 페이지와 영역 정보를 갱신한다.

4. 현재 영역의 남은 공간이 압축된 페이지를 저장할 만큼 충분히 크지 않다면 새로운 영역이 할당돼(동일한 페이지 우선순위를 가진) 해당 우선순위의 현재 영역으로 설정된다.

저장소로부터 페이지를 제거하는 작업은 다음과 같은 단계를 수반한다.

1. 페이지 B+ 트리에서 페이지 엔트리와 영역 B+ 트리에서 영역 엔트리를 찾는다.

2. 이들 엔트리를 제거하고 영역에서 사용된 공간을 갱신한다.

3. 영역이 비게 되면 이 영역을 해제한다.

영역은 시간이 경과하면서 압축 페이지가 추가되고 제거됨에 따라 단편화가 된다. 영역 메모리는 영역이 완전히 비워지기 전까지는 해제되지 않는다. 이는 메모리 낭비를 줄이기 위해 일종의 압축compaction 작업이 필요함을 의미한다. 압축 동작은 단편화의 양에 따라 공격적이지만 지연돼 스케줄된다. 영역을 통합할 때에 영역 우선순위가 고려된다.

실습: 메모리 압축

시스템에서 진행 중인 메모리 압축에 대해서 시각적으로 볼 수 있는 툴이 거의 없다. Process Explorer나 커널 디버거로 메모리 압축 프로세스를 살펴볼 수 있

다. 다음 그림은 Process Explorer(관리자 권한으로 실행해야 한다)의 **성능** 탭에서 Memory Compression 프로세스의 속성을 보여준다.

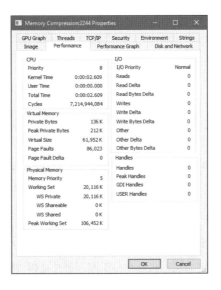

이 프로세스에는 사용자 이름이 없고(커널 스레드만이 이 프로세스 내에서 동작하기 때문에) 공유가 아닌 전용의 워킹셋만을 가짐에 주목하자. 이것은 압축된 메모리는 공유가 불가능하기 때문이다. 이 결과를 작업 관리자의 Memory 뷰와 비교하자.

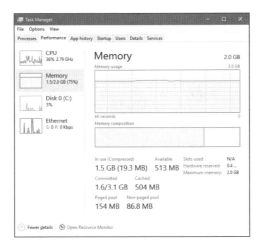

여기서 괄호 내의 압축된 메모리 값은 압축된 메모리가 현재 소비하는 공간의 양이므로 Memory Compression 프로세스의 워킹셋과 관련이 있어 보인다(이 스크린샷은 이전 것보다 약 1분 후에 담은 것이다).

메모리 파티션

전통적으로 가상머신^{VM}은 별도의 VM이 적어도 보안 관점에서 완전히 독립된 애플리케이션(또는 애플리케이션 그룹)을 실행할 수 있게 애플리케이션을 격리하는 데 사용된다. VM은 서로 간에 연동할 수 없으며, 강력한 보안성과 자원의 분리를 제공한다. VM은 VM을 호스트하는 하드웨어와 관리 비용 측면에서 높은 자원 비용을 치른다. 이는 도커^{Docker}와 같은 컨테이너 기반의 기술을 생기게 했다. 이들 기술은 동일한 물리 머신이나 가상머신에 애플리케이션을 호스트하는 샌드박스를 생성함으로써 격리와 자원 관리의 장벽을 낮추려는 시도를 한다.

이러한 컨테이너를 생성하는 것은 일반 윈도우 상단에 일정 형태의 가상화를 수행하는 커널 드라이버가 필요하기 때문에 난해한 일이다. 이에 속하는 일부 드라이버는 다음과 같다(하나의 드라이버가 이들 모든 기능을 포괄할 수도 있다).

- 격리된 파일 시스템이라는 착각을 불러일으키는 파일 시스템(미니) 필터
- 별도의 레지스트리라는 착각을 불러일으키는 레지스트리 가상화 드라이버 (CmRegisterCallbacksEx)
- 전용 객체 관리자 네임스페이스. 이는 실로^{silos}를 사용함으로써 가능하다(좀 더 상세한 내용은 3장을 보라).
- 생성/통지(PsSetCreateNotifyRoutineEx) 기능을 이용함으로써 프로세스를 올바른 컨테이너와 연관시키기 위한 프로세스 관리

이들 드라이버 준비가 모두 됐다 할지라도 메모리 관리에 있어서 가상화가 특히 어렵다.

각 컨테이너는 자신만의 PFN 데이터베이스와 페이지 파일 등을 사용하기를 원할 수도 있다. 윈도우 10(64비트 버전에만 해당)과 윈도우 서버 2016은 메모리 파티션^{Memory} ^{Partitions}을 통해 이런 메모리 제어를 가능하게 해준다.

메모리 파티션은 페이지 리스트(스탠바이, 변경, 제로, 프리 등)와 커밋 양, 워킹셋, 페이지 트리머^{trimmer}, 변경 페이지 기록자, 제로 페이지 스레드 등과 같은 자신만의 고유한 메모리 관련 관리 구조체(다른 파티션과는 격리돼 있는)로 구성된다. 메모리 파티션은 시스템에서 보안성이 있으며, 명명 가능한 객체(익스큐티브 객체와 유사하다)인 파티션 객체 ^{Partition objects}로 표현된다. 시스템 파티션^{System Partition}으로 불리는 한 파티션이 항상 존재한다. 이 파티션은 전반적인 시스템 자체를 나타내며 명시적으로 생성되는 모든 파티션의 궁극적인 부모가 된다. 시스템 파티션의 주소는 전역 변수(MiSystemPartition)에 저장되고 그 이름은 KernelObjects\MemoryPartition0이다. 이는 그림 5-45와 같이 Sysinternals의 WinObj와 같은 툴로 볼 수 있다.

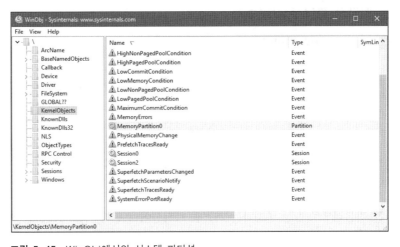

그림 5-45 WinObj에서의 시스템 파티션

모든 파티션 객체는 전역 리스트에 저장된다. 적용 가능한 정보에 빠르게 접근하기 위해 파티션 인덱스가 PTE 내에 인코딩돼야 하므로 현재 파티션의 최대 개수는 1024(10비트)다. 이 인덱스 중 하나는 시스템 파티션 용도로 사용되고 또 다른 두 인덱스 값은 특수한 경계 용도로 사용돼 가용한 파티션은 1021개가 된다.

메모리 파티션은 NtCreatePartition 내부(문서화되지 않은) 함수를 사용해 유저 모드나 커널 모드에서 생성될 수 있다. 유저 모드 호출자는 SeLockMemory 권한을 가져야만 성공적으로 이 함수를 호출할 수 있다. 이 함수는 초기 페이지를 가져다주고 최종적으로 파티션이 해제될 때 돌아갈 부모 파티션을 인자로 받는다. 특별한 지정이 없으면 시스템 파티션이 기본 부모가 된다. NtCreatePartition은 실제 작업을 내부 메모리 관리자 MiCreatePartition 함수로 전달한다.

NtOpenPartition 함수를 사용해 기존 파티션을 오픈할 수 있다(이 객체는 통상적으로 ACL로 보호가 될 수 있으므로 이 작업에는 특별한 권한이 필요치 않다). 파티션의 실제 조작은 NtManagePartition 함수의 역할이다. 이 함수는 파티션에 메모리와 페이징 파일을 추가하고, 한 파티션에서 다른 파티션으로 메모리를 복사하고 파티션에 관한 정보를 얻는 데 사용된다.

실습: 메모리 파티션 살펴보기

이 실습에서는 커널 디버거를 사용해 파티션 객체를 살펴본다.

1. 로컬 커널 디버깅을 시작하고 !partition 명령을 실행한다. 이 명령은 시스템 내의 모든 파티션을 열거한다.

```
lkd> !partition
Partition0  fffff803eb5b2480   MemoryPartition0
```

2. 기본적으로 항상 존재하는 시스템 파티션이 보인다. !partition 명령은 파티션 객체의 주소를 받아 좀 더 상세한 정보를 보여준다.

```
lkd> !partition fffff803eb5b2480
PartitionObject @ ffffc808f5355920 (MemoryPartition0)
 _MI_PARTITION 0 @ fffff803eb5b2480
   MemoryRuns: 0000000000000000
```

```
MemoryNodeRuns: ffffc808f521ade0
AvailablePages:          0n4198472 ( 16 Gb 16 Mb 288 Kb)
ResidentAvailablePages:  0n6677702 ( 25 Gb 484 Mb 792 Kb)
  0 _MI_NODE_INFORMATION @ fffff10000003800
    TotalPagesEntireNode: 0x7f8885
              Zeroed                      Free
    1GB          0 ( 0)                     0 (0)
    2MB         41 ( 82 Mb)                 0 (0)
    64KB      3933 ( 245 Mb 832 Kb)        0 (0)
    4KB      82745 ( 323 Mb 228 Kb)        0 (0)
    Node Free Memory:    ( 651 Mb 36 Kb )
    InUse Memory:        ( 31 Gb 253 Mb 496 Kb )
    TotalNodeMemory:     ( 31 Gb 904 Mb 532 Kb )
```

이 출력에는 내부 **MI_PARTITION** 구조체(이 주소 또한 주어졌다)에 저장된 일부 정보가 보인다. 이 명령은 NUMA 노드(여기서는 단 하나)에 근거해 메모리 정보를 보여준다. 이 파티션은 시스템 파티션이므로 사용된 메모리 및 해제된 메모리, 전체 메모리와 관련된 수치는 작업 관리자와 Procesee Explorer 같은 툴에 의해 보고되는 값과 상응해야 한다. dt 명령으로도 **MI_PARTITION** 구조체를 살펴볼 수 있다.

향후의 시나리오(물리 메모리에 대한 독자적인 제어가 효과적인 경우)에서는 파티션과 연관되는 (잡 객체를 통해) 특정 프로세스에 대해 메모리 파티션 기능을 이용할 수도 있다. 크리에이터 업데이트[Creators Update] 배포에 예정됐던 이런 한 시나리오는 게임 모드다(게임 모드에 관한 추가적인 정보는 2권의 8장에 있다).

메모리 결합

메모리 관리자는 가능한 한 많은 RAM을 절약하기 위해 이미지 페이지 공유하기, 데이터 페이지에 대한 쓰기 시 복사, 압축과 같은 여러 메커니즘을 사용한다. 이번 절에서는 메모리 결합^{memory combining}이라는 또 다른 메커니즘을 살펴본다.

기본 개념은 간단하다. RAM에서 페이지 복사본들을 찾아 이들을 하나로 결합하고 나머지 복사본들은 삭제한다. 분명히 해결해야 할 다음과 같은 몇 가지 문제가 있다.

- 결합에 사용할 후보로 어떤 페이지가 최적인가?
- 메모리 결합을 시작할 적기는 언제인가?
- 결합은 특정 프로세서나 메모리 파티션, 전체 시스템 중 어떤 것을 대상으로 삼아야 하는가?
- 일반적으로 실행하는 코드에 반하는 영향을 주지 않고 결합 처리가 빠르게 이뤄질 수 있는가?
- 쓰기 가능 결합 페이지가 한 클라이언트에 의해 나중에 변경된다면 전용 복사본을 어떻게 구할 것인가?

이번 절에서는 마지막 의문점부터 시작해 이들 질문에 답을 할 것이다. 쓰기 시 복사 메커니즘이 여기서 사용된다. 즉, 결합된 페이지에 무엇인가 써지지 않는 동안은 아무런 일도 발생하지 않는다. 프로세스가 해당 페이지에 쓰기 작업을 시도하면 이 프로세스에 대한 전용 복사본을 만들고 새롭게 할당된 전용 페이지의 쓰기 시 복사 플래그를 제거한다.

> HKLM\System\CurrentControlSet\Control\Session Manager\Memory Management 레지스트리 키의 DWORD 값인 DisablePageCombining을 1로 설정하면 페이지 결합을 비활성화할 수 있다.

> 이번 절에서 CRC와 해시(hash)는 서로 혼용해 사용한다. 이들은 통계적으로 고유한(확률적으로 매우 높은) 페이지 내용을 참조하는 64비트 수를 나타낸다.

메모리 관리자의 초기화 루틴인 MmInitSystem은 시스템 파티션(이전 절인 메모리 파티션을 참고하라)을 생성한다. 파티션을 기술하는 MI_PARTITION 구조체 내에 복제된 페이지를 식별하는 16 AVL 트리의 배열이 존재한다. 이 배열은 결합된 페이지 CRC 값의 마지막 4비트에 의해 정렬된다. 잠시 후에 이들 값이 알고리즘에 어떻게 적용되는지 알아본다.

일반 페이지^{common pages}로 불리는 두 개의 특수한 페이지 유형이 있다. 하나는 모두 제로 바이트만을 포함하고 나머지 하나는 모두 1로 채워진 값(0xFF로 채워진)을 가진다. 이들의 CRC는 딱 한 번 계산돼 저장된다. 페이지의 내용을 검색할 때 이런 페이지는 쉽게 식별될 수 있다.

메모리 결합을 시작하기 위해 네이티브 API인 `NtSetSystemInformation`이 `System-CombinePhysicalMemoryInformation` 시스템 정보 클래스로 호출된다. 호출자는 자신의 토큰에 일반적으로 로컬 관리자 그룹에 허용되는 `SeProfileSingleProcessPrivilege` 권한을 가져야 한다. 플래그의 조합을 통해 다음과 같은 옵션을 이 API의 인자로 제공할 수 있다.

- 전체(시스템) 파티션이나 현재 프로세스에 대해 메모리 결합을 수행한다.
- 결합만을 위해 일반 페이지(모두 제로이거나 모두 1인 페이지)를 탐색하거나 내용에 관계없이 복제된 페이지를 탐색한다.

입력 구조체에는 옵션으로 전달할 수 있는 이벤트 핸들도 존재한다. 이 핸들은 시그널 된다면(다른 스레드에 의해) 페이지 결합을 중지시키게 된다. 현재 슈퍼패치 서비스(5장의 끝부분인 '슈퍼패치' 절에서 좀 더 상세한 정보를 제공한다)는 매 15분마다 사용자가 부재중이거나 바쁠 경우에 전체 시스템 파티션에 대한 메모리 결합을 시작하는 낮은 우선순위(4)에서 실행하는 특수한 스레드를 가진다.

크리에이터 업데이트에서는 물리 메모리양이 3.5GB(3584MB)보다 크다면 대부분의 내장된 Svchost 서비스는 각 Svchost 프로세스 내에 하나의 서비스를 호스트한다. 이는 해당 박스로부터 꽤 많은 프로세스를 생성하기도 하지만 다른 서비스에 영향(불안전성이나 보안상의 문제로 인해)을 주는 그런 서비스는 제거한다. 이 시나리오에서 서비스 제어 관리자^{SCM}는 메모리 결합 API에 대한 새로운 옵션을 사용하는데, 기본 우선순위 6으로 실행하는 스레드 풀 타이머를 사용해 매 3분마다 각각의 Svchost 프로세스 내에서 페이지 결합을 시작한다(`ScPerformPageCombineOnServiceImages` 루틴). 좀 더 작은 수의 Svchost 인스턴스일 때보다 많을 수 있는 RAM 소비를 줄이고자 함이 목표다.

넌Svchost 서비스는 페이지 결합도 이뤄지지 않고, 또한 이들은 사용자별이나 전용 사용자 계정으로 실행하는 서비스도 아니다.

MiCombineIdenticalPages 루틴이 페이지 결합 프로세스에 대한 실제 진입점이다. 메모리 파티션의 각 NUMA 노드의 경우 이들 각 노드가 자신들의 CRC를 갖는 페이지 리스트를 할당해 페이지 결합 동작에 필요한 모든 정보를 관리하는 페이지 결합 지원^{page combing support} 구조체에 저장한다(이것은 앞서 언급한 AVL 트리 배열을 갖는 그 구조체다). 요청 스레드는 바로 작업을 하는 그 스레드다. 이 스레드는 현재 NUMA 노드에 속한 CPU에서 실행해야 하며, 그 친화성은 필요에 따라 변경된다. 설명을 용이하게 하기 위해 메모리 결합 알고리즘을 탐색과 분류, 페이지 공유의 3 단계로 나눈다. 다음 절은 완전한 페이지 결합(현재 프로세스에 대한 것이라기보다는)과 모든 페이지에 대한 결합(단지 일반 페이지만이 아니라) 요청인 경우를 가정한 것이다. 그 이외의 경우는 원칙적으로 비슷하지만 더 간단하다.

탐색 단계

시작 단계의 목표는 모든 물리 페이지의 CRC를 계산하는 것이다. 알고리즘은 제로와 프리 페이지를 건너뛰고(이들은 실제적으로 미사용 상태이므로) 액티브나 변경, 스탠바이 리스트에 속하는 각 물리 페이지를 분석한다.

메모리 결합에 부합하는 좋은 후보 페이지는 워킹셋에 속하는 액티브 상태의 비공유 페이지로서 페이징 구조체를 매핑하지 않아야 한다. 후보 페이지는 스탠바이나 변경 상태일 수도 있지만, 이 경우에는 참조 카운터가 0이어야 한다. 기본적으로 시스템은 결합을 위해 사용자 프로세스와 페이지드 풀, 세션 공간이라는 3 유형의 페이지를 식별한다. 여타 페이지 유형은 건너뛴다.

페이지의 CRC를 정확하게 계산하기 위해 시스템은 새로운 시스템 PTE를 사용해 해당 물리 페이지를 시스템 주소에 매핑해야 한다(프로세스 컨텍스트가 호출 스레드와는 거의 다른 경우가 많으므로 이 경우에 유저 모드 주소에 있는 해당 페이지에 접근할 수 없다).

페이지의 CRC는 맞춤형 알고리즘(MiComputeHash64 루틴)으로 이제 계산되고 시스템 PTE는 해제된다(이 페이지는 이제 시스템 주소 공간에서 언매핑된다).

페이지 해시 알고리즘

8바이트 페이지 해시(CRC) 계산에 시스템이 사용하는 알고리즘은 다음과 같다. 두 개의 커다란 64비트 소수를 곱해 그것을 해시 시작 값으로 사용한다. 페이지는 끝부분에서 시작 부분으로 스캔된다. 알고리즘은 각 사이클마다 64바이트를 해싱한다. 페이지로부터 읽혀진 각각의 8바이트는 시작 해시 값에 더해진다. 해시 값은 소수 값만큼(2부터 시작해 3, 5, 7, 13, 71, 19) 오른쪽으로 비트 로테이션을 한다. 한 페이지를 해싱하려면 512번의 메모리 접근 동작(4096/8)이 필요하다.

분류 단계

NUMA 노드에 속하는 페이지의 모든 해시가 성공적으로 계산될 때 알고리즘의 두 번째 부분이 시작된다. 이 단계의 목표는 리스트 내의 각 CRC/PFN 엔트리를 처리해 이들을 전략적 방식으로 구조화한다. 페이지 공유 알고리즘은 프로세스 컨텍스트 전환을 최소화해야 하고, 가능한 한 신속하게 진행해야 한다.

MiProcessCrcList 루틴은 CRC/PFN 리스트를 해시에 따라 정렬을 시작한다(퀵 정렬 알고리즘을 사용한다). 동일한 해시 값을 공유하는 모든 페이지를 추적하고 좀 더 중요하게는 새로이 결합된 페이지를 매핑할 새로운 프로토타입 PTE를 저장하는 데 사용되는 **결합 블록**combine block이라는 추가적인 핵심 데이터 구조체가 사용된다. 새롭게 정렬된 리스트의 각 CRC/PFN는 순서대로 처리된다. 시스템은 현재 해시가 일반 페이지(제로 페이지나 완전히 1로 채워진 페이지) 해시인지, 그리고 이전 또는 다음번의 해시(리스트가 정렬돼 있다는 점을 기억하자)와 같은지를 검사할 필요가 있다. 이런 경우가 아니라면 시스템은 결합 블록이 PCS 구조체 내에 이미 존재하는지 검사한다. 그렇다면 이것은 결합된 페이지가 이전 알고리즘의 실행에서 이미 식별됐거나 시스템의 다른 노드에서 식별됐음을 의미한다. 그렇지 않다면 CRC는 고유한 것이고 해당 페이지는 결합될 수 없었고 알고리즘은 리스트 내의 다음 페이지로 진행함을 의미한다.

발견된 일반 해시가 최초의 값이라면 알고리즘은 새로운 빈 결합 블록(마스터 PFN 용도로 사용된다)을 할당해 이를 실제 페이지 공유 코드(다음 단계)에 의해 사용되는 리스트에 넣는다. 그렇지 않고 해시가 이미 존재했다면(해당 페이지는 마스터 복사본이 아니다) 결합 블록에 대한 참조가 현재 CRC/PFN 엔트리에 더해진다.

이 시점에서 알고리즘은 페이지 공유 알고리즘이 필요로 하는 모든 데이터(마스터 물리 페이지와 그 프로토타입 PTE, 소유자 워킹셋에 의해 구성된 CRC/PFN 엔트리의 리스트, 새로운 공유 페이지의 내용 저장에 필요한 약간의 물리 메모리를 저장하는 데 사용되는 결합 블록의 리스트)의 준비를 마쳤다.

알고리즘은 이제 물리 페이지의 주소(MiCombineIdenticalPages 루틴이 이전에 수행한 초기 검사로 인해 존재할 것이다)를 구해 특정 워킹셋에 속하는 모든 페이지를 저장하는 데 사용되는 데이터 구조체(지금부터 이 구조체를 WS CRC 노드로 부른다)를 탐색한다. 이 구조체가 존재하지 않으면 새로운 것을 할당해 다른 AVL 트리에 넣는다. 해당 페이지의 CRC/PFN와 가상 주소는 WS CRC 노드 내에서 함께 연결된다.

모든 식별된 페이지가 처리된 이후에 시스템은 새로운 마스터 공유 페이지용의 물리 페이지를 할당하고(MDL을 사용해) 각 WS CRC 노드를 처리한다. 성능을 고려해 노드에 위치한 후보 페이지는 자신들의 원래 가상 주소에 따라 정렬된다. 시스템은 이제 실제 페이지 결합을 수행할 준비가 완료됐다.

페이지 결합 단계

페이지 결합 단계는 WS CRC 노드 구조체를 갖고 시작한다. 이 구조체는 특정 워킹셋에 속하고 결합의 후보가 되는 모든 페이지를 포함한다. 또한 이 구조체는 프로토타입 PTE와 실제 공유 페이지 저장에 사용되는 프리 결합 블록의 리스트를 가진다. 알고리즘은 대상 프로세스에 접속attach해 그 워킹셋을 락시킨다(IRQL을 디스패치 레벨로 상승시켜서). 이런 방식으로 알고리즘은 페이지를 재매핑할 필요 없이 각 페이지를 직접 읽고 쓸 수 있다.

알고리즘은 리스트 내의 각 CRC/PFN 엔트리를 처리하지만 디스패치 레벨 IRQL에서 실행하고 실행 시간이 어느 정도 소요되기 때문에 다음 엔트리를 분석하기 전에 해당 프로세서가 자신의 큐에 DPC나 스케줄된 아이템을 갖고 있는지 검사한다 (KeShouldYieldProcessor를 호출해). 검사 결과 존재한다고 하면 알고리즘은 상태를 유지하기 위해 적절한 예방 조치를 취한다.

실제 페이지 공유 전략은 다음과 같은 3가지 시나리오를 예상할 수 있다.

- 페이지가 액티브 상태이고 유효하지만 0만을 포함한다. 따라서 결합을 하기보다는 페이지의 PTE를 요구 제로 PTE로 대체한다. 이것이 일반적인 VirtulAlloc 같은 메모리 할당에 있어서 초기 상태임을 상기해보자.
- 페이지가 액티브 상태이고 유효하지만 0으로 채워지지 않았다. 이는 공유가 필요함을 의미한다. 알고리즘은 페이지가 마스터로 격상돼야 할지를 검사한다. 즉, CRC/PFN 엔트리가 유효한 결합 블록에 대한 포인터를 갖고 있다면 이는 마스터 페이지가 아님을 의미한다. 그렇지 않다면 페이지는 마스터 복사본이다. 마스터 페이지 해시가 다시 검사되고 새로운 물리 페이지가 공유를 위해 할당된다. 그렇지 않다면 이미 존재하는 결합 블록이 사용된다(그리고 그 참조 카운트가 증가한다). 시스템은 이제 전용 페이지를 공유 페이지로 변환할 준비가 됐고 MiConvertPrivateToProto를 호출해 실제 작업을 수행한다.
- 페이지가 변경 리스트나 스탠바이 리스트에 존재한다. 이 경우 페이지는 유효한 페이지로 시스템 주소에 매핑되고 그 해시 값이 다시 계산된다. MiConvert-StandbyToProto 루틴을 사용해 PTE가 공유 페이지에서 프로토타입 페이지로 변환된다는 점만을 제외하면 알고리즘은 이전 시나리오와 동일한 단계를 수행한다.

현재 페이지의 공유가 끝날 때 시스템은 마스터 복사본의 결합 블록을 PCS 구조체에 넣는다. 이 사실은 결합 블록이 각 전용 PTE와 결합된 페이지 간의 링크가 되기 때문에 중요하다.

전용에서 공유 PTE로

`MiConvertPrivateToProto`의 목표는 액티브 상태의 유효한 페이지의 PTE를 변환하는 것이다. 이 루틴이 결합 블록 내의 프로토타입 PTE가 0이라는 것을 탐지하게 되면 마스터 페이지(마스터 공유 프로토타입 PTE와 더불어)가 생성돼야 함을 의미한다. 이 루틴은 이제 프리 물리 페이지를 시스템 주소로 매핑하고, 전용 페이지의 내용을 새로운 공유 페이지로 복사한다. 공유 PTE를 실제로 생성하기 전에 시스템은 페이지 파일 예약(5장의 앞부분에서 설명한 '페이지 파일 예약' 절을 보라)이 존재한다면 이와 공유 페이지의 파일 PFN 디스크립터를 해제해야 한다. 공유 PFN은 프로토타입 비트가 설정돼 있고 PTE 프레임 포인터는 프로토타입 PTE를 포함하고 있는 물리 페이지에 대한 PFN으로 설정돼 있다. 가장 중요한 사항은 이것은 결합 블록 내에 위치한 PTE로 설정된 PTE 포인터를 갖고 있지만 63번째 비트는 0이라는 점이다. 이것은 결합이 이뤄진 페이지에 속하는 PFN임을 시스템에 알려준다.

다음으로 시스템은 전용 페이지의 PTE를 수정해 이들 페이지의 대상 PFN이 공유 물리 페이지로 설정되게 하고, 그 보호 마스크는 쓰기 시 복사로 변경되고, 전용 페이지 PTE가 유효 상태로 표시되게 한다. 결합 블록 내의 프로토타입 PTE는 유효한 하드웨어 PTE로 표시된다. 즉, 그 내용은 전용 페이지의 새로운 PTE와 동일하다. 마지막으로 전용 페이지용으로 할당된 페이지 파일 공간이 해제되고 전용 페이지의 원본 PFN은 삭제됐음으로 표시된다. TLB 캐시가 플러시되고 전용 프로세스 워킹셋 크기가 한 페이지만큼 감소한다.

그렇지 않다면(결합 블록 내의 프로토타입 PTE가 0이 아니다) 이것은 전용 페이지가 마스터 페이지의 복사본임을 의미한다. 전용 페이지의 액티브 PTE만이 변환돼야 한다. 공유 페이지의 PFN은 시스템 주소로 매핑되고 두 페이지의 내용이 비교된다. 이것은 CRC 알고리즘은 일반적인 경우에 고유한 값을 만들지 않기 때문에 중요한 사항이다. 두 페이지가 일치하지 않는다면 이 함수는 처리를 중단하고 복귀한다. 그렇지 않다면 공유 페이지를 언매핑하고 공유 PFN의 페이지 우선순위를 이들 두 페이지보다 높게 설정한다. 그림 5-46은 마스터 페이지만 존재하는 상태를 보여준다.

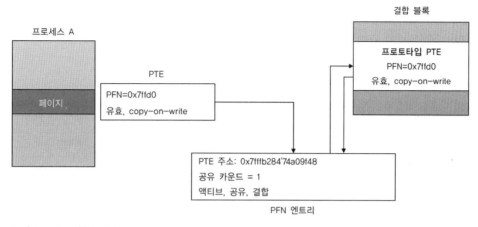

그림 5-46 결합된 마스터 페이지

알고리즘은 이제 프로세스 전용 페이지 테이블에 들어갈 새로운 유효한 소프트웨어 프로토타입 PTE를 계산한다. 알고리즘은 이 작업을 위해 공유 페이지를 매핑하는 하드웨어 PTE의 주소(결합 블록에 위치한다)를 읽어 시프트 연산을 해 프로토타입과 결합 비트를 설정한다. 전용 PFN의 공유 카운트가 1인지에 대한 검사가 이뤄진다. 1이 아니라면 처리는 중단된다. 알고리즘은 새로운 소프트웨어 PTE를 해당 프로세스의 전용 페이지 테이블에 기록하고 이전 전용 PFN의 페이지 테이블에 대한 공유 카운트를 감소시킨다(액티브 PFN은 항상 자신의 페이지 테이블에 대한 포인터를 갖고 있음을 기억하자). 대상 프로세스의 워킹셋 크기가 한 페이지만큼 감소되고 TLB가 플러시된다. 이전 전용 페이지는 트랜지션 상태로 이동하고 그 PFN은 삭제로 표시된다. 그림 5-47은 두 페이지를 보여주는데, 새로운 페이지가 프로토타입 PTE를 가리키고 있지만 아직 유효한 페이지는 아니다.

마지막으로 시스템은 페이지 폴트를 시뮬레이션함으로써 공유 페이지에 대한 워킹셋 정리(트리밍)를 방지하기 위한 한 기법을 사용한다. 공유 PFN의 공유 카운트를 다시 증가시키면 프로세스가 공유 페이지를 읽으려는 시도를 할 시점에는 폴트가 발생하지 않을 것이다. 결과적으로 전용 PTE는 다시 유효한 하드웨어 PTE가 된다. 그림 5-48은 두 번째 페이지에 대한 소프트 페이지 폴트(해당 페이지를 유효한 상태로 만들고 공유 카운트를 증가시키는)에 대한 영향을 보여준다.

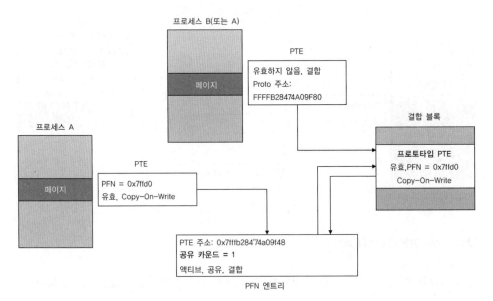

그림 5-47 페이지 폴트 시뮬레이션 이전의 결합 페이지

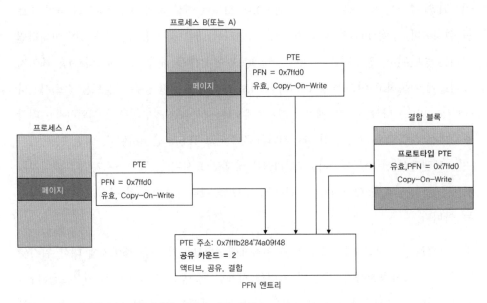

그림 5-48 페이지 폴트 시뮬레이션 이후의 결합 페이지

결합 페이지 해제

시스템은 특정 가상 주소를 해제할 필요가 있을 경우 이 주소를 매핑하는 PTE의 주소를 먼저 찾는다. 결합 페이지를 가리키는 PFN은 프로토타입과 결합 비트가 설정돼 있다. 결합 PFN에 대한 해제 요청은 프로토타입 PFN의 해제와 정확하게 같은 방식으로 관리된다. 시스템이 프로토타입 PFN을 처리한 이후에 `MiDecrementCombinedPte`를 호출하는(결합 비트가 설정돼 있다면) 점이 유일한 차이점이다.

`MiDecrementCombinedPte`는 프로토타입 PTE의 결합 블록에 대한 참조 카운트를 감소시키는 간단한 함수다(이 단계에서 메모리 관리자는 자신이 매핑하던 물리 페이지에 대한 참조를 이미 해제했기 때문에 PTE는 트랜지션 상태임을 상기하자. 물리 페이지의 공유 카운트는 이미 0으로 떨어졌고, 따라서 시스템은 PTE를 트랜지션 상태로 둔다). 참조 카운트가 0이 되면 프로토타입 PTE는 해제되고 물리 페이지는 프리 리스트로 위치하며, 결합 블록은 해당 메모리 파티션의 PCS 구조체에 있는 결합 프리 리스트로 반환된다.

실습: 메모리 결합

이 실습에서 메모리 결합의 효과를 살펴본다. 다음의 과정을 수행하자.

1. VM 타겟으로 커널 디버깅 세션을 시작한다(4장에서 설명한 대로).
2. 이 책의 다운로드 정보를 이용해 MemCombine32.exe(32비트 대상) 또는 MemCombine64.exe(64비트 대상)와 MemCombineTest.exe 실행 파일을 타겟 머신에 복사한다.
3. MemCombineTest.exe를 타겟 머신에서 실행한다. 다음과 같은 화면 모습을 볼 수 있을 것이다.

```
MemCombineTest: Available physical memory = 2591 MB
PID: 1832 (0x728)
Allocated buffers and filled both with same random pattern.
buffer 1: 0x00B80000
buffer 2: 0x00B90000
Press any key to make a change to the first page of the first buffer...
```

4. 보이는 두 주소에 주목하자. 이들은 각 페이지가 동일한 내용을 갖게 반복해 임의로 생성된 바이트 패턴을 갖는 두 버퍼의 주소다.

5. 디버거로 들어가 MemCombineTest 프로세스의 주소를 찾는다.

```
0: kd> !process 0 0 memcombinetest.exe
PROCESS ffffe70a3cb29080
    SessionId: 2  Cid: 0728    Peb: 00d08000 ParentCid: 11c4
    DirBase: c7c95000  ObjectTable: ffff918ede582640  HandleCount:
<Data Not Accessible>
    Image: MemCombineTest.exe
```

6. 찾은 프로세스로 전환한다.

```
0: kd> .process /i /r ffffe70a3cb29080
You need to continue execution (press 'g' <enter>) for the context
to be switched. When the debugger breaks in again, you will be in
the new process context.
0: kd> g
Break instruction exception - code 80000003 (first chance)
nt!DbgBreakPointWithStatus:
fffff801'94b691c0 cc                int       3
```

7. !pte 명령을 사용해 두 버퍼가 저장돼 있는 PFN을 찾는다.

```
0: kd> !pte b80000
                              VA 0000000000b80000
PXE at FFFFA25128944000      PPE at FFFFA25128800000 PDE at
FFFFA25100000028            PTE at FFFFA20000005C00
contains 00C0000025BAC867  contains 0FF00000CAA2D867   contains
00F000003B22F867 contains   B9200000DEDFB867
pfn 25bac  ---DA--UWEV  pfn caa2d  ---DA--UWEV  pfn 3b22f  ---DA--
UWEV   pfn dedfb       ---DA--UW-V
```

```
0: kd> !pte b90000
                                   VA 0000000000b90000
PXE at FFFFA25128944000     PPE at FFFFA25128800000 PDE at
FFFFA25100000028            PTE at FFFFA20000005C80
contains 00C0000025BAC867   contains 0FF00000CAA2D867 contains
00F000003B22F867   contains B9300000F59FD867
pfn 25bac  ---DA--UWEV pfn caa2d ---DA--UWEV  pfn 3b22f ---DA--
UWEV   pfn f59fd        ---DA--UW-V
```

8. PFN 값이 상이함에 주목하자. 이는 이들 페이지가 서로 다른 물리 주소
   에 매핑돼 있음을 의미한다. 타겟 머신을 다시 실행한다.

9. 타겟 머신에서 상승된 권한의 명령 창을 열고 MemCombine(32/64)를 복
   사한 디렉터리로 이동해 이를 실행한다. 이 툴은 실행에 몇 초 정도가
   소요되는 전체 메모리 결합을 강제한다.

10. 완료되면 디버거로 다시 들어가자. 6단계와 7단계를 다시 수행한다.
    PFN에 변화가 있음을 볼 수 있다.

```
0: kd> !pte b80000
                                   VA 0000000000b80000
PXE at FFFFA25128944000     PPE at FFFFA25128800000 PDE at
FFFFA25100000028            PTE at FFFFA20000005C00
contains 00C0000025BAC867   contains 0FF00000CAA2D867   contains
00F000003B22F867   contains B9300000EA886225
pfn 25bac  ---DA--UWEV pfn caa2d   ---DA--UWEV   pfn 3b22f ---DA--
UWEV pfn ea886      C---A--UR-V

1: kd> !pte b90000
                                   VA 0000000000b90000
PXE at FFFFA25128944000     PPE at FFFFA25128800000 PDE at
FFFFA25100000028            PTE at FFFFA20000005C80
contains 00C0000025BAC867   contains 0FF00000CAA2D867   contains
00F000003B22F867   contains BA600000EA886225
```

```
pfn 25bac  ---DA--UWEV pfn caa2d  ---DA--UWEV  pfn 3b22f  ---DA--
UWEV pfn ea886    C---A--UR-V
```

11. PFN 값이 동일함에 주목하자. 이는 페이지가 RAM 내의 정확하게 같은 주소에 매핑됨을 의미한다. PFN의 C 플래그가 쓰기 시 복사를 나타내는 부분도 주목할 만하다.

12. 타겟 머신을 재개하고 MemCombineTest 창에서 아무 키나 누르자. 이는 첫 번째 버퍼의 한 바이트를 변경하게 한다.

13. 다시 타겟 머신으로 들어가서 6단계와 7단계를 수행한다.

```
1: kd> !pte b80000
                                          VA 0000000000b80000
PXE at FFFFA25128944000      PPE at FFFFA25128800000 PDE at
FFFFA25100000028            PTE at FFFFA20000005C00
contains 00C0000025BAC867    contains 0FF00000CAA2D867    contains
00F000003B22F867   contains B9300000813C4867
pfn 25bac  ---DA--UWEV pfn caa2d   ---DA--UWEV  pfn 3b22f  ---DA--
UWEV pfn 813c4    ---DA--UW-V

1: kd> !pte b90000
                                          VA 0000000000b90000
PXE at FFFFA25128944000      PPE at FFFFA25128800000 PDE at
FFFFA25100000028            PTE at FFFFA20000005C80
contains 00C0000025BAC867    contains 0FF00000CAA2D867    contains
00F000003B22F867   contains BA600000EA886225
pfn 25bac  ---DA--UWEV pfn caa2d   ---DA--UWEV  pfn 3b22f  ---DA--
UWEV pfn ea886    C---A--UR-V
```

14. 첫 번째 버피에 대한 PFN은 변경이 돼 쓰기 시 복사 플래그가 제거됐다. 페이지도 변경돼 RAM 내의 다른 주소로 재배치됐다.

메모리 엔클레이브

프로세스에서 실행하는 스레드는 프로세스 전체 주소(변경 가능한 페이지 보호 속성에 따라 결정된다)에 접근한다. 이는 대부분의 경우 바람직한 상황이지만 악의적인 코드가 자신을 프로세스 내로 인젝션한다면 이는 스레드와 동일한 힘을 갖게 돼 민감한 정보를 갖는 페이지를 자유롭게 읽어 심지어 변경까지 할 수도 있다.

인텔은 보호 메모리 엔클레이브^{protected memory enclaves}(엔클레이브 외부에서 실행되는 코드로부터 CPU에 의해 자신의 코드와 데이터가 보호되는 프로세스 주소 공간 내의 안전한 지역)을 만들어주는 소프트웨어 가드 확장^{Software Guard Extensions}으로 불리는 기술을 개발했다. 반대로 엔클레이브 내부에서 실행하는 코드는 엔클레이브 외부의 프로세스 주소 공간을 맘대로 접근할 수 있다. 이 보호는 다른 프로세스와 심지어 커널 모드에서 실행하는 코드에 의한 접근까지로 확장된다. 그림 5-49에 메모리 엔클레이브에 대한 간략한 다이어그램이 보인다.

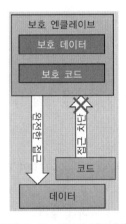

그림 5-49 메모리 엔클레이브

인텔 SGX는 6세대 코어 프로세서('스카이레이크^{Skylake}')와 그 후속 세대에서 지원된다. 인텔은 윈도우 7과 후속하는 시스템(64비트만 해당)에서 사용될 수 있는 애플리케이션 개발자를 위한 독자적인 SDK를 가진다. 윈도우 10 버전 1511과 서버 2016부터 시작해 윈도우는 인텔의 SDK를 사용할 필요가 없이 윈도우 API 함수를 사용해 추상화를 제공한다. 여타 CPU 벤더도 향후에 유사한 해결책을 고안할 것이다. 이들 방법도 또한 동일한 API로 래핑돼 엔클레이브를 생성하고 이용하기 위한 비교적 이식 가능한 계층을 애플리케이션 개발자에게 제공할 것이다.

> 모든 6세대 코어 프로세서가 SGX를 지원하지는 않는다. 또한 SGX가 동작하려면 적절한 BIOS 업데이트가 시스템에 설치돼야 한다. 추가적인 정보는 인텔의 SGX 문서를 참고하라. 인텔 SGX 웹사이트는 https://software.intel.com/en-us/sgx이다.

> 이 책의 집필 당시에 인텔은 두 버전의 SGX(버전 1.0과 2.0)를 발표했다. 윈도우는 현재 버전 1.0만 지원한다. 그 차이점은 이 책의 범위를 벗어난다. 추가적인 정보는 SGX 문서를 참고하라.

> 현재 SGX 버전은 링 0(커널 모드)에서 엔클레이브를 지원하지 않는다. 단지 링 3(유저 모드)의 엔클레이브만 지원된다.

프로그램 인터페이스

애플리케이션 개발자 관점에서 엔클레이브를 생성하고 이와 작업하는 것은 다음과 같은 단계를 포함한다(내부적인 상세한 부분은 다음 절에서 설명한다).

1. 프로그램은 먼저 IsEnclaveTypeSupported(현재는 ENCLAVE_TYPE_SGX만 가능한 엔클레이브 기술을 나타내는 한 값을 전달해야 한다)를 호출해 메모리 엔클레이브가 지원되는지의 여부를 결정해야 한다.

2. VirtualAllocEx과 인자가 유사한 CreateEnclave 함수를 호출해 새로운 엔클레이브를 생성한다. 예를 들어 호출자 프로세스가 아닌 다른 프로세서에 엔클레이브를 생성할 수 있다. 이 함수의 복잡함은 벤더 특정적인 구성 구조체를 제공해야 한다는 것이다. 즉, 인텔의 경우 마이크로소프트가 명시적으로 정의하지 않은 SGX 엔클레이브 제어 구조체[SECS]로 불리는 4KB 데이터 구조체를 제공해

744

야 한다. 개발자는 문서에 정의되고 사용되는 특정 기술에 기반을 두고 자신만의 구조체를 만들어야 한다.

3. 빈 엔클레이브가 생성되고 나면 다음 단계는 엔클레이브 외부로부터 코드와 데이터를 엔클레이브에 거주시키는 작업이다. 데이터를 엔클레이브에 복사할 때 엔클레이브 외부 메모리가 사용되는 LoadEnclaveData를 호출해 이 작업을 수행한다. 엔클레이브 거주 작업에는 LoadEnclaveData를 여러 번 호출할 수도 있다.

4. 엔클레이브를 구동시키는 데 필요한 마지막 단계는 InitializeEnclave 함수에 의해 이뤄진다. 이 시점에서 엔클레이브 내에서 실행되게 구성된 코드는 실행을 시작할 수 있다.

5. 불행히도 엔클레이브 내의 코드를 실행하는 작업은 API로 래핑돼 있지 않다. 어셈블리 언어의 직접적인 사용이 필요한 부분이다. EENTER 명령어는 실행을 엔클레이브로 옮기고, EEXIT 명령어는 호출 함수로 복귀하게 한다. 폴트로 인한 것처럼 비동기 엔클레이브 종료Asynchronous Enclave Exit로 엔클레이브를 비정상 종료시킬 수 있다. 이들은 윈도우 특정적이지 않기 때문에 정확한 세부적 사항은 이 책의 범위를 벗어난다. 세부적 사항은 SGX 문서를 참고하라.

6. 마지막으로 엔클레이브 해제는 CreateEnclave에서 구한 엔클레이브에 대한 포인터에 대해 VirtualFree(Ex) 함수를 사용하면 된다.

메모리 엔클레이브 초기화

부팅 과정에서 Winload(윈도우 부트 로더)는 CPUID 명령어를 사용해 SGX가 지원되는지의 여부를 먼저 검사하는 OslEnumerateEnclavePageRegions를 호출한다. 지원이 된다면 이 함수는 엔클레이브 페이지 캐시Enclave Page Cache 디스크립터를 열거하는 명령을 내린다. EPC는 엔클레이브를 생성하고 사용하기 위해 프로세서에 의해 제공되는 보호 메모리다. 각 열거된 EPC에 대해 OslEnumerateEnclavePageRegions는 BlMmAdd-EnclavePageRange를 호출해 LoaderEnclaveMemory 유형의 값을 가진 페이지 범위 정보를 정렬된 메모리 디스크립터 리스트에 추가한다. 이 리스트는 최종적으로 부트 로더에서 커널로 정보를 전달하는 데 사용되는 LOADER_PARAMETER_BLOCK 구조체의 MemoryDescriptorListHead 멤버에 저장된다.

1단계의 초기화 동안에 메모리 관리자 루틴 MiCreateEnclaveRegions가 호출돼 발견된 엔클레이브 영역을 위한 AVL 트리(필요시에 빠른 탐색이 가능하게)를 생성한다. 이 트리 는 MiState.Hardrware.EnclaveRegions 데이터 멤버에 저장된다. 커널은 새로운 엔클 레이브 페이지 리스트를 추가하고 MiInsertPageInFreeOrZeroedList로 전달된 특수 한 플래그는 새로운 이 리스트를 사용하게 한다. 하지만 메모리 관리자는 실제로 리스 트 식별자와는 무관하게 실행하므로(최대 8가지 값을 나타내는 데 3비트가 사용된다. 모두 가 사용되고 있다), 커널은 이들 페이지를 인 페이지 오류로 인한 '배드' 페이지로 식별한 다. 메모리 관리자는 배드 페이지 사용에 대해 전혀 모르고 엔클레이브 페이지를 배드 페이지로 식별하는 한 일반적인 메모리 관리 동작에 의해 사용되는 것을 막아준다. 따 라서 이런 페이지는 결국 배드 페이지 리스트로 들어가게 된다.

엔클레이브 구축

CreateEnclave API는 커널에서의 NtCreateEnclave 호출로 마무리된다. 앞서 언급했 듯이 표 5-24에서 보다시피 인텔 SGX에 의해 문서화된 SECS 구조체가 전달돼야 한다.

NtCreateEnclave는 먼저 AVL 트리의 루트를 살펴봄으로써(좀 더 느린 CPUID 명령어를 사용하지 않고서) 메모리 엔클레이브가 지원되는지를 먼저 검사한다. 이 함수는 전달된 구조체의 복사본을 만들고(유저 모드로부터 데이터를 구하는 커널 함수처럼 통상적으로) 호출자가 아닌 다른 프로세스에 엔클레이브가 생성돼야 한다면 대상 프로세스에 연결한 다(KeStackAttachProcess). 그리고 나서 제어를 MiCreateEnclave로 넘겨 실제 작업을 시삭하게 한다.

표 5-24 SECS 구조체 배치

필드	오프셋(바이트)	크기(바이트)	설명
SIZE	0	8	바이트 단위의 엔클레이브 크기. 2의 제곱 값이라야 한다.
BASEADDR	8	8	엔클레이브 베이스 선형 주소는 크기에 따라 자연스럽게 정렬돼야 한다.
SSAFRAMESIZE	16	4	페이지 단위의 한 SSA 프레임의 크기(XSAVE와 패딩, GPR, 그리고 조건적으로 MISC를 포함해)
MRSIGNER	128	32	엔클레이브를 검증한 공개 키로 확장된 측정 레지스터. 적절한 포맷은 SIGSTRUCT을 보라.
RESERVED	160	96	
ISVPRODID	256	2	엔클레이브의 제품 ID
ISVSVN	256	2	엔클레이브의 보안 버전 번호(SVN)
EID	구현에 의존	8	엔클레이브 식별자
PADDING	구현에 의존	352	서명으로부터 받은 패딩 패턴(키 추출 문자열에 사용된다)
RESERVED	260	3836	EID와 그 밖의 넌제로 예약 필드, 반드시 0이어야 하는 필드를 포함한다.

MiCreateEnclave는 먼저 주소 윈도잉 확장[AWE] 정보 구조체(AWE API 또한 사용하는)를 할당한다. AWE 기능과 유사하므로 이 구조체는 엔클레이브로 하여금 유저 모드 애플리케이션이 직접 물리 페이지를 접근할 수 있게 해준다(즉, 이들 물리 페이지는 앞서 언급한 탐지에 기반을 둔 EPC 페이지다). 유저 모드 애플리케이션이 물리 페이지에 대해 이런 직접적인 제어를 가질 때마다 AWE 데이터 구조체와 락이 반드시 사용돼야 한다. 이 데이터 구조체는 EPROCESS 구조체의 AweInfo 필드에 저장돼 있다.

다음으로 MiCreateEnclave는 MiAllocateEnclaveVad를 호출해 엔클레이브 가상 메모리 범위를 기술하는 엔클레이브 유형의 VAD를 할당한다. 이 VAD는 VadAwd 플래그(AWE VAD처럼)와 실제 AWE VAD와 자신을 구별하기 위한 추가적인 Enclave 플래그도 가진다. 마지막으로 VAD 할당의 일부로서 여기가 바로 엔클레이브 메모리에 대한 유저 모드 주소가 선정되는 시점이기도 하다(최초의 CreateEnclave 호출 시에 명시적으로 지정돼 있지 않았다면).

MiCreateEnclave에서의 다음 단계는 엔크레이브 크기나 초기 커밋 여부에 관계없이 엔클레이브 페이지를 획득하는 것이다. 이것은 인텔의 SGX 문서에 기술된 사항에 따라 모든 엔클레이브는 자신과 연관될 적어도 한 페이지 크기의 제어 구조체를 필요로 하기 때문이다. MiGetEnclavePage는 필요한 할당을 구하는 데 사용된다. 이 함수는 앞서 설명한 엔클레이브 페이지 리스트를 스캔해 필요에 따라 페이지를 추출한다. 반환된 페이지는 엔클레이브 VAD의 일부로 저장돼 있는 시스템 PTE를 사용해 매핑된다. MiInitializeEnclavePfn 함수는 관련된 PFN 데이터 구조체를 설정하고 이를 Modified와 ActiveAndValid로 표시한다.

이 엔클레이브 PFN과 여타 액티브 메모리 영역(넌페이지드 풀과 같은)을 구분할 수 있는 실제적 비트가 존재하지 않는다. 여기가 바로 엔클레이브 영역 AVL 트리가 역할을 할 시점이다. MI_PFN_IS_ENCLAVE는 PFN이 실제로 EPC 영역을 기술하는지를 검사할 필요가 있을 때마다 커널이 사용하는 함수다.

PFN이 초기화되고 나면 시스템 PTE는 이제 최종적인 전역 커널 PTE로 변환되고 그 결과물인 가상 주소가 계산된다. MiCreateEnclave의 마지막 단계는 KeCreateEnclave를 호출하는 것이다. 이 함수는 실제 SGX 하드웨어 구현과의 통신을 포함한 저수준의 커널 엔클레이브 생성 단계를 진행한다. KeCreateEnclave가 책임지고 있는 한 가지 작업은 호출자가 명시하지 않았다면 SECS 구조체에 의해 필요로 하는 베이스 주소를 채우는 것이다. 엔클레이브 생성을 위해 SGX 하드웨어와 통신하기 전에 이 주소는 SECS 구조체 내에 설정돼 있어야 하기 때문이다.

엔클레이브로 데이터 로드

엔클레이브 생성이 이뤄지면 엔클레이브 내로 정보를 로드할 차례다. LoadEnclaveData

함수는 이런 목적으로 공개돼 있다. 이 함수는 요청을 하부의 익스큐티브 함수인 NtLoadEnclaveData로 전달하는 역할만 한다. 이 함수는 VirtualAlloc 속성(페이지 보호 같은)과 메모리 복사 동작을 조합한 형태의 함수다.

CreateEnclave로 생성된 엔클레이브가 아직 커밋된 엔클레이브 페이지를 전혀 갖고 있지 않다면 이들 페이지를 먼저 구해야 한다. 이 결과로 0으로 채워진 메모리가 엔클레이브가 추가된 다음에 엔클레이브 외부로부터 넌제로 메모리가 추가된다. 그렇지 않고 처음에 예비 커밋 초기화 크기가 전달됐다면 엔클레이브의 페이지는 엔클레이브 외부로부터 바로 넌제로 메모리로 채워진다.

엔클레이브 메모리는 VAD에 의해 기술되므로 전통적인 메모리 관리 함수의 다수는 이 메모리에 대해서도 역시 잘 동작할 것이다(적어도 부분적으로). 예를 들어 이런 주소에 대해 MEM_COMMIT 플래그를 가진 VirtualAlloc를 호출하면(내부적으로 NtAllocate-VirtualMemory으로 이어진다) MiCommitEnclavePages의 호출로 이어지고, 이 함수는 새로운 페이지에 대한 보호 마스크가 호환 가능한지(즉, 특별한 캐싱 기능이나 쓰기 조합 플래그가 없는 읽기와 쓰기, 실행의 조합)를 검사하고 MiAddPagesToEnclave를 호출한다. 이때 주소 범위와 연관된 엔클레이브 VAD에 대한 포인터와 VirtualAlloc에 명시된 보호 마스크, 커밋되고 있는 가상 주소에 대응하는 PTE 주소를 전달한다.

MiAddPagesToEnclave는 엔클레이브 VAD가 자신과 연관된 기존 EPC 페이지를 갖고 있는지와 커밋을 충족할 충분한 EPC 페이지가 존재하는지를 먼저 검사한다. 그렇지 않다면 MiReserveEnclavePages가 호출돼 충분한 양을 구한다. MiReserveEnclave-Pages는 현재 엔클레이브 페이지 리스트를 살펴보고 총 개수를 구한다. 프로세서에 의해 제공되는 충분한 물리적 EPC 페이지가 존재하지 않는다면(부트 시점에 구한 정보에 기반) 이 함수는 실패한다. 그렇지 않다면 이 함수는 필요한 양의 페이지를 구하는 루프 내에서 MiGetEnclavePage를 호출한다.

구해진 각 PFN 엔트리는 엔클레이브 VAD 내의 PFN 배열에 연결된다. 이것은 엔클레이브 PFN이 엔클레이브 페이지 리스트로부터 일단 제거돼 액티브 상태로 진입하고 나면 해당 엔클레이브 VAD는 액티브 엔클레이브 PFN의 리스트처럼 동작한다는 것을 의미한다.

필요한 커밋 페이지가 구해지고 나면 MiAddPagesToEnclave는 LoadEnclaveData에 전달된 페이지 보호를 SGX에 상응하는 값으로 변환한다. 그런 다음에 이 함수는 요구된 각 EPC 페이지에 대한 페이징 정보를 보관할 적절한 시스템 PTE 개수를 예약한다. 이 정보가 있다면 이 함수는 최종적으로 KeAddEnclavePage를 호출한다. 이 함수는 실제 페이지 추가 작업을 수행하는 SGX 하드웨어를 호출한다.

SGX에 의해 정의된 스레드 제어 구조체[TCS, Thread Control Structure] 용도의 메모리임을 표시하는 PAGE_ENCLAVE_THREAD_CONTROL 페이지 보호 속성은 조금은 특별하다. 각 TCS는 엔클레이브 내에서 독립적으로 실행할 수 있는 다른 스레드를 나타낸다.

NtLoadEnclaveData는 인자의 유효성을 검사하고 MiCopyPagesIntoEnclave를 호출해 실제 작업을 수행한다. 이 작업에서 앞서 기술한 것처럼 커밋 페이지를 구할 필요가 있을 수도 있다.

엔클레이브 초기화

엔클레이브가 생성됐고 데이터가 엔클레이브로 전송됐으므로 엔클레이브 내의 실제 코드가 실행할 수 있기 전에 수행해야 할 마지막 단계가 있다. InitializeEnclave를 호출해 실행을 시작하기 전에 엔클레이브가 마지막 단계에 있음을 SGX에게 통지해야 한다. InitializeEnclave는 SGX 한정적인 두 개의 구조체를 필요로 한다(SIGSTRUCT와 EINITTOKEN, 세부 사항은 SGX 문서를 보라).

InitializeEnclave에 의해 호출된 익스큐티브 함수 NtInitializeEnclave는 일부 인자 검증을 수행하고 구해진 엔클레이브 VAD가 올바른 속성을 갖고 있는지와 SGX 하드웨어로 전달되는 구조체를 확인한다. 엔클레이브는 단 한 번만 초기화가 이뤄진다는 점에 유의하자.

마지막 단계는 인텔 어셈블리 명령어 EENTER를 사용해 코드 실행을 시작하는 것이다(세부적 사항은 SGX 문서를 보라).

선행적 메모리 관리(슈퍼패치)

운영체제에서 전통적인 메모리 관리는 지금까지 살펴본 것처럼 페이지 폴트가 일어났을 때 디스크 I/O를 최적화하기 위해 클러스터링이나 프리패칭 등을 선재적으로 이용하는 페이지 요구 모델Demand-Paging Model에 초점이 맞춰져 있었다. 그러나 윈도우 클라이언트 버전에서는 슈퍼패치의 구현으로 물리 메모리 관리의 획기적인 개선을 가져왔다. 이 메모리 관리 방법은 파일 접근 이력Historical 정보와 선행적인Proactive 메모리 관리 방법을 사용해 최근에 가장 적은least-recently 액세스 기법을 향상시킨 것이다.

이전 윈도우 버전의 스탠바이 리스트 관리는 두 가지 제약점을 갖고 있었다. 첫째, 페이지의 우선순위를 매길 때 프로세스의 가장 최근 행위에만 의존하고 프로세스의 미래 메모리 요구 사항을 예상하지 않는다. 둘째, 우선순위를 매길 때 사용되는 데이터는 주어진 특정 시간대의 프로세스에 소속된 페이지 리스트만으로 제한된다. 이런 결점은 메모리 집중적인 시스템 애플리케이션이 동작하는 잠깐 동안(안티바이러스 스캔이나 디스크 조각모음 같은 작업이 수행될 때) 컴퓨터는 이들 리스트 관리에 손을 놓는 상태가 돼 이후에 대화식 애플리케이션의 사용(또는 실행)을 느려지게 하는 원인이 된다. 사용자가 고의적으로 데이터나 메모리 집중적인 애플리케이션을 실행시키면 동일한 상황이 발생할 수 있어 다른 프로그램으로 돌아가려고 하면 반응이 심각하게 느려진다.

메모리 집중적인 애플리케이션은 활성화된 애플리케이션이 메모리로 캐시했던 코드와 데이터를 메모리 집중적인 동작에 의해 덮어씀으로써 이런 성능 하락을 가져온다. 애플리케이션은 자신의 데이터와 코드를 디스크로부터 읽어 와야 하므로 느리게 수행된다. 윈도우 클라이언트 버전은 슈퍼패치를 이용해 이런 제한을 많이 해결했다.

컴포넌트

슈퍼패치는 메모리를 선행적으로 관리하기 위해 서로 협업하며, 슈퍼패치가 자신의 작업을 수행 중일 때 사용자 행위에 미치는 영향을 제한하는 시스템의 여러 컴포넌트로 구성된다. 이런 컴포넌트들은 다음과 같다.

- **트레이서(Tracer)** 트레이서 메커니즘은 슈퍼패치가 자세한 페이지 사용량이나 세션, 프로세스 관련 정보를 어느 때건 질의할 수 있게 해주는 커널 컴포넌트(Pf)의 일부분이다. 또한 슈퍼패치는 FileInfo 미니 필터 드라이버(%SystemRoot%\System32\Drivers\Fileinfo.sys)를 사용해 파일 사용을 추적한다.

- **트레이스 콜렉터(Collector)와 프로세서** 이 콜렉터는 획득된 추적 데이터에 기반을 둔 가공하지 않은 로그를 제공하기 위해 트레이싱 컴포넌트와 협업한다. 이 추적 데이터는 메모리상에 보관돼 프로세서에 넘겨진다. 그러면 프로세서는 추적 데이터 내의 로그 엔트리를 에이전트로 전달한다. 에이전트는 히스토리 파일(바로 다음에 설명한다)을 메모리에 관리하다가 서비스가 종료될 때(리부팅 같은) 디스크에 저장한다.

- **에이전트** 슈퍼패치는 가상 오프셋을 추적하는 페이지 액세스 정보를 히스토리 파일 내에 보관한다. 에이전트는 다음과 같은 속성에 따라 페이지를 나눈다.
  - 사용자가 활성화된 동안 접근한 페이지
  - 포어그라운드 프로세스가 접근한 페이지
  - 사용자가 활성화된 동안 하드 폴트
  - 애플리케이션이 시작하는 동안 접근한 페이지
  - 사용자가 오랫동안 유휴 상태에서 돌아온 후 접근한 페이지

- **시나리오 관리자** 컨텍스트 에이전트^{context agent}로 불리는 이 컴포넌트는 절전 모드^{Hibernation}, 스탠바이 모드, 빠른 사용자 전환^{Fast-user switching}의 세 가지 슈퍼패치 시나리오 계획을 관리한다. 시나리오 관리자의 커널 모드 부분에서는 시나리오의 초기화와 종료, 현재 시나리오의 상태 관리, 추적 정보와 시나리오의 연동 등을 수행하는 API를 제공한다.

- **리밸런서(Rebalancer)** 현재 시스템 상태(우선순위가 매겨진 페이지 리스트 상태 같은)뿐만 아니라 슈퍼패치 에이전트가 제공하는 정보를 기반으로 슈퍼패치의 유저 모드 서비스에 위치한 특수 에이전트인 리밸런서는 PFN 데이터베이스를 질의해 각 페이지와 연관된 점수를 기반으로 우선순위를 다시 매겨 스탠바이 리스트를 재구성한다. 또한 리밸런서는 시스템의 프로세스 워킹셋을 수정하게

끔 메모리 관리자에게 명령을 내릴 수 있다. 그리고 리밸런서만이 실제 시스템에 조치를 취하는 유일한 에이전트며, 다른 에이전트들은 리밸런서의 결정을 돕기 위해 단순히 정보를 필터링하기만 한다. 우선순위를 재구성하는 것 이외에 리밸런서는 유용한 페이지를 메모리로 미리 로드하기 위해 FileInfo와 커널 서비스를 사용하는 프리패처 스레드를 통해 프리패칭을 초기화한다.

이 모든 컴포넌트는 PFN 데이터베이스 내에 있는 각 페이지 상태와 각 페이지 리스트, 우선순위 리스트의 현재 페이지 개수 등에 대한 자세한 정보를 질의하기 위해 메모리 관리자 내부의 기능을 사용한다. 그림 5-50은 슈퍼패치의 여러 컴포넌트 간의 구조에 대한 다이어그램을 보여준다. 또한 슈퍼패치 컴포넌트는 사용자에 영향을 최소로 주기 위해 우선순위화된 I/O(I/O 우선순위에 대한 자세한 정보는 2권의 8장을 참고하라)를 사용한다.

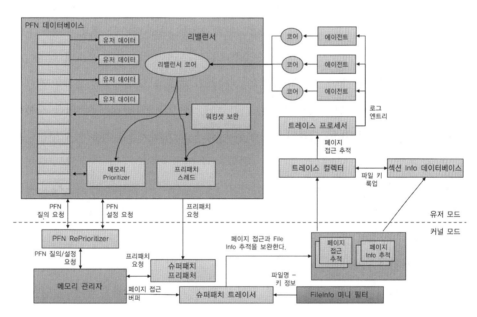

그림 5-50 슈퍼패치 구조 다이어그램

트레이싱과 로깅

슈퍼패치는 가공되지 않은 추적 데이터와 로그를 통합하기도 하고 파싱하고, 후처리를 한 정보에 기반을 두고 대부분의 결정을 내린다. 이는 추적과 로그 컴포넌트가 다른 컴포넌트에 비해 가장 중요한 이유이기도 하다. 트레이싱은 어떤 면에서 ETW와 유사한데, 이벤트를 발생하기 위해 시스템 전역에 걸친 코드 내의 트리거^{Trigger}를 사용할 뿐만 아니라 파워 관리자 통지, 프로세스 콜백, 파일 시스템 필터링 같이 시스템에서 이미 제공되는 기능들과 결합해 동작하기 때문이다. 또한 트레이서는 새로운 워킹셋 에이징 메커니즘과 슈퍼패치를 위해 구현된 접근 추적 기능뿐만 아니라 메모리 관리자에 존재하는 전통적인 페이지 에이징^{Aging} 메커니즘도 사용한다.

슈퍼패치는 트레이싱 기능이 항상 동작하게 유지하고 시스템으로부터 데이터(메모리 관리자의 접근 비트 추적과 워킹셋 에이징을 통해 페이지의 사용량과 접근을 추적한 데이터)를 계속해서 질의한다. 파일 관련 정보를 추적하기 위해 슈퍼패치는 FileInfo 드라이버를 기존 필터링 기능에 추가해 기능을 향상시킨다. 이 파일 관련 정보는 캐시 내의 파일 데이터에 대한 우선순위를 정하는 데 사용되므로 페이지 사용량만큼 중요한 정보다(필터 드라이버에 대한 자세한 설명은 6장을 참고하라). 이 드라이버는 파일 시스템 디바이스 스택에 위치해 파일에 대한 스트림 레벨의 액세스와 변경을 모니터링함으로써(NTFS에서의 데이터 스트림에 대한 자세한 정보는 2권의 13장을 보라) 파일 접근에 대한 자세한 이해를 제공한다. FileInfo 드라이버의 주된 작업은 스트림(고유한 키에 의해 구분되며, 현재는 각 파일 객체의 FsContext 필드로 구현되는)과 파일명을 연동해 유저 모드 슈퍼패치 서비스가 메모리 맵 섹션에 속하는 스탠바이 리스트 내의 페이지와 연관된 특정 파일 스트림과 오프셋을 구분할 수 있게 한다. 이 드라이버는 또한 락된 파일이나 다른 파일 시스템 상태에 방해받는 일 없이 파일 데이터를 투명하게 프리패칭할 수 있는 인터페이스를 제공한다. 드라이버의 나머지 부분은 삭제, 이름 변경, 잘라내기, 시퀀스 번호로 구현된 파일 키의 재사용 등을 추적해 정보가 일관성 있게 보장하는 일을 수행한다.

트레이싱 동안에 언제라도 페이지를 다른 용도로 활용하기 위해 리밸런서가 호출될 수도 있다. 이런 결정은 워킹셋 내의 메모리 분포와 제로 페이지 리스트, 변경 페이지 리스트, 스탠바이 페이지 리스트, 폴트 수, PTE 접근 비트 상태, 페이지별 사용 내역, 현재 가상 메모리 소비량, 워킹셋 크기 같은 정보를 분석해 이뤄진다.

트레이스 정보는 트레이서가 프로세스에 의해 접근되는 페이지를 추적하는(접근 비트를 이용해) 페이지 접근 추적 정보이거나(파일 페이지와 전용 메모리 둘 다) 디스크상의 실제 파일에 대한 파일명과 파일 키 간의 매핑 갱신을 감시하는 이름 로깅 추적 정보일 수 있다. 이들 추적 정보는 슈퍼패치가 파일 객체와 관련된 페이지를 매핑하게 해준다.

슈퍼패치의 추적이 오직 페이지 접근에 대한 것일지라도 슈퍼패치 서비스는 유저 모드에서 이 추적 정보를 처리하고 자신만의 더 풍부한 정보(예를 들어 페이지가 어디로부터 로드됐는지(상주 메모리인지 하드 페이지 폴트인지), 이것이 페이지에 대한 최초 액세스인지 아닌지, 페이지 액세스에 대한 비율이 실제로 어떻게 되는지 등)를 추가해 정보를 좀 더 깊이 있게 만든다. 각각의 추적 페이지가 마지막으로 참조된 최근 시나리오에 관한 정보뿐만 아니라 시스템 상태 같은 추가 정보도 보관된다. 생성된 추적 정보는 로거에 의해 데이터 구조체 형태로 메모리에 저장된다. 이때 데이터 구조체는 페이지 접근 추적일 경우 가상 주소와 워킹셋으로 이뤄진 쌍을 식별할 수 있고, 이름 로깅 추적일 경우 파일과 오프셋으로 이뤄진 쌍을 식별할 수 있는 형태다. 따라서 슈퍼패치는 프로세스의 어떤 가상 주소 영역이 페이지 관련 이벤트를 갖는지, 파일의 어느 오프셋 범위에서 유사한 이벤트를 갖는지 추적할 수 있다.

시나리오

슈퍼패치의 주된 작업인 페이지에 대한 우선순위 재구성과 프리패칭 메커니즘(다음 절에서 더 자세하게 설명한다) 이외에 슈퍼패치는 사용성을 향상시키기 위해 다음과 같은 머신의 특수한 동작인 시나리오를 지원한다.

- **하이버네이션** 목적은 기존 워킹셋 페이지 이외에 하이버네이션 파일에 저장할 페이지를 지능적으로 결정하는 것이다. 기본 개념은 시스템이 재개된 이후에 반응하게 될 때까지 걸리는 시간을 최소화하는 것이다.
- **스탠바이** 목적은 재개된 이후에 하드 폴트를 완전하게 제거하는 것이다. 일반적인 시스템은 2초 이내로 재개될 수 있지만 긴 대기long sleep 이후 하드 드라이

브를 다시 구동하기 위해 5초가 걸릴 수 있기 때문에 단 한 번의 하드 폴트가 재개 사이클에서 이런 지연을 초래할 수 있다. 슈퍼패치는 이런 문제를 제거하기 위해 스탠바이 이후 필요한 페이지에 우선순위를 매긴다.

- **빠른 사용자 전환** 목적은 각 사용자 메모리에 대한 이해와 정확한 우선순위를 관리하는 것이다. 이런 방식으로 다른 사용자로 전환 시 사용자 세션을 즉시 사용 가능하게 만들고 폴트가 발생한 페이지를 가져오는 데 많은 지체 시간을 요구하지 않게 한다.

이들 시나리오는 각기 다른 목적을 갖지만 하드 폴트를 제거하고 최소화한다는 주목적에 모두 집중돼 있다.

시나리오는 하드코딩돼 있으며, 슈퍼패치는 시스템의 상태를 제어하는 `NtSetSystem-Information`과 `NtQuerySystemInformation` API를 이용해 이들을 관리한다. 슈퍼패치를 위한 특별한 정보 클래스인 `SystemSuperFetchInformation`이 커널 모드 컴포넌트를 제어하기 위해 사용되고, 시나리오에 대한 시작과 종료, 시나리오 질의, 하나 이상의 추적 정보를 시나리오와 연동하는 것과 같은 요청을 생성하기 위해서도 사용된다.

각 시나리오는 플랜plan 파일로 정의돼 있는데, 이 파일에는 시나리오와 연관된 페이지의 리스트가 최소한 한 개는 포함돼 있다. 다음에 설명하겠지만 페이지 우선순위 값 또한 특정 규칙에 따라 할당된다. 시나리오가 시작되면 시나리오 관리자는 우선순위에 맞게 메모리로 가져와야 하는 페이지 리스트를 생성함으로써 이벤트에 응답할 책임이 있다.

페이지 우선순위와 균형 조절

앞에서 특정 동작에 대해 스탠바이 리스트 페이지 중 어떤 페이지의 용도를 변경할지와 어떤 페이지가 어떤 리스트에 들어갈지를 정의하는 페이지 우선순위 시스템을 메모리 관리자가 구현한다는 것을 이미 살펴봤다. 예를 들어 조각모음 프로세스는 스탠바이 페이지 리스트를 변경하지 않고 대화식 포어그라운드 프로세스로부터 페이지를 빼앗지 않는다는 것을 보장하는 것처럼 이 메커니즘은 프로세스와 스레드가 연관된 우선순위를 가질 수 있을 때 이점을 제공한다. 하지만 이것의 진가는 애플리케이션 입력을 수동으로 하지 않아도 되고 프로세스의 중요성을 하드코딩으로 나타내지 않아도 되는 슈퍼패치의 페이지 우선순위 기법과 리밸런싱을 통해 극대화된다.

슈퍼패치는 각 페이지에 대해 관리하는 사용 빈도수를 기반으로 한 내부 점수를 바탕으로 페이지 우선순위를 할당한다. 이 사용량은 페이지가 한 시간, 하루, 한 주 등의 상대적인 시간 내에 얼마나 많이 사용됐는지를 카운트한다. 시스템은 또한 페이지가 접근된 이후 얼마나 많은 시간이 흘렀는지를 기록해 사용 시간도 추적한다. 마지막으로 이 페이지가 어디서부터 왔는지(어떤 리스트), 그리고 여타 접근 패턴 같은 데이터가 이 점수 계산에 사용된다.

이 점수는 다시 우선순위 값으로 변환되는데, 1부터 6까지의 값을 가질 수 있다(7은 다른 목적으로 사용되는 데 나중에 설명한다). '우선순위가 매겨진 스탠바이 리스트 보기' 실습에서 보듯이 레벨이 내려가는 더 낮은 우선순위를 갖는 스탠바이 페이지 리스트의 용도가 먼저 변경된다. 일반 애플리케이션은 보통 우선순위 5를 사용하는 반면에 우선순위 1은 서드파티 개발자가 표시할 수 있는 백그라운드 애플리케이션 용도임을 의미한다. 마지막으로 우선순위 6은 일부 아주 중요한 페이지에 대해 가능한 용도 변경이 되지 않게 멀리 떨어뜨려 놓기 위해 사용된다. 다른 우선순위는 각 페이지와 연관된 점수에 따라 결정된다.

슈퍼패치는 사용자 시스템을 '학습'하기 때문에 아무런 이력 데이터 없이 시작할 수 있고, 사용자에 따라 상이한 페이지를 사용하는 사항을 천천히 이해할 수 있다. 그러나 새로운 애플리케이션이나 사용자, 서비스팩이 설치될 때마다 학습 곡선이 심각하게 꺾일 수도 있다. 대신 내부 툴을 사용해 마이크로소프트는 슈퍼패치 데이터를 캡처한 후 이것을 미리 제작된 추적 정보로 변환시켜 슈퍼패치를 미리 훈련시킬 수 있다. 이런 미리 제작된 추적 정보는 슈퍼패치 팀에 의해 생성된다. 이 팀은 **시작** 메뉴를 클릭하거나 제어판을 열거나 **파일 열기/저장** 대화상자를 사용하는 등의 모든 사용자가 경험하게 될 공통적인 사용법과 패턴을 추적했다. 그런 후 이 추적 데이터를 이력 파일로 저장해(Sysmain.dll 내에 리소스로 들어있다) 특별한 우선순위 7의 리스트를 이 파일에 위치시켰다. 이 리스트는 가장 중요한 정보가 위치하고 용도 변경이 거의 일어나지 않는다. 우선순위 7에 위치한 페이지는 재부팅(다음번 부팅 시에 다시 배치되게 해)이 일어난 후나 프로세스가 종료된 후에도 메모리에 상주하는 파일 페이지다. 마지막으로 우선순위 7에 위치한 페이지는 고정돼 있어 절대로 우선순위 변경이 일어나지 않으며, 슈퍼패치는 이미 학습된 셋 이외에 절대로 다른 페이지를 우선순위 7에 동적으로 로드하지 않는다.

우선순위가 매겨진 리스트는 리밸런서에 의해 메모리로 로드된다(또는 미리 올라온다). 하지만 리밸런싱의 실제 행위는 사실 메모리 관리자와 슈퍼패치에 의해 처리된다. 앞에서 봤듯이 우선순위가 매겨진 스탠바이 페이지 리스트 메커니즘은 메모리 관리자 내부에서 일어나고, 어떤 페이지를 먼저 페이지 아웃하고, 어떤 페이지를 보호할지에 대한 결정은 우선순위 번호를 기반으로 결정된다. 리밸런서는 사실 수동으로 메모리를 리밸런싱하는 것이 아니라 우선순위를 다시 매김으로써 메모리 관리자가 필요한 작업을 수행하게 한다. 리밸런서는 또한 필요할 경우 실제 페이지를 디스크로부터 읽어 들여 메모리에 존재시킬 책임이 있다(프리패칭). 리밸런서는 그런 후 각 에이전트에 의해 매핑된 우선순위를 각 페이지에 대한 점수로 배정한다. 메모리 관리자는 페이지의 중요도에 따라 페이지가 처리되게 보장한다.

예를 들어 리밸런서는 페이지 리스트 간에 페이지를 분배하는 것이 차선이라는 것을 알거나 서로 다른 우선순위 레벨 간에 페이지 용도를 변경하는 것이 해롭다는 것을 감지한다면 리밸런서는 다른 에이전트에 의존하지 않고 동작을 취할 수 있다. 리밸런서는 워킹셋을 줄이는 작업을 촉발시킬 수도 있다. 이런 작업에는 미리 읽혀져 온 슈퍼패치의 캐시 데이터 용도로 사용되는 적절한 페이지를 미리 생성해야 할 필요가 있다. 리밸런서는 이미 낮은 우선순위로 표시된 페이지나 0으로 된 페이지, 유효한 데이터를 갖고 있지만, 어떤 워킹셋에도 포함돼 있지 않고 사용된 적이 없는 등의 사용성이 낮은 페이지를 보통 취하고 자신에게 할당한 예산을 고려해 메모리 내의 페이지를 좀 더 유용하게 만든다. 리밸런서가 어떤 페이지를 메모리로 가져오고 페이지가 로드되기 위해 어떤 우선순위 레벨이어야 하는지 결정하면(뿐만 아니라 어떤 페이지를 메모리에서 제거할 수 있는지도) 페이지를 프리패치하기 위해 필요한 디스크 읽기 작업을 수행한다. 이것은 또한 I/O 관리자의 우선순위 정책과 결합해 I/O가 아주 낮은 우선순위에서 일어나게 함으로써 사용자를 방해하지 않고 동작되게 한다.

프리패칭에 의해 사용되는 메모리 소비는 모두 스탠바이 페이지에 의해 백업된다. 앞서 페이지 다이나믹에서 살펴본 것처럼 스탠바이 메모리는 언제나 다른 할당자를 위해 프리 메모리로 용도가 변경될 수 있기 때문에 이용 가능한 메모리다. 다시 말해 슈퍼패치가 사용자에게 실제 효과가 없는 잘못된 데이터를 프리패칭하더라도 해당 메모리는 필요할 경우 다른 용도로 변경될 수 있기 때문에 실제 리소스를 낭비한 것은 아니다.

마지막으로 리밸런서는 높은 우선순위로 설정된 페이지가 실제로 최근에 사용됐는지 보장하기 위해 주기적으로 동작한다. 이 페이지들은 거의(종종 절대로) 용도 변경이 일어나지 않으므로 드물게 액세스되는 데이터를 위해 사용되지 않고 특정 시간 동안 자주 액세스되는 데이터를 위해 사용되게 하는 것이 중요하다. 그런 경우가 발견되면 리밸런서는 그 페이지를 낮은 우선순위 리스트로 보내기 위해 다시 동작한다.

애플리케이션 시작 에이전트^{application launch agent}라는 특별한 에이전트 또한 다른 종류의 프리패칭 메커니즘에 관여한다. 이 메커니즘은 애플리케이션 시작을 예측해 하나의 시간 세그먼트 내에서 어떤 애플리케이션이 시작됐을 때 다른 애플리케이션이 시작할 가능성을 나타내는 마르코프^{Markov} 체인 모델을 구축한다. 이들 시간 세그먼트는 4개의 기간으로 나눠지고(아침, 점심, 저녁, 밤으로 각각 6시간 정도다) 또한 주중이냐 주말로도 나뉜다. 예를 들어 토요일과 일요일 밤에 사용자는 보통 워드^{Word}를 실행시키고 나서(메일을 쓰기 위해) 아웃룩^{Outlook}을 실행시킨다면(메일을 보내기 위해) 애플리케이션 시작 에이전트는 주말 저녁에는 워드가 실행된 후 아웃룩이 실행될 확률이 높으므로 아마도 아웃룩을 프리패치할 것이다.

요즘 시스템은 평균 2GB 이상의 (슈퍼패치는 더 낮은 메모리에서도 잘 동작하지만) 충분히 큰 메모리를 갖고 있기 때문에 시스템에서 자주 사용되는 프로세스가 최적의 성능을 위해 상주할 필요가 있는 실제 메모리양은 전체 메모리 중의 일부분일 뿐이다. 슈퍼패치는 종종 필요한 모든 페이지를 RAM에 올릴 수 있다. 그럴 수 없을 때는 레디부스트^{ReadyBoost}나 레디드라이브^{ReadyDrive} 같은 기술로 디스크 사용을 피할 수 있다.

견고한 성능

슈퍼패치의 마지막 성능 향상 기능은 견고성^{Robustness}이나 견고한 성능$^{Robust\ performance}$이라고 불린다. 이 컴포넌트는 유저 모드의 슈퍼패치 서비스에 의해 관리되지만 실제로는 커널에 구현돼 있는데(Pf 루틴들), 이것은 불필요한 데이터를 스탠바이 리스트에 상주시켜 시스템 성능에 악영향을 끼칠 수 있는 특정 파일 I/O 접근을 감시한다. 예를 들어 한 프로세스가 파일 시스템 간에 큰 파일을 복사한다면 그 파일이 두 번 다시 액세스되지 않는다 하더라도(또는 오랜 시간동안 액세스되지 않는다 하더라도) 스탠바이 리스트에는 그 파일의 데이터가 존재하게 된다. 이것은 그 우선순위 내의 다른 데이터를 제거하게 만든다. 그리고 이 프로그램이 대화식 프로그램이고 유용한 프로그램이었다면 그것의 우선순위는 적어도 5일 가능성이 있다.

슈퍼패치는 다음과 같은 두 개의 특별한 I/O 접근 패턴에 반응한다.

- **순차적인 파일 액세스** 이 유형의 I/O 접근 패턴인 경우 시스템은 파일 내의 모든 데이터를 검사한다.
- **순차적인 디렉터리 액세스** 이 유형의 I/O 접근 패턴인 경우 시스템은 디렉터리 내의 모든 파일을 검사한다.

슈퍼패치가 이런 종류의 접근 결과로 내부 임계치를 넘어서는 일정량의 데이터가 스탠바이 리스트에 존재하게 됨을 감지할 때 이 파일을 매핑하기 위해 사용되는 페이지에 대해 강력한 우선순위 제거 작업(Robustion이라고도 한다)을 수행한다. 이때 다른 애플리케이션에는 불이익이 돌아가지 않게 대상 애플리케이션에 대해서만 적용한다. 이 페이지들은 소위 "견고하다^{Robusted}"라고 하며, 기본적으로 우선순위 2로 우선순위가 조정된다.

슈퍼패치의 이 컴포넌트는 예측해서 동작하지 않고 반응해서 동작하기 때문에 견고함이 이뤄지려면 시간이 좀 걸린다. 따라서 슈퍼패치는 다음번에 수행될 것을 대비해 이 프로세스를 계속해서 추적할 것이다. 슈퍼패치가 이 프로세스는 항상 이런 식의 순차적인 액세스를 한다고 한 번 결정하면 이것을 기억했다가 반응 행위를 기다리는 대신 파일 페이지가 매핑되자마자 이들 페이지를 견고하게 만든다. 이 시점에 프로세스 전체는 미래의 파일 접근을 위해 견고해졌다고 간주된다.

그러나 이 로직을 그대로 적용하면 슈퍼패치는 미래에 순차적인 접근을 수행할 많은 합법적인 애플리케이션과 사용자 시나리오에 잠재적으로 악영향을 끼칠 수 있다. 예를 들어 Sysinternals의 Strings.exe 유틸리티를 사용해 디렉터리의 일부분인 모든 실행 파일 내에서 문자열을 찾을 수 있다. 파일이 많다면 슈퍼패치가 견고화를 수행할 가능성이 높다. 다음번에 다른 검색 인자를 이용해 Strings 유틸리티를 실행하면 더 빠르게 수행할 것이라고 기대하겠지만, 처음에 수행했던 것만큼 느리게 동작할 것이다. 이런 것을 막기 위해 슈퍼패치는 내부적으로 하드코딩된 예외 리스트뿐만 아니라 미래에 감시해야 할 프로세스 리스트를 따로 보관한다. 어떤 프로세스가 나중에 견고화된 파일을 다시 액세스하는 것이 감지된다면 예상되는 행위를 복원하기 위해 프로세스에 대한 견고화를 비활성화시킨다.

견고화와 일반적인 슈퍼패치 최적화에 관해 기억해야 할 중요한 점은 슈퍼패치가 끊임없이 사용 패턴을 모니터링하고 시스템에 대한 이해를 수정해 불필요한 데이터를 패칭하는 것을 피할 수 있게 한다는 점이다. 사용자가 날마다 하는 행동이 바뀌거나 애플리케이션의 시작 동작이 바뀌어 슈퍼패치가 캐시를 부적절한 데이터로 채우거나 불필요한 데이터라고 생각해 중요한 데이터를 캐시 밖으로 내보낼지라도 슈퍼패치는 어떤 패턴 변화에도 빠르게 적응할 것이다. 사용자의 행위가 산만하고 무작위일 경우 일어날 수 있는 최악의 일은 슈퍼패치가 존재하지 않는 것 같은 상태와 유사하게 시스템이 동작하는 것이다. 슈퍼패치가 의심스럽거나 신뢰할 수 있게 데이터를 추적하지 못할 경우 슈퍼패치는 조용해지고 주어진 프로세스나 페이지에 대해 어떤 변화도 만들지 않는다.

레디부스트

요즘 RAM은 10년 전과 비교했을 때 상대적으로 많이 싸지고 쉽게 구할 수 있지만, 아직 하드디스크 드라이브 같은 2차 저장 장치 가격만큼 싸지는 않다. 불행히도 오늘날 하드디스크는 구동 부분이 많고 깨지기 쉬우며, 더 중요하게는 RAM과 비교했을 때 특히 검색이 상대적으로 많이 느리다. 따라서 활동적인 슈퍼패치 데이터를 하드 드라이브에 저장하는 것은 페이지가 페이징 아웃돼 메모리 내에서 하드 폴트가 발생하는 것만큼 좋지 않다.

SSD^{Solid State Disk}와 하이브리드 드라이브는 이런 단점을 어느 정도 줄였으나 값이 비싸고 RAM과 비교했을 때 여전히 느리다. 반면에 USB 플래시 디스크^{UFD}, 컴팩트 플래시 카드, 안전한 디지털 카드 같은 이동 가능한 SSD 미디어는 유용한 절충안을 제공한다. 이들은 RAM보다 값이 싸며, 좀 더 큰 크기를 제공하면서도 구동 부분이 없기 때문에 기계적 하드 드라이브보다 검색 시간이 짧다.

> 실제로 컴팩트 플래시 카드와 안전한 디지털 카드는 대체적으로 항상 USB 어댑터를 통한 인터페이스를 사용한다. 따라서 이들은 시스템에서 USB 플래시 디스크로 보인다.

특히 랜덤한 디스크 I/O는 전형적인 데스크톱 하드 드라이브에서 디스크 헤드의 검색 시간과 회전 지연으로 인해 거의 10밀리초가 소요되기 때문에 아주 값비싼 동작이다(오늘날 3GH이나 4GH의 프로세서에서는 영원과 같은 시간이다). 그러나 플래시 메모리는 랜덤한 읽기 동작에 대해 일반적인 하드 디스크보다 10배 빠르게 서비스할 수 있다. 따라서 윈도우는 레디부스트^{ReadyBoost}라는 기능을 포함해 논리적으로 메모리와 디스크 사이에 위치한 중간 단계의 캐시 계층을 플래시 메모리 저장 장치에 만들어 플래시 메모리 저장 장치의 이점을 얻을 수 있게 했다.

레디부스트(레디부트^{ReadyBoot}와 혼동하지 말자)는 비휘발성 RAM^{NVRAM} 장치에 캐시된 데이터를 쓸 책임이 있는 드라이버(%SystemRoot%\System32\Drivers\Rdyboost.sys)의 도움으로 구현된다. USB 플래시 디스크를 시스템에 연결하면 레디부스트는 성능 특성을 결정하기 위해 디바이스를 살펴보고 그 테스트 결과를 HKLM\SOFTWARE\Microsoft\Windows NT\CurrentVersion\Emdmgmt에 저장한디(Emd는 External Memory Device의 약자로 개발 기간 동안의 ReadyBoost에 대한 프로젝트 이름이었다).

새로운 디바이스 크기가 256MB에서 32GB 사이이며 랜덤한 4KB 읽기에 대해 전송률이 초당 2.5MB 이상이고 랜덤한 512KB 쓰기에 대해 전송률이 초당 1.75MB 이상이면 레디부스트는 디스크 캐시 용도로 일부 영역을 전용으로 사용할지 물어볼 것이다. 동의하면 레디부스트는 캐시된 페이지를 저장하기 위해 사용될 ReadyBoost.sfcache라는 캐시 파일을 디바이스의 루트에 생성한다.

캐시 작업의 초기화가 이뤄진 후 레디부스트는 로컬 하드 디스크 볼륨(예를 들어 C:\)에 대한 모든 읽기와 쓰기를 가로채 읽혀지거나 써진 데이터를 자신이 생성한 캐시 파일 내로 복사한다. 이때 오랫동안 읽혀지지 않은 데이터나 볼륨 스냅샷Snapshot 요청에 포함된 데이터 등은 예외로 한다. 캐시된 드라이브에 저장된 데이터는 보통 2:1 압축 비율로 압축돼 4GB의 캐시 파일에 8GB의 데이터가 포함된다. 디바이스가 시스템에서 제거될 경우 캐시 파일 내의 개인 정보를 보호하려고 드라이버는 부팅 시마다 랜덤하게 생성되는 세션 키를 갖고 각 블록이 쓰여질 때 이를 AES^Advanced Encryption Standard 암호화 알고리즘으로 암호화한다.

랜덤한 읽기 요청이 레디부스트가 관리하는 캐시 내에 있다면 자신의 캐시 파일로부터 이를 읽어오지만 하드 디스크가 플래시 메모리보다 순차적인 읽기 접근을 더 잘 처리하기 때문에 순차적인 접근 패턴의 읽기에 대해서는 캐시 파일 내에 데이터가 있을지라도 디스크가 직접 처리할 수 있게 한다. 마찬가지로 캐시를 읽을 때 큰 I/O를 해야 한다면 디스크의 캐시가 대신 읽혀진다.

플래시 미디어의 한 가지 단점은 사용자가 언제든지 제거할 수 있다는 것이고, 이로 인해 시스템은 중요한 데이터를 미디어에만 저장할 수 없다는 것이다(살펴봤듯이 쓰기는 항상 2차 저장 장치로 먼저 간다). 다음 절에서 다룰 레디드라이브^ReadyDrive는 이와 연관된 기술로 이 문제를 풀어줄 해법과 추가적인 이점을 제공한다.

레디드라이브

레디드라이브는 하이브리드 하드 디스크 드라이브^H-HDD의 이점을 제공하는 윈도우의 기능이다. H-HDD는 비휘발성 플래시 메모리^NVRAM가 내장된 디스크다. 일반적인

H-HDD는 50MB에서 512MB 사이의 캐시를 가진다.

레디드라이브에서 드라이브의 플래시 메모리는 대부분의 일반적인 하드 드라이브의 RAM 캐시가 하는 것처럼 간단하게 자동적이고 투명하게 캐시의 동작이 이뤄지지 않는다. 대신 윈도우는 플래시 메모리 내에 보관할 수 있는 디스크 데이터를 정의하기 위해 ATA-8 명령을 사용한다. 예를 들어 윈도우는 시스템이 종료될 때 다음번의 빠른 재시작을 위해 부팅 데이터를 캐시에 저장할 것이다. 또한 시스템이 절전 모드로 들어갈 때 다음에 더 빨리 깨어나기 위해 절전 모드 파일 데이터의 일부분을 캐시에 저장한다. 디스크가 동작하지 않을 때조차도 캐시는 활성화되기 때문에 윈도우는 디스크 쓰기 캐시로 플래시 메모리를 사용할 수 있고, 이것은 시스템이 배터리 전력으로 동작 중일 때 디스크가 동작하는 것을 피하게 해준다. 디스크 모터를 꺼진 상태로 유지하는 것은 일반적인 사용 시 디스크 드라이브에 의해 소모되는 전력의 많은 부분을 절약할 수 있게 해준다.

슈퍼패치 또한 레디드라이브를 사용한다. 레디드라이브는 외부 플래시 메모리가 필요치 않고 지속적으로 동작할 수 있는 향상된 기능을 가지면서 레디부스트와 동일한 이점을 제공해준다. 캐시는 실제 물리적인 하드 드라이브에 존재하기 때문에(일반적으로 시스템이 동작하는 한 사용자가 지울 수 없다) 하드 드라이브 컨트롤러는 보통 데이터가 없어질 걱정을 할 필요가 없으며, 단 하나의 캐시를 사용하는 실제 디스크에 쓰는 작업을 피할 수 있다.

프로세스 리플렉션

종종 프로세스가 이상 동작을 하지만 계속해서 서비스를 제공해야 하기 때문에 전체 메모리 덤프를 생성하거나 대화식 디버깅을 하기 위해 프로세스를 일시 중지시키는 것이 바람직하지 않은 경우가 있다. 덤프를 생성하기 위해 정지된 프로세스의 시간을 최소화하려면 미니 덤프를 생성하면 된다. 미니 덤프는 스레드 레지스터와 레지스터에 의해 참조되는 메모리 페이지를 포함하는 스택 정보를 캡처한다. 하지만 이 덤프에는 아주 제한된 정보만 포함되기 때문에 많은 경우 크래시를 진단하기에는 충분하지만, 문제를 해결하기에는 충분치 않다. **프로세스 리플렉션**^{Process Reflection}을 이용하면 대상 프로세스는 미니 덤프를 생성하고 해당 프로세스에 대한 정지된 클론을 만드는 데 필요한 시간만큼만 정지된다. 그런 후 대상 프로세스는 계속해서 수행되는 동안 클론으로부터 프로세스의 유효한 전체 유저 모드 메모리를 캡처하는 큰 덤프를 생성할 수 있다.

여러 윈도우 진단 인프라^{WDI} 컴포넌트는 경험적으로 식별되는 의심 행위를 보이는 프로세스에 대해 방해를 최소화하면서 메모리 덤프를 캡처하기 위해 프로세스 리플렉션을 사용한다. 예를 들어 윈도우 리소스 고갈 탐지 및 해결(RADAR로 알려진)의 메모리 누수 진단 컴포넌트는 전용 가상 메모리 누수가 의심되는 프로세스에 대해 리플렉션된 메모리 덤프를 생성해서 분석을 위해 윈도우 오류 보고^{WER}를 통해 마이크로소프트로 보낼 수 있다. 멈춰버린 프로세스를 진단하는 WDI의 기능은 서로 데드락이 발생한 것처럼 보이는 프로세스에 대해 수행하는 작업과 같은 작업을 한다. 이 컴포넌트들은 경험적인 방법을 사용하기 때문에 프로세스가 실제 문제가 있다고 확신할 수 없어서 오랜 시간동안 해당 프로세스를 중지시켜 놓거나 종료시킬 수 없다.

프로세스 리플렉션의 구현은 Ntdll.dll에 있는 `RtlCreateProcessReflection` 함수에 의해 다음과 같이 이뤄진다.

1. 공유 메모리 섹션을 생성한다.
2. 공유 메모리 섹션에 인자를 위치시킨다.
3. 공유 메모리 섹션을 현재 프로세스와 대상 프로세스에 매핑한다.
4. 두 개의 이벤트 객체를 만들어 대상 프로세스에 복제해 현재 프로세스와 대상 프로세스 간 동작을 동기화할 수 있게 한다.
5. `RtlpCreateUserThreadEx`를 호출해 대상 프로세스에 스레드를 인젝션한다. 해당 스레드는 Ntdll의 `RtlpProcessReflectionStartup` 함수를 수행한다. Ntdll.dll은 모든 프로세스의 주소 공간에 부팅 시 랜덤하게 생성된 동일한 주소에 매핑되기 때문에 현재 프로세스는 자신의 Ntdll.dll 매핑으로부터 구한 이 함수 주소를 간단하게 전달할 수 있다.

6. `RtlCreateProcessReflection`의 호출자가 복제된 프로세스에 대한 핸들을 원한다고 명시하면 `RtlCreateProcessReflection`은 원격 스레드가 종료할 때까지 대기하고 그렇지 않다면 호출자로 복귀한다.

7. 대상 프로세스에 인젝션된 스레드는 일단 생성된 복제 프로세스와 동기화하기 위해 사용할 추가적인 이벤트 객체를 할당한다.

8. 인젝션된 스레드는 `RtlCloneUserProcess`를 호출한다. 이때 최초 시작한 프로세스와 공유하는 메모리 매핑을 통해 구한 인자를 전달한다.

9. `RtlCreateProcessReflection` 옵션이 프로세스가 로더 내에서 수행 중이 아니고, 힙 관련 오퍼레이션이 수행 중이 아니고, 프로세스 환경 블록[PEB]을 수정 중이 아니고, 파이버 로컬 저장소를 수정 중이 아닐 때 클론을 생성하게 명시한다면 `RtlCreateProcessReflection` 함수는 수행 전에 관련된 락을 획득한다. 데이터 구조체에 대한 메모리 덤프 복사본은 일관된 상태를 유지하므로 이것은 디버깅에 유용할 수 있다.

10. `RtlCloneUserProcess`는 새로운 프로세스는 현재 프로세스에 대한 클론이어야 한다는 것을 명시하는 플래그를 전달하면서 `RtlpCreateUserProcess`를 호출함으로써 끝을 맺는다. 이것은 일반적인 프로세스 생성을 책임지는 유저 모드 함수다. `RtlpCreateUserProcess`는 커널에 프로세스를 생성하게 요청하는 `ZwCreateUserProcess`를 호출한다.

복제된 프로세스를 생성할 때 `ZwCreateUserProcess`는 프로세스 객체와 초기 스레드를 생성하기 위해 호출하는 `PspAllocateProcess`를 제외하고는 새로운 프로세스를 생성할 때와 대부분 동일한 코드를 수행하고, 주소가 초기 프로세스 주소 공간 대신 대상 프로세스의 쓰기 시 복사 속성을 지닌 복사본이 돼야 한다는 플래그로 `MmInitializeProcess-AddressSpace`를 호출한다. 메모리 관리자는 유닉스 애플리케이션의 `fork` API가 주소 공간을 효과적으로 복제하기 위해 제공하는 서비스와 동일한 방법을 이용한다. 일단 대상 프로세스가 수행을 계속하면 자신의 주소 공간에 어떠한 변화를 가하더라도 자신에게만 보이며, 클론에서는 보이지 않는다. 이것은 클론의 주소 공간이 특정 시점의 대상 프로세스 뷰와 일치하게 보이도록 해준다.

클론의 실행은 `RtlpCreateUserProcess`가 리턴된 바로 직후부터 시작된다. 클론 생성이 성공하면 복제된 스레드는 `STATUS_PROCESS_CLONED` 리턴 코드를 전달받고 복제하는 스레드는 `STATUS_SUCCESS`를 전달받는다. 마지막 동작으로 복제된 프로세스는 대상 프로세스와 동기화하고 Ntdll.dll 내에 반드시 구현돼 있어야 하는 `RtlCreateProcess-Reflection`에 옵션으로 전달된 함수를 호출한다. 예를 들어 RADAR는 프로세스 힙에 대한 경험적 분석을 수행해 그 결과를 `RtlCreateProcessReflection`을 호출한 스레드로 전달하는 `RtlDetectHeapLeaks` 함수를 명시한다. 아무런 함수가 명시돼 있지 않으면 `RtlCreateProcessReflection`에 전달된 플래그에 따라 스레드는 스스로 정지하거나 종료한다.

RADAR와 WDI가 프로세스 리플렉션을 사용할 때 이들은 `RtlCreateProcessReflection`을 호출해 복제된 프로세스의 핸들을 반환하고 복제된 프로세스가 초기화된 후 정지되게 요청한다. 그런 다음 이들은 대상 프로세스의 미니 덤프를 생성한다. 덤프를 생성하는 동안 대상 프로세스는 중지한다. 복제된 프로세스에 대한 더 포괄적인 덤프를 생성한다. 복제 프로세스의 덤프 생성을 끝마친 후 복제 프로세스를 종료시킨다. 대상 프로세스는 미니 덤프 생성과 클론 프로세스가 생성되는 사이의 시간 동안 실행이 진행돼 불일치를 유발할 수 있지만, 대부분의 시나리오에서 이는 문제 해결에 방해가 되지 않는다. Sysinternals의 Procdump 유틸리티 또한 대상 프로세스의 리플렉션된 덤프를 생성하기 위해 -r 스위치를 명시하면 이 과정을 따른다.

결론

5장에서는 윈도우 메모리 관리자가 가상 메모리 관리를 어떻게 구현하는지 살펴봤다. 오늘날 대부분의 운영체제와 마찬가지로 각 프로세스는 자신만의 전용 주소 공간을 접근하며, 하나의 프로세스 메모리는 다른 프로세스로부터 보호되고, 프로세스 간에는 효율적이고 안전하게 메모리를 공유할 수 있는 방법이 제공된다. 맵 파일의 사용과 희소^{Sparse}

메모리를 할당하는 것 같은 향상된 기능도 사용할 수 있다. 윈도우 환경 서브시스템은 메모리 관리자의 기능들 대부분을 윈도우 API를 통해 애플리케이션이 사용할 수 있게 해준다.

6장에서는 운영체제의 또 다른 중요한 한 부분인 I/O 시스템을 다룬다.

06 I/O 시스템

윈도우 I/O 시스템은 다수의 익스큐티브 컴포넌트로 이뤄져 있다. 이 컴포넌트들은 하드웨어 장치를 함께 관리하고 하드웨어에 대한 인터페이스를 애플리케이션과 시스템에 제공한다. 6장에서는 먼저 I/O 시스템의 구현에 영향을 준 설계 목표를 살펴본다. 이어서 I/O 시스템을 구성하고 있는 컴포넌트들, 즉 I/O 관리자와 플러그앤플레이 관리자, 전원 관리자 등을 살펴본다. 그 후 I/O 시스템의 구조와 컴포넌트, 다양한 유형의 디바이스 드라이버를 설명한다. 장치와 디바이스 드라이버, I/O 요청을 설명하는 핵심 데이터 구조체를 살펴본 후 시스템으로 내려보낸 I/O 요청을 완료하기 위해 필요한 절차를 설명한다. 끝으로 장치 탐지 방법과 드라이버 설치, 전원 관리 작업 방법 등을 설명한다.

I/O 시스템 컴포넌트

윈도우 I/O 시스템의 설계 목표는 하드웨어(물리적)와 소프트웨어(가상이나 논리적) 장치 모두에 대한 추상화를 애플리케이션에 제공하는 것이다. 그 특징은 다음과 같다.

- 일관적인 보안과 장치 간의 명명법은 공유 가능한 리소스를 보호하기 위한 것이다(7장에서 윈도우 보안 모델에 대한 설명을 보라).
- 고성능 패킷 기반의 비동기 I/O는 확장성 있는 애플리케이션 구현을 가능케 한다.
- 드라이버를 하이레벨 언어로 작성하고 상이한 아키텍처 기반의 기기로 쉽게 이식 가능케 하는 서비스다.

- 계층화와 확장성을 통해 작동 중이거나 장치가 수정되는 드라이버에 어떤 변경도 요구하지 않고서도 투명하게 다른 드라이버나 장치의 작동을 조작하는 드라이버를 추가할 수 있다.

- 디바이스 드라이버의 동적 로딩과 언로딩을 통해 드라이버는 요청에 의해 로드될 수 있고 불필요할 때 시스템 리소스를 낭비하지 않을 수 있다.

- 플러그앤플레이 지원을 통해 새로 탐지된 하드웨어의 드라이버를 찾고 설치하며, 드라이버가 요청할 때 하드웨어 리소스를 할당하고, 애플리케이션이 장치 인터페이스를 찾고 활성화할 수 있다.

- 전원 관리 지원을 통해 시스템이나 개별 장치들은 저전력 상태로 진입할 수 있다.

- FAT(과 그 변종들, FAT32, exFAT)과 CD-ROM 파일 시스템CDFS, UDFUniversal Disk Format 파일 시스템, 윈도우 파일 시스템(NTFS) 같은 여러 설치 가능한 파일 시스템을 지원한다(파일 시스템 유형과 구조에 관한 자세한 정보는 2권의 13장을 참고하라).

- 윈도우 관리 도구WMI, Windows Management Instrumentation 지원과 진단 기능을 통해 WMI 애플리케이션과 스크립트로 드라이버를 관리하고 모니터링할 수 있다(WMI는 2권의 9장을 참고하라).

이런 특징을 구현하기 위해 윈도우 I/O 시스템은 디바이스 드라이버뿐만 아니라 그림 6-1에 보이는 여러 익스큐티브 컴포넌트로 구성돼 있다.

- I/O 관리자는 I/O 시스템의 핵심 부분이다. I/O 관리자는 애플리케이션과 시스템 구성 요소를 가상 장치와 논리 장치, 실제 물리 장치에 연결하고 디바이스 드라이버를 지원하는 구조를 정의한다.

- 디바이스 드라이버는 일반적으로 특정 유형의 장치에 대한 I/O 인터페이스를 제공한다. 드라이버는 소프트웨어 모듈로서 읽기나 쓰기와 같은 하이레벨 명령을 해석해 제어 레지스터에 쓰기와 같은 장치 특정적인 로우레벨 명령을 발생한다. 디바이스 드라이버는 I/O 관리자에 의해 자신이 관리하는 장치로 오는 명령을 받는다. 그리고 드라이버는 이런 명령이 완료됐을 때 I/O 관리자에게 통지한

다. 디바이스 드라이버는 I/O 관리자를 사용해 디바이스 인터페이스나 제어의 구현을 함께 하는 다른 디바이스 드라이버로 I/O 명령을 전달한다.

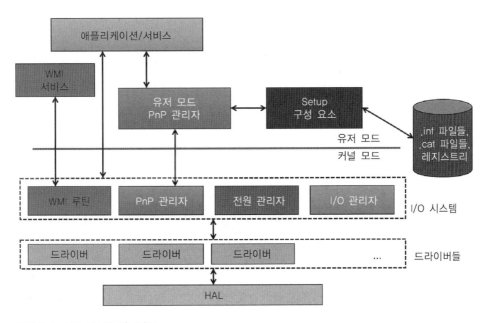

그림 6-1 I/O 시스템 컴포넌트

- PnP 관리자는 하드웨어 리소스 할당뿐 아니라 하드웨어 장치의 연결 작업이나 제거 작업에 대한 감지와 응답을 돕기 위해 I/O 관리자를 비롯한 디바이스 드라이버의 유형인 버스 드라이버bus driver와 밀접하게 동작한다. PnP 관리자와 버스 드라이버는 시스템에 장치가 감지됐을 때 디바이스 드라이버를 로드해야 하는 책임이 있다. 장치가 시스템에 추가될 때 적절한 디바이스 드라이버를 갖고 있지 않다면 익스큐티브 플러그앤플레이 컴포넌트가 유저 모드 PnP 관리자의 장치 설치 서비스를 호출한다.

- 전원 관리자도 시스템과 개별 디바이스 드라이버의 전원 단계 이행을 위해 I/O 관리자와 밀접하게 동작한다.

- 윈도우 드라이버 모델WDM WMI 공급자로 불리는 윈도우 관리 도구 지원 루틴은 디바이스 드라이버로 하여금 유저 모드의 WMI 서비스와 통신하기 위해 WDM

WMI 공급자를 중계자로 사용해 간접적으로 공급자처럼 동작할 수 있게 한다.

- 레지스트리는 시스템에 연결된 기본 하드웨어의 설명이나 드라이버 초기화와 구성 설정 등을 저장하는 데이터베이스로 제공된다(자세한 내용은 2권 9장의 '레지스트리' 절을 참고하라).

- .inf 확장자를 갖는 INF 파일은 드라이버 설치 파일이다. INF 파일은 특정 하드웨어 장치와 해당 장치의 주 제어를 담당하는 드라이버 사이를 연결한다. INF 파일은 드라이버 파일이 존재하는 위치와 복사돼야 할 위치, 필요한 드라이버 설치 레지스트리 수정 사항, 드라이버 종속성 정보 같이 대응하는 장치에 대해 설명하는 스크립트 방식의 명령으로 구성돼 있다. 윈도우가 드라이버를 검증하기 위해 윈도우 하드웨어 품질 연구소[WHQL]에서 테스트를 통과한 드라이버에 부여하는 전자 서명은 .cat 파일에 저장된다. 디지털 서명은 드라이버나 해당 드라이버의 INF 파일을 조작하려는 시도를 방지하는 데 사용된다.

- 하드웨어 추상화 계층[HAL]은 플랫폼 간의 차이를 숨기는 API를 제공함으로써 프로세서와 인터럽트 컨트롤러의 특성으로부터 드라이버를 격리한다. 본질적으로 HAL은 여타 드라이버로부터 제어 받지 않는 컴퓨터 메인보드의 모든 장치에 대한 버스 드라이버다.

I/O 관리자

I/O 관리자는 I/O 시스템의 핵심 부분이다. 이는 I/O 요청을 디바이스 드라이버에 전달하는 일관적인 프레임워크나 모델을 정의한다. I/O 시스템은 패킷 구동[packet driven] 방식이다. 대부분의 I/O 요청은 I/O 요청을 완전하게 기술하는 정보를 갖는 데이터 구조체인 I/O 요청 패킷[IRP]으로 표현된다. IRP는 한 I/O 시스템 구성 요소에서 다른 구성 요소로 이동한다(뒤의 '패스트 I/O' 절을 보면 패스트 I/O는 예외적으로 IRP를 사용하지 않음을 알 수 있다). 개별 애플리케이션 스레드는 다중 I/O 요청을 동시에 관리하는 것이 가능하게 설계돼 있다(IRP에 관한 자세한 사항은 6장의 'I/O 요청 패킷' 절을 참고하라).

I/O 관리자는 I/O 작업을 나타내는 IRP를 메모리에 생성하며, IRP의 포인터를 해당

드라이버에 전달하고 I/O 명령이 완료될 때 해당 IRP를 해제한다. 반면 드라이버는 IRP를 전달받아 IRP가 지정한 작업을 수행한 후 작업을 완료하거나 다른 드라이버가 추가적인 처리를 할 수 있게 I/O 관리자에게 다시 전달한다.

I/O 관리자는 IRP 생성과 해제뿐만 아니라 서로 다른 드라이버가 자신만의 I/O 처리를 수행하기 위해 호출할 공통 코드도 제공한다. I/O 관리자 내에 공통적인 작업을 통합함으로써 각 드라이버는 좀 더 단순하고 간결할 수 있다. 예를 들면 I/O 관리자는 한 드라이버가 다른 드라이버를 호출할 수 있는 함수를 제공한다. 또한 I/O 요청에 대한 버퍼 관리, 드라이버를 위한 타임아웃 지원, 어떤 설치 가능한 파일 시스템이 운영체제에 로드돼 있는지 기록한다. I/O 관리자는 디바이스 드라이버가 호출 가능한 100여 개의 루틴을 갖고 있다.

또한 I/O 관리자는 윈도우와 POSIX(이는 이제 더 이상 지원되지 않는다) 같은 환경 서브시스템이 각 I/O 함수를 구현할 수 있게 유연한 I/O 서비스를 제공한다. 이들 서비스는 확장 가능한 고성능 서버 애플리케이션을 개발할 수 있는 비동기 I/O에 대한 서비스를 제공한다.

드라이버가 제공하는 단일화된 모듈 인터페이스는 I/O 관리자로 하여금 드라이버의 구조나 세부 사항에 대한 특별한 지식 없이 어떤 드라이버라도 호출할 수 있게 한다. 운영체제는 모든 I/O 요청을 파일에 접근하는 것처럼 처리한다. 드라이버는 가상 파일에 대해 이뤄진 요청을 하드웨어 특정적인 요청으로 변환한다. 드라이버는 I/O 요청의 처리를 계층적, 독립적으로 할 수 있게 (I/O 관리자를 사용해) 상호 호출할 수 있다.

일반적인 open과 close, read, write 함수 외에도 윈도우 I/O 시스템은 비동기 I/O와 다이렉트 I/O, 버퍼드^{buffered} I/O, 스캐터/게더$^{scatter/gather}$ I/O 등과 같은 향상된 여러 기능을 제공한다. 이는 6장 후반의 'I/O 유형' 절에서 설명한다.

전형적인 I/O 처리

대다수의 I/O 명령은 I/O 시스템의 모든 컴포넌트를 필요로 하지는 않는다. 일반적인 I/O 요청은 I/O와 관련된 함수(예를 들어 장치에서 데이터 읽기)를 실행하는 애플리케이션으로부터 시작되고, I/O 관리자와 하나 이상의 디바이스 드라이버, HAL에 의해 처리된다.

바로 앞에서 언급했듯이 윈도우에서 스레드는 가상 파일을 상대로 I/O를 수행한다. 가상 파일은 파일(장치나 파일, 디렉터리, 파이프, 메일 슬롯 등)처럼 취급되는 I/O의 대상을 일컫는다. 일반적인 유저 모드 클라이언트는 CreateFile이나 CreateFile2 함수를 호출해 가상 파일에 대한 핸들을 구한다. 함수명은 조금 오해의 소지를 갖는다. 즉, 이들 함수는 파일만을 대상으로 하는 것이 아니라 GLOBAL??로 불리는 객체 관리자의 디렉터리 내의 심볼릭 링크symbolic link로 알려진 무엇이나 그 대상이 될 수 있다. CreateFile* 함수의 File 접미어는 이들 함수의 호출 결과로 익스큐티브에 의해 생성된 주체인 가상 파일 객체(FILE_OBJECT)를 실제로 의미한다. 그림 6-2는 Sysinternals의 WinObj 툴로 GLOBAL?? 디렉터리를 스크린샷으로 캡처한 것을 보여준다.

그림 6-2에서 보듯이 C:와 같은 이름은 단지 객체 관리자 Device 디렉터리 아래에 있는 내부 이름에 대한 심볼릭 링크(이 경우에 \Device\HarddiskVolume7)다(객체 관리자와 객체 관리자 네임스페이스에 대한 추가적인 정보는 2권의 8장을 보라). GLOBAL?? 디렉터리 내의 모든 이름은 CreateFIle(2)에 대한 인자의 후보가 될 수 있다. 디바이스 드라이버와 같은 커널 모드 클라이언트는 가상 파일에 대한 핸들을 얻기 위해 ZwCreateFile 함수를 사용할 수 있다.

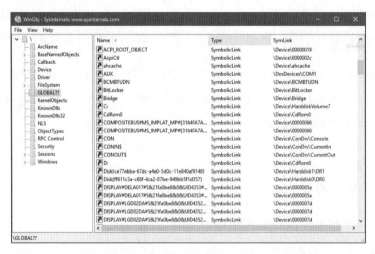

그림 6-2 객체 관리자의 GLOBAL?? 디렉터리

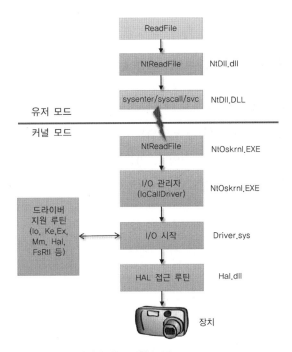

그림 6-3 전형적인 I/O 요청 흐름

운영체제는 모든 I/O 요청을 가상 파일에서 동작하는 것처럼 추상화한다. I/O 관리자는 파일 이외의 I/O에 대해서는 전혀 이해를 못하기 때문이다. 따라서 파일 지향적인 명령(open, close, read, write)을 장치 종속적인 명령으로 변환하는 것은 드라이버의 책임이다. 따라서 이런 추상화는 장치에 대한 애플리케이션의 인터페이스를 일반화한다. 유저 모드 애플리케이션이 문서화된 함수를 호출하면 파일로부터의 읽기와 파일에 쓰기, 여타 작업 등을 수행하기 위해 내부 I/O 시스템 함수가 호출된다. I/O 관리자는 이런 가상 파일의 요청을 적합한 디바이스 드라이버에 동적으로 전달한다. 그림 6-3은 전형적인 I/O 읽기 요청 흐름의 기본 구조를 보여준다(쓰기와 같은 여타 I/O 요청 유형도 유사하다. 다른 API를 사용할 뿐이다).

다음 절에서는 다양한 유형의 디바이스 드라이버를 포함해 이들 컴포넌트가 어떻게 구조화하고 로드 및 초기화하는지, I/O 요청은 어떻게 처리하는지 좀 더 자세히 살펴본다. 그런 후에 PnP 관리자와 전원 관리자의 작업과 역할을 다룬다.

인터럽트 요청 레벨과 지연된 프로시저 호출

진행을 더하기 전에 I/O 시스템에서 중요한 역할을 담당하는 윈도우 커널의 두 가지 매우 중요한 개념을 소개해야 한다. 인터럽트 요청 레벨^{Interrupt Request Levels}과 지연된 프로시저 호출^{Deferred Procedure Calls}이 그것이다. 이들 개념에 대한 완벽한 설명은 2권의 8장에서 다루지만, 이번 절에서는 앞으로 소개할 I/O 처리 메커니즘을 이해하기에 충분한 정보를 제공한다.

인터럽트 요청 레벨

IRQL은 두 가지의 명확한 의미를 갖지만 특정 상황에서는 동일한 의미를 갖기도 한다.

- **IRQL은 하드웨어 장치의 인터럽트 소스에 할당되는 우선순위다.** 이 번호는 HAL에 의해 설정된다(인터럽트 서비스를 필요로 하는 장치가 연결된 인터럽트 컨트롤러와 연계해).
- **각 CPU는 자신만의 IRQL 값을 가진다.** CPU의 레지스터의 한 값으로 간주될 수 있다(현재 CPU는 이런 레지스터를 구현하지 않지만).

IRQL의 기본 규칙은 낮은 IRQL 코드는 높은 IRQL 코드를 방해할 수 없으며, 반대로 높은 IRQL의 코드는 낮은 IRQL에서 실행하는 코드를 선점할 수 있다는 것이다. 잠시 후에 실습을 통해 이것이 동작하는 방법을 살펴볼 것이다. 윈도우 지원 아키텍처에 대한 IRQL 리스트가 그림 6-4에 보인다. IRQL은 스레드 우선순위와는 같지 않다는 점에 유의하자. 실제로 스레드 우선순위는 IRQL이 2보다 작을 때에만 의미를 가진다.

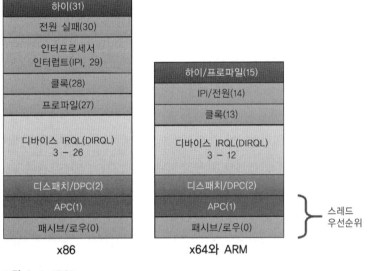

그림 6-4 IRQL

> IRQL은 IRQ(인터럽트 요청)과는 동일한 것이 아니다. IRQ는 인터럽트 컨트롤러에 장치를 연결하는 하드웨어 라인을 일컫는다. 인터럽트와 IRQ, IRQL에 관한 추가적인 사항은 2권 8장을 보라.

프로세서의 IRQL은 일반적으로 0이다. IRQL이 0인 경우 우선순위에 기반을 두고 스레드를 스케줄하는 커널 스케줄러와 4장에서 설명한 작업 등에서 특별한 아무것도 발생하지 않음을 의미한다. 유저 모드에서 IRQL은 0만 가능하다. 유저 모드에서 IRQL을 상승시킬 수는 없다(이것이 바로 유저 모드 문서에서 IRQL 개념을 언급하지 않는 이유다. 언급할 필요가 없는 것이다).

커널 모드 코드는 KeRaiseIrql과 KeLowerIrql 함수를 사용해 현재 CPU의 IRQL을 상승시키거나 낮출 수 있다. 하지만 시간 특정적인 함수의 대부분은 예상된 레벨로 상승할 IRQL 값과 함께 호출된다. 이는 잠시 후에 설명할 드라이버에 의한 일반적인 I/O 처리에서 보게 될 것이다.

I/O 관련 논의에서 가장 중요한 IRQL은 다음과 같다.

- **패시브(0)** WDK 헤더인 wdm.h에 **PASSIVE_LEVEL** 매크로로 정의돼 있다. 4장에서 설명했던 커널 스케줄러가 일반적으로 동작하는 기본 IRQL이다.

- **디스패치/DPC(2)(DISPATCH_LEVEL)** 커널 스케줄러가 동작하는 IRQL이다. 이는 스레드가 현재 IRQL을 2(또는 그 이상)로 상승시키면 스레드는 기본적으로 무한 퀀텀을 갖게 되고 다른 스레드에 의해 선점되지 않는다는 것을 의미한다. IRQL이 2 밑으로 떨어져야만 스케줄러는 현재 CPU에서 깨어날 수 있다. 이는 다음과 같은 몇 가지 사실을 암시한다.

  - IRQL이 레벨 2 또는 그 이상이라면 커널 디스패처 객체(뮤텍스와 세마포어, 이벤트 같은)를 대기하는 누구라도 시스템을 크래시시킨다. 대기가 암시하는 것은 스레드가 대기 상태로 진입하고 다른 스레드가 해당 CPU에서 스케줄돼야 함을 나타내기 때문이다. 하지만 스케줄러는 이 레벨에서 실행될 수 없다. 대신 시스템은 버그 체크를 발생시킨다(유일한 예외는 대기가 요청되지 않았음을 의미하는 대기 타임아웃이 제로인 경우에 객체의 시그널 상태를 구해온다).

  - 페이지 폴트가 처리될 수 없다. 페이지 폴트는 변경 페이지 기록자 중 하나로 컨텍스트 전환이 이뤄져야 하기 때문이다. 하지만 켄텍스트 전환은 허용되지 않고, 따라서 시스템은 크래시된다. 이것은 IRQL 2 또는 그 이상의 레벨에서 실행하는 코드는 넌페이지드 메모리(일반적으로 넌페이지드 풀에서 할당된 메모리, 정의에 따라 항상 물리 메모리에 상주한다)만을 접근할 수 있음을 의미한다.

- **디바이스 IRQL(x86의 경우 3-26, x64와 ARM의 경우 3-12)(DIRQL)** 이들은

778

하드웨어 인터럽트에 할당되는 레벨이다. 인터럽트가 도착할 때 커널의 트랩 디스패처는 적절한 인터럽트 서비스 루틴^{ISR}을 호출하고 그 IRQL을 연관된 인터럽트의 IRQL로 상승시킨다. 이 값은 항상 DISPATCH_LEVEL(2)보다 높으므로 IRQL 2와 관련된 모든 규칙이 DIRQL에도 역시 적용된다.

특정 IRQL에서 실행한다는 것은 이 IRQL이나 이보다 더 낮은 IRQL의 인터럽트를 마스킹하는 효과가 있다. 예를 들어 IRQL 8로 실행하는 ISR은 같은 CPU에서 실행하는 IRQL 7이나 더 낮은 IRQL의 코드로부터 간섭을 전혀 받지 않는다. 특히 항상 IRQL 0에서 실행하는 어떠한 유저 모드 코드도 실행될 수 없다. 이는 높은 IRQL에서 실행한다는 것은 일반적으로 바람직하지 않다는 것을 의미한다. 하지만 이런 경우에 해당하는 일부 시나리오(6장에서 살펴본다)가 존재하며, 실제로 일반적인 운영체제에서 필요로 하는 사항이다.

지연된 프로시저 호출

지연된 프로시저 호출^{DPC, Deferred Procedure Call}은 IRQL DPC_LEVEL(2)에서의 함수 호출을 캡슐화하는 객체다. DIRQL에서 실행을 하면 서비스되기를 대기하는 다른 인터럽트를 마스킹할(따라서 연기시키게 된다) 수도 있기 때문에 DPC는 인터럽트 후처리를 위해 주로 존재한다. 일반적인 ISR은 가능하면 최소한의 작업만을 한다. 즉, 장치의 상태를 읽고서 장치의 인터럽트 신호를 중지하라는 요청을 하고 DPC 요청을 통해 좀 더 낮은 IRQL(2)에서 추가적인 처리를 하게 지연시키는 작업만을 할 뿐이다. "지연됐다"라는 용어는 DPC가 바로 실행하지 않음을 의미한다. 현재 IRQL이 2보다 높은 상태이므로 바로 실행할 수도 없다. 하지만 ISR이 복귀할 때 서비스되기를 기다리는 펜딩 인터럽트가 더 이상 없다면 CPU IRQL은 2로 떨어지고 누적된(단 하나일 수도 있다) DPC를 실행하게 된다. 그림 6-5는 특정 CPU에서 코드가 일반적으로 IRQL 0으로 실행 중인 상황에서 하드웨어 장치의 인터럽트가 발생할 때(원래 비동기적이므로 어떤 때라도 발생할 수 있음을 의미한다) 일어날 수 있는 사건들의 순서를 보여준다.

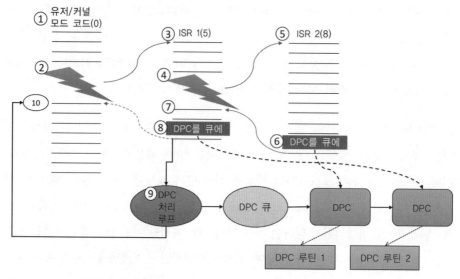

그림 6-5 인터럽트와 DPC 처리의 예

다음은 그림 6-5에서 보여주는 이벤트들의 순서를 설명한다.

1. CPU가 IRQL 0인 상황에서 일부 유저 모드와 커널 모드 코드가 실행하고 있다. 이는 가장 흔한 경우다.

2. IRQL 5인 하드웨어 인터럽트가 도착한다(디바이스 IRQL은 최소 3의 값을 가진다). 5는 0(현재 IRQL)보다 높으므로 이 인터럽트와 관련된 ISR이 호출된다. 컨텍스트 전환은 없다는 점에 유의하자. ISR 코드의 실행이 이뤄지는 곳은 인터럽트가 발생할 시점에 실행하던 바로 그 스레드다(스레드가 유저 모드에 있었다면 인터럽트가 당도하면 커널 모드로 전환한다).

3. CPU IRQL이 5인 동안에 ISR 1이 실행을 시작한다. 이 시점에 IRQL 5 또는 그 이하의 인터럽트는 발생할 수 없다.

4. IRQL 8인 다른 인터럽트가 도착하고 시스템은 동일한 CPU에서 이를 처리한다고 가정해보자. 8은 5보다 크므로 코드는 다시 인터럽트된다. CPU 상태가 저장되고 IRQL은 8로 상승하며, CPU는 ISR 2로 점프한다. 여전히 같은 스레드임에 주목하자. IRQL이 2 이상이라면 스레드 스케줄러가 깨어날 수 없으므로 컨텍스

트 전환은 일어 날 수 없다.

5. ISR 2가 실행한다. 완료되기 전에 ISR 2는 처리할 추가적인 작업은 좀 더 낮은 IRQL에서 하게 해 IRQL이 8보다 작은 인터럽트가 더 잘 서비스되게 한다.

6. ISR 2의 마지막 작업으로 인터럽트가 해제된 이후에 필요한 후처리를 하는 드라이버 루틴을 가리키게 적절히 초기화된 DPC를 `KeInsertQueueDpc`를 호출해 큐에 넣는다(다음 절에서 이 후처리 작업에 일반적으로 어떤 것이 있는지 알아본다). 이제 ISR은 복귀해 ISR 2로 진입하기 전에 저장된 CPU 상태를 복원한다.

7. 이 시점에서 IRQL은 그 이전 레벨(5)로 떨어지고 CPU는 이전에 인터럽트된 ISR 1의 실행을 재개한다.

8. ISR 1이 종료하기 전에 자신만의 필요한 후처리를 위해 DPC를 큐에 넣는다. 이들 DPC는 아직까지 검사가 이뤄지지 않은 DPC 큐에 저장된다. 그런 다음에 ISR 1이 복귀하고 ISR 1의 실행이 시작되기 전에 저장된 CPU 상태를 복원한다.

9. 이 시점에서 IRQL은 인터럽트 처리가 시작되기 이전의 0의 값으로 떨어지기를 기대하지만 처리되지 않은 DPC가 존재하므로 IRQL은 레벨 2(DPC_LEVEL)로 떨어지고 DPC 처리 루프로 진입한다. 여기서는 누적된 DPC를 돌면서 각 DPC 루틴을 순서대로 호출한다. DPC 큐가 비게 되면 DPC 처리는 끝이 난다.

10. 마지막으로 IRQL은 0으로 되돌아 올 수 있다. CPU 상태를 복원하고 최초의 인터럽트가 발생했던 원래의 유저 모드나 커널 모드 코드의 실행을 재개한다. 앞서 설명한 모든 처리는 동일한 스레드(어떤 스레드라도 상관없다)에서 이뤄졌음에 다시 한 번 더 주목하자. 이 사실은 ISR과 DPC 루틴은 자신들의 코드가 특정 스레드(그리고 당연히 특정 프로세스도)에서 실행할 것이란 사실에 의존하면 안 된다는 것을 암시한다. 이는 임의의 스레드일 수 있다. 이에 대한 중요성은 다음 절에서 다룬다.

앞의 설명은 다소 간략화됐다. 이들 설명은 DPC의 중요성이나 좀 더 빠른 DPC 처리를 할 수도 있는 CPU 등에 대한 것이 아니다. 이들의 세부 사항은 6장에서 그리 중요하지 않다. 하지만 2권의 8장에서 이들을 자세히 다룬다.

디바이스 드라이버

I/O 관리자와 여타 I/O 시스템 컴포넌트와 함께 통합되기 위해 디바이스 드라이버는 자신이 관리하는 디바이스의 유형에 맞는 지침과 디바이스를 관리함에 있어 수행하는 역할에 맞는 구현 지침을 준수해야 한다. 이번 절에서는 윈도우가 제공하는 디바이스 드라이버의 유형과 디바이스 드라이버의 내부 구조를 살펴본다.

> 대부분의 커널 모드 디바이스 드라이버는 C로 작성된다. 윈도우 드라이버 킷 8.0부터 새로운 컴파일러의 커널 모드 C++에 대한 특수한 지원 덕택에 드라이버는 C++로 안전하게 작성될 수 있다. 어셈블리 언어의 복잡함과 윈도우(x86, x64, ARM)에서 지원되는 하드웨어 아키텍처 간의 이식성의 어려움으로 인해 어셈블리 언어의 사용은 극도로 자제해야 한다.

디바이스 드라이버의 유형

윈도우는 광범위한 디바이스 드라이버 유형과 프로그래밍 환경을 지원한다. 동일한 유형의 디바이스 드라이버일지라도 드라이버가 지원하려는 장치에 따라 프로그래밍 환경은 다를 수 있다.

드라이버를 크게 유저 모드와 커널 모드 드라이버로 나눌 수 있다. 윈도우는 다음과 같은 다양한 유형의 유저 모드 드라이버를 지원한다.

- **윈도우 서브시스템 프린터 드라이버** 장치 독립적인 그래픽 요청을 프린터 특정적인 명령으로 변환한다. 이런 명령은 일반적으로 범용 직렬 버스^{USB} 프린터 포트 드라이버(Usbprint.sys) 같은 커널 모드 포트 드라이버로 전달된다.

- **유저 모드 드라이버 프레임워크(UMDF) 드라이버** 유저 모드에서 실행되는 하드웨어 디바이스 드라이버다. UMDF는 ALPC를 통해 커널 모드 UMDF 지원 라이브러리와 통신한다. 더 자세한 정보는 6장의 '유저 모드 드라이버 프레임워크(UMDF)' 절을 참고하라.

6장의 초점은 커널 모드 디바이스 드라이버에 맞춰져 있다. 많은 유형의 커널 모드 드라이버가 존재하고 그 유형은 다음과 같은 기본 범주로 나눌 수 있다.

- **파일 시스템 드라이버** 파일에 대한 I/O 요청을 받아 좀 더 명시적인 요청을 생성해 대용량 저장소나 네트워크 디바이스 드라이버로 I/O 요청을 수행한다.
- **플러그앤플레이 드라이버** 하드웨어와 함께 동작하고 윈도우 전원 관리자와 PnP 관리자와 통합돼 동작한다. PnP 드라이버에는 대용량 저장 장치와 비디오 어댑터, 입력 장치, 네트워크 어댑터를 위한 드라이버 등이 있다.
- **넌플러그앤플레이 드라이버** 커널 익스텐션을 포함하며, 시스템 기능을 확장하는 드라이버나 모듈이다. 이들은 일반적으로 실제 하드웨어를 관리하지 않기 때문에 PnP나 전원 관리자와 통합되지 않는다. 예를 들어 네트워크 API와 프로토콜 드라이버가 있다. Sysinternals의 프로세스 모니터의 드라이버도 한 사례다.

커널 모드 드라이버 범주에서는 장치 요청을 서비스하는 드라이버의 역할과 드라이버가 준수하는 드라이버 모델에 기반을 두고 추가적인 분류가 가능하다.

WDM 드라이버

WDM 드라이버는 윈도우 드라이버 모델^{WDM}을 준수하는 드라이버다. WDM은 윈도우 전원 관리와 플러그앤플레이, WMI를 지원하며, 대부분의 플러그앤플레이 드라이버는 WDM 모델을 따른다. WDM 드라이버에는 다음과 같은 세 가지 종류가 있다.

- **버스 드라이버** 논리적 버스나 물리적 버스를 관리한다. 버스 드라이버의 예로는 PCMCIA와 PCI, USB, IEEE 1394가 있다. 버스 드라이버는 장치가 자신이 관리하는 버스에 연결되는 것을 감지하고 이를 PnP 관리자에게 알려주는 역할뿐만 아니라 버스의 전원 설정을 관리할 책임이 있다. 이들은 주로 마이크로소프트에 의해 특별하게 제공된다.
- **펑션 드라이버** 이들은 특정 유형의 장치를 관리한다. 버스 드라이버는 PnP 관리자를 통해 장치를 펑션 드라이버^{function driver}에 제공한다. 펑션 드라이버는 장치를 조작하는 인터페이스를 운영체제에 제공한다. 일반적으로 펑션 드라이

버는 장치의 동작에 대해 가장 많이 알고 있다.

- **필터 드라이버** 펑션 드라이버의 위쪽이나 아래쪽에 존재하거나(상위 필터 또는 펑션 필터로 불린다) 버스 드라이버 상위에 존재하는(하위 필터 또는 버스 필터로 불린다) 논리적인 계층으로, 장치나 다른 드라이버의 동작을 확장하거나 변경시킨다. 예를 들면 키보드 값을 가로채는 유틸리티는 키보드 펑션 드라이버 상단에 위치한 필터 드라이버로 구현할 수 있다.

그림 6-6은 물리 디바이스 객체^{PDO}와 하위 필터, 펑션 디바이스 객체^{FDO}를 생성하는 펑션 드라이버, 상위 필터로 이뤄진 디바이스 노드(devnode로도 불린다)를 보여준다. 반드시 필요한 계층은 PDO와 FDO다. 다양한 필터는 존재할 수도 안 할 수도 있다.

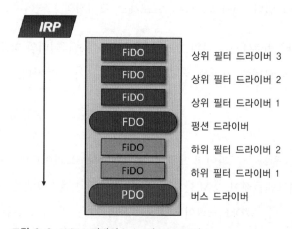

그림 6-6 WDM 디바이스 노드(devnode)

WDM에선 어떤 드라이버도 특정 장치의 모든 부분을 제어할 책임을 지지 않는다. 버스 드라이버는 버스에 추가되거나 제거되는 디바이스를 감지하고 PnP 관리자를 도와 버스의 장치를 열거하며, 버스 종속적인 구성 설정 레지스터 접근이나 경우에 따라서는 버스의 장치에 대한 전원 관리 등을 책임진다. 일반적으로 펑션 드라이버는 장치의 하드웨어에 접근하는 유일한 드라이버다. 6장 후반부의 '플러그앤플레이 관리자' 절에서 이들 장치가 존재하게 되는 정확한 방식을 설명한다.

계층적 드라이버

하드웨어의 각 부분에 대한 지원은 종종 여러 드라이버가 분담한다. 각 드라이버는 장치가 적절하게 동작하는 데 필요한 기능의 한 부분을 제공한다. 하드웨어 지원은 WDM 버스 드라이버와 펑션 드라이버, 필터 드라이버에 추가적으로 다음과 같은 컴포넌트로 나눠질 수도 있다.

- **클래스 드라이버** 하드웨어 인터페이스가 표준화돼 있는 디스크나 키보드, CD-ROM 같은 특정 클래스의 장치를 위한 I/O 처리를 구현한다. 따라서 하나의 드라이버로 광범위한 제조사들의 장치를 지원할 수 있다.

- **미니클래스 드라이버** 특정 부류의 장치에 대해 벤더 정의된 I/O 처리를 구현한다. 예를 들면 마이크로소프트가 작성한 표준 배터리 클래스 드라이버가 존재하지만 무정전 전원 공급기^{UPS}와 노트북 배터리는 제조사 간에 매우 상이한 고도의 특수 인터페이스를 가지므로 벤더가 제공하는 미니클래스를 필요로 한다. 미니클래스 드라이버^{miniclass driver}는 기본적으로 커널 모드 DLL이며, 직접 IRP 처리를 하지 않는다. 클래스 드라이버가 미니클래스 드라이버를 호출하며 미니클래스는 클래스 드라이버의 함수를 임포트한다.

- **포트 드라이버** SATA 같은 I/O 포트 유형에 따른 I/O 요청의 처리를 구현한다. 그리고 실제 디바이스 드라이버보다는 커널 모드 라이브러리 함수로 구현된다. 다른 벤더가 이 포트 드라이버를 여전히 공유할 수 있게 인터페이스가 표준화돼 있기 때문에 포트 드라이버는 거의 항상 마이크로소프트만 작성한다. 하지만 특별한 경우 서드파티가 자신만의 특수한 하드웨어에 대한 포트 드라이버를 작성할 필요도 있고, I/O 포트란 개념이 논리적 포트까지 확장되는 경우도 있다. 예를 들면 NDIS^{Network Driver Interface Specification}는 네트워크 포트 드라이버다.

- **미니포트 드라이버** 특정 포트에 대한 범용적인 I/O 요청을 특정 네트워크 어댑터 같은 어댑터 유형으로 매핑한다. 미니포트 드라이버는 포트 드라이버에 의해 제공된 함수를 임포트하는 실제 디바이스 드라이버다. 미니포트 드라이버는 서드파티 업체에 의해 작성되고, 포트 드라이버에 대한 인터페이스를 제공한다. 미니

클래스 드라이버처럼 이들은 커널 모드 DLL이며, 직접 IRP를 처리하지 않는다.

그림 6-7의 간략화된 예는 디바이스 드라이버의 동작 방식을 고수준에서 설명하는 데 도움이 될 것이다. 보다시피 파일 시스템 드라이버는 특정 파일 내의 어떤 위치에 데이터를 쓰는 요청을 받아들인다. 파일 시스템 드라이버는 이 요청을 디스크의 특정 논리 영역에 얼마간의 바이트를 기록하라는 명령으로 변환한다. 그런 다음 이 요청을 디스크 드라이버로 전달(I/O 관리자를 통해)한다. 이제 디스크 드라이버는 요청을 디스크의 물리 영역으로 변환하고 데이터를 쓰기 위해 디스크와 통신한다.

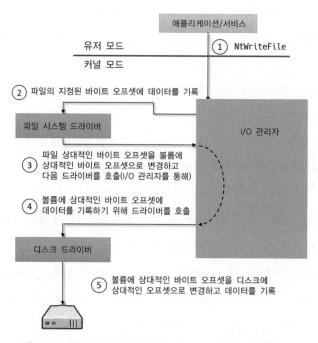

그림 6-7 파일 시스템 드라이버와 디스크 드라이버의 계층화

이 그림은 두 개의 계층화된 드라이버의 분업을 예시한다. I/O 관리자는 특정 파일의 시작 지점으로부터 상대적인 지점에 쓰기 요청을 받는다. I/O 관리자는 요청을 파일 시스템 드라이버로 전달하고, 파일 시스템 드라이버는 파일에 상대적인 쓰기 명령을 시작 위치(디스크의 섹터 경계)와 기록할 바이트의 수로 변환해야 한다. 그리고 파일 시스템 드라이버는 I/O 관리자를 호출해 요청을 디스크 드라이버에 전달한다. 디스크

드라이버는 이제 요청을 물리적 디스크 위치로 변환하고 데이터를 전송한다.

모든 드라이버(디바이스 드라이버와 파일 시스템 드라이버 양쪽 모두)는 운영체제에 같은 프레임워크를 제공하기 때문에 기존 드라이버나 I/O 시스템을 변경하지 않고도 추가적인 드라이버를 쉽게 해당 계층에 삽입할 수 있다. 예를 들면 드라이버를 하나 추가하는 것만으로 여러 개의 디스크를 하나의 커다란 디스크처럼 보이게 할 수 있다. 이런 논리적 볼륨 관리자 드라이버는 그림 6-8과 같이 파일 시스템과 디스크 드라이버 사이에 위치한다(실제적인 스토리지 드라이버 스택과 볼륨 관리자 드라이버는 2권의 12장을 참고하라).

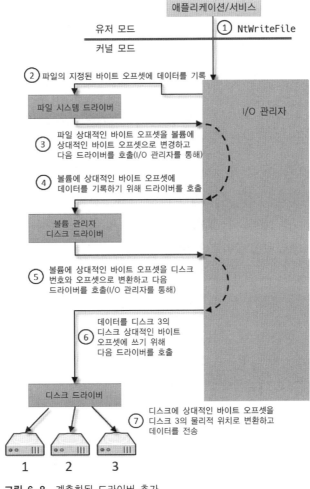

그림 6-8 계층화된 드라이버 추가

실습: 로드된 드라이버 목록 보기

시작 메뉴의 실행 대화상자에서 Msinfo32.exe를 실행해 등록된 드라이버의 목록을 볼 수 있다. 시스템에 구성된 드라이버의 목록을 보기 위해 소프트웨어 환경 아래의 시스템 드라이버 항목을 선택한다. 로드된 드라이버는 다음과 같이 시작 됨 열에 '예'라고 표시돼 있다.

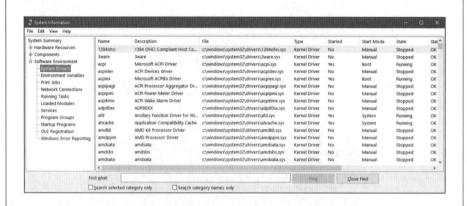

드라이버 리스트는 HKLM\System\CurrentControlSet\Services 레지스트리 키에서 온 것들이다. 이 키는 드라이버와 서비스가 공유한다. 이들은 서비스 제어 관리자^{SCM}에 의해 시작될 수 있다. 각 서브키에 대해 드라이버와 서비스를 구분하는 방법은 Type 값을 살펴보면 된다. 작은 값(1, 2, 4, 8)은 드라이버를 나타내고 16(0x10)과 32(0x20)는 윈도우 서비스를 나타낸다. Services 서브키에 관한 추가적인 정보는 2권의 9장을 참고하라.

또한 Process Explorer로 로드된 커널 모드 드라이버의 목록을 볼 수 있다. Process Explorer를 실행하고 System 프로세스를 선택한 후 View 메뉴 내의 Lower Pane View 메뉴에서 DLL을 선택한다.

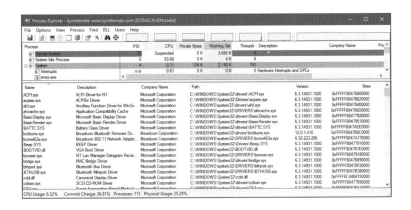

Process Explorer는 로드된 드라이버의 목록과 그 이름, 버전 정보(회사와 설명 포함), 로드된 주소(해당 칼럼을 볼 수 있게 Process Explorer를 설정한 경우)를 보여 준다.

마지막으로 커널 디버거로 크래시 덤프(혹은 실시간 디버깅)를 살펴보고 있다면 lm kv 명령으로 유사한 결과를 얻을 수 있다.

```
kd> lm kv
start     end       module name
80626000 80631000 kdcom     (deferred)
   Image path: kdcom.dll
   Image name: kdcom.dll
   Browse all global  symbols functions data
   Timestamp:          Sat Jul 16 04:27:27 2016 (57898D7F)
   CheckSum:           0000821A
   ImageSize:          0000B000
   Translations:       0000.04b0 0000.04e4 0409.04b0 0409.04e4
81009000 81632000 nt        (pdb symbols)           e:\symbols\ntkrpamp.
pdb\A54DF85668E54895982F873F58C984591\ntkrpamp.pdb
   Loaded symbol image file: ntkrpamp.exe
   Image path: ntkrpamp.exe
   Image name: ntkrpamp.exe
```

```
     Browse all global  symbols functions data
     Timestamp:          Wed Sep 07 07:35:39 2016 (57CF991B)
     CheckSum:           005C6B08
     ImageSize:          00629000
     Translations:       0000.04b0 0000.04e4 0409.04b0 0409.04e4
81632000 81693000 hal        (deferred)
   Image path: halmacpi.dll
   Image name: halmacpi.dll
   Browse all global  symbols functions data
   Timestamp:          Sat Jul 16 04:27:33 2016 (57898D85)
   CheckSum:           00061469
   ImageSize:          00061000
   Translations:       0000.04b0 0000.04e4 0409.04b0 0409.04e4
8a800000 8a84b000 FLTMGR   (deferred)
   Image path: \SystemRoot\System32\drivers\FLTMGR.SYS
   Image name: FLTMGR.SYS
   Browse all global  symbols functions data
   Timestamp:          Sat Jul 16 04:27:37 2016 (57898D89)
   CheckSum:           00053B90
   ImageSize:          0004B000
   Translations:       0000.04b0 0000.04e4 0409.04b0 0409.04e4
...
```

드라이버의 구조

I/O 시스템은 디바이스 드라이버의 실행을 구동한다. 디바이스 드라이버는 I/O 요청의
다양한 단계를 처리하기 위해 호출되는 루틴들의 집합으로 구성돼 있다. 그림 6-9는
핵심 드라이버 함수 루틴을 보여준다.

- **초기화 루틴** I/O 관리자는 운영체제에 드라이버를 로드할 때 WDK에 의해
  GSDDriverEntry에 설정된 드라이버의 초기화 루틴을 실행한다. GSDDriver-
  Entry는 스택 오버플로우 오류에 대한 컴파일러의 대책(쿠키로 불린다)을 초기

화하고 드라이버 작성자가 반드시 구현해야 하는 **DriverEntry**를 호출한다. 이
루틴은 드라이버의 나머지 루틴을 I/O 관리자에 등록하기 위해 시스템 데이터
구조체를 채워 넣고 드라이버 전역적인 모든 초기화를 수행한다.

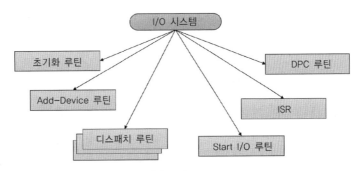

그림 6-9 주요 디바이스 드라이버 루틴

- **Add-Device 루틴** 플러그앤플레이를 지원하는 드라이버는 add-device 루틴
  을 구현해야 한다. PnP 관리자는 드라이버가 책임지고 있는 장치가 발견될 때
  마다 이 루틴을 통해 드라이버에 통지한다. 일반적으로 드라이버는 이 루틴 안
  에서 장치를 나타내는 디바이스 객체(6장 후반부에 설명)를 생성한다.

- **디스패치 루틴 집합** 디스패치 루틴은 디바이스 드라이버가 제공하는 주요 함수
  들이다. 몇 가지 예로 open, close, read, write, 플러그앤플레이 기능을 들
  수 있다. I/O 관리자는 I/O 동작을 수행하기 위해 호출될 때 IRP를 생성하고
  드라이버의 디스패치 루틴 중 하나를 통해 드라이버를 호출한다.

- **Start I/O 루틴** 드라이버는 장치로 데이터 전송이나 수신을 시작하기 위해 Start
  I/O 루틴을 사용할 수 있다. 이 루틴은 들어오는 I/O 요청을 큐에 넣기 위해
  I/O 관리자를 의존하는 드라이버에서만 정의된다. I/O 관리자는 드라이버가
  한 번에 오직 하나의 IRP만 처리할 수 있게 보장하기 위해 IRP를 직렬화한다.
  드라이버는 여러 IRP를 동시에 처리할 수 있지만, 대부분의 장치는 동시에 여러
  I/O 요청을 처리할 수 없기 때문에 일반적으로 직렬화가 필요하다.

- **인터럽트 서비스 루틴(ISR)** 장치가 인터럽트를 발생하면 커널의 인터럽트 디스
  패처는 제어를 이 루틴으로 옮긴다. 윈도우 I/O 모델에서 ISR은 디바이스 인터

럽트 요청 레벨^{DIRQL}에서 동작한다. 따라서 ISR에서는 낮은 레벨의 인터럽트를 불필요하게 막는 것을 피하기 위해 가능한 작업을 적게 수행해야 한다(이전 절에서 다룬 것처럼). 일반적으로 ISR은 인터럽트 처리의 남은 부분을 실행하기 위해 좀 더 낮은 IRQL(DPC/디스패치 레벨)에서 실행되는 지연된 프로시저 호출^{DPC}을 큐에 넣는다. 인터럽트 구동 장치를 지원하는 드라이버만이 ISR을 가진다. 예를 들면 파일 시스템 드라이버는 ISR을 갖지 않는다.

- **인터럽트 서비스 DPC 루틴** DPC 루틴은 ISR이 실행된 이후 장치 인터럽트를 처리하는 대부분의 작업을 수행한다. DPC 루틴은 IRQL 2에서 실행한다. 이는 높은 DIRQL과 낮은 패시브 레벨(0) 사이의 타협점이다. 일반적인 DPC 루틴은 I/O 완료에 착수하고 장치에 대해 큐에 있는 그 다음 I/O 작업을 시작한다.

그림 6-9에는 나오지 않았지만 다음 루틴들은 수많은 유형의 디바이스 드라이버에서 찾아볼 수 있다.

- **한 개 이상의 I/O 완료 루틴(I/O completion routine)** 계층화된 드라이버는 하단의 드라이버가 IRP 처리를 완료했을 때 이를 통지하기 위한 I/O 완료 루틴을 가질 수 있다. 예를 들면 어떤 디바이스 드라이버가 파일에 대한 데이터 전송을 끝마치면 I/O 관리자는 파일 시스템 드라이버의 I/O 완료 루틴을 호출한다. 이 완료 루틴은 파일 시스템 드라이버에게 명령이 성공이나 실패, 취소됐다고 통지하고, 파일 시스템 드라이버로 하여금 명령에 대한 정리 작업^{cleanup}을 할 수 있게 한다.

- **I/O 취소 루틴(cancel I/O routine)** I/O 명령이 취소될 수 있다면 드라이버는 한 개 이상의 I/O 취소 루틴을 정의할 수 있다. 드라이버가 취소 가능한 IRP를 받았을 때 해당 IRP에 취소 루틴을 등록할 수 있으며, IRP가 다양한 처리 단계를 거치면서 취소 루틴은 변경될 수 있고 현재 동작이 취소될 수 없게 된다면 취소 루틴은 제거된다. I/O 요청을 시작한 스레드가 해당 요청 작업이 완료되기 전에 종료되거나 해당 요청이 취소(예를 들어 CancelIo나 CancelIoEx 윈도우 함수로)된다면 I/O 관리자는 IRP에 취소 루틴이 등록돼 있는 경우 취소 루틴을 실행한

다. 취소 루틴은 취소된 상태로 IRP를 완료시키는 것뿐만 아니라 IRP 처리 중에 획득된 모든 리소스를 해제하기 위한 필요한 절차를 수행할 책임을 진다.

- **패스트 디스패치 루틴** 파일 시스템 드라이버 같이 캐시 관리자를 사용하는 드라이버는 커널이 드라이버에 접근할 때 전형적인 I/O 처리를 우회하게 허용하기 위해 이들 루틴을 제공한다(캐시 관리자에 관한 추가적인 정보는 2권의 14장을 보라). 예를 들어 읽기나 쓰기 같은 명령은 개별적인 I/O 작업을 발생시키는 I/O 관리자의 일반적인 경로를 취하는 대신 캐시된 데이터에 직접 접근함으로써 신속히 수행될 수 있다. 패스트^{Fast} 디스패치 루틴은 메모리 관리자와 캐시 관리자에서 파일 시스템 드라이버로의 콜백을 위한 메커니즘으로도 사용된다. 예를 들면 섹션을 생성할 때 메모리 관리자는 파일을 배타적으로 획득하기 위해 파일 시스템 드라이버를 다시 호출한다.

- **언로드 루틴** 언로드 루틴은 드라이버에서 사용 중인 모든 시스템 리소스를 해제해 I/O 관리자가 드라이버를 메모리에서 제거할 수 있게 한다. 초기화 루틴(DriverEntry)에서 획득한 리소스는 일반적으로 언로드 루틴에서 해제된다. 드라이버가 지원한다면 시스템이 실행 중인 동안 로드나 언로드가 가능하지만 언로드 루틴은 장치에 대한 모든 핸들이 닫힌 후에야 호출된다.

- **시스템 종료 통지 루틴** 이 루틴을 통해 드라이버는 시스템이 종료될 때 정리 작업을 할 수 있다.

- **오류 로깅 루틴** 예측하지 못한 오류가 발생할 때(예를 들면 디스크 블록이 손상되는 경우) 드라이버 오류 로깅 루틴은 해당 사건을 기록하고 I/O 관리자에게 통지한다. I/O 관리자는 이 정보를 오류 로그 파일에 기록한다.

드라이버 객체와 디바이스 객체

스레드가 파일 객체(6장 뒷부분의 'I/O 처리' 절에서 설명)에 대한 핸들을 열었을 때 I/O 관리자는 파일 객체의 이름으로부터 어떤 드라이버가 요청을 처리해야 할지 결정해야 한다. 또한 I/O 관리자는 다음에 스레드가 같은 파일 핸들을 사용할 때 이 정보를 찾을 수 있어야 한다. 다음에 설명할 시스템 객체는 이런 요구를 충족시켜준다.

- **드라이버 객체** 시스템의 개별 드라이버를 나타낸다(DRIVER_OBJECT 구조체). I/O 관리자는 드라이버 객체로부터 각 드라이버의 디스패치 루틴(진입점)의 주소를 얻는다.
- **디바이스 객체** 시스템상의 물리 장치나 논리 장치를 나타낸다(DEVICE_OBJECT 구조체). 그리고 버퍼에 필요한 버퍼 정렬^{alignment}과 들어온 IRP를 보유하는 디바이스 큐의 위치 같은 특성을 기술한다. 이 객체는 핸들과 통신하는 바로 그 객체이므로 모든 I/O 동작의 대상이 된다.

I/O 관리자는 드라이버가 시스템에 로드될 때 드라이버 객체를 생성한다. 그런 다음 드라이버의 진입점들로 객체 속성을 채워 넣는 드라이버의 초기화 루틴(DriverEntry)을 호출한다.

로딩 완료 후 드라이버는 언제라도 IoCreateDevice나 IoCreateDeviceSecure를 호출해 논리적 또는 물리적 장치를 나타내거나, 드라이버에 대한 논리적 인터페이스나 엔드포인트를 나타내는 디바이스 객체를 생성할 수 있다. 그러나 대부분의 플러그앤플레이 드라이버는 드라이버가 관리하고 있는 장치에 관한 정보를 PnP 관리자가 제공해 줄 때 드라이버의 add-device 루틴에서 디바이스 객체를 생성한다. 반면 넌플러그앤플레이 드라이버는 보통 I/O 관리자가 드라이버의 초기화 루틴을 호출할 때 디바이스 객체를 생성한다. I/O 관리자는 마지막 디바이스 객체가 삭제되고 드라이버에 대해 남아있는 참조가 없을 때 드라이버를 언로드한다.

드라이버 객체와 디바이스 객체 간의 관계는 그림 6-10에서 보여준다.

드라이버 객체는 DeviceObject 멤버에 자신의 첫 번째 디바이스 객체에 대한 포인터를 가진다. 두 번째 디바이스 객체는 DEVICE_OBJECT 구조체의 NextDevice에 의해 가리켜진다. 마지막 디바이스 객체가 NULL을 가리킬 때까지 이런 방식이 이뤄진다. 각 디바이스 객체는 DriverObject 멤버를 통해 드라이버 객체를 가리킨다. 그림 6-10에서 보이는 화살표는 디바이스 생성 함수(IoCreateDevice나 IoCreateDeviceSecure)에 의해 만들어진 것이다. 여기서 보이는 DeviceExtension 포인터는 드라이버가 관리하는 각 디바이스 객체에 연결되는 추가적 메모리로서 드라이버가 할당할 수 있다.

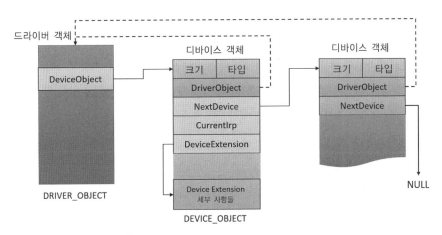

그림 6-10 드라이버 객체와 그 디바이스 객체들

> 드라이버 객체와 디바이스 객체의 구분은 중요한 사항이다. 드라이버 객체는 드라이버의 행위를 나타내고 각 디바이스 객체는 통신 말단을 나타낸다. 예를 들어 4개의 직렬 포트가 장착된 시스템에서 하나의 드라이버 객체(그리고 하나의 드라이버 바이너리)와 4개의 디바이스 객체(각각은 하나의 직렬 포트를 나타낸다)가 존재할 수 있다. 이들 각 디바이스 객체는 다른 직렬 포트에 영향을 미치지 않고 개별적으로 오픈될 수 있다. 하드웨어 장치의 경우 각 디바이스는 I/O 포트와 메모리 맵 I/O, 인터럽트 라인 같은 하드웨어 자원의 집합도 나타낸다. 윈도우는 드라이버 중심적이라기보다는 디바이스 중심적이다.

드라이버가 디바이스 객체를 생성할 때 드라이버는 장치의 이름을 선택적으로 할당할 수 있다. 이 이름은 객체 관리자 네임스페이스 내의 디바이스 객체 디렉터리에 위치하며, 드라이버는 명시적으로 이름을 정의하거나 I/O 관리자가 자동 생성하게 할 수 있다. 관례적으로 디바이스 객체는 네임스페이스에서 \Device 디렉터리에 위치하며, 이는 애플리케이션이 윈도우 API를 사용해 접근할 수 없다.

애플리케이션이 디바이스 객체를 open할 수 있으려면 드라이버는 \GLOBAL?? 디렉터리의 \Device 디렉터리에 있는 디바이스 객체의 이름에 대한 심볼릭 링크를 생성해야 한다(IoCreateSymbolicLink가 이 작업을 한다). 넌플러그앤플레이나 파일 시스템 드라이버는 일반적으로 잘 알려진 이름으로(예, \Device\HarddiskVolume2) 심볼릭 링크를 생성한다. 잘 알려진 이름은 동적으로 하드웨어가 발견되고 사라지는 환경에서는 잘 동작하지 않기 때문에 PnP 드라이버는 노출된 기능의 유형을 나타내는 GUID(전역적으로 유일한 식별자)를 지정해 `IoRegisterDeviceInterface` 함수를 호출해 한 개 이상의 인터페이스를 제공한다. GUID는 uuidgen이나 guidgen이라는 툴을 사용해 생성할 수 있는 128비트 값이다. 이 툴은 WDK와 윈도우 SDK에 포함돼 있다. 128비트가 나타내는 값의 범위(와 생성에 사용된 공식)는 통계적으로 봤을 때 생성된 각 GUID가 영구적이고 전역적으로 고유한 값이라고 확신할 수 있다.

> 어떤 드라이버는 \Device 디렉터리가 아닌 곳에 디바이스 객체를 위치시킨다. 예를 들어 IDE 드라이버는 IDE 포트와 채널을 나타내는 디바이스 객체를 \Device\Ide 디렉터리에 생성한다. 스토리지 드라이버가 디바이스 객체를 사용하는 방법과 스토리지 아키텍처에 대한 설명은 2권의 12장을 보라.

`IoRegisterDeviceInterface`는 장치 인스턴스와 연관된 심볼릭 링크를 생성한다. 하지만 I/O 관리자가 링크를 생성하기 전에 드라이버는 장치에 대한 인터페이스를 활성화시키기 위해 `IoSetDeviceInterfaceState`를 호출해야 한다. 드라이버는 일반적으로 PnP 관리자가 드라이버에게 start-device IRP(IRP_MJ_PNP 메이저 함수 코드와 IRP_MN_START_DEVICE 마이너 함수 코드)를 보내 장치를 시작할 때 이 작업을 한다. IRP는 6장 후반부의 'I/O 요청 패킷' 절에서 설명한다.

GUID로 표현된 디바이스 객체를 열기 원하는 애플리케이션은 특정 GUID로 제공되는 인터페이스를 열거하고 디바이스 객체를 열 수 있는 심볼릭 링크의 이름을 얻기 위해 유저 영역에서 `SetupDiEnumDeviceInterfaces` 같은 플러그앤플레이 설정 함수들을 호출할 수 있다. `SetupDiEnumDeviceInterfaces`에 의해 보고된 각 장치에 대해 애플리케이션은 자동 생성된 이름 같은 장치에 대한 추가적인 정보를 얻기 위해 `SetupDi-GetDeviceInterfaceDetail`을 실행한다. `SetupDiGetDeviceInterfaceDetail`을 사용해 장치의 이름을 얻은 후에 애플리케이션은 윈도우 함수인 `CreateFile`이나 `CreateFile2`를 실행해 장치를 열고 핸들을 얻을 수 있다.

실습: 디바이스 객체 살펴보기

Sysinternals의 WinObj 툴을 사용하거나 커널 디버거 명령인 !object를 사용하면 객체 관리자 네임스페이스의 \Device 아래 있는 장치 이름을 볼 수 있다. 다음 화면은 \Device에 자동 생성된 이름을 가진 디바이스 객체를 가리키는 I/O 관리자가 할당한 심볼릭 링크를 보여준다.

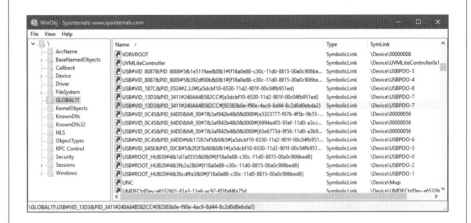

커널 디버거 명령인 !object를 실행할 때 \Device 디렉터리를 지정하면 다음과 같은 결과를 볼 수 있다.

```
1: kd> !object \device
Object: 8200c530 Type: (8542b188) Directory
    ObjectHeader: 8200c518 (new version)
    HandleCount: 0 PointerCount: 231
    Directory Object: 82007d20 Name: Device

    Hash Address  Type         Name
    ---- -------  ----         ----
     00  d024a448 Device       NisDrv
         959afc08 Device       SrvNet
         958beef0 Device       WUDFLpcDevice
```

```
            854c69b8 Device          FakeVid1
            8befec98 Device          RdpBus
            88f7c338 Device          Beep
            89d64500 Device          Ndis
            8a24e250 SymbolicLink     ScsiPort2
            89d6c580 Device          KsecDD
            89c15810 Device          00000025
            89c17408 Device          00000019
        01  854c6898 Device          FakeVid2
            88f98a70 Device          Netbios
            8a48c6a8 Device          NameResTrk
            89c2fe88 Device          00000026
        02  854c6778 Device          FakeVid3
            8548fee0 Device          00000034
            8a214b78 SymbolicLink     Ip
            89c31038 Device          00000027
        03  9c205c40 Device          00000041
            854c6658 Device          FakeVid4
            854dd9d8 Device          00000035
            8d143488 Device          Video0
            8a541030 Device          KeyboardClass0
            89c323c8 Device          00000028
            8554fb50 Device          KMDF0
        04  958bb040 Device          ProcessManagement
            97ad9fe0 SymbolicLink     MailslotRedirector
            854f0090 Device          00000036
            854c6538 Device          FakeVid5
            8bf14e98 Device          Video1
            8bf2fe20 Device          KeyboardClass1
            89c332a0 Device          00000029
            89c05030 Device          VolMgrControl
            89c3a1a8 Device          VMBus
    ...
```

객체 관리자 디렉터리 객체를 지정하고 !object를 실행하면 커널 디버거는 객체 관리자가 내부적으로 구성한 방법에 따라 해당 디렉터리의 내용을 덤프한다. 빠른 검색을 위해 디렉터리는 객체를 객체 이름의 해시 값에 근거한 해시 테이블에 저장한다. 따라서 출력 결과는 디렉터리 해시 테이블의 각 버킷에 저장된 객체를 보여준다.

그림 6-10에 나타난 것처럼 디바이스 객체는 자신의 드라이버 객체를 가리키는데, 이는 I/O 관리자가 I/O 요청을 받았을 때 어떤 드라이버 루틴을 호출할지 알아내는 방법을 제공한다. I/O 관리자는 장치를 서비스하고 있는 드라이버의 드라이버 객체를 찾기 위해 디바이스 객체를 사용한다. 각 함수 코드는 드라이버 진입점(디스패치 루틴으로 불린다)과 대응된다.

드라이버 객체는 종종 그 자신과 연관된 여러 개의 디바이스 객체를 가진다. 드라이버가 시스템으로부터 언로드될 때 I/O 관리자는 드라이버가 제거됨으로써 어떤 장치가 영향을 받는지 결정하기 위해 디바이스 객체의 큐를 사용한다.

실습: 드라이버 객체와 디바이스 객체 보기

커널 디버거의 !drvobj와 !devobj 명령을 사용하면 드라이버 객체와 디바이스 객체를 각각 확인할 수 있다. 다음은 키보드 클래스 드라이버의 드라이버 객체를 조사하고 그중 한 디바이스 객체를 보여준다.

```
1: kd> !drvobj kbdclass
Driver object (8a557520) is for:
 \Driver\kbdclass
Driver Extension List: (id , addr)

Device Object list:
9f509648 8bf2fe20 8a541030
1: kd> !devobj 9f509648
```

```
Device object (9f509648) is for:
 KeyboardClass2 \Driver\kbdclass DriverObject 8a557520
Current Irp 00000000 RefCount 0 Type 0000000b Flags 00002044
Dacl 82090960 DevExt 9f509700 DevObjExt 9f5097f0
ExtensionFlags (0x00000c00) DOE_SESSION_DEVICE, DOE_DEFAULT_SD_PRESENT
Characteristics (0x00000100) FILE_DEVICE_SECURE_OPEN
AttachedTo (Lower) 9f509848 \Driver\terminpt
Device queue is not busy.
```

!devobj 명령은 명시된 객체의 하위 계층에 위치한 디바이스 객체(AttachedTo 줄)의 주소와 이름을 보여준다. 예제에서는 해당하지 않지만 이 명령은 또한 상위 계층에 위치한 디바이스 객체(AttachedDevice 줄)를 보여준다.

!drv 명령은 보여줄 정보에 대한 추가적 옵션 인자를 가질 수 있다. 다음은 최대의 정보를 보여주는 예다.

```
1: kd> !drvobj kbdclass 7
Driver object (8a557520) is for:
 \Driver\kbdclass
Driver Extension List: (id , addr)

Device Object list:
9f509648 8bf2fe20 8a541030

DriverEntry:     8c30a010     kbdclass!GsDriverEntry
DriverStartIo:   00000000
DriverUnload:    00000000
AddDevice:       8c307250     kbdclass!KeyboardAddDevice

Dispatch routines:
[00] IRP_MJ_CREATE                8c301d80   kbdclass!KeyboardClassCreate
[01] IRP_MJ_CREATE_NAMED_PIPE     81142342   nt!IopInvalidDeviceRequest
[02] IRP_MJ_CLOSE                 8c301c90   kbdclass!KeyboardClassClose
[03] IRP_MJ_READ                  8c302150   kbdclass!KeyboardClassRead
```

```
[04] IRP_MJ_WRITE                      81142342   nt!IopInvalidDeviceRequest
[05] IRP_MJ_QUERY_INFORMATION          81142342   nt!IopInvalidDeviceRequest
[06] IRP_MJ_SET_INFORMATION            81142342   nt!IopInvalidDeviceRequest
[07] IRP_MJ_QUERY_EA                    81142342   nt!IopInvalidDeviceRequest
[08] IRP_MJ_SET_EA                      81142342   nt!IopInvalidDeviceRequest
[09] IRP_MJ_FLUSH_BUFFERS              8c303678   kbdclass!KeyboardClassFlush
[0a] IRP_MJ_QUERY_VOLUME_INFORMATION 81142342    nt!IopInvalidDeviceRequest
[0b] IRP_MJ_SET_VOLUME_INFORMATION 81142342   nt!IopInvalidDeviceRequest
[0c] IRP_MJ_DIRECTORY_CONTROL         81142342   nt!IopInvalidDeviceRequest
[0d] IRP_MJ_FILE_SYSTEM_CONTROL       81142342  nt!IopInvalidDeviceRequest
[0e] IRP_MJ_DEVICE_CONTROL            8c3076d0  kbdclass!KeyboardClassDevice
Control
[0f] IRP_MJ_INTERNAL_DEVICE_CONTROL 8c307ff0    kbdclass!KeyboardClassPass
Through
[10] IRP_MJ_SHUTDOWN                   81142342   nt!IopInvalidDeviceRequest
[11] IRP_MJ_LOCK_CONTROL              81142342   nt!IopInvalidDeviceRequest
[12] IRP_MJ_CLEANUP                    8c302260   kbdclass!KeyboardClassCleanup
[13] IRP_MJ_CREATE_MAILSLOT           81142342   nt!IopInvalidDeviceRequest
[14] IRP_MJ_QUERY_SECURITY            81142342   nt!IopInvalidDeviceRequest
[15] IRP_MJ_SET_SECURITY              81142342   nt!IopInvalidDeviceRequest
[16] IRP_MJ_POWER                      8c301440   kbdclass!KeyboardClassPower
[17] IRP_MJ_SYSTEM_CONTROL            8c307f40   kbdclass!KeyboardClassSystem
Control
[18] IRP_MJ_DEVICE_CHANGE             81142342   nt!IopInvalidDeviceRequest
[19] IRP_MJ_QUERY_QUOTA               81142342   nt!IopInvalidDeviceRequest
[1a] IRP_MJ_SET_QUOTA                  81142342   nt!IopInvalidDeviceRequest
[1b] IRP_MJ_PNP                        8c301870   kbdclass!KeyboardPnP
```

다음 절에서 다룰 디스패치 루틴 배열이 보인다. 드라이버에 의해 지원되지 않는
않는 동작은 I/O 관리자의 루틴 `IopInvalidDeviceRequest`를 가리키고 있음에
유의하자.

`!drvobj` 명령에 사용한 주소는 `DRIVER_OBJECT` 구조체 유형이며 `!devobj` 명령에
사용한 주소는 `DEVICE_OBJECT` 구조체다. 디버거를 통해 구조체를 직접 볼 수 있다.

```
1: kd> dt nt!_driver_object 8a557520
   +0x000 Type                : 0n4
   +0x002 Size                : 0n168
   +0x004 DeviceObject        : 0x9f509648 _DEVICE_OBJECT
   +0x008 Flags               : 0x412
   +0x00c DriverStart         : 0x8c300000 Void
   +0x010 DriverSize          : 0xe000
   +0x014 DriverSection       : 0x8a556ba8 Void
   +0x018 DriverExtension     : 0x8a5575c8 _DRIVER_EXTENSION
   +0x01c DriverName          : _UNICODE_STRING "\Driver\kbdclass"
   +0x024 HardwareDatabase    : 0x815c2c28 _UNICODE_STRING
"\REGISTRY\MACHINE\HARDWARE\DESCRIPTION\SYSTEM"
   +0x028 FastIoDispatch      : (null)
   +0x02c DriverInit          : 0x8c30a010 long +ffffffff8c30a010
   +0x030 DriverStartIo       : (null)
   +0x034 DriverUnload        : (null)
   +0x038 MajorFunction       : [28] 0x8c301d80 long +ffffffff8c301d80
1: kd> dt nt!_device_object 9f509648
   +0x000 Type                : 0n3
   +0x002 Size                : 0x1a8
   +0x004 ReferenceCount      : 0n0
   +0x008 DriverObject        : 0x8a557520 _DRIVER_OBJECT
   +0x00c NextDevice          : 0x8bf2fe20 _DEVICE_OBJECT
   +0x010 AttachedDevice      : (null)
   +0x014 CurrentIrp          : (null)
   +0x018 Timer               : (null)
   +0x01c Flags               : 0x2044
   +0x020 Characteristics     : 0x100
   +0x024 Vpb                 : (null)
   +0x028 DeviceExtension     : 0x9f509700 Void
   +0x02c DeviceType          : 0xb
   +0x030 StackSize           : 7 ''
   +0x034 Queue               : <unnamed-tag>
   +0x05c AlignmentRequirement : 0
```

802

```
    +0x060 DeviceQueue         : _KDEVICE_QUEUE
    +0x074 Dpc                 : _KDPC
    +0x094 ActiveThreadCount   : 0
    +0x098 SecurityDescriptor  : 0x82090930 Void
...
```

다음 절에서 설명할 여기 보이는 필드들은 이들 구조체에서 흥미로운 부분이다.

드라이버에 관한 정보를 기록하기 위해 객체를 이용한다는 것은 I/O 관리자가 개별 드라이버에 대한 세부 사항을 알 필요가 없음을 의미한다. I/O 관리자는 드라이버를 찾기 위해 단지 포인터를 따라갈 뿐이기 때문에 이식 가능한 계층을 제공하고 새로운 드라이버를 쉽게 로드할 수 있다.

장치 열기

파일 객체는 장치에 대한 핸들을 나타내는 커널 모드 자료 구조체다. 파일 객체는 윈도우의 객체라는 기준에 정확히 일치한다. 두 개 이상의 유저 모드 프로세스가 공유할 수 있는 시스템 리소스며, 이름을 가질 수 있고 객체 기반의 보안으로 보호된다. 또한 동기화도 지원한다. 윈도우 익스큐티브의 다른 컴포넌트처럼 I/O 시스템 내의 공유 리소스는 객체로 관리된다(객체 관리에 대한 내용은 2권의 8장을 참고하라).

파일 객체는 읽어 들이거나 쓸 수 있는 I/O 중심 인터페이스를 따르는 리소스의 메모리 기반 표현을 제공한다. 표 6-1은 파일 객체의 일부 속성을 보여준다. 특정 필드 선언과 크기는 WDM.h에 정의된 **FILE_OBJECT** 구조체를 보라.

표 6-1 파일 객체 속성

속성	목적
파일명	파일 객체가 참조하는 가상 파일을 식별한다. CreateFile이나 Create-File2 API에 전달된다.
현재 바이트 오프셋	파일에서 현재 위치를 식별한다(동기화 I/O에서만 유효함).
공유 모드	현재 호출자가 사용하고 있는 동안 다른 호출자가 이 파일을 읽거나 쓰기, 삭제 명령을 통해 열 수 있는지를 결정한다.
열기 모드 플래그	I/O가 동기적이거나 비동기적, 캐시인지 아닌지, 순차적 혹은 랜덤 등과 같은 속성을 나타낸다.
디바이스 객체 포인터	파일이 위치하는 장치의 유형을 나타낸다.
볼륨 매개변수 블록(VPB)의 포인터	파일이 위치하는 볼륨이나 파티션을 나타낸다(파일 시스템 파일인 경우).
섹션 객체 포인터의 포인터	매핑되거나 캐시된 파일을 기술하는 루트 구조체를 나타낸다. 이 구조체는 파일의 어떤 부분이 캐시 관리자에 의해 캐시 됐는지(혹은 매핑 됐는지)를 식별하는 공유 캐시 맵과 캐시의 어느 부분에 존재하는지를 포함하고 있다.
전용 캐시 맵 포인터	이 핸들에 대한 읽기 패턴이나 프로세스에 대한 페이지 우선순위 같은 핸들 단위의 캐시 정보를 저장하는 용도로 사용된다. 페이지 우선순위에 관한 정보는 5장을 참고하라.
I/O 요청 패킷(IRP)의 리스트	스레드 종속적이지 않은 I/O가 사용되고(후에 설명한다) 파일 객체가 완료 포트와 연관돼 있다면(이 또한 후에 설명한다), 이 파일 객체와 연관된 모든 I/O 명령에 대한 리스트다.
I/O 완료 컨텍스트	활성화된 포트가 있다면 현재 I/O 완료 포트에 대한 컨텍스트 정보
파일 객체 익스텐션	파일에 대한 I/O 우선순위(6장 뒷부분에서 설명한다)나 파일 객체에 대한 공유 접근 검사가 이뤄져야 하는지를 저장하며, 컨텍스트 특정적인 정보를 저장하는 선택적 파일 객체 확장 부분을 가진다.

구조체 확장 없이 파일 객체의 기능을 확장하는 것을 가능케 할 뿐만 아니라 파일 객체를 사용하는 드라이버 코드에 대해 어느 정도의 불투명성^{opacity}을 유지하기 위해 파일 객체는 6개까지 상이한 종류의 추가적인 속성을 허용하는 확장 필드도 갖고 있다. 이들은 표 6-2에서 설명한다.

표 6-2 파일 객체 익스텐션

익스텐션	목적
트랜잭션 매개변수	트랜잭션된 파일 동작에 대한 정보를 갖는 트랜잭션 인자 블록을 담고 있다. `IoGetTransactionParameterBlock`로 얻는다.
디바이스 객체 힌트	이 파일과 연관된 필터 드라이버의 디바이스 객체를 식별한다. `IoCreateFileEx`나 `IoCreateFileSpecifyDeviceObjectHint`로 설정한다.
I/O 상태 블록 범위	최적화된 비동기적 I/O를 위해 애플리케이션으로 하여금 유저 모드 버퍼를 커널 모드 내로 잠글 수 있게 한다. 6장 후반의 I/O 완료 포트 최적화 절을 보라. `SetFileIoOverlappedRange`로 설정한다.
범용	호출자에 의해 추가된 확장 생성 인자(ECP, Extended Create Parameters)와 함께 필터 드라이버 종속적인 정보를 담고 있다. `IoCreateFileEx`로 설정한다.
스케줄된 파일 I/O	스토리지 시스템에서 멀티미디어 애플리케이션의 처리량을 보장하고 최적화하기 위해 사용하는 파일의 대역폭 예약 정보를 저장한다. 6장 후반의 '대역폭 예약(스케줄된 파일 I/O)' 절을 보라. `SetFileBandwidthReservation`으로 설정한다.
심볼릭 링크	이것은 마운트 포인트나 디렉터리 정션(junction)이 경로 탐색(traverse)될 때 (또는 어떤 필터가 명시적으로 경로를 재분석할 때), 생성 시점에 파일 객체에 추가된다. 모든 중간 단계의 정션에 대한 정보를 포함해 호출자가 공급한 경로를 저장한다. 따라서 어떤 상대적인 심볼릭 링크를 만나게(hit) 되면 정션을 따라서 되돌아 올 수 있다. NTFS 심볼릭 링크와 마운트 포인트, 디렉터리 정션에 대한 자세한 내용은 2권의 13장을 보라.

호출자가 파일이나 간단한 장치를 열면 I/O 관리자는 파일 객체에 대한 핸들을 반환한다. 이런 작업이 일어나기 전에 장치를 책임지는 드라이버는 장치를 오픈해도 되는지 그리고 오픈 요청이 성공하기 위해 필요한 초기화 작업을 드라이버에게 허용할지에 대한 요청을 Create 디스패치 루틴(IRP_MJ_CREATE)을 통해 받는다.

> 파일 객체는 파일 그 자체가 아니라 파일의 오픈 인스턴스를 나타낸다. vnode를 사용하는 유닉스 시스템과는 달리 윈도우는 파일에 대한 표현(representation)을 정의하지 않는다. 윈도우 파일 시스템 드라이버는 자신만의 고유한 표현을 정의한다.

익스큐티브 객체와 유사하게 파일은 접근 제어 목록[ACL, Access-Control List]을 가진 보안 디스크립터에 의해 보호된다. I/O 관리자는 해당 파일의 ACL이 스레드가 요청한 방식의 접근을 허용하고 있는지를 보안 서브시스템에게 질의한다. 허용한다면 객체 관리자는 접근을 허가하고 허용된 접근 권한과 반환될 파일 핸들을 연결한다. 해당 프로세스 내의 이 스레드나 다른 스레드에서 원래의 요청에 명시되지 않은 추가적인 명령을 수행하기를 원한다면 스레드는 이런 요청에 대해 또 다른 보안 체크를 수반하는 추가적인 핸들을 얻기 위해 같은 파일을 다시 열어야 한다(또는 요청된 접근 권한으로써 핸들을 복제한다). 객체 보호에 관한 자세한 내용은 7장을 참고하라.

실습: 장치 핸들 보기

장치에 대해 열린 핸들을 가진 프로세스는 자신의 핸들 테이블에 열린 인스턴스에 대응하는 파일 객체를 가진다. Process Explorer에서 프로세스를 선택한 후 View 메뉴에서 하위 메뉴인 Lower Pane View의 Handle을 체크하면 이런 핸들을 볼 수 있다. Type 열로 정렬하고 스크롤해 File로 표시된 파일 객체를 나타내는 핸들을 찾아본다.

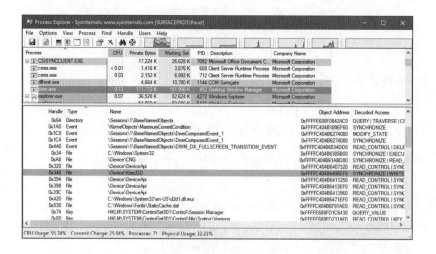

이 예제에서는 커널 보안 디바이스 드라이버(Ksecdd.sys)가 생성한 장치를 열고 있는 핸들을 데스크톱 윈도우 관리자(dwm.exe) 프로세스가 갖고 있다. 객체의

주소를 확인하면 커널 디버거를 통해 특정 파일 객체를 볼 수 있다. 다음 명령은 위 그림에서 강조된 핸들(핸들 값 0xD4) 부분에 관한 정보를 보여준다. 이는 프로세스 ID 452(10진수)를 갖는 Dwm.exe 프로세스를 나타낸다.

```
lkd> !handle 348 f 0n452

PROCESS ffffc404b62fb780
    SessionId: 1  Cid: 01c4   Peb: b4c3db0000 ParentCid: 0364
    DirBase: 7e607000 ObjectTable: ffffe688fd1c38c0  HandleCount: <Data Not
Accessible>
    Image: dwm.exe

Handle Error reading handle count.

0348: Object: ffffc404b6406ef0  GrantedAccess: 00100003 (Audit)  Entry:
ffffe688fd396d20
Object: ffffc404b6406ef0 Type: (ffffc404b189bf20) File
    ObjectHeader:  ffffc404b6406ec0 (new version)
        HandleCount: 1  PointerCount: 32767
```

예제의 객체가 파일 객체이므로 !fileobj 명령으로 정보를 얻을 수 있다(Process Explorer에서 본 동일한 객체 주소임에 주목하자).

```
lkd> !fileobj ffffc404b6406ef0

Device Object:   0xffffc404b2fa7230      \Driver\KSecDD
Vpb is NULL
Event signalled

Flags: 0x40002
        Synchronous IO
        Handle Created

CurrentByteOffset: 0
```

파일 객체는 리소스 자체가 아니라 공유 가능한 리소스의 메모리 기반 표현이기 때문에 다른 익스큐티브 객체와는 다르다. 파일 객체는 객체 핸들에 대한 고유한 데이터만 담고 있는 반면, 파일 자체는 공유되는 데이터나 텍스트를 담고 있다. 스레드가 파일을 열 때마다 핸들 특정적 속성을 갖는 새로운 파일 객체가 생성된다. 예를 들면 동기적으로 오픈된 파일의 현재 바이트 오프셋 속성은 파일에서의 위치로 해당 핸들을 사용해 다음 읽기나 쓰기 동작에서 사용된다. 파일에 대한 각 핸들은 근간이 되는 파일이 공유되더라도 전용 바이트 오프셋을 가진다. 또 파일 객체는 한 프로세스가 다른 프로세스로 핸들을 복제(윈도우 DuplicateHandle 함수를 사용해)할 때나 자식 프로세스가 부모 프로세스로부터 파일 핸들을 상속받는 경우를 제외하면 프로세스에 있어 고유하다. 이들 두 예외의 경우 두 프로세스는 동일한 파일 객체를 참조하는 별도의 핸들을 갖게 된다.

파일 핸들이 프로세스에 고유하더라도 근간이 되는 물리 리소스는 그렇지 않다. 그러므로 다른 공유 리소스와 마찬가지로 스레드는 파일이나 파일 디렉터리, 장치와 같은 공유 가능한 자원에 접근하기 위해서는 동기화를 해야 한다. 예를 들어 스레드가 파일에 쓰기를 한다면 동시에 다른 스레드에서 파일에 쓰는 것을 방지하기 위해 파일을 열 때 배타적인 쓰기 접근을 지정해야 한다. 또는 배타적인 접근이 필요하다면 윈도우 LockFile 함수를 사용해 쓰기가 진행 중인 동안 스레드가 파일의 일부분을 잠글 수도 있다.

파일이 열렸을 때 파일명은 파일이 존재하고 있는 디바이스 객체의 이름을 포함한다. 예를 들면 \Device\HarddiskVolume1\Myfile.dat는 C: 볼륨에 있는 Myfile.dat 파일을 참조한다. \Device\HarddiskVolume1은 볼륨을 나타내는 내부 윈도우 디바이스 객체 이름이다. Myfile.dat를 열 때 I/O 관리자는 파일 객체를 생성하고 파일 객체 내에 HarddiskVolume1 디바이스 객체 포인터를 저장한 후 호출자에게 파일 핸들을 반환한다. 이후로 호출자가 파일 핸들을 사용할 때 I/O 관리자는 HarddiskVolume1 디바이스 객체를 바로 찾을 수 있다.

윈도우 애플리케이션은 내부 윈도우 장치 이름을 사용할 수 없다는 점을 명심하자. 대신 장치 이름은 객체 관리자의 네임스페이스에 있는 특수 디렉터리(\GLOBAL??)에 반드시 나타나야 한다. 이 디렉터리는 실제 내부 윈도우 장치 이름에 대한 심볼릭 링크를 담고 있다. 디바이스 드라이버는 윈도우 애플리케이션이 해당 장치에 접근할 수 있게 하기 위해 이 디렉터리에 링크를 생성할 책임이 있다. 윈도우의 QueryDosDevice와 DefineDosDevice 함수를 사용해 프로그램적으로 이 링크를 확인하거나 변경할 수 있다.

I/O 처리

지금까지 드라이버의 구조와 유형, 드라이버를 지원하는 데이터 구조체를 다뤘다. 이제 I/O 요청이 어떻게 시스템을 통해 내려가는지 살펴보자. I/O 요청은 몇 가지 예측 가능한 처리 단계를 거친다. 이들 단계는 요청이 단일 계층의 드라이버에 의해 제어되는 장치를 향하는지 혹은 요청이 다중 계층의 드라이버를 거쳐 장치에 도착하는지에 따라 달라진다. 나아가 호출자가 동기 I/O나 비동기 I/O를 지정하는 것에 따라 처리가 달라 지므로 이 두 가지 유형의 I/O에 대한 설명을 시작하고, 그 후 다른 것들도 알아본다.

I/O의 유형

애플리케이션은 I/O 요청을 함에 있어 몇 가지 옵션을 가진다. 게다가 I/O 관리자는 드라이버에게 종종 I/O 처리를 위한 IRP 할당을 줄일 수 있는 손쉬운 I/O 인터페이스를 구현할 수 있는 기회를 제공한다. 이번 절에서는 이런 I/O 방식들의 차이를 설명한다.

동기적 I/O와 비동기적 I/O

애플리케이션에서 시작되는 대부분의 I/O 동작은 동기적(기본 동작)이다. 즉, 애플리케 이션 스레드는 장치가 데이터 전송을 수행하고 I/O 요청이 완료돼 상태 코드를 반환할 때까지 대기한다. 그 후 프로그램은 속개돼 전송된 데이터에 바로 접근이 가능하다. I/O 요청이 가장 단순한 형태로 사용될 때는 윈도우 ReadFile과 WriteFile 함수를 동기적으로 사용하는 것이다. 이 함수들은 호출자에게 제어를 반환하기 전에 I/O 명령 을 완료한다.

비동기 I/O^{Asynchronous I/O}는 애플리케이션이 다수의 I/O 요청을 발생하고 장치가 I/O 동작을 수행하는 동안에도 계속 실행할 수 있게 한다. 이런 유형의 I/O는 I/O 명령이 진행 중인 동안에도 애플리케이션 스레드가 다른 작업을 할 수 있기 때문에 애플리케이션의 처리량을 향상시킬 수 있다. 비동기 I/O를 사용하려면 윈도우 CreateFile이나 CreateFile2 함수를 호출할 때 FILE_FLAG_OVERLAPPED 플래그를 지정해야 한다. 물론 스레드는 비동기적 I/O 동작을 발생시킨 후 디바이스 드라이버가 데이터 전송을 완료할 때까지는 I/O 동작에 관련된 어떤 데이터에든 접근하지 않게 주의해야 한다. 스레드는 I/O가 완료될 때 시그널되는 동기화 객체(이벤트 객체나 I/O 완료 포트, 파일 객체 자신)의 핸들을 감시해 I/O 요청이 완료되는 것과 스레드의 실행을 동기화시켜야 한다.

애플리케이션에서 요청한 I/O 동작이 드라이버로 전달되면 I/O 명령은 내부적으로는 I/O 요청의 유형과 관계없이 비동기적으로 수행된다. 즉, I/O 요청이 시작되면 디바이스 드라이버는 I/O 시스템으로 가능한 한 빨리 복귀해야 한다. I/O 시스템이 즉시 호출자에게 복귀할지는 핸들이 동기적 I/O나 비동기적 I/O로 열렸는지에 따라 결정된다. 그림 6-3은 읽기 동작이 시작될 때의 제어 흐름을 설명한다. 파일 객체의 overlapped 플래그에 따라 대기가 이뤄진다면 이 대기는 NtReadFile 함수에 의해 커널 모드에서 이뤄진다.

윈도우의 HasOverlappedIoCompleted 매크로를 통해 펜딩된^{Pending} 비동기 I/O의 상태를 테스트할 수 있다. 또는 GetOverlappedResult(Ex) 함수로 좀 더 상세한 정보를 구할 수 있다. I/O 완료 포트(6장 후반부의 'I/O 완료 포트' 절에서 설명한다)를 사용했다면 GetQueuedCompletionStatus(Ex) 함수를 사용할 수 있다.

패스트 I/O

패스트^{Fast} I/O는 I/O 시스템이 I/O 요청을 완료하기 위해 IRP를 생성하는 것을 건너뛰고, 대신 드라이버 스택으로 직접 접근하게 하는 특별한 메커니즘이다. IRP를 사용할 때의 느린 특정 I/O 경로를 최적화하기 위해 이 메커니즘을 사용한다(패스트 I/O는 2권의 13장과 14장에서 자세히 설명한다). 드라이버는 자신의 패스트 I/O 진입점을 드라이버 객체의 `PFAST_IO_DISPATCH` 포인터가 가리키는 구조체에 등록한다.

실습: 드라이버가 등록한 패스트 I/O 루틴 살펴보기

커널 디버거 명령인 !drvobj는 드라이버가 자신의 드라이버 객체에 등록한 패스트 I/O 루틴들을 보여준다. 하지만 네트워크 프로토콜 드라이버와 버스 필터 드라이버의 예외가 존재하지만 일반적으로 파일 시스템 드라이버만이 패스트 I/O 루틴을 사용한다. 다음 결과는 NTFS 파일 시스템 드라이버 객체에 대한 패스트 I/O 테이블을 보여준다.

```
lkd> !drvobj \filesystem\ntfs 2
Driver object (ffffc404b2fbf810) is for:
 \FileSystem\NTFS
DriverEntry:     fffff80e5663a030              NTFS!GsDriverEntry
DriverStartIo:   00000000
DriverUnload:    00000000
AddDevice:       00000000

Dispatch routines:
...
Fast I/O routines:
FastIoCheckIfPossible         fffff80e565d6750
NTFS!NtfsFastIoCheckIfPossible
FastIoRead                    fffff80e56526430    NTFS!NtfsCopyReadA
FastIoWrite                   fffff80e56523310    NTFS!NtfsCopyWriteA
FastIoQueryBasicInfo          fffff80e56523140
NTFS!NtfsFastQueryBasicInfo
FastIoQueryStandardInfo       fffff80e56534d20
NTFS!NtfsFastQueryStdInfo
FastIoLock                    fffff80e5651e610    NTFS!NtfsFastLock
FastIoUnlockSingle            fffff80e5651e3c0
NTFS!NtfsFastUnlockSingle
FastIoUnlockAll               fffff80e565d59e0    NTFS!NtfsFastUnlockAll
FastIoUnlockAllByKey          fffff80e565d5c50
```

```
NTFS!NtfsFastUnlockAllByKey
ReleaseFileForNtCreateSection    fffff80e5644fd90    NTFS!NtfsReleaseForCreate
Section
FastIoQueryNetworkOpenInfo       fffff80e56537750    NTFS!NtfsFastQueryNetwork
OpenInfo
AcquireForModWrite               fffff80e5643e0c0
NTFS!NtfsAcquireFileForModWrite
MdlRead                          fffff80e5651e950    NTFS!NtfsMdlReadA
MdlReadComplete                  fffff802dc6cd844
nt!FsRtlMdlReadCompleteDev
PrepareMdlWrite                  fffff80e56541a10    NTFS!NtfsPrepareMdlWriteA
MdlWriteComplete                 fffff802dcb76e48
nt!FsRtlMdlWriteCompleteDev
FastIoQueryOpen                  fffff80e5653a520
NTFS!NtfsNetworkOpenCreate
ReleaseForModWrite               fffff80e5643e2c0
NTFS!NtfsReleaseFileForModWrite
AcquireForCcFlush                fffff80e5644ca60
NTFS!NtfsAcquireFileForCcFlush
ReleaseForCcFlush                fffff80e56450cf0
NTFS!NtfsReleaseFileForCcFlush
```

이 출력은 NTFS가 패스트 I/O 테이블의 `FastIoRead` 엔트리로 `NtfsCopyReadA` 루틴을 등록했음을 보여준다. 패스트 I/O 엔트리의 이름이 암시하듯 I/O 관리자는 읽기 I/O 요청이 발생했을 때 파일이 캐시돼 있다면 이 함수를 호출해준다. 호출이 성공하지 못하면 표준 IRP 경로가 선택된다.

맵 파일 I/O와 파일 캐싱

맵 파일 I/O^{Mapped File I/O}는 I/O 시스템과 메모리 관리자가 함께 만들어내는 I/O 시스템의 중요한 기능이다(맵 파일이 어떻게 구현되는지는 5장을 참고하라). 맵 파일 I/O는 디스크에 존재하는 파일을 프로세스의 가상 메모리의 일부분처럼 볼 수 있는 것을 말한다.

프로그램은 데이터를 버퍼링하거나 디스크 I/O를 수행하지 않고서도 커다란 배열처럼 파일에 접근할 수 있다. 프로그램은 메모리에 접근하고 메모리 관리자는 자신의 페이징 메커니즘을 사용해 디스크 파일로부터 정확한 페이지를 로드한다. 애플리케이션이 자신의 가상 주소 공간에 쓰기 작업을 한다면 메모리 관리자는 일반 페이징의 일부분처럼 파일에 변화된 내용을 기록한다.

맵 파일 I/O는 윈도우의 CreateFileMapping이나 MapViewOfFile, 그 관련 함수를 통해 유저 모드에서 사용 가능하다. 운영체제 내부에서 맵 파일 I/O는 파일 캐싱과 이미지 활성화(실행 프로그램의 로드와 실행)와 같은 중요한 동작에 사용된다. 맵 파일 I/O의 주된 사용처는 캐시 관리자다. 파일 시스템은 캐시 관리자를 사용해 I/O 바운드 프로그램(I/O의 처리 속도에 따라 성능이 좌우되는 프로그램 – 옮긴이)에 좀 더 빠른 응답 시간을 제공하기 위해 파일 데이터를 가상 메모리에 매핑한다. 호출자가 파일을 사용할 때 메모리 관리자는 접근된 페이지를 메모리로 가져온다. 대부분의 캐싱 시스템이 메모리에 파일을 캐싱하기 위해 일정한 수의 바이트를 할당하는 데 반해 윈도우 캐시는 메모리의 사용 가능 여부에 따라 늘어나거나 줄어든다. 캐시 관리자는 자동으로 캐시의 크기를 확장하거나 줄이기 위해 5장에서 설명하는 일반 워킹셋 메커니즘을 사용하는 메모리 관리자에 의존하므로 이런 크기의 변경이 가능하다. 메모리 관리자의 페이징 시스템의 장점을 활용해 캐시 관리자는 메모리 관리자가 이미 실행한 작업을 반복하지 않게 한다 (캐시 관리자의 동작 방식은 2권의 14장에서 상세하게 설명한다).

스캐터/게더 I/O

윈도우는 윈도우 함수 ReadFileScatter와 WriteFileGather를 통해 사용할 수 있는 스캐터/게더scatter/gather라는 특별한 고성능 I/O를 제공한다. 이 함수로 애플리케이션은 디스크에서 파일의 연속된 영역에 대응하는 가상 메모리 내의 여러 버퍼에 대해 개별 I/O 요청을 하는 대신 하나의 읽기 요청이나 쓰기 요청을 할 수 있다. 스캐터/게더 I/O를 사용하기 위해 파일은 넌캐시드noncached I/O로 열려있어야 하며, 유저 버퍼는 페이지 정렬page-aligned이 돼야 하고, I/O는 비동기(즉, overlapped)이어야 한다. 게다가 대용량 저장 장치에 대한 I/O라면 해당 I/O는 장치 섹터 경계에 정렬돼야 하고 섹터 크기의 배수 길이를 가져야 한다.

I/O 요청 패킷

I/O 요청 패킷^{IRP, I/O Request Packet}은 I/O 시스템이 I/O 요청을 처리할 때 필요한 정보를 저장하는 곳이다. 스레드가 I/O API를 호출할 때 I/O 관리자는 I/O 동작이 I/O 시스템을 통한 진행 정도에 따라 그 동작을 나타내는 용도로 IRP를 만든다. 가능하다면 I/O 관리자는 프로세서당 존재하는 세 개의 IRP 넌페이지드 룩 어사이드 리스트^{nonpaged look-aside list} 중 하나에서 IRP를 할당한다.

- **작은 IRP 룩 어사이드 리스트** 하나의 스택 로케이션(IRP 스택 로케이션은 앞에서 간단하게 언급했다)을 갖는 IRP를 저장한다.
- **중간 크기의 IRP 룩 어사이드 리스트** 4개의 스택 로케이션을 갖는 IRP(2개나 3개의 스택 로케이션을 필요로 하는 IRP도 해당된다)를 포함한다.
- **큰 IRP 룩 어사이드 리스트** 4개보다 많은 스택 로케이션을 갖는 IRP를 포함한다. 기본적으로 시스템은 큰 IRP 룩 어사이드 리스트에 14개의 스택 로케이션을 갖는 IRP를 저장한다. 하지만 시스템은 얼마나 많은 스택 로케이션이 최근에 필요했는지에 따라 스택 로케이션의 개수를 분 단위로 조정해 최대 20개까지 늘릴 수 있다.

이들 리스트는 CPU 간의 효율적인 IRP 흐름이 가능하게 하기 위해 전역 룩 어사이드 리스트의 지원을 받는다. IRP가 큰 IRP 룩 어사이드 리스트의 IRP에 포함된 스택 로케이션보다 더 많은 스택 로케이션을 필요로 한다면 I/O 관리자는 넌페이지드 풀에서 IRP를 할당한다. I/O 관리자는 `IoAllocateIrp` 함수로 IRP를 할당한다. 드라이버는 자신만의 IRP를 생성하고 초기화하기 원하는 경우가 종종 있으므로 이 함수는 디바이스 드라이버 개발자가 이용할 수도 있다. I/O 관리자는 IRP를 할당하고 초기화한 후에 호출자의 파일 객체를 가리키는 포인터를 IRP 내부에 저장한다.

레지스트리 HKLM\System\CurrentControlSet\Session Manager\I/O System에 DWORD 값인 LargeIrpStackLocations가 정의돼 있다면 이는 큰 IRP 룩 어사이드 리스트에 저장된 IRP에 얼마나 많은 수의 스택 로케이션이 포함돼 있는지를 지정한 것이다. 같은 키 내의 MediumIrpStack-Locations 값은 중간 크기의 IRP 룩 어사이드 리스트에 저장된 IRP 스택 로케이션의 크기를 변경하는 데 사용된다.

그림 6-11은 IRP 구조체에서 중요한 일부 멤버를 보여준다. IRP는 항상 하나 이상의 **IO_STACK_LOCATION** 객체(다음 절에서 설명한다)를 동반한다.

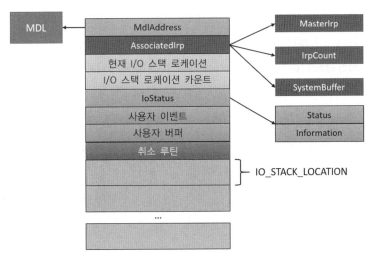

그림 6-11 IRP 구조체의 주요 멤버

다음은 이들 멤버에 대한 간략한 설명이다.

- **IoStatus** 실제 코드 자체인 Status와 경우에 따라 그 의미가 달라지는 다형성 값의 Information으로 이뤄진 IRP의 상태를 나타낸다. 예를 들어 읽기나 쓰기 동작에서 이 값(드라이버가 설정한다)은 읽혀지거나 써진 바이트 수를 나타낸다. ReadFile과 WriteFile 함수의 출력으로 보고되는 값과 동일한 값이다.
- **MdlAddress** 메모리 디스크립터 리스트^{MDL}에 대한 옵션 포인터다. MDL은 물리 메모리 내의 버퍼 정보를 나타내는 구조체다. 디바이스 드라이버에서 MDL의 주

사용처는 다음 절에서 소개한다. MDL이 요청되지 않는다면 이 값은 **NULL**이다.

- **I/O 스택 로케이션 카운트와 현재 스택 로케이션** 이들은 각각 현재 갖고 있는 I/O 스택 로케이션 객체의 총 개수를 저장하고 해당 드라이버 계층이 사용하는 현재 스택 로케이션을 가리킨다. 다음 절에서 I/O 스택 로케이션에 대해 상세히 다룬다.

- **사용자 버퍼** I/O 동작을 시작한 클라이언트가 제공한 버퍼에 대한 포인터. 예를 들어 `ReadFile`과 `WriteFile` 함수에 제공된 버퍼다.

- **사용자 이벤트** 오버랩드(비동기) I/O 동작(존재한다면)에 사용됐던 커널 이벤트 객체다. I/O 동작이 완료될 때 일방적으로 통지되는 이벤트다.

- **취소 루틴** IRP가 취소되는 경우에 I/O 관리자가 호출하는 함수

- **AssociatedIrp** 세 필드 중의 하나를 나타내는 유니온^{union} 값이다. I/O 관리자가 사용자 버퍼를 드라이버로 전달할 때 버퍼드 I/O 기법을 사용한 경우에 `SystemBuffer` 멤버가 사용된다. 유저 모드 버퍼를 드라이버로 전달하는 여러 옵션과 함께 다음 절에서 버퍼드 I/O를 설명한다. `MasterIrp` 멤버는 원래의 작업을 서브IRP로 나누는 '마스터 Irp'를 생성하는 방법을 제공한다. 마스터 IRP는 자신의 모든 서브IRP가 완료된 이후라야 완료됐다고 간주된다.

I/O 스택 로케이션

IRP는 항상 하나 이상의 I/O 스택 로케이션을 동반한다. 스택 로케이션의 개수는 IRP가 향하는 디바이스 노드 내의 디바이스 계층의 수와 동일하다. I/O 동작 정보는 IRP 바디(메인 구조체)와 현재 I/O 스택 로케이션으로 나눠져 있다. 여기서 현재라는 것은 특정 디바이스의 계층에 대해 설정된 값을 의미한다. 그림 6-12는 I/O 스택 로케이션의 중요 필드를 보여준다. IRP가 생성될 때 요청 I/O 스택 로케이션 개수가 `IoAllocateIrp`로 전달된다. I/O 관리자는 디바이스 노드에서 최상위 니바이스로 향하는 IRP의 바디와 첫 번째 I/O 스택 로케이션만을 초기화한다. 디바이스 노드에서 각 계층은 IRP를 다음 디바이스로 내려보내기로 결정했다면 다음 I/O 스택 로케이션의 초기화를 책임진다.

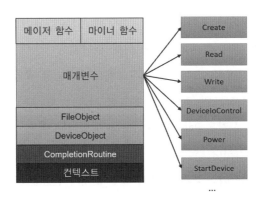

그림 6-12 IO_STACK_LOCATION 구조체의 중요한 멤버

다음은 그림 6-12에 보여주는 멤버에 대한 간략한 설명이다.

- **메이저 함수** 요청 유형(read와 write, create, 플러그앤플레이 등)을 나타내는 디스패치 루틴 코드로 알려진 주 코드다. wdm.h에 **IRP_MJ_**로 시작하는 28개의 상수 값(0-27) 중 하나다. 드라이버 객체 내의 함수 포인터의 배열인 **MajorFunction**에 대한 인덱스로서 I/O 관리자가 드라이버 내의 적절한 루틴으로 점프하기 위해 사용한다. 대부분의 드라이버는 **create**(open)와 **read**, **write**, 디바이스 I/O 컨트롤, **power**, 플러그앤플레이, 시스템 컨트롤(WMI 명령을 위해), **cleanup**, **close**를 포함한 메이저 함수 코드 중에 다루는 일부만의 디스패치 루틴을 명시한다. 파일 시스템 드라이버는 모든(또는 거의 대부분의) 디스패치 엔트리를 자신의 함수로 채우는 드라이버 유형의 한 예다. 반면에 간단한 USB 장치 드라이버라면 **open**과 **close**, **read**, **write**, I/O 컨트롤 보내기 코드 정도만을 채울 수도 있다. I/O 관리자는 드라이버가 채우지 않는 디스패치 엔트리를 자신의 **IopInvalidDeviceRequest**로 채운다. 이 함수의 경우 IRP에 명시된 메이저 함수 코드가 이 장치에서는 유효하지 않다는 오류 상태로 IRP를 완료한다.

- **마이너 함수** 일부 함수에서 메이저 함수를 확장하는 데 사용된다. 예를 들어 **IRP_MJ_READ**(read)와 **IRP_MJ_WRITE**(write)는 마이너 함수가 없다. 하지만 플러그앤플레이와 전원 IRP는 일반 메이저 코드를 더욱 세분화하는 마이너 IRP 코드를 항상 가진다. 예를 들어 플러그앤플레이 **IRP_MJ_PNP** 메이저 코드는 너

무나 범용적이어서 정확한 의미는 IRP_MN_START_DEVICE와 IRP_MN_REMOVE_DEVICE 등과 같은 마이너 IRP에 의해 주어진다.

- **매개변수** 복잡한 유니온 유형의 구조체로서 각각은 특정 메이저 함수 코드나 메이저/마이너 코드의 조합으로 유효한 의미를 지닌다. 예를 들어 읽기 동작 (IRP_MJ_READ)의 경우 Parameters.Read 구조체는 버퍼 크기 같은 읽기 요청에 대한 정보를 가진다.

- **파일 객체와 디바이스 객체** 이 I/O 요청에 대해 연관된 FILE_OBJECT와 DEVICE_OBJECT를 가리킨다.

- **완료 루틴** IoSetCompletionRoutine(Ex) DDI를 사용해 드라이버가 등록할 수 있는 선택적 함수다. 이 루틴은 아래 계층의 드라이버에 의해 IRP가 완료될 때 호출된다. 이 시점에 드라이버는 IRP의 완료 상태를 살펴보고 필요한 후처리 작업을 할 수 있다. 완료 작업을 심지어 되돌리고(완료 루틴에서 특수한 값인 STATUS_MORE_PROCESSING_REQUIRED를 반환함으로써) IRP(아마도 인자를 변경해)를 디바이스 노드(심지어 다른 디바이스 노드로도)로 다시 보낼 수 있다.

- **컨텍스트** 완료 루틴에 전달되는 값으로 IoSetCompletionRoutine(Ex)에서 설정되는 임의의 값이다.

IRP 바디와 그 I/O 스택 로케이션으로 정보를 분리하면 원본 요청의 인자는 유지하면서도 디바이스 스택에서 다음 디바이스에 대한 I/O 스택 로케이션 인자의 변경이 가능해진다. 예를 들면 USB 장치를 대상으로 하는 읽기 IRP는 평션 드라이버에 의해 종종 디바이스 I/O 컨트롤 IRP로 변경된다. 디바이스 컨트롤의 입력 버퍼 인자는 하위 계층의 USB 버스 드라이버가 이해하는 USB 요청 패킷(URB)을 가리킨다. 완료 루틴은 어떤 계층(최하단 계층은 예외)에 의해서라도 등록될 수 있음에 주목하자. 각 계층은 I/O 스택 로케이션 내에 자신만의 저장 위치를 가진다(완료 루틴은 바로 아래 계층의 I/O 스택 로케이션에 저장된다).

실습: 드라이버 디스패치 루틴 살펴보기

커널 디버거 명령인 !drvobj에서 드라이버 객체 이름(혹은 주소) 뒤에 2를 입력해 드라이버에 정의된 디스패치 루틴의 리스트를 얻을 수 있다. 다음 결과는 NTFS 드라이버가 지원하는 메이저 함수 코드를 보여준다(이번 실습은 패스트 I/O 때와 동일하다).

```
lkd> !drvobj \filesystem\ntfs 2
Driver object (ffffc404b2fbf810) is for:
 \FileSystem\NTFS
DriverEntry:      fffff80e5663a030                        NTFS!GsDriverEntry
DriverStartIo:    00000000
DriverUnload:     00000000
AddDevice:        00000000

Dispatch routines:
[00] IRP_MJ_CREATE              fffff80e565278e0      NTFS!NtfsFsdCreate
[01] IRP_MJ_CREATE_NAMED_PIPE   fffff802dc762c80
nt!IopInvalidDeviceRequest
[02] IRP_MJ_CLOSE               fffff80e565258c0      NTFS!NtfsFsdClose
[03] IRP_MJ_READ                fffff80e56436060      NTFS!NtfsFsdRead
[04] IRP_MJ_WRITE               fffff80e564461d0      NTFS!NtfsFsdWrite
[05] IRP_MJ_QUERY_INFORMATION   fffff80e565275f0
NTFS!NtfsFsdDispatchWait
[06] IRP_MJ_SET_INFORMATION     fffff80e564edb80
NTFS!NtfsFsdSetInformation
[07] IRP_MJ_QUERY_EA            fffff80e565275f0
NTFS!NtfsFsdDispatchWait
[08] IRP_MJ_SET_EA              fffff80e565275f0
NTFS!NtfsFsdDispatchWait
[09] IRP_MJ_FLUSH_BUFFERS       fffff80e5653c9a0
NTFS!NtfsFsdFlushBuffers
[0a] IRP_MJ_QUERY_VOLUME_INFORMATION    fffff80e56538d10
NTFS!NtfsFsdDispatch
```

```
[0b] IRP_MJ_SET_VOLUME_INFORMATION   fffff80e56538d10
NTFS!NtfsFsdDispatch
[0c] IRP_MJ_DIRECTORY_CONTROL    fffff80e564d7080
NTFS!NtfsFsdDirectoryControl
[0d] IRP_MJ_FILE_SYSTEM_CONTROL fffff80e56524b20
NTFS!NtfsFsdFileSystemControl
[0e] IRP_MJ_DEVICE_CONTROL       fffff80e564f9de0
NTFS!NtfsFsdDeviceControl
[0f] IRP_MJ_INTERNAL_DEVICE_CONTROL  fffff802dc762c80
nt!IopInvalidDeviceRequest
[10] IRP_MJ_SHUTDOWN             fffff80e565efb50      NTFS!NtfsFsdShutdown
[11] IRP_MJ_LOCK_CONTROL         fffff80e5646c870      TFS!NtfsFsdLockControl
[12] IRP_MJ_CLEANUP              fffff80e56525580      NTFS!NtfsFsdCleanup
[13] IRP_MJ_CREATE_MAILSLOT      fffff802dc762c80
nt!IopInvalidDeviceRequest
[14] IRP_MJ_QUERY_SECURITY       fffff80e56538d10      NTFS!NtfsFsdDispatch
[15] IRP_MJ_SET_SECURITY         fffff80e56538d10      NTFS!NtfsFsdDispatch
[16] IRP_MJ_POWER                fffff802dc762c80
nt!IopInvalidDeviceRequest
[17] IRP_MJ_SYSTEM_CONTROL       fffff802dc762c80
nt!IopInvalidDeviceRequest
[18] IRP_MJ_DEVICE_CHANGE        fffff802dc762c80
nt!IopInvalidDeviceRequest
[19] IRP_MJ_QUERY_QUOTA          fffff80e565275f0
NTFS!NtfsFsdDispatchWait
[1a] IRP_MJ_SET_QUOTA            fffff80e565275f0
NTFS!NtfsFsdDispatchWait
[1b] IRP_MJ_PNP                  fffff80e56566230      NTFS!NtfsFsdPnp

Fast I/O routines:
...
```

처리 중인 동안 각 IRP는 보통 I/O를 요청했던 스레드와 관련된 IRP 리스트에 저장된다
(그렇지 않은 경우 IRP가 스레드 비종속적 I/O를 수행한다면 6장 뒷부분의 '스레드 비종속적
I/O'에서 기술한 것처럼 파일 객체에 저장된다). 이렇게 하면 스레드가 미처리된 I/O 요청이

있는 채로 종료될 때 I/O 시스템이 미처리된 IRP를 찾아 취소를 할 수 있게 한다. 부가적으로 페이징 I/O IRP(취소가 불가능한 IRP이지만) 또한 폴트를 유발한 스레드와 연관된다. 현재 스레드가 I/O를 시작한 그 스레드라서 I/O를 완료하는 데 APC를 사용하지 않는 경우에 이런 관계를 통해 윈도우는 스레드 비종속적 I/O 최적화를 사용할 수 있다. 이 사실은 APC 전달이 요구되는 대신 페이지 폴트가 내부적으로 발생함을 의미한다.

실습: 스레드의 미처리된 IRP 살펴보기

!thread 명령을 사용하면 해당 스레드와 연관된 IRP를 출력한다. !process 명령 역시 이 작업을 수행한다. 커널 디버거를 로컬이나 라이브 디버깅으로 실행하고 탐색기 프로세스의 스레드를 나열해보자.

```
lkd> !process 0 7 explorer.exe
PROCESS ffffc404b673c780
    SessionId: 1  Cid: 10b0   Peb: 00cbb000 ParentCid: 1038
    DirBase: 8895f000  ObjectTable: ffffe689011b71c0  HandleCount: <Data Not
Accessible>
    Image: explorer.exe
    VadRoot ffffc404b672b980 Vads 569  Clone 0  Private 7260. Modified 366527.
Locked 784.
    DeviceMap          ffffe688fd7a5d30
    Token              ffffe68900024920
    ElapsedTime        18:48:28.375
    UserTime           00:00:17.500
    KernelTime         00:00:13.484
    ...
    MemoryPriority     BACKGROUND
    BasePriority       8
    CommitCharge       10789
    Job                ffffc404b6075060

      THREAD ffffc404b673a080  Cid 10b0.10b4  Teb: 0000000000cbc000
Win32Thread:
```

```
ffffc404b66e7090 WAIT: (WrUserRequest) UserMode Non-Alertable
        ffffc404b6760740  SynchronizationEvent
    Not impersonating
...

    THREAD ffffc404b613c7c0  Cid 153c.15a8  Teb: 00000000006a3000
Win32Thread:
ffffc404b6a83910 WAIT: (UserRequest) UserMode Non-Alertable
        ffffc404b58d0d60 SynchronizationEvent
        ffffc404b566f310 SynchronizationEvent
    IRP List:
      ffffc404b69ad920: (0006,02c8)   Flags: 00060800 Mdl: 00000000
...
```

스레드 정보의 IRP 리스트 영역에 IRP를 갖는 여러 스레드를 볼 수 있을 것이다
(디버거는 미처리된 17개 이상의 I/O 요청을 갖는 스레드에 대해 처음 17개의 IRP만
보여준다는 점에 유의하자). 한 IRP를 선택하고 !irp 명령으로 살펴보자.

```
lkd> !irp ffffc404b69ad920
Irp is active with 2 stacks 1 is current (= 0xffffc404b69ad9f0)
  No Mdl: No System Buffer:  Thread ffffc404b613c7c0:  Irp stack trace.
    cmd  flg  cl Device  File  Completion-Context
>[IRP_MJ_FILE_SYSTEM_CONTROL(d), N/A(0)]
      5 e1 ffffc404b253cc90  ffffc404b5685620
fffff80e55752ed0-ffffc404b63c0e00
Success Error Cancel pending
          \FileSystem\Npfs      FLTMGR!FltpPassThroughCompletion
              Args: 00000000 00000000 00110008 00000000
[IRP_MJ_FILE_SYSTEM_CONTROL(d), N/A(0)]
      5 0 ffffc404b3cdca00  ffffc404b5685620  00000000-00000000
          \FileSystem\FltMgr
              Args: 00000000 00000000 00110008 00000000
```

이 IRP는 두 개의 스택 로케이션을 갖고 네임드 파이프 파일 시스템^{Named Pipe File} ^{System} 드라이버가 소유하는 장치를 대상으로 한다(NPFS는 2권의 10장을 참고하라).

IRP 흐름

IRP는 보통 I/O 관리자에 의해 생성돼 대상 디바이스 노드의 첫 번째 장치로 보내진다. 그림 6-13은 하드웨어 기반의 장치 드라이버에서의 일반적인 IRP 흐름을 보여준다.

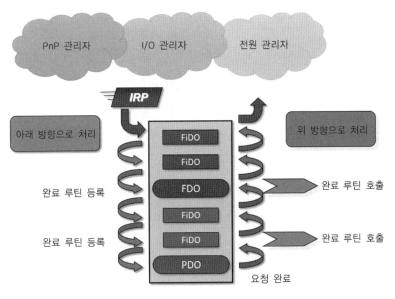

그림 6-13 IRP 흐름

I/O 관리자만이 IRP를 생성하는 것은 아니다. 플러그앤플레이 관리자와 전원 관리자 또한 **IRP_MJ_PNP**와 **IRP_MJ_POWER** 메이저 함수 코드에 대한 IRP를 각각 생성할 책임을 가진다.

그림 6-13은 두 개의 상위 필터와 FDO, 두 개의 하위 필터, PDO로 이뤄진 6개 계층의 디바이스 객체를 가진 디바이스 노드의 예다. 이 devnode로 향하는 IRP는 각 계층마다 하나씩인 6개의 I/O 스택 로케이션을 가진 채로 생성된다. 디바이스 스택 내의 아래

계층의 네임드 디바이스에 대한 핸들이 오픈됐더라도 IRP는 항상 최상위 계층의 디바이스로 전달된다.

IRP를 받은 드라이버는 다음의 작업 중 하나를 수행한다.

- `IoCompleteRequest`를 호출해 IRP를 완료할 수 있다. IRP가 유효하지 않은 매개변수를 갖는 경우(예를 들어 부족한 버퍼 크기나 잘못된 I/O 컨트롤 코드)이거나 디바이스의 상태를 구한다거나 레지스트리의 값을 읽는 경우처럼 요청된 동작이 빠르게 즉시 완료될 수 있는 경우가 이에 해당한다. 드라이버는 `IoGetCurrent-IrpStackLocation`을 호출해 자신이 참조해야 할 스택 로케이션의 포인터를 구한다.

- 드라이버는 선택적으로 일부 처리를 한 이후에 다음 계층으로 IRP를 보낼 수 있다. 예를 들어 상위 필터는 동작에 대한 일부 로깅을 하고서 일반적으로 처리되는 아랫단으로 IRP를 보낼 수 있다. 요청을 아래로 보내기 전에 드라이버는 다음 드라이버가 살펴보게 될 다음 I/O 스택 로케이션을 준비시켜야 한다. 드라이버는 스택 로케이션의 변경을 원하지 않는다면 `IoSkipCurrentIrpStack-Location`을 사용할 수 있다. 또는 `IoCopyIrpStackLocationToNext`를 사용해 스택 로케이션의 복사본을 만들고 `IoGetNextIrpStackLocation`을 사용해 복사된 스택 로케이션의 포인터를 구해 스택 로케이션을 적절하게 변경할 수도 있다. 다음 I/O 스택 로케이션의 준비가 끝나면 드라이버는 `IoCallDriver`를 호출해 IRP 전달을 한다.

- 이전 설명의 연장선으로 드라이버는 IRP를 아래로 전달하기 전에 `IoSetCompletion-Routine(Ex)`를 호출해 완료 루틴을 등록할 수 있다. 최하단을 제외한 모든 계층은 완료 루틴을 등록할 수 있다(최하단 드라이버는 IRP를 완료시켜야 하므로(따라서 콜백도 필요치 않다) 최하단 계층에는 등록할 위치가 없다). 아래 계층의 드라이버가 `IoCompleteRequest`를 호출한 이후부터 IRP는 상단으로 거슬러 올라오면서(그림 6-13 참조) 등록된 역순으로 완료 루틴을 호출한다. 실제로 IRP의 원주인(I/O 관리자나 PnP 관리자, 전원 관리자)은 이 메커니즘을 사용해 필요한

후처리를 하고 마지막으로 IRP를 해제한다.

> 특정 스택의 디바이스 개수는 미리 알려져 있기 때문에 I/O 관리자는 스택의 디바이스 드라이버당 하나의 스택 로케이션을 할당한다. 하지만 IRP가 새로운 드라이버 스택으로 보내져야 하는 상황도 있다. 한 필터에서 다른 필터로 IRP를 재전송하는 경우(예를 들어 로컬 파일 시스템에서 네트워크 파일 시스템으로 보낼 경우)처럼 필터 관리자가 관여된 시나리오에서 이런 상황이 발생할 수 있다. I/O 관리자는 재전송되는 스택에 존재하는 장치에 필요한 스택 로케이션을 추가함으로써 이 기능을 가능케 하는 IoAdjustStackSizeForRedirection API를 제공한다.

실습: 디바이스 스택 살펴보기

커널 디버거 명령인 !devstack은 지정한 디바이스 객체와 연관된 계층 디바이스 객체들의 스택을 보여준다. 이번 예제에서는 \device\keyboardclass0 디바이스 객체와 연관된 디바이스 스택을 보여준다. 이 디바이스 객체는 키보드 클래스 드라이버에 속한다.

```
lkd> !devstack keyboardclass0
  !DevObj            !DrvObj            !DevExt            ObjectName
> ffff9c80c0424440   \Driver\kbdclass   ffff9c80c0424590   KeyboardClass0
  ffff9c80c04247c0   \Driver\kbdhid     ffff9c80c0424910
  ffff9c80c0414060   \Driver\mshidkmdf  ffff9c80c04141b0   0000003f
!DevNode ffff9c80c0414d30 :
  DeviceInst is "HID\MSHW0029&Col01\5&1599b1c7&0&0000"
  ServiceName is "kbdhid"
```

결과에서 >가 보이는 첫 번째 칼럼은 KeyboardClass0와 연관된 엔트리를 강조하고 있다. 강조된 엔트리의 상단은 키보드 클래스 드라이버 상위 계층 드라이버이고, 아래는 하위 계층 드라이버다.

실습: IRP 조사하기

이번 실습에서는 시스템에서 완료되지 않은 IRP를 찾고, 해당 IRP의 유형과 IRP
가 향하는 장치, 장치를 관리하는 드라이버, IRP를 발생시킨 스레드, 스레드가
속한 프로세스 등을 조사한다. 넌로컬 커널 디버깅 상태의 32비트 시스템에서
이 실습은 가장 잘 수행된다. 로컬 커널 디버깅에서도 동작하겠지만, 명령들이
발생되는 간격 동안에 IRP가 완료할 수도 있다. 따라서 일부 불안정한 데이터가
보일 수도 있다.

시스템에는 항상 최소한 몇 개의 완료되지 않은 IRP가 존재한다. 이는 애플리케
이션이 IRP(데이터가 이용 가능할 때와 같이 특정 이벤트가 발생하는 순간에 드라이
버가 완료시킨다)를 발생시킬 수 있는 많은 장치가 있기 때문이다. 네트워크 엔드
포인트로부터의 읽기 차단이 한 예다. 커널 디버거의 명령인 !irpfind를 통해
시스템상의 완료되지 않은 IRP를 볼 수 있다(이 명령은 시간이 걸릴 수 있다. 일부
IRP가 보이기 시작하면 멈출 수 있다).

```
kd> !irpfind
Scanning large pool allocation table for tag 0x3f707249 (Irp?) (a5000000 :
a5200000)

  Irp     [ Thread ]  irpStack: (Mj,Mn) DevObj    [Driver]     MDL Process
9515ad68 [aa0c04c0] irpStack: ( e, 5)   8bcb2ca0 [ \Driver\AFD] 0xaa1a3540
8bd5c548 [91deeb80] irpStack: ( e,20)   8bcb2ca0 [ \Driver\AFD] 0x91da5c40

Searching nonpaged pool (80000000 : ffc00000) for tag 0x3f707249 (Irp?)

86264a20 [86262040] irpStack: ( e, 0)   8a7b4ef0 [ \Driver\vmbus ]
86278720 [91d96b80] irpStack: ( e,20)   8bcb2ca0 [ \Driver\AFD] 0x86270040
86279e48 [91d96b80] irpStack: ( e,20)   8bcb2ca0 [ \Driver\AFD] 0x86270040
862a1868 [862978c0] irpStack: ( d, 0)   8bca4030 [ \FileSystem\Npfs ]
862a24c0 [86297040] irpStack: ( d, 0)   8bca4030 [ \FileSystem\Npfs ]
862c3218 [9c25f740] irpStack: ( c, 2)   8b127018 [ \FileSystem\NTFS ]
```

```
862c4988 [a14bf800] irpStack: ( e, 5)    8bcb2ca0 [ \Driver\AFD] 0xaa1a3540
862c57d8 [a8ef84c0] irpStack: ( d, 0)    8b127018 [ \FileSystem\NTFS]
0xa8e6f040
862c91c0 [99ac9040] irpStack: ( 3, 0)    8a7ace48 [ \Driver\vmbus] 0x9517ac40
862d2d98 [9fd456c0] irpStack: ( e, 5)    8bcb2ca0 [ \Driver\AFD] 0x9fc11780
862d6528 [9aded800] irpStack: ( c, 2)    8b127018 [ \FileSystem\NTFS]
862e3230 [00000000] Irp is complete (CurrentLocation 2 > StackCount 1)
862ec248 [862e2040] irpStack: ( d, 0)    8bca4030 [ \FileSystem\Npfs]
862f7d70 [91dd0800] irpStack: ( d, 0)    8bca4030 [ \FileSystem\Npfs]
863011f8 [00000000] Irp is complete (CurrentLocation 2 > StackCount 1)
86327008 [00000000] Irp is complete (CurrentLocation 43 > StackCount 42)
86328008 [00000000] Irp is complete (CurrentLocation 43 > StackCount 42)
86328960 [00000000] Irp is complete (CurrentLocation 43 > StackCount 42)
86329008 [00000000] Irp is complete (CurrentLocation 43 > StackCount 42)
863296d8 [00000000] Irp is complete (CurrentLocation 2 > StackCount 1)
86329960 [00000000] Irp is complete (CurrentLocation 43 > StackCount 42)
89feeae0 [00000000] irpStack: ( e, 0)    8a765030 [ \Driver\ACPI]
8a6d85d8 [99aa1040] irpStack: ( d, 0)    8b127018 [ \FileSystem\NTFS]
0x00000000
8a6dc828 [8bc758c0] irpStack: ( 4, 0)    8b127018 [ \FileSystem\NTFS]
0x00000000
8a6f42d8 [8bc728c0] irpStack: ( 4,34)    8b0b8030 [ \Driver\disk] 0x00000000
8a6f4d28 [8632e6c0] irpStack: ( 4,34)    8b0b8030 [ \Driver\disk] 0x00000000
8a767d98 [00000000] Irp is complete (CurrentLocation 6 > StackCount 5)
8a788d98 [00000000] irpStack: ( f, 0)    00000000 [00000000: Could not read
device object or _DEVICE_OBJECT not found
]
8a7911a8 [9fdb4040] irpStack: ( e, 0)    86325768 [ \Driver\DeviceApi]
8b03c3f8 [00000000] Irp is complete (CurrentLocation 2 > StackCount 1)
8b0b8bc8 [863d6040] irpStack: ( e, 0)    8a78f030 [ \Driver\vmbus]
8b0c48c0 [91da8040] irpStack: ( e, 5)    8bcb2ca0 [ \Driver\AFD] 0xaa1a3540
8b118d98 [00000000] Irp is complete (CurrentLocation 9 > StackCount 8)
8b1263b8 [00000000] Irp is complete (CurrentLocation 8 > StackCount 7)
8b174008 [aa0aab80] irpStack: ( 4, 0)    8b127018 [ \FileSystem\NTFS]
0xa15e1c40
```

```
8b194008 [aa0aab80] irpStack: ( 4, 0)    8b127018 [ \FileSystem\NTFS]
0xa15e1c40
8b196370 [8b131880] irpStack: ( e,31)    8bcb2ca0 [ \Driver\AFD]
8b1a8470 [00000000] Irp is complete (CurrentLocation 2 > StackCount 1)
8b1b3510 [9fcd1040] irpStack: ( e, 0)    86325768 [ \Driver\DeviceApi]
8b1b35b0 [a4009b80] irpStack: ( e, 0)    86325768 [ \Driver\DeviceApi]
8b1cd188 [9c3be040] irpStack: ( e, 0)    8bc73648 [ \Driver\Beep]
```

일부 IRP는 완료됐고 곧바로 해제될 수도 있거나 이미 해제됐을 수도 있다. 하지만 룩 어사이드 리스트에서의 할당으로 인해 새로운 IRP로 아직 대체되지 않은 IRP도 있다.

요청을 한 스레드 바로 앞에 각 IRP에 대한 주소가 있다. 현재 스택 로케이션에 대한 메이저와 마이너 함수 코드가 괄호에 보인다. !irp 명령으로 IRP를 살펴볼 수 있다.

```
kd> !irp 8a6f4d28
Irp is active with 15 stacks 6 is current (= 0x8a6f4e4c)
 Mdl=8b14b250: No System Buffer: Thread 8632e6c0: Irp stack trace.
 cmd  flg cl Device  File  Completion-Context\

 [N/A(0), N/A(0)]
     0 0 00000000 00000000 00000000-00000000

             Args: 00000000 00000000 00000000 00000000
 [N/A(0), N/A(0)]
     0 0 00000000 00000000 00000000-00000000

             Args: 00000000 00000000 00000000 00000000
 [N/A(0), N/A(0)]
     0 0 00000000 00000000 00000000-00000000

             Args: 00000000 00000000 00000000 00000000
 [N/A(0), N/A(0)]
```

```
        0 0 00000000 00000000 00000000-00000000

                Args: 00000000 00000000 00000000 00000000
    [N/A(0), N/A(0)]
        0 0 00000000 00000000 00000000-00000000

                Args: 00000000 00000000 00000000 00000000
>[IRP_MJ_WRITE(4), N/A(34)]
        14 e0 8b0b8030 00000000 876c2ef0-00000000 Success Error Cancel
            \Driver\disk    partmgr!PmIoCompletion
                Args: 0004b000 00000000 4b3a0000 00000002
[IRP_MJ_WRITE(4), N/A(3)]
        14 e0 8b0fc058 00000000 876c36a0-00000000 Success Error Cancel
            \Driver\partmgr partmgr!PartitionIoCompletion
                Args: 4b49ace4 00000000 4b3a0000 00000002
[IRP_MJ_WRITE(4), N/A(0)]
        14 e0 8b121498 00000000 87531110-8b121a30 Success Error Cancel
            \Driver\partmgr volmgr!VmpReadWriteCompletionRoutine
                Args: 0004b000 00000000 2bea0000 00000002
[IRP_MJ_WRITE(4), N/A(0)]
        4 e0 8b121978 00000000 82d103e0-8b1220d9 Success Error Cancel
            \Driver\volmgr    fvevol!FvePassThroughCompletionRdpLevel2
                Args: 0004b000 00000000 4b49acdf 00000000
[IRP_MJ_WRITE(4), N/A(0)]
        4 e0 8b122020 00000000 82801a40-00000000 Success Error Cancel
            \Driver\fvevol    rdyboost!SmdReadWriteCompletion
                Args: 0004b000 00000000 2bea0000 00000002
[IRP_MJ_WRITE(4), N/A(0)]
        4 e1 8b118538 00000000 828637d0-00000000 Success Error Cancel pending
            \Driver\rdyboost    iorate!IoRateReadWriteCompletion
                Args: 0004b000 3fffffff 2bea0000 00000002
[IRP_MJ_WRITE(4), N/A(0)]
        4 e0 8b11ab80 00000000 82da1610-8b1240d8 Success Error Cancel
            \Driver\iorate    volsnap!VspRefCountCompletionRoutine
                Args: 0004b000 00000000 2bea0000 00000002
[IRP_MJ_WRITE(4), N/A(0)]
```

```
         4 e1 8b124020 00000000 87886ada-89aec208 Success Error Cancel pending
            \Driver\volsnap NTFS!NtfsMasterIrpSyncCompletionRoutine
                 Args: 0004b000 00000000 2bea0000 00000002
[IRP_MJ_WRITE(4), N/A(0)]
         4 e0 8b127018 a6de4bb8 871227b2-9ef8eba8 Success Error Cancel
            \FileSystem\NTFS   FLTMGR!FltpPassThroughCompletion
                 Args: 0004b000 00000000 00034000 00000000
[IRP_MJ_WRITE(4), N/A(0)]
         4 1 8b12a3a0 a6de4bb8 00000000-00000000 pending
            \FileSystem\FltMgr
                 Args: 0004b000 00000000 00034000 00000000

Irp Extension present at 0x8a6f4fb4:
```

이는 15개의 스택 로케이션이 존재하는 복잡한 IRP다(굵은 글씨체로 보이는 6이 현재 스택 로케이션이며 디버거에서 > 문자로 표시한다). 디바이스 객체에 관한 정보, 그리고 완료 루틴 주소와 함께 각 스택 로케이션에 대한 메이저와 마이너 함수가 보인다.

다음 단계는 액티브 스택 로케이션 내의 디바이스 객체 주소에 대해 !devobj 명령을 사용해 IRP가 대상으로 하는 디바이스 객체를 살펴본다.

```
kd> !devobj 8b0b8030
Device object (8b0b8030) is for:
 DR0 \Driver\disk  DriverObject 8b0a7e30
Current Irp 00000000  RefCount 1  Type 00000007  Flags 01000050
Vpb 8b0fc420  SecurityDescriptor 87da1b58  DevExt 8b0b80e8  DevObjExt 8b0b8578
Dope 8b0fc3d0
ExtensionFlags (0x00000800) DOE_DEFAULT_SD_PRESENT
Characteristics (0x00000100) FILE_DEVICE_SECURE_OPEN
AttachedDevice (Upper) 8b0fc058 \Driver\partmgr
AttachedTo (Lower) 8b0a4d10 \Driver\storflt
Device queue is not busy.
```

끝으로 !thread 명령을 사용해 IRP를 발생시킨 스레드와 프로세스의 세부 상황을 살펴본다.

```
kd> !thread 8632e6c0
THREAD 8632e6c0  Cid 0004.0058  Teb: 00000000  Win32Thread: 00000000  WAIT:
(Executive) KernelMode Non-Alertable
   89aec20c NotificationEvent
IRP List:
   8a6f4d28: (0006,02d4)  Flags: 00060043    Mdl: 8b14b250
Not impersonating
DeviceMap             87c025b0
Owning Process        86264280    Image:        System
Attached Process      N/A         Image:        N/A
Wait Start TickCount  8083        Ticks: 1 (0:00:00:00.015)
Context Switch Count  2223        IdealProcessor: 0
UserTime              00:00:00.000
KernelTime            00:00:00.046
Win32 Start Address nt!ExpWorkerThread (0x81e68710)
Stack Init 89aecca0 Current 89aebeb4 Base 89aed000 Limit 89aea000 Call 00000000
Priority 13 BasePriority 13 PriorityDecrement 0 IoPriority 2 PagePriority 5
```

단일 계층 하드웨어 기반 드라이버로의 I/O 요청

이번 절은 단일 계층의 커널 모드 디바이스 드라이버에 대한 I/O 요청을 추적한다. 그림 6-14는 이런 드라이버에서 일반적인 IRP 처리 상황을 보여준다.

그림 6-14에 소개된 이들 단계를 세부적으로 살펴보기 전에 일반적인 사항을 순서대로 살펴보면 다음과 같다.

- 두 유형의 수평 분할 선이 존재한다. 첫 번째(실선)는 통상적인 유저 모드/커널 모드 분할선이다. 두 번째(점선)는 요청 스레드 컨텍스트와 임의의 스레드 컨텍스트에서 실행하는 코드를 분할한다. 이들 컨텍스트는 다음과 같이 정의된다.

- 요청 스레드 컨텍스트 영역은 실행 스레드가 I/O 동작을 요청한 원래의 스레드임을 나타낸다. 스레드가 원래의 호출을 한 스레드라면 프로세스 컨텍스트가 원래의 프로세스이고, 따라서 I/O 동작에 제공된 유저 버퍼를 포함하는 유저 모드 주소 공간을 직접 접근할 수 있기 때문에 이 사실은 중요하다.

- 임의의 스레드 컨텍스트 영역은 이들 함수를 실행하는 스레드가 임의의 스레드가 될 수 있음을 나타낸다. 좀 더 엄밀히 말하면 요청 스레드가 아닐 수 있고, 따라서 보이는 유저 모드 프로세스 주소 공간은 원래 프로세스의 것이 아닐 수 있다. 이 컨텍스트에서 유저 모드 주소로 유저 버퍼에 접근하면 손상이 발생할 수 있다. 이 문제를 처리하는 방법은 다음 절에서 소개한다.

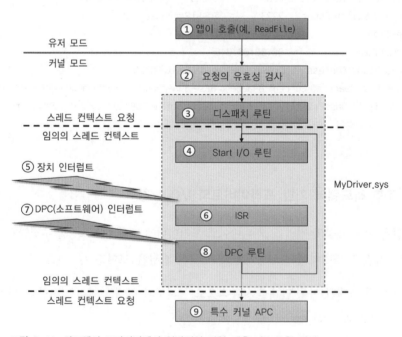

그림 6-14 하드웨어 드라이버에서 일반적인 단일 계층 I/O 요청 처리

그림 6-14에 소개된 단계에 대한 설명을 통해 분할선의 존재 이유와 그곳에 있는 이유를 알게 될 것이다.

- 4개의 블록으로 구성된 커다란 사각형(디스패치 루틴과 Start I/O 루틴, ISR, DPC 루틴)은 드라이버가 제공한 코드임을 나타낸다. 그 외의 모든 블록은 시스템이 제공한 것이다.
- 많은 유형의 장치에서 그렇듯이 여기서 하드웨어 장치는 한 번에 하나의 요청만을 처리할 수 있다고 가정한다. 장치가 여러 요청을 처리할 수 있을지라도 동작의 기본 흐름은 여전히 동일하다.

그림 6-14에서 소개된 사건들의 순서는 다음과 같다.

1. 클라이언트 애플리케이션은 ReadFile 같은 윈도우 API를 호출한다. ReadFile은 네이티브 NtReadFile(Ntdll.dll)을 호출한다. 이 함수는 커널 모드의 익스큐티브 NtReadFile로 스레드 전환을 한다(이들 단계는 6장 초반에서 이미 다뤘다).

2. I/O 관리자는 자신의 NtReadFile 구현에서 클라이언트가 제공한 버퍼가 올바른 페이지 보호 속성으로 접근 가능한지와 같은 요청의 무결성 검사를 수행한다. I/O 관리자는 관련된 드라이버를 찾고(제공된 파일 핸들을 사용해) IRP를 할당해 초기화하고, IRP를 인자로 하는 IoCallDriver를 사용해 드라이버의 적절한 디스패치 루틴(이 경우 IRP_MJ_READ 인덱스에 해당하는)을 호출한다.

3. 드라이버는 처음으로 이 IRP를 보는 것이다. 이 호출은 일반적으로 요청 스레드에서 이뤄진다. 상위 필터가 IRP를 보관하고 있다가 추후에 다른 스레드에서 IoCallDriver를 호출한 경우에만 예외다. 설명을 위해 예외 경우가 아니라고 가정한다(대부분의 관련 하드웨어 장치에서도 이런 상황은 발생하지 않는다. 상위 필터가 존재하더라도 그들은 일부 처리를 하고서 같은 스레드에서 하위 드라이버를 즉시 호출한다). 드라이버의 디스패치 Read 콜백은 두 가지 작업을 한다. 먼저 요청이 실제로 의미하는 바를 몰라 I/O 관리자가 할 수 없었던 추가적 검사를 수행한다. 예를 들어 읽기나 쓰기 동작에 제공된 버퍼가 충분히 큰지를 드라이

버는 검사할 수 있다. 또는 DeviceIoControl 동작의 경우 드라이버는 제공된 I/O 컨트롤 코드가 지원되는 것인지를 검사한다. 이런 검사가 실패하면 드라이버는 실패 상태로 IRP를 완료시키고(IoCompleteRequest) 즉시 복귀한다. 검사가 OK 상태로 끝나면 드라이버는 자신의 Start I/O 루틴을 호출해 동작을 시작한다. 하지만 하드웨어 장치가 현재 바쁜 상태라면(이전 IRP 처리로 인해) IRP는 드라이버가 관리하는 큐에 넣어진다. 이때 IRP는 완료되지 않고 STATUS_PENDING를 반환한다. I/O 관리자는 이런 상황을 IoStartPacket 함수로 처리한다. 이 함수는 디바이스 객체의 busy 비트를 검사해 장치가 바쁘다면 IRP를 큐(디바이스 객체 구조체의 일부분)에 넣는다. 장치가 바쁘지 않다면 이 함수는 디바이스 객체의 busy 비트를 설정하고 등록된 Start I/O 루틴(DriverEntry에서 초기화하는 드라이버 객체에 이런 필드가 있음을 기억하자)을 호출한다. 드라이버가 IoStartPacket 함수를 사용하지 않더라도 유사한 흐름의 로직을 사용한다.

4. 장치가 바쁘지 않다면 Start I/O 루틴이 디스패치 루틴으로부터 바로 호출된다. 이것은 여전히 호출을 한 요청 스레드의 컨텍스트임을 의미한다. 하지만 그림 6-14는 Start I/O 루틴이 임의의 스레드 컨텍스트에서 호출되고 있음을 보여준다. 8단계에서 DPC 루틴을 살펴볼 때 일반적인 경우에 이런 상황이 발생하는 것을 보게 될 것이다. Start I/O 루틴의 목적은 IRP 관련 인자를 가져와서 하드웨어 장치를 프로그래밍하는 것이다(예를 들어 WRITE_PORT_UCHAR와 WRITE_REGISTER_ULONG 같은 HAL 접근 루틴을 사용해 하드웨어의 포트나 레지스터에 인자 값을 쓴다). Start I/O가 완료된 이후에 호출은 복귀하고 드라이버에서는 특별한 코드가 실행되지 않는다. 하드웨어는 지시된 자신의 작업을 수행한다. 하드웨어 장치가 동작하는 동안에 같은 스레드에 의해서나(비동기 동작을 사용한다면) 동일한 장치에 핸들을 오픈한 다른 스레드에 의해서도 추가적인 요청이 장치로 올 수 있다. 이 경우 디스패치 루틴은 장치가 바쁜 상태임을 알고서 IRP를 IRP 큐에 넣는다(앞서 언급한 대로 IoStartPacket을 호출하는 것도 한 가지 방법이다).

5. 장치에서 현재 동작이 완료되면 인터럽트를 발생한다. 커널 트랩 핸들러는 인터럽트를 처리하기 위해 선정된 CPU에서 실행하는 스레드가 무엇이든 간에

그 CPU의 컨텍스트를 저장하고 인터럽트와 연관된 IRQL까지 CPU의 IRQL을 상승시키고(DIRQL), 등록된 디바이스 ISR로 점프한다.

6. 디바이스 IRQL(2보다 크다)에서 실행하는 ISR은 가능한 한 작은 일만 수행한다. 즉, 장치에게 인터럽트 신호를 중지할 것을 알리고 상태를 구하거나 하드웨어 장치로부터 필요한 그 밖의 정보를 구한다. ISR의 마지막 작업으로 좀 더 낮은 IRQL에서 추가적인 후처리를 위해 DPC를 큐에 넣는다. 대부분의 장치 작업을 수행하기 위해 DPC를 사용하는 이점은 디바이스 IRQL과 DPC/디스패치 IRQL(2) 사이의 블록된 인터럽트가 더 낮은 우선순위를 갖는 DPC 처리가 일어나기 전에 진행할 수 있다는 것이다. 따라서 중간 레벨의 인터럽트는 좀 더 신속하게 서비스될 수 있고, 이는 시스템의 지연을 줄여준다.

7. 인터럽트가 해제된 이후에 커널은 DPC 큐가 비어있지 않음을 감지하고서 IRQL DPC_LEVEL(2)에서 소프트웨어 인터럽트를 사용해 DPC 처리 루프로 점프한다.

8. 마침내 DPC는 큐에서 꺼내지고 IRQL 2에서 실행하는데, 일반적으로 다음과 같은 두 가지 주요 작업을 수행한다.

   ◦ 큐에서 다음 IRP(존재한다면)를 가져와 장치에 새로운 동작을 시작시킨다. 장치가 너무 오랫동안 유휴 상태로 지속되는 것을 방지하기 위해 먼저 이 작업이 실행된다. 디스패치 루틴이 **IoStartPacket**을 사용했다면 DPC 루틴은 이에 대응하는 **IoStartNextPacket**을 호출한다. IRP가 큐에 있다면 DPC에서 Start I/O 루틴이 호출된다. 이것이 바로 일반적인 경우 Start I/O 루틴이 임의의 스레드 컨텍스트에서 호출되는 이유다. 큐에 IRP가 없다면 장치는 바쁘지 않음으로 표시된다. 즉, 다음 요청이 들어오기를 기다린다.

   ◦ 드라이버에 의해 동작이 막 끝난 IRP에 대해 **IoCompleteRequest**를 호출해 완료시킨다. 이 시점부터 드라이버는 IRP에 대해 책임이 없으며, 어느 순간에 메모리 해제가 될지 모르므로 IRP에 접근하면 안 된다. **IoComplete-Request**는 등록된 완료 루틴이 있으면 호출한다. 최종적으로 I/O 관리자는 IRP를 해제한다(자신의 완료 루틴을 사용해 해제 작업을 수행한다).

9. 원래 요청 스레드는 완료에 대한 통지를 받을 필요가 있다. DPC에서 실행하는 현재 스레드는 임의의 스레드이므로 원래의 프로세스 주소 공간을 가진 원래 스레드가 아니다. 요청 스레드의 컨텍스트에서 코드를 실행하기 위해 특수한 커널 APC가 스레드에 발행된다. APC는 특정 스레드의 컨텍스트에서 실행하게 강제된 함수다. 요청 스레드가 CPU 시간을 받게 될 때에 특수한 커널 APC가 먼저 실행한다(IRQL APC_LEVEL=1). APC는 대기로부터 스레드를 해제하고 비동기 동작에서 등록된 이벤트를 시그널하는 등의 필요한 작업을 한다(APC에 관한 추가적인 내용은 2권의 8장을 보라).

I/O 완료에서 마지막 첨언은 비동기 I/O 함수 **ReadFileEx**와 **WriteFileEx**는 호출자로 하여금 인자로 콜백 함수를 제공할 수 있게 한다는 것이다. 호출자가 콜백 함수를 제공하면 I/O 관리자는 I/O 완료의 마지막 단계에서 유저 모드 APC를 호출자의 스레드 APC 큐에 넣는다. 이 기능을 통해 I/O 요청이 완료되거나 취소될 때에 호출되는 서브루틴을 호출자가 지정할 수 있다. 유저 모드 APC 완료 루틴은 요청 스레드의 컨텍스트에서 실행하며 스레드가 경계^{alertable} 대기 상태에 진입할 때(SleepEx나 WaitForSingleObjectEx, WaitForMultipleObjectsEx와 같은 함수를 호출해)에만 전달된다.

유저 주소 공간 버퍼 접근

그림 6-14에서 보듯이 IRP 처리에는 4개의 주요 드라이버 함수가 관여한다. 이들 루틴의 일부 또는 모두는 클라이언트 애플리케이션이 제공한 유저 공간의 버퍼에 접근할 필요가 있을 수도 있다. 애플리케이션이나 디바이스 드라이버가 **NtReadFile**이나 **NtWriteFile**, **NtDeviceIoControlFile** 시스템 서비스(이들 서비스에 대응하는 윈도우 API 함수는 ReadFile, WriteFile, DeviceIoControl이다)를 이용해 IRP를 간접적으로 생성할 때 사용자 버퍼의 포인터가 IRP 바디의 **UserBuffer** 멤버로 제공된다. 하지만 이 버퍼에 직접 접근하는 것은 요청 스레드의 컨텍스트에서 IRQL 0일 때(페이징이 정상적으로 처리될 수 있는)에만 가능하다(클라이언트 프로세스 주소 공간이 보이는).

앞 절에서 설명했듯이 디스패치 루틴만이 요청 스레드의 컨텍스트와 IROL 0에서 실행하는 기준을 충족시킨다. 이것도 항상 그런 것도 아니다. 즉, 상위 필터가 IRP를 보관해 아래로 즉시 전달하지 않고 다른 스레드를 사용해 나중에 전달할 수도 있는데, 그것도 CPU IRQL이 2 이상일 때 그렇게 할 수도 있다.

나머지 세 함수(Start I/O, ISR, DPC)는 분명 IRQL 2(ISR은 DIRQL)로 임의의 스레드(어떤 스레드든 가능하다)에서 실행한다. 이들 루틴에서 사용자 버퍼에 직접 접근하는 것은 다음과 같은 이유로 인해 대부분 치명적 결과를 초래할 수 있다.

- IRQL 2 또는 그 이상이므로 페이징이 허용되지 않는다. 사용자 버퍼(또는 그 일부)는 페이지 아웃될 수도 있어 메모리에 상주하지 않는 페이지에 접근하면 시스템은 크래시된다.

- 이들 함수에서 실행하는 스레드는 임의의 스레드가 될 수 있기 때문에 임의의 프로세스 주소 공간이 보일 수 있다. 임의의 프로세스에서 데이터에 접근하면 (이 시점에 어떤 스레드가 실행되든 그 부모 프로세스) 원래 사용자 주소는 의미가 없고 접근 위반이 되거나 더 나쁜 상황이 발생할 수도 있다.

분명 이들 루틴에서 사용자 버퍼에 접근할 수 있는 안전한 방법이 있어야 한다. I/O 관리자는 버퍼드 I/O와 다이렉트 I/O로 알려진 두 가지 옵션을 제공한다. 이들 두 옵션에서 I/O 관리자는 이면에서 중요한 일을 드라이버 대신 처리해준다. Neither I/O로 불리는 세 번째 옵션은 실제로 옵션은 아니지만, I/O 관리자는 특별한 아무것도 하지 않고 드라이버에게 문제의 처리를 전적으로 맡긴다.

드라이버는 다음과 같은 방식으로 이들 방법을 선택한다.

- 읽기와 쓰기 요청의 경우(IRP_MJ_READ와 IRP_MJ_WRITE), 디바이스 객체 (DEVICE_OBJECT)의 Flags 멤버를 DO_BUFFERED_IO(버퍼드 I/O) 또는 DO_DIRECT_IO(다이렉트 I/O)로 설정한다(다른 플래그를 건드리지 않게 OR 불리언 연산을 통해). 이 두 개의 플래그 중 아무것도 설정되지 않는다면 Neither I/O를 나타낸다(DO는 디바이스 객체의 약어다).

- 디바이스 I/O 컨트롤 요청(IRP_MJ_DEVICE_CONTROL)의 경우 각 컨트롤 코드는 CTL_CODE 매크로로 만들어진다. 이때 일부 비트가 버퍼링 방법을 나타낸다. 이는 버퍼링 방법이 컨트롤 코드에 설정된다는 것을 의미한다. 이런 방식은 매우 유용하다.

다음 절은 각 버퍼링 방법을 세부적으로 설명한다.

버퍼드 I/O I/O 관리자는 호출자의 버퍼 크기와 동일한 버퍼를 넌페이지드 풀에 할당하고 이 포인터를 IRP 바디의 AssociatedIrp.SystemBuffer에 저장한다. 그림 6-15는 읽기 동작(쓰기도 유사하다)에 대한 버퍼드 I/O의 주요 단계를 보여준다.

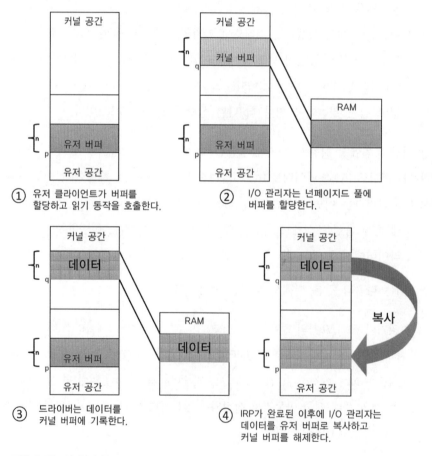

그림 6-15 버퍼드 I/O

드라이버는 임의의 스레드와 임의의 IRQL에서 시스템 버퍼(그림 6-15에서 주소 q)에 접근할 수 있다.

- 시스템 공간 내의 이 주소가 있다는 것은 어떠한 프로세스 컨텍스트에서도 유효하다는 것을 의미한다.
- 넌페이지드 풀에서 할당된 버퍼이므로 페이지 폴트가 발생하지 않는다.

쓰기 동작의 경우 I/O 관리자는 IRP를 생성할 때 호출자의 버퍼 데이터를 할당된 버퍼로 복사한다. 읽기 동작의 경우 I/O 관리자는 IRP가 완료될 때 할당된 버퍼로부터 유저 버퍼로 데이터를 복사하고(특수한 커널 APC를 사용해) 할당된 버퍼를 해제한다.

I/O 관리자가 실제적으로 모든 일을 처리해주므로 버퍼드 I/O는 사용하기에 분명 매우 간단하다. 주요 단점은 항상 복사 작업이 필요하다는 것이다. 이는 큰 버퍼일 경우 비효율적이다. 버퍼드 I/O는 버퍼 크기가 한 페이지(4KB)를 넘지 않을 때나 장치가 DMA를 지원하지 않을 때 일반적으로 사용된다. DMA는 CPU의 간섭 없이 장치에서 RAM으로 또는 그 반대로 데이터를 전송하기 위해 사용된다. 버퍼드 I/O에서는 CPU에 의한 복사 작업이 항상 수반되고 이는 DMA를 의미 없게 만든다.

다이렉트 I/O 이는 복사를 하지 않고서도 드라이버가 사용자 버퍼에 직접 접근할 수 있게 해준다. 그림 6-16은 읽기나 쓰기 동작에 대한 다이렉트 I/O의 주요 단계를 보여준다.

I/O 관리자는 IRP를 생성할 때 **MmProbeAndLockPages** 함수(WDK에 문서화돼 있는)를 호출해 메모리에 유저 버퍼를 락시킨다(넌페이지드가 됨). I/O 관리자는 메모리 디스크립터 리스트^{MDL}의 형태로 메모리의 디스크립션^{description}을 저장한다. 이 주소는 IRP 바디의 **MdlAddress**에 저장된다. DMA^{direct memory access}를 수행하는 장치는 버퍼의 물리적 디스크립션만 필요로 하기 때문에 MDL은 이런 장치의 동작에 적합하다. 그러나 드라이버가 버퍼의 내용에 접근해야 한다면 제공된 MDL에 주소를 전달해서 **MmGetSystem-AddressForMdlSafe** 함수를 사용해 버퍼를 시스템의 주소 공간에 매핑할 수 있다. 이 결과의 포인터(그림 6-16의 q)는 어떤 스레드 컨텍스트(시스템 주소다)에서, 그리고 아무

런 IRQL(버퍼는 페이지 아웃되지 않는다)에서 사용해도 안전하다. 유저 버퍼는 효율적으로 이중 매핑된 상태다. 유저의 직접 주소(그림 6-16의 p)는 원래의 프로세스 컨텍스트에서만 사용 가능하지만, 시스템 주소 공간에 대한 두 번째 매핑은 어떤 컨텍스트에서든 사용 가능하다. IRP가 완료되고 나면 I/O 관리자는 MmUnlockPages(WDK에 문서화돼 있는)를 호출해 이 버퍼를 언락시킨다(페이징이 가능하게 만든다).

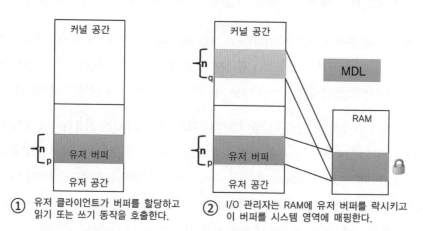

① 유저 클라이언트가 버퍼를 할당하고 읽기 또는 쓰기 동작을 호출한다.

② I/O 관리자는 RAM에 유저 버퍼를 락시키고 이 버퍼를 시스템 영역에 매핑한다.

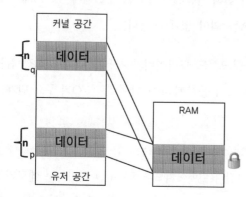

③ 드라이버는 시스템 주소를 사용해 버퍼에 읽고 쓴다.

그림 6-16 다이렉트 I/O

다이렉트 I/O는 복사가 이뤄지지 않으므로 큰 버퍼(한 페이지 이상의)에 유용하며, 특히 DMA 전송(같은 이유로 인해)의 경우 더욱 그렇다.

Neither I/O I/O 관리자는 어떤 버퍼 관리도 수행하지 않는다. 대신 버퍼 관리는 디바이스 드라이버가 관할한다. 디바이스 드라이버는 I/O 관리자가 버퍼 관리에 대해 수행했던 조치를 자신이 직접 수동으로 하게끔 선택할 수 있다. 일부 경우에 디스패치 루틴에서 버퍼에 접근하는 것만으로도 충분할 수 있다. 따라서 이 경우 드라이버는 Neither I/O 방식만으로도 가능하다. 이 방식의 가장 큰 장점은 오버헤드가 전혀 없다는 것이다.

neither I/O를 사용해 유저 공간에 위치하는 버퍼에 접근하는 드라이버는 버퍼 주소가 유효하고 커널 모드 메모리를 참조하지 않음을 보장하기 위해 각별히 주의해야 한다. 스칼라 값을 전달하는 드라이버가 극소수이긴 하더라도 스칼라 값은 이런 용도로 전달하기에 매우 안전한 값이다. 이렇게 하지 않으면 크래시가 발생하거나 애플리케이션이 커널 모드 메모리에 접근하거나 커널에 코드를 인젝션할 수 있는 보안 취약점이 발생할 수 있다. `ProbeForRead`와 `ProbeForWrite` 함수는 드라이버로 하여금 버퍼가 주소 공간에서 완전히 유저 모드 영역에 존재한다는 것을 검증할 수 있게 도와준다. 유효하지 않은 유저 모드 주소 참조로 발생하는 크래시를 피하기 위해 드라이버는 구조적 예외 처리structured exception handling(C/C++에서 `__try/__except` 블록으로 표현되는)로 보호가 되는 유저 모드 버퍼에 접근할 수 있다. 예외 처리 코드는 유효하지 않은 메모리 폴트를 캐치해 이 폴트를 오류 코드로 변환해 애플리케이션으로 반환한다(SEH에 관한 추가적인 정보는 2권의 8장을 보라). 추가적으로 드라이버는 유저 모드 주소가 여전히 유효하다고 하더라도 유저 모드 주소에 의존하는 대신에 커널 버퍼로 모든 입력 데이터를 캡처해야 한다. 이것은 호출자가 드라이버의 이면에서 언제라도 데이터를 수정할 수 있기 때문이다.

동기화

드라이버는 두 가지 이유에서 자신이 접근하려는 전역 드라이버 데이터와 하드웨어 레지스터를 동기화해야 한다.

- 드라이버의 실행은 좀 더 높은 우선순위의 스레드나 시간 할당량(혹은 퀀텀) 만료에 의해 선점될 수 있다. 또는 좀 더 높은 IRQL 인터럽트에 의해 인터럽트 될 수 있다.

- 멀티프로세서 시스템에서 윈도우는 드라이버 코드를 하나 이상의 프로세서에서 동시에 실행시킬 수 있다.

동기화가 없다면 손상이 발생할 수 있다. 예를 들면 호출자가 I/O 동작을 시작할 때 패시브 IRQL(0, 즉 디스패치 루틴)에서 실행되는 디바이스 드라이버 코드는 장치 인터럽트(자신의 디바이스 드라이버가 이미 실행 중이라면 디바이스 드라이버의 ISR 실행을 유발한다)에 의해 인터럽트될 수 있기 때문이다. ISR이 수정하는 장치 레지스터, 힙 저장소, 정적 데이터와 같은 데이터를 디바이스 드라이버도 수정한다면 ISR이 실행될 때 데이터가 손상될 수 있다.

이런 상황을 피하기 위해 윈도우용으로 작성된 디바이스 드라이버는 하나 이상의 IRQL에서 접근 가능한 데이터에 접근할 때 반드시 동기화를 해야 한다. 공유 데이터의 갱신을 시도하기 전에 디바이스 드라이버는 여타 모든 스레드가 동일한 데이터 구조체를 갱신하는 것을 방지하기 위해 이들 모든 스레드(멀티프로세서 시스템의 경우에는 CPU)를 락아웃lock out시켜야 한다.

단일 CPU 시스템에서 다른 IRQL에서 실행하는 두 개 이상의 함수 간의 동기화는 간단하다. 이들 함수가 실행하는 가장 높은 IRQL로 IRQL을 상승시키면 된다(KeRaiseIrql). 예를 들어 디스패치 루틴(IRQL 0)과 DPC 루틴(IRQL 2) 간의 동기화를 하려면 공유 데이터를 접근하기 전에 디스패치 루틴의 IRQL을 2로 상승시켜야 한다. DPC와 ISR 간의 동기화가 필요하다면 DPC의 IRQL을 디바이스 IRQL(PnP 관리자가 장치에 존재하는 하드웨어 자원을 드라이버에게 통지할 때 이들 정보가 드라이버에 제공된다)로 상승시켜야 한다. 멀티프로세서 시스템의 경우 IRQL 상승만으로는 불충분하다. 다른 루틴(예를 들어 ISR)이 다른 CPU에서 서비스될 수도 있다(IRQL은 CPU 속성이지 전역 시스템 속성이 아님을 기억하자).

CPU 간의 높은 IRQL 동기화를 허용하기 위해 커널은 특별한 동기화 객체인 스핀락spinlock을 제공한다. 여기서 스핀락이 드라이버 동기화에 적용되는 방식을 간단히 살펴본다(스핀락에 대한 상세한 설명은 2권의 8장에서 한다). 원칙적으로 스핀락은 특정 코드만이 공유 데이터에 접근하게 한다는 점에서 뮤텍스(2권의 8장에서 상세히 다룬다)를 닮았지만 완전히 다르게 동작하고 사용된다. 표 6-3은 뮤텍스와 스핀락 간의 차이점을 요약한 것이다.

표 6-3 뮤텍스와 스핀락

	뮤텍스	스핀락
동기화 본질	여러 스레드 중에서 한 스레드가 임계 영역의 진입을 허용 받고 공유 데이터에 접근한다.	여러 CPU 중에서 한 CPU가 임계 영역의 진입을 허용 받고 공유 데이터에 접근한다.
이 IRQL에서 사용 가능	< DISPATCH_LEVEL(2)	>= DISPATCH_LEVEL(2)
대기 종류	일반. 즉, 대기 동안에 CPU 사이클을 소비하지 않는다.	바쁨. 즉, 스핀락이 프리 상태가 될 때까지 CPU는 계속해서 스핀락을 테스트한다.
소유권	소유자 스레드는 추적이 이뤄지고 재귀적 획득이 허용된다.	CPU 소유자 추적이 이뤄지지 않으며, 재귀적 획득은 데드락을 유발한다.

스핀락은 원자적으로 테스트되고 변경되는 동작에 의해 접근되는 메모리 내의 한 비트일 뿐이다. 스핀락은 CPU에 의해 소유되거나 프리 상태(소유되지 않은)일 수 있다. 표 6-3에서 보듯이 스핀락은 높은 IRQL(>=2)에서 동기화가 필요할 때 필수적이다. 이들 경우에 뮤텍스를 사용할 수 없다. 뮤텍스를 사용하는 경우 스케줄러가 필요하지만 살펴 봤듯이 스케줄러는 IRQL이 2 이상인 CPU에서는 깨어날 수 없기 때문이다. 이것이 바로 스핀락의 대기가 바쁜^{busy} 대기 동작인 이유다. 스핀락 획득을 시도하는 스레드는 일반 대기 상태로 들어 갈 수 없는데, 이것은 스케줄러가 깨어나서 해당 CPU의 다른 스레드로 전환하는 것을 의미하기 때문이다.

CPU에 의한 스핀락 획득은 항상 두 단계의 동작을 거친다. 먼저 IRQL이 동기화가 일어나는 관련 IRQL(즉, 동기화가 필요한 함수가 실행하는 가장 높은 IRQL)로 상승된다. 예를 들어 디스패치 루틴(IRQL 0)과 DPC(2) 간의 동기화는 IRQL을 2로 상승시켜야 한다. DPC(2)와 ISR(DIRQL) 간의 동기화는 IRQL을 DIRQL(특정 인터럽트에 대한 IRQL)로 상승시켜야 한다. 다음으로 원자적 테스트와 스핀락 비트 설정을 통한 스핀락 획득이 시도된다.

> 스핀락 획득 단계에 대한 설명에서 중요하지 않은 세부적 내용은 생략했다. 스핀락에 관한 완전한 설명은 2권의 8장에서 한다.

조만간 보겠지만 스핀락을 획득하는 함수는 동기화할 IRQL을 결정한다.

그림 6-17은 스핀락 획득의 2단계 과정을 간략히 보여준다.

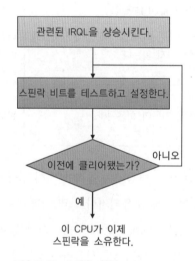

그림 6-17 스핀락 획득

IRQL 2(예를 들어 디스패치 루틴과 DPC 또는 DPC와 다른 CPU에서 실행하는 또 다른 DPC 간에)에서 동기화를 할 때 커널은 KeAcquireSpinLock과 KeReleaseSpinLock 함수(2권의 8장에서 다른 함수도 다룬다)를 제공한다. 이들 함수는 그림 6-17의 단계를 수행한다. 여기서는 '관련된 IRQL'이 2가 된다. 이 경우 드라이버는 스핀락(KSPIN_LOCK, 32비트 시스템에서는 4바이트, 64비트 시스템에서는 8바이트)을 할당해야 하는데, 일반적으로 디바이스 익스텐션(장치별로 드라이버가 관리하는 데이터가 보관되는 곳이다)에 할당하고 KeInitializeSpinLock 함수로 초기화한다.

844

어떤 함수(DPC나 디스패치 루틴 같은)와 ISR 간의 동기화의 경우 다른 함수가 사용된다. 모든 인터럽트 객체(KINTERRUPT)는 내부에 스핀락을 가진다. 이는 ISR이 실행하기 전에 획득된다(이것은 같은 ISR이 다른 CPU에서 동시에 실행될 수 없음을 의미한다). 이 경우 동기화는 이 스핀락으로 이뤄진다(다른 스핀락을 할당할 필요가 없다). 이 스핀락은 KeAcquireInterruptSpinLock 함수로 간접적으로 획득되며, KeReleaseInterrupt-SpinLock 함수에 의해 해제된다. 또 다른 방법으로 KeSynchronizeExecution 함수를 사용할 수 있다. 이 함수는 드라이버가 제공하는 콜백 함수를 인자로 받아들이며, 인터럽트 스핀락이 획득된 이후에 콜백 함수를 호출하고 콜백 함수 종료 후에 스핀락을 해제한다.

ISR에 특별한 주의가 필요하지만 디바이스 드라이버가 사용하는 어떤 데이터가 다른 프로세서에서 실행 중인 동일한 디바이스 드라이버에 의해 접근될 수 있음도 알아야 한다. 따라서 디바이스 드라이버 코드에서의 전역 데이터나 공유 데이터 또는 물리 장치 접근에 대한 동기화는 매우 중요한 부분이다.

계층적 드라이버에 대한 I/O 요청

IRP 흐름 절에서는 표준 WDM 디바이스 노드에 집중해 IRP를 다루는 드라이버가 갖는 일반적인 옵션을 살펴봤다. 앞 절에서는 하나의 디바이스 드라이버가 간단한 장치에 대한 I/O 요청을 어떻게 처리하는지 살펴봤다. 파일 기반의 장치나 여타 계층적 드라이버에 대한 I/O 요청의 처리도 대개 같은 방법으로 이뤄지지만, 파일 시스템 드라이버로 향하는 요청을 자세히 살펴볼 만하다. 그림 6-18은 비동기적 I/O 요청이 어떻게 주 대상으로 비하드웨어를 기반으로 한 장치에 대한 계층화된 드라이버를 통과하는지 보여준다. 여기서는 파일 시스템에 의해 제어되는 디스크를 예로 든다.

I/O 관리자는 요청을 받고 이 요청을 나타내는 IRP를 생성한다. 하지만 이번에는 I/O 관리자가 이 패킷을 파일 시스템 드라이버로 전달한다. 파일 시스템 드라이버는 이 시점에서 I/O 동작에 대한 중요한 제어를 수행한다. 호출자가 요청한 I/O 유형에 따라

파일 시스템은 I/O 관리자가 보낸 바로 그 IRP를 디스크 드라이버로 보내거나 추가적인 여러 IRP를 생성해 이를 개별로 디스크 드라이버에 보낼 수도 있다.

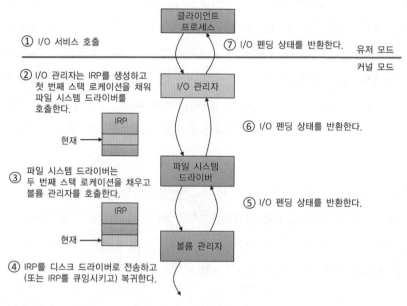

그림 6-18 계층화된 드라이버에 대한 비동기적 요청 큐잉

파일 시스템은 전달받은 요청이 장치에 대한 간단한 단일 요청으로 변환될 경우 IRP를 재사용할 가능성이 높다. 예를 들어 애플리케이션이 볼륨에 저장된 파일의 처음 512바이트에 대한 읽기 요청을 시도한다면 NTFS 파일 시스템은 단순히 볼륨 관리자 드라이버를 호출해 볼륨에 존재하는 파일의 시작 위치부터 시작해 한 섹터를 읽게 요청할 것이다.

디스크 컨트롤러의 DMA 어댑터가 데이터 전송을 마친 이후에 디스크 컨트롤러는 호스트를 인터럽트하면 그림 6-19에서 보듯이 디스크 컨트롤러의 ISR이 실행하게 되고 ISR에서는 IRP를 완료하는 DPC 콜백이 요청된다.

단일 IRP를 재사용하는 것에 대한 대안으로 파일 시스템은 하나의 I/O 요청에 대해 병렬로 동작하는 연계 IRP^associated IRPs의 그룹을 만들 수 있다. 예를 들어 파일에서 읽혀지는 데이터가 디스크에 산재해 있다면 파일 시스템은 각기 다른 섹터에서 요청된 부분들을 읽어 들이는 여러 IRP를 생성할 것이다. 이러한 큐잉 방법을 그림 6-20에서 보여준다.

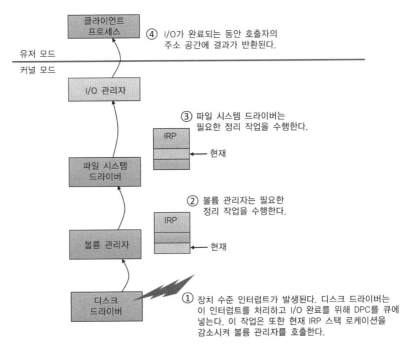

그림 6-19 계층적인 I/O 요청 완료 처리

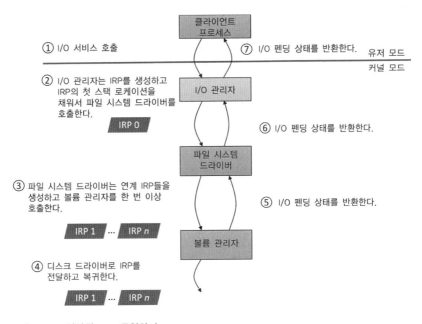

그림 6-20 연관된 IRP 큐잉하기

파일 시스템 드라이버가 연계 IRP를 볼륨 관리자에게 전달하면 볼륨 관리자는 디스크 장치에 이들을 큐잉하는 디스크 드라이버로 다시 보낸다. 연계 IRP는 한 번에 하나씩 처리되며, 파일 시스템 드라이버는 반환된 데이터를 추적한다. 모든 연계 IRP가 완료될 때 I/O 시스템은 원본 IRP를 완료하고 그림 6-21과 같이 호출자로 복귀한다.

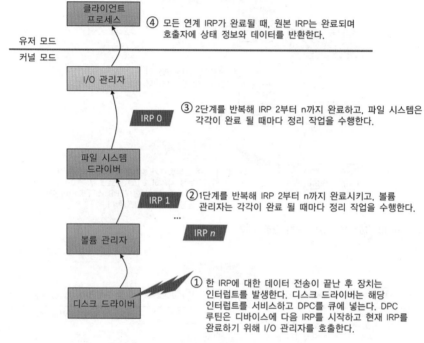

그림 6-21 연계 IRP 완료하기

디스크 기반의 파일 시스템을 관리하는 모든 윈도우 파일 시스템 드라이버는 최소 3계층으로 이뤄진 드라이버 스택의 한 부분이다. 파일 시스템 드라이버는 가장 상단이고, 볼륨 관리자는 중간, 디스크 드라이버는 가장 하단이다. 또한 이런 드라이버들의 위아래에는 여러 필터 드라이버가 존재할 수 있다. 명료하게 하기 위해 이전 예제인 계층적인 I/O 요청에서는 오직 파일 시스템 드라이버와 볼륨 관리자 드라이버만을 포함했다. 더 자세한 정보는 2권의 12장을 보라.

스레드 비종속적 I/O

지금까지 설명한 I/O 모델에서 IRP는 I/O를 시작한 스레드에 큐잉되며, 완료 처리 작업이 프로세스나 스레드 특정 컨텍스트에 접근할 수 있게 I/O 관리자가 해당 스레드에 APC를 발생시킴으로써 이 IRP가 완료됐다. 스레드 특정적인 I/O 처리는 일반적으로 대부분의 애플리케이션이 필요로 하는 성능과 확장성에 있어서 충분하다. 하지만 윈도우는 두 가지 메커니즘을 통해 스레드 비종속적[Thread Agnostic] I/O도 지원한다.

- I/O 완료 포트로, 6장의 뒷부분에서 자세히 설명한다.
- 유저 버퍼를 메모리에 락시키고 이를 시스템 주소 공간에 매핑한다.

I/O 완료 포트를 이용해 애플리케이션은 I/O의 완료 검사 시점을 결정한다. 따라서 I/O를 요청한 이외의 어떤 다른 스레드도 완료 요청을 수행할 수 있기 때문에 I/O 요청을 일으킨 스레드가 반드시 I/O 포트와 연관될 필요가 있는 것은 아니다. 다시 말하자면 IRP를 특정 스레드의 컨텍스트 안에서 완료시키는 것이 아니라 완료 포트에 접근하는 어떤 스레드의 컨텍스트에서든 완료시킬 수 있다.

마찬가지로 락이 걸리고 커널에 매핑된 유저 버퍼 역시 요청을 발생시킨 스레드와 같은 메모리 주소 공간에 있을 필요가 없다. 커널은 임의의 컨텍스트에서 이 메모리에 접근할 수 있기 때문이다. 애플리케이션은 SeLockMemoryPrivilege 특권이 있다면 SetFile-IoOverlappedRange를 사용해 이 메커니즘을 활성화할 수 있다.

SetFileIoOverlappedRange에 의해 설정된 완료 포트 I/O와 파일 버퍼에 대한 두 I/O의 경우 I/O 관리자는 요청을 발생한 스레드 대신 요청이 이뤄진 파일 객체와 IRP를 연관시킨다. WinDbg의 !fileobj 확장 명령은 지금 설명한 메커니즘을 사용하는 파일 객체에 대한 IRP의 리스트를 보여줄 것이다.

다음 절에서는 스레드 비종속적 I/O가 윈도우에서 실행하는 애플리케이션의 신뢰성과 성능을 어떻게 향상시키는지 살펴본다.

I/O 취소

IRP 처리가 일어나는 다양한 방법과 I/O 요청을 완료시키는 여러 방식이 있지만, 실제로는 수많은 I/O 처리 동작이 완료되기보다는 취소로 종료되기도 한다. 예를 들면 IRP가 처리 중인 상태에서 장치를 제거한다든지, 네트워크 명령의 경우 사용자가 오랜 시간이 걸리는 명령을 장치로 보냈을 때 이를 취소할 수도 있다. I/O 취소 지원이 필요한 또 다른 상황은 스레드와 프로세스가 종료될 때다. 스레드가 종료할 때 더 이상 I/O 명령은 의미가 없으므로 스레드와 연관된 I/O는 모두 취소돼야 한다. 그리고 이 스레드는 완료되지 않은 I/O가 완료될 때까지 삭제될 수 없다.

드라이버와 함께 동작하는 윈도우 I/O 관리자는 원활한 사용자 경험을 제공하기 위해 이런 요청을 효율적이고 신뢰할 수 있게 처리해야 한다. 드라이버는 자신이 취소할 수 있는 I/O 동작들(일반적으로 큐잉돼 아직 처리가 시작되지 않은 동작)에 대해 **IoSet-CancelRoutine**을 사용해 취소 루틴^{cancel routine}을 등록함으로써 이를 관리한다. 이 취소 루틴은 I/O 관리자가 I/O 동작을 취소하고자 할 때 호출된다. 드라이버가 이런 시나리오에서 자신의 역할을 하지 못한다면 눈에서는 사라졌지만 작업 관리자나 Process Explorer에는 남아 있는, 죽일 수 없는 프로세스를 보게 될 것이다.

사용자 발생 I/O 취소

대부분의 소프트웨어는 사용자 인터페이스^{UI} 입력을 처리하기 위해 하나의 스레드를 사용하거나 I/O를 포함하는 작업을 수행하기 위해 하나 이상의 스레드를 사용한다. 경우에 따라 사용자가 UI를 통해 시작한 동작을 취소하려고 한다면 애플리케이션은 처리되지 않은 I/O 동작을 취소해야 한다. 신속하게 완료되는 동작은 취소가 필요하지 않을 수 있다. 하지만 대량의 데이터 전송이나 네트워크 명령처럼 얼마만큼의 시간이 소요되는지 모르는 명령에 대해 윈도우는 동기적 동작이나 비동기적 동작 모두를 취소할 수 있게 지원한다.

- **동기적 I/O 취소** 스레드는 CancelSynchronousIo를 호출할 수 있다. 더욱이 이 함수는 디바이스 드라이버가 지원하는 경우 create(open) 명령도 취소시킬 수 있다. 윈도우의 일부 드라이버가 이 기능을 지원한다. 그 예로 네트워크 파일 시스템(예를 들면 MUP, DFS, SMB)을 관리하는 드라이버는 네트워크 경로에서 open 명령을 취소할 수 있다.

- **비동기 I/O 취소** 스레드는 CancelIo 호출을 통해 자신의 미처리된 비동기 I/O를 취소할 수 있다. 스레드는 CancelIoEx로 같은 프로세스 내의 특정 파일 핸들에 요청된 모든 비동기 I/O(어떤 스레드가 요청했는지는 관계없다)를 취소할 수 있다. CancelIoEx 역시 윈도우에서 지원하는 스레드 비종속적 지원을 통해 I/O 완료 포트와 연계해 동작한다. 이는 I/O 시스템이 미처리된 I/O와 완료 포트를 연결해 I/O 완료 포트의 미처리된 I/O를 추적하고 있기 때문이다.

그림 6-22와 그림 6-23은 동기적 I/O와 비동기적 I/O의 취소를 보여준다(드라이버에 있어서 모든 취소 처리는 동일하게 보인다).

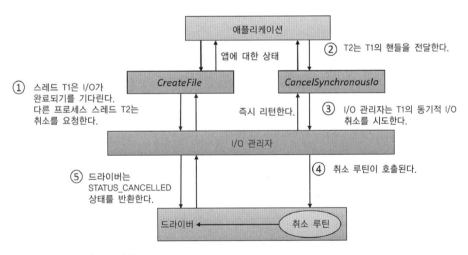

그림 6-22 동기적 I/O의 취소

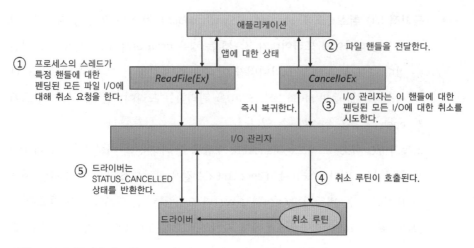

그림 6-23 비동기적 I/O 취소

스레드 종료 시의 I/O 취소

스레드가 종료될 때도 I/O가 취소돼야 한다. 스레드는 스스로 종료할 수도 있고, 자신이 속한 프로세스가 종료돼 함께 종료될 수도 있다. 모든 스레드는 자신과 관계된 IRP의 리스트를 가지므로 I/O 관리자는 이 리스트를 열거해 취소 가능한 IRP를 찾을 수 있고 이를 취소할 수 있다. 복귀하기 전에 IRP가 취소되는 것을 기다리지 않는 CancelIoEx와는 달리 프로세스 관리자는 모든 I/O가 취소된 후에야 스레드 종료를 진행한다. 결과적으로 드라이버가 IRP 취소를 실패하면 해당 프로세스와 스레드 객체는 시스템이 완전히 종료될 때까지 할당된 채로 남아있을 것이다.

> 드라이버가 취소 루틴을 설정한 IRP만이 취소될 수 있다. 프로세스 관리자는 스레드를 삭제하기 전에 스레드와 연관된 모든 I/O가 취소되거나 완료되기를 기다린다.

실습: 죽일 수 없는 프로세스 디버깅하기

이번 실습에서는 강제로 죽일 수 없는 프로세스 문제를 보여주기 위해 Sysinternals

의 Notmyfault를 사용할 것이다. 이 문제를 유발하기 위해 Myfault.sys 드라이버 (Notmyfault.exe가 사용하는 드라이버다)가 IRP에 취소 루틴을 등록하지 않은 상태로 무기한 IRP를 소유하게끔 한다(2권 15장의 '크래시 덤프 분석' 절에서 Notmyfault를 자세히 다룬다). 다음과 같은 과정을 수행한다.

1. Notmayfault.exe를 실행한다.
2. Notmayfault 대화상자가 보일 것이다. Hang 탭의 옵션 목록에서 Hang with IRP를 선택한 후 Hang 버튼을 클릭한다. 다음과 같은 대화상자가 보일 것이다.

3. 아무런 일도 일어나지 않는다. Cancel 버튼을 눌러 애플리케이션을 종료해보자. 그러나 작업 관리자나 Process Explorer로 살펴보면 Notmyfault 프로세스가 남아있는 것을 확인할 수 있다. 해당 프로세스를 종료하려고 시도해도 실패할 것이다. 윈도우는 Myfault가 등록하지 않은 취소 루틴에 의해 IRP가 완료되기를 영원히 기다리기 때문이다.
4. 이런 문제를 디버깅하기 위해 WinDbg를 사용해 스레드가 현재 무엇을 하고 있는지 확인할 수 있다. 로컬 커널 디버거 세션을 열고 !process

명령으로 Notmyfault.exe 프로세스에 관한 정보를 살펴보자(notmyfault64 는 64비트 버전이다).

```
lkd> !process 0 7 notmyfault64.exe
PROCESS ffff8c0b88c823c0
    SessionId: 1  Cid: 2b04  Peb: 4e5c9f4000  ParentCid: 0d40
    DirBase: 3edfa000 ObjectTable: ffffdf08dd140900 HandleCount: <Data Not
Accessible>
    Image: notmyfault64.exe
    VadRoot ffff8c0b863ed190 Vads 81  Clone 0  Private 493.  Modified 8.
Locked 0….
      THREAD ffff8c0b85377300  Cid 2b04.2714  Teb: 0000004e5c808000
Win32Thread: 0000000000000000 WAIT: (UserRequest) UserMode Non-Alertable
        fffff80a4c944018 SynchronizationEvent
      IRP List:
        ffff8c0b84f1d130: (0006,0118) Flags: 00060000  Mdl: 00000000
      Not impersonating
      DeviceMap             ffffdf08cf4d7d20
      Owning Process        ffff8c0b88c823c0   Image:
notmyfault64.exe
...
      Child-SP          RetAddr            : Args to Child
: Call Site
    ffffb881'3ecf74a0 fffff802'cfc38a1c : 00000000'00000100
00000000'00000000 00000000'00000000 00000000'00000000 :
nt!KiSwapContext+0x76
    ffffb881'3ecf75e0 fffff802'cfc384bf : 00000000'00000000
00000000'00000000 00000000'00000000 00000000'00000000 :
nt!KiSwapThread+0x17c
    ffffb881'3ecf7690 fffff802'cfc3a287 : 00000000'00000000
00000000'00000000 00000000'00000000 00000000'00000000 :
nt!KiCommitThreadWait+0x14f
    ffffb881'3ecf7730 fffff80a'4c941fce : fffff80a'4c944018
fffff802'00000006 00000000'00000000 00000000'00000000 :
nt!KeWaitForSingleObject+0x377
```

```
    ffffb881'3ecf77e0 fffff802'd0067430 : ffff8c0b'88d2b550
00000000'00000001 00000000'00000001 00000000'00000000 : myfault+0x1fce
    ffffb881'3ecf7820 fffff802'd0066314 : ffff8c0b'00000000
ffff8c0b'88d2b504 00000000'00000000 ffffb881'3ecf7b80 : nt!IopSynchronousSer
viceTail+0x1a0
    ffffb881'3ecf78e0 fffff802'd0065c96 : 00000000'00000000
00000000'00000000 00000000'00000000 00000000'00000000 :
nt!IopXxxControlFile+0x674
    ffffb881'3ecf7a20 fffff802'cfd57f93 : ffff8c0b'85377300
fffff802'cfcb9640 00000000'00000000 fffff802'd005b32f :
nt!NtDeviceIoControlFile+0x56
    ffffb881'3ecf7a90 00007ffd'c1564f34 : 00000000'00000000
00000000'00000000 00000000'00000000 00000000'00000000 :
nt!KiSystemServiceCopyEnd+0x13 (TrapFrame @ ffffb881'3ecf7b00)
```

5. 스택 추적을 통해 I/O를 시작한 스레드는 취소나 완료를 대기하고 있음을 알 수 있다. 다음 단계는 이전 실습에서 사용한 디버거 확장 명령인 !irp를 사용해 문제 분석을 시도해보자. IRP 포인터를 복사하고 !irp 명령을 실습해본다.

```
lkd> !irp ffff8c0b84f1d130
Irp is active with 1 stacks 1 is current (= 0xffff8c0b84f1d200)
No Mdl: No System Buffer: Thread ffff8c0b85377300:   Irp stack trace.
 cmd flg cl Device  File   Completion-Context
>[IRP_MJ_DEVICE_CONTROL(e), N/A(0)]
    5  0 ffff8c0b886b5590 ffff8c0b88d2b550 00000000-00000000
    \Driver\MYFAULT
       Args: 00000000 00000000 83360020 00000000
```

6. 이 출력을 통해 문제의 드라이버는 \Driver\MYFAULT(즉, Myfault.sys)임이 명백하다. 이 드라이버의 이름을 보면 이런 상황이 일어날 수 있는 유일한 원인은 드라이버의 문제이지 애플리케이션이 아님을 강조한다.

어떤 드라이버가 이 문제를 야기했는지 알게 됐지만, 안타깝게도 시스템을 재부팅하는 방법 외에는 딱히 마땅한 수가 없다. 윈도우는 취소가 아직 완료되지 않은 상황을 정상적이라고 보지 않기 때문이다. 이 IRP는 언제라도 반환될 수 있고 시스템 메모리를 손상시킬 수 있다.

 실제에서 이런 상황이 닥친다면 이 버그를 수정한 새로운 버전의 드라이버가 있는지 확인해봐야 한다.

I/O 완료 포트

고성능 서버 애플리케이션 개발은 효율적인 스레드 모델이 반드시 필요하다. 클라이언트의 요청을 처리하기 위한 서버 스레드가 너무 적거나 너무 많다면 성능 문제를 야기할 수 있다. 예를 들어 서버에서 단일 스레드를 생성해 모든 요청을 처리한 경우 서버는 한 시점에 하나의 요청 처리만이 가능하므로 다른 클라이언트의 요청이 처리되지 않을 수 있다. 단일 스레드는 I/O 동작이 시작되면 한 I/O 동작으로부터 다른 I/O 동작으로 전환하는 방식으로 여러 요청을 동시에 처리할 수 있지만, 이런 아키텍처는 상당히 복잡하며 다중 논리 프로세서 시스템의 장점을 취할 수 없다. 극명한 다른 예로는 서버에 큰 스레드 풀을 생성해 모든 클라이언트의 요청을 전용 스레드를 통해 처리할 수도 있다. 일반적으로 이런 시나리오는 스레드 스레싱thread-thrashing을 야기하는데, 한꺼번에 많은 스레드가 깨어나 약간의 CPU 처리를 수행하고 I/O를 대기하고 있는 동안 블록되고, 요청 처리가 완료된 후 다시 새로운 요청을 기다리기 위해 또 블록된다. 너무 많은 스레드를 소유하고 있는 것은 결과적으로 지나친 컨텍스트 전환(프로세서의 시간을 활성화된 여러 스레드에게 분배해야 하는 스케줄러에 의해 이뤄지는)만을 초래할 뿐이다. 이런 기법은 통하지 않는다.

서버의 목표는 다중 스레드 사용을 통한 최대한의 병렬 처리를 하는 동안에 스레드가 불필요하게 블록되는 것을 피해 가능하면 컨텍스트 전환 횟수를 줄이는 것이다. 이상적인 것은 프로세서마다 한 클라이언트의 요청을 서비스하는 하나의 스레드가 있고, 이들 스레드가 요청을 완료할 때 추가적인 요청이 있다면 이들 스레드가 블록되지 않는 것이다. 그러나 이런 최상의 처리 절차가 잘 동작하기 위해 애플리케이션은 클라이언트의 요청을 처리하는 스레드가 I/O(예를 들면 처리의 일부분으로 파일로부터 읽기를 시도할 때)에 의해 블록됐을 때 다른 스레드를 활성화하는 방법을 갖고 있어야 한다.

IoCompletion 객체

애플리케이션은 `IoCompletion` 익스큐티브 객체를 사용한다. 이는 다중 파일 핸들과 연관된 I/O의 완료 작업에 핵심 역할을 하는 완료 포트^{completion port}로서 윈도우 API에 공개돼 있다. 일단 파일이 완료 포트와 연결되면 파일에 대해 완료되는 비동기적 I/O 동작은 결과적으로 완료 포트에 큐잉되는 완료 패킷^{completion packet}이 된다. 스레드는 단순히 완료 포트에 큐잉될 완료 패킷을 기다리는 방식을 통해 여러 파일에 대한 처리되지 않은 어떤 I/O라도 완료되기를 기다릴 수 있다. 윈도우 API는 `WaitForMultipleObjects` API 함수를 통해 유사한 기능을 제공한다. 더불어 시스템의 도움으로 완료 포트에는 병행성^{Concurrency}을 제어할 수 있다는 장점이 있다. 여기서 **병행성**이란 애플리케이션이 클라이언트의 요청을 서비스할 수 있는 스레드 개수를 말한다.

애플리케이션이 완료 포트를 생성할 때 병행성 값을 지정한다. 이 값은 특정 시점에 실행돼야 하는 스레드(해당 포트와 연관된 스레드임)의 최대 개수를 가리킨다. 이미 언급한 것처럼 가장 이상적인 것은 특정 시점에 시스템의 모든 프로세서마다 하나의 활성화된 스레드가 동작하는 것이다. 윈도우는 애플리케이션이 얼마나 많은 활성 스레드를 가질 것인지 제어하기 위해 포트와 연관된 병행성 값을 사용한다. 포트와 연관된 활성 스레드의 개수가 병행성 값과 같아진다면 완료 포트에서 대기하고 있는 스레드는 실행되지 못할 것이다. 대신 활성 스레드 중 하나가 자신의 현재 요청을 완료할 것이고 또 다른 패킷이 포트에 대기 중인지 확인할 것이다. 이런 경우 스레드는 단순히 대기 중인 패킷을 가져와 이를 처리한다. 이런 상황에서는 컨텍스트 전환이 발생하지 않으며, CPU

는 거의 전체 능력을 사용한다.

완료 포트 사용

그림 6-24는 완료 포트 동작에 대한 대략적인 과정을 보여준다. 완료 포트는 윈도우
API 함수인 CreateIoCompletionPort를 호출해 생성한다. 완료 포트에 블록된 스레드
는 포트와 연결되고 후입선출LIFO, last in, first out 순서로 깨어난다. 따라서 가장 최근에
블록된 스레드에 다음 패킷이 주어진다. 오랜 시간 동안 블록된 스레드는 자신의 스택
이 디스크로 스왑됐을 수 있어 처리할 작업보다 포트와 연관된 스레드가 많은 경우 가장
오랫동안 블록된 스레드가 점유하는 메모리가 가장 작아진다.

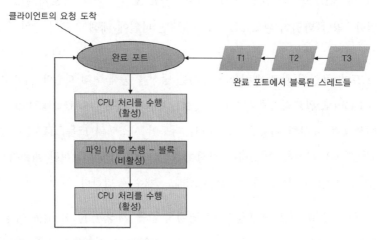

그림 6-24 I/O 완료 포트 동작

일반적으로 서버 애플리케이션은 파일 핸들로 식별되는 네트워크 엔드포인트를 통해
클라이언트의 요청을 전달받는다. 윈도우 소켓(Winsock2)이나 네임드 파이프를 예로
들 수 있다. 서버가 자신의 커뮤니케이션 엔드포인트를 생성할 때 이를 완료 포트와
연관시키고 서버 스레드는 GetQueuedCompletionStatus(Ex) 호출을 통해 포트에 도착
하는 요청을 대기한다. 스레드가 완료 포트로부터 패킷을 전달받으면 스레드는 진행되
고 활성 스레드가 돼 요청에 대한 처리를 시작할 것이다. 스레드는 처리를 진행하는
동안 디스크의 파일에 대한 읽기나 쓰기, 다른 스레드와의 동기화가 필요할 때 등의

경우 여러 차례 블록될 것이다. 윈도우는 이런 일들을 탐지하고 완료 포트가 한 개 이하의 활성 스레드를 소유하고 있음을 인지한다. 따라서 블록으로 인해 스레드가 비활성화될 때 큐에 패킷이 존재한다면 해당 완료 포트에서 대기 중인 스레드가 깨어날 것이다.

마이크로소프트의 지침은 병행성 값을 시스템의 프로세서 개수와 거의 일치하게 설정하도록 권고하고 있다. 완료 포트에 대한 활성 스레드의 숫자가 병행성 한계를 초과할 수 있다는 점을 기억하자. 병행성 한계가 1인 경우를 고려해보자.

1. 클라이언트의 요청이 들어오고 스레드가 요청을 처리하기 위해 디스패치되고 활성화된다.
2. 두 번째 요청이 도착하지만 병행성 한계점에 도달했기 때문에 포트에 대기 중인 두 번째 스레드는 진행되지 않는다.
3. 그 후 첫 번째 스레드가 파일 I/O를 대기하기 위해 블록돼 비활성화된다.
4. 두 번째 스레드가 해제된다.
5. 두 번째 스레드가 계속해서 활성화된 동안에 첫 번째 스레드의 파일 I/O가 완료되면 첫 번째 스레드가 다시 활성화된다. 이 시점에서 스레드 중 하나가 블록될 때까지 병행성 값은 2이며, 이는 한계인 1을 초과하는 것이다. 대부분의 시간 동안 활성화된 개수는 병행성 한계이거나 이를 초과할 것이다.

완료 포트 API는 서버 애플리케이션이 PostQueuedCompletionStatus 함수를 사용해 전용으로 정의된 완료 패킷을 완료 포트에 넣을 수 있게 한다. 일반적으로 서버는 안전하게 종료가 필요할 때와 같은 외부 이벤트를 자신의 스레드에게 알리기 위해 이 함수를 사용한다.

애플리케이션은 I/O 완료 포트에 앞에서 언급한 스레드 비종속적 I/O를 사용해 스레드가 자신들의 I/O와 연관되고 또한 자신들이 완료 포트 객체와 연관되는 것을 방지할 수 있다. I/O 완료 포트의 다른 확장성 이점과 더불어 이것의 사용으로 컨텍스트 전환을 최소화할 수 있다. 통상적인 I/O 완료는 I/O를 일으킨 스레드에 의해 실행돼야 한다. 그러나 I/O 완료 포트와 연관돼 있는 I/O가 완료되면 I/O 관리자는 완료 작업을 수행하기 위해 임의의 대기 중인 스레드를 사용한다.

I/O 완료 포트 동작

윈도우 애플리케이션은 윈도우 API `CreateIoCompletionPort`를 호출하면서 완료 포트 핸들을 NULL로 지정해 완료 포트를 생성한다. 이 호출 결과로 시스템 서비스인 `NtCreateIoCompletion`이 실행된다. 익스큐티브의 `IoCompletion` 객체는 커널 큐[kernel]queue로 불리는 커널 동기화 객체를 포함한다. 따라서 시스템 서비스는 완료 포트 객체를 생성하고 할당된 포트 메모리 내의 큐 객체를 초기화한다(큐가 포트 메모리의 시작 부분에 위치하기 때문에 포트 포인터는 큐 객체를 가리킨다). 커널 큐 객체는 스레드가 초기화할 때 지정한 병행성 값을 갖고 있다. 이 경우에 사용된 값은 `CreateIoCompletionPort`에 전달된 값이다. `KeInitializeQueue`는 `NtCreateIoCompletion`가 포트의 큐 객체를 초기화하기 위해 호출하는 함수다.

애플리케이션이 파일 핸들과 포트를 연결시키기 위해 `CreateIoCompletionPort`를 호출할 때 `NtSetInformationFile` 시스템 서비스는 파일 핸들을 주 인자로 사용해 실행된다. 설정되는 정보 클래스는 `FileCompletionInformation`이고, `CreateIoCompletionPort`의 완료 포트 핸들과 `CompletionKey` 인자가 데이터 값이다. `NtSetInformationFile`은 파일 객체를 얻기 위해 파일 핸들을 역참조하고 완료 컨텍스트 데이터 구조체를 할당한다.

마지막으로 `NtSetInformationFile` 함수는 파일 객체 내부 필드인 `CompletionContext`가 컨텍스트 구조체를 가리키게 설정한다. 파일 객체에 대한 비동기 I/O 작업이 완료될 때 I/O 관리자는 파일 객체의 `CompletionContext` 필드가 NULL이 아닌지 확인한다. NULL이 아니라면 I/O 관리자는 완료 패킷을 할당하고 패킷을 추가할 큐로 포트를 제공하면서 `KeInsertQueue`를 호출해 패킷을 완료 포트의 큐에 넣는다(이것이 동작하는 이유는 완료 포트 객체와 큐 객체는 동일한 주소를 갖기 때문이다).

서버 스레드가 `GetQueuedCompletionStatus`를 호출할 때 시스템 서비스인 `NtRemoveIoCompletion`이 실행된다. `NtRemoveIoCompletion`은 인자에 대한 검증을 하고 완료 포트의 핸들을 포트를 가리키는 포인터로 변환하고서 `IoRemoveIoCompletion`을 호출한다.

이 함수는 KeRemoveQueueEx를 호출한다. 고성능 시나리오에서 여러 I/O가 완료되는 것이 가능하며, 그럼에도 스레드는 블록되지 않고 한 아이템을 얻을 때마다 여전히 커널을 호출할 것이다. GetQueuedCompletionStatus나 GetQueuedCompletionStatusEx API는 애플리케이션으로 하여금 유저 모드에서 커널 모드까지의 경로를 감소시키고 최상의 효율을 유지하는 동시에 하나 이상의 I/O 완료 상태를 구해오는 것을 가능하게 한다. 이는 내부적으로 NtRemoveIoCompletionEx 함수를 통해 구현돼 있다. 이 함수는 KeRemoveQueueEx에 전달된 큐잉된 아이템의 개수를 인자로 해 IoRemoveIoCompletion을 호출한다.

지금까지 살펴본 것처럼 KeRemoveQueueEx와 KeInsertQueue는 완료 포트의 숨겨진 엔진들이다. 이들은 I/O 완료 패킷을 기다리는 스레드가 활성화돼야 하는지 여부를 결정하는 함수다. 내부적으로 큐 객체는 활성 스레드의 현재 개수와 최댓값을 유지한다. 스레드가 KeRemoveQueueEx를 호출할 때 현재 개수가 최대치와 같거나 이를 초과한다면 이 스레드는 완료 패킷을 처리하기 위해 순서를 기다리는 스레드 리스트(LIFO 방식)에 추가될 것이다. 이 스레드 리스트는 큐 객체를 행 오프^{hang off}(객체에 대한 추가적인 참조가 없다면 이 객체가 해제되게 한다 – 옮긴이)시킨다. 스레드 제어 블록 데이터 구조체(KTHREAD)는 스레드와 연결된 큐에 대한 큐 객체를 참조하는 포인터를 갖고 있다. 이 포인터가 NULL이라면 스레드는 큐와 연결돼 있지 않은 것이다.

윈도우는 스레드 제어 블록 내의 큐 포인터에 의존해 완료 포트가 아닌 다른 어디선가 블록돼 비활성화되는 스레드를 추적한다. 스레드 블록을 유발할 수 있는 스케줄러 루틴(KeWaitForSingleObject, KeDelayExecutionThread 등)은 스레드의 큐 포인터를 확인한다. 이 포인터가 NULL이 아니라면 이들 함수는 큐와 연관된 활성 스레드의 개수를 줄이는 큐 관련 함수인 KiActivateWaiterQueue를 호출한다. 결과적으로 최댓값보다 작고 적어도 하나의 완료 패킷이 큐에 있다면 큐의 스레드 리스트 맨 앞에 있는 스레드가 깨어나고 가장 오래된 패킷을 받는다. 반대로 큐와 연관된 스레드가 블록 이후에 깨어날 때마다 스케줄러는 큐의 활성화 카운트를 증가시키는 KiUnwaitThread를 실행한다.

PostQueuedCompletionStatus 윈도우 API 함수는 NtSetIoCompletion 시스템 서비스

의 실행으로 이어진다. 이 함수는 단순히 KeInsertQueue를 사용해 지정된 패킷을 완료 포트의 큐에 넣는 역할을 한다.

그림 6-25는 완료 포트 객체의 동작 사례를 보여준다. 두 스레드가 완료 패킷을 처리할 준비가 돼 있지만 병행성 값이 1이면 완료 포트와 연관된 한 스레드만이 활성화되고, 두 스레드는 완료 포트에서 블록된다.

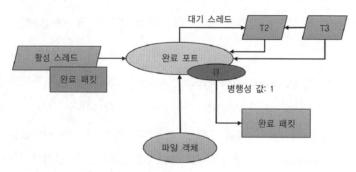

그림 6-25 I/O 완료 포트 객체의 동작

마지막으로 I/O 완료 포트의 정확한 통지 모델은 SetFileCompletionNotificationModes API로 조율 가능하다. 이런 조율은 코드를 수정해야 한다는 단점이 있지만 애플리케이션 개발자들에게 추가적인 이점과 더 많은 처리량을 제공한다. 표 6-4에서처럼 세 가지 통지 모드 최적화가 지원된다. 이 모드들은 파일 핸들 단위이고 설정 이후에는 변경될 수 없다.

표 6-4 I/O 완료 포트 통지 모드

통지 모드	의미
성공 시 완료 포트 생략 (FILE_SKIP_COMPLETION_PORT_ ON_SUCCESS=1)	다음 세 가지 조건이 참이면 I/O 관리자는 통상적으로 수행하던 포트에 완료 엔트리를 큐잉하는 작업을 하지 않는다. 첫째, 완료 포트가 파일 핸들과 연결돼야 한다. 둘째, 파일은 비동기적 I/O로 열려있어야 한다. 셋째, 요청은 ERROR_PENDING 없이 즉시 성공을 반환해야 한다.

(이어짐)

862

통지 모드	의미
핸들 이벤트 설정 생략 (FILE_SKIP_SET_EVENT_ON_HANDLE=2)	요청의 반환 값이 성공이거나 오류 반환 값이 ERROR_PENDING이고 호출된 함수가 동기적 함수가 아닌 경우 I/O 관리자는 파일 객체에 이벤트를 설정하지 않는다. 명시적인 이벤트가 요청에 제공된다면 이것은 여전히 시그널된다.
패스트 I/O시 유저 이벤트 설정 생략 (FILE_SKIP_SET_USER_EVENT_ ON_FAST_IO=4)	요청이 패스트 I/O 경로를 따라서 성공 코드를 반환하거나 오류 반환 값이 ERROR_PENDING이고 호출된 함수가 동기적 함수가 아닌 경우 I/O 관리자는 요청에 제공된 명시적인 이벤트를 설정하지 않는다.

I/O 우선순위화

I/O 우선순위가 없으면 검색 인덱싱과 바이러스 스캐닝, 디스크 조각모음 같은 백그라운드 작업이 포어그라운드 작업의 응답성에 심각한 영향을 줄 수 있다. 예를 들어 디스크 I/O가 처리되고 있는 동안 사용자가 애플리케이션을 실행하거나 문서를 여는 경우에 디스크 접근에 대한 대기로 인해 포어그라운드 작업이 지연되는 것을 경험했을 것이다. 하드 디스크에 저장된 음악 같은 멀티미디어 콘텐츠를 실행해도 같은 간섭 현상이 발생한다.

윈도우는 포어그라운드 I/O 작업이 우선권을 갖게 돕기 위해 두 가지 유형의 I/O 우선순위화[prioritization]를 제공한다. 개별 I/O 동작 우선순위와 I/O 대역폭 예약 우선순위가 그것이다.

I/O 우선순위

윈도우 I/O 관리자는 표 6-5와 같이 내부적으로 다섯 가지의 우선순위를 제공한다. 하지만 그중 3가지 우선순위만이 사용된다(윈도우의 향후 버전에서는 High와 Low를 지원할 수도 있다).

표 6-5 I/O 우선순위

I/O 우선순위	사용
Critical	메모리 관리자
High	사용되지 않음
Normal	일반적인 애플리케이션 I/O
Low	사용되지 않음
Very Low	스케줄된 작업, 슈퍼패치, 조각모음, 콘텐츠 인덱싱, 백그라운드 작업

I/O는 기본 우선순위인 Normal을 갖고 있고, 메모리 관리자는 메모리가 부족한 상황에서 다른 데이터와 코드를 RAM에 위치시키기 위해 더티dirty 메모리 데이터를 디스크에 쓰기 원할 때 Critical을 사용한다. 윈도우 작업 스케줄러는 기본 작업 우선순위를 갖는 작업을 Very Low로 I/O 우선순위를 설정한다. 백그라운드 처리를 수행하는 애플리케이션에 지정되는 우선순위도 Very Low 우선순위다. 윈도우 디펜더 스캐닝과 데스크톱 검색 인덱싱을 포함한 윈도우의 모든 백그라운드 작업은 Very Low 우선순위를 사용한다.

우선순위화 전략

내부적으로 이런 다섯 가지 I/O 우선순위는 전략strategies이라 불리는 두 개의 I/O 우선순위화 모드로 나눠진다. 계층적 우선순위화와 유휴 우선순위화 전략이 그것이다. 계층적 우선순위화는 very low을 제외한 모든 I/O 우선순위를 처리한다. 계층적 우선순위화는 다음과 같은 전략을 구현한다.

- 모든 critical 우선순위 I/O는 high 우선순위 I/O 이전에 처리돼야 한다.
- 모든 high 우선순위 I/O는 normal 우선순위 I/O 이전에 처리돼야 한다.
- 모든 normal 우선순위 I/O는 low 우선순위 I/O 이전에 처리돼야 한다.
- 모든 low 우선순위 I/O는 자신보다 높은 I/O 우선순위가 모두 끝난 후에 처리된다.

각 애플리케이션이 I/O를 발생함에 따라 IRP는 이들 I/O의 우선순위에 따라 서로 다른 I/O 큐에 놓이게 된다. 그리고 계층 전략은 동작의 순서를 결정한다.

반대로 유휴 우선순위화 전략은 비유휴 우선순위 I/O에 대해 별도의 큐를 사용한다. 시스템이 유휴 I/O 전에 계층적으로 우선순위화된 모든 I/O를 처리하기 때문에 유휴 큐에 들어 있는 I/O는 영원히 처리되지 않을 수 있다. 심지어 계층적 우선순위 전략 큐에 비유휴 I/O가 하나만 있더라도 그렇다.

이런 상황을 피하고 백오프^{backoff}(I/O 전송의 송신 비율)를 조절하기 위해 유휴 전략은 타이머를 사용해 큐를 감시하고 단위 시간(보통 0.5초)당 적어도 하나의 I/O가 처리되게 보장한다. 비유휴 우선순위 I/O를 사용해 써진 데이터 또한 캐시 관리자로 하여금 수정 사항을 나중에 처리하지 않고 디스크에 즉시 쓰게끔 하고 읽기 동작을 위한 read-ahead 로직을 우회하게끔(이렇게 하지 않는다면 이들 동작은 접근 중인 파일의 읽기 동작을 선점해 버린다) 한다. 또 우선순위화 전략은 다음 유휴 I/O를 시작하기 위해 마지막 비유휴 I/O의 완료 이후 50밀리초를 대기한다. 그렇지 않으면 유휴 I/O들이 비유휴 스트림의 중간에서 나타나게 돼 비용이 많이 드는 탐색을 유발하게 된다.

예를 들어 이들 전략을 가상 전역 I/O 큐와 통합하고 이 큐의 스냅샷을 보면 그림 6-26과 유사할 것이다. 각 큐는 FIFO 순서라는 점을 기억하자. 그림의 순서는 단지 사례일 뿐이다.

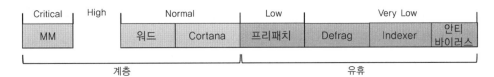

그림 6-26 전역 I/O 큐 엔트리 예제

유저 모드 애플리케이션은 세 가지 서로 다른 객체에 I/O 우선순위를 설정할 수 있다. SetPriorityClass(PROCESS_MODE_BACKGROUND_BEGIN 값을 가진)와 SetThreadPriority(THREAD_MODE_BACKGROUND_BEGIN 값을 가진)는 전체 프로세스나 특정 스레드가 생성하는 (우선순위는 각 요청에 대한 IRP에 저장돼 있다) 모든 I/O에 대해 우선순위를 설정한다. 이들 함수는 현재 프로세스나 스레드에만 작동하며, I/O 우선순위를 Very Low로 낮춘다. `SetFileInformationByHandle`은 특정 파일 객체에 우선순위(파일 객체에 저장된다)를 설정할 수 있다. 드라이버는 `IoSetIoPriorityHint` API를 사용해 IRP에 직접 I/O 우선순위를 설정하는 것도 가능하다.

> IRP와 파일 객체의 I/O 우선순위 필드는 힌트일 뿐이다. 해당 I/O 우선순위가 중요시된다는 보장도 없고, 해당 I/O 우선순위가 스토리지 스택의 일부분인 다른 드라이버에 의해 지원된다는 보장도 없다.

두 우선순위화 전략은 다른 두 유형의 드라이버에 의해 구현된다. 계층적 전략은 ATA, SCSI, USB 같은 특정 포트에 대한 모든 I/O를 관장하는 스토리지 포트 드라이버에 의해 구현된다. 오직 ATA 포트 드라이버(Ataport.sys)와 USB 포트 드라이버(Usbstor.sys)가 이 전략을 구현하고 있다. 반면 SCSI와 스토리지 포트 드라이버(Scsiport.sys와 Storport.sys)는 그렇지 않다.

> 모든 포트 드라이버가 완전한 계층적 메커니즘을 지원하지 않더라도 특별히 긴급(Critical) 우선순위 I/O를 검사해 이를 자신의 큐의 처음으로 위치시킨다. 이 메커니즘은 시스템의 신뢰성을 확보하기 위해 메모리 관리자의 긴급한 페이징 I/O를 지원하기 위함이다.

이것은 IDE나 SATA 하드 드라이브, USB 플래시 디스크 같은 대용량 저장장치가 I/O 우선순위화를 이용하고 SCSI와 파이버^{Fibre} 채널, iSCSI에 기반을 둔 장치는 그렇지 않음을 의미한다.

반면에 시스템 스토리지 클래스 디바이스 드라이버(Classpnp.sys)는 유휴 전략을 시행한다. 따라서 SCSI 드라이브를 포함해 모든 스토리지 장치로 바로 가는 I/O에 자동으로 적용된다. 이런 전략의 분리를 통해 유휴 I/O가 유휴 I/O의 빈도가 높은 동작 동안에도 시스템의 신뢰를 보장하는 백오프^{back-off} 알고리즘 역할을 할 수 있으며, 유휴 I/O를 사용하는 애플리케이션이 계속 진행할 수 있다. 마이크로소프트가 제공하는 클래스 드라이버는 이런 전략을 지원하면서 레거시 서드파티 포트 드라이버에서 이들 전략의 비지원으로 인한 성능 문제도 피할 수 있게 됐다.

그림 6-27은 스토리지 스택의 형태와 각기 구현된 전략에 대해 간략히 보여준다. 2권의 12장에서 스토리지 스택에 대한 자세한 정보를 설명한다.

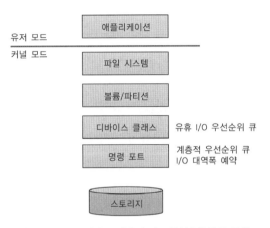

그림 6-27 스토리지 스택에서 I/O 우선순위화의 구현

I/O 우선순위 전도 회피

높은 I/O 우선순위 스레드가 낮은 I/O 우선순위 스레드에 의해 실행되지 않을 수 있는 상황인 I/O 우선순위 전도[inversion]를 방지하기 위해 익스큐티브 리소스(ERESOURCE) 락 기능은 여러 전략을 사용한다. 대부분의 I/O 우선순위 전도 문제가 발생하는 파일 시스템과 스토리지 드라이버에서 아주 많이 사용되는 연유로 ERESOURCE가 I/O 우선순위 상속의 구현을 위해 선택됐다(2권의 8장에서 익스큐티브 리소스에 대한 세부적으로 다룬다).

low I/O 우선순위를 가진 스레드가 ERESOURCE를 획득하고 있는 상황에서 이 ERESOURCE를 대기하는 normal이나 high 우선순위의 스레드가 존재한다면 ERESOURCE를 획득하고 있는 스레드는 ETHREAD 구조체 내의 `IoBoostCount`를 증가시키는 `PsBoostThreadIo` API를 사용해 일시적으로 normal I/O 우선순위로 상승된다. 이 함수는 또한 스레드 I/O 우선순위가 상승됐거나 상승이 제거되는 경우에 Autoboost를 통지한다(Autoboost에 관한 추가적 사항은 4장을 참고하라).

이제 스레드는 대상 스레드에 큐잉돼 있는 모든 IRP(각 스레드는 펜딩 IRP 리스트를 가진다는 것을 기억하자)를 열거하는 `IoBoostThreadIoPriority` API를 호출하고 어떤 IRP가 대상 우선순위(이 경우 normal이다)보다 낮은 우선순위를 갖는지 검사해 펜딩 유휴 I/O 우선순위 IRP를 식별한다. 그런 다음 I/O 관리자는 이들 각 IRP를 책임지는 디바이스 객체를 식별하고 우선순위 콜백이 등록됐는지를 확인한다. 드라이버 개발자는 디바이스 객체에 `DO_PRIORITY_CALLBACK_ENABLED` 플래그를 설정하고 `IoRegisterPriorityCallback` API를 통해 콜백을 등록할 수 있다. 해당 IRP의 페이징 I/O 여부에 따라 이 메커니즘은 스레디드 상승$^{threaded\ boost}$ 또는 페이징 상승$^{paging\ boost}$으로 불린다. 마지막으로 일치하는 IRP는 없지만 스레드가 적어도 일부 펜딩 IRP를 가진다면 디바이스 객체나 우선순위에 관계없이 모두 상승된다. 이것을 전반적인 부스팅$^{blanket\ boosting}$이라 한다.

I/O 우선순위 상승과 범프

윈도우는 I/O 우선순위가 사용될 때 기아^{starvation}나 전도, 그 밖의 예기치 않은 상황을 피하기 위해 일반적인 I/O 경로에 약간의 변경을 가한다. 일반적으로 필요하다면 I/O 우선순위를 상승시켜 이런 변경을 가한다. 다음 시나리오는 이런 행위를 보여준다.

- 특정 파일 객체에 대한 IRP를 인자로 해 드라이버가 호출될 때 윈도우는 이 요청이 커널 모드에서 온 것인지, 그리고 파일 객체가 상대적으로 낮은 I/O 우선순위 힌트를 갖고 있다 하더라도 이 IRP가 normal 우선순위를 사용하고 있는지를 확인한다. 이를 커널 범프$^{kernel\ bump}$라고 한다.
- 페이징 파일에 대한 읽기나 쓰기가 발생할 때(`IoPageRead`와 `IoPageWrite`를 통해) 윈도우는 이 요청이 커널 모드에서 온 것인지, 그리고 슈퍼패치(항상 유휴 I/O를 사용한다)를 위해 수행되지 않음을 확인한다. 이 경우 현재 스레드가 좀 더 낮은 I/O 우선순위를 가질지라도 해당 IRP는 normal 우선순위를 사용한다. 이를 페이징 범프$^{paging\ bump}$라고 한다.

다음 실습은 very low I/O 우선순위의 예를 보여주고, 프로세스 모니터를 사용해 상이한 요청에 대한 I/O 우선순위를 확인하는 방법을 알아본다.

실습: very low와 normal I/O 처리량의 비교

서로 다른 I/O 우선순위를 갖는 두 스레드에서 처리량을 살펴보기 위해 I/O 우선
순위 샘플 애플리케이션(이 책의 유틸리티에 포함돼 있다)을 사용할 수 있다. 다음
의 과정을 따른다.

1. IoPriority.exe를 실행한다.
2. 대화상자에서 스레드 1에 대해 Low Priority를 체크한다.
3. Start IO 버튼을 클릭한다. 다음 화면에서 보는 것처럼 두 스레드 사이에
   속도 면에서 의미 있는 차이를 발견할 수 있을 것이다.

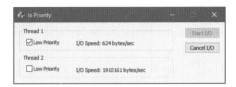

> 양쪽 스레드가 모두 낮은 우선순위에서 실행되고 시스템이 상대적으로 유휴 상태라면
> 이들의 처리량은 예제에서의 단일 normal I/O 우선순위화의 처리량과 대략 비슷할 것이
> 다. 이는 낮은 우선순위 I/O가 인위적으로 조절되지 않고 좀 더 높은 우선순위의 I/O에
> 의한 경쟁으로 인해 방해 받지 않기 때문이다.

4. Process Explorer를 오픈하고 우선순위를 보기 위해 낮은 I/O 우선순위
   의 스레드를 살펴본다.

5. 프로세스 모니터를 사용해 I/O 우선순위의 I/O를 추적할 수 있고 I/O의 우선순위 힌트를 확인할 수 있다. 이를 위해 프로세스 모니터를 실행하고 IoPriority.exe를 필터로 지정한 후 실습을 반복해보자. 이 애플리케이션의 각 스레드는 _File_에 스레드 ID가 연결된 파일로부터 읽는다.

6. File_1에 대한 쓰기 작업까지 스크롤 다운한다. 다음과 같은 화면을 볼 수 있을 것이다.

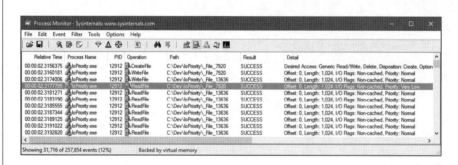

이 스크린샷에서 **_File_7920**에 대한 I/O가 very low 우선순위임을 확인할 수

있다. Time of Day와 Relative Time 열을 보면 다른 I/O와의 간격이 0.5초 발생한다는 것을 볼 수 있다. 이것은 유휴 전략이 동작 중이라는 또 다른 증거다.

실습: I/O 우선순위 상승과 범핑 성능 분석

커널은 NtQuerySystemInformation 함수에 사용할 수 있는 문서화되지 않은 SystemLowPriorityIoInformation 시스템 클래스를 통해 질의 가능한 여러 내부 변수를 공개한다. 하지만 이런 애플리케이션을 작성하거나 의존하지 않고서도 로컬 커널 디버거를 사용해 시스템의 내부 변수 수치를 볼 수 있다. 다음과 같은 변수들을 볼 수 있다.

- IoLowPriorityReadOperationCount와 IoLowPriorityWriteOperationCount
- IoKernelIssuedIoBoostedCount
- IoPagingReadLowPriorityCount와 IoPagingWriteLowPriorityCount
- IoPagingReadLowPriorityBumpedCount와 IoPagingWriteHighPriority-BumpedCount
- IoBoostedThreadedIrpCount와 IoBoostedPagingIrpCount
- IoBlanketBoostCount

커널 디버거에서 dd 메모리 덤프 명령을 사용해 이런 변수의 값(모두 32비트)을 볼 수 있다.

대역폭 예약(스케줄된 파일 I/O)

윈도우 I/O 대역폭 예약 지원은 일관된 I/O 처리량을 원하는 애플리케이션에 아주 유용하다. 예를 들어 미디어 플레이어 애플리케이션은 장치로부터 특정 속도로 데이터를 읽는 것을 보장하기 위해 SetFileIoBandwidthReservation을 호출해 I/O 시스템에 요청한다. 장치가 요청한 속도로 데이터를 전송할 수 있고 기존 예약이 이를 허용한다면 I/O 시스템은 얼마나 빨리, 그리고 어떤 크기의 I/O를 발생해야 하는지 애플리케이션에 지침을 제공한다.

I/O 시스템은 대상 스토리지 장치에 예약을 한 애플리케이션의 요구 사항을 만족시킬 수 없다면 여타 I/O에 서비스를 제공하지 않는다. 그림 6-28은 같은 파일에 발생한 I/O에 대해 시간대에 따른 상황을 보여준다. 이 외의 애플리케이션은 음영 부분만을 사용할 수 있다. I/O 대역폭을 이미 확보했다면 새로운 I/O는 다음 사이클이 돌아올 때까지 대기해야 한다.

그림 6-28 대역폭 예약 동안의 I/O 요청 영향

계층적 우선순위화 전략처럼 대역폭 예약은 포트 드라이버 레벨에서 구현된다. 이는 IDE나 SATA, USB 기반의 대용량 저장 장치에만 가능하다는 의미다.

컨테이너 통지

드라이버가 **IoRegisterContainerNotification** API를 사용해 관심이 있는 통지 클래스를 선택해 비동기 콜백 메커니즘에 등록할 수 있는 특별한 클래스의 이벤트를 컨테이너 통지^{Container notifications}라고 한다. 현재까지 윈도우에는 **IoSessionStateNotification** 한 클래스만 구현돼 있다. 이 클래스를 통해 드라이버는 주어진 세션에 상태 변경이 발생할 때마다 자신만의 등록된 콜백이 호출되게 할 수 있다. 다음과 같은 변경이 지원된다.

- 세션이 생성되거나 종료
- 사용자가 세션에 연결하거나 연결을 끊음
- 사용자가 세션에 로그온하거나 로그오프

특정 세션에 속하는 디바이스 객체를 지정함으로써 드라이버 콜백은 해당 세션에서만 활성화된다. 반면에 전역 디바이스 객체를 지정하거나 디바이스 객체를 전혀 지정하지 않으면 드라이버는 시스템의 모든 이벤트에 대해 통지를 받는다. 터미널 서비스를 통해 제공되는 플러그앤플레이 장치 리디렉션 기능(원격지의 장치가 호스트의 플러그앤플레이 관리자 버스에 보이게 한다 – 오디오나 프린터 장치 리디렉션처럼)에 관여하는 장치에서 이런 특성은 매우 유용하다. 예를 들어 사용자가 오디오 플레이백을 가진 세션에서 연결이 해제되면 디바이스 드라이버는 오디오 스트림 리디렉션을 중지시키기 위한 통지가 필요하다.

드라이버 베리파이어

드라이버 베리파이어Driver Verifier는 디바이스 드라이버나 커널 모드 시스템 코드의 일반적인 버그를 찾고 분석하는 데 도움을 주는 메커니즘을 갖고 있다. 마이크로소프트는 자신의 모든 디바이스 드라이버뿐만 아니라 WHQL 테스트에 제조사들이 제출하는 모든 드라이버에 드라이버 베리파이어를 사용해 문제점을 확인한다. 이렇게 함으로써 제출된 드라이버가 윈도우와 호환성을 갖고 일반적인 드라이버 오류를 갖고 있지 않음을 보장한다(이 책에서는 기술하고 있지 않지만, 윈도우에서는 유저 모드의 품질 향상을 위해 필요한 애플리케이션 베리파이어 툴 역시 존재한다).

> 드라이버 베리파이어는 주로 디바이스 드라이버 개발자들이 자신의 코드에서 버그를 발견하는 데 도움을 주는 툴이기도 하지만, 크래시를 겪는 시스템 관리자에게도 강력한 툴이 된다. 2권의 15장에서 크래시 분석 시에 이 툴의 역할을 설명한다.

드라이버 베리파이어는 메모리 관리자와 I/O 관리자, HAL 같은 여러 시스템 컴포넌트의 지원으로 구성돼 있다. 이들 모두는 활성화시킬 수 있는 드라이버 검증 옵션을 갖고 있다. 이런 옵션들은 드라이버 베리파이어 관리자(%SystemRoot%\Verifier.exe)를 사용해 설정할 수 있다. 드라이버 베리파이어를 아무런 인자도 주지 않고 커맨드라인에서 실행할 때 그림 6-29와 같은 마법사 스타일의 인터페이스가 제공된다(또한 커맨드라인 인터페이스를 사용해 현재 설정을 확인하는 것뿐 아니라 드라이버 베리파이어를 활성화시키거나 비활성화시키는 것도 가능하다. 스위치를 보려면 명령 프롬프트에서 verifier /?를 입력해보자).

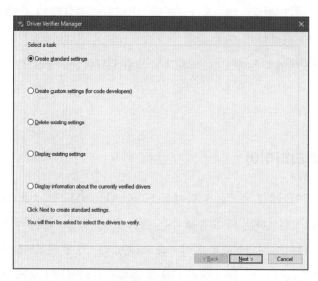

그림 6-29 드라이버 베리파이어 관리자

드라이버 베리파이어 관리자는 표준과 부가적인 두 가지 설정을 구분한다. 이는 다소 임의적이지만 표준 설정은 모든 테스트 드라이버에 선택되는 좀 더 일반적인 옵션을 나타내는 반면에 부가적 설정은 덜 일반적이거나 특정 유형의 드라이버에 한정적인 설정을 나타낸다. 메인 위저드 페이지에서 Create Custom Settings를 선택하면 그림 6-30에서와 같이 어떤 것이 표준 설정이고 어떤 것이 부가적 설정인지를 표시하는 칼럼을 통해 모든 옵션을 볼 수 있다.

옵션 선택과 관계없이 드라이버 베리파이어는 검증을 위해 선택된 드라이버를 모니터링하고, 잘못된 IRQL에서의 커널 메모리 풀 함수의 호출, 메모리 중복 해지, 스핀락의 부적절한 해제, 타이머의 미해제, 해제된 객체의 참조, 20분을 초과한 셧다운 연기, 0 크기를 갖는 메모리 할당과 같은 유효하지 않은 여러 동작을 찾아낸다.

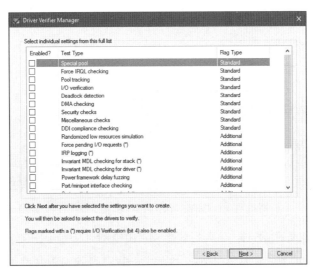

그림 6-30 드라이버 베리파이어 설정

드라이버 베리파이어 설정은 레지스트리 HKLM\SYSTEM\CurrentControlSet\Control\ Session Manager\Memory Management 키 아래에 저장된다. VerifyDriverLevel은 활성화된 검증 옵션을 나타내는 비트마스크 값을 가진다. VerifyDrivers 값은 감시할 드라이버의 이름을 가진다(드라이버 베리파이어 관리자를 통해 검증할 드라이버를 선택해야 레지스트리에 이들 값이 생긴다). 모든 드라이버를 검증하려고 선택한다면(결코 하면 안 된다. 이는 상당한 시스템 속도 저하를 유발한다) VerifyDrivers는 '*' 문자로 설정된다. 설정 값에 따라 선택한 검증이 이뤄지기 위해서는 재부팅이 필요할 수도 있다.

부팅 과정 이른 시점에 메모리 관리자는 드라이버 베리파이어 레지스트리 값을 읽어 검증할 드라이버와 활성화한 드라이버 베리파이어 옵션을 결정한다(안전 모드로 부팅한다면 드라이버 베리파이어 설정은 무시된다는 점에 유의하자). 검증할 드라이버를 적어도 하나 이상 선택했다면 커널은 검증을 위해 선택한 드라이버 리스트와 메모리에 로드하는 모든 디바이스 드라이버의 이름을 비교 검사한다. 동일한 이름이 있으면 커널은 VfLoadDriver 함수를 호출한다. 이 함수는 여러 커널 함수에 대한 드라이버의 참조를 이들 함수에 대응하는 드라이버 베리파이어 버전으로 교체하기 위해 내부 Vf* 함수를 호출한다. 예를 들어 ExAllocatePool 호출은 VerifierAllocatePool의 호출로 교체된다. 윈도잉 시스템 드라이버(Win32k.sys) 또한 드라이버 베리파이어 대응 함수를 사용하기 위해 유사한 변경을 한다.

I/O 관련 검증 옵션

다음과 같은 다양한 I/O 관련 검증 옵션이 있다.

- **I/O 검증** 이 옵션이 선택되면 I/O 관리자는 검증이 필요한 드라이버에 대한 IRP를 스페셜 풀에서 할당하며, IRP의 사용을 추적한다. 게다가 베리파이어는 IRP가 잘못된 상태를 갖고 완료될 때나 I/O 관리자에게 유효하지 않은 디바이스 객체가 전달될 때 시스템을 크래시시킨다. 이 옵션은 또한 모든 IRP를 검사해 드라이버가 IRP를 비동기적으로 완료할 때 IRP를 올바르게 지정했는지 디바이스 스택 로케이션을 정확하게 관리하는지 디바이스 객체를 한 번만 삭제했는지를 확인한다. 게다가 디스패치 루틴에서 올바르지 않은 상태를 반환하는 드라이버의 테스트를 마무리 짓기 위해 베리파이어는 위조 전원 관리 IRP와 WMI IRP를 보내고, 장치가 열거되는 순서를 변경하고, PnP와 전원 IRP의 상태를 조정하는 방식으로 드라이버에 무작위 스트레스를 가한다. 마지막으로 베리파이어는 리무브 락remove lock이 펜딩된 장치의 제거로 인해 여전히 소유되고 있는 경우 리무브 락의 올바르지 않은 초기화도 검출한다.

- **DMA 검사** DMA는 장치에서 물리 메모리로, 물리 메모리에서 장치로 CPU의 개입 없이 데이터를 전송하게 해주는 하드웨어 지원 메커니즘이다. I/O 관리자는 드라이버가 DMA 동작을 초기화하고 제어하는 데 사용하는 여러 함수를 제공하며, 이 옵션을 활성화하면 이런 함수의 올바른 사용과 I/O 관리자가 DMA 명령을 위해 제공하는 버퍼가 정확하게 사용되는지 확인한다.

- **펜딩 I/O 요청 강제하기** 많은 장치의 경우 비동기 I/O는 즉시 완료된다. 따라서 드라이버는 드물게 발생하는 비동기 I/O를 적절하게 처리하게 코딩돼 있지 않을 수도 있다. 이 옵션을 활성화하면 I/O 관리자는 I/O의 비동기 완료를 시뮬레이션하기 위해 드라이버의 IoCallDriver 호출에 대한 응답으로 랜덤하게

STATUS_PENDING을 반환한다.

- **IRP 로그하기** 이 옵션은 드라이버의 IRP 사용과 IRP 사용 기록을 모니터링하고 이를 WMI 정보에 저장한다. WDK에 포함된 Dc2wmiparser.exe 유틸리티를 사용하면 이런 WMI 데이터를 텍스트 파일로 변환할 수 있다. 각 장치마다 20개의 IRP만이 기록된다는 점을 기억하자. 다음에 오는 IRP는 가장 오래 전에 추가된 엔트리에 덮어써진다. 재부팅 후 이 정보는 사라진다. 따라서 결과물의 내용을 추후에 분석할 생각이라면 Dc2wmiparser.exe를 실행해야 한다.

메모리 관련 검증 옵션

다음 사항들은 드라이버 베리파이어가 지원하는 메모리 관련 검증 옵션들이다(그중 일부는 I/O 동작과도 관련이 있다).

특수 풀

이 옵션을 선택하면 풀 할당 루틴에서 풀 할당에 대해 유효하지 않은 페이지로 둘러싸게 해 할당된 영역을 벗어난 이전이나 이후 영역을 참조할 경우 커널 모드 액세스 위반이 발생하게 함으로써 버그가 있는 드라이버를 가리키며, 시스템 크래시가 발생할 수 있게 한다. 또한 특수 풀은 드라이버가 메모리를 할당하거나 해제할 때 추가적인 유효성 검사를 수행하게 한다. 특수 풀이 활성화돼 있을 때 풀 할당 루틴은 드라이버 베리파이어가 사용할 커널 메모리 영역을 할당한다. 드라이버 베리파이어는 검사하려는 드라이버가 메모리 할당을 요청하면 표준 커널 모드 메모리 풀이 아닌 특수 풀에서 할당되게 요청을 우회시킨다. 디바이스 드라이버가 특수 풀에서 메모리를 할당할 때 드라이버 베리파이어는 할당되는 메모리가 짝수 페이지 경계가 되게 한다. 드라이버 베리파이어가 유효하지 않은 페이지로 할당 요청된 페이지를 둘러싸기 때문에 디바이스 드라이버가 버퍼의 끝을 지나 쓰거나 읽게 되면 드라이버는 유효하지 않은 페이지를 액세스하게 돼 메모리 관리자는 커널 모드 액세스 위반을 발생시킨다.

그림 6-31은 드라이버 베리파이어가 오버런^{Overrun} 오류를 검사할 때 디바이스 드라이버에게 할당하는 특수 풀 버퍼의 예를 보여준다.

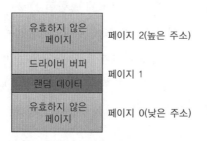

유효하지 않은 페이지	페이지 2(높은 주소)
드라이버 버퍼	페이지 1
랜덤 데이터	
유효하지 않은 페이지	페이지 0(낮은 주소)

그림 6-31 특수 풀 할당 배치

기본적으로 드라이버 베리파이어는 오버런 검사를 수행한다. 이것은 디바이스 드라이버가 사용할 버퍼를 할당된 페이지의 끝에 위치시키고 페이지의 시작은 랜덤한 패턴으로 채움으로써 이뤄진다. 드라이버 베리파이어 관리자에서 언더런^{Underrun} 검사를 수행하게 설정할 수는 없지만 레지스트리 HKLM\SYSTEM\CurrentControlSet\Control\Session Manager\Memory Management 키에 DWORD 값인 PoolTagOverruns를 추가하고 여기에 0을 설정함으로써 수동으로 설정할 수 있다(또는 Gflags.exe 유틸리티를 실행해 Kernel Special Pool Tag 부분에서 기본 옵션인 Verify End 대신 Verify Start 옵션을 선택하면 된다). 윈도우가 언더런 검사를 수행하면 드라이버 베리파이어는 드라이버의 버퍼를 페이지의 끝이 아닌 시작 위치에 할당한다.

오버런 검사 설정은 일부 언더런 검사 설정도 포함한다. 드라이버가 메모리를 해제해 드라이버 베리파이어에 메모리를 반환할 때 드라이버 베리파이어는 버퍼 앞에 존재하는 패턴이 변했는지를 검사한다. 패턴이 변했다면 디바이스 드라이버는 언더런이 발생했고 버퍼의 영역을 넘어서 쓰기가 일어났음을 알 수 있다.

특수 풀 할당은 또한 할당과 해제 시점의 프로세서 IRQL이 적절한지를 검사한다. 이 검사는 일부 디바이스 드라이버에서 발생시키는 DPC/디스패치 레벨이나 그 이상의 레벨에서 페이징 가능한 메모리를 할당하는 오류를 잡을 수 있다.

또한 레지스트리에 레지스트리 키 HKLM\SYSTEM\CurrentControlSet\Control\Session

Manager\Memory Management에 DWORD 값인 PoolTag를 추가해 시스템이 사용하는 특수 풀에 대한 할당 태그를 설정할 수도 있다. 드라이버 베리파이어가 특정 디바이스 드라이버를 검사하게 설정돼 있지 않을지라도 드라이버가 할당하는 메모리의 태그가 PoolTag 레지스트리 값에 있는 태그와 동일하다면 풀 할당 루틴은 특수 풀에서 메모리를 할당할 것이다. PoolTag 레지스트리 값을 0x2a나 *로 설정한다면 가상 메모리와 물리 메모리가 충분히 제공될 경우 드라이버가 할당하는 모든 메모리는 특수 풀로부터 할당된다(프리 페이지가 충분치 않다면 일반 풀에서 할당되게 되돌린다).

풀 추적

이 옵션이 활성화돼 있다면 메모리 관리자는 드라이버가 언로드되는 시점에 해당 드라이버에서 할당했던 모든 메모리가 해제됐는지 여부를 검사한다. 해제되지 않았다면 버그가 있는 드라이버를 가리키면서 시스템은 크래시될 것이다. 드라이버 베리파이어는 드라이버 베리파이어 관리자의 풀 추적 탭에 일반적인 풀 사용 관련 통계 정보를 보여준다(메인 위저드 UI에서 Display Information About the Currently Verified Drivers를 선택한 이후에 Next를 두 번 선택하면 볼 수 있다). !verifier 커널 디버거 명령을 사용할 수도 있다. 이 명령은 드라이버 베리파이어보다 더 많은 정보를 보여주며 드라이버 작성자에게 유용하다.

풀 추적과 특수 풀은 ExAllocatePoolWithTag 같은 명시적인 할당 호출뿐만 아니라 잠재적으로 풀을 할당하는 IoAllocateMdl, IoAllocateIrp와 그 외의 IRP 할당 호출들, 다양한 Rtl 종류의 문자열 API, IoSetCompletionRoutineEx 같은 커널 API에 대한 호출도 처리한다.

풀 추적 옵션에 의해 활성화되는 또 다른 드라이버 검증 함수는 풀 할당량과 관련이 있다. ExAllocatePoolWithQuotaTag 호출은 할당되는 바이트 수만큼을 현재 프로세스의 풀 할당량에 포함한다. 그런 호출이 DPC에서 이뤄지면 DPC 루틴은 임의의 프로세스 컨텍스트에서 수행되기 때문에 풀 할당량이 포함되는 프로세스를 예측할 수 없다. 풀 추적 옵션은 DPC 루틴 컨텍스트에서 이 함수의 호출이 있는지도 검사한다.

드라이버 베리파이어는 I/O 작업 후에 락된 채로 남아있는 페이지를 추가적으로 검사해 락된 메모리 페이지를 추적할 수도 있다. 이때 PROCESS_HAS_LOCKED_PAGE 크래시 코드 대신 DRIVER_LEFT_LOCKED_PAGES_IN_PROCESS를 발생시킨다. 이 크래시는 페이지 락킹에 대한 책임이 있는 함수뿐만 아니라 오류에 대한 책임이 있는 드라이버도 가리킨다.

IRQL 검사 강제

가장 일반적인 디바이스 드라이버의 버그는 드라이버가 수행되는 프로세서의 IRQL이 상승된 상태에서 페이징 가능한 코드나 데이터에 접근하는 것이다. IRQL이 DPC/디스패치 레벨이나 그 이상의 레벨일 경우 메모리 관리자는 페이지 폴트를 처리할 수 없다. 시스템은 프로세서가 높은 IRQL에서 동작 중인 상황에서 디바이스 드라이버가 페이징 가능한 데이터에 접근하더라도 가끔씩 감지하지 못하기도 하는데, 이것은 접근하려는 페이징 가능한 데이터가 접근 당시 물리 메모리에 있기 때문이다. 그러나 그 페이지가 페이지 아웃됐을 때에는 IRQL_NOT_LESS_OR_EQUAL 종료 코드로 시스템이 크래시된다 (이것은 IRQL이 시도한 작업에 필요한 수준보다 작거나 같지 않다는 의미다. 이 경우 페이지 가능한 메모리에 접근했다).

보통 이런 종류의 버그를 가진 디바이스 드라이버를 테스팅하는 것이 어렵지만 드라이버 베리파이어를 이용하면 손쉽게 가능하다. IRQL 확인 강제 옵션을 선택하면 드라이버 베리파이어는 검사 중인 디바이스 드라이버가 IRQL을 상승할 때마다 페이징 가능한 모든 커널 모드 코드와 데이터들을 시스템 워킹셋 밖으로 페이지 아웃시킨다. 내부 함수 MiTrimAllSystemPagableMemory가 이런 일을 수행한다. 이 설정이 활성화된 채로 검사 중인 디바이스 드라이버가 IRQL이 상승된 상태에서 페이징 가능한 메모리에 접근할 때마다 시스템은 즉시 위반 행위를 발견하고 문제가 되는 드라이버를 가리키며 크래시를 일으킨다.

IRQL의 잘못된 사용으로 발생하는 또 다른 일반적인 크래시 문제는 동기화 객체가 페이징된 데이터 구조체의 일부분이고, 그것을 대기할 때 일어난다. 동기화 객체는 디스패처가 상승된 IRQL에서 접근할 필요가 있으므로 절대로 페이징돼서는 안 되며 페이징될 경우 크래시가 발생한다. 드라이버 베리파이어는 KTIMER와 KMUTEX, KSPIN_LOCK, KEVENT, KSEMAPHORE, ERESOURCE, FAST_MUTEX 구조체가 페이징 가능한 메모리에 존재하는지 검사한다.

리소스 부족 시뮬레이션

이 옵션이 활성화되면 검사하는 디바이스 드라이버가 메모리 할당을 요청할 때 랜덤하게 실패를 반환한다. 과거에는 개발자들이 커널 메모리는 항상 가용할 것이라는 가정하에 디바이스 드라이버를 작성했다. 메모리가 소진되면 어차피 시스템이 크래시될 것이기 때문에 걱정할 필요가 없었다. 하지만 메모리가 부족한 상황이 일시적으로 발생할 수 있고, 최근의 모바일 장치는 좀 더 큰 머신처럼 강력하지 않기 때문에 디바이스 드라이버는 커널 메모리가 소진됐을 경우 메모리 할당이 실패하는 데 대해 적절히 대처할 필요가 있다.

랜덤하게 실패하는 기능이 들어가는 함수들에는 ExAllocatePool*, MmProbeAndLockPages, MmMapLockedPagesSpecifyCache, MmMapIoSpace, MmAllocateContiguousMemory, MmAllocatePagesForMdl, IoAllocateIrp, IoAllocateMdl, IoAllocateWorkItem, IoAllocateErrorLogEntry, IOSetCompletionRoutineEx, 그리고 풀에서 할당하는 Rtl 문자열 API 등이 있다. 드라이버 베리파이어는 커널 GDI 함수에서 이뤄진 일부 할당 또한 실패시킨다(완벽한 목록은 WDK 문서를 참고하라). 추가적으로 다음과 같은 항목을 지정할 수 있다.

- **할당이 실패할 확률** 기본은 6%이다.
- **어떤 애플리케이션을 시뮬레이션 해야 하는지** 기본은 모두다.
- **어떤 풀 태그에 영향을 줘야 하는지** 기본은 모두다.
- **실패 기능(fault injection)이 시작하기 전에 얼마의 지연 시간을 줘야하는지** 기본적으로 시스템이 부팅한 후 7분으로, 이는 중요한 초기화 작업을 할 수 있는 시간이며 또한 메모리가 부족해 디바이스 드라이버가 로딩되는 것이 방해 받을 수도 있는 충분한 시간이다.

verifier.exe에 대한 커맨드라인 옵션으로 이들 값을 변경할 수 있다.

지연 시간 후에 드라이버 베리파이어는 검사하는 디바이스 드라이버에서 요청하는 메모리 할당 관련 함수를 랜덤하게 실패시키기 시작한다. 드라이버가 메모리 할당 실패에 대해 적절하게 처리하지 않는다면 시스템 크래시가 발생할 것이다.

체계적인 리소스 부족 시뮬레이션

리소스 부족 시뮬레이션 옵션과 유사하게 이 옵션은 커널과 Ndis.Sys(네트워크 드라이버)에 대한 특정 호출을 체계적인 방식(실패 인젝션 지점에서 호출 스택을 검사함으로써)으로 실패시킨다. 드라이버가 실패를 올바르게 처리한다면 이 호출 스택은 실패 인젝션이 다시 일어나지 않는다. 이 기능 덕택에 드라이버 작성자는 체계적인 방식으로 문제를 살펴보고 보고된 문제를 해결할 수 있다. 따라서 이 설정을 사용하는 경우 하나 이상의 드라이버를 검증하는 것은 권장되지 않는다.

기타 검사

드라이버 베리파이어에서 '기타'라고 부르는 검사를 통해 여전히 사용 중인 시스템 구조체가 포함된 풀이 해제되는 것을 드라이버 베리파이어는 탐지할 수 있다. 예를 들어 드라이버 베리파이어는 다음과 같은 내용을 검사한다.

- **해제된 메모리에 있는 동작 중인 워크 아이템** IoQueueWorkItem으로 큐잉된 하나 이상의 워크 아이템이 존재하는 풀 블록을 해제하기 위해 드라이버가 ExFreePool을 호출한다.
- **해제된 메모리에 있는 동작 중인 리소스** ERESOURCE 객체를 지우기 위해 ExDeleteResource를 호출하기 전에 드라이버가 ExFreePool을 호출한다.
- **해제된 메모리에 있는 룩 어사이드 리스트** 룩 어사이드 리스트를 지우기 위해 ExDeleteNPagedLookasideList나 ExDeletePagedLookasideList를 호출하기 전에 드라이버가 ExFreePool을 호출한다.

마지막으로 검사가 활성화됐을 때 드라이버 베리파이어는 활성화 제어 기능이 없는 자동 검사를 수행한다. 다음과 같은 검사가 해당된다.

- 올바르지 않은 플래그를 가진 MDL에 대해 `MmProbeAndLockPages`나 `MmProbe-AndLockProcessPages`를 호출하는 것. 예를 들어 `MmBuildMdlForNonPagedPool`을 호출해 만든 MDL에 대해 `MmProbeAndLockPages`를 호출하는 것은 잘못됐다.
- 올바르지 않은 플래그를 가진 MDL에 대해 `MmMapLockedPages`를 호출하는 것. 예를 들어 이미 시스템 주소에 매핑된 MDL에 대해 `MmMapLockedPages`를 호출하는 것은 잘못됐다. 락돼 있지 않은 MDL에 대해 `MmMapLockedPages`를 호출하는 것도 올바르지 않은 드라이버 행동의 또 다른 예다.
- 부분^Partial MDL(`IoBuildPartialMdl`을 사용해 생성한)에 대해 `MmUnlockPages`나 `MmUnmapLockedPages`를 호출하는 것
- 시스템 주소로 매핑되지 않은 MDL에 대해 `MmUnlockPages`를 호출하는 것
- `NonPagedPoolSession` 메모리로부터 이벤트나 뮤텍스 같은 동기화 객체를 할당하는 것

드라이버 베리파이어는 디바이스 드라이버 개발자에게 검증과 디버깅 툴로 아주 유용하다. 드라이버 베리파이어를 이용해 처음으로 디바이스 드라이버를 실행하면 드라이버 베리파이어에서 탐지하는 많은 버그가 있을 것이다. 이로 인해 드라이버 베리파이어는 윈도우에서 동작하는 모든 커널 모드 코드의 질을 전반적으로 향상시킨다.

플러그앤플레이 관리자

PnP 관리자는 하드웨어 구성을 인식하고 변경에 대응하는 윈도우 기능을 지원하는 데 연관된 주요 컴포넌트다. 사용자는 하드웨어 장치를 설치하거나 제거하기 위해 수동으로 구성하는 데 필요한 내용을 이해할 필요가 없다. 예를 들면 도킹 스테이션에 위치한 실행 중인 윈도우 노트북이 도킹 스테이션에 연결되는 추가적인 장치를 자동으로 탐지해 사용자가 이용 가능케 하는 것이 바로 PnP 관리자다.

플러그앤플레이 지원은 하드웨어와 디바이스 드라이버, 운영체제 수준의 상호 협조를 필요로 한다. 버스에 연결돼 있는 장치를 열거하고 식별하기 위한 산업 표준이 윈도우 플러그앤플레이 지원의 근간을 이룬다. 예를 들면 USB 표준은 USB 버스의 장치가 자신을 식별하는 방법을 정의한다. 이런 기초 위에서 윈도우 플러그앤플레이 지원은 다음과 같은 기능을 제공한다.

- PnP 관리자는 자동으로 설치된 장치를 인식한다. 이것은 부팅되는 동안 시스템에 연결돼 있는 장치를 열거하고 시스템이 동작하는 중에 추가되거나 제거되는 장치를 탐지하는 절차다.

- 하드웨어 리소스 할당은 PnP 관리자의 역할로 시스템에 연결된 장치의 하드웨어 리소스 요구 사항(인터럽트와 I/O 메모리, I/O 레지스터, 버스 특정적인 리소스)을 수집하고 각 디바이스가 자신의 동작에 필요한 요구 사항을 충족하게 자원을 최적으로 할당하는 자원 중재resource arbitration를 하는 과정이다. 하드웨어 장치가 부트 타임 리소스 할당 이후에 시스템에 추가될 수 있기 때문에 PnP 관리자는 반드시 동적으로 추가되는 장치의 요구 사항을 만족시키기 위해 리소스를 재할당할 수 있어야 한다.

- PnP 관리자의 또 다른 역할은 적절한 드라이버를 로딩하는 것이다. PnP 관리자는 장치의 식별에 의거해 해당 장치를 관리할 수 있는 드라이버가 시스템에 설치돼 있는지를 판단하고, 설치돼 있다면 I/O 관리자로 하여금 해당 드라이버를 로드하게 한다. 적당한 드라이버가 설치돼 있지 않다면 커널 모드 PnP 관리자는 장치를 설치하기 위해 유저 모드 PnP 관리자와 통신한다. 이때 적당한 드라이버의 위치를 지정하는 사용자의 도움이 필요할 수도 있다.

- PnP 관리자는 하드웨어 구성의 변화를 탐지하기 위한 애플리케이션과 드라이버 메커니즘을 구현한다. 애플리케이션이나 드라이버는 때때로 동작하기 위해 특정 하드웨어 장치를 요구한다. 따라서 윈도우는 이들이 장치의 존재나 추가 삭제에 대한 통지를 요청할 수 있는 수단을 제공한다.

- PnP 관리자는 장치 상태의 저장을 위한 공간을 제공하고 시스템 설정과 업그레

이드, 마이그레이션, 오프라인 이미지 관리에 관여한다.

- 게다가 특수한 버스 드라이버로 하여금 네트워크를 버스로 탐지하게 하고, 또한 해당 버스에서 동작하는 디바이스에 대한 디바이스 노드를 생성하게 함으로써 네트워크 프로젝트와 프린터 같이 네트워크에 연결된 디바이스를 지원한다.

플러그앤플레이 지원 수준

윈도우는 플러그앤플레이를 완전히 지원하는 것을 목표로 한다. 그러나 이 지원 수준은 연결돼 있는 장치와 설치된 드라이버에 좌우된다. 한 장치나 하나의 드라이버라도 플러그앤플레이를 지원하지 않으면 시스템에 대한 플러그앤플레이 지원이 제대로 안 될 수도 있다. 게다가 플러그앤플레이를 지원하지 않는 드라이버는 시스템이 사용할 수 있는 다른 장치를 막을 가능성도 있다. 표 6-6은 플러그앤플레이 지원 여부와 관련된 장치와 드라이버의 다양한 조합을 보여준다.

표 6-6 장치와 드라이버 플러그앤플레이 특성

장치 유형	플러그앤플레이 드라이버	넌플러그앤플레이 드라이버
플러그앤플레이	완전한 플러그앤플레이	플러그앤플레이 미지원
넌플러그앤플레이	부분적인 플러그앤플레이가 가능함	플러그앤플레이 미지원

레거시 ISA 사운드카드처럼 자동 탐지를 지원하지 않는 장치 부류는 플러그앤플레이 장치가 아니다. 운영체제는 하드웨어가 물리적으로 놓여있는 위치를 알지 못하기 때문에 노트북 언도킹undocking과 절전 모드Sleep, 최대 절전 모드Hibernation 같은 동작은 허용되지 않는다. 그렇지만 장치에 대한 플러그앤플레이 드라이버가 수동으로 설치되는 경우라면 드라이버는 장치에 대해 PnP 관리자 지시에 의한 리소스 할당을 최소한 구현할 수 있다.

윈도우 NT 4.0 드라이버 같은 레거시 드라이버는 플러그앤플레이와 호환되지 않는다. 이들 드라이버가 이후 버전의 윈도우에서 계속 동작한다고 하더라도 동적으로 추가된 장치의 요구에 맞추기 위해 필요한 리소스 재할당 이벤트가 발생할 때 PnP 관리자는 이들 장치에 할당된 리소스를 재구성할 수 없다. 예를 들면 어떤 장치가 범위 A와 B의 I/O 메모리를 사용할 수 있고, 부팅이 되는 동안 PnP 관리자는 그 범위 A를 해당 장치에 할당했다고 가정하자. 나중에 꼭 A만을 사용해야 하는 장치가 시스템에 연결되면 PnP 관리자는 첫 번째 장치의 드라이버가 범위 B를 사용하게 재구성할 수 없다. 이는 두 번째 드라이버가 필요한 리소스를 확보하지 못하게 해서 결과적으로 장치는 시스템에서 사용될 수 없다. 또한 레거시 드라이버는 시스템의 절전이나 최대 절전 모드 능력에 악영향을 준다(자세한 내용은 6장의 '전원 관리자'를 참고하라).

장치 열거

시스템 부팅과 하이버네이션으로부터의 재개, 명시적으로 열거 명령(예를 들어 장치 관리자 UI에서 하드웨어 변경 검색을 클릭해)을 받을 때 장치 열거가 발생한다. PnP 관리자는 디바이스 트리(잠시 후에 설명한다)를 구축하고, 이를 이전 열거에서 저장된 트리가 있다면 그것과 비교한다. 부팅이나 하이버네이션으로부터의 재개인 경우 저장된 디바이스 트리는 비어 있는 상태다. 새롭게 발견된 장치와 제거된 장치는 적절한 드라이버(새롭게 발견된 장치의 해당 드라이버)를 로드하고 드라이버에 제거된 장치를 통지하는 것과 같은 특별한 취급을 해야 한다.

PnP 관리자는 루트^{Root}로 불리는 가상 버스 드라이버로 장치 열거를 시작한다. 루트는 전체 컴퓨터 시스템을 나타내며, 넌플러그앤플레이 드라이버와 HAL을 위한 버스 드라이버의 역할을 한다. HAL은 배터리 같은 시스템 컴포넌트뿐만 아니라 메인보드에 직접 연결돼 있는 장치를 열거하는 버스 드라이버로 동작한다. 실제로 열거하는 대신에 HAL은 주 버스(대부분의 경우 PCI 버스)와 배터리나 팬 같은 장치를 탐지하기 위해 윈도우 설치 프로세스가 레지스트리에 기록한 하드웨어 디스크립션에 의존한다.

주 버스 드라이버는 자신의 버스에 존재하는 디바이스(또 다른 버스일 수도 있다)를 열거하며, PnP 관리자는 이들 디바이스에 대한 드라이버를 초기화한다. 이들 드라이버는 또 다른 부수적인 버스를 포함해 다른 장치를 탐지한다. 이 재귀적인 열거 절차와 드라이버 로딩(드라이버가 아직 로드돼 있지 않다면), 추가적인 열거는 시스템의 모든 장치가 탐지되고 구성될 때까지 진행된다.

버스 드라이버가 PnP 관리자에 탐지한 장치를 보고함에 따라 PnP 관리자는 장치 간의 관계를 나타내는 디바이스 트리$^{device\ tree}$라는 내부 트리를 생성한다. 트리에서 노드는 디바이스 노드(또는 devnode)로 불린다. devnode는 PnP 관리자가 devnode에 저장한 플러그앤플레이 관련 정보뿐만 아니라 장치를 나타내는 디바이스 객체에 대한 정보를 담고 있다. 그림 6-32는 단순화된 디바이스 트리의 예를 보여준다. PCI 버스는 USB와 ISA, SCSI 버스가 연결되는 시스템의 주 버스 역할을 한다.

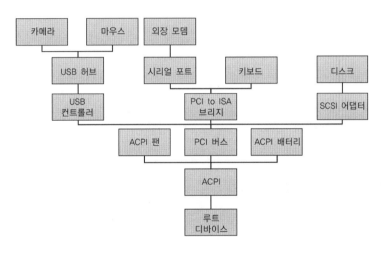

그림 6-32 디바이스 트리 예제

시작 메뉴의 프로그램/관리 툴 폴더의 컴퓨터 관리 스냅인에서 접근 가능한(그리고 제어 판에서 시스템의 유틸리티, 장치 관리자에서도 접근 가능하다) 장치 관리자 유틸리티는 기본 구성에서 시스템에 존재하는 장치의 간단한 리스트를 보여준다. 디바이스 트리처럼 장치를 보려면 장치 관리자 보기 메뉴에서 장치(연결별) 옵션을 선택할 수도 있다. 그림 6-33은 장치(연결별) 보기로 설정된 장치 관리자의 예다.

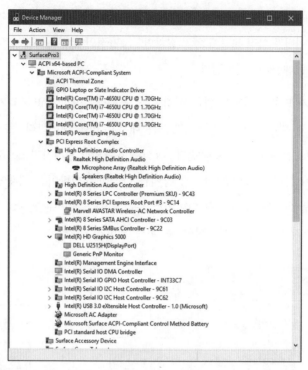

그림 6-33 디바이스 트리를 보여주는 장치 관리자

실습: 디바이스 트리 덤프하기

장치 관리자를 사용하는 것보다 장치를 좀 더 자세히 보는 방법은 !devnode 커널
디버거 명령을 사용하는 것이다. 다음 출력처럼 명령 옵션으로 0 1을 지정하면
내부 디바이스 트리 devnode 구조체를 덤프할 수 있다. 이때 상속 관계를 표시
하기 위해 항목은 들여 써진다.

```
lkd> !devnode 0 1
Dumping IopRootDeviceNode (= 0x85161a98)
DevNode 0x85161a98 for PDO 0x84d10390
    InstancePath is "HTREE\ROOT\0"
    State = DeviceNodeStarted (0x308)
```

```
   Previous State = DeviceNodeEnumerateCompletion (0x30d)
   DevNode 0x8515bea8 for PDO 0x8515b030
   DevNode 0x8515c698 for PDO 0x8515c820
      InstancePath is "Root\ACPI_HAL\0000"
      State = DeviceNodeStarted (0x308)

Previous State = DeviceNodeEnumerateCompletion (0x30d)
DevNode 0x84d1c5b0 for PDO 0x84d1c738
   InstancePath is "ACPI_HAL\PNP0C08\0"
   ServiceName is "ACPI"
   State = DeviceNodeStarted (0x308)
   Previous State = DeviceNodeEnumerateCompletion (0x30d)
   DevNode 0x85ebf1b0 for PDO 0x85ec0210
      InstancePath is "ACPI\GenuineIntel_-_x86_Family_6_Model_15\_0"
      ServiceName is "intelppm"
      State = DeviceNodeStarted (0x308)
      Previous State = DeviceNodeEnumerateCompletion (0x30d)
   DevNode 0x85ed6970 for PDO 0x8515e618
      InstancePath is "ACPI\GenuineIntel_-_x86_Family_6_Model_15\_1"
      ServiceName is "intelppm"
      State = DeviceNodeStarted (0x308)
      Previous State = DeviceNodeEnumerateCompletion (0x30d)
   DevNode 0x85ed75c8 for PDO 0x85ed79e8
      InstancePath is "ACPI\ThermalZone\THM_"
      State = DeviceNodeStarted (0x308)
      Previous State = DeviceNodeEnumerateCompletion (0x30d)
   DevNode 0x85ed6cd8 for PDO 0x85ed6858
      InstancePath is "ACPI\pnp0c14\0"
      ServiceName is "WmiAcpi"
      State = DeviceNodeStarted (0x308)
      Previous State = DeviceNodeEnumerateCompletion (0x30d)
   DevNode 0x85ed7008 for PDO 0x85ed6730
      InstancePath is "ACPI\ACPI0003\2&daba3ff&2"
      ServiceName is "CmBatt"
      State = DeviceNodeStarted (0x308)
      Previous State = DeviceNodeEnumerateCompletion (0x30d)
```

```
DevNode 0x85ed7e60 for PDO 0x84d2e030
  InstancePath is "ACPI\PNP0C0A\1"
  ServiceName is "CmBatt"
...
```

각 devnode에 보이는 정보로는 HKLM\SYSTEM\CurrentControlSet\Enum 아래
에 저장되는 장치의 열거 레지스트리 키 이름인 InstancePath와 HKLM\SYSTEM\
CurrentControlSet\Services 하위에 있는 장치의 드라이버 레지스트리 키에
상응하는 ServiceName이 있다. 각 장치에 할당돼 있는 인터럽트와 포트, 메모리
같은 리소스를 보려면 !devnode 명령의 커맨드라인 옵션으로 0 3을 지정한다.

디바이스 스택

devnode가 PnP 관리자에 의해 생성될 때 devnode를 구성하는 장치 간의 연결을 논리
적으로 나타내고 관리하기 위해 드라이버 객체와 디바이스 객체가 생성된다. 이 연결을
디바이스 스택^{device stack}(6장의 'IRP 흐름' 절에서 간략히 다뤘다)이라고 부른다. 디바이스
스택은 디바이스 객체와 드라이버로 이뤄진 쌍의 정렬된 목록이라고 간주하면 된다.
각 디바이스 스택은 하단에서부터 상단으로 구축된다. 그림 6-34(그림 6-6을 복사한
것)는 7개의 디바이스 객체(이들 모두는 동일한 물리 장치를 관리한다)를 가진 devnode의
예를 보여준다. 각 devnode는 적어도 두 개(PDO와 FDO)의 객체를 갖지만, 그 이상도
가질 수 있다.

- 열거 과정에서 버스 드라이버가 자신의 버스에 연결된 장치의 존재를 보고할
  때 PnP 관리자는 버스 드라이버에 지시해 물리 디바이스 객체<sup>PDO, physical device
  object</sup>를 생성하게 한다. PDO는 장치에 대한 물리적 인터페이스를 나타내며, 디
  바이스 스택의 최하단에 항상 위치한다.

890

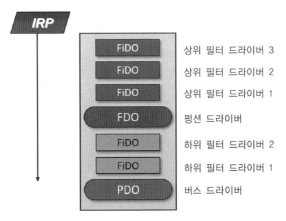

그림 6-34 Ddevnode(디바이스 스택)

- 하위 필터로 불리는 하나 또는 그 이상의 부가적인 필터 디바이스 객체(FiDO)가 PDO와 FDO(바로 다음에 설명) 사이에 계층을 이룬다('하위'는 FDO에 상대적인 의미를 갖는다). 이들은 FDO에서 나와서 버스 드라이버로 가는 IRP(버스 필터가 관심을 가질 수도 있는)를 가로채는 데 사용된다.

- 펑션 디바이스 객체[FDO, functional device object]는 PnP 관리자가 탐지된 장치를 관리하기 위해 로드한 드라이버(펑션 드라이버로 불린다)에 의해 단 한 개만이 생성된다. 장치가 제공하는 기능을 가장 잘 파악하는 FDO는 장치에 대한 논리적 인터페이스를 나타낸다. 펑션 드라이버는 어떤 장치들이 FDO에 의해 나타내진 바로 그 장치에 연결돼 있다면 버스 드라이버로 작동할 수도 있다. 애플리케이션과 다른 드라이버가 장치를 열고 연동할 수 있게 펑션 드라이버는 종종 FDO와 대응되는 PDO에 대한 인터페이스(기본적으로 이름)를 생성한다. 종종 펑션 드라이버는 FDO에 대한 I/O를 관리하기 위해 함께 동작하는 클래스/포트 드라이버와 미니포트 드라이버로 분리된다.

- 하나 또는 그 이상의 부가적인 FiDO는 FDO 상위에 계층을 이루고 상위 필터로 불린다. 이들은 FDO에 대한 IRP 헤더를 가장 먼저로 접근한다.

그림 6-34에서 다양한 디바이스 객체가 서로 다른 이름을 갖고 자신들을 좀 더 쉽게 알아보게 한다. 하지만 이들 모두는 DEVICE_OBJECT 구조체의 인스턴스다.

디바이스 스택은 상향식으로 만들어지며, I/O 관리자의 계층적 기능에 의존한다. 따라서 IRP는 디바이스 스택의 최상위부터 아래를 향해 간다. 그렇지만 6장 앞부분의 'IRP 흐름' 절에서 언급했듯이 디바이스 스택의 어느 레벨에서든지 IRP를 완료시킬 수 있다.

디바이스 스택 드라이버 로딩

PnP 관리자는 디바이스 스택을 구축함에 있어 올바른 드라이버를 어떻게 찾을까? 표 6-7에서 보여주듯 이 정보는 레지스트리의 세 개의 중요한 키(그리고 이들의 서브키)에 나눠져 있다(CCS는 CurrentControlSet의 약자임에 주의하자).

표 6-7 플러그앤플레이 드라이버 로딩을 위한 주요 레지스트리 키

레지스트리 키	단축 이름	설명
HKLM\System\CCS\Enum	하드웨어 키	알려진 하드웨어 장치 설정
HKLM\System\CCS\Control\Class	클래스 키	디바이스 유형 설정
KLM\System\CCS\Services	소프트웨어 키	드라이버 설정

버스 드라이버가 장치 열거를 수행하고 새로운 장치를 발견할 때 탐지한 물리 장치의 존재를 나타내는 PDO를 먼저 생성한다. 그러고 나서 BusRelations 열거 값과 PDO를 인자로 해서 IoInvalidateDeviceRelations(WDK에 문서화돼 있다)를 호출해 PnP 관리자에게 통지한다. 즉, 자신의 버스에 변경이 탐지됐음을 PnP 관리자에게 알리는 것이다. 응답으로 PnP 관리자는 버스 드라이버에게 디바이스 식별자를 요청한다(IRP를 통해).

식별자는 버스에 한정적이다. 예를 들어 USB 장치 식별자는 장치를 제작한 하드웨어 벤더에 대한 벤더 ID[VID]와 벤더가 장치에 할당한 제품 ID[PID]로 구성된다. PCI 장치의 경우도 벤더 간의 장치를 고유하게 식별하는 벤더 ID와 디바이스 ID(와 부가적인 선택적

892

요소를 더해)가 필요하다(좀 더 자세한 정보는 WDK의 장치 ID 포맷을 보라). 플러그앤플레이에서는 이들 ID를 합쳐 장치 ID라고 한다. PnP 관리자는 같은 하드웨어에 대한 다른 인스턴스의 구별을 위해 버스 드라이버에 인스턴스 ID를 질의한다. 인스턴스 ID는 버스 상대적 위치(예를 들면 USB 포트)인지 또는 전역적으로 고유한 디스크립터(예를 들면 시리얼 번호)인지를 기술할 수 있다.

장치 ID와 인스턴스 ID가 연결돼 디바이스 인스턴스 ID^{DIID, device instance ID}를 형성한다. PnP 관리자는 표 6-7에 보이는 하드웨어 키 아래에 디바이스 키를 찾기 위해 디바이스 인스턴스 ID를 사용한다. 이 키의 서브키는 <열거자>\<장치 ID>\<인스턴스 ID> 형태를 갖는다. 여기서 열거자는 버스 드라이버며, 장치 ID는 해당 장치 유형의 고유한 식별자이고, 인스턴스 ID는 같은 하드웨어의 서로 다른 인스턴스를 고유하게 식별한다.

그림 6-35는 인텔 디스플레이 카드에 대한 열거 서브키의 한 예다. 디바이스 키는 서술적인 데이터를 담고 있고, PnP 관리자가 디바이스의 드라이버를 찾는 데 도움이 되는 Service와 ClassGUID(드라이버 설치 시의 INF 파일로부터 획득한) 값을 포함한다.

- ImagePath 값에 저장된 드라이버(SYS 파일)의 경로가 있는 소프트웨어 키에서 Service 값을 찾는다. 그림 6-36은 인텔 디스플레이 드라이버가 위치하는 igfx(그림 6-35로부터)로 명명된 소프트웨어 서브키를 보여준다. PnP 관리자는 이 드라이버를 로드하고(아직 로드되지 않았다면) 이의 add-device 루틴을 호출하면 드라이버는 FDO를 생성한다.

- 소프트웨어 서브키에 LowerFilters로 명명된 값이 존재하면 이는 하위 필터로 로드할 드라이버의 다중 문자열 목록을 가진다. PnP 관리자는 Service 값과 관계된 드라이버를 로드하기 전에 이들 드라이버를 먼저 로드한다.

- UpperFilters로 명명된 값이 존재하면 PnP 관리자가 Service 값에 명시된 드라이버를 로드한 이후에 거의 비슷한 방식으로 로드할 드라이버 이름의 목록(소프트웨어 키 아래의 LowerFilters와 유사하다)을 나타낸다.

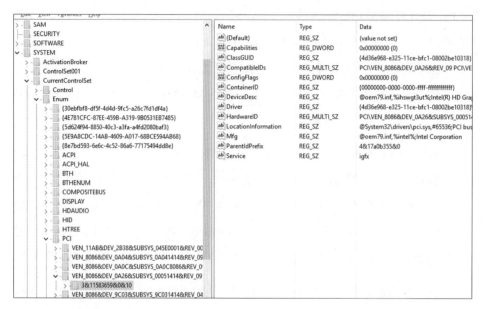

그림 6-35 하드웨어 서브키의 예제

Name	Type	Data
(Default)	REG_SZ	(value not set)
ErrorControl	REG_DWORD	0x00000000 (0)
Group	REG_SZ	Video
ImagePath	REG_EXPAND_SZ	\SystemRoot\system32\DRIVERS\igdkmd64.sys
Owners	REG_MULTI_SZ	oem79.inf
Start	REG_DWORD	0x00000003 (3)
Tag	REG_DWORD	0x00000004 (4)
Type	REG_DWORD	0x00000001 (1)

그림 6-36 소프트웨어 서브키의 예제

- ClassGUID 값은 일반적인 장치의 유형(디스플레이와 키보드, 디스크 등)을 나타
  내며 클래스 키(표 6-7) 아래의 서브키를 가리킨다. 이 키는 해당 유형의 장치에
  대한 모든 드라이버에 적용 가능한 설정을 나타낸다. 특히 LowerFilters와/또
  는 UpperFilters가 존재한다면 특정 장치의 하드웨어 키에 이 값이 있는 것처
  럼 동일하게 취급된다. 예를 들어 특정 키보드나 벤더에 관계없이 키보드 장치
  의 상위 필터를 로드하는 것이 가능하다. 그림 6-37은 키보드 장치의 클래스
  키를 보여준다. 친숙한 이름(Keyboard)도 눈에 띄지만 중요한 것은 GUID다(어
  떤 클래스인지에 대한 사항은 INF 설치 파일의 일부분으로 제공된다). 키보드

devnode의 일부로 항상 로드되는 시스템 제공 키보드 클래스 드라이버를 나열하는 UpperFilters 값도 존재한다(장치 관리자 UI에서 키보드 유형의 아이콘으로 사용되는 IconPath 값도 보인다).

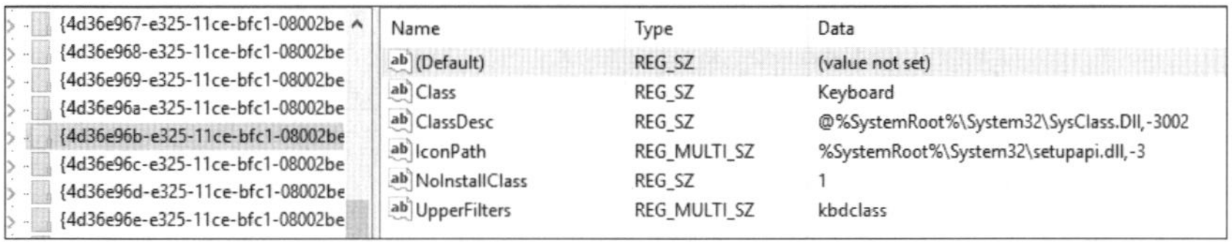

그림 6-37 키보드 클래스 키

devnode에 대한 드라이버 로드 순서를 요약하면 다음과 같다.

1. 버스 드라이버가 로드돼 PDO를 생성한다.
2. 하드웨어 인스턴스 키에 열거된 하위 필터 드라이버가 나열된 다중 문자열 순으로 로드되고, 자신들의 필터 디바이스 객체(그림 6-34의 FiDO)를 생성한다.
3. 해당 클래스 키에 나열된 하위 필터 드라이버가 나열된 순서대로 로드돼 자신들의 FiDO를 생성한다.
4. Service 값에 명시된 드라이버가 로드되고 FDO를 생성한다.
5. 하드웨어 인스턴스 키에 열거된 상위 필터 드라이버가 나열된 순으로 로드되고 자신들의 FiDO를 생성한다.
6. 해당 클래스 키에 나열된 상위 필터 드라이버가 나열 순서대로 로드돼 자신들의 FiDO를 생성한다.

멀티펑션 장치(일체형 프린터나 카메라와 음악 플레이어 기능이 통합된 휴대폰 같은)를 다루기 위해 윈도우는 또한 devnode와 연관될 수 있는 컨테이너 ID 속성을 지원한다. 컨테이너 ID는 GUID로서 물리적 장치의 한 인스턴스에 고유하며, 그림 6-38처럼 해당 장치에 속하는 모든 펑션 devnode 간에 공유된다.

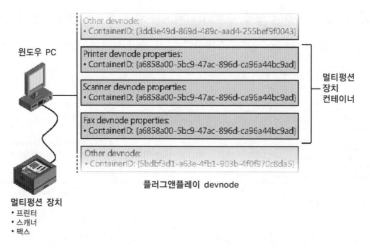

원도우 PC

Other devnode:
• ContainerID: {3dd3e49d-869d-489c-aad4-255bef9f0043}

Printer devnode properties:
• ContainerID: {a6858a00-5bc9-47ac-896d-ca96a44bc9ad}

Scanner devnode properties:
• ContainerID: {a6858a00-5bc9-47ac-896d-ca96a44bc9ad}

Fax devnode properties:
• ContainerID: {a6858a00-5bc9-47ac-896d-ca96a44bc9ad}

Other devnode:
• ContainerID: {5bdbf3d1-a63e-4fb1-903b-4f0f970c8da5}

멀티평션 장치 컨테이너

플러그앤플레이 devnode

멀티평션 장치
• 프린터
• 스캐너
• 팩스

그림 6-38 PnP 관리자가 바라보는 고유한 ID를 가진 일체형 프린터

컨테이너 ID는 인스턴스 ID와 유사한 속성으로서 해당 하드웨어의 버스 드라이버에 의해 보고된다. 그런 다음 장치가 열거될 때 동일한 PDO와 연관된 모든 devnode는 컨테이너 ID를 공유한다. 윈도우는 이미 PnP-X와 블루투스, USB 같은 많은 특별한 버스를 지원하고 있으므로 대부분의 디바이스 드라이버는 버스 한정적인 ID를 반환할 수 있고, 윈도우는 이로부터 해당하는 컨테이너 ID를 생성한다. 그 밖의 장치나 버스의 경우 드라이버는 자신만의 고유한 ID를 소프트웨어적으로 생성한다.

마지막으로 디바이스 드라이버가 컨테이너 ID를 제공하지 않을 경우 윈도우는 ACPI 같은 메커니즘을 통해 이용 가능하다면 버스에 토폴로지^{topology}를 질의해 학습된 추측을 할 수 있다. 특정 장치가 다른 장치의 자식인지 또는 제거 가능한지, 핫플러깅이 되는지, 사용자 접근성이 용이한지(내부 마더보드 컴포넌트와 반대되는 개념)를 이해함으로써 윈도우는 멀티평션 장치를 정확하게 반영하는 디바이스 노드에 컨테이너 ID를 할당할 수 있다.

컨테이너 ID로 장치를 그룹화해 말단 사용자가 얻는 이점은 최신 윈도우 버전의 장치 및 프린터 UI에서 볼 수 있다. 이 기능은 일체형 프린터의 스캐너와 프린터, 팩스 구성 요소를 별개의 장치 세 개가 아닌 하나의 그래픽 요소로 표시할 수 있다. 예를 들어 그림 6-39처럼 HP 6830 프린터/팩스/스캐너는 단 하나의 장치로 식별된다.

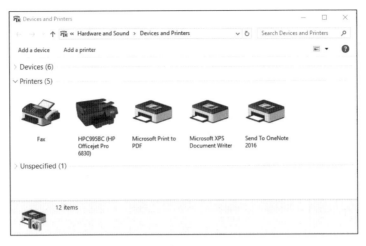

그림 6-39 제어판에서의 장치와 프린터

실습: 장치 관리자에서 세부적인 devnode 정보 보기

장치 관리자 애플릿에서 상세 보기 탭을 선택함으로써 장치 노드에 대한 상세 정보를 볼 수 있다. 탭에서는 devnode의 디바이스 인스턴스 ID와 하드웨어 ID, 서비스 이름, 필터, 전원 기능 등의 항목으로 구분해서 볼 수 있다.

다음 화면은 살펴볼 수 있는 정보의 유형을 표시하도록 상세 보기 탭의 콤보박스를 펼친 모습이다.

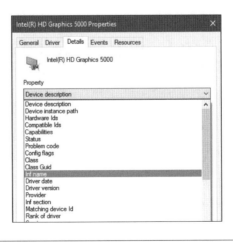

플러그앤플레이를 위한 드라이버 지원

플러그앤플레이를 지원하기 위해 드라이버는 반드시 플러그앤플레이 디스패치 루틴 (IRP_MJ_PNP)과 전원 관리 디스패치 루틴(IRP_MJ_POWER, 6장 후반부의 '전원 관리자' 절에서 설명한다), add-device 루틴을 구현해야 한다. 버스 드라이버는 반드시 펑션이나 필터 드라이버가 지원하는 것보다 다양한 유형의 플러그앤플레이 요청을 지원해야 한다. 예를 들면 PnP 관리자는 시스템 부트 동안 장치 열거를 진행할 때 버스 드라이버에게 PnP IRP를 통해 버스 드라이버가 자신들의 버스에서 찾은 장치에 대한 디스크립션 description을 요구한다.

펑션이나 필터 드라이버는 add-device 루틴에서 장치 관리 준비를 하지만 실제로 장치 하드웨어와 통신을 하지는 않는다. 대신 이들 드라이버는 PnP 관리자가 플러그앤플레이 디스패치 루틴에 start-device 명령(IRP_MN_START_DEVICE 마이너 PnP IRP 코드)을 보내길 기다린다. start-device 명령을 보내기에 앞서 PnP 관리자는 디바이스에 어떤 리소스를 할당해야 하는지 결정하기 위해 리소스 조정을 수행한다. start-device 명령에는 리소스 조정 동안에 PnP 관리자가 결정한 리소스 할당 정보가 존재한다. 드라이버가 start-device 명령을 받으면 장치가 지정된 리소스를 사용할 수 있게 장치를 구성할 수 있다. 애플리케이션이 아직 시작이 완료되지 않은 장치를 열려고 하면 장치가 존재하지 않는다는 오류가 발생한다.

장치가 시작된 후에 PnP 관리자는 드라이버에 시스템으로부터 장치가 제거되거나 리소스 재할당이 이뤄지는 것 등의 추가적인 플러그앤플레이 명령을 보낼 수 있다. 예를 들면 사용자가 윈도우에게 USB 플래시 드라이브를 꺼내도록 그림 6-40의 장치 제거/탈착 유틸리티를 실행하면(작업 표시줄의 USB 커넥터 아이콘을 클릭해) PnP 관리자는 해당 장치에 플러그앤플레이 통지를 등록한 모든 애플리케이션에 query-remove 통지를 보낸다. 애플리케이션은 일반적으로 자신들의 핸들에 대해 통지를 등록하고 query-remove 통지가 처리되는 동안 이들 핸들을 닫는다. query-remove 요청에 대해 거부하는 애플리케이션이 없으면 PnP 관리자는 탈착되고 있는 디바이스를 소유한 드라이버에 query-remove 명령(IRP_MN_QUERY_REMOVE_DEVICE)을 보낸다. 이 시점에서 드라이버는 제거를 거부하거나 장치와 연관된 모든 펜딩 I/O가 완료됐음을 확인하고 해당 장치에 대한 추가적인 I/O 요청을 거부할 기회를 얻는다. 드라이버가 제거 요청에 동의하고 장치에 대해 열린 핸들이 없으면 PnP 관리자는 이제 드라이버가 디바이스 접근을 중단하게 하고 드라이버가 장치를 위해 할당한 모든 리소스를 해제하는 것을 요청하기 위해 remove 명령(IRP_MN_REMOVE_DEVICE)을 드라이버에 보낸다.

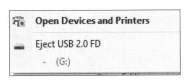

그림 6-40 제거/탈착 유틸리티

PnP 관리자가 장치의 리소스를 재할당할 필요가 있을 때 드라이버에 query-stop 명령 (IRP_MN_QUERY_STOP_DEVICE)을 보내 장치에 대한 더 이상의 동작을 일시적으로 중지시킬 수 있는지를 질의한다. 드라이버는 일시 중지하더라도 데이터가 손실되거나 손상되지 않는다면 요청에 대해 동의할 수 있고, 그렇지 않다면 요청을 거부한다. query-remove 명령처럼 드라이버가 이 요청에 동의하면 드라이버는 펜딩 I/O 동작을 완료시키고, 중지시켰다가 다시 시작할 장치에 대해 더 이상의 I/O 요청을 시작하지 않는다. 자원 재조정 동안 현재 장치를 사용 중인 애플리케이션에 투명하게 하기 위해 드라이버는 보통 새로운 I/O 요청을 큐에 넣는다. 그러고 나서 PnP 관리자는 드라이버에 stop 명령(IRP_MN_STOP_DEVICE)을 보낸다. 이 시점에 PnP 관리자는 장치에 대해 다른 리소스를 할당하게끔 드라이버를 가이드해 다시 한 번 start-device 명령을 드라이버에 보낸다.

다양한 플러그앤플레이 명령은 동작 상태 머신(그림 6-41처럼 잘 정의된 상태 전환 표)을 통해 디바이스를 가이드한다(여기의 상태 다이어그램은 평선 드라이버에 의해 구현된 상태 머신을 반영한다. 버스 드라이버는 좀 더 복잡한 상태 머신을 구현한다). 그림 6-41의 각 전환은 IRP_MN_ 접두어 없이 각 마이너 IRP 상수 이름으로 표시했다. PnP 관리자의 명령 IRP_MN_SURPRISE_REMOVAL은 여기서 다루지 않았다. 이 명령은 사용자가 제거/탈착 유틸리티를 사용하지 않고 PCMCIA를 제거한 것처럼 사용자가 경고 없이 장치를 제거했거나 장치가 실패한 결과로 발생한다. 이 명령은 장치가 더 이상 시스템에 연결돼 있지 않기 때문에 드라이버에게 모든 펜딩 I/O 요청을 취소시키고, 즉시 장치와의 상호작용을 중지할 것을 알린다.

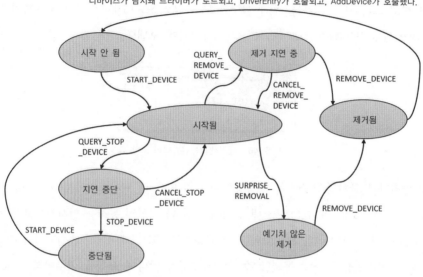

그림 6-41 장치 플러그앤플레이 상태 전환

플러그앤 플레이 드라이버 설치

PnP 관리자는 드라이버가 설치되지 않은 장치를 발견하면 설치 과정을 인도하기 위해 유저 모드 PnP 관리자에 의존한다. 시스템 부트 중에 장치가 탐지되면 이 디바이스에 대한 devnode가 정의되지만 로딩 과정은 유저 모드 PnP 관리자가 시작될 때까지 연기된 다(유저 모드 PnP 관리자 서비스는 표준 Svchost.exe 인스트에서 호스트되는 Umpnpmgr. dll에 구현돼 있다).

드라이버 설치에 개입되는 컴포넌트가 그림 6-42에 나타나 있다. 그림에서 음영 처리된 객체는 시스템에 의해 일반적으로 공급되는 컴포넌트고, 음영 처리되지 않은 객체는 드라이버 설치 파일에 포함돼 있다. 먼저 버스 드라이버는 자신이 열거한 장치를 디바이스 ID를 사용해 PnP 관리자에 통지한다(1단계). PnP 관리자는 레지스트리에서 대응

900

하는 펑션 드라이버의 존재를 확인하고, 펑션 드라이버를 찾지 못하면 유저 모드 PnP 관리자에게 장치의 디바이스 ID로 새로운 장치를 통지한다(2단계). 유저 모드 PnP 관리자는 먼저 사용자 개입 없이 자동 설치를 시도한다. 설치 과정에 사용자와의 연동이 필요하다는 대화상자를 보일 필요가 있고 또한 현재 로그온돼 있는 유저가 관리자 특권을 가져야 한다면 유저 모드 PnP 관리자는 하드웨어 설치 마법사(%SystemRoot%\System32\Newdev.dll)를 실행하기 위해 Rundll32.exe 애플리케이션(classic.cpl 제어판 유틸리티를 호스팅하는 바로 그 애플리케이션)을 시작한다(3단계). 현재 로그온된 유저가 관리자 특권을 갖고 있지 않고(또는 로그온한 유저가 없다면) 또한 장치 설치에 사용자 개입이 필요하다면 유저 모드 PnP 관리자는 특권을 가진 유저가 로그온할 때까지 설치를 연기한다. 하드웨어 설치 마법사는 탐지된 장치와 호환되는 드라이버에 대응하는 INF 파일을 찾기 위해 Setupapi.dll과 CfgMgr32.dll(구성 관리자) API 함수를 사용한다. 이 과정엔 사용자가 벤더의 INF 파일을 담고 있는 설치 매체를 삽입하거나 마법사가 윈도우와 함께 배포된 드라이버를 담고 있는 드라이버 저장소(%SystemRoot%\System32\DriverStore)에서 적절한 파일을 찾는 작업이 이뤄질 수도 있고 또는 일부 드라이버는 윈도우 업데이트를 통해 다운로드될 수도 있다. 설치는 두 단계로 수행된다. 먼저 서드파티 개발자는 드라이버 패키지를 드라이버 저장소로 불러들인다. 그리고 두 번째 단계에서 시스템은 실제 설치를 수행한다. 이는 항상 %SystemRoot%\System32\Drvinst.exe 프로세스에 의해서 이뤄진다.

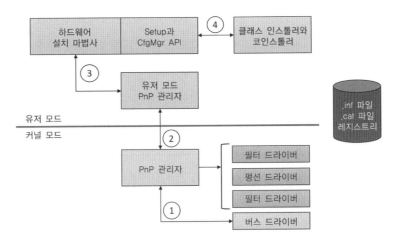

그림 6-42 드라이버 설치 컴포넌트

새로운 장치에 대한 드라이버를 찾기 위해 설치 과정은 하드웨어 ID(앞서 설명했다)와 호환 ID 목록을 버스 드라이버로부터 얻는다. 호환 ID는 좀 더 더 일반적이다. 예를 들어 특정 벤더의 USB 마우스가 고유한 기능을 하는 특수한 버튼을 가질 수 있지만 특정 드라이버가 이용 불가능한 상태라서 마우스의 기본적이고도 공통적인 기능만을 제공한다고 하면 일반적인 마우스에 대한 호환 ID를 통해 윈도우에 딸린 좀 더 범용적 드라이버를 이용할 수 있다.

이들 ID는 드라이버 설치 파일(INF)에서 하드웨어를 식별할 수 있는 모든 다양한 방법을 기술한다. 하드웨어에 대한 가장 세부적인 설명이 리스트 맨 앞에 오게 이들 목록이 정렬돼 있다. 따라서 여러 INF에서 일치하는 것이 발견되면 다음의 사항들이 적용된다.

- 좀 더 정확하게 일치하는 것이 우선한다.
- 서명된 INF가 서명되지 않은 것에 우선한다.
- 최근에 서명된 것이 예전 것에 우선한다.

> 호환 ID로부터 일치하는 것이 발견됐다면 하드웨어 설치 마법사는 하드웨어와 함께 배포된 좀 더 최신의 드라이버에 대한 매체가 있는 경우를 고려해 이 매체를 보이게 할 수 있다.

INF 파일은 펑션 드라이버 파일의 위치를 알려주며, 드라이버 열거와 레지스트리의 클래스 키를 채울 명령을 포함하고, 필요한 파일을 복사하며, 그리고 하드웨어 설치 마법사로 하여금 클래스나 디바이스 코인스톨러 DLL을 시작하게 할 수도 있다(4단계). 이들 DLL은 클래스나 디바이스 특정적인 설치 단계(장치에 대한 사용자 지정 설정을 허용하는 구성 대화상자를 나타내는 것과 같은)를 수행한다. 최종적으로 devnode를 구성하는 드라이버가 로드될 때 디바이스/드라이버 스택이 구축된다(5단계).

실습: 드라이버의 INF 파일 살펴보기

INF 파일을 가진 드라이버나 여타 소프트웨어가 설치될 때 시스템은 INF 파일을

%SystemRoot%\Inf 디렉터리에 복사한다. 그곳에 항상 있는 파일 중 하나는 키보드 클래스 드라이버의 INF 파일인 Keyboard.inf다. 메모장으로 열어 그 내용을 살펴보자. 다음과 같은 것을 볼 수 있다.

```
;
; KEYBOARD.INF -- This file contains descriptions of Keyboard class devices
;
;
; Copyright (c) Microsoft Corporation. All rights reserved.

[Version]
Signature   ="$Windows NT$"
Class       =Keyboard
ClassGUID   ={4D36E96B-E325-11CE-BFC1-08002BE10318}
Provider    =%MSFT%
DriverVer   =06/21/2006,10.0.10586.0

[SourceDisksNames]
3426=windows cd

[SourceDisksFiles]
i8042prt.sys    = 3426
kbdclass.sys    = 3426
kbdhid.sys      = 3426
...
```

INF는 꺽쇠 괄호 내에 섹션이 위치하고 그 아래에 키/값의 쌍이 =로 구분되는 전통적인 INI 형식을 가진다. INF는 시작에서 마지막 부분으로 순차적 실행을 하지 않고 INF는 트리와 유사하게 구축돼 특정 값이 값 이름을 가진 섹션을 가리키고 그곳에서 실행이 계속되는 식이다(상세한 내용은 WDK를 참고하라).

.sys로 검색을 해보면 i8042prt.sys와 kbdclass.sys 드라이버를 설치하기 위해 유저 모드 PnP 관리자에게 작업을 지시하는 엔트리를 볼 수 있다.

```
...
[i8042prt_CopyFiles]
i8042prt.sys,,,0x100

[KbdClass.CopyFiles]
kbdclass.sys,,,0x100
...
```

실제로 드라이버를 설치하기 전에 유저 모드 PnP 관리자는 시스템의 드라이버 서명 정책을 검사한다. 서명되지 않은 드라이버의 설치를 차단하거나 경고하게 시스템이 설정돼 있으면 유저 모드 PnP 관리자는 드라이버의 전자 서명을 담고 있는 카탈로그(.cat 확장자로 끝나는 파일)의 위치를 지정한 드라이버의 INF 파일 엔트리를 검사한다.

마이크로소프트의 WHQL은 하드웨어 벤더에서 제공한 윈도우에 포함돼 있는 드라이버를 테스트한다. 드라이버가 WHQL 테스트를 통과하면 마이크로소프트에 의해서 서명된다. 이는 WHQL이 이미지 파일을 포함한 드라이버 파일을 나타내는 고유한 값인 해시를 구한 후 이를 마이크로소프트 전용 드라이버 서명 키로 암호화해 서명한다는 의미다. 서명된 해시는 카탈로그 파일에 저장되고 윈도우 설치 매체에 포함되거나 그 드라이버에 포함시키기 위해 드라이버를 제출한 벤더에 보내진다.

실습: 카탈로그 파일 살펴보기

카탈로그 파일을 포함하는 드라이버 같은 컴포넌트를 설치하면 윈도우는 카탈로그 파일을 %SystemRoot%\System32\Catroot 디렉터리 아래에 복사한다. 이 디렉터리를 탐색기로 살펴보면 .cat 파일을 담고 있는 하위 디렉터리를 볼 수 있다. 예를 들어 Nt5.cat과 Nt5ph.cat은 윈도우 시스템 파일에 대한 시그니처와 페이지 해시를 저장한다.

카탈로그 파일 중 하나를 열면 두 페이지를 가진 대화상자가 나타난다. General 페이지는 카탈로그 파일의 서명에 대한 정보를 보여준다. 그리고 보안 카탈로그 페이지는 해당 카탈로그 파일로 서명된 컴포넌트의 해시 값을 담고 있다. 다음 화면은 인텔 오디오 드라이버에 대한 카탈로그 파일로, 오디오 드라이버 SYS 파일에 대한 해시 값을 보여준다. 카날로그 내의 여타 해시는 드라이버와 함께 배포되는 다양한 지원 DLL과 연관돼 있다.

유저 모드 PnP 관리자는 드라이버를 설치하면서 카탈로그 파일로부터 드라이버의 서명을 추출하고 마이크로소프트의 드라이버 서명 비밀/공개 키 쌍의 공개 키 쪽을 사용해 서명을 복호화해 그 결과와 설치하려는 드라이버 파일의 해시를 비교한다. 이들 두 해시가 일치하면 드라이버는 WHQL 테스팅을 통과한 것이 검증된 것이다. 드라이버가 서명 검증에 실패하면 유저 모드 PnP 관리자는 시스템 드라이버 서명 정책에 따라 설치 시도를 실패시키고 드라이버가 서명돼 있지 않다고 사용자에게 경고하거나 조용히 드라이버를 설치한다.

수동으로 레지스트리를 구성하고 드라이버 파일을 시스템으로 복사하는 설치 프로그램으로 설치된 드라이버와 애플리케이션에 의해 동적으로 로딩되는 드라이버 파일은 PnP 관리자의 서명 정책으로 서명이 검증되지 않는다. 대신 이들은 2권의 8장에서 설명한 것처럼 커널 모드 코드 서명 정책에 의해 검증된다. INF 파일로 설치된 드라이버만 PnP 관리자의 드라이버 서명 정책에 의해 검증된다.

유저 모드 PnP 관리자는 막 설치되려고 하는 드라이버가 윈도우 업데이트에 의해 관리되는 보호 드라이버 목록(Protected driver list)에 있는지 검사한다. 그리고 이에 해당한다면 설치를 차단하고 사용자에게 경고한다. 호환성에 문제가 있거나 버그가 있는 것으로 알려진 드라이버는 이 리스트에 추가되고 설치가 차단된다.

일반적인 드라이버 로드와 설치

앞 절에서는 PnP 관리자가 하드웨어 장치 드라이버를 찾고 로드하는 방법을 살펴봤다. 이들 드라이버 대부분은 요구에 의해 로드된다(즉, 이런 드라이버는 필요가 없다면 로드되지 않는다는 의미다). 드라이버가 책임지는 장치는 시스템에 진입하게 되고, 반대로 드라이버가 관리하는 모든 장치가 제거된다면 드라이버는 언로드된다.

좀 더 일반적으로 말하면 레지스트리의 소프트웨어 키가 드라이버(윈도우 서비스도 함께)의 설정을 갖고 있다. 서비스는 동일한 레지스트리 키에서 관리되지만, 이들은 유저 모드 프로그램이고 커널 드라이버와는 연관이 없다(서비스 제어 관리자가 서비스와 디바이스 드라이버 둘 다를 로드하는 데 사용될 수 있을지라도). 이번 절에서는 드라이버에 초점을 맞춘다. 서비스의 세부적 처리 방법은 2권의 9장을 보라.

드라이버 로딩

소프트웨어 키(HKLM\System\CurrentControlSet\Services) 아래의 각 서브키는 드라이버(또는 서비스)의 일부 정적인 측면을 제어하는 값을 가진다. 이런 값 중 하나인

ImagePath는 PnP 드라이버 로딩 과정을 다룰 때 이미 살펴봤다. 그림 6-36은 드라이버 키의 한 예를 보여주며, 표 6-8은 드라이버 소프트웨어 키에서 가장 중요한 값들을 요약한 것이다(전체 목록은 2권 9장을 보라).

Start 값은 드라이버(또는 서비스)가 로드되는 단계를 나타낸다. 이 부분에서 디바이스 드라이버와 서비스 간의 두 가지 큰 차이점이 있다.

- 오직 디바이스 드라이버만이 boot-start(0)나 system-start(1)로 지정하는 Start 값을 가질 수 있다. 이것은 이들 단계에서는 유저 모드가 아직 존재하지 않으며, 따라서 서비스가 로드될 수 없기 때문이다.
- 디바이스 드라이버는 부팅 단계에서 로드 순서를 제어하는 Group과 Tag 값(표 6-8에는 없다)을 사용할 수 있지만 디바이스 드라이버는 서비스와 달리 Depend-OnGroup이나 DependOnService 값을 지정할 수 없다(좀 더 상세한 사항은 2권의 9장을 보라).

표 6-8 드라이버 레지스트 키의 주요 값

값 이름	설명
Imagepath	드라이버 이미지 파일(SYS) 경로
Type	이 키는 서비스인지 드라이버인지를 나타낸다. 값이 1이라면 드라이버, 2라면 파일 시스템(또는 필터) 드라이버임을 나타낸다. 값 16(0x10)과 32(0x20)는 서비스를 의미한다. 좀 더 상세한 정보는 2권의 9장을 보라.
Start	드라이버 로드 시점을 나타낸다. 다음과 같은 옵션이 있다. **0 (SERVICE_BOOT_START)** 부트 로더에 의해 로드된다. **1 (SERVICE_SYSTEM_START)** 익스큐티브가 초기화된 이후에 로드된다. **2 (SERVICE_AUTO_START)** 서비스 제어 관리자에 의해 로드된다. **3 (SERVICE_DEMAND_START)** 요구가 있을 때 로드된다. **4 (SERVICE_DISABLED)** 로드되지 않는다.

2권의 11장에서 부트 절차를 설명하고 운영체제 로더가 드라이버를 로드한다는 것을 의미하는 드라이버 Start 값 0을 설명한다. Start 값 1은 익스큐티브 서브시스템이 초기화를 완료한 후 I/O 관리자가 드라이버를 로드함을 의미한다. I/O 관리자는 부트 단계에서

드라이버가 로드되는 순서대로 드라이버의 초기화 루틴을 호출한다. 윈도우 서비스와 유사하게 드라이버는 소속된 그룹을 지정하기 위해 레지스트리 키에 Group 값을 사용한다. 레지스트리 값 HKLM\SYSTEM\CurrentControlSet\Control\ ServiceGroupOrder\List 는 부트 단계에서 로드되는 그룹의 순서를 결정한다.

드라이버는 추가적으로 그룹 내에서의 순서를 제어하기 위해 Tag 값을 포함시킴으로써 로드 순서를 세분화할 수 있다. I/O 관리자는 드라이버의 레지스트리 키에 정의돼 있는 Tag 값에 따라 각 그룹 내의 드라이버를 정렬한다. Tag가 없는 드라이버는 그룹의 리스트 맨 뒤에 위치한다. 높은 숫자의 Tag 값을 가진 드라이버를 초기화하기 전에 낮은 숫자의 Tag 값을 가진 드라이버를 초기화한다고 간주해도 된다. 그러나 항상 그런 것은 아니다. 레지스트리 키 HKLM\SYSTEM\CurrentControlSet\Control\GroupOrderList 는 그룹 내의 Tag 우선순위를 정의한다. 이 키로 마이크로소프트와 디바이스 드라이버 개발자는 정수 체계를 마음대로 재정의할 수 있다.

> Group과 Tag의 사용은 초기 윈도우 NT 시절을 떠오르게 한다. 이들 태그는 실제로 거의 사용되지 않는다. 대부분의 드라이버는 다른 드라이버와 연관성을 갖지 않아야 한다(NDIS.sys와 같이 드라이버에 링크된 커널 라이브러리를 제외하고는).

다음은 드라이버가 Start 값을 설정하기 위한 지침들이다.

- 넌플러그앤플레이 드라이버는 로드하려는 부트 단계를 반영하기 위해 Start 값을 설정해야 한다.

- 시스템 부트 중에 부트 로더에 의해서 로드돼야만 하는 드라이버(플러그앤플레이와 넌플러그앤플레이 드라이버 둘 모두 해당한다)는 Start 값으로 boot-start(0)를 지정해야 한다. 시스템 버스 드라이버와 부트 파일 시스템 드라이버를 예로 들 수 있다.

- 시스템 부팅에 필요하지 않은 드라이버와 시스템 버스 드라이버가 열거할 수 없는 장치를 탐지하는 드라이버는 Start 값을 system-start(1)로 지정한다. PnP 관리자에게 윈도우 설치에 의해 탐지돼 레지스트리에 기록돼 있는 표준 PC 시

리얼 포트가 존재함을 알리는 시리얼 포트 드라이버를 예로 들 수 있다.

- 넌플러그앤플레이 드라이버나 시스템 부트 시 존재하지 않아도 되는 파일 시스템 드라이버는 Start 값을 auto-start(2)로 지정한다. 원격 리소스(예를 들면 \\RemoteComputerName\SomeShare)에 대해 UNC 기반 경로 이름을 지원하는 다중 범용 명명 규칙^{Multiple Universal Naming Convention} 공급자(MUP) 드라이버를 예로 들 수 있다.

- 시스템 부트에 필요하지 않은 플러그앤플레이 드라이버는 Start 값을 demand-start(3)로 지정한다. 예로는 네트워크 어댑터 드라이버가 있다.

플러그앤플레이 드라이버와 열거 가능한 장치에 대한 드라이버에 Start 값을 주는 이유는 성공적으로 부팅하기 위해서 드라이버가 반드시 필요한 경우 운영체제 로더가 해당 드라이버를 로드하는 것을 보장하기 위함이다. 이 단계를 지나면 다음에 설명할 PnP 관리자의 장치 열거 절차가 플러그앤플레이 드라이버에 대한 로드 순서를 결정한다.

드라이버 설치

앞서 살펴봤듯이 플러그앤플레이 드라이버는 설치에 INF 파일이 필요하다. INF 파일은 해당 드라이버가 관리하는 하드웨어 장치 ID와 복사할 파일, 레지스트리 값 설정에 관한 지시 사항을 가진다. 여타 유형의 드라이버(파일 시스템 드라이버와 파일 시스템 필터, 네트워크 필터와 같이) 역시 특정 유형의 드라이버에 대한 고유한 값 설정을 갖는 INF가 필요하다.

소프트웨어 전용 드라이버(Process Explorer가 사용하는 드라이버처럼)는 설치에 INF 파일을 사용할 수 있지만, 그렇게 할 필요는 없다. 이들 드라이버는 CreateService API를 호출해(또는 이들 API를 감싸고 있는 sc.exe와 같은 툴을 사용해) 설치 가능하다. Process Explorer(상승된 권한으로 실행한다면)는 실행 파일 내의 리소스로부터 자신의 드라이버를 추출해 이렇게 한다. 이 API 이름이 암시하듯이 이 함수는 드라이버뿐만 아니라 서비스 설치에도 이용된다. CreateService의 인자로는 드라이버와 서비스 중 어느 것을 설치하는지와 Start 값, 여타 값들이 존재한다(세부 사항은 윈도우 SDK 문서를 보라). 설치가 되고 나면 `StartService`가 일반적으로 드라이버(또는 서비스)를 로드하고 `DriverEntry`를 호출한다.

소프트웨어 전용 드라이버는 일반적으로 클라이언트가 알고 있는 이름을 가진 디바이스 객체를 생성한다. 예를 들어 Process Explorer는 `PROCEXP152`로 명명된 장치를 생성한다. 이 이름은 `CreateFile`과 드라이버에 요청(I/O 관리자가 IRP로 변환한다)을 보내는 `DeviceIoControl`에서 사용된다. 그림 6-43은 \GLOBAL?? 디렉터리(이 디렉터리의 이름은 유저 모드 클라이언트에서 접근 가능함을 기억하자) 내에서 Process Explorer 객체 심볼릭 링크를 보여준다(Sysinternals의 WinObj 툴을 사용해). 이 심볼릭 링크는 Process Explorer가 상승된 권한으로 최초 실행할 때 생성한 것이다. 이것은 \Device 아래에 있는 실제 디바이스 객체를 가리키고, 같은 이름(요구 사항은 아니다)을 갖고 있음에 주목하자.

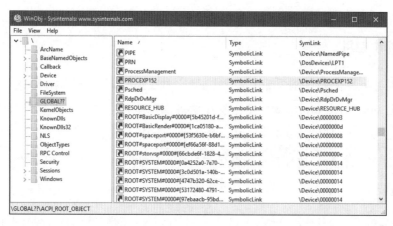

그림 6-43 Process Explorer의 심볼릭 링크와 장치 이름

윈도우 드라이버 파운데이션

윈도우 드라이버 파운데이션WDF, Windows Driver Foundation은 플러그앤플레이와 전원 IRP의 정확한 처리 같은 일반적인 작업을 단순화시켜주는 드라이버 개발을 위한 프레임워크

910

다. WDF에는 커널 모드 드라이버 프레임워크[KMDF]와 유저 모드 드라이버 프레임워크 [UMDF]가 있다. WDF는 오픈소스로 https://github.com/Microsoft/Windows-Driver-Frameworks에서 볼 수 있다. 표 6-9는 KMDF의 윈도우 지원 버전(윈도우 7과 그 후속 버전)을 보여준다. 표 6-10은 UMDF에 관한 내용을 보여준다.

표 6-9 KMDF 버전

KMDF 버전	배포 방법	포함 윈도우	이용하는 드라이버가 동작하는 버전
1.9	윈도우7 WDK	윈도우7	윈도우 XP와 그 후속 버전
1.11	윈도우8 WDK	윈도우8	윈도우 비스타와 그 후속 버전
1.13	윈도우8.1 WDK	윈도우8.1	윈도우 8.1과 그 후속 버전
1.15	윈도우10 WDK	윈도우10	윈도우10, 윈도우 서버 2016
1.17	윈도우10 버전 1511 WDK	윈도우10 버전 1511	윈도우10 버전 1511과 그 후속 버전, 윈도우 서버 2016
1.19	윈도우10 버전 1607 WDK	윈도우10 버전 1607	윈도우10 버전 1607과 그 후속 버전, 윈도우 서버 2016

표 6-10 UMDF 버전

UMDF 버전	배포 방법	포함 윈도우	이용하는 드라이버가 동작하는 버전
1.9	윈도우7 WDK	윈도우7	윈도우 XP와 그 후속 버전
1.11	윈도우8 WDK	윈도우8	윈도우 비스타와 그 후속 버전
2.0	윈도우8.1 WDK	윈도우8.1	윈도우 8.1과 그 후속 버전
2.15	윈도우10 WDK	윈도우10	윈도우10, 윈도우 서버 2016
2.17	윈도우10 버전 1511 WDK	윈도우10 버전 1511	윈도우10 버전 1511과 그 후속 버전, 윈도우 서버 2016
2.19	윈도우10 버전 1607 WDK	윈도우10 버전 1607	윈도우10 버전 1607과 그 후속 버전, 윈도우 서버 2016

윈도우 10은 2장에서 잠시 언급한 범용 드라이버^{Universal Drivers} 개념을 도입했다. 이들 드라이버는 윈도우 10의 여러 에디션(IoT 코어에서 모바일, 데스톱에 이르기까지)에 구현된 공통 DDI 집합을 사용한다. 범용 드라이버는 KMDF나 UMDF, WDM으로 제작 가능하다. 이런 드라이버의 제작은 비주얼 스튜디오(타켓 플랫폼 설정을 Universal로 하고서)의 도움을 받아 상대적으로 손쉽게 할 수 있다. Universal 경계를 벗어나는 DDI는 컴파일러에 의해 경고가 발생한다.

UMDF 버전 1.x은 드라이버 제작을 위해 객체 기반의 C 언어를 사용하는 KMDF와는 매우 다른 프로그램 모델인 COM 기반 모델을 사용한다. UMDF 2는 KMDF와 보조를 맞춰 거의 유사한 API를 제공한다. 이로써 WDF 드라이버 개발과 관련된 전반적인 비용을 줄여준다. 실제로 UMDF 2.x 드라이버는 필요하다면 작은 작업으로 KMDF로 전환될 수 있다. UMDF 1.x는 이 책에서 다루지 않는다. 좀 더 상세한 정보는 WDK를 참고하기 바란다.

다음 절은 이들이 실행하는 OS에 관계없이 일관적인 방식으로 동작하는 KMDF와 UMDF를 알아본다.

커널 모드 드라이버 프레임워크

2장에서 이미 윈도우 드라이버 파운데이션^{WDF}에 대한 일부 세부 사항을 설명했다. 이번 절에서는 프레임워크의 커널 모드 부분인 KMDF에 의해 제공되는 구성 요소와 기능을 알아본다. 이번 절에서는 KMDF 아키텍처의 핵심 중 일부분만을 다룬다. 좀 더 자세한 내용은 윈도우 드라이버 킷 문서를 참고하라.

> 이번 절에서 소개하는 세부 사항의 대부분은 다음 절에서 다루는 예외만을 제외하며 UMDF 2.x의 것과 동일하다.

KMDF 드라이버의 구조와 동작

먼저 KMDF가 지원하는 드라이버나 장치의 종류를 살펴보자. 일반적으로 표준 I/O 처리와 IRP 조작을 수행하는 WDM 형태의 드라이버는 KMDF에 의해 지원돼야 한다. KMDF는 윈도우 커널 API를 직접 사용하지 않고 기존 포트나 클래스 드라이버로 라이브러리 호출을 수행하는 드라이버에는 적합하지 않다. 이런 유형의 드라이버는 KMDF를 사용할 수 없다. KMDF는 I/O 처리를 수행하는 실제 WDM 드라이버에게 콜백만을 제공하기 때문이다. 추가로 포트나 클래스 드라이버, IEEE 1394와 ISA, PCI, PCMCIA, SD 클라이언트(시큐어 디지털 스토리지 디바이스를 위한) 드라이버에 의존하지 않고 고유의 디스패치 함수를 제공하는 드라이버는 KMDF를 사용할 수 있다.

KMDF는 WDM 계층 위에 추상화를 제공하지만, 앞서 소개한 기본 드라이버 구조는 KMDF 드라이버에도 적용된다. 그 핵심으로 KMDF 드라이버가 반드시 가져야 할 함수들은 다음과 같다.

- **초기화 루틴** 다른 드라이버와 마찬가지로 KMDF 드라이버 역시 드라이버를 초기화하는 `DriverEntry` 함수를 가진다. KMDF 드라이버는 이 지점에서 프레임워크를 시작하며, 드라이버 부분의 구성 과정과 초기화 단계, 프레임워크에 드라이버를 기술하는 부분의 구성 과정과 초기화 단계를 수행한다. 넌플러그앤플레이 드라이버라면 이 지점에서 디바이스 객체를 생성해야 한다.

- **add-device 루틴** KMDF 드라이버의 동작은 이벤트와 콜백(이미 간단하게 언급했다)에 기초한다. `EvtDriverDeviceAdd` 콜백은 커널의 PnP 관리자가 드라이버에 의해 지원되는 장치를 열거할 때 통지를 받기 때문에 PnP 장치에서 가장 중요한 콜백이다.

- **하나 이상의 Evtlo* 루틴** WDM 드라이버의 디스패치 루틴과 유사하게 이들 콜백 루틴은 특정 장치 큐로부터 특정 유형의 I/O 요청을 처리한다. 드라이버는 일반적으로 하나 이상의 KMDF 큐를 생성하고, KMDF는 드라이버가 관리하는 장치에 대한 I/O 요청을 이 큐에 위치시킨다. 이들 큐는 요청 유형과 디스패치 유형에 따라 구성될 수 있다.

프레임워크가 전원, 플러그앤플레이 이벤트를 포함해 대부분의 I/O 처리 유형에 필요한 일반적인 기능을 제공하므로 가장 단순한 KMDF 드라이버는 초기화 루틴과 add-device 루틴만 있으면 된다. KMDF 모델에서 이벤트는 드라이버가 응답할 수 있거나 드라이버가 관여할 수 있는 실시간 상태를 말한다. 이들 이벤트는 동기화(동기화는 2권의 8장을 참고하라) 프리미티브^{primitives}와 관련이 없으며, 프레임워크 내부적인 것이다.

드라이버 동작에 중요하거나 특별한 처리를 필요로 하는 이벤트의 경우 드라이버는 이 이벤트를 처리할 콜백 루틴을 등록한다. 그 외의 경우 드라이버는 KMDF로 하여금 기본적이고 일반적인 동작을 하게 한다. 예를 들면 장치 제거 이벤트(EvtDeviceEject)가 일어나는 동안 드라이버는 제거를 지원하기 위해 콜백을 제공하거나 사용자에게 장치가 제거될 수 없다고 통지해주는(기본 KMDF 코드가 처리하는 일) 일 중 하나를 선택할 수 있다. 모든 이벤트가 기본적인 동작을 갖고 있는 것은 아니지만 콜백은 드라이버에 의해 제공돼야 한다. 한 가지 주목할 만한 예로 EvtDriverDeviceAdd 이벤트는 플러그앤플레이 드라이버의 핵심이 되는 부분이다.

실습: KMDF와 UMDF2 드라이버 표시하기

WDF 특정적인 정보를 제공하지 않는 내장된 WDM 스타일의 익스텐션을 사용하는 대신 윈도우 디버깅 툴 패키지에 포함돼 있는 Wdfkd.dll 익스텐션을 사용하면 KMDF 드라이버와 장치를 디버깅하고 분석하는 많은 명령을 이용할 수 있다. !wdfkd.wdfldr 디버거 명령을 통해 설치된 KMDF 드라이버를 표시할 수 있다. 다음 예제는 윈도우 10 32비트 하이퍼-V 가상머신에서의 출력 결과로, 설치된 빌트인 드라이버를 보여준다.

```
lkd> !wdfkd.wdfldr
----------------------------------------------------------------
KMDF Drivers
----------------------------------------------------------------
LoadedModuleList 0x870991ec
----------------------------------
LIBRARY_MODULE  0x8626aad8
  Version       v1.19
```

914

```
Service      \Registry\Machine\System\CurrentControlSet\Services\Wdf01000
ImageName    Wdf01000.sys
ImageAddress 0x87000000
ImageSize    0x8f000
Associated Clients: 25

ImageName          Ver    WdfGlobals  FxGlobals   ImageAddress  ImageSize
umpass.sys         v1.15  0xa1ae53f8  0xa1ae52f8  0x9e5f0000    0x00008000
peauth.sys         v1.7   0x95e798d8  0x95e797d8  0x9e400000    0x000ba000
mslldp.sys         v1.15  0x9aed1b50  0x9aed1a50  0x8e300000    0x00014000
vmgid.sys          v1.15  0x97d0fd08  0x97d0fc08  0x8e260000    0x00008000
monitor.sys        v1.15  0x97cf7e18  0x97cf7d18  0x8e250000    0x0000c000
tsusbhub.sys       v1.15  0x97cb3108  0x97cb3008  0x8e4b0000    0x0001b000
NdisVirtualBus.sys v1.15  0x8d0fc2b0  0x8d0fc1b0  0x87a90000 0x00009000
vmgencounter.sys   v1.15  0x8d0fefd0  0x8d0feed0  0x87a80000    0x00008000
intelppm.sys       v1.15  0x8d0f4cf0  0x8d0f4bf0  0x87a50000    0x00021000
vms3cap.sys        v1.15  0x8d0f5218  0x8d0f5118  0x87a40000    0x00008000
netvsc.sys         v1.15  0x8d11ded0  0x8d11ddd0  0x87a20000    0x00019000
hyperkbd.sys       v1.15  0x8d114488  0x8d114388  0x87a00000    0x00008000
dmvsc.sys          v1.15  0x8d0ddb28  0x8d0dda28  0x879a0000    0x0000c000
umbus.sys          v1.15  0x8b86ffd0  0x8b86fed0  0x874f0000    0x00011000
CompositeBus.sys   v1.15  0x8b869910  0x8b869810  0x87df0000    0x0000d000
cdrom.sys          v1.15  0x8b863320  0x8b863220  0x87f40000    0x00024000
vmstorfl.sys       v1.15  0x8b2b9108  0x8b2b9008  0x87c70000    0x0000c000
EhStorClass.sys    v1.15  0x8a9dacf8  0x8a9dabf8  0x878d0000    0x00015000
vmbus.sys          v1.15  0x8a9887c0  0x8a9886c0  0x82870000    0x00018000
vdrvroot.sys       v1.15  0x8a970728  0x8a970628  0x82800000    0x0000f000
msisadrv.sys       v1.15  0x8a964998  0x8a964898  0x873c0000    0x00008000
WindowsTrustedRTProxy.sys v1.15 0x8a1f4c10   0x8a1f4b10  0x87240000
   0x00008000
WindowsTrustedRT.sys v1.15  0x8a1f1fd0  0x8a1f1ed0    0x87220000
0x00017000
  intelpep.sys     v1.15  0x8a1ef690  0x8a1ef590  0x87210000    0x0000d000
  acpiex.sys       v1.15  0x86287fd0  0x86287ed0  0x870a0000    0x00019000
----------------------------------
Total: 1 library loaded
```

UMDF 2.x 드라이버가 로드됐다면 물론 볼 수 있을 것이다. 이것은 UMDF 2.x 라이브러리의 장점 중 하나다(이 주제에 대한 좀 더 세부적 사항은 6장의 UMDF 절을 보라).

현재 KMDF 1.x 버전인 KMDF 라이브러리는 Wdf01000.sys에 구현돼 있다. 향후의 KMDF 버전은 메이저 버전 2가 될 것이고, 커널 모듈 Wdf02000.sys에 구현될 것이다. 미래의 이 모듈과 버전 1.x 모듈은 자신들과 함께 컴파일된 드라이버와 각각 로드돼 함께 공존할 수 있을 것이다. 이는 다른 KMDF 메이저 버전 라이브러리에서 빌드된 드라이버 간의 격리와 독립성을 보장한다.

KMDF 객체 모델

KMDF 객체 모델은 속성과 메소드, 이벤트를 갖는 객체 기반이며, 커널의 객체 모델과 닮았지만 객체 관리자를 사용하지 않는다. 대신 KMDF는 자신의 객체를 내부적으로 관리하며, 이를 드라이버에게 핸들로 드러내고 실제 데이터 구조체는 불투명하게 유지한다. 각 객체 유형에 따라 프레임워크는 해당 객체에 대한 동작을 수행하는 루틴(메소드라 한다, 예를 들어 장치를 생성하는 WdfDeviceCreate)을 제공한다. 게다가 객체는 Get/Set(실패하지 않는 수정에 사용됨)이나 Assign/Retrieve API(실패할 수 있는 수정에 사용됨)에 의해 접근되는 속성으로 불리는 특정 데이터 필드나 멤버를 가질 수 있다. 예를 들면 WdfInterruptGetInfo 함수는 인터럽트 객체(WDFINTERRUPT)의 정보를 반환한다.

별도의 격리된 객체 유형을 참조하는 커널 객체의 구현과는 달리 모든 KMDF 객체는 계층의 한 부분을 이룬다. 즉, 대부분의 객체 유형은 부모와 관련이 있다. 루트 객체는 실제 드라이버를 기술하고 있는 WDFDRIVER 구조체다. 이 구조체의 구조와 그 의미는 I/O 관리자가 제공하는 DRIVER_OBJECT 구조체와 유사하며, 모든 KMDF 구조체는 이 구조체의 자식이다. 다음으로 중요한 객체는 WDFDEVICE인데, 시스템에 검출된 장치의 인스턴스를 나타내며 WdfDeviceCreate로 생성돼야 한다. 이 객체는 WDM 모델에서 I/O 관리자에 의해 사용되는 DEVICE_OBJECT와 유사하다. 표 6-11는 KMDF에 의해 지원되는 객체 유형을 나열한다.

표 6-11 KMDF 객체 유형

객체	형식	설명
Child List	WDFCHILDLIST	장치와 연관된 자식 WDFDEVICE 객체의 리스트. 버스 드라이버만 사용
Collection	WDFCOLLECTION	필터링 되고 있는 WDFDEVICE 객체 그룹처럼 유사한 유형의 객체 리스트
Deferred Procedure Call	WDFDPC	DPC 객체의 인스턴스
Device	WDFDEVICE	장치의 인스턴스
DMA Common Buffer	WDFCOMMONBUFFER	장치와 드라이버가 DMA로 접근 가능한 메모리 부분
DMA Enabler	WDFDMAENABLER	드라이버에 주어진 채널의 DMA를 활성화
DMA Transaction	WDFDMATRANSACTION	DMA 트랜잭션의 인스턴스
Driver	WDFDRIVER	드라이버 객체. 드라이버와 그 인자, 콜백, 여타 항목 등을 나타낸다.
File	WDFFILEOBJECT	애플리케이션과 드라이버 간의 통신 채널로 사용될 수 있는 파일 객체의 인스턴스
Generic Object	WDFOBJECT	드라이버 정의 커스텀 데이터가 프레임워크 객체 데이터 모델 내에 객체로 래핑(wrap)되는 것을 허용한다.
Interrupt	WDFINTERRUPT	드라이버가 처리해야 하는 인터럽트의 인스턴스
I/O Queue	WDFQUEUE	I/O 큐를 나타낸다.
I/O Request	WDFREQUEST	WDFQUEUE에 있는 요청을 나타낸다.
I/O Target	WDFIOTARGET	WDFREQUEST의 대상이 되는 디바이스 스택을 나타낸다.
Look-Aside List	WDFLOOKASIDE	익스큐티브 룩 어사이드 리스트를 기술한다(5장 참조).
Memory	WDFMEMORY	페이지드나 넌페이지드 풀 영역을 기술한다.

(이어짐)

객체	형식	설명
Registry Key	WDFKEY	레지스트리 키를 설명한다.
Resource List	WDFCMRESLIST	WDFDEVICE에 할당된 하드웨어 리소스를 식별한다.
Resource Range List	WDFIORESLIST	WDFDEVICE에 대한 가능한 하드웨어 리소스 범위를 식별한다.
Resource Requirements List	WDFIORESREQLIST	WDFDEVICE에 대해 가능한 모든 리소스 범위를 기술하고 있는 WDFIORESLIST 객체의 배열을 담고 있다.
Spinlock	WDFSPINLOCK	스핀락을 기술한다.
String	WDFSTRING	유니코드 스트링 구조체를 기술한다.
Timer	WDFTIMER	익스큐티브 타이머를 기술한다(더 자세한 정보는 2권의 8장 참조).
USB Device	WDFUSBDEVICE	USB 장치의 한 인스턴스를 식별한다.
USB Interface	WDFUSBINTERFACE	WDFUSBDEVICE의 한 인터페이스를 식별한다.
USB Pipe	WDFUSBPIPE	WDFUSBINTERFACE의 엔드포인트에 대한 파이프를 식별한다.
Wait Lock	WDFWAITLOCK	커널 디스패처 이벤트 객체를 나타낸다.
WMI Instance	WDFWMIINSTANCE	WDFWMIPROVIDER에 대한 WMI 데이터 블록을 나타낸다.
WMI Provider	WDFWMIPROVIDER	드라이버가 지원하는 모든 WDFWMIINSTANCE 객체에 대한 WMI 스키마를 기술한다.
Work Item	WDFWORKITEM	익스큐티브 워크 아이템을 기술한다.

이들 각 객체에 대해 다른 KMDF 객체가 자식으로 연결될 수 있다. 일부 객체는 하나 또는 둘의 유효한 부모만을 가질 수 있다. 반면 다른 객체들은 어떤 부모에든 연결될 수 있다. 예를 들면 WDFINTERRUPT 객체는 주어진 WDFDEVICE와 연결돼야 하시만, WDFSPINLOCK이나 WDFSTRING은 어떤 객체라도 부모가 될 수 있다. 이는 객체의 유효성과 사용에 대한 세밀한 제어를 가능케 하고 전역 상태 변수의 사용을 줄여준다. 그림 6-44는 KMDF 객체의 전체 계층을 보여준다.

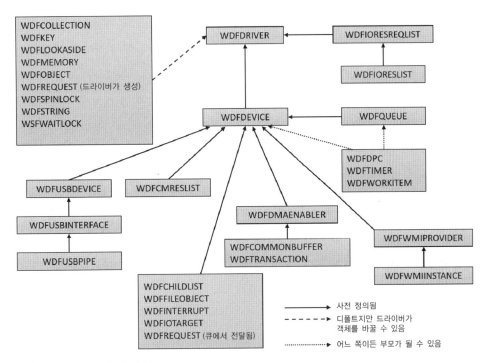

그림 6-44 KMDF 객체 계층도

앞서 언급하고 그림에서 살펴본 관계가 직계일 필요는 없다. 부모는 단지 계층 체인에 존재하기만 하면 된다. 이것은 조상 노드 중 하나는 반드시 이런 유형이어야 함을 의미한다. 객체 계층은 객체의 지역성에 영향을 줄 뿐만 아니라 그들의 수명에도 영향을 주기 때문에 이 관계는 구현에 유용하다. 자식 객체가 생성될 때마다 부모에 대한 링크에 의해 부모의 참조 카운트가 증가된다. 그러므로 부모 객체가 삭제될 때 모든 자식 객체 역시 파괴된다. 이것이 바로 객체에 기본 WDFDRIVER 객체 대신 부모 객체가 파괴될 때 자동으로 메모리와 상태 정보를 해제할 수 있는 WDFSTRING이나 WDFMEMORY 같은 객체를 연결시키는 이유다.

객체 컨텍스트에 대한 KMDF의 개념은 계층 개념과 밀접한 관계가 있다. 설명한 것처럼 KMDF 객체는 불투명하고 지역성을 위해 부모 객체와 연결돼 있으므로 프레임워크의 기능이나 지원 범위 밖의 어떤 특정 정보를 추적하기 위해 드라이버로 하여금 자신의 고유한 데이터를 객체에 연결하게끔 허용하는 것은 매우 중요한 사항이다. 객체 컨텍스트를 통해 모든 KMDF 객체에 그런 정보를 담을 수 있다. 그리고 추가적으로 다중 객체 컨텍스트 영역^{object context area}을 허용한다. 이 영역은 같은 객체에 대해 상이한 여러 방법으로 연동하기 위해 동일한 드라이버 내에 다중 코드 계층을 허용한다. WDM 모델 내에서는 디바이스 익스텐션 데이터^{device extension data} 구조체로 이런 정보를 디바이스에 연결한다. 그러나 KMDF에서는 스핀락이나 문자열 역시 컨텍스트 영역을 가질 수 있다. 이런 확장성을 통해 I/O 처리를 담당하는 각 라이브러리나 코드 계층은 자신과 공조하는 컨텍스트 영역에 기반을 두고 여타 코드와 독립적으로 연동할 수 있다.

마지막으로 KMDF 객체는 표 6-12에 보이는 속성과 연결돼 있다. 이런 속성들은 일반적으로 자신의 기본 값으로 구성되지만 이런 값은 드라이버가 객체를 생성할 때 WDF_ OBJECT_ATTRIBUTES 구조체(커널 객체가 생성될 때 객체 관리자의 OBJECT_ATTRIBUTES 구조체와 유사)를 지정함으로써 변경 가능하다.

표 6-12 KMDF 객체 속성

속성	설명
ContextSizeOverride	객체 컨텍스트 영역의 크기
ContextTypeInfo	객체 컨텍스트 영역의 유형
EvtCleanupCallback	삭제 전에 객체의 정리(cleanup)를 드라이버에 통지하기 위한 콜백(참조들이 여전히 존재할 수도 있다)
EvtDestroyCallback	곧 일어날 객체 삭제를 드라이버에 통지하기 위한 콜백(참조들은 0이 될 것이다)
ExecutionLevel	KMDF에 의해 호출될 수 있는 콜백의 최대 IRQL을 기술
ParentObject	해당 객체의 부모를 식별
SynchronizationScope	콜백이 부모 또는 큐, 디바이스와 동기화돼져야 하는지를 지정

KMDF I/O 모델

KMDF I/O 모델은 6장 앞부분의 설명처럼 WDM 메커니즘을 따른다. 사실 프레임워크 자체를 WDM 드라이버로 간주할 수 있다. 프레임워크는 커널 API와 KMDF를 추상화하는 WDM 동작을 사용해 작동하기 때문이다. KMDF에서 프레임워크 드라이버는 자신만의 WDM 스타일 IRP 디스패치 루틴을 설정하고 드라이버에 보내지는 모든 IRP를 통제한다. 이들 요청은 세 개의 KMDF I/O 핸들러(잠시 후에 설명한다) 중 하나에 의해 처리된다. 그리고 프레임워크 드라이버는 이들 요청을 적절한 KMDF 객체로 패키징해 필요하다면 적절한 큐에 넣으며, 이들 이벤트에 관심 있는 드라이버가 있다면 드라이버 콜백을 수행한다. 그림 6-45는 프레임워크의 I/O 흐름을 보여준다.

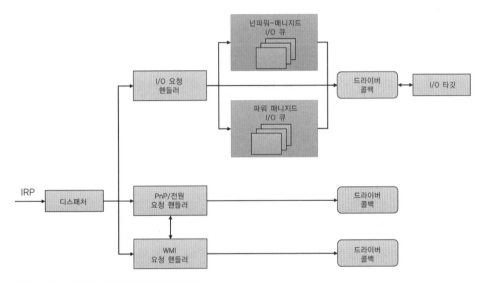

그림 6-45 KMDF I/O 흐름과 IRP 처리

앞에서 WDM 드라이버에서의 IRP 처리에 대한 설명에 기초해 KMDF는 다음과 같은 세 가지 동작 중 하나를 수행한다.

- 표준 장치 동작을 처리하는 I/O 핸들러로 IRP를 보낸다.
- 해당하는 이벤트를 처리하고 상태가 변하면 다른 드라이버에 통지하는 PnP와 전원 핸들러로 IRP를 보낸다.
- IRP를 추적과 로깅을 처리하는 WMI 핸들러에 전달한다.

이들 컴포넌트는 드라이버가 등록한 이벤트에 대해 드라이버에게 통지하고, 후속 처리를 위해 요청을 다른 핸들러로 전달하고, 내부 핸들러 동작이나 드라이버 호출 결과에 따라 요청을 완료한다. KMDF가 IRP 처리를 마쳤지만 요청 자체가 아직 완전히 처리되지 못했다면 KMDF는 다음의 두 동작 중 하나를 취할 것이다.

- 버스 드라이버와 펑션 드라이버의 경우 STATUS_INVALID_DEVICE_REQUEST로 IRP를 완료한다.
- 필터 드라이버의 경우 다음 하위의 드라이버로 요청을 전달한다.

KMDF에 의한 I/O 처리는 큐(6장에서 설명한 KQUEUE 객체가 아니라 WDFQUEUE다) 메커니즘에 기반을 둔다. KMDF 큐는 확장성이 뛰어난 I/O 요청(WDFREQUEST 객체로 패키징돼 있다) 컨테이너며, 디바이스에 대한 펜딩 I/O를 정렬하는 기능 이상의 많은 기능을 제공한다. 예를 들면 큐는 현재 활성화된 요청을 추적할 뿐만 아니라 I/O 취소와 I/O 병행성(한 번에 하나 이상의 I/O 요청을 수행하고 완료할 수 있는 능력), I/O 동기화(표 6-12 속성 리스트에서 살펴본 것처럼)를 제공한다. 전형적인 KMDF 드라이버는 적어도 하나의 큐(그렇지 않으면 더 많이)를 생성해 하나 또는 그 이상의 이벤트를 각 큐에 연결시키고 다음과 같은 몇 가지 옵션도 가진다.

- 해당 큐와 연관된 이벤트에 등록되는 콜백
- 큐에 대한 전원 관리 상태. KMDF는 파워 매니지드와 넌파워 매니지드 큐를 모두 제공한다. 파워 매니지드 큐의 경우 I/O 핸들러는 필요할 때(그리고 가능할 때) 디바이스를 깨우는 작업을 처리하며, 디바이스에 큐잉된 I/O가 없을 때 유휴 타이머를 동작시키고, 시스템이 동작 상태에서 벗어나면 드라이버의 I/O 취소 루틴을 호출한다.
- 큐에 대한 디스패치 메소드. KMDF는 큐에서 I/O를 순차적으로 꺼내거나 병렬직으로 또는 수동 모드로 꺼낼 수 있다. 순차직sequential I/O는 한 빈에 하나씩 전달된다(KMDF는 드라이버가 이전 요청을 완료하기를 기다린다). 반면에 병렬적 parallel I/O는 가능한 한 빨리 드라이버로 전달한다. 수동 모드의 경우 드라이버는 반드시 큐에서 I/O를 수동으로 꺼내야 한다.
- 실제로 어떤 데이터도 포함하지 않는 요청 같이 길이가 0인 버퍼(데이터를 전혀

포함하지 않는 요청)를 큐가 수용할지 여부

> 디스패치 메소드는 드라이버의 큐 내에서 한 번에 활성화될 수 있는 요청의 수에만 영향을 줄 뿐이며, 이벤트 콜백이 병렬적으로나 직렬적으로 호출될지를 결정하지는 않는다. 이벤트 콜백이 병렬적이나 직렬적으로 호출될지는 앞에서 설명한 동기화 범위 객체 속성을 통해 결정된다. 그러므로 병행성이 비활성화된 병렬 큐라도 여러 요청을 받는 것이 가능하다.

큐 메커니즘에 기반을 두고 KMDF I/O 핸들러는 create, close, cleanup, write, read, device control(IOCTL) 요청을 받아 여러 작업을 수행할 수 있다.

- create 요청에 대해 드라이버는 EvtDeviceFileCreate를 통해 즉시 통지받게 요청할 수 있다. 또는 create 요청을 받기 위해 넌매뉴얼[nonmanual] 큐를 생성할 수 있다. 그리고 나서 통지를 받기 위해 EvtIoDefault 콜백을 등록해야만 한다. 마지막으로 앞서 언급한 이런 메소드를 사용하지 않았다면 KMDF는 단지 성공 코드로 요청을 완료한다. 이것이 의미하는 바는 기본적으로 애플리케이션은 자신의 코드를 제공하지 않는 KMDF 드라이버에 대한 핸들을 여는 것이 가능하다는 것이다.
- cleanup과 close 요청의 경우 드라이버는 이미 등록해 뒀다면 EvtFileCleanup과 EvtFileClose 콜백을 통해 즉시 통지받는다. 그렇지 않다면 프레임워크는 단순히 성공 코드로 완료시킨다.
- read와 write, IOCTL 요청의 경우 그림 6-46의 흐름이 적용된다.

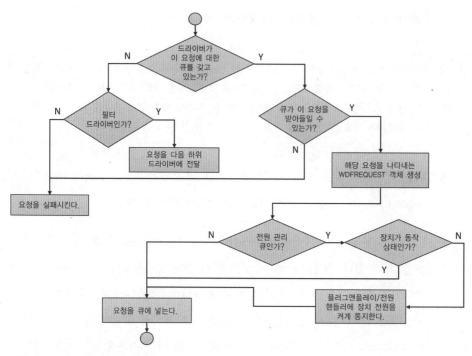

그림 6-46 KMDF에 의한 read와 write, IOCTL I/O 요청 처리

유저 모드 드라이버 프레임워크

윈도우는 WDF의 일부인 유저 모드 드라이버 프레임워크^{UMDF}를 사용해 유저 모드에서 동작하는 드라이버(그 수가 지속적으로 늘고 있다)를 포함한다. UMDF 버전 2는 객체 모델과 프로그래밍 모델, I/O 모델 측면에서 KMDF와 보조를 맞췄다. 이들 두 프레임워크는 유저 모드와 커널 모드 간의 본질적인 일부 차이점으로 인해 동일하지 않다. 예를 들어 표 6-12에 나열한 일부 KMDF 객체(WDFCHILDLIST와 DMA 관련 객체, WDFLOOKASIDELIST (룩 어사이드 리스트는 커널에서만 할당 가능하다), WDFIORESLIST, WDFIORESREQLIST, WDFDPC, WMI 객체)가 UMDF에는 없다. KMDF 객체와 개념은 UMDF 2.x에 동일하게 적용된다.

UMDF는 KMDF에 비해 다음과 같은 장점을 제공한다.

924

- UMDF 드라이버는 유저 모드에서 실행한다. 따라서 처리되지 않는 예외는 전체 시스템이 아닌 UMDF 호스트 프로세스를 크래시시킨다.

- 로컬 머신에 매우 제한적인 권한을 가지며 어나니머스[anonymous]만이 네트워크 연결에 접근할 수 있는 로컬 서비스 계정에서 UMDF 호스트 프로세스가 실행한다. 이는 보안 공격의 취약한 면을 줄여준다.

- 유저 모드에서 실행한다는 것은 IRQL이 항상 0(PASSIVE_LEVEL)이라는 것을 뜻한다. 따라서 드라이버는 언제라도 페이지 폴트 유발이 가능하며, 동기화를 위해 커널 디스패처 객체(이벤트와 뮤텍스 등)를 사용할 수 있다.

- 디버깅 설정에 별도의 두 머신(가상이든 물리 머신이든)이 필요치 않으므로 KMDF 드라이버 디버깅에 비해 비교적 수월하다.

UMDF의 최대 단점은 커널/유저 전환과 필요한 통신으로 인한(잠시 후에 설명한다) 늘어난 지연 시간이다. 또한 고속의 PCI 장치에 대한 드라이버 같은 일부 유형의 드라이버는 유저 모드에서 실행하게 고안되지 않았으므로 UMDF로 작성할 수 없다.

UMDF는 특히 디바이스를 의미하는 프로토콜 디바이스 클래스를 지원하게 설계돼 있다. 여기서의 디바이스는 모두 같은 표준화된 일반적인 프로토콜을 사용하고 상위에 특별한 기능을 제공하고자 하는 장치다. 현재 이런 프로토콜로는 IEEE 1394(FireWire)와 USB, Bluetooth, 휴먼 인터페이스 장치[HID], TCP/IP가 있다. 이들 버스 상단에서 동작하는(또는 네트워크에 접속된) 장치는 잠재적으로 UMDF 드라이버가 될 수 있다. 이런 예로는 포터블 뮤직 플레이어, 입력 장치, 휴대폰, 카메라, 웹캠 등을 들 수 있다. UMDF의 또 다른 두 사용자는 SidwShow 호환 장치(보조 디스플레이)와 USB 이동식 저장소(USB 대용량 전송 장치)를 지원하는 윈도우 포터블 디바이스[WPD, Windows Portable Device] 프레임워크가 있다. 끝으로 KMDF와 마찬가지로 UMDF에서도 가상 장치에 사용되는 소프트웨어 전용 드라이버(실제 장치를 제어하지 않는 드라이버 – 옮긴이)를 구현할 수 있다.

SYS 이미지 파일로 나타내고 드라이버 객체로 실행되는 KMDF 드라이버와 달리 UMDF 드라이버는 서비스 호스팅 프로세스와 유사한 드라이버 호스트 프로세스(%SystemRoot%\System32\WUDFHost.exe) 내에서 실행한다. 호스트 프로세스는 드라이버 자체와 유저 모드 드라이버 프레임워크(DLL로 구현됨), 런타임 환경(I/O 디스패칭과 드라이버 로딩, 디바이스 스택 관리, 커널과 통신, 스레드 풀을 담당함)을 포함한다.

커널에서처럼 각 UMDF 드라이버는 스택의 일부분으로 동작한다. 이 스택은 장치 관리를 책임지는 여러 드라이버를 포함한다. 물론 유저 모드 코드는 커널 주소 공간에 접근할 수 없으므로 UMDF는 커널에 대한 특별한 인터페이스를 통해 이런 접근이 가능하게하는 컴포넌트를 포함한다. 이 기능은 ALPC를 사용하는 UMDF의 커널 모드 쪽에 구현돼 있다. ALPC는 유저 모드 드라이버 호스트 프로세스의 런타임 환경과 통신하기 위한, 특히 프로세스 간의 효율적인 통신 메커니즘이다. 그림 6-47은 UMDF 드라이버 모델의 아키텍처를 나타낸다.

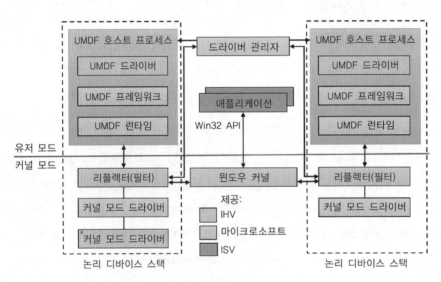

그림 6-47 UMDF 아키텍처

그림 6-47은 두 개의 다른 하드웨어 장치(자신의 드라이버 호스트 프로세스에서 동작하는 UMDF 드라이버를 가진다)를 관리하는 상이한 두 디바이스 스택을 보여준다. 그림을 통해 아키텍처를 구성하는 다음과 같은 요소를 볼 수 있다.

- **애플리케이션** 이들은 드라이버의 클라이언트다. 이들은 I/O를 수행하기 위해 KMDF로 관리되거나 WDM으로 관리되는 장치일 때와 동일한 API를 사용하는 표준

926

윈도우 애플리케이션이다. 애플리케이션은 UMDF에 기반을 둔 장치와 통신하고 있는지 알지 못하며(관심도 없다), 호출은 여전히 커널의 I/O 관리자로 보내진다.

- **윈도우 커널(I/O 관리자)** I/O 관리자는 애플리케이션 I/O API에 기반을 두고 단지 다른 표준 장치의 경우처럼 작업을 위한 IRP를 만든다.

- **리플렉터(reflector)** 리플렉터는 UMDF '틱tick'을 만들어낸다. 리플렉터는 UMDF 드라이버에 의해 관리되는 각 장치의 디바이스 스택의 상단에 자리 잡고 있는 표준 WDM 필터 드라이버(%SystemRoot%\System32\Drivers\WUDFRd.Sys)다. 리플렉터는 커널과 유저 모드 드라이버 호스트 프로세스 간의 통신을 관리할 책임이 있다. 전원 관리와 플러그앤플레이, 표준 I/O와 연관된 IRP는 ALPC를 통해 호스트 프로세스로 리디렉트된다. 이는 장치 열거와 설치, 관리를 제공함으로써 UMDF 드라이버가 플러그앤플레이 모델에 개입되는 것뿐만 아니라 해당하는 I/O에 응답하고 작업을 수행할 수 있게 한다. 마지막으로 리플렉터는 드라이버나 애플리케이션이 행hang에 걸리는 상황을 방지하기 위해 요청에 대한 응답이 적절한 시간 안에 이뤄지는지 확인하기 위해 드라이버 호스트 프로세스를 감시할 책임이 있다.

- **드라이버 관리자** 드라이버 관리자는 UMDF로 관리되는 디바이스에 대한 드라이버 호스트 프로세스의 시작과 종료, 그에 대한 정보를 관리할 책임이 있다. 또 리플렉터로부터 오는 메시지에 응답하고 이들 메시지를 적절한 호스트 프로세스에 적용할 책임이 있다(디바이스 설치에 대한 반응과 같은 것). 드라이버 관리자는 %SystemRoot%\System32\WUDFsvc.dll(표준 Svchost.exe 내에 호스트된다)에 구현된 표준 윈도우 서비스로 실행된다. 그리고 장치에 대한 첫 번째 UMDF 드라이버가 설치되는 즉시 자동 시작automatic startup되게 구성된다. 모든 드라이버 호스트 프로세스에 대해 하나의 드라이버 관리자 인스턴스만 실행하며, UMDF 드라이버가 작동할 수 있게 항상 실행되고 있어야만 한다(서비스에 경우 항상 그렇듯이).

- **호스트 프로세스** 호스트 프로세스(WUDFHost.exe)는 실제 드라이버를 위해 주소 공간과 런타임 환경을 제공한다. 호스트 프로세스는 로컬 서비스 계정으로

실행되긴 하지만 실제로 윈도우 서비스가 아니고 SCM에 의해서 관리되지도 않는다. 드라이버 관리자에 의해서만 관리된다. 호스트 프로세스는 실제 하드웨어에 대한 유저 모드 디바이스 스택(시스템의 모든 애플리케이션에게 보인다)을 제공할 책임이 있다. 현재 별도의 호스트 프로세스에서 실행되는 각 디바이스 인스턴스마다 자신의 디바이스 스택을 갖고 있다. 장래에는 여러 인스턴스가 동일한 호스트 프로세스를 공유할 것이다. 호스트 프로세스는 드라이버 관리자의 자식 프로세스다.

- **커널 모드 드라이버** UMDF 드라이버로 관리되는 장치에 대해 특별한 커널 지원이 요구된다면 그 역할을 담당할 컴패니언^{companion} 커널 모드 드라이버를 개발할 수 있다. 이 방법을 통해 디바이스는 UMDF와 KMDF(또는 WDM) 드라이버 양쪽 모두에 의해 관리되게 할 수 있다.

시스템에 어떤 내용이 들어있는 임의의 USB 플래시 드라이브를 삽입함으로써 UMDF가 동작하는 것을 쉽게 관찰할 수 있다. Process Explorer를 실행하면 드라이버 호스트 프로세스에 대응하는 WUDFHost.exe를 볼 수 있다. DLL 뷰로 전환하고 그림 6-48에 나오는 DLL과 같은 것이 나타날 때까지 아래로 스크롤해보자.

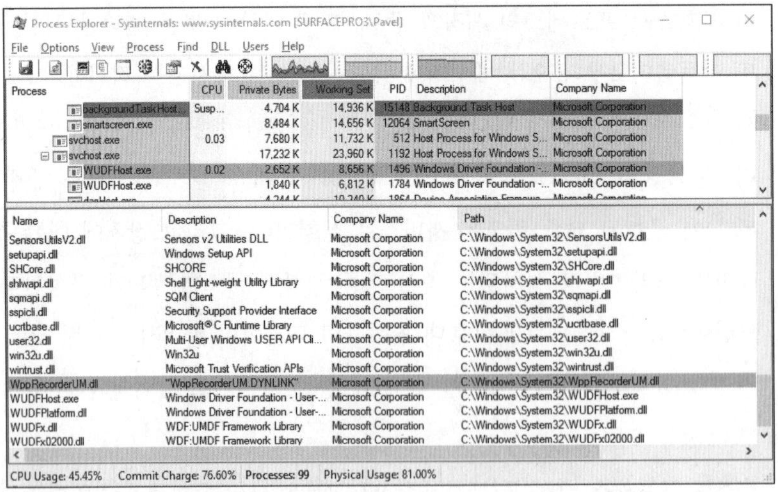

그림 6-48 UMDF 호스트 프로세스 내의 DLL

앞의 아키텍처 개요에서 설명한 세 가지 주요 컴포넌트를 찾아볼 수 있다.

- **WUDFHost.exe** UMDF 호스트 실행 파일
- **WUDFx02000.dll** UMDF 2.x 프레임워크 DLL
- **WUDFPlatform.dll** 런타임 환경

전원 관리자

윈도우 플러그앤플레이 기능이 시스템 하드웨어의 지원을 필요로 하는 것처럼 지금은 통일 확장 펌웨어 인터페이스^{UFFI, Unified Extensible Firmware Interface}의 일부가 된 전원 관리 기능도 고급 구성 및 전원 인터페이스^{ACPI, Advanced Configuration and Power Interface} 사양(http://www.acpi.info에 있다)을 따르는 하드웨어를 요구한다(ACPI 스펙은 http://www.uefi.org/specifications를 참고하라).

ACPI 표준은 시스템과 장치에 대한 다양한 전원 레벨을 정의한다. 표 6-13에 6개의 시스템 전원 상태가 있다. 상태에는 S0(완전히 켜짐 또는 작동 중)부터 S5(완전히 꺼짐)가 있다. 각 상태에는 다음과 같은 특성이 있다.

- **전력 소비량** 컴퓨터가 소비하는 전력량
- **소프트웨어 재개** 재개 컴퓨터가 좀 더 고전력 상태로 전환될 때에 컴퓨터는 이 소프트웨어 상태에서 재개한다.
- **하드웨어 지연 시간** 컴퓨터가 완전히 켜짐 상태로 돌아오는 데 걸리는 시간이다.

표 6-13 시스템 전원 상태 정의

상태	전력 소비량	소프트웨어 재개	하드웨어 지연시간
S0(완전히 켜짐)	최대	해당사항 없음	없음
S1(sleeping)	S0보다는 적고 S2보다는 큼	시스템은 중단된 곳에서 재개한다(S0로 복귀)	2초 미만

(이어짐)

상태	전력 소비량	소프트웨어 재개	하드웨어 지연시간
S2(sleeping)	S1보다는 적고 S3보다는 큼	시스템은 중단된 곳에서 재개한다(S0로 복귀)	2초 이상
S3(sleeping)	S2보다는 적다. 프로세서 꺼짐	시스템은 중단된 곳에서 재개한다(S0로 복귀)	S2와 동일
S4(hibernating)	전원 버튼 및 깨어나기를 지원하기 위한 약한 전원	시스템은 저장된 하이버네이션 파일로부터 시작해 하이버네이션 전에 중단된 곳에서 재개한다(S0으로 복귀).	길고 일정하지 않음
S5(완전히 꺼짐)	전원 버튼을 위한 아주 약한 전원	시스템 부팅	길고 일정하지 않음

표 6-13에서 보듯이 상태 S1에서 S4까지는 슬리핑 상태다. 이 상태에서는 감소된 전원 소비량으로 인해 시스템이 꺼진 것처럼 보인다. 그렇지만 이들 슬리핑 상태에서도 시스템은 S0로 전환하기에 충분한 정보를 메모리나 디스크에 유지한다. S0로 전환될 때(사용자나 디바이스가 컴퓨터를 깨울 때) 전원 관리자는 중지되기 전에 실행했던 곳에서부터 계속 실행하기 위해 S1에서 S3까지 상태의 경우 컴퓨터 메모리의 정보를 보존하기 위한 충분한 전원을 필요로 한다.

시스템이 S4로 전환할 때 전원 관리자는 Hiberfil.sys(숨겨진 파일)로 명명된 하이버네이션hibernation 파일에 압축된 메모리 내용을 저장한다. 시스템 볼륨의 루트 디렉터리에 있는 이 파일은 압축되지 않은 메모리 내용을 저장할 만큼 충분히 크다(압축은 디스크 I/O를 최소화하고 하이버네이션과 하이버네이션으로부터 재개하는 성능을 향상시키기 위해 사용된다). 메모리를 저장한 후 전원 관리자는 컴퓨터를 종료한다. 그 후에 사용자가 컴퓨터를 켜면 Bootmgr이 하이버네이션 파일에 유효한 메모리 이미지가 저장돼 있는지 검사해 탐지한다는 짐을 제외하면 동상적인 부트 절차가 이뤄진다. 하이버네이션 파일이 저장된 시스템 상태를 가진다면 Bootmgr은 %SystemRoot%\System32\Winresume.exe을 실행한다. Winresume은 파일의 내용을 메모리로 읽어 들인 후 하이버네이션 파일에 기록돼 있는 메모리 내의 한 지점에서 실행을 다시 시작한다.

하이브리드 슬립이 활성화된 시스템에서 컴퓨터를 슬립시키기 위한 사용자의 요청은 실제로는 S3 상태와 S4 상태의 조합으로 이뤄진다. 컴퓨터가 슬립 상태로 들어가는 동안 긴급 하이버네이션 파일이 디스크에 기록된다. 거의 모든 활성화된 메모리 내용을 담고 있는 일반적인 하이버네이션 파일과 달리 긴급 하이버네이션 파일은 추후에 페이지드 인$^{paged\ in}$ 되지 않을 데이터만을 포함한다. 이는 서스펜드 동작을 전형적인 하이버네이션보다 빠르게 한다(디스크에 쓰는 데이터가 좀 더 적기 때문이다). 그리고 나서 드라이버는 S4 전환이 발생하고 있다는 통지를 받는다. 이 통지를 통해 드라이버는 실제 하이버네이션 요청이 이미 시작된 것처럼 자신들을 구성하고 상태를 저장한다. 이 시점 이후에 시스템은 표준 슬립 전환 동안처럼 일반적인 슬립 상태가 된다. 하지만 전원이 나가면 시스템은 기본적으로 S4 상태가 된다. 사용자가 컴퓨터의 전원을 켜면 윈도우는 긴급 하이버네이션 파일로부터 다시 시작한다.

상승된 명령 프롬프트에서 powercfg /h를 실행해 하이버네이션을 완전히 비활성화시키고 일부 디스크 공간을 확보할 수 있다.

컴퓨터는 S1과 S4 상태 간에 직접 전환하지 않는다(이런 작업은 코드 실행이 필요한데 CPU가 이들 상태에서는 꺼져있기 때문이다). 대신 S0 상태로 먼저 이동해야 한다. 그림 6-49에 묘사돼 있는 것처럼 시스템이 S1~S5 상태에서 S0 상태로 이동하는 것을 깨우기^{waking}라 하고, S0에서 S1~S5 상태로 이동하는 것을 슬립핑^{sleeping}이라 한다.

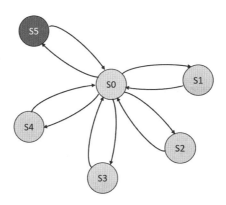

그림 6-49 시스템 전원 상태 전환

실습: 시스템 전원 상태

지원되는 전원 상태를 살펴보려면 상승된 권한의 명령 창을 열고 powercfg /a 명령을 입력한다. 다음과 같은 출력을 볼 수 있을 것이다.

```
C:\WINDOWS\system32>powercfg /a
The following sleep states are available on this system:
    Standby (S3)
    Hibernate
    Fast Startup

The following sleep states are not available on this system:
    Standby (S1)
      The system firmware does not support this standby state.

    Standby (S2)
      The system firmware does not support this standby state.

    Standby (S0 Low Power Idle)
      The system firmware does not support this standby state.

    Hybrid Sleep
      The hypervisor does not support this standby state.
```

스탠바이 상태는 S3이고 하이버네이션이 이용 가능함에 주목하자. 하이버네이션을 끄고 다음 명령을 다시 실행한다.

```
C:\WINDOWS\system32>powercfg /h off

C:\WINDOWS\system32>powercfg /a

The following sleep states are available on this system:
    Standby (S3)

The following sleep states are not available on this system:
```

```
Standby (S1)
    The system firmware does not support this standby state.

Standby (S2)
    The system firmware does not support this standby state.

Hibernate
    Hibernation has not been enabled.

Standby (S0 Low Power Idle)
    The system firmware does not support this standby state.

Hybrid Sleep
    Hibernation is not available.
    The hypervisor does not support this standby state.

Fast Startup
    Hibernation is not available.
```

장치에 대해 ACPI는 D0~D3까지의 4가지 전원 상태를 정의한다. 상태 D0는 완전히 켜짐이고, 상태 D3는 완전히 꺼짐이다. ACPI 표준은 D1과 D2 상태의 의미를 개별 드라이버와 장치가 정의할 수 있게 남겨 뒀다. 단, D1이 전력 소비를 상태 D0보다 적게 하거나 동일하게만 해야 하고, 장치가 D2 상태에 있을 때의 전력 소비는 D1 상태보다 적거나 동일하게 한다.

윈도우 8(과 그 후속 버전)은 D3 상태를 두 개의 하위 상태인 D3 핫과 D3 콜드로 나눈다. D3 핫 상태에서 장치는 거의 꺼진 상태이지만 주 전력 소스로부터 연결이 끊어진 것은 아니며, 자신의 부모 버스 컨트롤러는 해당 버스에 장치의 존재를 탐지할 수 있는 상태이다. D3 콜드 상태에서는 주 전력 소스가 장치로부터 제거돼 버스 컨트롤러는 장치를 탐지할 수 없게 된다. 이 상태를 통해 추가적인 전원 절약이 가능하다. 그림 6-50은 장치 상태와 가능한 상태 전환을 보여준다.

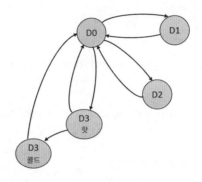

그림 6-50 장치 전원 상태 전환

윈도우 8 이전의 장치는 시스템이 완전히 켜짐(S0) 상태 동안에 D3 핫 상태로만 전환 가능했다. D3 콜드로의 전환은 시스템이 슬립 상태로 진입했을 때 암시적으로 이뤄졌다. 윈도우 8부터 장치의 전원 상태는 시스템이 완전히 켜짐 상태인 동안에는 D3 콜드로 설정 가능하다. 장치를 제어하는 드라이버는 장치를 D3 콜드 상태로 직접 둘 수 없다. 대신 장치를 D3 핫 상태로 둔 다음에 D3 핫 상태로 진입하는 바로 그 버스의 다른 장치에 따라 버스 드라이버와 펌웨어가 모든 장치를 D3 콜드로 이동시킬 것인지를 결정할 수 있다. 장치를 D3 콜드 상태로 이동할지 여부의 결정은 두 가지 요인에 달려있다. 먼저 버스 드라이버와 펌웨어의 실제 능력이 있어야 한다. 둘째로 드라이버는 설치 INF 파일에 명시하거나 **SetD3DColdSupport** 함수를 동적으로 호출하든지 해서 D3 콜드로의 전환을 활성화해야 한다.

마이크로소프트는 다른 주요한 하드웨어 OEM업체와 함께 특정 클래스(디스플레이와 네트워크, SCSI 등과 같은 주요한 장치 클래스)의 모든 장치에 필요한 장치 전원 상태를 명기한 전원 관리 참조 사양을 정의했다. 일부 장치의 경우 완전히 켜짐과 완전히 꺼짐 사이의 중간 전원 상태가 없는데, 이 경우 중간 단계의 상태는 정의돼 있지 않다.

연결 스탠바이와 모던 스탠바이

바로 앞 실습에서 Standby(S0 Low Power Idle)로 불리는 또 다른 시스템 상태를 봤을 것이다. 이는 공식적인 ACPI 상태는 아닐지라도 윈도우 8.x에서 **연결 스탠바이**^{Connected}

Standby로 불리고 윈도우 10(데스크톱과 모바일 에디션)에서 더욱 기능이 개선돼 모던 스탠바이Modern Standby로 불리는 S0의 변종이다. 일반 스탠바이 상태(S3)는 종종 레거시 스탠바이로 언급된다.

레거시 스탠바이의 주요 문제는 다음과 같다. 이 상태에서는 시스템이 동작하지 않는다. 따라서 사용자가 이메일을 받을 경우에 시스템은 S0로 깨어나지(구성과 장치 기능에 따라 발생할 수도 안 할 수도 있는) 않고서는 이를 받을 수 없다. 시스템이 메일을 가져오기 위해 깨어나더라도 바로 슬립 상태로 가지 않을 수 있다. 모던 스탠바이는 이들 두 문제를 해결해준다.

시스템이 스탠바이로 전환하게 지시받을 때 모던 스탠바이를 지원하는 시스템은 일반적으로 이 상태로 진입한다. 시스템은 기술적으로 여전히 CPU가 동작 중이고, 코드는 실행할 수 있는 상태인 S0에 머물고 있다. 하지만 데스크톱 프로세스(넌UWP 앱)는 UWP 앱(대부분은 포어그라운드에 있지 않으며 어쨌든 중지가 된다)과 더불어 중지되지만 UWP 앱에 의해 생성된 백그라운드 작업은 실행이 허용된다. 예를 들어 이메일 클라이언트는 주기적으로 새로운 메시지의 도착을 검사하는 백그라운드 작업을 가진다.

모던 스탠바이 상태라는 것은 시스템이 완전한 S0로 매우 빠르게 깨어날 수 있음(종종 즉각적 켜짐Instant On으로도 불린다)을 의미한다. 칩셋과 플랫폼 컴포넌트에 의존하기 때문에 모던 스탠바이는 모든 시스템에서 지원되지 않음에 주목하자(직전의 실습에서 살펴봤듯이 실습에서 사용한 시스템은 모던 스탠바이를 지원하지 않고 레거시 스탠바이를 지원했다).

모던 스탠바이에 관한 추가적 사항은 https://msdn.microsoft.com/en-us/library/windows/hardware/mt282515(v=vs.85).aspx에서 윈도우 하드웨어 문서를 참고하라.

전원 관리자 동작

윈도우의 전원 관리 정책은 전원 관리와 개별 장치 드라이버로 나눠져 있다. 전원 관리자는 시스템 전원 정책의 소유자다. 이 소유권은 특정 시점에 어떤 시스템 전원 상태가 적절한지를 결정하고, 슬립과 하이버네이션hiberbation, 시스템 종료shutdown가 필요할 때 전원 관리자가 시스템 내에 전원 관리 능력이 있는 장치에 적절한 시스템 전원 상태로의 전환을 수행하게 지시할 수 있음을 의미한다.

전원 관리자는 다음과 같은 여러 요소를 고려해 시스템 전원 상태 전환이 필요한 시점을 결정한다.

- 시스템 활성화 수준
- 시스템 배터리 수준
- 애플리케이션으로부터의 종료, 하이버네이션, 슬립 요청
- 전원 버튼 누르기와 같은 사용자 조작
- 제어판 전원 설정

PnP 관리자가 장치를 열거할 때 장치에 대해 수신하는 정보 중 일부분이 장치의 전원 관리 능력이다. 드라이버는 장치가 장치 상태 D1과 D2를 지원하는지 여부와 선택적으로 상태 D1~D3에서 D0로 전환하는 데 필요한 시간과 지연 시간을 보고한다. 전원 관리자가 시스템 전원 상태를 전환하는 시점을 결정하게 돕기 위해 버스 드라이버는 각 시스템 전원 상태(S0~S5)와 장치가 지원하는 장치 전원 상태 간의 매핑을 구현한 표를 반환한다.

이 표는 각 시스템 상태에 대해 가능한 최소 장치 전원 상태를 목록화하고, 시스템이 슬립이나 최대 절전 상태로 될 때 다양한 전원 수준의 상태를 직접적으로 반영한다. 예를 들어 네 가지 장치 전원 상태를 모두 지원하는 버스는 표 6-14와 같은 매핑 테이블을 반환할 것이다. 대부분의 장치 드라이버는 머신이 사용 중이 아니어서 전원 소비를 최소화하기 위해 S0 상태를 벗어날 때 자신의 장치를 완전히 끈다(D3). 하지만 네트워크 어댑터 카드 같은 일부 장치는 슬립핑 상태에서 시스템을 깨우는 기능을 지원한다. 장치 전원 관리 능력에 존재하는 최소 장치 전원 상태와 더불어 이런 기능도 디바이스 열거 중에 보고된다.

표 6-14 시스템과 장치 전원 매핑 예제

시스템 전원 상태	장치 전원 상태
S0(완전히 켜짐)	D0(완전히 켜짐)
S1(슬리핑)	D1
S2(슬리핑)	D2
S3(슬리핑)	D2
S4(하이버네이션)	D3(완전히 꺼짐)
S5(완전히 꺼짐)	D3(완전히 꺼짐)

드라이버의 전원 동작

전원 관리자는 시스템 전원 상태 전환을 결정하면 전원 명령을 드라이버의 전원 디스패치 루틴(IRP_MJ_POWER)으로 보낸다. 하나의 장치를 관리함에 있어 하나 이상의 드라이버가 관여할 수 있지만, 드라이버 중 하나만이 장치 전원 정책 소유자로 지정된다. 이는 주로 FDO를 관리하는 드라이버가 된다. 이 드라이버는 시스템 상태에 기반을 두고 장치 전원 상태를 결정한다. 예를 들어 시스템이 상태 S0에서 S3으로 이행하면 드라이버는 장치의 전원 상태를 D0에서 D1으로 옮기기로 결정할 수도 있다.

디바이스 전원 정책 소유자는 장치 관리를 공유하는 다른 드라이버에 자신의 결정을 직접 알리는 대신 PoRequestPowerIrp 함수를 통해 다른 드라이버의 전원 디스패치 루틴으로 장치 전원 명령을 생성함으로써 다른 드라이버에게 알리게 전원 관리자에 요청한다. 이 행위는 전원 관리자로 하여금 특정 시점에 시스템에서 활성화돼 있는 다수의 전원 명령을 제어 가능하게 한다. 예를 들면 시스템의 일부 장치는 켜지기 위해 상당한 양의 전류가 필요할 수도 있다. 전원 관리자는 이런 장치가 동시에 켜지지 않게 한다.

실습: 드라이버의 전원 매핑 살펴보기

장치 관리자로 드라이버 전원 상태에 대한 드라이버의 시스템 전원 상태 매핑을 살펴볼 수 있다. 장치에 대한 속성 대화상자를 열고 자세히 탭의 속성 드롭다운 리스트를 클릭하고 전원 데이터 항목을 선택한다. 이 대화상자는 장치의 현재 전원 상태와 장치가 제공하는 장치 특정적인 전원 능력, 시스템을 깨우는 작업이 가능한 전원 상태를 보여준다.

다수의 전원 명령은 대응하는 질의 명령을 가진다. 예를 들면 시스템이 슬립 상태로 들어갈 때 전원 관리자는 먼저 시스템의 장치에 이 전환이 받아들여질 수 있는지 질의한다. 시간에 민감한 동작을 수행하거나 장치 하드웨어와 상호작용하느라 바쁜 장치는 질의 명령을 거부할 수도 있다. 그 결과로 시스템은 자신의 현재 시스템 전원 상태를 유지하게 된다.

실습: 시스템 전원 기능과 정책 살펴보기

커널 디버거의 !pocaps 명령을 사용해 컴퓨터의 시스템 전원 기능을 살펴볼 수 있다. 다음은 x64 윈도우 10 노트북에서의 **!pocaps** 명령 실행 출력 결과다.

```
lkd> !pocaps
PopCapabilities @ 0xfffff8035a98ce60
  Misc Supported Features: PwrButton SlpButton Lid S3 S4 S5 HiberFile FullWake
VideoDim
  Processor Features:     Thermal
  Disk Features:
  Battery Features:     BatteriesPresent
    Battery 0 - Capacity:     0 Granularity:       0
    Battery 1 - Capacity:     0 Granularity:       0
    Battery 2 - Capacity:     0 Granularity:       0
  Wake Caps
    Ac OnLine Wake:      Sx
    Soft Lid Wake:       Sx
    RTC Wake:            S4
    Min Device Wake:     Sx
    Default Wake:        Sx
```

Misc Supported Features 줄은 S0(완전히 켜짐)뿐만 아니라 시스템이 시스템 전원 상태 S3, S4, S5(S1이나 S2는 구현되지 않았다)를 지원하고, 하이버네이션(S4 상태) 상태가 될 때 시스템 메모리를 저장할 수 있는 유효한 하이버네이션 파일을 갖고 있음을 알려준다.

지금 보고 있는 전원 설정 페이지(제어판의 전원 옵션을 선택해 사용할 수 있다)를 통해 시스템의 전원 정책에서 여러 측면을 구성할 수 있다. 설정할 수 있는 정확한 속성은 조금 전에 실습했던 시스템의 전원 기능에 따라 다르다.

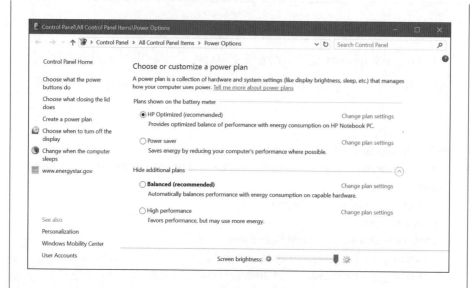

OEM은 전원 기법을 추가할 수 있다. 이들 기법은 `powercfg /list` 명령을 입력하면 다음과 같이 볼 수 있다.

```
C:\WINDOWS\system32>powercfg /list

Existing Power Schemes (* Active)
-----------------------------------
Power Scheme GUID: 381b4222-f694-41f0-9685-ff5bb260df2e  (Balanced)
Power Scheme GUID: 8759706d-706b-4c22-b2ec-f91e1ef6ed38  (HP Optimized
(recommended)) *
Power Scheme GUID: 8c5e7fda-e8bf-4a96-9a85-a6e23a8c635c  (High performance)
Power Scheme GUID: a1841308-3541-4fab-bc81-f71556f20b4a  (Power saver)
```

미리 구성된 설정을 변경함으로써 시스템이 모니터를 언제 끌지, 하드디스크를 언제 스핀다운할지, 스탠바이 모드(이전 실습에서 시스템 전원 상태 S3로 이동했다)로 언제 들이갈지, 하이버네이션(시스템 전원 상내 S4)은 언제 될시를 제어하는 유휴 탐지 타임아웃을 설정할 수 있다. 추가로 고급 전원 관리 옵션 설정 변경을 선택하면 전원 버튼이나 슬립 버튼을 누르거나, 노트북의 뚜껑을 닫을 때의 시스템 전원 관련 행위를 지정할 수 있다.

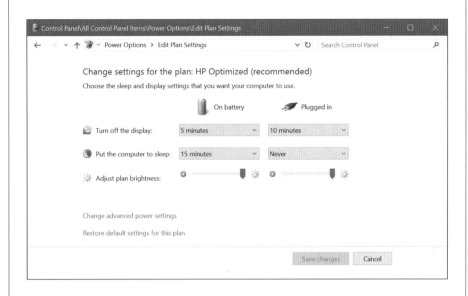

고급 전원 설정 변경을 클릭해 구성한 설정은 시스템의 전원 정책 값에 직접 영향을 준다. 이 값은 !popolicy 디버거 명령으로 볼 수 있다. 다음은 이전과 동일한 시스템에서 이 명령의 출력 결과다.

```
lkd> !popolicy
SYSTEM_POWER_POLICY (R.1) @ 0xfffff8035a98cc64
    PowerButton:     Sleep     Flags: 00000000   Event: 00000000
    SleepButton:     Sleep     Flags: 00000000   Event: 00000000
    LidClose:        None      Flags: 00000000   Event: 00000000
    Idle:            Sleep     Flags: 00000000   Event: 00000000
    OverThrottled:   None      Flags: 00000000   Event: 00000000
    IdleTimeout:     0         IdleSensitivity:     90%
    MinSleep:        S3        MaxSleep:            S3
    LidOpenWake:     S0        FastSleep:           S3
    WinLogonFlags:   1         S4Timeout:           0
    VideoTimeout:    600       VideoDim:            0
```

```
SpinTimeout:        4b0    OptForPower:        0
FanTolerance:       0%     ForcedThrottle:     0%
MinThrottle:        0%     DyanmicThrottle: None (0)
```

출력의 첫 번째 줄은 전원 옵션의 고급 설정 탭에서 명시된 버튼 동작에 해당한다. 그리고 이 시스템에서 전원 버튼이나 슬립 버튼 둘 다는 노트북의 뚜껑을 덮을 때와 마찬가지로 컴퓨터를 슬립 상태로 들어가게 한다. 출력의 끝부분에 있는 타임아웃 값은 초 단위로 표현되며, 16진수로 표시된다. 여기 표시된 값은 앞의 전원 옵션 페이지에 구성돼 있던 설정과 직접적으로 대응된다. 예를 들어 비디오 타임아웃 값은 600으로 이것은 600초(즉, 10분) 후에 모니터가 꺼진다는 의미다. 그리고 하드 디스크 스핀다운 타임아웃 0x4b0로 1200초(즉, 20분)에 해당한다(여기서 사용한 디버깅 툴의 버그로 인해 10진수로 표시됐다).

드라이버와 애플리케이션의 장치 전원 제어

드라이버는 시스템 전원 상태 전환과 관련된 전원 관리자 명령에 응답하며, 자신의 장치에 대한 장치 전원 상태를 단독으로 제어할 수 있다. 일부 경우에 드라이버는 장치가 일정 기간 동안 비활성 상태에 있다면 자신이 제어하는 장치의 전력 소비량을 줄이길 원할 수도 있다. 저휘도dimmed 모드를 지원하는 모니터와 스핀다운을 지원하는 디스크를 예로 들 수 있다. 드라이버는 유휴 장치를 탐지하거나 전원 관리자가 제공하는 기능을 사용할 수 있다. 장치가 전원 관리자를 사용한다면 드라이버는 `PoRegister-DeviceForIdleDetection` 함수를 호출해 장치를 전원 관리자에 등록한다.

이 함수는 장치가 유휴 상태인지를 탐지하는 데 사용되는 타임아웃 값과 장치가 유휴 상태라면 전원 관리자가 적용해야만 하는 장치 전원 상태를 전원 관리자에게 알린다. 드라이버는 두 가지 타임아웃 값을 지정해야 한다. 하나는 사용자가 에너지를 절약하기 위해 컴퓨터를 구성했을 때 사용하기 위한 것이고, 다른 하나는 사용자가 성능 최적화 용도로 컴퓨터를 구성했을 때 사용하기 위한 것이다. PoRegisterDeviceForIdle-Detection을 호출한 후 드라이버는 장치가 활성화될 때마다 PoSetDeviceBusy나 PoSetDeviceBusyEx 함수를 호출해 전원 관리자에 알려야 한다. 그런 다음에 필요에 따라 유휴 탐지를 비활성화하거나 재활성화게 등록한다. 앞서 기술한 동작을 수행하는 데 필요한 프로그래밍 논리를 간편화해주는 PoStartDeviceBusy와 PoEndDeviceBusy API 역시 이용 가능하다.

장치는 자신의 전원 상태를 제어할 수 있지만 시스템의 전원 상태를 조작하거나 시스템 전원 전환이 일어나는 것을 막는 기능은 없다. 예를 들어 서투르게 설계된 드라이버가 저전력 상태를 전혀 지원하지 않는다면 이 드라이버는 켜진 상태로 남아 있거나 저전력 상태로 진입하기 위한 시스템의 전반적인 기능에 방해되지 않고서 완전히 꺼지는 것을 선택할 수 있다. 이것이 바로 전원 관리자가 드라이버에게 전원 전환에 대해 통지만하고 동의할 것을 묻지 않는 이유다. 시스템이 저전력 상태로 막 전환하려고 할 때 드라이버는 전원 질의 IRP(IRP_MN_QUERY_POWER)를 받는다. 드라이버는 이 요청을 거부할 수 있지만 전원 관리자는 이에 따를 의무는 없다. 가능하다면(즉, 배터리 기반으로 동작하는 장치에서 배터리 상태가 그렇게 심각하게 낮은 상태가 아닌 경우) 전원 관리자는 전환을 연기할 수 있다. 하지만 하이버네이션 상태로의 전환은 결코 실패하지 않는다.

드라이버와 커널이 전원 관리를 주로 담당하지만 애플리케이션도 자신의 전원 관련 요소를 제공할 수 있다. 유저 모드 프로세스는 배터리 낮음이나 매우 낮음일 때 노트북이 DC(배터리)에서 AC(어댑터/충전기) 전원으로 전환됐을 때 또는 시스템이 전원 전환을 시작했을 때 같은 다양한 전원 통지를 등록할 수 있다. 하지만 애플리케이션은 이들 동작을 거부할 수 없으며, 슬립 상태로 전환하기 전에 필요한 상태를 정리하기 위한 시간을 2초까지 가질 수 있다.

전원 관리 프레임워크

윈도우 8부터 커널은 장치 내에 개별 컴포넌트(종종 펑션으로도 불린다)의 전원 상태를 관리하는 프레임워크를 제공한다. 예를 들어 플레이백과 녹음 컴포넌트를 가진 오디오 장치를 가정해보자. 플레이백 컴포넌트가 동작 중이지만 녹음 컴포넌트는 그렇지 않다면 녹음 컴포넌트를 저전력 상태로 두면 좋을 것이다. 전원 관리 프레임워크(PxFx)는 드라이버가 자신들의 컴포넌트 전원 상태와 요구 사항을 나타내는 데 사용할 수 있는 API를 제공한다. 모든 컴포넌트는 F0로 식별되는 완전 켜짐 상태를 지원해야 한다. F 상태에서 '상태' 값이 높을수록 해당 컴포넌트가 저전력 상태임을 나타내고 또한 상태 값이 높을수록 전원 소비량이 낮아지고 F0로의 전환에 더 많은 시간이 걸린다. F 상태 관리는 장치가 D0보다 높은 D 상태에서는 동작하지 않으므로 전원 상태 D0일 때에만 의미를 갖는다.

장치의 전원 정책 소유자(일반적으로 FDO)는 `PoFxRegisterDevice` 함수를 호출해 PoFx에 등록해야 한다. 드라이버는 이 호출에 다음과 같은 정보를 함께 전달한다.

- 장치 내의 컴포넌트 개수
- 액티브 또는 유휴 상태로의 전환, 장치를 D0로 상태로 전환해 전원 제어 코드를 보내는 것과 같은 다양한 이벤트가 발생할 때 PoFx로부터 통지받게 드라이버는 콜백을 구현할 수 있다.
- 각 컴포넌트가 지원하는 F 상태의 개수
- 각 컴포넌트가 깨어날 수 있는 가장 낮은 F 상태
- 각 장치에 대한 각 F 상태에서 F0로 복귀하는 데 걸리는 시간과, 전환이 그 가치가 있으려면 해당 F 상태에 있을 수 있는 최소 시간, F 상태에서 컴포넌트가 소비하는 최소 전원의 양. 또는 PoFx가 여러 컴포넌트를 동시에 깨우기로 결정할 때 전원 소비가 무시할 정도이어서 고려할 가치가 없음으로 설정될 수도 있다.

PoFx는 이 정보를 다른 장치의 정보 및 현재 전원 프로필과 같은 시스템 전역 전원 상태 정보와 조합해 특정 컴포넌트가 어떤 전원 F 상태에 있어야 하는지를 지능적으로 결정한다. 다음과 같이 두 가지 상충하는 목표를 조화롭게 하는 것이 관건이다. 첫째, 유휴 컴포넌트는 가능한 한 작은 전력을 소비한다는 것을 보장해야 한다. 둘째로 컴포넌트가 항상 존재하고 항상 연결된 것으로 인식될 만큼 가급적 빠르게 F0 상태로 전환할 수 있어야 한다.

컴포넌트가 액티브(F0 상태)일 필요가 있을 때 드라이버는 `PoFxActivateComponent`를 호출해 PoFx에 통지해야 한다. 종종 이 호출 이후에 PoFx에 의해 컴포넌트가 이제 F0임을 드라이버에게 알려주는 대응하는 콜백이 호출된다. 반대로 컴포넌트가 현재 필요하지 않다고 드라이버가 판단할 때 `PoFxIdleComponent`를 호출해 PoFx에게 알려준다. 이에 PoFx는 해당 컴포넌트를 저전력 F 상태로 전환하고 이를 드라이버에 다시 통지한다.

성능 상태 관리

막 언급한 메커니즘을 통해 유휴 상황(넌F0 상태)에 있는 컴포넌트는 F0 상태에서보다도 전원을 덜 사용하게 된다. 하지만 일부 컴포넌트는 장치가 수행하는 실제 작업과 연관해 상태 F0에서조차도 전원을 덜 사용할 수 있다. 예를 들어 그래픽 카드는 변화가 거의 없는 화면을 보여줄 때 훨씬 작은 전력을 사용하지만 초당 60 프레임의 3D 콘텐츠를 렌더링한다면 훨씬 많은 전원을 필요로 할 것이다.

윈도우 8.x에서 이런 드라이버는 적절한 성능 상태 선택 알고리즘을 구현하고 플랫폼 확장 플러그인^{PEP}으로 불리는 OS 서비스에 통지해야 한다. PEP는 특정 계열의 프로세서나 시스템온칩^{SoC}에 한정적이다. 이런 사실은 드라이버 코드를 PEP와 강하게 결합되게 만든다.

윈도우 10은 표준 API를 사용하게 드라이버를 권장하고 해당 플랫폼에서 특정 PEP를 걱정하지 않아도 되게 성능 상태 관리를 위해 PoFx API를 확장한다. 각 컴포넌트에 대해 PoFx는 다음과 같은 유형의 성능 상태를 제공한다.

- 주파수(Hz)나 대역폭(초당 비트 수)에 대한 이산치 수치$^{discrete\ number}$ 또는 드라이버에 의미가 있는 불명확한 수치
- 최소와 최대 사이의 상태 값에 대한 연속적인 분산(주파수나 대역폭, 커스텀)

이것의 한 예로 그래픽 카드가 동작할 수 있는 주파수에 대한 이산 집합$^{discrete\ set}$을 정의해 전력 소비에 간접적으로 영향을 주는 경우를 들 수 있다. 적절하다면 유사한 성능 집합을 대역폭 사용량에 대해서도 정의할 수 있다.

PoFx에 성능 상태 관리를 등록하기 위해 드라이버는 앞 절에서 설명한 대로 먼저 장치를 PoFx(PoFxRegisterDevice)에 등록해야 한다. 그러고 나서 드라이버는 `PoFxRegister-ComponentPerfStates`를 호출한다. 이때 인자로 성능 세부 사항(이산치 또는 영역 기반, 주파수, 대역폭, 커스텀)과 상태 변환이 실제로 발생할 때 호출될 콜백을 전달한다.

드라이버는 컴포넌트가 성능 상태를 변경해야만 한다는 것을 결정하면 `PoFxIssuePerf-StateChange`나 `PoFxIssuePerfStateChangeMultiple`을 호출한다. 이들 호출은 컴포넌트를 지정된 상태로 두도록 PEP에 요청한다(제공된 인덱스나 값에 기반을 두고 해당 집합이 이산치 상태인지 영역 기반인지에 따라). 드라이버는 이 호출이 동기적 또는 비동기적, 상관없음인지를 명시할 수도 있다. 어느 경우든 PEP가 결정한다. 어느 쪽이든 PoFx는 최종적으로 해당 성능 상태(요청된 것일 수도 있는)로 드라이버가 등록한 콜백을 호출한다. 하지만 이 성능 상태는 PEP에 의해 거부 당할 수도 있다. 받아들여진다면 드라이버는 실제 변환을 하기 위해 자신의 하드웨어에 적절한 호출을 해야 한다. PEP가 이 요청을 거부한다면 드라이버는 앞서 언급한 함수들 중 하나에 대한 새로운 호출로 다시 시도할 수 있다. 드라이버 콜백이 호출되기 전에 단 하나의 호출만이 이뤄질 수 있다.

전원 가용성 요청

애플리케이션과 드라이버는 이미 시작된 슬립으로의 전환을 거부할 수 없다. 하지만 사용자가 특정 방식으로 시스템과 연동할 때 슬립 전환을 시작하는 기능을 비활성화시키는 메커니즘이 요구되는 특별한 상황이 존재한다. 예를 들어 머신은 일반적으로 15분이 경과할 동안 마우스나 키보드의 입력이 없다면 유휴 상태로 진입한다. 이 경우 사용자가 영화를 보고 있다면 영화가 계속 상영되는 동안 미디어 플레이어 애플리케이션은 일시적으로 유휴 전환을 차단하는 기능을 가져야 한다. 스크린을 끄거나 밝기를 줄이는 것과 같이 시스템이 통상적으로 맡은 전원 절약 조치도 생각해 볼 수도 있지만 이것 또한 영상을 보는 데 방해가 된다. 윈도우 레거시 버전의 `SetThreadExecutionState`는 유저 모드 API로서 전원 관리자에게 사용자가 여전히 머신에 존재함을 통지해 시스템과 디스플레이 유휴 전환을 제어할 수 있다. 하지만 이 API는 어떠한 진단 기능도 제공하지 않으며, 가용성^{availability} 요청을 정의하기에 충분한 단위 기능을 제공하지 않는다. 또한 드라이버가 고유한 자신만의 요청을 할 수 없다면 사용자 애플리케이션이라도 정확하게 자신들의 스레드 모델을 관리해야 한다. 이들 요청은 프로세스나 시스템 수준의 것이 아니라 스레드 수준의 것이기 때문이다.

윈도우는 커널이 구현하고 객체 관리자가 정의한 전원 요청 객체를 지원한다. Sysinternals의 WinObj 유틸리티(이 툴에 대한 좀 더 자세한 사항은 2권의 8장을 보라)를 사용해 \ObjectTypes 디렉터리 내에서 PowerRequest 객체 유형을 볼 수 있다. 또는 \ObjectTypes\PowerRequest 객체 유형에 커널 디버거 명령인 !object를 사용해 객체를 확인할 수 있다.

전원 가용성 요청은 PowerCreateRequest API를 통해 유저 모드 애플리케이션에 의해 생성되며, PowerSetRequest와 PowerClearRequest API에 의해 각각 활성화되거나 비활성화된다. 커널에서 드라이버는 PoCreatePowerRequest와 PoSetPowerRequest, PoClear-PowerRequest 함수를 사용한다. 핸들이 사용되지 않으므로 PoDeletePowerRequest는 객체에 대한 참조를 제거하게 구현돼 있다(유저 모드는 단순히 CloseHandle을 사용한다).

전원 요청 API를 통해 사용할 수 있는 네 종류의 요청이 있다.

- **시스템 요청** 이 유형의 요청은 유휴 타이머(예를 들어 사용자가 노트북의 뚜껑을 닫아 슬립 모드로 들어가게 했을지라도)로 인해 시스템이 자동으로 슬립 모드로 진입하지 않게 요청한다.
- **디스플레이 요청** 이 유형의 요청은 디스플레이를 제외하고 시스템 요청과 동일한 작업을 수행한다.
- **어웨이 모드(away-mode) 요청** 이 요청은 윈도우의 일반적인 슬립(S3 상태) 행위에 대한 변형으로서 컴퓨터를 완전히 켜진 상태로 두지만 디스플레이와 사운드 카드는 꺼진 채로 유지하는 데 사용되는 모드다. 이로써 머신이 실제로 슬리핑 상태인 것처럼 사용자에게는 보이게 한다. 이런 동작은 사용자가 물리적 슬립 버튼을 눌렀더라도 미디어 전달이 계속 이뤄져야 할 때 일반적으로

특수화된 셋탑 박스나 미디어 센터 장치에서만 사용된다.

- **필요한 실행 요청** 이 유형의 요청(윈도우 8과 서버 2012부터 이용 가능한)은 프로세스 라이프사이클 관리자^{Process Lifecycle Manager}가 프로세스를 어떤 이유로 종료시켰을지라도 UWP 앱 프로세스에 계속 실행하게 요청한다. 연장된 시간은 전원 정책 설정에 좌우된다. 이 요청 유형은 모던 스탠바이를 지원하는 시스템에서만 지원되고 모던 스탠바이 상태가 아니라면 이 요청은 시스템 요청으로 해석된다.

실습: 전원 가용성 요청 보기

불행히도 PowerCreateRequest 같은 호출로 생성된 전원 요청 커널 객체는 공개 심볼 이용이 불가능하다. 하지만 Powercfg 유틸리티는 커널 디버거의 도움 없이도 전원 요청을 나열할 수 있는 방법을 제공한다. 윈도우 10 노트북에서 웹으로부터 비디오와 오디오 스트림을 플레이하는 동안에 이 유틸리티의 출력은 다음과 같다.

```
C:\WINDOWS\system32>powercfg /requests
DISPLAY:
[PROCESS] \Device\HarddiskVolume4\Program Files\WindowsApps\Microsoft.
ZuneVideo_10.16092.10311.0_x64__8wekyb3d8bbwe\Video.UI.exe
Windows Runtime Package: Microsoft.ZuneVideo_8wekyb3d8bbwe

SYSTEM:
[DRIVER] Conexant ISST Audio
(INTELAUDIO\FUNC_01&VEN_14F1&DEV_50F4&SUBSYS_103C80D3&R
EV_1001\4&1a010da&0&0001)
An audio stream is currently in use.
[PROCESS] \Device\HarddiskVolume4\Program Files\WindowsApps\Microsoft.
ZuneVideo_10.16092.10311.0_x64__8wekyb3d8bbwe\Video.UI.exe
Windows Runtime Package: Microsoft.ZuneVideo_8wekyb3d8bbwe

AWAYMODE:
None.
```

```
EXECUTION:
None.

PERFBOOST:
None.

ACTIVELOCKSCREEN:
None.
```

이 출력에서 6개의 요청 유형을 볼 수 있다(앞서 설명한 4개와 상충된다). 마지막 두 요청(perfboost와 active lockscreen)은 커널 헤더에 내부 전원 요청 유형의 일부로 선언돼 있지만, 현재는 사용되고 있지 있다.

결론

I/O 시스템은 윈도우의 I/O 처리 모델을 정의하고 공통적이거나 하나 이상의 드라이버가 요구하는 함수를 수행한다. I/O 시스템의 주요 책임은 I/O 요청을 표현하는 IRP를 생성하는 것과, 다양한 드라이버를 거쳐 I/O가 완료됐을 때 결과를 호출자에 되돌리는 패킷을 관장하는 것이다. I/O 관리자는 드라이버와 장치 객체를 포함한 I/O 시스템 객체를 사용해 다양한 드라이버와 장치를 찾는다. 내부적으로 윈도우 I/O 시스템은 고성능을 달성하고 유저 모드 애플리케이션에 동기와 비동기 I/O 기능 모두를 제공하기 위해 비동기적으로 작동된다.

디바이스 드라이버는 전통적인 하드웨어 디바이스 드라이버뿐만 아니라 파일 시스템과 네트워크, 계층적 필터 드라이버를 포함한다. 모든 드라이버는 공통 구조를 가지며, 공통 메커니즘으로 다른 드라이버나 I/O 관리자와 통신한다. I/O 시스템 인터페이스 덕분에 개발 시간을 줄이고 이식성을 높이기 위해 드라이버를 고급 언어로 작성할 수 있다. 드라이버는 운영체제에 공통 구조를 제공하기 때문에 모듈성을 달성하고 드라이버 간

중복을 줄이기 위해 다른 드라이버 위에 계층적으로 존재할 수 있다. 드라이버는 범용 DDI를 사용해 여러 장치를 대상으로 할 수 있고 코드 변경이 없이 폼 팩터가 가능하다.

끝으로 PnP 관리자의 역할은 동적으로 하드웨어 장치를 탐지하고 하드웨어 장치 열거와 드라이버 설치를 관리할 내부 디바이스 트리를 만들기 위해 디바이스 드라이버와 협업하는 것이다. 전원 관리자는 에너지를 절약하고 배터리 시간을 연장시키기 위해 적절한 때 장치를 저전력 상태로 옮기기 위해 디바이스 드라이버와 함께 동작한다.

7장에서는 최근 컴퓨터 시스템에서 가장 중요한 한 분야인 보안을 다룬다.

07 보안

다수의 사용자가 동일한 물리적 자원이나 네트워크 자원에 접근하는 상황에서는 민감한 데이터에 허가되지 않은 접근을 방지하는 것이 매우 중요하다. 개인 사용자뿐 아니라 운영체제 역시 원하지 않는 열람이나 수정으로부터 파일과 메모리, 환경 설정을 보호할 수 있어야 한다. 운영체제의 보안에는 계정과 패스워드, 파일 보호와 같은 명시적 메커니즘뿐만 아니라 운영체제를 손상으로부터 보호하거나, 권한이 미미한 사용자를 특정 행위(예를 들어 컴퓨터 재부팅과 같은)로부터 보호하고, 사용자의 프로그램이 다른 사용자들의 프로그램이나 운영체제에 영향을 미치지 않게 하는 등의 비명시적인 메커니즘이 포함된다.

7장에서는 견고한 보안을 제공하는 데 필요한 요구 사항이 마이크로소프트 윈도우의 설계와 구현에 있어 어떠한 영향을 미쳤는지 살펴본다.

보안 등급

운영체제를 비롯해 잘 정의된 표준에 의해 평가된 소프트웨어를 갖고 있다는 것은 정부뿐만 아니라 기관, 가정용 사용자가 컴퓨터 시스템에 저장된 데이터와 사적인 데이터를 보호하는 데 도움이 된다. 현재 미국과 다른 많은 나라가 사용 중인 보안 등급 표준은 공통 평가 기준CC, Common Criteria이다. 윈도우에 설계된 보안 기능을 이해하기 위해 윈도우 설계에 영향을 미친 보안 등급 시스템, 즉 신뢰성 있는 컴퓨터 시스템 평가 지침TCSEC, Trusted Computer System Evaluation Criteria의 역사에 대해 이해하는 것이 도움이 된다.

신뢰성 있는 컴퓨터 시스템 평가 지침

1981년, 미 국방성 국가안전국 산하에 국립 컴퓨터보안센터^{NCSC}가 설립됐다. NCSC의 목적 중 하나는 상용 운영체제와 네트워크 구성 요소, 안전한 애플리케이션 납품 보장 정도를 나타내는 데 사용될 표 7-1과 같은 보안 등급 범위를 만들어내는 것이었다. 이 보안 등급은 http://csrc.nist.gov/publications/history/dod85.pdf에서 찾을 수 있으며, 1983년에 제정됐고 '오렌지 북'이라고 일컬어진다.

표 7-1 TCSEC 보안 등급

등급	설명
A1	검증된 설계(Verified Design)
B3	보안 도메인(Security Domains)
B2	구조화된 보호(Structured Protection)
B1	레이블된 보안 보호(Labeled Security Protection)
C2	통제된 접근 보호(Controlled Access Protection)
C1	임의적 접근 보호(Discretionary Access Protection), 더 이상 사용되지 않음
D	최소한의 보호(Minimal Protection)

TCSEC 표준은 신뢰 수준 등급으로 구성돼 있는데, 낮은 단계에 좀 더 엄격한 보호 및 검정 요구 사항들을 추가해 더 높은 단계를 구성한다. A1(검증된 설계) 등급을 만족한 운영체제는 현재 없다. 소수의 운영체제들이 B 등급 중 하나를 획득했지만, 일반적인 목적의 운영체제에 대해 C2는 사실상 충분히 높은 보안을 제공하는 것으로 간주된다.

다음은 C2 등급을 만족하기 위한 주요 요구 사항들로, 여전히 안전한 운영체제를 위한 핵심 요구 사항으로 인정받고 있다.

- **안전한 로그온 기능** 사용자들이 고유하게 인식될 수 있고, 반드시 일정한 방법으로 인증을 받은 후에 컴퓨터에 대한 접근이 허가돼야 함을 요구한다.
- **임의적인 접근 제어** 자원(예를 들면 파일)의 소유자가 자원에 접근할 수 있는

사람과 자원을 갖고 할 수 있는 일들에 대해 결정하는 것이다. 또한 소유자는 사용자나 사용자 그룹에 대해 여러 가지 접근 권한을 부여할 수 있다.

- **보안 감사** 보안 관련 이벤트나 시스템 자원의 생성, 삭제, 접근을 위한 어떠한 시도든지 발견하고 기록할 수 있어야 한다. 로그온 식별자는 모든 사용자의 아이디를 기록함으로써 권한이 없는 행위를 수행하는 사용자에 대한 추적을 용이하게 한다.

- **객체 재사용 보호** 다른 사용자가 삭제한 데이터를 볼 수 없게 해야 하며, 또는 다른 사용자가 이전에 사용하고 해제한 메모리에 접근할 수 없게 해야 한다. 예를 들어 일부 운영체제에서는 특정 길이의 새로운 파일을 생성해서 파일이 할당된 디스크상의 위치에 존재했었던 데이터를 보기 위해 그 파일 내용을 조사할 수 있다. 이 데이터는 다른 사용자의 파일에 저장돼 있던 중요한 정보가 지워진 흔적일 수도 있다. 객체 재사용 보호는 파일과 메모리뿐만 아니라 모든 객체를 사용자에게 할당되기 전에 초기화시켜서 이러한 잠재적인 보안 문제를 예방한다.

또한 윈도우는 두 가지의 B 등급 보안 요구 사항을 만족한다.

- **신뢰할 수 있는 경로 기능** 트로이목마 프로그램이 로그온을 위해 사용자의 이름과 패스워드를 가로챌 수 있는 가능성을 방지한다. 윈도우에서 이 기능은 로그온을 위해 Ctrl + Alt + Delete를 먼저 누르게 하는 형태로 제공된다. 이 로그온 주의 시퀀스$^{logon-attention\ sequence}$는 권한이 없는 애플리케이션에 의해 가로채기 될 수 없다. 보안 주의 시퀀스$^{SAS,\ Secure\ Attention\ Sequence}$라고 알려진 이러한 키 조합은 항상 시스템에 의해 제어되는 윈도우 보안 화면(사용자가 이미 로그온 돼 있다면)이나 로그온 화면을 띄움으로, 트로이목마 프로그램을 쉽게 인식할 수 있다(그룹 정책이나 다른 제약 사항이 허용돼 있다면 SendSAS API를 통해 SAS를 발생 시킬 수 있다). 위조된 로그온 대화상자를 표시하는 트로이목마 프로그램은 SAS를 누를 때 나타나는 진짜 로그온 대화상자에 의해 우회된다.

- **신뢰할 수 있는 기능 관리** 관리자 기능을 수행하는 독립된 계정을 제공하는

것이 요구된다. 예를 들어 시스템 관리자^{Administrators}와 컴퓨터 백업을 담당하는 사용자, 일반 사용자를 위한 독립된 계정이 제공돼야 한다.

윈도우는 보안 서브시스템과 관련된 구성 요소를 통해 이러한 요구 사항을 만족시킨다.

공통 평가 기준

1996년 1월 미국과 영국, 독일, 프랑스, 캐나다, 네덜란드가 공동으로 정보 기술 보안 평가를 위한 공통 기준^{CCITSE, Common Criteria for Information Technology Security Evaluation}을 발표했다. 공통 평가 기준^{CC, Common Criteria}이라고 일컬어지는 CCITSE는 제품의 보안성 평가를 위한 국제 표준으로 인식되고 있으며, 홈페이지는 www.niap-ccevs.org/cc-scheme/이다.

CC는 TCSEC 신뢰 등급보다는 좀 더 유연하고, TCSEC 표준보다 ITSEC 표준에 가까운 구조를 갖고 있다. CC는 보안 요구 사항들을 쉽게 명시해 비교해 놓은 집합들인 보호 프로파일^{PP, Protection Profile}의 개념과 PP를 통해 만들어질 수 있는 보안 요구 사항들인 보안 목표^{ST, Security Target}라는 개념을 포함한다. CC는 인증 신뢰 레벨^{EAL, Evaluation Assurance Levels}을 의미하는 7개의 평가 보증 등급을 정의한다. 여기에 따르면 CC는 (이전에 ITSEC 표준처럼) TCSEC나 이전 인증 스키마에서 존재했던 기능과 보증 레벨 사이의 관계를 제거했다.

윈도우 2000과 윈도우 XP, 윈도우 서버 2003과 윈도우 비스타 엔터프라이즈는 통제된 접근 보호 프로파일^{CAPP, Controlled Access Protection Profile}을 만족하는 CC 인증을 획득했다. 이는 TCSEC C2 등급과 유사한 평가 등급이다. 이들은 모두 일부 개선을 의미하는 플러스가 추가된 EAL 4+를 받았다. EAL 4 등급은 국제적으로 인정되는 가장 높은 등급이다.

2011년 3월, 윈도우 7과 윈도우 서버 2008 R2는 네트워킹 환경 범용 운영체제^{GPOSPP, General-Purpose Operating System in a Networked Environment} 버전 1.0(http://www.commoncriteriaportal.org/files/ppfiles/pp_gpospp_v1.0.pdf)를 위한 미국 정부 보호 프로파일 요구 사항을 만족하는 것으로 평가됐다. 이 인증은 하이퍼-V 하이퍼바이저를 포함한다. 윈도우는 또다시

결함 개선이 이뤄진 공통 평가 기준 4(EAL 4+)를 달성했다. 인증 보고서는 http://www.commoncriteriaportal.org/files/epfiles/st_vid10390-vr.pdf에서 찾을 수 있다. 세부적인 요구 사항과 보안 대상에 관한 문서는 http://www.commoncriteriaportal.org/files/epfiles/st_vid10390-st.pdf에서 찾을 수 있다. 윈도우 10과 윈도우 서버 2012 R2도 2016년 6월, 이와 유사한 인증을 획득했다. 이에 관한 보고서는 http://www.commoncriteriaportal.org/files/epfiles/cr_windows10.pdf를 참고하라.

보안 시스템 구성 요소

윈도우 보안을 구현하는 주요 구성 요소와 데이터베이스는 다음과 같다(특별한 언급이 없다면 언급된 모든 파일은 %SystemRoot%\System32 디렉터리에 위치한다).

- **보안 참조 모니터(SRM, Security Reference Monitor)** 윈도우 익스큐티브(Ntoskrnl.exe)에 포함된 구성 요소로 보안 컨텍스트를 기술하기 위한 접근 토큰의 데이터 구조체를 정의하고, 객체에 대한 보안 접근 검사를 하고, 특권(사용자 권한)을 조작하며, 보안 감사 메시지 결과를 생성한다.

- **로컬 보안 권한 서브시스템 서비스(Lsass, Local Security Authority SubSystem Service)** Lsass.exe를 실행하는 유저 모드 프로세스로서 로컬 시스템의 보안 정책(로그인할 수 있는 사용자, 패스워드 정책, 사용자와 그룹에 승인된 특권, 시스템의 보안 감사 설정 같은)과 사용자 인증, 이벤트 로그로의 보안 감사 메시지 전달을 담당한다. 로컬 보안 권한 서비스(Lsasrv.dll)는 Lsass가 로드하는 라이브러리로서 이러한 기능의 대부분을 구현하고 있다.

- **LSAIso.exe** 자격증명 가드^{Credential Guard}로 불리는 이것은 Lsass에 의해 사용돼(윈도우 10과 서버 2016 시스템에서 지원되게 구성됐다면) Lsass 메모리 내에 사용자의 토큰을 보관하는 대신에 사용자의 토큰 해시를 저장한다. Lsaiso.exe는 VTL 1에서 실행하는 트러스트릿^{Trustlet}(격리된 유저 모드 프로세스)이므로 어떠한 일반 프로세스(심지어 일반 커널)도 이 프로세스의 주소 공간을 접근할 수 없다.

Lsass 자신은 Lsaiso와 통신을 할 때(ALPC를 통해) 필요한 패스워드 해시에 대한 암호화된 블랍^{blob}을 저장한다.

- **Lsass 정책 데이터베이스** 로컬 시스템의 보안 정책 설정이 저장된 데이터베이스다. 로컬 시스템의 보안 정책 설정은 레지스트리 HKLM\SECURITY 아래에 저장된다. 저장되는 정보로는 로그온 시도를 인증하기 위해 일임된 도메인들과 누가 시스템에 접근하기 위한 퍼미션을 갖고 있고, 어떤 방식으로 로그온하는지 (대화식, 네트워크, 서비스 로그온), 그리고 어떤 종류의 보안 감사들이 수행될 것인지와 같은 정보를 포함한다. 또한 Lsass 정책 데이터베이스는 캐시된 도메인 로그온과 윈도우 서비스 사용자 계정 로그인을 위해 사용된 로그온 정보와 같은 기밀 사항들을 저장한다(윈도우 서비스에 대한 자세한 내용은 윈도우 인터널 2권의 9장을 보라).

- **보안 계정 관리자(SAM, Security Accounts Manager)** 사용자 이름과 로컬 머신에 정의된 그룹이 저장된 데이터베이스를 관리하는 서비스다. 보안 계정 관리자 서비스는 Samsrv.dll에 구현돼 있으며, Lsass 프로세스에 로드된다.

- **SAM 데이터베이스** 이 데이터베이스에는 정의된 로컬 사용자와 그룹, 그들의 패스워드와 그 밖의 속성들이 들어있다. 도메인 컨트롤러에 대해서 SAM은 도메인에 정의된 사용자는 저장하지 않고 시스템 관리자 복구 계정 정의와 패스워드를 저장한다. 이 데이터베이스는 레지스트리 HKLM\SAM 아래에 저장된다.

- **액티브 디렉터리** 디렉터리 서비스로서 도메인 내의 객체에 대한 정보가 저장된 데이터베이스를 포함한다. 도메인^{domain}은 컴퓨터와 그들과 연관된 보안 그룹의 모음이며, 단일 개체로서 관리된다. 액티브 디렉터리는 도메인 내의 객체에 대한 정보와 사용자, 그룹, 컴퓨터에 대한 정보를 저장한다. 도메인 사용자와 그룹에 대한 패스워드 정보와 특권은 액티브 디렉터리 내에 저장되며, 이들 정보는 도메인 컨트롤러로서 지정된 컴퓨터들 사이에 복제된다. Ntdsa.dll에 구현된 액티브 디렉터리 서버는 Lsass 프로세스 내에서 실행된다. 액티브 디렉터리에 대한 자세한 내용은 2권의 10장을 보라.

- **인증 패키지** Lsass 프로세스와 클라이언트 프로세스 둘 모두의 컨텍스트 내에

서 실행되는 DLL들을 포함하며, 윈도우의 인증 정책을 구현한다. 인증 DLL의 역할은 주어진 사용자 이름과 패스워드가 일치하는지 여부를 검사해 사용자를 인증하는 것이며, 인증 정보가 일치하는 경우 Lsass에 좀 더 상세한 사용자의 신원 확인 정보를 반환하고 이를 통해 Lsass가 토큰을 생성한다.

- **대화식 로그온 관리자(Winlogon)** Winlogon.exe을 실행하는 유저 모드 프로세스로서 SAS에 대한 응답과 대화식 로그온 세션 관리를 담당한다. 예를 들어 사용자가 로그온할 때 Winlogon은 사용자의 첫 번째 프로세스를 생성한다.

- **로그온 사용자 인터페이스(LogonUI)** 이미지 LogonUI.exe를 실행하는 유저 모드 프로세스로, 사용자가 자신들을 시스템에 인증하는 데 사용할 수 있는 사용자 인터페이스를 사용자에게 제공한다. LogonUI는 다양한 방법으로 사용자의 자격증명을 질의하기 위해 자격증명 제공자를 사용한다.

- **자격증명 제공자(CP, Credential Providers)** LogonUI 프로세스 내에서 실행되는 인프로세스 COM 객체로서 SAS가 수행될 때 Winlogon에 의한 요청으로 실행되고, 사용자의 이름과 패스워드, 스마트카드의 PIN 정보, 지문과 같은 생물학적 데이터, 그 밖의 신원 파악 메커니즘을 얻기 위해 사용된다. 표준 자격증명 제공자는 authui.dll과 SmartcardCredentialProvider.dll, BioCredProv.Dll, FaceCredentialProvider.dll이 있으며, 윈도우 10에서 안면 인식 제공자가 추가됐다.

- **네트워크 로그온 서비스(Netlogon)** 도메인 컨트롤러에 대한 보안 채널을 설정하는 윈도우 서비스(표준 SvcHost에 호스트되는 Netlogon.dll)다. 이러한 보안 채널을 통해 대화식 로그온(도메인 컨트롤러가 윈도우 NT 4를 실행중인 경우) 또는 LAN 매니저와 NT LAN 매니저(v1과 v2)의 인증 검사와 같은 보안 요청이 전달된다. 네트워크 로그온 서비스는 액티브 디렉터리 로그온에도 사용된다.

- **커널 보안 디바이스 드라이버(KSecDD)** 암호화된 파일 시스템^{EFS, Encrypting File System}, 그리고 여타 커널 모드 보안 구성 요소가 유저 모드의 Lsass와 통신하기 위해 사용하는 고급 로컬 프로시저 호출^{ALPC, Advanced Local Procedure Call} 인터페이스를 구현하는 함수들의 커널 모드 라이브러리(%SystemRoot%\System32\Drivers\Ksecdd.sys)다.

- **앱락커(AppLocker)** 특정 사용자나 그룹이 사용할 수 있는 실행 파일과 DLL, 스크립트 파일의 사용 권한을 관리자가 지정할 수 있게 하는 매커니즘이다. 앱락커는 하나의 드라이버(%SystemRoot%\System32\Drivers\AppId.sys)와 SvcHost 프로세스에서 실행되는 서비스(AppIdSvc.dll)로 구성돼 있다.

그림 7-1은 이들 중 일부 구성 요소 사이의 관계와 그들이 관리하는 데이터베이스를 보여준다.

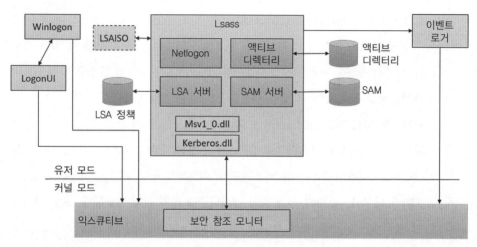

그림 7-1 윈도우 보안 구성 요소

실습: HKLM\SAM와 HKLM\Security 내부 살펴보기

레지스트리 내의 SAM과 Security에 연관된 보안 디스크립터는 로컬 시스템 계정이 아닌 어떠한 계정의 접근도 차단한다. 탐색을 위해 이러한 키들에 대한 접근을 취득히기 위한 한 기지 방법은 그들의 보안을 재설정하는 것이다. 그러나 이것은 시스템의 보안을 약화시킬 수 있다. 다른 방법으로는 로컬 시스템 계정으로 실행되는 동안 Regedit.exe를 실행하는 것이다. 다음과 같이 Sysinternals의 PsExec 툴에 -s 옵션을 주어 로컬 시스템 계정으로 실행되게 할 수 있다.

```
C:\>psexec -s -i -d c:\windows\regedit.exe
```

-i 스위치는 PsExec에 대화식 윈도우 스테이션에서 대상 실행 파일을 동작시키게 한다. 이 스위치가 없다면 프로세스는 보이지 않는 데스크톱의 비대화식 윈도우 스테이션에서 실행한다. -d 스위치는 대상 프로세스가 종료할 때까지 PsExec가 대기할 필요가 없음을 나타낸다.

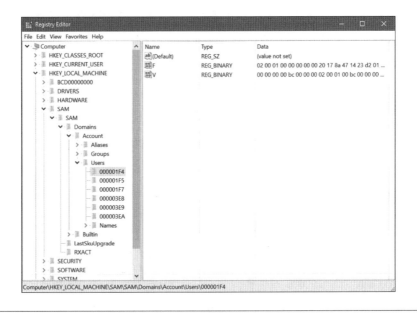

커널 모드에서 실행되는 SRM과 유저 모드에서 실행되는 Lsass는 2권의 8장에 서술된 ALPC 기능을 통해 통신한다. 시스템을 초기화하는 동안 SRM은 Lsass가 연결하는 **SeRmCommandPort** 포트를 생성한다. Lsass 프로세스는 시작될 때 **SeLsaCommandPort**라는 이름의 ALPC 포트를 생성하며, SRM은 이 포트에 접속한다. 결과적으로 전용 통신 포트가 만들어진 것이다. SRM은 연결^{connect} 호출 시 핸들을 전달해 256바이트 이상의 메시지를 위한 공유 메모리 영역을 생성한다. 시스템이 초기화되는 동안 SRM과 Lsass가 서로 연결되면 그들은 더 이상 각각의 연결 포트들에 대해 리슨^{listen}하지 않는다. 따라서 이후의 사용자 프로세스는 악의적인 목적을 위해 이들 포트에 연결할 방법이 사라진다. 연결 요청은 절대로 완료되지 않는다.

가상화 기반의 보안

본질적으로 좀 더 높은 수준의 특권과 유저 모드 애플리케이션과의 격리로 인해 커널은 신뢰성이 있다고 언급된다. 수많은 서드파티 드라이버가 매달 작성된다. 마이크로소프트에 의하면 원격으로 매달 측정한 결과 백만 개의 드라이버 해시가 작성된다고 한다. 악의적 목적으로 작성된 커널 모드 코드를 제외하더라도 이들 각 드라이버는 다소간 취약점을 내포할 수 있다. 이런 현실을 감안하면 커널은 작고 보호된 컴포넌트며 유저 모드 애플리케이션은 공격으로부터 안전할 것이라는 생각은 분명히 현실과는 거리가 멀다. 이런 상황으로 인해 커널을 완전히 신뢰할 수 없고 핵심 유저 모드 애플리케이션 (매우 민감한 사용자 데이터를 갖고 있을 수 있는)을 다른 악의적인 유저 모드 애플리케이션(버그가 있는 커널 모드 컴포넌트의 취약점을 이용할 수 있는)이나 악의적인 커널 모드 프로그램이 이용할 수 있게 된다.

2장에서 설명했듯이 윈도우 10과 서버 2016은 추가적인 직교 신뢰 수준^{orthogonal level of trust}(즉, 가상 신뢰 수준^{virtual trust level})을 가능하게 하는 가상화 기반의 보안 아키텍처를 포함한다. 이번 절에서는 자격증명 가드와 장치 가드가 VTL을 이용해 유저 데이터를 보호하고 전자 코드 서명 용도의 보안에 대해 추가적인 하드웨어 신뢰 기반 계층을 제공하는 방법을 알아본다. 7장의 마지막 부분에서 패치가드 컴포넌트에 의해 제공되며, VBS 강화 HyperGuard 기술에 의해 개선된 커널 패치 보호^{Kernel Patch Protection}에 대해 알아본다.

다시 상기해보면 일반 유저 모드와 커널 코드는 VTL 0에 실행하며, VTL 1의 존재를 알지 못한다. VTL 1에 위치한 누구라도 VTL 0 코드에서는 숨겨져 있으며 접근 불가능하다. 멀웨어가 일반 커널을 침투할 수 있을지라도 심지어 VTL 1에서 실행하는 유저 모드 코드(격리된 유저 모드로 불린다)를 포함해 VTL 1에 저장된 어떤 것에도 접근할 수 없다. 그림 7-2는 이번 절에서 살펴볼 주요 VBS 컴포넌트들이다.

- 장치 가드를 강화해주는 하이퍼바이저 기반의 코드 무결성(HVCI)과 커널 모드
  코드 무결성[KMCI]
- 자격증명 가드를 강화해주는 LSA(Lsass.exe)와 격리된 LSA(LsaIso.exe)

추가적으로 3장에서 살펴본 IUM에서 실행하는 트러스트릿의 구현도 상기해보자.

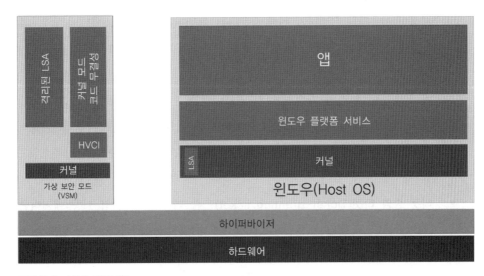

그림 7-2 VBS 컴포넌트

물론 다른 신뢰 컴포넌트처럼 VTL 1 또한 자신이 의존하는 컴포넌트를 신뢰할 수 있다는 특정 가정을 한다. 이런 관계로 VTL 1은 올바르게 동작하기 위한 안전한 부트(따라서 펌웨어도)를 필요로 하며 하이퍼바이저가 손상되지 않아야 하고, IOMMU와 인텔 관리 엔진 같은 하드웨어 요소가 VTL 0 접근 가능 취약점에 안전해야 한다. 하드웨어 신뢰 체인과 부트 관련 보안 기술에 관한 추가적인 정보는 2권의 11장을 보라.

자격증명 가드

자격증명 가드가 제공하는 보안 영역과 보호를 이해하기 위해 사용자 자원과 데이터 접근을 제공하는 여러 컴포넌트를 이해하고 네트워크 환경에서의 로그인 기능을 이해하는 것이 중요하다.

- **패스워드** 대화식 사용자가 머신에서 자신을 입증하기 위해 사용하는 주요 증명 수단이다. 이 자격증명은 인증을 위해서도 사용되고 다른 컴포넌트의 자격증명 모델을 이끌어내는 데도 사용된다. 이는 사용자의 신분에 대해 가장 자주 사용되는 수단이다.

- **NT 단방향 함수(NTOWF)** 레거시 컴포넌트가 NT LAN 매니저[NTLM] 프로토콜을 사용해 사용자를 식별하기 위해 사용하는 해시다(성공적인 패스워드 로그온 이후에). 최근 네트워크화된 시스템은 사용자 인증에 더 이상 NTLM을 사용하지 않지만 일부 레거시 유형의 네트워크 컴포넌트(NTLM 기반의 인증 프락시와 같은)가 그렇듯이 여전히 다수의 로컬 컴포넌트는 NTLM을 사용한다. NTOWF는 MD4 해시이므로 최근 하드웨어에 비하며 그 알고리즘 복잡도가 낮고 반복적 시도 공격에 취약성으로 인해 이 해시를 가로채 손상시키거나 심지어 패스워드를 복구할 수도 있다.

- **티켓 증명 티켓(Ticket-granting ticket)** 좀 더 최신의 원격 인증 메커니즘 (Kerberos)이 사용되는 경우에 NTOWF에 대응되는 방법이다. 이는 윈도우 액티브 디렉터리 기반의 도메인에서 기본이 되며, 서버 2016에는 의무적이다. 성공적인 로그온 이후에 TGT와 대응 키가 로컬 머신에 제공된다(NTLM에서 NTOWF처럼). 이들 두 컴포넌트를 가로채면 재사용과 패스워드 복구는 불가능할지라도 사용자 자격증명을 손상시킬 수 있다.

자격증명 가드가 활성화돼 있지 않다면 사용자 인증 자격증명에 대한 이런 컴포넌트의 일부 또는 모두 Lsass 메모리에 남게 된다.

> 윈도우 10 엔터프라이즈와 서버 2016 에디션에서 자격증명 가드를 활성화하려면 그룹 정책 편집기(gpedit.msc)를 열고 Computer Configuration을 선택하고 순서대로 Administrative Templates, System, Device Guard, Turn on Virtualization Based Security를 선택한다. 대화 상자의 좌측 최상단에 보이는 Enabled를 선택한다. 마지막으로 자격증명 가드 구성 콤보 박스에서 Enabled 옵션 중 하나를 선택한다.

암호 보호

로컬 대칭 키로 암호화된 패스워드가 다이제스트 인증(WDigetst, 윈도우 XP 이래로 HTTP 기반 인증을 위해 사용된다)이나 터미널 서비스/RDP 같은 프로토콜에 대해 단일 인증체계$^{SSO, single sign-on}$ 기능을 제공하기 위해 저장된다. 이들 프로토콜이 단순한 텍스트 방식의 인증을 사용하기 때문에 패스워드는 메모리에 보관돼야 한다. 이 메모리는 코드 인젝션이나 디버거, 그 밖의 취약점 공격 기법으로 접근 가능하고 복호화가 될 수 있다. 자격증명 가드는 본질적으로 안전하지 않은 이들 프로토콜의 본질은 변경할 수 없다. 따라서 자격증명 가드가 채택할 수 있는 유일한 해결책은 이런 프로토콜에 대해 SSO 기능을 비활성화시키는 것이다. 이렇게 되면 호환성이 떨어지고 사용자 재인증을 받게 해야 한다.

분명히 선호되는 해결책은 윈도우 헬로(7장 후반부의 '윈도우 헬로' 절에서 설명한다)처럼 패스워드의 사용을 완전히 제거하는 것이다. 사용자 얼굴이나 지문과 같은 생체 자격증명으로 인증을 하면 패스워드 입력의 필요성을 제거할 수 있고, 하드웨어 키 로거와 커널 스니핑/후킹 툴, 유저 모드 기반의 스푸핑 애플리케이션에 대해 대화식 자격증명을 안전하게 할 수 있다. 사용자가 입력할 패스워드가 없다면 훔쳐갈 패스워드도 존재하지 않는다. 유사한 또 다른 안전한 자격증명으로 스마트카드와 관련 PIN의 조합이 있다. PIN은 입력 시점에 도난 당할 수 있지만, 스마트카드는 복잡한 하드웨어 기반의 공격 없이는 그 키를 가로챌 수 없는 물리적 요소다. 존재하는 여러 구현 중에서 이것은 이중 인증$^{two-factor authentication}$의 한 유형이다.

NTOWF/TGT 키 보호

보호가 되는 대화식 자격증명조차도 성공적인 로그인을 하게 되면 결과적으로 도메인 컨트롤러의 키 분산 센터^{KDC}는 레거시 애플리케이션에 대한 NTOWF뿐만 아니라 TGT 와 그 키를 반환하게 된다. 이후에 사용자는 레거시 자원을 접근하는 데 NTOWF를 사용하고 서비스 티켓을 생성하기 위해 TGT와 그 키를 사용한다. 이는 그림 7-3에서 보듯이 원격 자원(공유 상태의 파일과 같은)에 접근하는 데 사용될 수 있다.

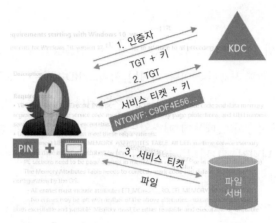

그림 7-3 원격 자원 접근

따라서 심지어 스마트카드와 PIN 또는 사용자의 얼굴이나 지문이 없더라도 공격자의 수중에 있는 NTOWF 또는 TGT와 그 키(Lsass에 저장돼 있는) 중 하나로 자원에 대한 접근이 가능해진다. 따라서 공격자의 접근으로부터 Lsass를 보호하는 것이 가능한 한 가지 옵션이 될 수 있으며, 이는 3장에서 설명한 보호 프로세스 라이트^{Protected Process Light} 아키텍처를 사용해 가능하다.

`HKLM\System\CurrentControlSet\Consol\Lsa` 레지스트리 키의 DWORD 값인 `RunAsPPL`을 1로 설정해 Lsass를 보호가 되도록 실행하게끔 구성할 수 있다(이것이 기본 옵션은 아니다. 합법적인 서드파티 인증 공급자(DLLs)는 Lsass의 컨텍스트에 로드돼 실행할 수 있다. 이는 Lsass가 보호 상태로 실행하면 불가능해진다). 불행히도 이 보호가 유저 모드 공격으로부터 NTOWF와 TGT 키를 보호하지만 커널 공격자나 매달 제작되는 수백만의 드라이버 중 하나의 취약점을 이용하는 유저 모드 공격자로부터 보호를 하지 못한다. 자격증명 가드는 이 문제를 트러스트릿 VTL 1에서 실행하는 Lsaiso.exe 프로세스를 이용해 해결한다. 따라서 이 프로세스는 사용자의 비밀 자료를 Lsass가 아닌 자신의 메모리에 저장한다.

안전한 통신

2장에 봤듯이 VTL 1은 공격 노출면이 극도로 작고 완전한 일반 NT 커널도 갖지 않으며, 또한 드라이버도 갖지 않고 어떤 종류의 하드웨어 I/O에 대한 접근도 하지 않는다. 이런 연유로 VTL 1 트러스트릿인 격리된 LSA는 KDC와 직접적으로 통신할 수 없다. 이것은 서비스 티켓을 사용해 파일 서버와 통신하는 것뿐만 아니라 사용자를 인증하기 위해 KDC와 통신하고, TGT와 그 키 그리고 NTOWF를 받기 위한 프락시와 프로토콜 구현자 역할을 하는 Lsass 프로세스의 책임이다. 이것은 다음과 같은 문제가 있는 것처럼 보인다. 즉, TGT와 그 키/NTOWF는 인증 동안에 Lsass를 잠시 지나게 되고, TGT와 그 키는 서비스 티켓의 생성에 Lsass가 사용할 수 있다는 것이다. 이는 두 가지 문제를 낳는다. Lsass는 격리된 ISA로부터 비밀 데이터를 어떻게 주고받을 것인가와 공격자가 이런 일을 한다면 어떻게 방어할 수 있을까 하는 것이다.

첫 번째 질문에 답하기 위해 3장에서 설명한 어떤 서비스가 트러스트릿에 이용 가능한지를 기억해보자. 안전한 커널이 일반 커널에 대한 `NtAlpc*` 호출에 대해 프락시 역할을 해줌으로써 지원되는 고급 로컬 프로시저 호출^{ALPC}이 그 한 가지다. 이제 격리된 유저 모드 환경이 ALPC 프로토콜에 대한 RPC 런타임 라이브러리(Rpcrt4.dll) 지원을 구현한다. 이는 VTL 0와 VTL 1 애플리케이션이 여타 애플리케이션과 서비스와 똑같이 로컬 RPC를 사용해 통신할 수 있게 해준다. Process Explorer가 보이는 그림 7-4에서 `LSA_ISO_RPC_SERVER` ALPC 포트에 대한 핸들을 갖는 LsaIso.exe 프로세스를 볼 수 있다. 이 핸들은 Lsass.exe 프로세스와 통신하는 데 사용된다(ALPC에 관한 추가적 정보는 2권의 8장을 보라).

두 번째 질문에 답하기 위해 암호화 프로토콜과 시도/응답 모델에 대한 약간의 지식이 필요하다. SSL/TLS 기술과 중간자 공격$^{MitM, man-in-the-middle}$을 방어하기 위해 인터넷 통신에서 그 사용에 대한 기본적 개념에 이미 익숙하다면 KDC와 격리된 LSA 프로토콜을 유사한 방식으로 간주하면 된다. Lsass는 프락시가 하듯이 중간에 위치하더라도 KDC와 격리된 LSA 간의 암호화된 트래픽(그 내용을 이해하지 못하고)만을 볼 뿐이다. 격리된 LSA는 VTL 1에서만 생존하는 로컬 '세션 키'를 만들고 나서 이 세션 키를 KDC만이 갖는 다른 키로 암호화해 전송하기 위해 안전한 프로토콜을 사용한다. KDC는 격리된 LSA 세션 키로써 이를 암호화한 이후에 TGT와 그 키로 응답할 수 있다. 따라서 Lsass는 KDC에 대한 암호화된 메시지(자신이 복호화할 수 없는)와 KDC로부터 암호화된 메시지

(자신이 복호화할 수 없는)를 보게 된다.

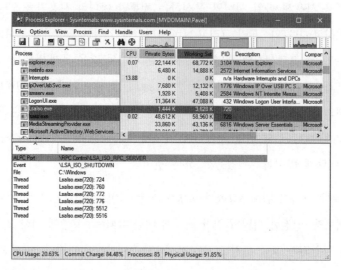

그림 7-4 Lsalso.exe와 그 ALPC 포트

이 모델은 심지어 시도/응답 모델에 기반을 두는 레거시 NTLM 인증의 보호에도 사용될
수 있다. 예를 들어 사용자가 단순한 텍스트 방식의 자격증명으로 로그인할 때 LSA는
이를 격리된 LSA로 보내고, LSA는 이를 그 세션 키로 암호화해 암호화된 자격증명을
Lsass로 반환한다. 이후에 NTLM 시도/응답이 필요로 하는 시점에 Lsass는 NTLM 시도와
이전에 암호화된 자격증명을 격리된 LSA로 보낸다. 이 시점에서 격리된 LSA만이 암호화
키를 갖고 있어서 자격증명을 복호화하고 시도에 기반을 둔 NTLM 응답을 만든다.

하지만 이 모델에는 다음과 같은 네 가지 가능한 공격이 존재한다.

- 머신이 이미 물리적으로 기능을 발휘하지 못한다면 단순한 텍스트 방식의 패스
워드는 입력 시점이나 격리된 LSA로 보내질 때에 가로채질 수 있다(Lsass가 이미
손상됐다면). 윈도우 헬로를 사용하면 이를 완화할 수 있다.

- 앞서 언급했듯이 NTLM는 재실행 방지 속성을 갖지 않는다. 따라서 NTLM 응답
이 캡처된다면 동일한 시도에 대해 재실행이 이뤄질 수 있다. 또 다른 대안으로,
공격자가 로그온 이후에 Lsass를 손상시킨다면 공격자는 암호화된 자격증명을

캡처할 수 있고, 격리된 LSA가 임의의 NTLM 시도에 대해 새로운 NTLM 응답을 만들게 강제할 수 있다. 하지만 격리된 LSA는 리부팅 시점에 새로운 세션 키를 만들므로 이 공격은 리부팅 전까지만 유효하다.

- Kerberos 로그온의 경우 NTOWF(암호화되지 않은)는 가로채져 표준 패스-더-해시pass-the-hash 공격에서처럼 재사용될 수 있다. 하지만 이것은 이미 손상된 머신(또는 물리적 네트워크 가로채기)을 필요로 한다.
- 물리적 접근으로 사용자는 자격증명 가드를 비활성화시킬 수도 있다. 이 경우 레거시 인증 모델이 사용되는데('다운그레이드 공격'으로 불린다), 이제 이전의 공격 모델이 사용될 수 있다.

UEFI 락

자격증명 가드를 비활성화하는 것은 공격자에게는 사소한 일이므로 실제 존재하지 않는 관리자로부터(관리자 권한을 가진 멀웨어처럼) 자격증명 가드를 비활성화하는 것을 방지하기 위해 안전한 부트와 UEFI를 이용할 수 있다. 이것은 UEFI 락으로 자격증명 가드를 활성화함으로써 이뤄진다. 이 모드에서 EFI 런타임 변수가 펌웨어 메모리에 기록되고 리부트가 필요하다. 리부팅 시점에 윈도우 부트 로더(EFI 부트 서비스 모드로 여전히 동작하는)는 자격증명 가드가 활성화됐다는 사실을 기록하기 위해 EFI 부트 변수(EFI 부트 서비스 모드가 종료된 이후에는 읽고 쓸 수 없는 속성을 가진다)에 쓴다. 부가적으로 부트 구성 데이터베이스Boot Configuration Database 옵션도 기록된다.

커널은 부팅할 때 BCD 옵션이 존재하는 그리고/또는 UEFI 런타임 변수가 존재하는 레지스트리에서 필요한 자격증명 가드 레지스트리 키를 자동으로 재기록한다. BCD 옵션이 공격자에 의해 삭제된다면 비트라커BitLocker(활성화돼 있다면)와 TPM 기반의 원격 증명(활성화돼 있다면)이 변경을 탐지하고 부팅 이전에 관리자의 복구 키가 물리적으로 입력돼야 하며, 그 이후에 UEFI 런타임 변수에 기반을 두고 BCD 옵션을 복구한다. UEFI 런타임 변수가 삭제됐다면 윈도우 부트 로더는 UEFI 부트 변수에 기반을 두고 이를 복구한다. 이런 연유로 UEFI 부트 변수를 삭제하기(EFI 부트 서비스 모드에서만 가능한) 위한 특수한 코드가 없이는 UEFI 락 모드에서 자격증명 가드를 비활성화할 수 단이 없다.

존재하는 유일한 이런 코드는 SecComp.efi로 불리는 특수한 마이크로소프트 바이너리 내에 있다. 이것은 관리자가 다운로드해야 하며, 관리자는 대체 EFI 기반의 장치로부터 컴퓨터를 부팅하고 수동으로 이 바이너리를 실행하든지(물리적 접근뿐만 아니라 비트라커 복구 키가 필요하다) 또는 BCD를 변경(비트라커 복구 키가 필요하다)하든지 해야 한다. 부팅 시점에 UEFI 모드인 동안에 SecComp.efi는 유저 동의(물리적 사용자에 의해서만 이뤄질 수 있다)를 필요로 한다.

인증 정책과 강화된 Kerberos

로그온 이전이나 물리적 관리자에 의해 이미 손상되지 않은 한 안전하다고 간주되는 보안 모델을 사용하는 것은 전통적인 비자격증명 가드 기반의 모안 모델에 비해 확실히 향상이 된 것이다. 하지만 일부 기업과 단체는 훼손된 머신이 사용자 자격증명을 위조 하거나 재생하는 데 사용될 수 없고, 사용자의 자격증명이 훼손됐다면 특정 시스템 외부 에서 사용될 수 없게 하는 좀 더 더 강력한 보안 보장책을 원한다. 인증 정책으로 불리는 서버 2016의 기능과 강력해진 Kerberos를 이용해 자격증명 가드는 강화된 보안 모드에 서 동작할 수 있다.

이 모드에서 VTL 1의 안전한 커널은 TPM을 이용해(디스크의 파일이 사용될 수 있지만 보안상 사용 가치가 없다) 특수한 머신 ID 키를 수집한다. 이 키는 머신이 준비가 돼(분명 히 머신이 준비되는 동안에 신뢰 상태에 있음을 보장하는 것이 중요하다) 최초 도메인 합류 동작 동안에 머신 TGT 키 생성에 사용된다. 그리고 이 TGT 키는 KDC로 보내진다. 구성이 되고 나면 사용자가 자신의 자격증명으로 로그인을 할 때 머신의 자격증명(격리 된 LSA만이 접근을 가진)과 결합이 돼 **원본 키 증명**proof-of-origin key을 형성한다. KDC는 이제 원본 키 증명으로 TGT 키를 암호화한 이후에 NTOWF, 그리고 사용자 TGT와 그 키로 응답한다. 이 모드에서 두 가지 보안 보장책이 제공된다.

- **사용자가 알려진 머신으로부터 인증을 시도하고 있다** 사용자나 공격자가 원본 자격증명을 갖고서 다른 머신에 이를 사용하려고 시도한다면 해당 머신의 TPM 기반의 머신 자격증명이 달라질 것이다.

- **NTLM 응답/사용자 티켓이 격리된 LSA에서 왔으며 이 티켓은 Lsass에서 수동으로 생성되지 않았다** 이것은 물리적 사용자가 자격증명 가드를 비활성화시켰더라도 이 기능이 해당 머신에서 활성화돼 있음을 보장한다.

불행히도 또다시 사용자 TGT와 그 키를 포함하는 원본 암호화 KDC 응답 증명이 가로채지는 방식으로 머신이 훼손된다면 가로채진 이 정보는 저장돼 격리된 LSA로부터 세션 키로 암호화된 서비스 티켓을 요청하는 데 사용될 수 있다. 그러고 나서 가로채진 이 정보는 세션 키를 없애기 위해 리부트가 발생되기 전까지 키를 접근하기 위해 파일 서버(예를 들어)로 보내질 수도 있다. 이런 이유로 자격증명 가드가 있는 시스템에서 사용자가 로그오프할 때마다 리부팅하는 것을 권장한다. 그렇지 않다면 공격자는 사용자가 더 이상 존재하지 않은 상태에서 유효한 티켓을 발생할 수 있다.

미래의 개선 사항

2장과 3장에서 다뤘듯이 VTL 1에서의 안전한 커널은 현재 PCI와 USB 하드웨어의 특수한 클래스 지원(안전한 장치 프레임워크^Secure Device Framework^를 사용하는 하이퍼바이저와 VTL 1 코드만을 통해 전용으로 통신할 수 있는)을 추가하기 위한 개선 작업이 진행 중이다. 생체 데이터와 비디오 프레임(웹캠으로부터)을 안전하게 얻기 위한 새로운 트러스트릿인 BioIso.exe와 FsIso.exe가 결합한 VTL 0 커널 모드 기반의 컴포넌트라도 윈도우 헬로 인증 시도의 내용을 가로챌 수 없다(사용자의 단순 텍스트 형태의 패스워드에 비해 안전하다고 분류했지만 맞춤형 드라이버 기반의 가로채기를 통해서 여전히 기술적으로 캡처 가능하다). 일단 배포가 된다면 윈도우 헬로 자격증명은 VTL 0에서 이용 불가능했던 하드웨어 수준에서 보장을 받게 된다. 이 모드에서 Lsass는 윈도우 헬로 인증에 관여할 필요가 없다. 격리된 LSA는 격리된 생체 입력 장치나 격리된 프레임 서비스로부터 직접 자격증명을 가져온다.

> 안전한 드라이버 프레임워크(Secure Driver Framework)는 VTL 1 드라이버에 있어서 WDF에 대응되는 것이다. 이 프레임워크는 현재 공개되지 않았지만 VTL 1 드라이버 생성 용도로만 마이크로소프트 파트너와 공유할 것이다.

장치 가드

자격증명 가드가 사용자 자격증명을 안전하게 하는 데 관심이 있다면 장치 가드^{Device} ^{Guard}는 전혀 다른 목표를 가진다. 즉, 상이한 종류의 소프트웨어와 하드웨어 기반의 공격으로부터 사용자 머신 자체를 보호하는 것이다. 장치 가드는 커널 모드 코드 서명^{KMCS}과 유저 모드 코드 무결성^{UMCI} 같은 윈도우 코드 무결성 서비스를 이용하고 하이퍼바이저 코드 무결성^{HVCI}을 통해 이들을 더욱 강화한다(코드 무결성에 관한 좀 더 많은 정보는 2권의 8장을 보라).

추가적으로 장치 가드는 커스텀 코드 무결성^{CCI}과 안전한 부트에 의해 보호되고 엔터프라이즈 관리자에 의해 정의되는 서명 정책 덕택에 완벽하게 구성 가능하다. 8장에서 설명할 이들 정책을 통해 앱락커 정책에서 하듯이 파일 경로나 파일명 대신에 암호적으로 견고한 정보(인증서 서명자나 SHA-2 해시와 같은)에 기반을 둔 포함/제외 리스트를 강제할 수 있다(앱락커에 관한 추가적인 사항은 7장의 '앱락커' 절을 보라).

따라서 코드 무결성 정책을 정의하고 커스텀화하는 다른 방법은 여기서 다루지 않는다. 다음과 같은 보장을 통해 이들 정책이 어떻게 설정돼 있든지 간에 장치 가드가 이를 강제하는 방법을 살펴본다.

- **커널 모드 코드 서명이 강제된다면 커널 훼손에는 관계없이 서명된 코드만이 로드될 수 있다** 이것은 커널 로드 프로세스는 드라이버가 로드될 때마다 VTL 1 내의 안전한 커널에 통지를 하고 HVCI가 드라이버 서명의 유효성을 검사한 이후에 드라이버를 성공적으로 로드하기 때문이다.
- **커널 모드 코드 서명이 강제된다면 커널 자체라 할지라도 서명된 코드는 로드된**

이후에는 변경될 수 없다 이것은 실행 가능 코드 페이지는 하이퍼바이저 2단계 주소 변환^{SLAT} 메커니즘(2권의 8장에서 좀 더 상세히 설명한다)에 의해 읽기 전용으로 표시하기 때문이다.

- **커널 모드 코드 서명이 강제된다면 동적으로 할당되는 코드는 금지된다(처음 두 항목에 의해 참이다)** 이것은 커널의 페이지 테이블 자체도 이런 코드를 실행 가능으로 표시할지라도 커널이 SLAT 페이지 테이블 엔트리에 실행 가능 엔트리를 할당할 능력이 없기 때문이다.

- **커널 모드 코드 서명이 강제된다면 심지어 다른 UEFI 런타임 코드나 커널 자체에 의해서도 UEFI 런타임 코드는 변경될 수 없다** 추가적으로 안전한 부트는 이 코드가 로드될 시점에 서명됐다는 것을 검사했을 것이다(장치 가드는 이 가정에 의존한다). 더욱이 UEFI 런타임 데이터는 실행 파일로 만들어질 수 없다. 이것은 모든 UEFI 런타임 코드와 데이터를 읽어 올바른 권한을 강제하고 SLAT 페이지 테이블 엔트리(VTL 1에서 보호가 되는)에 이들을 복제함으로써 이뤄지는 작업이다.

- **커널 모드 코드 서명이 강제된다면 커널 모드(링 0) 서명된 코드만이 실행할 수 있다** 이것은 처음 세 항목에 의해 참인 것처럼 보이지만 서명된 링 3 코드를 고려해보자. 이런 코드는 UMCI의 관점에서 유효하고 SLAT 페이지 테이블 엔트리로 인정을 받은 상태다. 하드웨어 모드 기반의 실행 제어$^{Mode\text{-}Based\ Execution}$ ^{Control}(사용자/커널 실행 가능 비트로써 SLAT를 개선시킨다) 기능이 있다면 안전한 커널은 이 기능에 의존하고, 또는 이 기능에 대한 하이퍼바이저의 소프트웨어 에뮬레이션인 제한된 유저 모드$^{Restricted\ User\ Mode}$ 기능에 의존한다.

- **유저 모드 코드 서명이 강제된다면 서명된 유저 모드 이미지만이 로드될 수 있다** 실행 가능한 모든 프로세스는 서명된 파일(.exe)이라야 하며 이들 프로세스가 로드하는 라이브러리(.dll)도 마찬가지다.

- **유저 모드 코드 서명이 강제된다면 커널은 유저 모드 애플리케이션이 기존의 실행 가능 코드 페이지를 쓰기 가능으로 만드는 것을 허용하지 않는다** 분명히 유저 모드 코드가 실행 가능 메모리를 할당하거나 커널의 허가를 요청하지 않고서

기존 메모리를 변경하는 것은 불가능하다. 따라서 커널은 자신의 통상적인 강제 규칙을 적용할 수 있다. 훼손된 커널일지라도 SLAT는 유저 모드 페이지가 안전한 커널의 인지나 승인 없이는 실행 가능 페이지가 될 수 없고, 이런 실행 가능 페이지는 절대로 써질 수 있는 페이지가 될 수 없음을 보장한다.

- **유저 모드 코드 서명이 강제되고 서명 정책에 의해 하드코드 보장이 요청된다면 동적으로 할당된 코드는 금지된다** 이것은 커널 시나리오와 중요한 차이점이다. 기본적으로 애플리케이션의 인증서에 특수한 고급 키 사용(EKU, 동적 코드 생성 자격 역할을 하는)이 존재하지 않는다면 서명된 유저 모드 코드는 JIT 지원을 위해 추가적인 실행 가능 메모리 할당을 허용 받는다. 현재 NGEN.EXE(.NET 네이티브 이미지 제너레이션)는 IL 전용 .NET 실행 파일만을 이 모드에서 동작하게 허용하는 이 EKU를 가진다.

- **언어 제한적인 유저 모드 PowerShell이 강제된다면 동적 유형이나 리플렉션, 실행을 허용하는 여타 언어 기능을 사용하는 모든 PowerShell 스크립트나 임의의 코드와/또는 윈도우/.NET API 함수에 대한 마샬링 역시 서명이 돼야 한다** 이것은 악의적인 PowerShell 스크립트가 제한된 모드로부터 벗어나는 것을 방지한다.

SLAT 페이지 테이블 엔트리는 VTL 1에서 보호가 되며 해당 페이지의 메모리가 어떤 권한을 가질 수 있는지에 대한 실질적 자료를 갖고 있다. 필요에 따라 실행 가능 비트를 보류함으로써 그리고/또는 기존의 실행 가능 페이지로부터 쓰기 가능 비트를 보류함으로써(W^X로 알려진 보안 모델), 장치 가드는 모든 코드 서명 강제 규칙을 VTL 1(SKCI.DLL로 불리는 라이브러리 내로 또는 안전한 커널 코들 무결성)으로 이동한다.

모든 트러스트릿이 격리된 유저 모드 EKU를 포함하는 인증서가 딸린 특정 마이크로소프트 서명을 갖게 강제해 자격증명 가드가 활성화돼 있다면 추가적으로 머신에 명시적으로 구성돼 있지 않더라도 장치 가드는 세 번째 모드로 동작한다. 그렇지 않다면 링 0 권한을 가진 공격자는 일반적인 KMCS 메커니즘을 공격할 수 있고, 격리된 LSA 컴포넌트를 공격하기 위한 악의적인 트러스트릿을 로드할 수 있다. 더욱이 모든 유저 모드 코드 서명 강제 규칙은 하드코드 보장 모드에서 실행하는 트러스트릿에 대해 작동되고 있다.

마지막으로 성능 최적화를 위해 HVCI 메커니즘은 시스템이 하이버네이션(S4 슬립 상태)에서 재개할 때 모든 단일 페이지를 재인증하지 않는다는 점을 이해하는 것이 중요하다. 일부 경우에 인증 데이터가 이용 불가능한 경우도 있을 수 있다. 이런 경우라면 SLAT 데이터가 재구축돼야 한다. 이것은 SLAT 페이지 테이블 엔트리가 하이버네이션 파일 자체에 저장돼 있음을 의미한다. 이런 이유로 하이퍼바이저는 변경되지 않은 하이버네이션 파일을 신뢰할 필요가 있다. 이것은 TPM에 저장돼 있는 로컬 머신 키로서 하이버네이션 파일을 암호화함으로써 이뤄진다. 불행히도 TPM이 존재하지 않는다면 이 키는 UEFI 런타임 변수에 저장돼야 한다. 이는 로컬 공격자가 이 하이버네이션 파일을 해독해 수정하고 재암호화할 수 있는 기회를 제공한다.

객체 보호

객체 보호와 접근 기록은 임의적인 접근 제어와 감사의 본질이다. 윈도우에서 보호될 수 있는 객체로는 파일과 디바이스, 메일슬롯, 파이프(네임드 및 익명), 잡, 프로세스, 스레드, 이벤트, 키 이벤트, 이벤트 쌍, 뮤텍스, 세마포어, 공유 메모리 영역, I/O 완료 포트, LPC 포트, 대기 타이머, 접근 토큰, 볼륨, 윈도 스테이션, 데스크톱, 네트워크 공유, 서비스, 레지스트리 키, 프린터, 액티브 디렉터리 객체 등이 있으며, 이론적으로는 익스큐티브 객체 관리자에 의해 관리되는 것은 어떤 것이든 가능하다. 실제로는 유저 모드로 노출되지 않는 객체(예를 들면 드라이버 객체)는 보호되지 않는다. 커널 모드 코드는 신뢰받으며 접근 검사를 수행하지 않는 객체 관리자 인터페이스를 사용한다. 유저 모드로 익스포트된 (따라서 보안 검증이 필요한) 시스템 리소스들은 커널 모드에서 객체로 구현되기 때문에 윈도우 객체 관리자는 객체 보안을 강화하기 위한 핵심 역할을 수행한다.

그림 7-5에서 보듯이 Sysinternals의 WinObj 툴로 객체 보호(명명된 객체에 대해)를 살펴볼 수 있다. 그림 7-6은 사용자 세션 내에 섹션 객체의 보안 속성 페이지를 보여준다. 파일이 객체 보호와 연관된 일반적인 리소스이긴 하더라도 윈도우는 파일 시스템 내의 파일도 익스큐티브 객체와 동일한 보안 모델과 메커니즘을 사용한다. 익스큐티브 객체는 액세스

제어에 있어서 각 객체 타입에 의해 제공되는 접근 메소드 부분에서 파일과 다르다.

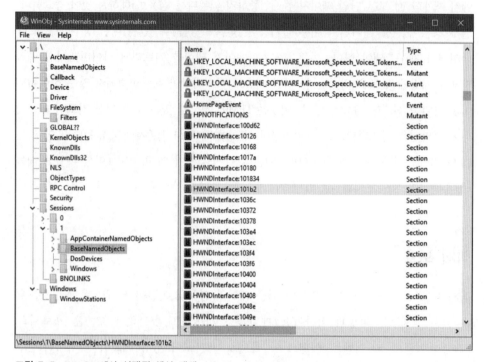

그림 7-5 WinObj에서 선택된 섹션 객체

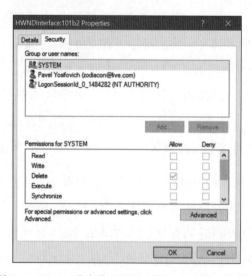

그림 7-6 WinObj에서 익스큐티브 객체와 그 보안 디스크립터

그림 7-6에서 보여주는 것은 실제로 객체의 임의적 접근 제어 목록^{DACL, Discretionary Access} ^{Control List}이다. DACL에 대해서는 '보안 디스크립터와 접근 제어' 절에서 자세히 설명한다.

Process Explorer 하단의 뷰 창에서 핸들을 더블 클릭해(핸들이 보이게 구성해) 객체의 보안 속성을 볼 수 있다. 이것은 이름이 없는 객체를 표시하는 추가된 기능이다. 페이지 자체는 윈도우에서 제공되기 때문에 보이는 속성 페이지는 두 툴 모두에서 동일하다.

객체를 조작할 수 있는 대상을 제어하기 위해 보안 시스템은 반드시 사용자의 신원을 먼저 확인해야 한다. 이러한 사용자 신원 보장이 필요한 것은 어떤 시스템 리소스든지 접근하기 전에 윈도우가 인증된 로그온을 요구하기 때문이다. 프로세스가 객체에 대한 핸들을 요청할 때 객체 관리자와 보안 시스템은 호출자에게 해당 프로세스가 요구하는 객체에 대한 접근을 허가하는 핸들을 할당할지 여부를 결정하기 위해 호출자의 보안 식별^{identification}과 객체의 보안 디스크립터를 사용한다.

7장의 후반부에서 설명하는 것처럼 스레드는 자신이 속한 프로세스와는 다른 보안 컨텍스트에 있다고 가정될 수 있다. 이런 메커니즘을 **자격 변경**^{impersonation}이라고 한다. 스레드가 자격 변경될 때 보안 검증 메커니즘은 프로세스 대신 스레드의 보안 컨텍스트를 사용한다. 스레드가 자격 변경되지 않았다면 보안 검증은 스레드가 속한 프로세스의 보안 컨텍스트를 대상으로 수행된다. 한 프로세스 내의 모든 스레드가 같은 핸들 테이블을 공유하고 있으므로, 스레드가 객체를 열고자 할 때(스레드가 자격 변경 중이더라도) 프로세스에 속하는 모든 스레드들은 객체에 대한 접근이 가능하다.

때로는 사용자의 신원을 검증하는 것만으로는 시스템이 계정을 통해 접근해야 하는 리소스에 대한 접근을 승인하기에 충분하지 못할 수도 있다. 논리적으로는 Alice 계정에서 실행되는 서비스와 Alice가 인터넷을 탐험하는 동안 다운로드된 알려지지 않은 애플리케이션 간의 분명한 차이점을 생각할 수 있다. 윈도우는 무결성 수준을 구현하는 윈도우 무결성 메커니즘을 통해 이러한 종류의 내부 사용자 분리를 달성한다. 윈도우 무결성 메커니즘은 윈도우 사용자 계정 컨트롤^{UAC}의 상승^{elevation}, 사용자 인터페이스 특권 분리^{UIPI}와 앱 컨테이너에 의해 사용된다. 이들 모두는 7장에서 소개할 예정이다.

접근 검사

윈도우의 보안 모델은 스레드가 객체를 여는 시점에 객체에 대해 수행하려는 행위의 유형을 미리 명시하길 요구한다. 객체 관리자는 스레드가 요구한 접근에 기반을 두고 접근 검사를 수행하는 SRM을 호출하며, 접근이 허가됐다면 스레드가 속한 프로세스에 해당 스레드(또는 프로세스 내 다른 스레드)가 객체에 대해 추가적인 작업을 수행할 수 있는 핸들이 할당된다.

객체 관리자가 보안 접근 검증을 수행하게 유발하는 이벤트 중 하나는 프로세스가 이름을 사용해 이미 생성돼 있는 객체를 열 때다. 이름을 통해 객체를 열면 객체 관리자는 자신의 네임스페이스에서 지정된 객체를 찾는다. 객체가 구성 관리자의 레지스트리 네임스페이스나 파일 시스템 드라이버의 파일 시스템 네임스페이스와 같은 2차 네임스페이스에도 존재하지 않는다면 객체 관리자는 객체를 찾은 후에 내부 함수인 `ObpCreateHandle`을 호출한다. `ObpCreateHandle`은 그 이름이 의미하는 것처럼 객체와 관련된 프로세스 핸들 테이블에 엔트리를 생성한다. `ObpCreateHandle`은 먼저 스레드가 해당 객체에 접근하기 위한 퍼미션을 갖고 있는지를 보기 위해 `ObjGrantAccess`를 호출한다. 스레드가 퍼미션을 갖고 있다면 `ObpCreateHandle` 함수는 실제로 프로세스 핸들 테이블에 엔트리를 생성하는 익스큐티브 함수인 `ExCreateHandle`을 호출하며, `ObjGrantAccess`는 보안 접근 검사를 초기화하는 `ObCheckObjectAccess`를 호출한다.

`ObjGrantAccess`는 `ObCheckObjectAccess`에 객체를 여는 스레드의 보안 인증서 및 스레드가 요구하는 객체에 대한 접근 유형(객체 특정적인 동작을 포함해 읽기, 쓰기, 삭제 등), 그리고 객체에 대한 포인터를 전달한다. `ObCheckObjectAccess`는 먼저 해당 객체의 보안 디스크립터와 스레드의 보안 컨텍스트를 락시킨다. 객체의 보안 락은 접근 검사가 진행되는 동안 시스템 내의 다른 스레드가 객체의 보안을 변경하는 것을 방지한다. 스레드의 보안 컨텍스트에 대한 락은 보안 검증이 진행되는 동안 다른 스레드(동일 프로세스나 다른 프로세스의)가 스레드의 보안 신분을 변경하지 못하게 방지한다. 이후 `ObCheckObjectAccess`는 객체의 보안 설정을 알아내기 위해 해당 객체의 보안 메소드를 호출한다(객체 메소드의 설명은 2권의 8장을 보라). 보안 메소드에 대한 호출은 다른

976

익스큐티브 구성 요소에 있는 함수를 실행시킬 수 있다. 하지만 다수의 익스큐티브 객체들은 시스템의 디폴트 보안 관리 기능에 의존한다.

객체를 정의하는 익스큐티브 구성 요소가 SRM의 기본 보안 정책을 바꾸지 않게 원하는 경우 객체 유형에 기본 보안을 갖는다고 표시한다. SRM이 객체의 보안 메소드를 호출할 때 SRM은 먼저 해당 객체가 기본 보안을 갖는지 여부를 확인한다. 기본 보안을 갖는 객체는 객체의 헤더에 보안 정보를 저장하며, 이를 위한 보안 메소드는 SeDefault-ObjectMethod다. 기본 보안에 의존하지 않는 객체는 고유의 보안 정보를 관리하고 보안 메소드를 제공해야 한다. 기본 보안에 의존하는 객체로는 뮤텍스와 이벤트, 세마포어가 있다. 파일 객체는 기본 보안을 바꾸는 객체의 예다. 파일 객체 유형을 정의하는 I/O 관리자는 파일에 대한 보안을 관리하는(또는 보안 관리를 구현하지 않게 할 수도 있다) 파일 시스템 드라이버를 갖는다. 따라서 시스템이 NTFS 볼륨에 있는 한 파일을 나타내는 파일 객체에 대한 보안을 요청할 때 I/O 관리자의 파일 객체 보안 메소드는 NTFS 파일 시스템 드라이버를 이용해 파일의 보안 정보를 구한다. 하지만 파일이 열릴 때는 파일이 2차 네임스페이스에 존재하기 때문에 ObCheckObjectAccess는 실행되지 않는다는 점에 주목해야 한다. 시스템은 스레드가 명시적으로 파일에 대한 보안을 질의하거나 설정할 때만(예컨대 SetFileSecurity나 GetFileSecurity 함수를 사용해서) 파일 객체의 보안 메소드를 호출한다.

ObCheckObjectAccess는 객체의 보안 정보를 얻은 후에 SRM 함수 SeAccessCheck를 호출한다. SeAccessCheck는 윈도우 보안 모델의 핵심 함수 중 하나다. SeAccessCheck가 받아들이는 입력 인자 중에는 객체의 보안 정보와 ObCheckObjectAccess로 얻은 스레드의 보안 아이디, 스레드가 요청하고 있는 접근이 있다. SeAccessCheck는 스레드가 객체에 대해 요청한 접근이 승인됐는지 여부에 따라 True 또는 False를 반환한다.

여기에 한 예가 있다. 스레드가 특정 프로세스가 종료되는(또는 어느 방식으로든 끝날 때) 시점을 알기를 원한다고 가정해보자. 이 스레드는 OpenProcess API를 호출해 대상 프로세스에 대한 핸들을 얻어야 한다. 고유한 프로세스 ID(미리 알거나 또는 특정 방법으로 구했다고 가정하자)와 반환된 핸들을 사용해 스레드가 하고자 하는 동작을 나타내는 접근 마스크의 두 가지 중요한 인자를 전달해야 한다. 게으른 개발자라면 해당 프로세스에 대해 모든 가능한 접근을 원하고 있음을 표시하는 접근 마스크로 `PROCESS_ALL_ACCESS`를 전달할 수도 있다. 다음의 결과 중 하나가 발생할 것이다.

- 호출 스레드가 모든 허가를 받을 수 있다면 유효한 핸들을 받아 `WaitForSingleObject`를 호출해 해당 프로세스가 종료하기를 대기할 수 있을 것이다. 하지만 이 핸들은 프로세스에 대해 모든 가능한 동작을 허용하기 때문에 해당 프로세스 내의 다른 스레드(좀 더 작은 권한을 가진)가 이 프로세스에 대해 다른 작업 용도(`TerminateProcess`를 사용해 프로세스를 미리 종료 시키는 것처럼)로 이 핸들을 사용할 수도 있다.
- 호출 스레드가 모든 가능한 접근에 대해 충분한 권한을 갖고 있지 않다면 이 호출이 실패할 수 있다. 즉, 프로세스에 대한 접근은 이뤄지지 않는다. 스레드는 `SYNCHRONIZE` 접근 마스크를 요청할 필요만 있었기 때문에 이는 운이 없는 경우다. 이것은 `PROCESS_ALL_ACCESS`를 요청하는 것보다는 성공 가능성이 훨씬 높다.

스레드는 더도 말고 덜도 말고 자신이 필요한 접근만을 요청해야 한다는 것이 여기서 내리는 단순한 결론이다.

객체 관리자가 접근 검증을 수행하게 하는 또 다른 이벤트는 프로세스가 이미 존재하는 핸들을 사용해 객체를 참조할 때다. 이러한 참조는 프로세스가 객체를 조작하고 객체 핸들을 전달하는 윈도우 API를 호출할 때처럼 주로 간접적으로 발생한다. 예를 들어 파일을 여는 스레드는 파일에 대한 읽기 퍼미션을 요청할 수 있다. 스레드가 이러한 방식으로 객체에 접근할 수 있는 퍼미션을 갖게 되면 객체 관리자는 스레드의 보안 컨텍스트와 파일의 보안 설정에 따라 스레드가 속한 프로세스의 핸들 테이블에 파일을 나타내는 핸들을 생성한다. 핸들을 통해 승인된 프로세스에 속한 스레드의 접근 형식은 객체 관리자에 의해 핸들과 함께 서상된다.

그런 후 스레드는 `WriteFile` 윈도우 함수에 파일의 핸들을 인자로 전달함으로써 파일에 대한 쓰기를 시도할 수 있다. `WriteFile` 함수가 Ntdll.dll을 통해 호출하는 `NtWriteFile`

시스템 서비스는 핸들로부터 파일 객체의 포인터를 얻기 위해 객체 관리자의 함수인 ObReferenceObjectByHandle(WDK에 문서화돼 있는)을 사용한다. ObReferenceObject-ByHandle은 인자로 전달된 객체로부터 호출자가 원하는 접근을 수락한다. ObReference-ObjectByHandle은 프로세스의 핸들 테이블에서 핸들 엔트리를 찾은 후 파일이 열렸던 시점에 승인된 접근과 요청 중인 접근을 비교한다. 이 예에서 호출자는 파일이 열렸을 때 쓰기 접근을 얻지 못했기 때문에 ObReferenceObjectByHandle은 쓰기 작업이 실패할 것임을 알려준다.

윈도우 보안 함수는 또한 윈도우 애플리케이션이 고유의 객체를 정의하고 이 객체에 대해 윈도우 보안 모델을 적용시키기 위해 SRM 서비스(후반에 설명할 AuthZ 유저 모드 API들을 통한)에 대한 호출이 가능하게 한다. 객체 관리자와 다른 익스큐티브 구성 요소가 이러한 객체를 보호하기 위해 사용하는 많은 커널 모드 함수가 유저 모드 윈도우 API로 익스포트된다. 예를 들면 SeAccessCheck의 유저 모드 함수는 AuthZ API AccessCheck다. 따라서 윈도우 애플리케이션은 보안 모델의 유연성을 이용해 윈도우에 존재하는 인증 및 관리 인터페이스와 투명하게 통합될 수 있다.

SRM 보안 모델의 핵심은 스레드의 보안 신분[identity]과 스레드가 객체에 대해 원하는 접근, 객체의 보안 설정 이 세 가지를 입력으로 하는 일종의 방정식이다. 그 결과는 보안 모델이 스레드가 요구하는 접근을 승인할 것인지 여부로 나타난다. 다음 절에서는 이러한 입력에 대해 더 자세히 기술하며, 모델의 접근 검증 알고리즘을 문서화한다.

실습: 핸들 접근 마스크 살펴보기

Process Explorer는 오픈 핸들과 연관된 접근 마스크를 보여줄 수 있다. 다음의 과정을 따라 하자.

1. Process Explorer를 연다.
2. View 메뉴를 열고 Lower Pane View를 선택한다. 그리고 하단 창에 핸들이 보이게 구성하기 위해 Handles를 선택한다.

3. 아래 창의 칼럼 헤더에서 마우스 오른쪽 버튼을 클릭하고 Select Columns 를 선택해 다음과 같은 대화상자를 연다.

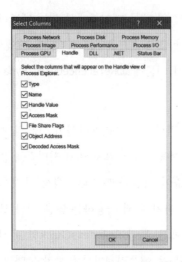

4. Access Mask와 Decoded Access Mask(버전 16.10과 그 후속 버전에서 이용 가능하다) 체크박스를 선택하고 OK를 클릭한다.

5. 프로세스 리스트에서 Explorer.exe를 선택하고 아래 창에서 핸들을 보라. 각 핸들은 이 핸들을 사용해 허가된 접근을 나타내는 접근 마스크를 가진다. 접근 마스트의 비트 해석에 도움을 주기 위해 Decoded Access Mask 칼럼은 여러 유형의 객체에 대해 접근 마스크의 문자 표시를 보여준다.

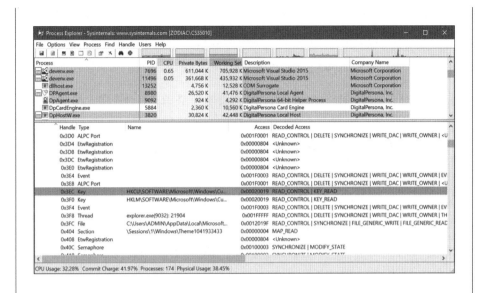

일반 접근 권한(예를 들어 READ_CONTROL과 SYNCHRONIZE)과 특수 접근 권한(예를 들어 KEY_READ와 MODIFY_STATE)이 존재함에 주목하자. 특수 접근 권한의 대부분은 윈도우 헤더에 실제 정의에 대한 축약 버전이다(예를 들어 EVENT_MODIFY_ STATE 대신 MODIFY_STATE, PROCESS_TERMINATE 대신 TERMINATE).

보안 식별자

시스템에서 동작하는 개체들을 식별하기 위해 윈도우는 이름(고유함을 보장하기 어려운) 대신 **보안 식별자**SID, security identifier라는 것을 사용한다. 사용자뿐만 아니라 로컬과 도메인 그룹, 로컬 컴퓨터, 도메인, 도메인 멤버, 서비스들 역시 SID를 가진다. SID는 가변 길이의 숫자 값으로서 SID 구조의 리비전 번호와 식별자의 권한을 나타내는 48비트 값, 그리고 서브권한을 나타내는 32비트 값인 **상대적인 식별자**RID, relative identifier 값으로 구성돼 있다. 권한 값은 SID를 발급한 에이전트를 식별하는 데 사용된다. 이 에이전트는 전형적으로 윈도우 로컬 시스템이나 도메인이다. 서브권한 값은 발급된 권한에 관련된 관리자(trustees)를 식별하는 데 사용된다. 그리고 RID는 윈도우가 공통 기반이 되는 SID로부터 고유의 SID를 생성하는 간단한 방법이다. SID의 값은 길고 윈도우는 각각의 SID 내에서 랜덤 값을 생성하는 데 주의를 기울이므로, 윈도우가 세상 어디에 있는 도메인이나 컴퓨터에서도 동일한 SID 값을 두 번 생성하는 것은 사실상 불가능하다.

문자로 나타내는 경우 SID는 S로 시작하고 각각의 구성 요소는 하이픈으로 구분된다.

S-1-5-21-1463437245-1224812800-863842198-1128

이 SID에서 리비전 번호는 1이고, 식별자 권한 값은 5(윈도우 보안 권한)다, 그리고 네 개의 서브 권한 값과 하나의 RID 값(1128)으로 SID의 나머지 부분을 구성하고 있다. 이 SID는 도메인 SID지만 도메인의 로컬 컴퓨터도 같은 리비전 번호와 식별자 권한 값, 같은 개수의 서브권한 값을 가질 수 있다.

윈도우를 설치할 때 윈도우 설치 프로그램은 컴퓨터에 머신 SID를 발급한다. 윈도우는 해당 컴퓨터의 로컬 계정에도 SID를 할당한다. 각 로컬 계정 SID는 소스^{source} 컴퓨터의 SID에 기초하고 끝부분에 RID를 갖는다. 사용자 계정과 그룹을 위한 RID는 1000부터 시작해서 새로운 사용자나 그룹이 생성될 때마다 1씩 증가한다. 이와 유사하게 새로운 윈도우 도메인을 생성하는 도메인 컨트롤러 승격^{Domain Controller Promote}(Dcpromo.exe) 유틸리티도 도메인 SID로서 도메인 컨트롤러로 승격되는 컴퓨터의 컴퓨터 SID를 재사용하고, 이 컴퓨터가 강등된다면 해당 컴퓨터의 SID를 새로 생성한다. 윈도우는 새 도메인 계정에 도메인 SID에 기초해 SID를 발급하고 (다시 1000부터 시작하고 새로운 그룹이나 사용자가 생성될 때마다 1씩 증가하는) RID를 추가한다. RID가 1028이라면 해당 SID는 도메인이 발급한 29번째 SID라는 것을 나타낸다.

윈도우는 많은 사전 정의된 계정과 그룹들에 대해 미리 정의된 RID와 함께 컴퓨터 또는 도메인 SID로 구성된 SID를 발급한다. 예를 들어 관리자 계정에 대한 RID는 500이고, 게스트 계정에 대한 RID는 501이다. 예를 들어 컴퓨터의 로컬 관리자 계정은 RID 값 500을 기본으로 하는 다음과 같은 컴퓨터 SID를 갖는다.

S-1-5-21-13124455-12541255-61235125-500

윈도우는 잘 알려진 그룹을 나타내는 다수의 내장된 로컬과 도메인 SID를 정의한다. 예를 들어 어떤 계정이든지(익명의 사용자는 제외) 식별하는 SID는 Everyone SID: S-1-1-0이다. SID가 나타낼 수 있는 그룹의 또 다른 예로는 네트워크 그룹이 있다. 이것은 네트워크를 통해 컴퓨터에 로그온한 사용자를 나타내는 그룹이다. 네트워크 그룹 SID는 S-1-5-2다. 표 7-2는 윈도우 SDK 문서에서 발췌한 것으로 몇 가지 기본적이고 잘 알려진 SID 값과 그 용도를 보여준다. 이러한 SID는 사용자들의 SID와는 달리 모든 윈도우 시스템과 도메인에서 같은 값을 가지며, 미리 정의돼 있다. 따라서 Everyone 그룹의 멤버가 접근 가능하게 만들어진 파일은 하드디스크가 한 시스템에서 다른 시스템으로 옮겨지더라도 다른 시스템이나 도메인의 Everyone에 의해서도 접근이 가능하다. 물론 이 시스템의 사용자는 Everyone 그룹의 멤버가 되기 전에 이 시스템의 계정에 대한 인증을 거쳐야 한다.

표 7-2 잘 알려진 SID

SID	이름	사용(Use)
S-1-0-0	Nobody	SID를 모를 때 사용된다.
S-1-1-0	Everyone	익명의 사용자를 제외한 모든 사용자를 포함하는 그룹
S-1-2-0	Local	시스템에 지역적으로(물리적으로) 연결된 터미널을 통해 로그온한 사용자들
S-1-3-0	Creator Owner ID	새로운 객체를 생성한 사용자의 SID에 의해 대체되는 SID. 이 SID는 상속 가능한 ACE에서 사용된다.
S-1-3-1	Creator Group ID	새로운 객체를 생성한 사용자의 주 그룹(primary-group) SID로 대체될 보안 식별자. 이 SID는 상속 가능한 ACE에서 사용된다.
S-1-5-18	로컬 시스템 계정	서비스에 의해 사용
S-1-5-19	로컬 서비스 계정	서비스에 의해 사용
S-1-5-20	네트워크 서비스 계정	서비스에 의해 사용

마지막으로 Winlogon은 각각의 대화식 로그온 세션에 대한 고유한 로그온 SID를 생성한다. 로그온 SID는 전형적으로 클라이언트의 로그온 세션 지속 기간 동안 접근을 허용하는 접근 제어 항목^ACE, access-control entry 에서 사용된다. 예를 들어 윈도우 서비스는 새로운 로그온 세션을 시작하기 위해 **LogonUser** 함수를 사용할 수 있다. **LogonUser** 함수는 서비스가 로그온 SID를 추출할 수 있는 접근 토큰을 반환한다. 서비스는 클라이언트의 로그온 세션이 대화식 윈도우 스테이션과 데스크톱에 접근할 수 있게 허용해주는 ACE(7장의 '보안 디스크립터와 접근 제어' 절에서 설명한다) 내부의 그 SID를 사용한다. 로그온 세션의 SID는 **S-1-5-5-X-Y**이며, X와 Y는 임의적으로 생성된다.

실습: PsGetSid와 Process Explorer를 이용한 SID 살펴보기

Sysinternals의 PsGetSid 유틸리티를 실행해 사용 중인 어떠한 계정에 대한 SID든 쉽게 볼 수 있다. PsGetSid의 옵션을 통해 컴퓨터나 사용자 계정의 이름을 그에 대응되는 SID로 변환할 수 있고 그 반대도 가능하다.

별도의 옵션을 지정하지 않고 PsGetSid를 실행시키면 로컬 컴퓨터에 할당된 SID를 보여준다. 관리자 계정의 RID는 항상 500이라는 사실을 이용하면 PsGetSid의 커맨드라인 인자에 500이 추가된 컴퓨터 SID를 전달함으로써 (시스템 관리자가 보안상의 이유로 관리자 계정의 이름을 변경한 경우에도) 간단하게 관리자 계정에 할당된 이름을 알아낼 수 있다.

도메인 계정의 SID를 얻기 위해 사용자 이름에 도메인 이름을 접두어로 붙여서 입력한다.

```
c:\>psgetsid redmond\johndoe
```

PsGetSid에 도메인 이름을 인자로 명시하면 도메인 SID를 알아낼 수 있다.

```
c:\>psgetsid Redmond
```

마지막으로 독자 여러분의 계정에 대한 RID를 조사해보면 도메인이나 로컬 컴퓨터(도메인 계정을 사용 중인지 로컬 컴퓨터 계정을 사용 중인지에 따라)에 생성된 여러 개의 보안 계정(독자의 RID에서 999를 뺀 것과 같은 수)이 있음을 알 수 있다. 또한 특정 RID를 갖는 SID를 PsGetSid에 전달함으로써 어떤 계정이 RID에 해당하는지를 알 수 있다. PsGetSid가 해당 SID와 매핑되는 계정 이름이 없다고 보고하고, 또한 그 RID가 독자의 계정 RID보다 작으면 RID에 할당된 계정이 삭제됐음을 의미한다.

예를 들어 28번째 RID가 할당된 계정의 이름을 찾기 위해선 도메인 SID에 –1027을 덧붙여 다음과 같이 PsGetSid에 전달한다.

```
c:\>psgetsid S-1-5-21-1787744166-3910675280-2727264193-1027
Account for S-1-5-21-1787744166-3910675280-2727264193-1027:
User: redmond\johndoe
```

Process Explorer는 보안 탭을 통해 시스템에 존재하는 그룹 SID와 계정에 대한 정보를 보여준다. 이 탭은 누가 이 프로세스를 소유하고 있는지 그리고 해당 계정이 어떤 그룹에 속하는지와 같은 정보를 보여준다. 이러한 정보를 보기 위해서는 간단히 프로세스 목록에 있는 어떤 프로세스든지(예를 들면 Explorer.exe) 더블 클릭한 다음 보안 탭을 클릭하면 된다. 그러면 다음 그림과 같은 유사한 것들을 볼 수 있다.

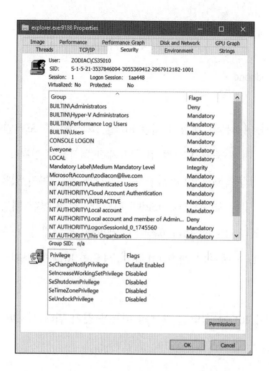

SID 필드가 실제 SID 값을 갖는 반면 User 필드에는 이 프로세스를 소유하고 있는 계정의 친화적friendly 이름이 나타난다. Group 목록은 이 계정이 속한 모든 그룹에 대한 정보를 포함하고 있다(그룹은 7장의 후반부에서 설명한다).

무결성 수준

앞서 언급했듯이 무결성 수준은 같은 사용자에 의해 소유되고 실행 중인 객체와 프로세스를 구별하기 위해 임의적인 접근을 오버라이드시킬 수 있다. 따라서 무결성 수준은 한 사용자 계정 내에서 코드와 데이터를 격리하기 위한 능력을 제공한다. 강제적인 무결성 제어MIC, Mandatory Integrity Control 메커니즘은 SRM으로 하여금 호출자와 무결성 수준을 연관 지음으로써 SRM이 호출자의 유형에 대해 좀 더 상세한 정보를 갖게 한다. 또한 객체에 대한 무결성 수준을 정의함으로써 객체에 접근하는 데 요구되는 트러스트trust 정보를 제공한다.

토큰의 무결성 수준은 `TokenIntegrityLevel` 열거 값을 갖는 `GetTokenInformation` API로 구할 수 있다. 이러한 trust 정보은 하나의 SID에 의해 기술된다. 무결성 수준의 값이 임의적인 값이 될 수 있긴 하지만 시스템은 표 7-3에 기술된 것처럼 권한 수준을 나누기 위해 6개의 주요 수준을 사용한다.

표 7-3 무결성 수준 SID

SID	이름(수준)	용도
S-1-16-0x0	Untrusted(0)	Anonymous 그룹에 의해 시작된 프로세스에 의해 사용된다. 대부분의 쓰기 접근을 차단
S-1-16-0x1000	Low(1)	AppContainer 프로세스(UWP)와 보호 모드 Internet Explorer에 의해 사용된다. 시스템의 대부분 객체(파일과 레지스트리 키와 같은)에 대한 쓰기 접근을 차단
S-1-16-0x2000	Medium(2)	UAC가 활성화된 동안 시작되는 일반 애플리케이션에 의해 사용된다.
S-1-16-0x3000	High(3)	UAC가 활성화될 때 상승을 통해 시작되는 관리 애플리케이션에 의해 사용된다. 또는 사용자가 관리자이고 UAC가 비활성화돼 있다면 일반 애플리케이션에 의해 사용된다.
S-1-16-0x4000	System(4)	서비스(Wininit, Winlogon, Smss 등과 같은)와 그 외의 시스템 수준 애플리케이션에 의해 사용된다.
S-1-16-0x5000	Protected(5)	현재 기본으로는 사용되지 않는다. 커널 모드 호출자에 의해서만 설정될 수 있다.

UWP 앱에 의해 사용되는 앱컨테이너AppContainer로 불리는 무결성 수준이 존재한다. 얼핏 보기에 다른 수준으로 보이지만, 실제로는 표 7-3의 Low 수준과 동일한 것이다. UWP 프로세스 토큰은 자신들이 앱컨테이너('앱컨테이너' 절에서 설명한다) 내에서 실행하고 있음을 표시하는 또 다른 속성을 가진다. 이 정보는 `GetTokenInformation` API에 `TokenIsAppContainer` 열거 값을 지정해 구할 수 있다.

실습: 프로세스의 무결성 수준 살펴보기

Process Explorer를 사용하면 시스템의 프로세스 무결성 수준을 손쉽게 확인할 수 있다. 다음 과정은 이 기능의 사용법을 보여준다.

1. 마이크로소프트 에지 브라우저와 Calc.exe를 실행한다(윈도우 10).
2. 상승된 명령 프롬프트 창을 연다.
3. 메모장을 연다(권한 상승되지 않은 상태로).
4. 상승된 권한으로 Process Explorer를 열어 프로세스 목록의 아무런 칼럼 헤더에서 마우스 오른쪽 버튼을 클릭한다. 그리고 Select Columns를 클릭한다.
5. Process Image 탭을 선택하고 Integrity Level 체크박스를 선택한다. 다음에 보는 것과 유사한 대화상자가 보일 것이다.

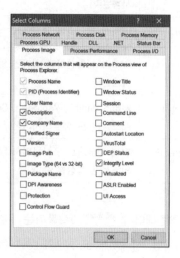

6. 이제 Process Explorer는 시스템에 있는 프로세스의 무결성 수준을 보여 줄 것이다. Medium 수준의 메모장 프로세스와 앱컨테이너 수준의 에지 (MicrosoftEdge.exe), High 수준의 상승된 명령 프롬프트를 볼 수 있다. 또한 서비스와 시스템 프로세스는 좀 더 높은 무결성 수준인 System 수

준에서 실행된다는 점에 주목할 필요가 있다.

모든 프로세스는 프로세스의 토큰 내에 표현되는 무결성 수준을 지니며, 이 무결성 수준은 다음 규칙에 따라 전파된다.

- 일반적으로 프로세스는 부모로부터 무결성 수준을 상속받는다(이것은 상승된 명령 프롬프트는 역시 상승된 프로세스를 만듦을 의미한다).
- 자식 프로세스가 속하는 실행 가능한 이미지에 대한 파일 객체가 무결성 수준을 갖고 있고, 부모 프로세스의 무결성 수준이 medium 또는 그보다 높다면 자식 프로세스는 이 둘보다 낮은 무결성 수준을 상속받는다.
- 부모 프로세스는 자신의 수준보다 낮은 명시적인 무결성 수준을 갖는 자식 프로세스를 생성할 수 있다. 이런 작업은 DuplicateTokenEx를 사용해 자신의 접근 토큰을 복제하고, SetTokenInformation을 사용해 복제한 접근 토큰을 원하는

무결성 수준으로 변경한 후 이 토큰^{token}으로 CreateProcessAsUser 함수를 호출함으로써 이뤄진다.

표 7-3은 프로세스와 관련된 무결성 수준을 나열하고 있다. 그러나 객체는 어떤가? 객체 또한 mandatory label이라고 불리는 구조체 형태로 보안 디스크립터의 한 부분에 저장된 무결성 수준을 가진다.

이전 버전의 윈도우에서 변경된 부분을 지원하고(이전 버전의 윈도우는 레지스트리 키와 파일이 무결성 수준에 대한 정보를 포함하고 있지 않았기 때문에), 애플리케이션 개발자의 작업을 쉽게 하기 위해 모든 객체는 수동으로 무결성 수준을 명시하지 않아도 되게 암묵적인 무결성 수준을 갖는다. 암묵적인 무결성 수준은 medium 수준인데, 이것은 객체에 대한 강제적인 정책(잠시 후에 설명한다)이 medium보다 낮은 무결성 수준을 갖는 객체에 접근하는 토큰들에 대해 적용된다는 것을 의미한다.

프로세스가 무결성 수준을 명시하지 않고 객체를 생성할 때 시스템은 토큰에 있는 무결성 수준을 검사한다. medium이나 더 높은 수준을 가진 토큰의 경우 객체의 암묵적인 무결성 수준은 medium으로 유지된다. 하지만 토큰이 medium보다 낮은 무결성 수준을 가질 때 객체는 토큰이 가진 수준과 동일한 무결성 수준을 갖는 명시적인 무결성 수준으로 생성된다.

high 또는 system 무결성 수준의 프로세스에 의해 생성된 객체가 medium 무결성 수준을 갖게 해서 사용자가 UAC를 활성화하거나 비활성화하게 할 수 있게 한다. 객체 무결성 수준이 항상 생성자의 무결성 수준을 그대로 물려받는다면 UAC를 비활성화했다가 다시 활성화하려는 관리자 애플리케이션은 실패할 수 있다. 애플리케이션이 high 무결성 수준에서 실행될 때 생성한 레지스트리 설정이나 파일들을 수정할 수 없을 수도 있기 때문이다. 객체는 또한 시스템이나 객체 생성자에 의해 생성된 명시적인 무결성 수준을 가질 수도 있다. 예를 들어 프로세스와 스레드 토큰, 잡은 생성 시에 커널로부터 명시적인 무결성 수순이 수어진다. 이러한 객체에 무결성 수준을 할당하는 이유는, 사용자는 동일하지만 더 낮은 무결성 수준에서 실행되는 프로세스가 이러한 객체에 접근하고 그 내용이나 행위들을 수정하는 것을 방지하기 위해서다(DLL 인젝션이나 코드의 수정을 예로 들 수 있다).

객체는 무결성 수준 외에도 강제적인 정책을 지니며, 이 정책은 무결성 수준 검사에 기초해 적용되는 실제 보호 수준을 정의한다. 표 7-4와 같이 3가지 유형이 가능하다. 무결성 수준과 강제적인 정책은 같은 ACE에 함께 저장된다.

표 7-4 객체 강제 정책

정책	기본 값	설명
No-Write-Up	모든 객체에 암묵적으로 존재	낮은 무결성 수준의 프로세스로부터 객체에 대한 쓰기 접근을 제한하기 위해 사용된다.
No-Read-Up	프로세스 객체에만 존재	낮은 무결성 수준의 프로세스로부터 객체에 대한 읽기 접근을 제한하기 위해 사용된다. 프로세스 객체에 대한 명시적인 사용은 외부 프로세스로부터의 주소 공간 읽기를 차단해 정보 유출로부터 보호한다.
No-Execute-Up	COM 클래스를 구현하는 바이너리에만 존재	낮은 무결성 수준의 프로세스로부터 객체에 대한 실행 접근을 제한하기 위해 사용된다. COM 클래스에 대한 명시적인 사용은 COM 클래스에 대한 시작-동작 퍼미션을 제한하기 위한 것이다.

실습: 객체의 무결성 수준 살펴보기

Sysinternals의 Accesschk 툴을 사용하면 파일과 프로세스, 레지스트리 키 같은 객체의 무결성 수준을 볼 수 있다. 다음 실습은 윈도우에 있는 LocalLow 디렉터리의 목적을 보여준다.

1. 명령 프롬프트에서 C:\Users\<UserName>\로 이동한다. 여기서 <UserName>은 독자의 컴퓨터 이름이다.
2. 다음과 같이 AppData 폴더에서 Accesschk를 실행해 본다

```
C:\Users\UserName> accesschk -v appdata
```

3. 다음과 같은 유사한 결과에서 Local과 LocalLow의 차이점에 주목한다.

```
C:\Users\UserName\AppData\Local
  Medium Mandatory Level (Default) [No-Write-Up]
  [...]
C:\Users\UserName\AppData\LocalLow
  Low Mandatory Level [No-Write-Up]
  [...]
C:\Users\UserName\AppData\Roaming
  Medium Mandatory Level (Default) [No-Write-Up]
  [...]
```

4. LocalLow 디렉터리는 Low로 설정된 무결성 수준을 가진다. 반면 Local 과 Roaming 디렉터리는 기본으로 Medium 무결성 수준을 갖는다. 기본 이란 시스템이 암묵적인 무결성 수준을 사용하고 있음을 의미한다.

5. 명시적인 무결성 수준만을 표시하고자 한다면 Accesschk에 -e 플래그를 전달하면 된다. AppData 폴더에서 툴을 다시 실행시키면 LocalLow 정 보만 보이는 것을 볼 수 있다.

-o(객체)와 -k(레지스트리 키), -p(프로세스) 플래그는 파일이나 디렉터리 외의 다른 것들을 명시할 수 있게 한다.

토큰

보안 참조 모니터는 프로세스나 스레드의 보안 컨텍스트를 식별하기 위해 **토큰**(또는 접근 토큰)이라 불리는 객체를 사용한다. 보안 컨텍스트는 프로세스나 스레드와 관련된 계정과 그룹, 특권을 기술하는 정보로 이뤄져 있다. 토큰은 또한 세션 ID와 무결성 수준, UAC 가상화 상태와 같은 정보를 포함한다(7장의 후반부에서 특권과 UAC의 가상화 메커니즘 모두를 설명한다).

로그온 과정(7장의 뒷부분에 기술된)에서 Lsass는 로그온하는 사용자를 나타내는 최초의 토큰을 생성한다. 그리고 로그온하는 사용자가 영향력 있는 그룹에 속하는지 아니면 영향력 있는 특권을 소유했는지를 판단한다. 이 과정에서 검사되는 그룹은 다음과 같다.

- 기본 관리자Built-In Administrators
- 인증서 관리자Certificate Administrators
- 도메인 관리자Domain Administrators
- 엔터프라이즈 관리자Enterprise Administrators
- 정책 관리자Policy Administrators
- 스키마 관리자Schema Administrators
- 도메인 컨트롤러Domain Controllers
- 엔터프라이즈 읽기전용 도메인 컨트롤러Enterprise Read-Only Domain Controllers
- 읽기 전용 도메인 컨트롤러Read-Only Domain Controllers
- 계정 오퍼레이터Account Operators
- 백업 오퍼레이터Backup Operators
- 암호 오퍼레이터Cryptographic Operators
- 네트워크 설정 오퍼레이터Network Configuration Operators
- 프린트 오퍼레이터Print Operators
- 시스템 오퍼레이터System Operators
- RAS 서버RAS Servers
- 전원 유저Power Users
- 윈도우 2000 이전 버전과 호환 가능한 접근Pre-Windows 2000 Compatible Access

위에 나열된 대부분의 그룹은 도메인이 관여된 시스템에서만 사용되며, 사용자에게 직접 로컬 관리 권한을 부여하지 않는다. 대신 이러한 그룹은 사용자에게 도메인 전체에 대한 설정을 변경할 수 있게 허용한다.

검사되는 권한은 다음과 같다.

- SeBackupPrivilege

- SeCreateTokenPrivilege

- SeDebugPrivilege

- SeImpersonatePrivilege

- SeLabelPrivilege

- SeLoadDriverPrivilege

- SeRestorePrivilege

- SeTakeOwnershipPrivilege

- SeTcbPrivilege

이들 권한은 7장 후반부의 '특권' 절에서 자세히 설명한다.

위 그룹 중 하나 이상의 그룹이나 권한이 존재한다면 Lsass는 사용자에 대한 제한된 토큰restricted token(필터링된 관리 토큰이라고도 불린다)을 생성하고, 사용자와 그룹 모두를 위한 하나의 로그온 세션을 생성한다. 표준 사용자 토큰은 Winlogon이 실행하는 초기의 프로세스나 프로세스들(기본으로는 Userinit.exe가 있다)에 연결된다.

 UAC가 비활성화돼 있다면 관리자는 관리자 그룹 자격과 특권을 포함하는 토큰으로써 실행한다.

자식 프로세스는 디폴트로 자신의 생성자가 가진 토큰의 복사본을 물려받기 때문에 특정 사용자 세션 내의 모든 프로세스는 동일한 토큰으로 실행된다. 윈도우의 LoginUser 함수를 사용해 토큰을 생성할 수도 있다. 그다음 이 토큰을 윈도우의 Create-ProcessAsUser 함수에 넘겨줌으로써 LogonUser 함수를 통해 로그온한 사용자의 보안 컨텍스트 내에서 실행되는 프로세스를 생성할 수 있다. CreateProcessWithLogon 함수는 이들 작업을 한 번의 호출로 가능하게 한다. 이것이 Runas 커맨드가 대체 토큰하에서 프로세스를 실행하는 방법이다.

토큰은 다양한 크기를 갖는데, 사용자 계정이 각기 다른 특권이나 관련 그룹 계정들을 갖기 때문이다. 하지만 모든 토큰은 동일한 정보 타입을 갖고 있다. 그림 7-7은 토큰의 주요 내용이다.

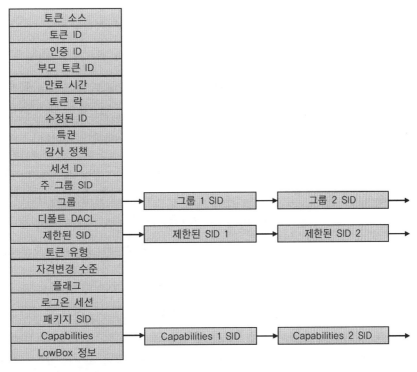

그림 7-7 접근 토큰

윈도우의 보안 메커니즘은 어떠한 객체가 접근 가능한지와 어떤 안전한 작업이 수행 가능한지 판단하기 위해 토큰의 두 가지 구성 요소를 사용한다. 그중 하나는 토큰의 사용자 계정 SID와 그룹 SID다. SRM은 프로세스나 스레드가 NTFS 파일과 같이 보안이 적용된 객체에 원하는 접근을 할 수 있는지 알아내기 위해 SID를 이용한다.

토큰 내의 그룹 SID는 사용자 계정이 어떤 그룹에 속하는지 알려준다. 예를 들어 서버 애플리케이션은 클라이언트의 요청을 처리하는 동안 토큰의 자격을 제한하기 위해 특정 그룹의 사용을 불가능하게 만들 수 있다. 그룹을 불가능하게 하는 것은 해당 그룹이 토큰 내에 존재하지 않게 하는 것과 거의 같은 효과를 낸다(이는 '제한된 토큰' 절에서 설명할 deny-only 그룹 효과로 이어진다. 7장 후반부의 '접근 결정' 절에서 설명하겠지만 사용 불가능해진 SID들은 보안 접근 검사의 일부로서 사용된다). 그룹 SID는 또한 프로세스나 스레드의 무결성 수준 정보를 갖고 있는 특별한 SID를 포함할 수도 있다. SRM은 나중에 설명할 강제적인 무결성 검사를 수행하기 위해 토큰 내의 또 다른 필드(강제적 무결성 정책을 기술하는)를 이용한다.

토큰의 해당 프로세스나 스레드가 무엇을 할 수 있는지를 판단하는 데 사용되는 두 번째 구성 요소는 특권 배열이다. 토큰의 특권 배열은 토큰과 관련된 권한들의 목록이다. 특권의 예로는 토큰과 관련된 프로세스나 스레드가 컴퓨터를 종료하기 위해 필요한 권한을 들 수 있다. 7장의 후반부에서 특권에 대해 좀 더 자세히 설명한다.

토큰을 사용할 때 토큰에 있는 디폴트 주 그룹 필드와 디폴트 임의 접근 제어 목록^{DACL} 필드는 프로세스나 스레드가 생성하는 객체에 윈도우가 적용하는 보안 속성^{attribute}이다. 토큰에 보안 정보를 포함함으로써 윈도우는 프로세스나 스레드가 표준 보안 속성을 갖는 객체를 생성하는 것을 편리하게 한다. 프로세스나 스레드가 생성하는 모든 객체에 대해 개별적인 보안 정보를 요청할 필요가 없기 때문이다.

각 토큰의 유형은 주 토큰(프로세스의 보안 컨텍스트를 식별하는)과 자격 변경된 토큰을 구별 짓는다. 자격 변경된 토큰은 스레드가 일시적으로 다른 보안 컨텍스트(일반적으로 다른 사용자)를 차용하기 위해 사용하는 토큰의 유형이다. 자격 변경된 토큰은 어떠한 유형의 자격 변경이 활성화됐는지를 표시하는 자격 변경 수준을 가진다(7장 후반부에서 자격 변경을 설명한다).

토큰은 또한 프로세스나 스레드를 위한 강제적인 정책을 포함하고 있으며, 이 정책은 토큰을 처리할 때 MIC가 어떻게 행동할지를 정의한다. 여기엔 두 가지 정책이 있다.

- **TOKEN_MADATORY_NO_WRITE_UP** 이 정책은 디폴트로 활성화되며, 토큰에 대한 쓰기 방지^{No-Write-Up} 정책을 설정한다. 이것은 프로세스나 스레드가 쓰기 접근을 위해 더 높은 무결성 수준을 갖더라도 접근할 수 없게 한다.
- **TOKEN_MADATORY_NEW_PROCESS_MIN** 이 정책 또한 디폴트로 활성화되며, SRM 으로 하여금 자식 프로세스를 실행할 때 실행 파일 이미지의 무결성 수준을 조사하고, 또한 자식의 무결성 수준으로 부모 프로세스의 최소 무결성 수준과

파일 객체의 무결성 수준을 산정하게 한다.

토큰의 플래그는 가상화와 사용자 인터페이스 접근처럼 특정 UAC와 UIPI 메커니즘의 행위를 결정하는 인자를 포함한다. 이들 메커니즘에 대해서는 7장 후반부에 설명한다.

앱락커AppLocker 정책이 정의돼 있다면 각 토큰은 또한 애플리케이션 식별 서비스(앱락커의 일부분)에 의해 할당되는 속성을 가질 수 있다. 앱락커와 접근 토큰 내에 속성 사용에 대해서는 7장 후반부에서 설명한다.

UWP 프로세스 토큰은 해당 프로세스를 호스팅하는 앱컨테이너에 관한 정보를 가진다. 이들 프로세스는 프로세스가 최초 기원한 UWP 패키지를 식별하는 패키지 SID를 먼저 저장한다. 이 SID의 중요성은 7장 후반부의 '앱컨테이너' 절에서 설명한다. 둘째로 UWP 프로세스는 사용자의 동의를 필요로 하는 동작에 대해 요청을 할 수 있는 기능을 갖춰야 한다. 이런 기능으로는 네트워크 접근과 장치의 폰 기능(존재한다면)을 사용하기, 장치의 카메라 접근하기 등이 있다. 이런 각 기능은 토큰의 일부로 저장돼 있는 SID로 표시된다(기능에 대한 추가 설명은 '앱컨테이너' 절에서 한다).

토큰의 나머지 필드는 정보를 제공하기 위한 목적으로 사용된다. 토큰의 소스 필드는 토큰을 생성한 개체에 대한 간략한 설명을 담고 있다. 토큰이 어디에서 만들어졌는지 궁금한 프로그램은 이 필드를 사용해 윈도우 세션 관리자나 네트워크 파일 서버, 원격 프로시저 호출RPC 서버와 같은 소스들 중 어디에서 왔는지 구별할 수 있다. 토큰 식별자는 로컬에서 고유한 식별자LUID, locally unique identifier며, SRM이 토큰을 생성할 때 할당한다. 윈도우 익스큐티브는 각 토큰에 고유한 숫자 식별자를 할당하기 위해 사용하는 단조 증가 카운터인 익스큐티브 LUID를 유지한다. LUID는 시스템이 종료되기 전까지만 유일함이 보장된다.

토큰의 인증 ID는 또 다른 종류의 LUID다. 토큰 생성자는 LsaLogonUser 함수가 호출될 때 토큰의 인증 ID를 할당한다. 생성자가 LUID를 명시하지 않으면 Lsass는 익스큐티브 LUID로부터 LUID를 구한다. Lsass는 초기 로그온 토큰으로부터 계승된 모든 토큰에 대해 인증 ID를 복사한다. 프로그램은 토큰의 인증 ID를 구해 해당 토큰이 프로그램이 검사한 다른 토큰과 동일한 로그온 세션에 속하는지를 확인할 수 있다.

토큰의 특성이 변경될 때마다 익스큐티브 LUID는 변경된 ID를 반영한다. 애플리케이션은 마지막 사용 이후로 보안 컨텍스트에 변경 사항이 있는지를 보기 위해 바뀐 ID를 검사할 수 있다.

토큰은 만료 시간 필드를 갖고 있는데, 이 필드는 자신의 보안을 수행하는 애플리케이션이 일정 시간이 경과한 이후에 토큰을 거부하기 위해 사용될 수 있다. 하지만 윈도우는 토큰 만료 시간에 대해 강제하지 않는다.

> 시스템 보안을 보장하기 위해 토큰의 필드들은 변경되지 않는다(그것들은 커널 메모리에 위치하기 때문이다). 토큰의 속성을 수정할 수 있게 설계된 특정한 시스템 호출(호출자가 토큰 객체에 대한 적절한 접근 권한을 갖고 있다고 가정했을 때)을 통해 수정될 수 있는 필드를 제외하고 특권과 SID 같은 토큰 내의 데이터들은 결코 유저 모드에서 수정될 수 없다.

실습: 접근 토큰 살펴보기

커널 디버거의 dt _TOKEN 명령은 내부 토큰 객체의 형식을 보여준다. 이 구조체는 윈도우 API의 보안 관련 함수들이 반환하는 유저 모드 토큰 구조체와는 다른 것이지만, 그 필드는 매우 유사하다. 토큰에 대한 좀 더 자세한 정보는 윈도우 SDK 문서를 보기 바란다.

다음 출력은 윈도우 10의 토큰 구조체다.

```
lkd> dt nt!_token
   +0x000 TokenSource        : _TOKEN_SOURCE
   +0x010 TokenId            : _LUID
   +0x018 AuthenticationId   : _LUID
   +0x020 ParentTokenId      : _LUID
   +0x028 ExpirationTime     : _LARGE_INTEGER
   +0x030 TokenLock          : Ptr64 _ERESOURCE
```

```
+0x038 ModifiedId              : _LUID
+0x040 Privileges             : _SEP_TOKEN_PRIVILEGES
+0x058 AuditPolicy            : _SEP_AUDIT_POLICY
+0x078 SessionId              : Uint4B
+0x07c UserAndGroupCount      : Uint4B
+0x080 RestrictedSidCount     : Uint4B
+0x084 VariableLength         : Uint4B
+0x088 DynamicCharged         : Uint4B
+0x08c DynamicAvailable       : Uint4B
+0x090 DefaultOwnerIndex      : Uint4B
+0x098 UserAndGroups          : Ptr64 _SID_AND_ATTRIBUTES
+0x0a0 RestrictedSids         : Ptr64 _SID_AND_ATTRIBUTES
+0x0a8 PrimaryGroup           : Ptr64 Void
+0x0b0 DynamicPart            : Ptr64 Uint4B
+0x0b8 DefaultDacl            : Ptr64 _ACL
+0x0c0 TokenType              : _TOKEN_TYPE
+0x0c4 ImpersonationLevel     : _SECURITY_IMPERSONATION_LEVEL
+0x0c8 TokenFlags             : Uint4B
+0x0cc TokenInUse             : UChar
+0x0d0 IntegrityLevelIndex    : Uint4B
+0x0d4 MandatoryPolicy        : Uint4B
+0x0d8 LogonSession           : Ptr64 _SEP_LOGON_SESSION_REFERENCES
+0x0e0 OriginatingLogonSession : _LUID
+0x0e8 SidHash                : _SID_AND_ATTRIBUTES_HASH
+0x1f8 RestrictedSidHash      : _SID_AND_ATTRIBUTES_HASH
+0x308 pSecurityAttributes    : Ptr64
_AUTHZBASEP_SECURITY_ATTRIBUTES_INFORMATION
+0x310 Package                : Ptr64 Void
+0x318 Capabilities           : Ptr64 _SID_AND_ATTRIBUTES
+0x320 CapabilityCount        : Uint4B
+0x328 CapabilitiesHash       : _SID_AND_ATTRIBUTES_HASH
+0x438 LowboxNumberEntry      : Ptr64 _SEP_LOWBOX_NUMBER_ENTRY
+0x440 LowboxHandlesEntry     : Ptr64 _SEP_LOWBOX_HANDLES_ENTRY
+0x448 pClaimAttributes       : Ptr64 _AUTHZBASEP_CLAIM_ATTRIBUTES_COLLECTION
+0x450 TrustLevelSid          : Ptr64 Void
```

```
+0x458 TrustLinkedToken        : Ptr64 _TOKEN
+0x460 IntegrityLevelSidValue  : Ptr64 Void
+0x468 TokenSidValues          : Ptr64 _SEP_SID_VALUES_BLOCK
+0x470 IndexEntry              : Ptr64 _SEP_LUID_TO_INDEX_MAP_ENTRY
+0x478 DiagnosticInfo          : Ptr64 _SEP_TOKEN_DIAG_TRACK_ENTRY
+0x480 SessionObject           : Ptr64 Void
+0x488 VariablePart            : Uint8B
```

프로세스에 대한 토큰의 내용을 보려면 !token 명령을 사용한다. 다음과 같이 !process 명령을 사용해 토큰의 시작 번지를 찾을 수 있다. 다음 출력은 explorer.exe 프로세스에 대한 것이다.

```
lkd> !process 0 1 explorer.exe
PROCESS ffffe18304dfd780
    SessionId: 1 Cid: 23e4 Peb: 00c2a000 ParentCid: 2264
    DirBase: 2aa0f6000 ObjectTable: ffffcd82c72fcd80 HandleCount: <Data Not
Accessible>
    Image: explorer.exe
    VadRoot ffffe18303655840 Vads 705 Clone 0 Private 12264. Modified 376410.
Locked 18.
    DeviceMap ffffcd82c39bc0d0
    Token              ffffcd82c72fc060
    ...

PROCESS ffffe1830670a080
    SessionId: 1 Cid: 27b8 Peb: 00950000 ParentCid: 035c
    DirBase: 2cba97000 ObjectTable: ffffcd82c7ccc500 HandleCount: <Data Not
Accessible>
    Image: explorer.exe
    VadRoot ffffe183064e9f60 Vads 1991 Clone 0 Private 19576. Modified 87095.
Locked 0.
    DeviceMap ffffcd82c39bc0d0
    Token              ffffcd82c7cd9060
    ...
```

```
lkd> !token ffffcd82c72fc060
_TOKEN 0xffffcd82c72fc060
TS Session ID: 0x1
User: S-1-5-21-3537846094-3055369412-2967912182-1001
User Groups:
 00 S-1-16-8192
    Attributes - GroupIntegrity GroupIntegrityEnabled
 01 S-1-1-0
    Attributes - Mandatory Default Enabled
 02 S-1-5-114
    Attributes - DenyOnly
 03 S-1-5-21-3537846094-3055369412-2967912182-1004
    Attributes - Mandatory Default Enabled
 04 S-1-5-32-544
    Attributes - DenyOnly
 05 S-1-5-32-578
    Attributes - Mandatory Default Enabled
 06 S-1-5-32-559
    Attributes - Mandatory Default Enabled
 07 S-1-5-32-545
    Attributes - Mandatory Default Enabled
 08 S-1-5-4
    Attributes - Mandatory Default Enabled
 09 S-1-2-1
    Attributes - Mandatory Default Enabled
 10 S-1-5-11
    Attributes - Mandatory Default Enabled
 11 S-1-5-15
    Attributes - Mandatory Default Enabled
 12 S-1-11-96-3623454863-58364-18864-2661722203-1597581903-1225312835-
2511459453-1556397606-2735945305-1404291241
    Attributes - Mandatory Default Enabled
 13 S-1-5-113
    Attributes - Mandatory Default Enabled
 14 S-1-5-5-0-1745560
```

```
      Attributes - Mandatory Default Enabled LogonId
   15 S-1-2-0
      Attributes - Mandatory Default Enabled
   16 S-1-5-64-36
      Attributes - Mandatory Default Enabled
Primary Group: S-1-5-21-3537846094-3055369412-2967912182-1001
Privs:
   19 0x000000013 SeShutdownPrivilege            Attributes -
   23 0x000000017 SeChangeNotifyPrivilege        Attributes - Enabled Default
   25 0x000000019 SeUndockPrivilege              Attributes -
   33 0x000000021 SeIncreaseWorkingSetPrivilege  Attributes -
   34 0x000000022 SeTimeZonePrivilege            Attributes -
Authentication ID:      (0,1aa448)
Impersonation Level:    Anonymous
TokenType:              Primary
Source: User32          TokenFlags: 0x2a00 ( Token in use )
Token ID: 1be803        ParentToken ID: 1aa44b
Modified ID:            (0, 43d9289)
RestrictedSidCount: 0   RestrictedSids: 0x0000000000000000
OriginatingLogonSession: 3e7
PackageSid: (null)
CapabilityCount: 0   Capabilities: 0x0000000000000000
LowboxNumberEntry: 0x0000000000000000
Security Attributes:
Unable to get the offset of nt!_AUTHZBASEP_SECURITY_ATTRIBUTE.ListLink
Process Token TrustLevelSid: (null)
```

탐색기는 앱컨테이너에서 실행하지 않으므로 패키지 SID가 존재하지 않음에 주
목하자.

윈도우 10에서 calc.exe를 실행하면 calculator.exe(이제 UWP 앱)이 생성되는데,
이 앱의 토큰을 살펴보자.

```
lkd> !process 0 1 calculator.exe
PROCESS ffffe18309e874c0
    SessionId: 1 Cid: 3c18 Peb: cd0182c000 ParentCid: 035c
    DirBase: 7a15e4000 ObjectTable: ffffcd82ec9a37c0 HandleCount: <Data Not
Accessible>
    Image: Calculator.exe
    VadRoot ffffe1831cf197c0 Vads 181 Clone 0 Private 3800. Modified 3746. Locked
503.
    DeviceMap ffffcd82c39bc0d0
    Token                       ffffcd82e26168f0
...

lkd> !token ffffcd82e26168f0
_TOKEN 0xffffcd82e26168f0
TS Session ID: 0x1
User: S-1-5-21-3537846094-3055369412-2967912182-1001
User Groups:
  00 S-1-16-4096
     Attributes - GroupIntegrity GroupIntegrityEnabled
  01 S-1-1-0
     Attributes - Mandatory Default Enabled
  02 S-1-5-114
     Attributes - DenyOnly
  03 S-1-5-21-3537846094-3055369412-2967912182-1004
     Attributes - Mandatory Default Enabled
  04 S-1-5-32-544
     Attributes - DenyOnly
  05 S-1-5-32-578
     Attributes - Mandatory Default Enabled
  06 S-1-5-32-559
     Attributes - Mandatory Default Enabled
  07 S-1-5-32-545
     Attributes - Mandatory Default Enabled
  08 S-1-5-4
     Attributes - Mandatory Default Enabled
  09 S-1-2-1
```

```
        Attributes - Mandatory Default Enabled
  10 S-1-5-11
        Attributes - Mandatory Default Enabled
  11 S-1-5-15
        Attributes - Mandatory Default Enabled
  12 S-1-11-96-3623454863-58364-18864-2661722203-1597581903-1225312835-
2511459453-1556397606-2735945305-1404291241
        Attributes - Mandatory Default Enabled
  13 S-1-5-113
        Attributes - Mandatory Default Enabled
  14 S-1-5-5-0-1745560
        Attributes - Mandatory Default Enabled LogonId
  15 S-1-2-0
        Attributes - Mandatory Default Enabled
  16 S-1-5-64-36
        Attributes - Mandatory Default Enabled
Primary Group: S-1-5-21-3537846094-3055369412-2967912182-1001
Privs:
  19 0x000000013 SeShutdownPrivilege          Attributes -
  23 0x000000017 SeChangeNotifyPrivilege      Attributes - Enabled Default
  25 0x000000019 SeUndockPrivilege            Attributes -
  33 0x000000021 SeIncreaseWorkingSetPrivilege Attributes -
  34 0x000000022 SeTimeZonePrivilege          Attributes -
Authentication ID:        (0,1aa448)
Impersonation Level:      Anonymous
TokenType:                Primary
Source: User32            TokenFlags: 0x4a00 ( Token in use )
Token ID: 4ddb8c0         ParentToken ID: 1aa44b
Modified ID:              (0, 4ddb8b2)
RestrictedSidCount: 0     RestrictedSids: 0x0000000000000000
OriginatingLogonSession: 3e7
PackageSid:
S-1-15-2-466767348-3739614953-2700836392-1801644223-4227750657-
1087833535-2488631167
CapabilityCount: 1   Capabilities: 0xffffcd82e1bfccd0
```

```
Capabilities:
00 S-1-15-3-466767348-3739614953-2700836392-1801644223-4227750657-
1087833535-2488631167
   Attributes - Enabled
LowboxNumberEntry: 0xffffcd82fa2c1670
LowboxNumber: 5
Security Attributes:
Unable to get the offset of nt!_AUTHZBASEP_SECURITY_ATTRIBUTE.ListLink
Process Token TrustLevelSid: (null)
```

계산기가 필요로 하는 한 가지 기능(7장의 '앱컨테이너' 절에서 설명할 실제로는 자신의 앱컨테이너 SID RID와 동일한 값이다)이 있음을 알 수 있다. Cortana 프로세스(searchui.exe)의 토큰을 살펴보면 다음과 같은 기능들을 볼 수 있다.

```
lkd> !process 0 1 searchui.exe
PROCESS ffffe1831307d080
   SessionId: 1 Cid: 29d8 Peb: fb407ec000 ParentCid: 035c
DeepFreeze
   DirBase: 38b635000 ObjectTable: ffffcd830059e580 HandleCount: <Data Not
Accessible>
   Image: SearchUI.exe
   VadRoot ffffe1831fe89130 Vads 420 Clone 0 Private 11029. Modified 2031.
Locked 0.
   DeviceMap ffffcd82c39bc0d0
   Token                    ffffcd82d97d18f0
   ...

lkd> !token ffffcd82d97d18f0
_TOKEN 0xffffcd82d97d18f0
TS Session ID: 0x1
User: S-1-5-21-3537846094-3055369412-2967912182-1001
User Groups:
...
Primary Group: S-1-5-21-3537846094-3055369412-2967912182-1001
```

```
Privs:
   19 0x000000013 SeShutdownPrivilege          Attributes -
   23 0x000000017 SeChangeNotifyPrivilege      Attributes - Enabled Default
   25 0x000000019 SeUndockPrivilege            Attributes -
   33 0x000000021 SeIncreaseWorkingSetPrivilege Attributes -
   34 0x000000022 SeTimeZonePrivilege          Attributes -
Authentication ID:      (0,1aa448)
Impersonation Level:    Anonymous
TokenType:              Primary
Source: User32          TokenFlags: 0x4a00 ( Token in use )
Token ID: 4483430       ParentToken ID: 1aa44b
Modified ID:            (0, 4481b11)
RestrictedSidCount: 0   RestrictedSids: 0x0000000000000000
OriginatingLogonSession: 3e7
PackageSid: S-1-15-2-1861897761-1695161497-2927542615-642690995-327840285-
2659745135-2630312742
CapabilityCount: 32  Capabilities: 0xffffcd82f78149b0
Capabilities:
   00 S-1-15-3-1024-1216833578-114521899-3977640588-1343180512-2505059295-
473916851-3379430393-3088591068
      Attributes - Enabled
   01 S-1-15-3-1024-3299255270-1847605585-2201808924-710406709-3613095291-
873286183-3101090833-2655911836
      Attributes - Enabled
   02 S-1-15-3-1024-34359262-2669769421-2130994847-3068338639-3284271446-
2009814230-2411358368-814686995
      Attributes - Enabled
   03 S-1-15-3-1
      Attributes - Enabled
...
   29 S-1-15-3-3633849274-1266774400-1199443125-2736873758
      Attributes - Enabled
   30 S-1-15-3-2569730672-1095266119-53537203-1209375796
      Attributes - Enabled
   31 S-1-15-3-2452736844-1257488215-2818397580-3305426111
```

```
    Attributes - Enabled
LowboxNumberEntry: 0xffffcd82c7539110
LowboxNumber: 2
Security Attributes:
Unable to get the offset of nt!_AUTHZBASEP_SECURITY_ATTRIBUTE.ListLink
Process Token TrustLevelSid: (null)
```

Cortana가 필요로 하는 32개의 기능이 있다. 이는 이 프로세스에는 말단 사용자가 수용하고 시스템이 검증하는 다양한 기능이 있음을 암시한다.

Process Explorer의 Process Properties 대화상자에서 보안 탭을 선택하면 토큰의 내용을 간접적으로 볼 수 있다. 대화상자는 검사 중인 프로세스 토큰에 포함된 그룹과 특권을 보여준다.

실습: 낮은 무결성 수준에서 프로그램 실행하기

관리자 권한으로 실행하기 옵션을 사용하거나 프로그램의 요청에 의해 프로그램을 명시적으로 높은 무결성 수준에서 시작해 프로그램을 상승시킬 수 있다. 또한 Sysinternals의 Psexe를 사용하면 프로그램을 낮은 무결성 수준에서 실행하는 것도 가능하다.

1. 다음 명령을 통해 메모장을 낮은 무결성 수준으로 실행한다.

   ```
   c:\psexec -l notepad.exe
   ```

2. %SystemRoot%\System32 디렉터리에서 파일 하나(XML 파일 중의 하나와 같은)를 열어본다. 이 디렉터리를 탐색할 수 있고 해당 디렉터리에 속한 어떤 파일이든 열 수 있음에 주목한다.

3. 이제 메모장의 파일 메뉴에서 새로 만들기를 선택한다.

4. 창에 아무 텍스트나 입력한다. 그리고 %SystemRoot%\System32 디렉터리에 파일을 저장하려고 시도한다. 그러면 메모장은 퍼미션이 없다는 메시지 창이 나타나고 내 문서 폴더에 저장할 것을 권장할 것이다.

5. 메시지 창의 확인 버튼을 누른다. 확인 버튼을 누를 때마다 매번 메시지 박스가 반복해서 나타난다.

6. 이제 7장의 이전 실습에서 보여준 것처럼 사용자 프로파일의 LocalLow 디렉터리에 이 파일을 저장해본다.

이전 실습에서 메모장이 낮은 무결성 수준에서 실행되고, LocalLow 디렉터리 또한 낮은 무결성 수준을 갖고 있었기 때문에 해당 디렉터리에 파일을 저장할 수 있었다. 파일을 저장하기 위해 시도했던 다른 모든 디렉터리는 암묵적으로 medium 무결성 수준을 갖고 있다(Accesschk를 통해 이를 검증할 수 있다). 하지만 %SystemRoot%\System32 디렉터리와 그 파일들은 암묵적인 medium 무결성 수준을 갖고 있음에도 이 디렉터리에 속한 파일을 열거나 읽는 것이 가능했다.

자격 변경

자격 변경^{Impersonation}은 윈도우의 보안 모델에서 빈번히 사용되는 강력한 기능이다. 윈도우는 또한 클라이언트/서버 프로그래밍 모델에서도 자격 변경을 사용한다. 예를 들어 서버 애플리케이션은 파일과 프린터, 데이터베이스 등의 자원을 제공하고, 클라이언트는 자원을 사용하겠다는 요청을 서버에 보낸다. 요청을 받은 서버는 클라이언트가 그 자원에 대해 원하는 작업을 수행할 수 있는 퍼미션을 갖고 있는지 확인해야 한다. 원격 컴퓨터의 사용자가 NTFS 공유 폴더의 파일을 삭제하려고 하면 공유를 제공한 서버는 이 사용자가 파일을 삭제할 수 있는지 판단해야 한다. 이를 결정하는 확실한 방법은 이 사용자의 계정과 그룹의 SID를 알아보고 파일의 보안 속성을 확인해 퍼미션 여부를 판단하는 것이다. 프로그램의 입장에서 이러한 접근 방법은 지루하고, 에러가 발생하기 쉬우며, 새로운 보안 요소들을 투명하게 적용할 수 없다는 문제가 있다. 따라서 윈도우는 서버의 작업을 간단히 하기 위한 자격 변경 서비스를 지원한다.

자격 변경에서는 서버가 자원 요청을 하는 클라이언트의 보안 프로파일을 임시로 채택하고 있음을 SRM에 통지한다. 그다음 서버는 클라이언트를 대신해 자원에 접근하고, SRM은 접근 검증을 수행한다. 이때 작업은 클라이언트의 보안 컨텍스트로 자격 변경된 상태에서 수행된다. 대개 서버가 클라이언트보다 더 많은 자원 접근 권한을 갖고 있어서 자격 변경을 하는 동안 보안 자격이 줄어든다. 물론 그 반대의 상황도 있다. 서버가 자격 변경 동안 더 많은 자격을 얻을 수도 있다.

서버는 오직 자격 변경을 요청한 스레드 내에서만 클라이언트를 자격 변경시킨다. 스레드 제어 구조체에는 자격 변경 토큰에 대한 선택 항목이 있다. 하지만 스레드의 실제 보안 자격을 나타내는 주 토큰은 프로세스 제어 구조체에서 항상 접근 가능하다.

윈도우는 몇 가지 메커니즘을 통해 자격 변경을 실행한다. 예를 들면 서버가 네임드 파이프를 통해 클라이언트와 통신한다면 서버는 ImpersonateNamedPipeClient API 함수를 사용해 SRM에게 파이프의 반대편에 있는 사용자를 자격 변경시키고자 함을 알릴 수 있다. 서버가 동적 자료 교환^{DDE, Dynamic Data Exchange}이나 RPC를 통해 통신하고 있다면 DdeImpersonateClient나 RpcImpersonateClient 함수를 사용해 자격 변경을 요청한다. 스레드는 ImpersonateSelf 함수로 자신의 프로세스 토큰을 복사함으로써 자격 변경 토큰을 생성할 수도 있다. 그런 다음 SID나 특권을 비활성화시키기 위해 자격 변경 토큰을 변경할 수 있다. 보안 지원 제공자 인터페이스^{SSPI, Security Support Provider Interface} 패키지는 ImpersonateSecurityContext 함수를 사용해 자신의 클라이언트를 자격 변경시킬 수 있다. SSPI는 LAN 매니저 버전 2나 Kerberos 같은 네트워크 인증 프로토콜을 구현한다. COM과 같은 인터페이스는 `CoImpersonateClient` 같은 자체적 API를 통해서 자격 변경을 노출한다.

서버 스레드가 작업을 마치면 자신의 주 보안 컨텍스트로 복귀한다. 이런 형태의 자격 변경은 클라이언트의 요청에 따라 특정 행위를 수행해야 할 때, 그리고 객체의 접근이 올바르게 감사되는지를 보장하는 데 편리하다(예를 들어 생성된 감사 정보는 서버 프로세스의 신분이 아니라 자격 변경된 클라이언트의 신분을 알려준다). 이러한 형태의 자격 변경의 단점으로는 클라이언트의 컨텍스트 내에서 전체 프로그램을 실행할 수는 없다는 것이다. 게다가 권한 위임 수준delegation level(잠시 후에 설명한다) 자격 변경이 아니거나, 원격 컴퓨터에 인증 받을 만큼 충분한 자격이 없거나, 또는 파일 프린터 공유가 널 세션을 지원하지 않는다면 자격 변경된 토큰은 네트워크로 공유된 파일이나 프린터에 접근이 불가능하다(널 세션은 익명 로그온anonymous logon의 결과로 생긴 것이다).

자격 변경을 사용하지 않고서 전체 애플리케이션이 클라이언트의 보안 컨텍스트에서 실행해야 하거나 네트워크로 공유된 자원을 사용해야 하는 상황이라면 클라이언트는 반드시 해당 시스템에 로그온해야 한다. `LogonUser` 윈도우 API 함수는 이러한 역할을 한다. `LogonUser`는 계정 이름과 패스워드, 로그온할 컴퓨터나 도메인 이름, 로그온의 종류(대화식, 일괄 작업, 서비스 등), 로그온 제공자logon provider를 입력으로 해서 주 토큰을 반환한다. 서버 스레드는 이 토큰을 자격 변경 토큰으로 사용하거나 클라이언트의 자격을 주 토큰으로 하는 프로그램을 시작할 수 있다. 보안 관점에서 보면 `CreateProcessAsUser` API와 같이 `LogonUser` 함수를 통한 대화식 로그온으로부터 반환된 토큰을 사용해 생성된 프로세스는 사용자가 대화식으로 로그인해 시작한 프로세스와 다를 것이 없다. 이런 접근법의 단점으로는 서버가 항상 클라이언트의 계정 이름과 패스워드를 알아야 한다는 것이다. 이러한 정보를 네트워크를 통해 보낸다면 서버는 네트워크 트래픽을 중간에서 가로채려는 악의적인 사용자가 이러한 정보들을 가로채지 못하게 안전하게 암호화해야 한다.

자격 변경의 오용을 막기 위해 윈도우는 클라이언트의 동의 없이 서버가 자격 변경을 수행하는 것을 막는다. 클라이언트 프로세스는 서버에 연결할 때 보안 서비스의 정도SQOS, security quality of service를 명시함으로써 서버 프로세스가 수행할 수 있는 자격 변경의 수준을 제한할 수 있다. 예를 들면 네임드 파이프를 열 때 프로세스는 윈도우의 CreateFile 함수에 대한 플래그로 SECURITY_ANONYMOUS나 SECURITY_IDENTIFICATION, SECURITY_IMPERSONATION, SECURITY_DELEGATION을 지정할 수 있다. 각각의 수준은 서버가 클라이언트의 보안 컨텍스트에 따라 다른 종류의 작업을 수행하게 한다.

- **SecurityAnonymous** 자격 변경의 가장 제한적인 수준이다. 서버는 클라이언트를 자격 변경시키거나 식별할 수 없다.
- **SecurityIdentification** 서버가 클라이언트의 SID와 특권을 얻게 한다. 그러나 서버는 클라이언트를 자격 변경시킬 수 없다.
- **SecurityImpersonation** 서버가 로컬 시스템에서 클라이언트를 식별하고 자격 변경시키게 해준다.
- **SecurityDelegation** 가장 권한이 높은 수준의 자격 변경이다. 서버는 로컬과 원격 시스템 모두에서 클라이언트를 자격 변경시킬 수 있다.

RPC와 같은 인터페이스는 비슷한 의미의 다른 상수를 사용한다(예를 들면 RPC_C_IMP_ LEVEL_IMPERSONATE).

클라이언트가 자격 변경 수준을 설정하지 않으면 윈도우는 SecurityImpersonation 수준을 디폴트로 선택한다. CreateFile 함수는 또한 자격 변경 설정 지시자로 SECURITY_ EFFECTIVE_ONLY와 SECURITY_CONTEXT_TRACKING을 받는다.

- **SECURITY_EFFECTIVE_ONLY** 서버가 자격 변경을 하는 동안 서버가 클라이언트의 특권이나 그룹을 활성화하거나 비활성화하지 못하게 한다.
- **SECURITY_CONTEXT_TRACKING** 클라이언트가 자신의 보안 컨텍스트를 변경했다면 이 클라이언트를 자격 변경하고 있는 서버에 변경 사항이 반영되게 한다. 이 옵션이 지정되지 않으면 자격 변경 시점에서의 클라이언트 컨텍스트를 적용하고, 그 이후의 변경 사항은 반영되지 않는다. 이 옵션은 서버와 클라이언트가 같은 시스템 내에 있을 때에만 효력이 있다.

낮은 무결성 수준의 프로세스가 악의적인 목적으로 사용자 인터페이스를 생성해 사용자의 자격증명을 가로채고, `LoginUser` 함수를 통해 사용자의 토큰을 얻어내는 시나리오를 방지하기 위해 스레드는 자신의 토큰보다 더 높은 무결성 수준의 토큰으로 자격 변경할 수 없는 특별한 무결성 정책이 자격 변경 시나리오에 적용된다. 예를 들어 낮은 무결성의 애플리케이션은 관리자 자격증명을 질의하는 대화상자를 위조해 더 높은 특권 수준에서 프로세스 실행을 시도할 수 없다. `LsaLogonUser` 함수를 통해 반환되는 접근 토큰의 무결성 수준이 이를 호출하는 프로세스의 무결성 수준보다 높아서는 안 된다는 것이 자격 변경 접근 토큰을 위한 무결성 메커니즘 정책이다.

제한된 토큰

제한된 토큰^{restricted token}은 `CreateRestrictedToken` 함수를 사용해 주 토큰이나 자격 변경 토큰으로부터 생성된다. 제한된 토큰은 자신이 파생된 토큰의 복사본으로서 다음과 같은 수정 사항을 가질 수 있다.

- 토큰의 특권 배열에서 특권 중 일부를 제거할 수 있다.
- 토큰 내 SID는 deny-only로 설정될 수 있다. 이들 SID는 일치하는 접근 거부^{access-denied} ACE(이는 보안 디스크립터에서 이전에 해당 SID를 포함하는 그룹에 대한 접근을 허가하는 ACE에 의해 오버라이드 될 수도 있었던 것이다)를 사용해 해당 SID의 접근이 거부되는 자원에 대해 접근을 제거한다.
- 토큰 내 SID는 restricted로 설정될 수 있다. 이들 SID는 접근 검사 알고리즘의 두 번째 과정을 필요로 하며, 이 과정은 토큰 내 제한된 SID들만을 분석한다. 첫 번째 과정과 두 번째 과정의 결과는 리소스에 대한 접근을 승인해야 한다. 그렇지 않으면 객체에 대한 접근이 승인되지 않는다.

주로 신뢰되지 않은 코드가 실행될 때의 안정성 이유로 인해 제한된 토큰은 애플리케이션이 감소된 보안 수준에서 클라이언트를 사격 변경하고사 할 때 유용하나. 예를 들어 시스템 종료^{shutdown-system} 특권을 제거해 제한된 토큰의 보안 컨텍스트에서 실행된 코드가 시스템을 재부팅하는 것을 막을 수 있다.

필터링된 관리 토큰

앞서 살펴봤듯이 제한된 토큰은 UAC가 모든 사용자 애플리케이션이 상속하게 될 필터링된 관리 토큰^{Filtered Admin Token}을 생성하는 데에도 사용된다. 필터링된 관리 토큰은 다음과 같은 특성을 가진다.

- 무결성 수준은 medium으로 설정된다.
- 이전에 언급한 관리자와 관리자급의 SID는 해당 그룹이 완전히 제거될 때 생기는 보안상의 허점을 막기 위해 deny-only로 설정된다. 예를 들어 어떤 파일이 관리자 그룹의 모든 접근을 거부하지만 특정 사용자가 속한 그룹에는 일부 접근을 승인하는 접근 제어 목록^{ACL}을 갖는다면 그 사용자는 토큰에 관리자 그룹이 없는 경우 접근이 승인될 수 있다. 이것은 사용자가 관리자 신분일 때보다 표준 사용자 형태의 사용자 신분일 때 더 많은 접근을 주게 한다.
- 변경 알림^{Change Notify}과 종료^{Shutdown}, 워킹셋 증가^{Increase Working Set}, 타임 존^{Time Zone}을 제외한 모든 특권은 제거된다.

실습: 필털링된 관리 토큰 살펴보기

UAC가 활성화된 머신에서 다음과 같이 익스플로러가 표준 사용자 토큰이나 관리자 토큰을 갖는 프로세스를 실행시키게 할 수 있다.

1. 관리자 그룹에 속해있는 계정으로 로그온한다.
2. 시작 메뉴에서 cmd를 입력하고 **명령 프롬프트**가 보이면 마우스 오른쪽 버튼을 클릭해 **관리자 권한으로 실행하기**를 선택한다.
3. cmd.exe의 새로운 인스턴스를 실행한다. 이번에는 상승되지 않은 채로 실행한다.
4. Process Explorer를 실행하고, 방금 실행시킨 두 개의 명령 프롬프트 프로세스를 확인해 보기 위해 Properties 대화상자의 Security 탭으로 이동

한다. 표준 사용자 토큰이 deny-only SID와 Medium Mandatory Label 을 갖고 있고, 몇 개의 특권만을 갖고 있음을 주목한다. 다음 오른쪽에 보이는 스크린 샷의 Properties 대화상자는 관리자 토큰으로 실행한 명령 프롬프트의 것이며, 왼쪽에 보이는 대화상자는 필터링된 관리 토큰을 갖고 실행 중인 명령 프롬프트의 것이다.

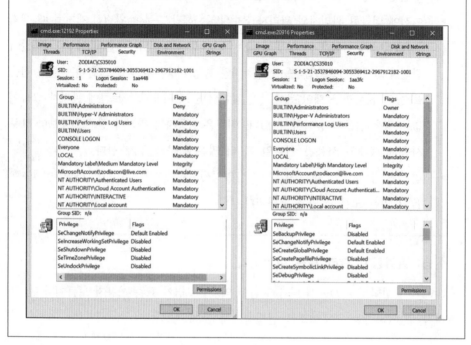

가상 서비스 계정

윈도우는 최소의 관리 노력으로 윈도우 서비스의 접근 제어와 보안 격리 수준을 향상시키기 위해 **가상 서비스 계정**virtual service account(간단히 가상 계정)이라고 알려진 특별한 종류의 계정을 제공한다(윈도우 서비스에 대한 정보는 2권의 9장을 참고하라). 이 메커니즘을 사용하지 않는다면 윈도우 서비스는 윈도우 내장된 서비스에 정의된 계정 중 하나에서 (예를 들면 로컬 서비스나 네트워크 서비스) 또는 일반적인 도메인 계정하에서 실행돼야

1014

만 한다. 로컬 서비스와 같은 계정들은 많은 서비스에 의해 공유되기 때문에 권한과 접근 제어가 제한된 단위로 이뤄진다. 뿐만 아니라 그 계정들은 도메인 간에는 관리될 수도 없다. 도메인 계정은 보안을 위해 정기적인 암호 변경을 요구하게 되는데, 암호가 변경되는 동안 서비스의 제공 유효성에 영향을 미칠 수도 있다. 또한 최고의 격리 수준을 위해서는 각 계정마다 각각의 서비스가 실행돼야 하는데, 계정의 수만큼 관리 노력이 증가하게 된다.

가상 서비스 계정을 이용하면 각 서비스는 각자의 보안 ID로 각자의 계정에서 실행된다. 계정의 이름은 항상 'NT SERVICE\' 뒤에 서비스의 내부 이름이 따르는 형태다. 가상 서비스 계정은 접근 제어 목록에 나타날 수 있으며, 다른 계정들처럼 그룹 정책을 통한 특권과 연계될 수도 있다. 그러나 이들 계정은 보통의 계정 관리 툴을 통해 생성하거나 삭제할 수 없고, 그룹에 할당되지도 않는다.

윈도우는 가상 서비스 계정의 암호를 자동으로 설정하고 주기적으로 변경한다. Local System과 다른 서비스 계정들과 비슷하게 암호는 존재하나 시스템 관리자에게는 알려지지 않는다.

실습: 가상 서비스 계정 사용하기

다음의 과정처럼 서비스 제어(Sc.exe) 툴을 이용해 가상 서비스 계정하에 실행되는 서비스를 생성할 수 있다.

1. 관리자 권한의 명령 프롬프트에서 가상 서비스 계정하에 실행될 서비스를 생성하기 위해 Sc.exe 커맨드라인 툴의 **create** 명령을 사용한다. 이 예제에서는 다음의 위치에서 다운로드할 수 있는 https://www.microsoft.com/en-us/download/details.aspx?id=17657 윈도우 2003 리소스 킷의 **srvany** 서비스를 이용한다.

```
C:\Windows\system32>sc create srvany obj= "NT SERVICE\srvany" binPath=
"d:\a\test\srvany.exe"
[SC] CreateService SUCCESS
```

2. 위 명령은 서비스를 생성하고(레지스트리와 서비스 제어 관리자의 내부 리
   스트에) 더불어 가상 서비스 계정도 생성한다. 이제 서비스 MMC 스냅인
   (services.msc)을 실행하고, 생성된 서비스를 선택한다. 그리고 속성 대화
   상자를 연다.

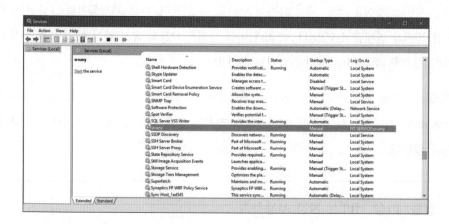

3. Log On 탭을 클릭한다.

4. 이미 있는 서비스의 가상 서비스 계정을 만들기 위해 속성 대화상자를 이용할 수도 있다. 이를 위해서는 This Account 필드의 계정 이름을 NT SERIVCE\servicename으로 변경하고 두 암호 필드를 삭제해야 한다. 그러나 이 계정은 서비스가 필요로 하는 파일이나 다른 자원에 접근 권한을 갖지 못할 수도 있기 때문에 기존 서비스가 정상 작동하지 않을 수 있음에 유념하자.

5. Process Explorer를 실행하고 가상 계정을 사용하는 서비스의 속성 대화상자의 보안 탭을 확인하면 가상 계정의 이름과 보안 ID^{SID}를 확인할 수 있다. 이를 해보려면 srvany 서비스의 속성 대화상자에서 커맨드라인 인자 notepad.exe를 입력한다(srvany는 일반 실행 파일을 서비스로 바꾸는 데 사용될 수 있다). 그리고 나서 서비스를 시작하기 위해 Start 버튼을 클릭한다.

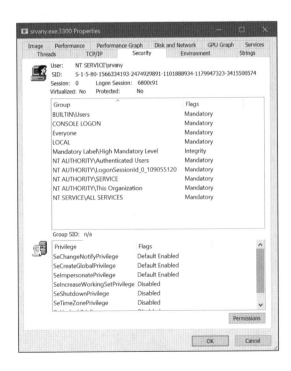

6. 가상 서비스 계정은 서비스가 접근을 필요로 하는 객체(예를 들면 파일)의 접근 제어 항목에 나타날 수 있다. 어떤 파일에 속성 대화상자의 보안 탭을 열고 해당 가상 계정 서비스를 참조하는 ACL를 생성하면 입력했던 계정의 이름(예를 들면 NT SERVICE\srvany)이 Check Names 기능에 의해 서비스 이름으로 변경돼 접근 제어 목록에 축약된 형태로 나타남을 확인할 수 있다.

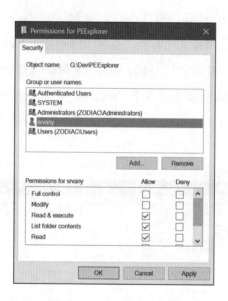

7. 가상 서비스 계정은 그룹 정책을 통해 퍼미션(또는 사용자 권한)을 승인 받을 수 있다. 이 예제에서는 srvany 서비스의 가상 계정이 페이지 파일을 생성할 수 있는 자격을 부여받았다(로컬 보안 정책 편집기인 secpol.msc를 사용해).

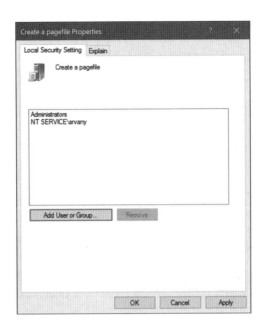

8. 가상 서비스 계정은 SAM 레지스트리 하이브에 저장되지 않기 때문에 lusrmgr.msc와 같은 관리자 툴에서 가상 서비스 계정을 확인할 수 없다. 그러나 내장된 System 계정의 권한으로 레지스트리를 확인해 보면(이전에 설명했듯이) HKLM\Security\Policy\Secrets 키에서 가상 서비스 계정의 흔적을 확인할 수 있다.

```
C:\>psexec -s -i -d regedit.exe
```

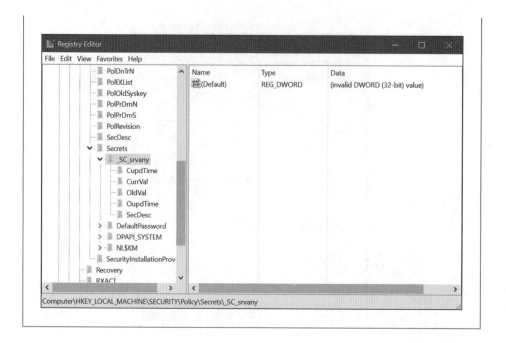

보안 디스크립터와 접근 제어

사용자의 자격을 식별하는 토큰이 객체 보안이라는 방정식의 한쪽 부분에 해당한다면 나머지 한 부분은 객체와 관련된 보안 정보로서 누가 객체에 어떤 행위들을 할 수 있는 지를 명시한 것이다. 이러한 정보를 저장하는 구조체를 **보안 디스크립터**security descriptor라 부르며 다음의 속성들로 구성돼 있다.

- **리비전 번호** 디스크립터를 생성하는 데 사용된 SRM 보안 모델의 버전
- **플래그** 디스크립터의 특성과 행위를 정의하는 선택적인 한정자. 표 7-5 참조 (대부분은 윈도우 SDK에 문서화돼 있다)
- **소유자 SID** 소유자의 SID
- **그룹 SID** 객체에 대한 주 그룹의 SID(POSIX에서만 사용됨, 하지만 이제 POSIX가 더 이상 지원되지 않아서 이 역시 사용되지 않는다)
- **임의적인 접근 제어 목록(DACL)** 객체에 대해 누가 어떤 종류의 접근 권한을

갖고 있는지를 명시한다.

- **시스템 접근 제어 목록(SACL)** 어떤 사용자에 의한 어떤 동작들이 보안 감사 로그의 기록 대상인지와 객체의 명시적인 무결성 수준을 지정한다.

표 7-5 보안 디스크립터 플래그

플래그	의미
SE_OWNER_DEFAULTED	디폴트 소유자 SID를 가진 보안 디스크립터를 나타낸다. 디폴트 소유자 퍼미션 집합을 가진 모든 객체를 찾고 싶을 때 이 비트를 사용한다.
SE_GROUP_DEFAULTED	디폴트 그룹 SID를 가진 보안 디스크립터를 나타낸다. 디폴트 그룹 퍼미션 집합을 가진 모든 객체를 찾고 싶을 때 이 비트를 사용한다.
SE_DACL_PRESENT	DACL을 가진 보안 디스크립터를 나타낸다. 이 플래그가 설정되지 않았거나, 설정돼 있지만 DACL이 NULL이면 보안 디스크립터는 모두에게 모든 접근을 허가한다.
SE_DACL_DEFAULTED	디폴트 DACL을 가진 보안 디스크립터를 나타낸다. 예를 들어 객체 생성자가 DACL을 지정하지 않는다면 그 객체는 생성자의 접근 토큰으로부터 디폴트 DACL을 받는다. 이 플래그는 접근 제어 항목(ACE)의 상속에서 시스템이 DACL을 다루는 방법에 영향을 미친다. SE_DACL_PRESENT 플래그가 설정돼 있지 않다면 시스템은 이 플래그를 무시한다.
SE_SACL_PRESENT	시스템 접근 제어 목록(SACL)을 가진 보안 디스크립터를 나타낸다.
SE_SACL_DEFAULTED	디폴트 SACL을 가진 보안 디스크립터를 나타낸다. 예를 들어 객체 생성자가 SACL을 지정하지 않는 경우 객체는 생성자의 접근 토큰으로부터 디폴트 SACL을 받게 된다. 이 플래그는 ACE 상속에서 시스템이 SACL을 처리하는 방법에 영향을 미친다. SE_SACL_PRESENT 플래그가 설정돼 있지 않다면 시스템은 이 플래그를 무시한다.
SE_DACL_UNTRUSTED	보안 디스크립터의 DACL이 가리키는 ACL이 신뢰되지 않은 소스에 의해 제공된 것을 나타낸다. 이 플래그가 설정돼 있고 복합적인 ACE를 맞닥뜨리게 된다면 시스템은 ACE 내의 서버 SID로 알려진 유효한 SID로 대체할 것이다.

(이어짐)

플래그	의미
SE_SERVER_SECURITY	보안 디스크립터에 의해 보호된 객체의 제공자가 입력 ACL에 기반을 둔 서버 ACL이 되도록 요청한다. 이것은 제공자의 소스가 명시적이든 디폴트이든 관계가 없으며, 모든 GRANT ACE를 현재 서버 접근을 승인하는 복합적인 ACE로 대체함으로 완료된다. 이 플래그는 대상이 자격 변경 중일 때만 의미가 있다.
SE_DACL_AUTO_INHERIT_REQ	보안 디스크립터에 의해 보호된 객체의 제공자가 자동으로 DACL을 자식 객체에 전달하게 요청한다. 객체의 제공자가 자동 상속을 지원한다면 DACL은 모든 자식 객체에게 전달되고, 부모와 자식 객체 보안 디스크립터의 SE_DACL_AUTO_INHERITED 비트가 설정된다.
SE_SACL_AUTO_INHERIT_REQ	보안 디스크립터에 의해 보호된 객체의 제공자가 자동으로 SACL을 자식 객체에 전달하게 요청한다. 객체의 제공자가 자동 상속을 지원한다면 SACL은 모든 자식 객체에게 전달되고, 부모와 자식 객체 보안 디스크립터의 SE_SACL_AUTO_INHERITED 비트가 설정된다.
SE_DACL_AUTO_INHERITED	상속 가능한 ACE들을 자식 객체에 자동 전달하기 위해 설정된 DACL을 가진 보안 디스크립터를 나타낸다. 시스템이 객체와 그 자식 객체에 대해 자동 상속 알고리즘을 수행할 때 이 비트를 설정한다.
SE_SACL_AUTO_INHERITED	상속 가능한 ACE들을 자식 객체에 자동 전달하기 위해 설정된 SACL을 가진 보안 디스크립터를 가리킨다. 시스템이 객체와 그 자식 객체에 대해 자동 상속 알고리즘을 수행할 때 이 비트를 설정한다.
SE_DACL_PROTECTED	보안 디스크립터의 DACL이 상속 가능한 ACE들에 의해 변경되는 것을 방지한다.
SE_SACL_PROTECTED	보안 디스크립터의 SACL이 상속 가능한 ACE들에 의해 변경되는 것을 방지한다.
SE_RM_CONTROL_VALID	보안 디스크립터의 자원 제어 관리자 비트들이 유효하다는 것을 나타낸다. 이 자원 제어 관리자 비트는 보안 디스크립터 구조체 내의 8비트로 돼 있으며, 이 구조체에 접근하는 자원 관리자에 대한 특정 정보를 포함하고 있다.
SE_SELF_RELATIVE	연속된 메모리의 블록에 모든 보안 정보를 가진 self-relative 형식의 보안 디스크립터를 나타낸다. 이 플래그가 설정되지 않으면 보안 디스크립터는 absolute 형식으로 표현된다.

보안 디스크립터[SD]는 GetSecurityInfo와 GetKernelObjectSecurity, GetFileSecurity,

GetNamedSecurityInfo, 그리고 그 밖의 다소 어려운 일부 함수를 포함한 다양한 함수를 사용해 프로그램적으로 구할 수 있다. SD를 구한 이후에 SD를 조작할 수 있고 변경을 가하기 위해 Set 함수를 호출할 수 있다. 보안 디스크립터는 간결한 문자열을 사용해 보안 디스크립터를 나타낼 수 있는 보안 디스크립터 정의 언어^{SDDL}로 불리는 언어 문자열을 사용해 구축할 수도 있다. 이 문자열은 ConvertStringSecurityDescriptorTo-SecurityDescriptor를 호출해 실제 SD로 변경될 수 있다. 예상했겠지만 반대의 함수(ConvertSecurityDescriptorToStringSecurityDescriptor) 역시 존재한다. SDDL에 관한 세부 설명은 윈도우 SDK를 참고하라.

접근 제어 목록^{ACL}은 헤더와 0개 또는 그 이상의 접근 제어 항목^{ACE}으로 구성돼 있다. ACL에는 DACL과 SACL 두 가지 형태가 있다. DACL에서 각각의 ACE는 SID와 접근 마스크(플래그 집합, 잠시 후에 설명한다)를 갖는데, 이들은 일반적으로 SID 소유자에게 허용이나 거부되는 접근 권한(읽기, 쓰기, 삭제 등)에 대해 기술한다. DACL에선 9가지의 ACE 유형이 나타날 수 있다. 허용된 접근^{access allowed}, 거부된 접근^{access denied}, 허용된 객체^{allowed-object}, 거부된 객체^{denied-object}, 허용된 콜백^{allowed callback}, 거부된 콜백^{denied callback}, 허용된 객체 콜백^{allowed-object-callback}, 거부된 객체 콜백^{denied-object-callback}, 그리고 조건부 클레임^{conditional claim}이 있다. 예상할 수 있듯이 접근 허용 ACE는 사용자에게 접근 마스크에 지정된 접근 권한을 승인하고, 접근 거부 ACE는 거부한다. 콜백 ACE들은 AuthZ API(이후에 설명한다)를 이용하는 애플리케이션에 의해 사용된다. AuthZ API는 애플리케이션이 콜백 ACE를 포함하는 접근 검사를 수행할 때 AuthZ가 호출할 콜백을 등록하기 위해 사용된다.

허용된 객체와 허용된 접근, 그리고 거부된 객체와 거부된 접근 간의 차이는 해당 객체의 유형이 액티브 디렉터리 내에서만 사용된다는 것이다. 이러한 유형의 ACE는 ACE가 오직 특정 객체나 서브 객체(GUID 식별자를 갖는 객체)에만 적용된다는 것을 나타내는 GUID 필드를 갖는다(GUID는 어디에서나 고유함을 보장하는 128비트의 식별자다). 추가로 또 다른 옵션의 GUID는 자식 객체에 적용될 ACE를 가진 액티브 디렉터리 컨테이너에서 자식 객체가 생성될 때 어떤 종류의 자식 객체가 해당 ACE를 상속할 것인지 나타낸다. 조건부 클레임의 ACE는 *-callback 타입의 ACE 구조체에 저장돼 있으며, 'AuthZ API' 절에서 설명한다.

개별적인 ACE를 통해 허용된 접근 권한이 누적돼 ACL이 허용하는 접근 권한을 형성한다. 보안 디스크립터 속에 DACL이 없으면(즉 null DACL이면), 누구나 객체에 대한 모든 접근 권한을 가진다. DACL이 비어있으면(즉 0개의 ACE가 있으면) 누구도 객체에 접근할 수 없게 된다.

DACL에서 사용되는 ACE는 상속과 관련된 ACE 특성을 규정하고 제어하는 일련의 플래그를 갖고 있다. 일부 객체의 네임스페이스는 컨테이너 객체와 일반 객체를 가진다. 컨테이너는 다른 컨테이너 객체와 자식 객체로서 말단 객체를 가질 수 있다. 컨테이너의 예로는 파일 시스템 네임스페이스에서의 디렉터리와 레지스트리 네임스페이스에서의 키 등이 있다. ACE의 특정 플래그는 ACE가 그와 관련된 컨테이너의 자식 객체들에게 어떻게 전파될지 제어한다. 표 7-6은 윈도우 SDK에서 발췌한 것으로, ACE 플래그의 상속 규칙이 나와 있다.

표 7-6 ACE 플래그 상속 규칙

플래그	상속 규칙
CONTAINER_INHERIT_ACE	자식 객체가 디렉터리 같은 컨테이너이면 ACE를 유효한 ACE로 상속한다. NO_PROPAGATE_INHERIT_ACE 플래그가 설정돼 있지 않는 한 상속된 ACE는 상속 가능하다.
INHERIT_ONLY_ACE	이 플래그는 상속 전용 ACE로서 자신과 관련된 객체에 대한 접근을 제어하지 않는 상속 전용 ACE를 나타낸다. 이 플래그가 설정되지 않는다면 ACE는 자신과 관련된 객체에 대한 접근을 제어한다.
INHERITED_ACE	이 플래그는 ACE가 상속된 것임을 의미한다. 시스템은 상속 가능한 ACE를 자식 객체에 전파할 때 이 비트를 설정한다.
NO_PROPAGATE_INHERIT_ACE	ACE가 자식 객체에 의해 상속될 때 시스템은 상속된 ACE에서 OBJECT_INHERIT_ACE와 CONTAINER_INHERIT_ACE 플래그를 제거한다. 이렇게 함으로써 더 아래 단계 자손들에 같은 ACE가 계속 상속되는 것을 막을 수 있다.
OBJECT_INHERIT_ACE	컨테이너가 아닌 자식 객체는 ACE를 유효한 ACE로 상속한다. 컨테이너인 자식 객체의 경우 NO_PROPAGATE_INHERIT_ACE 비트 플래그가 또한 설정돼 있지 않다면 ACE는 상속 전용 ACE로 상속된다.

SACL은 시스템 감사^{system audit} ACE와 시스템 감사 객체^{system audit object} ACE의 두 가지 형태의 ACE를 가진다. 이들 ACE는 특정 사용자나 그룹에 있어서 어떤 동작들이 감사 대상이 되는지를 명시한다. 감사 내용은 시스템 감사 로그에 저장된다. 성공한 동작과 성공하지 못한 동작 모두 감사 대상이 된다. DACL 객체 관련 ACE와 마찬가지로 시스템 감사 객체 ACE도 ACE가 적용되는 객체나 하위 객체들의 유형을 나타내는 GUID와 특정한 자식 객체의 유형에 대해 ACE의 상속을 제어하는 선택적인 GUID를 갖는다. SACL이 null이면 이 객체에는 아무런 감사도 일어나지 않는다(보안 감사에 대해서는 7장 후반부에서 다룬다). DACL의 ACE들에 적용되는 상속 플래그는 시스템 감사 ACE와 시스템 감사 객체 ACE에도 적용된다.

그림 7-8은 파일 객체와 그의 DACL에 대한 간략한 그림이다. 이 그림에서 보듯이 첫 번째 ACE는 USER1이 파일을 읽을 수 있게 허용한다. 두 번째 ACE는 그룹 TEAM1의 구성원들이 이 파일에 쓰는 것을 거부한다. 세 번째 ACE는 나머지 모든 사용자^{Everyone}가 실행을 할 수 있게 허용한다.

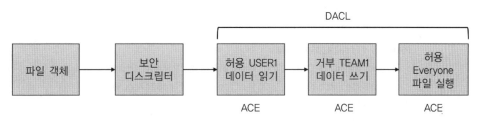

그림 7-8 임의 접근 제어 목록(DACL)

실습: 보안 디스크립터 보기

대부분의 익스큐티브 서브시스템은 객체 관리자의 기본 보안 기능에 의존해 객체의 보안 디스크립터를 관리한다. 객체 관리자의 기본 보안 기능은 보안 디스크립터 포인터를 사용해 객체의 보안 디스크립터를 저장한다. 예를 들어 프로세스 관리자는 기본 보안을 사용하고, 객체 관리자는 프로세스와 스레드 객체의 헤더 내에 각각의 보안 디스크립터를 저장한다. 이벤트와 뮤텍스, 세마포어 등의 보안 디스크립터 포인터도 자신들의 보안 디스크립터를 저장한다. 이들 객체의 보안 디스크립터도 객체 헤더의 위치만 알아내면 다음에 설명한 것처럼 라이브 커널 디버거로 그 내용을 볼 수 있다(Process Explorer와 AccessChk 역시 프로세스의 보안 디스크립터를 보여줄 수 있다).

1. 로컬 커널 디버거를 시작한다.

2. !process 0 0 explorer.exe을 입력해 익스플로러에 대한 프로세스 정보를 얻는다.

```
lkd> !process 0 0 explorer.exe
PROCESS ffffe18304dfd780
     SessionId: 1 Cid: 23e4  Peb: 00c2a000 ParentCid: 2264
     DirBase: 2aa0f6000   ObjectTable: ffffcd82c72fcd80
HandleCount:
<Data Not Accessible>
     Image: explorer.exe

PROCESS ffffe1830670a080
     SessionId: 1 Cid: 27b8  Peb: 00950000 ParentCid: 035c
     DirBase: 2cba97000   ObjectTable: ffffcd82c7ccc500
HandleCount:
<Data Not Accessible>
     Image: explorer.exe
```

3. 여러 익스플로러의 인스턴스가 존재한다면 하나를 선택한다(어느 것을 선택해도 상관없다). 객체 데이터 구조를 보기 위해 !object를 입력한다. 이때 이전 명령의 출력 결과에서 EPROCESS의 주소를 인자로 함께 입력한다.

```
lkd> !object ffffe18304dfd780
Object: ffffe18304dfd780 Type: (ffffe182f7496690) Process
```

```
ObjectHeader: ffffe18304dfd750 (new version)
    HandleCount: 15 PointerCount: 504639
```

4. 방금 나온 출력에서 객체 헤더의 주소를 찾아 dt _OBJECT_HEADER 명령
   에 넣으면 객체 헤더 구조체의 내용이 나오고, 여기에 보안 디스크립터
   포인터가 있다.

```
lkd> dt nt!_object_header  ffffe18304dfd750
+0x000 PointerCount       : 0n504448
+0x008 HandleCount        : 0n15
+0x008 NextToFree         : 0x00000000'0000000f Void
+0x010 Lock               : _EX_PUSH_LOCK
+0x018 TypeIndex          : 0xe5 ''
+0x019 TraceFlags         : 0 ''
+0x019 DbgRefTrace        : 0y0
+0x019 DbgTracePermanent  : 0y0
+0x01a InfoMask           : 0x88 ''
+0x01b Flags              : 0 ''
+0x01b NewObject          : 0y0
+0x01b KernelObject       : 0y0
+0x01b KernelOnlyAccess   : 0y0
+0x01b ExclusiveObject    : 0y0
+0x01b PermanentObject    : 0y0
+0x01b DefaultSecurityQuota : 0y0
+0x01b SingleHandleEntry  : 0y0
+0x01b DeletedInline      : 0y0
+0x01c Reserved           : 0x30003100
+0x020 ObjectCreateInfo   : 0xffffe183'09e84ac0
_OBJECT_CREATE_INFORMATION
+0x020 QuotaBlockCharged  : 0xffffe183'09e84ac0 Void
+0x028 SecurityDescriptor : 0xffffcd82'cd0e97ed Void
+0x030 Body               : _QUAD
```

5. 마지막으로 보안 디스크립터 내용을 확인하기 위해 디버거의 !sd 명령을 사용한다. 객체 헤더에 있는 보안 디스크립터 포인터는 하위 몇 비트를 플래그로 사용하는데, 포인터로 사용하기 위해서는 이들 값이 0이 돼야 한다. 32비트 시스템에서는 3개의 비트를 이와 같이 사용하므로 다음과 같이 객체 헤더 구조체 내의 보안 디스크립터 주소에 & -8 연산을 해 사용한다. 64비트 시스템에서는 4개의 플래그 비트를 사용하므로 & -10 연산을 해 사용한다.

```
lkd> !sd 0xffffcd82'cd0e97ed & -10
->Revision : 0x1
->Sbz1     : 0x0
->Control  : 0x8814
            SE_DACL_PRESENT
            SE_SACL_PRESENT
            SE_SACL_AUTO_INHERITED
            SE_SELF_RELATIVE
->Owner : S-1-5-21-3537846094-3055369412-2967912182-1001
->Group : S-1-5-21-3537846094-3055369412-2967912182-1001
->Dacl  :
->Dacl  : ->AclRevision: 0x2
->Dacl  : ->Sbz1 : 0x0
->Dacl  : ->AclSize : 0x5c
->Dacl  : ->AceCount : 0x3
->Dacl  : ->Sbz2 : 0x0
->Dacl  : ->Ace[0]: ->AceType: ACCESS_ALLOWED_ACE_TYPE
->Dacl  : ->Ace[0]: ->AceFlags: 0x0
->Dacl  : ->Ace[0]: ->AceSize: 0x24
->Dacl  : ->Ace[0]: ->Mask : 0x001fffff
->Dacl  : ->Ace[0]: ->SID: S-1-5-21-3537846094-3055369412-2967912182-1001

->Dacl  : ->Ace[1]: ->AceType: ACCESS_ALLOWED_ACE_TYPE
->Dacl  : ->Ace[1]: ->AceFlags: 0x0
->Dacl  : ->Ace[1]: ->AceSize: 0x14
```

```
->Dacl    : ->Ace[1]: ->Mask : 0x001fffff
->Dacl    : ->Ace[1]: ->SID: S-1-5-18

->Dacl    : ->Ace[2]: ->AceType: ACCESS_ALLOWED_ACE_TYPE
->Dacl    : ->Ace[2]: ->AceFlags: 0x0
->Dacl    : ->Ace[2]: ->AceSize: 0x1c
->Dacl    : ->Ace[2]: ->Mask : 0x00121411
->Dacl    : ->Ace[2]: ->SID: S-1-5-5-0-1745560

->Sacl    :
->Sacl    : ->AclRevision: 0x2
->Sacl    : ->Sbz1 : 0x0
->Sacl    : ->AclSize   : 0x1c
->Sacl    : ->AceCount: 0x1
->Sacl    : ->Sbz2 : 0x0
->Sacl    : ->Ace[0]: ->AceType: SYSTEM_MANDATORY_LABEL_ACE_TYPE
->Sacl    : ->Ace[0]: ->AceFlags: 0x0
->Sacl    : ->Ace[0]: ->AceSize: 0x14
->Sacl    : ->Ace[0]: ->Mask : 0x00000003
->Sacl    : ->Ace[0]: ->SID: S-1-16-8192
```

보안 디스크립터에는 접근이 허용된 3개의 ACE가 있다. 현재 사용자를 위한 것 (S-1-5-21-3537846094-3055369412-2967912182-1001), 시스템 계정을 위한 것 (S-1-5-18), 로그온 SID를 위한 것(S-1-5-5-0-1745560)이다. 시스템 접근 제어 목록은 medium 무결성 수준의 프로세스로 표시된 한 엔트리(S-1-16-8192)를 갖고 있다.

ACL 할당

새로운 객체에 어떤 DACL을 할당할 것인지 결정하기 위해 보안 시스템은 다음과 같은 4가지의 할당 규칙 중 가장 적합한 규칙을 사용한다.

1. 객체를 생성할 때 호출자가 명시적으로 보안 디스크립터를 제공하는 경우 보안

시스템은 해당 보안 디스크립터를 객체에 적용한다. 객체가 이름을 갖고 있고 컨테이너 객체에 들어 있으면(예를 들어 객체 관리자의 네임스페이스 디렉터리인 \BaseNamedObjects 내의 네임드 이벤트 객체), 보안 디스크립터에 상속을 방지하는 **SE_DACL_PROTECTED** 플래그가 설정돼 있지 않는 한 시스템은 상속 가능한 모든 ACE(객체의 컨테이너로부터 전파됐을 수 있는)를 DACL과 병합한다.

2. 호출자가 보안 디스크립터를 제공하지 않고 또한 객체가 이름을 갖는 경우 보안 시스템은 새로운 객체의 이름이 저장될 컨테이너의 보안 디스크립터를 살펴본다. 객체 디렉터리의 ACE 중 어떤 것은 상속으로 표시돼 있는데, 이것은 이 객체 디렉터리에 새로 만들어지는 객체에는 이들 ACE가 적용된다는 것을 의미한다. 상속 가능한 ACE가 존재한다면 보안 시스템은 이것들을 모아 하나의 ACL로 만들고 새로운 객체에 붙인다(별도의 플래그가 컨테이너 객체에만 상속되는 ACE임을 나타내기도 한다).

3. 보안 디스크립터가 명시돼 있지 않고 객체가 어떠한 ACE도 상속하지 않는 경우 보안 시스템은 호출자의 접근 토큰으로부터 디폴트 DACL을 구해 그것을 새 객체에 적용한다. 윈도우의 일부 서브시스템들은 새로운 객체 생성 시 적용하는 하드코딩된 DACL을 갖고 있다(서비스와 LSA, SAM 객체가 그렇다).

4. 보안 디스크립터가 명시돼 있지 않고 객체가 어떠한 ACE도 상속하지 않으며, 또한 기본 DACL도 없는 경우 시스템은 DACL이 없는 객체를 생성한다. 이 경우 객체는 모든 사용자와 그룹에 모든 접근이 허용된다. 이 규칙은 3번에서 토큰이 널^{null} 기본 DACL을 갖는 상황과 동일하다.

시스템이 SACL을 새로운 객체에 적용하는 규칙과 DACL 할당에 사용하는 규칙이 유사하지만 몇 가지 예외가 있다.

- 상속된 시스템 감사 ACE는 보안 디스크립터에 **SE_SACL_PROTECTED** 플래그(DACL을 보호하는 **SE_DACL_PROTECTED** 플래그와 유사)가 설정된 객체에 전파되지 않는다.

- 보안 감사 ACE가 명시돼 있지 않고 상속된 SACL도 없으면 객체에 아무런 SACL

도 적용되지 않는다. 토큰은 기본 SACL을 갖지 않기 때문에 이 동작은 기본 DACL을 적용하는 것과는 다르다.

상속 가능한 ACE를 포함하는 새로운 보안 디스크립터가 컨테이너에 적용될 때 시스템은 자동으로 상속 가능한 ACE를 자식 객체들의 보안 디스크립터에 전파한다(보안 디스크립터에 SE_DACL_PROTECTED가 설정되면 DACL은 상속된 DACL ACE를 받아들이지 않는다. 또한 SE_SACL_PROTECTED가 설정되면 SACL은 SACL ACE를 상속받지 않는다). 상속 가능한 ACE가 자식 객체의 보안 디스크립터에 포함되는 순서는 ACL에 명시적으로 적용된 ACE들이 객체가 상속받는 ACE의 앞부분에 오게 하는 것이다. 시스템은 다음과 같은 규칙에 따라 상속 가능한 ACE를 전파한다.

- DACL이 없는 자식 객체가 ACE를 상속 받으면 상속된 ACE만 포함하는 DACL을 갖는 자식 객체가 된다.
- 비어있는 DACL을 가진 자식 객체가 ACE를 상속 받으면 상속된 ACE만 포함하는 DACL을 갖는 자식 객체가 된다.
- 액티브 디렉터리에만 존재하는 객체에 대해 부모 객체에서 상속 가능한 ACE를 제거하면 자동 상속으로 인해 자식 객체에게 상속된 ACE의 모든 복사본도 제거된다.
- 액티브 디렉터리에만 존재하는 객체에 대해 자동 상속으로 인해 자식 객체의 DACL로부터 모든 ACE가 제거되면 자식 객체의 DACL이 없어지는 것이 아니라 비어있는 상태의 DACL을 갖게 된다.

곧 알게 되지만 ACL에서 ACE의 순서는 윈도우 보안 모델에서 매우 중요한 요소다.

> 상속 기능은 일반적으로 파일 시스템이나 레지스트리, 액티브 디렉터리와 같은 객체 저장소에서 직접적으로 지원되는 것은 아니다. SetEntriesInAcl을 포함해 상속을 지원하는 윈도우 API는 보안 상속 지원 DLL(%SystemRoot%\System32\Ntmarta.dll) 내의 객체 저장소를 탐색하는 방법에 대해 알고 있는 적절한 함수를 호출함으로써 상속을 수행한다.

신뢰 ACE

보호 프로세스와 보호 프로세스 라이트[PPL](3장에서 다뤘다)의 출현으로 인해 보호 프로세스에서만 객체를 접근할 수 있는 그런 프로세스의 요구가 생겨났다. 이것은 승인되지 않은 변경이나 심지어 관리자 레벨의 코드로부터 KnownDlls 레지스트리 키와 같은 특정 자원을 보호하기 위해 중요한 사항이다. 이런 ACE는 보호 수준과 접근에 필요한 서명자를 제공하는 잘 알려진 SID로 명시돼 있다. 표 7-7은 이런 SID와 그 수준 및 의미를 보여준다.

표 7-7 신뢰 SID

SID	보호 수준	보호 서명자
1-19-512-0	Protected Light	없음
1-19-512-4096	Protected Light	윈도우
1-19-512-8192	Protected Light	WinTcb
1-19-1024-0	Protected	없음
1-19-1024-4096	Protected	윈도우
1-19-1024-8192	Protected	WinTcb

신뢰 SID[trust SID]는 보호 프로세스나 PPL 프로세스에 연결된 토큰에 존재하는 토큰 객체의 일부분이다. SID 번호가 높으면 높을수록 더 강력한 토큰이 된다(Protected가 Protected Light보다 더 높은 번호를 가진다는 것을 상기하자).

실습: 신뢰 SID 살펴보기

이 실습에서 보호 프로세스 내의 토큰에 있는 신뢰 SID를 살펴본다. 커널 디버깅을 시작하고 Csrss.exe 프로세스의 기본 정보를 나열한다.

```
lkd> !process 0 1 csrss.exe
```

```
PROCESS ffff8188e50b5780
    SessionId: 0 Cid: 0358 Peb: b3a9f5e000 ParentCid: 02ec
    DirBase: 1273a3000 ObjectTable: ffffbe0d829e2040 HandleCount:
<Data Not Accessible>
    Image: csrss.exe
    VadRoot ffff8188e6ccc8e0 Vads 159 Clone 0 Private 324. Modified 4470.
Locked 0.
    DeviceMap ffffbe0d70c15620
    Token                ffffbe0d829e7060
    ...
PROCESS ffff8188e7a92080
    SessionId: 1 Cid: 03d4 Peb: d5b0de4000 ParentCid: 03bc
    DirBase: 162d93000 ObjectTable: ffffbe0d8362d7c0 HandleCount:
    Token                ffffbe0d8362d060
    ...
```

한 토큰을 선택하고 그 토큰을 자세히 살펴보자.

```
lkd> !token ffffbe0d829e7060
_TOKEN 0xffffbe0d829e7060
TS Session ID: 0
User: S-1-5-18
...
Process Token TrustLevelSid: S-1-19-512-8192
```

이 토큰은 WinTcb 서명자를 가진 PPL이다.

접근 결정하기

객체에 접근하는 방법을 결정하는 데 다음과 같은 두 가지 방법이 사용된다.

- 강제적인 무결성 검사는 리소스 소유자의 무결성 수준과 강제적인 정책에 기반을 두고 호출자의 무결성 수준이 자원에 접근하기에 충분히 높은지를 판별한다.

- 임의적인 접근 검사는 특정 사용자 계정이 객체에 접근 가능한지를 판별한다.

프로세스가 객체를 오픈하려고 할 때 커널의 SeAccessCheck 함수에서 표준 윈도우 DACL 검사 이전에 무결성 검사가 수행된다. 이것은 무결성 검사가 좀 더 수행 속도가 빠르며, 또한 임의적인 접근 검사 수행에 대한 요구들을 더 빨리 처리할 수 있기 때문이다. 접근 토큰에 디폴트 무결성 정책이 주어질 때(이전에 설명했던 TOKEN_MANDATORY_NO_WRITE_UP과 TOKEN_MANDATORY_NEW_PROCESS_MIN), 프로세스의 무결성 수준이 객체들의 무결성 수준과 같거나 더 높다면, 그리고 DACL 또한 프로세스에게 요구하는 접근 권한들을 승인한다면 프로세스는 객체를 쓰기 접근 권한으로 열 수 있다. 예를 들어 DACL이 프로세스에 대해 쓰기 접근 권한을 부여한다고 하더라도 low 무결성 수준 프로세스가 쓰기 접근을 위해 medium 무결성 수준의 프로세스를 실행할 수 없다.

프로세스는 디폴트 무결성 정책을 갖고 객체(프로세스와 스레드, 토큰 객체에 대해 예외가 있기는 하지만)의 DACL이 그들에게 접근 권한을 부여하는 한 읽기 접근으로 어떠한 객체라도 열 수 있다. 이것은 low 무결성 수준에서 실행 중인 프로세스가 자신이 실행 중인 사용자 계정에서 접근 가능한 어떤 파일이라도 열 수 있다는 것을 의미한다. 보호 모드 인터넷 익스플로러는 악성코드가 사용자 계정의 설정을 수정하는 것을 방지하는 데 무결성 수준을 사용한다. 그러나 이것은 악성코드가 사용자의 문서를 읽는 것을 막지는 못한다.

프로세스와 스레드, 토큰 객체는 자신들의 무결성 정책 역시 No-Read-Up을 포함하기 때문에 예외라는 것을 상기하자. 이것은 프로세스의 무결성 수준이 반드시 열고자 하는 프로세스나 스레드의 무결성 수준과 같거나 높아야 하고, 또한 해당 DACL은 반드시 프로세스나 스레드의 열기 시도가 성공할 수 있게 이들에게 접근 권한을 허용해야 함을 의미한다. DACL이 요구된 접근 권한을 허용한다고 가정할 때 표 7-8은 다양한 수준에서 실행되는 프로세스들이 다른 프로세스나 객체에 대해 갖는 접근 권한의 유형을 보여준다.

표 7-8 무결성 수준에 기반을 둔 객체와 프로세스의 접근

접근 프로세스	객체에 대한 접근	다른 프로세스에 대한 접근
High 무결성 수준	High 또는 그보다 낮은 무결성 수준을 가진 모든 객체에 대해 읽기/쓰기 System 무결성 수준을 가진 객체에 대해 읽기 접근	High 또는 그보다 낮은 무결성 수준을 가진 모든 프로세스에 대해 읽기/쓰기 System 무결성 수준을 가진 프로세스에 대해 어떠한 읽기/쓰기 접근도 허용되지 않는다.
Medium 무결성 수준	Medium 또는 그보다 낮은 무결성 수준을 가진 모든 객체에 대해 읽기/쓰기 High 또는 System 무결성 수준을 가진 객체에 대해 읽기 접근	Medium 또는 그보다 낮은 무결성 수준을 가진 모든 프로세스에 대해 읽기/쓰기 High 또는 System 무결성 수준을 가진 프로세스에 대해 어떠한 읽기/쓰기 접근도 허용되지 않는다.
Low 무결성 수준	Low 무결성 수준을 가진 모든 객체에 대해 읽기/쓰기 Medium 또는 그 이상의 무결성 수준을 가진 객체에 대해 읽기 접근	Low 무결성 수준을 가진 모든 프로세스에 대해 읽기/쓰기 Medium 또는 그 이상의 무결성 수준을 가진 프로세스에 대해 어떠한 읽기/쓰기 접근도 허용되지 않는다.

이번 절에서 설명하는 프로세스에 대한 읽기 접근은 프로세스 주소 공간의 내용을 읽는 것과 같이 완전한 읽기 접근을 의미한다. No-Read-Up은 프로세스의 기본 정보만을 제공하는 PROCESS_QUERY_LIMITED_INFORMATION과 같이 다소 제한적인 접근에 있어서 좀 더 낮은 무결성 수준의 프로세스가 좀 더 높은 무결성 수준의 프로세스를 여는 것을 차단하지 않는다.

사용자 인터페이스 특권 격리

윈도우의 메시징 서브시스템 역시 사용자 인터페이스 특권 격리^{UIPI, User Interface Privilege Isolation}를 구현하는 데 있어 무결성 수준을 준수한다. 이 서브시스템은 어떤 프로세스가 윈도우 메시지를 높은 무결성 수준을 갖는 프로세스가 소유하는 윈도우로 보내는 것을 방지한다. 이것의 예외로는 다음과 같은 메시지가 해당한다.

* WM_NULL
* WM_MOVE

- WM_SIZE
- WM_GETTEXTLENGTH
- WM_GETICON
- WM_DRAWCLIPBOARD
- WM_THEMECHANGED

- WM_GETTEXT
- WM_GETHOTKEY
- WM_RENDERFORMAT
- WM_CHANGECBCHAIN

이러한 무결성 수준의 사용은 입력을 상승된 프로세스의 윈도우로 보내거나 새터 공격^{shatter attack}(변형된 메시지를 보내 프로세스 내부의 버퍼 오버플로우를 유발해 상승된 프로세스의 특권 수준에서 코드가 실행되게 한다)으로부터 표준 사용자 프로세스들을 보호한다. UIPI는 또한 좀 더 높은 무결성 수준 프로세스의 윈도우에 영향을 미치지 않게 윈도우 훅(SetWindowsHookEx API)을 차단해 사용자가 관리 애플리케이션에 입력한 키 값을 표준 사용자 프로세스가 로깅하지 못하게한다. 좀 더 낮은 무결성 수준의 프로세스가 더 높은 무결성 수준의 프로세스 행위를 감시하는 것을 방지하기 위해 저널 훅^{Journal hooks} 역시 동일한 방법으로 차단된다.

프로세스(medium 또는 그 이상의 무결성 수준으로만 실행하는)는 ChangeWindow-MessageFilterEx API를 호출해 추가적인 메시지가 이 보호를 통과하게 허용할지를 선택할 수 있다. 이 함수는 윈도우에서 네이티브 공통 컨트롤의 외부와 통신하기 위해 커스텀 컨트롤이 필요로 하는 메시지를 추가하는 데 흔히 사용된다. 예전 API ChangeWindowMessageFilter도 비슷한 기능을 수행하지만, 윈도우 단위가 아닌 프로세스 단위로 수행된다는 점이 다르다. ChangeWindowMessage-Filter 함수에서 같은 프로세스 내의 공통 컨트롤 두 개가 동일한 내부 윈도우 메시지를 사용하는 것이 가능할 수도 있다. 이렇게 되면 단지 이것이 다른 한 공통 컨트롤에 대한 질의 용도^{query-only}만의 메시지라는 이유만으로 이 컨트롤에 잠재적으로 악의적인 윈도우 메시지가 통과될 수도 있다.

화상 키보드(Osk.exe) 같은 접근성 애플리케이션은 UIPI의 제약 사항들(애플리케이션이 데스크톱에서 각각의 무결성 수준 프로세스 종류에 따라 실행돼야 함을 요구한다)을 만족해야 하기 때문에 이러한 프로세스는 UI 접근을 활성화할 수 있다. 이 플래그는 해당 애플리케이션 이미지의 매니페스트 파일에 존재할 수 있으며, 프로세스가 표준 사용자 계정으로부터 실행된 경우 medium보다 조금 높은 무결성 수준(0x2000과 0x3000 사이)에서 실행하며, 관리자 계정으로 실행된 경우에는 high 무결성 수준에서 실행한다. 두 번째의 경우 상승 요청은 실제로는 표시되지 않음을 주목해야 한다. 프로세스가 이 플래그를 설정하려면 프로세스의 이미지는 반드시 서명돼야 하며, %SystemRoot%와 %ProgramFiles%를 포함한 여러 안전한 위치 중 하나에 존재해야 한다.

무결성 검사가 완료된 이후에 강제적인 정책이 호출자의 무결성에 기반을 둔 객체에 대한 접근을 허용한다고 가정하면 두 알고리즘 중 하나는 객체에 대한 임의의 검사를 위해 사용돼 접근 권한 검사의 결과를 도출한다.

- AuthZ API(7장의 'AuthZ API' 절에서 설명한다)나 예전 함수인 `GetEffective-RightsFromAcl`을 사용해 유저 모드에 익스포트되는 한 형태로 객체에 대해 허용된 최대 접근 권한에 관한 결정을 내린다. 이 함수는 또한 프로그램이 `MAXIMUM_ALLOWED`(요구된 접근 권한 인자를 갖지 않는 레거시 API가 사용하는 값) 접근 권한을 명시할 때도 사용된다.
- 특정 요구 접근을 허용할 것인지를 결정한다. 이는 윈도우 `AccessCheck` 함수나 `AccessCheckByType` 함수에 의해 수행될 수 있다.

첫 번째 알고리즘은 다음과 같이 DACL 내의 항목을 검사한다.

1. 객체가 DACL을 갖지 않는다면(null DACL) 객체는 보호되지 않으며, 보안 시스템은 모든 접근을 허용한다. 이것은 접근이 거부됨을 의미하는 앱컨테이너 프로

세스(7장의 '앱컨테이너' 절에서 설명한다)로부터의 접근이 아닌 경우에 한한다.

2. 호출자가 take-ownership 특권을 가지면 보안 시스템은 DACL을 조사하기 전에 write-owner 접근을 허가한다(take-ownership 특권과 write-owner 접근은 잠시 후에 설명된다).

3. 호출자가 객체의 소유자인 경우 시스템은 OWNER_RIGHTS SID가 있는지 살펴보고 해당 SID를 다음 단계를 위한 SID로 사용한다. 그렇지 않으면 읽기 제어 권한과 쓰기 DACL 접근 권한들이 부여된다.

4. 호출자의 접근 토큰에 있는 것과 일치하는 SID를 포함하는 접근 거부access-denied ACE의 경우 허용된 접근 마스크granted-access mask로부터 해당 ACE의 접근 마스크가 제거된다.

5. 호출자의 접근 토큰에 있는 것과 일치하는 SID를 포함하는 접근 허용access-allowed ACE의 경우 접근이 이미 거부된 것이 아니라면 ACE의 접근 마스크는 계산중인 허용된 접근 마스크에 추가된다.

DACL 내의 모든 항목이 점검되면 계산이 완료된 허용 접근 마스크가 객체에 허용된 최대 접근치로 호출자에게 반환된다. 이 마스크는 호출자가 객체를 열 때 성공적으로 요청할 수 있는 모든 접근 유형을 나타낸다.

앞선 설명은 커널 모드 형태의 알고리즘에만 적용된다. GetEffectiveRightsFromAcl에 의해 구현된 윈도우 버전은 두 번째 단계를 수행하지 않는다는 점에서 차이를 보이며, 또한 접근 토큰보다는 단일 유저나 그룹 SID를 고려한다.

소유자 권한

객체의 소유자는 읽기 제어와 쓰기 DACL 권한을 항상 허가함으로써 객체의 보안을 오버라이드시킬 수 있기 때문에 이러한 행위를 제어하는 특수한 방법이 윈도우에 의해 제공되는데, 소유자 권한 SID가 바로 그것이다.

소유자 권한 SID는 다음과 같은 두 가지 이유 때문에 존재한다.

- **운영체제에서 서비스의 견고함을 향상시키기 위해** 서비스가 런타임 시에 객체를 생성할 때마다 이 객체와 연관된 소유자 SID는 실제 서비스 SID가 아닌 서비스가 실행하고 있는 바로 그 계정(로컬 시스템이나 로컬 서비스와 같이)이다. 이는 동일한 계정 내의 다른 모든 서비스는 소유자가 됨으로써 이 객체에 접근할 수 있음을 의미한다. 소유자 권한 SID는 이런 원하지 않는 동작을 막아준다.

- **특정 사용 시나리오에 대해서는 유연성을 허용하기 위해** 예를 들어 관리자는 사용자가 파일과 폴더를 생성하게 허용하길 원하지만 그 객체에 대한 ACL를 수정하기는 원하지 않는다고 가정해보자(사용자들은 우연히 또는 악의적으로 그 파일이나 폴더를 원하지 않는 계정이 접근하게 승인할 수 있다). 상속 가능한 소유자 권한 SID를 사용함으로써 사용자들은 그들이 생성한 객체에 대한 ACL을 수정하거나 보는 것으로부터 역시 보호될 수 있다. 두 번째 시나리오는 그룹의 변경과 관련이 있다. 직원 중 한 명이 기밀하고도 민감한 그룹의 구성원이 됐고, 그 그룹의 멤버인 동안 여러 중요한 파일들을 생성했다가 이제 그룹 멤버에서 제외됐다고 가정해보자. 그 직원은 여전히 사용자이기 때문에 민감한 파일들에 대해 계속 접근을 할 수 있을지도 모른다.

두 번째 알고리즘은 호출자의 접근 토큰에 기반을 두고 특정 접근 요청이 허용될 수 있는지를 결정하는 데 사용된다. 보안이 적용되는 객체를 다루는 윈도우 API의 열기 함수는 보안 방정식의 마지막 구성 요소인 원하는 접근 마스크를 명시하는 인자를 가진다. 호출자가 접근 권한을 갖고 있는지 결정하기 위해 다음의 과정을 수행한다.

1. 객체가 DACL을 갖지 않는다면(null DACL) 객체는 보호되지 않으며, 보안 시스템은 요구된 접근을 허용한다.

2. 호출자가 소유권 가져오기^{take-ownership} 특권을 가진 경우 보안 시스템은 write-

owner 접근이 요청됐다면 이를 허용하고 DACL을 검사한다. 하지만 write-owner 접근이 소유권 가져오기 특권을 가진 호출자가 요청한 유일한 접근이었다면 보안 시스템은 write-owner 접근을 허용하고 DACL을 검사하지 않는다.

3. 호출자가 객체의 소유자인 경우 시스템은 `OWNER_RIGHTS` SID가 있는지 살펴보며, 해당 SID를 다음 단계를 위한 SID로 사용한다. 그렇지 않으면 읽기 제어 권한과 쓰기 DACL 접근 권한이 승인된다. 이 권한들이 호출자가 요청한 유일한 접근 권한이라면 접근은 DACL에 대한 검사 없이 승인된다.

4. DACL에 존재하는 각각의 ACE는 처음부터 끝까지 검사된다. 다음 중 한 조건을 만족하면 ACE가 처리된다.

   ○ 해당 ACE가 접근 거부access-deny ACE이고, ACE 내의 SID가 호출자의 접근 토큰 내의 활성화된 SID(SID는 활성화 또는 비활성화될 수 있다)나 거부 전용deny-only SID와 일치하는 경우

   ○ 해당 ACE가 접근 허용된access-allowed ACE이고 ACE 내의 SID가 호출자 토큰 내의 활성화된 SID와 일치하면서 거부 전용deny-only 유형에 속하지 않는 SID인 경우

   ○ 두 번째 과정에서 제한된 SID를 검사함에 있어서 ACE 내의 SID가 호출자의 접근 토큰 내의 제한된 SID와 일치하는 경우

   ○ ACE가 상속 전용inherit-only으로 명기돼 있지 않은 경우

5. ACE가 접근 허용access-allowed이면 요청된 권한들 중 ACE의 접근 마스크 내 권한이 허용된다. 요청된 접근 권한이 모두 허용되면 접근 검사는 성공한다. ACE가 접근 거부access-denied이고 요청된 접근 권한들 중 접근 거부 권한에 포함되는 것이 있으면 객체에 대한 접근은 거부된다.

6. DACL의 끝에 도달하고 요청된 접근 권한들 중 일부가 승인되지 않으면 접근은 거부된다.

7. 모든 접근이 승인됐지만 호출자의 접근 토큰이 적어도 하나의 제한된 SID를 갖고 있다면 시스템은 DACL의 ACE를 다시 검색해 사용자가 요청하는 접근들과 일치하는 접근 마스크를 갖는 ACE를 찾고, 또한 ACE의 SID와 호출자의 제

한된 SID가 일치하는 것도 찾는다. DACL의 두 검사 모두가 요청된 접근 권한을 허용하는 경우에만 사용자는 객체에 대한 접근을 승인 받는다.

두 가지 접근 검증 알고리즘의 동작은 허용 ACE와 거부 ACE의 상대적인 순서에 따라 결정된다. 한 ACE는 특정 사용자가 객체에 모든 접근을 할 수 있게 돼 있음을 명시하고 다른 ACE는 사용자의 접근을 거부하게 돼 있는 두 개의 ACE만을 가진 객체가 있다고 생각해보자. 허용 ACE가 거부 ACE보다 먼저 위치한다면 사용자는 객체에 대한 모든 접근 권한을 얻을 수 있지만 반대라면 어떠한 권한도 얻을 수 없다.

SetSecurityInfo와 SetNamedSecurityInfo 같은 여러 윈도우 함수는 명시적인 허용 ACE보다 우선해 명시적인 거부 ACE의 선호 순서대로 ACE를 적용한다. 예를 들어 NTFS 파일이나 레지스트리 키의 퍼미션을 수정하는 보안 편집기 대화상자는 이들 함수를 사용한다. 또한 SetSecurityInfo와 SetNamedSecurityInfo 함수는 보안 디스크립터에 ACE 상속 규칙을 적용한다.

그림 7-9는 ACE의 순서가 중요함을 보여주는 접근 검사의 한 예다. 이 예에서 파일 열기를 원하는 사용자의 접근은 거부된다. 심지어 객체의 DACL에서 접근을 승인하는 ACE가 있음에도 그렇다. 이것은 사용자의 접근을 거부하는 ACE(사용자가 쓰기 그룹에 소속돼 있으므로)가 접근을 승인하는 ACE보다 앞에 있기 때문이다.

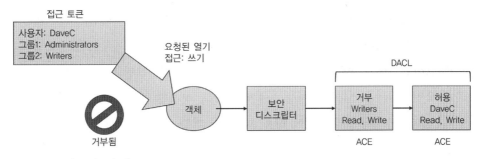

그림 7-9 접근 검증의 예

앞서 언급했듯이 프로세스가 핸들을 사용하는 매 순간마다 보안 시스템이 DACL을 처리하기엔 비효율적이므로 SRM은 핸들이 사용되는 매 순간이 아니라 핸들이 열릴 때만 이 접근 검사를 수행한다. 따라서 한 번 프로세스가 성공적으로 핸들을 열게 되면 보안 시스템은 심지어 객체의 DACL이 변경됐다 하더라도 승인된 접근 권한을 취소할 수 없다. 또한 커널 모드 코드는 접근 객체에 대한 핸들보다는 포인터를 사용하기 때문에 운영체제가 객체를 사용할 때는 접근 검사가 수행될 수 없다는 것을 기억해야 한다. 즉, 보안적인 관점에서 윈도우 익스큐티브는 자신(그리고 로드돼 있는 모든 드라이버들)을 신뢰한다.

객체의 소유자에게 항상 객체에 대한 쓰기 DACL 접근이 승인되는 경우라면 이것은 사용자들이 그들이 소유한 객체들을 접근함에 있어서 전혀 제한되지 않음을 의미한다. 어떤 이유에서 하나의 객체가 빈 DACL(접근 권한이 없음을 의미)을 갖고 있어도 소유자는 여전히 쓰기 DACL 접근으로 객체를 열 수 있을 것이고, 그런 다음 요구 접근 퍼미션으로 새로운 DACL을 적용할 수 있을 것이다.

GUI 보안 편집기에 대한 경고

GUI 권한 편집기를 사용해 파일이나 레지스트리, 액티브 디렉터리 객체 등의 보안 적용 가능한 객체에 대한 보안 설정을 변경 할 때 주 보안 대화상자의 항목에는 오해의 소지가 있는 내용이 있다. Everyone 그룹에 모든 권한Full Control을 허용으로 설정하고, 관리자Administrators 그룹에 모든 권한을 거부로 설정하면 Everyone 그룹의 접근 허용 ACE가 관리자 그룹의 접근 거부 ACE보다 앞선다고 오인하게끔 보인다(목록에서 위에 있으므로). 하지만 앞서 언급했듯이 편집기는 ACL을 객제에 적용할 때 허용 ACE보다 거부 ACE를 우선적으로 위치시킨다.

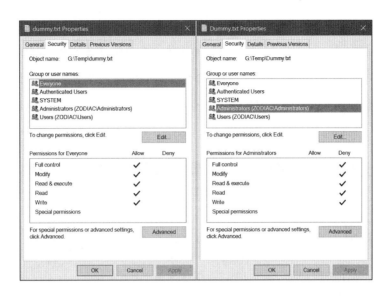

고급 보안 설정^{Advanced Security Setting} 대화상자의 퍼미션^{Permission} 탭에서 DACL 내의
ACE의 순서를 볼 수 있다. 하지만 이 대화상자에도 혼란의 소지가 있는데, 복잡
한 DACL에는 여러 접근에 대한 거부 ACE 다음에 이외의 다른 접근 유형에 대한
허용 ACE가 올 수 있기 때문이다.

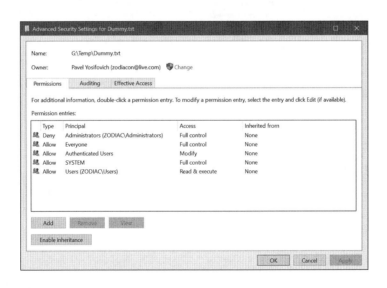

특정 사용자나 그룹이 객체에 어떤 접근 권한을 갖는지 알아내는 확실하고도 유일한 방법(실제로 접근을 시도해보는 것을 제외하고)은 속성 대화상자에서 고급 버튼을 클릭할 때 열리는 대화상자의 유효한 퍼미션Effective Permission 탭을 사용하는 것이다. 확인해보고 싶은 사용자나 그룹의 이름을 넣으면 어떠한 퍼미션이 이 객체에 허용돼 있는지 볼 수 있다.

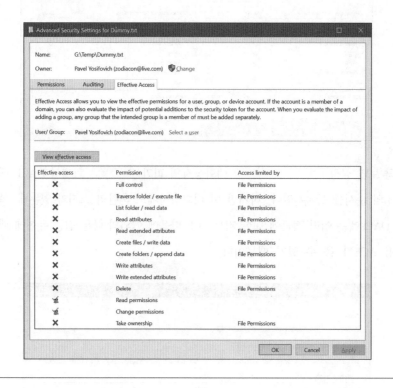

동적 접근 제어

앞 절에서 설명한 임의적 접근 제어 메커니즘은 윈도우 NT의 첫 버전 이래로 존재했었고, 여러 상황에서 유용하다. 하지만 이 기법이 통하지 않는 일부 상황이 존재한다. 예를 들어 공유 파일에 접근하는 사용자가 직장 내의 컴퓨터를 사용하는 경우에는 이 파일에 허용이 돼야 하고, 가정에서 사용하는 컴퓨터에서는 접근이 허용되지 않아야 하는 경우를 고려해보자. ACE를 사용해 이런 조건을 명시할 방법은 없다.

윈도우 8과 서버 2012는 액티브 디렉터리에 정의된 커스텀 속성에 기반을 두고 규칙을 정하는 데 사용될 수 있는 유연한 메커니즘인 동적 접근 제어^{Dynamic Access Control} 기법을 도입했다. 이것은 허용될 동작에 대해 DAC와 전통적인 DACL 둘 다는 퍼미션을 허용해야 함을 의미한다. 그림 7-10은 동적 접근 제어의 주요한 면을 보여준다.

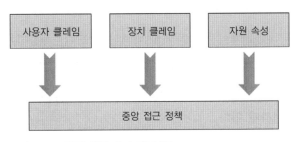

그림 7-10 동적 접근 제어 컴포넌트

클레임^{claim}이란 사용자나 장치(도메인 내의 컴퓨터), 도메인 컨트롤러에 의해 정해진 자원(일반적 속성)에 관한 정보다. 유효한 클레임의 예로는 파일에 대한 사용자 타이틀이나 부서 분류 등을 들 수 있다. 클레임에 대한 어떠한 조합이라도 규칙을 만드는 표현식에 사용될 수 있다. 이런 규칙들이 모여 중앙 접근 정책이 된다.

DAC 구성은 액티브 디렉터리 내에 만들어지고 정책을 통해 실현된다. Kerberos 티켓 프로토콜은 사용자와 장치 클레임 간의 인증된 전송을 지원하기 위해 개선됐다(Kerberos 강화로 불린다).

AuthZ API

AuthZ 윈도우 API는 권한 관련 기능을 제공하고 보안 참조 모니터^{SRM} 같은 보안 모델을 구현하지만, %SystemRoot%\System32\Authz.dll 라이브러리를 통해 전적으로 유저 모드 내에서 보안 모델을 구현한다. 이것은 애플리케이션이 데이터베이스 테이블과 같은 자신의 전용 객체를 보호하고자 할 때 보안 참조 모니터에 의존한다면 유저 모드와 커널 모드 사이를 전환해야 하는 부담 없이 윈도우 보안 모델을 이용할 수 있게 해준다.

AuthZ API는 표준 보안 디스크립터 데이터 구조체와 SID, 특권 정보를 사용한다. 클라이언트를 나타내기 위해 토큰을 사용하는 대신 AuthZ는 **AUTHZ_CLIENT_CONTEXT**를 사용한다. AuthZ는 모든 접근 검사와 윈도우 보안 함수에 상응하는 유저 모드 버전을 포함한다. 예를 들어 **AuthzAccessCheck**는 SRM 함수 **SeAccessCheck**를 사용하는 윈도우 API 함수 **AccessCheck**의 AuthZ 버전이다.

AuthZ을 사용하는 애플리케이션이 얻는 또 다른 장점으로는 애플리케이션이 AuthZ에게 보안 검사의 결과를 캐시하게 함으로써 동일한 클라이언트 컨텍스트와 보안 디스크립터를 사용하는 후속 검사들의 속도를 향상시킬 수 있다는 점이다. AuthZ의 모든 것은 윈도우 SDK에 문서화돼 있다.

SID와 보안 그룹 구성원을 정적이고도 제어된 환경에서 사용하는 이러한 접근 검사 형식은 신분 기반 접근 제어[IBAC, Identity-Based Access Control]로 알려져 있다. 그리고 이러한 검사 형태에서 보안 시스템은 DACL이 객체의 보안 디스크립터 내에 위치하고 있을 때 가능한 모든 접근자의 신분을 알고 있어야 한다.

윈도우는 클레임 기반 접근 제어[CBAC, Claims Based Access Control]에 대한 지원을 포함하고 있다. 클레임 기반 접근 제어는 접근자의 신분이나 그룹 구성원에 의존하지 않고 접근자에 할당되고 접근자의 접근 토큰에 저장되는 임의적인 속성에 기반을 두고 접근을 허용한다. 이 속성들은 앱락커[AppLocker] 같은 속성 제공자에 의해 제공된다. CBAC 메커니즘은 아직 알려지지 않은 사용자의 DACL이나 동적으로 계산되는 사용자 속성에 대한 DACL을 생성하는 능력을 포함한 여러 이점을 제공한다. CBAC ACE(조건부 ACE로 알려진)는 ***-callback** ACE 구조체 내에 저장된다. 이 구조체는 기본적으로 AuthZ API에 비공개며, 시스템의 **SeAccessCheck** API에 의해서는 무시된다. 커널 모드 **SeSrpAccessCheck** 루틴은 조건부 ACE를 처리할 수 없으며, AuthZ API를 호출하는 애플리케이션만이 CBAC를 사용할 수 있다. CBAC를 사용하는 유일한 시스템 컴포넌트는 경로나 퍼블리셔 설정 등을 위해 CBAC를 사용하는 앱락커[AppLocker]이다. 서드파티 애플리케이션은 CBAC Auth API의 장점을 취하면서 CBAC를 사용할 수 있다.

CBAC 보안 검사를 사용하면 다음과 같이 강력한 관리 정책들이 가능하다.

- 기업 IT 부서에서 인가된 애플리케이션만 실행
- 인가된 애플리케이션만 마이크로소프트 아웃룩 연락처와 주소록에 접근 허용
- 빌딩의 특정 층에 있는 사람만 해당 층의 프린터에 접근 허용
- 상근 직원(계약자의 반대로서)에게만 인트라넷 웹사이트 접근 허용

속성은 조건부 ACE$^{conditional\ ACE}$로 알려진 하나 또는 그 이상 속성 존재 여부나 속성 값을 체크해 표시된다. 속성의 이름은 콜론(:)과 슬래스(/), 언더스코어(_)와 더불어 영숫자 ^{alphanumeric} 유니코드 문자열이 가능하다. 속성의 값은 64비트 정수나 유니코드 문자열, 바이트 문자열, 배열 중 하나가 가능하다.

조건부 ACE

SDDL 문자열 형식은 ACE에 조건부 표현식을 지원하기 위해 확장돼 왔다. 새로운 SDDL 문자열 형식은 `AceType;AceFlags;Rights;ObjectGuid;InheritObjectGuid;AccountSid;(ConditionalExpression)`이다.

조건부 ACE를 위한 AceType은 XA(SDDL_CALLBACK_ACCESS_ALLOWED를 위한) 또는 XD (SDDL_CALLBACK_ACCESS_DENIED를 위한)이다. 조건부 표현식을 사용하는 ACE는 객체 관리자나 파일 시스템에 의해 인식되지 않고 클레임 타입의 권한 부여(특히 AuthZ API와 앱락커)에 의해서만 사용된다는 점을 명심해야 한다.

조건부 표현식은 표 7-9에서 보여주는 요소들을 포함할 수 있다.

조건부 ACE는 다수의 조건을 포함할 수 있다. 조건의 평가 결과가 거짓이면 무시되고 조건이 참으로 평가되면 적용된다. `AddConditionalAce` API를 사용해 객체에 조건부 ACE를 추가할 수 있고, `AuthzAccessCheck` API를 사용해 조건부 ACE를 검사할 수 있다.

표 7-9 조건부 표현식에 허용되는 요소

표현식 요소	설명
AttributeName	특정 속성이 0이 아닌 값을 갖고 있는지 검사
exists AttributeName	특정 속성이 클라이언트 컨텍스트에 존재하는지 검사
AttributeName Operator Value	특정 연산자의 결과 값 반환. 뒤따르는 연산자는 조건부 표현식에서 속성의 값을 검사하기 위해 선언된다. 모두 이항 연산자(반대는 일항)이며, AttributeName Operator Value와 같은 형식으로 쓰인다. 가능한 연산자는 ==, !=, <, <=, >, >=다.
ConditionalExpression || ConditionalExpression	특정 조건부 표현식이 참인지 검사
ConditionalExpression && ConditionalExpression	두 특정 조건부 표현식이 모두 참인지 검사
!(ConditionalExpression)	조건부 표현식의 역
Member_of {SidArray}	클라이언트 컨텍스트의 SID_AND_ATTRIBUTES 배열이 SidArray에 의해 명시된 콤마로 구분되는 리스트에 모든 보안 식별자(SID)를 포함하고 있는지를 검사한다.

조건부 ACE를 사용하면 프로그램 내에서 다음 조건에 만족하는 사용자만이 특정 데이터 레코드에 접근하게 허용할 수 있다.

- Architect 또는 Program Manager, Development Lead 등의 값을 갖는 역할[Role] 속성과 Windows 값을 갖는 Division 속성을 가진 자
- ManagementChain 속성에 John Smith 값을 포함한 자
- CommissionType 속성이 장교이고 PayGrade 속성이 6 이상인 자(미군의 일반 장교의 수준)

윈도우는 조건부 ACE를 확인하거나 편집하는 툴을 포함하지 않는다.

1048

계정 권한과 특권

프로세스는 특정 객체와의 상호작용을 수반하지 않기 때문에 프로세스가 실행될 때 수행되는 많은 동작은 객체 접근 보호를 통해 허가받는 것이 아니다. 예를 들어 백업을 위해 파일을 열 때 보안 검사를 통과하는 능력은 계정의 속성이지 특정 객체의 속성이 아니다. 윈도우는 특권과 계정 권한을 모두 사용해 시스템 관리자로 하여금 어떤 계정이 보안 관련 작업을 할 수 있는지 제어할 수 있게 한다.

특권privilege이란 시스템과 관련한 작업, 예를 들어 시스템 끄기나 시스템 시간 변경하기 등을 수행하기 위한 어떤 계정의 권한을 의미한다. **계정 권한**account right은 해당 계정의 사용자가 특정한 유형의 로그온(예를 들어 컴퓨터에 대화식 로그온이나 로컬 로그온 같은 것)을 할 수 있는 권한을 허용하거나 거부할 수 있다.

시스템 관리자는 도메인 계정을 위한 액티브 디렉터리 사용자와 그룹 MMC 스냅인 툴을 사용하고, 또한 로컬 보안 정책 편집기(%SystemRoot%\System32\secpol.msc) 같은 툴을 사용해 그룹이나 계정에 특권을 할당할 수 있다. 그림 7-11은 로컬 보안 정책 편집기에서 사용자 권한 할당 구성을 보여주는데, 윈도우에서 가능한 모든 종류의 특권과 계정 권한이 나열돼 있다. 이 툴은 특권과 계정 권한을 구분하지 않는다는 점에 유의하자. 하지만 로그온이란 단어가 없는 사용자 권한이 계정 특권이므로 특권과 계정 권한을 구분할 수 있다.

계정 권한

계정 권한은 SRM에 의해 강제되는 것도 아니며, 토큰에 저장되는 것도 아니다. 로그온을 담당하는 함수는 **LsaLogonUser**다. 예를 들어 사용자가 컴퓨터에 대화식으로 로그온할 때 WinLogon은 **LogonUser** API를 호출하며, **LogonUser**는 **LsaLogonUser**를 호출한다. **LogonUser**는 현재 수행 중인 로그온의 유형을 나타내는 한 인자를 가진다. 로그온 유형에는 대화식과 네트워크, 일괄 처리batch, 서비스, 터미널 서버 클라이언트가 있다.

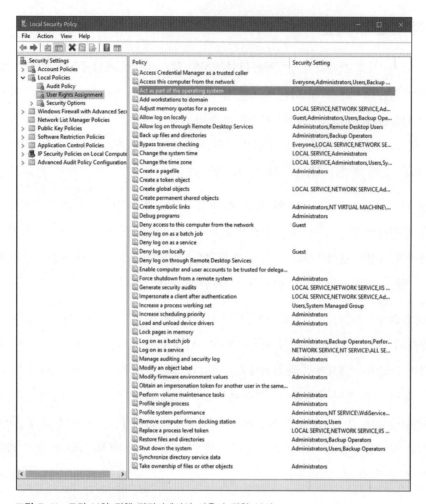

그림 7-11 로컬 보안 정책 편집기에서의 사용자 권한 부여

로컬 보안 권한[LSA]은 로그온 요청에 대한 응답으로 사용자가 시스템에 로그온을 시도하는 시점에 LSA 정책 데이터베이스를 통해 사용자에게 할당된 계정 권한을 구한다. LSA는 로그온하는 사용자 계정에 할당된 계정 권한에 대해 로그온 유형을 검사해 계정이 해당 로그온 유형을 허용하는 권한을 갖고 있지 않거나, 해당 로그온 유형을 거부하는 권한을 갖고 있다면 이 로그온을 거부한다. 표 7-10은 윈도우에 의해 정의된 사용자 권한들을 보여준다.

표 7-10 계정 권한

사용자 권한	역할
로컬 로그온 금지, 로컬 로그온 허용	로컬 머신에서 이뤄지는 대화식 로그온에 사용됨
네트워크로 로그온 금지, 네트워크로 로그온 허용	원격 머신에서 이뤄지는 로그온에 사용됨
터미널 서비스를 통해 로그온 금지, 터미널 서비스를 통해 로그온 허용	터미널 서버 클라이언트를 통한 로그온에 사용됨
서비스로서 로그온 금지, 서비스로서 로그온 허용	특정 사용자 계정으로 서비스를 시작할 때 서비스 제어 관리자에 의해 사용됨
일괄 작업으로서 로그온 금지, 일괄 작업으로서 로그온 허용	일괄 작업 유형으로 로그온할 때 사용됨

윈도우 애플리케이션은 LsaAddAccountRights와 LsaRemoveAccountRights 함수를 사용해 계정에 사용자 권한을 추가하거나 삭제할 수 있다. 그리고 LsaEnumerateAccount-Rights 함수를 사용해 계정에 할당된 권한을 알아낼 수 있다.

특권

운영체제에 의해 정의된 특권의 수는 시간에 따라 증가했다. LSA에 의해 한곳으로 강제되는 사용자 권한과 달리 각기 다른 특권이 각기 다른 구성 요소에 의해 정의되고 강제된다. 예를 들어 프로세스가 OpenProcess 윈도우 API를 사용해 다른 프로세스 핸들을열 때 보안 검사를 통과할 수 있게 하는 디버그 특권은 프로세스 관리자가 검사한다.

표 7-11에 모든 특권이 나열돼 있으며, 언제 어떻게 시스템 구성 요소들이 그것들을 검사하는지도 기술돼 있다. 각 특권은 SDK 헤더에 SE_privilege_NAME 형태로 정의된 매크로를 가진다. 역기서 privilege는 디버그 특권의 경우 SE_DEBUG_NAME인 것처럼 특권 상수다. 이들 매크로는 Se로 시작하고 Privilege로 끝나는 SeDebugPrivilege 같은 문자열로 정의된다. 이것은 특권이 문자열로 식별되는 것처럼 보이게 할 수도 있지만, 실제로 이들은 현재 부팅 동안에는 고유한 값인 LUID에 의해 식별된다. 어떤

특권에 대한 모든 접근은 LookupPrivilegeValue 함수를 호출해 정확한 LUID를 찾아야 한다. 하지만 Ntdll과 커널 코드는 LUID를 거치지 않고 정수 상수 값으로 특권을 바로 식별할 수 있다.

표 7-11 특권

특권	사용자 권한	특권 용도
SeAssignPrimaryTokenPrivilege	프로세스 레벨의 토큰을 대체함	NtSetInformationJob처럼 프로세스의 토큰을 설정하는 다양한 구성 요소에 의해 검사된다.
SeAuditPrivilege	보안 감사를 생성함	ReportEvent API로 보안 이벤트 로그에 이벤트를 발생시킬 때 요구된다.
SeBackupPrivilege	파일과 디렉터리를 백업한다.	NTFS가 기존의 보안 디스크립터에 상관없이 파일이나 디렉터리에 다음 접근을 허용하게 한다. READ_CONTROL, ACCESS_SYSTEM_SECURITY, FILE_GENERIC_READ, FILE_TRAVERSE. 백업을 위해 파일을 열 때 호출자가 FILE_FLAGE_BACKUP_SEMANTIC 플래그를 지정해야 함에 유의하자. RegSaveKey를 사용할 때는 레지스트리 키에 상응하는 접근을 허용한다.
SeChangeNotifyPrivilege	트래버스(traverse) 검사를 건너뛴다.	여러 계층으로 이뤄진 디렉터리 탐색 시에 NTFS가 중간 계층의 디렉터리에 대한 퍼미션 검사를 피하게 하는 데 사용된다. 또한 애플리케이션이 파일 시스템 구조에 대한 변경 통지를 등록할 때 파일 시스템에 의해 사용된다.
SeCreateGlobalPrivilege	전역 객체를 생성한다.	프로세스가 호출자와는 다른 세션에 할당된 객체 관리자 네임스페이스의 디렉터리 내에 섹션과 심볼릭 링크 객체를 생성하기 위해 요구된다.
SeCreatePagefilePrivilege	페이지 파일을 생성한다.	새로운 페이징 파일을 생성할 때 사용하는 함수인 NtCreatePagingFile에 의해 검사된다.

(이어짐)

특권	사용자 권한	특권 용도
SeCreatePermanentPrivilege	영구적인 공유 객체를 생성한다.	영구 객체(참조가 전혀 없더라도 해제되지 않는 객체)를 생성할 때 객체 관리자에 의해 검사된다.
SeCreateSymbolicLinkPrivilege	심볼릭 링크를 생성한다.	CreateSymbolicLink API를 사용해 파일 시스템에 심볼릭 링크를 생성할 때 NTFS에 의해 검사된다.
SeCreateTokenPrivilege	토큰 객체를 생성한다.	토큰 객체를 생성하는 NtCreateToken 함수가 이 특권을 검사한다.
SeDebugPrivilege	프로그램을 디버그한다.	호출자에 이 특권이 활성화돼 있다면 프로세스 관리자는 프로세스나 스레드의 보안 디스크립터에 상관없이(보호된 프로세스는 예외) NtOpenProcess 또는 NtOpenThread를 사용해 어떤 프로세스나 스레드에 대한 접근을 허용한다.
SeEnableDelegationPrivilege	위임 시에 컴퓨터와 사용자 계정이 신뢰되게끔 한다.	액티브 디렉터리 서비스가 인증된 자격 증명을 위임하기 위해 사용한다.
SeImpersonatePrivilege	인증 이후 클라이언트를 자격 변경시킨다.	스레드가 자격 변경을 위해 토큰을 사용하길 원하거나, 토큰이 스레드가 속한 프로세스 토큰의 사용자와는 다른 사용자를 나타낼 때 프로세스 관리자가 이 특권을 검사한다.
SeIncreaseBasePriorityPrivilege	스케줄링 우선순위를 높인다.	프로세스 관리자에 의해 검사되며, 프로세스의 우선순위를 높이는 데 요구된다.
SeIncreaseQuotaPrivilege	프로세스 메모리 할당량을 조절한다.	프로세스 워킹셋의 임계치와 프로세스의 페이지드/넌페이지드 풀 할당량, 프로세스의 CPU 할당량을 변경할 때 요구된다.
SeIncreaseWorkingSetPrivilege	프로세스 워킹셋을 늘린다.	최소 워킹셋을 증가시키기 위해 SetProcessWorkingSetSize를 호출하는 데 요구된다. 이것은 프로세스가 VirtualLock을 사용해 간접적으로 메모리의 최소 워킹셋까지 잠글 수 있게 허용한다.

(이어짐)

특권	사용자 권한	특권 용도
SeLoadDriverPrivilege	디바이스 드라이버를 로드하고 언로드한다.	NtLoadDriver와 NtUnloadDriver 드라이버 함수에 의해 검사된다.
SeLockMemoryPrivilege	메모리의 페이지를 잠근다.	VirtualLock의 커널 구현인 NtLockVirtualMemory 함수에 의해 검사된다.
SeMachineAccountPrivilege	도메인에 워크스테이션을 추가한다.	도메인에 컴퓨터 계정을 생성하고자 할 때 도메인 컨트롤러의 보안 계정 관리자에 의해 검사된다.
SeManageVolumePrivilege	볼륨 관리 작업을 수행한다.	파일 시스템 드라이버가 디스크 검사와 조각모음 실행을 위해 볼륨 열기 작업을 수행하는 동안 요구된다.
SeProfileSingleProcessPrivilege	단일 프로세스 프로파일을 수행한다.	NtQuerySystemInformation API를 통해 개별 프로세스에 대한 정보를 요청할 때 슈퍼패치와 프리패처에 의해 검사된다.
SeRelabelPrivilege	객체 레이블을 수정한다.	다른 사용자가 소유한 객체의 무결성 수준을 상승하거나, 호출자 토큰의 무결성 수준보다 객체의 무결성 수준을 더 높이고자 시도할 때 SRM에 의해 검사된다.
SeRemoteShutdownPrivilege	원격 시스템으로부터 강제 종료한다.	Winlogon은 InitiateSystemShutdown 함수의 원격 호출자가 이 특권을 갖는지 검사한다.
SeRestorePrivilege	파일과 디렉터리를 복원한다.	이 특권은 NTFS가 현재 보안 디스크립터에 관계없이 다음 접근을 어떤 파일이나 디렉터리에든지 승인하게 한다. WRITE_DAC, WRITE_OWNER ACCESS_SYSTEM_SECURITY, FILE_GENERIC_WRITE, FILE_ADD_FILE, FILE_ADD_SUBDIRECTORY, DELETE. 복구를 위해 파일을 열고자 할 때 호출자는 FILE_FLAG_BACKUP_SEMANTICS 플래그를 지정해야 하며, RegSaveKey를 사용할 때 레지스트리 키에 상응하는 접근을 허용한다.

(이어짐)

특권	사용자 권한	특권 용도
SeSecurityPrivilege	감사와 보안 로그를 관리한다.	보안 디스크립터의 SACL에 접근하고 보안 이벤트 로그를 읽거나 지울 때 요구된다.
SeShutdownPrivilege	시스템을 종료한다.	대화형 콘솔에 시스템 에러 대화상자를 출력하는 NtRaiseHardError와 NtShutdownSystem에 의해 검사된다.
SeSyncAgentPrivilege	디렉터리 서비스 데이터를 동기화한다.	LDAP 디렉터리 동기화 서비스를 사용하기 위해 요구된다. 객체 보호와 속성에 관계없이 소유자가 디렉터리 내의 모든 객체와 속성을 읽게 허용한다.
SeSystemEnvironmentPrivilege	펌웨어 환경 변수를 수정한다.	HAL을 이용해 펌웨어 환경 변수를 읽고 변경하기 위한 NtQuerySystemEnvironmentValue와 NtSetSystemEnvironmentValue 함수에 의해 요구된다.
SeSystemProfilePrivilege	시스템 성능을 프로파일한다.	시스템 프로파일을 수행하는 데 사용되는 함수인 NtCreateProfile에 의해 검사된다. 이 함수는 Kernprof 툴에 의해 사용된다.
SeSystemtimePrivilege	시스템 시간을 변경한다.	시간이나 날짜를 변경하는 데 요구된다.
SeTakeOwnershipPrivilege	파일이나 여타 객체들의 소유권을 얻는다.	임의 접근 권한의 승인 없이 객체의 소유권을 얻는 데 요구된다.
SeTcbPrivilege	운영체제의 일부로서 동작한다.	토큰 내에 세션 ID가 설정될 때 SRM에 의해 검사된다. 또한 플러그앤플레이 이벤트 생성과 관리를 위해 플러그앤플레이 관리자에 의해 검사된다. BroadcastSystemMessageEx가 BSM_ALLDESKTOPS 인자로 호출됐을 때 검사되며, 또한 NtSetInformationProcess로 애플리케이션을 VDM으로 지정할 때 LsaRegisterLogonProcess 함수에 의해 검사된다.

(이어짐)

특권	사용자 권한	특권 용도
`SeTimeZonePrivilege`	시간대(time zone)를 변경한다.	시간대를 변경하고자 할 때 사용된다.
`SeTrustedCredManAccessPrivilege`	자격증명 관리자에 신뢰된 호출자로서 접근한다.	평문으로 조회될 수 있는 자격증명 정보로 호출자를 신뢰할 수 있음을 검증해야 할 때 자격증명 관리자에 의해 검사된다. 디폴트로 Winlogon에만 허용된다.
`SeUndockPrivilege`	도킹 스테이션으로부터 컴퓨터를 제거한다.	컴퓨터가 도킹 스테이션으로부터 분리되기 시작하거나 장치 꺼내기 요청이 발생했을 때 유저 모드 플러그앤플레이 관리자에 의해 검사된다.
`SeUnsolicitedInputPrivilege`	터미널 장치로부터 요청하지 않은 데이터를 받는다.	이 특권은 현재는 윈도우에 의해 사용되지 않는다.

구성 요소가 특권이 있는지를 확인하기 위해 토큰을 검사하려 할 때 사용자 모드에서 실행 중이라면 구성 요소는 `PrivilegeCheck`나 `LsaEnumerateAccountRights` API를 사용하고, 커널 모드에서 실행 중이라면 `SeSinglePrivilegeCheck`나 `SePrivilegeCheck`를 사용한다. 특권 관련 API는 사용자 권한에 대해 알 필요가 없지만, 계정 권한 API는 특권에 대해 알고 있어야 한다.

사용자 계정과 달리 특권은 활성화나 비활성화될 수 있다. 성공적인 특권 검사를 위해 특권은 반드시 명시된 토큰 내에 존재해야 하며, 활성화돼 있어야 한다. 이러 구조의 이면에는 프로세스가 의도치 않게 특권이 필요한 보안 관련 작업을 하지 않게 그 사용이 필요한 경우에만 특권이 활성화돼야 한다는 개념이 깔려 있다. 특권의 활성화와 비활성화는 `AdjustTokenPrivileges` 함수로 이뤄진다.

실습: 활성화되는 특권 보기

제어판의 날짜 시간 제어 프로그램은 컴퓨터의 시간대를 바꾸려는 인터페이스를 사용하는 시점에 SeTimeZonePrivilege 특권을 활성화 한다(윈도우 10). 다음 과정을 따라가면 이를 확인할 수 있다.

1. Process Explorer를 상승된 권한으로 실행한다.
2. 작업 표시줄의 시스템 트레이 영역에 있는 시계에서 마우스 오른쪽 버튼을 클릭해 날짜/시간 조정을 선택한다. 설정 앱을 열고 시간을 찾아서 날짜/시간 조정 설정 페이지를 연다.
3. Process Explorer에서 SystemSettings.exe 프로세스를 마우스 오른쪽 클릭하고 Properties를 선택한다. 그러고 나서 속성 대화상자에서 Security 탭을 클릭한다. SeTimeZonePrivilege 특권이 비활성화돼 있음을 확인할 수 있을 것이다.

4. 시간 영역대를 변경하고 속성 대화상자를 닫았다가 다시 연다. 그러면 보안 탭에서 SeTimeZonePrivilege 특권이 활성화된 것을 확인할 수 있다.

실습: 트래버스 확인 통과 특권

시스템 관리자라면 트래버스 확인 통과^{ByPass Traverse Checking} 특권(내부적으로
SeNotifyPrivilege라고 불리는)과 그것의 의미를 알아야 한다. 이 실습은 이 특권
의 행위에 대해 이해하지 못할 경우 잘못된 보안의 적용으로 이어진다는 것을
보여준다.

1. 폴더를 하나 생성하고 이 폴더 내에 임의의 텍스트가 기록된 새로운 텍
   스트 파일을 생성한다.
2. 탐색기에서 생성한 파일을 찾아 속성 대화상자의 보안 탭으로 간다.
3. 고급 버튼을 클릭한다.
4. 상속 기능을 제어하는 체크박스를 해제한다.
5. 상속된 퍼미션의 제거나 복사를 입력해야 하는 경우 복사를 선택한다.

6. 독자의 계정이 해당 폴더에 대해 어떠한 접근 권한도 갖지 않게 새로운 폴더의 보안을 수정한다. 이것은 독자의 계정을 선택하고 퍼미션 목록에서 모든 거부 상자를 선택함으로써 이뤄진다.

7. 메모장을 실행하고, 파일 메뉴에서 **파일 열기**를 선택해 대화상자에서 생성한 새로운 디렉터리로 이동하면 이 디렉터리에 대한 접근이 거부되는 것을 확인할 수 있다.

8. 파일 열기 대화상자의 파일명 필드에 새로 생성한 파일의 전체 경로를 입력하면 파일이 열리는 것을 볼 수 있다.

독자의 계정이 트래버스 확인 통과 특권을 갖고 있지 않다면 NTFS는 사용자가 파일을 열 때 파일 경로의 각 디렉터리에 대해 접근 검사를 수행하고, 이 실습에서처럼 파일에 대한 접근이 거부되게 한다.

슈퍼 특권

일부 특권들은 너무 강력해서 이 특권을 부여받으면 컴퓨터에 대한 모든 제어권을 가진 '슈퍼 유저'가 된다. 이러한 특권들은 이러한 특권이 아니고서는 접근하지 못하는 자원에 대한 인증되지 않은 접근 권한을 얻거나 인증되지 않는 작업을 수행하기 위한 여러 방식으로 사용될 수 있다. 하지만 우리는 사용자에게 할당되지 않은 특권을 사용자에게 허용하는 코드를 실행하는 데 특권을 사용하는 것에 초점을 맞춘다. 이러한 능력은 로컬 시스템에서 사용자가 원하는 모든 작업을 수행하는 데 이용될 수 있음을 염두에 두자.

이번 절에서는 특권을 열거하고 이들 특권이 활용될 수 있는 방법을 알아본다. 물리 메모리 내의 페이지 락(SeLockMemoryPrivilege)과 같은 특권은 시스템에 대한 서비스 공격의 거부를 위해 악용될 수 있다. 하지만 이것은 다루지 않기로 한다. UAC가 활성화된 시스템의 경우 이러한 특권들은 계정이 그러한 특권을 소유하고 있더라도 high 또는 그보다 높은 무결성 수준에서 실행 중인 애플리케이션에 대해서만 승인된다는 점에 유의하자.

- **프로그램 디버깅(SeDebugPrivilege)** 이 특권을 가진 사용자는 프로세스에 존재하는 보안 디스크립터와 상관없이 시스템의 어떠한 프로세스(보호 프로세스는 예외)도 열 수 있다. 예를 들어 사용자는 Lsass 프로세스를 열고 실행 코드를 그것의 주소 공간에 복사하고, 그다음 CreateRemoteThread 윈도우 API를 통해 삽입된 코드들을 좀 더 높은 보안 수준에서 실행하기 위한 스레드를 삽입하는 프로그램을 구현할 수도 있다. 이 코드는 사용자에게 추가적인 특권과 그룹의 자격을 부여할 수 있다.

- **소유권 가져오기(SeTakeOwnershipPrivilege)** 이 특권은 사용자 고유의 SID를 객체의 보안 디스크립터 내의 소유자 필드에 써넣음으로써 사용자에게 어떠한 보안 객체(보호 프로세스와 스레드일지라도)의 소유권이든 가져올 수 있게 허용한다. 소유자는 항상 보안 디스크립터의 DACL에 대한 읽기와 수정이 가능한 퍼미션이 승인됨을 상기하자. 따라서 이 특권을 가진 프로세스는 DACL을 수정해 자신에게 객체에 대한 모든 접근 권한을 승인한 후 객체를 닫았다가 모든 접근 권한을 가진 상태로 다시 열 수 있다. 이것은 소유자가 민감한 데이터를 볼 수 있게 하며, 사용자에게 상승된 특권을 승인하는 사용자 프로그램으로 심지어 Lsass와 같은 운영체제의 일부로서 동작하는 시스템 파일을 바꿔치기하는 것도 허용한다.

- **파일과 디렉터리의 복원(SeRestorePrivilege)** 이 특권이 할당된 사용자는 시스템의 어떠한 파일이든 자신의 것으로 바꿔치기할 수 있다. 시스템 파일을 바꿔치기해서 앞서 기술한 것과 같은 권한을 행사할 수 있다.

- **디바이스 드라이버의 로딩과 언로딩(SeLoadDriverPrivilege)** 악의적인 사용자는 이 특권을 디바이스 드라이버를 시스템에 로드하는 데 사용할 수 있다. 디바이스 드라이버는 운영체제의 신뢰된 부분으로 간주되고, 시스템 계정 자격으로 운영체제에서 동작하므로, 드라이버는 사용자에게 또 다른 권한을 부여하는 특권 프로그램을 실행시킬 수 있다.

- **토큰 객체의 생성(SeCreateTokenPrivilege)** 이 특권은 임의의 그룹 멤버십과 특권 할당을 갖는 임의의 사용자 계정을 나타내는 토큰을 생성하기 위해 사용된다.

- **운영체제의 일부로 동작(SeTcbPrivilege)** 프로세스가 Lsass에 대한 신뢰된 연결을 구축하기 위해 호출하는 함수인 LsaRegisterLogonProcess는 이 특권을 검사한다. 이 특권을 가진 악의적인 사용자는 신뢰할 수 있는 Lsass 연결을 구축하고 새로운 로그온 세션을 생성하는 데 사용되는 함수인 LsaLogonUser를 실행할 수 있다. LsaLogonUser는 유효한 사용자 이름과 패스워드를 필요로 하며, 새로운 로그온 세션을 위해 생성한 토큰에 추가되는 SID 목록을 옵션으로 가진다. 따라서 사용자는 최종 토큰에 좀 더 많은 특권을 가진 그룹이나 사용자의 SID를 포함하는 새로운 로그온 세션을 생성하기 위해 자신의 이름과 패스워드를 사용할 수 있다.

> 상승된 특권을 사용하는 것은 머신 경계를 벗어난 네트워크로 확장되지 않는다는 점에 유의하자. 이것은 다른 컴퓨터와 상호작용하는 작업에는 도메인 컨트롤러의 인증과 도메인 패스워드의 유효성 검증이 수반되기 때문이다. 도메인 패스워드는 평문이든 암호화된 형태든 컴퓨터에 저장되지 않는다. 따라서 악의적인 코드가 접근할 수 없다.

프로세스와 스레드의 접근 토큰

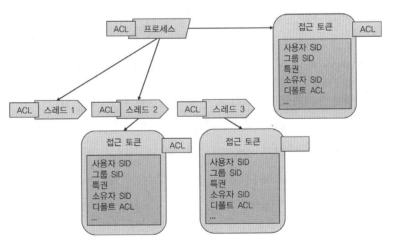

그림 7-12 프로세스와 스레드 보안 구조체

그림 7-12는 7장에서 지금까지 다룬 프로세스와 스레드의 기본적인 보안 구조체에 대한 개념을 함께 보여준다. 이 그림에서 프로세스 객체와 스레드 객체는 접근 토큰 객체와 마찬가지로 ACL을 갖고 있다. 또한 스레드 1이 프로세스 기본 접근 토큰을 사용하고 있는 반면, 스레드 2와 3은 자격 변경 토큰을 갖고 있다.

보안 감사

객체 관리자는 접근 검사의 결과로 감사 이벤트를 생성할 수 있으며, 사용자 애플리케이션에서 사용 가능한 윈도우 함수는 감사 이벤트를 직접 생성할 수 있다. 커널 모드 코드는 항상 감사 이벤트를 생성할 수 있다. 두 가지 특권 SeSecurityPrivilege와 SeAuditPrivilege는 감사와 관련이 있다. 프로세스는 보안 이벤트 로그를 관리하고 객체의 SACL를 살펴보거나 설정하기 위해 반드시 SeSecurityPrivilege 특권을 가져야 한다. 감사 시스템 서비스를 호출하는 프로세스는 감사 레코드를 성공적으로 생성하기 위해 SeAuditPrivilege 특권을 가져야만 한다.

로컬 시스템의 감사 정책은 특정 유형의 보안 이벤트를 감사하기 위한 결정을 좌우한다. 로컬 보안 정책으로 불리는 감사 정책은 Lsass가 로컬 시스템에 유지하는 보안 정책의 일부이다. 이것은 그림 7-13과 같이 로컬 보안 정책 편집기를 통해 구성된다. 감사 정책 구성(로컬 정책 아래 기본 설정과 고급 감사 정책 구성)은 레지스트리 HKEY_LOCAL_MACHINE\SECURITY\Policy\PolAdtEv 키 아래 비트맵 값으로 저장된다.

Lsass는 시스템이 초기화될 때, 그리고 정책이 변경될 때 그것을 알리기 위해 SRM에 메시지를 보낸다. Lsass는 SRM으로부터의 감사 이벤트에 근거해 생성된 감사 레코드를 받고, 레코드를 편집하며, 이를 이벤트 로그로 보내는 책임을 진다. Lsass는 SRM 대신 이들 레코드를 전송한다. Lsass가 적절한 세부 사항(예를 들면 감사 받고 있는 프로세스를 더 확실하게 식별해 내는 데 필요한 정보 등)을 추가하기 때문이다.

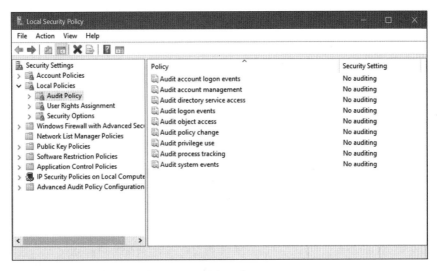

그림 7-13 로컬 보안 정책 편집기의 감사 정책 구성

SRM은 Lsass에 연결된 ALPC를 통해서 감사 레코드를 보낸다. 그 후 이벤트 로그는 감사 레코드를 보안 이벤트 로그에 기록한다. SRM이 전달하는 감사 레코드들뿐만 아니라 Lsass와 SAM 둘 다 Lsass가 이벤트 로그에 직접 보내는 감사 레코드를 생성한다. 그리고 AuthZ API는 애플리케이션이 자체적으로 정의한 감사를 생성할 수 있게 한다. 그림 7-14는 이러한 전체 흐름을 도식화하고 있다.

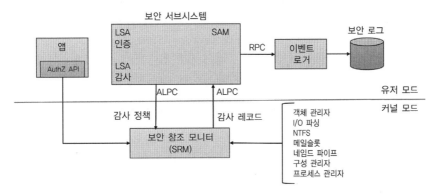

그림 7-14 보안 감사 레코드의 흐름

감사 레코드가 수신되면 이들은 LSA로 보내지기 위해 큐에 놓여진다. 이들은 일괄적으로 보내지지 않는다. 감사 레코드는 두 가지 방법 중 하나로 SRM으로부터 보안 서브시스템으로 옮겨진다. 감사 레코드가 최대 ALPC 메시지 크기보다 적으면 ALPC 메시지 형태로 보내진다. 감사 레코드는 SRM의 주소 공간에서 Lsass 프로세스의 주소 공간으로 복사된다. 감사 레코드가 크면 SRM은 공유 메모리를 사용해 Lsass가 메시지를 사용할 수 있게 하고, ALPC 메시지 내에 포인터만 넘겨준다.

객체 접근 감사

감사 메커니즘 사용에서 중요한 부분은 특히 파일과 보안 객체에 대한 접근 로그를 유지하는 것이다. 이를 위해서는 감사 객체 접근 정책이 활성화돼 있어야 한다. 그리고 시스템 접근 제어 목록 안에 요청한 객체에 대한 감시가 활성화된 감사 ACE가 있어야 한다.

접근자가 객체의 핸들을 열려고 시도했을 때 SRM은 먼저 이런 시도에 대한 허용 여부를 결정한다. 객체 접근 감사가 활성화돼 있다면 SRM은 객체에 대한 시스템 ACL을 검색한다. 감사 ACE에는 접근 허용과 접근 거부의 두 유형이 있다. 객체 접근 감사 레코드를 생성하기 위해 감사 ACE는 접근자가 소유한 보안 ID들 중에서 하나라도 일치해야 하고, 요청한 접근 메소드들 중에도 하나는 일치해야 한다. 그리고 접근 검사를 통해 나온 결과에 대해서도 접근 요청 타입(접근 허용 또는 접근 제어)이 일치해야 한다.

객체 접근 감사 레코드에는 접근 허용이나 접근 거부에 대한 내용만 포함하는 것은 아니고, 성공이나 실패에 대한 이유도 포함하고 있다. '접근에 대한 이유'는 감사 레코드 내의 보안 디스크립터 정의 언어^{SDDL}에 의해 명시된 접근 제어 항목의 형식을 사용한다. 이는 접근 시도에 대해 성공과 실패를 유발한 특정 접근 제어 항목을 확인함으로써 접근이 거부돼야 하는 객체에 대해 허용이 이뤄지는 상황이나 그 반대의 상황도 진단할 수 있다.

그림 7-13에서와 같이 객체 접근 감사는 기본적으로 적용돼 있지 않다(다른 모든 감사 정책도 동일하다).

실습: 객체 접근 감사

다음의 과정을 통해 객체 접근 감사를 확인할 수 있다.

1. 탐색기에서 접근이 허가되는 파일(텍스트 파일 같이)을 찾는다. 해당 파일의 속성 대화상자에서 보안 탭을 클릭하고, 고급 설정을 선택한다.

2. 감사 탭을 클릭하고, 관리자 권한 경고도 클릭해 진행한다. 그 결과 생성된 대화상자에서 감사에 대한 접근 제어 목록을 파일의 시스템 접근 제어 목록에 추가할 수 있다.

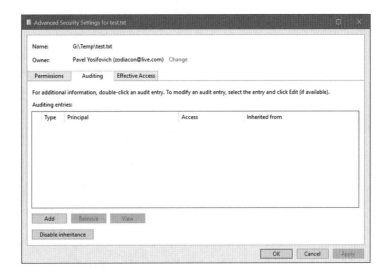

3. 추가 버튼을 클릭하고 보안 주체 선택을 클릭한다.

4. 사용자나 그룹 대화상자에서 Everyone과 같이 자신이 속한 사용자 이름과 그룹을 입력한다. 이름 확인을 클릭하고 확인 버튼을 클릭한다. 그러면 해당 파일에 대한 사용자 또는 그룹의 감사 접근 제어 목록을 생성할 수 있는 대화상자가 나타난다.

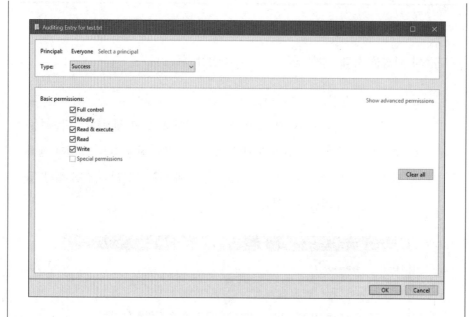

5. 확인 버튼을 3번 클릭해 파일 속성 대화상자를 닫는다.

6. 탐색기에서 해당 파일을 파일과 연결된 프로그램을 통해 열기 위해 더블 클릭한다(예를 들어 텍스트 파일의 경우 메모장).

7. 시작 메뉴에서 event를 입력해 이벤트 뷰어를 선택한다.

8. 보안 로그를 찾아 열어보자. 파일에 대한 접근 엔트리가 없음에 주목하자. 이는 객체 접근에 대한 감사 정책이 아직 설정되지 않았기 때문이다.

9. 로컬 보안 정책 편집기에서 로컬 정책에 있는 감사 정책을 선택한다.

10. 개체 접근 감사를 더블 클릭하고, 파일에 대한 성공적인 접근 감사를 적용할 수 있게 성공을 체크한다.

11. 이벤트 뷰어에서 동작 메뉴를 클릭해 새로 고침을 한다. 감사 레코드에서 감사 정책 변경에 대한 결과가 반영되는 것을 확인할 수 있다.

12. 탐색기에서 이전 파일을 더블 클릭해 다시 열어본다.

13. 이벤트 뷰어에서 동작 메뉴를 선택하고 새로 고침을 클릭한다. 몇 개의 파일에 대한 접근 감사 레코드가 보이는 것을 확인할 수 있다.

14. 파일 접근 감사 레코드 중 이벤트 ID 4656을 찾는다. 이 이벤트는 "객체에 대한 핸들이 요청됐다"를 의미한다(오픈한 파일명을 찾기 위해 찾기 옵션을 사용해도 된다).

15. 텍스트 상자에서 아래로 스크롤을 하면 액세스 원인 항목을 확인할 수 있다. 다음 예에서는 두 개의 접근 메소드인 READ_CONTROL과 SYNCHRONIZE 및 ReadAttributes, ReadEA(확장 속성), ReadData가 요청된 것을 확인할 수 있다. READ_CONTROL은 접근자가 파일의 소유자이므로 허용이 됐고, 나머지는 명시된 접근 제어 엔트리에 의해 허용됐다.

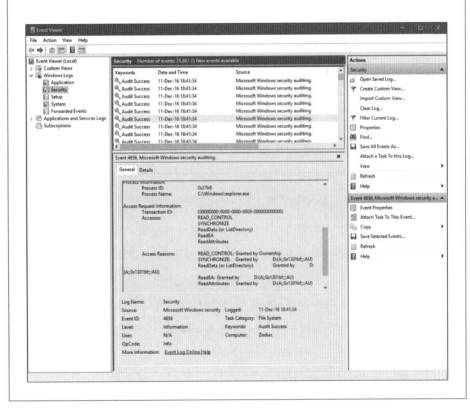

전역 감사 정책

각각의 객체에 대한 객체 접근 ACE 외에도 시스템에서 모든 파일 객체나 모든 레지스트리 키 또는 두 가지 모두에 대해 객체 접근 감사를 할 수 있는 전역 감사 정책을 정의할 수 있다. 그러므로 보안 감사자는 관심 있는 모든 객체에 개별적으로 SACL을 설정하거나 검사할 필요 없이 원하는 감사가 수행된다는 것을 확신할 수 있다.

관리자는 AuditPol 명령을 /resourceSACL 옵션과 함께 사용해 전역 감사 정책을 설정하거나 값을 질의할 수 있다. 이는 AuditSetGlobalSacl과 AuditQueryGlobalSacl API를 호출해 프로그램적으로도 가능하다. 객체의 SACL 변경에서와 같이 전역 SACL을 변경하기 위해서는 SeSecurityPrivilege가 필요하다.

실습: 전역 감사 정책 설정하기

AuditPol 명령을 사용해 전역 감사 정책을 설정할 수 있다.

1. 이전 실습에서 로컬 보안 정책 편집기에 대한 작업을 수행하지 않았다면 로컬 보안 정책 편집기에서 감사 정책 설정(그림 7-13 참조)을 찾아 개체 접근 감사를 더블 클릭한다. 그리고 성공과 실패에 대한 감사를 활성화한다. 대부분의 시스템에서는 개체 접근 감사에 대한 SACL은 적용돼 있지 않다. 따라서 적용돼 있다면 이때 개체 접근 감사 레코드가 추가로 생성될 수 있다.

2. 관리자 권한 명령 프롬프트에서 다음과 같이 입력한다. 이 명령의 결과로 전역 감사 정책에 대한 설정과 질의 명령어 사용법을 확인할 수 있다.

   ```
   C:\> auditpol /resourceSACL
   ```

3. 관리자 권한 명령 프롬프트에서 다음과 같이 입력한다. 보통 일반 시스템에서는 이 명령어 결과는 해당 리소스 종류의 전역 SACL이 없다고

나올 것이다(여기서 File과 Key는 대소문자를 구별한다).

```
C:\> auditpol /resourceSACL /type:File /view
C:\> auditpol /resourceSACL /type:Key /view
```

4. 동일한 상승된 명령 프롬프트 창에서 다음과 같이 입력한다. 이 명령은 지시된 사용자에 대해 쓰기 용도로 파일을 열려는(FW) 모든 행위를 실패 또는 성공에 관계없이 기록하게 하는 전역 감사 정책을 설정한다. 사용자 이름은 시스템 내에 존재하는 특정 사용자 이름일 수 있고, Everyone 과 같은 그룹, domainname\username과 같은 도메인 사용자 이름 또는 SID가 될 수 있다.

```
C:\> auditpol /resourceSACL /set /type:File /user:yourusername /success
/failure /access:FW
```

5. 지시된 사용자 이름으로 로그인된 상태에서 탐색기나 여타 툴로 파일을 열어본다. 그리고 시스템 이벤트 로그 내에 보안 로그를 열어 감사 레코드를 찾는다.

6. 마지막으로 다음과 같이 **auditpol** 명령어를 이용해 **4단계**에서 생성했던 전역 SACL을 삭제한다.

```
C:\> auditpol /resourceSACL /remove /type:File /user:yourusername
```

전역 감사 정책은 레지스트리 HKLM\SECURITY\Policy\GlobalSaclNameFile과 HKLM\SECURITY\Policy\GlobalSaclNameKey 내에 시스템 접근 제어 목록의 쌍으로 저장돼 있다. 이 키들은 7장의 '보안 시스템 구성 요소' 절에서 이미 설명했듯이 System 계정에서 Regedit.exe를 실행하면 확인이 가능하다. 이 키들은 전역 SACL이 적어도 한 번

설정되기 전까지는 존재하지 않는다.

전역 감사 정책은 객체에 대한 SACL에 의해서 오버라이드될 수 없다. 그러나 객체에 명시된 SACL에 의한 추가 감사는 허용한다. 예를 들어 전역 감사 정책은 모든 사용자에 의한 모든 파일 읽기 접근을 요청할 수 있으나 각 파일의 SACL은 세부적인 사용자나 더 세부적인 그룹에 의한 파일 쓰기 접근 감사를 추가할 수 있다.

다음 절에서 설명하지만, 전역 감사 정책은 고급 감사 정책 설정 내에 로컬 보안 정책 편집기를 통해 설정할 수 있다.

고급 감사 정책 설정

이전에 설명한 감사 정책 설정 이외에도 그림 7-15에서 보여주듯이 로컬 보안 정책 편집기는 고급 감사 정책 구성을 통해 더욱 정교한 감사 제어의 집합을 제공한다.

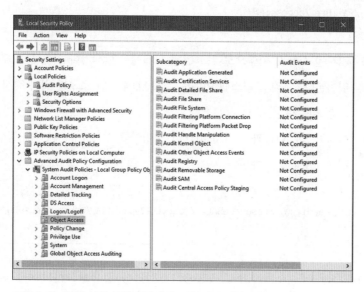

그림 7-15 로컬 보안 정책 편집기의 고급 감사 정책 구성 설정

로컬 정책 아래에 있는 9개의 각 감사 정책 설정(그림 7-13 참조)은 더욱 자세한 제어를 제공하는 그룹 설정과 매핑된다. 예를 들어 로컬 정책 하위에 개체 접근 감사 설정은

모든 객체에 대한 접근을 감사하게 하지만, 여기 설정들은 다양한 타입의 객체에 대해 접근 감사를 개별적으로 조정이 가능하게 한다. 로컬 정책 아래 감사 정책 설정들 중 하나를 활성화하면 그에 해당하는 모든 고급 감사 정책 이벤트가 암묵적으로 모두 활성화된다. 그러나 감사 로그의 내용에 대해 좀 더 세밀한 제어를 하고 싶다면 고급 설정을 통해 개별적으로 적용하면 된다. 그러면 표준 설정이 제품의 고급 설정이 된다. 그러나 이것은 로컬 보안 정책 편집기에서 보이지 않는다. 기본과 고급 옵션을 모두 사용해 감사 설정을 모두 적용한다면 예상치 못한 결과가 발생할 수 있다.

앞 절에서 언급했던 전역 SACL을 구성하기 위해 파일이나 레지스트리의 보안 디스크립터를 위한 탐색기나 레지스트리 편집기에서 봤던 것과 동일한 그래픽 인터페이스를 사용해 고급 감사 정책 구성에서 전역 개체 접근 감사 옵션을 사용할 수 있다.

앱컨테이너

윈도우 8은 앱컨테이너라는 새로운 보안 샌드박스를 도입했다. 앱컨테이너는 UWP 프로세스를 주로 호스트하기 위해 만들어졌지만 '일반' 프로세스를 위해서도 사용될 수 있다(이렇게 하는 내장 툴은 존재하지는 않는다). 이번 절에서는 패키지 앱컨테이너의 속성을 주로 다룬다. 패키지 앱컨테이너란 UWP 프로세스와 관련된 앱컨테이너와 이들의 결과물인 .Appx 형태를 일컫는다. UWP 앱에 대한 전체적 언급은 이 책의 범위를 벗어난다. 이 책의 3장과 2권의 8장, 9장에서 추가적인 정보를 살펴볼 수 있다. 여기서는 앱컨테이너의 보안적 측면과 UWP 앱 호스트로서 이들의 전형적인 사용법에만 집중한다.

> 앱컨테이너의 원래 코드네임은 LowBox였다. 이번 절의 여러 API와 구조체에서 이 용어를 볼 수 있을 것이다. 이들은 동일한 개념을 가리킨다.

유니버설 윈도우 플랫폼(Universal Windows Platform) 앱은 윈도우 런타임을 호스트하는 프로세스를 기술하기 위해 사용되는 최신 용어다. 예전에는 이머시브(immersive) 앱이나 모던 앱, 메트로 앱, 간혹 윈도우 앱으로도 불렸다. 명칭에서 유니버설 부분은 다양한 윈도우 10 에디션과 IoT 코어에서 모바일, 데스크톱, Xbox, 홀로렌즈에 이르는 폼 팩터에서 채택돼 실행될 수 있는 그런 앱의 기능을 의미한다. 하지만 이들은 윈도우 8에서 처음 소개된 것과 동일한 것이다. 따라서 이번 절에서 설명하는 앱컨테이너의 개념은 윈도우 8과 그 후속 버전에 관련이 있다. 유니버설 애플리케이션 플랫폼(Universal Application Platform)이 종종 UWP 대신 사용됨에 유의하자. 같은 용어다.

UWP 앱의 개요

모바일 장치 혁명으로 인해 소프트웨어를 구하고 실행하는 새로운 방법이 도래했다. 모바일 장치는 자신들의 애플리케이션을 중앙 스토어에서 주로 구해 사용자 간섭이 거의 없는 자동 설치와 업데이트를 한다. 사용자가 스토어에서 앱을 고르면 앱이 정확히 동작하기 위해 필요로 하는 퍼미션을 볼 수 있다. 이들 퍼미션은 기능^{capabilities}으로 불리며, 앱이 스토어에 제출될 때 패키지의 일부로 표시돼 있다. 이런 방식으로 사용자는 이들 기능을 수락할지를 결정할 수 있다.

그림 7-16은 UWP 게임(Minecraft, 윈도우 10 베타 에디션)에 대한 기능 목록의 예를 보여준다. 이 게임은 클라이언트와 서버로서 인터넷 접근이 요구되며, 로컬 홈과 직장 네트워크에 대한 접근도 필요로 한다. 사용자가 이 게임을 다운로드하면 게임이 이런 기능을 활용하는 데 암묵적으로 동의하는 것이다. 역으로 사용자는 이 게임이 이런 기능만을 사용한다는 확신을 할 수 있다. 즉, 이 게임은 장치의 카메라에 접근하는 등의 인가받지 않은 다른 기능을 사용할 수 없다.

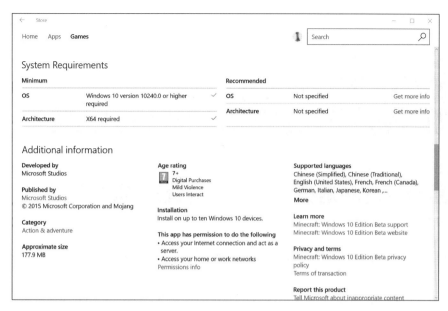

그림 7-16 스토어의 앱 페이지 일부로서 앱의 기능을 보여준다.

고수준에서 UWP 앱과 데스크톱(전통적) 앱 간의 차이점은 표 7-12를 참고하라. 개발자의 관점에서 윈도우 플랫폼은 그림 7-17과 같이 보일 수 있다.

표 7-12 UWP 앱과 데스크톱 앱의 고수준 비교

	UWP 앱	데스크톱(전통적) 앱
장치 지원	모든 윈도우 장치 계열에서 실행한다.	PC에서만 실행한다.
API	WinRT와 COM의 일부, Win32 API의 일부를 접근할 수 있다.	COM과 Win32, WinRT API의 일부만을 접근할 수 있다.
신분	강력한 앱 신분(정적과 동적)	순수 EXE와 프로세스
정보	APPX 매니페스트 선언	불명확한 바이너리
설치	자가 저장 APPX 패키지	루스(loose) 파일 또는 MSI
앱 데이터	사용자별/앱별로 격리된 저장소(로컬과 로밍)	공유 유저 프로파일
라이프사이클	앱 자원 관리와 PLM에 관여한다.	프로세스 수준의 라이프사이클
인스턴스	단일 인스턴스만 허용	인스턴스 수에 제한이 없음

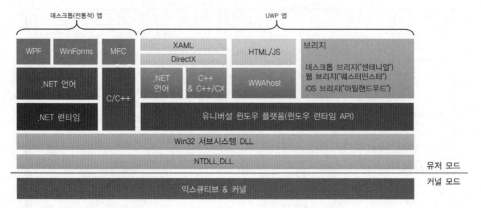

그림 7-17 윈도우 플랫폼 개요

그림 7-17의 일부 항목은 다음과 같이 자세히 살펴볼 가치가 있다.

- UWP 앱은 데스크톱 앱처럼 일반적인 실행 파일을 만들 수 있다. Wwahost.exe (%SystemRoot%\System32\wwahost.exe)는 실행 파일이 아닌 DLL을 만드는 것처럼 HTML/자바 스크립트 기반의 UWP 앱을 호스트하기 위해 사용된다.

- UWP는 COM의 고급 버전에 기반을 둔 윈도우 런타임 API에 의해 구현된다. C++(C++/CX로 불리는 적절한 언어 확장을 통해)과 .NET 언어, 자바스크립트에 대해서는 노출 API가 제공된다. 이들 API를 통해 개발자가 익숙한 환경에서 WinRT 유형과 메소드 속성, 이벤트에 상대적으로 손쉽게 접근할 수 있다.

- 다른 유형의 애플리케이션을 UWP로 변환해주는 여러 브리지 기술을 이용할 수 있다. 이들 기술을 이용하는 더 많은 정보는 MSDN 문서를 보라.

- 윈도우 런타임은 .NET 프레임워크처럼 윈도우 서브시스템 DLL의 상단 계층에 자리하고 있다. 윈도우 런타임은 시스템이 제공하는 바로 그 Win32 API를 여전히 사용하고 있으므로 커널 구성 요소를 갖지 않으며, 다른 서브시스템의 일부도 아니다. 하지만 앱컨테이너을 위한 범용 지원과 더불어 일부 정책은 커널에 구현돼 있다.

- 윈도우 런타임 API는 %SystemRoot%\System32 디렉터리에 존재하는 DLL에 Windows.Xxx.Yyy…Dll 형태의 이름으로 구현돼 있다. 여기서 파일명은 일반

1074

적으로 구현된 윈도우 런타임 API 네임스페이스를 나타낸다. 예를 들어 Windows.Globalization.Dll은 `Windows.Globalization` 네임스페이스에 있는 클래스를 구현한다(완전한 WinRT API 참조는 MSDN 문서를 보기 바란다).

앱컨테이너

3장에서 프로세스 생성에 필요한 단계와 UWP 프로세스 생성에 필요한 추가적인 일부 단계 또한 살펴봤다. UWP 패키지가 론치 프로토콜을 포함하는 프로토콜의 집합을 지원하기 때문에 생성의 시작은 `DCOMLaunch` 서비스에 의해 수행된다. 결과물인 프로세스는 앱컨테이너 내부에서 실행하게 된다. 다음은 앱컨테이너 내부에서 실행하는 패키지 프로세스의 일부 특징들이다.

- 프로세스 토큰의 무결성 수준은 Low로 설정된다. 7장의 앞부분에서 설명했듯이 이 수준은 여러 객체에 대한 접근을 자동으로 제약하고 특정 API나 프로세스의 기능에 대한 접근을 제한한다.

- UWP 프로세스는 항상 잡 내에 생성된다(UWP 앱당 하나의 잡). 이 잡은 UWP 프로세스와 자신 대신에 실행하는 백그라운드 프로세스(중첩 잡을 통해)를 관리한다. 잡은 프로세스 상태 관리자[PSM]가 앱이나 백그라운드 처리를 일괄적으로 일시 중지시키거나 재개할 수 있게 해준다.

- UWP 프로세스 토큰은 앱컨테이너 SID를 가진다. 이 SID는 UWP 패키지 이름의 SHA-2 해시에 기반을 둔 고유한 신분을 나타낸다. 살펴보겠지만 이 SID는 시스템과 애플리케이션이 파일과 여러 커널 객체에 접근하는 것을 명시적으로 허용하는 데 사용된다. 이 SID는 7장에서 지금까지 살펴본 대부분의 경우인 `NT AUTHORITY` 대신 `APPLICATION PACKAGE AUTHORITY`의 일부다. 따라서 이 SID는 문자열 형식에서 `SECURITY_APP_PACKAGE_BASE_RID(15)`와 `SECURITY_APP_PACKAGE_BASE_RID(2)`를 나타내는 S-1-15-2로 시작한다. SHA-2 해시는 32바이트이므로 이 SID의 나머지 부분에는 총 8개의 RID가 존재한다(RID는 4바이트 ULOG 크기임을 기억하자).

- 토큰은 SID로 표현되는 기능^{capabilities} 집합을 가진다. 이들 기능은 애플리케이션 매니페스트에 선언돼 있으며, 스토어의 앱 페이지에서 보인다. 매니페스트의 기능 부분에 저장돼 있는 이들은 잠시 후에 살펴볼 규칙을 사용해 SID 형식으로 변환되며, 이전처럼 동일한 SID 권한에 속하지만 대신 잘 알려진 SECURITY_CAPABILITY_BASE_RID(3)을 사용한다. 윈도우 런타임 내의 다양한 구성 요소와 유저 모드 장치 접근 클래스, 커널은 특정 동작의 허용과 거부를 위해 이 기능을 살펴볼 수 있다.

- 토큰은 SeChangeNotifyPrivilege와 SeIncreaseWorkingSetPrivilege, SeShutdown-Privilege, SeTimeZonePrivilege, SeUndockPrivilege 같은 특권을 포함할 수 있다. 이들은 표준 사용자 계정과 연관된 기본 특권들이다. 부가적으로 ms-win-ntos-ksecurity API 세트 규약 확장의 AppContainerPrivileges-EnabledExt 함수 부분이 기본적으로 활성화되는 특권을 추가적으로 제약하기 위해 특정 장치에 존재할 수 있다.

- 토큰은 UWP 패키지 애플리케이션과 관련되는 토큰을 식별하는 4개까지의 보안 속성(7장 앞부분의 '속성 기반의 접근 제어' 절을 보라)을 가질 수 있다. UWP 애플리케이션의 구동을 책임지는 앞서 언급한 DcomLaunch 서비스에 의해 이들 속성이 추가되며, 다음과 같은 것들이 존재한다.

  - **WIN://PKG** 이 토큰이 UWP 패키지 애플리케이션에 속함을 식별한다. 일부 플래그와 함께 애플리케이션의 출처 정수 값을 포함한다. 이들 값에 대해서는 표 7-13과 표 7-14를 참고하라.

  - **WIN://SYSAPPID** 유니코드 문자열 값의 배열로서 애플리케이션 식별자(패키지 모니커나 문자열 이름으로 불린다)를 포함한다.

  - **WIN://PKGHOSTID** 정수 값을 통해 명시적인 호스트를 갖는 패키지에 대해 UWP 패키지 호스트 ID를 식별한다.

  - **WIN://BGKD** COM 공급자로 실행하는 UWP 패키지 서비스를 저장할 수 있는 백그라운드 호스트(일반적인 백그라운드 태스크 호스트인 Background-TaskHost.exe와 같이) 용도로만 사용된다. 속성 이름은 백그라운드임을

나타내며, 명시적인 호스트 ID를 저장하는 정수 값을 포함한다.

TOKEN_LOWBOX(0x4000) 플래그는 토큰의 Flags 멤버에 설정된다. 다양한 윈도우와 커널 API(GetTokenInformation과 같은)가 이 멤버를 질의할 수 있다. 이는 컴포넌트로 하여금 앱컨테이너 토큰의 존재하에서 신분을 식별하고 상이하게 동작할 수 있게 해준다.

> 자식 앱컨테이너로 불리는 두 번째 유형의 앱컨테이너가 있다. 이것은 애플리케이션의 보안을 추가적으로 더 잠그기 위해 UWP 앱컨테이너(또는 부모 앱컨테이너)가 자신만의 중첩 앱컨테이너를 생성하기를 바랄 때 사용된다. 자식 앱컨테이너는 자신을 고유하게 식별하기 위해 8개의 RID 대신에 4개의 추가적인 RID를 가진다(처음 8개는 부모의 그것과 일치한다).

표 7-13 패키지 출처

출처	의미
Unknown(0)	패키지의 출처가 알려지지 않음
Unsigned(1)	패키지가 서명되지 않음
Inbox(2)	패키지는 내장(인박스) 윈도우 애플리케이션과 연관돼 있다.
Store(3)	패키지는 스토어에서 다운로드한 UWP 애플리케이션과 관련이 있다. 출처는 메인 UWP 애플리케이션의 실행 파일과 연관된 해당 파일의 DACL이 신뢰된 ACE를 포함하는지를 확인함으로써 검증된다.
Developer Unsigned(4)	패키지는 서명되지 않은 개발자 키와 연관돼 있다.
Developer Signed(5)	패키지는 서명된 개발자 키와 연관돼 있다.
Line-of-Business(6)	패키지는 사이드로드(side-loaded) 영업 부서 애플리케이션과 연관돼 있다.

표 7-14 패키지 플래그

플래그	의미
PSM_ACTIVATION_TOKEN_PACKAGED_APPLICATION(0x1)	앱컨테이너 UWP 애플리케이션이 AppX 패키지 형태로 저장돼 있음을 나타낸다. 기본 값이다.

(이어짐)

플래그	의미
PSM_ACTIVATION_TOKEN_SHARED_ENTITY(0x2)	이 토큰은 동일한 AppX 패키지 UWP 애플리케이션의 여러 실행 가능한 모든 부분에 사용되고 있음을 나타낸다.
PSM_ACTIVATION_TOKEN_FULL_TRUST(0x4)	이 앱컨테이너 토큰이 Win32 애플리케이션으로 변환된 프로젝트 센테니얼(데스크톱 윈도우 브리지)을 호스트하기 위해 사용되고 있음을 나타낸다.
PSM_ACTIVATION_TOKEN_NATIVE_SERVICE(0x8)	이 앱컨테이너 토큰이 서비스 제어 관리자(SCM)의 자원 관리자에 의해 생성된 패키지 서비스를 호스트하기 위해 사용 중임을 나타낸다. 서비스에 관한 추가적인 사항은 2권의 9장을 보라.
PSM_ACTIVATION_TOKEN_DEVELOPMENT_APP(0x10)	내부 개발 애플리케이션임을 나타내고 소매용에서는 사용되지 않음을 나타낸다.
BREAKAWAY_INHIBITED(0x20)	패키지는 자체 패키징되지 않는 프로세스를 생성할 수 없다. PROC_THREAD_ATTRIBUTE_DESKTOP_APP_POLICY 프로세스 생성 속성을 사용해 설정된다(추가적인 정보는 3장을 보라).

실습: UWP 프로세스 정보 살펴보기

다른 어떤 방법보다 명확하게 UWP 프로세스를 살펴보는 몇 가지 방법이 있다. Process Explorer는 윈도우 런타임을 사용하는 프로세스를 색상으로(기본은 청록색으로) 강조할 수 있다. Process Explorer를 열고 옵션 메뉴에서 Configure Colors를 선택한다. Immersive Processes 체크박스를 선택한다.

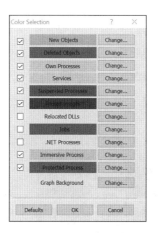

이머시브immersive 프로세스는 원래 윈도우 8에서 WinRT(지금은 UWP) 앱을 나타내기 위해 사용된 용어다(이들 앱은 거의 전체 화면으로 보여주고 '이머시브'로 나타냈다). 이런 특성은 `IsImmersiveProcess` API를 호출해 파악할 수 있다.

Calc.exe를 실행하고 Process Explorer로 전환한다. Calculator.exe를 포함해 여러 프로세스가 청록색으로 강조돼 있음을 확인할 수 있다. 계산기 앱을 최소화시키면 강조된 청록색이 회색으로 변경되는 것을 볼 수 있다. 이것은 계산기가 일시 중지됐기 때문이다. 계산기의 창을 복구하면 다시 청록색으로 되돌아온다.

Cortana(SearchUI.exe) 같은 다른 앱에서도 유사한 경험을 할 수 있다. 작업 표시줄의 Cortana 아이콘을 클릭하거나 탭하고 다시 닫자. 회색에서 청록색으로 다시 청록색에서 회색으로 전환되는 것을 볼 수 있다. 또는 시작 버튼에서 시도해봐도 된다. ShellExperienceHost.exe도 유사한 방식으로 강조한다.

Explorer.exe와 TaskMgr.Exe, RuntimeBroker.exe와 같은 청록색으로 강조된 일부 프로세스의 존재에 놀랄 수도 있을 것이다. 이들은 실제로 앱이 아니지만 윈도우 런타임 API를 사용하고, 따라서 이머시브 프로세스로 분류된다(RuntimeBroker의 역할을 잠시 후에 다룬다).

마지막으로 Process Explorer에서 보이는 Integrity 열을 정렬한다. 앱컨테이너 무결성 수준을 가진 Calculator.exe와 SearchUI.exe 같은 프로세스를 찾을 수 있을 것이다. 탐색기와 TaskMgr은 이에 해당하지 않으므로 이들은 확실히 UWP 프로세스가 아니며, 따라서 다른 규칙의 영향을 받는다.

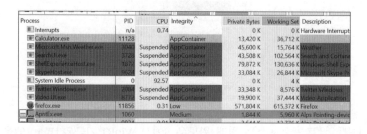

실습: 앱컨테이너 토큰 살펴보기

여러 툴로 프로세스에 호스트된 앱컨테이너의 속성을 살펴볼 수 있다. Process Explorer에서 보안 탭은 해당 토큰과 관련된 기능을 보여준다. 다음은 Calculator.exe에 대한 보안 탭의 내용이다.

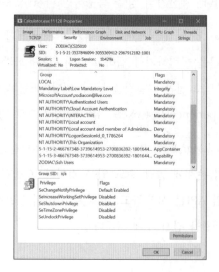

이 정보에서 두 가지 흥미로운 부분에 주목하자. Flags 칼럼에 AppContainer로 보이는 앱컨테이너 SID와 앱컨테이너 SID 우측 하단의 한 기능^{capability}이 그것이다. 기본 RID(SECURITY_APP_PACKAGE_BASE_RID 대 SECURITY_CAPABILITY_BASE_RID)를 제외한 나머지 8개의 RID는 동일하다. 이들 RID 모두는 설명한 바와 같이 SHA-2 형식의 패키지 이름을 가리킨다. 이것은 항상 패키지 자체가 기능인 암묵적인 하나의 기능이 존재함을 보여준다. 이것은 계산기가 실제로 아무런 기능을 필요로 하지 않음을 의미한다. 다음에 소개할 기능 절에서는 좀 더 복잡한 예를 다룬다.

실습: 앱컨테이너 토큰 속성 살펴보기

커맨드라인에서 Sysinternals의 AccessChk 툴을 사용해 전체 토큰 속성 리스트와 더불어 유사한 정보를 구할 수 있다. 예를 들어 AccessChk -p 명령에 SearchUI. exe(Cortana를 호스트한다)의 프로세스 ID를 함께 사용하면 다음과 같은 결과를 얻을 수 있다.

```
C:\ >accesschk -p -f 3728

Accesschk v6.10 - Reports effective permissions for securable objects
Copyright (C) 2006-2016 Mark Russinovich
Sysinternals - www.sysinternals.com

[7416] SearchUI.exe
  RW DESKTOP-DD6KTPM\aione
  RW NT AUTHORITY\SYSTEM
  RW Package
\S-1-15-2-1861897761-1695161497-2927542615-642690995-327840285-2659745135-
2630312742
    Token security:
    RW DESKTOP-DD6KTPM\aione
    RW NT AUTHORITY\SYSTEM
```

```
  RW DESKTOP-DD6KTPM\aione-S-1-5-5-0-459087
  RW Package
\S-1-15-2-1861897761-1695161497-2927542615-642690995-327840285-2659745135-
2630312742
  R BUILTIN\Administrators
 Token contents:
  User:
    DESKTOP-DD6KTPM\aione
  AppContainer:
    Package
\S-1-15-2-1861897761-1695161497-2927542615-642690995-327840285-2659745135-
2630312742
  Groups:
    Mandatory Label\Low Mandatory Level        INTEGRITY
    Everyone                                   MANDATORY
    NT AUTHORITY\Local account and member of Administrators group DENY
    …
  Security Attributes:
  WIN://PKGHOSTID
    TOKEN_SECURITY_ATTRIBUTE_TYPE_UINT64
    [0] 1794402976530433
  WIN://SYSAPPID
    TOKEN_SECURITY_ATTRIBUTE_TYPE_STRING
    [0] Microsoft.Windows.Cortana_1.8.3.14986_neutral_neutral_cw5n1h2txyewy
    [1] CortanaUI
    [2] Microsoft.Windows.Cortana_cw5n1h2txyewy
  WIN://PKG
    TOKEN_SECURITY_ATTRIBUTE_TYPE_UINT64
    [0] 131073
  TSA://ProcUnique
    [TOKEN_SECURITY_ATTRIBUTE_NON_INHERITABLE]
    [TOKEN_SECURITY_ATTRIBUTE_COMPARE_IGNORE]
    TOKEN_SECURITY_ATTRIBUTE_TYPE_UINT64
    [0] 204
    [1] 24566825
```

첫 번째 것은 16진수: `0x6600000000001`로 변환되는 패키지 호스트 ID다. 모든 패키지 호스트 ID는 `0x66`으로 시작하므로 이 값은 Cortana가 첫 번째 가용한 호스트 식별자인 1을 사용하고 있음을 의미한다. 그다음은 강한 패키지 모니커와 친화적인 애플리케이션 이름, 간소한 패키지 이름의 세 부분으로 이뤄진 시스템 애플리케이션 ID다. 마지막으로 16진수 값 `0x20001`을 갖는 패키지 클레임이 있다. 표 7-13과 표 7-14의 필드에 기반을 둔 이 값은 Inbox(2)의 출처와 `PSM_ACTIVATION_TOKEN_PACKAGED_APPLICATION`으로 설정된 플래그를 나타낸다. 즉 이 값은 Cortana가 AppX 패키지의 일부임을 알려준다.

앱컨테이너 보안 환경

앱컨테이너 SID와 관련 플래그의 존재로 인해 야기되는 가장 큰 부작용 중의 하나는 7장의 '접근 검사' 절에서 살펴본 접근 검사 알고리즘이 토큰에 포함된 모든 일반적인 사용자와 그룹 SID를 무시하게(기본적으로 거부 전용 SID로 취급한다) 변경된다는 점이다. 이것은 Users와 Everyone 그룹에 속하는 John Doe가 시작한 계산기임에도 불구하고 John Doe와 Users 그룹 SID, Everyone 그룹 SID에 접근을 허용하는 접근 검사에 실패한다는 것을 의미한다. 실제로 임의적 접근 검사 알고리즘 동안에 검사되는 유일한 SID는 앱컨테이너 SID이고 토큰의 기능 SID를 살펴보는 기능 접근 검사 알고리즘이 뒤이어 수반된다.

임의적 SID를 거부 전용으로 취급하는 것보다 더욱 심각한 것은 앱컨테이너 토큰이 접근 검사 알고리즘에 추가적인 심각한 보안 변경을 가한다는 것이다. 즉, 일반적으로 정보 부족으로 인해 모두 허용^{allow-anyone} 상황으로 취급되는 NULL DACL(이것은 명시적 허용 규칙에 의한 모두 거부 상황인 비어있는 DACL과는 다르다는 점을 기억하자)은 무시되고 거부 상황으로 취급된다. 설명을 간단히 하기 위해 앱컨테이너가 접근할 수 있는 유일한 보안 객체의 유형은 자신의 앱컨테이너 SID로 허용 ACE를 명시적으로 갖거나 자신의 한 기능에 대해 허용 ACE를 명시적으로 가져야 한다. 보안이 되지 않는(NULL DACL) 객체도 이런 문제를 벗어날 수 없다.

이런 상황은 호환성 문제를 야기한다. 파일 시스템과 레지스트리, 객체 관리자 자원에 대한 가장 기본적인 접근조차 없이 애플리케이션이 어떻게 동작할 수 있을까? 윈도우는 커스텀 실행 환경(감옥^{Jail}으로도 불리며, 각각의 앱컨테이너에 한정적이다)을 준비해 이에 대처한다. 다음과 같은 감옥들이 있다.

> 지금까지 각 UWP 패키지 애플리케이션은 하나의 앱컨테이너 토큰에 대응한다고 생각했다. 하지만 이런 사실로 인해 단 하나의 실행 파일만이 앱컨테이너와 연관될 수 있다고 여길 필요는 없다. UWP 패키지는 동일한 앱컨테이너에 속하는 여러 실행 파일을 포함할 수 있다. 이것은 마이크로서비스 백엔드 실행 파일과 포어그라운드 프런트엔드 실행 파일과 같이 이들 실행 파일이 동일한 SID와 기능을 공유하고 서로 간에 데이터를 교환할 수 있게 해준다.

- \Sessions\x\AppContainerNamedObjects 아래 객체 관리자의 네임스페이스에 서브디렉터리를 생성하기 위해 앱컨테이너 SID의 문자열 표현이 사용된다. 이것은 네임드 커널 객체를 위한 전용 디렉터리가 된다. 이런 특수한 서브디렉터리 객체는 모두 허용$^{allow-all}$ 접근 마스크를 갖는 앱컨테이너와 연관된 앱컨테이너 SID와 ACL 연산이 이뤄진다. 이것은 \Sessions\x\BaseNamedObjects 서브디렉터리(동일한 세션 X 내의)를 사용하는 데스크톱 앱과는 대조적이다. 이제 토큰이 핸들을 저장해야 할 뿐만 아니라 여기서 언급한 사항이 내포하는 바를 잠시 후에 다룬다.

- 토큰은 커널이 g_SessionLowboxArray 전역 변수에 저장하는 LowBox 번호 엔트리 구조체 배열에 대한 고유한 식별자인 LowBox 번호를 가진다. 윈도우 서브시스템 커널 모드 드라이버(Win32k.sys)는 앱컨테이너가 전역 아톰 테이블$^{atom\ table}$에 접근하는 것을 허용하지 않기 때문에 이들 각 번호는 해당 앱컨테이너에 고유한 아톰 테이블을 포함하는 SEP_LOWBOX_NUMBER_ENTRY 구조체에 매핑된다.

- 파일 시스템은 패키지로 불리는 %LOCALAPPDATA%에 한 디렉터리를 포함한다. 그 내부에 설치된 모든 UWP 애플리케이션의 패키지 모니커(앱컨테이너 SID의 문자열 버전, 즉 패키지 이름)가 있다. 이들 애플리케이션 디렉터리 각각은 TempState와 RoamingState, Settings, LocalCache 등과 같은 애플리케이션 한정적인 디렉터리를 가진다. 이들 디렉터리는 해당 애플리케이션과 대응하는 특

정 앱컨테이너 SID와 ACL 연산이 이뤄지고 모두 허용^{allow-all} 접근 마스크로 설정된다.

- Settings 디렉터리 내의 파일인 Settings.dat는 레지스트리 하이브 파일로서 애플리케이션 하이브처럼 로드된다(2권의 9장에서 애플리케이션 하이브에 대한 추가적인 사항을 배울 것이다). 이 하이브는 애플리케이션에 대해 로컬 레지스트리처럼 동작한다. WinRT API는 이 하이브에 애플리케이션이 지속적으로 유지하는 다양한 값을 저장한다. 여기서도 또한 레지스트리 키에 대한 ACL은 연관된 앱컨테이너 SID에 대해 모두 허용 접근을 명시적으로 허용한다.

이들 네 감옥은 앱컨테이너가 시스템의 민감한 사용자와 시스템 영역을 접근할 필요 없이 자신들의 파일 시스템과 레지스트리, 아톰 테이블을 보안적이고 지역적으로 저장할 수 있게 해준다. 그렇다면 적어도 읽기 전용 모드로 중요한 시스템 파일(Ntdll.dll과 Kernel32.dll 같은)이나 레지스트리 키(이들 라이브러리가 필요로 하는), 네임드 객체(DNS 검색에 사용되는 \RPC Control\DNSResolver ALPC 포트)에 접근하는 능력에 있어서는 어떨까? 각 UWP 애플리케이션이나 제거에 대해 여러 SID를 더하거나 제거하기 위해 전체 디렉터리와 레지스트리 키, 객체 네임스페이스에 다시 ACL 계산을 한다는 것은 말이 되지 않는다.

이 문제를 해결하기 위해 보안 서브시스템은 자신을 앱컨테이너 토큰에 자동으로 연결시켜주는 **ALL APPLICATION PACKAGES**로 불리는 특수한 그룹 SID를 수용한다. %SystemRoot%\System32와 HKLM\Software\Microsoft\Windows\CurrentVersion 같은 중요한 여러 시스템 위치는 자신들의 DACL 일부로서 이 SID를 가진다(일반적으로 읽기나 읽기-쓰기 접근 마스크를 갖는). \RPC 컨트롤 객체 관리자 디렉터리 내의 DNSResolver ALPC 포트와 같은 객체 관리자의 네임스페이스에 있는 특정 객체 역시 이것을 가진다. 실행 권한을 허용하는 특정 COM 객체도 이 예에 해당한다. 공식적으로 문서화되지는 않았을지라도 서드파티 개발자가 넌UWP 애플리케이션을 개발할 때 이 SID를 자신들의 자원에 적용함으로써 UWP 애플리케이션과의 연동을 허용할 수 있다.

불행히도 UWP 애플리케이션은 자신들의 WinRT가 필요로 하는 일부로서 거의 대부분의 Win32 DLL을 로드하고(주지하다시피 WinRT는 Win32 상단에 구축돼 있기 때문에) 또한 개별 UWP 애플리케이션이 필요로 하는 것을 예측하기 어렵기 때문에 많은 시스템 자원은 예방 조치로 자신들의 DACL과 연관된 **ALL APPLICATION PACKAGES** SID를 가진다. 예를 들면 이것은 이제 UWP 개발자는 자신들의 애플리케이션이 DNS 검색을 하는 것을 차단할 수 없음을 의미한다. 앱컨테이너 샌드박스 탈출에 이용될 수 있는 필요 이상의 이런 접근은 취약점 공격자에도 또한 유용하다. 버전 1607(애니버서리 업데이트)부터 시작하는 윈도우 10의 새로운 버전은 이러한 위험 요소를 없애기 위한 추가적인 보안적 요소인 제한된 앱컨테이너^{Restricted AppContainers}를 가진다.

PROC_THREAD_ATTRIBUTE_ALL_APPLICATION_PACKAGES_POLICY 프로세스 속성(프로세스 속성에 관한 추가적인 정보는 3장을 보라)을 사용하고 프로세스 생성 동안에 이를 **PROCESS_CREATION_ALL_APPLICATION_PACKAGES_OPT_OUT**로 설정함으로써 토큰은 **ALL APPLICATION PACKAGES** SID를 명시한 어떠한 ACE와도 연관되지 않는다. 이로써 이렇게 하지 않았더라면 접근 가능했을 많은 시스템 자원의 접근을 차단하게 된다. **WIN: //NOALLAPPPKG**로 명명된 네 번째 토큰 속성이 정수 값 1로 설정돼 있으면 이런 토큰으로 식별할 수 있다.

물론 이렇게 되면 다시 똑같은 문제에 봉착하게 된다. 즉, 이런 애플리케이션은 프로세스 초기화에 핵심적인 Ntdll.dll을 어떻게 로드할 수 있을까? 윈도우 10 버전 1607은 이 문제를 처리하는 **ALL RESTRICTED APPLICATION PACKAGES**로 불리는 새로운 그룹을 도입했다. 예를 들어 대부분의 샌드박스 프로세스도 System32 디렉터리의 DLL을 로드하는 것이 중요하므로, System32 디렉터리는 읽기와 실행 권한을 허용하게끔 설정돼 있는 이 SID를 이제 포함한다. 하지만 DNSResolver ALPC 포트는 그렇지 않다. 따라서 이런 앱컨테이너는 DNS에 대한 접근을 이제는 할 수 없게 된다.

실습: 앱컨테이너 보안 속성 살펴보기

이 실습에서는 앞 절에서 언급한 일부 디렉터리의 보안 속성을 살펴본다.

---

1. 계산기 프로그램을 실행한다.

2. Sysinternals의 WinObj를 상승된 권한으로 실행하고 계산기 앱컨테이너 SID에 대응하는 객체 디렉터리를 찾는다(이전 실습에서 이미 해봤다).

3. 이 디렉터리에 마우스 오른쪽 버튼을 클릭하고 속성의 보안 탭을 클릭한 다. 다음과 같은 스크린샷을 볼 수 있을 것이다. 계산기의 앱컨테이너 SID는 객체를 나열, 추가하며, 서브디렉터리를 추가할 수 있는 권한(뷰에서 보이지 않으면 스크롤하면 된다)을 갖고 있다. 이것은 계산기가 이 디렉터리에 커널 객체를 생성할 수 있음을 의미한다.

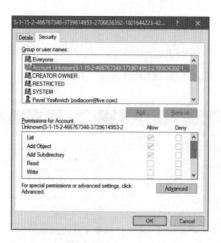

4. %LOCALAPPDATA%\Packages\Microsoft.WindowsCalculator_
8wekyb3d8bbwe를 찾아 계산기의 로컬 폴더를 연다. 설정 서브디렉터
리를 마우스 오른쪽 버튼을 클릭해 속성에서 보안 탭을 클릭한다. 계산기
의 앱컨테이너 SID가 해당 폴더에 대해 전체 권한을 갖고 있음을 볼 수
있을 것이다.

5. 탐색기에서 %SystemRoot% 디렉터리를 열고(예를 들어 C:\Windows),

System32 디렉터리를 마우스 오른쪽 버튼으로 클릭하고 속성의 보안 탭을 클릭한다. 모든 애플리케이션 패키지와 모든 제한된 애플리케이션 패키지(윈도우 10 버전 1607 또는 그 후속 버전에만 해당)에 대해 읽기와 실행 권한을 볼 수 있을 것이다.

Sysinternals의 AccessChk 커맨드라인 툴을 사용해도 똑같은 정보를 볼 수 있다.

실습: 앱컨테이너 아톰 테이블 살펴보기

윈도우 클래스 등록(RegisterClassEx)과 커스텀 윈도우 메시지 같이 다양한 식별 목적으로 윈도우 시스템이 사용하는 문자열에 대한 정수 값의 해시 테이블이 바로 아톰 테이블이다. 커널 디버거로 앱 컨테이너 전용 아톰 테이블을 살펴볼 수 있다.

1. 계산기를 실행하고 WinDbg를 열어 로컬 커널 디버깅을 시작한다.
2. 계산기 프로세스를 찾는다.

```
lkd> !process 0 1 calculator.exe
PROCESS ffff828cc9ed1080
    SessionId: 1  Cid: 4bd8   Peb: d040bbc000 ParentCid: 03a4
DeepFreeze
    DirBase: 5fccaa000   ObjectTable: ffff950ad9fa2800   HandleCount:
<Data Not Accessible>
    Image: Calculator.exe
    VadRoot ffff828cd2c9b6a0 Vads 168 Clone 0 Private 2938. Modified
3332.
Locked 0.
    DeviceMap ffff950aad2cd2f0
    Token                       ffff950adb313060
    ...
```

3. 토큰 값을 다음 표현식으로 사용한다.

```
lkd> r? @$t1 = @$t0->NumberOfBuckets
lkd> r? @$t0 = (nt!_RTL_ATOM_TABLE*)((nt!_token*)0xffff950adb313060)-
>LowboxNumberEntry->AtomTable
lkd> .for (r @$t3 = 0; @$t3 < @$t1; r @$t3 = @$t3 + 1) { ?? (wchar_t*)@$t0-
>Buckets[@$t3]->Name }
wchar_t * 0xffff950a'ac39b78a
 "Protocols"
wchar_t * 0xffff950a'ac17b7aa
 "Topics"
wchar_t * 0xffff950a'b2fd282a
 "TaskbarDPI_Deskband"
wchar_t * 0xffff950a'b3e2b47a
 "Static"
wchar_t * 0xffff950a'b3c9458a
 "SysTreeView32"
wchar_t * 0xffff950a'ac34143a
 "UxSubclassInfo"
wchar_t * 0xffff950a'ac5520fa
```

```
"StdShowItem"
wchar_t * 0xffff950a'abc6762a
"SysSetRedraw"
wchar_t * 0xffff950a'b4a5340a
"UIA_WindowVisibilityOverridden"
wchar_t * 0xffff950a'ab2c536a
"True"
...
wchar_t * 0xffff950a'b492c3ea
"tooltips_class"
wchar_t * 0xffff950a'ac23f46a
"Save"
wchar_t * 0xffff950a'ac29568a
"MSDraw"
wchar_t * 0xffff950a'ac54f32a
"StdNewDocument"
wchar_t * 0xffff950a'b546127a
"{FB2E3E59-B442-4B5B-9128-2319BF8DE3B0}"
wchar_t * 0xffff950a'ac2e6f4a
"Status"
wchar_t * 0xffff950a'ad9426da
"ThemePropScrollBarCtl"
wchar_t * 0xffff950a'b3edf5ba
"Edit"
wchar_t * 0xffff950a'ab02e32a
"System"
wchar_t * 0xffff950a'b3e6c53a
"MDIClient"
wchar_t * 0xffff950a'ac17a6ca
"StdDocumentName"
wchar_t * 0xffff950a'ac6cbeea
"StdExit"
wchar_t * 0xffff950a'b033c70a
"{C56C5799-4BB3-7FAE-7FAD-4DB2F6A53EFF}"
wchar_t * 0xffff950a'ab0360fa
```

```
"MicrosoftTabletPenServiceProperty"
wchar_t * 0xffff950a'ac2f8fea
"OLEsystem"
```

앱컨테이너 기능

살펴봤다시피 UWP 애플리케이션은 매우 제한된 접근 권한을 가진다. 그렇다면 예를 들어 마이크로소프트 에지 애플리케이션은 로컬 파일 시스템을 파싱하고 사용자의 문서 폴더에 있는 PDF 파일을 열 수 있을까? 비슷한 경우로 음악 애플리케이션은 음악 디렉터리의 MP3 파일을 어떻게 재생할 수 있을까? 커널 접근 검사를 통해 직접적으로 이뤄지든가 브로커(다음 절에서 살펴본다)에 의해 이뤄지든 간에 핵심은 기능 SID^{capability SID}에 있다. 이 SID의 출처가 어디이고, 어떻게 생성되며, 언제 사용되는지 살펴보자.

먼저 UWP 개발자는 패키지 이름과 로고, 자원, 지원 장치 등에 대한 자신들의 애플리케이션 세부 사항을 명시하는 애플리케이션 매니페스트를 생성하는 것부터 시작한다. 기능 관리의 핵심 항목 중 하나는 매니페스트 내의 기능 리스트다. 예를 들어 %SystemRoot%\SystemApps\Microsoft.Windows.Cortana_cw5n1h2txywey\AppxManifest.xml에 위치한 Cortana 애플리케이션의 매니페스트를 살펴보자.

```
<Capabilities>
    <wincap:Capability Name="packageContents"/>
    <!-- Needed for resolving MRT strings -->
    <wincap:Capability Name="cortanaSettings"/>
    <wincap:Capability Name="cloudStore"/>
    <wincap:Capability Name="visualElementsSystem"/>
    <wincap:Capability Name="perceptionSystem"/>
    <Capability Name="internetClient"/>
    <Capability Name="internetClientServer"/>
    <Capability Name="privateNetworkClientServer"/>
    <uap:Capability Name="enterpriseAuthentication"/>
```

```
        <uap:Capability Name="musicLibrary"/>
        <uap:Capability Name="phoneCall"/>
        <uap:Capability Name="picturesLibrary"/>
        <uap:Capability Name="sharedUserCertificates"/>
        <rescap:Capability Name="locationHistory"/>
        <rescap:Capability Name="userDataSystem"/>
        <rescap:Capability Name="contactsSystem"/>
        <rescap:Capability Name="phoneCallHistorySystem"/>
        <rescap:Capability Name="appointmentsSystem"/>
        <rescap:Capability Name="chatSystem"/>
        <rescap:Capability Name="smsSend"/>
        <rescap:Capability Name="emailSystem"/>
        <rescap:Capability Name="packageQuery"/>
        <rescap:Capability Name="slapiQueryLicenseValue"/>
        <rescap:Capability Name="secondaryAuthenticationFactor"/>
        <DeviceCapability Name="microphone"/>
        <DeviceCapability Name="location"/>
        <DeviceCapability Name="wiFiControl"/>
</Capabilities>
```

이 목록에서 여러 유형의 항목을 살펴볼 수 있다. 예를 들어 Capability 엔트리는 윈도우 8에 구현됐던 원래 기능과 연관된 잘 알려진 SID를 갖고 있다. 이들은 예를 들어 APPLICATION PACKAGE AUTHORITY에 속하는 기능 RID의 일부분인 SECURITY_CAPABILITY_INTERNET_CLIENT처럼 SECURITY_CAPABILITY_로 시작한다. 이는 문자열 형식 S-1-15-3-1인 SID이다.

uap와 rescap, wincap으로 시작하는 항목도 보인다. 그중의 하나(rescap)는 제한된 기능을 가리킨다. 이들은 스토어에 허락이 이뤄지기 전에 마이크로소프트와 커스텀 승인에 대해 특별한 탑승 허가를 필요로 하는 기능들이다. Cortana의 경우 SMS 텍스트 메시지와 이메일, 연락처, 위치, 사용자 데이터 접근과 같은 기능이 이에 해당된다. 반면에 윈도우 기능은 윈도우와 시스템 애플리케이션에 예약된 기능을 가리킨다. 어떤 스토어 애플리케이션이라도 이들을 사용할 수 없다. 마지막으로 UAP 기능은 누구라도 스토어에 요청할 수 있는 표준 기능을 가리킨다(UAP는 UWP의 이전 이름임을 기억하자).

하드코딩된 RID에 매핑하는 첫 번째 기능 집합과 달리 이들 기능은 다른 방식으로 구현돼 있다. 이것은 잘 알려진 RID의 목록이 상시적으로 유지될 필요가 없음을 보장한다. 대신 이 모드에서 기능은 완전히 커스텀화될 수 있으며, 수시로 업데이트될 수 있다. 이렇게 하기 위해 이들은 기능 문자열만을 갖고서 전체를 대문자 형식으로 변환하고 변환된 문자열을 SHA-2 해시로 만든다(앱컨테이너 패키지 SID가 SHA-2 해시 패키지 모니커인 것처럼). SHA-2 해시는 32바이트이므로 이로써 잘 알려진 `SECURITY_CAPABILITY_BASE_RID(3)`에 후속해 각 기능에 대해 8개의 RID가 만들어진다.

마지막으로 일부 `DeviceCapability` 항목을 볼 수 있다. 이들은 UWP 애플리케이션이 접근할 필요가 있는 장치 클래스를 가리킨다. 이들은 앞서 살펴본 것과 같이 잘 알려진 문자열이나 장치 클래스를 식별하는 GUID에 의해 바로 식별 가능한 클래스다. 이 항목은 이미 설명한 SID 생성에 대한 두 방법 중 하나를 사용하는 대신에 세 번째 방법을 사용한다. 이들 유형의 기능인 경우에 GUID는 바이너리 형태로 변환돼 4개의 RID로 매핑된다(GUID는 16바이트이므로). 반면에 잘 알려진 이름이 지정돼 있다면 먼저 GUID로 변환돼야 한다. 이는 먼저 `HKLM\Software\Microsoft\Windows\CurrentVersion\DeviceAccess\CapabilityMappings` 레지스트리 키를 살펴봄으로써 이뤄진다. 이 키는 장치 기능 및 이들 기능에 매핑하는 GUID 목록과 연관된 레지스트리 키 목록을 갖고 있다. 그리고 나서 GUID는 살펴본 바와 같이 SID로 변환된다.

> 지원되는 기능에 대한 최신 목록은 https://msdn.microsoft.com/enus/windows/uwp/packaging/app-capability-declarations를 참고하라.

이들 기능[capability] 모두를 토큰에 인코딩할 때 두 가지 추가적인 규칙이 적용된다.

- 이전 실습에서 살펴봤듯이 각 앱컨테이너 토큰은 기능으로 인코딩된 자신만의 패키지 SID를 포함한다. 기능 시스템은 패키지 SID를 별도로 구해 검증하는 대신에 일반적인 보안 검사를 통해 특정 앱에 대한 접근을 한정적으로 차단하는 데 이 SID를 사용한다.

- 각 기능은 일반적인 8개의 기능 해시 RID에 선행하는 추가적인 서브 권한으로서 `SECURITY_CAPABILITY_APP_RID(1024)` RID 사용을 통해 그룹 SID로 다시 인코딩된다.

기능이 토큰으로 인코딩된 이후에 시스템의 여러 컴포넌트는 이들을 읽어 앱컨테이너에 의해 수행되는 동작을 허용할지를 판단한다. UWP 애플리케이션과의 통신과 연동은 공식적으로 지원되지 않으며, 브로커 서비스나 인박스 드라이버, 커널 컴포넌트에 일임하는 것이 최선이므로 대부분의 API가 문서화돼 있지 않음에 유의하자. 예를 들어 커널과 드라이버는 `RtlCapabilityCheck` API를 사용해 특정 하드웨어 인터페이스나 API에 대한 접근을 인증할 수 있다.

예를 들어 전원 관리자는 앱컨테이너로부터 스크린 전력 차단 요청을 허용하기 전에 `ID_CAP_SCREENOFF` 기능을 검사한다. 애플리케이션 ID 드라이버가 `enterpriseData-Policy` 기능을 통해 엔터프라이즈 데이터 보호 지원을 검사하는 동안에 블루투스 포트 드라이버는 `bluetoothDiagnostics` 기능을 검사한다. 유저 모드에서는 이름을 제공하는 대신에 기능 SID(문서화되지 않은 `RtlDeriveCapabilitySidFromName`이 SID를 반환한다)를 알아야 하지만 문서화된 `CheckTokenCapability` API를 사용할 수 있다. 문자열을 받아들이는 `CapabilityCheck` API가 또 다른 대안이기도 하다.

마지막으로 여러 RPC 서비스는 `RpcClientCapabilityCheck` API를 이용한다. 이는 토큰을 구하고 기능 문자열만을 필요로 하는 보조 함수다. UWP 클라이언트 애플리케이션과 통신하기 위해 RPC를 사용하는 다수의 WinRT 인식 서비스와 브로커가 이 함수를 매우 자주 사용한다.

실습: 앱컨테이너 기능 살펴보기

이런 모든 다양한 기능 조합과 토큰 내에서 이들의 역할을 명확히 예시하기 위해 Cortana와 같은 복잡한 앱에 대한 기능을 살펴보자. Cortana의 매니페스트는 이미 살펴봤고, 따라서 해당 UI와 비교하기 위해 그 출력을 사용하면 된다. 먼저

SearchUI.exe의 보안 탭을 살펴보면 다음 그림과 유사할 것이다(Flags 칼럼으로 정렬).

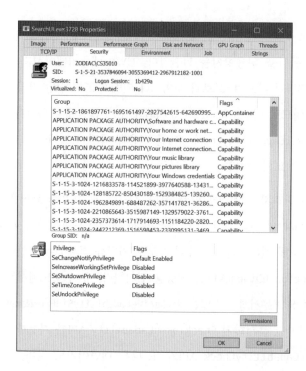

Cortana는 확실히 여러 기능을 갖고 있다. 이들 모두는 매니페스트 내에 존재한다. 이들 기능 중의 일부는 윈도우 8에서 원래 존재했었고 `IsWellKnownSid` 같은 함수에 알려져 있었다. Process Explorer는 이들 기능을 친화적인 이름으로 보여준다. 그 밖의 기능은 해시나 GUID를 나타내기 때문에 설명한 대로 그 SID만이 보일 뿐이다.

UWP 프로세스가 생성된 패키지에 대한 세부 사항을 보려면 이 책의 다운로드 정보에 있는 UWPList 툴을 사용하면 된다. 이 툴은 모든 시스템의 이머시브 프로세스나 그 ID에 기반을 둔 프로세스를 보여준다.

```
C:\WindowsInternals>UwpList.exe 3728
List UWP Processes - version 1.1 (C)2016 by Pavel Yosifovich

Building capabilities map... done.

Process ID: 3728
------------------
Image name:
C:\Windows\SystemApps\Microsoft.Windows.Cortana_cw5n1h2txyewy\SearchUI.exe
Package name: Microsoft.Windows.Cortana
Publisher: CN=Microsoft Windows, O=Microsoft Corporation, L=Redmond,
S=Washington, C=US
Published ID: cw5n1h2txyewy
Architecture: Neutral
Version: 1.7.0.14393
AppContainer SID:
S-1-15-2-1861897761-1695161497-2927542615-642690995-327840285-
2659745135-2630312742
Lowbox Number: 3
Capabilities: 32
cortanaSettings (S-1-15-3-1024-1216833578-114521899-3977640588-1343180512-
2505059295-473916851-3379430393-3088591068) (ENABLED)
visualElementsSystem
(S-1-15-3-1024-3299255270-1847605585-2201808924-710406709-
3613095291-873286183-3101090833-2655911836) (ENABLED)
perceptionSystem (S-1-15-3-1024-34359262-2669769421-2130994847-3068338639-
3284271446-2009814230-2411358368-814686995) (ENABLED)
internetClient (S-1-15-3-1) (ENABLED)
internetClientServer (S-1-15-3-2) (ENABLED)
privateNetworkClientServer (S-1-15-3-3) (ENABLED)
enterpriseAuthentication (S-1-15-3-8) (ENABLED)
musicLibrary (S-1-15-3-6) (ENABLED)
phoneCall
(S-1-15-3-1024-383293015-3350740429-1839969850-1819881064-1569454686-
4198502490-78857879-1413643331) (ENABLED)
picturesLibrary (S-1-15-3-4) (ENABLED)
```

sharedUserCertificates (S-1-15-3-9) (ENABLED)

locationHistory
(S-1-15-3-1024-3029335854-3332959268-2610968494-1944663922-
1108717379-267808753-1292335239-2860040626) (ENABLED)

userDataSystem (S-1-15-3-1024-3324773698-3647103388-1207114580-2173246572-
4287945184-2279574858-157813651-603457015) (ENABLED)

contactsSystem
(S-1-15-3-1024-2897291008-3029319760-3330334796-465641623-3782203132-
742823505-3649274736-3650177846) (ENABLED)

phoneCallHistorySystem
(S-1-15-3-1024-2442212369-1516598453-2330995131-3469896071-
605735848-2536580394-3691267241-2105387825) (ENABLED)

appointmentsSystem
(S-1-15-3-1024-2643354558-482754284-283940418-2629559125-
2595130947-547758827-818480453-1102480765) (ENABLED)

chatSystem
(S-1-15-3-1024-2210865643-3515987149-1329579022-3761842879-3142652231-
371911945-4180581417-4284864962) (ENABLED)

smsSend (S-1-15-3-1024-128185722-850430189-1529384825-139260854-329499951-
1660931883-3499805589-3019957964) (ENABLED)

emailSystem
(S-1-15-3-1024-2357373614-1717914693-1151184220-2820539834-3900626439-
4045196508-2174624583-3459390060) (ENABLED)

packageQuery
(S-1-15-3-1024-1962849891-688487262-3571417821-3628679630-802580238-
1922556387-206211640-3335523193) (ENABLED)

slapiQueryLicenseValue
(S-1-15-3-1024-3578703928-3742718786-7859573-1930844942-
2949799617-2910175080-1780299064-4145191454) (ENABLED)

S-1-15-3-1861897761-1695161497-2927542615-642690995-327840285-2659745135-2
630312742
(ENABLED)

S-1-15-3-787448254-1207972858-3558633622-1059886964 (ENABLED)

S-1-15-3-3215430884-1339816292-89257616-1145831019 (ENABLED)

S-1-15-3-3071617654-1314403908-1117750160-3581451107 (ENABLED)

```
S-1-15-3-593192589-1214558892-284007604-3553228420 (ENABLED)
S-1-15-3-3870101518-1154309966-1696731070-4111764952 (ENABLED)
S-1-15-3-2105443330-1210154068-4021178019-2481794518 (ENABLED)
S-1-15-3-2345035983-1170044712-735049875-2883010875 (ENABLED)
S-1-15-3-3633849274-1266774400-1199443125-2736873758 (ENABLED)
S-1-15-3-2569730672-1095266119-53537203-1209375796 (ENABLED)
S-1-15-3-2452736844-1257488215-2818397580-3305426111 (ENABLED)
```

이 출력은 패키지 전체 이름과 실행 파일 디렉터리, 앱컨테이너 SID, 공급자 정보, 버전, 기능 목록을 보여준다. 앱의 로컬 인덱스인 LowBox 번호 또한 보인다.

커널 디버거에서 !token 명령으로 이들 속성을 살펴볼 수도 있다.

일부 UWP 앱은 다른 UWP 앱처럼 윈도우 런타임 플랫폼을 사용하고, 앱컨테이너 내에서 실행하지 않고 Low보다 높은 무결성 수준을 갖지만 신뢰성이 있다고 불린다. 시스템 설정 앱(%SystemRoot%\ImmersiveControlPanel\SystemSettings.exe)이 전형적인 예다. 설정 앱은 앱컨테이너 호스트 프로세스에서 불가능할 수 있는 시스템 변경을 할 수 있어야 하므로, 이것은 일리가 있어 보인다. 이 앱의 토큰을 살펴보면 동일한 세 가지 속성(PKG와 SYSAPPID, PKGHOSTID)을 볼 수 있을 것이다. 이들 속성은 앱컨테이너 토큰이 존재하지 않음에도 불구하고 이 앱이 패키지 애플리케이션임을 확신시켜 준다.

앱컨테이너와 객체 네임스페이스

데스크톱 애플리케이션은 이름을 통해 커널 객체를 손쉽게 공유할 수 있다. 예를 들어 프로세스 A가 MyEvent란 이름으로 CreateEvent(Ex)를 호출해 이벤트 객체를 생성한다고 가정하자. 이 프로세스는 나중에 이벤트 조작에 사용할 핸들을 반환받는다. 동일한 세션에서 실행하는 프로세스 B(같은 세션에서 실행한다면 대개는 그러하듯이 적절한 권한을 가진다고 가정한다)는 같은 이름인 MyEvent로 CreateEvent(Ex)나 OpenEvent를 호출해 동일한 이벤트 객체에 대한 또 다른 핸들을 받을 수 있다. 프로세스 B가 자신의 핸들에 대해 `WaitForSingleObject`를 호출해 블록된 상태인 상황에서 이제 프로세스 A가 이 이벤트 객체에 대해 `SetEvent`를 호출한다면 같은 이벤트 객체이므로 프로세스 B의 대기 스레드는 해제될 것이다. Sysinternals의 WinObj 툴로 그림 7-18에서 보여주는 것처럼 네임드 객체는 객체 관리자 디렉터리 \Sessions\x\BaseNamedObjects에 생성되므로 이런 공유는 동작한다.

더욱이 데스크톱 앱은 Global\ 접두어를 가진 이름을 사용해 세션 간에서도 객체를 공유할 수 있다. 이는 세션 0 객체 디렉터리가 위치하는 \BaseNamedObjects에 객체를 생성한다(그림 7-18 참조).

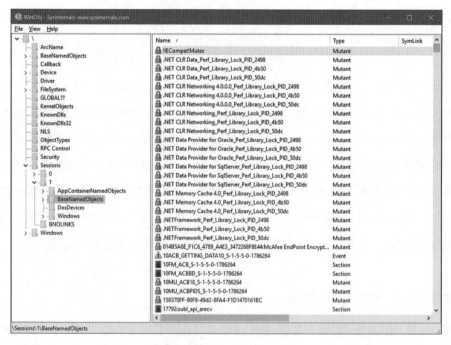

그림 7-18 네임드 객체의 객체 관리자 디렉터리

앱컨테이너 기반 프로세스는 \Sessions\x\AppContainer NamedObjects\<AppContainerSID> 아래에 자신들의 루트 객체 네임스페이스를 가진다. 모든 앱컨테이너는 서로 다른 앱컨테이너 SID를 가지므로 두 UWP 앱이 커널 객체를 공유할 수 있는 방법은 없다. 세션 0 객체 네임스페이스에 네임드 커널 객체를 생성하는 능력은 앱컨테이너 프로세스에

1100

허용되지 않는다. 그림 7-19는 윈도우 UWP 계산기 앱에 대한 객체 관리자의 디렉터리를 보여준다.

데이터 공유를 원하는 UWP 앱은 윈도우 런타임에 의해 관리되는 잘 정의된 규약을 사용해 그렇게 할 수 있다(좀 더 상세한 정보는 MSDN 문서를 보라).

데스크톱 앱과 UWP 앱 간의 커널 객체 공유가 가능하며, 이는 브로커 서비스에 의해 종종 이뤄진다. 예를 들어 파일 피커 브로커picker broker로부터 내 문서 폴더 내의 파일에 대한 요청을 받을 때 UWP 앱은 요청을 이리 저리 마샬링하는 비용 없이도 직접 읽고 쓰는 데 사용할 수 있는 파일 핸들을 받을 것이다. 이것은 브로커로 하여금 UWP 애플리케이션의 핸들 테이블로부터 직접 구한 파일 핸들을 복제하게 함으로써 가능하다(핸들 복제한 관한 추가적 정보는 2권의 8장에 있다). 문제를 더욱 간단히 하기 위해 ALPC 서브시스템(이 또한 8장에서 설명한다)은 ALPC 핸들 속성을 통해 이런 방식으로 핸들을 자동 전송하게 허용한다. 자신들의 하부 프로토콜로서 ALPC를 사용하는 원격 프로시저 호출RPC 서비스는 자신들의 인터페이스 일부분으로 이 기능을 사용할 수 있다. IDL 파일 내의 마샬링 가능한 핸들은 ALPC 서브시스템을 통해 이런 방식으로 자동 전송된다.

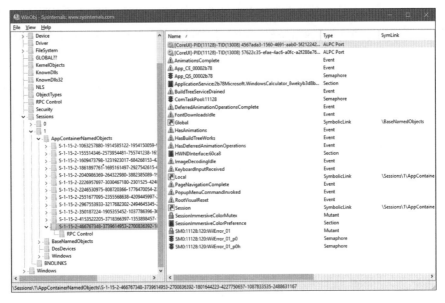

그림 7-19 계산기의 객체 관리자 디렉터리

공식적인 브로커 RPC 서비스를 제외한 데스크톱 앱은 네임드(또는 심지어 이름이 없는) 객체를 일반적으로 생성하고 DuplicateHandle 함수를 사용해 동일한 객체에 대한 핸들을 UWP 프로세스 내로 수동으로 인젝션시킬 수 있다. 이것이 동작하는 이유는 데스크톱 앱은 일반적으로 medium 무결성 수준으로 실행하고, UWP 프로세스로 핸들을 복제하는 것을 방해하는 아무것도 없기 때문이다.

> 데스크톱 앱과 UWP 간의 통신은 일반적으로 필요하지 않다. 이것은 스토어 앱은 동반하는 데스크톱 앱을 갖지 않으며, 장치에 이런 앱이 존재한다는 것에 의존할 수도 없기 때문이다. UWP 앱으로 핸들을 인젝션하는 기능은 데스크톱 앱을 UWP 앱으로 변환해 다른 데스크톱 앱과 통신하기 위해 데스크톱 브리지(센테니얼)를 사용하는 특수한 경우에서 필요할 수 있다.

앱컨테이너 핸들

일반적인 Win32 애플리케이션에서 세션 로컬과 전역 BaseNamedObjects 디렉터리의 존재는 윈도우 서브시스템에 의해 보장된다. 이는 윈도우 서브시스템은 부팅과 세션 생성 시점에 이것을 생성하기 때문이다. 불행히도 AppContainerBaseNamedObjects 디렉터리는 실제로는 론치 애플리케이션에 의해 생성된다. UWP 구동의 경우에 론치 애플리케이션은 신뢰된 DComLaunch 서비스가 담당하지만, 모든 앱컨테이너가 반드시 UWP에 연결될 필요는 없음을 상기하자. 이들은 올바른 프로세스 생성 속성을 통해 수동으로 생성될 수도 있다(어떤 권한을 사용할지에 대한 추가적 정보는 3장을 보라). 이 경우에는 신뢰되지 않은 애플리케이션이 객체 디렉터리(와 디렉터리 내의 필요한 심볼릭 링크)를 생성했을 가능성이 있다. 이렇게 되면 이 애플리케이션은 하부의 앱컨테이너 애플리케이션의 핸들을 닫을 수 있는 능력을 갖게 된다. 악의적 의도가 없다고 하더라고 원래의 론칭 애플리케이션이 존재해 자신의 핸들을 정리하고 앱컨테이너 한정적인 객체 디렉터리를 해제해야 한다. 이런 상황을 방지하기 위해 앱컨테이너 토큰은 자신을 사용하는 모든 애플리케이션의 라이프사이클 동안에 존재할 수 있게 보장하는 핸들 배열을 저장하기 위한 능력을 가진다. 이들 핸들은 앱컨테이너 토큰이 생성되고(NtCreate-LowBoxToken을 통해) 커널 핸들로 복제될 시점에 최초로 전달된다.

개별 앱컨테이너 아톰 테이블과 유사하게 SEP_CACHED_HANDLES_ENTRY 구조체가 사용된다. 여기서는 해당 사용자의 로그온 세션 구조체 내에 저장돼 있는 해시 테이블에 기반을 둔다(로그온 세션에 대한 추가 정보는 7장 후반부의 '로그온' 절을 보라). 이 구조체는 앱컨테이너 토큰 생성 동안에 복제된 커널 핸들의 배열을 가진다. 이들 핸들은 토큰이 해제되거나(애플리케이션 종료해) 사용자가 로그오프할(로그온 세션의 종료로 이어질 수 있다) 때에 닫힌다.

실습: 토큰에 저장된 핸들 살펴보기

토큰에 저장된 핸들을 살펴보기 위해 다음의 과정을 수행한다.

1. 계산기를 실행하고 로컬 커널 디버깅을 시작한다.
2. 계산기 프로세스를 찾는다.

```
lkd> !process 0 1 calculator.exe
PROCESS ffff828cc9ed1080
    SessionId: 1  Cid: 4bd8   Peb: d040bbc000 ParentCid: 03a4
DeepFreeze
    DirBase: 5fccaa000   ObjectTable: ffff950ad9fa2800      HandleCount:
<Data Not Accessible>
    Image: Calculator.exe
    VadRoot ffff828cd2c9b6a0 Vads 168 Clone 0 Private 2938. Modified 3332.
Locked 0.
    DeviceMap                    ffff950aad2cd2f0
    Token                        ffff950adb313060
    ElapsedTime                  1 Day 08:01:47.018
    UserTime                     00:00:00.015
    KernelTime                   00:00:00.031
    QuotaPoolUsage[PagedPool]    465880
    QuotaPoolUsage[NonPagedPool] 23288
    Working Set Sizes (now,min,max) (7434, 50, 345) (29736KB, 200KB, 1380KB)
    PeakWorkingSetSize           11097
```

```
VirtualSize                 303 Mb
PeakVirtualSize             314 Mb
PageFaultCount              21281
MemoryPriority              BACKGROUND
BasePriority                8
CommitCharge                4925
Job                         ffff828cd4914060
```

3. dt 명령을 사용해 토큰을 덤프한다(하위 비트 3과 4가 0이 아니라면 이들을 마스크한다).

```
lkd> dt nt!_token ffff950adb313060
   +0x000 TokenSource        : _TOKEN_SOURCE
   +0x010 TokenId            : _LUID
   +0x018 AuthenticationId   : _LUID
   +0x020 ParentTokenId      : _LUID
   ...
   +0x0c8 TokenFlags         : 0x4a00
   +0x0cc TokenInUse         : 0x1 ''
   +0x0d0 IntegrityLevelIndex : 1
   +0x0d4 MandatoryPolicy    : 1
   +0x0d8 LogonSession       : 0xffff950a'b4bb35c0 _SEP_LOGON_SESSION_REFERENCES
   +0x0e0 OriginatingLogonSession : _LUID
   +0x0e8 SidHash : _SID_AND_ATTRIBUTES_HASH
   +0x1f8 RestrictedSidHash : _SID_AND_ATTRIBUTES_HASH
   +0x308 pSecurityAttributes : 0xffff950a'e4ff57f0 _AUTHZBASEP_SECURITY_
ATTRIBUTES_INFORMATION
   +0x310 Package            : 0xffff950a'e00ed6d0 Void
   +0x318 Capabilities       : 0xffff950a'e8e8fbc0 _SID_AND_ATTRIBUTES
   +0x320 CapabilityCount    : 1
   +0x328 CapabilitiesHash   : _SID_AND_ATTRIBUTES_HASH
   +0x438 LowboxNumberEntry : 0xffff950a'b3fd55d0 _SEP_LOWBOX_NUMBER_ENTRY
   +0x440 LowboxHandlesEntry : 0xffff950a'e6ff91d0 _SEP_LOWBOX_HANDLES_ENTRY
   +0x448 pClaimAttributes   : (null)
```

...

4. LowboxHandlesEntry 멤버를 덤프한다.

```
lkd> dt nt!_sep_lowbox_handles_entry 0xffff950a'e6ff91d0
+0x000 HashEntry        : _RTL_DYNAMIC_HASH_TABLE_ENTRY
+0x018 ReferenceCount   : 0n10
+0x020 PackageSid       : 0xffff950a'e6ff9208 Void
+0x028 HandleCount      : 6
+0x030 Handles          : 0xffff950a'e91d8490 -> 0xffffffff'800023cc Void
```

5. 6개의 핸들이 존재한다. 이 값들을 덤프하자.

```
lkd> dq 0xffff950ae91d8490 L6
ffff950a'e91d8490  ffffffff'800023cc ffffffff'80001e80
ffff950a'e91d84a0  ffffffff'80004214 ffffffff'8000425c
ffff950a'e91d84b0  ffffffff'800028c8 ffffffff'80001834
```

6. 이들 핸들이 커널 핸들임을 알 수 있다. 즉, 핸들 값이 0xffffffff(64비트)로 시작한다. 이제 !handle 명령을 사용해 각 핸들을 살펴볼 수 있다. 6개의 핸들 중에서 두 핸들만을 예제로 살펴본다.

```
lkd> !handle ffffffff'80001e80

PROCESS ffff828cd71b3600
    SessionId: 1 Cid: 27c4 Peb: 3fdfb2f000 ParentCid: 2324
    DirBase: 80bb85000 ObjectTable: ffff950addabf7c0 HandleCount:
<Data Not Accessible>
    Image: windbg.exe

Kernel handle Error reading handle count.
```

```
80001e80: Object: ffff950ada206ea0 GrantedAccess: 0000000f (Protected)
(Inherit) (Audit) Entry: ffff950ab5406a00
Object: ffff950ada206ea0 Type: (ffff828cb66b33b0) Directory
   ObjectHeader: ffff950ada206e70 (new version)
      HandleCount: 1 PointerCount: 32770
      Directory Object: ffff950ad9a62950 Name: RPC Control

      Hash   Address          Type            Name
      ----   -------          ----            ----
      23     ffff828cb6ce6950 ALPC Port
OLE376512B99BCCA5DE4208534E7732
lkd> !handle ffffffff'800028c8

PROCESS ffff828cd71b3600
   SessionId: 1 Cid: 27c4 Peb: 3fdfb2f000 ParentCid: 2324
   DirBase: 80bb85000 ObjectTable: ffff950addabf7c0 HandleCount: <Data
Not Accessible>
   Image: windbg.exe

Kernel handle Error reading handle count.

800028c8: Object: ffff950ae7a8fa70 GrantedAccess: 000f0001 (Audit) Entry:
ffff950acc426320
Object: ffff950ae7a8fa70 Type: (ffff828cb66296f0) SymbolicLink
   ObjectHeader: ffff950ae7a8fa40 (new version)
      HandleCount: 1 PointerCount: 32769
      Directory Object: ffff950ad9a62950 Name: Session
      Flags: 00000000 ( Local )
      Target String is '\Sessions\1\AppContainerNamedObjects
\S-1-15-2-466767348-3739614953-2700836392-1801644223-4227750657
-1087833535-2488631167'
```

마지막으로 특정 객체 디렉터리 네임스페이스에 대해 네임드 객체를 제한하는 능력은
샌드박스 네임드 객체 접근을 위한 유용한 보안 툴이다. 곧 출시될 윈도우 10 크리에이트
업데이트(이 책의 집필 당시)는 BNO(BNO는 BaseNamedObjects를 가리킨다) 격리로 불리는

추가적인 토큰 기능을 가진다. SepCachedHandlesEntryLowbox 대신에 SepCached-HandlesEntryBnoIsolation 타입으로 설정된 새로운 BnoIsolationHandlesEntry 필드가 추가된 SEP_CACHE_HANDLES_ENTRY 구조체가 그대로 사용돼 TOKEN 구조체에 추가된다. 이 특성을 사용하기 위해 격리 접두어와 핸들 리스트를 포함하는 특수한 프로세스 속성이 사용돼야 한다(추가적인 정보는 3장을 보라). 이 시점에서 동일한 LowBox 메커니즘이 사용되지만 앱컨테이너 SID 객체 디렉터리 대신에 속성에 표시된 접두어를 가진 디렉터리가 사용된다.

브로커

앱컨테이너 프로세스는 기능에 의해 암시적으로 허용된 것을 제외하면 거의 권한을 갖지 않으므로 앱컨테이너에 의해 직접적으로 수행될 수 있는 동작이 거의 없고 도움을 필요로 한다(이들 동작은 스토어에서 사용자에게 보이기는 너무 낮은 수준을 갖고 관리하기 어렵기 때문에 이들 위한 기능은 존재하지 않는다). 일반 파일 열기 대화상자를 사용한 파일 선택이나 프린트 대화상자로 프린트하는 작업을 예로 들 수 있다. 이들 동작과 그리고 유사한 그 밖의 동작을 위해 윈도우는 시스템 브로커 프로세스 RuntimeBroker.exe에 의해 관리되는 **브로커**broker로 불리는 보조 프로세스를 제공한다.

이들 서비스를 필요로 하는 앱컨테이너 프로세스는 안전한 ALPC 채널을 통해 런타임 브로커와 통신하고, 런타임 브로커는 요청된 브로커 프로세스의 생성을 시작한다. 이런 예로는 %SystemRoot%\PrintDialog\PrintDialog.exe와 %SystemRoot%\System32\PickerHost.exe가 있다.

실습: 브로커

다음은 브로커 프로세스가 시작되고 종료되는 방법을 보여준다.

1. 시작 버튼을 클릭하고 Photos를 입력해 Photos를 선택하고 내장된 윈도우 10 포토 애플리케이션을 시작한다.

2. Process Explorer를 열고 프로세스 리스트를 트리 뷰로 전환한 후 Microsoft.Photos.exe 프로세스를 찾는다. 두 창을 나란히 배치한다.

3. 포토 앱에서 그림 파일을 선택하고 상단 메뉴에서 Print를 클릭하거나 해당 그림에서 마우스 오른쪽 버튼을 클릭해 팝업 메뉴에서 Print를 선택한다. Print 대화상자가 열리고 Process Explorer는 새롭게 생성된 브로커(PrintDialog.exe)를 보여 줄 것이다. 이들 모두는 동일한 Svchost 프로세스의 자식들임에 주목하자(모든 UWP 프로세스는 해당 프로세스 내에서 호스트되는 DCOMLaunch 서비스에 의해 시작된다).

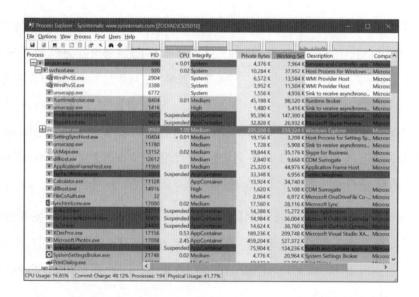

4. 프린트 대화상자를 닫는다. PrintDialog.exe 프로세스가 종료된다.

로그온

네트워크 로그온과는 반대되는 개념으로 대화식 로그온은 다음과 같은 상호작용을 통해 이뤄진다.

- 로그온 프로세스(Winlogon)
- 로그온 사용자 인터페이스 프로세스(LogonUI.exe)와 그 자격증명 제공자
- Lsass.exe
- 하나 이상의 인증 패키지
- SAM 또는 액티브 디렉터리

인증 패키지는 인증 검사 절차를 수행하는 DLL의 모임이다. Kerberos는 도메인에 대화식 로그온을 하기 위한 윈도우 인증 패키지다. MSV1_0은 Windows 2000 이전 버전의 신뢰된 도메인에 대한 도메인 로그온과 도메인 컨트롤러가 접근 불가능한 경우에 로컬 컴퓨터에 대화식 로그온을 위한 윈도우 인증 패키지다.

Winlogon은 신뢰된 프로세스며, 보안과 관련된 사용자 상호작용을 관리한다. 또한 로그온을 조율하며, 로그온 시점에 사용자의 첫 번째 프로세스를 시작하고, 로그오프를 처리한다. 또한 로그온할 때 패스워드를 입력하기 위한 LogonUI를 시작하고, 패스워드를 바꾸고, 컴퓨터를 잠그고, 잠금 해제를 하는 등의 다양한 보안 관련 작업도 수행한다. Winlogon 프로세스는 시스템에서 실행 중인 다른 프로세스들이 모르게 보안 관련 작업을 수행해야 한다. 예를 들어 Winlogon은 이러한 작업들이 이뤄지는 동안 신뢰되지 않은 프로세스들이 데스크톱의 제어를 얻어 패스워드에 접근하지 못하게 보장해야 한다.

Winlogon은 시스템에 설치된 자격증명 제공자를 통해 사용자의 계정 이름과 패스워드를 얻는다. 자격증명 제공자는 DLL 내부에 있는 COM 객체들이다. 디폴트 제공자로는 authui.dll과 SmartcardCredentialProvider.dll, FaceCredentialProvider.dll이 있으며, 이들은 패스워드와 스마트카드 PIN, 얼굴 인식 인증을 각각 지원한다. 그 밖의 또 다른 자격증명 제공자의 설치를 허용함으로써 윈도우는 상이한 사용자 인증 방식을 사용할 수 있다. 예를 들어 서드파티 업체는 지문 인식 장비를 이용해 사용자를 식별하거나 암호화된 데이터베이스에서 사용자의 패스워드를 가져오는 등의 기능을 가진 자격증명 제공자를 공급할 수도 있다. 자격증명 제공자는 `HKLM\SOFTWARE\Microsoft\Windows\CurrentVersion\Authentication\Credential Providers`에 나열돼 있다. 여기서 각 서브키는 자신의 COM CLSID로 자격증명 제공자 클래스를 식별한다(CLSID 자체는 여느

다른 COM 클래스처럼 HKCR\CLSID에 등록돼야 한다). 이 책의 다운로드 정보에서 구할 수 있는 CPlist.exe 툴을 사용해 자신들의 CLSID를 가진 자격증명 제공자와 친화적 이름, 구현 DLL을 나열할 수 있다.

Winlogon 프로세스를 크래시시킬 수 있는(Winlogon은 중요한 시스템 프로세스로 간주되므로 결과적으로 시스템 크래시로 이어진다) 자격증명 제공자 내의 버그로부터 Winlogon의 주소 공간을 보호하기 위해 별도의 프로세스인 LogonUI.exe를 사용해 자격증명 제공자를 로드하고, 윈도우 로그온 인터페이스를 사용자에게 보여주는 방법이 사용된다. 이 프로세스는 Winlogon이 사용자에게 사용자 인터페이스를 보여주고 작업 완료 후에 종료하려는 요청이 있을 때마다 시작된다. 이 프로세스는 Winlogon이 어떠한 이유로 크래시가 발생한 LogonUI 프로세스를 재시작하는 것 역시 허용한다.

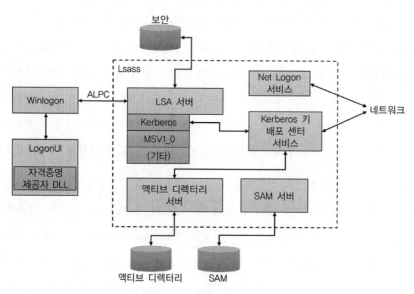

그림 7-20 로그온과 관련된 컴포넌트

Winlogon은 키보드로부터의 로그온 요청을 가로채는 유일한 프로세스고, 이것은 Win32k.sys로부터 RPC 메시지를 통해 보내진다. Winlogon은 로그온을 위한 사용자 인터페이스를 보여주기 위한 LogonUI 프로그램을 바로 시작한다. 자격증명 제공자로부터 사용자의 이름과 패스워드를 얻은 후에 Winlogon은 Lsass를 호출해 로그온을 하

1110

려는 사용자를 인증한다. 사용자 인증이 성공하면 로그온 프로세스는 해당 사용자를 위해 로그온 셸을 구동한다. 로그온 과정에서 각 구성 요소들 간에 일어나는 상호작용을 그림 7-20에서 보여준다.

다른 자격증명 제공자를 지원하는 것뿐만 아니라, LogonUI는 2차 인증을 하는 데 필요한 추가적인 네트워크 제공자 DLL을 로드할 수 있다. 이 기능을 통해 여러 네트워크 제공자는 사용자 신원 정보와 인증 정보를 로그온 과정 중 한 번에 얻어갈 수 있다. 윈도우 시스템에 로그인하는 사용자가 동시에 리눅스 서버에서도 인증받을 수 있다. 이 사용자는 이제 윈도우 머신에서 유닉스 서버 자원에 추가적인 인증 절차 없이 접근할 수 있다. 이런 것을 단일 인증체계^{single sign-on}라고 한다.

Winlogon 초기화

시스템이 초기화되는 동안 사용자 애플리케이션이 실행되기 전에 시스템이 사용자와 상호작용할 준비가 되면 Winlogon은 워크스테이션을 제어한다는 것을 보장하기 위한 다음의 절차를 수행한다.

1. 키보드와 마우스, 모니터를 나타내는 대화식 윈도우 스테이션(예를 들어 객체 관리자의 네임스페이스에 \Sessions\1\Windows\WindowStations\WinSta0)을 하나 생성해 오픈한다. Winlogon은 시스템 SID만을 포함하는 단 하나의 ACE를 갖는 스테이션에 대한 보안 디스크립터를 생성한다. 이 고유한 보안 디스크립터가 Winlogon에 의해 명시적으로 허용되지 않는 한 다른 프로세스는 이 스테이션에 접근하지 못하게 보장한다.

2. 두 개의 데스크톱을 생성해 오픈한다. 대화식 데스크톱으로도 알려져 있는 애플리케이션 데스크톱(\Sessions\1\Windows\WinSta0\Default)과 보안 데스크톱으로 알려져 있는 Winlogon 데스크톱(\Sessions\1\Windows\WinSta0\Winlogon)이다. Winlogon 데스크톱에서의 보안은 Winlogon만이 데스크톱에 접근할 수 있게 생성된다. 애플리케이션 데스크톱에는 Winlogon과 사용자 둘 다 접근할

수 있다. 이것은 Winlogon 데스크톱이 활성화돼 있는 동안에는 다른 프로세스는 이 데스크톱과 관련된 어떠한 코드나 데이터에도 접근하지 못한다는 것을 의미한다. 윈도우는 이 기능을 이용해 데스크톱을 잠그고 해제하거나 패스워드와 관련된 작업들을 보호한다.

3. 컴퓨터에 로그온하기 전에 보이는 화면은 Winlogon 데스크톱이다. 사용자가 로그온한 다음에는 SAS 순서(기본으로 Ctrl + Alt + Delete)를 눌러 디폴트 데스크톱에서 Winlogon 데스크톱으로 전환하고 LogonUI를 실행한다(이것은 Ctrl + Alt + Delete 키를 누르면 대화식 데스크톱에 있던 모든 윈도우가 사라지고, 윈도우 보안 대화상자를 닫으면 다시 돌아오는 이유를 설명해준다). 따라서 SAS는 항상 Winlogon에 의해 제어되는 보안 데스크톱을 보여준다.

4. Lsass과의 ALPC 연결을 만든다. 이 연결은 **LsaRegisterLogonProcess**를 호출해 수행되는 로그온, 로그오프, 패스워드 변경 등의 상황에서 정보 교환을 할 때 사용된다.

5. Winlogon RPC 메시지 서버를 등록한다. 이 서버는 Win32k로부터의 SAS, 로그오프, 워크스테이션 락 통지를 리슨[listen]한다. 이것은 트로이목마 프로그램이 SAS가 입력될 때 화면의 제어권을 얻는 것을 차단한다.

> Wininit 프로세스는 세션 0에서 실행하는 레거시 대화식 서비스가 윈도우를 보여주도록 허용하기 위해 1, 2번 과정과 유사한 과정을 수행한다. 그러나 세션 0은 사용자 로그온에 이용 불가능하므로 Wininit은 여타 과정들은 수행하지 않는다.

실습: SAS의 구현 방식

어떠한 애플리케이션도 Ctrl + Alt + Delete 키 조합을 가로챌 수 없고, 또한 Winlogon이 이것을 받지 못하게 할 수 없기 때문에 SAS는 안전하다. Win32k.sys는 Ctrl + Alt + Delete 키 조합을 예약해둬서 윈도우 입력 시스템(Win32k 내의 로[raw] 입력 스레드에 구현돼 있다)이 이 키 조합을 발견하면 이러한 통지를 받기 위해 대기 중인 Winlogon의 메시지 서버로 RPC 메시지를 보내게 한다. 사전에 등록된 단축키에 대응하는 키 입력은 이를 등록했던 프로세스에만 전달되고, 단축키를 등록했던 스레드만이 등록 해제할 수 있다. 따라서 트로이목마 프로그램은 SAS에 대한 Winlogon의 소유권을 해제할 수 없다.

윈도우 함수인 SetWindowsHookEx는 애플리케이션이 후크 프로시저를 설치해 키가 눌러질 때마다 후크 프로시저가 호출되게 할 수도 있고, 심지어는 단축키가 처리되기 전에도 호출되게 할 수 있으며, 또한 후크 프로시저로 하여금 키 입력을 왜곡하게 할 수도 있다. 하지만 윈도우 단축키 처리 코드에는 특수한 상황에 대한 처리가 돼 있어서 Ctrl + Alt + Delete 키 조합은 가로채기를 하기 위한 후킹이 불가능하다. 더구나 대화식 데스크톱이 잠겨 있다면 Winlogon이 소유한 단축키만 처리된다.

초기화 과정에서 일단 Winlogon 데스크톱이 만들어지면 이것은 활성 데스크톱이 된다. Winlogon 데스크톱이 활성화되면 언제나 잠겨 있는 상태가 된다. Winlogon은 이 데스크톱을 애플리케이션 데스크톱이나 화면보호기 데스크톱으로 전환하기 위해서만 잠금을 푼다(Winlogon 프로세스만이 데스크톱을 잠그거나 풀 수 있다).

사용자 로그온 과정

사용자가 SAS(Ctrl + Alt + Delete 키 조합)를 누르면 로그온 과정이 시작된다. SAS가 입력된 이후에 Winlogon은 사용자 이름과 패스워드를 얻기 위해 자격증명 제공자를 호출하는 LogonUI를 시작한다. Winlogon은 또한 이 사용자에 대한 고유의 로컬 로그온 SID를 생성해 해당 데스크톱 인스턴스(키보드와 화면 마우스)에 배정한다. Winlogon은 이 SID를 LsaLogonUser 호출의 일부로 Lsass에 전달한다. 사용자가 성공적으로 로그온을 하면 이 SID는 로그온 프로세스 토큰에 포함된다(데스크톱에 접근하는 것을 보호하는 조치). 예를 들어 같은 계정이되 다른 시스템에서 다시 로그온했다면 첫 번째 머신의 데스크톱에 쓰는 것은 불가능하다. 첫 번째 로그온의 데스크톱 토큰에는 두 번째 로그온이 없기 때문이다.

사용자 이름과 패스워드가 입력되면 Winlogon은 Lsass 함수 **LsaLookupAuthentication-Package**를 호출해 패키지에 대한 핸들을 구한다. 인증 패키지는 레지스트리 **HKLM\ SYSTEM\CurrentControlSet\Control\Lsa**에서 볼 수 있다. Winlogon은 **LsaLogonUser** 를 통해 로그온 정보를 인증 패키지에 전달한다. 일단 인증 패키지가 사용자 인증을 하고 나면 Winlogon은 이 사용자에 대한 로그온 과정을 계속한다. 어떠한 인증 패키지 도 성공적인 로그온을 보이지 않는다면 로그온 과정은 중단된다.

윈도우는 두 가지 표준 인증 패키지를 대화식 사용자 이름/패스워드 기반의 로그온 용 도로 사용한다.

- **MSV1_0** 단독 실행형 윈도우 시스템에서 사용하는 기본 인증 패키지는 MSV1_0 (Msv1_0.dll)이며, 이는 LAN 매니저 2 프로토콜을 구현하는 인증 패키지다. Lsass는 윈도우 2000 이전의 도메인과 인증에 필요한 도메인 컨트롤러를 찾을 수 없는 컴퓨터(네트워크 연결이 끊어진 컴퓨터에 로그온하는 상황이 여기에 해당 된다)에 인증하기 위해 도메인 멤버 컴퓨터에서 MSV1_0을 역시 사용한다.

- **Kerberos** Kerberos 인증 패키지인 Kerberos.dll은 윈도우 도메인 멤버인 컴퓨 터에서 사용된다. 윈도우의 Kerberos 패키지는 도메인 컨트롤러에서 실행하는 Kerberos 서비스와 함께 동작해 Kerberos 프로토콜을 지원한다. 이 프로토콜은 Internet RFC 1510에 기반을 둔 것이다(Kerberos 표준에 대한 좀 더 자세한 정보 는 인터넷 엔지니어링 태스크 포스IETF, Internet Engineering Task Force의 웹사이트 http:// www.ietf.org에 있다).

MSV1_0

MSV1_0 인증 패키지는 계정 정보(해시된 패스워드와 사용자가 속한 그룹들, 그 밖에 계정 에 대한 제한 사항에 대한 정보)를 얻기 위해 사용자 이름과 해시 버전의 패스워드를 받아와 로컬 SAM에 계정 정보를 요청한다. MSV1_0은 먼저 허용된 접근 시간이나 유형 같은 계정에 대한 제약 사항이 있는지 검사한다. SAM 데이터베이스에 이런 제약 사항이 있어 사용자가 로그온을 못하는 상황이면 로그온 호출은 실패하고 MSV1_0은 LSA에 실패 상태를 반환한다.

이제 MSV1_0은 해시된 패스워드와 사용자 이름을 SAM에서 얻은 것과 비교한다. 캐시된 도메인 로그온인 경우 MSV1_0은 LSA 데이터베이스(레지스트리의 SECURITY 하이브)로부터 비밀 정보를 저장하고 검색하는 Lsass 기능들을 이용해 캐시된 정보에 접근한다. 정보가 일치하면 MSV1_0은 로그온 세션에 필요한 LUID를 생성하고, Lsass를 호출해 로그온 세션을 생성하고, 이 LUID와 세션을 연관 지으며, 나중에 이 사용자에 대한 접근 토큰을 만드는 데 사용될 정보를 넘겨준다(접근 토큰에는 사용자의 SID와 그룹의 SID, 할당된 특권들이 들어있다).

> MSV1_0은 레지스트리에 들어있는 사용자의 패스워드 전체 해시를 캐시하지 않는다. 패스워드를 캐시하면 시스템에 물리적으로 접근하는 다른 누군가가 사용자의 도메인 계정을 손쉽게 위협하고 암호화된 파일이나 사용자에게 접근이 승인된 네트워크 자원에 접근할 수 있게 된다. 대신에 MSV1_0은 패스워드 해시의 절반만 캐시한다. 절반만 캐시를 해도 패스워드가 맞는지 아닌지는 판단할 수 있지만, 전체 해시를 알지 못하면 EFS 키를 얻거나 도메인 사용자를 인증하지는 못한다.

사용자가 윈도우 2000 이전 버전의 신뢰된 도메인에서 로그온을 할 때처럼 MSV1_0이 원격 시스템을 사용하는 인증을 할 필요가 있다면 MSV1_0은 Netlogon 서비스를 이용해 원격 시스템의 Netlogon 인스턴스와 통신한다. 원격 시스템의 Netlogon 서비스는 그 시스템의 MSV1_0 인증 패키지와 상호 연동해 원격 로그온이 시도되고 있는 시스템에 인증 결과를 반환한다.

Kerberos

Kerberos 인증에서의 기본적인 제어의 흐름은 MSV1_0과 같다. 하지만 대부분의 경우 도메인 로그온이 도메인 컨트롤러가 아닌 멤버 워크스테이션이나 서버에서 수행되므로,

인증 패키지는 인증 절차의 일부로서 네트워크 간의 통신을 해야만 한다. 인증 패키지는 Kerberos TCP/IP 포트(포트 88번)를 통해 도메인 컨트롤러의 Kerberos 서비스와 통신한다. Kerberos 인증 프로토콜을 구현하는 Kerberos 키 배포 센터 서비스(Kdcsvc.dll)는 도메인 컨트롤러의 Lsass 프로세스에서 실행한다.

해시된 사용자 이름과 패스워드 정보가 액티브 디렉터리의 사용자 계정 객체(액티브 디렉터리 서버 Ntdsa.dll를 사용한다)와 비교해 맞으면 Kdcsvc는 도메인 자격증명을 Lsass에 반환하고, Lsass는 인증 결과와 사용자의 도메인 로그온 자격증명(로그온이 성공하면)을 네트워크를 통해 로그온이 일어나고 있는 시스템에 전해준다.

> 여기서 Kerberos 인증에 대한 설명은 상당히 간략화했지만 관련된 여러 구성 요소의 역할은 강조했다. Kerberos 인증 프로토콜이 윈도우에서 분산 도메인 보안 체계의 핵심 역할을 하지만 이에 대한 좀 더 자세한 내용은 이 책의 범위를 넘어서는 것이므로 생략한다.

로그온 인증이 되면 Lsass는 로컬 정책 데이터베이스에서 대화식, 네트워크, 일괄 작업, 서비스 프로세스를 포함하는 이 사용자에게 허가된 접근 내역을 살펴본다. 요청한 로그온이 허용된 접근과 맞지 않으면 로그온 시도는 종결된다. Lsass는 이에 대한 데이터 구조체 같은 정보를 지움으로써 새로 생성된 로그온 세션을 삭제하고, Winlogon에 실패를 반환한다. 그러면 Winlogon은 사용자에게 적절한 메시지를 표시한다. 요청한 로그온이 허용된 것이면 Lsass는 적절한 추가적 보안 ID(Everyone, 대화식 등)를 덧붙인다. 그다음에 정책 데이터베이스에서 이 사용자가 갖고 있는 모든 보안 SID에 해당되는 승인된 특권들을 검사해 이들 특권을 이 사용자의 접근 토큰에 추가한다.

Lsass가 모든 필요한 정보를 다 수집했다면 Lsass는 익스큐티브를 호출해 접근 토큰을 생성한다. 익스큐티브는 대화식 로그온이나 서비스 로그온에는 주 접근 토큰을 만들고, 네트워크 로그온에 대해서는 자격 변경impersonation 토큰을 만든다. 접근 토큰이 성공적으로 만들어지면 Lsass는 이 접근 토큰을 복제하고, Winlogon에 넘겨줄 수 있는 핸들을 생성하고, 자신의 핸들을 닫는다. 필요에 따라서는 로그온 작업이 감사될 수도 있다. 이 시점에서 Lsass는 Winlogon에 성공을 반환하고 접근 토큰에 대한 핸들과 로그온 세션의 LUID, 인증 패키지가 반환한 프로파일 정보(존재한다면) 등을 건네준다.

실습: 활성화된 로그온 세션 나열하기

주어진 로그온 세션 LUID에 대해 적어도 하나의 토큰이 존재하는 한 윈도우는
로그온 세션이 활성화돼 있다고 판단한다. 활성 로그온 세션들의 목록을 나열하
기 위해 LsaEnumerateLogonSessions 함수(윈도우 SDK 문서 참조)를 사용하는
SysInternals의 LogonSessions 툴을 사용한다.

```
C:\WINDOWS\system32>logonsessions

LogonSessions v1.4 - Lists logon session information
Copyright (C) 2004-2016 Mark Russinovich
Sysinternals - www.sysinternals.com

[0] Logon session   00000000:000003e7:
    User name:      WORKGROUP\ZODIAC$
    Auth package:   NTLM
    Logon type:     (none)
    Session:        0
    Sid:            S-1-5-18
    Logon time:     09-Dec-16 15:22:31
    Logon server:
    DNS Domain:
    UPN:

[1] Logon session   00000000:0000cdce:
    User name:
    Auth package:   NTLM
    Logon type:     (none)
    Session:        0
    Sid:            (none)
    Logon time:     09-Dec-16 15:22:31
    Logon server:
    DNS Domain:
```

```
        UPN:

[2] Logon session  00000000:000003e4:
        User name:      WORKGROUP\ZODIAC$
        Auth package:   Negotiate
        Logon type:     Service
        Session:        0
        Sid:            S-1-5-20
        Logon time:     09-Dec-16 15:22:31
        Logon server:
        DNS Domain:
        UPN:

[3] Logon session  00000000:00016239:
        User name:      Window Manager\DWM-1
        Auth package:   Negotiate
        Logon type:     Interactive
        Session:        1
        Sid:            S-1-5-90-0-1
        Logon time:     09-Dec-16 15:22:32
        Logon server:
        DNS Domain:
        UPN:

[4] Logon session  00000000:00016265:
        User name:      Window Manager\DWM-1
        Auth package:   Negotiate
        Logon type:     Interactive
        Session:        1
        Sid:            S-1-5-90-0-1
        Logon time:     09-Dec-16 15:22:32
        Logon server:
        DNS Domain:
        UPN:

[5] Logon session  00000000:000003e5:
```

```
    User name:        NT AUTHORITY\LOCAL SERVICE
    Auth package:     Negotiate
    Logon type:       Service
    Session:          0
    Sid:              S-1-5-19
    Logon time:       09-Dec-16 15:22:32
    Logon server:
    DNS Domain:
    UPN:
...
[8] Logon session   00000000:0005c203:
    User name:        NT VIRTUAL MACHINE\AC9081B6-1E96-4BC8-8B3B-C609D4F85F7D
    Auth package:     Negotiate
    Logon type:       Service
    Session:          0
    Sid:              S-1-5-83-1-2895151542-1271406230-163986315-2103441620
    Logon time:       09-Dec-16 15:22:35
    Logon server:
    DNS Domain:
    UPN:

[9] Logon session   00000000:0005d524:
    User name:        NT VIRTUAL MACHINE\B37F4A3A-21EF-422D-8B37-AB6B0A016ED8
    Auth package:     Negotiate
    Logon type:       Service
    Session:          0
    Sid:              S-1-5-83-1-3011463738-1110254063-1806382987-3631087882
    Logon time:       09-Dec-16 15:22:35
    Logon server:
    DNS Domain:
    UPN:
...
[12] Logon session 00000000:0429ab2c:
    User name:        IIS APPPOOL\DefaultAppPool
    Auth package:     Negotiate
    Logon type:       Service
```

```
Session:        0
Sid:            S-1-5-82-3006700770-424185619-1745488364-794895919-4004696415
Logon time:     09-Dec-16 22:33:03
Logon server:
DNS Domain:
UPN:
```

세션에 대한 정보에는 SID와 세션과 관련된 사용자 이름, 세션의 인증 패키지, 로그온 시각 등이 들어있다. 예제의 출력에서 세션 2번과 9번의 Negotiate 인증 패키지는 인증 요청에 따라 Kerberos와 NTLM 중 적절한 것으로 선택해 인증을 시도한다.

세션의 LUID는 각각의 세션 블록에서 '로그온 세션' 줄에 표시돼 있고, Sysinternals 의 Handle.exe 유틸리티를 사용해 특정 로그온 세션을 나타내는 토큰을 찾아볼 수 있다. 예를 들어 로그온 세션 8번에 대한 토큰을 보려면 다음과 같이 명령을 입력한다.

```
C:\WINDOWS\system32>handle -a 5c203

Nthandle v4.1 - Handle viewer
Copyright (C) 1997-2016 Mark Russinovich
Sysinternals - www.sysinternals.com

System          pid: 4    type: Directory   1274: \Sessions\0\
DosDevices\00000000-0005c203
lsass.exe       pid: 496  type: Token       D7C: NT VIRTUAL MACHINE\
AC9081B6-1E96-4BC8-8B3B-C609D4F85F7D:5c203
lsass.exe       pid: 496  type: Token       2350: NT VIRTUAL MACHINE\
AC9081B6-1E96-4BC8-8B3B-C609D4F85F7D:5c203
lsass.exe       pid: 496  type: Token       2390: NT VIRTUAL MACHINE\
AC9081B6-1E96-4BC8-8B3B-C609D4F85F7D:5c203
svchost.exe     pid: 900  type: Token       804: NT VIRTUAL MACHINE\
```

```
AC9081B6-1E96-4BC8-8B3B-C609D4F85F7D:5c203
svchost.exe      pid: 1468   type: Token        10EC: NT VIRTUAL MACHINE\
AC9081B6-1E96-4BC8-8B3B-C609D4F85F7D:5c203
vmms.exe         pid: 4380   type: Token        A34: NT VIRTUAL MACHINE\
AC9081B6-1E96-4BC8-8B3B-C609D4F85F7D:5c203
vmcompute.exe    pid: 6592   type: Token        200: NT VIRTUAL MACHINE\
AC9081B6-1E96-4BC8-8B3B-C609D4F85F7D:5c203
vmwp.exe         pid: 7136   type: WindowStation 168:
\Windows\WindowStations\Service-0x0-5c203$
vmwp.exe         pid: 7136   type: WindowStation 170:
\Windows\WindowStations\Service-0x0-5c203$
```

이제 Winlogon은 레지스트리에서 HKLM\SOFTWARE\Microsoft\Windows NT\Current Version\Winlogon\Userinit의 값을 찾아 그 문자열의 값이 무엇이든 실행을 위해 프로 세스를 생성한다(이 문자열은 콤마로 구분된 여러 .exe 이름들이다). 기본 값은 Userinit. exe이며, 이것은 사용자 프로파일을 로드하고 HKCU\SOFTWARE\Microsoft\Windows NT\Current Version\Winlogon\Shell의 값이 존재할 경우 그 값이 무엇이든 실행을 위해 프로세스를 생성한다. 이 값은 디폴트로는 존재하지 않는다. 존재하지 않는다면 Userinit.exe는 HKLM\SOFTWARE\Microsoft\Windows NT\Current Version\Winlogon\ Shell에 대해 똑같이 수행할 것이다. 이것의 기본 값은 Explorer.exe다. 이제 Userinit 은 종료한다(이것이 Explorer.exe를 Process Explorer에서 검사할 때 부모가 없는 것처럼 보이는 이유다). 사용자 로그온 과정에 대한 자세한 정보는 2권의 11장을 보기 바란다.

보장된 인증

패스워드에 기초한 인증의 근본적인 문제점은 패스워드가 쉽게 노출되거나 도난 당할 수 있고, 악성코드에 의해 사용될 수 있다는 점이다. 윈도우는 사용자가 시스템에 인증한 인증 강도를 추적하는 메커니즘을 가진다. 이를 통해 사용자가 안전하게 인증 받지 않았다면 접근 으로부터 객체를 보호한다(스마트카드 인증은 패스워드 인증보다 더 강한 것으로 간주된다).

도메인과 연결된 시스템에서 도메인 관리자는 인증된 사용자가 사용하는 인증서(스마트 카드 또는 하드웨어 보안 토큰)의 객체 식별자[OID](특정 객체 타입을 표현할 수 있는 유일한 숫자 문자열)와 사용자가 시스템으로부터 성공적으로 인증 받았을 때 사용자 접근 토큰 내에 부여받는 보안 식별자[SID] 간의 매핑을 명시할 수 있다. 객체의 DACL 내의 한 ACE 는 객체의 접근 권한을 얻기 위해 이런 SID를 사용자 토큰의 일부로 지정할 수 있다. 기술적으로 이는 그룹 클레임으로 알려져 있다. 즉, 사용자는 인증 메커니즘에 기반을 둔 클레임으로 특정 객체에 대한 특정 접근 권한이 허용된 특정 그룹에 멤버십을 주장하는 것이다. 이 기능은 기본적으로 동작하지 않으며, 도메인 내에서 인증서 기반의 인증으로 도메인 관리자가 설정해야만 한다.

기존 윈도우 보안 기능들 위에 구현된 보장된 인증은 IT 관리자나 기업 IT 보안 담당자에게 굉장한 유연성을 제공한다. 기업에서는 사용자 인증에 사용하는 인증서 안에 어떤 OID가 있어야 하는지 결정할 수 있고, 액티브 디렉터리 유니버설 그룹들(SID)과 특정 OID의 매핑을 결정할 수 있다. 사용자 그룹 멤버십을 사용해 로그온 동작 중에 인증서 가 사용됐는지를 식별할 수 있다. 인증서가 다르면 각기 상이한 발급 정책을 가질 수 있으므로 상이한 수준의 보안은 극도로 민감한 객체(파일 또는 보안 디스크립터를 갖는 무엇이나)를 보호하는 데 사용될 수 있다.

인증 프로토콜[AP, Authentication protocols]은 증서 기반의 인증 동안에 인증서로부터 OID를 구한다. 이들 OID는 SID에 매핑되고(이 작업은 그룹 멤버십 확장 동안에 처리된다) 접근 토큰내에 위치해야 한다. 유니버설 그룹에 대한 OID의 매핑은 액티브 디렉터리에 명시된다.

예를 들어 어떤 회사에서 유니버설 그룹 Contractor-Users와 FTE-Users, SM-Users로 각각 매핑되는 계약직(Contractor)과 상근 직원(Full Time Employee), 관리 직원(Senior Management)으로 명명된 여러 인증서 발급 정책을 가질 수도 있다. 사용자 Abby는 관리 직원 발급 정책을 사용해 발급된 인증서를 가진 스마트카드로 로그인을 하면 SM-Users 그룹의 멤버임을 나타내는 추가적인 그룹 멤버십(자신의 접근 토큰 내의 SID 에 의해 표시된다)을 받게 된다. FTE-Users 또는 SM-Users 그룹의 멤버만(ACE 내에 이들의 SID에 의해 식별된다)이 접근이 허용되는 방식으로 허가가 객체에 설정된다(ACL

를 사용해). Abby 사용자가 스마트카드를 사용해 로그인을 한다면 이들 객체에 접근할 수 있다. 하지만 Abby가 자신의 사용자 이름과 패스워드로 로그인을 한다면(스마트카드를 사용하지 않고) 이들 객체에 접근할 수 없다. 이것은 자신의 접근 토큰에 FTE-Users 또는 SM-Users 그룹을 갖지 않기 때문이다. 사용자 Toby가 계약직^{Contractor} 발급 정책을 사용해 발급된 인증서가 담긴 스마트카드로 로그인을 한다면 FTE-Users 또는 SM-Users 그룹 멤버십을 필요로 하는 ACE를 가진 객체에 접근할 수 없을 것이다.

윈도우 생체 인식 프레임워크

윈도우는 지문 인식 스캐너(지문을 통해 사용자 신분을 활성화한다)와 같은 특정 유형의 생체 인식 장치를 지원하는 표준화된 메커니즘인 윈도우 생체 인식 프레임워크$^{WBF, Windows Biometric Framework}$를 제공한다. 다른 많은 프레임워크처럼 WBF는 새로운 장치 구현에 필요한 코드를 최소화하기 위해 이런 장치 지원에 관여된 여러 함수를 분리해 개발됐다.

WBF의 주요 구성 요소가 그림 7-21에 보인다. 다음에 나열한 목록에서 별도로 언급한 것을 제외하고, 이들 모든 구성 요소는 윈도우에서 제공된다.

- **윈도우 생체 인식 서비스(%SystemRoot%\System32\Wbiosrvc.dll)** 하나 또는 그 이상의 생체 인식 서비스 제공자가 실행할 수 있는 프로세스 실행 환경을 제공한다.

- **윈도우 생체 인식 드라이버 인터페이스(WBDI)** 생체 인식 스캐너 장치를 위한 모든 드라이버가 윈도우 생체 인식 서비스와 호환하기 위해 반드시 준수해야 하는 인터페이스에 대한 정의(IRP 메이저 함수 코드와 DeviceIoControl 코드 등)다. 표준 드라이버 프레임워크(UMDF와 KMDF, WDM)를 사용해 WBDI 드라이버를 개발할 수 있다. 하지만 코드 크기를 줄이고 신뢰성을 향상시키기 위해서는 UMDF가 권장된다. WBDI는 윈도우 드라이버 킷 문서에 기술돼 있다.

- **윈도우 생체 인식 API** WinLogon과 LoginUI 같은 윈도우의 기존 구성 요소들이 생체 인식 서비스에 접근하게 해준다. 서드파티 애플리케이션은 윈도우 생

체 인식 API에 접근해 윈도우에 로그인하는 것을 제외한 생체 인식 스캐너의 기능을 사용할 수 있다. 이 API의 예로 `WinBioEnumServiceProviders`가 있다. 생체 인식 API는 %SystemRoot%\System32\Winbio.dll에 의해 공개된다.

- **지문 생체 인식 서비스 제공자** 특정 타입의 생체 인식 어댑터 기능을 윈도우 생체 인식 서비스로 래핑해 생체 인식 유형에 독립적인 공통 인터페이스를 제공한다. 앞으로 추가적인 생체 인식 타입(망막 스캐너 또는 성문 분석기)은 추가적인 생체 인식 서비스 제공자를 통해 지원 가능할 것이다. 생체 인식 서비스 제공자는 유저 영역 DLL로 이뤄진 3개의 어댑터들을 사용한다.

  - **센서 어댑터** 스캐너의 데이터 캡처 기능을 노출한다. 센서 어댑터는 스캐너 하드웨어에 접근하기 위해 윈도우 I/O 호출을 주로 사용한다. 윈도우는 WBDI 드라이버가 존재하는 간단한 센서와 함께 사용될 수 있는 센서 어댑터를 제공한다. 좀 더 복잡한 센서의 경우 센서 어댑터는 센서 제조사가 작성한다.

  - **엔진 어댑터** 스캐너의 로^{Raw} 데이터 포맷의 처리와 비교, 그리고 여타 기능들을 노출한다. 실제 처리와 비교는 엔진 어댑터 DLL 내부에서 이뤄질 수 있다. 또는 그 DLL이 다른 모듈과의 통신을 할 수도 있다. 엔진 어댑터는 센서 제조사에서 항상 제공된다.

  - **스토리지 어댑터** 안전한 스토리지 함수의 집합을 노출한다. 스캔된 생체 인식 데이터를 매치시키는 엔진 어댑터와 달리 템플릿들을 저장하고 추출하는 데 이용된다. 윈도우는 윈도우 암호 서비스와 표준 디스크 파일 저장소를 사용하는 스토리지 어댑터를 제공한다. 센서 제조사는 다른 스토리지 어댑터를 제공하기도 한다.

- **실제 생체 인식 스캐너 장치를 위한 펑션 장치 드라이버** 상위 계층에 WBDI를 노출한다. 스캐너 장치에 접근하기 위해 USB 버스 드라이버와 같은 로우레벨 버스 드라이버의 서비스를 사용한다. 이 드라이버는 항상 센서 제조사에서 제공된다.

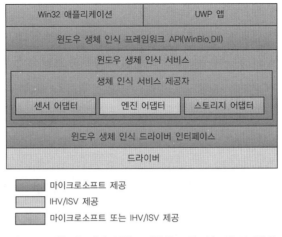

그림 7-21 윈도우 생체 인식 프레임워크 컴포넌트와 아키텍쳐

지문 스캔 로그인을 지원하기 위한 일반적인 동작 순서는 다음과 같다.

1. 초기화 이후에 센서 어댑터는 서비스 제공자로부터 데이터 캡처 요청을 받는다. 그리고 센서 어댑터는 **IOCTL_BIOMETRIC_CAPTURE_DATA** 컨트롤 코드로 **DeviceIo-Control** 요청을 지문 인식 스캐너 장치의 WBDI 드라이버에게 보낸다.

2. WBDI 드라이버는 스캐너를 캡처 모드로 바꾸고, 지문 인식 스캔이 일어날 때까지 **IOCTL_BIOMETRIC_CAPTRUE_DATA** 요청을 큐잉한다.

3. 사용자가 스캐너에 손가락을 문지른다. WBDI 드라이버는 이를 통지받고, 센서로부터 로우 스캔 데이터를 얻는다. 그리고 이 데이터를 **IOCTL_BIOMETRIC_CAPTURE_DATA** 요청 버퍼에 채워 센서 드라이버에게 전달한다.

4. 센서 어댑터는 지문 생체 인식 서비스 제공자에게 이 데이터를 제공하고 이후에 서비스 제공자는 엔진 어댑터에 데이터를 전달한다.

5. 엔진 어댑터는 로우 데이터를 자신의 템플릿 스토리지와 호환성 있는 형식으로 처리한다.

6. 지문 생체 인식 서비스 제공자는 스토리지 어댑터를 이용해 템플릿과 보안 스토리지로부터 그에 대한 보안 ID를 얻는다. 제공자는 엔진 어댑터를 호출해 처리된 스캔 데이터와 각각의 템플릿을 비교한다. 엔진 어댑터는 일치하는지 불일

치하는지에 대한 상태 값을 반환한다.

7. 일치한다면 윈도우 생체 인식 서비스는 신뢰된 제공자 DLL을 통해 성공적인 로그인을 WinLogon에 통지하고 식별된 사용자의 보안 ID를 전달한다. 이 통지는 ALPC 메시지를 통한 스푸핑될 수 없는 경로로 전달된다.

윈도우 헬로

윈도우 10에 도입된 윈도우 헬로^{Windows Hello}는 생체 정보에 기반을 두고 사용자를 인증하는 새로운 방법을 제공한다. 이 기술 덕택에 사용자는 별 노력을 들이지 않고 장치 카메라에 잠시 모습을 비추거나 손가락을 문지르는 것만으로도 로그인을 할 수 있다.

이 책의 집필 당시에 윈도우 헬로는 세 유형의 생체 인식 식별을 지원한다.

- 지문
- 얼굴
- 홍채

생체 인식에서의 보안적 측면을 최우선으로 고려해야 한다. 다른 누군가가 당신으로 인식되면 어떻게 되겠는가? 당신이 당신으로 인식되지 않으면 어떻게 될까? 이들 질문은 다음의 두 요인으로 한정할 수 있다.

- **타인 수락률(고유성)** 다른 사용자가 당신과 동일한 생체 인식 데이터를 가질 확률이다. 마이크로소프트 알고리즘이 보장하는 정도는 1/100,000이다.
- **본인 거부율(신뢰성)** 당신이 당신으로 정확하게 인식되지 않을 확률이다(예를 들어 얼굴이나 홍채 인식에서 비정상적인 조명 조건인 경우). 마이크로소프트의 구현은 이런 상황의 발생을 1% 미만으로 보장한다. 이런 상황이 발생하면 사용자는 다시 시도하거나 대신 PIN 코드를 사용할 수 있다.

PIN 코드의 사용은 완전한 패스워드의 사용보다는 덜 안전한 것처럼 보일 수 있다(PIN은 단지 4자리 번호일 뿐이다). 하지만 PIN은 두 가지 측면에서 패스워드보다 안전하다.

- PIN 코드는 장치에 지역적이며, 네트워크를 통해 전송되지 않는다. 누군가가 PIN을 손에 넣었더라도 이들은 이를 사용해 다른 장치에서 해당 사용자처럼 로그인을 할 수 없다. 반면에 패스워드는 도메인 컨트롤러를 여행한다. 누군가가 패스워드를 구했다면 이들은 다른 머신에서 도메인으로 로그인을 할 수 있다.

- PIN 코드는 신뢰된 플랫폼 모듈^{TPM, Trusted Platform Module}에 저장된다. TPM은 안전한 부트(2권의 11장에서 상세히 다룬다)에서 역할을 수행하는 하드웨어 부분으로 접근이 어려운 곳이다. 어쨌든 TPM은 장치에 대한 물리적 접근이 필요하고 잠재적 보안 위험 요소에 대한 상당한 개선 효과가 있다.

윈도우 헬로는 윈도우 생체 인식 프레임워크^{WBF}(앞 절에서 언급했다) 상단에 구축돼 있다. 현재 노트북 장치는 지문과 얼굴 생체 인식 기능을 지원한다. 홍채 인식 기능은 마이크로소프트 Lumia 950과 950 XL 폰에서 지원된다(이런 상황은 변경될 수도 있고 향후 장치에서 더 확장될 것이다). 얼굴 인식은 적외선 카메라와 일반(RGB) 카메라 둘 다를 필요로 하며, 마이크로소프트 서피스 프로 4와 서피스 북 같은 장치에서 지원된다.

사용자 계정 제어와 가상화

사용자 계정 제어^{UAC, User Account Control}는 사용자가 관리자 권한과는 반대 개념인 표준 사용자 권한으로 실행 가능하게 의도한 것이다. 관리자 권한이 없다면 사용자는 우연히 또는 고의적이라도 시스템 설정을 수정할 수 없고, 악성코드는 일반적으로 시스템 보안 설정을 바꾸거나 안티바이러스 소프트웨어의 실행을 차단할 수 없으며, 사용자는 공유된 컴퓨터에서 다른 사용자들의 민감한 정보를 훼손할 수 없다. 다시 말해 표준 사용자 권한으로 실행한다는 것은 악성코드의 영향을 감소시키고 공유된 컴퓨터에서 민감한 데이터를 보호할 수 있다.

UAC는 사용자가 표준 사용자 계정으로 실행하게 여러 문제를 다뤄야 했다. 먼저 윈도우 사용 모델을 관리자 권한들 중 하나로 가정해 왔기 때문에 소프트웨어 개발자는 그들의 프로그램이 이런 권한을 갖고 실행하며, 따라서 파일이나 레지스트리, 운영체제의 설정을 변경할 수 있을 것이라 가정했다. UAC가 극복해야 했던 두 번째 문제점으로는 사용자는 때때로 소프트웨어 설치, 시스템 시간 변경, 방화벽에서의 포트를 여는 것과 같은 동작을 수행하기 위해 관리자 권한을 필요로 한다는 점이었다.

이러한 문제들에 대한 UAC의 해결책은 사용자가 관리자 권한으로 계정에 로그인했을 지라도 표준 사용자 권한으로 대부분의 애플리케이션들을 실행하는 것이다. 하지만 동시에 UAC는 표준 사용자가 관리자 권한을 필요로 할 때(관리자 권한을 필요로 하는 레거시 애플리케이션인 경우나 또는 특정 시스템 설정을 변경하기 위해) 관리자 권한 접근이 가능하게 해준다. 설명했듯이 UAC는 사용자가 관리자 계정에 로그인할 때 일반 관리자 토큰뿐만 아니라 필터링된 관리자 토큰을 생성함으로써 이 작업을 수행한다. 이 사용자 세션에서 생성되는 모든 프로세스는 실질적으로 필터링된 관리자 토큰을 일반적으로 갖게 되므로 표준 사용자 권한을 갖고 실행할 수 있는 애플리케이션도 그와 같이 한다. 하지만 관리자 사용자는 프로그램을 실행할 수 있거나 UAC 상승을 통한 전체 관리자 권한을 필요로 하는 여타 기능을 수행할 수 있다.

윈도우는 예전에 관리자 용도로 예약된 특정 작업들이 이제는 표준 사용자에 의해 수행되는 것을 허용해 표준 사용자 환경의 사용성을 개선했다. 예를 들어 표준 사용자가 IT 관리자에 의해 승인된 프린터와 디바이스 드라이버를 설치하거나 관리자 승인 사이트에서 ActiveX 컨트롤을 설치할 수 있는 그룹 정책 설정이 있다.

마지막으로 소프트웨어 개발자는 UAC 환경에서 테스트를 진행할 때 관리자 권한이 없이 실행할 수 있는 애플리케이션 개발을 하게 권장된다. 관리자 권한 없이 실행하는 프로그램은 관리자 특권으로 실행할 필요가 없다. 종종 관리자 특권을 필요로 하는 프로그램은 일반적으로 예전의 API나 기법을 사용하는 레거시 프로그램이며, 이들은 업데이트가 이뤄져야 한다.

이런 모든 변경이 합쳐져 사용자가 항상 관리자 권한으로 실행해야 할 필요성을 제거해 준다.

파일 시스템과 레지스트리 가상화

일부 소프트웨어는 합법적으로 관리자 권한을 요구하지만, 많은 프로그램이 불필요하게 사용자 데이터를 시스템 전역 위치에 저장한다. 애플리케이션이 실행될 때 애플리케이션은 다른 사용자 계정에서 실행될 수 있다. 그러므로 애플리케이션은 사용자 특정적인 데이터를 각 사용자의 %AppData% 디렉터리 안에 저장해야 하며, 사용자별 설정은 레지스트리 HKEY_CURRENT_USER\Software 아래에 사용자 프로파일 내에 저장해야 한다. 표준 사용자 계정은 %ProgramFiles% 디렉터리나 HKEY_LOCAL_MACHINE\Software에 대한 쓰기 권한이 없다. 그러나 대부분의 윈도우 시스템이 단일 사용자이고, 대부분의 사용자는 UAC가 구현될 때까지 관리자로 존재했기 때문에 사용자 정보와 설정들을 이러한 위치에 부정확하게 저장하는 애플리케이션도 동작할 수 있었다.

윈도우는 파일 시스템과 레지스트리 네임스페이스 가상화의 도움을 통해 이러한 레거시 애플리케이션이 표준 사용자 계정에서 실행하는 것을 가능하게 한다. 애플리케이션이 파일 시스템이나 레지스트리 안의 시스템 전역 위치를 변경할 때 이러한 작업들이 접근 거부로 인해 실패하는 경우 윈도우는 해당 작업을 사용자별 영역으로 되돌린다. 애플리케이션이 시스템 전역 위치를 읽을 때 윈도우는 먼저 사용자별 영역의 데이터를 검사하고, 아무것도 발견하지 못하면 전역 위치에서의 읽기 시도를 허가한다.

다음과 같은 경우를 제외하고 윈도우는 이러한 형태의 가상화를 항상 가능하게 한다.

- **64비트 애플리케이션** 가상화는 전적으로 레거시 애플리케이션을 돕는 애플리케이션 호환 기술이며, 32비트 애플리케이션에 대해서만 활성화된다. 64비트 애플리케이션은 전적으로 새로운 것이며, 개발자들은 표준 사용자 호환 애플리케이션 작성을 위한 개발 지침을 따라야만 한다.
- **애플리케이션이 이미 관리자 권한으로 실행되고 있는 경우** 이러한 경우 어떠한 가상화도 필요하지 않다.
- **작업이 커널 모드 호출자로부터 발생한 경우**
- **호출자가 자격 변경 중인 동안에 수행되는 작업** 예를 들어 이 정의에 따라 레거

시로 분류된 프로세스(네트워크 파일 공유 접근을 포함해)로부터 발생하지 않는 어떠한 작업도 가상화되지 않는다.

- **프로세스 실행 파일이 UAC에 호환되는 매니페스트 파일을 갖고 있는 경우** 다음 절에서 기술하는 requestedExecutionLevel 설정을 지정한다.

- **관리자가 파일이나 레지스트리 키에 쓰기 권한을 갖고 있지 않은 경우** 레거시 애플리케이션이 UAC가 구현되기 전에 관리자 권한으로 실행됐음에도 불구하고 실패할 수도 있었기 때문에 이러한 예외는 하위 호환성을 강제하기 위해 존재한다.

- **서비스는 절대 가상화되지 않는다.**

그림 7-22에서 볼 수 있듯이 작업 관리자의 세부 정보 페이지에 UAC 가상화 열을 추가함으로써 프로세스의 가상화 상태(프로세스의 가상화 상태는 토큰 내의 플래그로 저장된다)를 볼 수 있다. 데스크톱 윈도우 관리자(Dwm.exe)와 클라이언트 서버 실시간 서브시스템(Csrss.exe), 그리고 익스플로러를 포함한 대부분의 윈도우 구성 요소들은 가상화를 비활성 상태로 둔다. 이들은 UAC 호환 매니페스트 파일을 갖고 있거나 관리자 권한으로 실행 중이기 때문에 가상화를 허용하지 않는다. 하지만 32비트 인터넷 익스플로러(iexplorer.exe)는 가상화가 활성화돼 있다. 익스플로러는 다양한 액티브X 컨트롤이나 스크립트들을 가질 수 있으며, 이들은 표준 사용자 권한으로 바르게 동작하도록 작성된 것이 아니라고 가정해야만 하기 때문이다. 필요하다면 로컬 보안 정책 설정을 통해 가상화는 시스템에 대해 전체적으로 비활성화될 수 있다.

일부 애플리케이션은 표준 사용자 권한으로 올바르게 동작하려면 파일 시스템과 레지스트리 가상화에 더불어 추가적인 지원을 필요로 한다. 예를 들어 자신이 실행하고 있는 계정이 관리자 그룹의 구성원인지를 검사하는 애플리케이션은 관리자 그룹에 속하지 않아도 동작할 수 있겠지만, 애플리케이션이 관리자 그룹에 속하지 않는다면 실행하지 않는 경우도 있을 것이다. 윈도우는 이러한 애플리케이션이 동작하게 다수의 애플리케이션 호환성 심^{shim}을 정의하고 있다. 표 7-15는 표준 사용자 권한을 가진 작업들을 위해 레거시 애플리케이션에 가장 일반적으로 적용된 심들을 보여준다.

그림 7-22 가상화 상태를 보기 위한 작업 관리자의 활용

표 7-15 UAC 가상화 심

플래그	의미
ElevateCreateProcess	ERROR_ELEVATION_REQUIRED 에러를 처리하기 위해 상승(elevation) 을 유발하는 애플리케이션 정보 서비스를 호출함으로써 Create-Process를 변경한다.
ForceAdminAccess	관리자 그룹 구성원에 대한 질의를 스푸핑한다.
VirtualizeDeleteFile	전역 파일과 디렉터리의 성공적인 삭제를 스푸핑한다.
LocalMappedObject	전역 섹션 객체를 사용자 네임스페이스에 강제로 매핑한다.
VirtualizeHKCRLite	COM 객체의 전역 등록을 각 사용자별 위치로 리다이렉션시킨다.
VirtualizeRegisterTypeLib	각 머신별 typelib 등록을 각 사용자별 등록으로 변환한다.

파일 가상화

레거시 프로세스를 위해 가상화된 파일 시스템의 위치는 일부 특별한 서브디렉터리를

제외하면 %ProgramFiles%와 %ProgramData%, %SystemRoot%다. 하지만 .exe와 .bat, .scr, .vbs 등의 실행 가능한 확장자를 가진 파일들은 가상화로부터 배제된다. 이것은 전역 업데이트를 실행하는 관리자에겐 보이지 않는 전용 버전의 실행 파일을 생성하는 대신에 표준 사용자 계정에서 자신들을 업데이트하는 프로그램은 실패한다는 것을 의미한다.

> 추가적인 확장자를 예외 목록에 추가하려면 레지스트리 키 HKEY_LOCAL_MACHINE\System\CurrentControlSet\Services\Luafv\Parameters\ExcludedExtensionsAdd에 예외 목록을 넣고서 재부팅한다. 여러 확장자를 구분하기 위해 다중 문자열 유형을 사용하고, 확장자의 이름 앞에 오는 점은 포함시키지 않는다.

레거시 프로세스에 의해 가상화된 디렉터리의 수정은 사용자의 가상 루트 디렉터리인 %LocalAppData%\VirtualStore로 리다이렉션된다. 이 경로의 'Local' 부분은 계정이 이동되는^{roaming} 프로파일을 가질 때 가상화된 파일은 해당 프로파일의 나머지 부분과 함께 이동하지 않는다는 사실을 강조한다.

UAC 파일 가상화 필터 드라이버(%SystemRoot%\System32\Drivers\Luafv.sys)는 파일 시스템의 가상화를 구현한다. 이것은 파일 시스템 필터 드라이버이기 때문에 모든 로컬 파일 시스템 작업을 볼 수 있지만, 레거시 프로세스로부터 온 작업들에 대해서만 기능을 수행한다. 그림 7-23에 보이는 것처럼 필터 드라이버는 시스템 전역 위치 내에 파일을 생성하는 레거시 프로세스에 대해서는 대상 파일 경로를 변경하지만, 표준 사용자 계정의 가상화되지 않은 프로세스에 대해서는 경로를 변경하지 않는다. \Windows 디렉터리의 디폴트 퍼미션은 UAC 지원으로 작성된 애플리케이션에 대한 접근을 거부한다. 그러나 사용자에 의해 모든 접근이 가능한 위치에 파일을 실제로 생성했을 때 레거시 프로세스는 작업이 성공한 것처럼 동작한다.

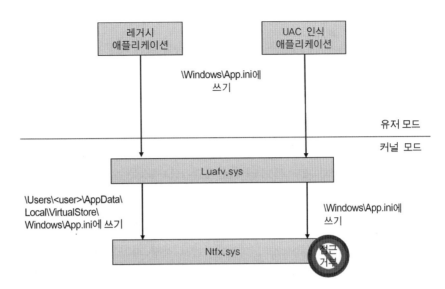

그림 7-23 UAC 파일 가상화 필터 드라이버의 작업

실습: 파일 가상화 행위

이 실습에서는 명령 프롬프트에서 가상화를 활성화하거나 비활성화하게 하고서
UAC 파일 가상화를 시연하는 여러 행위를 살펴본다.

1. 상승되지 않은 명령 프롬프트 창을 열고 가상화를 활성화한다(이 작업을
   위해 반드시 UAC가 활성화돼 있어야 한다). 작업 관리자의 **세부 정보** 탭에
   서 마우스의 오른쪽 버튼으로 **프로세스**를 클릭했을 때 나타나는 단축 아
   이콘 메뉴의 **UAC 가상화(Virtualization)**를 선택해서 프로세스의 가상화
   상태를 바꿀 수 있다.

2. C:\Windows 디렉터리로 이동하고 파일을 작성하기 위해 다음 명령어를
   사용한다.

   ```
   echo hello-1 > test.txt
   ```

3. 이제 디렉터리의 내용들을 나열한다. 다음과 같은 파일이 나타나는 것을 볼 수 있다.

```
dir test.txt
```

4. 작업 관리자의 세부 정보 탭에서 해당 프로세스를 오른쪽 클릭해 UAC 가상화를 선택 해제해 가상화를 비활성화한다. 그러고 나서 3번 과정에 서처럼 디렉터리의 내용을 나열한다. 파일이 사라진 것을 확인할 수 있다. 하지만 VirtualStore의 디렉터리에서 해당 파일을 볼 수 있다.

```
dir %LOCALAPPDATA%\VirtualStore\Windows\test.txt
```

5. 이 프로세스에 대해 가상화를 다시 활성화한다.
6. 좀 더 복잡한 시나리오를 살펴보기 위해 이번에는 상승된 권한으로 새로운 명령 프롬프트 창을 열고 hello-2 문자열을 이용해 2, 3번 과정을 반복한다.
7. 양쪽 명령 프롬프트 창에 다음 명령어를 입력해 파일 내부의 텍스트를 살펴본다. 다음의 두 스크린샷이 기대한 결과를 보여준다.

```
type test.txt
```

```
C:\Windows>echo hello-1 > test.txt

C:\Windows>dir test.txt
 Volume in drive C is Windows
 Volume Serial Number is 1C8D-7A57

 Directory of C:\Windows

26-Feb-17  23:17                   10 test.txt
               1 File(s)              10 bytes
               0 Dir(s)  91,545,452,544 bytes free

C:\Windows>dir test.txt
 Volume in drive C is Windows
 Volume Serial Number is 1C8D-7A57

 Directory of C:\Windows

File Not Found

C:\Windows>type test.txt
hello-1

C:\Windows>
```

```
Microsoft Windows [Version 10.0.14393]
(c) 2016 Microsoft Corporation. All rights reserved.

C:\WINDOWS\system32>cd\windows

C:\Windows>echo hello-2 > test.txt

C:\Windows>type test.txt
hello-2

C:\Windows>
```

8. 마지막으로 상승된 명령 프롬프트 창에서 test.txt 파일을 삭제한다.

```
del test.txt
```

9. 이들 두 창에서 3번 과정까지의 실습을 반복한다. 표준 사용자 명령 프롬프트 창이 파일의 예전 내용을 다시 보여주는 반면 상승된 명령 프롬프트 창에선 더 이상 파일을 찾을 수 없음에 유의하자. 이것은 앞서 설명한 장애 극복failover 메커니즘을 보여준다. 즉, 읽기 작업은 사용자별 가상 저장소의 위치를 먼저 살펴본다. 이때 파일이 존재하지 않는다면 시스템 위치에 대한 읽기 접근이 승인된다.

레지스트리 가상화

레지스트리 가상화는 파일 시스템 가상화와는 다소 다르게 구현된다. 가상화된 레지스트리 키는 대부분 HKEY_LOCAL_MACHINE\Software 키를 포함하지만, 다음과 같은 많은 예외가 있다.

- HKLM\software\Microsoft\Windows
- HKLM\software\Microsoft\Windows NT
- HKLM\software\Classes

레거시 애플리케이션에 의해 일반적으로 수정은 되지만 호환성이나 상호 운용성 문제들을 갖지 않는 키만이 가상화된다. 윈도우는 레거시 애플리케이션에 의한 가상화된 키들의 수정 사항을 사용자의 레지스트리 가상 루트인 HKEY_CURRENT_USER\Software\Classes\VirtualStore로 리디렉션한다. 이 키는 사용자의 클래스 하이브인 %LocalAppData%\ Microsoft\Windows\UsrClass.dat에 위치하며, 다른 가상화된 파일 데이터처럼 로밍 사용자 프로파일로 이동^{roam}되지 않는다. 윈도우가 파일 시스템에 대해 하는 것처럼 가상화된 위치에 대한 고정된 목록을 유지하는 대신 키의 가상화 상태를 표 7-16에 보이는 플래그의 조합으로 저장한다.

표 7-16 레지스트리 가상화 플래그

플래그	의미
REG_KEY_DONT_VIRTUALIZE	이 키에 대해 가상화가 활성화돼 있는지를 명시한다. 이 플래그가 설정된다면 가상화는 비활성화된다.
REG_KEY_DONT_SILENT_FAIL	REG_KEY_DONT_VIRTUALIZE 플래그가 설정(가상화는 비활성화돼 있다)되면 이 키는 해당 키에 대한 접근이 거부될 수 있는 레거시 애플리케이션이 요청한 권한들 대신, 이들 애플리케이션에게 해당 키에 대해 MAXIMUM_ALLOWED(계정에 승인된 모든 접근) 권한을 승인함을 명시한다. 이 플래그가 설정되면 암시적으로 가상화 역시 비활성화된다.
REG_KEY_RECURSE_FLAG	가상화 플래그를 이 키의 자식 키(서브 키)로 전파할지의 여부를 결정한다.

키에 대한 현재 가상화 상태를 보여주거나 설정하기 위해 flags 옵션과 함께 윈도우에 포함된 Reg.exe 유틸리티를 사용할 수 있다. 그림 7-24에서 HKLM\Software 키는 완전히 가상화되지만 Windows 서브키(와 그것의 모든 자식)는 REG_KEY_DONT_SILENT_FAIL 만 활성화돼 있다.

그림 7-24 Software와 Windows 키에 대한 UAC 레지스트리 가상화 플래그

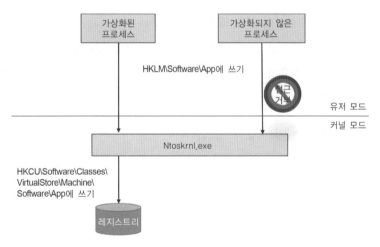

그림 7-25 UAC 레지스트리 가상화 작업

필터 드라이버를 사용하는 파일 가상화와는 달리 레지스트리 가상화는 구성 관리자 안에서 구현된다(레지스트리와 구성 관리자에 대한 자세한 내용은 2권의 9장을 보라). 파일 시스템 가상화와 마찬가지로 가상화된 키의 서브키를 생성하는 레거시 프로세스는 사용

자의 레지스트리 가상 루트로 리디렉션되지만, UAC 호환 프로세스의 접근은 디폴트 퍼미션에 의해 거부된다. 이것은 그림 7-25에 나와 있다.

상승

사용자는 표준 사용자 권한과 호환되는 프로그램만을 실행할지라도 일부 작업은 여전히 관리자 권한을 필요로 한다. 예를 들어 소프트웨어 설치 과정의 대부분은 시스템 전역 위치에 디렉터리와 레지스트리 키를 생성하거나 디바이스 드라이버 또는 서비스를 설치하기 위해 관리자 권한을 요구한다. 자녀 보호 기능^{parental controls feature}처럼 시스템 전역 윈도우 설정과 애플리케이션 설정을 변경하려면 이 역시 관리자 권한을 요구한다. 이러한 작업들의 대부분은 전용 관리자 계정으로 전환함으로써 수행 가능할 수도 있지만, 전환의 불편함으로 인해 대부분의 사용자들은 여전히 관리자 계정으로 일상적인 작업을 수행한다. 이들 작업의 대부분은 관리자 권한이 필요 없다.

UAC 상승^{elevation}은 편리하지만 보안 경계^{boundary}가 아니라는 것을 인지하는 것이 중요하다. 보안 경계^{security boundary}는 보안 정책이 무엇이 경계를 통과할 수 있는지 명시하게 요구한다. 윈도우에서 사용자 계정은 보안 경계의 한 예다. 한 사용자가 다른 사용자의 퍼미션 없이 그 사용자의 데이터에 접근할 수 없기 때문이다.

상승은 보안 경계가 아니기 때문에 시스템에서 표준 사용자 권한으로 실행되고 있는 멀웨어가 관리자 권한을 얻기 위해 상승된 프로세스를 손상시키지 않는다는 것을 보장하지 못한다. 예를 들어 상승 대화상자는 상승될 실행 가능한 요소의 식별만 수행한다. 실행 시점에 그것들이 하는 일에 대해서는 관여하지 않는다.

관리자 권한으로 실행

윈도우는 표준 사용자가 프로세스를 관리자 권한으로 편리하게 실행할 수 있게 향상된 'run as' 기능을 갖고 있다. 이 기능에서는 필요하다면 시스템이 애플리케이션을 대신해 관리자 권한을 얻을 수 있는 작업에 대해 이를 식별할 수 있는 방법이 애플리케이션에 주어져야 한다(이 주제에 대해 간략하게 언급할 것이다).

시스템 관리자 역할을 하는 사용자가 관리자 권한에 접근하길 원할 때마다 사용자 이름이나 패스워드를 입력할 필요 없이 표준 사용자 권한으로 실행하는 것을 가능케 하기 위해 윈도우는 **관리자 승인 모드**^{AAM, Admin Approval Mode}로 불리는 메커니즘을 사용한다. 이것의 특징은 로그온 시점에 사용자에 대해 두 개의 개체(하나는 표준 사용자 권한, 나머지 하나는 관리자 권한을 갖는다)를 생성하는 것이다. 윈도우 시스템상의 모든 사용자는 표준 사용자이거나 AAM에서 표준 사용자로서 대부분의 역할을 하기 때문에 개발자들은 모든 윈도우 사용자가 표준 사용자라고 가정해야 한다. 이는 결과적으로 가상화나 심^{shim}이 없이도 표준 사용자 권한으로 동작하는 더 많은 프로그램을 존재하게 한다.

프로세스에 관리자 권한을 승인하는 것을 **상승**^{elevation}이라고 한다. 표준 사용자 계정 (또는 실제 Administrators 그룹은 아니지만 관리 역할을 수행하는 그룹의 일원인 사용자)에 의해 상승이 수행될 때 이를 OTS^{over-the-shoulder} 상승이라 부른다. 이 상승은 Administrators 그룹에 속하는 계정에 대한 자격증명 항목을 요구하는데, 이것은 대개 권한이 있는 사용자가 표준 사용자의 어깨 너머로 입력함으로써 이뤄지는 작업이기 때문이다. AAM 사용자에 의해 수행되는 상승은 해당 사용자가 관리 권한의 부여에 대해 승인을 해야 하기 때문에 **동의에 의한 상승**^{consent elevation}이라 부른다.

대부분의 가정용 컴퓨터에 해당하는 독립형^{stand-alone} 시스템과 도메인에 가입된^{domain-joined} 시스템은 원격 사용자에 의한 AAM 접근을 달리 취급한다. 이것은 도메인에 연결된^{domain-connected} 컴퓨터는 자신의 자원 허가에 있어서 도메인 관리자 그룹을 사용할 수 있기 때문이다. 사용자가 독립형 컴퓨터의 파일 공유에 접근할 때 윈도우는 원격 사용자의 표준 사용자 신분을 요청한다. 하지만 도메인에 가입된 시스템에서 윈도우는 사용자의 관리 신분을 요청함으로써 모든 사용자의 도메인 그룹 멤버십을 존중해준다. 관리 권한을 요구하는 이미지를 실행하는 것은 표준 서비스 호스트 프로세스(Svchost.exe)에서 실행되는 애플리케이션 정보 서비스(%SystemRoot%\System32\Appinfo.dll에 포함된)로 하여금 %SystemRoot%\System32\Consent.exe를 실행하게 한다. Consent 프로그램은 화면의 비트맵을 캡처하고, 그것에 페이드 효과를 적용하고, 로컬 시스템 계정으로만 접근 가능한 데스크톱(안전한 데스크톱)으로 전환하며, 배경으로서 비트맵을 그리고, 실행 파일에 대한 정보를 포함한 상승 대화상자를 표시한다. 상승 대화상자를 별도의 데스크톱에 나타내면 사용자 계정에 존재하는 어떤 애플리케이션도 대화상자의 표시를 수정하지 못하게 방지한다.

이미지가 전자적으로 서명된(마이크로소프트 또는 다른 기관에 의해) 윈도우 구성 요소라면 대화상자는 그림 7-26의 좌측에 보이는 것처럼 대화상자의 상단에 파란색 줄무늬를 표시한다(마이크로소프트 서명 이미지와 다른 서명자 간의 차이점은 윈도우 10에서 없어졌다). 이미지가 서명이 되지 않았다면 줄무늬는 노란색을 띠며 이미지의 출처가 불명확하다는 것을 강조한다(그림 7-26에서 우측을 참고하라). 상승 대화상자는 디지털 서명된 이미지에 대해서 이미지의 아이콘과 설명, 발행자를 보여주지만, 서명되지 않은 이미지에 대해서는 파일명과 'Publisher:Unknown'만을 보여준다. 이러한 차이는 멀웨어가 합법적인 소프트웨어로 위장하는 것을 좀 더 어렵게 만든다. 대화상자 아래쪽에 있는 Detail 버튼을 누르면 실행 파일이 실행될 때 전달할 커맨드라인을 보여주기 위해 대화상자를 확장한다.

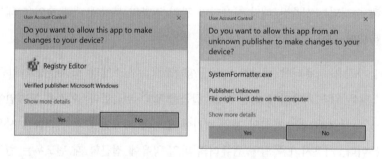

그림 7-26 이미지 서명에 기반을 둔 AAC UAC 상승 대화상자

그림 7-27에 보이는 OTS 동의 대화상자도 비슷하지만 관리자 자격증명을 요구한다. 이 대화상자는 관리자 권한을 가진 계정을 나열한다.

그림 7-27 OTS 동의 대화상자

사용자가 상승을 거절한다면 윈도우는 실행을 시작했던 프로세스에 접근 거부 에러를 반환한다. 관리자 자격증명을 입력하거나 Yes 버튼을 클릭해 사용자가 상승에 동의했을 때 AIS는 적절한 관리자 신분으로 해당 프로세스를 실행하는 `CreateProcessAsUser`를 호출한다. AIS가 기술적으로 상승되는 프로세스의 부모일지라도 AIS는 `Create-ProcessAsUser` API의 새로운 지원을 사용한다. 이 함수는 프로세스의 부모 프로세스 ID를 해당 프로세스를 최초로 실행했던 프로세스의 ID로 설정한다. 이것이 프로세스 트리를 보여주는 Process Explorer와 같은 툴에서 상승된 프로세스가 AIS 서비스 호스팅 프로세스의 자식으로 나타나지 않는 이유다. 그림 7-28은 표준 사용자 계정으로부터 상승된 프로세스를 시작할 때 연관된 작업을 보여준다.

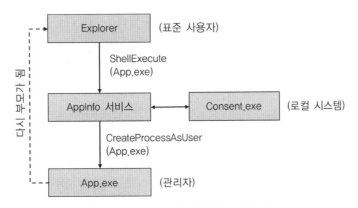

그림 7-28 표준 사용자로서 관리 애플리케이션 시작하기

관리 권한 요청

시스템과 애플리케이션이 관리 권한이 필요한지 식별하는 데는 많은 방법이 있다. 익스플로러 사용자 인터페이스에서 보여주는 한 가지 방법은 관리자 권한으로 실행^{Run As Administrator}하는 컨텍스트 메뉴 명령과 단축 아이콘 옵션이다. 이러한 항목은 또한 파랑과 노란색의 방패 아이콘을 포함하는데, 이들 아이콘은 선택 시 권한 상승을 일으키는 버튼이나 메뉴 항목에 반드시 표시돼야 한다. 관리자 권한으로 실행 명령을 선택하면 익스플로러는 'runas'에서 ShellExecute API를 호출한다.

설치 프로그램의 대다수가 관리 권한을 요구하기 때문에 실행 파일의 시작을 준비하는 이미지 로더는 레거시 인스톨러처럼 보이는 것을 식별하기 위한 인스톨러 감지 코드를 포함하고 있다. 이때 사용하는 휴리스틱 방법은 내부 버전 정보를 탐지하거나 이미지가 setup, install, update와 같은 단어를 그 파일명에 포함하는지를 탐지하는 것처럼 매우 간단하다. 좀 더 정교한 탐지 수단으로는 실행 파일 내의 바이트 순서를 스캐닝하는 작업을 수반한다. 이 작업은 서드파티 인스톨 래퍼 유틸리티에 흔히 사용된다. 이미지 로더는 또한 대상 실행 파일이 관리자 권한을 요구하는지 확인하기 위해 애플리케이션 호환 라이브러리를 호출한다. 이 라이브러리는 실행 파일이 RequireAdministrator나 RunAsInvoker 호환 플래그를 갖고 있는지를 확인하기 위해 애플리케이션 호환 데이터베이스를 살펴본다.

실행 파일이 관리 권한을 요청하는 가장 일반적인 방법은 애플리케이션 매니페스트 파일에 requestedExecutionLevel 태그를 포함하는 것이다. level 항목의 속성은 표 7-17에 나와 있는 세 가지 값 중 하나를 가질 수 있다.

표 7-17 요청 상승 수준

상승 수준	의미	사용
As Invoker	관리 권한이 필요 없으며, 상승을 요청하지 않는다.	Notepad와 같이 관리 특권이 필요 없는 전형적인 사용자 애플리케이션에서 사용된다.

(이어짐)

1142

상승 수준	의미	사용
Highest Available	사용 가능한 최상위 권한에 대한 승인을 요청한다. 사용자가 표준 사용자로 로그온했다면 프로세스는 invoker로서 시작할 것이다. 그렇지 않다면 AAM 상승 프롬프트가 나타나고, 프로세스는 완전한 관리 권한을 갖고 실행된다.	레지스트리 편집기, 마이크로소프트 관리 콘솔, 이벤트 뷰어와 같이 전체 관리 권한이 없이도 정상적으로 수행할 수 있으나 쉽게 접근하려면 사용자가 모든 접근을 원할 것이라 예상되는 애플리케이션에서 사용된다.
Require Administrator	항상 관리자 권한을 요청한다. OTS 상승 대화상자 프롬프트가 표준 사용자에게 보이며 그렇지 않으면 AAM이 보일 것이다.	시스템 전체 보안에 영향을 미치는 방화벽 설정 편집기와 같이 동작에 관리 권한을 요구하는 애플리케이션에서 사용된다.

매니페스트에 **trustInfo** 항목이 존재한다면(eventvwr.exe를 이용한 매니페스트 덤프에서 확인 가능하다) 이 항목의 존재는 UAC를 지원하게 작성된 실행 파일임을 의미하며, **requestedElevationLevel** 항목이 매니페스트 파일에 존재함을 의미한다. **uiAccess** 속성은 앞서 언급한 UIPI 우회 기능을 사용할 수 있는 접근성이 좋은 애플리케이션을 나타낸다.

```
C:\>sigcheck -m c:\Windows\System32\eventvwr.exe
...
<trustInfo xmlns="urn:schemas-microsoft-com:asm.v3">
  <security>
    <requestedPrivileges>
      <requestedExecutionLevel
        level="highestAvailable"
        uiAccess="false"
      />
    </requestedPrivileges>
  </security>
</trustInfo>
<asmv3:application>
  <asmv3:windowsSettings xmlns="http://schemas.microsoft.com/SMI/2005/WindowsSettings">
    <autoElevate>true</autoElevate>
  </asmv3:windowsSettings>
```

```
</asmv3:application>
...
```

자동 상승

기본 구성에서는 (이를 변경하는 방법은 다음 절을 보라) 대부분의 윈도우 실행 파일과 제어판 프로그램은 실행을 위해 관리자 권한이 필요한 상황에서도 관리자 권한을 위한 상승 프롬프트를 관리자 사용자에게 요청하지 않는다. 이는 **자동 상승**auto-elevation이라 불리는 메커니즘 때문이다. 자동 상승은 관리자 사용자가 작업을 할 때 가급적이면 상승 프롬프트를 보지 않게 한다. 즉, 프로그램들은 자동으로 사용자의 전체 관리full administrative 토큰하에서 실행된다.

자동 상승은 몇 가지 요구 사항을 가진다. 요청을 받은 실행 파일은 반드시 윈도우 실행 파일이어야 한다. 이것은 이 실행 파일이 윈도우 발급자(마이크로소프트가 아니다. 이상하게도 이들은 동일하지가 않다. 윈도우에 의한 서명이 마이크로소프트에 의한 서명보다 더 특권이 있다고 간주된다)에 의해 서명이 돼야 함을 의미한다. 그리고 이 실행 파일은 안전하다고 판단되는 몇 개의 폴더 중 하나에 존재해야 한다. %SystemRoot%\System32와 그 하위 폴더들, %Systemroot%\Ehome, %ProgramFiles% 안에 소수의 폴더(예를 들어 Windows Defender와 Windows Journal)가 여기에 해당한다.

실행 파일의 유형에 따라 추가적인 요구 사항이 있다. Mmc.exe를 제외한 .exe 파일은 자신들의 매니페스트 안에 **autoElevate** 항목을 통해 요청 받는 경우 자동 상승이 이뤄진다. 앞 절에서 eventvwr.exe의 매니페스트 덤프를 통해 이를 확인할 수 있었다.

Mmc.exe는 시스템 관리 스냅인이 무엇을 로드하는지에 따라 자동 상승이 이뤄질지 아닐지가 결정되기 때문에 특별한 경우로 취급된다. Mmc.exe는 일반적으로 커맨드라인에서 .MSC 파일을 지정한 채로 호출된다. 이 MSC 파일은 어떤 스냅인이 로드될지를 명시한다. Mmc.exe가 보호된 관리자 권한 계정으로 실행된다면(제한적인 관리자 권한 토큰을 갖고 실행되는) 관리자 권한을 윈도우에게 요청한다. 윈도우는 Mmc.exe가 윈도

1144

우 실행 파일인지 검증한 다음에 해당 MSC 파일을 확인한다. MSC 파일 역시 윈도우 실행 파일 테스트를 통과해야 하며, 또한 자동 상승이 허용된 내부 MSC 리스트에 존재해야 한다. 이 리스트는 윈도우의 거의 모든 MSC 파일을 포함한다.

마지막으로 COM(아웃 오브 프로세스 서버) 클래스는 자신들의 레지스트리 키를 통해 관리자 권한을 요청할 수 있다. 그렇게 하기 위해서는 Elevation 서브키에 DWORD 값인 Enabled가 1로 설정돼야 한다. COM 클래스와 이들의 인스턴스 실행 파일은 해당 실행 파일이 자동 상승 요청을 필요로 하지 않더라도 윈도우 실행 파일의 요구 사항을 만족시켜야 한다.

UAC 동작 제어

UAC는 그림 7-29에서 보이는 것처럼 대화상자를 통해 조작이 가능하다. 이 대화상자는 사용자 계정 컨트롤 설정 변경에서 실행 가능하다. 그림 7-29는 기본 제어 설정값을 보여준다.

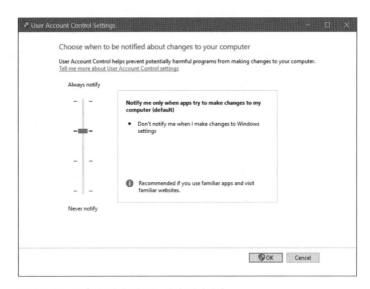

그림 7-29 사용자 계정 컨트롤 설정 대화상자

4개의 가능한 설정에 대한 효과는 표 7-18에서 설명한다.

이 슬라이드 바의 세 번째 위치는 UAC 상승 프롬프트가 안전한 데스크톱이 아닌 일반 사용자 데스크톱에서 나타나게 하기 때문에 권장하지 않는다. 이는 동일한 세션에서 실행되는 악성 프로그램이 프롬프트의 실행을 변경할 수 있게 한다. 이 위치는 원래 비디오 서브시스템에서 데스크톱을 어둡게 하는 데 긴 시간이 걸리는 시스템이나 UAC 화면을 보여주는 것이 부적절한 시스템에서 사용하기 위해 만들어졌다.

표 7-18 UAC 옵션

슬라이드 위치	관리자 권한 사용자가 관리자 권한을 갖지 않을 채로 실행할 때...		비고
	윈도우 설정을 변경하려고 했을 때(예를 들어 특정 제어판 프로그램들 사용했을 경우)	소프트웨어를 설치하거나 상승을 요청하는 매니페스트를 가진 프로그램을 실행하거나 '관리자 권한으로 실행'을 사용하고자 할 때	
가장 높은 위치 ('항상 알림')	UAC 상승 프롬프트가 안전한 데스크톱에서 나타난다.	UAC 상승 프롬프트가 안전한 데스크톱에서 나타난다.	윈도우 비스타 동작 방식
두 번째 위치	UAC 상승이 프롬프트나 알림 없이 자동으로 이뤄진다.	UAC 상승 프롬프트가 안전한 데스크톱에서 나타난다.	윈도우 기본 설정
세 번째 위치	UAC 상승이 프롬프트나 알림 없이 자동으로 이뤄진다.	UAC 상승 프롬프트가 일반 사용자 데스크톱에서 나타난다.	권장하지 않음
가장 낮은 위치 ('알림 없음')	관리자 권한 사용자들에게는 UAC는 꺼진다.	관리자 권한 사용자들에게는 UAC는 꺼진다.	권장하지 않음

슬라이드 바의 가장 낮은 위치는 관리자 권한 계정에서도 UAC가 완전히 꺼지기 때문에 강력하게 권장하지 않는다. 관리자 권한 계정의 사용자에 의해 실행된 모든 프로세스는 사용자의 모든 관리자 권한을 갖고 실행될 것이다. 필터링이 이뤄진 관리자 토큰은 존재하지 않는다. 레지스트리와 파일 가상화는 이들 계정에 대해 비활성화되며, 인터넷 익스플로러의 보호 모드도 비활성화된다. 그러나 관리자 권한이 아닌 계정은 여전히 가상화가 적용되며, 이들 계정에서 윈도우 설정을 변경하거나 상승이 필요한 프로그램을 실행하거나 탐색기의 컨텍스트 메뉴 옵션에서 관리자 권한으로 실행을 사용한다면 OTS 상승 프롬프트가 여전히 나타나게 된다.

표 7-19에서 보여주듯 UAC 설정은 레지스트리 `HKLM\SOFTWARE\Microsoft\Windows\CurrentVersion\Policies\System` 하위에 4개의 값으로 저장된다. `ConsentPromptBehaviorAdmin`은 필터링된 관리자 토큰으로 실행하는 관리자에 대해 UAC 상승 프롬프트를 제어한다. `ConsentPromptBehaviorUser`는 관리자가 아닌 일반 사용자들에 대한 UAC 프롬프트를 제어한다.

표 7-19 UAC 레지스트리 값.

슬라이드 위치	ConsentPrompt BehaviorAdmin	ConsentPrompt BehaviorUser	EnalbeLUA	PromptOnSecure Desktop
가장 높은 위치 ('항상 알림')	2(AAC UAC 상승 프롬프트를 보여 준다)	3(OTS UAC 상승 프롬프트를 보여 준다)	1(활성화됨)	1(활성화됨)
두 번째 위치	5(AAC UAC 상승 프롬프트를 보여 준다. 윈도우 설정을 변경하는 것은 예외)	3	1	1
세 번째 위치	5	3	1	0(비활성화됨; UAC 프롬프트는 사용자의 일반 데 스크톱에서 나타 난다)
가장 낮은 위치 ('알림 없음')	0	3	0(비활성화됨. 관리 자 계정에 대한 로 그인은 제한된 관리 자 접근 토큰을 생 성하지 않는다)	0

취약점 완화

7장의 전반에 걸쳐 사용자를 보호하고, 실행 파일 코드에 대한 코드 서명 속성을 보장하고, 샌드박스를 통한 자원에 대한 접근을 통제하는 데 도움이 되는 여러 기술을 살펴봤다. 하지만 가장 중요한 사항은 모든 안전한 시스템에도 실패 요소가 존재하며, 모든 코드에는 버그가 있다는 사실이며, 공격자는 이런 취약점을 이용한 복잡하고도 끈질긴 공격을 시도한다는 것이다. 버그가 없다는 가정하에 보안 모델이나 모든 버그를 발견해 수정할 것이라고 가정하는 개발자는 결국에는 실패한다. 코드 실행을 보장하는 많은 보안 기능은 성능이나 호환성의 비용(어떤 상황에서는 감수할 수 없는 정도의 비용)을 감수하고서라도 동작한다.

내부 '레드 팀'(즉, 자신의 소프트웨어를 공격하는 내부 팀)을 두어 공격자가 시도하기 전에 먼저 새로운 기법을 발견해 이런 기법에 대해 완화책을 구현하는 것뿐만 아니라 공격자가 사용하는 가장 흔한 기술을 파악하는 것이 훨씬 더 성공 가능성이 있는 접근법이다 (이런 완화책은 일부 데이터를 다른 곳으로 이동하는 것처럼 간단할 수도 있고 제어 흐름 무결성^{CFI, Control Flow Integrity}을 이용하는 것처럼 복잡할 수도 있다). 윈도우와 같은 복잡한 기반 코드에는 취약 부분이 수천 가지나 되지만 취약점 공격 기법은 제한적이다. 즉, 모든 버그를 발견할 것이라는 걱정 없이 커다란 부류의 버그를 취약점으로 이용하기에 (또는 일부 경우에는 불가능하다) 어렵게 만드는 것이다.

프로세스 완화 정책

개별 애플리케이션은 자신만의 다양한 취약점 완화책을 구현할 수 있다(다양한 부류의 메모리 손상 공격을 방지하기 위한 MemGC로 불리는 완화책을 사용하는 마이크로소프트 에지처럼). 이번 절에서는 운영체제가 모든 애플리케이션에 제공하거나 취약점으로 이용될 수 있는 버그 부류를 줄이기 위해 시스템 자체에 제공되는 완화책을 다룬다. 표 7-20은 윈도우 10 크리에이터 업데이트 최신 버전에 있는 모든 완화책을 기술하며, 대처하는 버그 부류의 유형과 완화책을 구동하는 메커니즘을 소개한다.

표 7-20 프로세스 완화 옵션

완화책 이름	사용하는 경우	활성화 메커니즘
ASLR Bottom Up Randomization	스택 기반 랜덤화를 포함해 8비트 엔트로피를 가진 ASLR의 적용을 받는 VirtualAlloc을 호출한다.	`PROCESS_CREATION_MITIGATION_POLICY_ BOTTOM_UP_ASLR_ALWAYS_ON` 프로세스 생성 속성 플래그로 설정된다.
ASLR Force Relocate Images	/DYNAMICBASE 링커 플래그가 없는 바이너리에 대해서도 ASLR을 강제한다.	`SetProcessMitigationPolicy` 또는 `PROCESS_ CREATION_MITIGATION_POLICY_FORCE_ RELOCATE_IMAGES_ALWAYS_ON` 프로세스 생성 플래그로 설정된다.
High Entropy ASLR(HEASLR)	상향식 랜덤화를 1TB까지 가능하게 증가하는데, 이는 64비트 이미지에 대한 ASLR의 엔트로피를 상당히 증가시킨다(즉, 상향식 할당은 64KB와 1TB 사이의 주소 공간 아무 곳에서 시작할 수 있으며, 이는 24비트 엔트로피를 제공한다).	링크 시점에 /HIGHENTROPYVA나 프로세스 생성 속성 플래그 `PROCESS_CREATION_ MITIGATION_POLICY_HIGH_ENTROPY_ ASLR_ALWAYS_ON`을 통해 설정된다.
ASLR Disallow Stripped Images	ASLR Force Relocate Images와 결합되면 재배치가 없는(/FIXED 플래그로 링크되면) 라이브러리의 로드를 차단한다.	`SetProcessMitigationPolicy` 또는 `PROCESS_ CREATION_MITIGATION_POLICY_FORCE_ RELOCATE_IMAGES_ALWAYS_ON_REQ_RELO CS` 프로세스 생성 플래그로 설정된다.
DEP: Permanent	프로세스가 자신에 대해 DEP를 비활성화 하는 것을 차단한다. x86만 관련이 있다. 32비트 애플리케이션(WoW64하의)에만 관계된다.	`SetProcessMitigationPolicy` 또는 프로세스 생성 속성, `SetProcessDEP-Policy`로 설정된다.
DEP: Disable ATL Thunk Emulation	알려진 호환성 문제가 있더라도 레거시 ATL 라이브러리 코드가 힙에서 ATL 성크를 실행하는 것을 차단한다. 32비트 애플리케이션(WoW64하의)에만 관계된다.	`SetProcessMitigationPolicy` 또는 프로세스 생성 속성, `SetProcessDEPPolicy`로 설정된다.
SEH Overwrite Protection(SEH OP)	이미지가 Safe SEH(/SAFESEH) 옵션으로 링크되지 않았더라도 구조적 예외 핸들러가 부정확한 핸들러로 덮어써지지 않게 한다. 32비트 애플리케이션(WoW64하의)에만 관계된다.	`SetProcessDEPPolicy` 또는 `PROCESS_ CREATION_MITIGATION_POLICY_SEHOP_ ENABLE` 프로세스 생성 플래그로 설정될 수 있다.

(이어짐)

완화책 이름	사용하는 경우	활성화 메커니즘
Raise Exception on Invalid Handle	프로세스가 무시할 실패를 반환하는 대신에 프로세스를 크래시시킴으로써 더 이상 프로세스가 기대하는 핸들이 아닌 핸들을 사용하게 되는(예를 들어 뮤텍스에 대해 SetEvent) 캐치 핸들 재사용(use-after-handle-close) 공격에 도움이 된다.	`SetProcessMitigationPolicy` 또는 `PROCESS_CREATION_MITIGATION_POLICY_STRICT_HANDLE_CHECKS_ALWAYS_ON` 프로세스 생성 속성 플래그로 설정된다.
Raise Exception on Invalid Handle Close	공격에서는 프로세스가 이미 닫힌 핸들을 닫으려고 시도하는 캐치 핸들 재사용(double-handle-close) 공격에 도움이 된다. 이런 경우에서는 다른 핸들이 잠재적으로 사용될 수 있는 상황이 발생할 수 있다. 이런 상황이 되면 취약점 공격은 성공한 것이며, 궁극적으로 핸들의 범용적 효과를 제한하게 된다.	문서화되지 않음. 문서화되지 않은 API를 통해 설정될 수 있다.
Disallow Win32k System Calls	윈도우 관리자(GUI)와 그래픽 디바이스 인터페이스(GDI), DirectX를 구현하는 Win32 커널 모드 서브시스템 드라이버에 대한 모든 접근을 차단한다. 이들 구성 요소에 대한 시스템 호출이 완전히 불가능해진다.	`PROCESS_CREATION_MITIGATION_POLICY_WIN32K_SYSTEM_CALL_DISABLE_ALWAYS_ON` 프로세스 생성 속성 플래그로 설정된다.
Filter Win32k System Calls	Win32k 커널 모드 서브시스템 드라이버에 대한 접근을 간단한 GUI와 DirectX 접근만 허용하게 필터링한다. 이렇게 해서 GUI/GDI 서비스를 일부 이용하면서도 가능한 여러 공격을 완화시켜준다.	활성화될 수 있는 세 가지 Win32k 필터 집합 중의 하나를 정의할 수 있는 내부 프로세스 생성 속성 플래그를 통해 설정된다. 하지만 필터 설정은 하드코딩으로 이뤄지기 때문에 이 완화책은 마이크로소프트 내부 사용 용도로 예약돼 있다.
Disable Extension Points	프로세스가 입력 메소드 에디터(IME)나 윈도우 훅 DLL(SetWindowsHookEx), 앱 초기화 DLL(레지스트리에서 AppInit-Dlls 값), 원속 계층 서비스 제공자(LSP)를 로드하지 않게 한다.	`SetProcessMitigationPolicy` 또는 `PROCESS_CREATION_MITIGATION_POLICY_EXTENSION_POINT_DISABLE_ALWAYS_ON` 프로세스 생성 속성 플래그로 설정된다.

(이어짐)

완화책 이름	사용하는 경우	활성화 메커니즘
Arbitrary Code Guard(CFG)	프로세스가 실행 가능 코드를 할당하거나 기존 실행 가능 코드의 허가를 변경해서 쓰기 가능하게 하는 것을 차단한다. 프로세스 내의 특정 스레드가 이 기능을 요청하거나 이 완화책을 원격 프로세스가 비활성화하는 것을 허용하게 구성할 수 있다(보안 관점에서는 지원되지 않는 것들이다).	`SetProcessMitigationPolicy` 또는 `PROCESS_CREATION_MITIGATION_POLICY_PROHIBIT_DYNAMIC_CODE_ALWAYS_ON`, `PROCESS_CREATION_MITIGATION_POLICY_PROHIBIT_DYNAMIC_CODE_ALWAYS_ON_ALLOW_OPT_OUT` 프로세스 생성 속성 플래그로 설정된다.
Control Flow Guard(CFG)	간접 CALL이나 JMP 명령어의 대상지를 유효하다고 예측되는 대상 함수의 목록과 대조해 검증함으로써 메모리 손상 취약점이 제어 흐름을 가로채는 데 사용되지 않게 도움을 준다. 제어 흐름 무결성(CFI) 메커니즘 부분은 다음 절에서 기술한다.	이 이미지는 /guard:cf 옵션으로 컴파일하고 /guard:cf 옵션으로 링크해야 한다. 이미지가 이를 지원하지는 않지만 프로세스 내로 다른 이미지를 로드하기 위해 CFG 강제 조치가 바람직할 경우에 `PROCESS_CREATION_MITIGATION_POLICY_CONTROL_FLOW_GUARD_ALWAYS_ON` 프로세스 생성 속성 플래그로 설정될 수 있다.
CFG Export Suppression	이미지의 익스포트 API 테이블에 대한 간접 호출을 금지해 CFG를 강화한다.	이미지는 /guard: exportsuppress 옵션으로 컴파일돼야 하며 `SetProcessMitigationPolicy` 또는 `PROCESS_CREATION_MITIGATION_POLICY_CONTROL_FLOW_GUARD_EXPORT_SUPPRESSION` 프로세스 생성 속성 플래그를 통해 구성될 수 있다.
CFG Strict Mode	/guard:cf 옵션으로 링크되지 않은 현재 프로세스 내에 이미지 라이브러리의 로드를 차단한다.	`SetProcessMitigationPolicy` 또는 `PROCESS_CREATION_MITIGATION_POLICY2_STRICT_CONTROL_FLOW_GUARD_ALWAYS_ON` 프로세스 생성 속성 플래그를 통해 설정된다.
Disable Non System Fonts	C:\windows\fonts 디렉터리에 설치된 이후에 사용자 로그온 시점에 Winlogon에 의해 등록되지 않은 폰트 파일의 로딩을 차단한다.	`SetProcessMitigationPolicy` 또는 `PROCESS_CREATION_MITIGATION_POLICY_FONT_DISABLE_ALWAYS_ON` 프로세스 생성 속성 플래그를 통해 설정된다.

(이어짐)

완화책 이름	사용하는 경우	활성화 메커니즘
Microsoft-Signed Binaries Only	마이크로소프트 CA에 의해 발급된 인증서로 서명되지 않은 현재 프로세스 내로 이미지 라이브러리 로딩을 차단한다.	시작 시점에 PROCESS_CREATION_ MITIGATION_POLICY_BLOCK_NON_MICRO SOFT_BINARIES_ALWAYS_ON 프로세스 속성 플래그를 통해 설정된다.
Store-Signed Binaries Only	마이크로소프트 스토어 CA에 의해 서명되지 않은 현재 프로세스 내로 이미지 라이브러리 로딩을 차단한다.	시작 시점에 PROCESS_CREATION_ MITIGATION_POLICY_BLOCK_NON_MICRO SOFT_BINARIES_ALLOW_STORE 프로세스 속성 플래그를 통해 설정된다.
No Remote Images	넌로컬(UNC 또는 WebDAC) 경로에 존재하는 현재 프로세스 내로 이미지 라이브러리 로딩을 차단한다.	SetProcessMitigationPolicy 또는 PROCESS_CREATION_MITIGATION_POLICY_ IMAGE_LOAD_NO_REMOTE_ALWAYS_ON 프로세스 생성 속성 플래그를 통해 설정된다.
No Low IL Images	미디엄 이하(0x2000)의 강제 라벨을 갖는 현재 프로세스 내로 이미지 라이브러리 로딩을 차단한다.	SetProcessMitigationPolicy 또는 PROCESS_CREATION_MITIGATION_POLICY_ IMAGE_LOAD_NO_LOW_LABEL_ALWAYS_ON 프로세스 생성 플래그를 통해 설정된다. 로드 중인 프로세스 파일에 대해 IMAGELOAD로 불리는 자원 클레임 ACE를 통해서도 설정될 수 있다.
Prefer System32 Images	로드되는 이미지 라이브러리(상대적 이름을 통해)를 현재 탐색 경로에 관계없이 %SystemRoot%\System32 디렉터리에서 항상 찾게 로더의 탐색 경로를 변경한다.	SetProcessMitigationPolicy 또는 PROCESS_CREATION_MITIGATION_POLICY_ IMAGE_LOAD_PREFER_SYSTEM32_ALWAYS_ ON 프로세스 생성 속성 플래그를 통해 설정된다.
Return Flow Guard(RFG)	RET 명령어 실행 전에 함수가 리턴 지향적인 프로그래밍(ROP) 취약점(실행이 올바르게 시작되지 않았거나 유효하지 않은 스택에서 실행하거나 하는)을 통해 호출되지 않았음을 검증해 제어 흐름에 영향을 주는 추가적인 메모리 손상 취약점을 차단한다. 이것은 제어 흐름 무결성(CFI) 메커니즘의 일부분이다.	견고하고도 고성능적인 방식으로 현재 구현이 진행 중이다. 이 완화책은 아직 이용할 수 없지만 완벽을 기하기 위해 여기에 포함했다.

(이어짐)

완화책 이름	사용하는 경우	활성화 메커니즘
Restrict Set Thread Context	현재 스레드 컨텍스트의 변경을 제한한다.	완화책을 더욱 견고하게 만들 RFG의 현재 가용성은 비활성화된 채로 미완성 상태다. 이 완화책은 향후의 윈도우 버전에 포함될 것이다. 여기서는 완벽을 기하기 위해 포함했다.
Loader Continuity	호환성 문제로 인해 시작 시점에 위에 소개한 서명 정책 완화가 활성화될 수 없는 경우에, 프로세스가 자신과 동일한 무결성 수준을 갖지 않는 DLL를 로드하지 않게 한다. 이는 특별히 DLL 이식 공격을 대상으로 한다.	`SetProcessMitigationPolicy` 또는 `PROCESS_CREATION_MITIGATION_POLICY2_ LOADER_INTEGRITY_CONTINUITY_ALWAYS_ ON` 프로세스 생성 속성 플래그를 통해 설정된다.
Heap Terminate On Corruption	장애 허용 힙(Fault Tolerant Heap)을 비활성화하고 힙 손상의 경우 프로세스를 종료함으로써 지속적인 예외 발생을 비활성화한다. 프로그램이 힙 예외를 무시하는 경우나 취약점이 힙 손상만을 유발하는 경우에 공격자가 제어하는 예외 처리기가 강제로 실행되지 못하게 해서 힙이 손상된 채로 사용되는 것을 방지할 수 있다(범용 효과나 신뢰성을 제약한다).	`HeapSetInformation`을 통하거나 또는 `PROCESS_CREATION_MITIGATION_POLICY_ HEAP_TERMINATE_ALWAYS_ON` 프로세서 생성 속성 플래그를 사용해 설정된다.
Disable Child Process Creation	특수한 제약으로 토큰을 표시함으로써 자식 프로세스의 생성을 차단한다. 이렇게 하면 이 프로세스의 토큰을 자격 변경하는 동안에 다른 컴포넌트는 프로세스를 생성할 수 없게 된다(예를 들어 WMI 프로세스 생성이나 프로세스를 생성하는 커널 컴포넌트).	`PROCESS_CREATION_CHILD_PROCESS_ RESTRICTED` 프로세스 생성 속성 플래그를 통해 설정된다. `PROCESS_CREATION_ DESKTOP_APPX_OVERRIDE` 플래그를 가진 패키지(UWP) 애플리케이션을 허용하게 재정의될 수 있다.
All Application Packages Policy	'앱컨테이너' 절에서 설명한 것처럼 앱컨테이너에서 실행하는 애플리케이션이 ALL APPLICATION PACKAGES SID를 갖는 자원에 접근할 수 없게 한다. 대신 ALL RESTRICTED APPLICATION PACKAGES SID가 필요하다. 종종 약한 특권의 앱컨테이너(Less Privileged App Containe)로 불린다.	`PROC_THREAD_ATTRIBUTE_ALL_APPLICA TION_PACKAGES_POLICY` 프로세스 생성 속성을 통해 설정된다.

일부 이런 완화책은 애플리케이션 개발자의 협력이 없이도 애플리케이션별로, 또는 시스템 기반별로 가능하다는 점에 주목하자. 이렇게 하기 위해서 로컬 그룹 정책 편집기를 열고 Computer Configuration을 확장해 Administrative Templates, System을 차례대로 선택하고 마지막으로 Mitigation Options를 선택한다(그림 7-30 참조). Process Mitigation Options 대화상자에서 활성화되는 완화책에 해당하는 적절한 비트 번호 값을 입력한다. 즉, 1은 활성화, 0은 비활성화, ?은 기본 값으로 그대로 두거나 프로세스 요청 값을 사용한다는 의미다(그림 7-30 참조). 비트 번호는 Winnt.h 헤더 파일에 있는 PROCESS_MITIGATION_POLICY 열거 값을 보면 된다. 이것은 입력한 이미지 이름에 대한 이미지 파일 실행 옵션^{IFEO, File Execution Options} 키에 써지는 적절한 레지스트리 값이 된다. 불행히도 윈도우 10 크리에이터 업데이트 현재 버전과 그 이전 버전은 좀 더 최신의 여러 완화책을 제거해 버린다. REG_DWORD MitigationOptions 레지스트리 값을 수동으로 설정해 이를 방지할 수 있다.

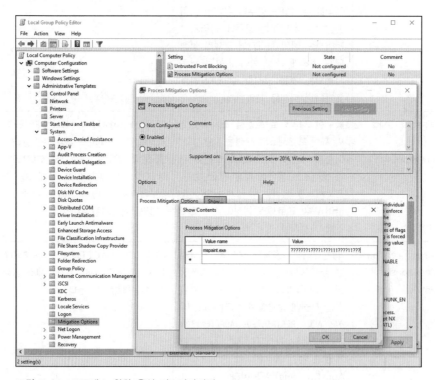

그림 7-30 프로세스 완화 옵션 커스터마이징

제어 흐름 무결성

데이터 실행 방지^{DEP, Data Execution Prevention}와 임의 코드 가드^{ACG, Arbitrary Code Guard}는 익스플로잇이 힙이나 스택에 실행 코드를 배치하거나 새로운 실행 코드를 할당하거나 기존 실행 코드를 변경하기 어렵게 만든다. 따라서 메모리/데이터 전용 공격이 더 관심을 끌게 됐다. 이런 공격은 스택의 복귀 주소나 메모리에 저장된 간접 함수 포인터를 변경하는 것과 같이 제어 흐름을 돌리기 위해 메모리의 일부분을 변경한다. 리턴 지향 프로그래밍^{ROP, Return-Oriented-Programming}과 점프 지향 프로그래밍^{JOP, Jump-Oriented-Programming} 같은 기법은 프로그램의 일반적인 코드 흐름을 어기고, 이를 흥미로운 코드 스니핏^{snippets}(가젯) 위치로 되돌리는 데 사용된다.

이런 스니핏은 다양한 함수의 중간이나 끝 부분에 흔히 위치하기 때문에 제어 흐름이 이런 식으로 되돌려질 때 제어는 합법적인 함수의 중간이나 끝부분으로 다시 되돌려져야 한다. 제어 흐름 무결성^{CFI, Control Flow Integrity} 기법(예를 들어 간접 JMP나 CALL 명령의 대상이 실제 함수의 시작 지점인지, RET 명령이 예측된 위치를 가리키고 있는지, RET 명령이 자신의 함수 시작점을 지나서 위치하는지에 대한 유효성 검사를 할 수 있다)을 채택해 운영체제와 컴파일러는 이런 부류 익스플로잇의 대부분을 탐지하고 방지할 수 있다.

제어 흐름 가드

제어 흐름 가드^{CFG, Control Flow Guard}는 윈도우 10과 서버 2016의 버전에 존재했던 것으로 윈도우 8.1 업데이트 3에서 처음 도입된 익스플로잇 완화 메커니즘이며, 다양한 업데이트에 대해 더욱 개선이 이뤄졌다(최근의 크리에이터 업데이트를 포함해). CFG는 원래 유저 모드 코드에만 구현됐고, 지금은 크리에이터 업데이트에서 커널 CFG^{KCFG}로 존재한다. CFG는 간접 호출의 대상이 알려진 함수의 시작점임을 검증해(조만간 더 다룬다) CFI의 간접 CALL/JMP 문제를 해결한다. 대상지가 알려진 함수의 시작점이 아니라면 프로세스는 종료된다. 그림 7-31은 CFG 동작의 개념을 보여준다.

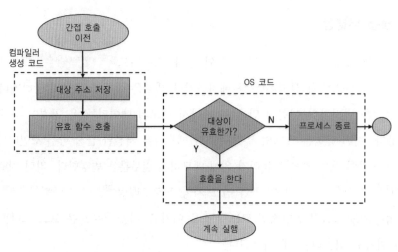

그림 7-31 제어 흐름 가드의 개념도

CFG는 제어 흐름의 간접 변경이 일어나기 전에 유효한 코드로의 호출을 추가하는 컴파일러의 협력을 필요로 한다. 비주얼 C++ 컴파일러에는 이미지(심지어 C/C++ 소스 파일 수준에 대해서도)가 CFG 지원을 가지려면 설정돼야 하는 **/guard:cf** 옵션이 있다(이 옵션은 비주얼 스튜디오 GUI, 프로젝트 속성의 C/C++/Code Generation/Control Flow Guard 설정에서도 이용 가능하다). 비주얼 스튜디오의 두 컴포넌트 모두는 CFG를 지원하기 위해 협력이 필요하기 때문에 이 설정은 링커에도 돼 있어야 한다.

이들 설정이 존재하면 CFG 활성화로 컴파일된 이미지(EXEs와 DLLs)는 자신들의 PE 헤더에 이를 표시한다. 게다가 이들은 **.gfids** PE 섹션(링커에 의해 기본적으로 .rdata와 합쳐진다)에 유효한 간접 제어 흐름 대상 함수 목록을 포함한다. 이 목록은 링커에 의해 만들어지며, 이미지 내의 모든 함수에 대한 상대 가상 주소[RVA]를 포함한다. 이 목록은 이미지에 존재하는 코드에 의해 간접 호출로 불러지지 않을 수도 있는 함수를 포함한다. 이것은 코드 외부에서는 합법적으로 함수의 주소를 파악할 수가 없어 함수 호출을 시도하는지에 대해 알 방법이 없기 때문이다. 이 함수가 특별히 실제 익스포트된 함수라면 **GetProcAddress**를 통해서 함수 포인터를 구해 호출할 수 있다.

프로그래머는 **DECLSPEC_GUARD_SUPRESS** 주석을 통해 지원되는 CFG 억제[suppression]로 불리는 기법을 사용할 수 있다. 이 주석은 프로그래머가 이 함수는 간접 호출이나 점프의

1156

대상이 될 수 없다고 예측하고 있음을 나타내는 특수한 플래그로 유효 함수 테이블 내의 해당 함수를 표시한다.

유효 함수 대상 테이블이 존재하기 때문에 간단한 유효 함수가 해야 할 작업은 CALL 또는 JMP 명령어의 대상지를 테이블 내의 한 함수와 비교하는 것이다. 알고리즘적으로 이것은 O(n) 알고리즘이 되며, 최악의 경우 검사해야 할 함수의 개수는 테이블 내의 함수 개수와 동일할 수 있다. 제어 흐름에서 모든 단일 간접 변경 동안에 전체 배열을 선형적으로 검사하는 것은 프로그램의 동작을 마비시키게 될 것이다. 따라서 CFG 검사를 효율적으로 수행하기 위한 운영체제 지원이 필요하다. 다음 절에서 윈도우가 이를 가능케 하는 방법을 살펴본다.

실습: 제어 흐름 가드 정보

DumpBin 비주얼 스튜디오 툴은 일부 기본 CFG 정보를 보여준다. 다음 덤프는 Smss의 헤더와 로더 구성 정보다.

```
c:\> dumpbin /headers /loadconfig c:\windows\system32\smss.exe
Microsoft (R) COFF/PE Dumper Version 14.00.24215.1
Copyright (C) Microsoft Corporation. All rights reserved.
Dump of file c:\windows\system32\smss.exe
PE signature found
File Type: EXECUTABLE IMAGE
FILE HEADER VALUES
            8664 machine (x64)
               6 number of sections
        57899A7D time date stamp Sat Jul 16 05:22:53 2016
               0 file pointer to symbol table
               0 number of symbols
              F0 size of optional header
              22 characteristics
                    Executable
                    Application can handle large (>2GB) addresses
```

```
OPTIONAL HEADER VALUES
              20B  magic # (PE32+)
            14.00  linker version
            12800  size of code
             EC00  size of initialized data
                0  size of uninitialized data
             1080  entry point (0000000140001080) NtProcessStartupW
             1000  base of code
        140000000  image base (0000000140000000 to 0000000140024FFF)
             1000  section alignment
              200  file alignment
            10.00  operating system version
            10.00  image version
            10.00  subsystem version
                0  Win32 version
            25000  size of image
              400  size of headers
            270FD  checksum
                1  subsystem (Native)
             4160  DLL characteristics
                   High Entropy Virtual Addresses
                   Dynamic base
                   NX compatible
                   **Control Flow Guard**
    ...
Section contains the following load config:
         000000D0  size
                0  time date stamp
             0.00  Version
                0  GlobalFlags Clear
                0  GlobalFlags Set
                0  Critical Section Default Timeout
                0  Decommit Free Block Threshold
                0  Decommit Total Free Threshold
 0000000000000000  Lock Prefix Table
```

```
               0  Maximum Allocation Size
               0  Virtual Memory Threshold
               0  Process Heap Flags
               0  Process Affinity Mask
               0  CSD Version
            0800  Dependent Load Flag
0000000000000000  Edit List
0000000140020660  Security Cookie
00000001400151C0  Guard CF address of check-function pointer
00000001400151C8  Guard CF address of dispatch-function pointer
00000001400151D0  Guard CF function table
              2A  Guard CF function count
        00010500  Guard Flags
                     CF Instrumented
                     FID table present
                     Long jump target table present
            0000  Code Integrity Flags
            0000  Code Integrity Catalog
        00000000  Code Integrity Catalog Offset
        00000000  Code Integrity Reserved
0000000000000000  Guard CF address taken IAT entry table
               0  Guard CF address taken IAT entry count
0000000000000000  Guard CF long jump target table
               0  Guard CF long jump target count
0000000000000000  Dynamic value relocation table

Guard CF Function Table

    Address
    --------
    0000000140001010  _TlgEnableCallback
    0000000140001070  SmpSessionComplete
    0000000140001080  NtProcessStartupW
    0000000140001B30  SmscpLoadSubSystemsForMuSession
    0000000140001D10  SmscpExecuteInitialCommand
    0000000140002FB0  SmpExecPgm
    0000000140003620  SmpStartCsr
```

```
00000001400039F0   SmpApiCallback
0000000140004E90   SmpStopCsr
```

...

이 출력에서 CFG 관련 정보는 굵은체로 표시돼 있다. 이에 대해서는 잠시 후에
다룬다. 지금은 Process Explorer를 열고 프로세스 칼럼 헤더에서 마우스 오른쪽
버튼을 클릭해 Select Columns를 선택한다. 그리고 Process Image 탭에서 Control
Flow Guard 체크박스를 선택한다. 또한 Process Memory 탭에서 Virtual Size도
선택한다. 다음과 같은 모습을 볼 수 있을 것이다.

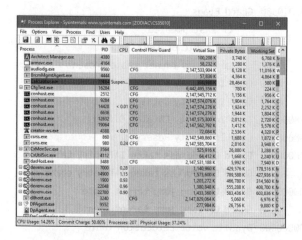

마이크로소프트 제공 프로세스(Smss와 Csrss, Audiodg, Notepad 등)의 대부분은
CFG로 구축돼 있음을 볼 수 있다. CFG 구축 프로세스의 가상 크기는 엄청나게
크다. 가상 크기는 프로세스에서 메모리가 커밋되거나 예약됐는지에 관계없이
사용되는 전체 주소 공간임을 상기하자. 반면에 Private Bytes 칼럼은 커밋된
전용 메모리를 보여주며, 가상 크기와는 엄청나게 차이가 난다(가상 크기가 비전
용 메모리를 또한 포함한다고 하더라도). 64비트 프로세스의 경우 가상 크기는 최
소 2TB인데, 잠시 후에 이것을 이해하게 될 것이다.

CFG 비트맵

앞서 살펴봤듯이 프로그램이 일부 명령마다 함수 호출 목록을 찾게 하는 것은 비실용적이다. 따라서 선형적 시간 O(n)을 필요로 하는 알고리즘 대신에 성능 요구 조건에는 O(1) 알고리즘이 사용되게 명시하고 있다. 이 알고리즘에서는 테이블 내에 존재하는 함수의 수에 관계없이 상수 검색 시간이 사용되며, 이 값은 가능하다면 작아야 한다. 이런 요구 조건에 적합한 것은 대상 함수의 주소에 의해 인덱싱될 수 있는 배열일 것이다. 이 배열은 해당 주소가 유효한지의 여부를 표시한다(간단한 BOOL처럼). 128TB 주소의 경우에 이 배열은 그 자체로 128TB × sizeof(BOOL) 크기가 되며, 이는 스토리지 크기로는 수용할 수가 없으며, 주소 공간 자체보다도 더 큰 크기다. 더 좋은 방법이 없을까?

먼저 컴파일러는 x64 함수 코드를 16바이트 경계로 생성한다는 사실을 이용할 수 있다. 이는 필요한 배열의 크기를 8TB × sizeof(BOOL)로 줄여준다. 하나의 BOOL 전체(최악의 경우 4바이트, 최적의 경우 1바이트 크기)를 사용하는 것은 엄청난 낭비다. 유효한지 아닌지에 대한 상태만을 필요로 하므로 1비트만 있으면 된다. 이는 8TB/8 계산에 따라 단지 1TB가 필요하다. 하지만 여전히 걸림돌이 있다. 컴파일러가 모든 함수를 16바이트 경계의 바이너리로 만든다는 보장이 없다. 직접 작성된 어셈블리 코드와 특정 최적화 기법은 이런 규칙을 벗어날 수도 있다. 이런 연유로 해결책을 고안해야 한다. 함수가 16바이트 경계가 아닌 다음 15바이트의 어딘가에서 시작하는지를 표시하는 추가적인 비트 하나를 사용하는 것도 가능한 대안이다. 따라서 다음과 같은 가능성을 가진다.

- {0, 0} 16바이트 경계 내에서 시작하는 유효 함수가 없다.
- {1, 0} 정확하게 16바이트 정렬된 주소에서 유효 함수가 시작한다.
- {1, 1} 유효 함수는 16바이트 주소 내의 어딘가에서 시작한다.

이 설정 덕분에 공격자가 링커에 의해 16바이트 정렬로 표시된 함수 내로 호출을 시도한다면 2비트의 상태는 {1, 0}이 되지만, 반면에 공격자에 의한 함수 주소는 16바이트 정렬 상태가 아니므로 주소에서 필요한 비트(즉, 비트 3과 4)는 {1, 1}이 된다. 따라서 링커가 처음에 함수를 정렬되지 않게끔 생성했다면(비트는 앞서 봤듯이 {1, 1}이 된다), 공격자는 함수의 첫 16바이트 내의 어떤 명령어만을 호출할 수밖에 없다. 이렇다고 하더라도 이 명령이 함수를 실패시키지 않으면서 공격자에게는 유용할 수 있다(일반적으로 일종의 스택 피봇이나 ret 명령으로 끝나는 가젯).

이런 이해를 바탕으로 CFG 비트맵 크기를 계산하는 데 다음의 공식을 적용할 수 있다.

- x86이나 x64에서의 32비트 애플리케이션 2GB / 16 × 2 = 32MB

- x86에서 3GB 모드로 부팅한 상태로 /LARGEADDRESSAWARE 옵션을 가진 32비트 애플리케이션 3GB / 16 × 2 = 48MB

- 64비트 애플리케이션 128TB / 16 × 2 = 2TB

- x64에서 /LARGEADDRESSAWARE 옵션을 가진 32비트 애플리케이션 4GB / 16 × 2 = 64MB. 여기에 64비트 Ntdll.dll과 WoW64 컴포넌트를 보호하기 위해 필요한 64비트 비트맵의 크기를 더해 2TB + 64MB가 된다.

모든 프로세스를 실행할 때마다 2TB를 할당해 해당 비트로 채우는 작업은 여전히 성능 면에서 받아들이기 힘든 오버헤드다. 간접 호출 자체에 대해서는 고정된 실행 비용을 갖게 됐지만, 프로세스 시작에는 그렇게 긴 시간이 허용되지 않으며 2TB의 커밋 메모리는 커밋 제한을 계속해서 소진시키게 될 것이다. 따라서 메모리 절감과 성능 개선 기법을 사용해야 한다.

먼저 메모리 관리자는 CFG 유효 함수가 CFG 비트맵 접근 동안에 해당 비트 상태가 {0, 0}인 표시로 예외 사항을 처리한다는 가정에 기반을 두고 비트맵을 예약만 한다. 이런 관계로 영역이 모두 {0, 0}인 4KB 비트 상태를 유지한다면 이 영역은 예약 상태로 남아 있을 수 있으며, 최소 한 비트만 설정된 {1, X}를 갖는 페이지들만 커밋되면 된다.

다음으로 5장의 'ASLR' 절에서 기술했듯이 시스템은 반복된 재배치로 인한 성능 저하 방지를 위해 부트 시점에 일반적으로 단 한 번 라이브러리에 대한 랜덤화/재배치를 수행한다. 이런 이유로 ASLR을 지원하는 라이브러리가 주어진 주소에 일단 로드되고 나면 이후에는 동일한 주소에 항상 로드된다. 따라서 이것은 라이브러리 내의 함수에 대한 관련 비트맵 상태가 계산되고 나면 동일한 라이브러리를 로드하는 여타 모든 프로세스에서도 비트맵이 동일하다는 것을 의미한다. 이런 연유로 메모리 관리자는 CFG 비트맵을 페이지 파일 백업 공유 메모리로 취급하며 공유된 비트에 해당하는 물리 페이지는 RAM에 계속 존재하게 된다.

이것은 RAM에서 커밋된 페이지의 비용을 절감시켜주며, 전용 메모리에 해당하는 비트만을 계산하면 됨을 의미한다. 일반적인 애플리케이션에서 전용 메모리는 누군가가 라이브러리를 수정한 쓰기 시 복사의 경우(하지만 이는 이미지 로드 시점에는 일어나지 않는다)를 제외하면 실행 가능 영역이 아니다. 따라서 애플리케이션이 이전에 이미 시작한 다른 애플리케이션과 동일한 라이브러리를 공유한다면 애플리케이션의 로드 비용은 거의 무시할 수준이다. 다음 실습에서 이를 확인할 수 있다.

실습: 제어 흐름 가드 비트맵

VMMap 툴을 열고 Notepad 프로세스를 선택한다. Sharable 섹션에 다음과 같이 커다란 예약 블록을 볼 수 있을 것이다.

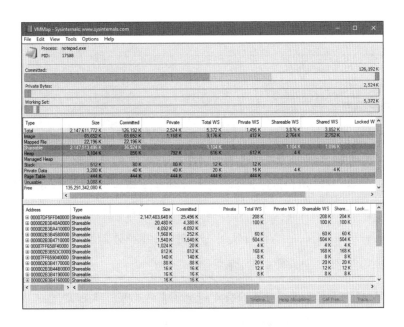

하단의 창을 크기로 정렬해 CFGBitmap 용도로 사용된 커다란 영역을 쉽게 찾을 수 있을 것이다. 추가적으로 해당 프로세스에 디버거를 연결해 !address 명령을

사용하면 CFG 비트맵을 식별하는 독자의 WinDBG를 볼 수 있다.

```
+    7df5'ff530000 7df6'0118a000 0'01c5a000 MEM_MAPPED MEM_RESERVE
Other  [CFG Bitmap]
     7df6'0118a000 7df6'011fb000 0'00071000 MEM_MAPPED MEM_COMMIT PAGE_NOACCESS
Other  [CFG Bitmap]
     7df6'011fb000 7ff5'df530000 1ff'de335000 MEM_MAPPED MEM_RESERVE
Other  [CFG Bitmap]
     7ff5'df530000 7ff5'df532000 0'00002000 MEM_MAPPED MEM_COMMIT PAGE_READONLY
Other  [CFG Bitmap]
```

최소 하나의 유효 비트 상태 (1, X)가 설정돼 있음을 나타내는 MEM_COMMIT인 영역 사이에 얼마나 큰 영역이 MEM_RESERVE로 표시돼 있는지 주목해보자. 또한 모든(또는 거의 대부분) 영역이 공유 비트맵에 속하기 때문에 이들은 MEM_MAPPED 로 표시돼 있다.

CFG 비트맵 구축

시스템 초기화 시점에 MiInitializeCfg 함수가 호출돼 CFG 지원에 대한 초기화를 수행한다. 이 함수는 앞서 소개한 플랫폼에 적합한 크기의 예약 메모리로 하나 또는 두개의 섹션 객체를 생성한다(MmCreateSection). 32비트 플랫폼의 경우에는 하나의 비트맵이면 충분하다. x64 플랫폼에서는 두 개의 비트맵(64비트 프로세스와 Wow64 프로세스(32비트 애플리케이션) 용도로 각각 1씩)이 필요하다. 이 섹션 객체의 포인터는 MiState 전역 변수 내의 서브 구조체에 저장된다.

프로세스가 생성된 이후에 적절한 섹션이 안전하게 프로세스 주소 공간으로 매핑된다. 여기서 안전하다는 것은 섹션이 해당 프로세스 내에서 실행하는 코드에 의해 섹션이 언매핑될 수 없고, 또한 자신의 보호 속성을 변경할 수 없다는 것을 의미한다(그렇지 않다면 악의적인 코드가 해당 메모리를 언매핑해 재할당하고 1비트 값으로 모두 채우게 되면

1164

실질적으로 CFG가 무력화되는 것이다. 또는 단순히 해당 영역을 읽기/쓰기로 표시함으로써 이들 비트를 변경할 수도 있다).

유저 모드 CFG 비트맵은 다음과 같은 시나리오에 적합하다.

- 매핑 동안에 ASLR(추가적인 사항은 5장을 보라)로 인해 동적으로 재배치된 이미지는 자신들의 간접 호출 대상 메타데이터를 추출하게 된다. 이미지가 간접 호출 대상 메타데이터를 갖지 않는다면 이는 CFG 옵션으로 컴파일되지 않았음을 의미하고, 이미지 내의 모든 주소는 간접적으로 호출될 수 있음을 가정한다. 설명한 바와 같이 동적으로 재배치되는 이미지는 모든 프로세스 내의 동일한 주소에 로드될 것으로 예측되므로 이들의 메타데이터는 CFG 비트맵 용도로 사용되는 공유 객체가 위치하는 곳으로 사용된다.
- 이미지 매핑 동안에 비동적 재배치 이미지와 자신들의 선호 베이스 주소에 매핑되지 않은 이미지에 대해 특별한 배려가 요구된다. 이들 이미지 매핑의 경우 CFG 비트맵의 관련 페이지가 전용으로 만들어지며, 이미지의 CFG 메타데이터를 사용해 위치하게 된다. 자신들의 CFG 비트가 공유 CFG 비트맵에 존재하는 이미지의 경우 모든 관련 CFG 비트맵 페이지가 여전히 공유 상태인지를 확인하는 검사가 이뤄진다. 해당 페이지가 공유 상태가 아니라면 전용 CFG 비트맵 페이지의 비트는 이미지의 CFG 메타데이터를 사용해 위치하게 된다.
- 가상 메모리가 실행 파일로 할당되거나 재보호가 이뤄질 때 CFG 비트맵 관련 페이지는 전용으로 만들어지며, 기본적으로 1로 모두 초기화된다. 이것은 코드가 즉석에서 생성돼 실행되는 JIT 컴파일 같은 경우에 필요하다(예를 들어 .NET 또는 자바).

CFG 보호 강화

CFG가 간접 호출이나 점프를 이용하는 익스플로잇 유형을 방지하기 위한 적절한 작업을 할지라도 다음과 같은 방식으로 우회될 수도 있다.

- 프로세스가 속임을 당하거나 기존 JIT 엔진이 남용돼 실행 파일 메모리를 할당한다면 모든 해당 비트는 {1, 1}로 설정될 것이다. 이는 모든 메모리가 유효한 호출 대상임을 의미한다.

- 32비트 애플리케이션의 경우 예상 호출 대상이 __stdcall(표준 호출 규약)인데, 공격자가 간접 호출 대상을 __cdecl(C 호출 규약)으로 변경할 수 있다면 표준 호출 함수와 달리 C 호출 함수는 호출자의 인자 정리를 수행하지 않기 때문에 스택이 손상될 것이다. CFG는 상이한 호출 규약을 구분할 수 없으므로 이는 스택 손상으로 이어지고, 잠재적으로 공격자 제어 복귀 주소가 실행돼 CFG 완화책이 우회될 것이다.

- 유사하게 컴파일러에 의해 생성되는 setjmp/longjmp의 대상은 간접 호출과는 다르게 동작한다. CFG는 이들 둘을 구분할 수 없다.

- 실행 파일의 읽기 전용 섹션에 주로 위치하는 임포트 주소 테이블IAT이나 지연 로드 주소 테이블 같이 특정 간접 호출은 보호하기가 더 어려울 수 있다.

- 익스포트된 함수가 바람직한 간접 함수 호출이 아닐 수도 있다.

윈도우 10은 이런 모든 문제를 해결하게 CFG를 개선했다. 소개할 첫 번째 사항은 PAGE_TARGETS_INVALID로 불리는 VirtualAlloc 함수의 플래그와 PAGE_TARGETS_NO_UPDATE로 불리는 VirtualProtect 함수의 플래그다. 이들 플래그가 설정되면 실행 파일 메모리를 할당하는 JIT 엔진은 {1, 1} 상태로 설정된 자신들의 모든 할당 비트를 볼 수 없게 된다. 대신 이들은 수동으로 SetProcessValidCallTargets 함수(네이티브 NtSetInformationVirtualMemory 함수를 다시 호출하는)를 호출해야 한다. 이 함수는 JIT 엔진으로 하여금 자신들의 JIT화된 코드에 대한 실제 함수 시작 주소를 지정할 수 있게 해준다. 추가적으로 이 함수는 DECLSPEC_GUARD_SUPPRESS로 억제된 호출suppressed call로 표시된다. 이렇게 하면 공격자가 심지어 함수의 시작 지점을 포함한 자신들의 코드로 리디렉션시키기 위해 간접 CALL이나 JMP를 사용할 수 없음을 보장해준다(이는 본질적으로 위험한 함수이기 때문에 제어 스택이나 레지스터를 통해 이를 호출하면 CFG의 우회가 일어날 수도 있다).

또한 개선된 CFG는 이번 절의 시작 부분에서 살펴봤던 기본 흐름을 좀 더 정교한 흐름으로 변경한다. 이 흐름에서 로더는 간단한 '대상 검증, 복귀' 함수를 구현하는 대신에 '대상 검증, 대상 호출, 스택 검사, 복귀' 함수를 구현한다. 이들 구현은 32비트 애플리케이션(과 WoW64에서 실행하는)의 여러 부분에서 사용된다. 이런 개선된 실행 흐름은 그림 7-32에서 보여준다.

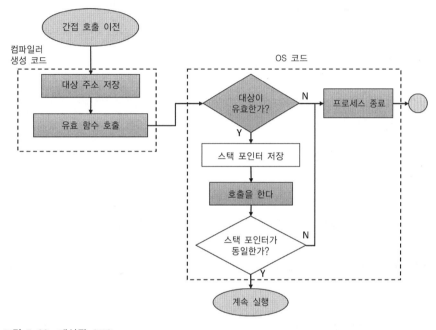

그림 7-32 개선된 CFG

개선된 CFG는 실행 파일 내부에 주소 테이큰$^{Address\ Taken}$ IAT 테이블과 롱 점프 주소 테이블 같은 추가적인 테이블을 가진다. longjmp와 IAT CFG 보호가 컴파일러에 활성화되면 이들 테이블은 특수한 이런 유형의 간접 호출에 대한 대상 주소를 저장하는 데 사용되며, 관련 함수는 일반적인 함수 테이블에 위치하지 않게 되고, 따라서 비트맵 계산은 이뤄지지 않는다. 이것은 코드가 이들 함수 중 하나로 간접 점프/호출을 시도한다면 이는 불법적인 전환으로 간주됨을 의미한다. 대신 C 런타임과 링커는 이 테이블을 수동으로 검사해 longjmp 함수의 대상을 검증한다. 이것은 비트맵보다는 다소 비효율적일지라도 이들 테이블에 없는 함수는 거의 없기 때문에 비용은 감내할 만하다.

마지막으로 개선된 CFG는 **익스포트 억제**^{export suppression}로 불리는 기능을 구현한다. 컴파일러는 이 기능을 지원해야 하며, 프로세스 완화 정책에 의해 활성화된다(프로세스 수준의 완화책에 관한 추가적인 정보는 '프로세스 완화 정책' 절을 보라). 이 기능이 활성화되면 새로운 비트 상태가 구현된다(앞서 설명한 목록에서 {0, 1}는 정의하지 않은 채로 뒀음을 기억하자). 이 상태는 함수가 유효하지만 익스포트 억제 상태며, 로더에 의해 다르게 취급될 것임을 나타낸다.

이미지 로드 구성 디렉터리에서 가드 플래그를 살펴봄으로써 해당 바이너리에 존재하는 기능을 판별할 수 있다. 앞서 사용한 DumpBin 애플리케이션이 이를 해독할 수 있다. 참고로 표 7-21은 이들을 보여준다.

표 7-21 제어 흐름 가드 플래그

플래그 심볼	값	설명
IMAGE_GUARD_CF_INSTRUMENTED	0x100	이 모듈에 CFG 지원이 존재한다.
IMAGE_GUARD_CFW_INSTRUMENTED	0x200	이 모듈은 CFG와 쓰기 무결성 검사를 수행한다.
IMAGE_GUARD_CF_FUNCTION_TABLE_PRESENT	0x400	이 모듈은 CFG 인지 함수 리스트를 가진다.
IMAGE_GUARD_SEURITY_COOKIE_UNUSED	0x800	이 모듈은 컴파일러 /GS 플래그로 생성된 보안 쿠키를 사용하지 않는다.
IMAGE_GUARD_PROTECT_DELAYLOAD_IAT	0x1000	이 모듈은 읽기 전용 지연 로드 임포트 주소 테이블(IAT)을 지원한다.
IMAGE_GUARD_DELAYLOAD_IAT_IN_ITS_OWN_SECTION	0x2000	지연 로드 IAT는 자체적인 섹션이다. 따라서 원하는 경우 재보호가 이뤄질 수 있다.
IMAGE_GUARD_CF_EXPORT_SUPPRESSION_INFO_PRESENT	0x4000	이 모듈은 억제된 익스포트 정보를 가진다.
IMAGE_GUARD_CF_ENABLE_EXPORT_SUPPRESSION	0x8000	이 모듈은 익스포트 억제 기능을 활성화한다.
IMAGE_GUARD_CF_LONGJUMP_TABLE_PRESENT	0x10000	이 모듈은 longjmp 대상 정보를 가진다.

로더와 CFG의 연동

메모리 관리자가 CFG 비트맵을 만들지만 유저 모드 로더(추가적인 정보는 3장을 참고하라)는 두 가지 역할을 한다. 첫째로 CFG 기능이 활성화돼 있는 경우에만 CFG 지원을 동적으로 활성화한다(예를 들어 호출자가 자식 프로세스에 대해서는 CFG를 요청하지 않았을 수도 있거나 프로세스 자체에 CFG 지원이 없을 수도 있다). 이 기능은 LdrpCfgProcess-LoadConfig 함수에 의해 이뤄지며, 이 함수는 각 로드된 모듈에 대해 CFG를 초기화하기 위해 호출된다. PE 옵션 헤더 내의 모듈 DllCharacteristics 플래그에 CFG 플래그 (IMAGE_DLLCHARACTERISTICS_GUARD_CF)가 설정돼 있지 않다면 IMAGE_LOAD_CONFIG_ DIRECTORY 구조체의 GuardFlags 멤버에 IMAGE_GUARD_CF_INSTRUMENTED 플래그가 설정되지 않는다. 또는 커널이 이 모듈에 대해 강제로 CFG를 비활성화시켰다면 아무런 할 일도 없다.

두 번째 역할은 모듈이 실제로 CFG를 사용한다면 LdrpCfgProcessLoadConfig는 이미지로부터 간접 검사 함수 포인터를 구해(IMAGE_LOAD_CONFIG_DIRECTORY 구조체의 GuardCFCheck-FunctionPointer 멤버) 익스포트 억제 기능의 활성 여부에 따라 Ntdll 내의 Ldrp-ValidateUserCallTarget이나 LdrpValidateUserCallTargetES 중의 하나에 이를 설정하는 것이다. 추가적으로 LdrpCfgProcessLoadConfig는 먼저 간접 포인터가 모듈 외부 어딘가를 가리키게 변경되지 않았는지에 대해 검사한다.

더욱이 개선된 CFG가 이 바이너리를 컴파일하는 데 사용됐다면 디스패치 CFG 루틴 ^{dispatch CFG routine}으로 불리는 두 번째 간접 루틴이 이용 가능하다. 이 루틴은 앞서 언급한 향상된 실행 흐름을 구현하는 데 사용된다. 이미지가 이런 함수 포인터를 포함하는 경우 (앞서 언급한 구조체의 GuardCFDispatchFunctionPointer 멤버), 익스포트 억제 기능이 비활성화된 상태라면 이 필드는 LdrpDispatchUserCallTarget 또는 LdrpDispatchUser-CallTargetES로 초기화된다.

> 일부 경우에 커널은 자체적으로 유저 모드를 대신해 간접 점프나 호출을 에뮬레이트하거나 수행할 수 있다. 이런 상황에서 커널은 LdrpValidateUserCallTarget과 동일한 작업을 수행하는 자체적인 MmValidateUserCallTarget 루틴을 구현한다.

CFG가 활성화된 상태에서 컴파일러에 의해 생성되는 코드는 Ntdll 내의 **LdrpValidate-CallTarget(ES)** 또는 **LdrpDispatchUserCallTarget(ES)** 함수로 이어지는 간접 호출을 한다. 이 함수는 대상 분기 주소를 사용하고 함수에 대한 비트 상태 값을 검사한다.

- 비트 상태가 {0, 0}이라면 디스패치 루틴은 잠재적으로 유효하지 않다.
- 비트 상태가 {1, 0}이고 주소가 16바이트로 정렬돼 있다면 디스패치 루틴은 유효하다. 그렇지 않다면 잠재적으로 유효하지 않다.
- 비트 상태가 {1, 1}이고 주소가 16바이트로 정렬돼 있지 않다면 디스패치 루틴은 유효하다. 그렇지 않다면 잠재적으로 유효하지 않다.
- 비트 상태가 {0, 1}이라면 디스패치 루틴은 잠재적으로 유효하지 않다.

디스패치 루틴이 잠재적으로 유효하지 않다면 적절한 동작을 결정하기 위해 **Rtlp-HandleInvalidUserCallTarget** 함수가 실행한다. 먼저 이 함수는 해당 프로세스에서 억제 호출이 허용되는지를 검사한다. 이는 애플리케이션 베리파이어가 활성화돼 있을 경우나 레지스트리를 통해 설정될 수 있는 예외적인 애플리케이션 호환 옵션이다. 억제 호출이 허용된다면 해당 주소가 억제돼 있는지를 검사한다. 이것이 바로 억제 호출 함수가 비트맵에 넣어지지 않은 이유다(가드 함수 테이블 엔트리 내의 특수한 플래그가 이를 나타냄을 상기하자). 여기에 해당한다면 호출은 허용된다. 함수가 전혀 유효하지 않다면(테이블에 존재하지 않음을 의미한다) 디스패치 루틴은 중지되고 프로세스는 종료한다.

다음으로 익스포트 억제가 활성화돼 있는지에 대한 검사가 이뤄진다. 활성화된 경우라면 익스포트 억제 주소 리스트(가드 함수 테이블 엔트리에 추가된 또 다른 플래그로 표시된다)에 대한 대상 주소의 검사가 이뤄진다. 리스트에 해당하는 경우라면 로더는 대상 주소가 다른 DLL의 익스포트 테이블에 대한 전방 참조인지를 검사한다. 이 참조는 억제 익스포트를 가진 이미지에 대한 간접 호출인 경우에만 허용된다. 이것은 대상 주소가 다른 이미지 내에 존재하고, 그 이미지 로드 디렉터리가 익스포트 억제를 활성화했고, 이 주소가 해당 이미지의 임포트 디렉터리에 있음을 보장하는 복잡한 검사로 이뤄진다. 이들 검사가 일치한다면 앞서 언급한 **NtSetInformationVirtualMemory** 호출을 통해 커널이 호출돼 비트 상태를 {1, 0}으로 변경한다. 이들 검사 중의 하나라도 실패하거나 익스포트 억제가 비활성화돼 있다면 프로세스는 종료한다.

32비트 애플리케이션의 경우 프로세스에 대해 DEP가 활성화돼 있는지에 대한 추가적인 검사가 수행된다(DEP에 관한 추가적인 사항은 5장을 보라). 이 검사가 없다면 실행에 대한 보장이 이뤄지지 않기 때문에 부정확한 호출이 허용될 것이다. 이런 호출은 합법적인 이유로 예전 애플리케이션에서 이뤄지던 힙이나 스택으로의 호출일 수도 있다.

마지막으로 공간 절약을 위해 대규모 {0, 0} 비트 상태 집합은 커밋이 되지 않기 때문에 CFG 비트맵 검사로 인해 예약 페이지를 접근하게 된다면 이는 접근 위반 예외를 유발한다. 예외 처리 설정 비용이 많이 드는 x86에서는 검증 코드의 일부로서 처리하는 대신 예외가 통상적으로 전달되게 내버려둔다(예외 디스패칭에 관한 추가적인 사항은 2권의 8장을 보라). 유저 모드 디스패처 핸들러인 KiUserExceptionDispatcher는 검증 함수 내에서 CFG 비트맵 접근 위반 예외를 인식하는 특수한 검사를 하고 예외 코드가 STATUS_IN_PAGE_ERROR라면 실행을 자동으로 재개시킨다. 이것은 예외 처리 코드를 포함하지 않아도 되므로 LdrpValidateUserCallTarget(ES)와 LdrpDispatchUserCallTarget(ES) 내의 코드를 단순화시킨다. 예외 핸들러가 테이블에 간단히 등록된 x64의 경우 앞서와 동일한 실행 로직으로 LdrpICallHandler 핸들러가 대신 실행한다.

커널 CFG

비주얼 스튜디오에서 /guard:cf 옵션으로 컴파일된 드라이버 역시 결국 유저 모드 이미지와 같은 바이너리 속성을 갖지만, 윈도우 10의 첫 버전은 이 데이터에 대해 아무 일도 하지 않았다. 좀 더 신뢰된 개체(커널)에 의해 보호가 이뤄지는 유저 모드 CFG 비트맵과 달리 커널 CFG 비트맵을 생성하고자 해도 보호를 위해 실제로 할 수 있는 아무런 조치가 없다. 악의적인 익스플로잇은 자신이 변경할 비트를 포함하는 페이지의 해당 PTE를 간단히 편집해 이를 읽기/쓰기로 표시하고, 간접 호출이나 점프로 진행을 계속할 수 있다. 따라서 간단히 우회 가능한 완화책을 설정하는 오버헤드는 그만한 가치가 없다.

VBS 기능을 활성화하는 수많은 사용자 덕분에 또다시 VTL 1이 제공하는 좀 더 높은 수준의 보안 영역을 이용할 수 있다. PTE 페이지 보호 변경에 대한 두 번째 경계를 제공함으로써 SLAT 페이지 테이블 엔트리의 안전을 확보할 수 있다. SLAT 엔트리가 읽기 전용으로 표시돼 있으므로 비트맵이 VTL 0에서 읽혀질 수 있는 상태에서 커널 공격자가 PTE를 변경해 이들을 읽기/쓰기로 표시하고자 한다면 SLAT 엔트리에 했던 동일한 작업을 할 수 없게 된다. 따라서 이런 동작은 유효하지 않은 KCFG 비트맵 접근(이들 접근에 대해 HyperGuard가 구동 중이다)으로 탐지된다(원격 진단 이유만으로도 이들 비트는 절대로 변경될 수 없으므로).

KCFG는 익스포트 억제 기능이 활성화되지 않고, longjmp 지원이 안 되며, 동적으로 JIT 용도의 추가적인 비트를 요청하는 기능이 지원되지 않는 점을 제외하면 일반적인 CFG와 거의 동일하게 구현된다. 커널 드라이버는 이런 작업을 하면 안 된다. 대신 '주소 테이큰 IAT 테이블' 엔트리에 기반을 두고 비트맵 비트가 설정되는데, 드라이버 이미지가 로드될 때마다 가드 테이블 내의 일반적인 함수 엔트리에 의해 설정되며 부트 동안에는 HAL과 커널에 대해 MiInitializeKernelCfg가 설정을 한다. 하이퍼바이저가 활성화돼 있지 않다면 SLAT 지원은 없으며, 이런 초기화가 이뤄지지 않고 커널 CFG는 비활성화된 채로 남겨지게 된다.

유저 모드 경우처럼 로드 구성 데이터 디렉터리 내의 동적 포인터가 갱신되는데, 고급 CFG 모드에서 활성화된 상태라면 이 포인터는 검사 함수인 경우 __guard_check_icall 을 가리키며, 디스패치 함수인 경우 __guard_dispatch_icall을 가리킨다. 추가적으로 guard_icall_bitmap 변수는 비트맵의 가상 주소를 가진다.

커널 CFG에 대한 마지막 세부 사항은 불행히도 동적 드라이버 베리파이어 설정이 구성될 수 없다는 것이다(드라이버 베리파이어에 관한 추가적인 정보는 6장을 보라). 이는 드라이버 베리파이어는 동적 커널 훅이 필요하고 비트맵에 존재하지 않을 수도 있는 함수로 실행을 전환시킬 수 있기 때문이다. 이 경우 STATUS_VRF_CFG_ENABLED(0xC000049F)가 반환되고 리부팅이 요구된다(이 시점에 준비된 베리파이어 드라이버 훅에 대한 비트맵이 구축된다).

보안 보장

앞서 제어 흐름 가드가 프로세스를 어떻게 종료하는지 알아봤다. 그 밖의 특정 완화책이나 보안 기능이 예외를 야기해 어떻게 프로세스를 죽이는지에 대해서도 설명했다. 이들 설명에서 메커니즘에 대한 중요한 세부 사항을 숨겨뒀기 때문에 이들 보안 위반 동안에 정확하게 일어나는 일이 무엇인지에 대해 확실하게 할 필요가 있다.

CFG가 올바르지 않은 간접 호출이나 점프를 탐지하는 것과 같이 실제로 보안 관련 위반이 발생할 때 표준 TerminateProcess 메커니즘을 통한 프로세스의 종료는 적절한 조치가 아니다. 크래시가 발생하지 않을 수도 있고 마이크로소프트로 원격 관리 데이터가 전송되지 않을 수도 있다. 이 두 가지 툴은 마이크로소프트가 제로데이 취약점을 추적하는 것뿐만 아니라 관리자가 잠재적 익스플로잇이 실행됐거나 애플리케이션 호환성 문제가 존재하는 것을 파악하는 데 중요한 역할을 한다. 다른 한편으로 예외를 유발해 원하는 결과를 얻을 수 있을지라도 이들 예외는 다음과 같은 결과를 초래할 수 있는 콜백이다.

- /SAFESEH와 SEHOP 완화책이 활성화돼 있지 않다면 공격자에 의해 잠재적으로 훅이 될 수 있다. 이는 보안 검사에 있어서 공격자에게 먼저 제어를 넘겨주게 된다. 또는 공격자가 예외를 단순히 자체적으로 삼켜버릴 수 있다.

- 처리되지 않은 예외 필터나 벡터화된 예외 핸들러를 통한 합법적인 소프트웨어의 일부에 의해 잠재적으로 훅이 될 수 있다. 이들 둘 모두는 예외를 의도치 않게 삼켜버릴 수 있다.

- 위의 항목과 동일하지만 프로세스 내로 자체적인 라이브러리를 인젝션시킨 서드파티 제품에 의해 가로채질 수 있다. 다수의 보안 툴에 흔한 경우인 이런 사항은 윈도우 오류 보고^{WER, Windows Error Reporting}로 올바르게 전달되지 않는 예외로 이어질 수 있다.

- 프로세스는 WER에 등록한 애플리케이션 복구 콜백을 가질 수도 있다. 이것은 다소 덜 명확한 UI를 사용자에게 보여줄 수도 있고, 취약점을 이용 당한 현 상태로 프로세스를 재시작할 수도 있다. 이렇게 되면 재귀적 크래시/시작 루프 어디

서든지 간에 예외가 통째로 삼켜지게 만들 수 있다.

- C++ 기반의 제품에서 프로그램 자체로 인한 'thrown'처럼 외부 예외 핸들러에 의해 잡히는 예외 역시 삼켜질 수 있으며, 안전하지 않은 방식으로 실행이 재개될 수 있다.

이런 문제를 해결하려면 WER 서비스 외부에 있는 어떤 프로세스 컴포넌트에 의해서든 가로채질 수 없는 예외를 유발할 수 있고, 예외를 받게 보장하는 메커니즘이 필요하다. 이것이 바로 보안 보장security assertions이 하는 역할이다.

컴파일러와 OS 지원

마이크로소프트 라이브러리나 프로그램, 커널 컴포넌트가 드문 보안 상황에 직면하거나 완화책이 보안 상태의 위험한 위반을 인지할 때 이들은 이제 비주얼 스튜디오에서 지원되는 __fastfail로 불리는 특수한 컴파일러 인트린직intrinsic을 사용한다. 이것은 입력으로 하나의 인자를 받아들인다. 다른 방편으로 이들은 RtlFailFast2라는 Ntdll 내의 런타임 라이브러리(Rtl) 함수를 호출할 수 있다. 이들 함수는 자체로 __fastfail 인트린직을 포함하고 있다. 일부 경우에 WDK나 SDK는 LIST_ENTRY 함수인 InsertTailList와 RemoveEntryList를 사용할 때처럼 이 인트린직을 호출하는 인라인 함수를 포함한다. 또 다른 경우에 범용 CRTuCRT는 자신의 함수 내에 이 인트린직을 가진다. 어떤 경우에 API가 애플리케이션에 의해 호출돼 이 인트린직을 사용한다면 특정 검사를 수행하기도 한다.

상황에 관계없이 컴파일러는 이 인트린직을 보면 입력 인자를 받아 이를 RCX(x64) 또는 ECX(x86) 레지스터로 옮긴 다음에 소프트웨어 인터럽트 0x29를 발생시키는 어셈블리 코드를 생성한다(인터럽트에 대한 좀 더 상세한 정보는 2권의 8장을 보라).

윈도우 8과 그 후속 버전에서 이 소프트웨어 인터럽트는 KiRaiseSecurityCheckFailure 핸들러로 인터럽트 디스패치 테이블Interrupt Dispatch Table에 등록된다. 디버거에서 !idt 29 명령을 사용하면 이를 확인할 수 있다. 이 인터럽트는 STATUS_STACK_BUFFER_OVERRUN

상태 코드(0xC0000409)를 가진 **KiFastFailDispatch** 함수의 호출로 이어진다(호환성으로 인해). 인터럽트는 이제 **KiDispatchException**을 통해 일반적인 예외 디스패칭이 이뤄지지만 두 번째 예외^{second-chance exception}로 취급된다. 이것은 디버거와 프로세스가 통지를 받지 못함을 의미한다.

이런 조건은 특수하게 인식이 되고 오류 메시지가 WER 오류 ALPC 포트로 평상시처럼 보내진다. WER은 예외가 계속 진행하기에는 힘든 상황으로 인식하고 커널로 하여금 **ZwTerminateProcess** 시스템 호출을 해서 해당 프로세스를 종료하게 한다. 따라서 이것은 일단 인터럽트가 사용되면 이 프로세스 내에서 다시는 유저 모드로 돌아가는 작업은 이뤄지지 않고, WER이 통지를 받을 것이고, 프로세스가 종료될 것이다(게다가 오류 코드는 예외 코드가 될 것이다)라는 것을 보장한다. 예외 레코드가 생성될 때 첫 번째 예외 인자는 __fastfail의 입력 값이 된다.

커널 모드 코드 역시 예외를 일으킬 수 있지만, 이 경우에는 **KiBugCheckDispatch**가 대신 호출된다. 이 함수는 코드 0x139(KERNEL_SECURITY_CHECK_FAILURE)로 특별한 커널 모드 크래시(버그 체크)를 유발한다. 이 버그체크의 첫 번째 인자는 __fastfail의 입력 인자다.

Fastfail/보안 보장 코드

__fastfail 인트린직은 예외 레코드나 크래시 스크린으로 이어지는 입력 인자를 포함하기 때문에 시스템이나 프로세스의 어느 부분이 정확하게 동작하지 않는지 또는 어느 부분이 보안 위반에 직면했는지를 식별하기 위한 실패 검사가 가능하다. 표 7-22는 다양한 실패 조건과 그 의미와 중요성을 보여준다.

표 7-22 __fastfail 실패 코드

코드	의미
Legacy OS Violation(0x0)	레거시 바이너리에 존재하는 예전의 버퍼 보안 검사가 실패했고, 이는 보안 보장(security assertion)으로 변경됐다.

(이어짐)

코드	의미
V-Table Guard Failure(0x1)	인터넷 익스플로러 10과 그 상위 버전에서 가상 테이블 완화책이 손상된 가상 함수 테이블 포인터에 직면했다.
Stack Cookie Check Failure(0x2)	/GS 컴파일러 옵션으로 생성된 스택 쿠키(스택 카나리아로도 불린다)가 손상됐다.
Corrupt List Entry(0x3)	LIST_ENTRY 구조체를 조작하는 한 매크로가 잘못된 링크드 리스트를 탐지했다. 즉, 조부모나 손자 엔트리가 조작 항목의 부모나 자식 엔트리를 가리키고 있지 않다.
Incorrect Stack(0x4)	공격자 제어 스택에서 동작하는 동안에 ROP 기반의 취약점을 통해 잠재적으로 자주 호출되는 유저 모드나 커널 모드 API가 호출됐고, 따라서 예상한 스택이 아니다.
Invalid Argument(0x5)	유저 모드 CRT API(일반적으로)나 그 밖의 민감한 함수가 잘못된 인자로 호출돼 잠재적 ROP 기반 사용이나 스택 손상이 의심스러운 상황이다.
Stack Cookie Init Failure(0x6)	스택 쿠기의 초기화가 실패했다. 이미지 패칭이나 손상이 의심된다.
Fatal App Exit(0x7)	애플리케이션이 FatalAppExit 유저 모드 API를 사용했다. 이 함수는 자신이 갖는 장점을 허용해주기 위해 보안 보장으로 변환된다.
Range Check Failure(0x8)	배열 항목 인덱스가 예상된 경계 내에 있는지를 검사하기 위한 특정 고정 배열 버퍼에서 추가적인 유효성을 검사한다.
Unsafe Registry Access(0x9)	커널 모드 드라이버가 유저 제어 라벨 하이브(애플리케이션 하이브나 유저 프로파일 하이브와 같은)로부터 레지스트리 데이터 접근을 시도하고 있으며, 자신을 보호하기 위한 RTL_QUERY_REGISTRY_TYPECHECK 플래그를 사용하지 않고 있다.
CFG Indirect Call Failure(0xA)	제어 흐름 가드가 CFG 비트맵에 유효하지 않은 디스패치 대상 주소로의 간접 CALL이나 JMP 명령을 탐지했다.
CFG Write Check Failure(0xB)	쓰기 보호 속성의 제어 흐름 가드가 보호 데이터에 대한 유효하지 않은 쓰기를 탐지했다. 이 기능(/guard:cfw)은 마이크로소프트 테스트용 외에는 지원되지 않는다.
Invalid Fiber Switch(0xC)	유효하지 않은 파이버에 대해, 또는 파이버로 변환되지 않은 스레드로부터 SwitchToFiber API가 사용됐다.

(이어짐)

코드	의미
Invalid Set of Context(0xD)	컨텍스트 레코드 구조체 저장을 하는 도중에 유효하지 않은 컨텍스트 레코드 구조체가 탐지됐고(예외나 `SetThreadContext` API로 인해) 스택 포인터가 유효하지 않다. CFG가 해당 프로세스에서 활성화된 경우에만 검사된다.
Invalid Reference Count(0xE)	참조 카운트 객체(커널 모드의 `OBJECT_HEADER` 또는 Win32k.sys GDI 객체와 같은)가 자신의 참조 카운트에서 0 아래의 값을 갖는 언더플로우나 최대치 이상을 초과해 다시 0이 되는 오버플로우가 발생했다.
Invalid Jump Buffer(0x12)	유효하지 않은 스택 주소나 유효하지 않은 명령어 포인터를 가진 점프 버퍼를 통해 `longjmp` 시도가 이뤄지고 있다. CFG가 해당 프로세스에서 활성화된 경우에만 검사된다.
MRDATA Modified(0x13)	로더의 변경 가능한(mutable) 읽기 전용 데이터 힙/섹션이 변경됐다. CFG가 해당 프로세스에서 활성화된 경우에만 검사된다.
Certifi cation Failure(0x14)	하나 또는 그 이상의 암호 서비스 API가 인증서 파싱이나 유효하지 않는 ASN.1 스트림 문제에 직면했다.
Invalid Exception Chain(0x15)	`/SAFESEH` 또는 `SEHOP` 완화책으로써 링크된 이미지가 유효하지 않은 예외 핸들러 디스패치에 직면했다.
Crypto Library(0x16)	CNG.SYS나 KSECDD.SYS, 이들에 대응하는 유저 모드 API가 심각한 실패에 직면했다.
Invalid Call in DLL Callout(0x17)	유저 모드 로더의 통지 콜백이 발생 중인 동안에 위험스런 함수 호출 시도가 있다.
Invalid Image Base(0x18)	`__ImageBase`(`IMAGE_DOS_HEADER` 구조체)에 대한 유효하지 않은 값이 유저 모드 이미지 로더에 의해 탐지됐다.
Delay Load Protection Failure(0x19)	임포트 함수를 지연 로드하는 중에 지연 로드된 IAT가 손상됐음으로 판명됐다. CFG가 해당 프로세스에서 활성화되고 지연 로드 IAT 보호가 활성화된 경우에만 검사된다.
Unsafe Extension Call(0x1A)	특정 커널 모드 확장 API가 호출될 때 검사돼 호출자의 상태가 올바르지 않다.
Deprecated Service Called(0x1B)	더 이상 지원이 안 되며, 문서화되지 않은 시스템 호출이 이뤄질 때 검사된다.

(이어짐)

코드	의미
Invalid Buffer Access(0x1C)	일반 버퍼 구조체가 손상됐을 때 NtdII 내의 런타임 라이브러리 함수와 커널에 의해 검사된다.
Invalid Balanced Tree(0x1D)	RTL_RB_TREE 또는 RTL_AVL_TABLE 구조체가 유효하지 않은 노드를 가질 때 NtdII 내의 런타임 라이브러리 함수와 커널에 의해 검사된다(형제나 부모 노드에서 그 부모가 일치하지 않는다. LIST_ENTRY 검사와 유사하다).
Invalid Next Thread(0x1E)	KPRCB 내의 스케줄할 다음 스레드가 유효하지 않을 때 커널에 의해 검사된다.
CFG Call Suppressed(0x1F)	호환성 문제로 인해 CFG가 억제 호출을 허용할 때 검사된다. 이 상황에서 WER은 해당 오류를 처리됐음으로 표시하고 커널은 프로세스를 종료하지 않는다. 하지만 원격 정보는 마이크로소프트로 전송된다.
APCs Disabled(0x20)	유저 모드로 복귀하지만 여전히 커널 APC가 비활성화돼 있을 때 커널에 의해 검사된다.
Invalid Idle State(0x21)	CPU가 유효하지 않은 C 상태로 진입하고자 할 때 커널 전원 관리자에 의해 검사된다.
MRDATA Protection Failure(0x22)	변경 가능한 읽기 전용 힙 섹션이 예상 코드 경로를 벗어나서 보호가 이뤄지지 않고 있을 때에 유저 모드 로더에 의해 검사된다.
Unexpected Heap Exception(0x23)	잠재적 취약점 공격 시도 방식으로 힙이 손상될 때마다 힙 관리자에 의해 검사된다.
Invalid Lock State(0x24)	획득된 락이 이미 해제된 상태에 놓여 있는 것처럼 특정 락이 기대된 상태가 아닌 경우에 커널에 의해 검사된다.
Invalid Longjmp(0x25)	CFG가 Longjmp 보호가 활성화된 프로세스에서 동작 중이지만 Longjmp 테이블이 손상됐거나 사라진 상태에서 longjmp가 호출될 때 longjmp에 의해 검사된다.
Invalid Longjmp Target(0x26)	바로 위 항목과 동일한 조건이지만 Longjmp 테이블이 유효한 Longjmp 대상 함수가 아님을 표시할 때 사용한다.
Invalid Dispatch Context(0x27)	예외가 잘못된 CONTEXT 레코드와 함께 디스패치되려고 할 때 커널 모드의 예외 핸들러에 의해 검사된다.
Invalid Thread(0x28)	KTHREAD 구조체가 특정 스케줄링 동작 동안에 손상될 때 커널 모드 스케줄러에 의해 검사된다.

(이어짐)

코드	의미
Invalid System Call Number(0x29)	Deprecated Service Called 항목과 유사하지만 WER은 예외를 처리됐음으로 표시한다. 이렇게 하면 해당 프로세스는 계속 진행을 하고, 따라서 원격 측정 자료만 마이크로소프트로 전송된다.
Invalid File Operation(0x2A)	위의 항목에서 텔레메트리 유형(telemetry-type) 실패처럼 I/O 관리자와 특정 파일 시스템에 의해 사용된다.
LPAC Access Denied(0x2B)	낮은 특권의 앱컨테이너가 ALL RESTRICTED APPLICATION PACKAGES SID 권한이 없는 객체 접근을 시도하고 이런 실패에 대한 추적이 활성화돼 있을 때 SRM의 접근 검사 함수에 의해 사용된다. 원격 전송 데이터만 만들어지고 프로세스는 크래시되지 않는다.
RFG Stack Failure(0x2C)	이 기능은 현재 비활성화돼 있지만 복귀 흐름 가드(RFG, Return Flow Guard)에 의해 사용된다.
Loader Continuity Failure(0x2D)	다른 서명을 가진 예상을 벗어난 이미지나 서명이 아예 로드되지 않았음을 나타내기 위해 앞서 살펴본 같은 이름의 프로세스 완화 정책에 의해 사용된다.
CFG Export Suppression Failure(0x2D)	억제된 익스포트가 간접 분기의 대상이 됐음을 나타내기 위해 익스포트 억제가 활성활 됐을 때 CFG에 의해 사용된다.
Invalid Control Stack(0x2E)	이 기능은 현재 비활성화돼 있지만 RFG에 의해 사용된다.
Set Context Denied(0x2F)	이 기능은 현재 비활성화돼 있을지라도 앞서 살펴본 동일한 이름의 프로세스 완화 정책에 의해 사용된다.

애플리케이션 식별

역사적으로 윈도우에서 보안은 사용자 신분에 근거해 결정돼 왔다(사용자의 SID와 그룹 멤버십 형태). 그러나 보안 컴포넌트(AppLocker와 방화벽, 백신, 안티멀웨어, 권한 관리 서비스 등)의 수가 증가해 실행 코드에 근거한 보안 결정을 필요로 하게 했다. 과거에는 각각의 보안 컴포넌트들이 애플리케이션을 식별하기 위해 그들만의 식별 방법을 사용했다. 이는 일관적이지도 않고 너무나 복잡한 정책 작성을 해야 했다. 애플리케이션 식별 AppID, Application Identification의 목적은 하나의 API 집합과 데이터 구조체를 제공해 보안 컴포넌트가 애플리케이션을 식별하는 데 있어서 일관성을 갖게 하는 것이다.

> 여기서 AppID는 DCOM/COM+ 애플리케이션에서 사용하는 것과는 다르며, 또한 UWP 애플리케이션 ID와도 관계가 없다. COM 애플리케이션에서는 여러 CLSID에 의해 공유되는 GUID 는 프로세스를 나타낸다.

사용자가 로그인했을 때 식별되는 것과 같이 애플리케이션은 시작되기 전에 메인 프로그램의 AppID를 생성함으로써 식별이 이뤄진다. AppID는 다음의 애플리케이션의 속성 중에서 어떤 것으로도 생성이 가능하다.

- **필드** 파일 내에 내장된 코드 서명 인증서의 필드를 이용해 발급자 이름과 제품이름, 파일명, 버전을 갖는 여러 조합을 만들 수 있다. **APPID://FQBN**은 완전히 자격을 갖춘 바이너리 이름이며 **{Publisher\Product\Filename,Version}** 형식의 문자열로 돼 있다. 여기서 **Publisher**는 x.509 인증서의 코드 서명에 사용되는 Subject 필드로서 다음의 필드를 사용한다.
  - **O** 기관^{Organization}
  - **L** 지역^{Locality}
  - **S** 주 또는 지방^{State or Province}
  - **C** 국가^{Country}
- **파일 해시** 해시 용도로 사용될 수 있는 몇 가지 방법이 있다. 기본은 **APPID://SHA256HASH**지만, SRP와 대부분의 x.509 인증서의 하위 호환성을 위해서 SHA-1(APPID://SHA1HASH)도 여전히 지원된다. **APPID://SHA256HASH**는 파일에 대한 SHA-256 해시를 지정한다.
- **파일에 대한 부분적 또는 전체 경로** **APPID://Path**는 옵션인 와일드카드 문자 (*)로 경로를 지정한다.

> AppID는 애플리케이션의 보안이나 품질을 보장하는 용도로 사용되지 않는다. AppID는 애플리케이션을 식별하는 간단한 하나의 방법이므로 관리자가 보안 정책 결정에 있어서 애플리케이션 을 참고하는 데 사용할 수 있다.

AppID는 프로세스의 접근 토큰에 저장돼 모든 보안 컴포넌트가 단 하나의 일관된 식별자에 근거한 권한을 결정할 수 있게 한다. 앱락커는 특정 프로그램이 사용자에 의해 실행이 허용될지를 명시하기 위해 조건 ACE(앞서 설명했다)를 사용한다.

AppID가 서명된 파일에 의해 생성될 때 파일에 대한 인증은 캐시돼 신뢰된 루트 인증서로 검증된다. 인증된 경로가 유효한지 확인하기 위해 매일 재검증이 이뤄진다. 인증 캐시와 검증 작업은 시스템 이벤트 로그 내의 애플리케이션과 서비스 Logs\Microsoft\Windows\AppID\Operational에 기록된다.

앱락커

윈도우 8.1과 윈도우 10(엔터프라이즈 에디션), 윈도우 서버 2012/R2/2016에서는 앱락커 AppLocker로 불리는 기능을 지원한다. 이 기능은 관리자에게 권한이 없는 프로그램이 실행되지 못하게 시스템을 제한할 수 있게 한다. 이런 기능의 첫 단계로 윈도우 XP는 소프트웨어 제한 정책SRP, Software Restriction Policies을 도입했지만 SRP는 관리하는 데 많은 어려움이 있었고, 특정 사용자나 그룹에는 적용될 수 없었다(모든 사용자가 SRP 규칙에 적용받았다). 앱락커는 SRP의 대체제다. 그러나 아직 SRP도 함께 존재하고 AppLocker의 규칙은 SRP의 규칙과 격리돼 저장된다. 앱락커와 SRP 규칙 둘 다 동일한 그룹 정책 객체GPO, Group Policy Object에 존재한다면 앱락커 규칙만이 적용된다.

SRP보다 앱락커가 우위를 점하는 기능은 앱락커의 감사 모드다. 이것은 관리자로 하여금 앱락커 정책을 생성하게 허용하고, 또한 실제로 제약 정책을 수행하지 않고서도 정책이 기대했던 대로 잘 수행됐는지 판단하기 위해 그 결과(시스템 이벤트 로그에 저장된)를 검사하게 한다. 앱락커의 감사 모드는 시스템에서 하나 또는 그 이상의 사용자에 의해 어떤 프로그램이 사용되고 있는지를 감시하는 데 사용될 수 있다.

앱락커는 관리자가 다음 유형의 파일에 대해 실행을 제한할 수 있게 한다.

* 실행 이미지(EXE와 COM)

- 동적 링크 라이브러리(DLL과 OCX)
- 설치와 삭제에 사용되는 마이크로 소프트 설치 프로그램(MSI와 MSP)
- 스크립트
- 윈도우 파워셸(PS1)
- 배치 파일(BAT와 CMD)
- 비주얼베이직 스크립트(VBS)
- 자바 스크립트(JS)

앱락커는 간단한 GUI 규칙에 기반을 둔 메커니즘을 제공한다. 이는 어떤 애플리케이션이나 스크립트가 특정 사용자나 그룹에서 실행 가능한지를 결정하고, 조건 ACE와 AppID 속성을 사용하는 점에서 네트워크 방화벽 규칙과 매우 유사하다. 앱락커 규칙에는 다음과 같은 두 가지 유형이 있다.

- 특정 파일만 실행을 허용하고 그 나머지는 거부한다.
- 특정 파일만 실행을 거부하고 그 나머지는 허용한다. 거부 규칙은 허용 규칙보다 우선한다.

또한 각각의 규칙은 규칙에서 파일을 제외하는 예외 리스트를 가질 수 있다. 예외를 사용하기 위해서는 예를 들어 C:\Windows 또는 C:\Program Files 디렉터리에서 RegEdit.exe만을 제외한 모든 것의 실행을 허용하는 규칙을 생성할 수도 있다. 앱락커 규칙은 특정 사용자나 그룹과 연관시킬 수 있다. 이는 특정 애플리케이션을 어떤 사용자가 실행할 수 있는지를 검증하고 강제함으로써 관리자로 하여금 규정 준수 요구 사항을 지원할 수 있게 한다. 이것은 재무 보안 그룹에 속하지 않는 사람은 재무 애플리케이션을 사용하지 못하게 할 수 있지만(관리자를 포함해서), 애플리케이션이 업무상 필요한 사람에게 접근을 허용하게 할 수도 있다. 다른 유용한 규칙은 접수 담당 그룹에 속한 사용자가 허가되지 않은 소프트웨어의 설치나 실행을 하지 못하게 하는 것이다.

앱락커 규칙은 조건 ACE와 AppID에 의해 정의된 속성에 의존한다. 규칙은 다음 기준을 이용해 만들 수 있다.

- **파일에 내장된 코드 서명 인증서 내의 필드는 발급자 이름과 제품 이름, 파일명, 버전의 여러 가지 조합을 허용한다.** 예를 들어 "Contoso Reader 9.0의 후속 모든 버전을 허용한다" 또는 "그래픽 그룹의 모든 사용자들에게 그래픽 숍의 Contoso 프로그램이나 설치 프로그램을 14.* 버전에 한해 실행하는 것을 허용한다"와 같은 규칙을 생성할 수 있다. 예를 들어 다음과 같은 SDDL 문자열은 RestrictedUser 사용자 계정에 대해(사용자의 SID에 의해 식별된) Contoso가 발급한 서명 프로그램에 대한 실행 접근을 거부한다.

```
D:(XD;;FX;;;S-1-5-21-3392373855-1129761602-2459801163-1028;((Exists
APPID://FQBN) && ((APPID://FQBN) >= ({"O=CONTOSO, INCORPORATED, L=REDMOND,
S=CWASHINGTON, C=US\*\*",0}))))
```

- **특정 디렉터리 트리 내에 파일만 실행을 허용하는 디렉터리 경로** 이는 특정한 파일을 식별하는 용도로도 사용된다. 예를 들어 다음의 SDDL 문자열은 RestrictedUser 사용자 계정(사용자 SID에 의해 식별된)에 대해 C:\Tools 디렉터리 안에 있는 프로그램에 대한 실행 접근을 거부한다.

```
D:(XD;;FX;;;S-1-5-21-3392373855-1129761602-2459801163-1028;(APPID://PATH
Contains "%OSDRIVE%\TOOLS\*"))
```

- **파일 해시** 해시를 사용해 파일이 변경됐는지를 탐지할 수 있고, 파일 실행을 방지할 수 있다. 이 기능은 파일이 자주 변경된다면 해시 규칙이 자주 갱신돼야 하기 때문에 취약점이 될 수도 있다. 스크립트는 거의 서명이 이뤄지지 않기 때문에 파일 해시는 스크립트 용도로 자주 사용된다. 예를 들어 다음의 SDDL 문자열은 RestrictedUser 사용자 계정(사용자의 SID에 의해 식별된다)에 대해 명시된 해시 값을 가진 프로그램에 대한 실행 접근을 거부한다.

```
D:(XD;;FX;;;S-1-5-21-3392373855-1129761602-2459801163-1028;(APPID://SHA256HASH
Any_of {#7a334d2b99d48448eedd308dfca63b8a3b7b44044496ee2f8e236f5997f1b647,
```

#2a782f76cb94ece307dc52c338f02edbbfdca83906674e35c682724a8a92a76b})))

앱락커 규칙은 보안 정책 MMC 스냅인(secpol.msc)이나 윈도우 파워셸 스크립트를 사용해 로컬 머신에 정의될 수 있다. 또한 그룹 정책을 사용하는 도메인 내의 머신에도 적용할 수 있다. 앱락커 규칙은 레지스트리 내의 여러 위치에 저장된다.

- **HKLM\Software\Policies\Microsoft\Windows\SrpV2** 이 키는 HKLM\SOFTWARE\Wow6432Node\Policies\Microsoft\Windows\SrpV2 위치에 미러링된다. 규칙은 XML 포맷으로 저장된다.

- **HKLM\SYSTEM\CurrentControlSet\Control\Srp\Gp\Exe** 이 규칙은 SDDL과 바이너리 ACE 형태로 저장된다.

- **HKEY_CURRENT_USER\Software\Microsoft\Windows\CurrentVersion\Group PolicyObjects\{GUID}Machine\Software\Policies\Microsoft\Windows\SrpV2** GPO의 한 부분으로 도메인으로부터 저장된 앱락커 정책은 XML 형태로 이곳에 저장된다.

이미 실행된 파일에 대한 인증서는 레지스트리 HKLM\SYSTEM\CurrentControlSet\Control\AppID\CertStore 키 아래에 캐시된다. 앱락커는 신뢰된 루트 인증서로부터 거슬러 올라온 파일에서 발견된 인증서로부터 인증 체인(HKLM\SYSTEM\CurrentControlSet\Control\AppID\CertChainStore에 저장된다)을 구축한다.

스크립트를 통해 채택과 테스트를 할 수 있는 앱락커 한정적인 파워셸 명령(cmdlets) 역시 존재한다. 임포트 모듈 앱락커를 사용해 앱락커 cmdlets를 파워셸에 넣었다면 그 이후로는 Get-AppLockerFileInformation과 Get-AppLockerPolicy, New-AppLockerPolicy, Set-AppLockerPolicy, Test-AppLockerPolicy와 같은 다양한 cmdlets를 이용할 수 있다.

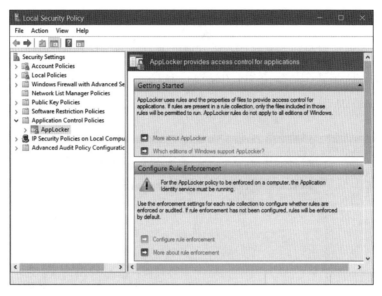

그림 7-33 로컬 보안 정책의 앱락커 설정 페이지

AppID와 SRP 서비스는 SvcHost 프로세스 내에서 실행하는 동일한 바이너리 (AppIdSvc. dll)에 공존한다. 이 서비스는 로컬 보안 정책 MMC 스냅인에 앱락커 UI나 GPO에 의해 써진 키에 대해 변경을 감시하기 위해 레지스트리 변경 알림을 요청한다. 변경이 감지되면 AppID 서비스는 새로운 XML 규칙을 읽어 유저 모드 태스크(AppIdPolicyConverter. exe)를 시작하게 한다. 이 태스크는 새로운 규칙(XML로 기술된)을 읽어 이들을 바이너리 형태의 ACE와 SDDL 문자열로 변환한다. 이들 문자열은 유저 모드와 커널 모드 AppID, 그리고 AppLocker 컴포넌트가 이해할 수 있다. 이 태스크는 변환된 규칙을 `HKLM\SYSTEM\CurrentControlSet\Control\Srp\Gp` 하위에 저장한다. 이 키는 `System` 과 `Administrators` 계정에 의해서만 쓰기가 가능하고, 인증된 사용자는 읽기만 가능하게 표시된다. 유저 모드와 커널 모드 AppID 컴포넌트는 레지스트리로부터 직접 변환된 규칙을 읽는다. 또한 이 서비스는 로컬 머신의 신뢰된 루트 인증서 저장소를 감시하고, 인증서 저장소에 변화가 있을 때마다, 또는 최소 하루에 한 번은 유저 모드 태스크 (AppIdCertStoreCheck.exe)를 호출해 인증서를 재검증한다. AppID 서비스는 `APPID_POLICY_CHANGED DeviceIoControl` 요청을 통해 규칙에 대한 변경을 AppID 커널 모드

드라이버(%SystemRoot%\System32\drivers\AppId.sys)에 알려준다.

관리자는 이벤트 뷰어를 이용해 시스템 이벤트 로그를 보면서 어떤 애플리케이션들이 허용 또는 거부되고 있는지 추적이 가능하다(AppLocker가 설정되고 서비스가 시작되면). 그림 7-34를 보라.

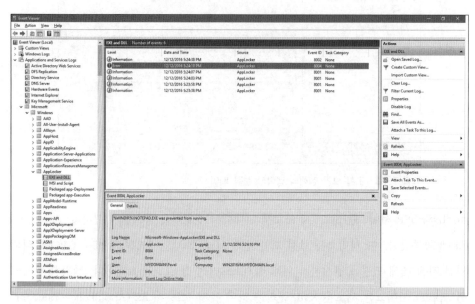

그림 7-34 다양한 애플리케이션에 대한 접근 허용과 접근 거부를 수행하는 앱락커를 보여주는 이벤트 뷰어. 이벤트 ID 8004는 거부, 8002는 허용 상태다.

AppID와 AppLocker, SRP의 구현은 다소 모호하기도 하며, 같은 실행 파일 내에 공존하는 다양한 논리적 컴포넌트에 대해 엄격한 계층을 위반하고, 일관적이어야 할 이름 규칙도 일관적이지 않다.

AppID 서비스는 LocalService로 실행되므로 시스템의 신뢰된 루트 인증서 저장소에 접근할 수 있으며, 또한 인증서 검증을 수행할 수 있다. AppID 서비스는 다음의 책임이 있다.

- 발급자의 인증서에 대한 검증
- 새로운 인증서를 캐시에 추가
- 앱락커 규칙의 업데이트를 감지하고 AppID 드라이버에 알림

AppID 드라이버는 앱락커 기능의 대부분을 수행하며, AppID 서비스와의 통신 (DeviceIoControl 요청을 통한)에 의존한다. 따라서 장치 객체는 NT SERVICE\AppIDSvc 와 LOCAL SERVICE, BUILTIN\Administrators 그룹에만 접근이 허용된 ACL에 의해 보호된다. 따라서 드라이버는 멀웨어에 의해 스푸핑이 되지 않는다.

AppID 드라이버가 처음으로 로드되면 PsSetCreateProcessNotifyRoutineEx 함수를 통해 프로세스 생성 콜백을 요청한다. 통지 루틴을 호출할 때 PPS_CREATE_NOTIFY_ INFO 구조체(생성되는 프로세스를 기술한다)가 전달된다. 그리고 나서 이 루틴은 실행 이미지임을 식별하는 AppID 속성을 수집해 이를 프로세스 접근 토큰에 기록한다. 그 다음 문서화되지 않은 루틴인 SeSrpAccessCheck 함수를 호출해 조건 ACE AppLocker 규칙과 프로세스 토큰을 검사하고, 프로세스 실행 여부를 결정하게 된다. 프로세스의 실행이 거부되면 드라이버는 PPS_CREATE_NOTIFY_INFO 구조체의 Status 필드에 프로세스의 생성을 취소시키는 STATUS_ACCESS_DISABLED_BY_POLICY_OTHER 값을 기록한다(그리고 프로세스의 마지막 완료 상태 값도 채운다).

이미지 로더는 DLL 제한을 수행하기 위해 프로세스에 DLL을 로드할 때마다 AppID 드라이버에 DeviceIoControl 요청을 보낸다. 그러면 드라이버는 실행 파일에 대해 한 것처럼 앱락커의 조건 ACE에 대해 DLL의 신분을 검사한다.

> 모든 DLL 로드에 대한 이들 검사를 수행하면 많은 시간이 소요되고 사용자가 실감할 수 있는 정도가 된다. 따라서 DLL 규칙은 일반적으로 비활성화되며, 로컬 보안 정책 스냅인의 앱락커 속성 페이지, 고급 탭을 통해 특별히 활성화된다.

스크립트 엔진과 MSI 인스톨러는 파일을 열 때마다 파일을 여는 것이 허용되는지 확인 하기 위해 유저 모드 SRP API를 호출하게 수정됐다. 유저 모드 SRP API는 조건 ACE 접근 검사를 수행하기 위해 AuthZ API를 호출한다.

소프트웨어 제한 정책

윈도우는 관리자가 어떤 이미지나 스크립트를 시스템에 실행하는 것을 제어하도록 소프트웨어 제한 정책^{Software Restriction Policies}이라는 유저 모드 메커니즘을 포함한다. 그림 7-35에서 보여주는 로컬 보안 정책 편집기의 소프트웨어 제한 정책 노드는 머신의 코드 실행 정책에 대한 관리 인터페이스의 역할을 한다. 물론 도메인 그룹 정책을 사용함으로써 사용자별 정책이 가능하다.

그림 7-35 소프트웨어 제한 정책 구성

소프트웨어 제한 정책 노드 아래에 다음과 같은 일부전역 정책 설정이 보인다.

- **Enforcement** DLL 같은 라이브러리에 제한 정책을 적용할지, 그리고 사용자에게만 적용할지, 혹은 관리자에게도 적용할지를 설정한다.
- **Designated File Types** 정책은 실행 가능한 코드로 간주되는 파일의 확장자를 기록한다.
- **Trusted Publishers** 인증서 발급자가 신뢰할 만한지를 분별할 수 있는 주체를 선택하는 정책

특정한 스크립트나 이미지에 대한 정책을 설정할 때 관리자는 스크립트나 이미지의 경로 또는 해시, 인터넷 지역(Internet Explorer에 의해 정의된), 암호화된 인증서를 사용해 시스템이 이 정책을 인지하게 지시할 수 있다. 또한 Disallowed 또는 Unrestricted 보안 정책과 관련됐는지 아닌지를 명시할 수 있다.

소프트웨어 제한 정책의 시행은 파일이 실행 가능한 코드를 포함하고 있다고 간주되는 다양한 컴포넌트에서 일어난다. 이러한 컴포넌트 중 일부는 다음과 같다.

- Kernel32.dll 내의 유저 모드 윈도우 함수인 CreateProcess 함수는 실행 파일에 대해 소프트웨어 제한 정책을 적용한다.
- Ntdll의 DLL 로딩 코드는 DLL에 대해 소프트웨어 제한 정책을 적용한다.
- 윈도우 명령 프롬프트(Cmd.exe)는 배치 파일 실행에 대해 소프트웨어 제한 정책을 적용한다.
- 스크립트(커맨드라인 스크립트를 위한 Cscript.exe와 UI 스크립트를 위한 Wscript.exe, 스크립트 객체를 위한 Scrobj.dll)를 시작하는 윈도우 스크립팅 호스트 컴포넌트는 스크립트 실행에 대해 소프트웨어 제한 정책을 적용한다.
- 파워셸 호스트(PowerShell.exe)는 파워셸 스크립트 실행에 대해 소프트웨어 제한 정책을 적용한다.

이들 각 구성 요소는 레지스트리 HKLM\Software\Policies\Microsoft\Windows\Safer\CodeIdentifiers 키의 TransparentEnabled 값을 읽어 제한 정책의 활성화 여부를 판단한다. 이 값이 1이면 정책이 영향을 미치고 있음을 의미한다. 그다음 지금 실행하려는 코드가 CodeIdentifiers 키의 서브키 안에 명시된 규칙 중 하나와 일치하는지 판단한 후 일치한다면 실행이 허용돼야 하는지 아닌지를 결정한다. 일치하는 것이 없다면 CodeIdentifiers 키의 DefaultLevel 값 안에 명시된 기본 정책이 실행 여부를 결정하게 된다.

소프트웨어 제한 정책은 적절히 적용됐을 때 코드와 스크립트의 인가되지 않은 실행을 막을 수 있는 강력한 툴이다. 기본 보안 정책이 실행 불가로 설정돼 있지 않다면 사용자는 실행 불가로 표시된 이미지에 수정을 가해서 사용자는 규칙을 우회해 이미지를 실행할 수 있게 된다. 예를 들어 사용자는 프로세스 이미지 일부에 수정을 가해서 해시 규칙이 그것을 인지하는 데 실패하게 할 수 있다. 또는 경로 기반 규칙을 피하기 위해 파일을 다른 위치로 복사할 수 있다.

커널 패치 보호

일부 디바이스 드라이버는 지원되지 않는 방식으로 윈도우의 행위를 변경한다. 예를 들어 이들은 시스템 호출 테이블을 수정해 시스템 호출을 가로채거나 메모리의 커널 이미지를 변경해 특정 내부 함수에 기능을 추가한다. 이런 변경은 본질적으로 위험하며, 시스템의 안전성과 보안성을 약화시킨다. 더욱이 이런 변경은 윈도우 드라이버의 취약성으로 인해 정체가 불분명한 드라이버나 익스플로잇에 의해 악의적인 의도로 이용될 수 있다.

커널보다 더 특권화된 주체가 존재하지 않는다면 커널 내에서 커널 기반의 익스플로잇이나 커널 내의 드라이버를 탐지하고, 이들로부터 커널을 보호하는 것은 곤란한 일이 아닐 수 없다. 탐지/보호 메커니즘과 원하지 않는 동작 모두 링 0에서 동작하기 때문에 진정한 의미에서 보안 경계를 정하는 것은 불가능하다. 원하지 않는 동작은 탐지/보호 메커니즘을 비활성화시키고, 패치하고, 속이는 데 사용될 수 있다. 그럼에도 심지어 이런 상황에서 원하지 않는 동작에 반응하는 다음과 같은 메커니즘은 여전히 유용한 면이 있다.

- 명확히 식별 가능한 커널 모드 크래시 덤프와 함께 머신을 크래시시킴으로써 사용자와 관리자 둘 모두는 커널 내부에서 원하지 않는 동작이 일어났음을 쉽게 알 수 있고 조치를 취할 수 있다. 합법적인 소프트웨어 벤더는 자신들의 고객 시스템을 크래시시키는 위험을 감수하지 않을 것이며, 커널의 기능이 지속되는 지원 방법을 찾을 것이다(파일 시스템 필터에 대한 필터 관리자 또는 여타 콜백 기반의 메커니즘을 사용하는 것과 같이).

- 난독화(보안 경계는 아니다)는 원하지 않는 동작이 탐지 메커니즘을 비활성화시키는 것을 힘들게 할 수는 있다(시간적으로나 복잡성 면에서). 이런 추가 비용은 원하지 않는 동작이 잠재적으로 악의적인 것으로 좀 더 명확히 식별되며, 이들 동작의 복잡성으로 인해 잠재적 공격자에 추가적 비용이 발생한다는 것을 의미한다. 난독화 기법으로 이동한다는 것은 합법적인 벤더가 자신들의 레거시 확장 메커니즘으로부터 벗어나 지원 가능한 기법을 구현하는 데 시간을 더 많이 할애해 멀웨어처럼 보이는 위험을 감수하지 않는 편이 낫다는 것을 의미한다.

- 무작위와 비문서화에 대한 특정 검사를 한다는 것은 탐지/예방 메커니즘이 커널 무결성을 감시하는 것을 어렵게 만들고, 이런 검사가 실행되는 시점의 비결정성은 공격자가 자신의 익스플로잇을 신뢰할 수 있는 능력에 심각한 손상을 준다. 이것은 공격자로 하여금 가능한 모든 비결정성 변수와 메커니즘이 정적 분석을 통해 갖는 상태 전이를 고려하게끔 만든다. 이런 상황에 대처하기 위해 메커니즘에 다른 난독화를 적용하거나 기능을 변경하려면 난독화만으로는 필요한 시간 내에 구현하기에 거의 불가능하다.

- 커널 모드 크래시 덤프는 자동으로 마이크로소프트로 전송되므로 마이크로소프트는 가공되지 않은 원치 않는 코드의 원격 측정 데이터를 받을 수 있으며, 이로써 지원되지 않는 코드(이로 인해 시스템 크래시가 유발된)의 벤더를 식별하거나 황무

지에서 악의적인 드라이버 프로세스나 심지어 제로데이 커널 모드 익스프로잇을 추적하고, 크래시 덤프가 아니었으면 보고되지 않았을 버그를 수정할 수 있다.

패치가드

x64 64비트 윈도우의 출시 직후, 다양한 서드파티 생태계가 만들어지기 전에 마이크로소프트는 64비트 윈도우의 안전성을 유지하면서도 패치가드^{PatchGuard} 또는 커널 패치 보호^{Kernel Patch Protection}로 불리는 기술을 통해 원격 측정 기능과 익스플로잇 무력화 패치 탐지 기능을 시스템에 추가할 기회를 엿봤다. 32비트 ARM 프로세서 코어에 동작하는 윈도우 모바일이 출시됐을 때 패치가드의 기능이 이 시스템에 이식됐으며, 이 기능은 64비트(AArch64) 시스템에도 역시 존재한다. 하지만 지원되지 않는 위험한 후킹 기법을 여전히 사용하는 수많은 레거시 32비트 드라이버로 인해 이 메커니즘은 이들 시스템에서, 그리고 윈도우 10 운영체제에서조차에서도 활성화되지 않는다. 다행한 사실은 32비트 시스템 사용이 거의 끝이 보이고, 서버 버전의 윈도우는 이런 아키텍처를 더 이상 지원하지 않는다는 것이다.

가드와 보호^{Guard & Protection} 둘 다 이들 메커니즘이 시스템을 보호한다는 것을 암시할지라도 제공된 가드/보호만이 머신을 크래시(원하지 않는 코드가 더 이상 실행되지 않게 방지하는)시킨다는 것을 인지하는 것도 중요하다. 이 메커니즘은 우선적으로 공격을 차단하지 않으며, 이를 완화하지도 않고 공격을 취소시키지도 않는다. KPP는 금고의 단단한 자물쇠가 아닌 금고(커널)에 커다란 알람(크래시)이 장착돼 인터넷에 연결된 비디오 보안 시스템이나 CCTV로 생각하면 된다.

KPP에는 보호 시스템에 행하는 다양한 검사들이 있다. 이들 모두를 문서화하는 것은 불가능하기도 하고(정적 분석의 어려움으로 인해) 잠재적인 공격자에게도 좋은 자료가 될 수도 있다(연구 시간을 줄여준다). 하지만 마이크로소프트는 표 7-23에 이를 일반화한 특정 검사는 문서화했다. KPP가 이들 검사를 언제, 어디서, 어떻게 하고 어떤 특정 함수와 데이터 구조체가 영향을 받는지는 이 분석의 범위를 벗어난다.

표 7-23 KPP가 보호하는 항목에 대한 일반적 설명

컴포넌트	합법적 사용	잠재적으로 바람직하지 않은 사용
커널의 실행 가능 코드와 이에 의존하는 코드, 핵심 드라이버, 이들 컴포넌트의 임포트 주소 테이블(IAT)	커널 모드 사용 동작에 대한 표준 윈도우 컴포넌트 키	이들 컴포넌트 내의 코드를 패칭하는 작업으로, 이들 컴포넌트의 행위를 변경할 수 있고 시스템에 원하지 않는 백도어를 야기할 수 있으며, 시스템으로부터 데이터나 원하지 않는 통신을 숨기거나 시스템의 안전성을 떨어뜨릴 수 있다. 심지어 버그가 있는 서드파티 코드를 통한 추가적인 취약점을 더할 수도 있다.
전역 디스크립터 테이블(GDT)	링 특권 수준(링0 대 링3) 구현을 위한 CPU의 하드웨어 보호	예상된 권한과 코드, 그리고 링 수준 간의 매핑을 변경하는 것으로, 이런 동작은 링3 코드가 링 0 접근을 하게 허용한다.
인터럽트 디스크립터 테이블(IDT) 또는 인터럽트 벡터 테이블	인터럽트 벡터를 정확한 처리 루틴으로 전달하기 위해 CPU에 의한 테이블 읽기 작업	키 입력과 네트워크 패킷, 페이징 메커니즘, 시스템 호출, 하이퍼바이저 통신 등을 후킹하는 것으로, 백도어 용도로 사용될 수 있으며, 악의적인 데이터나 통신을 숨기고 버그가 있는 서드파티 코드를 통해 뜻하지 않게 취약점을 덧붙일 수 있다.
시스템 서비스 디스크립터 테이블(SSDT)	각 시스템 호출 핸들러에 대한 포인터 배열을 포함하는 테이블	커널과의 모든 유저 모드 통신을 후킹하는 것으로, 바로 위 항목과 동일한 문제가 발생한다.
컨트롤 레지스터와 벡터 베이스 주소 레지스터, 모델 특정적인 레지스터와 같이 중요한 CPU 레지스터	시스템 호출과 가상화, SMEP 등과 같은 CPU 보안 기능 활성화에 사용	위 항목에 더해 핵심 CPU 보안 기능이나 하이퍼바이저 보호를 무력화시키는 경우다.
커널 내의 다양한 함수 포인터	다양한 내부 기능에 대한 간접 호출로 사용	특정 내부 커널 동작을 후킹하기 위해 사용되는 경우로, 백도어와 불안전성을 야기한다.

(이어짐)

컴포넌트	합법적 사용	잠재적으로 바람직하지 않은 사용
커널 내의 다양한 전역 변수	특정 보안 기능을 포함해 커널의 다양한 부분을 구성하는 데 사용	유저 모드로 하여금 임의의 메모리를 덮어쓰게 하는 취약점을 통해 악의적인 코드가 이들 보안 기능을 무력화시킬 수 있는 경우다.
프로세스 모듈 리스트	작업 관리자나 Process Explorer, 윈도우 디버거와 같은 툴에서 어떤 프로세스가 동작 중이며, 어떤 드라이버가 로드돼 있는지를 사용자에게 보여주는 데 사용	악의적 코드는 머신의 특정 프로세스나 드라이버의 존재를 숨겨 이들을 사용자와 보안 소프트웨어 같은 대부분의 애플리케이션에게 보이지 않게 할 수 있다.
커널 스택	함수 인자와 호출 스택(함수가 복귀할 위치), 변수를 저장	스택 중심적인 공격에서 비표준 커널 스택에 대한 동작은 종종 복귀 지향적인 프로그래밍(ROP) 익스플로잇 동작의 표시다.
윈도우 관리자, 그래픽 시스템 호출, 콜백 등	GUI와 GDI, DirectX 서비스를 제공	앞서 기술한 후킹 기능과 유사하지만 특별히 그래픽과 윈도우 관리 스택을 대상으로 한다. 후킹의 여러 유형과 동일한 문제가 발생한다.
객체 유형	객체 관리자를 통해 시스템이 지원하는 다양한 객체(프로세스와 파일 같은)에 대한 정의	바이너리 데이터 섹션 내의 간접 함수 포인터를 대상으로 하지 않고 또한 코드 패칭을 직접하지 않으면서 후킹 기법으로 사용될 수 있다.
로컬 APIC	프로세서에서 하드웨어 인터럽트와 타이머 인터럽트, 프로세서 간 인터럽트(IPI)를 받기 위해 사용	지속적인 코드가 주기적으로 실행하면서 머신에서 은밀하게 동작하게 유지하는 방법으로, 타이머 실행이나 IPI, 인터럽트를 후킹하는 데 사용될 수 있다.
필터와 서드파티 통지 콜백	특정 행위에 대한 차단/방어 작업인 경우와 시스템 동작에 관한 통지를 받기 위해 합법적인 서드파티 보안 소프트웨어(와 윈도우 디펜더)에 의해 사용. KPP가 방어하는 많은 작업을 수행하기 위해 존재	주기적 기반으로 실행하면서 머신에서 자신의 생명력을 유지하기 위해 악의적인 코드가 필터링이 가능한 모든 동작을 후킹하는 데 사용될 수 있다.

(이어짐)

컴포넌트	합법적 사용	잠재적으로 바람직하지 않은 사용
특수한 구성과 플래그	보안과 완화 보장책을 제공하는 합법적 컴포넌트의 다양한 데이터 구조체와 플래그, 요소들	특정 완화책을 우회하거나 보호 프로세스를 보호하지 않는 것처럼 유저 모드 프로세스가 할 수도 있는 예상 및 특정 보장책을 위반하기 위해 악의적인 코드에 의해 사용될 수 있다.
KPP 엔진 자체	KPP와 연관된 콜백 등을 실행하면서 KPP 위반 시에 시스템을 버그 체크시키는 것과 관련된 코드	원하지 않는 컴포넌트는 KPP에 의해 사용되는 시스템의 특정 부분을 변경해 KPP를 동작하지 않게 하거나 무시하거나 무력화시킬 수 있다.

언급했듯이 KPP가 원하지 않는 코드를 시스템에서 탐지할 때 쉽게 알아볼 수 있는 코드로 시스템을 크래시시킨다. CRITICAL_STRUCTURE_CORRUPTION을 나타내는 버크체크 코드 0x109가 그것이다. 윈도우 디버거를 사용해 이 크래시 덤프를 분석할 수 있다(추가적인 정보는 2권의 15장을 보라). 덤프 정보에는 손상된 커널 부분이나 아주 정교하게 변경된 커널 부분에 관한 일부 정보가 존재하지만 추가적인 데이터는 마이크로소프트 온라인 크래시 분석과 윈도우 오류 보고[WER] 팀에 의해 이뤄져야 하고, 사용자에게는 공개되지 않는다.

KPP가 보호 조치로 사용하는 기법을 이용하는 서드파티 개발자는 다음과 같은 지원 기술을 사용할 수 있다.

- **파일 시스템 (미니) 필터** 악의적인 코드를 즉석에서 제거하고 알려진 악의적 실행 파일이나 DLL의 읽기를 차단하기 위해 가로챌 수 있는 모든 파일 동작(이미지 파일과 DLL 로드를 포함한)을 후킹하는 데 사용한다(추가적인 정보는 2권의 13장을 보라).
- **레지스트리 필터 통지** 모든 레지스트리 동작을 후킹하기 위해 이를 사용한다(이들 통지에 대한 추가적인 정보는 2권의 9장을 보라). 보안 소프트웨어는 레지스트리의 중요한 부분을 변경하는 것을 차단할 수 있으며, 또한 레지스트리 접근 패턴이나 알려진 악성 레지스트리 키를 이용해 악의적인 소프트웨어를 경험적으로 판단할 수 있다.

- **프로세스 통지** 보안 소프트웨어는 로드되고 언로드되는 DLL뿐만 아니라 시스템의 모든 프로세스와 스레드의 실행과 종료를 감시할 수 있다. 백신과 보안 벤더를 위해 추가된 고급 통지 기능 덕택에 이들은 프로세스 시작을 차단할 수 있다(이들 통지에 관한 추가적 정보는 3장을 보라).

- **객체 관리자 필터링** 보안 소프트웨어는 특정 동작에 대해 자신들의 유틸리티를 보호하기 위해 프로세스나 스레드에게 승인되는 특정 접근 권한을 제거할 수 있다(이들에 대해서는 2권의 8장을 참고하라).

- **NDIS 라이트웨이트 필터(LWF)와 윈도우 필터링 플랫폼(WFP) 필터** 보안 소프트웨어는 모든 소켓 동작(accept와 listen, connect, close 등)과 심지어 패킷 자체도 가로챌 수 있다. LWF를 사용하면 보안 벤더는 네트워크 카드^{NIC}에서 통신 케이블로 나가는 가공되지 않은 이더넷 프레임 데이터에 접근할 수 있다.

- **윈도우 이벤트 트레이싱(ETW)** ETW를 통해 유저 모드 컴포넌트는 흥미로운 보안 속성을 갖는 다수의 동작 유형을 사용할 수 있고, 거의 실시간으로 데이터에 반응할 수 있다. 특정 경우에 다양한 보안 프로그램 당사자와 마이크로소프트와의 NDA 조건하에서 특수한 보안 ETW 통지를 멀웨어 방지 프로세스에 이용할 수 있다. 이 NDA를 맺으면 추적 데이터의 좀 더 많은 부분에 접근이 가능하다.

하이퍼가드

가상화 기반으로 동작하는 시스템(7장 초반부의 '가상화 기반의 보안' 절에서 설명했다)에서는 커널 모드 특권을 지닌 공격자가 탐지/보호 메커니즘과 동일한 보안 경계에서 실행한다는 것은 더 이상 사실이 아니다. 탐지/보호 메커니즘은 VTL 1에 구현될 수 있는 반면에 실제로 이런 공격자는 VTL 0에서 동작한다. 윈도우 10의 애니버서리 업데이트(버전 1607)에서 이런 메커니즘이 실제로 존재하며, 이를 하이퍼가드^{HyperGuard}라고 한다. 하이퍼가드는 패치가드와는 별도로 설정하는 흥미로운 일부 속성을 가진다.

- 난독화에 의존할 필요가 없다. 하이퍼가드를 구현하는 심볼 파일과 함수명은

누구나가 볼 수 있고, 코드도 난독화돼 있지 않다. 완전한 정적 분석이 가능하다. 이는 하이퍼가드가 실제 보안 경계이기 때문에 가능하다.

- 이전 항목의 속성으로 인해 비결정적으로 동작해도 아무런 이득이 없으므로 이렇게 동작할 필요가 없다. 실제로 결정된 방식대로 동작함으로써 하이퍼가드는 원하지 않는 행위가 탐지되는 정확한 시점에 시스템을 크래시시킬 수 있다. 이는 크래시 데이터가 명확하고도 조치가 가능한 데이터(바람직하지 않은 동작을 수행한 코드를 보여주는 커널 스택 같이)를 관리자(와 마이크로소프트 분석 팀)를 위해 포함한다는 것을 의미한다.

- 이전 항목의 속성으로 인해 하이퍼가드는 좀 더 광범위하고도 다양한 공격을 탐지할 수 있다. 이것은 악의적인 코드가 정확한 시간 내에서 어떤 값을 올바른 값으로 되돌릴 기회(이것은 패치가드의 비결정성으로 인한 부작용이다)를 갖지 못하기 때문이다.

하이퍼가드는 패치가드의 기능을 특정 방식으로 확장하기 위해, 그리고 자신을 무력화시키려고 하는 공격자가 탐지되지 않고 실행되려고 하는 부분에 대한 능력을 강화하기 위해서도 사용된다. 하이퍼가드가 모순된 행위를 탐지하면 코드 0x18C(HYPERGUARD_VIOLATION)로 시스템을 크래시시킨다. 앞서의 경우처럼 일반적인 수준에서 표 7-24에 나열한 것과 같이 하이퍼가드가 탐지하는 종류를 이해하는 것이 도움이 된다.

표 7-24 하이퍼가드에 의해 보호가 되는 항목에 대한 일반적인 설명

컴포넌트	합법적인 사용	잠재적으로 바람직하지 않은 사용
커널의 실행 가능 코드와 이에 의존하는 코드, 핵심 드라이버, 이들 컴포넌트의 임포트 주소 테이블 (IAT)	표 7-23 참조	표 7-23 참조
전역 디스크립터 테이블 (GDT)	표 7-23 참조	표 7-23 참조

(이어짐)

컴포넌트	합법적인 사용	잠재적으로 바람직하지 않은 사용
인터럽트 디스크립터 테이블(IDT) 또는 인터럽트 벡터 테이블	표 7-23 참조	표 7-23 참조
컨트롤 레지스터와 GDTR, IDTR, 벡터 베이스 주소 레지스터, 모델 특정적인 레지스터와 같이 중요한 CPU 레지스터	표 7-23 참조	표 7-23 참조
하이퍼가드를 포함해 실행 가능 코드와 콜백, 안전한 커널 내의 데이터 영역과 그것의 의존물	VTL 1과 안전한 커널 모드 사용 동작에 대한 표준 윈도우 구성 키	이들 컴포넌트 내의 코드를 패칭한다는 것은 공격자가 하드웨어나 하이퍼바이저를 통해 VTL 1 내의 어떤 종류의 취약점에 접근한다는 것을 의미한다. 장치 가드와 하이퍼가드, 자격증명 가드를 무력화시키는 데 사용될 수 있다.
트러스트릿에 의해 사용되는 구조체와 기능	트러스트릿 간 또는 트러스트릿과 커널, 트러스트릿과 VTL 0 간의 데이터를 공유	하나 또는 그 이상의 트러스트릿에 어떤 취약점이 존재할 수도 있음을 암시한다. 이들 취약점은 자격증명 가드나 보호된 패브릭(Shielded Fabric)/vTPM과 같은 기능을 방해하는 데 사용될 수 있다.
하이퍼바이저 구조체와 영역	VTL 1과 통신하기 위해 하이퍼바이저에 의해 사용	VTL 0의 링 0에서 접근할 수 있는 하이퍼바이저 자체 또는 VTL 1 컴포넌트에 잠재적 취약점이 있음을 암시한다.
커널 CFG 비트맵	앞서 설명한 것처럼 간접 함수 호출이나 점프의 대상인 유효한 커널 함수를 식별하는 데 사용	공격자가 일종의 하드웨어나 하이퍼바이저 익스플로잇을 통해 VTL 1의 보호를 받고 있는 KCFG 비트맵을 변경할 수 있음을 의미한다.
페이지 검증	장치 가드 용도의 HVCI 관련 작업을 구현하는 데 사용	공격자가 SKCI를 공격했음을 암시한다. 이로 인해 장치 가드가 손상되거나 IUM 트러스트릿이 승인되지 않을 수 있다.

(이어짐)

컴포넌트	합법적인 사용	잠재적으로 바람직하지 않은 사용
NULL 페이지	없음	공격자가 커널과 안전한 커널이 가상 페이지 0를 할당하게 강제했음을 의미한다. 이것은 VTL 0 또는 VTL 1에서 NULL 페이지 취약점 익스프로잇에 사용될 수 있다.

VBS가 활성화된 시스템이라면 언급할 또 다른 보안 관련 기능이 존재한다. 이것은 비특권 명령 실행 방지^{Non-Privileged Instruction Execution Prevention}로 불리며, 하이퍼바이저 자체에 구현돼 있다. 이 완화책은 GDT와 IDT, LDT(SGDT와 SIDT, SLDT, SLDT는 여기에 해당)의 커널 모드 주소를 유출시키는 데 사용되는 특정 x64 명령어를 대상으로 한다. NPIEP 덕분에 이들 명령어는 여전히 실행이 허용되지만(호환성 문제로 인해) 실제로 이들 구조체에 대한 커널 주소가 아닌 프로세서별 고유 번호를 반환한다. 이것은 로컬 공격자에 의한 커널 ASLR^{KASLR} 정보 유출에 대한 완화책 역할을 한다.

마지막으로 패치가드나 하이퍼가드가 일단 활성화되면 비활성화시킬 수단은 없다는 점에 유의하자. 하지만 디바이스 드라이버 개발자는 디버깅의 일환으로 실행 시스템을 변경할 필요가 있을 수도 있기 때문에 시스템이 액티브 원격 커널 디버깅 연결이 이뤄진 디버깅 모드로 부팅할 때에 패치가드는 활성화되지 않는다. 유사하게 하이퍼바이저가 원격 디버거가 연결된 채로 디버깅 모드로 부팅한다면 하이퍼가드도 비활성화된다.

결론

윈도우는 정부 기관과 상업적인 분야의 주요 요구 사항을 만족하는 광범위한 보안 기능을 제공한다. 7장에서는 이러한 보안 기능의 기반이 되는 내부 구성 요소를 간략히 살펴봤다. 2권의 8장에서 윈도우 시스템 전체에 존재하는 다양한 메커니즘을 살펴볼 것이다.

찾아보기

에이콘출판의 기틀을 마련하신 故 정완재 선생님 (1935-2004)

Windows Internals 7/e Vol.1

마이크로소프트 윈도우 커널 공식 가이드

발 행 | 2018년 1월 19일

지은이 | 파벨 요시포비치 · 알렉스 이오네스쿠 · 마크 러시노비치 · 데이비드 솔로몬
옮긴이 | 김 점 갑

펴낸이 | 권 성 준
편집장 | 황 영 주
편 집 | 임 지 원
디자인 | 윤 서 빈

에이콘출판주식회사
서울특별시 양천구 국회대로 287 (목동)
전화 02-2653-7600, 팩스 02-2653-0433
www.acornpub.co.kr / editor@acornpub.co.kr

한국어판 ⓒ 에이콘출판주식회사, 2018, Printed in Korea.
ISBN 979-11-6175-094-1
ISBN 978-89-6077-085-0 (세트)
http://www.acornpub.co.kr/book/windows-internals7-vol1

이 도서의 국립중앙도서관 출판시도서목록(CIP)은 서지정보유통지원시스템 홈페이지(http://seoji.nl.go.kr)와
국가자료공동목록시스템(http://www.nl.go.kr/kolisnet)에서 이용하실 수 있습니다.(CIP제어번호: CIP2018000820)

책값은 뒤표지에 있습니다.